JN162678

原典 ルネサンス自然学

Essential Scientific Writings in Renaissance Europe

池上俊一【監修】
Shunichi Ikegami

名古屋大学出版会

原典　ルネサンス自然学　上——目　次

凡　例　vii

解説　ルネサンス自然学（池上俊一）……1

自然誌

1　フランシス・ベイコン
森の森（第七センチュリー）……43

動物誌

2　コンラート・ゲスナー
動物誌（犬と狼について）……81

植物誌

3　プロスペロ・アルピーニ
ルバーブ論……119

農　学

4　オリヴィエ・ド・セール
農業の劇場（序文）……145

料理術

5 プラーティナ
適正な快楽と健康について（第一巻）……157

温泉論

6 ウゴリーノ・ダ・モンテカティーニ
温泉論……177

医　学

7 ジャン・フェルネル
事物の隠れた原因（抄）……221

8 ジローラモ・フラカストロ
伝染・伝染病およびその治療について（第一巻）……251

解剖学

9 アンドレアス・ヴェサリウス
人体の構造について（抄）……281

10 マルチェッロ・マルピーギ
肺についての解剖学的観察……299

11 発生学
ウィリアム・ハーヴィ
動物の発生（序文） 313

12 驚異論
アンブロワーズ・パレ
怪物と驚異について 329

13 自然魔術
ヘンリクス・コルネリウス・アグリッパ
オカルト哲学について（第一巻） 417

14 パラケルスス
像についての書 555

15 トンマーゾ・カンパネッラ
事物の感覚と魔術について（第四巻） 579

扉図一覧 巻末2
訳者一覧 巻末1

（下巻目次）

学問論

16 ジョン・ディー「数学への序説」

ユートピア論

17 ヨハン・ヴァレンティン・アンドレーエ「クリスティアノポリス」

地理学

18 ゼバスティアン・ミュンスター「宇宙誌」

占星術

19 マルシリオ・フィチーノ「太陽論」

天文学

20 ニコラウス・コペルニクス「ヴェルナー論駁書簡」

21 ティコ・ブラーエ「新星について」

光学

22 ヨハネス・ケプラー「屈折光学」

数学

23 ウィリアム・オートリッド「数学の鍵」

力学

24 シモン・ステヴィン「計量法原論」

工学

25 マリアーノ・ディ・ヤコポ（タッコラ）「尋常ならざる装置と建築についての第三の書」

鉱山学・冶金術

26 ヴァンノッチョ・ビリングッチョ「火工術」

錬金術

27 伝トマス・ノートン「錬金術式目」

化　学

28　ロバート・ボイル「実験の失敗について」
29　アイザック・ニュートン「酸の本性について」

原子論

30　ウォルター・チャールトン「エピクロス-ガッサンディ-チャールトンの自然学」

凡例

一、本書は、十五世紀から十七世紀の代表的自然学者三十人の作品を翻訳し、それぞれに訳者による解題と注を付したものである。

二、翻訳に使用した底本、その他参照した文献は、各解題に示されている。

三、訳文中の［　］は訳者による補足である。

四、固有名詞の日本語表記については、概ね原音を尊重しているが、慣用を優先したものもある。ギリシャ語・ラテン語の長音は、一部の例外を除き省略している。

解説　ルネサンス自然学

池上俊一

環境破壊問題や自然災害の多発に直面した現代文明の行き詰まり感の中で、自然と人間の関係の見直しが喫緊の課題となっている。それに伴って西洋近代科学の意義も見直されようとしており、とりわけ近代科学を準備したルネサンス期の「自然学」には、従来行われてきたような遡及的——近代主義的——な見方だけでは捉えきれない豊かな側面があることが、近年ではしきりに強調されている。

そうした情勢の中、本書はルネサンス期の多面的な「自然学」の広がりを、現代に受け継がれたもの、否定されたもの、潜行して無意識のうちに影響を広げていったものなどを含め、原典の翻訳紹介によって示すことを企図している。具体的には、十五世紀前半から十七世紀末までの三十人の代表的自然学者——広い意味での——のテクストを二巻にわたって取り上げた。テーマは、植物誌や動物誌、地理学、天文学、光学、数学、自然魔術、錬金術、驚異論、解剖学、医学、化学、温泉論、料理術、農学、力学、工学、冶金術など多様であり、「科学史」の通史ではかならずしもメインではないテーマも採り入れた。一般に後期ルネサンスは、イタリアから西欧各国へと地理的範囲を大幅に広げたとされるが、本書で扱われる著者の出身地もイタリアにとどまることなく、イギリス、ドイツ、スイス、フランス、ベルギー、ポーランド、デンマークと幅広い。

ここでは、ルネサンス自然学諸分野それぞれの特徴を概観しながら、本原典集成に収録した作品を、時代の知的運動の中に位置づけてみよう。ルネサンス期には自然学の爆発的発展があったが、それらはさまざまな系列に分かれながら、また同時に複雑に絡み合っていた。一人の学者が多分野に関心を寄せ、「何々学者」とレッテルを貼るのはほとんど不可能である。誰しもが、いわば総合的な宇宙論・人間学を追究していたとでも言えようか。また各分野ごとに、古代の思想・学問の遺産を汲んでいる側面と、それをきっぱり拒否することで新生面を開こうと勢い込んでいる側面が窺われる。

なお、以下では、本書収録の自然学者とその作品、また、およその分野について当該箇所で太字によって示すが、言及する順序は必ずしも本文の配列にはしたがっていない。それからもう一点、一般的な用法として「自然学」とほぼ同義に使われる「自然哲学」という言葉は、「自然学」の中の一部、より哲学的・理論的な側面について使われる場合もある。以下、本解説ではこちらの狭義の意味で使用している。

身体と自然——解剖学・医学・温泉論・料理術・農学など

ルネサンス期に先行する中世的な学問形態から、まず最初にもっとも明確に離脱し発展していったのは、**解剖学**ではないだろうか。中世的な考え方では、神が創造された唯一無二の有機的全体性を持つもの（＝人間の身体）をバラすなどとは——例外的ケースをのぞけば——とても許されなかった。だがルネサンス期には、人体の形態・組織についての新しい知識を得て他の病んだ身体を回復するために、解剖の実践が認められるようになったのである。

古代随一の医師、二世紀ギリシャのガレノスの著作は、中世・ルネサンスを通じて大変な権威となって医者たちの上に君臨していた。そのため初期の解剖学者には、ガレノスの著作や十一世紀前半のペルシャの医師・哲学者アヴィケンナ（イブン・スィーナー）による『医学典範』などの権威への盲従姿勢が顕著で、これらの著作に記された箇所を確認するために解剖するという傾向がまだあった（最初の解剖の記録は十二世紀末のボローニャ）。最初期の教科書的な著作、ボローニャ大学のモンディーノ・デ・ルッツィ（一二七六～一三二六年）の『解剖学』は一三一六年に書かれ、一四七六年には印刷されて広まり、登場してから二百年以上、各国で基本的な教科書でありつづけた。しかしその実質はガレノスの解剖学説の概要を記したもので、本書をテクストとした解剖演習もガレノス説を確認しながら学生に教育するのが目的であった。

十四世紀四十年代から十六世紀初頭にかけて、ボローニャをはじめ、パドヴァ、ヴェネツィア、フィレンツェその他でさかんに解剖が実践され、古代の権威の説を修正することもあった。もっとも先進的だったイタリアの後を追い、フランスでも解剖の実践とそれに基づく著作がなされた。たとえばアヴィニョン教皇の侍医として知られるギ・ド・ショーリャック（一二九〇頃～一三六七年）も解剖を行い、『大外科学』（一三六三年）を著した。

ルネサンス期の解剖学を集大成したのは、フランドルの医師でパドヴァ大学の解剖学講座の栄誉ある地位を得た**アンドレアス・ヴェサリウス**（一五一四～六四年）の『**人体の構造について（ファブリカ）**』（一五四三年）である。本書の各巻では、それぞれ骨格、筋肉、血管、神経、腹部内臓、胸部内臓、頭部諸器官の七つの組織・器官を論じている。もちろんいまだガレノスの影響は払拭されていないものの、自ら二八回も行った解剖の所見から、たとえば七骨あると考えられていた胸骨が実際は三つであることなど、約二〇〇箇所にもわたってガレノス説を修正している点に刮目すべきだろう。また本書はフォリオ版で二〇〇以上のイラストがついており、その美しさ・精確さが、画家たちに身体描写のモデルとして受け入れられる要因になった。

ヴェサリウス作品に比せられるフランスでの総合的解剖書は、シャルル・エティエンヌ（一五〇五～六四年）の『人体各部の解剖について』（一五四五／四六年）である。エティエンヌ作品もまた、付属の絵がきわめて重要であったが、ヴェサリウスの場合のような精密な図版というより、身体内部の秘部を視たいという当時の人々の欲望を満たす生々しい絵が掲げられた。一方イタリアでヴェサリウス後のもっとも代表的な解剖学者となったのは、パドヴァ大学のヒエロニムス・ファブリキウス（一五三三～一六一九年）で、多方面から学生を受け容れた。著作としては、静脈弁を発見してその結果血液循環――ガレノス説の否定――を導いた『静脈の小さな戸』（一六〇三年）が大きなインパクトを与えた。ファブリキウスの研究に刺激されたイギリスのウィリアム・ハーヴィ（一五七八～一六五七年）が、より総合的・

一般的な血液循環原理を発展させ、一六二八年に『動物における心臓と血液の運動』を出版したことは、よく知られている。

その後、ヨーロッパ各国で多くの解剖学者が活躍し、とりわけ十七世紀のオランダでは、解剖の授業は市民生活においてとても大切な要素となり、解剖の公開が年中行事ともなっていた。イタリアのパドヴァ大学やボローニャ大学にも、学生や聖職者への教育を目途とした解剖劇場が設営された。十六世紀末から十七世紀にかけては、それまでの知見を集大成したような解剖学教科書が著されたが、とくにバーゼル大学のカスパール・ボアン（一五六〇～一六二四年）の『解剖劇場』（一六〇五年）やモンペリエ大学のアンドレ・デュ・ロランス（一五五八～一六〇九年）の『解剖学誌』（一六〇〇年）が世に知られた。

ガレノス説の超克には、観察道具の劇的改善も与って力があった。イタリアで顕微鏡を駆使して人体や動物を解剖・観察して成果を挙げたのが、主にボローニャ大学で教えた**マルチェッロ・マルピーギ**（一六二八～九四年）である。『**肺についての解剖学的観察**』（一六六一年）や『内臓の構造についての解剖学的考察』（一六六六年）が主要な成果で、前者では肺胞・気管支・毛細血管など——人間に加えカエルのものも——を、後者では腎臓をはじめとする内臓諸器官を精細に観察したが、その際マルピーギは、解剖学的な構造の下に微細な機構が秘められていると信じ、その構造・配列が生体の働きを説明するという原子論＝機械論的な概念を抱懐して、その解明に数学を利用することを推奨した。

医学の中で解剖学とも関連する外科学においては、患者の苦痛緩和を目指して手術法改善に取り組んだアンブロワーズ・パレ（一五一〇～九〇年）に注目しなくてはならない。著作としては、『銃創治療法』『外科学五篇』『外科学とそれに必要な器具に関する十篇』などがある。

解剖学者や外科医の管轄外だった「生体の神秘」、その解明と治療のための**医学**（内科学）については、中世同様、ルネサンス期においても相変わらずガレノス生理学の影響から逃れられなかった。というのも当時はまだ、遺伝学はもちろん薬理学や生化学も存在せず、薬草とか食餌療法といった経験や伝承に頼る療法しかなかったからである。それでも十六世紀に入って、疾病に関する新たな概念と分類法および治療法が登場したのは、その後の医学の発展を考える上で無視できない。ここでは**ジャン・フェルネル**（一四九七頃〜一五五八年）の貢献が大であった。彼はいわば生理学への新しいアプローチを示すとともに、医学・医療のあらゆる分野を網羅して、近代的な総合医学書の先蹤となった著作をものしたのである。それが一五五四年の『医学』で「生理学」「病理学」「治療学」の三部からなる。一五六七年の『医学完全版』では、未完成だった「治療学」が完成し『**事物の隠れた原因**』が付加されている。

十六〜十七世紀初頭には、フェルネルの大著以外にも、ガレノスの四体液論をめぐるおびただしい論考が各国で出された。論陣は、パラケルススのアルケウス（始原者）概念を奉じ、経験を重視して治療に化学を用いようとする手法に共鳴するパラケルスス派と、その攻撃の的となった伝統的・保守的なガレノス主義の医学者たちに大きく二分される。前者としては、『哲学的医学のイデア』（一五七一年）を書いたデンマークのペトルス・セヴェリヌス（一五四〇／四二〜一六〇二年）、その影響を受け『ヘルメス主義的医学の真実のために』（一六〇四年）を出版したフランスのジョゼフ・デュシェーヌ（一五四六〜一六〇九年）、没後『医学の曙』（一六四八年）を発表したネーデルラントのヤン・バプティスタ・ファン・ヘルモント（一五七九〜一六四四年）、『化学の聖堂』（一六〇九年）で有名なオスヴァルト・クロリウス（一五六〇頃〜一六〇九年）らがおり、化学的に薬を調合する「医化学」の伝統を始めた。彼らはマクロコスモスとミクロコスモスの照応を前提に世界霊魂、精気、種子、第五精髄などの概念を使いこなす生気論的な世界観を抱いていた点で共通しているが、かならずしも皆がガレノス説を全面否定しているわけではない。

中世世界を震撼させたらい病（ハンセン病）やペストについで、十五世紀末からは戦乱に苦しむヨーロッパに梅毒が蔓延して、人々を恐怖に陥れた。こうした伝染病について、感染の仕組みを合理的に説明しようとしたのが、イタリアはヴェローナの医師**ジローラモ・フラカストロ**（一四七八〜一五五三年）であった。彼は一五四六年に出版した『**伝染・伝染病およびその治療について**』で、体質にも気候風土にも帰せない伝染病の「接触感染」を三種に分類しつつ論じている。

ルネサンス期において「医学」の一分野を成していたのが「温泉学」である。十四・十五世紀になると、貴賤を問わず温泉行がイタリアを中心に一大ブームになるが、多くの湯治客は、あらかじめ医者のアドヴァイスを得てから温泉場に赴いた。それとともに、温泉の薬効を研究対象とする医者が、高貴な人の供をして温泉場にやって来る機会が増えた。こうした医者たちによって、**温泉論**が多数書かれることになった。そして彼らは水の種類を見定めて定義し、その治療・予防効果を列挙し、入浴方式やその頻度、従うべき食餌療法、湯治に適した季節とその長さなどについての規則を定めたのである。その先鞭をつけたのは、十四世紀前半のジェンティーレ・ダ・フォリーニョで、彼は少なくとも二つの温泉論を書き、後続の医者たちの模範となった。

十五世紀イタリアで書かれた温泉論のうち代表的なもののひとつが、**ウゴリーノ・ダ・モンテカティーニ**（一三四五／四六頃〜一四二五年）の『**温泉論**』（一四一七年）である。また、フィレンツェで一時神権政治を行った熱狂的な修道僧ジローラモ・サヴォナローラの祖父としても知られるミケーレ・サヴォナローラ（一三八四〜一四六八年）は『イタリアのすべての鉱泉と自然温泉について』（一四四八〜四九年）を書き、そこには先端的な溶液分析、蒸留器処理による鉱水調査法が記述されている。その後十六・十七世紀にかけて、新たな温泉文化はアルプス以北にも徐々に広まり、とりわけパラケルスス主義者によってその効用が論じられていくことになる。

ところで前近代においては、医学のもっとも重要な柱が食養生であってみれば、料理・食事にも最新の注意が払われたのは当然である。またそれを学問的体裁にまとめた書物——十三世紀後半のシエナのアルドブランディーノによる『身体養生法』など——も中世からあった。しかしこうした栄養学・食餌療法が大きく展開し、具体的に何を考慮して料理を作り、食卓を準備したらよいのかという**料理術**が発展したのは、やはりルネサンス時代であった。とりわけイタリアでは一四七〇年から一六五〇年にかけて、印刷術の波に乗って料理術関連の文献が大量に生産された。

この分野で初期のもっとも重要な作品は、**バルトロメーオ・サッキ**、通称**プラーティナ**（一四二一〜八一年）による『**適正な快楽と健康について**』（一四七〇年頃）である。もちろんすでにギリシャにもアラブ世界にもあるいは中世イタリアにも、食べ物と健康を密接に関係させる論考はあり、それらにプラーティナも多くを負ってはいるのだが、彼がはじめてその結合を、宗教色を脱色した完全に世俗の探究とした意義は大きい。また彼は食べ物の食材・レシピから進んで美的心理的な快楽の次元に移り、その作品はモダンな様相を示した。ほぼおなじ時期に出たジローラモ・マンフレーディ（一四三〇頃～一四九三年）の『人間の書』（一四七四年）は、イタリア語訳の『イル・ペルケ（疑問）』としてより普及したが、前半でさまざまな種類の食物を取り上げて食養生のアドヴァイスをしている。人肉も特異な薬物として論じられているのが目を引く。教皇庁ついでミラノでスフォルツァ家に仕えたヌルシアのベネディクトゥスの『健康維持のための書』は一四七五年に上梓され、健康ならば好きなものを何でも食べてかまわない、ただし適切に調理され節度ある食べ方なら……と説いている。

料理の材料となる作物を育て準備するのは、**農学**の役割であろう。古代ギリシャ・ローマ時代からエリートたちは農作業への関心が高く、いくつもの農業論が著された。カトー、ウァッロ、コルメッラ、パッラディウスらが主要な農業論作者として知られている。中世には新たな論考が書かれるというより、むしろ実践的知識がベネディクト会修道院などで培われて伝播していった。農業論が再興するのは中世末・ルネサンス期からである。その代表は、イタリアのピエトロ・デ・クレッシェンツィの『農業論』（一三〇四年）である。

十六世紀になると、フランスがこの領域のリーダーとなるが、北イタリア、ライン地方、フランドル、南イングランドにも農学者は輩出した。フランスのベルナール・パリッシー（一五一〇～八九年）は、不毛で痩せた土地を肥沃にするために施すべき堆肥を実験的および理論的に考察し、その源に「塩」を見出して『泥灰土について』と『種々の塩について』を上梓した。だがこの分野でもっとも有名なのは、**オリヴィエ・ド・セール**（一五三九～一六一九年）の『**農業の劇場**』（一六〇〇年）であり、幸せな家族の生活のための家長の責任と農作業の手順・注意点を科学的・経験主義的に論じて、後世に大きく寄与した。十七世紀にはイングランドの農業改革を狙ってサミュエル・ハートリッブが農地改良、肥沃化のために泥灰土利用を推奨するとともに、鉱物・石・土・砂などに関する科学（錬金術的パラケルスス主義）を適用することを唱道して、一連の作品を書き上げた。

ルネサンス期においては、地上の出来事、人間の状態、これらに星辰が圧倒的な影響を与えると信じられていた。その信仰は、マクロコスモス（宇宙）とミクロコスモス（人間）の関係や両者を循環し結びつける「精気」の存在への確信と不可分であろう。中世とはやや異なるルネサンス流の――つまり神以上に自然が前面にせり出し、また異教の影響が濃厚になった――、ヘルメス主義やカバラ主義を加味した宇宙＝人間観は、フランシスコ会士のフランチェスコ・ジョルジ（一四六六～一五四〇年）の『世界の調和』（一五二五年）に明瞭である。この時代、あらゆる学知は自然魔術的な様相を呈し、科学と魔術はほとんど区別がなかった。これまで述べた医学や温泉学、農学などでも、天体・星辰の動向や大地の生命力に、論者は一途な関心を向けていた。こうした自然魔術に付随する観察と実験の術として比類ない地位を占めたのが、**占星術**と錬金術であった。

だから中世・ルネサンス期の聖俗の宮廷――教皇庁にまで！――には、健康に関する予言のほか、とくにいつ行動を起こすべきかを知るために、お抱えの占星術師がしばしばいたし、イタリアのボローニャ大学をはじめとする大学でも、医学と占星術の結びつきから、専門の教師――占星術師グイド・ボナッティら――が雇われたり、教科書――ヨハンネス・デ・サクロボスコの『天球論』（一二三〇年頃）など――が作られたりした。

ビザンツの学者、ゲオルギオス・ゲミストス・プレトン（一三五五頃～一四五二年）が東西教会合同の公会議のためイタリアを訪れたことによって、イタリアでは占星術が開花したが、同時に、批判の声も高く上がった。たとえば**マルシリオ・フィチーノ**（一四三三～九九年）は、星辰に関する迷信や司法占星術に反対した。フィチーノは人間が生まれるとき、その身心の能力や強弱は星辰が決めるが、その後の可能性をどう使いいかなる人生を送るかは、個人にかかっていると考えていたのである。しかしフィチーノの著作には、占星術的な思考様式やイメージが非常に色濃く反映していることは隠れもない。彼の『生命論（三様の生について）』第三巻「天界により得られるべき生について」は、人間（学者）の生への星辰の影響を扱っている。また『**太陽論**』（一四九四年）でも、星辰こそが万物に生命を与える源であり差異を創り出す原因でもあるとし、太陽を神同然に捉えている。

ピーコ・デッラ・ミランドラ（一四六三〜九四年）はフィチーノの影響を受けてヘルメス主義に傾倒した時期もあったが、晩年には頑固な合理主義者の顔を見せ、『予言占星術論駁』（一四九五年）で占星術とその基盤がいかに不確かかを示そうとした。一方、ジョヴァンニ・ポンターノ（一四二二?〜一五〇三年）は『天象論十三巻』の第十二巻でピーコに反論して、天界の運動は人間の体液混合に作用し、それにより感覚や性格・才能にも影響を与えるとし、類推的論証で占星術を擁護している。ルネサンス期イタリアでもっとも面白い占星術師は、おそらくトンマーゾ・カンパネッラ（一五六八〜一六三九年）だろう。後述するその自然魔術を扱った著作には、占星術的な記述がきわめて大きな部分を占めている。

十七・十八世紀になると、占星術は学者の間では廃れていき、ライプニッツ、ニュートンやフランスの百科全書家などは合理主義的立場を鮮明にして、天体の観察では占星術を無視し、こうして占星術に代わって**天文学**という科学が発展していくのである。だが誤解してはならないのは、天文学は近代に入ってはじめて占星術から分離独立して優勢になったというより、長い期間、両者は並列していたということである。天体の観察とその運行の原理の解明は、ギリシャ時代から高度に進んでいて、宇宙の形態、惑星と地球との距離や動き方、回転の仕組みなどについて、幾何学モデルやさまざまな理論的工夫によって数学的解決を目指したのである。その最大の成果は、言うまでもなく紀元後二世紀に古代アレクサンドリアで活躍したクラウディオス・プトレマイオスの大著『アルマゲスト』で、同書はルネサンス期の天文学の基礎となった。

中世においてはキリスト教的な世界観・宇宙観の圧倒的な影響により、客観的な天文学の研究は妨げられた。ルネサンス期に入って『アルマゲスト』のラテン語訳が作られたことが契機となり、はじめて新たな理論的検討が緒に就いた。ゲオルク・フォン・ポイエルバッハ（一四二三〜六一年）の『惑星の新理論』（一四七五年出版）は、プトレマイオスの著作に基づいた天動説を説きつつそれを改良している。彼は天体間の角度を測定するための機器を発明したことでも知られている。

革命的な転換をもたらしたのは、ポイエルバッハを通じてプトレマイオス説を学び、太陽中心説を唱えた**ニコラウス・コペルニクス**（一四七三〜一五四三年）である。アリストテレスのように、無意味な円を入れ子状に積み重ねるのは実相から離れているのではないか、あるいは周転円や「エカント」点を想定するプトレマイオスの考え方は数学的に巧妙正確でも、太陽中心の宇宙像を構想して化け物のような宇宙像をすっきりさせるほうが真実に近いのではないか、そのように直観したコペルニクスは、理論化を進めて大著『天球回転論』（一五四三年）を完成させた。地動説の誕生である。地動説自体はギリシャ時代からときどき姿を見せたが、精緻な理論づけ・体系化はコペルニクスがはじめてであったし、しかも物理的な実在として地球の日周運動および年周運動を打ち出した点が、革命的だったのだ。**「ヴェルナー論駁書簡」**（一五二四年）では、プトレマイオスの歳差運動に関する説をめぐるヴェルナー理論の過ちを鋭く批判している。コペルニクス後もプトレマイオスを信じる人は多かったが、ケプラーやガリレオがコペルニクス説を支持して地動説を根付かせていった。

デンマークの天文学者**ティコ・ブラーエ**（一五四六〜一六〇一年）は、自分で発明したすぐれた大型観測装置を使って惑星や恒星の肉眼観測を四十年近くつづけた。その正確さは、望遠鏡がそれを凌ぐのに一〇〇年以上要したほどだという。また彼はカシオペア座の近くに現れた爆発する星、超新星を発見したこともあった。それに関連してブラーエは一五七三年**『新星について』**を出版し、自分の天文学的計算や占星学的解釈を詳述した。彼は地球中心説を維持しつつも、太陽から地球、および諸惑星への相対距離がコペルニクスと同様に求められるモデルを提示し、プトレマイオスとコペルニクス両説の折衷案を提示した。

ティコの弟子のドイツの天文学者ヨハネス・ケプラー（一五七一〜一六三〇年）は、師よりもコペルニクスのモデルのほうがすっきりすると考えた。それを徹底化すべく著書『新天文学』（一六〇九年）では、周転円を完全に廃して、惑星は非等速運動をし惑星が太陽の周りに描く軌道は楕円だということを証明して、ケプラー第一・第二法則とした。さらに彼は惑星間法則の第三法則も提示した。一方イタリアのガリレオ・ガリレイ（一五六四〜一六四二年）は、一六〇九年に自作の望遠鏡で天体観測を始める傍ら、一六一〇年一月、『星界の報告』を執筆して三月半ばには出版に漕ぎ着け、一躍有名人になった。というのも、その中で従来知られていなかった星をかつての古い星の十倍以上も見つけ、月の表面は凸凹で、またこれまで「雲」とされていた銀河・天の川が星々の集合だということを示し、さらに木星の惑星の存在を明らかにしたりしたからである。天上界は不変にして完全だと説いたアリストテレス説を全面的に覆したことが、何より重要であろう。

天文学の父ともいえるギリシャのプトレマイオスはまた、西洋における地図製作の基礎をも築いた。彼の『地理学（ゲオグラフィア）』と付属の地図には、多くの重大な誤りはあったものの、それでもいわゆる「地理上の発見」にいたるまで、世界の大陸や各地域の位置や形についてもっとも総合的にして信頼のおける典拠でありつづけた。

中世にはこのプトレマイオスが忘れ去られてしまったため、世界は円盤状に広がり、その中心はエルサレムで、オリエントには怪人・怪物が巣くっているとする世界像が広まった。そして、ＴＯ図という、世界周辺を取り巻く海（オケアノス）に、アジア・アフリカ・ヨーロッパの三大陸が配される「想像の地理」がずっと人々の脳髄を捉えていた。そのほか中世には、マッパ・ムンディと称されるより大がかりな地図があり、詳細な情報、つまり山・川・都市などが描き込まれたものもあったが、やはり科学的・客観的な観察や計測とは縁遠く、伝承や想像に基づいていた。

その後、十一世紀末に開始した十字軍を契機に地中海海上交通が盛んになると、造船術・航海術が発展し、合わせて羅針盤も登場、十三世紀以降「ポルトラーノ海図」という羅針盤使用に即した航海用の実用地図が生み出されていった。これはまず、イタリアの海洋都市での航行の必要からヴェネツィアおよびジェノヴァで作成されたが、より質の良いものは十四世紀にカタロニアで作られた。

ようやく一四〇七年にプトレマイオスの『地理学』がラテン語訳されて広く知られるようになり、ヨーロッパ人の世界を見る目は一変する。十五世紀末に「発見」された新大陸を掲載した世界図がプトレマイオスの作法によって描かれ、それが印刷術にのって広まっていったのである。最初十五世紀から十六世紀前半には、ポルトガル、スペインで新たな海図が作られたが、その後十七世紀にかけてはネーデルラントが多数のすぐれた地図作製者を輩出した。「メルカトル図法」で知られるゲルハルドゥス・メルカトル（一五一二〜九四年）もフランドル生まれの地図学者である。

こうした地理的知見の拡大や地図の改良とともに、言葉・文章で世界を記述する「世界誌」も進化していった。中世には、旅行記、巡礼記、十字軍行軍記などが相当数作られたが、たとえば十四世紀後半のジョン・マンデヴィル作『東方旅行記』や十三世紀末のマルコ・ポーロによる『東方見聞録』に明瞭なように、正確な地理よりも、珍しい風俗習慣を記載したり、幻想に溺れたりして実用からはほど遠かった。ところが十六世紀以降は、地平の拡大とともにより多くの正確な知識が記載されるようになって、本格的な**地理学**が緒に就く。といっても、いまだ怪物の巣喰う辺境を想定するなど幻想性は引きずっているのだが。それが明瞭なのは、**ゼバスティアン・ミュンスター**（一四八八〜一五五二年）の**『宇宙誌（コスモグラフィア）』**（一五四四年）である。本書は既存の書物からの流用が多く、驚異的民俗の紹介といった側面もあるものの、彼自身の見聞や各地の学者から得た情報また「新世界」のデータも含まれている。すぐに人気の高い標準的教科書になり、ヨーロッパ各国語に訳されて数十版を重ねて広まった。

次の世紀には、おなじドイツでベルンハルドゥス・ヴァレニウス（一六二二〜五〇年）が登場して、死後『一般地理学』（一六七二年）が出版された。彼は当時の広い科学的根拠に基づいて主題の一般原則を定めるよう努めた。本作品は、地球全体、その形、大きさ、動き、距離測定などに関する数学的事実を調べるほか、地球が太陽や星、気候、季節によって影響される様、地球上の各地における時刻の見かけ上の違い、一日の長さの違いなどを考察している。長らく地理学で最高の科学的論考として世評が高かった。

植物と動物——自然誌・植物誌・動物誌・驚異論・発生学など

星辰や世界の地理を観察し論じるほかに、地上にある自然への探究熱が澎湃と高まったのもルネサンス期である。自然学の諸ジャンルのうちでも動植物学は、まさにルネサンス期における新来のジャンルと言えよう。というのも、中世においては聖書の文言に強く規定されたキリスト教的な動植物観に縛られ、古代のプリニウス作品なども寓意や象徴以外で着目されることはあまりなくなってしまったからである。

古代の著作家の作品（アリストテレスの動物学、テオフラストゥスの植物学やディオスコリデスの薬物学）が、ようやくルネサンス期に医学および自然学のカリキュラムの中に入ってきたため、一五三〇年代から六〇年代に**自然誌**が甦った。一五四〇年代には、新しい大学たるピサ大学やフェッラーラ大学で自然誌が医学部のカリキュラムに加えられ、世紀後半にはパヴィア、パルマ、シエナ、サレルノなどでも薬草研究がなされた。イタリアでは、ウリッセ・アルドロヴァンディ（一五二二〜一六〇五年）らの努力もあって、十六世紀末までに自然誌は大学の医学カリキュラムに確固とした位置を占めて、固有の教員を確保し、植物園や博物館も作られた。

ルネサンス期には、自然誌は、動物誌、植物誌、鉱物誌などに下位区分されてそれぞれ研究が進められたが、総合的な著作も書かれた。**フランシス・ベイコン**（一五六一〜一六二六年）の『**森の森**』（一六二六年）はその典型であろう。本書は自然学の基礎に自然誌があるべきだと考えるベイコン晩年の大作で、動物、植物、鉱物など地上のあらゆる自然物を扱った総覧である。動植物はそれまで、医学や自然哲学の準備研究・予備知識として取り上げられてきたが、ベイコンの『森の森』とともに、それらは独自の資格で調査対象となった。本書は分類と因果関係の説明により意を用いているし、自身の実験・観察の結果も取り入れている点が新しい。もちろん、先行する自然誌からの借用も多いのではあるが……。

つぎに**植物誌**について見てみると、ドイツはじめ北方ヨーロッパでは、中世末以来民間伝承の薬草知識などを含んだ「本草書」がいくつも作られたが、科学的な方法は欠けていた。ルネサンス期により科学的な植物研究を促した書物は、十六世紀にもっとも読まれた科学書たるアンドレア・マッティオーリによる『ディオスコリデス注解』で、イタリア語版が一五四四年、ラテン語版が一五五四年に出版された。多くの版を重ね、ドイツ語、フランス語、スペイン語、チェコ語に訳された。

植物誌の大展開は、大航海時代の世界探検を鋭く反映している。とりわけアメリカ大陸や東インド諸島への航路が開けたことが大きかった。原住民らの利用していた薬草に希望を抱いた人も少なくなかった。たとえばポルトガルのユダヤ人ガルシア・デ・オルタ（一五〇一～六八年）は『インドの薬草調剤と医薬品についての対話』（一五六三年）を著し、数々のインド産植物をはじめて紹介した。またスペイン人ニコラス・モナルデス（一四九三～一五八八年）はアメリカ物産について同様な貢献をし、一五六五～七四年に三部に分けて著された彼の主著は、まもなく『新世界からもたらされた嬉しい知らせ』と題されて英訳され人気を集めた。十六世紀には、各国で相当数の植物誌がヨーロッパ内外の植物を集めて出版された。たとえばヴァレリウス・コルドゥス（一五一五～四四年）、カスパール・ボアン（一五六〇～一六二四年）、カロルス・クルシウス（一五二六～一六〇九年）らは、注意深い観察で何百・何千という植物の類似と相違を見つけて、秩序立てて体系化した植物誌を残している。

そうした中、大航海時代の発想豊かなヴェネツィアの旅行家**プロスペロ・アルピーニ**（一五五三～一六一七年）は、ヴェネツィア共和国領事の侍医として赴いたエジプトでの植物観察・採集の成果としての『エジプトの植物』（一五九二年）に美しい挿絵を記載した。そこにはコーヒーについての最初の記述もある。小品だが注目すべきは『**ルバーブ論**』（一六一二年）であり、これもトラキア（ブルガリア）からもたらされたルバーブを自身で観察して古典文献と突き合わせながら分類・同定した成果である。彼はイタリアのパドヴァで質の良い真正な古代ルバーブを栽培して、人々の健康に役立てたいと考えていたようである。

こうした植物研究を助けたのは、植物を蒐集して栽培しておく植物園である。最初の大学附属の植物園が、一五四五年にパドヴァに創設された。それにすぐ倣ったのが、ピサ（一五四七年）とボローニャ（一五六八年）であった。さらに他国では、ライデン、モンペリエ、オックスフォードなどで植物園設置が相次いだ。有名なパリの「植物園」は、フランス王立植物園として一六二六年に枢機卿リシュリューにより造られた。

しかしこうした研究盛況ですぐに植物誌が経験的学問になったわけではない。目の前にあるものよりも言葉を重んじ、ディオスコリデスの「権威」に従うというような古い慣習もまだ残っていたからである。さらに魔術的思考に引きずられた植物論もあり、後述するデッラ・ポルタはあらゆる植物の徴を蒐集して『植物観相学』（一五八八年）を著し、植物の（部分の）形から、どの病気・怪我に効くかが推論されると考えている。

つぎに動物学とその百科全書的成果である**動物誌**は、ルネサンス期にはどのような展開を見せたのだろうか。十六世紀以降には、古代の権威の上に観察も加えて新たな動物誌が編まれていった。フランスではピエール・ブロン（一五一七〜六四年）が近東を旅行しながらノートを取り、『海の奇妙な魚類の自然誌』（一五五一年）、『鳥類誌』（一五五五年）などの立派な本を書いた。そこでは鳥の骨格を人のそれと並べて示し、個々の骨を比較している。ギョーム・ロンドレ（一五〇七〜六六年）は、大著『海産魚類誌』（一五五四〜五五年）で地中海の魚類をまとめている。イタリアでもっとも重要なのは、ここでも上に名を挙げたアルドロヴァンディであろう。彼は『鳥類学』三巻（一六〇〇〜〇三年）、『魚類』五巻（一六一三年）、『昆虫学』（一六〇二年）などを著している。他にイッポリト・サルヴィアーニ（一五一四〜七二年）が『魚類について』二巻（一五五四年）を書いている。イギリス人のエドワード・トプセル（一五七二頃〜一六二五年）は、牧師としての仕事をする傍ら『四足獣誌』（一六〇七年）や『ヘビ誌』（一六〇八年）をものした。

より重要なのは、アルドロヴァンディにも影響を与えたスイス生まれの**コンラート・ゲスナー**（一五一六〜六五年）である。その『**動物誌**』四巻（一五五一〜五八年、死後の八三年に五巻目が刊行）は、ありとあらゆる動物を載せた百科全書的書物で、近代的な動物学の源として位置づけられる。「**犬と狼について**」はその一部であり、諸種の用途などで分類された犬と狼が、身体的特徴や気性とともに論じられ、また薬として有用な犬や狼の肉体部分についても述べられていて、興味深い。

技術的発展も動物誌の進展に手を貸した。具体的には、とりわけ顕微鏡の発明である。顕微鏡という新しい装置を駆使して動物（昆虫）研究を最初に行ったのは、イタリアの「山猫アカデミー」というアカデミーのメンバーであった。さらにイギリスのロバート・フック（一六三五〜一七〇三年）が動物・植物・鉱物を精細に観察して『ミクログラフィア』（一六六五年）を著したし、オランダのヤン・スワンメルダム（一六三七〜八〇年）やアントニー・ファン・レーウェンフック（一六三二〜一七二三年）も、前者は昆虫、後者は微生物・原始動物・精子などを観察してその成果を公表した。顕微鏡利用の動物研究が解剖学の発展とも密接に関わっていることについては、上にマルピーギを論ずるところで示したとおりである。

植物・動物とならんで鉱物についても、蒐集分類と記述が盛んに行われたことを覚えておこう。ローマ教皇の侍医であったミケーレ・メルカーティ（一五一四〜九三年）は、教皇庁に所蔵されていた鉱物類を調査研究して『ヴァティカン鉱物館』（一七一七年出版）を作成しているし、上述のアルドロヴァンディが残した手稿も、死後『鉱物博物館』（一六四八年）として日の目を見た。アンセルムス・ボエティウス・デ・ボート（一五五〇〜一六三二年）の『宝石および石類誌』（一六〇九年）は、一〇〇以上の鉱物・宝石について、堅さなどの科学的観察と健康に資する効能をとりまぜて記している。

これら、近代の動植物学へと直接繋がっていく観察と分析の成果たる業績にも、じつは十六世紀までは伝統的な魔術的自然観が忍び込んでいた。また、まったく迷妄のようにも思われる怪物と驚異への関心が壮大にふくらんだのも、じつはルネサンス期であった。科学的態度と迷信的態度が並列していたかの有様である。しかし中世においては、驚異的現象は神のもたらした奇跡やその警告であるか、悪魔の奸計による人間の陥れであったが、ルネサンス期には、説明はより世俗化・自然化した。ところが宗教改革・宗教戦争による西欧キリスト教世界の分裂・混乱の中で、世俗化・自然化した説明は理性と科学への道程を逸れて驚異が一層増殖するとともに、新たな驚異貯蔵庫たるアメリカ大陸にまで探索の旅が盛んに行われたのである。

そうした中、驚異現象をまとめた**驚異論**ともいうべき著作がいくつも編まれた。十六世紀フランスでピエール・ボエステュオ（?〜一五六六年）が四四の不思議な話からなる『驚異物語集』（一五六〇年）を著し、そこで怪物についても述べている。彼は怪物を、怒れる神による懲罰、自然の中に超自然物を創り出せる全能の力の誇示であり、人間に警告して悔悛に導く手段としての徴と——古い伝統的考え方に立って——捉えている。より有名なのは、外科医として知られる上述の**アンブロワーズ・パレ**による『**怪物と驚異について**』（一五七五年）である。本書は人間の諸種の奇形や陸上および海中のさまざまな怪物とその原因を、異常な生殖・悪魔の奸策・自然の戯れ・ペテンなどと関連づけつつ総合的にまとめている。パレは医者としての科学的視線から驚異や怪物を分析しようと試みている点にも留意したい。

このパレもそうだが、その他、フォルトゥーニオ・リチェーティ（一五七七〜一六五七年）の『怪物の原因、本性、区別について』（一六一六年）、アルドロヴァンディの『怪物誌』（一六四二年）、ガスパール・ショット（一六〇八〜六六年）の『珍奇自然学』（一六六二年）、トマス・ブラウン（一六〇五〜八二年）の『医師の宗教』（一六四三年）などにおいても、怪物が、神が罪深い人間に送る驚異の統語法の現れであることについては否定し、ときに子宮・胎盤・羊水などの異常が奇形の原因だと主張されているのは新しい。ところが神が人間を罰して怪物に変えられるとの信念もまだ残っていて、経験的・客観的な観察と、宗教的な盲信、さらにとめどなく拡大する想像力は、この時代には相反するものではなくて同居していたのであろう。

ところで、動物学の一分野と見なせるのが**発生学**である。この分野での大きなハードルは、**ウィリアム・ハーヴィ**によって超えられた。それは『**動物の発生**』（一六五一年）においてであり、その中で、哺乳類や鳥類をはじめとする有血動物の発生については、始めまったく未分化であった原基が液質→跳躍点→心臓→諸器官という順で段階を追って複雑化し、最後に一人前の器官・組織を備えた動物になるとする後成説が支持されている。

自然の原理――自然魔術

自然誌は、動植物・鉱物などを蒐集・観察して、その特長を博物学的に記述していったが、そうした地球上の生物（や鉱物）すべての大元になる自然の原理・仕組みを考察する研究分野があった。すなわち自然哲学であり**自然魔術**である。近現代では、自然は科学の対象であったが、当時は科学と魔術がはっきり分離されず、いや区別はなかったため、自然学者の多くが魔術師であり、そして哲学者でもあったのだ。

この領域ではプラトニズムが、当初もっとも旺盛な思潮であり、その中心にいたのが、フィレンツェ・プラトン主義の大物、マルシリオ・フィチーノであった。彼はメディチ家が後援するプラトン学園の総帥でもあり、プラトン全著作の翻訳でも知られるが、その後近代初頭にいたるまでの自然学のひとつの基調を定めた点が、最大の功績だろう。

　このフィチーノの名前と結びつけられた、いわば世界観がヘルメス主義ないしヘルメス教で、深い影響をもたらす知的運動として展開していった。コジモ・デ・メディチ（一三八九～一四六四年）は、フィチーノにプラトンの翻訳に加えて『ヘルメス選集』も訳すよう命じた。これは一四六三年までに完了し、一四七一年に出版され版を重ねた。すでに述べたように、フィチーノ自身の『生命論（三様の生について）』にも、星辰の感応霊力を魔術師が招請する類感魔術的な要素があり、天界の好ましい影響を引き寄せ、悪い影響を避ける方法を論じている。まさにフィチーノによりヘルメス・トリスメギストスやオルフェウス、ゾロアスターなどの「始原の神学者たち」＝魔術師たちを崇め奉る、ルネサンスの魔術師の系譜が始められたのである。

　ピーコ・デッラ・ミランドラも、初期の頃はヘルメス主義を喧伝した。その考えのエッセンスは、あらゆる宗教に共通の起源を認め、人間はアダムの堕罪の呪いを受け継いでいるどころか、反対に神的なる普遍的炎を宿す存在だとする『人間の尊厳について』（一四八六年）にも表れている。彼は実践的カバラの魔術を自然魔術に付け加えて、神・天使の活力が満ちた超自然界・天上界へと魔術の作動領域を延長させた点も特筆すべきである。ピーコとほぼ同時代には、一層徹底したヘルメス主義者で『キリストの聖杯とヘルメスの混酒器（クラテル）』（一五〇五年）を書いたルドヴィコ・ラッツァレッリ（一四四七～一五〇〇年）などもいた。さらにイタリアではその後もヘルメス主義が栄え、十五世紀末葉から十六世紀前半には、書物を読めない民衆レベルにまで広まったようである。ヘルメス主義はフランスにも伝わり、リヨンの医師サンフォリアン・シャンピエ（一四七一～一五三九年）は一五〇七年『四倍の生命について』という大著を著し、占星術的な星辰の影響力をつまびらかにした。

　ピエトロ・ポンポナッツィ（一四六二～一五二五年）の『魔術について』（一五二〇年）は、驚異の説明として神や悪魔を持ち出さずオカルト的な力を秘めた自然をその原因とし、アリストテレス主義哲学者としての自然魔術の捉え方を示した。それを半ば引き継いだジローラモ・カルダーノ（一五〇一～七六年）は諸方面で活躍した自然哲学者で、占星術・魔術や数学にも造詣が深かった。彼の自然哲学分野での主著には、百科全書的な『精妙さについて』（一五五〇年）

と『事物の多様性について』（一五五七年）がある。宇宙を巨大な生命体と捉えて、自然のあらゆる領域に加えて機械の設計や暗号、悪霊まで俎上に載せ、人間界も自然界も神の世界も無限に多様な種・類が埋め尽くしているとし、均衡とアナロジーのシステムによって多様性と統一性を結びつけた。「多」を秩序づけて「一」にする根本原因を霊魂に見立て、それは世界の内にも人間の中にもあると考えたのである。アリストテレスの四元素を三元素に縮減（火は特別視し元素からはずす）しているのも、オリジナルな構想であろう。

南イタリアのコゼンツァのベルナルディーノ・テレジオ（一五〇九〜八八年）も代表的な自然哲学者であるが、熱烈な反アリストテレス主義者でもあった。そして『事物の本性について』（一五六五年）などの著作で、自然はつねに同一でその作用もおなじ仕方でなされるとし、物体的な塊に作用する能動的な自然として、熱・冷の単純な二項対立概念を考え、物質的なもの、および精神的なものの双方ともこの二大原理——それらには感覚と自己保存欲が与えられているが——の闘争でできていて、それが人間と動物を含めた生物全体を有機的統一体として連続的・同質的にまとめているとする。すなわち熱・冷が物体の塊に内在してそれが運動を引き起こし、その度合いの変化によってのみ自然現象の諸相は顕れる、という感覚論的な自然哲学を展開したのである。彼が採用した医学的精気の概念は、フランシス・ベイコン、アゴスティーノ・ドーニオ、アントニオ・ペルシオ、トンマーゾ・カンパネッラらに受け継がれた。

プラトン主義・ヘルメス主義の伝統をより色濃く引くのは、フランチェスコ・パトリッツィ・ダ・ケルソ（一五二九〜九七年）である。その『宇宙についての新しい哲学』（一五九一年）では、アリストテレスの四元素に対して空間、輝き、熱、流体の四元素を据え、とりわけ空間はあらゆる自然的実在に先行して存在しているゆえに、最初にそれについての知識を数学・幾何学によって得るべきだとしている。

ナポリ出身のジョヴァンニ・バッティスタ・デッラ・ポルタ（一五三五〜一六一五年）も、やはりヘルメス主義や新プラトン主義の影響下に思索した。とくに魔術的自然に惹かれて多様な作品を残している。主著は『自然魔術』（一五八九年）で二十巻からなり、あらゆる自然魔術の範囲、たとえば調理法、呪文、磁気、薬草、数学、錬金術、占星術などにまつわる実験や観察結果を多く集めている。デッラ・ポルタによれば、宇宙のあらゆる部分は互いに関連しあっているために、自然魔術とは「全宇宙の表徴を深い思索をもって観ずる」ことであるとし、模倣魔術の一種を奉じていた。『自然魔術』は素朴な思考方法にとどまっているが、当時大変な人気でよく読まれた。

テレジオの「感覚論」に大きな感化を受けて思索し、またデッラ・ポルタの弟子ともいえるのは、カラブリアのスティーロ出身でドミニコ会修道士の**トンマーゾ・カンパネッラ**（一五六八〜一六三九年）であった。彼の『**事物の感覚と魔術について**』（一五九一年）に代表される感覚哲学では、あらゆる存在がそれぞれの段階で「感覚」を与えられているとし、テレジオの熱・冷・物質という自然の三原理を、世界霊魂が宇宙諸力の活動を調整しつつ補うのだと考えられている。

やはり南イタリアのノーラ（ナポリ近く）出身のジョルダーノ・ブルーノ（一五四八〜一六〇〇年）も重要である。ドミニコ会修道士となるが異端の嫌疑を被せられて逃亡、ヨーロッパを放浪するも九一年イタリアに戻ってすぐ逮捕され、一六〇〇年火刑に処せられた。彼も反アリストテレス主義者で素朴な実在論を否認し、世界を微小原子の集合と捉え、その世界がさらに無限に集合して宇宙ができるのだとした。コペルニクス理論を宇宙の無限性観念と結合させて中世的世界像を打ち破った、とも評価されている。だが彼の学説は、ヘルメス主義的世界観の典型例としても位置づけられる。なぜなら彼は世界霊魂の存在を認め、運動の内在原理がほかならぬ神であるとして、原子の離合集散が生物はじめ万物の移動・生死をもたらすとする生気論的な宇宙観を抱懐していたからである。多くの作品の中でとりわけ魔術的な傾きがあるのは、光の生き物と闇の生き物が登場する、魔術的図像を論じた初期作品の『イデアの影について』（一五八二年）である。

ネッテスハイムの**ヘンリクス・コルネリウス・アグリッパ**（一四八六〜一五三五／三六年）の『**オカルト哲学について**』（一五一〇年頃完成、一五三一年刊行）は、妖術に陥ることのないあらゆる種類の魔術を論じた三巻の浩瀚な書物である。この三巻はそれぞれ、**「自然魔術」**「天界的魔術」「祭儀的魔術」に当てられている。最初の巻は、デッラ・ポルタやフィチーノの自然魔術論に似ているが、一層組織的である。

おなじくドイツ語圏で活躍した**パラケルスス**（一四九三／九四〜一五四一年）の自然魔術は、アグリッパのものとは趣を異にしている。彼はルネサンスの物質生気論的・魔術的自然観に沈潜した魔術師である一方、医師として病人を観察し、さらに深いキリスト教的精神を湛えたドイツ神秘主義の信奉者でもあったのだから。しかもパラケルススは書物至上主義の学者ではなく、経験・実験を重視し、鉱夫からも学んだ。とりわけ薬草についての知識は、古代の文献とともに民間伝承からも得ていた。あらゆる事物がそれらから構成されているとする彼の三原質（硫黄・塩・水銀）についての考え方は、その後の医学・化学に大きな影響を与えた。おびただしい著作があり、真作・偽作の判定とともに、いまだ全貌が摑めないほどである。そうした著作のうちあらゆる存在が連鎖し類似の網目で繋がりあっていることを主張する『**像についての書**』（一五二九年以降）は小品ながら意義深く、不可思議な影響力についても類似ネットワークから説明している。

パラケルスス主義と不可分の、自然の仕組みそして世界創造の秘密を解明する普遍的な学問としての化学哲学（ケミカル・フィロソフィー）への関心が、十六世紀末〜十七世紀前半に一気に高揚した。たとえばその熱心な擁護者のひとりに、『両宇宙誌』（一六一七〜一九年）を書いたイギリスのロバート・フラッド（一五七四〜一六三七年）がいた。彼はピュタゴラス派が数と比を深く研究してゆるぎない神への信仰に到達したことを評価し、それを再興すべきだと説いた。一方ネーデルラントのファン・ヘルモントは、伝統的な錬金術やパラケルスス派の医化学に影響されながらも定量化に細心の注意を払って化学反応を考察し、その中で生命の源および種子について論じた。これらのパラケルスス主義者らは、より保守的なアリストテレス・ガレノス追随者と対立し、大学での主導権争いも各地で見られた。

宗教改革者としても著名なフィリップ・メランヒトン（一四九七〜一五六〇年）は、最近その自然哲学領域での業績が注目を集め始めている。神の摂理の観念に取り憑かれた彼は、それを読み取るべき学問として天文学・占星術を重視した。そこには、先行する誰よりもキリスト教的な意義が当て嵌められる。そして『デ・アニマ注解』を一五四〇年に上梓し、ガレノスを高く評価しながら、人間の霊魂の理解のため、また創造主たる神の業の理解のためには、人体の解剖が不可欠になる、という瞠目すべき考え方を示している。

よりいかがわしい風貌を見せる魔術師もいた。イギリスのジョン・ディー（一五二七〜一六〇八年）やその協力者であったエドワード・ケリー（一五五五〜九七年）などである。彼らは降霊実験を繰り返し、水晶玉に映る天使たちと対話して自然の秘密を学ぼうとした。それを記録した作品として『ジョン・ディー博士と何人かの精霊との間に多年にわたり起こったことの真実にして正確な物語』が、死後半世紀経って出版された。だがディーは、下で述べるように数学者として重要な業績を残したことも忘れてはならない。

やはり最近、注目を集めているエジプト学者アタナシウス・キルヒャー（一六〇一〜八〇年）はどうだろうか。キルヒャーは敬虔なるイエズス会士であると同時に、ヘルメス主義・古代神学の潮流にも棹差していた。彼は錬金術師を非難し馬鹿者呼ばわりするが、それでも自身、神を「宇宙の磁石」と見なすなど破天荒な着想をし、またとてつもない知的好奇心を抱いて、発生学、地質学、数学、天文学、音楽、エジプトのヒエログリフ解読、磁石設計などまで厖大な広がりの研究分野を相手にしている。その著作は奇妙きわまりない図版で飾られていて、まじめに取り組んでいるのか、戯れているのか分からないこともある。

キルヒャーの弟子のガスパール・ショットは、ドイツを離れてパレルモで長く教授職に就いていた。そして後年ドイツにもどり精力的に著作——自らの著作と師キルヒャーのもの——を刊行した。珍奇なもの、破格なもの、例外的なものにこそ、自然の叡智が選ばれて宿り顕れるとする考えを師から受け継ぎ、その著作には自然の驚異のみならず技術の驚異も溢れている。

合理性の学——光学と数学

幻灯機（ランテルナ・マギカ）を発明し『光と影の大いなる術』（一六四六年）を書いたキルヒャーが打ち込んだ**光学**とは、光に関係する諸現象とともに物質の光に対する性質をも扱う学問だが、遠近法など視覚の問題や眼球の解剖学・生理学とも関わって、ルネサンス期にはきわめて注目される分野であった。その時代には、今日のような物理学者だけでなく、哲学者、魔術師までがこれを扱った。

目にものが見えるのはどうしてか。光に関わる諸現象や光を受ける諸物質の性質が問題となるが、中世ヨーロッパには、古代のユークリッドやアリストテレスらの理論が、アラブの学者たち（十世紀後半～十一世紀前半のイブン・アル゠ハイサム［アルハーゼン］ら）によって咀嚼され伝えられた。だが他方でヨーロッパでは、光を神の象徴ないし力の表れとし、光が宇宙を生み出したという観念もあった。そしてロバート・グロステスト、ロジャー・ベイコン、ジョン・ペッカム、ウィテロなどが、それぞれの光学を展開した。

ルネサンス期には、画家たちによる実践的な積み重ねによっても世界の見方が変わっていった。絵画空間における、建造物内や景観の「透視図法」（遠近法）の問題である。それを最初に本格的に理論化したのは、人文主義者レオン・バッティスタ・アルベルティ（一四〇四～七二年）であり、その理論はピエロ・デッラ・フランチェスカ、ジャン・ペルラン・ヴィアトール、レオナルド・ダ・ヴィンチなどによって、技術的洗練を加えられていった。

こうした透視図法盛況の傍ら、眼鏡、ルーペ、顕微鏡、望遠鏡など、レンズの応用で人の眼を助ける道具がつぎつぎ作られ、自然学に新たな領野を与えた。上に名を挙げたキルヒャーやショットは、自然物のみならず人工物・技術による驚異を現出させることに夢中になったが、光学は、錯視による驚異を創り出す原理を提供したのである。初期には、十六世紀半ばの建築家ジャコモ・ダ・ヴィニョーラ（一五〇七～七三年）が、諸種の透視図法を図解しながらアナモルフォーシスの作り方を解説した。しかし騙しのテクニック、人工魔術としての透視図法を扱ったもっとも法外なテクストは、十七世紀前半のジャン・フランソワ・ニスロンによる『奇妙な透視図法』とジャン・デュブルイユの『実践透視図法』（全三巻）である。またアナモルフォーシスはバロック期には建築の一部に取り込まれて、「騙し絵」壁画となった。

ところで光学が決定的進歩を印したのは、なんと言っても**ヨハネス・ケプラー**（一五七一～一六三〇年）のおかげである。彼は中世の光学理論を真剣に学び検討する中で、どこかおかしいと気づく。そして水晶体が直接光や色を感じて、それを神経系で脳に伝えるのではなく、外からの光は角膜とレンズとしての水晶体で屈折し、いくつかの錐体を作って、最後に網膜上に倒立像として収斂するのだとの考えに達した。そして一六〇四年に世に送り出した『**屈折光学**』で、眼の構造、屈折レンズ、網膜の役割を新たに打ち出したのである。もう一人の視覚理論の雄ルネ・デカルト（一五九六～一六五〇年）は、『屈折光学』（一六三七年）において、視覚は眼球とそこに繋がる視神経をへて、最終的に脳の働きによって実現されているとするが、同時に機械論的自然観を採用して、エーテルというあらゆる物質の隙間を埋める微細な物質・媒体の中の圧力によって光が生まれるとした。

こうした二人の先蹤者の主張は、その後、光の波動説、粒子説として、前者はフックやホイヘンスら、後者はニュートンらによって支持されて、それぞれが光の反射・屈折を理論づけ、互いに論争を繰り広げた。またイタリアの数学者・物理学者のフランチェスコ・マリア・グリマルディ（一六一八～六三年）は、『光、色、虹彩論』（一六六五年）で光の回析現象を発見・観察・記述したが、これが後に光の波動説を裏付けるものとして注目された。

数学については、まずトスカーナの修道士でイタリア各地で数学を教えたルーカ・パチョーリ（一四五〇～一五二〇年）の『算数、幾何、比および比率に関する全集』（一四九四年）が、ルネサンス期の数学の先鞭をつけた。ついで『一般数量論』を著したニッコロ・タルターリア（一五〇〇～五七年）が代数学の発展に貢献し、とりわけ商業算術すなわち実用的な算術を工夫した。自然哲学者として名を挙げたカルダーノとその弟子のルドヴィコ・フェラーリ（一五二二～六五年）も、三次方程式・四次方程式の解法の発見など代数学の分野で歴史的な誉れを得ている。ついでフランスのフランソワ・ヴィエト（一五四〇～一六〇三年）が『解析技法序論』（一五九一年）などの著作を著し代数を記号的に扱って方程式解法のテクニックを開発し、また代数学を系統的に幾何学に応用して三角法を改善した。

ほかに、加減乗除の計算を容易にし天文学者や航海者にも歓迎されたものとして、フランドルのシモン・ステヴィンが発見した小数、スコットランドのジョン・ネイピアが発見した対数、イギリスの**ウィリアム・オートリッド**（一五七三／七四～一六六〇年）が発明した計算尺などがある。なおオートリッドは、イギリスの聖職者にして数学者で、教師として多くの弟子を育てた。彼の作品には『**数学の鍵**』（一六三一年）という教科書があり、よく読まれた。それからイエズス会が数学を非常に重視した教育プログラムを採用したことは、いささか意外だが重要である。その学院からマラン・メルセンヌとルネ・デカルトが出ている。

数学はライプニッツ（一六四六〜一七一六年）とともに大きく前進する。彼は微積分法を発明し、また彼が考案したその記法も便利で優れたものだった。やはり微積分法を——ライプニッツとは独立して——発明したニュートン（一六四二〜一七二七年）はケンブリッジで数学を教え、その『普遍算術』（一七〇七年）には方程式論の斬新かつ重要な結果を記している。いうまでもなく、こうした数学の発展あってこそ天文学や光学が長足の進歩を遂げたのであり、それはニュートンやケプラーの業績を見れば一目瞭然である。

この、この上なく合理的な学（光学や数学）にも魔術的側面があったことが、ルネサンス期の特徴であろう。上述の「奇妙な透視図法」だけではない。自然魔術師もしばしば著作中で「数という主題」を立ち上げ、自然界の出来事は、数、重さ、尺度により支配されるのだとしているのだから。たとえばアグリッパは、事物の順位・数は偶然や人間のきまぐれでなく神によって創り出され、それゆえ天体と神の体およびその力と関係し調和している、とする。そして数学的魔術により天上の霊力を得ることさえできると主張するのである。遊び、驚きを喚起する数学トリックをさまざま編み出したのが、ジャン・ルールション（一五九一〜一六七〇年）の『数学リクリエーション』（一六二四年）で、読者に引っ張りだこであった。まじめと遊び、合理と不合理が一体化しているのがルネサンス期だろうか。

自然の応用——力学・工学・鉱山学・冶金術など

新航路開発、交易の発達、植民地支配の時代に、数学を実用的技術に繋げるのは、航海術や測量術などの実用数学の役割だが、それ以上に貢献したのは**力学**だろう。この分野でガリレオはいわゆる「振り子の等時性」を発見した。一方ホイヘンス（一六二九〜九五年）は物理振り子の理論を解明し、質点系力学を開始した。ニュートンはさらに進んで、三つの運動法則を提出して動力学を確立し、万有引力の法則などとともに、天体現象も地上の現象も合わせて、きわめて広範な力学現象を統一的に理解・説明する体系を作り上げた。その輝かしい成果は『自然哲学の数学的原理（プリンキピア）』（一六八七年）にまとめられている。

もう一人忘れてはならないのは、上述の**シモン・ステヴィン**（一五四八〜一六二〇年）で、機械学、静力学を扱った『**計量法原論**』（一五八六年）や、アルキメデス以後の流体静力学の体系的著作『水の重さの原理』（一五八六年）などがある。『計量法原論』では重さや釣り合いに関する諸原理を総合的に扱っていて、とくに力の合成法則を導き出した件が重要であり、また「計量法」に独自の自由学芸の地位を認めさせようという希望も表明されている。

力学的な原理を利用して、実地に産業へと応用する**工学**そして機械製作も、ルネサンス期には進捗していった。ここでは、イタリアはトスカーナ地方のシエナで活躍した幾人かの学者＝技師が、きわめて先進的な科学精神に裏打ちされた技術を生み出した。天才レオナルド・ダ・ヴィンチの陰に隠れて目立たないが、十五世紀のシエナには技術革新の脈々たる伝統が形成され、それがフィレンツェはじめイタリア全土に影響を与えたのである。マリアーノ・ディ・ヤコポ（タッコラ）、フランチェスコ・ディ・ジョルジョ・マルティーニなどがその代表的人物で、彼らは実験を重ねながら地勢・風土に適した先端技術を工夫し、その成果を図像を満載したカタログに編纂した。建築用の機械（運搬具・ジャッキ・クレーン・測量器械）、軍事用の機械（撥ね橋・攻城車・大砲）、水を制御する機械（ポンプ・サイフォン・浚渫機・浄水槽・水車・水量調節器・水力鋸・潜水具）など、歯車や滑車、梃やベルト、クランクやピストンなどを巧みに組み合わせ応用して、電気以前に可能なかぎりの、人力・動物力・水力・火力・風力で動かせる技術の大半がすでに完成していたのである。

そのうち**マリアーノ・ディ・ヤコポ（タッコラ）**（一三八一〜一四五八年頃）は、シエナ生まれの役人にしてエンジニアでもあり、その研究の成果を斬新な機械や装置の図に注釈を付けてまとめている。『**尋常ならざる装置と建築についての第三の書**』（一四三三年）と『機械について』（一四四九年）がその主著である。これらの書物はブオナコルソ・ギベルティ、フランチェスコ・ディ・ジョルジョ・マルティーニ、レオナルドら、後のエンジニアや芸術家の関心を引いて複写され、その発想の源となった。イタリア以外にも同様な試みがなかったわけではない。たとえば英国国教会の聖職者で自然哲学者でもあったジョン・ウィルキンズ（一六一四～七二年）は、『数学的魔術』（一六四八年）で多種多様な機械装置を紹介・検討しているが、中に人力飛行を可能にする装置、永久運動を可能にする装置などが含まれているのが興味深い。

以上のような工学の発展によって、地下から効率よく大量の鉱物を掘り出すことができるようになった。鉱物の採掘・純化をいかにスムーズに無駄なく行うか、工程別に解明するのが**鉱山学**および**冶金術**の目標であろう。ヨーロッパ中世においては、鉱山業は農具・工具や貨幣鋳造が主な目的であり、当初露天掘りで行われ、あまり深くない所から鉱石が掘り出された。ところが十四世紀以降になると、騎士らの武具や蹄鉄・拍車などの必要性がいよいよ高まって鉄の需要が急増し、そのため露天掘りのみでなく、新来工学の成果を適用して、縦坑を深く掘り鉱床をどんどん広げていく必要に迫られた。それとともに鉱物抽出と精製技術も進んでいく。こうした中、鉱山での坑夫の仕事の諸工程や採掘技術についての論考が書かれるようになるのである。

たとえば、イタリアのシエナ出身の**ヴァンノッチョ・ビリングッチョ**（一四八〇～一五三八／三九年）の『**火工術**』（一五四〇年）やドイツのザクセンの採鉱技術者ゲオルク・アグリコラ（一四九四～一五五五年）の『デ・レ・メタリカ』（一五五六年）が代表的な作品である。それらから十六世紀に実際に展開していた鉱業技術が分かる。とりわけアグリコラの書物は、鉱山業と冶金術の言語を整理し明快にする試みであるとともに、ザクセン鉱山で採鉱や排水・精錬などに使用される諸方法や機械が紹介されている。アグリコラ後、神聖ローマ帝国・ボヘミア王国の鉱山主任監督官に就いたラザルス・エルカーの『価値ある鉱石と鉱山学に関する論考』（一五七四年）は、生産性向上のため、貴金属や硝石の純化法や合金法・試金法を多くの技術者や坑夫にも知ってもらいたいとの意図で書かれ、以後百数十年以上にわたって版が重ねられた。

これらの書物はたんに技術書というわけではなく、上に紹介した自然魔術や後述する錬金術とも無関係ではない。当時の自然学者らには、自然の生気論的捉え方がまだ濃厚に残っていて、金属というのは母なる大地の中で生まれ成長すると信じられていたのだから。ヨーハン・ヨアヒム・ベッヒャーの『地下の自然学』（一六六九年）などがこうした趣旨を窺わせる主要作品だが、アグリコラにも『地下の事物の生成と原因について』（一五四四年）という著作があって、大地の水の起源とその循環、地下の火・熱、金属や石の生成を考察している。先に挙げたキルヒャーも『地下世界』（一六六四／六五年）で地球の大きさ、海や山、地下の火や風、地球内部の連絡網としての水脈・火道、地球を構成する鉱物・石類を論じている。磁気への関心も地球の性質への興味の延長であろう。キルヒャーの『マグネス』（一六四一年）は磁気にまつわる百科全書と言えるし、著名なウィリアム・ギルバート（一五四四〜一六〇三年）の『磁石論』（一六〇〇年）も、地球の不思議な現象をめぐって実験を重ねた上での科学的解釈と見なせるだろう。

物質の原理——錬金術と化学

ルネサンス期自然学の中で、科学革命によって克服された迷妄とよく見なされてきたのは、占星術とならんで**錬金術**であろう。両者ともヘルメス主義固有の科学と位置づけてよい。さらにこれらは、自然思想の最先端の火花が飛び散る知的戦場でもあった。

錬金術は、卑金属（鉛、錫、銅、鉄、水銀）から金銀をはじめとする貴金属を作る術であるが、それ以外に不老長寿やあらゆる病に効く薬を作るための術をも含んでいた。それらの要になる霊薬が「賢者の石」である。錬金術は古代に生まれ、中世キリスト教世界においては黒魔術視されることもあった。しかしイスラーム世界では、早くから錬金術の思想が受容された。アラビア随一の錬金術師ジャービル・イブン・ハイヤーン（西欧ではゲーベルと通称された）は夥しい著作をものしたとされ、その一部がヨーロッパ世界にラテン語著作として流通し、蒸留器や炉などを使用した化学的操作を伝えたアル・ラージー（ラテン名ラーゼス）とともども、大きな影響を与えた。とりわけアルベルトゥス・マグヌスやロジャー・ベイコンが錬金術について議論し、その規則、器具、操作に通暁していたようだ。

そして中世末からルネサンス期においては、ゲーベル（実際は十三世紀末のイタリアの修道士の筆になるとされる）の

『完成大全』の影響下に、おびただしい錬金術書が書かれ、実利的関心を超えて、自然・世界の新たな解釈、および神の恩寵を授かって完全な人間になるための方途が探られた。だが危険を免れるためもあり、錬金術師は自分たちの理論・原料・操作を記述するのに、寓意・比喩・ほのめかしや類比に満ちた言葉遣いを用いた。

ここでもマルシリオ・フィチーノがキーパーソンである。彼は錬金術論は書いていないのだが、その世界霊魂についての考え方が錬金術と関係していたのである。その感化を受けて人文主義と錬金術を混合させたのが、フィチーノと親交のあったジョヴァンニ・アウレリオ・アウグレッリで、彼は錬金術を題材にしたネオ・ラテン詩『クリソペア』(一五一五年)を書いている。その後、類似の錬金術詩がいくつも書かれたし、また詩など文学作品以外にも、錬金術を本格的に論じる者が登場したのである。

アウグレッリより前、十五世紀後半にはジョージ・リプリーの『十二の扉の書』と**伝トマス・ノートン『錬金術式目』**が書かれた。これらの著作は、たんに宮廷の読者やエリートだけでなくより広い読者に向けられ、聖なる隠秘学としての錬金術を擁護するとともに、煆焼、溶解、分離、結合、腐敗、凝固、発酵、高揚、増加、変成という錬金術の具体的作業の諸段階がある程度分かるよう記述されている。バジリウス・ヴァレンティヌスの『アンチモンの凱旋車』(一五〇〇年頃作、一六〇四年出版)では、錬金術的な一連の夢の中にミクロコスモスとマクロコスモスの照応についての確信が表現されている。そして水銀と硫黄以外の金属として、とりわけアンチモンが推奨されているのが際立っている。以後十七世紀にかけて「秘密」と名の付く錬金術マニュアルが量産され広まっていった。

ところで中世末から近代初頭には、変容の錬金術がすたれて、治療の錬金術が「万能の錬金薬」(Panacea)を探求する試みとして台頭していく点に注目しよう。錬金術的な思考と実践が、イタリアを越えてアルプス以北へと広まっていくにつれ、錬金術師の目標はこの霊薬の入手に定められ、それが病気の治療と結びついたのである。

パラケルススは、第一物質(prima materia)という、この世のあらゆる物質の元になる混沌たる物質概念を中心にその錬金術思想を練り上げていった。彼および後にパラケルスス派と呼ばれるようになる一群の錬金術学者――自然哲学者、魔術師、医師、化学者と呼んでもかまわないだろう――たちは、そうした自然の秘められた力を引き出して人間のためになす医学を実践しようとしたのである。ここに誕生したパラケルスス派の医化学が、生気論的自然観・宇宙観・人間観の中で、土・水・火・空気のアリストテレスの四原質（元素）に替わる、キリスト教の三位一体的な塩・硫黄・水銀の三原質による世界の構成を提起したことは前述した通りである。

　錬金術の操作が一種の化学的操作であるところから、化学的実験・装置・方法が発展していったことも見落としてはなるまい。たとえばベルリンのブランデンブルク侯国の選帝侯ヨーハン・ゲオルクに仕え、効果抜群の諸種の秘薬を作って財を成した医師レオンハルト・トゥルンアイサー（一五三〇〜九六年）には、定量的方法、溶解度テスト、結晶学的証拠、炎色反応などについての論考がある。

　だが**化学**がより客観的な科学になるためには、魔術・錬金術から分離される必要があったし、それが科学的真理の地位を要求するためには、大学のアカデミズムに受け容れられねばならなかった。最初の本来の化学の教科書と目されるようになったのは、ドイツの内科医・詩人・教員のアンドレアス・リバヴィウス（一五四〇頃〜一六一六年）の作品で、いささか皮肉にもその著は『錬金術』*Alchemy*（一五九七年）と題されていた。彼は、パラケルスス派の医者らによって奴隷化・堕落させられた「化学」を魔術から解放しようとした。そして自然が混合しているものを人工的操作・技術によって分離し、実験と観察で知られた方法でそれを純化する、高い目標を掲げた独立した領域であるべきだとした。一方、ファン・ヘルモントはパラケルスス主義の流れにありつつ、独自の研究に基づく実験室での観察証拠を提示し、定量化にも関心を持った。ファン・ヘルモントの酸とアルカリは、十七世紀後半に化学物質のたしかな部分——対抗し合う化学原理——として、アリストテレスの四元素やパラケルスス派の三原質とならぶ重要原理になった。

　本格的な化学は**ロバート・ボイル**（一六二七〜九一年）によって達成された。彼を近代化学の父とした画期的な『懐疑的化学者』（一六六一年）では、粒子論・機械論のみが自然現象をよく説明しうると主張された。また彼はファン・ヘルモントを批判しつつ、実験による証拠の正確さを追求し、そのための手法の指針を示した。おなじ一六六一年にボイルは『いくつかの自然学的エッセイ』を著し、そこに含まれる**「実験の失敗について」**では、多くの例や詐欺的ごまかしを紹介しつつ、実験の失敗は、同一種の鉱物にもさまざまな差があることの無知や溶媒の純化不足などに起因するとしており、若きボイルの考えを伝える興味深い論考である。

またニコラ・レムリ（一六四五～一七一五年）というフランスの化学者・王室薬剤師による『化学教程』（一六七五年）は、広く教科書として普及したが、そこでは錬金術をいかさまと断じる一方、固有の合理的発見の方法がある化学を信頼のおけるものとし、さらに混合物のさまざまな物質の分離が化学者の仕事だとした。**アイザック・ニュートン**は、言うまでもなく数学・力学・天文学の分野で天才的な業績を残したが、長い間「錬金術活動」をしたことがあり、それをどう評価するかで研究者の意見が割れている。彼には**「酸の本性について」**（一六九一年頃執筆、一七一〇年出版）という化学分野に属する作品もあり、そこでは、硫黄に活性があるのはそれが酸を含んでいるからだと説いている。

新たな学問へ――学問論・ユートピア論・原子論

ルネサンス期には、人文主義者らの間で子供の教育についての議論が盛んになったが、新時代のあるべき自然学の見地から推進された、学問のあり方を改善しよう、大学を改革しよう、そしてユートピアを構想してみよう、という動向にも注目すべきである。

新たな見通しに立つ**学問論**の例としては、魔術師としても知られた数学者**ジョン・ディー**（一五二七～一六〇八／九年）の**『数学への序説』**（一五七〇年）がある。ディーは数学研究の進歩改善を熱心に慫慂するとともに、数学および幾何学を源に派生する、航海術や建築学をはじめとする二十以上の自然を扱う諸技芸・学問を論じ、技術者、商人、職人に利用されるこれら実践的な価値のある学芸こそが、国の発展にも繋がると考えている。またミニム修道会の修道士マラン・メルセンヌ（一五八八～一六四八年）も数学こそが自然学の基礎をなすと考え、曖昧で韜晦な用語を用いる錬金術を改革すべきだと『諸学の真理』（一六二五年）で説いている。そして実験室で遂行されるようなはっきりした述語を使うべきだとする。『創世記の諸問題』（一六二三年）では、彼は関心を持つあらゆる分野（数学、物理学、音楽、天文学など）を取り上げて、ルネサンス魔術、それと結びついた自然学を攻撃し、合理的・理性的な科学と本来の数学的方法を導き入れようとした。

メルセンヌの盟友ピエール・ガッサンディ（一五九二〜一六五五年）は、メルセンヌとともにロバート・フラッドのヘルメス主義的夢想、およびフラッドが傾倒した薔薇十字団を厳しく論難した。彼はデカルトの合理主義・先験論に対置される経験主義および感覚論の代表者でもあるが、その経験主義は穏和なもので、事物・現象の真理の蓋然的知識の可能性に開かれていた。ガッサンディは、アリストテレス流の技術と自然に関する概念のいくつかを退けて古代原子論を再評価し、自然研究においては、化学や解剖学といった学問によって物体を諸要素に分解してみることで、それぞれの部分の役割や組成基準が理解できるとする。『ディオゲネス・ラエルティオス第十書注解』（一六四九年）が自然学を扱った彼の主著で、原子と物体、気象学を論じている。

古来のアリストテレスやガレノス説を盲信して、スコラ的にして論理的な三段論法万能主義を留めた大学カリキュラムを改革すべきだとの声は、パラケルスス主義者はじめ喧しかったが、こうした中、教育改革関連の著作が数多く現れた。学問論・教育論と密接に結びついた**ユートピア論**として刮目すべき作品のひとつは、**ヨハン・ヴァレンティン・アンドレーエ**（一五八六〜一六五四年）の**『クリスティアノポリス』**（一六一九年）である。クリスティアノポリスと呼ばれる南極海上に浮かぶ島にある都市＝理想の共同体では、人々は自給自足で財産共有、三分野に分かれた仕事に就きながら平等かつ平和裡に暮らしている。子供への教育では、数学、自然誌、占星術が重視され、化学実験室、博物館、数学館、薬局での実験や視覚学習が奨励されている。

同様な志向の近代初期のユートピア文学としては、トマス・モア（一四七八〜一五三五年）の『ユートピア』（一五一六年）、カンパネッラの『太陽の都』（一六〇二年）なども有名である。モアは、理想郷としてのユートピア島の様子を、特権身分も私有財産もなく、住民皆が諧和して質素・倹約・勤労の道徳を守り、宗教的な寛容と平和の愛が満ちている、労働は六時間で十分で、人々は余暇には教養を積む……と描き出している。カンパネッラは、中心に巨大な神殿を有し、七つの同心円の円環で区画に分けられた「太陽の都」を構想し、そこにはあらゆるものを共有して美徳と友愛に満ちた知的な住民がいるとする。また他のカンパネッラ作品同様、ここでも星辰魔術が充ち満ちている。

フランシス・ベイコンは、アリストテレスの演繹的な三段論法に替えて、新たな科学の礎石として実験および帰納的論理の重要性を力説した。『ノヴム・オルガヌム』（一六二〇年）はそのマニフェストで、経験から個別的なもろもろの事実を引き出し、そこからより高度の公理を導くやり方を説明している。そのベイコンのユートピア、『ニュー・アトランティス』（一六二六年）で描き出された太平洋上の神秘の島ニュー・アトランティスは科学者の楽園であり、「ソロモンの館」と称される有益な知識を産出する人たちの教団が、合理的支配を行っているという。教団＝研究所の人々は、データ収集や実験をめぐるさまざまな係に分かれていた。

このベイコンを大学改革の理論的支柱として用い、古代人の権威を否定すべく実験と観察で裏付けられるもの以外は公理として認めるべきでないとして四規則を提示したのが、十七世紀中葉のジョン・ウェブスター（一六一〇～八二年）の『大学の検証』（一六五四年）である。これに対しては、機械論哲学者で既存の大学制度を擁護したセス・ウォードが反論している。ヴィッテンベルクのフィリップ・メランヒトンも大学改革を志し、古いスコラ的な教育カリキュラムに替えて、人文主義に基づく教育を慫慂し、またアリストテレスではなくプリニウスを自然学の師とするよう奨めた。

十六・十七世紀には、新しい教育方針に沿った人気の教科書・百科事典類もつぎつぎ登場した。メランヒトン、ダニエル・ゼンネルト、**ウォルター・チャールトン**、マギルス、アスシュテット、ダニエル・ゲオルク・モルホフらがそれらの作品の筆を執った。その中には、ガッサンディが復活を企てた古代**原子論**を紹介・刷新しようとするものがかなりあり、チャールトン（一六二〇～一七〇七年）の『**エピクロス‐ガッサンディ‐チャールトンの自然学**』（一六五四年）や、ゼンネルト（一五七二～一六三七年）の『自然学覚え書き』（一六三六年）がその代表である。前者はガッサンディの大作の提要に、同時代の自然学の成果を多数加味した百科事典的著作である。後者のゼンネルトも原子論者であるが、ガッサンディのような厳密な原子論ではなく、生物の身体の諸部分、それを構成する三原質、さらにそれを作る四元素、いずれにも形相があるとする質的原子論を奉じた。彼には『自然科学要略』（一六一八年）というより早い時代の自然学の一種の教科書もある。

科学史・文化史のなかのルネサンス自然学

このようにじつに多方面・多彩な展開を見せた「ルネサンス自然学」には、科学史あるいは文化史の中で、どんな意義を認められるのだろうか。

かつて十七世紀の「科学革命」の起源は、中世すなわち十三・十四世紀の「実験的・数学的方法」にあるとされることがあった。実際、中世からすでに、自然は究極的には数学により説明されうるとされ、ギリシャ人から得た帰納と実験の方法が、まず光学と磁気学に適用され、ついで動力学や運動論への寄与もあった（ジャン・ビュリダン、ニコル・オレーム、マートン学派）。十三世紀にいくつか限定された領域で始まった実験的・数学的方法が、やがて自然科学全分野へ適用されるよう要請されたとき、十七世紀の「科学革命」が実現したというのである。

その場合、克服すべき障害、敵対者と見なされたのが、中世の学問世界を風靡したスコラ学でありアリストテレス主義であった。しかしながら実際は、中世を通じてアリストテレスの自然学と形而上学、自然世界を探究する際の区分や自然諸事物の展開についての考え方、その科学的方法の基礎たる演繹法、形相と質料の二概念への依拠、そして彼が説いた実体概念、潜在的属性の現実化の原理などは一貫して健在で、近世にも骨太に受け継がれていた。だから「実験的・数学的方法」が十三世紀以降、アリストテレス的・スコラ的な世界観と科学の大枠を外から蚕食して版図を広げていくといった形ではなく、伝統的な大枠はしっかり維持されながら、そこに手を替え品を替えた内部批判が繰り返し加えられるうち、ついに十六世紀後半から十七世紀にかけて、近代的な科学へと脱皮していったのだろう。単線的・直線的な動きではなく、複合的・らせん的な動きだと言えるのかもしれない。

ルネサンス自然学におけるアラビア科学からの影響も、近年あらためて強調されているのでここで触れておこう。中世からルネサンス期にかけて、ヨーロッパ世界はアラブ世界とときに干戈を交えながらも、商業・文化面での親密な交流は絶えることがなかった。十五世紀から十六世紀には、ヨーロッパはエジプト、トルコ、ペルシャから香辛料、絹織物、絨毯、陶磁器、マジョリカ焼き、班岩、ガラス製品、漆、染料、顔料などを競って購入する傍ら、それらアラブ諸帝国の洗練された都市・商人・学者の文化を模倣しようとした。

ドイツの美術史家ハンス・ベルティングは、ルネサンスのもっともよく知られた発明である透視図法は、十三世紀にアラビア語からラテン語訳されたアルハーゼンの書に多くを負っていると説いている。そしてアルハーゼンはヨーロッパの透視図法の根本原理に貢献した光学理論の革新者であったのに、ルネサンス期の思想家らはユークリッド、プトレマイオス、ウィトルウィウスらに光を当てるため、アルハーゼンをわざと忘れてマージナル化したのだとする。

天文学・医学の分野でも、このアラブ世界との交流が精神と身体のメカニズムや人間と世界の関係を考察する西欧の科学者たちの考え方の進化に寄与したと、近年では考えられている。たとえばアメリカのアラブ・イスラーム科学の専門家ジョージ・サリバは、コペルニクスが太陽中心説を作るとき、十三世紀から十六世紀のイスラームの天文学者の著作の大いなる影響があった可能性を示している。またヴェサリウスは大学の医学教師らに抗して、アヴィケンナや他のアラブの医者の考え方、およびアル・ラージー（ラーゼス）の治療学や薬物学を評価している。十三世紀シリアの医者のイブン・アル＝ナフィスについても、その肺の中の血液の運動に関する説がヨーロッパにおける血液循環の考えに影響したと推測される。

さらに「植物学の父」と呼ばれるオットー・ブルンフェルス（一四八八〜一五三四年）は、九世紀のアラブの医者イブン・サラビの薬物誌を訳し、自らの植物学理解を大いに深めた。ほかに地理学についても、一四六五年にオスマン帝国皇帝の依頼でゲオルギオス・アミルートゼスが作成した非常に優れた地図の西欧への影響も指摘されている。

だが中世からルネサンスにかけてのヨーロッパの自然学にもっとも広範な影響を与えた人物を一人挙げるとすれば、十一世紀前半のアヴィケンナであろう。ギリシャ・アラブの知の総合を行ったアヴィケンナは、一種のアリストテレス主義の代表者であるが、その思想はところどころ新プラトニズムにも彩られているので、キリスト教化されるのにじつにふさわしかったのであり、ラテン＝アヴィケンナ主義は、後期中世のあらゆる思想の出発点であった。彼の作品『医学典範』は、徐々に大学の医学教育の基礎となっていき、十七世紀まで使用された。

こうしたアラブの知のヨーロッパへの伝達が、翻訳活動に負うところ大であったことは言うまでもない。トレドを中心とした北部スペインでは、アラビア語やギリシャ語からラテン語への翻訳が十二世紀から盛んに行われた。トレドでは、イタリア人のジェラルド・ダ・クレモーナが率いる翻訳学派が形成され、そこではキリスト教徒とユダヤ人、アラブ人が混成チームを組んで活動したのである。ほかにオスマン帝国に滅ぼされたビザンツ経由で、十五世紀末から古代ギリシャの科学テクストがヨーロッパに続々入り始めたことも見逃してはなるまい。

では「科学革命」に先立つ、あるいはそれと（一部）重なる「ルネサンス自然学」の意義はどう評価されるのだろうか。魔術や占星術・錬金術にうつつを抜かした科学の停滞期との手厳しい評価もあるが、よもやそうではあるまい。また今見てきたように、ギリシャ哲学・科学のみならずアラブの科学・医学の影響もかなり大きいが、それらの模倣にとどまるものでもあるまい。

中世は自然を扱うのに、経験世界における具体的問題よりも、形而上学の一般構造にいかに適合するか、あるいは神学とどう関係することになるか、ということに傾注し、物理的問題も神学上の問題の類比から解かれた。だがルネサンス期には「神」は一歩背後に退き、前面により大きな権利をもって姿を見せたのが「自然」自身であった。

生命と自然、これがルネサンスのあらゆる哲学の主要テーマであった。生命はもっとも奥深い自然の本質で、世界とその中の万物は生きている。命ある存在はことごとく自然の産出物であり、唯一の生命的・魔術的な力（世界霊魂）の「子供たち」である。マクロコスモス（大宇宙）＝ミクロコスモス（小宇宙）の照応を確信するルネサンス自然学者にとって、神に象られた人間は霊として神と似ており、また魂と身体は宇宙を代表する。だから対応も厳密で、惑星や星座が宇宙の中で果たしている役割が、人間の内臓が人体組織で果たしている役割とおなじなのである。そして魔術とは、一方では類似・類比思考の方法で世界や事物の隠れた性質や意味を探ること、あるいは大宇宙と小宇宙の照応関係を明らかにすることに他ならないが、他方では、自然を操作して、人間の病を癒し、富を増やし、国家を隆盛させる実用的な技法でもあった。ならばルネサンス期の魔術とは、科学の別名だろう。

その際、アリストテレスの世界構造の理解とそのさまざまな物理的作用に関する説に抗して、（新）プラトン主義、もしくはストア派などの思想から諸要素を取り込み、ヘルメス・トリスメギストスが著したと信じられた数多の著作（ヘルメス文書）に示された隠秘な魔力に心酔する傾向が、フィチーノ以来、ルネサンス期の自然学者の多くに見られた。これは、教会の支配力が弱まり、市民の日常生活が世俗化したはずの世界に生きる人々にとって、奇妙にも自然が（再）魔術化したところにその源流があろう。

こうしたルネサンス期のヘルメス主義、古代神学、自然魔術の諸相を豊かな想像力と博識・構想で解明していったのが、ワールブルク（ウォーバーグ）研究所に集った俊秀たちであった。彼らは科学革命の存在を否定しているわけではないにせよ、合理的・理性主義的なものが人文主義、あるいはルネサンス文化の本質ではなく、むしろオカルトや神秘思想（ヘルメス教、カバラ主義、薔薇十字団運動、黒魔術、錬金術、占星術、記憶術、数秘哲学など）こそがその本質であり、それは十五世紀の自然学者ばかりか、十七世紀の科学革命期の科学者たちにさえ強力な影響を与えていたことを明らかにしたのである。

偉大な静謐を称えたルネサンスでなく異教的古代世界から借りた情緒の定型的誇張表現、パトスフォルメルに注意を促したアビ・ヴァールブルク、あるいは科学史・科学哲学にオカルトや神秘主義への興味を掻き立てた一九六〇・七〇年代のフランセス・イェイツらの仕事の影響は大きく、その後一九八〇年代にかけてウォルター・ペイジェルやアレン・ディーバスを中心に、パラケルススとその後継者らの医化学ないし化学哲学に関する研究が高揚した。この動向は、粒子論・原子論の捉え返し、アリストテレス主義の再評価の動向とともに、文献学的手法で「種子の原理」の豊饒な含意とその転生をフェルネル、リチェーティ、ゼンネルトらの作品に探っているヒロ・ヒライ（平井浩）などの業績にも繋がっているように思われる。

ところで、フィチーノやパラケルススに代表される、ヘルメス主義、生気論、錬金術と占星術、医化学伝統などを「ルネサンス自然学」の王道と見なした場合でも、そこに近代科学の苗床を見出すことは不可能ではないようである。錬金術やヘルメス主義といった一見不合理な思潮が、じつは科学革命の最大の特徴である脱キリスト教科学、実験的方法を――そのときどきの意図は別として――準備し、積極的な寄与をしたと唱える人もいるからである。

あるいは、魔術的思考法や宇宙観によって、世界に対する想像力が強靭に鍛えられてはじめて近代科学が準備されたのだとも説かれることがある。たとえば、デカルトの客観的な機械的体系としての自然像や普遍学の理念も、ヘルメス主義や薔薇十字団をめぐる論争の熱気が溢れる時代背景の中で生まれたのだし、あるいはブルーノの魔術的世界観からアニミズムを取り去り、世界内の生命の働きを重力や慣性の法則と言い換えれば、彼の原子論的宇宙はたちどころにニュートンの機械論的宇宙に変貌する……というように。

さらにルネサンス期の人文主義的伝統がそれまで中世キリスト教会によって抑圧されていた古代の学知を甦らせただけでなく、それが公共の福祉と人々の実人生への有用性を求める一種の市民的人文主義の形を取り、数学を駆使した方法や魔術師たちが自然から有用な知識を汲み取るべく独自に行っていた観察と実験の重視と組み合わさったからこそ、自然世界の理解と真理発見に至ったのである……との考え方もある。

いずれにせよ、ルネサンス自然学と近代科学の関係を考えると、「科学革命」というような激変が一気に起きたとは思われない、だからその言葉（科学革命）は使わないほうがよい、そして「科学革命」といういわば大文字の出来事ではなく、領域ごとにリズムの異なる複雑な展開過程を呈した複数の小文字の科学革命があるのだ……という主張もなされている。ルネサンスにも複数あるのだ、という中世史家からのルネサンス相対化の気運とも気脈を通じる発想だろう。しかし複数の科学革命を想定するにせよ、それらがルネサンス自然学から生まれ育つプロセスを、実証的に見定めねばならないことに変わりない。

近代的自然観や人間観を念頭に置きながら、ルネサンス自然学の特徴・本質・独自性を探ろうとするときに、魔術的な側面以外に近年注目されているのは、遠隔地への旅や古代テクストの掘り起こし、知的なコミュニケーションの発達によって爆発的にふくらんで得た世界の知識を、記録・描写しようとする執心である。そして自然誌（動物・植物・鉱物・怪物）の分野においては「描写の行為」が科学的と呼ばれるようになり、それは歴史化されまた文脈化されるが、描写は対象に対する受動的・受け身の行為に止まらず、制定的・介入的な性格もあることに、しばしば注意が喚起されている。

というのもその最大の目標は分類と命名だからである。ルネサンス人は、個々の動植物やそれらの種をコンテクストに拠りつつ記述・分類し、比較しようとした。なぜルネサンス期の多くの人々が、自然の産物を発見してカタログ化するのにそんなにも資源と時間を割いたのか、あらゆる種類の動植物を発見し描写・記述しようとしたのか。それは楽しく有用な仕事というだけではなく、自然界における多様性とその美を摑み、描写によってそれらの位置を確定することが、――中世のようなキリスト教的世界観に替わる――人間自身のアイデンティティーを確立するのに役立ったからだろう。自然誌は古代からあったが、十六世紀半ば以降はじめて、それは確定した領域と現象、研究のための指針と方法を持つひとつのディシプリンとなった。つまりそれは、医学や自然哲学に関連はあるが独立した分野になったのである。

これを言葉・文字だけの記述でなく、物質的に現存する様を公的に展覧させて広く人々に示すのが博物館（ミュージアム）の役割である。博物館はやはりルネサンス期に誕生した装置としてきわめて重要であり、最近注目を集めている。さまざまな自然物の蒐集・占有への欲求が歴史化への傾向とともに生まれて、大学・宮廷・アカデミーなどでの研究が進むのと相俟って、蒐集物の保管・展示がなされるようになったのである。まずイタリアで始まり、それが他のヨーロッパ諸国に広がっていった。この分野では、ボローニャのウリッセ・アルドロヴァンディやドイツのアタナシウス・キルヒャー、イギリスのイライアス・アシュモール（一六一七～九二年）の役割が大きい。それは公共に開かれることにより、自然に関する知識を広め、自己成型と社会的進歩・前進の手段となった。かくて博物館は、十七世紀半ばまでには新たな科学を象徴する殿堂となろう。

キリスト教の影響力が薄れ、その分世俗化した市民生活を享受したルネサンス期には、自然という領域が魔術化するという逆説があった。そのとき、技芸と自然、自然のものと驚異のものは何の頓着もなしに融合し始め、あらゆるものは人工的になり、自然は神の芸術・技芸になる。興味深いことに、十六世紀半ばから十八世紀半ばにかけ、それまで怪物に付与されていた聖なる性格――あの世からの聖なる諸力（神、ダイモーン、天使……）からの警告の徴――はなくなり、同時に怪物たちは、好奇心・知識の対象となる。サテュロス、巨人、一角獣、バシリスクなどが「珍奇物陳列室」

（ヴンダーカマー）に所蔵されるのはそのためである。

ところが怪物の聖性や魔性が世俗化傾向で消えていくとともに、人工の機械（たとえばロボット）にそれが仮託されるようになる。もし機械の不思議な動きが天使や悪霊の働きでないとすると、人間の能力・才覚自体に活動原理をもたらす力があることになり、人間はかつてのダイモーンの位置を占めてしまう。だから、自然に対して魔術やオカルトでその霊力を引き出すことをやめ、また世界の諸物質と人間との間に、原質や元素に基づく照応や精気による連続・交流を認めず、その代替として、とりわけ数学的分析の諸原理を持ち出して新たな宇宙論や自然観を誕生させたとしても、別の所、まさに人間とその精神・能力の中に、魔術的な領域が大きく切り開かれるのが必然なのであろう。この時代に魔女迫害が荒れ狂ったのには、しかるべき理由があったのである。

これと無関係ではあるまいが、非科学的に思える自然魔術・錬金術・占星術への心酔が、「科学革命」の立役者ないし先駆者としてつねに名前が挙がる学者たちにも見られることが、次第に明らかになってきた。ヴェサリウス、ハーヴィ、コペルニクス、ケプラー、ガリレオ、ギルバート、ボイル、ベイコン、ニュートンらがそうであり、偉大な実験家として機械論的哲学を擁護し、もっとも合理主義が貫徹していると思えるロバート・ボイルさえ、生涯にわたって錬金術師との接触を試みたのである。

こうした合理と不合理、理性と神秘の入れ替えや混在は、別段、驚くべきことでもないだろうし、ルネサンス期だけでなく、現代においてもありうる事態であろう。だから「ルネサンス自然学」が、近代自然科学の「母胎」であったのか「敵対」物であったのか、との二者択一ではなく、より繊細なアプローチが求められていよう。文献学的な手法で、それぞれの自然学者・科学者の理論・思想を正確に分析・理解することはもちろん、そうした理論や思想を、それが生み出され広く受け容れられた時代の歴史全体の中に位置づけ、その意味と価値を究明していくという作業である。知的・文化的な文脈にとどまらず、政治的、社会的、経済的な文脈さえもおさえておかねばなるまい。精神の地殻変動の時代でもあったルネサンス期、十五〜十七世紀のヨーロッパにおける宗教改革・宗教戦争と宗派化および社会的規律化、国家や領邦での絶対主義、海外植民地獲得競争、商業革命と価格革命、領主制と農業経営、都市に増殖する社団とそこでのソシアビリテとりわけ宮廷やアカデミー・兄弟会における人間関係……といった政治・経済・社会における主要な出来事は、自然学とは一見無関係なようにみえても、深いところで連結しているに違いないだろうからである。

いずれにせよすべての研究は、原典の精読から始まろう。

＊

『原典 ルネサンス自然学』は、『原典 イタリア・ルネサンス人文主義』につづく、ルネサンス原典シリーズである。代表的な科学者・著作家の作品を、できるかぎり抄訳でない形で紹介し、原則として既訳のある作品をはずしたのは前著とおなじ方針である。ただし『自然学』では、イタリアに限定せずヨーロッパ各国の自然学者を取り上げたこと、また原本に図版の多いものもあり、それらはできるだけ再録するように努めたことが異なっている。

浩瀚な本書によって、これまでその名前は知られていても、邦訳がないため一体どんな作品なのか、どこが重要なのか闇に包まれていた感のある自然学諸分野の代表作品の相貌が、一気に明るみに出たのではないだろうか。とりまとめ役を仰せつかったものの、純「文系」人間を自認する私は、「ルネサンス自然学」という、いうならば「文系」と「理系」を横断し行ったり来たりする膨大かつ豊かな領野を相手に、候補作選びから訳者への依頼まで、『人文主義』のときよりもはるかに難渋した。幸い東京外国語大学教授の吉本秀之氏が、広い視野と博識に加え絶妙のバランス感覚で、いくつも取り上げるべき作品――最初私には思いも寄らなかったものも――を推薦して下さり、また学界の人脈を利して訳者候補を紹介して下さった。ここに厚くお礼申し上げたい。結果として、各作品に最適な訳者を得られたと思う。

名古屋大学出版会編集部の橘宗吾氏は、いつものように適切なコメントとタイミングを見計らった催促――私と訳者の皆さんへの――で、困難が予想されたこの大部の書籍作りのゴールまで、私たちを導いて下さった。また同編集部の三原大地氏には、原稿整理・校正で大変お世話になった。監修者として、また訳者の方々に替わって、お二人にも心より感謝します。

本書が機縁となって、我が国においても「自然学」研究がますます盛んになることはもちろん、ルネサンスのみならず、それに先立つ中世、およびつづく近代の歴史に新たな光が当てられたらと、監修者としては夢見ている。文理融合を掲げる大学が増えているというが、ルネサンス期の自然学者たちは、それを当たり前のように骨肉化していた。というよりそんな区別はもともとなかったのだ。情報アクセスへの容易さがかならずしも知識の定着や思考の深化に繋がらない今日、細かな学問間の垣根を取っ払い、圧倒的な好奇心と探究欲をもって調査し思考したルネサンス自然学者たちの姿は、まぶしくも頼もしく、私たちの前に立ち並んでいる。

二〇一七年五月　パリにて

自然誌

1

フランシス・ベイコン

森の森（第七センチュリー）

柴田和宏訳

解題

フランシス・ベイコン（Francis Bacon, 一五六一〜一六二六年）はイングランドの政治家、哲学者である。ジェイムズ一世のもとで国璽尚書、大法官をつとめた。哲学者としては、自然哲学を中心として諸学を改革するという構想をしめした。主著に『学問の進歩』*Advancement of Learning*（一六〇五年、ラテン語増補版一六二三年）、『大革新』*Instauratio magna* とその一部分たる『ノヴム・オルガヌム』*Novum organum*（一六二〇年）がある。

『森の森、または自然誌』*Sylva sylvarum : or a Natural History*（一六二六年）は、ベイコンが晩年に執筆し死後出版された自然誌の分野の作品である。彼の学問構想のなかで自然誌がはたす役割はきわめて大きい。というのも彼は、適切な自然哲学は自然誌を基礎として構築されねばならないと考えたのである。もちろん、自然誌を重視する態度は彼独自のものではない。十五世紀の終わりから、人文主義の興隆、医学教育の変化、新大陸などからの情報の流入といった背景のもとで、自然誌の研究がさかんになされるようになっていたのだ。

ベイコンは晩年の一六二〇年代に、みずからの構想にしたがって自然哲学の基礎としての自然誌の研究を熱心に進めた。一六二二年には『自然と実験の誌』*Historia naturalis et experimentalis* を刊行する。ここで彼は、六つの自然誌的作品を出版する計画を発表し、計画の第一弾である『風の誌』*Historia ventorum* を同時に出版した。実際には、彼がほかに出版したのは『生と死の誌』*Historia vitae et mortis*（一六二三年）だけである。『濃と希の誌』*Historia densi et rari* は死後出版され、残りの三作品については短い序文だけが書かれた。

ではこれから私たちが読む『森の森』とはいかなる著作なのだろうか。じつは『森の森』は、同じく自然誌にかんする晩年の著作だが、前述の出版計画には含まれていない。また『森の森』と計画にもとづく諸著作とのあいだには、著作の構成や言語（『森の森』は英語、ほかはラテン語）など多くの違いがある。さらに話をややこしくしているのは、『森の森』の次の記述である。「というのも私の『森の森』というこの作品は（ただしくいうなら）自然誌ではなく、ある高次の種類の自然魔術なのである」（第一センチュリー、実験93）。ベイコンの用語法では、自然魔術とは、自然哲学のうち実践にかかわる領域（の一部）のことである。

すると、前述の出版計画にもとづく諸著作の目的は哲学の基礎たる自然誌を収集することであり、『森の森』はそれらとはちがって、自然の操作の指針をあたえるための作品だったのだろうか。話はそれほど単純ではない。本文に目を移せばすぐにわかるとおり、『森の森』には多数の個別具体的な自然誌の記述が含まれているし、逆にほかの自然誌的著作には実践にかかわる情報が多く含まれているのである。

問題の真相がどうであれ、いま述べたように、『森の森』は多数の具体的な記述を含んでいる。ベイコンはいかにして著述の材料を集めたのだろうか。じつは彼が書いている内容の少なくない部分は、古代やベイコンに近い時代の書物から取られたものである。情報源は多岐にわたるが、とくに頻繁にもちいられているのが擬アリストテレス『問題集』だ。今回訳出した箇所には植物にかんする記述が多く、この主題についてはプリニウスの『博物誌（自然誌）』や、ジャンバッティスタ・デッラ・ポルタの『自然魔術』もしばしばもちいられる。だが『森の森』は、先行する諸著作のたんなるコピーの寄せ集めではない。ベイコンはそれらの文献から得た情報に独自の解釈をふし、また自身がおこなった観察や実験の結果も組みこんで、この著作を作りあげたのだった。

訳出したのは、『森の森』のうち「第七センチュリー」の部分である。この作品では百個の自然誌的な記述が一つのまとまり（センチュリー）となっており、著作全体は十のセンチュリー、一千個の記述で構成される。各記述は「実験」（experiment）と呼ばれているが、この語は現代の用法よりも広い意味をもっており、いまなら「観察」と呼ばれることがらを意味する場合もある。

「第七センチュリー」のうち四分の三ほどの項目では植物にかんする議論が展開され、残りの部分では多種多様な主題があつかわれる。『森の森』全体で見ても、植物にかんする記述の割合は大きい。ベイコンは「第五センチュリー」の冒頭で、植物の記述をはじめるにあたって、二つの観点からその意義を説明した。まず彼は、植物が神によって創造の第三日目に最初に創られた生命であると述べ、つづいて、植物が食べものや医薬などに広くもちいられるものだと指摘している。つまり彼にとって植物は、神の御業を理解するうえでも、人間にとって有益なものを生みだすためにも、重要な考察対象なのだ。

さて「第七センチュリー」では、植物についてもほかの主題についても、多岐にわたる内容がはっきりした配列もなく雑然と並んでいる。またそれゆえにさまざまな興味関心を惹起するテクストでもある。たとえばある部分からは、当時の人がどんな野菜や果物をどのように食べていたのかがうかがえる。ベイコンが動植物の差異や発生をどう説明していたのかが読みとれる箇所もある。さらに、のちの時代の自然研究にたいするベイコンの影響を理解するうえでも、『森の森』は欠かせないテクストだといえる。こんにち『森の森』は有名な著作ではないが、十七世紀には広く読まれた。世紀末までに英語では十を優に超える版を重ね、ラテン語やフランス語にも翻訳されている。ロバート・ボイルもその読者であった。彼は『いくつかの自然学的エッセイ』（一六六一年）に収められた「前提的エッセイ」のなかで、当初ベイコンの『森の森』の続編を作ろうとしてみずからの自然誌研究を開始したと明言している。もちろんベイコンの自然誌と十七世紀中盤のボイルらの自然誌とのあいだにはさまざまな違いがあるし、十七世紀中盤の自然誌と一口にいっても、内容の点で、またベイコンから何を受けついだのかという点で多様であろう。だが『森の森』が、少なくとも一部では自然誌のモデルの一つとして重視されていたことがわかる。

翻訳の底本は、*The Works of Francis Bacon*, ed. J. Spedding, R. L. Ellis & D. D. Heath, 14 vols., London, 1857–1874, vol. II, pp. 528–562.

次のラテン語訳を参考にした。*Sylva sylvarum*, trans. J. Gruter, Amsterdam, 1648. なお、現在新たな全集（*Oxford Francis Bacon* シリーズ）の編集作業が進行中である。『森の森』の部分は未刊だが、出版されればこちらがスタンダードな版になるだろう。

なお翻訳、とりわけ植物の同定や表記にあたっては、*Oxford English Dictionary Online* (http://www.oed.com/)、『朝日百科 植物の世界』全十五巻（朝日新聞社、一九九七年）などの百科事典類、プリニウス『博物誌』植物篇および植物薬剤篇（大槻真一郎責任編集、岸本良彦ほか訳、新装版、八坂書房、二〇〇九年）、『プリニウスの博物誌』（中野定雄ほか訳、全三巻、雄山閣、一九八六年）、擬アリストテレス『問題集』（丸橋裕ほか訳、アリストテレス全集13、岩波書店、二〇一四年）、十六、十七世紀の植物誌書（とくに、John Gerard, *The Herball, or, Generall Historie of Plantes*, London, 1597 と Rembert Dodoens, *A Niewe Herball*, trans. Henry Lyte, London, 1578）をおもに参考にさせていただいた。

当時の自然誌については、B. W. Ogilvie, *The Science of Describing : Natural History in Renaissance Europe*, Chicago–London, 2006. ベイコンの思想と生涯については、花田圭介『ベイコン』（勁草書房、一九八二年）、塚田富治『ベイコン』（研究社出版、一九九六年）。『森の森』の研究には、G. Rees, "An Unpublished Manuscript by Francis Bacon : *Sylva Sylvarum* Drafts and Other Working Notes," *Annals of Science* 38 (1981), pp. 377–412 ; *Early Science and Medicine* 17, no. 1–2 (2012)（ベイコンの自然誌特集）; D.-C. Rusu, "From Natural History to Natural Magic : Francis Bacon's *Sylva sylvarum*," PhD diss., Radboud University Nijmegen, 2013 ; D. Jalobeanu, *The Art of Experimental Natural History : Francis Bacon in Context*, Bucharest, 2015 などがある。

第七センチュリー

植物と生命をもたない物体とのあいだの親近性および差異にかんする一連の実験

601　生命をもつ物体ともたない物体の違いは、生命、生命精気、生命力という表題のもとでくわしく論じることになる。[1] そのため、ここでは簡単にその違いに言及するだけにしておこう。おもな違いは二つである。あらゆる物体は、内部に精気や精気的な部分[2]をもっている。だが生命をもつものともたないもののおもな違いが二つある。第一の違いは次のことである。生命をもつ事物の精気は連続性を有しており、血管のなか、あるいは目に見えない管のなかに枝分かれした状態で含まれている。ちょうど血液がそうであるように。また動物においては、いま述べた精気はたんに枝分かれしているだけではなくて、ある小室または座をもっている。精気のおもだった部分はその小室あるいは座に存在し、残りの部分はそこへと流れていくのである。他方で、生命をもたない事物の精気は可触的な部分[3]によって閉じこめられ、分断されており、この精気の各部分のあいだにつながりはない。空気が雪のなかに含まれているのと同じようなものである。二つ目のおもな違いは次のことである。生命をもつ物体のなかの精気は、すべてある程度まで（多かれ少なかれ）火がついて燃えたっているのであって、炎と空気状の物質との繊細な混合物からなっている。他方で、生命をもたない物体は、まったく燃えたったり火がついたりしていない精気を含んでいる。またこの違いは、精気の熱さまたは冷たさのことではない。というのは、クローブやその他の香辛料、薄い石油や濃い石油は、なみはずれて熱い精気を含んでいる（油、蜜蠟、獣脂などといったもの［の精気］よりもはるかに熱い）が、これらの精気は火がついているわけではないからだ。またそれらの弱くおだやかな物体のいずれかが燃えたつにいたった場合には、それらの物体は燃えたっていないほかの物体にくらべてはるかに多くの熱を集める。光や運動にくわえてである。

602　上記の二つの根本的な違いに由来する二次的な違いは次のとおりである。第一に、植物はすべて一定のはっきりしたかたちを有している。生命をもたない物体はそのようなかたちを有していないのだ。というのも、精気がどこまで広がり、また持続性を保つことができるのかに注目してほしい。［植物の］姿かたちはそこまで達するのであり、またそこで境界づけられるのである。第二に、植物は栄養を摂取するが、生命をもたない物体は摂取しない。そうした物体は、成長はするが栄養は摂らないのだ。第三に、植物には寿命があるが、生命をもたない物体には寿命がない。第四に、植物は子孫をもち、繁殖してみずからの種を維持する。生命をもたない物体には見られないことである。

603 以上で述べた四つ以外の、植物と金属や鉱物とのあいだの違いは次のとおりである（というのは、私は金属が生命をもっていないと考えているのである）。第一に、金属は植物よりも長く持続する。第二に、金属はより密で硬い。第三に、金属は全体が地下にあるが、その一方で植物は部分的には地上に、部分的には地下に存在する。

604 植物と金属の両方の性質をもっている被造物はほとんど存在しない。サンゴは両方の種類にもっとも近いものの一つである。いま一つは磬である。というのは、磬は湿気があると芽を出そうとする非常に強い傾向をもっているからである。

605 またほかの特別な親近性が、植物とカビや腐敗物とのあいだに存在する。というのもあらゆる腐敗物は、（乾燥して分解していかないかぎりは）最終的に腐敗物から生まれる植物ないしは動物へと、変わっていくからである。私は、コケやキノコ、サルノコシカケ、その他その種のものは、土や壁、木などのカビにほかならないと考えている。肉や魚、植物そのもの、その他多くのものにかんしていえば、それらは、カビ状態、腐敗、あるいは腐朽ののちに、虫を生みだすようになるのである。ここで述べてきたような腐敗物は、植物とのあいだに親近性を有しているのであるが、次のような違いもある。すなわち、それらは栄養を摂取し、寿命をもち、またなんらかのかたちをもってもいるが、子孫をもったり繁殖したりはしないのである。

606 私は以前たまたまミカンを切って、閉めきった部屋のなかに、夏に留守にした三カ月のあいだ置きっぱなしにしてしまった。するとその部屋に戻ったとき、切ったミカンの皮の白い部分から、黒くて小さな先端部をもつ長さ一インチの毛が、房になって成長しているのが見られた。まるで草のようであった。

植物と動物の親近性と違いにかんする、また両者の中間的存在や、両方の性質をもつものにかんする一連の実験

607 植物と動物の親近性と違いは以下に述べるとおりである。両者はいずれも、連続しており、枝分かれしており、また燃えたっている精気をもつ。だが第一に、動物においては精気は小室あるいは座をもっているが、植物にはこれがない。このこともまたすでに述べたとおりである。[4] また第二に、動物の精気は植物の精気とくらべて多くの炎を含んでいる。以上の二つが根本的な違いである。二次的な違いにかんしていえば、それは以下のようなものである。第一に、植物はすべて土に固定されているけれども、あらゆる動物は［土から］切りはなされて、自存している。第二に、動物は場所的な運動をおこなうが、植物はおこなわない。第三に、動物は身体の上部から、おもには口で栄養をとるが、植物は下部から、つまり根から栄養をとる。第四に、植物には最上部

に種子や種子的な部分がある。他方で動物には最下部にそうした部分がある。それゆえ、流麗であるだけでなく哲学的でもある仕方で次のようにいわれたのだった。「人間は逆さになった植物である」[5]。つまり人間は逆立ちした植物のようなものなのである。なぜなら植物における根は動物における頭のようなものだからだ。第五に、動物には植物よりもいっそう正確にさだまったかたちがある。第六に、植物とくらべて動物には、その体内にいっそう多様な器官や（いわば）内部のかたちが存在する。第七に、動物は感覚をもっているが、植物はこれをもたない。第八に、動物は随意運動をするが、植物はしない。

608　植物における性差にかんしていえば、それらはしばしば名前によって区別されている。たとえば、雄ボタンと雌ボタン[6]、雄ローズマリーと雌ローズマリー[7]、雄ヒイラギと雌ヒイラギ[8]などといった具合である。だが交尾による発生は、疑いなく、植物にまで見られることではない。交尾にもっとも近いやり方は、雄ヤシと雌ヤシ[9]のあいだに見られる。両者は、近い場所で成長した場合、曲がって互いに接近していくのだ（と人々はいう）。（さらに奇妙なことなのだが）人々が確信をもって次のように報告しているほどなのである。すなわちその木々をまっすぐなまま保つために、人々は、なわやひもを一方の木から他方の木へと結んで、［木そのものが曲がらなくても］仲介する物体の接触によって［木どうしの］接触がおこなわれるようにするというのである。だがこの話は作りごとであるか、あるいは少なくとも誇張を含んでいるかもしれない。それでもなお私は次のような考えにほぼ傾いている。より強いものとより弱いものというこの同じ二重性は、男性的なものと女性的なもの［の二重性］に似ているのであるが、あらゆる生きものにおいて存在している、という考えである。これはときに混乱して区別がつかなくなっていることがある。たとえば腐敗物から生まれる動物の一部に見られるとおりであり、それらのなかでは区別のしるしが何もあらわれない。またときに二重化されていることもある。両性具有の生物に見られるとおりである。だが一般的にいえば、大多数の種には強さの程度の違いが存在している。

609　植物と動物の両方の性質をもつもの、あるいは中間的存在は、おもには次のようなものである。すなわち、身体諸部分のなかには運動があるが、固定されており、身体そのものの位置を変える場所的な運動をもたないものである。これにはたとえば、カキやザルガイなどが含まれる。ある想像上の物語が存在する。北方の国々には、子羊のようにして成長し、牧草を食べる草がある。そうしてまわりにある牧草を食べつくしてしまうというのだ。だが私は、かたちがこのつくり話を生みだしたのだと思う。というのも私たちはまたハチラン[10]などがあるのを目にするからである。そして牧草［を食べるということ］にかんしていえば、巨大な茎と頭頂部をもっているために、周りの適した距離にある牧草を実際に捕食するのである。その牧草から、土の液汁を引きこんでしまうことによってである。

植物にかんする雑多な実験集

610　バンヤンは一年のあいだに下枝を下方へと大幅に曲げてしまうのであって、［その下枝から］自発的に新しい根をふたたび伸ばしていくほどである。そうして根から根へと増殖していき、一本の木からある種の木立をつくるのだ。このことを引きおこす原因は、液汁[11]の多さと、枝の柔らかさである。これにより枝は、過負荷の状態になり、ぴんとしたまっすぐな状態を保てないので、重さにより垂れていくのである。この木は小さな盾と同じくらいの大きさの葉をつけるが、果実はソラマメくらいの大きさしかない。その原因は、たえまない陰が葉を大きくし、果実を矮小化することである。しかしながらこの果実はよい味がする。またこの植物の液汁のよどみなさとおだやかさによって（疑いなく）引きおこされるのは、そのことが枝をさらに非常にしなりやすいものにするということである。

611　古代人の一人によって次のことが報告されている。すなわち、長さ三キュービット［一キュービットは約五十センチメートル］、幅二キュービットのたった数枚の巨大な葉をつけるあるインドの木が存在するという。またその果実は、美味なのだが、樹皮から出て成長するというのである。液汁を非常に速く生みだしてあふれさせるために、多くの葉に分岐したり、果実をつける枝をのばしたりする暇がないという植物が存在するのかもしれない。私たちのもとでは、樹木は（一般的にいって）比較的小さな葉をつける。イチジクはもっとも大きな葉をもつ。次にくるのはブドウ、クワ、シカモアカエデである。そしてもっとも小さい葉は、ヤナギ、シラカバ、サンザシのものである。ところがどんな樹木よりもはるかに大きな葉をつける草が見いだされる。ゴボウ、ヒョウタン、キュウリ、キャベツがそうである。その原因は（バンヤンの［葉が大きいことの］原因と同じように）、液汁が速く、またたくさん押しだされることである。

612　甘味づけにもちいられているものが三つ存在する。砂糖、ハチミツ、マンナである。砂糖にかんしていえば、古代人たちにはほとんど知られておらず、ほぼ使われていなかった。砂糖はアシ[12]のなかにある。次のことを調べてほしい。［砂糖があるのは］一つ目の節のところまでなのか、それともさらに上にもあるのか。またアシそれ自体の皮がまさに砂糖を作りだしているのか、そうではないのか。ハチミツにかんしていえば、ミツバチがそれを作る、あるいは集めるのである。だが私は養蜂に長けたある人物から次のように聞いたことがある。ミツバチの仕事は［ハチミツではなく］蜜蠟にかかわることだというのである。また、彼は五月のはじめにはミツバチの巣にハチミツが入っていなかったと認めていたのだが、二週間のうちに、甘い露がおりたとき、巣はあたかも［ハチミツの］貯蔵庫であるかのように満たされたというのである。何人かの古代人によって次のことが報告されている。ヒュルカニアの谷には、朝になるとハチミツをしたたらせる、オッカスと呼ばれる木があるというのだ。一部の木の液汁や汁が甘い場合があるというのは、ありえないことではない。また、さまざまな用途に適した一部の甘い果汁が、果実から作られて、濃密なハチミツや、ひょっとすると砂糖になるということもありうる。［そうした果実として］もっともありそうなのは、干しブドウ、イチジク、スグリである。その方法は探究されうるだろう。

613　古代人たちは、ペルシャ海の近くで、海岸の砂の上に生えている木について報告している。この木は塩水を栄養にするという。そして潮が引くと、その木の根は皮がなく裸のようで（というのも、塩によって侵食されているように思われるのだ）、カニのように砂を摑んでいるのが見える。にもかかわらずこの木は果実をつけるのだという。ナナカマドの木やモミの木など、いくつかの硬い木を砂のなかに植えることによって、それらの木の性質を調べてみるのは有益なことではないだろうか。

614　植物のなかには衣服に利用されるものがある。以下の植物である。アサ、アマ、ワタ、イラクサ（これを使ってイラクサの服が作られる）、そしてキヌクサ、すなわち成長するキヌ[13]である。また人々はシナノキ[14]の樹皮から綱を作る。ふつう繊維質の素材を生みだすのは茎であり、またときには上のほうに成長する軟毛である。

615　一部の国には、バラ色をしたある植物があって、この植物は夜には閉じ、朝に開き、昼になると大きく開く。それらの国の住民はこれを眠る植物だといっている。それでは眠る者は大勢いることになる。というのもほとんどの花は似たようなことをするのだから。

616　コケのような、あるいは綿毛のような根をもつ植物がいくつか、まれではあるが、存在する。また同様に、マンドレイクなど、あごひげのようにたくさんの糸が生えている植物もある。このマンドレイクから魔女や詐術師は邪悪な像を作るのである。マンドレイクの根の頂上部に顔のかたちをあたえ、糸を足に届くほど豊かなひげにすることによってである。またクレタ島にはある種のナルド（カノコソウの一種）があって、羽毛のあるハトの足に似た、毛の生えた根を有している。そういうわけで、おわかりいただけるだろうが、根には、球状の根、糸状の根、毛の生えた根がある。そして私は次のように考える。球状の根においては、液汁は空気や太陽のほうにもっとも急ぎ向かおうとする。糸状の根では、液汁は土のなかをより好むのであり、そのため下方に進む。そして毛の生えた根は両者の中間である。つまり、［液汁は］上と下に進んでいくだけでなく、周囲のほうにも進むのである。

617　ヤギのあごひげから梳いてとられるある種の木の汁がある。というのは、とくに朝、露がおりているときに、ヤギがそれらの木を噛みちぎって食べると、汁が出てきてヤギのあごひげに垂れるのである。この種の木の汁には、一種のラダヌムがある。

618　プラタナスの木にワインを吸わせると、その木は多くの実をつけるようになるのだと古代人によって報告されている。そのことは、根をもちいて同様に試されるべきだろう。というのも種には大きな効果をもたらさないからである。

619　外国の根を長い距離運ぶ方法は、土で作られた容器のなかに根を密封することである。しかし容器があまり大きくない場合には、容器の底に少し穴を開けなければならない。根の元気を取りもどさせるためである。そうしなければ（たぶん）根は腐って窒息してしまうだろう。

620　古代のシナモンは、成長しているあいだ、あらゆる植物のなかでもっとも乾燥していた。そして、ほかの植物にとって快適であると知られているものが、シナモンをよりやせ細らせてしまうのであった。というのも、シナモンは雨の降るなかではまったくうまく育たなかった。そしてほかの種類の植物からなる茂みのなかでも成長した。そういう場所では、ふつう植物はうまく育たないのである。またシナモンは日光を好むこともなかった。これらすべての結果を引きおこしている単一の原因があるかもしれない。すなわち、その植物には栄養の少ない状態が必要だということである。次のことを調べてみてほしい。カシアは、現在ではシナモンの代用品となっているものだが、これらの性質をどの程度共有しているであろうか。

621　古代人の一人によって次のことが報告されている。カシアは、採集されたのち、剝がれたばかりの獣の皮のなかに入れておかれる。そして皮が腐敗して虫を生みだすと、その虫はカシアの内側の髄の部分を食いつくして中空にする。しかしながら虫は樹皮には目もくれないのであって、それは樹皮が虫にとって苦いからである。

622　古代には、私たちが知っているのとくらべてはるかに巨大なブドウの木があった。というのも、それらからつくられた盃やユピテルの像があったのだ。だがそれらは野生のブドウの木であったように思われる。なぜならワイン用のブドウの木は、あまりにもしばしば切られており、また過度に掘りおこされ、刈りこまれているので、そうした木の液汁はブドウの果実に使いつくされている。そうであるがゆえに、幹は大きさの点でおおいに成長することができないのである。ブドウの木材はきわめて長いあいだ腐らずに持続する。また次のことは不思議である。葉が緑のときにブドウの木ほどもろい若枝を有する木はないが、乾燥させたブドウの木材はきわめて丈夫なのである。そしてローマ人たちのあいだでは、百人隊長らによって棍棒にもちいられたのだ。

623　いくつかの場所では、ブドウの木は地面に広がって草のように成長させられており、またそれらの木になるブドウの実は非常に大きいということが報告されている。通常は支柱に支えられている植物が、地面に寝かされた場合に、より大きな葉や果実をつけるのかどうか試してみるのはよいかもしれない。たとえばホップやツタ、スイカズラなどの植物である。

624　カリンあるいはリンゴなどは、長く保存する場合はハチミツにつけることだ。しかしハチミツはそれらの果実を（たぶん）甘くしすぎてしまうだろうから、砂糖、あるいはひと煮立ちだけさせたワインのシロップで試してみるのがよいかもしれない。これらの実験はいずれも、同じようにオレンジ、レモン、ザクロをもちいてもおこなわれるべきである。というのも砂糖やワインのシロップは、一度ではなく何度も使うことができるだろうから。

625 果物の保存はこまかい砂、あるいは石灰岩の粉を詰めた容器のなかで、あるいは穀物粉や小麦粉のなかで、あるいはオークの木を砕いた粉のなかで、あるいは皮なめし用の木粉のなかでも試されるべきだろう。

626 長期保存のために選ぶ果物は、完全に熟す前に収穫せねばならない。またその収穫をおこなうのは、晴れて乾燥した日の昼頃、南風が吹いておらず、また月が沈んでおり欠けていっているときでなければならない。

627 ブドウを取ってきてしっかりと密封した容器のなかに吊るし、容器を貯蔵室ではなくどこか乾燥した場所に置くこと。こうするとそのブドウは長く保たれるといわれている。だが何人かの人々によって、ブドウは半分をワインで満たした容器（ブドウがワインに浸かってしまわない程度）のなかでよりよく保たれると報告されている。

628 次のことが報告されている。茎を保存することは、ブドウを保存することに寄与する。とりわけ、その茎がニワトコ[15]の木の髄にさしこまれ、そのニワトコが果実に触れていないような場合である。

629 何人かの古代人によって、果物を容器のなかに入れ、その容器を井戸の水の下に沈めると、果物が長く保存されると報告されている。

630 草や植物のうち、一部のものは生で食べるのに適している。レタス、エンダイブ、スベリヒユ、タラゴン、クレソン、キュウリ、メロン、ラディッシュなどである。ほかのものは煮たあと、または火をとおしたあとにだけ［食べるのに適する］。パセリ、オニサルビア、セージ、パースニップ、カブ、アスパラガス、アーティチョークなどである（ただしこれらは若いうちは生食もされる）。しかしながら多くの草はまったく食用にならない。ニガヨモギ、牧草、熟していない穀物、センブリ[16]、ヒソップ、ラベンダー、レモンバームなどである。その原因は、食用にならない草が二つの味を欠いているということである。栄養はこの二つの味にもとづくものなのである。つまり脂っこさと甘さである。また（反対に）［食用にならない草が］苦味とあまりにも強すぎる味をもっているからである。あるいは、あまりにも未熟すぎて、栄養になるまで熟させることが不可能な液汁をもっているからである。生のままで食用になる草や植物は、（あらゆる食用の果物がそうであるように）脂っこさあるいは甘さを有している。タマネギ、レタスなどのようにである。だがさらにその脂っこさは（というのは甘いものにかんしていえば、事実上つねに食用になるのだから）、濃厚すぎて胃の負担になるということのないような脂っこさでなければならない。というのも、パースニップやリーキは脂っこさを有してはいるのだが、煮ないかぎり［食べるには］あまりにも濃厚で重いのである。またその脂っこさは、いくぶん柔らかい物質のなかにあるのでなくてはならない。というのも私たちは、コムギやオオムギ、アーティチョークが、火をとおすまではすぐれた栄養物ではないのを知っているのである。しかしながら火はそれらのものを熟させ、柔らかくするのであって、それゆえそれらのものは食べられるようになるのである。ラディッシュやタラゴン、その他の似たものにかんしていえば、それらは香辛料として使えるのであって、栄養物として使えるのではない。また食用にならない草であっても、いくつかはなお飲用にはなるのである。ホップやエニシダなどである。次のことを調べてみてほしい。いま言及した二つ以外で、どの草が飲用に適しているだろうか。というのは、そうした草がビールを作るのに必要な麦芽の量を減らしたり、ビールを長持ちさせたりするならば、そのことは醸造の困難をたぶんやわらげてくれるのである。

631　植物のなかで人間の栄養物として適した部分は、種子、根、果実であるが、おもには種子と根である。葉にかんしていえば、栄養をまったく、あるいはほとんどあたえない。草に咲く花や樹木に咲く花、茎も同じくほとんどあたえない。その理由は次のとおりである。根、種子、果実は（すべての植物は油性の物質と水性の物質が混ざったものでできていることをふまえると）、より多くの油性の物質を、そして葉や花などは、より多くの水性の物質を含んでいるのである。また第二に、それら［＝根、種子、果実］はより成熟させられている。というのも、つねに土のなかにありつづける根は、つねに土によって成熟させられている。また果実や穀粒は（私たちが知っているとおり）成熟に半年あるいはそれ以上をかけるのであり、他方で葉は一カ月のうちに伸び出て完全なかたちになるのである。

632　植物は（ほとんどの場合）葉や根よりも種子に強い味や香りをそなえている。その原因は次のとおりである。攻撃的で活力旺盛な精気を含まない植物では、成熟によって力能が増すのであって、成熟というのはつねに種子のなかでもっとも進んでいる。ところが攻撃的で活力旺盛な精気を含む植物の場合、精気が根のなかに含まれているあいだにより強くなる。そして精気は、空気や日光にあたるところに出てくると、弱まって散逸するのである。タマネギやニンニク、ドラクンクルスなどに見られるとおりである。それどころか、非常に辛くて香気の強い根をもちながら、種子はあまり味のしない植物もあるのだ。ショウガに見られるとおりである。その原因は（すでに言及したとおり[17]）それらの植物の熱がきわめて散逸しやすいことである。熱は地中では取りかこまれ保たれているが、空気中に出てくると発散してしまうのだ。

633　果実の果汁［液汁］は、水性であるか油性であるかのいずれかである。私は、飲料がしぼりだされる果実はすべて、水性の果汁をもつものに属すると考えている。ブドウ、リンゴ、ナシ、サクランボ、ザクロなどである。また飲用にはもちいられないものの、同じ性質を有するように思われる果実がほかにもいくつかある。プラム、ナナカマド、クワ、キイチゴ、オレンジ、レモンなどである。またあまりに濃厚すぎて、しぼっただけでは飲みものにならない果汁についても、ひょっとすると水と混ぜることで飲みものになるかもしれない。

また彼らはナナカマドを混ぜあわせてぶどう酒をまねてつくる。[18]

バラやノバラの実も同じように飲みものになるかもしれない。油性の果汁をもつ果実は、オリーブ、アーモンド、あらゆる種類のナッツ、マツの実などである。それらの果汁はすべて火がつく。また次のことにも注意すべきである。すなわち水性の果汁の一部は、精気をたくわえたあとには、燃えて火がつくようになることだ。ワインのようにである。刺激性も油っぽさももたないが甘い、第三の種類の果実もある。イチジクやナツメヤシがそうであるように。

634　多くの木、またとりわけドングリをつける木は、二年に一度だけ実を結ぶということが気づかれてきた。その原因は（疑いなく）液汁を使いつくしてしまうことである。というのも、よく耕作された果樹園の木の多くは、何年にもわたり連続して実を結ぶだろうからである。

635　オークほどにたくさん、自然本来の果実のほかに、低級の異形な果実をつける木は存在しない。というのもオークは、オークドングリのほかに、こぶや没食子、ある種のオークナッツ（これは燃える）、ある種のオークベリー（枝なしに木の幹に密着している）をつけるのである。またオークには、まれにではあるがヤドリギがなることもある。これらすべての原因としてありうるのは、オークの木の木質部と髄の緊密さと硬さである。このことゆえに、各所にある液汁がそれぞれ別々に噴出するのだ。またそのため、もしなんらかの寄生植物を作りだしたいと考えるのであれば、つねに液汁を豊富に上昇させ、かつ外に出づらいようにさせる必要がある。

636　木の表面から生まれる二つの生成物[19]がある。両者ともキノコの本性をもっている。そのうちの一つを、ローマ人たちはボーレートゥス［＝キノコ］と呼んだ。これはオークの木の根から生長するもので、ローマ人の食卓のごちそうの一つであった。いま一つは薬効のあるものであり、サルノコシカケと呼ばれている（これについては以前に述べた[20]）。こちらはオークの木の上の部分から生長する。ただし何人かの人々によって、根からも生長すると主張されている。私は、木から生まれる生成物の多くはおもにその木が死んだところ、あるいは衰えたところから生長すると考えている。というのも、その木の自然な液汁が腐敗して一種の超自然的な実体[21]になるのだから。

637　木の大部分は下のほうの枝にもっとも多く、もっとも［質的に］よく実をつける。オーク、イチジク、クルミ、ナシなどに見られるとおりである。だが一部の木は上のほうの枝にもっともよく実をつける。野リンゴなどに見られるとおりである。下のほうにもっともよく実る果実は、日陰が害よりはむしろ益になるような果実なのである。というのも一般的にいってすべての果実はもっとも低いところでもっともよく実るのであり、なぜなら液汁がわずかな道のりしか通過してきていないために、液汁の力が衰えていないからである。またそれゆえ生け垣に広がる果実においては、すでに述べたように[22]、もっとも下になる実がもっとも大きい。そういうわけで、下のほうの枝に害をあたえるのは日陰なのである。ただし日陰にあることを好むような木、あるいは少なくとも日陰でもよく実をつける木の枝の場合をのぞく。またそれゆえそれらの木はオークのように強いか、クルミやイチジクのように大きな葉をつけるか、ナシのようにピラミッドのかたちに成長する。だが木が非常に多くの日光を必要とする場合、その木は上のほうにもっともよく実をつける。野リンゴ、リンゴ、プラムなどに見られるとおりである。

638　木のなかには、老木になりはじめるころにもっともよく実をつけるものがある。アーモンドやナシ、ブドウの木、またドングリをつけるあらゆる木に見られるとおりである。その原因は以下のことである。ドングリをつけるすべての木では、油質の果実がなる。そして若木はより水質の、比較的未熟な液汁を含んでいるのだ。そしてアーモンドもまた同じ種類の［油質の果実がなる］木である。ナシも同様に、油質の果実ではないが、多くの十分に熟した液汁を必要とする。というのもナシは、リンゴやプラムなどにくらべてはるかに重くて固い果実であると、私たちは知っているのである。ブドウの木についていえば、次のことが知られている。すなわち木が若いときに多くのブドウをつけるのだが、よりよいワインの原料になるブドウは、老木になったときにつける。というのも老木では液汁がより熟しているからである。また私たちはワインが燃えること、だからワインは一種の油性を有しているということを、知っているのである。しかしながら、リンゴ、プラムなど大部分の木は、若いときにもっともよく実をつける。

639　植物のなかには、切ったときに内部に乳が入っているものがある。イチジク、古くなったレタス、ノゲシ、トウダイグサなどに見られるとおりである。その原因は、腐敗が始まっていることかもしれない。というのもそれらの乳はすべて強い刺激性をもっているからである（ただし、それらが鎮静作用をもつと考える人もいるだろう）。というのは、イチジクの乳を使って紙の上に文字を書いてみると、その書いた文字は、紙を火にかざすまでは見えない。火にかざしていると文字は次第に茶色くなる。このことは、イチジクの乳が刺激作用、あるいは腐食作用をもつ液汁であることをしめしているのだ。レタスは、乳を含むくらい古くなってしまうと、毒をもつと考えられている。トウダイグサはそれ自体として一種の毒なのである。またノゲシにかんしていえば、ウサギは食べるけれども、ヒツジやウシはそれに触れることはないのである。さらにくわえてそれらの植物の乳は、できものにこすりこむと、短時間でできものを取りさってしまう。このことは、それらの植物の乳が浸食作用をもっていることをしめしている。地面にまかれたコムギやほかの穀物は、発芽前に掘りだしてみれば、たくさんの乳を含んでいるということも私たちは知っている。また発芽の始まりはつねに、種子のある種の腐敗なのである。トウダイグサの仲間も、真っ白な乳ではないが、乳を含んでいる。この乳はきわめて強い刺激性をもっている。またクサノオウは黄色い乳をもっている。これもまた非常に強い刺激性をもつ。というのはこの乳は目を消毒するのである。また白内障にも効き目がある。

640　キノコは木の幹や根、あるいは地表に生えるのであって、とりわけオークの木によく生えると報告されている。その原因は次のとおりである。強い木は、そうした生成物と同じように、土の本性をもっているのだ。またそれゆえにコケやキノコなどを生みだすのである。

641　葉や穂のなかに赤い液汁を作りだす植物はほとんど見いだされない。ただし竜血を生みだす木は例外である。この木は主としてソコトラ島で生育している。それどころかアマランサスという草は全体が赤い。またスオウは木質部が赤い。コウキも同様である。竜血の木はシュガーローフ［＝円錐型に固めた砂糖］のかたちに成長する。この植物の液汁は木の内部で成熟するようである。というのも、ブドウやザクロは果汁が赤いけれども、［木の］汁は緑色であるのを私たちは見るのだから。またこのことによって竜血の木は上に行くほど細くなっているのである。なぜならその木の液汁は上方にすばやくのぼることがないからである。さらにくわえてこの液汁は強い収斂性をもっている。そのため動きが遅いのだ。

642　甘い香りを放つコケが、リンゴの木に生えるもののほかに、ときおり同じようにポプラにも生えるということが報告されている。そうはいっても（一般的には）ポプラは皮がなめらかな木で、ほとんどコケをまとっていない。カラマツの木につくコケも焼くと甘い香りがする。また炎のなかで輝くのである。レバノンスギやイトスギ、ジンコウなど、芳香をもつ木のコケについても調べてみてほしい。

643　苦痛のもっとも少ない死に方は、一定量のドクニンジンを飲むことだといわれてきた。人間社会のなかでいえば、これはアテナイにおいて死に値する罪人の処刑形式であった。コブラの毒は、クレオパトラがもちいたものであるが、ドクニンジンといくらかの親近性を有している。その原因は次のとおりである。死という拷問の苦痛は、おもには複数の精気のあいだの争いによって引きおこされる。そしていま述べているような毒の蒸気は、精気の活動をしだいに抑えこんでしまうのだ。非常に高齢な人の［老衰による］死に似たような仕方によってである。私は、それはアヘンよりも苦痛が少ないと考えている。というのもアヘンには熱い部分が混ざっているからである。

644　ミロバランのように、熟す前に甘い果実が存在する。それでウイキョウの実は、熟す前には甘く、成長したあとではスパイシーな味になるのである。また一部の果実はけっして熟して甘くなることがない。たとえばタマリンドやメギ、野リンゴ、スピノサスモモなどに見られるとおりである。その原因は次のことだ。前者の種類の果実は多くの精妙な熱を有しており、その熱が早い時期の甘さをもたらすのである。後者の種類の果実は冷たくて酸っぱい果汁をもっており、太陽のいかなる熱もそれを甘くすることはできない。しかしながらミロバランにかんしていえば、この果実は相対立する性質をそなえた諸部分からなっている。甘いと同時に渋いからである。

645　塩味をもつ草はほとんどない。そして反対に動物の血はすべて塩味を含んでいる。その原因はたぶん以下のことである。塩は、生命のもとではあるのだが、植物においてはそのもともとの味が残っていないのだ。というのも草を食べて苦い、酸っぱい、甘い、また刺激的だと感じることはあるが、塩味を感じることはほとんどない。他方で動物においては、それらの豊かな味は（ときに）体液にあらわれることはあるが、肉あるいは実質的な部分にはほとんどあらわれないのだ。というのも肉はより油に近い性質をもっており、それらの味はそなわりづらいのである。そしてまた血液の塩味そのものは、弱くて隠れた塩味にすぎない。また植物のなかでさえ、一部のものは塩味を分けもっている。たとえば海藻やクリスマム、トモシリソウなどがそうである。さらに、インドの海[23]の一部には泳ぐ植物がいると報告されている。この植物はサルガズスと呼ばれており、海面に広がっていて草原と見まちがえてしまいそうなほどだという。あらゆる植物の灰から、人々が医薬にもちいる塩を抽出しているということはたしかである。

646　古代人の一人によって以下のことが報告されている。リンコスティスと呼ばれる、水中で成長する草が存在し、この草にはたくさんのとげがあるのだという。この草は葉からまた別の小さな草を生みだす。それを引きおこすもとは、とげのあいだに集められる一種の湿気である。この湿気が日光によって腐敗させられ、発芽を引きおこすのだ。だが私もまた非常にめずらしいこととして、あるバラが別のバラから、スイカズラのような仕方で生えているのを見たことを覚えている。これは［帆柱に横長の帆を重ねたかたちの］船の帆と呼ばれている。

647　オオムギを（麦芽の製造において見られるように）水のなかに三日間漬けておき、そのあとに水気を切って乾いた床に広げると、そのオオムギは少なくとも半インチの芽を出すであろう。そして転がしたりせずにそのまま静かに置いておくと、芽はさらに長くなる。最終的には核の部分が出てくるのである。コムギも同じふるまいをする。エンドウやソラマメでも同じことを試してみてほしい。この実験は、ムラサキベンケイソウやヤネバンダイソウの実験とは似ていない[24]。というのも先に挙げた実験では、その植物［ムラサキベンケイソウやヤネバンダイソウ］は、古い貯蔵物からきたものである。水をくわえられていないからである。他方、今回の実験では、オオムギは水によって養育されている。この実験はさらに推し進められよう。というのはその実験はすでに登場しているのであって、それにもとづいて植物が最初に発芽するにあたって土は不可欠ではないと述べたのであった[25]。また私たちは、水のなかに据えられたバラの芽が花を咲かせることを知っているのである。それゆえ次のことを試してみてほしい。前述のような穀粒の芽が、水のみ、あるいは［水に］土を少量混ぜたものによって、草あるいは花になるまで、さらに成長させられないのかどうかということである。というのはもし芽がさらに成長するのなら、麦芽とバラの両者についての先に述べた実験から、芽は土よりも水のなかではるかにすみやかに育つように思われるからである[26]。というのも栄養は、土からよりも水からのほうが容易に引きだされるからである。次のこともいくらかの知見をあたえてくれるかもしれない。すなわち、肉の成分を溶かしこんだ飲みもの――たとえば鶏肉の成分を溶かした飲みものなど――は、肉と飲みものを一緒に摂ることよりも速くまた容易に栄養をあたえてくれるということである。同じ実験を、穀粒と同様に根でもおこなってみてほしい。たとえば、カブを取ってきてしばらくのあいだ水につけ、次いで乾燥させ、芽を出すかいなかを見るのである。

648　麦芽は水にひたすと膨らむ。そしてそれは次のような仕方である。すなわち芽が出て、乾燥塔で乾かしたあと、八ブッシェルから少なくとも一ブッシェルの増加分が生みだされるのである。なお芽の部分はこすり落とされている。そして麦芽のほかに一ブッシェルのくずも得られる。私はこれが、諸部分がゆるやかで開いた仕方で重なりあうことだけでなく、麦芽が漬けられた水から引きだされた実体がいくらか付加されることで引きおこされると考えている。

649　麦芽は味覚に甘さをあたえる。これは麦汁（ワート）においてよりよく見られる。事物の甘味化は、可能なかぎり十全に検討されるに値する。というのも事物の甘味化は、栄養物へと向かう一つの段階を意味しているのだから。そして栄養をもたない事物を栄養をもつものにするということは、新しい食べものを生みだすという観点で大きな価値をもつ実験だろうから。

650　成長している種子の大部分は、その皮あるいは外皮を根の付近に残していく。しかしながらタマネギは皮を運びあげるのであって、その皮が若いタマネギの頭にかぶさる帽子のようになる。その原因は、表皮あるいは皮が破れにくいことであるかもしれない。タマネギの皮をむいてみれば、その表皮がどれほど頑強な物質であるかわかるのだから。

651　カールした葉をもつ植物はすべて湿気をたくさん含んでいる。湿気は非常にすみやかに出てくるので、平面状に広がることができず、必然的に一箇所に向けて集まっていくことになるのだ。カールのうちもっとも弱い種類のものはでこぼこで、オニサルビアやゴボウに見られるとおりである。二つ目の種類は端の部分でのカールで、レタスや若いキャベツに見られるとおりである。そして三つ目の種類は頂上部に向かって起こる折りたたみであって、十分に育ったキャベツや玉レタスに見られるとおりである。

652 次のことが報告されている。モミやマツは、とりわけ老いて腐敗した場合、一部の腐った木のように輝くわけではないけれども、突然砕けて、硬い砂糖と同じように光を放つという[27]。

653 木の根は（一部のものは）地中深くに向けて下へと進む。オークやマツ、モミなどに見られるとおりである。また一部のものはより地表のほうに向かって広がる。トネリコやイトスギやオリーブなどに見られるとおりである[28]。この後者の原因はたぶん次のことである。すなわち太陽を愛する木々は、あまり深く地中へと潜っていこうとはしないのである。またそれゆえそれらは（ふつう）非常に高く成長する木々なのである。というのはそれらの木のからだのなかでは、太陽に近づかんとする欲求が、それらの木をあまり［横方向に］広がらないようにさせるのである。また太陽からの退行を避けるというその同じ理由が、地下においては、木にいっそう［横方向へと］広がるようにさせるのである。また地中のあまりにも深いところに植えられた一部の木においては、次のことが起こるのが見られる。すなわちそれらの木は、太陽に接近したいという欲望のために、最初の根を放棄して、より地表のほうに向かって別の根を伸ばすのである。また次のことも見られる。オリーブは油性の液汁を多く含んでいる。トネリコは［燃やした場合に］最良の火を作りだす。そしてイトスギは熱をもった木である。オークにかんしていえば、この木は前者の種類［＝地中深く根をのばす木々］に属するのであって、大地を愛する。それゆえ［上に向けては］ゆっくりと成長するのである。またマツについていうと、さらにはモミも同様なのであるが、自分自身のなかに非常に多くの熱を含んでいるので、太陽からくる熱をあまり必要としないのである。同じ特質をもつ草も存在する。たとえば「悪魔の噛みつき」と呼ばれている草である[29]。この草は根を非常に深く下に伸ばすので、折らずに抜きとることはできないほどである。このことが名前と寓話を生みだしたのである。というのも次のようにいわれていたのだ。すなわち非常に強い薬効をもつ根であったため、悪魔は、それが採取されると、嫉妬から噛みついたという。また幾人かの古代人は次のように報告している。地中に八キュービットの深さの根をもつ大きなモミがあって（彼らはその木全体を取りのぞきたかったのだが）、そのため根は［抜くときに］途中で切れてしまったとのことである。

654 次のことがいわれてきた。すなわちある木の枝は、下のほうの皮を少し剝いで土にさしておくと、そこから成長する。他方で、そのような木の枝であっても、皮がついたままで土にさした場合には、成長しないというのである。だが反対に、地上部分の幹の皮を一周剝ぎとった木は死んでしまうのが見られる。その原因は次のことであるかもしれない。つまり皮を剝いだ部分は栄養をもっともよく引き寄せるのであり、他方で皮はその栄養をたんに運ぶだけだということである。

655 ブドウを、房を連ねて温かい部屋の天井から吊るしておくと、ひと冬のあいだずっと新鮮で、湿気を含んだ状態でありつづける。房を収穫するときに、その房とともに木の一部を取ってきた場合にはとくにそうである。

656　アシは水性の植物であり、水のなかでしか生育しない。この植物は次のような性質をもっている。内部が空洞である。茎と根の双方に節をもつ。乾燥すると、ほかの木材よりもいっそう固く、またもろくなる。枝はまったく伸ばさない（ただし、一つの根から多数の茎が伸びる）。大きさの点で非常な違いがある。最小のものは、家の屋根を葺いたり船の裂け目をふさいだりするのに、のりやピッチよりも適している。二番目の大きさのものは、釣りざおやさおにもちいられる。また中国では罪人の腿を打つのにもちいられる。それらのうち相異なる種類は、ふつうのアシ、カシアアシ[30]、サトウアシ[31]である。あらゆる植物のなかで、この植物はもっとも容易にしなって、ふたたびまっすぐになる。植物（土と水の混合物から栄養を受けとる）のなかでも、この植物はもっとも多くの栄養を水から引きいれているように思われる。そのことがこの植物の皮をあらゆる植物のなかでもっともなめらかなものにしているのであり、またこの植物の体内をもっとも空洞の多いものにしているのである。

657　木の樹液［液汁］は、瀉血のように漏出させてみるとさまざまな性質をもっている。あるものはより水性で透明であり、ブドウやブナ、ナシの樹液がそうである。あるものは濃厚であり、リンゴがそうである。あるものは粘り気があり、サクラがそうである。あるものは泡状であり、ニレがそうである。あるものは乳状であり、イチジクがそうである。クワでは、樹液は（ほとんど樹皮付近にだけあるように思われる。というのも、樹皮に石で少し切りこみを入れてみると樹液が流れでてくるだろうが、道具をもちいてより深く穴を開けてみると乾燥しているだろうから。果実にもっとも湿気の多い果汁を含んでいる木は、ふつう木のからだの部分にもっとも湿気の多い樹液を含んでいる。というのもブドウやナシは非常に湿り気があるのだ。リンゴはいくぶんよりスポンジ状である。イチジクの乳[32]はチーズを固めるレンネットの性質を有している。春にチーズをつくるのにもちいられる、一部の酸味のある草もまた、同じ性質をもっているのである。

658　木材は、一部の木ではよりきれいであり、また一部の木ではより節くれだっている。そして片方の端で話してもう片方の端に耳をつけることによってそれを調べるというのが、よい試験である。というのは、節くれだっている場合には声がよく通らないからだ。一部の木は、いっそう変化に富む、カムレットのようにまだらな管をもっている。オークがそうであって、オークからは美しい建築用の板が作られるのである。またカエデもそうであり、カエデからは木皿が作られる。一部の木は、モミやクルミに見られるように、よりなめらかな管をもつ。一部の木は虫やクモをより生みだしやすいのであって、また一部の木はより生みだしにくい。アイルランドの木々についていわれているとおりである。ほかにも木の用途にかんしては多くの差異がある。たとえばオーク、レバノンスギ、クリは最良の建築材である。ある木は鋤の材料に適しており、たとえばトネリコがそうである。ある木は桟橋に適している――桟橋というのはときには濡れており、ときには乾いているのだ――。たとえばニレがそうである。ある木は床板に適している。たとえばモミ材がそうである。ある木はテーブル、食器棚、机に適している。たとえばクルミがそうである。ある木は船の材料に適している。たとえば、湿気の多い土地で育ったオークがそうである。というのもそのことは木材を頑強にし、砲弾によって裂けづらいようにするからである。この点でイングランドとアイルランドの木材は秀でていると考えられている。ある木は船の帆柱に適している。モミやマツがそうである。それらの木の長さ、まっすぐさ、軽さのためである。ある木はくいに適している。オークがそうである。ある木は燃料に適している。トネリコがそうである。そしてその他についても同じようなことがいえる。

659　木や植物がほかのどこかではなくてある特定の場所に生えることは、ときに偶然の産物である。というのも多くの木や植物が［ほかの地に］移植されてよく生いしげっているのだから。ダマスクローズがその例である。このバラは百年以上前にはイングランドでは知られていなかったが、いまではきわめてよく見られるのだ。しかし植物が特定の土壌をほかの土壌よりも好むのは、純粋に自然本性的なことである。たとえばモミやマツは山を愛する。ポプラやヤナギ、サルヤナギ、ハンノキは川や湿気の多い場所を好む。トネリコは茂みを好むが、孤立して単独で立っているのにもっとも向いている。ネズは白亜を好むのであって、多くの果樹も同様である。クリスマムは岩のうえでだけ生育する。アシやキヌヤナギ[33]は、水に洗われるような場所で育つ。ブドウは、南東からの日光が当たる丘の斜面を好む、などである。

660　特定の草が芽吹くことは、その草が芽吹いた土壌がどんな性質であるかを明らかにしてくれる。たとえば野生のタイムは、牛にとってのよい餌場であることをしめしている。カッコウチョロギやイチゴは、材木に適した土壌であることをしめしている。カモミールは、コムギに適した耕作しやすい土壌であることをしめしている。鋤で耕したあとに生育するカラシも、同じようにコムギに適した強く良質な土壌であることをしめしている。ワレモコウはよい牧草地であることをしめしている、などといったことである。

661　さまざまな国において、ヤドリギのほかに、木や植物から生えでてくるいくつかの植物が見いだされる。たとえばシリアにはカシュタスと呼ばれる草があり、この草は高い木から生えでて、自分が生えているその同じ木に巻きつく。ときにはサンザシに巻きつくこともある。また、木から生えでる一種のポリポディ[34]が存在する。ただしこの植物は巻きつくことはない。また同じように、野生のオリーブから生えてくる、ファウノスと呼ばれる草が存在する。またラシャカキグサから生えてくる、ヒッポフェストンと呼ばれる草がある。この草は、てんかんに効能があるといわれている。

662　幾人かの古代人によって次のようにいわれている。寒さと東風が果実にたいする大敵であると考えられているにもかかわらず、南風もまた害をもたらすことが見いだされる。とりわけ花が咲く時期にはそうであり、またあとに降雨がつづく場合にはさらに害をもたらすというのである。南風やそれにつづく雨は、湿気をあまりにも早く引きだしてしまうように思われる。西風はもっともよい。温暖で雪のない冬が木に害をもたらすということもまたいわれてきた。そのような冬が二年ないし三年連続すると、アーモンドの木やその他いくつかの木は枯死してしまうほどだという。その原因は先ほどのものと同じである。というのも土の力が消耗してしまうからだ。ただし幾人かの別の古代人は、暖冬をよいものとしている。

663　雪が長期間にわたって積もると、豊作の年になる。なぜなら第一に、雪は土の強さが発散してしまうのを防ぐからである。第二に、雪は土にたいして、雨よりもすぐれた仕方で水をあたえるからである。というのは雪のなかでは、土は（いわば）乳から水を吸うのだから。第三に、雪の湿気はもっとも微細な湿気だからである。というのも雪の湿気は雲のなかの水の泡なのだから。

664　雨は、果実が熟す少し前に降る場合には、多汁で湿気を多く含む果実すべてによい影響をあたえる。ブドウ、オリーブ、ザクロなどがそうである。とはいえ雨は質のよさよりも数の多さに寄与する。というのも、最良のワインはもっとも乾燥した年の産品に見いだされるからである。少しの雨は穀物にも同じようによい影響をあたえる。乾燥をもたらす熱がそれらの穀物に作用しないようになるためである。一般的には、夜の雨は日中の雨よりもよい。なぜなら夜の雨は、日光があまりにも早くつづいて降りそそぐということがないからである。また人の手で水をあたえる場合でさえ、夏の時期には晩に水やりをするのがよいと知られているのである。

665　土の違いとそれにかんする実験は、注意深く吟味されるに値する。土のなかでも、雨によってきわめて容易にやわらかくなるものが推奨される。けれどもそのようなタイプの土のなかには、雨が降る前には非常に乾燥して固いものもある。鋤から大きな土の塊を跳ねあげるような土は、小さな土の塊しか跳ねあげない土にくらべるとよくない。容易にコケを生みだし、カビくさいといわれうるような土はよくない。掘りかえしたとき、あるいは鋤を入れたときによいにおいがする土は推奨される。ほぼ準備が整った野菜の液汁を含んでいるからである。一部の人々によって、地表に近いところの虹は、ある種の土へと、ほかの土よりもいっそうよくかかるのだと考えられている。これは十分ありそうなことだ。というのもその土は露を非常に多く帯びているからである。またそのため虹がよくかかることは、よい土の徴として推奨されるのである。草の少なさは（明らかなことだが）土の貧弱さをしめしている。とくに土がかなり暗い色である場合にはそうである。他方で、もし草が一番上の部分でしおれていたり枯れていたりするのが見られたら、それは土が非常に冷たいことをしめしている。また木にコケがむしていることも、同じことをしめしている。

る。土のなかで、そこに生える草がすぐに日光で乾かされて干からびてしまうものは、ふつう人の手が入った土であり、土自体の自然本性としては不毛なのである。やわらかく、石がなくて、耕しやすい土がもっともよい。すなわち、粘土と砂という両極端のあいだの、純粋な土くれのことである。ローム状であったり互いにくっつきあう傾向をもっていたりしなければとくによい。雨のあとにほとんど鋤が入らないような土は、ふつう多産である。なぜならそのような土は粘り気があって液汁に満ちているからである。

666　次のことは、何人かの古代人によっていわれているのだが、奇異である。すなわちほこりは木の多産さ、とくに名を挙げるならブドウの多産さに、寄与するというのである。ただし意図的に木にほこりをまきかけた場合にかぎってである。そのような「ほこりの」散布は、雨が降ったときに、木にたいして一種の肥料をあたえるように思われる。土と水がとてもうまくかぶされるからだ。また畑や道がほこりっぽい地方で最良のブドウが実るといわれている。

667　古代人たちによって、木にたいするすばらしい助力として、次のことが推奨されている。木の根の付近にルピナスの茎や葉を置いておく、あるいは穀物の種をまく土地を鋤で耕すさいにそれらの茎や葉を土に混ぜこむのである。剪定したブドウの木の枝を燃やして土にまくこともまた大変よい。また古代にはふつう次のように考えられていた。西風が吹いていて、月が欠けていっているときに土に肥やしを入れることは、とても大きな効果をもつ。土が（おそらく）肥やしをより欲していて、肥やしを受けいれやすい状態になっているからである。

668　ブドウをブドウに接ぎ木するということは（私が思うに）いまではおこなわれていない。古代人たちはそれをおこなっていたのであり、また三つの仕方でおこなっていた。第一は切りこみを入れる「そしてそこに接ぎ穂を差しこむ」方法であり、これはふつうの接ぎ木のやり方である。第二は、台木の真ん中を貫くような穴を開けて、そこに接ぎ穂を差しこむ方法である。第三は、つれだって生えている二本のブドウの木を、髄がむきだしになるまで削り、両者を固く結びあわせる方法である。

669　穀物の病気や災禍は、探究する価値がある。またもしそれらが人間の力で克服できるものであったなら、なおいっそう探究する価値があったことだろう。実際にはそれらの病気や災禍の多くは対処不可能なものなのである。うどん粉病は最悪のものの一つである。この病気は（疑いなく）空気の滞留からくる。またそのため丘や広々とした平原の土地、私たちのもとでいえば「ヨーク平原」のような土地では、ほとんど起こらない。この病気は次の方法以外では治すことができない。すなわち土地が小さく囲われている地域で、土地をより大きな耕地に変えるという方法である。これが一部の農場でよい効果をあげているのを私は知っている。別の病気は、カラスムギを生みだしてしまうというものである。穀物（とくにオオムギ）はしばしば劣化してカラスムギになるのだ。[35]この病気はおもにはまかれた穀粒の弱さからくる。というのも穀粒があまりに古い場合、またはかびてしまっている場合には、その穀粒はカラスムギを生みだすであろうから。また別の病気は、土地が飽きてしまうことである。というのも、一箇所の土地にたえず同じ穀物を作付けしてしまうと（私は、同じ土地で育った穀物のことをいっているのではなく、同じ種類の穀粒のことをいっている。コムギ、オオムギなどである）、その穀物はわずかしか実らない。それゆえ、土地を休耕することにくわえて、種籾を変えるようにしなければならない。別の災禍は風からくるのであって、これは二つの時期に害をもたらす。花が咲く時期には花を揺らして落としてしまうことによって、また完熟の時期には穀物を振りおとしてしまうことによって、害をもたらすのである。また別の災禍は、穀物が穂を出す時期の干ばつである。これは私たちのもとではめったに起こらないが、より暑い国々ではしばしば起こる。*calamitas*［不作、災害：ラテン語］という単語は、もともとは*calamus*［茎］という語から、穀物が［干ばつのため］茎から外に出られなかったときに、作られたほどである。また別の災禍は、籾まきの時期の過剰な水気である。これは私たちのもとでは非常な飢饉をもたらす。その結果として、穀物はまったく発芽せず、秋まきの穀物の籾をまいたところに春まきの穀物の籾を（何度も）まかねばならなくなるのである。また別の災禍は、雪がないときにおりつづけるきびしい霜である。とりわけ冬のはじめの、新しく籾をまいたあとにくるものである。また別の病気は虫である。虫はときには根で繁殖し、籾まきのすぐあと、熱い日光がそそいで雨が降ったときにあらわれる。ほかの虫は穂そのもので繁殖する。とりわけ熱い日光が雲間からしばしば降りそそぐようなときにである。また別の病気は雑草であって、雑草は次のような悪いはたらきをする。すなわち穀物を窒息させ、また日に当たらなくすることによって倒してしまうか、あるいは穀物を飢えさせ、穀物から栄養を奪いさってしまうのである。また別の病気は穀物の過剰な繁茂である。これは、発芽ののちに刈りとることによって、あるいは穀物のあいだに羊を放つことによって、改善するのがつねである。また別の災禍は、収穫が近い時期、あるいは収穫の時期に大雨で穀物が倒れてしまうことである。また別の災禍は、籾が油、あるいはなにか脂質のものに触れてしまう場合である。というのもそうした物質は栄養物である水と反感の関係にあるのだ。

670　穀物の病気にたいする治療法は、以下のようにいわれてきた。穀粒をまく前に少しのあいだワインに浸しておくことは、保存性を高めると考えられている。種籾を灰と混ぜることはよいと考えられている。月が欠けていっているときに籾まきをすることは、穀物を健康にすると考えられている。穀物に少し混ぜものをすることは、実際におこなわれてはいないものの、有益だと考えられている。コムギとともに若干のソラマメを植えればコムギがよいものになるといったことである。穀物をヤネバンダイソウと一緒に植えるのがよいといわれている。油や脂肪に触れた穀物は害を受けるけれども、油の［液状の］しぼりかすが腐敗をはじめたとき、そのしぼりかす（これはアムルカと呼ばれている）に穀粒を浸すことは、その穀粒を虫害から守ると考えられている。また次のことも報告されている。穀物を刈りとった場合、そのことは穀粒を長くするが、よりすかすかで、殻の部分を多くもつようにするというのである。

671　これまでに次のことが指摘されてきた。一年前の種子はもっともよい。二ないし三年前の種子はそれにくらべると劣る。そしてより古い種子はまったく実を結ばない。ただし（疑いなく）一部の種子や穀粒は、ほかのものよりも長持ちする。あおぎ分けたときにもっとも下にくる穀物が［種籾として］もっともよい。割るか噛みつぶしてみて、少し黄色を保っているような穀物は、すっかり白くなっている穀物よりもよい。

672　あらゆる草の根のなかで、スイバの根は地中もっとも深くに達するといわれている。これまでに、その根が三キュービットの深さにまで達することが知られているほどである。またそれは成長するあらゆる根のなかで、植えなおすのに適した状態を（もっとも長く）保つ根である。スイバは冷たさと酸っぱさをもつ草であり、（どうやら）土を愛し、太陽にはあまり引きつけられないのだ。

673　一部の草は塩水での水やりをもっとも好むといわれている。ラディッシュやビート、ヘンルーダ、メグサハッカなどである。この［塩水をやるという］実験は、ほかのいくつかの草、とりわけタラゴン、カラシ、ルッコラなどの強健な草にたいして拡張されるべきだろう。

674　広く認められている次のことがらは奇妙である。すなわち一部の毒をもつ動物が、いかに香りがよくて健康に有益な草を好むかということである。ヘビがウイキョウを愛し、ヒキガエルがよくセージのもとにとどまり、アカガエルがよくキジムシロのなかにとどまるといったことだ。それらの動物が好んでいるのは、その草の力能というよりは日陰、あるいはその他の覆いなのかもしれない。

675　もし年のはじめのいくらかの徴や予兆から、どの穀物、草、果物が多くあるいは少なく実る傾向にあるかを識別することができたとしたら、非常に有益なことだっただろう（私は、それは挑戦するにはあまりに推測によるところが大きすぎるのではないかと疑っているのではあるが）。というのも、多く実りそうなものにかんしていえば、その根拠にもとづいて買うことができるからである。タレスについての古い言い伝えにあるとおりである。彼は、哲学者にとって豊かになることがいかに容易かをしめすために、オリーブが非常に多く実ると予測したさいに、その買い占めをおこなったのであった。[36] また少ししか実らなそうなものにかんしていえば、以前の蓄えをよく保存しておくことによって、利益を得ることができるだろう。雪が長くつづくことは、穀物の多く実る年をもたらすと信じられている。冬が早くくること、あるいはきわめて遅くくることは、穀物が実らない年をもたらすと信じられている。雪が積もらずよく晴れた冬は、果物の実りの悪い年をもたらすと信じられている。これらのことにはすでに以前、部分的に言及した。[37] だがほかの同様な予兆も、注意深く探究されるべきである。

676 いくつかの植物には独特な性質が存在するように思われる。その点において当の植物はほかのすべての植物と異なるのである。オリーブは油質の部分を外側にだけ有している。一方で、ほかのすべての果実は油質の部分を核または種の部分にもつ。モミは（実際のところ）硬い中心部も核も種ももたない。微小な種粒を種とみなすのでなければであるが。果実のなかでもザクロとマツの実だけが、いくつかの小室のなかに分かれた種粒をもつ。草のうちキャベツと玉レタスだけが、カールした葉をもっている。草一つは茎に、一つは果実あるいは種子に属する二様の葉をもつのは、アーティチョークだけである。スイカズラのようなタイプの広がり方をする花はほかにない。以上のことは、広大な考察の領域でありうる。というのも次のことをしめしているからである。すなわち自然の枠組みのなかでは、いくつかの種を生みだすにさいしては、しばしばあらわれ、またさまざまに変化しうるような物質の構造が見られ、またほかの種を生みだすにさいしては、めったにあらわれず、ほとんど変化の余地のない物質の構造が見られるということである。というのも、このことは獣においても同じように見られるからである。イヌはオオカミやキツネに似ている。またウマはロバに、ウシはスイギュウに、ノウサギはアナウサギに似ている、などということがある。また鳥においても同様である。トビやハヤブサはタカに似ている。ふつうのハトはモリバトやキジバトに似ている。またクロウタドリはツグミやウタツグミに似ており、ハシボソガラスはワタリガラスやニシコクマルガラス、ベニハシガラスに似ている、などということがある。しかし獣のなかでもゾウやブタ、また鳥のなかでもゴクラクチョウやクジャク、またその他若干のものには、親近性を有する別の種がほとんど存在しないのである。

植物やその力能の記述は薬草誌やほかのそれに似た自然誌の書物に任せることにする――それらのなかでは人々の注意深さといったらたいへん大きなものであり、好奇心の領域にすら達している――。というのは私たちの実験はただ、いつも原因を獲得し、法則を引きだすことへと向かう階段を、一段のぼるようなものなのだ。古代と最近の著者たちの何人かもまた、それら［＝原因と法則］を詳述してきたということを、私は知らないわけではない。しかしながら彼らの原因や法則はあまりにも想像に満ちており、また古き時代に受けいれられた理論によってあまりにも汚染されている。そのため、それらの原因や法則はただ経験を汚染してしまっているのであって、経験を十分に吟味したものではないのである。

傷の治癒にかんする単独の実験

677 幾人かの古代人によって、次のことがいわれている。すなわち、剝いだばかりの（とくに羊の）皮を切り傷にあてがうと、その皮は傷が腫れたり潰瘍になったりするのを防ぐ。またさらにはその傷を癒やして傷口をふさぐという。また卵の白身も同じはたらきをするという。その原因は適度な接合である。というのも、どちらの物体も粘着質で粘り気をもっており、それゆえ傷口を過剰にきつく閉じこめることなく、体液が傷口へと流れるのを防ぐのである。

肉のなかに散った脂にかんする単独の実験

678 （ほとんど）すべての肉は脂質の実体へと変化させることができる。肉をいくつかの肉片に分割し、それらの肉片を羊皮紙で覆ったガラスの容器に入れ、ガラスの容器を沸騰している水のなかに六ないし七時間置いておいた場合である。これは、さまざまな用途をもつ脂あるいは獣脂を作るための、成果をもたらす実験でありうる。しかしその場合には、それは食用にならない肉から作られるのでなければならない。ウマやイヌ、クマ、キツネ、アナグマなどである。

普通よりも短い時間で飲み物を熟させることにかんする単独の実験

679 ある古代人によって次のことが報告されている。新しいワインをよく密閉した容器のなかに入れ、その容器を海に投げ入れる。こうすることでそのワインが熟し、飲みごろになる過程がおおいに加速されるというのである。麦汁でも同じことが実験されるべきだろう。

毛深さと羽毛にかんする単独の実験

680 獣は人間よりも毛深く、また未開人は文明人よりも毛深い。そして鳥の羽毛は獣の毛深さを上回っている。人の肌に毛がないことの原因は、いかなる熱や湿気の豊富さでもない。それどころか実際には熱や湿気は毛深さをもたらす。だが毛深さには必要条件がある。それは、熱と湿気よりはむしろ、外へ出ていく熱と湿気なのである。（というのも、［身体各部に］同化するものはなんであれ、毛のなかへ入っていくことはないからだ。）そしてまた外へ出ていく湿気は、獣やより未開な人々にはきわめて多く存在するのである。ほぼ同じ原因が鳥の羽毛にも存在する。なぜなら鳥は獣にくらべて［摂取したものを］少ししか同化せず、多くを排出するからである。というのは、鳥の排泄物はつねに液状であり、また鳥の肉は（一般的にいって）より乾燥しているのである。さらに、鳥は尿を出すための器官をもたない。そのため外へ出ていく湿気はすべて羽根へと入っていくのである。またそれゆえ、鳥がふつう獣よりもよい肉であるとしても、驚くにはあたらない。なぜなら、鳥の肉はより繊細に同化をおこない、より精妙に血液からの分離をおこなうからである。また生まれたとき人間の頭には髪の毛があり、身体のほかのどの部分にも毛はない。その原因は発汗の欠如であるのかもしれない。というのも、身体のほかの部分においては、毛の材料となる物質の多くは、感覚できない発汗によって外に出ているからである。またさらに、頭蓋骨はきわめて固い実体であるため、少ししか栄養をとったり同化したりせず、多くを排出するのである。またあご［の骨］も同様である。また手のひらや足の裏からは毛が生えてこないということを私たちは知っている。これらは発汗がよりさかんな部分である。また同じように子どもはあまり毛深くない。というのも子どもの皮膚では発汗がよりさかんだからである。

鳥の動きの速さにかんする単独の実験

681 鳥は獣よりも速い動きを有している。というのも多くの鳥の飛行は、いかなる獣の走行よりも速いからである。その原因は、鳥には獣とくらべて、身体の大きさとの関係で見ると、より大きな割合で精気があることである。というのは、一部の人々が提示している理由、すなわち獣が自分で進む一方で、鳥たちは部分的には［空気によって］運ばれているという理由についていえば、とるにたらない。なぜなら、この理由によれば泳ぐことは走ることよりも速くなければならないからである。そしてまた、そのような［空気による鳥の］運搬は、翼のはたらきなしになされるわけではないのだ。

海の透明度の違いにかんする単独の実験

682 海は、南風が吹いているときよりも、北風が吹いているときのほうが透明である。その原因は、非常に暑い日に明らかになるとおり、塩水がその表面にわずかながら油性を帯びていることである。そしてまた、南風が水をいくぶんほぐして動きやすくすることである。いかなる沸騰している水も冷たい水ほどに透明ではないことと同様である。

火と沸騰している水の相異なる熱にかんする単独の実験

683 火は木を燃やす。そのさい火はまず木を光りかがやかせ、ついで黒くまたもろくし、最後にはくだけた灰の状態にする。熱い湯はこれらのうちのいずれも引きおこさない。その原因は次のとおりである。火によって物体の精気はまずより微細化され、つづいて外へと放出されるのである。これらのうち微細化、または希薄化は、光をもたらす。そして放出は、はじめにもろさを、そしてそのあとで灰への分解を引きおこすのである。またなにかほかの物体が入りこむことはない。ところが水のなかでは、物体がもつ精気がそれほど微細化されることはない。そしてさらに水の一部が入りこむのである。これは精気を増加させもするが、ある程度までは絶やしてしまいもする。そのため私たちは、熱湯が火を消してしまうのを見ることになるわけだ。そしてまた、水が多く入っていくことがなく、ただ熱だけが入りこむような諸物体においては、熱湯が火の作用をおよぼすのが見られるのである。その例として、ゆで卵と［殻つきのまま］焼いた卵においては（卵には水はまったく入りこまない）見わけられるような差異がほとんどない。だが果物や肉では、それらには水がいくらか入りこむのであるが、［ゆでた場合と焼いた場合で、卵よりも］はるかに大きな差異が存在する。

湿気による熱の緩和にかんする単独の実験

684　沸騰している水を入れた容器の底は（すでにいわれてきたように）それほど激しく熱されない。人が容器の下に手を添えて動かすことができるほどである。その原因は次のとおりである。水に含まれている湿気は、石炭に入りこんだときにその火を消すのと同じように、熱に触れた場合にはその熱を和らげるのである。またそれゆえ次のことに十分注意してほしい。すなわち湿気は、いくらかの実体のやりとりなしに物体に入りこむ（熱や冷のように）ことはないけれども、それでも明らかな効果を生みだすのである。物体の侵入によってではなく、熱や冷を緩和することによってである。この［本項目で述べられた］事例に見られるとおりである。また同じようにして、水のなかで蒸留されたものの液は（これは温浴と呼ばれている）火によって蒸留されたものの液とそれほど変わらないのが見られる。また水の入ったしろめの容器は容易には溶けないけれども、水が入っていなければ簡単に溶けるということも見られる。それどころかさらに次のことも見られるのである。バターや油は、それ自体として燃えるのであるが、そこに含まれる湿気の力によって、［水と］同じようなはたらきをするのだ。

あくびにかんする単独の実験

685　古代人たちによって次のことが指摘されている。すなわちあくびをしているときに耳をほじくるのは危険であるという。その原因は次のとおりだ。あくびのさいには、精気と息の引きこみが起こるために、耳の内側の膜が拡張されるのである。というのもあくびやため息のときには、精気がはじめに強力に引きこまれ、つづいて強力に吐きだされるのである。

しゃっくりにかんする単独の実験

686　古代人によって、くしゃみがしゃっくりを止めるということがいわれている。その原因は次のとおりである。しゃっくりの動きは胃をもちあげることであり、これをくしゃみはいくぶん抑制し、その動きを別の方向へとそらすのである。というのもまずは、しゃっくりが満腹によって引きおこされるのが見られる（とくに子どもの場合に）。満腹は胃を拡張させるのだ。またしゃっくりが酸っぱい食べものや飲みものによっても引きおこされるのも見られる。胃をちくちくと刺すことによってである。そしてこの運動は精気の動きを変化させるか精気を拘留することによって鎮められる。変化［がしゃっくりを鎮めるの］は、くしゃみにおいて見られるとおりである。拘留［がしゃっくりを鎮めるの］は、息を止めるのがしゃっくりを鎮めるのにいくらか効果的であることに見られるとおりである。またよくおこなわれているように、人に真剣に仕事に取りくませることも同じはたらきをするのである。また酢を鼻の穴に入れることや、酢でうがいをすることも同じはたらきをする。というのも酢は収斂作用をもっていて、精気の運動を抑制するからである。

くしゃみにかんする単独の実験

687　太陽のほうを見ることはくしゃみを誘発する。その原因は鼻の穴が熱されることではない。というのも、もしそうだったら、目を閉じながら鼻を太陽のほうに向けることも、同じはたらきをもつことになっただろうから。そうではなくて［原因は］脳のなかの湿気が引きおろされることなのである。というのもそのことは目に涙を流れさせるからである。そして目への湿気の引きこみは、同感の運動(38)によって、鼻へと湿気を引きこむのである。そしてつづいてくしゃみが起こる。反対に、鼻のなかをくすぐることは湿気を鼻へと、また同感によって目へと、引きいれる。というのも目もまた涙を流すのだから。ところがさらに次のことがいわれてきた。くしゃみをしそうになっているときには、目を涙が流れるまでこすることで、そのくしゃみは止まるのだ。その原因は次のとおりである。鼻のほうへと下りてくる湿気が方向を変えて目に向かうからである。

歯の弱さにかんする単独の実験

688　冷たい飲み物やその種のものによって、歯はほかの部分よりも強く刺激を受ける。その原因は二つある。一つは、骨の冷にたいする抵抗力が肉よりも大きいことである。というのも、［冷によって］肉は収縮するが、骨は抵抗して変化しないのであって、このゆえに冷はより激しくなるのだ。いま一つは、血液は冷を緩和する助けとなるのだが、歯は血液のない部分だということである。またそれゆえ私たちは、腱も冷によっておおいに刺激を受けることを見るのである。というのも腱は血液のない部分だからである。そういうわけできびしい冷のなかでは骨はしだいにもろくなっていく。またそれゆえ、天候がきびしいおりに骨が傷つくと、そのような傷はすべてより治りづらいということが知られてきた。

舌にかんする単独の実験

689　舌は身体のほかの部分にくらべて容易に病気の兆候を受け

とってしめすということが、注目されてきた。たとえば体内の熱の兆候である。これは、舌の黒さによってもっともよくしめされる。さらに、まだら模様の牛は舌に斑点がある、などといったことである。その原因は（疑いなく）舌という部分の柔らかさにある。そのために舌はあらゆる変化を、肉のいかなるほかの部分とくらべても、容易に受けとるのである。

味にかんする単独の実験

690 口のなかに味がない場合、あるときには塩辛い、おもには苦い、またあるときには不快な味があらわれるが、甘い味があらわれることはけっしてない。その原因は、舌の付近にある湿気の腐敗である。これは多くの場合に苦く、塩辛く、また不快な味になるが、けっして甘くはならない。というのも甘さ以外のものは、腐敗の度合いなのである。

疫病が起こる時期のいくつかの予兆にかんする単独の実験

691 昨年の大疫病のさいに次のことが観察された。すなわちロンドン付近の多くのどぶや窪地に、最低でも二ないし三インチのしっぽをもつ多数のヒキガエルが見られたのである。ところが、ヒキガエルは（ふだんは）しっぽなどまったくもたないのだ。このこと［＝ヒキガエルにしっぽが見られること］は、土壌や空気のなかに腐敗へと向かう大きな傾向があることを立証している。同様に次のことも報告されている。根菜（ニンジンやパースニップなど）は、疫病に汚染された年には、ほかの年とくらべて甘くおいしいというのである。

医薬にもちいられる特別な薬剤にかんする単独の実験

692 賢明な医師は、次にいうような種類のいかなる薬剤を自然が生みだすのか、最高度の勤勉さをもって探究せねばならない。すなわち、きわめて精妙な諸部分からなっており、刺すような痛みをあたえたりとげとげしさをもっていたりしないような薬剤である。というのもそうした薬剤は固いものを柔らかくし、閉じられているものを開き、害をあたえるものを排出するのであって、それらのことをおだやかな仕方で、大きな動揺をあたえることなく、おこなうのである。この種の薬剤にはニワトコの花がある。それゆえこの花は結石［の治療］に適している。またこの種の薬剤には地上マツがあって、黄疸に適している。またこの種の薬剤には牡鹿のツノがあって、熱病や伝染病に適している。またこの種の薬剤にはボタンがあって、頭の体液の滞留に適している。またこの種の薬剤にはカラクサケマンがあって、脾臓［にかかわる病気］に適している。また［この種の薬剤には］ほかにもたくさんのものがある。一般的にいって、腐敗物から生まれるさまざまな動物は、服用するにはいくぶん不快な味ではあるにしても、この種の薬剤なのである。ミミズやダンゴムシ、カタツムリなどのように。またクサリヘビ[39]から作った錠剤（きわめて高く評価されている）や、ある仕方で調理、調製されたヘビの肉（近年いくぶん信頼されるようになった）も、同じ性質をもっていると私は考えている。だから獣の部分で腐敗したもの（海狸香や麝香などであり、これらはきわめて精妙な諸部分からなる）も、それらの薬剤の一つとして位置づけられるべきである。また私たちは、植物から生まれる腐敗物（サルノコシカケやキクラゲなど）が非常に大きな力能をもつことを知っている。その原因は次のことである。腐敗は、物体の諸部分におけるあらゆる運動のなかでもっとも精妙なものである。そして私たちには動物の生命を吸いとることはできないのだから（一部のパラケルスス主義者たちは、もしそれらを吸いとることができたなら私たちは不死になれるのに、といっている）、はたらきの精妙さという点でそれにもっとも近いのは、腐敗したものを摂取することなのだ（安全に摂取されうるようなものをである）。

ウェヌス（性交）にかんする一連の実験

693　古代人によって次のことがいわれている。過度の性交は視力を損ねる。またさらに去勢された人々は、性交することができないのだが、それにもかかわらず同じく視力が弱くなるというのである。視力が損なわれる原因は、前者においては、精気の消耗であり、後者においては、脳の湿気の過剰である。というのは、脳の湿気の過剰は視覚精気[40]を濃厚にしてしまい、その移動を妨げるからである。このことは、老齢になると視力が低下することからもわかる。その場合にはまた、別の原因として精気の減少も同時に起こる。またカタルや白内障によっても視力が奪われるのが見られる。さて、去勢された人々には湿気のありとあらゆるしるしが存在する。たとえば、腿のふくらみ、腹部のたるみ、肌に毛がないことなどである。

694　ウェヌスの行為（性行為）における快楽は、感覚の快楽のうち最大のものである。それをむずがゆさと同一視するのは適切ではない。たしかに性行為は触覚にも快をもたらすのだが。しかしその［＝性交の大きな快楽の］原因は深遠なものである。第一に、すべての感覚器官が精気の運動を制御する。そして器官の多様性があることに応じて、［器官は］多くのさまざまな種類の［精気の］運動を生みだし、そうしてまた快楽あるいは不快を生みだすのである。視覚、聴覚、味覚、嗅覚の道具はそれぞれ別の構造でできている。そして生殖のための部分も同様なのである。それゆえ、スカリゲル[41]はいみじくも生殖の快楽を第六の感覚としたのである。またもしなにかほかの異なる器官が存在し、精気が移動する通路を変化させていたとしたら、五つよりも多くの感覚があったことだろう。そして私たちは、いずれかの獣や鳥が私たちの知らない感覚をもっていないのかどうか、はっきりとは知らないのである。さらには犬の嗅覚そのものが、それ自体ほとんど［人間などの嗅覚とは別の］一つの感覚なのである。第二に、触覚の快楽はほかの感覚の快楽よりもいっそう大きくて深い。冷えているときに温めること、また熱いときに冷やすこと［によって得られる快楽］からわかるとおりである。というのは、触覚の痛みはほかの感覚の苦痛よりも大きいのであって、快楽も同様なのである。精気にたいして直接的に、また（いわば）器官をとおさずにはたらきかけるのが、もっとも快いということはただしい。このことは二つのことがらにおいてしか起こらない。甘いにおいと、ワインやそれと同様の甘い蒸気である。においにかんしていえば、人が失神しているときに意識を取りもどさせる場合に、即効性のある大きな効果をもっていることを私たちは知っている。飲みものにかんしていえば、酒酔いの快楽が性交の快楽に次ぐものであることはたしかである。また大きな喜びも同じような仕方で精気を動かし、刺激する。そして性交の快楽もある意味ではこれと同種のものなのである。

695　男性は冬に性交への気持ちが高まり、女性は夏に高まるということが、これまでつねにいわれてきた。その原因は次のとおりである。精気は、より熱くて乾いた身体のなかでは（男性の精気がそうであるように）、夏のあいだにより発散して散逸するのであり、冬にはより濃縮され、全体がまるごと保たれる。他方で冷たくて湿った身体においては（女性の精気がそうであるように）、夏が精気を養育して活動的にする一方で、冬は精気の活動を鈍らせる。さらには、湿っており性交に慣れた身体において性交をおこなうことを避ける、あるいは中止することは、多くの病気、とりわけ悪性の膿瘍をもたらす。その理由は明らかである。というのは、性交は、放出――とりわけ精気の放出――のおもなものだからである。というのは、精気にかんしては性交と運動におけるのをのぞいては、ほとんど放出は起こらないのである。そしてそれゆえ、両者のいずれかをやめることは、［精気の］過剰によるあらゆる病気をもたらす。

昆虫[42]にかんする一連の実験

生命の発生の本性は、探究する価値がおおいにある。そして事物の本性がふつう、大きなものよりも小さなものにおいて、また完全なものよりも不完全なものにおいて、そして全体よりも諸部分においてよく把握されるように、生命の発生の本性も、腐敗物から生みだされる動物においてもっともよく探究されるのである。そのような動物についての検討は多くのすばらしい成果をもたらす。第一に、生命の発生の原因を明らかにすることにおいて。第二に、形成の原因を明らかにすることにおいて。第三に、完全な動物の本性にかんして多くのことがらを明らかにすることにおいて。それらの本性は、完全な動物においては、いっそう隠れているのである。そして第四に、実践によって、昆虫におけるいくつかの観察を、完全な動物にはたらきかけるのに利用することにおいて。次のことに注意してほしい。昆虫という単語は、主題に合致しているのではなくて、私たちはつねにその単語を簡潔さを高めるためにもちいており、その単語によって腐敗物から生みだされる動物のことをいわんとしている。

696 昆虫どもはさまざまな材料から生まれでてくるのが見られる。あるものは泥あるいは動物の糞から生まれる。ミミズやウナギ、ヘビなどがそうである。なぜならばそれらはどちらも腐敗物だからである。というのも泥のなかの水は腐敗するのである。みずからを保つことができないからだ。糞にかんしていえば、すべての排泄物は栄養の残りかすであり腐敗したものなのである。ある昆虫は木のなかで生まれる。成長している木のなかで生まれるものも、切りたおされた木のなかで生まれるものもいる。次のことを調べてほしい。どのような森のなかで、またどの季節に、［こうした昆虫の発生が］もっとも多く起こるのか。多くの足をもち、球状に丸まる虫が、おもに材木の丸太材の下で生まれるが、その丸太のなかで生まれはしないのが見られる。さらにそれらの虫はまた（頻繁に）丸太のまったくない庭において見つかるといわれている。だがそれらの虫の発生は、日光と雨あるいは露との双方を防ぐ覆いを必要とするのだと思われる（材木がそうであるのと同じように）。そしてそれゆえそれらの虫は毒をもたず、（反対に）血液をきれいにすると医者たちによって考えられているのである。トコジラミはベッドのそばの穴にいるのが観察される。一部の虫は動物の毛のなかで繁殖する。シラミやダニなどである。これらの虫は、毛によって閉じこめられ、いくぶん乾燥された汗により生みだされるのである。動物の排泄物は、［体外に］排出されたときにだけ昆虫を生みだすのではなく、体内にあるときにもまた生みだす。子どもがもっともよく害を受け、またおもには腸のなかに存在する虫の場合がそれにあたる。また医者たちによって最近次のことが観察された。すなわち多くの流行病において は、排泄物が存在せず腐敗した体液のみが存在する身体上部に、虫が見いだされるというのである。ノミはおもにはわら、あるいはむしろから生まれる。そこには若干の湿気が存在するのである。あるいは閉めきって風を通していない部屋と床わらからも生まれる。部屋にニガヨモギをまくことによってノミが死ぬことがわかっている。そしてただしくも次のことがいわれている。苦い事物は、腐敗を引きおこすよりはむしろ［虫を］殺す傾向にあり、またもっとも腐敗しやすい傾向をもつのは、脂質の、あるいは甘い事物だということである。白くて大きなウジのかたちをしており、食べもののなかで生まれる虫が存在する。この虫はごちそうとしてナイチンゲールにあたえられる。イガ（衣蛾）は衣服やほかの毛織物から生まれる。とくに濡れたまましまっておかれた場合にはそうなのである。そのイガはろうそくの炎の近くにいることを好む。ゾウムシと呼ばれる虫がいる。地中で生まれ、パースニップやニンジンといったような根を食べるのである。一部の虫は水、とりわけ日陰の水のなかで生まれる。だがこれらの虫は流れのない水から生まれているにちがいない。六本の足をもち水面に住むクモ(43)がそうであるように。ウシアブと呼ばれている飛虫は、水面にただよっているなにものかから生まれ、また多くの場合は池のまわりにいる。ワインのおりの腐ったものから生まれる虫がいる。この虫は（幾人かの古代人によっていわれているように）のちにカになるのである。古代人によって次のことがいわれてきた。古い雪のなかで生まれるある虫がいて、この虫は赤みがかった色をしており、あまり動かず、雪の外に出るとすぐに死んでしまうというのである。このことは、雪が内部に隠れた温かさをもっているということをしめしている。というのもそうでなかったとしたら、雪が生命を生みだすことはほとんどなかっただろうから。またその虫が死ぬ理由は、取り囲んでいた冷のなかから出た場合に、若干の精気が突然発散することなのかもしれない。というのも、冷によって動きの鈍っていたチョウが熱によって活気づくように、冷のなかで保たれていた精気も、熱によって発散することがあるのだ。古代人と最近の人の観察いずれによっても、次のことが認められている。すなわち銅と真鍮の炉——銅鉱石（すなわち礬）がしばしばはたらきを改善するために入れられる——では突然に飛虫が生まれるというのである。この虫は、ときにはあたかもかまどの内壁に付着しているかのように動き、またときには下の火のなかで動いているのが見られ、そしてかまどから出るとたちどころに死んでしまうというのである。これは非常に有意義な事例であり、重要視されるに値する。というのもこの事例は、適切な素材がある場合には火の激しい熱も、動物のおだやかな熱と同じように生命を生みだすということを、しめしているからである。さて生命の発生の重要な法則は、［生命の発生が起こるには］以下のものが存在せねばならないということである。すなわち、身体の精気を膨張させる熱、膨張させられる活動的な精気、そして精気を閉じこめる粘り気のある、あるいは粘着性の物質である。またその物質は、展開され特定のかたちに成形されるようなものでなければならない。ところで炉の火のような非常に強烈な火によって膨張させられた精気は、かなり冷たくなった場合にはただちに固まってしまう。そして疑いなく、［生命の発生という］この活動は銅鉱石によってさらにおしすすめられる。化学の実験で見られるように銅鉱石は、発芽し、生長する精気を含んでいるのである。手短にいえば、多くの腐敗したものはさまざまな名をもつ昆虫を生みだすのである。だが私たちはいまそれらすべてを数えあげようとしているのではない。

697　昆虫はわずかしか食物を食べないのだと古代人たちによっていわれている。しかしこのことは注意深く観察されたわけではない。というのもバッタは国全体の草を食べつくしてしまうのだから。またカイコは葉をすばやくむさぼり食うし、アリは巨大な食料の蓄えを作りあげるのだから。たくさん眠り、休息する動物がわずかしか食べないというのはただしい。たとえばヤマネやコウモリなどがそうである。昆虫はすべて血液をもたない。その理由は、昆虫の身体の液汁がほぼ単一であって、完全な動物におけるように血液、肉、皮膚、骨［に分かれているの］ではないということかもしれない。［異質なものからなる］複合的な部分には非常に大きな多様性があるが、同質的な部分にはわずかな多様性しかないのだ。それら昆虫が（一部のものは）横隔膜や腸をもっているのは本当のことである。またそれらはすべて皮膚をもっている。皮膚は大多数の昆虫においてはしばしば脱ぎすてられる。昆虫の寿命は一般的には長くない。だがミツバチは七年間生きることが知られている。またヘビは、なんといっても古い皮を脱ぎすてるがゆえに、老年になるまで生きると考えられている。またウナギは、頻繁に腐敗物から生まれるのであるが、非常に長いあいだ生きて成長する。また夏には這い虫から飛虫へ、冬には飛虫から這い虫へと入れかわり変化する虫が、箱のなかに少なくとも四年間閉じこめられている。ところが、カゲロウと呼ばれる飛虫が存在していて、この虫はたった一日しか生きない。その原因は精気の貧弱さである。あるいはひょっとすると日光の欠如であるかもしれない。というのは、もし日光が導きいれられ、精気が閉じこめられたとしたならば、この虫はもっと長く生きることができるだろうから。昆虫の多くは（チョウやほかの飛虫のように）、死んだように見える場合でも、日光あるいは火にあてることで簡単に生きかえる。この原因は、生命精気が［体内で］分散していることと、その生命精気が少しの熱によって簡単に膨張することである。昆虫たちは頭を落とされた、あるいは切りきざまれたあとでも、しばらくのあいだ動きまわる。このこともまた、次の原因によって引きおこされる。それらの昆虫の生命精気は、完全な動物とくらべると、［身体の］各部分全体にいっそう分散しており、諸器官に集中して含まれているわけではないということである。

698　昆虫は随意運動をおこなう。だから想像力をもっている。そして何人かの古代人は、昆虫たちの運動はあやふやで、その想像力は不確かだと述べたけれども、このことは不注意な仕方で観察されているのである。というのは、アリは自分たちの蟻塚をめざしてまっすぐに進むし、ミツバチは二、三マイル離れた花咲く野から巣までの道を（賞賛すべきことなのだが）知っているのである。カやハエがより移ろいやすくて不確かな想像力をもっている（小さな鳥が同様にそうした想像力をもっているように）ということはありそうである。何人かの古代人たちによって、昆虫は触覚だけをもっているということがいわれている。これは明らかにただしくない。というのも昆虫がある場所へとまっすぐに行くというのなら、視覚をもっていなければならないからだ。さらに昆虫はある花や草をほかの花や草よりも好む。そしてそれゆえ味覚をもっているのである。またミツバチは金属音に呼び寄せられる。それゆえ聴覚をもっている。これは同様に以下のことをもしめしている。すなわち、昆虫の精気は分散しているけれども、頭に感覚の座が存在するということである。

昆虫に関係するほかの観察には、それらの一覧とともに、一般的に動物という主題をあつかう箇所において言及する。(44)

跳躍にかんする単独の実験

699　人は［幅跳びのときに］手におもりをもっていると、もっていないときよりも遠くまで跳ぶ。その原因は次のものである。おもりは（適切なものであれば）腱を、収縮させることによって強化するのである。というのも、そうではなくて収縮がまったく不必要であるなら、おもりはじゃまになるのだから。競馬において人が、ある馬にほかの馬とくらべて少しでも多くの重さがかかっていないかを事前に知りたがることから、わかるとおりである。おもりをもったまま跳ぶさいには、腕はまず後方に振られ、つづいてはるかに大きな力で前方に振られる。というのも手は上に振りあげられる前に後ろに行くのだから。息は、吸いこんで止めるとより強力に出ていくし、なにかを投げるときに腕をより大きく振るためには、腕ははじめに後方に投げだされる。これと同じように、私たちが意図する運動の直前の、精気の［その運動とは］反対の運動が、精気を、ある意味ではより強い力で爆発的に飛びださせるということがないかどうか調べてほしい。

感覚、とりわけ聴覚の快と不快にかんする単独の実験

700　［一様な］音楽の音色と一様でない音についてはすでに述べたけれども、感覚の快と不快にかんしては十分には述べなかった。[45]のこぎりが砥がれているときの音、石と石をこすり合わせるときの音、ギャーギャー、キーキーという叫び声といった耳ざわりな音は、身体のなかに震えあるいは恐怖を生みだし、歯の浮くような感じをあたえる。その原因は、耳の感覚対象が精気にたいして（直接に）おもには快や不快感をあたえるということである。目にたいしておおいに不快をあたえるような色が存在しないことを私たちは知っている。恐ろしい見た目というのは存在する。なぜならそれらの見た目は憎らしい、あるいは恐るべきことがらの記憶を呼びおこすからである。だがその同じものが絵に描かれると、ほとんど影響をあたえない。においや味や触りごこちにかんしていえば、それらは対象たる物体の関与や刺激をとおして感覚に作用するものなのである。だから直接的かつ非物体的な仕方で感覚におおいに作用するのは音だけである。このことは音楽において、また音楽のなかの協和音と不協和音において、もっとも明らかである。というのもすべての音は、高いにせよ低いにせよ、甘美な音であれば丸みや一様さを有しているし、耳ざわりな音であれば一様ではないのだ。というのも不協和音そのものは、いろいろな音が合わさることからくる耳ざわりな感じにほかならないのである。一様さの欠如は、長くとどまらず瞬間的に起こると、むしろ甘美さを増大させるというのは本当である。ねじれた弦の波うち、トランペットの荒々しい音、レガールのナイチンゲール・パイプ、[46]協和音の直後にくる不協和音に見られるとおりである。だがその一様でない音を聞きつづけると、その音は不快感をあたえるものとなる。またそれゆえ音には快と不快の次の三つの段階、すなわち甘美な音、不協和音、耳ざわりな音が存在する。この最後のものを私たちはさまざまな名前で呼んでいる。いま述べているように、こすりあわせる音、キーキー音などといった名前である。歯の浮くような感じをあたえることにかんしていえば、弓の端を歯のあいだにはさみ、つるをはじいてみることによって、歯と聴覚器官のあいだにどれほど結びつきが存在するかがはっきりとわかる。

注

(1) 生命をもつ(animate)/もたない(inanimate)。「くわしく論じることになる」とあるが、『森の森』のなかにはそれらを詳細に論じた箇所はない。ただしベイコンは関連するテーマを、『死の道について』*De viis mortis*(一六一〇年代執筆)や『生と死の誌』*Historia vitae et mortis*(一六二三年)をはじめ多くの著作であつかっている。

(2) 精気や精気的な部分(spirits and pneumatical parts)は、ベイコンの理論ではあくまで物質的な存在とされる。

(3) 可触的な部分(tangible parts)。

(4) このことは第七センチュリー、実験601(本訳所収)で述べられている。

(5) この種の見解は古代以来さまざまな論者によって表明されている。たとえばアリストテレス『動物の進行について』第四章705a26–b10(『アリストテレス全集10』永井龍男訳、岩波書店、二〇一六年、三〇〇~三〇一頁)を見よ。

(6) 雄ボタン(male-piony)と雌ボタン(female-piony)は、それぞれパエオニア・マスクラとオランダシャクヤクのことと思われる。

(7) 雄ローズマリー(male-rosemary)と雌ローズマリー(female-rosemary)がなにを指しているのかははっきりしない。ローズマリーに複数のタイプがあるという考えは、たとえばプリニウスの書物や十六世紀のイングランドの植物誌である John Gerard, *The Herball, or, Generall Historie of Plantes* (London, 1597) にも見られるが、雄/雌という分け方はされていない。

(8) ヒイラギ(holly)はセイヨウヒイラギのこと。また、雄セイヨウヒイラギ(he-holly)は葉にトゲ(鋸歯)があるもの、雌セイヨウヒイラギ(she-holly)はトゲがないもののことと思われる(トゲの有無は、実際には樹齢などにより変化する)。

(9) 雄ヤシ(he-palm)と雌ヤシ(she-palm)は、それぞれヤシの雄株と雌株のこと。これらの存在は古代より知られており、たとえばプリニウスも言及している。

(10) ハチラン(bee-flower)はオフリス・アピフェラのことで、ハチに似たかたちの花をつける。

(11) 液汁(sap)。動植物の内部などに存在する液汁をあらわすのに、ベイコンは sap と juice という二つの語をもちいている。二つの語は明確に区別してもちいられているようには思われない(またそのため本訳でも訳し分けていない)。

(12) ここでいわれているアシ(cane)はサトウキビのことである。ベイコンはサトウキビをアシの一種だと見ていた。『森の森』第七センチュリー、実験656(本訳所収)参照。

(13) 新大陸などに生育する植物からとれる繊維が、一種のキヌ(絹)と呼ばれていた。ベイコンは『随筆集』*Essays* 第三版(一六二五年)の「植民地について」でもこれに言及している。

(14) シナノキ(lime tree)はセイヨウシナノキのこと。

(15) ニワトコ(elder)はセイヨウニワトコ(エルダーベリー)のこと。

(16) センブリ(centory)(centaury の古綴)はベニバナセンブリのこと。

(17) ここでどの箇所が言及されているのかは、はっきりしない。

(18) ウェルギリウス『農耕詩』第三歌、三七九~三八〇行(『牧歌/農耕詩』小川正廣訳、京都大学学術出版会、二〇〇四年、一六四頁)。原文どおりの引用ではない。

(19) 生成物(excrescence)にかんしては、『森の森』第六センチュリー、実験537以下にくわしい記述がある。

(20) サルノコシカケの薬効は『森の森』第一センチュリー、実験36、38、第六センチュリー、実験555で言及されている。また第七センチュリー、実験605(本訳所収)も参照。

(21) 超自然的な(praeternatural)という語は、自然の通常のあり方を逸脱している(通常のあり方とは異なる)さまをあらわす。かならずしも神などの自然的でない原因によって引きおこされていることを意味しているわけではない。

(22) 『森の森』第五センチュリー、実験432でこのことが述べられている。

(23) ここでいうインドは西インドのことで、海は大西洋の一部を指している。

(24) ベイコンは、『森の森』第一センチュリー、実験29に言及していると思われる。そこでは刈りとって吊るした植物の発芽などが論じられている。

(25) 同じく『森の森』第一センチュリー、実験29でこのことが述べられている。

(26) バラについては『森の森』第五センチュリー、実験407に該当する記述がある。麦芽についてはどの箇所を指しているかはっきりしない。『森の森』第五センチュリー、実験402、410でコムギの発芽や成長速度にかんすることがらが述べられているものの、内容的にここでいわれていることとかならずしも合致しないように思われる。

（27）『森の森』第四センチュリー、実験352で、木のさまざまな発光現象や、砂糖が削ったときに光ることが説明されている。

（28）トネリコ（ash）はセイヨウトネリコのこと。

（29）悪魔の噛みつき（morsus diaboli）は、サクシサ・プラテンシスのことだと思われる。

（30）カシアアシ（cassia fistula）はマメ科の樹木であるナンバンサイカチのこと。木そのものではなく、豆の筒状のさやのことがアシの一種といわれているようである。

（31）サトウアシ（sugar-reed）はサトウキビのこと。

（32）イチジクの乳については、『森の森』第七センチュリー、実験639（本訳所収）も参照。

（33）キヌヤナギ（osiers）はセイヨウキヌヤナギのことと思われる。

（34）ポリポディ（polypode）はエゾデンダのこと。

（35）ベイコンによれば、植物は劣化すると別種の植物に変わってしまうことがある。『森の森』第六センチュリー、実験518以下を参照。

（36）ベイコンの直接の典拠は確定できていないものの、彼の時代に利用可能だった著作のなかで、たとえばアリストテレス『政治学』第一巻第十一章1259a6–21（牛田徳子訳、京都大学学術出版会、二〇〇一年、三八～三九頁）やディオゲネス・ラエルティオス『ギリシア哲学者列伝』第一巻第一章二六（加来彰俊訳、岩波文庫、一九八四～九四年、上巻、三一頁）に関連する記述がある。どちらのテクストでも、タレスはオリーブの豊作を予想して搾油機を安く借り占め、利益を得たとされている。ベイコンはタレスがオリーブそのものを買い占めたと書いているが、彼がどのようなことをイメージしていたのかはさだかではない。

（37）『森の森』第六センチュリー、実験580や、第七センチュリー、実験662、663（本訳所収）に関連する記述が見られる。

（38）同感の運動（motion of consent）。

（39）クサリヘビ（viper）はヨーロッパクサリヘビのこと。

（40）視覚精気（the spirits visual）。

（41）アリストテレス主義の哲学者であるユリウス・カエサル・スカリゲル（一四八四～一五五八年）のこと。

（42）昆虫（insecta）は、現代的な意味での昆虫とは指しているものが異なる。すぐあとで明言されているとおり、ベイコンは「昆虫」を「腐敗物から生みだされる動物」という意味でもちいている。そのため（実験696で書かれているように）たとえばミミズやウナギも昆虫に含まれる。

（43）水面に住むクモ（water-spider）は、現代風にいえば、クモの一種であるミズグモではなくガガンボなどの昆虫のこと。

（44）『森の森』では、第七センチュリー以外でも数箇所で昆虫への言及があるものの、ここで述べられているようなまとまった記述はなされていない。

（45）『森の森』第二センチュリー、実験101に関連する記述がある。

（46）レガール（regal）は当時もちいられた楽器。ナイチンゲール・パイプは、レガールに付随する水入りの管で、音の震えを引きおこす。『森の森』第二センチュリー、実験172でも言及されている。

動物誌

2

コンラート・ゲスナー

動物誌（犬と狼について）

石原あえか訳

解題

コンラート・ゲスナー（Conrad Ges[s]ner, 一五一六～六五年）は、スイスが誇るチューリヒ生まれの博物学者・書誌学者・医師である。第七次紙幣・五十スイスフラン札には彼の肖像画と『動物誌』からのイヌタカおよび幻獣ヒュドラが刷られていた。貧しい職人の家に生まれ、宗教改革の波に翻弄されつつも、神学・書誌学・言語学・医学・動物学・植物学・薬学ほか、あらゆる学問分野に精通し、古典語を含めた多言語を操り、半世紀に満たない一生にもかかわらず、超人的な功績を残した。人道的な医師として、ペスト撲滅にも寄与したが、自らその犠牲となり落命した。彼の伝記に感銘した南方熊楠（一八六七～一九四一年）に「日本のゲスネルにならん」と言わしめたことでも知られる。

　ゲスナーの『動物誌』は近代初の体系的動物描写であり、ここから近代動物学が始まる。彼は自分で収集し、読んだあらゆる資料――ラテン語・ギリシャ語・ヘブライ語に加え、伊・仏・独・蘭語で書かれたものすべて――を用いて、全知識を網羅した空前絶後の大動物誌を書く構想を持っていた。この構想は一五五一年から七年間かけて、フォリオ版全四巻の『動物誌』として実現した。発行者はゲスナーの友人でチューリヒ在住のクリストフ・フロシャウアー（一四九〇頃?～一五六四年）。スイスにおける出版の第一人者で、ツヴィングリ聖書をはじめ、出版を通して宗教改革を支援した人物だった。

　本訳の内容を含む第一巻『胎生の四足動物について』*Historiae animalium liber I. de quadrupedibus viviparis, ...*（一五五一年）は、一一〇〇頁を超える大作である。続く第二巻『卵生の四足動物について』*...liber II. de quadrupedibus oviparis, ...*は本文一一〇頁余で一五五四年の刊行だが、この間一五五三年には『コンラート・ゲスナーの《動物誌》第一・二巻に掲載された胎生および卵生の四足動物図譜』*Icones animalium quadrupedum viviparorum et oviparorum, quae in Historia animalium Conradi Gesneri describuntur* が、ラテン語のほか伊・仏・独語の計四言語の動物名を付して出版されている（この図譜は三種類あり、増補版は一五六〇年刊）。そして一五五五年に刊行された第三巻『鳥類について』*...liber III., qui est de avium natura* では再び八〇〇頁強のボリュームに戻る。第四巻『魚類および水生動物について』*...liber IIII. qui est de piscium & aquatilium animantium natura*（一五五八年）は、副題にあるように「実物に忠実な図版七〇六枚付き」で、一三五〇頁を超す。

　第五巻はゲスナーの死後、博物学者ヤーコプ・カロン（生没年不明）が膨大な遺稿や収集資料をまとめ、一五八三年に『蛇について』*...lib. V., qui est de serpentium natura* として刊行した。第六巻は『昆虫について』扱う予定だったが、当時〈昆虫〉と考えられていた蠍に関する遺稿を第五巻の付録に収めただけで、幻の巻に終わった。

これらはいずれもチューリヒ中央図書館が所蔵し、同図書館のホームページで全文公開されているが、訳者は最初にドイツ・ヴァイマルのアンナ・アマーリア公妃図書館でゲスナーの『動物誌』実物の第二巻以降および別巻図版（一七九八年八月末から二カ月余、ゲーテが貸り出した記録のある第一巻は、残念ながら二〇〇四年の同図書館大火災で焼失）を閲覧し、各巻のボリュームに圧倒され、粗削りながら迫真の木版挿絵に瞠目した。これにはドイツの画家デューラーが想像で描いた《犀》の模写なども含まれる。ゲスナー自身はスイスからせいぜいイタリアとドイツまで踏破するのが限界だったが、自ら観察・スケッチを行う一方で、知人や友人のネットワークを最大限駆使して貴重な図版を入手し、それを模写したのだった。たとえば第四巻には想像上の海の怪獣が掲載されている一方、イカやタコのような軟体動物や貝、マンボウやヒラメ、エイの特徴を見事に捉えた木版画も多い。他方、第三巻には今ではヨーロッパで絶滅した野鳥〈ホオアカトキ〉についてのゲスナー自身のスイスでの観察記録が含まれるなど、現在の動物学にとっても貴重な史料を提供している。なお『動物誌』では、便宜上ラテン語のアルファベット順に紹介しているが、『動物図譜』では、解剖学等の知識を活かし、アリストテレスの分類をもとに、ゲスナーが考えた動物体系に添う配置にしていることにも注目したい。

興味深いのは、ゲスナーの『動物誌』第五巻・遺稿『蛇について』が刊行された一五八三年に、一連のラテン語書籍と同じチューリヒの出版社フロシャウアーから、『動物誌』第一巻のドイツ語訳 *Thierbuch: das ist ein kurtze Beschreybung aller vierfüssigen Thieren, so auff der Erden und in Wassern wonend, sampt jrer waren Conterfactur* [...] が出版されたことだ。翻訳者は医者で牧師のコンラート・フォラー（Conrad Forrer, 一五九四年没）である。

そして今回底本とした一六六九年のドイツ語版は、翻訳者フォラーの死後七十年以上経ってから、出版地をスイスからドイツに移し、フランクフルト・アム・マインのゼルリン社から刊行された。ドイツ語タイトルは、*Gesnerus Redivivus actus & emendatus. Oder: Allgemeines Thier-Buch. Das ist: Eigentliche und lebendige Abbildung aller vierfüßigen so wohl zahmer als wilder Thieren, welche in allen vier Theilen der Welt auf dem Erdboden und in etlichen Wassern zu finden* [...] で、扉の表紙などにところどころ赤色も入った黒・赤の二色刷りになっている。ゲスナーの没後一世紀が経ち、内容も古くなっていたため、増補・改訂が行われている。この改稿作業に従事したのが、医学者ゲオルグ・ホルスティウス（Georg Horstius, 一六二六〜六一年）である。ホルストはドイツ・マールブルクで学び、イタリア・パドヴァ大学で医学博士号を取得した。兄ヨーハン・ダニエル（一六一六〜八五年）は（マールブルクに移転した）ギーセン大学教授兼医学者、父はパラケルススの錬金術とヒポクラテス以来の伝統医学との統合を試み、《ドイツの医神》の異名をもつ、またヴェサリウスとともに近代解剖学の先駆者となったギーセン大学教授グレゴール・ホルスティウス（一五七八〜一六三六年）で、医学の名門家系出身と言える。ゲオルグ自身もギーセンで開業、方伯の侍医を兼務しながら、この翻訳を仕上げたが、刊行はその死後となった。本訳は、この一六六九年増補改訂版から、犬と狼（とハイエナ）の部分を抽出・抜粋し、二〇〇八年にベルリンの出版社 edition-tiegerから新しく刊行されたゲルヒルト・ティーガー編集の Conrad Gesner, *Von den Hunden und dem Wolff* の初期新高ドイツ語テクストによる全文和訳である。またこれなしではゲスナーの魅力が半減してしまうと心配していた貴重な図版——冒頭のマルチーズの絵は、お世辞にも可愛いとは言い難く、ちょっと怖いくらいだが——について、転載をティーガー社にお認めいただけたのは大変嬉しい。ご理解にお礼申し上げる。

　翻訳にあたって必要なゲスナーの生涯および本作品についての情報は、主にハンス・フィッシャー（今泉みね子訳）『ゲスナー　生涯と著作』博品社、一九九四年、原書は H. Fischer, *Conrad Gessner (26. März 1516–13. Dezember 1565) : Leben und Werk*, Zürich, 1966 および A. Fischel, *Natur im Bild : Zeichnung und Naturerkenntnis bei Conrad Gessner und Ulisse Aldrovandi*, Berlin, 2009 などから得た。また翻訳後になったが、二〇一六年夏に訪問したチューリヒのスイス国立博物館常設展示および同館のゲスナー生誕五〇〇周年企画展特別ウェブサイト『ゲスナー生誕五〇〇年　スイスの天才博物学者』*Gessner 500 Jahre–Schweizer Universalgenie* なども参考にした。これに関連して、同展示目録 *Facetten eines Universums. Conrad Gessner 1516–2016*, 2016 および最新の伝記 U. B. Leu, *Conrad Gessner (1516–1565) : Universalgelehrter und Naturforscler der Renaissance*, Zürich, 2016 が刊行されている。

犬と狼について(1)

犬の様々な容姿と種類、特に犬種ごとの特徴

抱き犬（マルチーズ・愛玩犬）［図1］

この優美で愛くるしい抱き犬は、はるか昔にマルタ島からもたらされ、その産地の「マルタ」にちなみ、〈マルチーズ〉あるいは単純に〈小型の抱き犬・愛玩犬（ショースヒュントヒエン）〉と呼ばれる。だが、最近ではこの犬種がイタリア・ボローニャでよく見かけられることから、フランス人はこれを〈ボローニャ犬〉（Chiens de Bononie）と呼ぶ。姿は、両手に包んで隠せるくらいに小さく華奢で、被毛は長いものもあれば、短いものもあり、毛色も白や黒などがある。当世では、赤毛と白毛がもてはやされ、特にご婦人に大変好評なので、愛好者間では高額で取引されている。

［図1］

成長しても小籠に入れられるほど、小さなままで、［消化に良い］軽い餌を与えられて育つので、菓子パン類でなければ受けつけないものもいる。少年たちが代わる代わる乱暴に抱いたりしたら、抱き殺してしまいかねない。長い毛が好まれるので、飼い主は愛犬の寝床にもじゃもじゃの毛皮の敷物を使い、いつも目に入るようにしてやるとよい(2)。

狩猟犬、特にイノシシ狩り用の猟犬

ウァッロ(3)は、犬は主に二つの種類に分けられると述べている。ひとつは野生動物を狩る〈狩猟犬（ヤクトフント）〉、もうひとつは特別な訓練を受けた〈牧羊犬（ヒルテンフント）〉とも呼ばれる〈牧畜犬（ヒューテフント）〉あるいは〈番犬（ヴァハフント）〉である。前者の〈狩猟犬〉は、さらに大型の獲物を追いかけまわすのが得意なタイプと、小動物あるいは臆病な動物を自ら狩る・罠に追い込む・その匂いを辿って追跡するタイプの二つに分けられる。こうした能力をもつがゆえに、〈追跡猟犬（シュピューアフント）〉もしくは〈狩猟犬〉と呼ばれているのだ。狩猟犬カテゴリーに属する犬が、その姿形や能力に応じていかに訓練されるかについては、歴史家のクセノフォン(4)およびグラチウス(5)なる作家が詳述しているし、その性質も国によって異なるので、ここで今さら繰り返す必要はなかろう。ともかく、この類の知識は、領主や貴族に仕える経験豊かな狩人から容易に入手できるはずだ。

大型の野生動物を狩る狩猟犬は、その毛色が重視される。獲物

とする野生動物とできるだけ同じか、似た毛色が好ましく、斑（まだら）は論外だが、赤・白・黒の毛色も適当とは言えない。といっても首の回りや鼻の周りに少しブチがあるのは、ありがちなことで許容範囲内である。

　他方、野兎や兎、その系統の小型動物を狩る犬は、体長も毛色や容姿も獲物と同じでなければならない。

　イギリスなど幾つかの国々では、熊・猪・狼といった大型の野生動物に挑みかかる、見目麗しく、筋肉隆々で、がっしりした勇壮な大型狩猟犬が飼育されている。当地［スイス］では、長毛で力強い大型狩猟犬（アリストテレスはモロサス犬と呼んだが）を〈猪狩り用猟犬（リューデン）〉と呼ぶ。イタリアの、とある島からもたらされた同種の高貴な狩猟犬は、(6)〈装甲犬（キューリッツフント）〉や〈甲冑犬（パンツァーフント）〉などと呼ばれている。

　あるアルバニア王は、アレクサンドロス大王［アレクサンドロス三世、紀元前三五六〜三二三年］に熊・猪・ダマ鹿すら太刀打ちできなかった巨大な犬を一匹贈ったという。また古代インド王ポロス［紀元前三一七年没］が、アレクサンドロス大王に二匹のライオンを打ち負かした犬を一匹贈ったという話もある。

先導犬・セントハウンド

　また別途、嗅覚で野生動物を追跡する〈追跡猟犬〉、〈先導犬（ライトフント）〉、〈嗅覚犬（ゲルフスフント）〉と呼ばれる犬種がある。〈狩猟犬〉とひとまとめにされることもあるが、非常に鋭い嗅覚が生まれつき備わっているのが特徴である。先導犬の毛色は純白で、獲物自体とは全く異なるが、これは狩人が、獲物の毛色と混同して見誤らないためである。もっとも他の説によると、毛色は体長と同様、狩猟には全く影響を及ぼさないという。もし影響があるとすれば、長く垂れた耳としっかり通った鼻があるか、という点らしい。イタリアの歴史家フラヴィオ・ビオンド曰く、(7)鼻づまりになって嗅覚が衰えぬよう、先導犬にはスープのように水っぽい餌よりも、水分を含まない乾燥した餌を多く与えるべきだという。野生動物の匂いを感知するや否や気配を消し、静かに猟師の到着を待てる先導犬が、誉めそやされる。

　幾つかの犬種は、匂いを嗅ぎながら追跡するだけでなく、獲物の匂いを捕えた瞬間から追尾を開始する能力も備えている。

小型嗅覚犬

　獲物の匂いを追跡し、狐や穴熊の巣穴に突入して、その棲み処を知らせる、または巣穴から狩り出す、別の小型犬種がある。これはドイツ語で〈嗅覚犬（ロッホフント）〉(8)と呼ばれ、〈先導犬〉に分類される。

イタリアン・グレイハウンド［図2］

　さらに特別な犬種を形成するのは、風を切るような俊足に因み、また風と戯れる姿から、ドイツ語で〈風戯（ヴィントシュピール）〉（Wind-spiel）と名づけられた(9)イタリアン・グレイハウンドである。鹿・野兎・シャモアを狩る時に使われる犬種で、その一部は特にターキッシュ・グレイハウンドとも呼ばれるが、総じてサイトハウンド［視覚で獲物を追跡する犬種］に分類される。

鳥猟犬［図3］

鳥を狩るために使われる犬は、生まれつき必要な能力だけでなく、時間をかけて品種を改良し、厳しい訓練によって身につけた後天的能力がある。優れた嗅覚だけは生来のもの。物事に集中するのが得意で、通常貴族たちに飼育されている。獲物を認識すると、とたんに静かになり、網を使った狩りも一緒にできる。ドイツ語では〈鳥猟犬（フォーゲルフント）〉(Vogelhund) の呼称が一般的だが、［獲物に特化して］〈ウズラ猟犬〉(Wachtelhund) や［活動の場から］〈森林犬〉(Forsthund) とも呼ばれるものがある。

猟用犬、ウォータードッグ［図4］

バルビー (Barbet) とも呼ばれる〈ウォータードッグ〉(Wasserhund) は、並はずれて従順で愛らしく、特に外見、そして日々の経験から実証できる好ましい資質を持つ。ウォータードッグのなかには、ビーバー、カワウソ、野鴨を追跡するものがある。また他にも水に落ちた、あるいは水に飛び込んだ獲物を水中から回収して持ってくる役目の犬もいる。

飼い犬もしくは社交犬［図5］

飼い主に対して、犬がいかなる忠誠と愛情とを捧げるかについ

［**図2**］

［**図3**］

［**図4**］

［図5］

［図6］

［図7］

ては、すでにさまざまに語られ、よく知られていることである。

そしてこの理由から、飼い主が外出する時は供をし、道中を仲間として付添い、必要とあれば飼い主を護る目的で、人間と同じ屋根の下で飼育される犬種がある。それが〈社交犬（ゲゼルシャフトフント）〉とも呼ばれる所以である。他の護衛ないしは戦闘目的で飼われているものは、下記にそれぞれ区別して記述する。犬の忠誠をテーマとする沢山の楽しい言い伝えが、古代の歴史家たちによって書き残されているが、紙幅も限られているので、ここで繰り返すのは止めておこう、なにしろそれは日々の経験で繰り返し証明されるものだから。

護衛犬あるいは闘犬［図6］

人間の護衛や格闘目的、たとえば犯罪者の追跡用に訓練された犬がいる。この犬種は大柄で短毛、身の毛がよだつような恐ろしい外見をもつ。力もあり豪胆なので、武装した人間に襲い掛かるのにも躊躇がない。他者を認めず、自分の飼い主以外に懐かず、飼い主以外には触れさせない。飼い主の言うことだけをきき、飼い主を護る。闘犬は、人工的手段により教育・訓練される。

テッサリアのフェライの暴君アレクサンドロス［在位紀元前三六九〜三五八年］は、恐ろしい外見の巨大な犬を飼育していたという。餌係を唯一の例外とし、他は誰でも敵とみなして攻撃した

そうな。その圧政ゆえ、その身の安全が確約できなかったアレクサンドロスは、閨の番ないしは警備役をこの犬に命じた。またガラマント国王が窮地に陥った時、二匹の犬が彼を救出して再び国に送り届けたが、その折、敵に対して見事な防御を行ったそうだ。

牧羊犬もしくはシェパード［図7］

大柄で力のある犬は、家畜が戻っている時は納屋で、放牧中は牧場で家畜を危険や怪我から守るよう、特別な訓練を受ける。これらの犬はシェパードと呼び慣わされている。見張りに役立つ牧羊犬は、家畜を監視するだけでなく、農場をはじめ、他の建物も監視するグループがある。シェパードは体格も頑強でたくましく、勇敢にして大胆であり、ぞっとするような声音で吠えるのが理想である。毛色は羊と見紛うほどに純白で、ふさふさした毛並みでなければならない。［毛色の違いから］羊に恐怖を抱かせてはならないし、逆に薄闇や夜の暗闇で、人が狼と勘違いして犬を襲撃し、殺したりすることがあってはならないので、狼とはっきり区別をつける必要があるのだ。ブチや斑模様は総じて回避される。シェパードは自分が担当する家畜の群れと羊飼いを正確に認識し、それに危害を加えるような一連の外敵、すなわち獰猛な獣や盗人を追い払えなければならない。その首には鉄鋲をめぐらした首輪を施し、簡単に外敵に咽喉元を咬みつかれて、命を落とすことがないようにしておく必要がある。

上記以外で牧場や船を護衛する他の犬種［図8］

牧草地を監視し、外敵の侵入を防ぐ役割の犬は、あらゆる面で醜悪でなければならない。加えて牧羊犬よりも肥えて、重量があり、恐ろしい声音に同様の容姿、相手が怯むような強面であるべきだ。毛色は全身漆黒で、体躯は短く、その吠え声だけでなく、威嚇する容姿で、泥棒やならず者を退散させられるのが理想である。同様の外見をもつ犬は、ボートや船舶、また商船の積み荷の番をするため、船上でも飼われる。

身分の低い粗野な人々も、泥棒や他の頑（かたく）なで意見を曲げない人間たちから住まいを護る目的で、同様の犬を飼っている。これ

［図8］

はすでに古代からあった風習で、当世でも多くの人に受け継がれている。こうしたいつも寡黙とは言えない監視役および警備役の犬については、十分な記録がある。以下、詳しく見ていこう。

幾つかの舶来犬種について、正確な図版を添えて

スコットランド産ブラッドハウンド[10]［図9］

その容姿・種類・性質

後述する英国産ブラッドハウンドと酷似しているので、おそらく同一種を指すものだろう。スコットランド産ブラッケほど大きくない〈追跡猟犬〉あるいは〈セントハウンド〉である。多くは赤毛に黒のブチ、もしくは黒毛に赤のブチをもつ。盗品や泥棒を嗅覚で辿れる限り追跡し、泥棒の在り処をつきとめ、力で制す卓越した能力がある。犯人が犬の追跡から逃れようとして、水をかぶったり、川に飛び込んだりしても、ものともしない。犯人が入水した場所まで泳ぎ着き、そこから犯人の匂いを再び感知するまであちこち嗅ぎまわり、その匂いを再び見つけたら最後、犯人から盗まれた品を奪い返すまで追跡を続ける。

［図9］

英国産狩猟犬・グレイハウンド［図10］

その種類と性質

英国産狩猟犬グレイハウンドは、犬のなかでも俊足を誇るが、非常に大胆かつ無鉄砲でもあり、野生動物を狩るだけでなく、自分に手を出したり、飼い主もしくは指示者に危害を加えたりする敵や犯罪者に挑みかかる。あらゆる狩猟犬のなかで最も高貴で美しい犬種である。

［図10］

英国産セントハウンドあるいは追跡猟犬
ブラッケまたはスコットランド・ウォータードッグ［図11］

その種類と性質

こちらはセントハウンドもしくは追跡猟犬のなかでも特殊な犬

種である。なぜなら鳥や野獣だけでなく、岩場や岩礁に潜む魚までも、鋭い嗅覚を駆使して見つけ出し、捕獲できるからである。

英国産ブラッドハウンド［図12］

その種類について

容姿・種類・性格などすべて前述したものと同じで、前述の犬種を含めた四種のうち最上位を占め、犯罪者の追跡に役立つ。

［図 11］

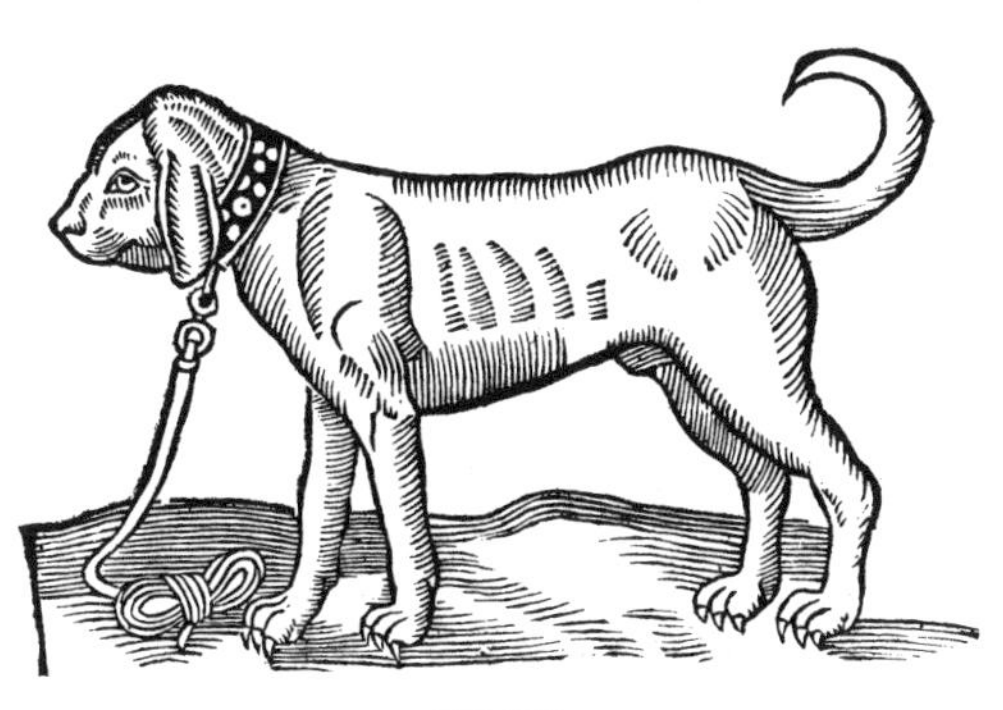

［図 12］

英国産鳥猟犬［図13］

その種類と特徴

この犬種は英国貴族たちが雉やヨーロッパヤマウズラなどの鳥猟――［犬だけでなく］鷹、貴族たちの慣習や好みによってはオオタカも投入されるが――に使うために、飼育されている。毛色はさまざまであるが、通常は白が多く、ブチもあるが、大柄な赤毛はほとんど見受けられない。イギリス人たちはこの犬種に特別な名を与えず、自然にその獲物となる鳥の名前を冠して［たとえば〈雉犬〉、〈ヤマウズラ犬〉のように］呼んでいる。

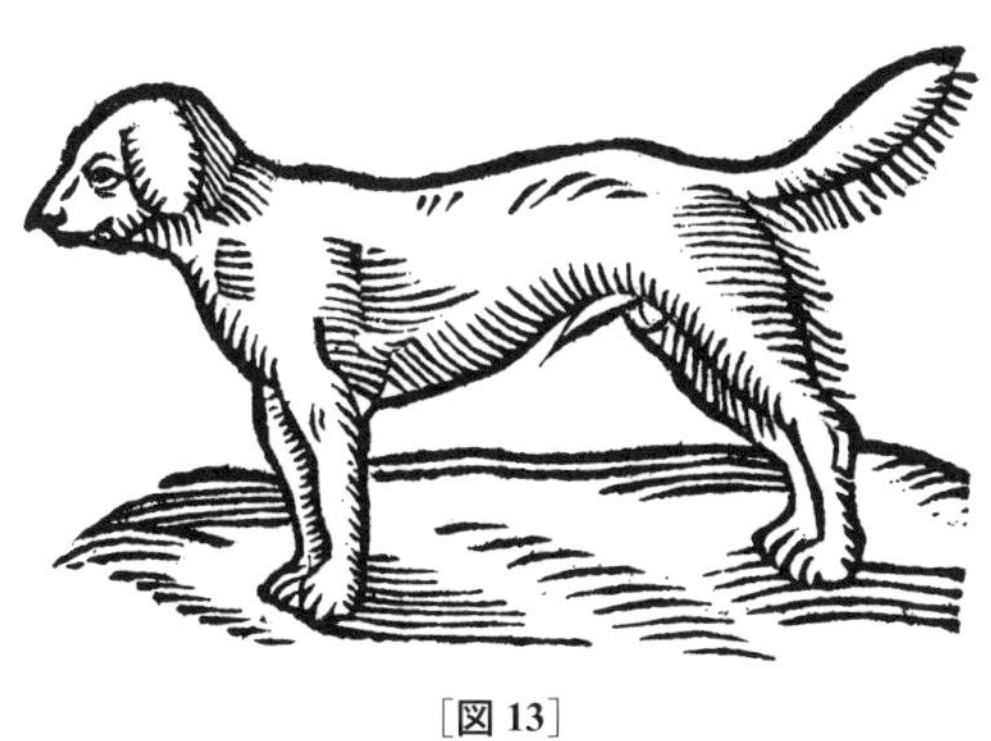

［図 13］

英国産ウォータードッグ［図14］

その容姿・種類・性質

英国産ウォータードッグは前述の鳥猟犬よりも一回り以上大柄で、体中が長い毛で覆われている。フランスで〈バルビー〉と呼ばれるウォータードッグにとてもよく似ているが、たとえほとんど訓練されていなかったとしても、水鳥の後をつけて狩る能力を、生まれつき備えている。そのままでも十分狩りに適しているが、イギリス人たちはもっと速く泳げるように、この犬の肩から尻尾までの毛を刈ってしまう。イギリス人たちはこの犬をウォーター・スパニエルと呼ぶ。

［図14］

その他のインド原産犬［図15］

ヨーハン・ファーバー(11)によると、この動物は図版で見る限り、奇形と見えなくもない。体の大きさにおよそ似つかわしくない小さな頭を持つ。眼差しには凶暴なところが一切なく、むしろよく人に懐き、穏やかな光を帯びる。でこぼこした鼻はふつうの犬と同じだが、額や眉毛同様真っ白である。垂れ下がった耳は黄色い。首は短く、むっちりした肉置きゆえ、首がなく、直接胴体に頭がくっついているように見える。背中には駱駝のように黄色味がかったコブがひとつあり、尻尾は白く短く、大きな垂れ下がった乳房は通常六つあり、そのでっぷり太ったお腹には、黒いブチ

［図15］

がある。脚、特に前脚には白く長い鈎爪を持つ。

ヨーンストン[12]が紹介した他のインド産犬種は、これほど醜悪でなく、また挿絵からすぐお判りになるように、我々にとって既知の犬にむしろ似ているようだ。

アフリカ産〈湾曲犬〉[13]［図16］

その容姿と性質

こちらは犬のなかでもとりわけ珍しく、希少犬種のひとつである。多くは通常アフリカと呼ばれる地域で見受けられ、そこから我々の住むヨーロッパ、特にイギリスにもたらされた。太った体躯は短く、走っている時も身体を丸める、あるいは湾曲させる。首は短いというよりもほとんどなく、脚は長いが尻尾は短く、ほとんどないに等しい。犬のように吠えるが、猿のような動きをし、ハリネズミのような黒い鼻をもつ。

エジプトの王侯[14]

古代の統治者は、犬を飼うことで油断を与えず、臣下を護っていたが、プラトンが詳述したように、それは同時に臣下を見張り、敵から身を護ることに繋がっていた。よってエジプト人たちも、為政者ヘルメス・トリスメギストスがその統治下において、特に英知と権力と聡明さを体現したがゆえに、彼を犬の頭を持つ者として描いた。ステファノが貴石に刻んだ像が証拠になる［図17］。

［図 16］

［図 17］

犬について[15]

犬の内的［生物学的］性質

犬は人間にとってどの動物よりも忠誠心が強く、役に立つ動物であり、さまざまな用途や役目を果たす。この点について、以下、詳しく述べたい。

子犬の頃から高貴な犬はすぐに見分けられる。最後に目を開け、見事な団子鼻で、毛がふさふさと生えそろっているものだ。しかしあまりにも毛深かったり、剛毛だったりすると汚れや皮膚病の原因となるため、評価は低くなる。

犬は犬歯と呼ばれる歯が二本だけ生え変わると言われている。犬についての著作者間でも異論があり、必ずしも意見が一致していない。二本の犬歯だけでなく、全ての歯が生え変わると主張している者も多い。若いうちは真っ白で鋭いが、老犬になると歯の色が黒ずみ、すり減っているので、犬の年齢は歯を見ればだいたい予想がつく。

犬の腸を含む内臓器は、ライオンと同じ造りである、と多くの著者が述べている。これに補足するなら、犬の胃は小ぶりで幅も狭い。上部は広く、下部にかけて細くなる直腸と比べても胃はさして大きくない。だから用便の際は、かなり圧を加える必要がある。前脚には五本の鈎爪があるが、後脚の鈎爪は四本だけである。なお、犬は独特の特徴を備えた、誠実で活発な動物である。

犬の性質と特徴

〈ラコニア［スパルタ］犬〉は、アリストテレスが『動物誌』で書いているように、犬と狐を掛け合わせたもので、寿命は長生きして十年くらい、他の犬の寿命は通常十四歳くらいまでだが、なかには二十歳に達する長寿犬もいる。

犬の声音をあらわすドイツ語としては「遠吠え」(heulen（ホイレン）)や「すすりなき・クーンクーンと鳴く」［現代ドイツ語でwimmern（ヴィンメルン）］という動詞も時に使われるが、一般に「吠える・ワンワン鳴く」という表現には、bellen（ベレン）という動詞を用いる。犬も夢を見る動物で、安らかな眠りから覚めると、ひとしきり吠え続けることがある。

クラウディオス・アイリアノス[16]によれば、犬や牛などの動物たちは、地震、快晴、豊作などを予知できるという。他の犬よりも好奇心が勝る犬がいるにせよ、狩猟犬は総じて知性と敏捷性に優れている。

性別にかかわらず、犬は通常生後一年で成熟し、さかりがつく。雌犬の場合は、生後八カ月経っていれば、性的に成熟し、もう交尾可能だという。しかし犬についての著作もあるコルメッラ[17]は、性別にかかわらず満一歳にならないうちは犬を番（つが）わせてはならない、さもないと力も敏捷性も美しさも減少してしまう、と助言している。ふつう二月がさかりのつく時期で、出産の時期は遅ければ夏に入る。雄犬が脚を高く上げて放尿するようになれば、雌犬と交尾できる兆候である。雌犬の妊娠期間は最低六十日間で、六二日や六三日になるのも多い。なお、雌が再び繁殖できるのは、出産から半年以上後になる。

アリストテレスは、犬の妊娠期間は一年の六分の一、すなわち二カ月だが、時として五分の一や四分の一、その場合は三カ月かかることもある、と記している。ふつう一度の出産で雌犬は五～八匹の子犬を産むが、多い時で十二匹という記録もある。むしろ例外的なケースではあるが、子犬の性別は雄・雌いずれかになるが、一匹のみの出産もある。アルベルトゥスは[18]、初産で十九匹、次に十八匹、三度目のお産では十三匹を産み落とした黒い大柄な雌犬を見たという。愛玩犬は小柄なので、一回のお産で一匹だけ産むのがふつうである。いずれの場合も、子犬は産み落とされた時には目が見えず、母親からお乳をもらっているうちにだんだん目が開いてくる。といっても二十日はかからないが、かといって生後一週間よりも前に目が開くこともない。一説によれば、子犬が一匹だけで生まれた場合は、生後九日で目が開き、二匹だったら十日目に、三匹だったら十一日目に、つまり兄弟姉妹が多いほど、目が開くのが遅れるという。

最初に産み落とされた子犬は、当初は父犬にとてもよく似ているが、自然の気まぐれゆえか、しばらくすると今度はどの兄弟犬よりも母犬に酷似してくる。他の子犬たちは、さほど親の面影を残さず、兄弟同士でもさほど似ていない[19]。

犬も年をとるにつれて妊娠しにくくなり、二十歳近くなってもまだ妊娠する犬種もあるものの、繁殖可能なのは通常十二歳くらいまでと言われている。再びコルメッラを引き合いに出すと、雌犬は九歳まで妊娠可能だが、十歳以上になると孕まなくなるという。

犬の母乳は、他の動物よりも濃厚である。出産する五日前から母乳が出てくる。乳の出をよくするには、凝乳［コッテージチーズ］を餌に与えてやるのがよい。

雌犬が出産したら、見栄えの良い美しい子犬たちだけを残し、あとは母犬から隔離すべきだ。これは選び抜かれた子犬たちがもっと栄養［母乳］を与えられるようにする措置である。選ばれた子犬たちは、二カ月間は母犬のもとに置くべきである。

力強さと言う点では、子犬のなかでも体重が一番重いものが勝るが、敏捷性となると体重が一番軽いものこそ優れている。母犬が真っ先にくわえて巣に入れた子犬か、最後に巣から出す子犬を選ぶのがお勧めだ。そうでなければ、次のような良犬の選別方法がある。

細い小枝で作った柵で大きな輪をつくり、その真ん中に子犬たちを置き、柵に火をつけ、母犬から手を放す。すると母犬は最初に一番高貴で良い子犬を救助し、価値が低く弱い子犬を最後に火の手から助ける。

予防し、治療すべき犬の病について

古代の賢人たちは犬がかかる可能性がある疾病として、狂犬病、ジステンパー、痛風の計三疾病のみ挙げていたが、他の医師たちは、以下に述べるような他の疾病も指摘する。

犬が自分で舐められる傷や膿瘍については、実際、舐めることで治癒する。だが犬が舐めて治せないようなら、人間の傷と同様、医師の助けを借りなければならない。腫瘍ができていて、腫れているようなら、コハコベを搾った汁で消毒し、傷口に油を塗り込むか、食用油脂［ラード］とクレソン［オランダガラシ］をまぜた膏薬を張ってやるとよい。

　もし棘や茨や他にも尖ったものが脚に刺さっている時は、串刺しにした馬の蹄もしくは子ツバメを陶製の壺に入れて焼き、灰にしたものをラードで溶いて患部に塗る。

　後脚に時々できる腫瘍は、桃の葉を搾った液で治せるという。

　疥癬に罹った［ところどころ毛が抜けた］犬は、ルピナス［和名は登藤・葉団扇豆］を入れて沸かした湯、あるいはケマンソウかヌマダイオウを煮出したもので洗ってやるとよい。あるいは水銀、硫黄、イラクサの種を同等に配合し、たっぷりラードを加えて捏ねた軟膏を塗ると効き目がある。

　もし犬に蚤がついていたら、蚤が嫌うオイルを塗り込める。これに対してシラミは水銀で駆逐できるが、犬が水銀を舐めないよう、注意を払わなければならない。マダニにはビターアーモンド核［苦扁桃仁］[20]をすり込むか、犬を食塩水で洗ってやった後に酢を塗りこめるのが有効だ。

　夏に蝿が犬の耳にたかって痛めることのないよう、ビターアーモンド核をすり込んでやるとよい。

　アブ、スズメバチ、モンスズメバチに犬が刺された時は、ヘンルーダを潰した液を塗るとよい。

　イヌホオズキ［バカナス］、白チャボアザミ、黒チャボアザミ、ヤナギタデ、夾竹桃（きょうちくとう）［オレアンダー］や石楠花（しゃくなげ）[21]、白クリスマスローズの根、マチン［ホミカ］[22]、アスパラガスのゆで汁、いずれもこれらを餌として与えると、犬には致命的な毒となる。同様のことは、鉛の蒸気にも当てはまる。

　飢えているわけでもないのに、犬が痩せてきたら、油脂か乳脂、あるいはバターを一～三度ほど食べさせてみる。それでも体重が戻らなければ、舌の裏に腫瘍ができている兆候である。この腫瘍について、以下、詳しく解説しよう。時折、犬の舌下に、長い白い虫のように見える肉瘤ができる。この病気は、犬が視界に入ったものはすべて噛み砕いてしまう習慣によるものと知られている。だが狩人はさほど苦労せず、これを上手く切除してやれる。きちんと切除してやらないと、犬は気がふれやすくなり、それがもとで死んでしまうことすらある。多くの人はこれを精神病と思いがちだが、それは理性的な判断ではない。人の舌下にカエルのような嚢胞ができて痛むことがあるように、何かが犬の舌下にできていると考えるべきだろう。

　犬の爛れ眼には、お湯で洗眼してやった後、少量の卵白に小麦粉を溶き、軟膏にして塗ってやるとよい。

　聴力の低下は、犬が緩慢に動いたり、反応が鈍かったりするのでわかるが、そうなったらバラの精油をワインに混ぜ、日に三回、耳に垂らしてやるとよい。ただし耳にポリープができている場合は、卵白を含ませた海綿を耳に入れてやるとよい。

　犬もてんかんの発作を起こし、ほとんどの場合、死に至る。

　犬がよく息ができない時は、耳を洗浄してやるとよい。

　もし犬が骨を咽喉に詰まらせたら、鼻をつまみ、胸部を押し、それから咳をして骨を吐き出せるよう、油または油と水を咽喉に流し込む。

　咳止めには、ワインを鼻から注ぎ込むとよい。犬の下痢は、固いチーズを餌に混ぜて与えれば、緩和させられる。

　犬が病気で食べすぎた時は、雑草を探し、それを食べて、胃の中のものをすべて吐き出す。寄生虫を持っている場合は、小麦の青葉を食す。

他の著作で詳しく言及されているので、本書ではかなり割愛したが、（冒頭に挙げた三つ、狂犬病、ジステンパー、痛風を除く）以上が、野生動物や狩猟の際、あるいは他の原因によって罹患する犬の病気とその治療方法である。

犬がどこかに行ってしまわないよう、ずっと手もとに置いておくためには、頭から尻尾まで全身にバターかラードを塗りこめ、さらにそれをなめさせてやることが必要だ。あるいは犬に自分の言うことをきかせるためには、雌犬の胎盤［後産］を入手し、乾燥させ、その一片を古布に結び、匂いを嗅がせてやると良い。

犬の生来の素質と敏捷性

犬は忠誠心と敏捷性をもって、その他の分別なき多数の動物を凌駕する。というのもその他大勢の人間から、犬は自分に餌をくれ、養ってくれた人間を見分け、その人物を愛し、仕えるからだ。さらに犬は特別な理性を有する、なにしろ彼らは自分につけられた名前を理解し、人がその名を呼ぶと、自分が呼ばれていると気づくのだから。それどころか比較的長い間、自分の飼い主と引き離されたとしても、再び見えればその飼い主を認識する。犬は飼い主を守護し、飼い主のため、またその利益になるべく闘い、飼い主を傷つけようとするものを遠ざける。たとえ飼い主に殴られても、再び飼い主に懐いてくるし、何度追い払われたとしても、飼い主の元に戻ってくるのをやめない。

その非常に思慮深く、気高い心映えは、降参したものを攻撃しないことでも明白である。人が地面に倒れ込むと、犬の怒りは急速に失せるし、降参した犬を決して攻撃しない。

クラウディオス・アイリアノスは著書『動物の特性について』で、犬はまるで理性を有するがごとく、ある事柄を検討したり、判断したりできる、と書いている。アイリアノス曰く、かつてある狩猟犬が野兎追跡中に、その野兎を見失ってしまい、掘割に突きあたった。掘割の右に行くか、左に行くか躊躇し、しばらく考え込みながら佇んだが、匂いも足跡も残っていないことから、野兎が掘割を跳び越えて向こう側に行ったはずと結論づけると、一気に自分も掘割を跳び越え、野兎をさらに追跡し、ついに見事獲物を捕えたという。

飼い主の声を犬は非常によく聞き分け、まるで人間の理性をもっているかのように、けしかけられたり、怒られたりしても、その指示に従う。

さて、アイリアノスの『動物の特性について』に戻ると、姦通の場面で犬は概ね非常に嫌われる役柄でもある。顕著な例を紹介するなら、実際、それは単純な注意深さや忠誠心を超えているのだが、もし何か異質なもの、通常とは異なるものが家の中にあれば、それに犬はいち早く気づき、いわば理性を発揮して、他の人と姦通者を区別できる。そうでなければ大都市の多くで、犬はもっとずっと沢山吠えなければならないはずだ。だが、これについては件のアイリアノスの物語にさらに続きがある。他の男と姦通している妻が、夫が帰宅することを知り、愛人を密かに、そして（彼女が考えた限りでは）安全な一室に隠した。そして従者や使用人には策を廻らし、彼女に味方するよう、賄賂として金を与えた。だがどんなごまかしも悪知恵も役に立たなかった。というのは一匹だけその家で飼っていた愛玩犬が、姦通者が身を隠していた部屋のドアの前から頑として動かず、飼い主がそこに来るまで、ドアをひっかき、吠えるのを止めようとしなかったのだ。飼い主である夫はいぶかしく思うとともに、ドアの向こうに何か悪いものが隠れていることを悟った。主人がドアを開けると、果たしてそこには、密通していた妻との計画に従って、主人を夜になったら殺し、彼の妻を晴れて自分の妻にするため、武器を手にした愛人にして、主人を殺そうとたくらむ男が潜んでいた。だが愛玩犬により、主人はこの時、命の危険から救われたのである。

しかも犬は物覚えの良い動物でもあるので、きちんと服従すれば、ご褒美に美味しいものをやり、間違ったことをしたら叱るようにすれば、さまざまな道具を使ったり、遊びを憶えたりもできる。踊ったり、伏せをしたり、お手をしたり、さまざまなものを持ち上げたり、土や水の中から引き上げたり、運んで来たり、死んだふりや寝たふり、跳躍の技をはじめ、教えられれば、他のさまざまなポーズもとれる。日常的な様子や経験がどんな風か、個々の犬種ではどのように記述されるか、順に見ていこう。

犬の有用性

犬のかくも忠実な守護と警戒心、かくも愛らしく擂り寄って尻尾を振る姿、かくも激しい余所者に対する嫌悪、慎重で決して警戒を緩めない抜け目なさ、狩りをする時の風を切る敏捷さ——キケロ曰く、「これらすべてが、犬が人間に使役されるために創られた動物であるという証拠以外の何ものでもない」。犬の忠誠については、以下、さらに詳しく言及しよう。

貧しい男が一匹の犬を飼えば、もはや他の従者は不要である。

犬の尻尾には一本の白い血管が通っている。これを引き抜いてやると、尻尾があまりにも長くなるのを防ぎ、また以後、荒れ狂う[23]こともなくなる。

犬種によっては他の動物に触られたくない枝に、悪臭を放つ尿を混ぜた糞をかけることもある。この糞から、多くの皮なめし職人は、加工した皮をはりつける膠をつくりだす。

犬肉について

スイスでは犬肉を食べるのは禁忌だが、特定の民族では、むっちり太った若い、特に去勢した犬を食用にする。この風習は兎肉を食すかどうかと同じと言える。

過去には、猫の肉と同様、丸々と肥えた若い犬が神々への生贄として捧げられた。

ピエトロ・マルティーレ・ダンギエーラ[24]によれば、地上で〈新世界〉と呼ばれている一部地域には、決して吠えない、醜い風貌の犬が棲む島があるという。しかしその犬は、子ヤギや若いカモシカ同様につぶして、広く食されているとのことである。

またインドには、犬の乳を飲む人たちがいるとか、それゆえ彼らの苗字［の意味］は〈犬の乳搾り人〉と言うそうな。

犬を使ったさまざまな疾病に効く薬

愛玩犬を腹に乗せたり、抱えたりすると、腹痛に効果がある。萎えた四肢には次のように調合した子犬の軟膏が効く。すなわち骨が肉から剝がれるまで鍋で煮て、その肉汁を冷まし、上澄みに浮いた脂をすくい取り、それを脊椎と萎えた四肢に擦り込めば、効果てきめんだそうだ。

犬の血は、抜け毛を引き起こす。犬を焼いた灰を油と混ぜると、黒い眉ができる。狂犬に咬まれたら、犬の血を飲み、その肉を食せ。プリニウスは、その毒に対抗するには、犬の血が最も有効と記している。また犬の血は痙攣を止める効果をもつ。

犬の脂に古い油とニガヨモギを搾った液を混ぜ、耳に垂らすと、聴力が戻る。純製の犬の脂は、痛風に効く。そして塗れば、シミを薄くする効果がある。

犬の毛を犬に咬まれたところに巻けば、薬になる。犬の頭を焼いた灰はあらゆる肉瘤を解消させ、健康な状態に戻す。壊疽や狂犬に咬まれたところに振り掛けても効果があり、湿り気を取り除いてくれる。飲み物にすると、男性器の潰瘍に効果があり、臀部の痛みや疾患にはこの灰が特効薬になる。蜂蜜酒に混ぜて飲むと、黄疸にも有効である。

犬の歯を燃して出た灰をバターに混ぜて歯肉に塗ると、痛みを感じることなく子どもの歯が生え変わる。同じ灰をワインに混ぜて温めたものでうがいをすると、歯痛を和らげてくれる。

犬の胆嚢を子牛の糞と混ぜあわせると、顔の傷・汚れを緩和する。さらに蜂蜜を混ぜると、眼病に効く。犬の胆嚢あるいは犬の乳を三分の一クイント［数グラム］、同量の良質な蜂蜜と混ぜあわせ、温めたものを耳に垂らすと、あらゆる眼病に効果がある。

犬の脾臓を焼いて食べると、脾臓の痛みによく効くという。

犬の乳は、脱毛した箇所に再び毛が生えるのを回避したい場所に塗る。耳に数滴たらせば、耳の痛みが消える。犬の尿は、イボの除去に効果がある。

［以下はゲスナーの原書にはないが］ベッヒャー[25]は、すべて暗誦しやすいよう、以下のような覚え歌[26]にまとめた。

一、浣腸後にワンちゃんをお腹に抱けば、疝痛が和らぐ。
二、犬の皮をなめし、それで手袋を作ると、綺麗で柔らかな手になる。
三、咬まれた傷口に犬毛を巻けば、あっという間に傷が治る。
四、新しいひび・あかぎれや古傷も、犬の小水で洗えば、膿が乾き、傷跡も元通り。
五、白色化した犬の糞をヘンルーダの汁と混ぜあわせれば、鼓腸や腹痛に効果あり。
六、犬の頭を焼いた灰を混ぜて洗えば、傷口の消毒になる。
七、犬の歯を焼いた灰は、歯を白く、口腔を清潔にする。
八、溶かした犬の脂をよくすりこめば、四肢の硬直が緩和できる。
九、犬の胆嚢を乾して、ビールで飲み下せ。二ドラハメ［八グラム弱］[27]で、頭痛や眼痛とはおさらばだ。
十、犬の血を一匙飲めば、解毒や伝染病退治に効果あり。

犬の糞について

三～四日、骨を餌に与えられた犬の糞は集めるべきだ。これらは硬くて白色化しており、無臭である。

これらを粉末にすると咽喉［気管］の病気や赤痢、それから他の痛みや長引く疾病に効く。コリアンダー［香菜］の汁を混ぜて飲ませると、丹毒に効果があり、蜂蜜を混ぜれば咽喉［気管］の病気と咽頭の丹毒によく効く。円錐状の座薬にすれば黄疸に効き、ワインあるいは水と一緒に飲むと下痢を止める効果がある。（珪石でぬるく温めた）ミルクに溶かして飲むと、赤痢に効くことが証明されている。同様に水腫にも薬効があり、菖蒲の花びらを浸した水とバラの精油を混ぜれば、お産を控えた、もしくはお産直後の女性の臀部の痛みにも効果がある。

上述した犬の糞は、燃やして灰にし、蠟とバラの精油と混ぜるか、そのまま用いてもよいが、あらゆるイボに有効である。

犬と人間の糞を咽喉に塗ると、咽喉の病気に有効だという。おおかた犬の糞にツバメを焼いた灰を混ぜて塗るだけで十分である。

尻にできた尖圭イボは、次のようにして除去できるという。上述の犬の糞とニンニクの葉を竈で粉末状になるまで燃す。それから尖圭イボに脂を塗り、その上にまずニンニクの葉の灰からできた粉を、それから犬の白い糞を燃やした粉末をまぶす。効果は実証済みとのことだ。多くはニンニクの葉と犬の糞の灰を一緒に脂に混ぜて、患部に塗って使う。

狂犬でない、健康な犬に咬まれた場合

犬はどの国においても理想の土着の動物ではあるが、犬に咬まれると（特にそれが狂犬である場合）、人間に激痛を与え、また死に至らしめる可能性がある。ここでは興味をお持ちの読者のために、万が一の緊急事態が発生した場合、つまり危険な咬まれ方をした時の、幾つかの処置方法をお教えしよう。とはいっても、どれも簡潔に、そしてまずは狂犬でない犬に咬まれた場合の処方を示し、それから狂犬の場合の処方を幾つかご紹介しよう。

狂犬でない犬に咬まれたのであれば、さほど問題はない。

お酢（あるいはお酢を混ぜた水）を海綿もしくは麻布に含ませて患部に当てる。

パンを不断草［トウヂシャ］の汁に浸し、薔薇醋（しょうびさく）[28]を数滴たらして、それを患部にぺたりと貼りつける。

ニワトコの柔らかい若葉を大麦粉と一緒に押しつぶし、軟膏にして患部に貼る。

押しつぶしたウイキョウに蜂蜜を混ぜ、軟膏として塗る。同様に木の実に玉葱・塩・蜂蜜を加えたものも有効である。

まだ青い野バラの実をワインと一緒に飲むか、蜂蜜と混ぜて塗るのも有効だという。

オレガノ、ニンニク、玉葱、葡萄の木の灰、いずれも単独で蜂蜜と混ぜて使う。

クロタネソウ［黒種子草属］の種、玉葱、キイチゴの葉、男性の頭髪、いずれも単独で酢と混ぜて使える。

アーモンドの核、犬の小便、自分の尿、イチジクの葉、ヘラオオバコは[29]、それぞれ押しつぶし、混ぜ合わせて使う。

オレガノ、ヘラオオバコ、イラクサ類は酢を加えてすりつぶして用いる。

狂犬に咬まれた場合

多くの犬は、ある病気にかかると、野蛮に振る舞う。精神錯乱

し、荒れ狂ったように徘徊し、人間や家畜を護るどころか、咬んで傷つけ、餌付けや他の方法で大人しくさせようとしてもほんのしばらくの間でもじっとしていられない。こんな状態の犬に咬まれた人は、同様に正気を失い、羽目を外して荒れ狂い、まるで自身が犬のような雄叫びをあげることすらある。彼らは非常な苦痛を感じており、その命は危険に晒されている。すぐに致命的な咬み傷だと気づかれないことが多く、咬まれて何カ月か、それどころか何年も経ってからわかることが常である。だから犬に咬まれた時は、その傷をなおざりにせず、すぐに適切な薬品を用いて処置し、治癒させるべきである。命の危険から身を護るため、ここでは簡単に、まずどうやって狂犬を判別できるか、続いてそうした狂犬の咬み傷であるとわかるか、その見分け方について説明しよう。

　狂犬は飲食を避けがちになり、餌を食べたり、水を飲んだりしなくなる[30]。目つきが定まらず、悲しげに、おどおどしていて、身体はまるでプレスされたように骨と皮がくっついて痩せこけ、ねばねばした涎を大量にたらし、口をあけたまま、ハアハア喘ぎながら呼吸する。ふつう気温が高い時あるいは疲れた時にしかしないように、舌をだらりと垂らし、耳も尻尾もだらりと下げたままになる。緩慢に、物憂げにあたりを駆け回っているが、ひとたび走りはじめると、通常よりもずっと速いのだが、それは決まって都合の悪い時か、全く意味のない走りである。走りながらも、落ち着きが全くなく、咽喉の渇きを訴えているが、実際に飲むことは稀で、総じて声を発せず、静かで、吠えることなく、不機嫌な風情である。飼い主の家族などを認識できず、人や家畜が視界に入っても、それが既知だろうが未知であろうが、頭を地上低く下げ、独りで居たがる。眼は充血し、他の犬はその犬を避け、吠えかかる。水を恐がり、水面に自分の姿が映っただけで驚愕し、それだけで死に至ることもある。

どんな薬によって狂犬の咬み傷だと判断できるか

　押しつぶした、あるいは砕いた木の実を咬まれた場所に載せ、一日そのままにしておく。翌朝、この木の実を雌鶏か雄鶏に投げ与えよ。最初は嫌がるだろうが、空腹になれば、鶏は木の実を口にする。もし狂犬であったなら、その木の実を食べた鶏は死ぬが、健康な犬だったら健康なままだろう。もし鶏が死んだなら、しばらく同じことを繰り返し、鶏に件の木の実をやっても死ななくなるまで続けよ。死ななくなるのは、咬み傷に有害な毒が含まれていない徴だからだ。これとは別に、木の実ではなくパンを使って同じことを行い、他の犬に餌として与える方法もあるという。もし咬み傷が狂犬によるものなら、他の犬はこのパンを口にすることに抵抗を示すが、狂犬によるものでなければそのパンを平らげるというのだ。さらに熱した小麦の殻粒を咬まれた傷口に置き、それが水分を含んでふやけたのを、上述した木の実を使うのと同様に鶏に投げ与えて様子をみる方法もあるという。

　狂犬病に咬まれた人間は、体重が減っていき、骨と皮になるまで痩せ細り、高熱を出し、正気を失い、悪夢にうなされ、全身に刺すような痛みを感じ、口腔は熱く、渇く。呼吸が難儀になり、排便や排尿もつらく困難になる。わずかな水を目にしただけで震え、落ち着きを失う。睡眠不足になり、意識が朦朧とし、そのまま短期間で死に至る。狂犬に咬まれた人間が、鏡に映った自分の姿を認められる限りは、回復の望みがある。だが患者が、荒れ狂って床を転がりまわるようなら、死が間近であることは否めない。水を恐れる症状はある者には早く、ある者には遅く発現する、たとえばある者は咬まれてから二週間後だが、多くの場合、悪い液体あるいは悪い血を取り込み、それが身体を蝕むまで一年もしくはもっとずっと何年もかかる。だから犬に咬まれたらそれを忘れて放置したり、軽んじたりせず、傷口をしっかり、よく観察して、くれぐれも注意を怠ってはならない。以下、狂犬病の症状に打ち勝つため、知識人や経験豊かな医師が頻繁に試み、用いる方法を紹介しておく。

狂犬に咬まれた時に用いる薬

医師たちは、狂犬に咬まれた者は生き残れず、狂犬病に有効な薬など存在せず、医学的に妥当な処置などない、と記している。その咬み傷は二週間以内に塞がることはないとされる。だがもし二週間以内に傷口が塞がったら、再びそこを切り裂くか、薬で焼灼しなければならない。医師が使う簡単で確実な手段は、咬み傷に真っ赤に焼いた鉄をあてて焼くことだ。ガレノス[31]は、咬み傷を損傷のない部分を残してすべて削ぎ、その後は他の傷口同様、(縫わずに)自然に塞がるのを待つよう指示している。だがこれは経験豊かで素養のある医師が施す措置であるゆえ、ここではあえて詳述を避ける。このような専門的医学処置とは別に、以下、狂犬に咬まれた場合に有効な家庭常備薬の使い方を紹介しよう。

酢と蜂蜜と細かく刻んだニンニクを混ぜ溶かしたガチョウの脂を傷口に塗る、野生のニンニク［行者ニンニク］、ラムソン［別名・熊葱、野生のチャイブ］、ビターアーモンドの核、ハコベ、ラードに石灰を溶かしたもの、焼いたザリガニの灰に酢を混ぜたもの、すでに述べたように、咬んだ犬の毛を傷口に巻く、同様に咬まれた人間の頭髪を酢に漬けたもの、山羊の糞にワインを混ぜたもの、胡桃に塩と蜂蜜を加えたもの、玉葱に酢あるいは蜂蜜を加えたもの、玉葱とヘンルーダと塩を混ぜて作った軟膏、葡萄の木の灰に蜂蜜を混ぜたもの、馬の糞尿に温めた酢を加えたもの、生の空豆をすりつぶして塗る、熟していないイチジクに酢を加えたもの、リンドウ［の根で薬味を利かせたブランデー］、ツバメの巣ひとかけに酢をまぜたものを傷口にのせる、傷口を洗うのにスイバを使う、スイバはすりつぶして塗るのもよい、白いニガハッカに塩をまぶしたもの、すりつぶしたオオバコ、焼いたザリガニの灰ひとふり［十等分の一］、ザリガニは銅鍋で焼き、頭と胴と尾の三箇所すべての粉を水に溶かしたものを毎日匙で一杯服用するかワインと一緒に飲む、同時に咬まれた傷に良質な軟膏を塗るのも大事である。傷口には、テリアカ[32]を塗るのも有効である。

狂犬に咬まれた時の特効薬処方

三度の食事にはニンニクを、一緒に飲むのはベルモット酒、
加えてハコベと白キャベツの汁を。
あるいは食事に玉葱かアサツキを、
焼いたザリガニの灰と一緒に使うか、
狼か犬の子の胃を水でゴクンと一飲みするか。
それともビーバーの精巣を薔薇醋と飲むか、

またはシマセンブリを[33]一緒にいただくか、
垣根に生える野バラの根っこを掘り出して患部に貼るか、
雄鶏の脳をワインと飲むか、
リンドウの根で薬味を利かせたブランデーを飲んで患部にも塗るか、同じことをツバメの糞でやってみるか、
スイバ［スカンポなど］、カミツレ、蜂蜜をどれもそのまま飲んで、
食事にいろんな種類の水鳥をいただいて、
オオバコ、ヘンルーダ、錫杖草、いずれもワインと一緒に飲み干そう。

狼について

狼の様々な種類とその生息地［図18］

狼は略奪を好み、有害かつ食い意地がはっていて、ほとんどすべての動物から嫌悪され、忌避されている。誰でもこの動物を識っていて、冬の間は頻繁に目撃され、また捕獲されている。サルデーニャには（パウサニアス[34]の記述によれば）蛇も狼も生息していないそうだ。またクレタ島（別名「カンディア」とも近年では呼ばれているが）でも同様らしい。同様のことはマケドニアのオリンポス山周辺やブリタニアもしくはイングランドにも言えるとか。エジプトやアフリカでは小型で動きが緩慢な種類が生息しているが、他方、寒冷地では大型で力のある、やっかいな種類が棲む。

スイスやアルプス周辺ではめったに目撃されないが、もし見かけたとすればロンバルディアから尾根伝いにこちらに棲みついた少数派だろう。一頭でも見つかると、その村は周辺の村に警告し、できるだけそれを早く狩り、捕獲しようとする。

アルプス周辺やライン峡谷、またテッスィーン川[35]流域やチロル伯爵領、同様にスイス・グラウビュンデン州とその州都クール周辺には、大型の黒狼が出没するという。この黒狼はとても力が強く、他の狼よりも毛並みが素晴らしいが、大きさや性質においては平均的で、普通の狼と差異がないため、実際、よく普通の狼と一緒に捕獲される。フランスなどに広がる平地および低地地方の狼は、ずっと小型で毛色も赤みがかっている。黒い森［ドイツ南

［図 18］

西部から南北に連なる鬱蒼とした森が特徴的な山地」では総じて大型で、凶暴な黒い狼が目撃・捕獲されている。オッピアノス(36)は狩猟方法に関する著作の第三巻で五種類の狼に言及し、その容姿と性格について、以下のように記述している。

第一に挙げる狼種は、その素早さと敏捷さゆえに、〈鉄砲狼(37)〉(Schützwolf[f]) と呼ばれる。性格は非常に大胆で、体毛は赤みがかった黄色、四肢は太って丸々として、他の狼種よりも大きな頭をもつ。脚も他の狼よりずっと大きく、すばしこい。腹部は白く、灰色の斑がある。ぞっとするような声で吠え、視界に入ったものすべてに手加減なしに獰猛(どうもう)に襲い掛かり、頭を振るが、その目はまるで炎が燃え盛っているように、煌めいている。

二番目の狼種は、〈盗賊狼〉(Raubwolf[f]) で、上述した鉄砲狼よりも大きく、背も高く、最も敏捷な狼である。いつも空腹を覚えているので、かわたれ時からフル稼働で狩りをする。側面や尻尾は銀色で、山中を棲み処とする。だが冬に山が深い雪に覆われると谷まで下り、夜になるとかなり大胆に、空腹に後押しされ、町や村にも侵入する。コソ泥のように気づかれないよう夜にそっと侵入し、納屋から山羊やガチョウ、鶏といった家畜を盗む。

第三の狼種は、非常に高い岩礁や岩山に棲む。狼のなかでも最も美しい種で、その毛色と美しく輝く毛並みゆえ〈金狼〉と呼ばれる。これもとても力があり、その強さは口と噛む力を一例にするなら、鉱石・石・鉄も噛み砕けるほどだ。盛夏の暑さを嫌い、その間は洞穴や洞窟に身を潜め、暑さが和らぐのを待つ。金狼は世間で〈ハイエナ〉と呼ばれているものと同一のものか、非常によく似ている。

第四と第五の狼種は、頭と首が短くて太く、金敷と似たところがあるので、俗に〈金敷狼〉と呼ばれている。しかも広い肩、ふさふさと毛の生えた腰部と脚、短く小さな鼻、同様に毛むくじゃらの脚と小さな目をもつ。だが毛色に違いがあって、一方は背中が銀色で、腹の毛は艶を帯びた白で、脚の外側だけが黒いのに対して、もう一方は全身黒色で小柄、毛はさまざまな方向にはねてまとまらず、主に野兎を餌としている。

狼の内的［生物学的］性質

狼は、とてもきつい眼差しの、輝く炎のような目をもち、目尻から斜めに睨み、よく咬みきれる牙をもつ。首は太く、脊椎骨が一本しか通っていないので、身体全体を回転させない限り、振り返ったり、後方を見たりはできない。

狼の肝臓は馬の蹄のようで、前脚には五本の鉤爪があるが、後脚は四本だけである。

狼の性質と特徴

何人かの人は、狼を野生の犬と呼ぶ。なぜなら狼は、姿はもちろん、鳴き声や吠え方も犬とよく似ているからである。そのうえ眼光鋭い輝く目が、真夜中の徘徊と狩りを可能にしてくれる。もともと狼は鋭敏で繊細な嗅覚を持っているので、動物の死骸や獲物を、おそらく半マイル以上離れていてもかぎ分けられるのだ。空腹だと狼は激しく吠えたてる。一頭が吠えだすと、他の狼も呼応して吠える。本当に大喰らいで、腹いっぱいになるということを知らない。貪るようにして肉の塊を飲みこみ、骨までしゃぶって、後に残るは文字通り、食べられない骨と毛皮のみ。それとて一度は飲み込んで、吐き出す始末。だが、ひとたび満腹になれば、続く三日間は何も口にしなくても平気である。逆に飢餓に陥っている時は性悪で、気性もひどく荒くなり、人間に飼われている場合でも、人に対して攻撃的になる。また食餌中は、邪魔されないことを好む。狼がたっぷり栄養を摂って、腹いっぱいになれば、たとえ羊あるいは他の家畜の群れのまっただなかにその身を置こうと、これは百獣の王・ライオンにも言われることであるが、それはもう大人しく、まさに人畜無害である。たとえば獲物を追跡中、別の獲物に出くわしてしまった場合、その出くわした方を狼は捕獲し、最初に追っていた獲物は、まるっきり忘れてしまったかのように逃がす。総じて植物を口にすることはなく、あったとしても病気でやむを得ないような場合である。つまり胃の中のものを吐き戻すため、一種の薬として、薬草を食む程度である。

狼の繁殖

狼の繁殖は犬と同様、発情期は年に一度きり、またその期間は十二日である。発情期はクリスマス後に始まり、その次の夏に数頭の子どもを産む。犬と同様、生まれた時は目が開いていない。

一般に、狼は一度に九頭の子どもを産み、そのうち最後、特に年をとった狼から生まれたのは犬だと言われている。これを見極めるために、老いた母狼は子どもたちを水辺に連れて行き、犬のようにちびちびと水を舐めるのを追放する。

スイスのクールあるいはライン峡谷出身の人々は、狼は五月のはじめに巣穴から子どもを出し、たまに一度の出産で七頭あるいは九頭の子どもを産むと主張する。また他の人々は、雌の狼は、最初の出産では一頭のみ、二回目で二頭、三回目で三頭、そんな風に出産を重ねるごとに産む子どもを増やし、十年経つと、もう子どもを産まなくなる、と言う。

犬と狼は時に番うことがある。すでに狐と犬が番う場合を記述したのと同様である。犬と狼の間には、勇敢で美しい犬が生まれる。これは特にアフリカでよく見受けられ、これらの犬は〈タテガミ犬／ブチハイエナ〉(Crocute) と呼ばれる。

狼の寿命

ライオンと狼は長寿なので、老化により、とても人の手に負えない、恐ろしい状態になったり、歯が悪くなったり、それどころか歯を失ったりもする。ついには自らの人生に倦むのか、容易く捕獲される。自分から進んでその身を危険に晒したり、死を望んだりすることもある。

狼の生来の性質と狡猾さ［図19］

狼はしたたかで雄々しく勇敢だが、強情で略奪を好む動物である。空腹を覚えると、その欲求に突き動かされるがまま、捕獲できるものは何でも絞め殺す。だが満腹なら、まるで羊のように大人しく、何の危害も与えることがない。

もし狼が穴に落ちたり、他の理由で閉じ込められたり、包囲されると、狼の身体はこわばり、怖気づいて、誰も傷つけない。

かつてミラノからさほど遠くないイタリアのある場所で、こんなことがあった。腹をすかせた一匹の狼がある農場に侵入し、その夫人が子どもたちと一緒に居る部屋まで入ってきた。奥方はそりゃあもう驚愕して、子どもたちを放り出して部屋から逃げ出し、扉を後ろ手に閉め、夫に向かって「部屋に狼が居る！」と声を限りに呼んだ。その場に急行した夫は、狼がすっかり怖気づき、何ひとつ危害を加えることなく、震えているのを発見したという。

それとは別に教養高きユストゥス・ゲブラー[38]は、彼の従弟から聞いたとして次のような逸話を披露している。

熱狂的な狩猟家である彼の父は、昔、さまざまな野獣を捕える罠として、沢山の溝や穴を掘らせたことがあった。ある晩のこと、三〜四の異なるあわれな生き物がそんな穴に落ちた。最初は日が暮れかかった頃に菜園から、葉物・根菜類・玉葱なんぞを家に持ち帰る途中だった婆さん、残るは狐と狼が一匹ずつ。この一人と二匹は、それぞれ落ちた場所に留まって、夜通し恐怖のあまり息をひそめ、じっとしていた。この中では一番凶暴なはずの狼でさえ、まるで大人しい羊のようにふるまい、決して他を傷つけなかった。それにもかかわらず、一番理性があるはずの老婆は、恐怖と驚きのあまり、顔からは血の気が失せ、腰が抜けて力も入らず、生きているというよりも死んだように硬直していた。翌朝早くに父親が、いつもの習慣で、獲物はいないか物色しながら、穴の周りを検分していたところ、この奇妙な罠に気づき、胆をつぶした。それでも優しく声をかけてみると、老婆はほとんど死んだようになっていたが、人間の声を聴いて再び目を覚まし、意識を取り戻した。勇気ある男として、主人は穴に飛び込み、まずは狼を刺殺し、狐を殴り殺した。それから半ば死んだようになっている老女を肩に担ぎ、梯子を昇って穴から出て、家に送り届けたのだった。ふつう危害を加える大食いの狼が、老女も狐も攻撃しなかったことを、誰もが非常に訝しんだということだ。

狼は誰に傷つけられたのかをよく記憶していて、復讐が成功するまでどんなに時間がかかっても、チャンスを虎視眈々と狙う。

狼は略奪を好む大喰らいの動物だが、我が子を慈しみ、子狼が大きかろうと小さかろうと餌をやって育てる。

狼は非常に狡猾で、大型動物を急襲しようとする場合は、予め泥を塗って体を重くし、簡単に相手の動物に突き倒されないようにしておく。これに対して、襲われた獲物の方は、加重により、時間とともにさらに疲労が増すことになる。角を持つ獲物には、必ず後方から襲い掛かる。羊を襲うために柵を潜り抜ける時も、まず脚で音を出し、羊にがぶりと咬みつくわけだが、これは略奪行を失敗させる原因にもなる。

狼が大きな群れを成していて、他方、家畜の番をする犬や羊飼いの数も多い時、狼は二手に分かれ、一方は犬を、他方は羊を襲う。

狼たちが川や湖沼を泳いで渡ろうとして、強い流れや大きな波に飲み込まれたり、沈んだりしそうな場合、各々の尻尾を銜えて列を作り、安全に向こう岸に渡る。

［図 19］

ライオンや狼は凶暴な動物に数えられるが、他の動物を捕獲できるなら、人間には危害を加えない。ただし年をとって体力も持久力も弱まって、他の動物を狩れなくなった狼は人間を、特に多くの場合、小さな子どもを襲う。だから我が国［スイス］では、雪が深く、寒さが尋常でない冬の季節に出歩く際、いつ狼に襲撃されるかもしれず、危険である。

タタール人は、狩猟用に勇敢な鷲を飼いならしている。その鷲は狼でさえ、もの凄い力でむんずと捕まえ、人間がやすやすと捕獲できるまで、獲物を叩きのめし、傷つける。

狼のほうが先に人間を見つけると、目があった人間の身体は硬直し、言葉を失ってしまう。

逆に人間が先に狼を見つけると、狼のほうが硬直し、恐れと驚きのあまり震える。

家畜は、かっと見開いた狼の瞳と目が合うと、恐慌状態に陥って逃げる。狼の尻尾を飼葉桶に結ぶと、家畜はもはや食餌をしなくなる。

これに対して、狼はハリネズミを怖がり、敵前逃亡するという。狼にかみ殺された羊の毛や皮は、あっという間にシラミにたかられる。そして狼の毛皮を羊の毛皮の近くに掛けると、羊の毛がごっそり抜けおちてしまうそうだ。

しばらく前に、バーゼル近郊の森を、太鼓叩きの男が、自分の太鼓を抱えて抜けようとしていた。一匹の狼が彼のあとをつけてきたので、石を投げたが、退散させられなかった。と、彼が予期せず倒れた拍子に、持っていた太鼓が音を出した。この音で、狼は距離をとりはじめた。これを見た太鼓叩きは、ここぞとばかり太鼓を大きく打ち鳴らし、狼を遠くまで退散させたという。このように太鼓を打ち鳴らすのは、熊と同様、狼にも有効である。

狼が嫌う他の音に、たとえば剣を打ち鳴らす音、焚火の音などがある。雪が深い、あるいは非常に寒い冬の時期に外に出る場合は、それゆえ必ず火打石を二つ携帯し、もし狼に出くわしたら、それを打って火を起こせばよい。火花を見た狼は退散し、決して悪さをしない。棒、杖、あるいはベルトのついた鞄、縄、ズボン吊りやそれに類したものを後ろに引きずって歩くと、狼はこれを嫌い、その人に近づこうとしない。

狼が役に立つこと

狼はむやみやたらと捕獲されたり、殺されたりすることはないが、生きている狼が人間や家畜に与える損害は、非常に大きい。そのことに気づけばすぐ、誰もが武器を使ったり、穴を掘ったり、毒入り動物の骸を使ったり、罠を仕掛けたり、釣り道具、ロープ、網などを使ったり、犬をけしかけたり、あるいは火器なども使って捕えて殺すまで、狼を追いまわすのだ。特に興味深いのは、次に説明するような狩猟法[39]である。

殺して毛をむしり、内臓を抜いた猫を熱したオーブンで焼き、ほんの少し蜂蜜を塗り、それからカエルの子ども、すなわち〈オタマジャクシ〉を余熱で焼き、粉にして、先の猫に振りかけ、縄を結び、狼か狐がいると考えられる場所で引きずり回す。狼や狐がこの匂いを嗅ぎとって後をつけてくるのを注意して待ち伏せ、火縄銃か小銃で仕留める。

狼の皮から毛皮を作ることもできる。暑さや寒気も防ぎ、雨・風や寒さもよく凌げる。

狼　肉

狼肉は、おしなべて鈎爪をもつ他の肉食獣のそれと同様、不健康でパサついた、有害で憂鬱質の食物と栄養である。にもかかわらず、イタリア・ロンバルディア地方のある民族は、この狼の肉を食用としているそうだ。

狼から得られる幾つかの薬

痛風には、狼または狐を生きたまま油で茹でたものが推奨される。狼の血と糞は、腹痛を鎮める。狼の脂は犬の脂と遜色なく役に立ち、最近では何人かの医学者が、関節のために調合した薬にも混ぜられている。狼の歯は夢遊病患者を癒し、幼児の歯を痛みなく生やす。狼の肺は、喘息を治すのに用いられ、またその心臓は、貯蔵しておくと、非常に強い芳香を放つという。これを焼いて押しつけると、てんかんが治る。

狼の肝臓は、肝臓の痛みによく効くとされ、複数の著名な医師の処方にも使われている。さらにそれは咳止めにもなり、また原因不明で痩せた人や水腫にも処方される。

狼の糞を白ワインに混ぜて飲む、またはベルトや帯に結びつける、腰や腕に巻くと、腹痛のある患者に効果がある。

これらの手段については、［ゲスナー死後に活躍した医師］ベッヒャーも次のように書いている。[40]

食いしん坊の野獣、すなわち狼が近づいてきたら、八つの薬効が集められると考えよ。

一、狼の歯を銀枠にはめ込み、子どもの首に掛けると、不安が鎮まる。

二、狼の腸を乾燥させ、細かい粉に砕き、一ドラハメ［四グラム弱］を服用すると、疝痛がなくなる。

三、狼の心臓を乾燥させ、粉末にして、一ドラハメ服用すれば、嫌な痛みも鎮まる。

四、狼の肝臓を乾燥させ、粉末にすると、水腫や似た症状に効く。

五、狼の糞を一ドラハメ、水に溶いて服用すると、これも疝痛に効く。

六、狼の骨を砕き、粉末にしたものを傷などにまぶせ。

七、狼の皮で幅広のベルトを作り、これを身につけると、腹痛に苦しむことがない。

八、狼の脂は、犬の脂と遜色なく有効で、関節の痛みや似た症状によく効く。

狼も犬と同様に狂犬病にかかり、その狼が人や家畜を咬めば害を及ぼす。その場合は、すでに前章の犬の項目で記述した、狂犬に咬まれた場合の処置を参照されたい。

メキシコ狼もしくはラテンアメリカ狼[41]［図20］

その全身で、残酷で獰猛な内面を体現しているような動物である。恐ろしい、炎のように燃える瞳を持ち、血のように赤い口と歯肉、歯、特に犬歯は口から突出している。上顎にはまるでハリネズミのような剛毛が生えている。頭部全体は灰色、耳は長くとがっていて、首周りには、胸元にあるのと同様の黄色い大きなブチがひとつあり、脂肪がたっぷりついている。全身もまた灰色で、すでに述べたように黄土色の斑模様がある。背中から腹までの胴体には、黒い縞が入っている。基本は灰色だが、根元にいくほど薄くなる茶色の斑がある長い尻尾を持つ。脚は灰色に黒、鉤爪は前脚に四本、後ろ脚に五本ある。

古書によると狼と同属に数えられる動物について

なかでもラテン語でThoes〈ジャッカル〉と呼ばれる狼の種類〈ジャッカル〉は、狼と同属で、狼そっくりだが、やや胴長で短足である。季節ごとに毛が生え変わり、また毛色も変わる。冬はふさふさと毛が生え、夏は毛が抜け、被毛はない。また脚が短いのに俊足を誇る。斑模様ゆえに〈小さな豹〉とも呼ばれる。

性質と特性

ジャッカルの脚は短いが、強く、俊足で、すばやい跳躍が得意である。子どもは目が開かないまま生まれる。犬や狼と同様、一

［図20］

度の出産で二、三匹もしくは四匹が生まれる。犬と番うことがままあり、その場合、美しく勇敢な犬[42]が誕生する。

生来の敏捷性

ジャッカルは人間がとても好きだという。少なくとも危害を加えたり、襲ったりすることはない。怖がることは稀で、むしろ敬愛してくれる。もし人が他の外敵動物に囲まれていれば、守護してくれるという。

ジャッカルは他の動物と一緒に同じ縄張りに棲めないので、ライオンや犬をも相手に闘う。

グリム＝クラウ、スキタイ狼[43]［図21］

スカンジナビアの最も人里離れた辺鄙なところで見られるのがこの動物、大きさは狼と同じで、いつも獰猛で猛り狂っている。この動物は、その凶暴で尖った鈎爪と凶暴で恐ろしい外見からグリム＝クラウ、すなわち〈恐ろしい鈎爪〉（Grim-Klau）と呼ばれている。

ハイエナ[44]［図22］

容　姿

ハイエナは狼の種族に分類されるのが適当だ。あまり知られていないが、身長や体格、歯並び、大食漢、凶暴な性質といった複数の重要な特徴が狼と同じであるうえ、夜に行う狩りの活動時間なども一致しているからだ。

ハイエナは狼と同じくらいの大きさで、毛色も似ている。違う点は、ハイエナの方が毛深く、背骨に添って、硬い毛が豚の剛毛のように逆立って生えていることだ。身体は醜く、青い斑点だらけで、瞳の色は、ひっきりなしに変わる欲望や心持ちを映し出し、たいそう不気味に映る。首は狼やライオンと同様に、硬く動かせない。だが頭には、高貴な徳の貴石が見いだせる。幾つかの記述では、その瞳は死後、石に変わるという。

性質と特徴

〈大喰らい〉あるいは〈墓堀人〉と称されるハイエナは、何よりも死肉を栄養源としている。この場合の死肉は、家畜であろう

［図21］

と人間であろうと構わない。人肉に飢えて、墓を暴くほどだ。日中はほとんど何も見えないのに、夜目は非常によくきく。人間の呼び声や咳払いに似た声音を作り、吠えることができる。アリストテレスによれば、雌雄がある。

［図 22］

生来の素質と狡猾さ

ハイエナは悪賢く、獰猛である。しかも雌が雄よりも強いので、雌よりも雄の方が捕獲しやすい。

ハイエナに三度目(みたび)を覗きこまれた動物は、硬直し、身動きが取れなくなってしまう。その影に掠った追跡犬も同様に硬直し、もはや吠えることすらできなくなる。

ハイエナは人間の呼び声や咳払いを真似し、その声で犬をおびき寄せ、捕獲し、喰らう。

狩られる立場にあると、通常右に曲がり、狩人がその足跡の上にくるのをじっと観察する。すると狩人は、耳が聞こえなくなり、魂が抜かれたようになり、身体は硬直して、病気になってしまう。というのもハイエナの右脚の跡には、人を無気力にしてしまう力が込められており、通常なら能力が上まわるはずの人間が麻酔をかけられたように放心してしまう。感覚が麻痺したまま倒れ込み、ハイエナの格好の餌にならざるを得ない。

さらにハイエナは時に人間の名前を憶えていて、夜更けにその名を呼び、家からおびき寄せることによって、殺害するという話もあるが、こちらはまず信憑性がないと思われる。

ハイエナの前では、さしもの〈甲冑犬〉(45)も恐怖と嫌悪感を隠さず、落ち着きを失う。

この動物から作り出せる幾つかの薬

ハイエナを熱した油で茹で、痛風患者をそこに入れれば、きっと効果がある。

ハイエナの血を温めて飲めば、ハンセン病が治る。

ハイエナの骨髄に脂と胆汁を溶き交ぜたものは、様々な神経痛に効く。

ハイエナの胆汁は、薬効が強いもののひとつで、眼や顔の塗り薬として用いられる。

インド・ハイエナ

レオ・アフリカヌス[46]は、アラビアでは〈ダブー〉(Dabuh)、アフリカでは〈ゼゼフ〉(Sesef)と呼ばれる、狼と外見が似た動物を想起する。死体を掘り起し、それを喰う動物である。その血に蜂蜜を混ぜて特別に準備したものを、狩人達は大きな宴会や結婚式の饗応に用いる。脂は潰瘍に効く。腸からは弦が作れる。この動物の鉤爪を見せただけで、犬や猫は退散してしまう。これを首に掛ければ、耳鳴りの解消になるという。毛皮は美しいので、衣服に仕立てられ、特に高貴な方々が身にまとうので、外国への持ち出しは禁じられている。なお、以下は信憑性が低い報告だが、この動物の近くで眠り、夢を見ると、食べるのが止められなくなり、食べ続けるうちにこの動物になってしまうという話もある。

熊狼あるいは（ハイエナのような生態の）ヒヒ　夜狼、犬狼、猿狼などの呼称も ［図23］

外見と観察される場所

熊狼はインド[47]の広い荒野に棲むが、姿が目撃されるのは非常に稀である。時折、放浪者やいかがわしい膏薬売りが、見本市や歳の市に連れてくる。足指は人間のようで、人が指を立てて脅したり、悪口雑言を投げかけたりすると、そっぽを向いてしまう。

性質や気性

熊狼はリンゴや洋梨を筆頭に、さまざまな果物を食する。パンも食べ、特に葡萄酒を好む。お腹が減ると、木に登り、その木になっている実をゆすり落とす。木の下を象が通ると大人しく、象の好きにさせているが、その他の動物なら、獰猛なことで知られるライオンや熊などであってもお構いなしに、好戦的な態度を示し、そこから追い立てる。とても友好的な気性で、特にご婦人に対しては、さまざまなやり方で親切に振る舞う。

熊狼の雌は、決まって二頭の子ども、それも必ず雄・雌一匹ずつ対の子どもを産む。これは正真正銘、古代人が〈ハイエナ〉と呼んだ本来の動物である。

［図 23］

近年、狼やハイエナと類縁関係があるとされるクズリ(48)［図24］

容姿と観察される場所

クズリはスウェーデンとリトアニア、かなり北方に生息する。体格は犬と同じだが、耳や顔は猫に似ている。脚の鉤爪はたいそう鋭く、全身毛むくじゃら、狐のような尻尾がある。

性質と特徴

この狼種は、ともかく信じられないほど食い意地が張っている。何よりも人肉を好み、人の頭から爪先まで食い尽くし、自分の腹が張って、くちくなるまで、たっぷり味わいたがる。そうすると二本のぴったり寄り添って生えている木の間に自分の身体を無理に押し込んで通し、その圧力で排泄物を押し出す。それから再び満腹になるまで食べ、同様に排便を繰り返す。もう何も食べるものもなくなるまで繰り返した後、他の人間の肉を得るため、狩りをせざるを得なくなる。

［図24］

利用方法

非常に役立つのは、クズリの毛皮と皮膚であり、皮なめし職人によって加工されるそれは、地位の高い裕福な人間だけが纏うことを許される高級品である。だからこそ猟師はこれを狩るべく、必死の努力を重ねるのである。

海狼［図25］

容　姿

この狼種は、古代の著者には知られておらず、近年、英国の北海沿岸で目撃されたものである。その姿は、陸生の狼と非常に似通っていて、頭は大きく、目は長い睫毛に縁どられている。鼻と歯は犬のようで、硬い顎鬚が口もとに生えている。皮膚は剛毛におおわれ、黒い斑模様が体中にある。尻尾は長く、肉太でびっしり毛が生えている。他の部分は、ふつうの狼とそっくりなのに、非常にずんぐりした印象を与える。胃には総じて胃石が見つかることが多い。海狼はダルマチアにもかなり多く生息しているが、ペルーの島でも目撃されたとのことである。

生物学的性質と用途

海狼は、水陸両方に棲むのを特徴とし、またそれが自然であるのだが、栄養の大部分は魚から摂る。飼いならされれば、かなり長く生きられるはずだ。ところでこの海狼はハゲワシと呼ばれる鳥と犬猿の仲で、場合によると殺されることもあるという。ハゲワシは広げると十五フィートにもなる翼を持ち、狼を襲うために使う。年老いた大きな海狼は、ライオンのように唸るが、若いのは山羊のように高く嘶く。海狼の肝臓は美味であるという。ダルマチア地方では、人々は海狼の肉を生または乾燥させて食すらしい。また毛皮は、衣類に仕立てられる。

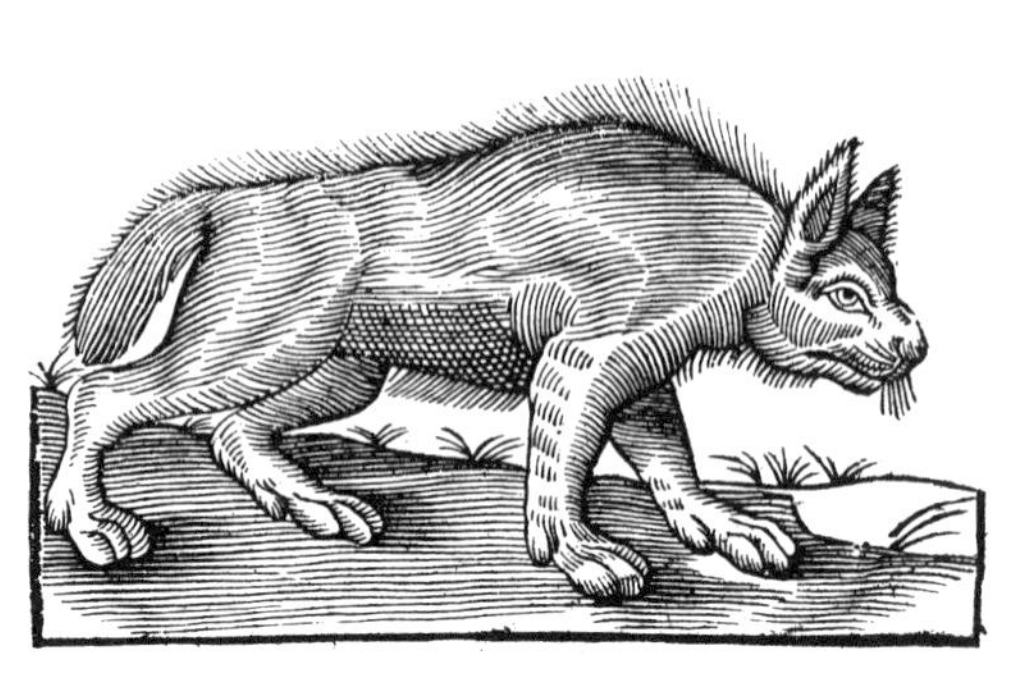

［図 25］

注

（1）著者ゲスナーおよび本作品の位置づけなどについては、「解題」で言及したので、以下、原文テクスト（他の版含む）関連の書誌情報について記す。

本訳の底本には、二〇〇八年にベルリンの edition-tiger から刊行された Conrad Gesner, *Von den Hunden und dem Wolff*. Aus *Allgemeines Thier-Buch* von 1669 mit Holzschnitt-Illustrationen dieser Ausgabe. Hg. v. Gerhild Tieger を用いた。ドイツ語タイトルの付記部分にあるように、一六六九年に刊行されたドイツ語版の木版挿絵が随所に散りばめられたこの書籍は、活字は通常のアルファベットに変換してあるが、本文は昔のまま、現代語訳ではない。つまり十七世紀の初期新高ドイツ語 Frühneuhochdeutsch のテクストを訳し下ろしたものである。

むろん十六世紀の博物学者ゲスナーは、本作品をラテン語で書いた。チューリヒのクリストフ・フロシャウアーが印刷し、一五五一年に刊行した見事なフォリオ版 Conradi Gesneri medici Tigurini historiae animalium lib. I. *de quadrupedibus viviparis : opus philosophis, medicis, grammaticis, philologis, poëtis & omnibus rerum linguarumque variarum studiosis, utilissimum simul iucundissimumque futurum.* [...] は、その貴重なオリジナルが、スイス・チューリヒの中央図書館 Zentralbibliothek Zürich のホームページ、http://www.e-rara.ch/zuz/content/titleinfo/626406 で全文公開されている。このラテン語原典の『動物誌　第一巻』では、犬についての章 De cane in genere はその一七三頁から始まり、二七〇頁で終わる。複数の哺乳類の章を挟み、狼の章 De lupo は七一六頁から始まる。ただしハイエナについて De hyaena は、六二四頁から独立章がたてられている。

ただし右のラテン語版テクストには、木版画の挿絵は非常に少なく、少々遅れて刊行された別巻図版 *Icones animalium quadrupedum viviparorum et oviparorum, quae in historiae animalium Conradi Gesneri libro I. et II. describuntur, cum nomenclaturis singulorum latinis, graecis, italicis, gallicis, et germanicis plerunque, et aliarum quoque linguarum, certis ordinibus digestae*（一五八三年）の二五頁以降などに相当する。同様にハイエナは七五頁以降、狼に相当するのが七九頁以降である。

加えて中央図書館には、一五八三年にラテン語版と同じくチューリヒのフロシャウアーにより印刷・刊行されたドイツ語版 *Thierbuch : das ist ein kurtze Beschreybung aller vierfüssigen Thieren, so auff der Erden und in Wassern wonend, sampt jrer waren Conterfactur* [...] が所蔵されており、これも同様に全文デジタル公開されている：http://www.e-rara.ch/zuz/content/titleinfo/568174。

このチューリヒ中央図書館所蔵の二冊については、原文テクストとあわせて適宜参照し、翻訳の参考にした。犬についてはドイツ語版の八六頁以降、狼については同じく一五三頁以降に（こちらは別巻にせず）木版挿絵が入った記述があるが、本訳で使った一六六九年版と若干内容的に異なる。たとえば後者の新版には、十七世紀になってゲスナーの著書に訳者が任意に加筆した部分が認められ、このうち差異が著しいものについては、注などでその部分を指摘した。

初期新高ドイツ語に関する文法事項については、日本語によるほぼ唯一の教科書として、工藤康弘・藤代幸一『初期新高ドイツ語』（大学書林、一九九二年）を適宜参照したが、いかんせんドイツ語の本文自体が文章として意味をなしていないような箇所も多々あり、細部に至るまで、翻訳が困難な箇所や不明点については長年のドイツの友人エーヴェルス博士ご夫妻に助けてもらい、多くの示唆を得た。おふたりに心からの感謝を申し上げたい。また詳細で学術的に活用できる初期新高ドイツ語の辞書はドイツ国内でも現在整備・刊行中で、完結したものは二〇一七年春現在、存在しない。本文の語彙については、A. Götze, *Frühneuhochdeutsches Glossar*, Berlin, 1967 および C. Baufeld, *Kleines frühneuhochdeutsches Wörterbuch*, Tübingen, 1996 の二冊も参照したが、博物学的なテクストには、ほとんど役に立たず、ラテン語原著およびそこに併記されているイタリア語やフランス語なども手掛かりに、一五八三年刊のドイツ語版（フォラー訳）とも比較・対応させながら、翻訳作業を進めた。

またゲスナーの犬種分類には、伝聞のみによる実在しないもの、想像上・伝説上のもの、あるいは奇形や突然変異種との区別がついていないものなどが含まれている。現在の分類とは異なるが、ジャパンケネルクラブやドイツのブリーダー協会のホームページ等も適宜参照し、参考にした。

なお原文テクストには一切注がついていないため、以下もすべて訳者による注である。

（2）最後の文、実際は文章構造が破綻しており、現代語に訳すのは困難。

（3）マルクス・テレンティウス・ウァッロ（紀元前一一六～紀元後二七年）は、共和政ローマ期の学者・著作家・政治家。別名「レアテのウァッロ」。

（4）クセノフォン（紀元前四三四〜三五五年）は、古代ギリシャの軍人・歴史家で『アナバシス』が有名だが、ソクラテスの弟子としての著作『ソクラテスの思い出』『ソクラテスの弁明』でも知られる。
（5）グラチウスは古代ローマの詩人で、狩猟に関する韻文を残した。
（6）おそらく現在の犬種では、ナポリタン・マスティフを指す。
（7）フラヴィオ・ビオンド（一三九二〜一四六三年）はイタリアの歴史家。
（8）原文ドイツ語 Lochhund に縮小語尾 -chen をつけ、「小型犬」であることを明示する。
（9）ウシ科の哺乳類で、ニホンカモシカに近縁の、山羊に似た動物。山岳地帯の岩場に生息。
（10）原文にある Schlatthund は、現代ドイツ語にはない。スコットランドのブラッドハウンドを意味する。犬種名の〈ブラッドハウンド〉は、たとえ数十キロ離れていても手負いの獲物の「血の匂いをひたすら職人芸的に追跡する犬」と「純血の犬」の二重の由来をもつという。
（11）原文は Fabrus Lynceus とあり、ドイツ・バンベルク出身でバチカンの植物園長を務めた医師にして解剖学者・博物学者であったヨハン・ファーバー（Johannes Faber Lynceus, 一五七四〜一六二九年）をさすと考えられる。イタリア・ローマの老舗科学アカデミー（Accademia Nazionale dei Lincei, 現在のローマ教皇庁アカデミー、直訳すると山猫学会）の書記でもあった。
（12）原文は Jonstono となっているが、ヨーロッパ屈指の博物学者 John Johnston (Johannes Johnstonus とも、一六〇三〜七五年）のことと推測される。
（13）Hockerhund は今日では使われない単語で、具体的な犬種は不明。
（14）ホルストによる追記部分だが、学問的根拠があまりない内容。犬頭をもつというのは黄泉の国のエジプト神アヌビスのことか。
（15）一五八三年のドイツ語版では、この節からの長い文章だけの説明が、犬の章の冒頭に来る。つまりここまでの各犬種の紹介はその後、順序が逆になっている。なお、木版画の挿絵等にも十六世紀と十七世紀の両ドイツ語翻訳版では差異が認められる。
（16）クラウディオス・アイリアノス（一七五〜二三五年）は古代ローマの著述家で、教訓詩『動物の特性について』などが有名。
（17）コルメッラは一世紀の古代ローマの著述家（原綴は Lucius Iunius Moderatus Columella、ただし生没年は不明）。スペイン生まれで、造園・養蜂・養魚・畜産・農場経営などを含む体系的な専門書『農業論』（全十二巻）で知られる。
（18）アルベルトゥス・マグヌス（一一九三〜一二八〇年）を指すと思われる。フランス・パリとドイツ・ケルンの両大学で神学教授を務めた。トマス・アクィナスの師としても知られる。アルベルトゥスを通して、アリストテレス哲学の全体が西洋思想に体系的に導入された。彼の全二六巻からなる『動物について』は一二七〇年に刊行されているが、うち十九巻はアリストテレスからの借用であり、分類方法もアリストテレスに従っている。
（19）この部分、かなり文体が破綻しているので、意訳した。
（20）アーモンドにはスイート種（甘扁桃）とビター種（苦扁桃）があり、前者が私達にお馴染みの食用、後者は苦く、一定量を摂取すると有毒な青酸化合物であるアミグダリンを含む。しかし鎮咳・鎮痙としての薬効があり、また抗菌や防腐作用にも有効で、古くから利用されてきた。着香料としての用途もある。スイートおよびビターのアーモンド核を圧搾したものがアーモンドオイルだが、精油を抽出できるのはビターのみ。
（21）原語は Rosenbaum（バラの木）とあるが、この時代の用法では、夾竹桃（西洋名・オレアンダー）と石楠花のどちらも指すとなっており、事実どちらも犬にとっては毒であることが知られている。
（22）「馬銭子」、「マチン」ともいう。本植物はインド、スリランカ、ミャンマー、インドシナ半島、スマトラ、ボルネオ、オーストラリア北部などに分布する。主成分は強い毒となるストリキニーネ・アルカロイドで、全身筋肉の強直性痙攣を引き起こす一方で、中枢神経興奮作用があり、薬用植物としても重要。苦味を有し、ホミカエキス、ホミカチンキとして苦味健胃剤に用いられる。なお、明代の『本草原始』にも「犬がその毒にあたれば断腸の苦痛を得て死ぬ」との記述があるという。
（23）もしかするとここでは「狂犬病にならない」と言っている可能性もある。
（24）苗字でイタリア・マッジョーレ湖畔アンジェーラの出身とわかる歴史研究家ピエトロ・マルティーレ・ダンギエーラ（Pietro Martire d'Anghiera, 一四五九〜一五二六年）は、ローマで修養を積んだ後、スペイン宮廷に聖職者として仕えた。スペイン宮廷の外交官としてアレクサンドリアに赴き、エジプト宮廷に駐在したこともある。スペイン人による新大陸発見を詳細に記述した歴史書『新世界』*De Orbe Novo Decades*（一五一六年）が有名。
（25）原文は Becherus というラテン語苗字のみだが、ドイツの医師で錬金術師でもあったヨーハン・ヨアヒム・ベッヒャー（一六三五〜八二年）を指すものと推測される。これ以降の文は、ホルストによる追記部分なので、チューリヒ所蔵のラテン語・ドイツ語版にはない。

（26）原文はきれいに韻を踏んだリズミカルな文章になっている。

（27）ドイツの昔の薬量単位で「ドラハメ」は、約三・七三グラム相当。

（28）酢に薔薇の花びらを漬けたもの。

（29）これに続いてWegerettという単語があるが、それが何かは推測不可能。

（30）狂犬病に罹った犬は、液体を飲もうとすると筋肉が痙攣するので、水を恐れる（恐水症）。

（31）ガレノス（一二九〜二〇〇年頃）はギリシャの医学者で、ローマ皇帝マルクス・アウレリウスの侍医になった。ヒポクラテスの体液病理説をもとに、古代ギリシャ医学の理論を体系化し、実験生理学分野を発展させ、鋭い観察眼により、優れた臨床医としても活躍した。

（32）ネロの侍医アンドロマクスが発明したとされ、もともとは約七十種類の成分からなる毒蛇咬傷に有効な解毒漢方薬とされたが、感染症をはじめ、万能薬として使われた。ナルドスタキス（甘松）の精油や蛇などが入っているとされる。

（33）一緒に飲めと言っているGravenderleinは何のことかわからず。省略して訳した。

（34）パウサニアス（一一五年頃〜一八〇年頃）は二世紀ギリシャの旅行家で地理学者。『ギリシャ案内記』の著者として知られる。

（35）原文はAthesinで、文脈などからテッスィーン川の古い呼び方と推測されるが確証なし。

（36）オッピアノス（生没年不詳）は、二〇〇年頃のギリシャの教訓詩人。『狩猟法』*Kynegetika*など。彼の教訓詩作品はビザンツ帝国期に必須の教養として書き写され、流布した。ゲスナーは一五三〇年、ヴェネツィアでその写本のひとつを熟読・研究した。たとえばハイエナはオッピアノスの図版から彼が模写したことが証明されている。

（37）相応しい現代語訳がなかったので、〈鉄砲魚〉（Schützenfisch）の連想から、こう訳した。

（38）ゲブラー（Justin Göblerだが、本文ではGoblerになっている、一五〇四〜六七年）はドイツの法学者。

（39）原文はBeitze、すなわち〈鷹狩〉（Beizjagd）に相当する語が用いられているが、続く説明文は本来の〈鷹狩〉と照らし合わせると特殊なものと考えられる。

（40）これ以降の箇条書き八項目は、チューリヒ所蔵のドイツ語版には含まれていない。よってここのBecherusは、ゲスナーおよびフォラー両者の没後、ホルストが加筆した部分で、内容から博物学者ベッヒャー（一六三五〜八二年）と判断した。

（41）ただしチューリヒ所蔵ドイツ語版（一五八三年）にはこの項目はないので、ホルストの加筆部分と推定。

（42）犬との交雑種は、ジャッカル・ハイブリッドと呼ばれている。また チューリヒ所蔵ドイツ語版では、この前に〈大ヤマネコ〉（Luchs）の節が入っているが、今回底本とした一六六九年版（復刻版）では割愛されている。

（43）ラテン語の直訳は〈スキタイ狼〉だが、説明はスカンジナビアで一致しない。ゲスナーがどの動物を念頭に置いていたのか、明らかではない。

（44）本文タイトルはハイエナの前にVielfraßが併記されており、これは直訳で〈大喰らい・大食漢〉、現代語ではクズリをさす。しかし添えられた図版からも、ここはハイエナについて記述しているのが明らかなので、この節のVielfraßは基本的にハイエナとして訳した。

（45）前章「犬について」の「狩猟犬、特にイノシシ狩り用の猟犬」の節参照。

（46）レオ・アフリカヌス（一四八三年頃〜一五五五年頃）は通り名で、本名はアル＝ハッサン・ブン・ムハンマド・ル＝ザイヤーティー・アル＝ファースィー・アル＝ワッザーン。アラブの旅行家であり、地理学者。

（47）形容詞indianischには「ラテンアメリカ／アメリカインディアン」という意味もあるが、後述部分に象なども出てくることから、ここは文脈からインドと判断した。

（48）この節こそ現代語の〈クズリ〉（Vielfraß）を扱っていると推測される。クズリはイタチ科の哺乳類・穴熊に似て、ユーラシア大陸北部と北アメリカ北部の森林に生息する。

植物誌

3

プロスペロ・アルピーニ

ルバーブ論

桑木野幸司訳

解　題

ここに訳出したプロスペロ・アルピーニ（Prospero Alpini）『ルバーブ論』*De Rhapontico* は、古代より薬草として重宝されたルバーブについて詳細に論じた、ルネサンス植物学論考の佳作である。簡潔なラテン語で記された小著であるが、当時の植物学研究の典型的なアプローチを知るにはもってこいの作品だ。古典文献の記述を出発点に据えつつも、その文言を金科玉条として盲従するのではなく、批判的に吟味している点がまず注目される。そして最新の実地観察の知見を加味し、同時代の植物学者の見解を綿密に比較検討することで、説得力をもった結論を導き出してゆくその手際の良さは、初期近代植物学のお手本といってもよいだろう。

著者のプロスペロ・アルピーニは一五五三年に、イタリア北部の都市ヴィチェンツァの近郊のマロースティカに、著名な医師の子として生まれた。父の影響で医師を志し、北部の名門パドヴァ大学に一五七四年に入学、一五七八年には哲学・医学の学位を取得している。大学時代にもっとも影響を受けた師が、当時パドヴァ植物園の第二代園長を務めていたメルキオッレ・グイランディーノ（一五二〇～八九年）であった。植物採集のためにシリア、エジプト、ギリシャに旅行をした経歴をもつ人物で、アルピーニは彼から植物採集の手ほどきを受け、また異国の地への科学巡検の熱を吹き込まれた。

大学卒業後、医師としての業務に携わっていた彼のもとに転機が訪れるのは、一五八〇年。ヴェネツィア共和国政府の貴族が領事としてカイロに赴任する際、その侍医としてエジプトに同行することとなったのだ。その主たる動機が、異国の地での植物採集であったことはいうまでもない。赴任の途中で立ち寄ったクレタ島では、さっそく珍奇植物の採集を行い、その記録を詳細に残している。そしてエジプト滞在中は医学や植物学ばかりではなく、幅広く博物学的な研究も行っている。その成果は後に『エジプト医学・四巻』*De medicina Aegyptiorum libri quatuor*（一五九一年）、『エジプトの植物』*De plantis Aegypti liber*（一五九二年）などの著作に結実している。この実り豊かなエジプト滞在は三年におよんだ。この異国での経験が、彼の科学者としての自己形成に決定的な役割を果たした。単に植物の薬効をつきとめるだけでなく、植物の形態や生息地にも応分の関心を払う態度を培い、近代植物学の確立に貢献したのである。

アルピーニはその後一五九四年まで、故郷の近郊バッサーノに腰を据えて医療ならびに研究・執筆活動に没頭する。この間、先述のエジプト関連著作に加え、『バルサムについての対話』*De Balsamo dialogus*（一五九一年）の出版も行っている。これらの著作がパドヴァ大学当局の目にとまり、一五九五年に同大学の薬効植物学講座の教授に任命される運びとなった。さらに一六〇三年には、パドヴァ植物園の園長に就任している。これによって、アルピーニの学者・医師・教育者としての名声はイタリアを越えて広まることとなった。

ちなみに同園は一五四五年に開設された世界でも最古の植物園の一つであり、ほぼ同時期（一五四四年頃）に建設されたピサ大学付属植物園とともに、イタリア植物学を牽引する推進力となった機関である。薬効植物を蒐集栽培する庭園は古代や中世にも存在したが、研究と教育を目的とした公的機関としての植物園は、この時期にイタリアにできたものを嚆矢とする。その後フィレンツェ（一五四五年）やローマ（一五六三年）、ボローニャ（一五六八年）のほか、ライプツィヒ（一五八〇年）、ハイデルベルク（一五九三年）、モンペリエ（一五九六年）などにも陸続と類似の施設が建設された。当時の植物園は標本を栽培するだけではなく、博物標本ギャラリーや図書館、印刷所、蒸留実験工房なども付設され、日々新たな知識が生産される非常にダイナミックな複合研究センターでもあった。

アルピーニがパドヴァ植物園に拠点をおいた一六〇三年から一三年の期間は、彼の研究教育活動の頂点を画する豊穣な年月である。任期中、同植物園は異国産植物の蒐集栽培および気候順化実験の一大拠点となり、活況を呈した。エジプト産の植物はもちろん、広範な書簡ネットワークを通じてヨーロッパ各地の学者たちから手に入れた珍花奇葉の数々が、パドヴァ植物園の分類花壇を飾り、各地から研究者や学生が見学に訪れた。アルピーニは執筆活動も継続し、一六一一年には著作『医学の方法について・十三巻』*De medicina methodica libri XIII* を出版し、古代の「方法」理論に医師たちの注意を喚起した。そしてその翌年に出版されたのが、『ルバーブ論』である。

本書は、トラキア（現在のブルガリア）地方のロドペ山脈からもたらされたルバーブを実地観察した成果の集大成である。アルピーニはこれをギシギシの一種とし、その弁別特徴を古典文献や観察に基づいて整理したうえで、古代のルバーブと同一種であると結論付けている。古典文献を繰り返し引用し、定義を吟味してゆくその実証プロセスはいささか煩瑣ではあるのだが、人文主義的なアプローチのお手本として興味深い。当時は質の悪い代替品が出回ったり、偽物が高額で密輸されていたりしたことなどもあり、真の古代のルバーブを見つけ、それをパドヴァの地で栽培することは医学界全体にとって喫緊の課題でもあった。アルピーニの論考では、いまだルバーブに強い下剤作用を認めていない点や、複数種想定されるルバーブの分類に多少の混乱をきたしている点など、現代の知識に照らし合わせればたしかに物足りない点もある。けれども医薬界の進歩、ひいては人間社会の改善を目指し、パドヴァ植物園の最新設備と人脈網を駆使して古代のルバーブの謎にせまるアルピーニの姿は、ルネサンス人文主義の系譜を引く植物学者の理想の典範ともいえるだろう。

アルピーニは一六一七年、六三歳の誕生日に死去した。その亡骸はパドヴァのサンタントニオ教会に埋葬されている。彼の業績は後世の学者たちから讃えられ、植物の学術名称に彼の名が用いられている。

今回底本として使用した版は、Prosperi Alpini Marosticensis, Philosophi, Medici, Et in Gymnasio Patavino Medicamentorum simplicium Professoris ordinarii, & horti medici Praefecti, *DE RHAPONTICO, disputatio in gymnasio patavino habita. In qua Rhapontici planta, quam hactenus nulli viderunt, medicinae studiosis nunc ob oculos ponitur, ipsiusque cognitio accuratius expeditur, atque proponitur*, Ludgduni Batavorum, 1718である。

参考文献として以下の著作を挙げておこう。L. T. Tomasi & T. Willis, *An Oak Spring Herbaria : Herbs and Herbals from the Fourteenth to the Nineteenth Centuries. A Selection of the Rare Books, Manuscripts and Works of Art in the Collection of Rachel Lambert Mellon*, Upperville, Virginia, 2009, pp. 95–99 ; A. Minelli (ed.), *L'Orto botanico di Padova 1545–1995*, Venezia, 1995 ; C. M. Foust, *Rhubarb : The Wondrous Drug*, Princeton, New Jersey, 1992.

第一章　ルバーブについて。この植物は近年トラキア地方のロドピ山脈に自生しているのが発見されたため、ここで論じられるべきである。

レオン（Rheon）ないしはルバーブ（Rhaponticum）[1]は、古来よりつねに医療に頻繁に用いられ、また非常に効果の高い解毒剤を調合する際にもとりわけ重宝されてきた。けれどもその後この植物は長きにわたり、医師や薬剤師には知られていなかった（実際近年では、医学にとって大いなる不名誉でありまた人類にとっても害となるにもかかわらず、薬剤師たちはルバーブに代えて代替物を使用するのを常としてきた）。そのため、近年再び世に現れたこの薬用植物について、大学での講義を終える前に、ここで取り上げ、我々が古代の本物のルバーブを手にしていることを読者に示したのならば、きっと有益であろうと考えたのである。

特筆すべきは（聖なる神慮のおぼしめしによって）今より四年前に、（それは長きにわたって我々が望んできたことであったのだが）古代の真正のレオンないしはルバーブの苗が、ラグシウムの地からパドヴァへと移され、我々の手に入ったことである。これは著名で大変優れた哲学者にして医師、そして薬効植物の学究においても応分の研鑽を積んでおられるフランチェスコ・クラッソ氏[2]の尽力によるものであった。当然ながら現代の医師および植物学の研究者は、この高貴にして雅量に富む人物に多くを負うことになるであろう。というのも、イタリアにおいてそれ以前には誰一人として見たことがなく、また知られてもいなかったレオンの植物を、クラッソ氏の寛大さに溢れる行為のおかげで、目にし、認識することができるであろうから。（言い添えるなら）この植物はかつて三度にわたって、トラキア地方のロドピと呼ばれる山脈（ここに自生していることが、ある人々によって最初に発見された）から根ごと掘り出し、ヘブロス川の水源に位置するラグシウムの平原へと運ぶ途次で、ほどなくして枯れてしまったのだが、その後再び同じ原産地から採取され、ついに生きた状態でラグシウムへと運ばれた。そしてそれらの苗がパドヴァへと無事に運搬され、先述のフランチェスコ・クラッソ氏が贈り物として、私にくださったのである。それらの苗は、しっかりと保護された、私の管理する庭園に植えられた[3]。庭の土は栽培に適しており、喜ばしいことに以降数年にわたって、園内ですくすくと育ち、目を見張るほどの成長ぶりを見せた。そのため、ちょうど植えつけられたある種の威厳によるがごとくに、その驚くべき技術で生み出された大きくて広い葉、あるいは茎、白みがかった無数の花々、さほどきつくはない芳香などの点において、現在にいたるまで植物を研究する多くの学者の称賛を当然のごとくにあつめ、他にも数多くの貴族や著名人たちから讃えられ、多大な賛辞がよせられている。

このルバーブ（これからこの植物のことを語ってゆくのだが）の葉は、大きくて幅広で、どこかしら大オナモミの姿に似ているのだが、それよりもずっと巨大で幅広い。エジプト・サトイモの巨大な葉にも、非常に近い姿をしている。けれどもルバーブの葉は、これらの植物ばかりかそれ以外のどの植物とも異なる形状をしている。その形は他の品種にはまったく見られないものであるから、ルバーブの葉を正確に報告し、その姿を引き写してみることにしよう。

葉の特徴となっているのは、その縁の部分が見事に湾曲していることで、大きなくぼみをつくっているのが見られる。色は黒味がかった緑だ。地面に垂れ下がることはなく、むしろ茎から空に向かって延びている。茎は長くて広くて厚みがあり、内側は凹状、外側は凸状となっている。葉には、茎と同様に香りがない。味はかなり苦いが、それほど刺激はない。またこの植物は、生い茂る葉の真ん中から、一本だけ茎をまっすぐのばす。かつて我々が目にしたところでは、この中央の茎は一キュービットあまりで、それ以外の茎より大きい。葉と同系の色だが、やや赤みがかっていて、縦みぞが走り、節くれだっている。それらの節の部分から、二〜三本のまっすぐな小枝があちらこちらへと伸び、それぞれ葉を一枚つける。それとは別に、茎の先端付近は小枝状に分岐して広がり、ニワトコの花に似た白い花が全方角に咲いて房状に覆う。さらに花は刺激のない香りがし、口に含めば、少し酸味を含むが美味しい。花からは小さな種子が生まれる。種は三角形をしており、色は黒みがかっている。小さな殻で覆われていて、全体的にヒッポラパトゥム（Hippolapathum）[4]の種に似ている。この植物［ルバーブ］は、発芽すると多くの根がでて体を支えるのだが、それらの根は大ケンタウリエに似ているものの、もっと小さい。地面から引き抜いた直後の根は完全に赤黒い色をしているが、しばらくして乾燥してくると、外側は黒く、内側は赤くなる。発芽の際、まっすぐ地中に伸びるのではなく、斜め下方に広がってゆく。地面から引き抜いた直後は、根に匂いはない。根の芯は密実でなく、軽くて、赤い色をしている。すり潰すとサフラン色に染まる。そして少し時間がたつと、糊のようにべとべとしてくる。食せば、ごく少量の刺激をともなった強い苦味が感じられる。

観察されたところでは、この植物はたったの三年で花を咲かせ、種をつける。パドヴァの耕地では非常にたやすく芽を出すため、ごく短期間でルバーブがあらゆる土地に広まってゆくものとの希望が持てる。そんな具合であるから医師や薬剤師はもはや、ルバーブが自生するスキタイやトラキアといった遠隔地に、はるばる根をもとめる労苦を味わわなくてすむことだろう。

さて現代においては、この植物がスキタイの地に豊富に自生しているのを、ドイツ人のヨアンネス・クイリヌス・キングレルスが目撃している。彼は哲学者にして医師であり、薬剤研究の碩学であるが、何年も前にスキタイの地ですごした時に、目にしたのだという。彼が言うには、同地の野原でこの植物が大量に生えているのにかつて出くわし、観察したという。そしてその地で、医療目的で滞在しているイタリア人医師と知り合った。その医師はルバーブが密生した土地を所有していて、当然のことながらその根を、商業目的で国外に持ち出していた。私はこの人物との交流（彼は私の有していたルバーブをその当時一度も見たことがなく、またその後も見ていないのだが、スキタイのレオンの姿を正確に描写してくれた）から、ロドピ山脈付近に生息し、かつ現在はパドヴァ植物園でも栽培されているトラキアのルバーブについての明瞭な知識を得たのである。我々の手元にあるトラキア産ルバーブは、この人物がスキタイで見つけ観察したものと同じであった。そういうわけであるから、現在植物園で栽培されているこのルバーブという植物について、我々はすでに十分に明瞭な認識を手にしているし、諸兄にその知識を伝えたいとの思いもあるから、大学の講義期間が終わる前に、今年も一般に公開するかたちでルバーブについて大学にて講じることとした。

この講義［本書］においては、以下の点が論じられるだろう。まず最初に、古代人たちの言うルバーブとはどんなものであったのかを知るべく、努力をかたむけてみよう。次に、現代において、その古代人たちの言うルバーブを手に入れ、知ることができるのかどうか、そして真正なレオンを通じて、どのような医薬が作られるのか。三番目の議論として、古代以降の過去の時代に真のルバーブが知られていたのかどうか、そして現代において、どこかで自生していて、それを知ることができるものなのか。四番目の論点として、トラキア産ルバーブが、ギシギシ（Lapathum）の植物種に含まれることを示すことにしよう。そして、同種とみなされるものはどれぐらいの数があるのか、また――昔の医師たちが用いていた――ルバーブに似ているギシギシの根から、真正のルバーブ種が、どんな特徴を通じて区分されるべきか。そして最後に、ルバーブの効能および有益な活用法について語ることにしよう。そしてこれらすべての明瞭な正しい認識に加えて、同植物の体と根についての正確な外観を提示しよう。

第二章　ルバーブはどのような名称で様々な人々に知られてきたのか、またルバーブとはどのようなものであると理解されていたのか

ギリシャ人たちによってラー（Rha）もしくはレオンと最初に呼ばれた根は、薬用として最もよく知られていたもので、この名称は、現在ではヴォルガと呼ばれているスキタイ地方のラー川（というのもアンミアヌス・アレクサンドリヌスがその歴史書の第二二巻で述べているように、この川の付近で同植物が自生しているのが認められたため）から取られたものだ。次いで、レウポンティクム（Rheuponticum）またはラーポンティクム（Rhaponticum「ルバーブ」）[5]と呼ばれるようになった。これはマルチェッロ・ヴィルジーリオの主張と思われるのだが、その名称は、同植物の唯一の原生地であるポントスから取られたものか、あるいは最初にポントスの地へ、この植物が運ばれてきたことに由来する。運ばれてきた元の場所というのが、明らかにトラキアのボスポラスの対岸に位置する土地で、その地ではより適した環境で自生していた。それは当時ラーと呼ばれていた川の岸辺付近のスキタイの草原が、原産であったことによる。地理学者たちによって伝えられたように、そのラー川はその地でもう一度湾曲して、黒海（ポントゥス＝エウクセイノス）に注ぎ込むタナイス川に近い地域を流れている。そのようなわけで、レオンあるいはラーは、ポントゥス地方の植物の根であったという理由から、あるいはまずポントゥ

スに持ち込まれ、次いで他の地域へと輸出されていたがために、そうした事情を勘案してまるで姓と名を得るがごとくに、ラー・ポンティクム（ポントゥスのラー）と言われるようになったのである。

さらにまた、［ヨハンネス・］メスア（Mesuë）が、おそらくはこの植物の根のことをさしてラー・トゥルキクムと呼んだのも不当なことではないと考える人がいた。明らかにこれは、トルコ人から取った名であり、彼らはかつて、タナイス川を越えたサルマティアのジュゴス——現在はチェルケスと呼ばれる——付近に軍事拠点を有しており、その広大な平原で採れるルバーブを、外国に輸出していたのだった。トルコ人たちは最初、この植物をラウェンドゥ（Rhavend）と呼んでいたのだが、後にアラブ人たちがそれを引き継いで同じ名前を用いた。また後には、インドから輸入されはじめた（俗語ではラーバルバルム（Rhabarbarum）と呼ばれている）ある野生植物の根（それは根、色彩、味、薬効の点で、ラウェンドゥに非常に似ているように思われた）を、アラブ人たちがはじめて見た際に、やはり同じ名称でその植物を呼んだという事情がある。そのことから私は、はっきりと確信するのだが、ルバーブは、そのインド産の野生種の根と外観において大きな差異はない。これらの植物について、その根が採れる国の名から取ってラウェンドゥセニー（Rhavendseni）と呼んだ者もいたが、これは同植物が自生すると思われていた中国地方に由来する名だ。あるいはパルティアのスケニリス（Scenilis）という国の住人にちなんで、スケニー（Sceni）やキニー（Cini）とも呼ばれたが、彼らはアリウスおよびマルグス山中に暮らしており、ラーバルバルムはその地方から輸入される。というのもアリウス人、マルグス人、アラコシア人、あるいはカムピオネに隣接するタングート地方のその他の人々は、今日キニーもしくはマウキニー（Maucini）とも呼ばれているからだ。また非常に有益なこのラーバルバルムは、ある人々によって、ラウェンドゥ・スックイル（Rhavend Succuir）とも呼ばれているが、明らかにこの命名は、タングート地方の居住地域に近いスックイル山に自生することに由来する。

以上のような名称で、古代のラーないしはレオンという植物は知られていたのだ。そのことをあらかじめ確認しておいたうえで、ラーないしはレオンないしはラーポンティクムないしはラウェンドゥという名称で呼ばれる植物種が、古代人たちのあいだでいったい何を指していたのかを知ることが、課題として残されている。

さて薬効植物についての知識を得るのに、ディオスコリデスただ一人に頼るのもはばかられるのだけれども、まずは彼がこの植物についていったい何を後世に伝えたか、我々は見ておく必要があるだろう。彼が言うには、

ラーはレオンとも呼ばれ、リアム（Rhiam）と称するものもおり、ラテン人たちはラーポンティクムと呼んでいるが、この植物はボスポラス海峡の対岸地域に育成しており、そこから運ばれてくる。黒い根は大ケンタウリエ（Centaurius magnus）に似ているが、それより小さく、内部は赤みを帯びている。密実でなく、むしろ多孔質で、やや軽く、匂いがない。最良のものは虫にくわれておらず、齧ると収斂性の酸味を少しばかりともなっ

てねばねばし、磨り潰すと青白く変色するか、もしくはサフラン色っぽくなる。[6]

以上が、ルバーブについてのディオスコリデスの記述である。ここから、我々には以下のことが明らかとなる。すなわちディオスコリデスの時代には、ルバーブの根は大ケンタウリエ[7]に似ているが、より小さいとされ、外側は皮の部分が黒く、内側は赤い。磨り潰すと青白い色で染まり、クロッカス色に近くなる。根の芯は多孔質でかなり軽く、匂いはない。口に含むと収斂性の酸味が少しばかりあり、ねばねばする。セラピオン[8]はディオスコリデスに加えて苦い味という記述を加えているが[9]、この味については、現存しているどの写本にもそのような記載はない。一方アヴィケンナは、根の中には苦い実体があると言っている[10]。そしてガレノスが書き記しているところによれば、もし過度に噛み砕けば、相当に強い苦味となる[11]。

では実際のところはどうかというと、ルバーブはごく少量の刺激をともなった強い苦味か、もしくは軽い熱気をともなう苦味を有する。ディオスコリデスは、現存しているギリシャ語の写本を見る限り、その種の味については何ら触れていないが、おそらくこれは、苦味や熱感といった感覚は非常に曖昧なものであるため、(ガレノスが注記しているように) 口の中で根を少し長く転がしてみた者でないかぎりは、感じることができないからだろう。あるいは、味について表明するには、(よりはっきりと感じられた味覚のみを記すかたちで) 口の中で噛んで味わうと収斂性の酸味を少しばかりともなってねばねばする、と言えば十分であると信じていたからかもしれない。とはいえ、ガレノスの記述からは、同植物の根に認められた収斂性の酸味や、根の実体については、いたって混乱して不確かな知識しか得られない。というのも、彼は次のように論じているように我々には思われるからだ。すなわち純正で混じりけのない最良のルバーブは、収斂性の酸味が強く、その根の芯は完全に密実である。というのも不純種ならば (彼が言うには) 軽度の収斂性の酸味があり、その芯は密実でなく疎状であるからだ、とガレノスは表明するのである。古代人たちは実際、次のような仕方で、ルバーブの偽物を作り出していたのだ。彼らは大地から引き抜いたルバーブの根をお湯の中で煮沸し、煮だった根から汁——その液体の中に卓越した効能成分が含まれている——を絞り取って、活用するために保管しておく。その一方で、茹でた根は後に水分を切り、乾燥させたものを売りさばいていたのだ。これが、いわゆるガレノスの語るところの純正ではないルバーブである。この点についてガレノスは、次のように言っている。

レオンにおいてもまた、誤りが犯されている。というのも、原生地で地面から抜かれるやいなや、汁を採取すべく熱湯の中で茹でられるのだが、その汁は混じりけがなく、水とも混合しないほどである。その一方で茹でたあとに乾燥して硬くなったレオンが、後に我々のもとに送られてくるのである。そういった事情であるから、真正のルバーブを偽物から見分ける知識が必要になる。これは、一度でも実物を見たことのある者ならば、いたって簡単なことであろう。というのも茹でられた部分は、目に見えるほどはっきりと、全体として密実でもなければ中身がつまってもおらず、むしろずっとまばらであるから。そして口に含めば収斂性の酸味を帯びているか、あるいはまったく味がしないか、もしくははっきりとしない味がするのだ。けれどももし偽りではなく、本物のルバーブであるならば、収斂性の酸味が非常に強いはずである[12]。

以上が、ガレノスの見解である。これらの文言がもし真実であるとするならば、我々としては、こう結論することになろう。ディオスコリデスは、最良のルバーブと言いながら、実際には純粋でなく、品質の劣った種について論じていたのだ、と。というのもディオスコリデスは、次のように言っていたからだ。「齧ると収斂性の酸味を少しばかりともなってねばねばするものが最良である」。また、根は多孔質でかなり軽い、とも言っていた。一方でもし、ガレノスが言うように真正で最良のルバーブとは、収斂性の酸味が非常に強く、かつ根が全体として密実で実がつまっているはずであるならば、ディオスコリデスは誤った仕方で教示したのだと言わねばならないだろう。すなわち最良のルバーブの根は多孔質で、かなり軽く、口に含むと収斂性の酸味を少しばかりともなってねばねばするべきである、との彼の主張は誤りであると。いや誤っているどころか、むしろ正反対の見解ということになろう。というのも（ガレノスが望むように）最良のルバーブの根は全体が密実で、実がつまっており、口に含めば非常に酸っぱい味がするはずであろうから。

さて我々としては、どう判断すべきだろうか。この正反対の意見を前に、どんな決定をくだすべきであろうか。やはりディオスコリデスの見解を是とするべきなのではなかろうか。つまり、最良のルバーブの根は、実がつまっておらず、多孔質で、軽く、収斂性の酸味を少しばかりともなっていなくてはならないのではなかろうか。もちろん、我々はそのように信じているのである。そして、レオンの根の構成や効能について書いた者たちのすべてが、次のように主張したのも、確かに理由がないわけではなかった。すなわち、ルバーブは土元素の冷の性質（それが収斂性の酸味の元になるのだが）をいくぶんか有しているのだが、その量は多くはない、なぜなら多量に含まれていれば収斂性の強い酸味を感じるからだ、そして根には（必要である）空気の実体が混じっているので、根が全体として密実で実がつまっているはずがなく、むしろいくぶん粗で軽い。まさにディオスコリデスが言っているような具合に。この他に何を加える必要があろうか。そもそもガレノスその人もまた、単体薬物に関する彼の著作において、ディオスコリデスの意見、すなわちルバーブの根は確かに実がつまっておらず、かなり軽く、また極度の収斂性の酸味ではなく軽度の酸っぱさをともなうのだ、という意見を主張していたのではなかっただろうか。この点は、ガレノス自身の言葉から非常にはっきりと確かめられる。というのも彼はルバーブについて、次のように書いていたからだ。

> レオン（これをラーと呼ぶ者たちもいるが）は、混合した構成要素と効能を持っている。すなわち土元素の冷の性質をいくぶんか有し——ちょうどその徴として収斂性の酸味を帯びる——、

そしてある程度の熱が加わっている。もしも口に含んで長いあいだ噛み砕いてみるならば、強い苦味を感じるだろう。そのうえ微細な空気の実体にも属しており、そのことは、中身がつまっておらず、軽いという点に現れている。[13]

これらの言葉から、レオンが何がしかの収斂性の酸味を持っていることが明らかになる。なぜならば、土元素の冷の性質を、（多量にではなく）幾分かもっていると言っているからで、その冷の中に多くの収斂性の酸味の元があるのだ。したがって、最良のルバーブは、過度の収斂性の酸味は有していないということになろう。なぜなら収斂性の酸味の元となる土元素の実体を過度には有していないのだから。これ以上何を明瞭に語ることができようか。そしてガレノスは続いて、空気元素の実体が混成していることから、根は実がつまっておらず、軽いと明言している。これらとは、明白に反対であるように思われる。したがって、次のように疑うことが十分に可能であろう。すなわち『解毒剤について』を執筆していた当時、ガレノスはまだルバーブについての十分な認識を有していなかったのだ。そして同書でのガレノスの記述とは反対のことを、アヴィケンナもまた伝えていたことが明らかとなる。なぜなら、アヴィケンナは次のように書いているからだ。

いつだって、こんな具合にしてだまされるのだ：（根を）よく煮込んで、その水分を抽出し、汁を取り除いて乾かす。そうやって処理したものを、売りさばくのだ。一方純粋なものは、より高い効能を持ち、実がつまっておらず、酸味が薄く、サフラン色を有する。[14]

そして後にも、アヴィケンナはやはりこう主張している。「同種の純粋なものは、酸味が薄い」。したがってこれらの言説から、ディオスコリデスとともに、我々はこう結論付ける。すなわち最良のルバーブの根は、軽度の収斂性の酸味があり、実がつまっておらず、いくぶん軽くなくてはならない、と。けれども注意しておくべきなのが、これらの根のうち成長して年月を経たものは、若くて成熟していないものと比べると非常に硬く、また収斂性の酸味がとても強く、芯はそこそこつまっており、さほど軽くない、という点だ。一方で若くて未成熟のものは、ずっと実のつまり具合が希薄で、より軽く、収斂性の酸味もさほど強くない。我々が思うに、おそらくガレノスはその著作『解毒剤について』第一書において、これらの未成熟なルバーブを、不純な、つまり煮込まれたルバーブと取り違えたのだろう。というのも、歳月を経て成長したものとくらべるなら、それら若いルバーブは、薬用としての評価はあまり高くないはずであるから。実際、成熟したルバーブは若い苗よりも、より硬くて実がつまっており、収斂性の酸味もよりきついのである。そういうわけだから、おそらくガレノスはそうした成熟したルバーブについて、当時それこそが不純ではなく真正なルバーブであると皆から判断されていたと、信じてしまったのであろう。プリニウスもまた、レオン――彼はレコマと呼んでいる――について、ディオスコリデスがルバーブを記述する際に用いたものとほぼ同類の特性や弁別特徴を通じて、描写したことが分かる。というのも、同植物について次のように書いているからだ。

レコマは、ポントゥスの先の地域から輸入される。その根は黒モッコウに似ているが、もっと小さく、若干赤みがかっており、匂いはなく、食すればぴりっとする収斂性の酸味をともなう。磨り潰すとワインの色を帯び、サフラン色に近づく。[15]

実際この植物の根は、いくぶんか酸味をそなえ、熱を発生させる傾向がある。これらこそが、レオンの根として我々が知悉し、認め、注意を向けなくてはならない特性であったのだ。実際のところ、こうした特性の根を持つ植物［の本体］について、古代の著述家たちのうち誰一人として記述してこなかったのである。ただ一人の例外が、ヘシオドスに関する非常に古い注釈者で（この点に関しては後ほどじっくりと検討することにしよう）、彼は、ギシギシの根がかつてレオンと呼ばれていたと言っているように思われる。

第三章　現代において、古代人たちの真正のルバーブを我々が手に入れ、認識することができるかどうか

過去の時代、古代世界のルバーブが我々にはほとんど知られていなかったという事実は、少なからぬものがその代用として使用されていたとする説から、理解することができる。かつて薬剤師や医師のなかには、レオンに代えて、大ケンタウリエの根を医薬用途に用いる者もいた。それらの植物のうち、アプリア地方のモンテ・サンタンジェロ――そこで大量に採れる――に自生するものを、レウポンティクムと呼ぶのだと、［ピエトロ・］アンドレア・マッティオーリ[16]が著作で確証している。また、［マティアス・デ・］ロベール[17]がラー・カピタートゥム（Rha capitatum）と名づけた植物の根を、ルバーブの代用とする者たちもいた。そして少なからぬ者たちが、ラーバルバルムあるいはそのほっそりとした根や茎こそが、古代のレオンであると主張した。我々の知りうるところでは、かつて医療技術の歩みが遅かった頃のエジプトでは、医師たちがまさにそのような意見であった。すなわちラーバルバルムの小さくてほっそりとした根が、古代の真正のルバーブであると信じていたのだ。その点については、後ほどより詳しく論じることにしよう。

実際には、ラーバルバルムの根は、ルバーブとして認識されるべきではないのだ。そのことを、真正なレオンの特徴を知りたいと真摯に望む医師であれば、誰·人として見逃すことはないと我々は考える。そして（私はあえて問うが）いったい誰が大ケンタウリエの根をレオンとして認識するというのか。そもそも大ケンタウリエの根が、ルバーブ種からは区分されたというのに。大ケンタウリエの根は実のつまり具合がまばらでなく、軽いわけでもなく、食すと若干の収斂性の酸味をともなってねばねばしてくるわけでもなし、また赤くもないのだ。それにもかかわらず、こ

れがルバーブだというのだろうか。その点はディオスコリデスが次のように述べているごとくである。彼が言うには、レオンの根は、大ケンタウリエの根と比べると、より一層の赤みを帯び、紅色が強いのである。実際ケンタウリエの根は硬く、実がつまっており、重たい。またほぼ完全に黒色で、内側は赤色から黒色に変化するはずだ。そしてあえて言うが、かつて――これは薬物学にとっては大いなる恥辱であったのだが――、大ケンタウリエの根が、古代のレオンの代わりとして、薬用に用いられてきたのである。

では、ロベールが取り上げるラー・カピタートゥムについては、何を言うべきであろうか。その根こそが、古代の真のレオンないしはルバーブであると、ロベールが主張しているあのラー・カピタートゥムについては。やはりこの植物の根もまた、大ケンタウリエの場合よりもさらに輪をかけて、レオンとは一致するところがないのであり、そもそもこれは大ケンタウリエの亜種にすぎないのだと、我々は敢えて主張するだろう。

その一方で、その根こそが古代の真のルバーブであると多くの人々に誤って信じられてきたラーバルバルムについては、一体何を言うべきであろうか。むしろ博学な人々は執拗に、俗にラーバルバルムと呼ばれている植物と、古代のルバーブとが、同一の薬効をもつものと主張してきたのではなかっただろうか。こうした意見を持っていた最初の人物が、ジャン・リュエル[18]であったように思われる。彼に続いて、アロイシウス・アングイッラーラ[19]や、その他多くの者たちが同意見であった。我々は、かつてエジプトの医師・薬剤師たちが、そのような意見であったことを知っている。彼らはラーバルバルムに相当する植物をラウェンドゥという名で呼び、それを薬材として用いていたのだ。これについて、一体何を言うべきであろうか。我々は多くの人々のおかげで、躊躇することなくこう主張することができる。すなわち彼らはレオンの認識において、熱にでもうなされた状態でうわごとを言っていたにすぎないのだ、と。実際問題として、(もしディオスコリデスや、その他の古代の著作家たちがルバーブについて述べたことが正しいとするならば、つまり、ルバーブの根は大ケンタウリエに似ており、黒色であるが小さく、無臭で、口に含むと軽い収斂性の酸味をともなってねばねばするのだとすれば)大きくて、芯が密につまっており、重たいラーバルバルムの根が、いったいどうして古代のレオンなどでありえようか。敢えて言うが、匂いがついており、口に含んで磨り潰しても糊のような粘性を発揮せず、むしろ酸味がひろがって強度の苦味をもたらし、強力な下剤作用を有する、そんなラーバルバルムの根が、いったいどうやったらルバーブだといえるのだろうか。

すると彼らはこう反論するのではあるまいか。すなわち、これら二種の根、つまりはポントゥス地方のレオンとラーバルバルムの根とは、以下の条件に左右されて相応の差異が生じるのだと。まず第一の条件は、どの地域に育成しているかという点。つまりレオンがスキタイの相当に寒冷な地域に育つ一方で、ラーバルバルムの根はインドの非常に暑い地域に自生するため、差異が生じるのである。次の条件は、成熟した根であるか、未成熟であるか。つまり完全に成長しきった根であるか、いまだ成長の途上にあるかによっても、差異が生じるのである、と。実際彼らが言うには、つまるところレオンの根は、非常に寒冷な地域に育成するものについては活力の点で不完全であり、その理由から、ラーバルバルムほどには大きく成長せず、また匂いもないし、さらにはラーバルバルムほど強力な下剤作用も有していないのだ、と。あるいは次のようなことも、同様に起こるのだと彼らは主張する。すなわちレオンだとされている根は、実際にはラーバルバルムの根、それもより若い苗の根であり、適切な大きさまで成長していない状態を指すのだ、と。したがっていまだ完全に成長しきっていないのだから、小さかったり、匂いがなかったり、下剤作用を持っていなかったりしても、別に驚くには値しないのだ、と。このような人々の意見に対しては、アンドレア・マッティオーリがその『ディオスコリデス注解』の中で、非常に博学なしかたで回答している。まさにそのマッティオーリの議論によって、彼らの意見が完全に論駁されたことがはっきりしているのならば、ここで我々が同じ回答をする必要はなかろう。我々としては、ただこの点を問うておけば十分だろう。いったいどうやったら同じ種類の植物が、まったく正反対の気候特性をもつ土地に育成できようか、と。それよりも、ここで明らかにする必要があるのはむしろ、ルバーブとラーバルバルムとが、(種類は違えども)同一の薬効を有しているのかどうかという点であろう。

さて長年の経験から実証されていることには、植物と動物は、それぞれに固有の生息地があって、それぞれに適した場所においてこそ誕生し、生きてゆくものである。それらの生息地とは反対の地域においては、自然に生まれることはない。あるいはその地によそから持ち込まれた場合は確かに生息することもあるが、非常に弱々しく育ち、しかも長生きしないのだ。そうした理由から、動物の世界においてもまた、ラクダやヒョウやライオンやゾウなどといった、暑い地方に生息する種は、寒い地方では、同じように生きることができないのだ。それはクマやオオカミといった寒冷地に生まれた動物が、暑い地方では同じようには長生きすることができないのと同じことである。東方の地に育成する植物の多くは、北方においても同様に育ちはするものの、そうした環境には適さないものである。実際、バルサムも、浄化シナモンも、エジプト・アカイアも、ギョリュウも、アテネ・ハマナツメも、みな我らが暮らす寒冷地方では育たない。であるならば、ルバーブとラーバルバルムという、まったく異なる地方に育成する種が、どうしたら同じものでありえようか。一方は暖かい地方に育ち、他方は寒冷な地方に育つ植物であるのに、その二つが同じ種で、暖かい地方にも寒い地方にも等しく育つなどということが、どうやったら可能であるのか。いずれにせよ確実なことは、もしこれらの環境条件の問題をとりあえずおくとするならば、先ほども触れたように、ルバーブとラーバルバルムは同一の薬効を有するということである。さてたしかに、次のようなことは起こりうるだろう。すなわちインド地方から我々の元にもたらされたラーバルバルムが、もしも細心の注意をもって栽培管理されるのなら、あるいはそれらがスキタイの地において、暖房で暖められた状態で管理されるのなら、少しの間は育つであろう。同様にして、今度は逆にもしレオンがインドに運ばれても、北向きの土地に植えられたのなら、やはり少しの間はきちんと育つであろう。けれども、それぞれに固有の地方で育成するこれら二種が、対極の環境下においても大量に育つなどともし信じたり、あるいは断言したりする者がいたとしたら、それは理性的判断からはまったく逸脱した言明ということになろう。それゆえに、レオンが、それとは異なる地に自生する種であるラーバルバルムとは異ならない、などという主張は信じるべきではないのだ。

さらに付け加えるべきは、ラーバルバルムの根は、その形状および大きさにおいて、ルバーブとは異なるという点である。ルバーブの根が長くてほっそりしているのに対して、ラーバルバルムの根は大きくて厚みがあり、短いのである。こうした論証は、ラーバルバルムとレオンとが同じ薬効を持っているとみなしていた人々を少なからず動揺させたし、また我々のもとに［レオンだと称して］ラーバルバルムを送り届けてきた商人たちにも相当に不都合なことであった。そのために、次のような現象が見られるようになったのだ。すなわち、ラーバルバルムの大きくて厚い根のなかから、長くてほっそりした繊維部分や枝を選り抜いたり、あるいは近隣の山々からラーバルバルムを引き抜くタングート族から輸入される尾状の根のように、分厚いものを取り除けて別途保管しておいたものが、商人たちの手でルバーブだとして売られたりする現象である。これらは確かに、その大きさや形状の点で大ケンタウリエにある程度は似ており、外部は黒みがかっている一方で内側はより赤っぽく見えはするものの、しかしながら、まさにそれら自身の強い苦味と、つんとした匂いとから、ごまかしがばれてしまうのである。また口に含んで味わってみてもねばねばすることもないし、さらには中身がまばらで軽いというわけではなく、むしろ密実で重いという点、そして下剤作用を欠いていないという点などからも、やはりこれが本物のルバーブではないことが明らかとなる。したがって、ラーバルバルム種の中の小さくてほっそりとした根——それらは形状、大きさ、色彩の点でレオンに似ているように見えるのだが——が、レオンであるということは絶対にないであろう。というのも、それらの根は匂いが強くて、非常に苦く、重たいうえに、軽度の収斂性の酸味をともなって口内でねばねばすることもないのだから。まさにここで否定されているそうした特徴こそは、正真正銘の古代のレオンのものではあったのだ。

以上をふまえて、我々はここで何を言うべきであろうか。この現代において、真のルバーブは果たして望みうるのだろうか。問うだけ無駄というものであろう、いやそれどころか、薬用植物学の碩学たちが知っているように、もう何年も前から我々のもとに、スキタイやトラキアの地から、輸入が始まっているのだから。あのフェッラーラの［ジョヴァンニ・］マナルド[20]といえば、かつてはレオンとラーバルバルムとが同一の薬効を持つものと信じていた人物であるが[21]、後には意見を変えている。その彼が、ニッコロ・レオニチェーノ[22]に宛ててこう書いている。

私がルバーブをはじめて見たのは、医師の標章をかかげたヴェネツィアの薬局においてであったが、それはコンスタンティノープルから取り寄せたものであった。ついでその他の多くの場所でも、アレクサンドリアから取り寄せたものを目にした。それらは、反対する弁別特徴が何一つないのだから、まさに古代人たちの言うルバーブを指す[23]。

その真実を、バルトロメオ・マランタ[24]をはじめ多くの者たちが知っていた。現在では誰でもルバーブを、その他のより高貴な薬効植物とともに、多くの薬局で目にすることができる。それらの薬効植物は、ごく近年に至るまで、医師や薬剤師たちの知識からすっかり抜け落ちてしまっていたものたちだ。そしてまさしくこの真正のレオンに関しては、その根は指の半分ほどの長さであるか、あるいは根の両端を斜めに切った状態で指の半分の長さがある一方、太さは大きな指ほどである。外皮は赤みがかった黒色で、内側は赤。噛み砕くと、軽度の収斂性の酸味をともなって口の中でねばねばし、やや刺激を覚えつつも、やがて苦味を帯びてくる。舌は、ややサフラン色を帯びた青白い色で染まる。また匂いはいっさいない。こうした特徴を持つ根は、「反対する弁別特徴が何一つないのだから」、まさに古代人たちの言うルバーブを指すのだ。この黒い根は、大ケンタウリエに非常に似ているのだが、より小さく、内側はより赤い。またディオスコリデスがルバーブについて表明したその他の弁別特徴によっても、はっきりと区分される。

第四章　ルバーブは、過去の時代の人々に知られていたのか、そして今日どこかの地で自生しているのか、またそれはどのようなものであるのか

ルバーブの根がいかなるものかが明らかになったので、次はその根を持つ植物自体について論じねばなるまい。なかでも真っ先に議論すべきことは、古代人たちはこの植物についての認識を持っていたのか、という点であろう。そして最終的には、当時知られていた植物の中から、いったいどんな具合にして、現代の医師たちがそれを古代の真のルバーブであると認めることができるのか、という点だ。

多くの人々に信じられている説によれば、古代人たちはレオンの根——薬剤として用いるために、ボスポラス海峡の対岸から輸入されていた——に関する知識を有していたが、いかなる仕方においてもその植物の根をみずから栽培はしていなかった。またそこから、次のことも帰結する。すなわち、医学について書いた主要な著者たちのなかで誰一人として、ルバーブという植物そのものに関して解説を加えることも、詳述することもなかったのだ、と。アロイシウス・アングイッラーラは、薬効植物についての論考のなかで、ヘシオドスの注釈家であるヨハネス・ツェツェス[25]なる者に言及している。その人物によれば、かつて古代人たちによって、ギシギシの根がレオンと名づけられていたのだという。アングイッラーラいわく[26]、次に挙げるのが該当する文言だという。

> アラパタイ（*Ἀλάπαθαι*）はアッティカでは多孔（*τὰ κενώματα*）のことである。アラパトス（*ἀλάπαθων*）の雑草は、孔が多い。それはギシギシと呼ばれていて、いわゆるレオンの根である。

これらの言葉から、確実に次のことが帰結するであろう。すなわ

ちギシギシの根が、古代の慣習においてはレオンないしはルバーブの根とされていたのだ。この真実について、過ぎし世代における比類なき医師であったアンドレア・チェザルピーノ(27)が、はっきりと言明していたように思われる。というのも彼は著作『植物について』第四書において、次のように書いているからだ。

> この品種が、古代人たちによってレオンと呼び習わされていたように思われる。なぜならヘシオドスの某注釈家が、ギシギシの根がレオンの根と呼ばれるのだと主張しているからである(28)。

実際この意見に、我々も喜んで賛同したいと思う。というのも、真正なルバーブの品種がトラキアのロドピ山から、著名で大変優れたフランチェスコ・クラッソ氏の手によって（すでに上述したように）、まずラグシウムに、次いでパドヴァの地に運ばれ、我々のもとに贈答品としてもたらされたからであり、我々はその苗を直接観察し、入念に調べあげたのである。その結果この植物が間違いなくギシギシ（Rumicum）、ないしは大ギシギシ（Lapathum magnus）の種に含まれるべきであると主張することに、我々はなんらの躊躇もしない。この点については、少しあとで、よりはっきりと述べることにしよう。

　この植物（その描写ならびに弁別特徴については、本書の冒頭においてご確認いただいた）が、古代の真正なるレオンないしはルバーブであるということは、次の一点をもってしても、明白に示しうるであろう。すなわち、この植物の根が、ディオスコリデスが語るところのレオンの特徴とあまりにも一致して矛盾するところがないので、それが真正なるレオンであるためには、ほかに一切の識別上の特徴さえも必要としないほどである、という点だ。これらの真実は、この植物の根の特徴に細心の注意を払っている人であれば誰にでも、すぐさま知れ渡ることであろう。実際まずもって、（ディオスコリデスが言うには）

> 黒い根は大ケンタウリエに似ているが、それより小さく、内部は赤みを帯びている。密実でなく、むしろ多孔質で、やや軽く、匂いがない。最良のものは虫にくわれておらず、齧ると収斂性の酸味を少しばかりともなってねばねばし、磨り潰すと青白く変色するか、もしくはサフラン色っぽくなる。

ディオスコリデスが記述するルバーブのこれらの弁別特徴のそれぞれが、現代のトラキア産レオンの根にはっきりと見られるというのに、一体誰が——と私は問いたいのだが——、我らが手にしているこのトラキアの植物が真のルバーブであること、そしてその根を生やす植物のことをまさしくルバーブと呼ぶ必要があるということを、なおも疑うことがあるであろうか。とりわけトラキア産の植物の根が、次のような特徴をそなえているというのに、まだ疑う者があるだろうか。すなわち、根は大ケンタウリエに似ているが、それよりも小さく、外側は黒く、明らかに乾燥している（実際、地中から掘り出した直後で新鮮な時には赤っぽく見えるが、乾いてくると外側の皮が黒く変色する）。また内側は大ケンタウリエよりも赤く、多孔質であり、かなり軽量で、無臭である（より正確には、地中から掘り出された直後で新鮮な時には、いかなる種類の匂いも欠いているように思われる）。そして口に含むと軽い収斂性の酸味をともなってねばねばし、噛み砕くと、サフラン色に近い青白い色となる。その味に関してガレノスは、過度に噛みくだけば、相当に強い苦みが感じられると述べている。セラピオンは実際、その味は苦いものだと表明していた。実際のところ、たしかにレオンの根は、もし過度に噛みくだけば、相当に強い苦みが感じられ、またじんわりとした熱気と同時に、軽い苦みを覚える。そこから、この根の味は、果たして酸っぱいのかそれとも苦みを帯びているのか、といった疑念が生じるわけである。ディオスコリデスはこうした熱気を帯びた苦味については、おそらくは著作のなかで黙して語っておらず、ただはっきりと感じることのできる際だった味については、以下のように述べるにとどまる。「その味覚は（オリバシウスからそのように翻訳しているマルケッルス・ウィルギリウスは次のように言う）、口の中で噛んで味わうと軽い収斂性の酸味をともなってねばねばする」。

もしも、現在我々が手にするトラキア産の植物の根が、これらすべての弁別特徴を持つことが事実であるならば、そのような根を持つ植物がルバーブではないなどと、どうして言う必要があろうか。そのうえさらに、現在この植物が黒海に接するトラキアの地に自生し、またスキタイ地方の、かつてはラーと呼ばれ現在はヴォルガと呼ばれる川が流れる地方にも、少なからず自生しているがために、アンミアヌス・アレクサンドリヌスが証言しているように[29]、かつてはその川の岸辺に同植物が自生していて、その地から我々の暮らす地域にまで運ばれてきていたわけである。さらに加えると、（上述したように）ドイツ人のヨアンネス・クイリヌス・キングレルム、薬草研究においては卓越した博学を誇るこの人物が、かつて私に次のように証言したことがあった。すなわち彼はこの植物が、モスクワ（かつてはスキタイと呼ばれていた）の地に、大量に自生しているのを目撃したのだという。

けれども、ルバーブが大ケンタウリエの一種だと信じて疑わない者たちについては、我々は何を言えばよいだろうか。アロイシウス・アングイッラーラは、大ケンタウリエが、アプリアのモンテ・サンタンジェロでは、地元民たちによってレウポンティクムと呼ばれていると報告していた。またカロルス・クルシウス[30]は、彼がオリシッポの上方で目撃したという分岐してない葉をもつ大ケンタウリエが、ルシタニアの人々によって同様にルバーブと呼ばれていると書き残している。さらには、こんなふうに信じる人々もいた。すなわち非常に博学なロベールは、彼自身がラー・カピタートゥムと呼んだ植物のことを、ルバーブだと見なしていたのだと。その点および他の諸々の点については、すでにひととおり述べてある。ではこうした主張に対して何を言うべきだと思われるだろうか。こうした意見もまた、ルバーブについての記述であるのだろうか。たしかに、大ケンタウリエは、ディオスコリデスがレオンと類比した植物であって、両者の根が似ているために、ある程度まではそうした主張もできるのだが、しかし我々は性急に論を進めるべきではないし、そうした議論に惑わされないようにしなくてはならない。いやむしろ、それらが古代の真正なルバーブであることを、我々は完全に否定する。というのも大ケンタウリエの根は、ほとんどなにもルバーブと一致するところがないからである。すでに十分に論証したことを、ここでまた繰り返すつもりはない。けれどもこれらの知見から、我々がトラキア地方から手に入れた植物が、古代の真正なルバーブであるということが、すべての人に対して証明されたものと考える。

第五章　トラキア産のルバーブが、ギシギシの種類に含まれること、また同植物の種類はどれほどあるのか、ということについて

トラキアのロドピ山脈から我々が輸入するかの植物が、古代の真正にして正当なレオンであることが上記の説明で十分に示されたから、あと残されているのは、この薬草は知られている植物種のなかで、いったいどの種に含まれうるのか、また、近似の植物はどのようなものがあるのか、といった点を知ることである。

本書の第二章の最後および第四章の冒頭で述べたように、古の著述家たちのなかではヘシオドスの注釈家であるヨハネス・ツェツェスが、かつてギシギシの根がレオンと呼ばれていたと伝え残している。かくして、古代のルバーブがギシギシにある程度まで似ているとの意見が、近年でも表明されており、植物学に造詣の深い人々の大多数が同意見であったように思われる。ヒエロニムス・トラグス[31]はこう書き記している。ヒッポラパトゥム（Hippo-lapathum）ないしは大ギシギシ（magnum Lapathum）は、フランシスコ会士たちによってラーバルバルムと呼ばれているが、これはラーバルバルムの色に似たサフラン色をした根に由来する名称だという。そしてさらには、トラグスが経験から学んだと述べているように、このヒッポラパトゥムには強力な下剤作用があって、一ドラクマの分量に一スクループルのショウガを加えたものを服用すると、ラーバルバルムと同様に、胆汁と粘液とを浄化してくれる。この植物をおそらく解剖したであろうレオンハルト・フックス[32]は、大ギシギシの根がラーバルバルムに似ているのだと信じていたし、この植物が、ラーバルバルムと同じような仕方で体液を浄化するものであると自ら確信していたのだった。トラグスとフックスの後、われらの時代の植物学の著述家たちのなかでは、アンドレア・チェザルピーノが彼らに続いた。彼はあらゆる方面において大変な博識を有する人物であるが、古代のレオンが、ギシギシの種から出たものだと信じた。これらの著述家たちは実に、レオンとラーバルバルムとが同一の薬効を有していたことから、大ギシギシが古代のレオンであると安易に確信を抱いたのである。

我々はすでに四年の間、トラキア産のルバーブを植物園にて栽培し、その生態を注意深く観察してきたわけであるが、こういった意見に対してどんな主張をするべきであろうか。間違いなく我々は、大ギシギシがルバーブであることを否定できないし、同種を大ギシギシの種から分離することもできないのである。なぜというに、一つ目の理由としては、このルバーブという植物はヒッポラパトゥムないしは大ギシギシの葉を持っていることがあげられる。けれども（もし成熟した株がつける葉をみれば）二倍の大きさがあり、より長い三角形（とはいえ丸みを帯びてはいるのだが）の形を有している。大オナモミの巨大な葉にある程度似てい

るのだが、成長してしかるべき大きさになったときには、（つい今しがた述べたように）ほぼ二倍の大きさとなる。二つ目の理由は、この植物の茎の特徴である。葉の群れの中ほどから一キュービット長の茎が伸びるのだが、縦みぞが走り、節くれだっていて、赤みがかった緑色を帯びており、大ギシギシの茎にまさにそっくりなのである。その節から小枝が伸び、さらに枝分かれしている。それらの枝はまずもって白い花で全面を覆われており、ヒッポラパトゥムの花に似ている。けれどもそれらとの違いもある。というのも、ルバーブの花は白色のニワトコの花に非常に似ており、刺激のない匂いを有しているが、大ギシギシの花は緑色になるからである。

　さてこれらの花々から、小さくて黒ずんだ、三角形状の種が生まれるのだが、大ギシギシの種とどの点をとっても非常に似ている。葉、茎、花は、不快ではないがやや酸味を帯びた味を有する。この植物の根は、地中でまっすぐ下方に伸びずに、斜めに広がる。ほっそりしていて、大ケンタウリエに非常に似ているが、こちらのほうが小さい。大地から引き抜かれた直後は、外側がくすんだ赤色をしているが、乾いてくると黒色に変化する一方で、内側は赤みがかっている。また根は多孔質で軽く、食すと軽い収斂性の酸味をともなってねばねばする。相当な苦味を持ち、噛み砕くとサフラン色に似た青白い色に染まる。

　この植物のこうした特徴、とりわけ根に関する特徴は、ほとんどすべて大ギシギシの根の中に見出される。以前に我々は、二種類のヒッポラパトゥム、ないしは大ギシギシの品種について観察した。そのうちの一種は、「広い葉」（latifolium）と我々が名づけたもので、これはすなわち我らの手元にあるトラキア産レオンのことである。もう一方は「長い葉」（longifolium）と呼ばれ、こちらも同様に二種類が観察される。一つは園芸ヒッポラパトゥム種（Hippolapatum sativus）とロベールによって命名されたもの。この植物を我々はルバーブとして、数年前に、ジョヴァンニ・ポーナ(33)の手から受け取った。彼は大変有名なヴェローナの薬剤師であり、薬剤に関しては卓越した知識を有し、私とは強い友情で結ばれた人物である。そしてもう一方の種は、ギシギシないしは「長い葉の」ギシギシで、様々な地で多く自生している。一般の薬草採取者たちはこれをラーバルバルム・モナコールム（Rabarbarum Monachorum）と呼ぶが、マッティオーリならば園芸ヒッポラパトゥム種と呼ぶことであろう。この種は前者と比べて異なる点が多々ある。とりわけ葉と、それから根の部分に差異が顕著だ。まず葉が、前者よりもずっと大きく、先端部分が非常に鋭くなっている。また大ギシギシの最初の種において確認できたような、個々の葉が、葉の基部の花梗周囲において茎をすっぽり覆うようなことも、こちらではない。根においてもまた差異が認められる。というのも、「長い葉」の大ギシギシの最初の種の根は、より小さくてほっそりしており、また地中ではまっすぐ下に向かって根を伸ばすからだ。また色、味、実のつまり具合の点において、緑がかってはいるけれども、我々のトラキア産ルバーブの根と似た外観を呈する。

第六章　ヒッポラパトゥムの根のなかで、古代人たちが薬として用いていたレオンの根に近いものはどれか、またそれらのうち現代の医師たちによってどの部位が使用可能であるのか

ヒッポラパトゥムあるいは我らの大ギシギシ、「広い葉の」ギシギシ、トラキア産のギシギシが、古代の真正なるルバーブの根を持つことを、我々は示した。加えて、あらゆるヒッポラパトゥム種の根が、その姿、大きさ、色彩、実のつまりぐあい、味において、トラキア産ルバーブとある程度まで似ていると認めうることを示した。したがって、これらの個々の植物種の根がレオンであることを、いわれもなく疑うことなどもはやできようか。また上述したように、大変博学で、薬草について大いに貢献した数多くの人々が、次のような意見を持っているのである。すなわち、俗に言うヒッポラパトゥムの根が古代のルバーブであり、そしてラーバルバルムと等しいのだと信じているがゆえに、大ギシギシがフランシスコ会士たちによってラーバルバルムと呼ばれているのであるということ。また後には他の人々によっても、ある時はまさに根の大きさ（実際五年たつと、この植物は大きくて密実な根をはやす）ゆえに、またある時はとりわけその色や、実のつまり具合や、芳香や、味の点から、この植物がラーバルバルムと呼ばれるのである、という意見である。彼らがさらに加えることには、経験から、以下のことが認識されるという。すなわち俗に言う大ギシギシの根は、ラーバルバルムに備わっているような下剤作用を有するが、その効果は控えめである。我々としても、はっきりと次の点を認めよう。すなわち大ギシギシの根は大きく成長する以前でも、すなわち発芽後二年ないしは三年ほどの時点で、レオンに非常に似た姿となるのだと。

しかしながら、たとえそれが真実であるにせよ、ただ根の部分のみでも、我らが手にするロドピ山産のトラキアのヒッポラパトゥム、およびスキタイのヒッポラパトゥムが、レオンの名に値するものと判断しなくてはならない。なぜならば、ただそれらの根の部分だけであっても、ディオスコリデスがレオンに帰したすべての弁別特徴を備えていることが理解されるからであるし、そしてまた、ルバーブと認識するための正当な弁別特徴の何一つをも欠いていないことが、つい今しがた、我々の手で証明されたばかりであるからだ。これらに、第一番目の種の「長い葉の」ヒッポラパトゥムの乾燥した根がとても似ているし、またそれはトラキア産レオンと区別することがきわめて難しいばかりか、おそらく今後いかなる方法でもっても区別はできないであろう。というのも、それらの乾燥した根のうちに、すべての弁別特徴があらわになっていることが、よく観察すればおわかりになるであろうから。一方で、第二番目の俗に言う「長い葉の」ヒッポラパトゥムの根は、レオンよりも、ラーバルバルム（ここでは成熟して、発芽後数年ないしは五年を経たものを念頭においている）のほうにより一層似ているように見える。というのもそれらの根は、幅広ではないが、硬くて実が締まっており、重たくて、匂いが強く、よりはっきりとした苦味を有しているからだ。

さて、「長い葉の」大ギシギシの根と真のルバーブ——すなわち「広い葉の」大ギシギシ——との間にみられる一致や類似性については、我々によって十分に述べられた。さあ次に、レオンおよび「長い葉の」ヒッポラパトゥムの効能、ならびに薬効についても、検討してみることにしよう。

第七章　ルバーブおよび「長い葉の」ヒッポラパトゥムの効能、および薬用に際して知られている有用性について

ディオスコリデスはレオンの効能および薬用としての有用性について記しながら、こう述べている。

> その効能は、少々の熱をともなって収斂性の酸味をもつものである[34]。

またガレノスはこう言っている。

> レオンは、混合した構成と効能を持っている。すなわち土元素の冷の性質をいくぶんか有し——ちょうどその徴として収斂性の酸味を帯びる——、そしてある程度の熱が加わっている。もしも口に含んで長いあいだ噛み砕いてみるならば、強い苦味を感じるだろう。そのうえ微細な空気の実体にも属しており、そのことは、中身がつまっておらず、軽いという点に現れている。そのうえ効能がとりわけ強い。というのも、痙攣に対してばかりでなく、損傷や呼吸困難に対しても有効であるからだ。同様にして、お酢と一緒に患部に塗ると、打ち身や膿痂疹も治してしまう。さらに加えて、その収斂性の酸味の作用がかなり力強いものだから、結果として、出血時や下痢や赤痢患者に対して、血液を凝集させる効果があることを知っておくのも無駄ではあるまい。というのも微細な空気は、土の冷たさと対立するわけではなく、それどころか、レオンは土の冷たい性質を引き下げ、空気を上にあげるという点に、強力な効果の原因があるからである[35]。

ディオスコリデスはまた、その他の有用性についても加えている。すなわち、飲み下せば強い痛みや鼓腸に効果があり、また脾臓や肝臓の疾患、腹部疝痛、しゃっくり、熱病、毒獣に咬まれた際などにも有効だという。またある者たちは、ルバーブに下剤作用があると思っているようだが、これはディオスコリデスの次の言葉（これはセラピオンがその発言主であったと思われるのだが）から誤って引き出された知見である。すなわちアガリコン（ハラタケ）が投与されるようなすべての疾患に対して、同量のレオンが与えられる、という発言である。彼らがそこからさらに確信を持って主張することには、レオンは口から摂取されると、肝臓や脾臓の疾患に対する治療薬となる。罹患した内臓において体液をただ浄化することで、そうした有益な薬効を発揮するのだと、そう考えているのである。

また先述したフランチェスコ・クラッソ氏がその報告書の中

で、次の点を認めていることも、ここで申し添えておこう。すなわちトラキアのロドピ山脈付近に暮らすある修道士たちが、下剤作用を引き起こす目的で、ラーバルバルムの二倍の重量のトラキア産ルバーブを用いることがごく一般的な習慣としてあった、という点である。そして報告の締めくくりとして、それらの修道士および他の人々のもとで、トラキア産ルバーブの根があまりにも頻繁に服用され、当地に自生していたレオンが採り尽くされてしまったために、いまではごくわずかしか見つからないと結んでいる。そんなわけで、かつてはその地方はこの植物が豊富に生息していたのだが、いまや地元の住人たちはルバーブの不足にあえいでいるのだという。おそらくそうした効能（とはいえもしトラキア産レオンに何がしかの効能があるにせよ、我々は未だそれを経験的には把握していない）は、ディオスコリデスやガレノス、あるいは他の古代の著述家たちには、知られていなかったのだろう。

大ギシギシは効能の点において、ルバーブに非常に似ているので、その本質が二重の実体から構成されているように見えるほどである。二重というのはもちろん、一部は冷の性質で、一部は熱の性質を有するということだ。実に、この植物の根が有する冷たくて密実な土元素の実体は、相当な収斂性の酸味を帯びているために、口に含むと、舌をかなりの程度ひりひりとさせる。そして次の点において、レオンとは異なっているように見えるのである。すなわち噛み砕いても、口の中でさほどねばねばしないのだ。実際のところ、いくぶんかの酸味から生じる、少なからぬ熱と繊細さを持つ実体によって、ルバーブは他とはっきりと区分される。実がつまっていると同時に、繊細な実体によって増大させられた熱を帯びたルバーブの根は、より純粋な効能を秘めている。根それ自体の、色からは分からぬが、だがはっきりとした苦味が、その効能の存在を我々に示しているのである。それゆえ服用すると、脾臓や肝臓の疾患や、喘息に対する治癒効果があるのであるが、さらに、不潔で変色した状態におかれた皮膚の治療と浄化のために、お酢と一緒に塗ると、より大きな効果が得られる。けれども浄化および下剤の効用についてのその他の意見については、すでに上述してあるから、この植物の根についてはこれ以上の贅言を費やすことは控えよう。そしてこれにて、ルバーブについての私の論述を終える。

注

（1）アルピーニはルバーブに対する呼称として、ギリシャ語の音訳であるレオン（Rheon）、ないしはそのラテン語形であるレウム（Rheum）、そしてラーポンティクム（Rhaponticum）の三つを、同義語として特に区分することなく使っている。そのため翻訳にあたっては、原文でRheonないしはRheumとなっていた場合にはレオン、Rhaponticumの場合はルバーブと訳した。ただし文脈によっては、ラーポンティクムと表記した場合もある。

（2）フランチェスコ・クラッソ（生没年不詳）。十七世紀の哲学者、医師。パドヴァ大学で要職を務める。ルバーブの品種同定を行ったことで名を残した。

（3）アルピーニが園長を務めたパドヴァ植物園のこと。一五四五年開設。

（4）アルピーニはヒッポラパトゥムを、大ギシギシ（Lapathium / Lapathum Magnus）の同義語として用いている。

（5）マルチェッロ・ヴィルジーリオ・アドリアーニ（一四六四～一五二一年）。通称ディオスコリデス。人文主義者。クリストーフォロ・ランディーノならびにアンジェロ・ポリツィアーノの弟子。ラテン語、ギリシャ語に加え、医学と自然科学を修め、フィレンツェ大学で教鞭をとる。ディオスコリデスをラテン語に翻訳し、ローマ教皇レオ十世に捧げた。

（6）ディオスコリデス『薬物誌』第三書第二章。

（7）*Centaurea centaurium* L.

（8）セラピオンは『アリストテレスの鉱物書』の編者として知られるアラビアの医師（十一世紀）。著作のラテン語訳を通じて、ヨーロッパ医学に多大な影響を与えたといわれる。十四世紀には、彼の著作のイタリア語訳『単体薬物論』も出ている。

（9）セラピオン『単体薬物学』第二〇六章。

（10）アヴィケンナ『自然哲学』第二分冊、第二書第五八五章。

（11）ガレノス『解毒剤について』第十四章。

（12）ガレノス『解毒剤について』第十四章。

（13）ガレノス『単体薬の諸力について』第八書。

（14）アヴィケンナ『自然哲学』第二分冊、第二書第五八五章。

（15）プリニウス『博物誌』第二七書第一〇五章。

（16）ピエトロ・アンドレア・マッティオーリ（一五〇一～七八年）。シエナ生まれの医師、人文主義者。パドヴァ大学で学位取得後、医師としてイタリア各地を遍歴、後に神聖ローマ帝国宮廷の侍医を務めた。その著作『ディオスコリデス注解』は膨大な美麗木版画の魅力もあいまってベストセラーとなり、何度も増刷を重ねた。

（17）マティアス・デ・ロベール（一五三八～一六一六年）。フランドルの医師、植物学者。医学の名門モンペリエ大学にて、ギヨーム・ロンドレのもとで医学を学ぶ。一五八四年には戦乱を避けてイングランドに渡り、晩年はジェイムズ一世付きの植物学者を務めた。その著作『植物新稿』（初版一五七一年）は、薬効や名称のアルファベット順ではなく、植物自体の特性に着目した客観分類を提示する革新的な内容であった。一方で気性の激しい性格の持ち主としても知られ、しばしばマッティオーリと対立したという。

（18）ジャン・リュエル（一四七四～一五三七年）。フランスの医師、植物学者。フランソワ一世の侍医として活躍し、またパリ大学教授も務めた。代表作『植物の本性について』は、フランス語の植物名称が多数記載され、一般読者向けに書かれたヨーロッパで最初期の植物学著作と位置づけることができる。

（19）アロイシウス・アングイッラーラ（本名ルイージ・スクアレルモ）。一五四五年設立のパドヴァ植物園初代園長（一五四六～六一年）。著名な植物学者ルカ・ギーニの弟子。マッティオーリの盟友。古代植物学の知見を、十六世紀の最新の植物学と結び付ける研究を行った。

（20）ジョヴァンニ・マナルド（一四六二～一五三六年）。フェッラーラ生まれの医師、植物学者、人文主義者。レオニチェーノ（注22）の弟子で、師のあとを継いでフェッラーラ大学の医学講座の教授を務めた。その傍ら、ピーコ・デッラ・ミランドラ家やハンガリー王、フェッラーラ宮廷などの侍医も勤めた。

（21）ジョヴァンニ・マナルド『医学書簡』第六書二。

（22）ニッコロ・レオニチェーノ（一四二八～一五二四年）。ヴェネト地方出身の医師、人文主義者。パドヴァ大学で哲学と医学を修める。一四六四年以降、フェッラーラ大学にて数学、哲学、医学を教える。一四九二年に『大プリニウスおよびその他の著作家が犯した薬草についての記述の誤り』を出版し、古代権威への批判を行ったが、これが学界を巻き込んでの大論争に発展したことは有名。

（23）ジョヴァンニ・マナルド『医学書簡』第五書、最終書簡。

(24) バルトロメオ・マランタ（一五〇〇～七一年）。イタリアの医師、植物学者、文学理論家。ピサ大学でルカ・ギーニの下で学ぶ。その後ナポリの植物園で働き、さらにはローマ植物園の創設（一五六八年）にも尽力している。著名な博物学者ウリッセ・アルドロヴァンディやマッティオーリとも親交を結んだ。代表作は解毒剤を論じた『テリアカならびにミトリダーテについて』（一五七二年）。

(25) ヨハネス・ツェツェス（一一一〇以降～八〇年以降）。十二世紀のビザンティン帝国の詩人、修辞学者、古典文献学者。『キリアデス（史書千巻）』などの著作を残す。

(26) アングイッラーラ『ギシギシについて』。

(27) アンドレア・チェザルピーノ（一五一九／二四～一六〇三年）。イタリアの植物学者、医師、哲学者。ピサ大学の医学、植物学教授を務めるかたわら、同大学付属植物園の第二代園長の職も兼任し、栽培品種を豊かにした。植物園での実地観察の成果をまとめた『植物分類体系』（一五八三年）は、近代的な植物分類学の嚆矢とされる。一五九二年にローマに移り、ローマ教皇クレメンス八世の侍医を務めた。

(28) チェザルピーノ『植物について』第四書第二九章。

(29) アンミアヌス・アレクサンドリヌス『歴史』第二二書。

(30) カロルス・クルシウス（一五二六～一六〇九年）。フランス生まれの医師、植物学者。神聖ローマ皇帝の宮廷に仕えたのち、ライデン大学の教授に就任し、同大学付属植物園の建設に尽力した。広範な書簡網を築き、ヨーロッパ各地の学者たちと植物標本の交換を行った。

(31) ヒエロニムス・ボック（ラテン語名トラグス、一四九八～一五五四年）。ドイツの植物学者、医師、ルター派教会の牧師。主著『新本草』は、一五三九年の初版時には図版がなかったが、一五四六年以降の版には写実的な図版が付された。ドイツ語で綴られた本書は、古典権威を盲信することなく、自らの観察による知見を盛り込んだ意欲作で、近代植物学の幕開けとなった。

(32) レオンハルト・フックス（一五〇一～六六年）。ドイツの植物学者、医師。ヒエロニムス・ボック（トラグス）、オットー・ブルンフェルスとともに、ドイツ植物学の父と讃えられる。一五四二年出版の『植物誌』は、ドイツ産植物約四〇〇種、外国産種約一〇〇種を収録。学者自身の厳格な管理のもとに作成された五〇〇点を超える精密なイラストを掲載し、博物図譜史の分水嶺となった。ピサ大学からの招聘を断り、一五五三年以降はチュービンゲン大学の医学部にて教鞭をとった。

(33) ジョヴァンニ・ポーナ（一五六五～一六三〇年）。ヴェローナ生まれの植物学者、博物学者。ボアンやクルシウス、フックス、ロベールら著名な植物学者や医師と書簡交信を行い、膨大な博物コレクションを築き上げた。

(34) ディオスコリデス『薬物誌』第二書第二章。

(35) ガレノス『単体薬の諸力について』第八書。

農　学

4

オリヴィエ・ド・セール

農業の劇場（序文）

池上俊一訳

解題

ここに「序文」（Préface）を訳出した『農業の劇場と畑の管理』*Le Théâtre d'agriculture et mesnage des champs* の著者オリヴィエ・ド・セール（Olivier de Serres, 一五三九〜一六一九年）は、十六世紀後半から十七世紀前半のフランスを代表する農学者である。フランス南部のヴィヴァレ地方の貴族家系に生まれ、肥沃な土地プラデルの領主になった。父は早く亡くなったが、ギリシャ語・ラテン語をはじめとしてしっかりした教育を受け、またヨーロッパ各国を旅して知見を広めたことが、その後の農業経営者、農学者としての仕事に役立った。

彼はカトー、コルメッラ、ウァッロ、ウェルギリウス、プリニウスなどの古典を繙いて、農業全般を綿密に研究するとともに、実験的な農業も行った。また博愛主義の立場から、王党派であれ旧教同盟参加者であれ、カトリックであれユグノーであれ、差別せずに元兵士らを呼び招き、一種の農業コロニーないし実験アカデミーを作った。

オリヴィエ・ド・セールは、人工的な牧草地造成、クワの導入、ブドウ畑への殺菌のための硫黄粉散布などで、フランス農業に新生面を開いたことで知られ、またプロヴァンス地方でトウモロコシの栽培法を教えたり、甜菜の産業的な前途を見抜いたのも彼であった。これらの業績のうちでも、クワの導入・各地への普及と養蚕業の指導はとくに重要な貢献である。

オリヴィエの畢生の大作と呼ぶべき『農業の劇場』は、三十年以上の準備を経て一六〇〇年にようやく上梓され、大成功を収める。一六七五年までに十九回版を重ね、また各国語に翻訳されて、彼の名はヨーロッパ中で広まった。もともと本書に合体されるはずだった章が、独自の本『絹の採集』*La Cueillette de la Soye* として出版され、ほかに簡単な日記を含んだ「家計簿」が残っている。

『農業の劇場』は、王への献辞と序文の後、八部に分けて必要な農作業と家長の責務を論じている。扱われているテーマは、(1)家長の責務、(2)土地の耕作、(3)葡萄樹栽培、(4)四つ足の家畜、(5)鶏小屋の経営、(6)庭造り、(7)水と森、(8)食料の使用、などである。もちろん、過去の同種の作品から学んだ点がないわけではない。彼が頻繁に引用している古代ギリシャ・ローマの農学者たちのほか、十三世紀ボローニャの農学者ピエトロ・デ・クレッシェンツィや、十六世紀半ばに出たリヨンの二人の医者エスティエンヌとリエボーによる『田舎家』*La Maison rustique* からの影響もあるが、オリヴィエのものは魔術や迷信からは隔絶してより科学的・経験主義的になり、多くの先行者や俗説の誤りを指摘している点が特徴的である。

理性と科学の使用は、訳出した「序文」でも高々と謳われている。彼は自分の経験・観察・知識から、たとえばアーモンドの苗が甘い実を産するかそれとも苦くなるか、どうしたら狙いどおりのものを作れるか、アーモンド樹、クルミ樹、タマネギなどはいつ植えるべきか、月がどんな形のときにそれぞれの樹木を伐採すべきか、などの答えを導き出しているのである。

もうひとつ、こうした科学性・経験性とともに、いやそれにもまして重視しなくてはならないのは、その文章のエレガントな魅力である。言葉は柔軟なリズムで自由に動き、かつ簡明で整序されている。まるで畑仕事のように、蒔かれた言葉が生き生きと成長し、文章の内容・テーマに応じて姿を変えていくようだ。ここには、ラブレーやプレイヤード派詩人の創意や輝きはなくとも、独特の味わい、言葉の悦び、形式上の節度があり、いわば古典主義文学の最良の例があるのである。おそらく彼は、農業について人々に教えること、その技法や関係するモラルの考察よりも先に、文章を新しい時代にふさわしく練り直すことに快楽を覚えていたのではないだろうか。

聖職者じみた言葉とは正反対、皆の言葉、誰でも分かる言葉を作り上げたからこそ、本作品は開明的農学の基礎を据える著作だと見なされうるのであろう。心地よく読める本作は、同時代の多くの植物学者や動物学者の途方もなく細かくスコラ的な植物・動物の注釈書とは、別世界に属している。

もちろん著者は、開明的とはいえ、たんに農民の文化・知識を分かりやすく述べているだけではない。彼はプラデルの領主としての特権を持ち、一級の知識人としても無知な目下の者たちの上に立っている。だから本書は、使用人・奉公人をいかに働かせるか、彼らにどんな態度で臨むとよいか、という指針を主人にして家長である者に教える手引き書でもあるのである。本書の真の対象は、農学というよりも領主の家の管理と出費の工夫なのであり、この点、十五世紀イタリアの人文主義者レオン・バッティスタ・アルベルティの『家族論』第三巻と比較すると興味深い。

底本としたのは、Olivier de Serres, *Le théâtre d'agriculture et mesnage des champs*, Arles, 2001, pp. 59–68 である。参考文献としては、底本の Pierre Lieutaghi による「序論」(Introduction) のほか、H. Vaschalde, *Olivier de Serres, seigneur du Pradel : sa vie et ses travaux*, Paris, 1886 ; M. De Fels, *Olivier de Serres*, Paris, 1963 ; J. Charay, *Olivier de Serres*, Paris, 1968 ; H. Gourdin, *Olivier de Serres : Science, expérience, diligence en agriculture au temps de Henri IV*, Arles, 2001 ; J. Boulaine & R. Moreau, *Olivier de Serres et l'évolution de l'agriculture*, Paris, 2002 ; F. Lequenne, *La vie d'Olivier de Serres*, Paris, 1970 などがあり、本解題執筆においても参照した。

序文

大地は人類の共通の母にして乳母であり、あらゆる人間はそこで快適に暮らしたいと望んでいる。だからそれと同様に、「自然」は我々の内に「農業」を敬い重視するような傾向を植え付けたのだと思われる。それは農業が、我々の食糧および生活維持に必要なすべてを、ふんだんにもたらしてくれるようにするためである。その結果、人は自分が好きなものを念入りに書き記す習性があることから、農業にまして、古くからまた大量の書き物が残されているテーマはない、ということになる。それはあらゆる時代、すべての国々において、このいとも素晴らしく賛嘆措くあたわぬ題材に関して仕事をした著者を、長々と列挙することができることからも明らかである。彼らは神がそれ［農業］を通じて、その子たちに与える無数の貴重な各種の財貨のために書いているのである。その証拠に、以下の点にも注目すべきである。すなわち、おなじことの繰り返しはうるさく退屈になりがちだし、別の用語で表現したとしても、大変な苦労を重ねたところでこれまで言われてないことは何も言えない、それにもかかわらず、この主題について書かれたことはことごとく、その著作の精神と美しさの程度に応じて皆に受容されてきた……ということに。かくして、アジアの博士もギリシャの博士も、アフリカ人やラテン人を抑えることはできなかったし、彼ら皆が一緒になっても、われらが時代の多くの人たちが、無駄な仕事をしたなどという非難など恐れずに、諸言語で同一の事について筆を執ることを妨げられなかったのである。彼らのうちの幾人かは、職業上農業――それは何より経験と実践に存している――に没頭する暇も手段もあまりなかったにもかかわらず、わざわざ苦労して書物を書いて、幸運にも大成功を収めた。たしかに自然は人間を駆り立てて、この麗しき科学を愛し探究するようにさせるが、それはその［自然という］学校で習得でき、必要に迫られて取り木して数を増やし、その甘く利益になる果実が一瞥を与えてくれさえすれば美しい姿をまとうような科学なのである。なぜなら、最初にそうした書物を書いた者たちは多くをなしたわけではなく、ただ他の人々に道を示して氷を割っただけだということを、誰が否定しようか。しかしながらまた、彼ら先達者はすべてを見たわけではなく、この褒むべき苦労において彼らを引き継いだ者たちは、公共善をもたらすあらゆる者たちに帰すべき名誉を、かくも美しく有用で必要な主題においてさえ所有しつづけたのだということを認めない者が誰かいようか。

この全般的動機のほかに、もうひとつ特殊な動機が私がこの仕事を企てるきっかけになった。私の性向とわが事業の状況のために、私は畑と家の中に留まり、当王国の内戦の間(1)、時代が許すかぎり、わが最良の年月のかなりの部分をわが使用人に土地を耕させて過ごすことになった。それについては神がその聖なる恩寵によりこよなく祝福して下さったので、私はかくも多くの災厄の中で健康を維持し、恩寵の良き取り分を得させていただいたように感じた次第である。また私はわが「祖国」のさまざまな気質の揺れ動きの中ではなはだ気丈に振る舞ったので、私の家は戦争の住居であるよりは平和の住居であり、機会が訪れたときには、私はわが隣人たちのわが家をめぐる証言を伝えたのである。そして彼らとともに健康に気をつけ、私は主に自宅で家政に没頭したのである。この悲惨な時期においては、わが気質に属するものを探究するより少しでも良いわが精神の使い方が何かできただろうか。実情は、平和が我々にいささかの安らぎを与えてくれたにせよ、あるいは戦争が何度もぶり返してわが家を守る必要を私に課したにせよ、大して変わらなかったのだ。そして公の災厄が、憂鬱に対するなんらかの薬を私に探させたという訳だ。わが魂の有益な教えに従って、私は時間をつぶしながら農業書を読むことに特異な満足を見出したのである。それらの読書に、私はさらに自分自身の経験による判断をも付け加えた。だから率直に言わせてもらえば、私は、古代そして現代の農業書を頻繁かつ綿密に読んだ後、そして私の知るかぎりまだ観察されていなかったいくつかのことを観察した体験から、それらを公衆に伝達して、私の意見では、人間たちの生活に貢献するのがわが義務だと思われたのである。それが私が書こうと思った理由である。私は友人たちがわが意に反してその執筆を促したことや、無駄な時間を費やして私がその仕事をしたことに文句は言うまい。しかし言っておきたいのは、私はできるかぎりこの麗しき科学を描出するよう、張り切って努めたということである。そしてそこにわが暇のすべてを注ぎ込み、わが計画の前進に資することができると考えた万端を、何も省略することなく書いた。それはそれ自体の価値のためであるとともに、公衆［読者］への敬意のためでもある。

私の意図は、できることなら簡単かつ明瞭に、慣れ親しんだ土地の性質によって土地をよりよく耕し、家族とともに快適に暮らすために知り行うべきことすべてを示すということである。とはいえ私は、この主題について言いうることすべてを寄せ集めようというのではない。そうではなく、ただこの「劇場」(Théâtre)の「諸篇」(Lieux)の中に、私が今日まで各人の使用にふさわしいと知った家政の記憶を、この麗しき学問が提供できるかぎり配置してみたいのだ。

あらゆる便宜が整った畑地に出くわすよりも、それを願うほうが易しい。すなわちそれは良く美しい土地で、天と地が相調和し、人間に潤沢に生きられるために望みうるすべてのものをもたらしてくれるような土地である。しかし神は、御自身が我々に与えられた場所で満足するようお望みであるからには、なおさらそのあるがままの土地を神の手が下されたもののように思い、技巧と精励を傾けて欠陥を補うよう努め、可能なかぎりの努力でそれを利用するほうが賢明である。神託の言葉に従えば――「いくら骨が折れようとも、畑仕事を嫌ってはならない。というのもそれは至高の神の命令だから」[2]。そしてこの真理の光は、異教徒にとって注目すべきものである。

　父は望まなかった、畑仕事が
あまりに容易な道であることを。そこで人間の内に

畑を耕す技術と気苦労を生み出させた、
そして正しくも、不精者には果実を拒んだ。[3]

なんらかの土地を購入しようと考えている者は、それを相続で受け取る者たちにはない特権をたしかに有している。それはお金と引き替えに、土地を選んで購入できるからである。選ぶ際に最悪のものを摑んでしまうなどというのは、軽率だろう。しかしながら、すべてが誂え向きに完全に仕上がっている土地を――いくら研究と選択を重ねたとしても――見つけられることはけっしてないと、確信しておかねばならない。だからこそ農業を愛する者たちは、まず最初、それぞれの見地に立って、その土地の資質と特殊な性質をよく知らねばならない。それは知恵をしぼって、その土地がさまざまな可能性に応じて果実を孕み生み落とすのを助けることができるようにするためである。精励を伴った技芸は、大地の奥底から――まるで無限で無尽蔵の宝の山からのように――あらゆる種類の富を引き出す。そして念入りに耕作したいと願っている者は誰でも、最後にはどの部分であれ、彼が注いだ時間と手間にふさわしい報いを受け取るだろうことを疑ってはならない。

土地ごとに差異がないなどとは言いたくない。あらゆる郷土がその質の良さや肥沃さで同等だとするのは、常識に反するだろう。それでも、経験が「どの郷もおなじ価値がある」(un pays vaut l'autre) という諺の真実を認識させるのは、理由のないことではないのである。きわめて大きな諸々の利用価値のある多くの便宜がそこから引き出される樹木と牧草地のある山、それは、大変な費えと労力をもってのみ小麦をもたらす谷や田園地帯に、収入の点で遅れを取るものではない。このことはわれらが故郷ラングドック地方以外に証拠を求めずとも、十分理解されることである。というのはラングドックでは、もっとも富裕な家々はヴィヴァレとジェヴォーダンの山岳地帯にあるからである。

だから私の目標は、良き家長を説得して、彼の土地を楽しみ、その自然の能力に満足し、大いなる軽蔑・蔑視を以てその不便を恐れずに排し、手腕とたえざる精励によって、時間をかけてそれをより多産にあるいは不便が少なくなるよう、機会を捉えて努力するようにさせることである。なぜなら人生を過ごさなくてはならない土地に対し、どんな理由で腹を立てるだろうか。山を平地に、平地を山に変えられるというのか。だから各人に必要なものをまさに御存知で、配分して下さった神慮に慰みを見いだすことだ。まさにそのため「額に汗して土地を耕す」という正当な罰を、人間はその罪ゆえに科されたのだ。それでも神は、その祝福によりまた約束に従って、地上の富の享受において、人間に己の労働の果実を味わわせて下さったのだ。そして誰が家政に、なんら苦痛も不都合もない楽園を想像できようか。というのも、この世の諸大国はかくも多くのやっかいな困難に取り巻かれているのだから。そこからわれら哀れな死すべき運命の人間は、不死に向かうための完璧なもの確実なものは、この死すべき人生には何ひとつないと学ぶだろう。そこでわれらが家長は、この地上にいることを思い出し、そこで家族とともに生きるために土地を耕す決心をしながら、この麗しき学問を己の仕事の指針と捉えるだろう。

それは、その原理から理解され、理性をもって適用され、経験をもって指揮され、熱意をもって実践されさえすれば、難しいというより有用な科学である。なぜなら「科学」「経験」「精励」がその作法を要約した標語であり、その基礎は神の祝福で、我々はそれが、われらが家政の精髄にして魂だと信じるべきだからである。そしてつぎの見事な箴言をわれらが家の主要なモットーと弁えること――「神なしには何らの益もなし」。この箴言の上に我々はわれらが「農業」を樹立するだろう。その使用規則は以下のように表現されよう――

家長はすべきことを知り、彼が生活する場所の秩序と慣習を理解し、各畑仕事にとって正しく適切な季節に仕事を実行しなくてはならない。

あらゆる農業の書物を馬鹿にする人たちがおり、彼らは我々を目に一丁字ない農民たちの元に送り返して、農民たちこそ畑を耕す無二のまた確実な掟である経験に裏打ちされているゆえ、この分野で唯一資格のある判事である、と言うのである。田舎の家政を土地土地の特殊な利用法を知らずに書物だけで論じることが、空中楼閣を築き儚く無用な想像によって凝り固まってしまうことにほかならない、と私は彼らとともに告白しよう。すぐれたベテランの農夫たちから土地を良く耕す方法を学べることは、私としてもよく分かる。しかし我々を彼らの元にだけ送り返そうとする人たちは、もっとも経験豊かな者たちの間でさえさまざまな意見があり、彼らの経験は理性なしには良いものではありえない、と私に白状することになるのではないだろうか。

農民たちの脳髄をことごとく探査し、たんに異なっているばかりかしばしば対立しさえする彼らの見解を調和させるほうが、一冊の書物の中に実践と結びついた理性を読み取り、ひとつにまとめられた科学と習慣の助力と術策を頼りに、それを主題ごとに判断力をもって応用するよりも望ましいというのだろうか。このおなじ理性は、農民にも書物とおなじ役割を果たさないだろうか。無論、何事かを首尾良く遂行するためには、まず最初にそれをよく理解しなくてはならない。とりわけ農業の場合はそうである。農業では季節をはずすと損害が甚大になるからである。さて、一般的な経験、農夫らの報告にのみ信を置く者は、なぜか知らないまま取り返しのつかない過ちを犯し、自分の不確かな経験を信用して、農地を横切ってしばしば迷子になる危険がある。それはあたかも藪医者同様で、彼らはおなじく経験を楯にとって、踵を脳と頻繁に取り違え、あらゆる病気に対して同一の膏薬を使うのだ。そして無教養な農夫の経験が、「農業」について書いている学識者の理性によって多いに助けられると思わない者がいようか。

誰か問う者がいるかもしれない、自分の常識やあるいは小作農の下に、まさに自然の技巧によって見いだせるものを、何故、書物の中に探さねばならないのか、と。同様な抗弁は「自由学」と呼ばれるあらゆる学問について成り立つ。なぜなら、すべての物事の原因と原理は人間の魂の中にあり、彼は母親の胎内にいるときから知っていたことしか哲学書からも学べないからだ。ところが混乱し謎に包まれた学識については、なんらかの巧妙な方法によって押し進められる必要がある。自然学の書物は、自然の原因と結果を教える——倫理学は良く幸せに生きる方法を、家政学は家族を良く率いる方法を、政治学は国家について。人間はこれらの学問を知るのに必要な原理とともに生まれてくるが、しかしこれらの美しき物事は、たんにカバラにおけるように口頭伝承に頼るだけでなく[4]、博識な書き物の教えによって人間の魂の中によりよく涵養されることを、誰がうぬぼれなしに否定しようか。「技芸」は経験の寄せ集めであり、「経験」は「理性」の判断と使用である。そこに学者たちの書き物が役立つのだが、それというのも無限で曖昧な物事は、多様な判断での探究を通じて、この人生に必要な物事の長い観察と経験によって作り上げられた「技芸」の諸規則を通じて、限定され確実になるのだから。もし我々があらゆる主題の技芸を重んじるのなら、人類にとってもっとも必要でそれなしには生きられないこの科学［農学］が、我々にとってどれほど、いよいよ推奨されるに値するか分かろうものだ。また自然の書物ではかくも素朴に語られているゆえに、なおさらその論証は、理性が目で見て手で触れられるように歴と現れているかくも明白な効果で、いかに堅固にして明瞭でなければならないことだろうか。

したがって「農業」の科学は、経験の魂だということが明らかになる。それが本当に科学と認められるためには、実用的でなければならない。というのは、もし実地に移さないなら農書を書いたり読んだりするのが何の役に立とうか。ここでは使えない科学は無用なのだ。そして実際の利用は科学なしには確実にならない。利用というのがあらゆる褒むべき企ての目標であるから、そのように科学は真実の利用の方途であり、良き行動の規則にして指針なのである。それ［農学］は「科学」と「経験」の連結である。私はそれら二つの仲間として「精励」を加えよう。それはわれらが家長が、腕組みしたまま言葉だけで金持ちになり自分の住居を一杯にしようなどと考えないためである。なぜなら我々が求めるのは穀物倉の小麦なのであって、絵に描いた餅ではないからだ。苦労なしには財産もない。良き家政を築くには「知」「意」「力」の三つを合わせることが必要だというのは、コルメッラに代表される古代の規則であり、その結果も実証されているところである。この結合の中にわれらの「農業」の作法が存している。その利益はあらゆる種類の人間にとって共通のもので、皆のためになり、それゆえこの素晴らしき科学はすべての人々によって聞き届けられるべきなのだ。そして実際、全身分が目標とするのは「農業」なのだ。というのは、軍事、文学、金融、交通などの分野でかくも献身的に労働するのは、お金を儲けるためでなくて何のためだろうか。そして自分たちを養うのに使った後は、このお金で土地を購入するほか何をするだろうか。そしてそれらの土地は、そこから生きる糧を引き出すため以外の何に役立とうか。またそれを引き出すのに、耕作以外の方法があろうか。かくて次第に明らかになってきたのは、この世ではどんな道を選ぼうが、最終的には「農業」にたどり着くということだ。それは人間たちの間でもっともありふれた職業であり、また神の口からわれらが始祖に命じられた唯一のものとして、もっとも聖にして自然な仕事なのである。だからわれらが農業は、畑の住民にとってのみ特有なのではなくて、都市住民もそれに加わっている。というのも今日では多くの人々が畑仕事から遠ざかっているとはいえ、それにもかかわらず、彼らは自身のためないし自分の家族のためにそこに向かうことになろうから。多くの者は労苦を休止させた後で、この世で穏やかに憩うために、田舎の甘い孤独の中で人生を終えに行こうと決意するのである。といっても、もしいかなる憩いもそこに見いだせないときには、天国での完全にして幸福な平安の享受を待つことになろうが。これらの事柄が簡単に示された後には、最後に、各題材をしかるべき場［篇］で扱うためのこの大著作全体のプランを順に示していくことにしよう。

第一篇では、私はわれらが家長に、耕したいと思う土地を良く知り、良い家に住み、家族を良く導くよう指導したい。それこそこの世に生きる男のあらゆる仕事の目的である。

第二篇では、パンが人間の栄養物のうちの主要食品なので、私は、その用に適したあらゆる種類の麦を得るために、また農家の維持に大いに役立つ野菜類を得るためにも、土地をしかるべく耕す方法を示すだろう。

第三篇では、食べるだけでは人間の栄養に十分でなく、生きるためには飲まねばならないし、ワインがもっとも一般的にして栄養のある飲み物なので、私はワインを手に入れ、それを作り保存しまた葡萄の実から他の便宜品を得るために、葡萄樹を植え、耕す良い方法を教授しよう。また葡萄に適さない大気の下にいる人たちには、他の飲み物について教えよう。

第四篇では、家畜は家長に衣食を与え、また奉仕しお金をもたらしてくれるなど大変な利益になるゆえ、私は、そこで数多の家畜を育てるための牧場や他の牧草地の整え方を教え、またあらゆる種類の四足獣を、有利で立派な利得付きで飼育し導くやり方を教示しよう。

第五篇では、家長にさらに肉を供給するために、私は彼に鶏小屋、鳩小屋、野兎生息地、庭園、池、蜂蜜巣箱ないし養蜂場を提供しよう。そして自然の大度をもっとずっとよく体験させるために、私は彼に大量の絹を手に入れるテクニックを教えて、盛大に衣服をまとわせ家具を備え付けさせよう。そして彼はまた、そこから大金を引き出すこともできるが、これは桑の葉を栄養にして、細長い糸を吐き出す蚕の素晴らしい技巧によるのである。さらに先に進んで、このような樹木の能力に属するものを何も後ろに置き忘れないように、私は彼に、その樹皮をあらゆる種類のロープや布用の素材に変えて利益を引き出す方法を教えよう。その工夫は家族にとって大いなる利益をもたらすだろう。

第六篇では、必要な利得とともに適正な悦びを彼に与えるため、私は彼に庭を作ってあげよう。そこから彼は、清々しい泉からのごとく、草、花、果実、そして薬草を手に入れるだろう。ついで私は彼に果樹園を建造し、木々が良質の貴重な果実をふんだんに実らすよう植えて接ぎ木しよう。またサフラン、亜麻、麻やその他、家に適した素材、家具や衣服にもなるような、そうした植物にあてがわれた場所もまた設けられるだろう。

第七篇では、水と森が家政にとって必須であることから、私はそれらについて綿密に扱い、われらが家長が両者に適したやり方をより洗練された仕方で理解できるようにしよう。またその結果、彼が自宅に家族とともに潤沢に暮らすために要求され、必要なすべてを備えられるようにしたい。

最後の第八篇では、私は家族の父母たちが、自宅にある財産を心地よく立派に利用するためには、どのように食糧を用いたらよいかを示そう。私は主婦に、日常の生活および一年を通じて役立つ蓄えのため、家にとって必要なあらゆるものが常備されているよう指示しよう。彼女には、ジャムの本当の作り方、あらゆる果物、根、花、草、皮を、液体漬けや乾燥、砂糖漬け・蜂蜜漬け・ブドウ液漬け・濃縮ワイン漬け・塩漬け・酢漬けなどにして作るやり方を教授しよう。また私は、家族に何も不足がないようにするため、世帯ごとに灯り・家具・衣服を備えられるよう、いくつかの店を教えよう。私は彼女に蒸留物や他の準備をさせ、病気の際に自分と家族を助けるため、豊かな経験に裏付けられた療法を与えよう。というのも、迅速に苦痛が緩和されないのは畑作業にとってもじつに不都合で、危険なことなので、しばしば思いがけなく出来する多くの事故では、博識な医者のより十分な治療を待つ間に応急措置の必要が生じるのである。人間への療法について語った後、またおなじく家長は自分の家畜たちの世話もしなくてはならないので、私はつづけて家畜のための薬も扱うことにしよう。同様に、われらの有徳の家長がその事業を行いながら誠実に骨休めをするため、狩りや紳士の他の運動などについていささか述べよう。それは彼の健康維持にも役立とう。

　ようするに以上が、私が本書『農業の劇場と畑の管理』で扱うべきことの概要である。ここに大要述べたことを、今度は詳しく示す仕事が残っており、それは各篇において果たされることになる。

　評価は賢明なる家長に委ねよう。そして利益は、自分の土地の実りで誠実に生きたいと望んでいるすべての者たちにもたらされるように。さらに全名誉は神に捧げる。この冒頭部において、私はその神に、ウァッロが己の田舎の偽神々に対して行ったよりも良い資格で加護を祈願する。

注

（1）内戦とは、一五六二～九八年のユグノー戦争のこと。プロテスタントに改宗していたオリヴィエ・ド・セールと家族も巻き込まれた。

（2）「シラ書（集会の書）」七・十五に、「骨の折れる仕事や、いと高き方が定められた畑仕事を、嫌ってはならない」とある。

（3）ウェルギリウスのつぎの詩句からの自由な仏訳——Pater ipse colendi / Haud facilem esse viam voluit, primusque per artem / Movit agros, curis acuens mortalia corda: / Nec torpere gravi passus sua regna veterno（『農耕詩』第一歌一二一～一二四行）。

（4）カバラはユダヤ神秘主義思想で、世界の隠された秘密を理解する方法を教える。もっとも内密な点は、書物に書かれず師から弟子に口頭で伝えられた。

料理術

5

プラーティナ

適正な快楽と健康について（第一巻）

池上俊一訳

解題

ここに第一巻を訳出した『適正な快楽と健康について』*De honesta voluptate et valetudine*（一四七〇年頃）の著者プラーティナ（Platina, 本名バルトロメーオ・サッキ、一四二一〜八一年）は、クレモナ近くの村ピアデーナの貧しい家庭に生まれた。クレモナで学業を修め、また傭兵としても数年間戦った。その後、マントヴァで本格的な人文主義教育を受け、ゴンザーガ家（当主ルドヴィーコ）と昵懇になり、当家の子供たちの家庭教師を務めた。

ルドヴィーコの息子の一人フランチェスコが一四六一年に枢機卿になると、翌年プラーティナもローマに移ってフランチェスコの庇護下に入る。いくつかのアカデミーに所属して仲間と学びながら、自ら文芸作品を執筆した。教皇パウルス二世に対する陰謀などの嫌疑で二度も投獄の憂き目に遭い拷問されたが、それによく耐えた。教皇シクストゥス四世（在位一四七一〜八一年）には厚遇され、イタリア・ルネサンス期を代表する人文主義者の一人となった。彼はヴァチカン図書館の初代館長でもあった。

作品としては、本書のほかに『マントヴァ市とゴンザーガ家の歴史』*Historia urbis Mantuae Gonzagaeque familiae*（一四六九年）、『平和と戦争について』*De pace et bello*（一四六九年頃）、『偽りの善と真の善』*De falso et vero bono*（一四七〇年）、『君主について』*De principe*（一四七一年）、さらに教皇伝や詩、書簡などがある。一四八一年、ローマで疫病のために亡くなった。

『適正な快楽と健康について』は、まず一四七〇年頃ローマで、ついで一四七五年にはヴェネツィアで出版された。出版後多くの版を重ねたばかりか、二五カ国語という非常な数の言語に訳されて、料理界のみならず人文主義者たちにも多大の影響を与えた。

本書の第一・二巻は果実、第三巻は木の実とハーブ、第四巻はハーブのつづき、第五巻は鳥、第六巻は鳥のつづきとソーセージ、ソースなど、第七巻は穀物、豆、野菜、スープ、第八巻はパイ、第九巻は衣揚げ、第十巻は魚介類を中心に扱っている。

古代ローマのカトー、ウァッロ、ケルスス、コルメッラ、アピキウス、プリニウス、ウェルギリウス、マルティアリスなどから引用し、とりわけプリニウスの『博物誌』に多くを負っている。またアラビア医学やサレルノ学派の医学からも学び、さらにレシピの面では、先行する中世随一の料理書作者マルティーノ師の作品『料理術の書』への大幅な依拠が指摘されている。

だが、彼の著作の最大の意義は、人文主義者にふさわしく、健康で幸せな生活につながる食生活の習慣を唱道したところにあろう。だからレシピの内容としてはほぼマルティーノ師を踏襲していても、食材の自然な味を生かした単純にしてしかも洗練された料理を味わう真率な悦びを擁護し、節度ある健康的な生活態度のためのモラルを提示しているのである。食卓準備・飾り、テーブルマナー、良き処世術・教育が説かれているのはそのためである。さらに、幸せな生活ということで、食事以外に、運動、遊び、睡眠、性生活にまで筆は及んでいる。

ルネサンス期の医学は、中世同様、ヒポクラテス、ガレノス由来の四体液説を信奉しており、したがって、その体液の腐敗やバランス欠如を矯正するのが食餌療法のあるべき姿であった。しかしその食餌療法は、中世の「維持・保守」から「回復・調整」へと重点が大きく移行した。医学の新たな課題は、病気予防と治療に食事がどう作用するか、にあった。

プラーティナはそこからさらに進んで、快楽と健康を食で手に入れようとする。体液の性質、季節による変異、ふさわしい性的行為などを食と並んで取り上げて、体液をうまく調整すれば医者いらずで健康、悦びに満ちた生活が送れるとした。しかしこの「快楽」は、かならずしも好色や罪と結びついた快楽ではなくて、神も拒まない誠実で名誉ある身体的・心的快楽なのであり、そのようなものとして食の快楽を是として論じたのだろう。

プラーティナには、食卓の雰囲気や食後のトークが食事の快楽と健康に重要だとの考えがあり、またテーブルウェアやリネンの清潔、季節ごとの魅力的な装飾も勧めていて、じつに近代的である。多くの逸話が載っているのも楽しい。訳出した第一巻の十六において、プラーティナは、宴会料理の最初には果実や野菜を食べるのがよい、と推奨している。この現在は失われた、コースの冒頭に果実ないし野菜をもってくるやり方は、中世からルネサンス期にかけてのイタリア高級料理の定番であり、近年ふたたび注目されている。

底本には、Platina, *De Honesta Voluptate et Valetudine : On Right Pleasure and Good Health* [Medieval & Renaissance Texts & Studies 168], ed. and trans., M. E. Milham, Tempe (Arizona), 1998 を用いた。翻訳に際しては、同本にある英訳部分および注記を適宜参照した。プラーティナに関わる研究は、以下の書物を参照。B. Laurioux, *Gastronomie, humanisme et société à Rome au milieu du XVe siècle : Autour du* De honesta voluptate *de Platina* [Micrologus' Library 14], Firenze, 2006 ; A. Campana & P. Medioli Masotti (eds.), *Bartolomeo Sacchi il Platina, Atti del Convegno internazionale di studi per il V centenario, Cremona, 14-15 novembre 1981* [Medioevo e Umanesimo 62], Padova, 1986 ; J. D. Vehling, *Platina and the Rebirth of Man*, Chicago, 1941.

第一巻目次

序　文
一　生活場所の選択
二　身体運動について
三　夕食について
四　冗談とゲームについて
五　睡眠について
六　どのように寝に就くべきか
七　交接について
八　ベッドから起きたら何をなすべきか
九　睡眠後の運動について
十　人生における快楽を確保するために何を遵守すべきか
十一　料理人について
十二　テーブル・セッティングについて
十三　塩について
十四　パンについて
十五　ロールパン（小麦ケーキ）について
十六　何を最初に食べるべきか
十七　サクランボについて
十八　スモモについて
十九　クワの実について
二十　メロンについて
二一　キュウリについて
二二　マルメロについて
二三　イチジクについて

ここに、バルトロメーオ・プラーティナによる、サン・クレメンテ教会の枢機卿司祭であるいとも学識高いバプティスタ・ロヴェレッラ師に捧げる「適正な快楽と健康について」の書が始まる。

第一巻

いとも卓越したB・ロヴェレッラ師よ[1]、この私の企てが快楽と健康というタイトルを有しているからと、あなたの御名に結びつけられるのがふさわしくないと考える人は、まったく間違っているでしょう。それどころか私は、あなたの知力とその鋭敏さ、あなたの性格と高潔な生活の一貫性、そしてあなたの学識と勉学における偉大さは、私およびあらゆる学識者にとってまさに明々白々なので、私は他の誰よりもあなたに、この私の眠れぬ夜々の作品のパトロン、ここに書かれた内容に何か正道を踏み外したものがあるかどうかの審判者になっていただきたい、と考えたのです。

意地悪な者たちは、私が、最良でもっとも節度ある方のために、快楽について書くべきではなかったと激しく喚き立てるだろうことは十分弁えています。けれどもストア派だと自認しながら、その実、享楽者であるあの者たち（彼らは言葉の本義についてではなく言葉の音に関してのみ、眉毛をつり上げて批評するのですが）には、そこで考察された快楽の中にどんな欠陥があるのか勝手に言わせておきましょう。と申しますのはその用語［快楽］は中立的で、健康とおなじく善でも悪でもないからです。私プラーティナが、もっとも聖なる方に向かって、節度のない淫乱な者が放縦や各種の食べ物、あるいは性的関心をくすぐるものから引き出す快楽について語ることなど、とうていありえません。私は食物、そして人間の本性が求めるあれらの物事の節制に由来する快楽について語りましょう。と申しますのも、もし十分すぎる熱望対象の追求からすでに手を引いたのならば、——節制からもたらされる——なんらかの快楽に感じ入らないほど淫乱で不節制な者を、私は今日まで見たことがないからです。

私の見るところ、これらの人々の間ではキケロの権威が風靡しています。アリストテレスが、プラトン、ピュタゴラス、ゼノン、デモクリトス、クリュシッポス、パルメニデス、そしてヘラクレイトスを使ったように、キケロはエピクロスを彼の学問教育と学識の基礎・資源とします。というのもキケロにとっては、死せるエピクロス以上に安全に議論できる人は誰もいなかったからです。同様に私にとって大切なのは、エピクロスを最良でもっとも聖なる男だと見事に称賛しているセネカ、ルクレティウス、ラエティウスの権威です。しかしながら彼らは、知恵ある者が悲しみによって憔悴するのはふさわしくない、なぜなら悩みと苦痛がないことが快楽を持続させるから、と言っています。快楽は、どんな悪、いや善ならざるものを内部に持っているというのでしょうか。医者の技量が病人を健康に導くように、立派な行動に由来する快楽は幸福に導くのです。

加えて、もし食事における節制——そこから健康がやって来ます——と行為における誠実さと堅実さ——そこから幸せがやって来ます——をきちんと守ってさえいれば、聖性と厳格な生活ゆえに感覚に異常をきたした——一部の人たちはそう望むのでしょうが——かのように、その心身がある快楽によって満たされないほどひどく鈍感な者が、はたしているのでしょうか。この用語［快楽］は、プラトンやアリストテレスも非としておらず、その諸相について彼らは明確かつ十分に語ったものです。メトロドロスとヒエロニムスの無節制と肉欲が、かの最良の男エピクロスの学派と教えを悪徳に引き渡すことになってしまったのです。ですから責められるべきは、かの善人が語ったことではなく堕落した追従者が付け加えたことなのです。

さらにあらゆることを評価し、まるで秤でもあるかのように、日々各人がなしていることを比較考量している輩たちに、健康と食べ物の規則についてのあら探しはやめさせましょう。なぜならその規則を、ギリシャ人らは食餌法と呼んでいますが、私はそこに事物の本性と料理によって病気を癒すいくらかの掟をも付け加えたのですから。一市民によって始められたこの作品は、もっとも偉大な哲学者たちの権威と教えにもいささかも無縁ではないため、過去において戦場で一市民を救った者が市民的栄誉にふさわしいと思われるように、現在の平時には、食物の規則を説くことで多くの市民たちを救うだろう者がより多くの称賛に値するでしょう。彼らは私が大食いの口汚い男であるかのように、また私が肉欲の手立てを呈示し、いわば不摂生で破廉恥な人々を鼓吹し刺激するために食物を論じているのではないかと私を非難しています。彼らが私プラーティナとおなじく、自然か教育かどちらかによって適正と節制を用いてくれますように。［もしそうなら］私たちは今日、市内にかくも多くのいわゆる料理人、かくも多くの大食漢、かくも多くの洒落者たち、かくも多くの食客、かくも多くの隠れた肉欲のもっとも熱心な涵養者、そして大食と貪欲への徴兵官を見ることはないでしょう。

私はかの素晴らしい男カトー、最高の学識者ウァッロ、コルメッラ、グナエウス・マティウス、そしてカエリウス・アピキウスに倣って料理について書きました。私は、わが読者、私がつねに書き物で悪徳から離れさせようとした者たちを放縦に駆り立てはしないでしょう。私は放縦よりも健康・中庸そして食物の優雅さを追求しているすべての市民の助けになるよう書き、また私たちの時代には、人々はいかなる種類の論述においても、われらが祖先に伍するとは言わないにせよ、少なくとも模倣する才能があることを後世の人たちに示したのです。それゆえ、いとも学識ある父よ、この夏、私がトゥスクルムの隠遁所（マリーノ）で、著名でもっとも卓越した父フランチェスコ・ゴンザーガ殿と滞在していたときに書いたわが田舎じみた構想を馬鹿になさらないでください。[2] もしそれらが内に悪よりも善を備え、人々を軽蔑すべき悪徳に駆り立てるのではなく、健康と節制へと促すなら、閣下もそれらを軽蔑せず、権威ある御名を駆使してそれらを彼らに奨励していただきますよう、お願いする次第です。

一　生活場所の選択

あらゆる生物が、混合してか別々にか、その起源を汲んできている四元素のうち、人間が主にそれにより、そしてその中で生きているものが二つある。[3] すなわち土と空気である。というのも、我々はその本質から、火と水――その一方は例外的に冷たく湿潤で、他方は熱く乾燥している――からはあまりに離れているので、我々の分割できない肉体の小部分のいくつかが要求する以上に長く、それらの中で生きることはできない。土と空気は人類により親しみ深いもので、いわばわれらが住居なのだ。それらの中に我々は、健康と快楽を確保する場所を選択しなくてはならないが、それは、快適な環境の土地を選んで健康を追求する動物たちに劣っていると思われないようなやり方によってである。かくて文明化され知的な人は、都市においても農村においても、一年を通じてもっとも健康に良く、悦ばしく、快適で、魅惑的な場所に家を建て、農業に献身し、芸術的興味を満たし、要するにそこで、廉直至極にして学識博大な人にとっては容易に達成できる、神々御自身との交流を実践しなくてはならないのである。

彼は、夏には雲が多すぎず風も強すぎることのない、醇乎たる明澄で暖かい空を望める高台を求めるべきである。彼はそこでウァッロに従って、窓が東と北に面した見事な部屋のある家を持つべきだ。このような家は朝の太陽に照らされ、いわばあらゆる夜の穢れが除去される。太陽が西に動くにつれ暖かさがゆるみ、北のそよ風によって冷やされるだろう。我々は、たまたま海岸沿いに住むことになったら、おなじ計画を用いよう。というのも、別様に建てられた家は、夏、真昼の太陽および西陽できわめて暑いだろうからだ。その結果、我々の身体はたえざる熱により衰弱し、もしなんらの快楽の援助もなければ深刻で危険な病に陥ってしまおう。しかしながら春、冬、秋、とりわけ気候が穏和なときには、沼地や澱んだ池や熱い硫酸塩泉から遠く離れているかぎり、平地、丘、あるいは海岸でも快適で健康的な暮らしができるだろう。川や海辺のそよ風について、それが南風のとき、とりわけ低地では不健康だと書いている者たちさえ何人かいるが、それは、今日でもラティウムや南風に晒された海岸で頻繁な葬儀があるという事実から窺われるとおりである。

極寒、なかんずく北風が吹くときには、それを避けることも必要である。というのも、そこから腱の収縮・膨張や硬化（ギリシャ人たちがひきつけ、そしてテタヌスすなわち筋肉の強直痙攣と呼んでいるもの）、咳、鼻水、疝痛、目の炎症、嗄れ声、膀胱痛などが起きるからである。加えて、あまりに熱に晒されることで消化が中断され、睡眠が奪われ、身体が弱まり、心が不活発になる。おなじように寒さに晒されすぎると、感覚が鈍り、人の精神力は通常の潑剌さをほぼ奪われ、停止してしまう。ケルススは、無風の時には冬が最良であり、また夏は東風よりも西風ないし北風が吹くときに健康的だと言っている。地中海の陸地からの風は健康によいが、海からの風は通常有害である。それゆえその時期には、我々は火で四肢を暖めねばならない。しかしながら暖炉にあまりに長時間しがみついてはならない。さもないと体が惰弱になり精神が鈍磨しようし、他方でよく起きるように、体液が火によって頭に引き寄せられるとき、脳は悪しき蒸気に満たされてしまうだろう。ギリシャ人たちは、これらをカタルや感冒と呼んだが、我々は下痢および鼻風邪と呼ぼう。我々は、都会のであれ農村のであれ、なんらかの種類の仕事を持たねばならないし、我々に学識があれば精神生活のための時間も確保せねばならない。通常、そこから堅実で完全な快楽が湧き上がるのだから。

二　身体運動について

実際、怠惰は身体を鈍らせ、また無精な生活には不健康がつきものなので、我々は、閑暇によって損なわれた血液が改善され、四肢がより強く、また当面の急務をはたすためより機敏になれるように、豊富な運動をしなくてはならない[4]。それにより胃は、それ自身に内在する熱によって食欲を掻き立てられ、また心は感覚の助けを借り、隠された事物や素晴らしい事物の理解がより速く鋭くなるが、運動は、消化前や身体がいささか断食状態だったり空腹だったりするときにすべきではない。我々が最初の消化が済むまで待ったなら、その後はもう胃の不消化や胃の空っぽについていかなる恐れも抱く必要はない。

人が歩いたり働いたりするのは適当な運動で、それはまた丘を上り下りしたり、重すぎないものを移動させたりするようなことでもよい。我々が家にいるときには、庭仕事や果樹園を耕す間、楽しみとしての雑草取り、土均し、掘り返し、接ぎ木、刈り込みなどがある。より激しい運動として、大きめあるいは小さめのボール（玉）を使っての運動がある。また騎乗ないし徒歩の競技、ならびに剣戟もあるが、あまりに粗野である。さらにジャンプで競ったり、槍投げしたり、弓を引いたり、レスリングで闘ったり、疲れるまで狩りをしたりする運動もあるが、これらは良き血筋の市民にとっては不適切には思われない。というのは、もし必要とあらば彼は祖国のために熱心に武器を取るだろうから。これらの運動は、屋内や物陰でよりも屋外の陽の下のほうが、健康すなわち快楽のためにより都合良くなされるだろう。その最後に汗ばみ、たしかに疲労困憊の一歩手前の疲れを覚えるような運動は、ケルススが言うようにとくに褒められるべきである。しかし四肢のすべての運動がそれらの力に応じて均等になされるよう、我々は殊更留意すべきである。それは、手足のいずれかを無視したり、他のものを過労で傷めることのないようにするためである。人は安楽すぎても困憊しすぎても、危険に晒される。ゆえに快楽を苦痛に替えないためにも、我々は中庸を守るべきである。

三　夕食について

我々の身体があらゆる激動からようやく休息したときには、夕方、食事をしなくてはならない。そのとき我々は「夕食」を準備すると言うが、我々の祖先とある軍団においては、正午前に「昼食」をとる習慣があった。我々は胃が容易に消化できるものを食べなくてはならない。しかしながら我々は、むしろ控え目に食べねばならず、とりわけ胆汁質の人で、夜の湿気のせいで、また食べ物が胃を圧迫し打撃を与えることでその病が悪化する人はそうである。食後は、少なくとも最初の消化が終わるまで、二時間は激しい身体活動、またとくに心の動揺を避けるようにしなくてはならない。

四　冗談とゲームについて

消化の時間は冗談を言い合ったりゲームをしたりして、できるかぎり刺激を与えないようにリラックスしなくてはならない。それは人がなんらかの考えに囚われて、感覚が消化を妨げることにならないようにするためである。冗談は、嫌みだったり、おどけたり、辛辣な皮肉などは避けて、機知に溢れ、ユーモラスで穏やかであるようにしてほしい。私は、物真似や浅ましい冗談や言葉遊び、怒鳴り合いは欲しない。というのも、それらからは通常、怒りや憤りや大喧嘩が出来するからだ。つぎのような種類のゲームをするべきだ――サイコロ、（我々の言葉を使えば）チェス、そしてさまざまな種類の絵付きカードである。これらのゲームからは、いかなる欺瞞や貪欲であっても排してほしい。それというのも、恐怖、怒り、果てしない貪欲が、プレーヤーを種々の仕方で苦しめるため、ゲームがきわめて非紳士的で忌まわしいものになり、ゲーム参加者にいかなる悦びも与えないからだ。もし我々が夜働かねばならないなら、我々は食後すぐに仕事すべきではなく、最初の消化が済んでからにすべきである。というのは、活動と心の興奮により自然の熱が胃から引き離され、消化力がより弱まってしまうからである。

五　睡眠について

運動しすぎて夜更かしするのは、身体の力を弱めるばかりか、消化を妨げ、生気を弱体化させ、脳を干してしまう。かくて適度な睡眠、飲酒や酩酊から来るのではない睡眠は、労働で疲労した四肢を回復させる。睡眠は胃に熱を供給し、心を明澄にし、最後に身体全体を正しい行動のために刷新させるが、そのことから美徳の状態が由来する。冬には羽布団が好都合なように、夏はウールか綿がより健康的である。しかしながら寝過ぎは避けねばならない。というのも、それは身体を虚弱にし、感覚を衰えさせ、胃は下痢に悩まされ、頭と脳は重く鈍くなるからである。

静穏で暗いそして冷たく湿っぽい夜は、人々を睡眠に誘い込む。南京虫がしばしば睡眠を邪魔するが、つぎのようにすれば容易に避けられよう――水の中に蛇の形をしたキュウリを入れてその水をベッドの枠や他の好きなところに注ぎなさい、あるいは酢と混ぜた雌牛の胆汁を注いでもいい。そうすればどんな虫も発生しないだろう。同様にコリアンダーを混ぜた水を四方に撒けば、蚤は寝室から追い払われるだろう。真昼に寝る（つまり昼寝をする）のは、もし蒸気がいささか蒸発するまで座って眠るのでないなら、不健康で病気をもたらす。なぜなら昼寝により頭は弱くなり、鼻水が増え、粘液が蓄積し、自然の熱が破壊され、身体はすっかり無精で怠惰、無気力で虚弱になってしまうからである。

六　どのように寝に就くべきか

胃の弱い人はうつぶせに寝るべきである。というのはそれが消化を助け、また悪しき体液を煮詰めて放出させる自然の熱を増加させるので、粘液の蓄積を許さないからである。また最初に体を右向きに、ついで左向きに寝るのがとてもよい。多くの深刻な病気が結果するゆえ、良識ある人なら誰も仰向きで寝るべきではない。というのも、液体である体液は、ベッドの中でのこうした体位によってしかるべき道筋から逸らされて、脳・神経・肝臓を侵す可能性があるからである。頭と両肩を挙げて寝るのは健康にすばらしい効果をもたらす。夜、とくに睡眠中は、我々は月を避けねばならない。なぜなら、それは冷たい体液を揺さぶって多くの種類のカタルを惹き起こすからであり、とりわけそれは、冷たくて湿っぽい月光が眠り人の頭上に落ちかかるときにそうである。

七　交接について

医者の第一人者にして神のような叡智を備えたヒポクラテスが述べているように、交接は、あまり求めすぎてもまた完全に避けてもならない癲癇（てんかん）の一種である[5]。というのも、それは繁殖に役立ち、それにより生物の種が保存されるからである。ケルススが述べているように、稀に耽るとそれは身体を刺激するが、頻繁だと虚弱にしてしまう。とはいえ、彼の言では「頻繁」の尺度は回数ではなくて、年齢と体力に相関するものであるが。性交は、そこから衰弱と苦痛が結果しないなら、無益ではないし快楽をもたらしてくれる。それは夏と秋にはより悪いが、冬と春には許容できるし、また不眠になったりすぐ仕事に取り掛かったりするのでなければ、日中よりも夜行うのが安全である。

八　ベッドから起きたら何をなすべきか

朝起きるとき、もし消化が順調に進行したなら安全に起きられる[6]。十分消化されてないときはベッドで休み、眠りに戻るべきである。もし午前中、しかるべき時間より早くふたたび起きる必要があれば、静かにして運動や仕事は避けるべきである。頭ないし胃が痛ければ、夕方と朝の冷気を避けねばならない。起床するときには少しの間待って、それから髪の毛を上へ下へと梳かし、夜中に溜め込んだ粘液をただちに吐き出すべきである。また食前に足と頭を洗うことは、健康な人には役立つだろう。ごしごし磨くことで、頭と足から身体の汚物が排出される。大量の水で顔を洗うのは、とりわけ夏には不健康というわけではないだろうが、しかし冬には、神経と感覚が寒さによって傷んだり痺れたりしないよう、より抑制的になされるべきである。

便秘になっている腸を動かしたり、下痢になっているのをなんとか止めるのは医者たちの仕事である。それゆえこれらや、また同様に他の健康維持に関わる治療については、医者に分別あるアドバイスを求めるべきである。物事の特有な性格に行き着いたときには、私は主要論点だけを提示するだろう。というのも、私は快楽についてより詳しく語るつもりだからであり、それは、我々が有害なものを避け、自然に適ったものを慎重かつ適度に受容すれば、大きく長続きするものになるだろう。

九　睡眠後の運動について

ケルススが言うように、しっかり消化した人はよりタップリと運動をすべきだが、消化の悪い人はより緩やかな運動をすべきである[7]。しかし都市出身か農村出身か、兵士なのかあるいは文学研究で柔になった人なのかによって、この点、大いに差が出る。というのも、運動はその者の性質と勉学のタイプによって採用されねばならないからである。田舎出身の者や兵士は狩りを選ぶ。なぜならそれは戦いの技量と一定の親縁性があるし、作物をひっくり返し略奪する野生動物は、農民によって敵と見なされているからである。

ふつうの市民は鳥を捕まえるのを楽しみ、狩りを軽蔑することもない。しかし余暇と学芸に悦びを見いだす者は、声を出して読書し、読後は室内ではなく――彼の頭が我慢できるのでないかぎり――太陽の照りつけるところでもない場所を沢山歩き、祖先たちがやったように散策し、馬に乗り、庭や果樹園を眺め、水の流れを移動させ、間隔を空けて苗木を植え、接ぎ木し、香草を植え、雑草を抜き、鳥もちとフクロウで鳥たちを捉え、ミツバチの巣の世話をし、歌を歌う鳥を育て、あるいは都合良く魚を捕れる養魚池を造るべきである。彼をして公共広場を歩かせ、取引を行い、――もしそれが彼の仕事なら――政治を語り、議論に入らせよう。

もし彼が一日二回食事する習慣なら、外から彼を帰宅させよう。彼は何も食べずに外出すべきではない、なぜなら粘液が胃を満たしてしまうから。中年の人はこれを良く耐えるが、若者はそうでもなく、子供と老い込んだ人は彼らの力［のなさ］ゆえ全然だめである。同様に我々は、空腹になる前に食べるべきではない。それは身体の強壮と活力のためにと食べたはずのものが、すべて毒と破滅の原因になってしまうことのないようにするためであり、そうしたことはふつう食べ物の一杯詰まった不消化の胃に起きるのである。

十　人生における快楽を確保するために何を遵守すべきか

つぎに私は、当代の［野菜・魚・果物などの］料理と肉料理、そしてとりわけローマ時代のエリートが食したものについて書いていくことにする。だがまず最初に、人間の健康と快楽増進につながる若干のものに触れよう。あらゆる食べ物がすべての人々に適合するのではない。人には体液に応じてさまざまな食欲の種類があり、それとともに嗜好もいろいろなので、各人が好みに合い、味が良く、栄養にもなるものが得られるよう、多様な食物があるべきである。私が思うに、誰であれ嫌悪感で悩まされたり、害されたり、苦しめられたり、殺されたりするものを食べることはない。自分の本性にふさわしいものについて考え、不快感なくその身体を養えるような種類の食べ物を摂る人は誰でも、我々は生きるために食べるべきであって食べるために生きるべきではない、とのソクラテスの言を思い出すだろう。

おおかたの同意を得ているように、我々皆が支えられそれによって生きているこの身体は、四体液から成っている。というのもその中には、血液、赤胆汁――我々が黄胆汁と称しているもの――、我々がメランコリアと呼んでいる黒胆汁、そしてラテン語でピトゥイタと呼ばれる粘液である。肝臓（ヘーパル）――あるいはお望みならイェーコルと呼んでもよいが――は血液の座である。そして赤胆汁は胸［心臓］に宿り、一方黒胆汁は通常、体の左側にある胆嚢に居を占める。粘液は頭と胃を刺激し、そこから通常、膀胱および腎臓に、人に悪影響を及ぼしながら降りてくる。血液は春に、熱・湿に加減され、胆汁は夏、熱・乾になり、黒胆汁は秋に乾・冷になり、粘液は冬、冷・湿になる。一年の時の移り変わりにより増加する要素［四大元素］とおなじ割合で、これらの体液も増える。血液は二月六日から五月八日まで増加するので、この期間中は良質で刺激の少ない食物を用いるべきである。しかしまた、食物から何かを取り去り、飲料に加えられるべきケースもある。といっても、ごく薄めた飲み物を飲むのが一番ではあるが。肉と野菜を食事に使い、また茹でた食物をいささか焼いたものに変えるべきである。同様に、一年のこの時期には性交渉はもっとも安全である。

黄胆汁は五月八日から八月六日まで増加する。その時期には冷たく湿った食べ物を用い、控えめに労働し、我々がしばしば［定時の］食事前にするように、少量の焼き肉を用いるべきである。渇きを癒して身体が熱くならないようにするために、飲み物は可能なかぎり薄められるべきであり、また性交渉は完全に避けねばならない。黒胆汁は八月六日から十一月六日まで支配的である。その時期には酸っぱく苦い食べ物を用い、ほとんど働いてはならない。十一月六日から二月六日は、粘液――あるいはお望みならラテン語でピトゥイタと呼んでもよい――が旺盛だ。その時期に粘液がとくに強力なことが広く知られているが、少なめの、しかし水で割らないワインを飲む習慣をつけ、そして焼き肉より茹で肉と一緒に多めのパンを食べ、さらに控えめな量の野菜を用いなさい。一年のこの時期には、温かい食べ物から成る、身体のための食事計画を立てるべきである。そのとき性交渉はとりわけ危険である。

こうした物事を、私からでなく自然によって忠告されて注意深く守っている人、一年全体にわたって何が有益で何がそうでないかをきわめて容易に理解する人、そして健康を損ねずに悦びをもって人生を送る人、こうした人には医者たちの仕事や精励はまったく不要だろう。しかしながら我々は皆、ひとつだけ注意しなくてはならない。それは、多くの人たちがやっているように、食欲に駆られてガツガツと十分噛まずに食べ物を飲み込んでしまうことのないようにということである。そんなことをすれば胃が消化のために過重労働して、生の食べ物を胃の外に吐き出してしまい、胸［心臓］に苦痛を及ぼすから。だから人は注意深く食べ物をすり潰し、消化できるよう細かく砕かねばならない。というのも、このような方法を守れば、胃は挽かれたものを消化するのにすばらしく有益な働きをするからである。

十一　料理人について

技術に長けて長い経験を積み、その仕事に忍耐強く、そのため称賛されるのを強く望んでいる、よく訓練された料理人を持たねばならない。彼はあらゆる不潔・汚物から免れていなくてはならず、また何を焼き、茹で、揚げるべきかを判断できるよう、肉、魚、野菜の力と性質を適切に知らねばならない。彼は何が塩分がきつすぎ、あるいは味気なさすぎるか、識別できるほど十分に敏感な味覚を持つべきである。彼はもし可能なら、私が料理術を学んだ、当代の料理王たる新コモ出身の男[8]と完全に同様になるべきである。彼は、主人が食べるはずのものを横取りして貪り食ってしまうようなことのないよう、マリシウス・ガッルスの如き大食・貪欲であってはならない。

十二　テーブル・セッティングについて

一年の時期に合わせてテーブルをセットしなくてはならない。冬には閉ざされた暖かい場所で、夏には涼しい開かれた場所で、である。春には食堂とテーブルの上に花が飾られる。冬には香料を燻蒸して空気を良い香りがするようにすべきである。夏は床に、香しい木の枝葉、ブドウおよび柳の枝葉を撒くべきであり、それらが食堂を清涼にする。秋には熟したブドウの実、ナシ、リンゴを天井からぶら下げるべきである。ナプキンは白くテーブルクロスも染みがないようにすべきで、さもないとそれらは吐き気を催させ食欲を奪ってしまうからである。鉄がなまくらで夕食が遅延しないよう、召使いにはナイフを磨かせ刃を鋭くさせなさい。ほかの皿も、土製であろうと銀製であろうと、磨いて綺麗にすべきである。というのも、この細心の手入れによって豪奢に慣れた者さえ食欲を覚えるようにさせられるだろうから。

十三　塩について

食べ物が味気なく思われないよう、食卓には塩が必要である。こうしたことから我々は、愚かな人を塩つまりウィットがない、鈍感で味気ない人と呼ぶのである。塩（sal）という言葉はギリシャ語のhals（ἅλς）から来ているが、それは帯気音のhがsへと交替したのである。塩の力は火のように激烈なので、どの身体がそれに触れても収縮・乾燥・拘束する。もし死んだ肉がしかるべき時間内に塩漬けされると、とても長持ちする。それは我々がハムや他の塩漬け肉に認めるとおりである。塩は、燃やし、戦い、減少させ、分解するゆえに、ある種の病気にはきわめて効果がある。しかしながらそれは、胃には食欲を湧かす以外には無用である。それを闇雲に使うのは、肝臓、血液、そして目をひどく傷める。それがある種の傷口や有毒生物に噛まれたところに塗られると効果的である。食卓用の塩は、トスカーナのヴォルテッラ産のように白くて綺麗であるべきである。

十四　パンについて

人間の使用のために地上で発見された植物の実の中では、穀類がもっとも有用である。ケルススによると、その種類としては、スペルト小麦、米、精白玉麦、澱粉、小麦、冬小麦、さらに古代人がアドレウム（adoreum）と呼んだスペルト小麦の一種が考慮される。この最後の種類の麦から、我々は「礼拝する」（adorare）との単語を得るが、それがそう呼ばれるのは、アドレウムから造られた菓子の捧げものが神々に奉納されたからである。小麦より多産で心地よくより栄養のあるものはなく、それは平野でなく丘の上に育てばずっと栄養価が高い。

大麦はすべての植物の実のうちでもっとも高貴な穀類と見なされているが、それは乾燥した緩い大地に蒔かれ、早く成熟し、その茎はすらりと伸びて、他のすべての穀類より先に刈られるからである。病人のためのポレンタと蜂蜜水は、大麦からのほうがパンからよりも上手く作られる。私はアフリカの冬小麦——古代人らはそのパンを賞賛したのだが——が、我々の時代に食べられているものとけっしておなじようなものではないと思う。というのもこれ以上に不味いパンはなく、食欲を無惨にも抑圧してしまうのだから。

それゆえ、パンを焼く人は小麦をよく挽いてできた小麦粉

（farina）――farina とは far つまり「挽かれた穀物」に由来する言葉である――を使うべきである。彼はきわめて繊細な小麦粉用篩を用いて、これから「ふすま」や劣悪な小麦粉を分離し、ついでその小麦粉を湯および塩少々と混ぜて、イタリアのフェッラーラの人たちの習慣になっているように、側面が閉ざされているパン焼き人のテーブル上に置く。もしあなたが湿った場所に住んでいて酵母の塊少々を使うなら、パン焼き人は仲間の助けを借りて、パンが比較的容易に作られる密度［堅さ］にまで練ることになる。パン焼き人には、酵母の量が適量より多すぎたり少なすぎたりしないよう注意させよう。というのも前者からはパンは酸っぱい味になってしまうし、後者では腸を縛るゆえに消化には重すぎて、あまりにも不健康になってしまうからである。パンはオーブンでしっかり焼かれるべきで、焼いた当日には食用にすべきではないし、また新鮮すぎる小麦から作られると、ゆっくり消化されてもあまり栄養がなくなってしまう。

十五　ロールパン（小麦ケーキ）について

おなじパン職人は、ロールパンを作るのに十分な量の小麦粉を湯と混ぜ、それからウイキョウの種とラードの切り落とし少々、またはバターないしオリーブ油と合わせ、さらにもう一度、全体が単一の塊になるまで必要なだけ長く混ぜること。それから彼は両手でそれを圧迫して丸い形にし、パンとともにオーブンに入れる。あるいはまた、灰と炭に覆われた蓋の下、炉床の上で焼いてもよい。他の種類のロールパンは、ラードなしで、塩、オリーブ油、ウイキョウを加えて作られ、灰と炭の下で焼かれる。火を通さない発酵パンから作られる長いロールパンは省略しよう。というのもそれらは何の悦びも与えないから。同様に、生地の中にイチジクキツツキと小さな小鳥を挟んだロールパン、あるいは、同時にオーブンで調理されるように、小鳥とは分けて新鮮で濃密なチーズを入れたロールパンもある。

十六　何を最初に食べるべきか

食事には遵守すべき順序がある。[9] というのも、腸を動かすすべてのもの、そしてリンゴやナシのように軽く細い食べ物は何でも、最初のコースでより安全かつ快適に食べられるからである。私はさらにレタスや、酢とオリーブ油で供されるものを何でも、生であれ火を通したものであれ付け加えよう。それから卵、とりわけ弱火で調理したもの、および我々がベッラリアと呼ぶ、香辛料、松の実、あるいは蜂蜜や砂糖で味付けしたスイーツがある。これらは客人に供するにもとても適切である。

十七　サクランボについて

我々の地域の果樹のうちで、サクランボ（cerasa）あるいはセルウィウスが好んで称したように、ケラシア（cerasia）は最初に熟して、したがって最初に食用に出される。L・ルクッルスは、その町の年代で六八〇年のミトリダテス戦争勝利の後で、この樹をイタリアにもたらした。[10] その繁殖力は非常なもので、遠く大西洋・ブリテン島まで伝わった。サクランボには、ピリッとしたもの、酸っぱいもの、甘いものなどがある。酸っぱいものは腸を収縮させて胃の調子を狂わせる。ピリッとしたものは粘液を抑え、黄胆汁を抑制し、渇きを癒し、食欲を刺激する。甘いものは胃に悪い。というのは、それは腸内の虫［寄生虫］を発生させて、腸に腐った体液を作り出すからだ。もしサクランボを朝、新鮮なものを種と一緒に食べれば、それは尿と腸を動かす。

十八　スモモについて

プリニウスが述べているように、スモモには非常に多くの種類がある。いくつかはその名前を、白とか黒とかの色から得ている。他のものの名は類似に由来し、たとえば大麦色をしている大麦スモモのような場合である。[11] また他のものは、その低劣さから驢馬スモモと呼ばれる。特別な香りで愛でられるいくつかのものは、原産の異国の民族名から「アルメニアの」スモモと称される。細長く黒いインシチチアスモモ（damascena）は、シリアの都市ダマスカスからその名が取られ、他のものより美しく健康に良い。他のどの樹も、これほど容易に「養子縁組」［つまり接ぎ木］によって他の科の樹木に交配させられることはない。プリニウスは、カトーがいかなるスモモについても言及していないことに驚いている。というのも、野生のスモモはいたるところに生い茂っていたからである。食前のスモモの摂取は、控え目であるなら腸を動かし、胆汁を抑制し、喉が渇いている人に快楽を与える。スモモやあらゆる種類のリンゴ、サクランボ、ナシ、他の果物などを、互いにくっつきあわないように茎付きで収穫し蜂蜜漬けにしておけば、いつまでも保存できるだろう。

十九　クワの実について

いったん植えられたクワの樹は、成長するのがきわめて遅い。[12] それは、エジプトとキプロスでは溢れんばかりの果汁を含んだ三色の実をつける。最初それは白、ついで赤、最後にはとても黒っぽくなるが、それはまるでエジプトの乙女ティスベの血を振り掛けられたかのようだ。[13] 熟したクワの実は湿・熱への傾きがあるが、ほとんど栄養にはならない。それは胃で容易に腐敗するため、胃には良くない。しかし腸を迅速に動かすので第一のコースとして食べられるべきである。それにはまた利尿作用もあり、冷たい水で濡らされると渇きを癒す。それから医者たちが着色料として用いる灌木に結実する種類のクワの実もある。長期間クワの実を新鮮な状態で維持するためには、つぎのようにしなさい。クワの実から果汁を絞り出し、それを新しいワインと混ぜ、実とともにガラスの容器の中に入れなさい。そうすればそれらを長い間、新鮮に保てるだろう。

二十　メロンについて

ペポネスと呼ばれるメロンは、メロペポネスという名のメロンとは異なるようだ(14)。というのも後者はほぼ円形で肋状なのに、前者はシトロンのように楕円形だからである。実際は両者はさほど異ならない。なぜならプリニウスは、丸いメロンは長いメロンから派生したと述べているのだから。熟したものは垂れることはなく、自ずと幹から落ちる。たしかにメロンを食べるのは快いが、実は冷と湿の組み合わせにより、消化はきわめて困難である。プリニウスが述べているように、それらは胃に取り込まれた翌日まで生きているのだ。この理由から、ある人々はメグサハッカとタマネギを酢と混ぜてメロンに加え、生得の冷の力が和らぐようにする。しかしメロンは、皮を剝き種も捨てて食用に供されれば、胃の熱を宥め、腸を優しく和らげる。それは胃を空にして食べるべきである。なぜなら空の胃では、それは食物収容組織において優勢な体液により容易に変換されるし、また消化を落ち着かせてくれるからである。この理由により、我々は祖先からメロンは空き腹に食べるよう、そしてそれが半消化状態で胃の底に落ち着くまで他の食べ物を思いとどまるよう命じられたのである。

メロンを食べるのは、たとえ湿潤作用ゆえに神経に対して有害でも、もし種がその中に残っていれば尿を刺激し、腎臓と膀胱を浄化する。ある人たちは、メロンの悪影響は酢と砂糖、または酢と蜂蜜を飲むことで鎮められ、あるいは抑制されると述べる。他の人々はアヴィケンナのように水を勧めるが、また別の人たちはワインを推す。私はメロンを食べた後にワイン、しかも最良のワインを求める人間の本性に同意したい。なぜならそれは、メロンの冷たさと堅さへの対抗手段になるから。しかしながら皇帝アルビヌスは、この果物をあまりに賞味したので、カンパーニャのモモ百個とオスティアのメロン十個を一度の食事で食べたほどなのである(15)。

二一　キュウリについて

まず第一にキュウリの力と性質が説明されるべきである。というのは、プリニウスは極端に大きなキュウリがメロンと呼ばれるのだと主張しているから(16)。私は率直に告白したいのだが、メロンを食べる悦びゆえに道を外れてしまったようだ。というのも私はメロンを、キュウリばかりか他のあらゆる食べ物の上に位置づけてしまうという誤りを犯したからだ。三種類のキュウリがある。もっとも大きいのは青みがかっていて害が少ない。というのはそれは腸を動かし、その冷たさゆえに夏には胃に対してとりわけ役立つように思われるから。もしその葉を粉にしてワインに入れれば、犬に噛まれてできた傷の治療になり、甘いワインとともに与えられた種は弱った膀胱に効く。

我々の時代が、その色からキトルッルム（citrullum）と呼ぶ黄色い種類のキュウリ（citrinus）は、冷たく有害な体液を生み出し、そこから秋熱が生じる。というのはそれは必要以上に胃の中に長く留まるからである。もしその種が挽かれて飲み物に混ぜられれば、熱がある人を助けてその渇きを癒す。もっとも有害なのは、ヘビキュウリ（anguineus）で、まさにその名は「蛇」（anguis）から来ている。コルメッラはその力をつぎのような詩行で説明している――

生まれつき腹が膨らみ、剛毛でザラザラし、
もつれた草むらに身を潜める蛇のような青黒いキュウリは、
曲がった腹の上に寝、いつもとぐろを巻いている
そして有害な夏に危険な病を食らわす。[17]

最初の二種は、皮を剝いて種を取り出した後、細切れにしたものを塩、オリーブ油、酢で和えて食べる。いったん細切れにした後で、その冷たさを抑えるためにスパイスを振りかける人もいる。とりわけ果物と野菜が好きなトスカーナ人らは、皮から果肉をいったんそぎ落とすと、塩だけかけて貪り食う。皇帝ティベリウスはあまりにもキュウリに目がなかったので、調理に凝らずに生のまま、季節はずれでも食べたいと求めた。[18] それはあまりに敏感な植物ゆえ、月経中の女性がちょっと触れるだけで死んでしまう。それほどこの病［月経］の力は大きいのである。

二二　マルメロについて

私は、マルメロ（chrysomala）というのは、ウェルギリウスが「黄金の林檎」と呼んでいるものだと思いたい。たとえ彼の詩の翻訳元となったテオクリトスの詩がおなじものについて歌っているのではないにせよ。[19] クリソマラは、プリニウスによってもマルメロ（cotonea）の仲間に分類されている。[20] 私はどうして、こちらのものではなくあちらのものを「黄金の」と呼ぶべきかは分からない。ある者たちは色の影響ゆえ、それらはモモの仲間と見なされるべきだと考えるが、それらの香りと力を思えば私にはそうは信じられない。それはとりわけナポリ人によって第一コースとして食され、アニスとレーズンあるいは純粋なワインや浄化した蜂蜜とともに食べれば、胃にあまり害を与えないということで評価されている。だが食後に食べると、それらは胃の中ですぐ腐りがちで粘液質の体液を惹き起こすことになる。

二三　イチジクについて

あらゆる樹木のうちイチジクだけが花をつけず、その乳汁から果実を産する。いくつかの種類がある。白イチジクは吉兆の樹からできるが、黒は凶兆の樹からである。そもそも吉兆の樹木というのは、オーク、イタリアンオーク、トキワガシ、コルクガシ、ブナ、ハシバミ、オウシュウナナカマド、セイヨウナシ、リンゴ、ブドウ、プラム、セイヨウサンシュウ、そしてハスである。
いくらかのイチジクは、シリアの都市から名を取って「キアの」イチジクと呼ばれる。アフリカイチジクは、その属州の名からそう呼ばれるのだと私は思う。カトーは第三次ポエニ戦争の戦端を開きたいと願っていたとき、そして元老院議員ら、とりわけ

カルタゴを破壊するのがローマの美徳の本質にまったく反すると考える議員らにせがむときに、不安に思いながらもイチジクを元老院に持ち込んだ。「あなたがたは、この実は自身の樹から摘まれてどれくらい経つとお思いですか。皆さんこれが新鮮だということに同意なさいますね。そう、これがカルタゴで摘まれてから三日と経っていないのです。われらが敵はかくも近くにいるのです」と彼が述べるやいなや、ただちに第三次ポエニ戦争が開始され、それによりかつてはローマ帝国のライヴァルであったカルタゴが破壊されたのだ。[21]また発見者の名から名付けられたイチジク、つまりリウィウスの、カルプルニウスの、ポンペイウスの……という種類もある。[22]さらに晩生イチジク、早生イチジク、二収穫イチジク、堅皮イチジクなどがあり、それらは熟するのが遅いか速いか、また一年に二度実がなったり、堅い皮に覆われているゆえにそう呼ばれる。さらにヌミディアのイチジク、マリスカイチジク、カリアのイチジクもある。[23]マクロビウスによると、まったく熟さない大きなイチジクはグロッスリ（grossuli）と呼ばれる。というのも、アルビヌスがブルートゥスについて「彼は阿呆のように、蜂蜜をつけたグロッスリを食べる」と言っているから。[24]

あらゆる果物は悪しき体液を生み出すとはいえ、新鮮なイチジク、とくに熟したものはあまり害がない。というのは、それらには熱と湿への傾向があるからである。乾燥イチジクは癲癇に作用し、カタルに冒された肺、胸、喉を楽にし、肝臓と脾臓の閉塞を開き、腎臓と膀胱から粗悪な体液を排出し、腐った血を皮膚から追い出す。しかし頻繁に食べるとシラミが湧く。早熟のイチジクには危険な湿気が一杯で、その湿気ゆえに乾燥させられない。一方、二収穫イチジク、アウグストゥスがいとも好んだ種類のそれは、いわばこの実を自身の自然の残留物から産出する。大ポンペイウスはミトリダテスを征服した後、ミトリダテスの書き物机の中に自筆のレシピを見つけたが、そこで彼は、もし一個のクルミの実、二個の乾燥イチジク（もっとも強力な解毒剤）、二十枚のヘンルーダの葉とひとつまみの塩を、すべて一緒に挽いて空き腹に食べれば、その日は一日中、あらゆる毒から安全だと主張していた。[25]またけっして熟さない野生種のヤギイチジクもある。しかし生のイチジクは、もしできるだけ長い無傷の枝とともに摘まれて蜂蜜漬けにされれば長期間保つ。

注

(1) ロヴェレッラは、フェッラーラ出身で人文主義者グアリーノの弟子だったが、ラヴェンナの枢機卿になった。

(2) フランチェスコ・ゴンザーガ（一四四四〜八三年）は枢機卿になった人物で、ローマでプラーティナのパトロンであった。

(3) 本章は、ケルスス『医学論』*De Medicina* 第一巻二、3と第二巻一、1-16およびウァッロ『農業論』*Res Rusticae* 第一巻四、5などから着想を得ている。

(4) 本章では、ケルスス『医学論』第一巻二、6-7が敷衍されている。

(5) 以下、ケルスス『医学論』第一巻一、4に従っている。

(6) 以下、ケルスス『医学論』第一巻二、1-2および4-5に従っている。

(7) 以下、ケルスス『医学論』第一巻二、5-7が敷衍されている。

(8) マルティーノ師のこと。彼は一四三〇年頃生まれの中世を代表する料理人で、ウーディネ、ミラノ、ローマで活躍した。『料理術の書』*Libro de Arte Coquinaria* を残した。

(9) 食事のコース別の食材区分についての興味深い議論であり、こうした議論は、第四巻二一や第十巻六八でつづけられている。

(10) プリニウス『博物誌』*Naturalis Historia* 第十五巻一〇二が参照されている。ミトリダテス戦争は、共和政ローマとポントス王国の間で三回にわたり戦われた。ここで問題になっているのは、前七五年〜前六三年の第三次ミトリダテス戦争で、ルクッルスがローマ軍司令官であった。

(11) 以下スモモの種類などについての記述は、プリニウス『博物誌』第十五巻四一〜四六に拠る。

(12) プリニウス『博物誌』第十六巻一一九参照。

(13) プリニウス『博物誌』第十五巻一〇一参照。

(14) 以下メロンについては、プリニウス『博物誌』第十九巻六五〜六七に拠っている。

(15) 皇帝アルビヌスの話は、『ローマ皇帝群像』*Historia Augusta* 中の「クロディウス・アルビヌスの生涯」十一にある。

(16) プリニウス『博物誌』第十九巻六五。

(17) コルメッラ『農業論』*Res Rustica* 第十巻三八九〜三九三。

(18) プリニウス『博物誌』第十九巻二三参照。

(19) ウェルギリウス『牧歌』第三歌七十行に「黄金の林檎」が出てくる。またウェルギリウスが範としたテオクリトスの『牧歌』にも、第三歌「セレナーデ」はじめ何度もリンゴが愛の印として登場する。

(20) プリニウス『博物誌』第十五巻三七。

(21) プリニウス『博物誌』第十五巻七四〜七六。第三次ポエニ戦争は、前一四九年から前一四六年に戦われた。

(22) プリニウス『博物誌』第十五巻七十参照。

(23) ヌミディアはアフリカ北部、カリアはアナトリア半島西部の古代の地名。

(24) マクロビウス『サトゥルナリア』*Saturnalia* 第三巻二十、5参照。マクロビウスは、熟さないイチジクを grossi と、その小さなものを grossuli と記している。

(25) プリニウス『博物誌』第二三巻一四九。

温 泉 論

6

ウゴリーノ・ダ・モンテカティーニ

温泉論

池上俊一訳

解題

本作品『温泉論』*Tractatus de balneis* の著者ウゴリーノ・ダ・モンテカティーニ（Ugolino da Montecatini）は、一三四五／四六年頃にトスカーナ地方のモンテカティーニに生まれ、一四二五年フィレンツェで亡くなった。生い立ちの詳細は不明である。

十三世紀後半にアルデロッティによりボローニャで創始された臨床方針の熱烈な追従者であったウゴリーノは、ピサ、フィレンツェ、ペルージャの各大学で教鞭を執った。また宮廷医師としても、当時の都市君主らの家門――たとえばピサのジャンバコルタ、ルッカのグィニージ、ペーザロのマラテスタなど――に大変高く評価され、その職業活動の当初から、トスカーナとその近郊の地域で引く手数多の顧問医師・実践医師の一人だった。彼はまた、ピサ大学の医学部の改革者としても知られている。

一四一七年にチッタ・ディ・カステッロで公刊された本書は、専門家たちに向けて非の打ち所のない価値ある温泉論を示そうと満を持して書かれた。そのためウゴリーノは、イタリア各地、とりわけトスカーナ地方とロマーニャ地方の温泉を実地調査したり、自分の患者の体験――一種の臨床実験でもあった――や意見交換をよくしていた名実ともに優れた医者たちの見解にもとづいて立論していった。ウゴリーノは本書において、当初から興味を抱いていた医学的水文学（Idrologia medica）という分野にまさに臨床的＝科学的な方向性を与えて、改革を成し遂げようと試みている。

彼に先行する十三〜十四世紀の温泉論は、ごく短い記述をひとつないし数個の温泉場について編んでいるだけであり、加えて議論の新規さや複雑さ・総合性においてウゴリーノには遠く及ばない。また鉱泉の水を蒸留器という当時使える唯一有効な道具を用いて残渣を調べ確認しようとした医者は、ウゴリーノが初めてであった点にも刮目すべきである。要するにウゴリーノを境として、それまで民衆的な慣習の知恵だったものが、医者の観察と研究の対象になったのである。

水、鉱泉の治癒力への信仰は世界各地に太古よりあり、ギリシャではそれについての医学的知見が深められた。その後「風呂」「温泉」文化が、ローマ文明の広がりと連動して展開・拡大していった。イングランドからシチリア、フランスからルーマニアとブルガリア、そして近東や北アフリカまで、ローマ帝国の版図に含まれる地域には、いずこでも巨大な建造物としての浴場建築がローマ帝国の目に見える表徴として今なお残っている。

中世になると一時停滞し、うっちゃられてしまった温泉施設も多かったが、中世末からルネサンス期にかけて古代の施設が本格的に復興・再建され、あるいは新発見される温泉地もあった。イタリアの中でも温泉が集中しているトスカーナ地方では、十五世紀には「温泉に行く」のが、貴賤を問わず、フィレンツェやシエナ市民の家族そろっての年中行事となった。温泉旅行のハイ・シーズンは五月と六月で、温泉場には、一般に小さくカラフルな家、広場、フォンテ、そして壁で仕切った二つの大きな浴槽があった。さらに、サービス、設備の行き届いた長期逗留できる快適な宿屋、そして短期滞在の客のためのより簡便な簡易旅館があった。

温泉の効用を人々が信じるようになったのは、異教的な大地や水の神々の力への信頼によるだけではない。十四・十五世紀から、医学的な理論によってそこに御墨付きが与えられたという動機もあった。温泉地への医者の同伴と温泉についての論考の登場により、温泉場が本来の湯治の場になり、温泉の医療化が促された。医者たちは鉱水の種類と効能を見定め定義し、その治療・予防効果を列挙し、入浴方式やその頻度、従うべき食餌療法、湯治すべき季節とその長さなどについての規則を定めたのである。

十五世紀のイタリアでは、ウゴリーノ・ダ・モンテカティーニのほかにアントーニオ・グアイネーリ、バルトロメーオ・ダ・モンタニャーナ、パドヴァのミケーレ・サヴォナローラ、バヴェリウス、ジェンティーリ・フルジネオなどによる幾多の温泉論がものされた。これらは多くの同時代の医学書とは異なり、大学の文脈には直接かかわっておらず、著者らの実践医療から生まれたものだった。つまり医者として貴族や王侯のパトロンに仕えていた経験の中で生み出されたのである。

温泉学（水文学）は、ルネサンス期の自然学の全般的傾向にも沿って発展していった。温泉は、個別の場所、地勢、鉱物によりユニークな効能をもつと考えられたし、地下の鉱物の組成や熱い湯だけでなく、それぞれの場が受け取る惑星からの影響の独自の布置も考慮された。天体から降り注ぐ諸光線は場所によって違うし、その受容のあり方も場所の組成によって異なるのだから。同時代の医学全般がそうだったとも言えるが、錬金術や占星術との密接な関連もある。温泉学は、科学や技術と哲学、物質と霊の世界の間に宙吊りになっていた。

訳出にあたって使用した底本は、Ugolino da Montecatini, *Tractatus de Balneis, trascrizione, traduzione italiana, introduzione e note*, ed. M. G. Nardi, Firenze, 1950で、同書に併載されている現代イタリア語訳も随時参照した。ナルディ編のこの刊本は、パヴィア大学図書館所蔵の写本にもとづくもので、それ以前に知られていた一五五三年のエディションが古典ラテン語に完全に作り替えられた形のものだったのに対し、ウゴリーノのもともとの粗野な中世ラテン語の特徴を留めている。

ウゴリーノと中世・ルネサンス期イタリアの温泉論については、底本にナルディが付した「序論」(Introduzione) のほか、"Caccini (Ugolino)," in *Dizionario Biografico degli Italiani* (1973)；D. Boisseuil, *Le thermalisme en Toscane à la fin du Moyen Age* [CEFR 296], Rome, 2002；D. Boisseuil & M. Nicoud (eds.), *Séjourner au bain : le thermalisme entre médecine et société (XIVe–XVIe siècle)*, Lyon, 2010；*Le bain : espaces et pratiques* [Médiévales 43 (automne 2002)] などが参考になる。

第一部

わが教え子たちの多く、同僚のうちの幾人か、そしてさらに未熟な医者たちによって、あらゆる種類の名声嘖嘖たる鉱泉および温泉の特質について小論をものすように懇望されてから、ずいぶん時が経った。私はそれらの温泉については見聞が広く、少なからぬ経験を有している。そして私は、現在の知己ないし過去に知り合ったことのある他の医者たちよりも、この論題を深く掘り下げる決意を固めているので、これらすべての温泉の特質とそれに関連した効能について的確に扱うつもりだ。自然温泉がつねに使えるわけではないし、誰にとっても好適であるわけでもないので、人工温泉についても若干、話題にしよう。

本論は二部から成る。第一部では自然温泉について語り、第二部においては、人工温泉がどのように建造されるべきかを示そう。

一般的な温泉の効用

さてまず最初に、本格的議論に入る前に、私が語ろうとしていることについて皆が立ち止まってよく考え、いささかも怠慢に余地を与えず、すべてに関して良き考え方を守ってほしい。実際、まだ鉱泉に未熟な医者たちは、それらの温泉がもたらすようなじつに驚くべき自然の効果を、正当に驚異的だとは認めたがらないだろう。だが多くの古代の医者たちは、こうした効果を理由に、それらの温泉を「聖なる」と呼んだものだった。そして温泉の多くの驚くべき効果については私自身が証人であり、また人伝に聞いたことがあるが、それについてはしかるべき時に言及するだろう。

そして私は、それらの温泉がかつてと同様に現在も、温泉と鉱泉そのものの特質を凌駕する効果を発揮していることを確信している。それ以外に、それらが天体からの影響を受けて、いくつかの要素の上にその特性としてもたらされた状態によっても作用している、と判断している。その要素とは水と土、とりわけ土であるが、それはその土の上と内部を水が流れるからである。同様なことは、水が湧き上がる前に通る鉱物や他の物質についても言われるだろう。

それについても奇妙だと思うべきではない。というのも普遍的な自然が、共通特性と受動的物体の配列とともに、金、銀、錫、他の金属など——これは地上のさまざまな地域に応じてであり、ある地域にはこれらの金属がすべて見いだせるが、他の地域ではそうではない——の生産に力を貸しているからであり、ある海域では真珠まで産出されるし、きわめて大きい効能と最高の美質と価値を備えている貴石の産出もある（これらすべての物事については、アルベルトゥス・マグヌスがその『石と石の像について』で明確に扱っている通り[1]、それらの像は、かの普遍的な力のおかげで、それらの石の中に形作られるのである)。

それゆえ、ある鉱山の上を流れそこから諸特性を得る水が、これらの効能に加えて天の影響によって鉱山に与えられた隠秘の状態および特質によっても作用することに、疑念をあえて差し挟もうとする者などいようか。

その上、未熟な医者たちには、それぞれの鉱山を流れるかかる水の効能は、ときにはより微弱になり、いや腐敗してしまうことさえもある、と知ってほしいものだ。そしてさらには、ある地方や土地には、かつてある種の病治癒に驚くべき効果を発揮した温泉もある。それらは今では完全に破壊されて、もはや湯の痕跡も見られないのであるが。他のところでは、それらかつての温泉の姿形はそのわずかな跡しか見分けられない。さらに他の温泉は大量の湯を誇りながらも、その効力・効果は無に等しい(そうしたものは、我々の地域に沢山ある)が、それはその水に他の淡水が混ざったためか、鉱山から浸出する効能が使い尽くされてしまったからである。

そして同様に、最初は温泉はまったくなかったのに、今や鉱水や、名高い温泉、金属が産出する多くの場所がある。またこれらの場所に、温泉と鉱山が新たに創造されたと信じるべきではない。むしろ鉱山の上を以前には流れていなかった水が流れ始めた、と捉えるべきである。

さらに細部にわたった議論を展開する前に、今日ではすべての温泉の水は熱いと認める必要がある。その温泉の実際の熱さの原因を、固有の原因の中に探求したいと私は願っている。

だがしかし、私はピサのコンタード[2]、都市から三マイルのところに、実際、極寒の冷泉があるのを知っている。それはあまりに冷たいので、その冷泉に長時間入る人は歯をガチガチ言わせ、身体が硬直してしまうのである。この水を使うことで多産になるとされ、当冷泉には多く不妊女性がやってくる。また私は、私の偉大なる君主ピエトロ・ガンバコルタ殿の御代[3]、殿とそのご子息たちの侍医兼町医者として上記の都市に二五年間滞在していた頃、この温泉の利用で多産になった多くの女性を目撃した。その中にはわが妻も含まれている。彼女は二十年間不妊だったのだが、この冷泉に入った年とその翌年、妊娠し、各懐妊で男子を出産したのである。その効果の原因については、後段で見るだろう。

さらに医者たちは、すべての温泉が熱くなり実際に身体を暖める温度を持っている理由を探求したくて、それについて多様で相対立する見解を提示してきた。

自然学者のメリッソスは、あらゆる鉱水が熱くて実際身体が暖まるのは、それが石灰が採集される石の上を通って流れるからだ、という見解を示している。そしておそらく彼には、その熱は、石が石灰に変化するときにおきるのを我々が見るように、水と接触するや否やただちにひとつの石ないし複数の石から直接発出したと思われたのだろう。しかしながらこの見解は誤りであり、アリストテレスはそれを「諸元素の特性について」で論駁して、この種の石は、もし燃焼体状態に変えられてこうした火のような性質を獲得したときでなければ、けっして水を熱しない、と言っている[4]。

そしてそのときには、逆蠕動を通じてこれらの燃える石が水と接触して水没するや否や、これらの燃える石の有孔性を閉塞させる水の冷たさのために、その火の温度はかえって強化されて激しく噴き出し、石を割って水を熱し沸騰させるのである。そこから明らかになるのは、これらの石は、もし最初にすっかり燃え上がらせられなければ同様な効果を発揮しない、ということである。

反対にデモクリトスは別の意見を持ち、この熱の原因は、太陽光がこれらの水まで入り込み、この光線の熱さのために水自体も暖まるのだ、と考えている。しかし「哲学者」［アリストテレス］は、またおなじところでこの見解をも論駁し、もしそれが真実なら、冬には太陽光は地面に斜めに当たってもはやいささかも熱する力がないので、こうした湯はよりぬるいはずだろう、そしてもしそうなら、これらの水は熱いはずはないだろうが、経験上それは事実に反している、と言っている。

さて、冬には井戸、泉、そして大地の奥底からやって来るあらゆる水は熱くて、夏よりも熱いほどである（いやむしろ夏には冷たいと言うべきか）が、それは、冬には外部の冷たさが蒸気を大地の内部に閉じ込めて圧縮し、その蒸気は蒸散を妨げられて沸騰するほど熱せられ、水を感覚的にも熱く感じさせるのだ。そしてエンペドクレスも実際この意見を持っていたが、セネカが『自然研究』の第三巻でそれを論駁したと言われている(5)。

そしてこれらの見解を拒んだ後で、「哲学者」は自説を開陳し、これらの鉱水の高温の原因は、その水がことごとく硫黄鉱山の上を通り横切るからだ、と述べている。そして、水と硫黄は対立する状態（水は冷たく湿っており、反対に硫黄はまことに第四段階の熱さで乾燥しているのだから）であり、熱は他のすべての性質よりも活発ゆえに、この硫黄の熱はたんに水を暖めるのみならず、沸騰もさせるのだと言うのである。それはヴィテルボのブリカーメ鉱泉に明瞭だし、また私自身ヴォルテッラの温泉地で見た通りである。

したがって、すべての熱が硫黄鉱山に因っていると言われるなら、それは「哲学者」の見解に照らせば正しい、と私は言おう。ただし他の人たちは、明礬、硝石、その他の物質も同様に熱する作用がある、と言っているのだ。しかし、これらすべてのものの中で水はもっとも冷たく、浴場には水が豊富にあるのだから、どうしてそのような説を堅持しうるのか私には分からない。

しかしながら、すぐさま他の疑いが顔をのぞかせる。もし鉱水を熱くするためには、その中に硫黄がなければならない（さもないと実際に加熱は行われないだろうから）のなら、明礬、鉄、ケイ土が豊富な水が蒸留器で蒸留されたときに、これらすべての鉱物は蒸留器の底に現れるのに、そうした水が硫黄質であるかあるいは硫黄がきわめて優勢でもないかぎり硫黄は跡を留めない、といった事態はどうしておきるのだろうか。私もまた、鉄分の多い塩分を含んだ水を蒸留しようとしたところ、その中にこれらの鉱物は出現したが、硫黄の跡は杳として分からなかった。

この疑問に対する答えとして推論されるのは、硫黄の熱分は火のようで、その結果きわめて活発なので、その性質ゆえ熱するには少量で十分であり、蒸留の過程で硫黄の大部分が破壊される、ということである。ただしこれは、完全に硫黄質起源の温泉あるいは硫黄がはっきりと優勢な温泉ではおこらない。硫黄の可燃性は、この鉱物の一部を火に近づけてみれば、ただちに実体が焼尽して完全に火に変容することから分かる。

あるいはたまに、蒸留器で鉄、青銅、ケイ土を含んだ水を蒸留しているとき、実際の熱を与えるのに少量の硫黄で十分であることが容易に見て取れるが、たとえ硫黄の跡が蒸留後も残っていても、あまりに少量で他の鉱物と混ざっているので、眼では確認できなくなってしまうほどなのだ。したがって上記の見解が排除されるべきことは、明らかだと思われる。

それから幾人かの医者は、水の実際の熱さの理由を探りたくて、風が猛烈な動きと勢いで大地の隙間に入り込んで水を熱するのだと述べた。私はまた、アリストテレスがその『問題集』第二三巻の、最後から二番目の問題において、この見解を論駁しているのを見つけたが[6]、それは、もしそれが真実ならば、風は止むこともあり恒常的に吹くわけではないため、いずれにせよこれらの鉱水も熱を失うはずだが、それは感覚に反しているからである。

その上、医者たちがこれらの鉱水の作用にはほとんど神的起源があると見なしながら、その認識を深めるよう鼓舞するために、私はアリストテレスの『問題集』第二三巻と、——私が先に指摘したように——そこで自然温泉が神聖な上にも神聖だと呼ばれる謂れを探っている最後から二番目の問題を読むよう、正当な理由をもって彼らに勧奨しよう[7]。この意見はまた、ガレノスによってその『薬草（単体薬）について』においても明確に主張されているが、それは彼が、温泉の効能の原因は大地の奥底に隠された力——その力は鉱物固有のもので、隠秘であるために「至聖なる」としか表現できないのだが——の中に探られるべきだ、と言ったときにである。そして彼が付け加えるには、こうした力は驚嘆すべきもので、しかも高遠だということだ。

また錬金術の効果は真に神的だ、と彼は明言している。実際、我々は、硫黄、水銀と他の鉱物が金銀に姿を変容させるのを見るのである。しかしながら多くの医者たちは、通常、自分の患者の病に打つ手がもうないときにだけ湯治を奨めているのではないか、と疑われる。その場合には病がすっかり膏肓に入り慢性化してしまい、身体がもう湯治からなんらの効果をも引き出す構えができずに、驚くべき効果がつねに現れることはもうないのである。とはいえこうしたケースでも、ときには効果が発見できるのではあるが。

その病気に完璧に適合した感嘆すべき温泉に出かけた者たちは、それがその病が慢性化する前ならば、大部分、病から解放される。またずっと昔に罹った病に対しても、顕著な改善が得られるのである。

入浴前に守るべき養生法と一般的な温泉の用法

病人たちはしばしば、湯治しても病は癒えず、なんの助けにもならないと医者や温泉を責める。いやときにはかえって危害を被る、とまで言い張る。だがこれは、自然温泉であれ人工温泉であれ、ひとえにその使用における規範も個別の規則も守らないところからおきるのである。

より悪いことに、温泉に赴く病人たちは、普段にまして何事においても過度になりがちである。たとえば羽目を外した遊びやダンス、各種ワインを取りそろえた豪華な宴会などに身を任せる、といった具合である。要するに、自然の六つの事物にかかわる養生法にまったくふさわしくない習慣に身を染めるのである。こうした不都合を除去するために、ともかく本章では湯治の前と間中遵守すべきあらゆる規則を扱おう。

どんな種類の温泉であれ、湯治に赴く者たちはまず最初、下剤を飲むべきである。そして悪しき体液が一杯の身体状態のままで、あえて入浴することを避けるべきである。というのも、温泉のせいでこうした体液はますます腐り、腐敗するからである。またあらゆることは、掛かり付けの医者の助言に沿ってなされるべきである。そしてもし病人が温泉から遠くに住んでいるなら、彼らはすぐにではなく、下剤を飲んでからそこに赴くべきだ。しかし温泉に入る前に、下剤服用によっていささか弱った体力を回復するため、少なくとも二日の休息が必要である。しかしながら、あまりぐずぐずと延ばしてはならない。というのも、病気の部位が悪化し、身体中に新たに悪しき物質が形成される恐れがあるからだ。

それから適切な時間を選ぶべきである。各入浴時間は、一般に飲み物の時間に対応する。湯治はつねに春に行われるべきであり、ときには秋でもよい。またいくつかの温泉は非常に熱く、他のものはとてもぬるいので、それに応じて若干、入浴時間を変える必要がある。これらの話題を扱う局面になったら、適切な指示をすべて与えよう。いずれにせよ、夏の熱暑の時期にも、厳冬にも、温泉は利用されるべきではない。

温泉に入る時間は、胃が完全に一杯でも完全に空でもない時間、すなわち消化がほぼ完了した時間を選ぶべきである。最初の消化がほぼ完了する前なら、[8]ガレノスが『急性疾患』の第三巻で主張するように、入浴はそれを助けるか、あるいは阻害する。それから一部の病人は、まったく滞りない消化力ととても疝痛になりやすい性質の胃を持っているので、入浴する前に是非ともある程度食事を取るよう要請されるほどだ。こうした人たちは、反対に食事をしなかった場合、空腹でたちまち失神してしまうことがよくある。彼らは入浴三十分前に、とくにきつね色に焼いたパン少々をザクロ酒に浸して食べ、元気を回復しておくべきである。私は、胃の特別な仕組みによるというより悪癖のために、朝早く何も飲んだり食べたりしないと、通常の規則に従った湯治をした場合に、温泉の中で失神してしまった若者を知っている。

同様に入浴する前には、第一消化と第二消化のあらゆる余分な要素を、なにがなんでも追い払うよう努めるべきである。そして夜の間に形成されたあらゆる余分なカタルも、鼻孔を通して、ならびに（深い咳をすることで）胸筋を動かして排出すること。またとくにカタルで一杯になった頭を持ち、あるいは冷感体質の人たちは、温泉を使うときは、頭上に湯が落ちかかるようにすべきであり、それはシエナのコンタードのペトリオーロとサン・フィリッポの両温泉施設——その湯はライオンの口から落ちかかる——で行われている通りである。

いくらかの運動をふくめて、朝早く、このすべてを遂行したら浴場に入り、さまざまな湯の種類に応じて、以下に私が各温泉の特質について細目にわたって語るときに明確に示す時間の間、そこに留まるべきである。

だから浴場に出入りするときには、寒さが悪影響を与えないよう身体を布で覆いなさい。それから実際すぐに身体を乾かしたら——汗をかくときもおなじ——少し睡眠を取ること。そしてもし汗をかいたなら、ベッドから起きあがる前に熱すぎない布で念入りに身体を拭いて、その後起きなくてはならない。

食事前には、家でまたは屋外で、なにか軽い運動を少しすること。その後は彼らはつねに純粋で最良、そして消化しやすい食物を摂って、まったく安心して食事ができる。それはたえず慣例および医者の良き忠告、そして温泉行きを余儀なくされる元になった病気・事故、あるいは肢体の不調に合わせて医者が処方した食養生に従ってでなければならない。したがってその後、もし可能なら、とりわけそれに慣れていない人たちは、日中は寝ないほうがよい。が、いつもそうしている人たちなら昼寝も許される。

昼食のおよそ六時間後、彼らは軽く食事し、いや飲酒さえできる。そして二時間後、おなじようにして浴場に戻り、午前中よりは短時間、そこに留まるべきである。温泉から出たら上述の指図に従って寝に就くこと。

さらに湯治の中間で、ある朝、体質に応じてマンナかカシアケイヒか他の丸薬を下剤として用いるのは、大いに推奨されることだと私は思う。その日には入念な食事療法を堅持し休息して、入浴は延期するのがよい。

ときに健康な人もまた温泉に行くが、彼らは慣れていないので、入浴にはより大きな注意を払わねばならない。すこぶる壮健で体質も中庸ないしそれに近い人たちの身体は、湯治を受けるべきではなく、むしろ湯治は彼らの身体を混乱させ害を及ぼすだろう。

またどんな病でも温泉に行ってみる者たちがいるが、そんなことは敢えてしないほうがよい。たとえば痛風、あらゆるリューマチ（関節痛）、あるいはなんらかの消化器官の病変や、何病であれ熱があるときはやめたほうがよい。ただし肺結核で熱があるときは別で、そういう人には穏やかな湯が効く。またもし腐敗性熱病の章の記述、最終的には権威ある学者によって与えられた規範に適っているならば、かような湯の大桶に彼らは入ることができる。

さらに疫病の時期には、温泉利用が絶対に必要という人でなければ入浴を延期した方がよいと心すべきだ。とりわけ疫病が温泉地で発生したり、源泉が疫病に冒された土地にあって、そこから湯が流れてくるときにはそうである。

モンテカティーニの温泉について

では次に、とくに自然温泉とその鉱水について扱おう。そしてこの機会に、私はわが祖国に栄誉を捧げたい。

モンテカティーニのコスタ（斜面）近く、城から一マイルほどのところにはきわめて豊富な水量の鹹水流があるので、城が建設された当時には人が溢れ、そこには夥しい粉挽き用水車が設けられ、また多くの家族が住んでいた。今日でもなお、私はその場にひとつの水車を見出す。

さてこの領域には三つの温泉がある。そのうちの最初のもの――それは大昔のものだが――については誰も記憶していない。ただ大変効験があり重要であったことのみ、人々に知られている。これについては今も壁のない円形の遺構の跡が残っており、それは井戸のように中を掘られていて、その周囲は非常に広い。掘られた場所は、全体的に軽く小孔の多い石がたっぷりある土壌であった。この種の石ですべての住居と浴場が作られている。また城内部の多数の建物も、おなじようにして建設されている。

この温泉は、今なおわずかな塩水が混じった淡水から構成され、そこでは沼地のように野草が育つ。とりわけこの水域の汀には、ギョリュウが密生している。この温泉地には、農民たち、大半が関節痛、座骨神経痛、腰痛を病む農民たちが、とりたてて処方を守らずに出掛けており、その湯治から大変な恩恵を受け取っている。さらに病人らは草を摘み取り、穴を掘ってその中に水と泥を混ぜて入るが、この水はかように泥と混ぜ合わされることでより大きな効き目があると言われている。

この場所には今ひとつの温泉があり、女性用・男性用の二つの部分に分けられている。そして男性用は立派に整備されて、これは疥癬に大いに効果があり、重篤でも慢性でもないときには浮腫や関節痛も癒してくれる。

第三の温泉は私の時代［現代］に登場したもので、他の普通の温泉とおなじ目的を持ってはいない。それは「新温泉」と呼ばれ[9]、水量がきわめて豊かである。それが塩分を豊富に含むという特長を備えていたということで、一三七〇年にわれらが偉大なるフィレンツェの君主らによって建設された。残念ながらこの温泉には、古(いにしえ)とは異なり水の中には塩分は微量しか見つからず、塩分は費用を正当化するほどの完成度を有していなかったので、建設は途中で中止された。

これらの温泉は本当に弱小なものではあるが、それでもこの塩水は飲用になり、小さからぬ称賛の的になっている。飲泉は七月の収穫期に行われ、ときにはポッレッタの温泉同様、八月にも行われる。この水は見事に胃を開放し、嘔吐を惹き起こす。とくに腎臓の閉塞を開き、ときには結石を分解する。また寄生虫を多数殺して排除し、図らずも食欲を蘇らせる。それは三日連続で早朝に飲まれるべきで、治療は飲んだ水とおなじくらい澄明な水が胃の奥から吐き出されるまで続けねばならない。

夥しい数の男女、大抵はピストイア、ルッカ、プラート、そしてまたフィレンツェの農民や職人たちが、その頃この温泉に殺到するが、彼らは規律には全然従わない。私は何人かがこの水を一樽分も飲んで、次に澄明きわまりない水を吐き出したのを見た。

しかしただちにこれらの塩水の熱についての疑問が湧き起こる。アリストテレスがその『問題集』の第二巻で、塩分は熱と一緒には保たれない、と述べている通りである。そのことは海水が冷たいことからも証明される。実際、熱は塩分によって妨げられると言われている。これに対しておなじアリストテレスは、最後から二番目の問題の第二部で答えている。すなわち、このことは大地の奥底、呼吸できない場所に由来する塩水には当てはまらないと彼は言い、また大地がその鉱物性の土壌から提供する塩分を相殺するほど、熱がその塩分を中和することはできない、とするのである[10]。

バーニ・ディイ・ルッカ（ルッカの温泉）

バーニ・ディィ・ルッカ（コルセーナ）は、ルッカのコンタード、ルッカ市から十六マイルのところに位置する村である。それは、ガルファニャーナの入口付近にある。この村のすべての知られた家屋は、ルッカの大施療院の所有であり、この地域にはしかるべくその施療院に属するもの以外の建物は建てられない。囲壁はないがよく防備されている。

そこには三つの温泉があり、それらについては私はかなり精通している。[11] そのうち主たる温泉は、その村自体に湧き出ているのでバーニョ・ディィ・ルッカと呼ばれており、鉱物としては明礬が優勢である。今日ある者たちは、その水は岩塩を含み、だからそこでは塩が優勢だと言うが、他の者たちは逆に、含有鉱物は明礬、硫黄と硝酸塩だと説く。私はその種類を確定できた。それはそこを繰り返し訪れ、検査して得られる結果をよく観察したからで、この温泉には明礬と岩塩が同一割合で含まれ、さらに硫黄が少々含まれることが判明したのである。

そこに入るやいなや、人は実際、非常な熱さを感じ、始めのショックは耐え難いほどである。その熱は鋭く激しいが、しかし短時間しか続かない。潜在的な熱が現実には活動していないと思われるほどである。この温泉は壁によって二つの部分に分けられている。第一の部分は源泉から遠くて、それに近いところほどは熱くない。私が助言したいのは、湯治をする者たちは温泉に入る時間を三つに分けたらよいということだ。最初にお湯がより温和なところに入り、ついで残りの二つの時間には、もうひとつの熱い湯に入るのだ。たしかに熱さが激しい湯には朝方は一時間、十分に留まれるが、それに対して夜はより少ない時間である。

さて私は、この温泉の第二の部分においては、その中央で中を掘って中空にされた柱を通って冷たい淡水が流れ、青銅の管から噴出するのを見た。この浴場の水は大変な渇きをもたらし食欲を減退させるので、やって来た者たちが過度に飲泉すると悪影響を受けたものだった。そこでルッカのフランチェスコ・グィニージ――民衆から当市の半神と崇められ尊崇されている――、この賢明でいとも慎重、熱心で祖国愛に溢れた方、偉大な傭兵隊長パオロのお父上で市の君主にしてわが保護者であられる方、その彼は、ある縁起の良い機会にその管をすっかり取り去らせたのだ。[12]

この温泉の水はとても有名で、いかなる臭いも味もしない。飲用になるし、パンを作ったり肉や他の食物の調理にも使われる。たしかにこの水を使って調理された食物を食べたり飲んだりすると、いささか喉が渇く。この水はその温泉から流れ出て女性の温泉に入り込むが、長い経路を通って流れるため、それは最初ののにくらべて効能で劣る。

この温泉は関節痛と神経の病気、とくに寒さが原因のそれに大いに効果がある。それは神経痛と、自然におきたり脱臼の結果生じた関節の病気に素晴らしい効き目がある。また、損傷の痛みが残ったときの緩和にも適している。それは潰瘍を乾燥させ、やっかいな瘢痕化を癒す。

それは不妊女性に大いに役立ち、不妊が子宮の湿潤に由来するときにはそれを乾燥させるので、彼女を妊娠させてくれる。そして最後に、これは乾燥が必要なあらゆる病気に効く。当温泉の源泉地には蒸し風呂と呼ばれる部屋があるが、その大変な高温は入浴者をびっしょりと発汗させ、大いに乾かす。奥まったところにあるこの蒸し風呂には、皆が一回か二回入り、温泉に浸かって残った可能性のあるあらゆる湿気を乾燥させる、と言われている。

この温泉については、私は証拠を挙げることができる。というのも私は、ピサの都市君主のゲラルド・ダ・アッピアーノがその都市をミラノ公に売り渡したときに、もうピサに留まることを拒みルッカ市の認定医と呼ばれるようになったが[13]、そのときその温泉を観察したからだ。私は、痛痛で苦しんでいたジョヴァンニ・テスタという名のある市民をこの温泉に送り出した。彼の神経の具合は大いに改善して、痛痛から解放されたほどだった。

これはときどきおきることだし、アヴィケンナが第三巻第十六論題で説いてもいるのだが[14]、彼［ジョヴァンニ・テスタ］は、舌を除いて身体全体が柔らかく解放されたと感じた。彼はやや熱っぽかったが、その温泉に行きたいという大いなる熱望のため、私の助言を得て、雪の季節にもかかわらずそこに赴いたのだ。温泉に入るや否や、私の目の前で彼は指や手を動かし始め、上がる前には完全に快癒し、馬に乗って町に戻ったのだ。それでも彼はこの温泉に四十日以上留まった。

私はさらに、わが保護者にしてファエンツァの君主であられるジャン・ガレアッツォ殿とこの温泉に赴いた[15]。彼は昔から右足の親指を曲げられなくなる痛風に苦しんでいた。彼はしばしばその指を湯に浸したままにし、我々が出発する前には完全に親指を曲げることができるようになった。

わが友にして卓越した市民である薬種商のピエル・ジョヴァンニも、そのとき私の助言でフィレンツェからそこに来ていた。彼は痛風と関節痛に苦しんでいて、四肢がまったく動かせなくなっていた。ジャン・ガレアッツォ殿と私は、二回温泉に入った後の彼が、介護者の助けを得てまっすぐ立って歩いているのを見た。そして彼は二十日後には馬でフィレンツェに戻ることができたが、彼が何カ月にもわたってこの病状に苦しんでいたことを思えば、それは絶大な効果だと我々には思われた。

私は他にもきわめて多くの例や驚くべき体験を耳にした。上に記した病気への効果ゆえに、私は、この温泉は周囲のその他のすべての温泉よりも効能に優れ、推奨するに値すると考える。

第二の温泉はその村の境界よりも少し外にあって、その壁の色から「赤い温泉」と呼ばれている。その元になっている鉱物は銅である。水量は少なくあまり熱くないため、頭に掛ける前に暖め直す必要があるほどだ。

そしてある人たちは、そのシャワーの下に長時間頭を据えて、たえずマッサージさせている。したがってそれは、湿潤な頭を有する人に効果がある。私は、この水は今では微弱な働きしかしないが、かつては良い水だったと思う。実際、私の直接体験からも、そこに行って得られる恩恵はかなり弱いことが確認できた。

第三の温泉はヴィッラ温泉と呼ばれるもので、バーニ・ディ・ルッカからは斜面を下りて一マイルのところにある。その鉱物は鉄である。当温泉の場所、入口および利用法は単一穴タイプで、そこには二人ないし三人が一緒に入ることはできない。湧泉の水は非常に温和なので、病人はなんらダメージを受けることなく、長時間そこに留まれる。あらゆる消化器官に役立ち、腎臓や肝臓の熱い体質の病に有効で、微弱に作用してこれらの器官を癒す。

さらに私は、それは淡水と混ぜられていると思う。この水は優雅に飾り立てられた当該温泉に流れ込んでいるが、自身の熱を失って、実際、はっきりと感じられるほど著しく冷たくなったので、もう使われていない。そこからも、熱というのは今やその特質の中にはないことは明白である。この水は食欲を刺激し渇きを抑える。

ピサの温泉

これらの温泉はピサのコンタードにあるが、今日ではフィレンツェ領域と言ったほうがよいだろうか。というのもその市と全資産はフィレンツェの所有になったからだ。この場所には、上述のように私が当市に長年住んだ経験があるためよく知っている多くの温泉がある。

それらのうち第一は、サン・ジュリアーノ山の山裾にあるものだ[16]。この高峰については、ダンテが伯ウゴリーノとその息子たちの捕囚と死、そして夢を語るときに思い出しているもので、それはピサとルッカの間にある、と彼は言っている[17]。それはモンテ・ピサーノの温泉と呼ばれている。この山はサン・ジュリアーノ山とも称されているが、それはルッカ・ピサ境の頂上にサン・ジュリアーノという名の小さな教会が建っているからである。

さて温泉は全部で四つあり多くの家を擁している。そこにはまた、湯治にしばしば赴くのを習慣としていたかの偉大なる君主ピエトロ・ガンバコルタがかつて建てた、美麗なる宮殿が聳えていた[18]。

わたしは何度となく彼と一緒にいた。この宮殿はその後、フィレンツェ・ピサ戦争の時、フィレンツェ人らによって破壊されてしまった。これらの温泉はきっちり整えられてきわめて美しく、疑いなく大いなる効能があったはずだ。だが残念にも現在はもはやそうではない。もうシャワーはなくて地下からの泉のみである。最初のものは古温泉と呼ばれ、もっとも荘重である。

このおなじ水は他の所にある女性用温泉にも流れ込み、それは「貴婦人の温泉」と呼ばれている。したがって鉱物は少なく、水は明礬質と硫黄質で明礬が主要素になっている。その熱はかなりのものだが、最初の温泉のほうがより熱い。

こうしたわけで、ピエトロ殿の時代、女性たちは皆おなじ温泉に入っていたが、彼はそれがいくつかの棒で分けられるよう命じた。これらの二つの温泉は、相当慢性でなければ関節痛の治療に役立つ。また冷えが原因の疝痛や腹痛を訴えている人にも有効である。二・三度浸かれば疥癬を取り去り、子宮の湿潤を乾かし、潰瘍を癒す。だがこれらの温泉は、現在では効果がわずかしかない。というのは湿地帯に位置しているため他の飲用にならない悪い水が混じり込んで、その揚げ句、泥だらけになってしまったからだ。

もうひとつの温泉は「健康者の温泉」と呼ばれていて、おなじ鉱物を含んでいるがその量は少ない。この温泉の使用は、とくに健康な身体のためにある。三つある温泉すべて、極めて美麗である。

最後の四番目の温泉は他のものからやや離れたところにあり、ピサに向かう道路の中間あたり、ピエトロ殿の宮殿の側にある。これは「王妃の温泉」と呼ばれ、鉄に少量の明礬が含まれている。そしてこの温泉をたびたび利用したピエトロ殿は、より熱い湧泉があるところで水を水路に導き入れたが、そこへ入る彼はまるで墓に入るような塩梅であった。この温泉には二人以上は一緒に入れない。その周りのやや離れた場所に、彼は、温泉から上がったときに温かい布で身体を乾かし衣服を着られるように、小さな暖炉を拵えさせた。自身の宮殿からその温泉が離れているためめの措置である。この湯治は、全消化器官、水腫および黄疸に効く。要するにルッカのコンタードにあるヴィッラ温泉とおなじ特質・特性であるが、それよりは、とくに食欲を大いに増進させてより効き目があると私は思う。

また私はヤーコポ・ディ・アッピアーノ[19]を伴ってこの温泉に赴き、他の同僚たちとともに次の結果を確認した――彼の尿は非常に黒っぽかったが、温泉に浸かった後は目立って明るくなった。

実際、この温泉は利尿作用が強いと言われている。これらの温泉での湯治に適した時期は、五月から七月半ばである。

この温泉は先述の温泉とおなじく、堂々たる外観でよく整っている。それらの温泉は町から約三マイル離れている。これらの温泉の近く、山々を横切ったところ三マイルあたりにあるアニャーノ修道士と言われている修道士たちの教会近くに、すでに言及した極寒の冷泉が湿原の中にある。それは温泉施設といった様相はまったくなく、壁にも囲まれておらず、なんら鉱物を含まない。私の同僚の有名な医師、ピサのジョヴァンニ・ジッタレブラッチャ[20]は、その温泉の温度がかくも低い原因は、それが大理石の石切場となっていて、大理石が豊富なかの山々の近くにある大理石水の泉だからだということで私と見解が一致した。

それは多産でない女性にのみ効果がある。彼女たちはこの水に入るとき、手足を凍えさせブルブル震えている。その場所には住居はないが、近くに多くのヴィッラが建っている。病気の女性らはそこに掘っ立て小屋ないし仮小屋を建て、何日にもわたって冷泉に通うのだ。そしてすでに述べたように、その冷泉に浸かることで多くの不妊女性が多産になるのである。この治療効果を得た女性のうちにわが妻がいることは、すでに申し述べた通りである。その水に入っていると彼女らの腹は収縮し皺が寄り、何度も大量の尿を出す。彼女らは七月にここに湯治に行く。

この効果の原因は分からない。思いがけない体液の転換がおきてそれが体内の自然の熱を活発化し排出力をより強くすることで、尿道を通じて子宮内の湿潤を押し出したとでも考えられるか、あるいは多分、体液の転換が大理石の冷たさによって弛緩した諸部分を収縮させ、子宮そのものを回復させるのだろう。

この冷たさが、子宮の悪しき熱い体質によって惹き起こされた不妊を克服するのに成功することがときどきある。これらは上述の効果に目を注いで行った我々の推論である。しかしながら、ときには多くの病人たちがこの水の使用で危害を蒙ったことも我々は確認した。彼らがかつて医者の助言に従ったというのは本当ではない。彼らは度々、我流に行ってしまったのだ。

やはり上述のピサのコンタードにはもうひとつの非常に壮大な

温泉があるが、これについては詳細に語ろう。というのも私はピサに長期滞在していたため、そこをしばしば訪れ、幅広い経験を得る機会があったのだ。その後この都市がフィレンツェ人らの手に落ちたとき、その温泉のおかげでフィレンツェが令名を馳せることになった。それからは毎年、フィレンツェ人や他の邦の人々が頻繁に訪れ、後に語るようにそこで関係する病気の治療をしたのである。かつてはこの温泉はほとんど無名であった。町からほぼ十六マイル離れたエーラ川のほぼ平らな渓谷にあり、人々の馴染みの訪問先である。「アクア（カッシャーナ）温泉」と呼ばれている。[21]

この土地の住民は、そこがアクア温泉と呼ばれるのはそれがその村の昔の名前だからだと言う。他の者たちは、そこに大量の水流があるから、また別の者らは、水が豊富な上に多くの水車が設置されているからだと言う。この温泉はその大きさで二つの公共温泉を凌駕し、二つの入口がある。そこの水はその後、「女たちの温泉」と呼ばれるもうひとつの温泉に流れ込むが、この移動によって熱が失われるためにあまり効果はない。このような具合で、男たちも女たちもその温泉を利用できる。女たちは湯治の間、慎み深く衣服をまとい、また多くの男たちも薄く軽い衣服で同様に身体を覆う。ときに温泉は、サージのカーテンその他類似のもので真ん中で仕切られている。

この温泉が屋根付きだとしたら疑いなくより効能があろう。それは熱や効能や鉱物が、ひとつないし複数の開口部を通って蒸散しても覆いに守られて集結し、より大きな効果をもたらすだろうからだ。すでにフィレンツェ人らはたびたびこの問題を議論し、他のさまざまな対策も講じた。

この温泉の水は澄明至極であり、粟粒のように小さなものでも見えるほどである。そしてその底には、艶やかで滑らかなとても大きな石がいくつか垣間見える。この水の鉱物は鉄であり、ある者たちによると、それは銅をも含むと言うが、それは正しくない。鉄分には明礬も混ざっていて、それがこの温泉の性質をシエナのコンタードのヴィニョーニ温泉に似たものにしている。しかしその水はヴィニョーニ温泉のものよりも肌理細かい質のもので、実際の温度も低めである。ヴィニョーニの水はより粗い成分から成っていて、その結果、もっと熱いはずである。しかし後者のほうがさらに迅速な効果があって、前者［ピサのもの］の働きはより緩やかである。

しかし私の考えでは比較はできないと思う。というのも私は後者の温泉の驚嘆すべき効果を実見したからだ。だがこうした温泉の常連は、ある時期にはその使用がきわめて有害になると気づくべきである。

その村の農民たちはこの特性に通暁している。そしてそれは四月には有害になり濁るのである。ときにはレモン色になると言われている。この事実について、後に選り抜きの医師になった上述のジョヴァンニ、ニコロ・ダ・マントヴァ医師と私は、長時間探究したものだった。しかし話を延ばさないため、我々の議論と意見に言及するのは控えよう。

私は、この温泉で湯治している多くの水腫患者と黄疸患者を診た。それは虚弱な人を目覚ましく強化し、また消化器官の熱を持った異混和症にも大いに効果がある。

私は、こうした水が肝臓の活動を活発化して、栄養を肢体により容易に行き渡らせることで多くの痩せぎすの人が太るのを見た。

これは腰を浄化し、こしけ過多の女性に多大な効果があって、また私の見たところ関節や神経を傷めることはない。その使用は六月のほうがそれ以前よりも良い。温泉の中心ではより熱い湯がいくつもの噴泉から湧き出ているので、より望ましい。しかしこの温泉は喘息病みや気胸を病んだ者には害があり、しばしば命に関わる。

それではここで、私が他にも数々の事実の証人になった町であるピサを去ってから立ち会った重要な出来事を語ろう。ピサの出来事については語るまい。というのも、それはフィレンツェ市民とメディチ家の方々に、知らないことに関して名声をもたらすことになったのだから。

まず私の所に、若き科学者で大富豪であるニコロ・ディ・ヴェリオ・デ・メディチ殿がやって来た。彼は消化器全体を酷く病んでいた。そして胃が至極脆弱、消化不良のため容易く完穀下痢［未消化の食物が便に混ざる下痢］になってしまうのだった。

また彼は消化能力の大いなる減退で肝臓も悪く、あまつさえ痔疾も加わって、身体はガリガリに痩せていた。戦争が終わり町がフィレンツェ人の手に落ちるとすぐ、彼は私の助言に従って、十分身体を［下剤で］浄めてから、喜び勇んでこの温泉に赴いた。というのも、まさに最初は戦争のせいで私が奨めるこの湯治を受けられず、前述のルッカのコンタードのヴィッラ温泉に行き、そこで沢山の助けを得たのだったから。

彼の掛かり付け医のフィレンツェ人医師、有名なジョヴァンニ・バルドがこのことで私をひどく敵視していたことは知っているし、彼の妻ジョヴァンナ・ビッチ・デイ・メディチは、ニコロ殿はこの温泉からはけっして生きて戻れないだろうなどと言って、私を貶めるひどい中傷をこの町に撒き散らした。その反対に、彼はそこに行き長年にわたりその湯治を続けて恩恵を得たため、私を称えてくれた。

私が語ろうと思う第二の事実は、その後私がペーザロの君主、わが保護者たる偉大なるマラテスタ殿に、年俸五〇〇フィオリーノという頭抜けた額で雇われた医者だったときにおきた。(22)

私が彼に会ったとき、彼は上述のニコロ殿よりも悪い栄養状態だった。それは十四年間にわたり軽い胃の出血に苦しんでいたからである。しかし彼の不調の主たる原因は、肝臓のより広い範囲での閉塞性の出血であった。さらに彼は脳出血をも患い、その全身は出血で損なわれ弱っていた。同時に彼は、排尿時に疼痛を感じ、腰はひどい炎症をおこしていた。要するに結局、このように重篤な症例は私には初めてであった。

これらすべてに痛風が加わった。私の患者［マラテスタ殿］は科学的問題に関心を持つ人で、だから我々は一緒にアヴィケンナの［第三巻］第十六論題の閉塞性出血に関する部分にとくに注目してしばしば参照し、実質上、すべての問題に触れ理解した。そして我々は、かつてこれを治療すべく彼を診た医者たちの誤りを突き止めた。実際彼らは出血を減らす目論見で、彼に収斂剤を投与したが、それは反対に絶えず閉塞を結果し、継続的に出血をふやしてしまったのだ。私は逆に緩下剤で治療し始め、それが実際に効いた。最後に私は彼にこの湯治に服するよう奨めた。それについて我々は、当市の講師で六年間彼によって報酬を与えられたフランチェスコ・ダ・シエナ師[23]の前で長く議論した。

フランチェスコ師は、私とマラテスタ殿が一緒にピサにいたときにその温泉についての情報を得たと手紙を書いてきたが、しかしそれは全然効果的ではないと主張し、むしろペトリオーロ温泉を奨めていた。私はこのマラテスタ殿宛の手紙を見て、それに対して君主殿は返事をしたいとおっしゃったので、私はフランチェスコ師の意見を誠実に論駁した。マラテスタ殿と私には、フランチェスコ師は事実に通暁していないのに語っていることがはっきり分かった。実際、後日君主殿が私に手渡してくれた別の手紙では、彼は最初の手紙の内容と矛盾したことを言っているのだ。とうとうマラテスタ殿がそこに行くことが私により決せられた。我々は出発したが、残念なことに私は途中下痢でひどく衰弱してしまい、戻らねばならなかった。

わが君主殿がフィレンツェにおられた時、ジョヴァンニ・バルド師はライモンド・マッシモ・デッリ・アルビツィとともに彼の所を訪れた。マラテスタ殿は彼らに対して、この温泉を明瞭かつ公然と正当化できるいくつかの論拠を示しながら見事に奨めることができた。これは実際、彼の書斎において我々が一緒に長時間しばしば議論した問題だった。彼はかくも重篤な病状だったので、彼の仲間の友人たちもフィレンツェ人たちも私の助言に驚いた。君主の名で彼は湯治に行き、たんに快方に向かっただけでなく最良の健康をも手にした。それでも彼の息子や兄弟たちは私の意見に反対していた。

やはり私の助言で彼と一緒に偉大な医者のミケーレ・ダ・ピストイアがそこに赴いたが、この医者はマラテスタ殿がとても気に入っていて、一五〇ドゥカート与えた。彼はそこから痛風と期せずしてカタルも、そして脳出血から来る不調にも多いに改善を見たのだった。彼は四肢の回復が劇的だったので、その後もこれらの場所をまた訪れるために戻ってくるのを好んだ。もしたまたま反対のことが出来したのだったとすれば、私は自分の忠言につき大いなる汚名を受けたことだろう。

この驚嘆すべき結果を見たフィレンツェ人らは納得して、今日ではごく頻繁にこの温泉を訪れるようになったほどだ。ロマーニャ地方およびマルケ地方の人たちも同様である。私の助言の下、またこの温泉には、ウルビーノ伯の妻である伯夫人アレンガルダが、義妹の、偉大なる奥方バッティスタ様——上述のマラテスタ殿の息子であるガレアッツォの妻にあたる——ともども赴いた。さらに彼女の娘で最初はマントヴァの君主の妻、現在はイーモラの君主の妻になっている、偉大なるパオラ様も来た。要するにわが君主殿は、この温泉に大いなる評判をもたらしたのである。

最後に、実際、私は水腫に罹ったチェザレーアの君主、偉大なるマラテスタ殿がこの温泉に行くのを見た。彼には私が偉大なるペーザロのマラテスタ殿にしたように、卓越した医者マッテーオ・ダ・ピサが助言した。彼と一緒に、またファーノとピアチェンツァの君主である偉大なるパンドルフォ殿の医師である、有名でわが最良の同僚たるヤーコポ・ダ・レッジョも行った。それからチェザレーアのマラテスタ殿は、故郷に戻るやすぐに亡くなった。ヤーコポは私と一緒に亡命するかのようにフィレンツェにいたが、私は彼がマッテーオ師とあまり折り合いが良くないと分かった。しかし礼儀を重んじ、これについては誰彼の名を挙げてこれ以上語るまい。

　この君主は喘息に苦しみつねに熱があった。これについて私はもちろん十分情報を得ていた。熱のあるすべての人たちに、私は温泉は奨めないし、それはとりわけ喘息病みには有害であるだけでなくしばしば死をもたらす。この種の病人たちはまず最初、なんとしても病気を治さねばならない。

ヴォルテッラの温泉

　さて次は、鉱水が非常に豊かなヴォルテッラの水と温泉について話そう。まず言いたいのは、町から十六マイル離れた草木の生えない場所に夥しい温泉があるということである。私はこれらの温泉に、私が誰よりも愛した人と赴いた。それはコルッチョ・ダ・スティニャーノ殿[24]で、最近フィレンツェ共和国の書記官長に任ぜられた御方だ。

　これらの温泉は、私の親友であるフィレンツェの卓越した医者クリストーフォロ・ジョルジの助言と指示に沿って、偉大なるフィレンツェの君主たちによって非常に適切に整えられた。彼はわれらが偉大なる君主からそれらの温泉を設営する特権を得、それらを有名にするよう大いに努めた。ついでそれらは「治療の温泉」と呼ばれた。

　その場所は森深いところにあり、これらの場所の近くには強盗で生活しているある貴族たちの砦があった。それは盗賊と悪党の巣窟で、彼らは多くの人々を捕えたが、その中に痛風を治しにその温泉に赴いたメゼタ・ディ・カステルフィオレンティーノがいて、捕えられた経緯と結末を私は記憶している。彼はこれらの砦のひとつに監禁されて、解放されるため四〇〇フィオリーノ払うと申し出た。しかし盗賊たちは八〇〇フィオリーノを要求した。これを聞いた囚われの彼は、息子たちをまったく惨めな境遇に落とすよりは死んだほうがましだと決心し、壁に強く頭を打ちつけて死んだのだった！

　これらすべての事件ゆえ、この温泉地は小さな要塞に変えられた。たしかに何日も攻撃に耐えられる場所ではないが、同様な事件はもうおきないだろう。そこには多くの住居があって、しっかり建設・管理されている。

　それは温泉の豊かな領地で、私の意見では、主要な鉱物（ミネラル）としては明礬ついで硫黄を有している。壁、とくに出口付近の壁には明礬が非常に多いので、これらの壁から大量に剝ぎ取れるほどである。そして私には、ここには合流する三つの温泉があるように思われる。第一の温泉は、そこに落ちる水は今は熱くて、寒さに由来する関節痛と神経症状に効果がある。それは身体中の湿気を乾かし、寒さと湿潤から来る子宮の病に効く。また多くの他の温泉と違い、渇きをもたらすということはない。

　この熱は一時間以上辛抱できる。湯治にもっとも適した季節は春である。この温泉ではシャワーが使え、頭部の湿潤カタルを乾燥させるのに非常な効果がある。

囲壁の外にはもうひとつの温和な温泉があり、鉄分が主で一部明礬を含んでいる。だからその性質は、すでに述べたようにルッカのコンタードにある「ヴィッラ」と名付けられた温泉の成分に近い。しかしこの後者のほうが、より効果があると私は思う。これらの温泉の近く、山の麓の二マイルにわたり、カステルヌオーヴォという名だと耳にした覚えのある城砦の近くにいくつかの蒸し風呂がある。多くの人々がそのように呼んでいるのである。これらは深く、そのいくつかは驚くべき湧出力なので、飛沫が轟音とともに激しく水面に上り来て、空気中に見事な蒸気世界が現出するほどである。

さらに、かつて二羽の鳥がこれらの蒸し風呂の上を飛んでいたとき、蒸気のために発火して墜落し、ただちにその蒸し風呂の中で焼かれたそうである。おなじことは犬や他の動物にもおき、それらは中に落ちるや、すぐに茹で上がり食べられるのである。

これらの温泉の水質は硫黄質だと私は思う。そしてある人たちはその蒸気を、灰を混ぜた布切れを入れた沸騰した大鍋の替わりに使う。

このコンタードには、さまざまな鉱物、まず第一に大部分が塩を含んだ水が豊富である。その塩の豊かさは、フィレンツェ市民、そのコンタードおよびディストレットに役立っている。同様にそこには、硫黄および明礬もまた称讃に値するほど豊かである。

シエナの温泉

私は、シエナのコンタードにある温泉はまだ見たことがないけれども、それらについて語ろう。というのもそれらについては、シエナの医者であるマルコ師とフランチェスコ師から多くの体験談を得て精通することになったからだ。この二人からは、さまざまな論題について詳しい実践的情報を入手しようと望んだ。またジェンティーレ・ダ・フォリーニョが、これらの温泉について私に提供してくれたすべての情報をも参考にした。

もっとも重要な温泉はペトリオーロ温泉[25]で、硫黄に富み、かなり粗い物質から成っている。大いに身体を熱くし、体液を乾燥させ、薄め、分解する。

それは関節痛と寒さによる神経の病に効く。頭が冷たい座骨神経痛患者にも効果がある。そして治療は、ライオンの口から出る湯の下に頭を差し出すことで行われる。お湯はあまり勢いをつけずに、まず頭の前方、次に後方に掛かるようにすべきで、こうして頭自体の湿潤を乾かすのだ。通常こうしたケースには大変効き目があって、ほとんど三年持続的に暖め乾燥させるほどである。それゆえこの温泉は令名が轟いているのである。

湯治に最良の時期は、九月、十月、三月、四月である。私はいつも三月・四月のこの温泉の使用を称揚してきた。その理由というのは、最初の時期［九月・十月］に温泉に行く人々は寒くて雨や雪が降るときに帰宅することがときにある、というところに求められる。温泉利用によって汗の穴と道が開いているので、そうした条件は身体に非常に悪いのである。このような気候の変化は汗孔を緩めることを通じての温泉のあらゆる有益な効果を無にしてしまうほどで、その理由は、寒い気候のために反対のことがおきる、つまり開いた汗孔がすぐに閉じてしまうのが見られるからだ。

私は、かつてこの温泉に九月と十月に行った人たちの多くが湯治の結果が思わしくなかったことを確認できたし、それは当代に、十二月にそこに赴いた人に降り掛かった結果と同様である。

この温泉の近くにもうひとつのカルダネッラ[26]と呼ばれる温泉があって、鉄分が多く、きわめて纖細な物質から成っていると言われている。それは湿潤を乾燥させ弛緩症状を取り去ることで、極度に弱った消化器官に効果がある。またそれはあまり熱を高めることはない。

ペトリオーロ温泉の近くに、またもうひとつマチェレートと呼ばれる温泉がある。硫黄質である。さらにラポラーノ温泉[27]もある。それはシエナにほど近くにある、と言われている。それは硫黄分に富み、皮膚病を見事に乾燥させ、ひどい疥癬をもたちまち癒してしまう。

もうひとつの温泉はヴィニョーニ温泉[28]で、シエナのコンタードにある。その効能はピサのコンタードにある温泉のそれと同様であるが、もっと濃密な水質で、アクア（カシャーナ）の温泉について述べたように効果はよりゆっくりと長続きする。私が多くの経験をしたところでは、後者よりも効果は大きい。

さて、シエナのコンタードには、ラディコーファニ近くに、サン・フィリッポ[29]と呼ばれるもうひとつの温泉がある。この湯の効果と鉱物は、ジェンティーレがペトリオーロ温泉の性質に関する最初の論考の中で述べているところに呼応する。水質がより希薄だという点をのぞけば、この温泉はペトリオーロ温泉が効くのとおなじ病をすべて癒すが、それはつねに習慣となっている良き処方に今後とも従って、という条件下においてである。

より歴とした体験のあるジェンティーレが、彼およびこの温泉に馴染みのある他の医者たちの意見として、その根本的な鉱物は硝酸塩で［体液を］薄くし溶かすのに大いに適している、と述べているのはたしかに正鵠を射ている。要するにこの温泉の効果はペトリオーロ温泉と同様だと言えよう。

しかしながらひとつの相違があることを私は幾度も認めた。つまりこの温泉は寒冷と湿潤で惹き起こされた頭の病とカタルを癒すので、ペトリオーロ温泉よりも優れているのである。また病人の頭の上に落ちかかる水は、前述のペトリオーロのものほど重くないと言われている。さらに他の人たちによれば、ペトリオーロ温泉の中には他の水が混ざり込んでいて、かつて得られていたような効果がそのために妨害されているということだ。それで、サン・フィリッポ温泉が今日ではより有名になったのである。

しかしながらジェンティーレは、鉱物についてそうした経験をしたことがあるとは言っていない。ただし彼は、最良の実験は水を蒸留器で蒸留してみることだとは認めているのだが。

わが偉大なる君主マラテスタ・デイ・マラテスタ殿が、アクア（カッシャーノ）の温泉の鉱物を蒸留器の中で見たがったことを私は思い出す。この蒸留では本来鉄分が優越しているはずなのに、彼は多くの明礬とわずかの鉄を見出した。この事実が明々白々、白日の下に晒されたのである。

しかし論理的推論をする必要がある。実際、効能の大きさに比して鉄の塊は小さいから、もしその鉄の小さな部分と明礬のより大きな部分を測れば前者のほうがかなり重い、ということに疑いなくなったことだろう。ついで次の機会にペトリオーロ温泉について語るとき、彼［ジェンティーレ］は、最初はそれが硫黄質だと言ったが自分の体験から硫黄よりも明礬を主体とすることが明白だと思われる、と述べた。さらに彼の考えでは、この温泉については、他の医者たちの意見に反してあまりかかずらうには及ばないということだ。おそらくそれゆえに、彼はこれら両温泉についての論考を書かなかったのだろう。

彼がこれらの水［温泉］について抱いた敬意の念は、私にとってそれを軽んじないよう促したのみか、むしろ私の経験・知見を拡大し、深めさせる刺激となった。たとえば上で私はその反対の見解を主張していたのに、湯治に最適の時期は九月と十月だと言われているのである。

この場所にはサン・カッシャーノ[30]と呼ばれる多くの温泉があり、硫黄質の温泉とはかなり異なっている。関節の冷えによる痛みや同様の病に良く効く。そこにはさらに穏和な温泉があって、肝臓と脾臓の病気に効き、他にもまだかなり有名な温泉が沢山ある。

私は今、とくにこのサン・カッシャーノ温泉にこだわってみたい。それについてはこれまでいつも概括的に扱い、その効能を説明するのが通常だったのだが。さて、ここのサン・カッシャーノと称される城砦（カステッロ）の近くに、「土の温泉」と名付けられた温泉がある。それは冷えによる子宮疾患、腎臓および膀胱の結石とともに関節痛にも効くと言われている。これはカステッロから四マイル離れた第一の温泉である。

第二の温泉は非常に熱く乾燥した性質のため「釜の温泉」と呼ばれているが、湿疥癬を癒してくれる。この温泉に入る人は短時間しか留まれないが、湿潤のため惹き起こされるあらゆる病気が大いに快癒する。

さらにそこには「サンタ・マリア」と呼ばれるもうひとつの温泉があり、これもかなり熱く乾燥していて、サン・カッシャーノ地区にある。それは精神薄弱者の振顫、消化不良による痙攣、おなじく寒さが惹き起こすカタル、またやはり寒冷が原因の水腫などを癒す。その上、子宮の湿潤を除くのにもきわめて効果がある。そこは「土の温泉」から半マイルの距離があると言われている。また管ないし樋を備えていて、湯が病人の頭上に落ちるようになっている。

もうひとつの温泉は「焼き炉の温泉」と呼ばれて、熱く乾燥し湿疥癬と痛風を治す。これもまた温泉に浸かっている裸の病人に水を掛けるシャワーを備えている。

それから「シクンテッレ」ないし「シカレッラ」と呼ばれるもうひとつの温泉がある。明礬と鉄分を含むゆえに穏和な水で、炎症に対抗し胃・脾臓・肝臓に効く。また食欲を盛り返させ、その水は飲用に供されている。私に分かったかぎりでは、二つの壁から湧き出ている。ひとつは熱く、もうひとつは冷たい水だ。子宮カタルを癒すのに大いに役立つ。さらにこの地区にはもうひとつ、ある人たちが「洞窟の温泉」、他の人たちが「ボスレクトの温泉」と呼ぶ温泉があると言われている。しかしその湯はあまり熱くない。それは疥癬とらい病を癒す。もうひとつの温泉は「聖グレゴリオの温泉」と呼ばれており、非常に古く慢性化した潰瘍を相当よく治してくれる。

この場所には今ひとつの温泉が存在し、かなり熱く、痩身効果と多いに発汗させるのに適している。これらすべての温泉は非常によく知られている。それらの水は飲まれ、また浣腸用にも投与される。「泥温泉」と呼ばれるのは、まさに大半が泥から成る温泉である。その中では一般に、なかなか癒着しない深刻な潰瘍患者が癒されるが、そのためには少なくとも一〜二カ月は継続する必要がある。サン・カッシャーノの湯治期間は、通常、三月、四月、五月と九月全体である。これでシエナ領域の温泉をめぐる我々の説明を終えることにする。

ロマーニャの温泉

ロマーニャ地方では、温泉は「サンタ・マリア・イン・バーニョ」と呼ばれる土地に位置している。この領域の土地と城砦は、伯グィディとその甥の伯ピエトロと伯リッカルドに帰属する。この二人は私の大親友である。しかし彼らの叔父とは私はさほど親しくなかった。いやむしろピサ市がミラノ公の手に落ちたとき、彼はしばらくの間この都市の代官であった。そして私は有名な市民であるピエトロ・デル・ボルジアを治すためフィレンツェに呼ばれたので、フィレンツェ人たる私が、大半が彼とその支配を嫌っているピサ人たちの尊敬を集めるのではという深刻な疑いを、彼は私に掛けたのである。

そのために私は、私がペーザロで後に病気を癒すことになる当の人によって解雇されたのである。上述の彼の甥たちから、私はそれらの温泉の効能とそれが含んでいる鉱物についての情報を得たいと思った。それらの土地は、今はわが同郷の卓越した偉大なる君主ジョヴァンニ・ガンバコルタ殿の手にあるが[31]、それはピサがフィレンツェ人の手に落ちた後、伯グィディから奪い取って偉大なるフィレンツェ都市国家から彼に支配権が与えられた、というわけだった。その時、私はそこにある温泉とその性質について情報が欲しかった。

これらの湯「水」について簡単に言えば、まず私は幾人かの医者が、それらはルッカの温泉とおなじ性質だと言っていることを見出した。ルッカ温泉の効能と鉱物についてはすでに先に語ったとおりである。

ジェンティーレもまた、彼の第一論考でこれらの温泉の名を挙げている。実際彼はその論考の第二部で、トッリ温泉とサンタ・マリア・イン・バーニョ温泉は、彼およびその温泉を訪ねた専門家の見解によると若干明礬を含んだ硫黄質だということである。またこれらの温泉については、おなじことをまずこの領地を先に領有していた領主たち、ついでわが同郷の代父ジョヴァンニ・ガンバコルタ殿も言っている。その前者の領主たちは、実際、それは効能と鉱物によりルッカの温泉と同一だと主張している。だがそれは熱も力もまた作用もおなじとは言えず、ルッカに比べて劣っている、とも付け加えている。

それは神経に効き、神経痛とあらゆる関節痛を和らげ、余分な体液を子宮のものも含めて乾燥させる、と言われている。ところが食欲は弱めてしまう。私が集めることのできた情報からは、この場所にはさまざまな鉱物を含む三つの温泉があることが分かった。

第一のもっとも重要だと思われるものはトッリ温泉で、硫黄と明礬を基礎としていて上述の病の快癒に役立つ。第二は「中間の温泉」と呼ばれ、硫黄よりも明礬を多く含む。さまざまな鉱物について区別して語ったので、このように違いを際立てて言うのである。これはかなり穏和だという話で、「下層民の温泉」と呼ばれていて疥癬を迅速に癒す。実際下層民の大半が、疥癬や他の悪性の潰瘍に罹っていると私は思う。

第三の温泉は「貴婦人の温泉」と呼ばれ、有名だと聞いたことがある。基本を成す鉱物は鉄と銅で、明礬もかなり含まれている。貴婦人の温泉と呼ばれて、後段ですぐ扱うポッレッタ温泉とおなじように多くの病に効果的だということである。とりわけ子宮の疾患に効くと私も存知している。そこには多くの不妊女性が赴く。ここでは主たる温泉［トッリ温泉］と同様、そしてペトリオーロ温泉とおなじように、病人の頭上に大量の水流が上方から落ちてくる。その水は冷えが惹き起こす病やカタルに絶大な効果がある。

上述の君主ジョヴァンニ殿と、わが代母でもある偉大なるジョヴァンナ夫人は、両者とも頭がカタルで一杯だったのだが、この温泉から顕著な利益を得た。主温泉の上から落ちる灌注システムは、このお二人のおかげで特別な装置とともに整備されている。

ポッレッタの温泉

ポッレッタ温泉については詳しく扱いたいが、それはボローニャの医者たちによって十分かつきっちりと研究されている。彼らはその温泉を口を極めて称賛しているので、それが実際、至聖にして神的なものだと私たちは考えたくなるほどである。その称賛は、アリストテレスが『問題集』の第二巻で同様な水を扱っているところ、および最後あるいは最後から二番目の「問題」で主張しているものに匹敵する。[32] まずなにより私はその起源について語ろう。

この水は、ボローニャのコンタードの石や砂利の多い二つの山、町からほぼ二四マイル程離れていると言われるところから湧き出ている。これらの山は、南側の境界がピストイアとフィレンツェの山地に接している。これらの山の中間には、相当水量が豊富な一本の渓流があると言われている。この水は両山から湧き出して二本の水路を通って流れ下り、やがて落ちた水はここにある二つの温泉で合流し、前述の温泉に溢れ出ることになる。

さらに東方、山の左側からは透明で赤みがかる傾向のある煙と蒸気が吹き出ていると言われている。この水の匂いはやや硫黄のものに近い。ある人たちはそれを明礬が基礎であり――私はそうは思わないが――、塩分を含むと主張する。その湯は穏和な熱さで外に出るやすぐに飲まれる。それはいくらかの痙攣と腹痛を惹き起こし、かなり身体を消耗させる。

そして病人に非常に効果があるので、ときには木の樽に入れて各地にかなり大量に運ばれる。そして役に立つのだが、運搬により現地で発揮したような効能がいささか失われてしまう。そしてそれは実際容易に腐敗し、すぐに匂いが消えてしまう。これらの湯はあまりに褒められすぎなので、いささか不信を抱いてしまうほどだ。多分ボローニャの医者たちは、自分たちのコンタードに位置しているので、これらの温泉を見事に持ち上げたのだろう。

それは特別の注意と気遣いをもって飲まれねばならない。飲む前、途中、後と、つねに以下に記す指示を守る必要がある。

この水はあらゆる脳の虚弱を取り除き、頭から足までほとんど身体全体のありとある病気に効験がある。要するに、アヴィケンナの第三巻に記されているすべての病気を快癒させる。つまりあらゆる病に効くということである。さらに脳の病を癒し、眼病に効き、聴力を驚異的に回復させ、鼻孔からの悪臭にも大いに効果がある。

それは頭痛を取り去り、リュウマチを軽減し、舌と口蓋にあるカタルと湿気を除去すると言われている。喉の体液［痰］を、固まったものでも消費して排出し、声を澄ませ、胸のつかえを解消し、喘息と闘い、食物の排出を容易にし、なくした食欲を盛り返させる。またそれは血痰を取り除き、消化不良の虚弱な胃にとても良いのである。

それは体内の虫［寄生虫］を殺す。またたまたま体内に入ってしまったカエルや有毒動物を、たとえそれらが長期間すでにそこに居着いていたとしても、殺すのだと言われている。それは脾臓ならびに肝臓の鬱血を解消して、痛みを取り去る。蒼白な顔面にバラ色の健康な色艶をふたたびもたらす。糞便で腐敗した腸を洗う。結句、あらゆる穢れた要素を強力に追っ払ってくれるのである。

それは原因を確実に取り除くことで内臓の苦痛を除去する。それは腎臓を癒し膀胱のアトニーと痛みと闘う。それは結石を除去する。それは放尿の障害をすべて痛みなしに取り除く。それは痛風病みを癒す。それは古いものでない、すべての関節痛に効く。それは慢性病にも効果があり、また麻痺患者に良い作用をもたらし、神経の振顫にも有効だと言われている。慢性的な根深い疥癬はただちに癒える。そして身体中に拡散した毒を放逐する。またポッレッタのある住民の証言によると、慢性的な古いものでなければ、大いなる困難を伴うとはいえ深刻な水腫も癒すということである。

しかし湯治は少なくとも三十日間継続する必要がある。さらに明白な水腫患者を死に至らしめるというのは嘘で、それどころか長期にわたって健康にするということである。

この湯のところに二カ月間、水を飲ますため馬を連れて来れば、肺気腫の馬をも癒す。他の者たちの言によれば、妊婦にはうってつけで、もし食欲がなくなっていればそれを回復させるということである。それは彼女らにダメージを与えるどころか役に立つ。というのも食欲を掻き立て体力を蘇らせるから。そして大いなる名声を博している。それは元気のない人、やせっぽちを太らせて癒す。またより重要なことだが、三日熱と四日熱を、たとえ古いものでも退け治すと言われている。

結論としては、もしこの湯について言われていることがすべて真実ならば、それはまさに奇跡的・神的で、超自然的な力によりこの特性と効能を有しているのみか、かくなる祝福された湯は、天の意志と神の手によってこの森林地帯に据えられあるいは贈られたのである。

その大学で名高いボローニャ市の著名な医師たちによって公刊された、この温泉をかくも称揚した論考のために、多くの卓越した人たちが当温泉を訪れに来たことを私は知っている。私の知るところでは、今年、偉大なる大司教殿が多くの随身とお抱え医師とともにそこに赴いた。そしてこのきわめて権勢のある殿方は、マーゾ・ラウデンセ師に、六カ月間一緒にいることを望んだが、このマーゾはボローニャ市在住で、この温泉の性質について良き経験を有している。彼は私の仲間にして親友である。

私はこのような賛辞の仕上げとして、ひとつのケースをいささか物語ろうと思う。

私はバルナバ・ディ・アッリイと言われるフィレンツェの大商人の看護をするために、しばしばフィレンツェに行った。彼は我々当市のもっとも有名な医者たちの治療を受けた。端的に言って彼は膀胱に大きな裂傷があった。彼は、自分がこの温泉に行ってよいものか我々の見解を知りたがった。我々は、硝酸塩はこのような傷には有害なのでいつも否定的に答えていた。とうとう彼は、あるいは個別に、あるいは一緒に質問することで、ますます我々から広範囲の説明を得た。彼の願望がかくも熱烈なのを見て——またそれは、彼が俗語で書かれた論考を見つけ、さらにその温泉を利用して自分とおなじ病が癒えた幾人かの名前を見出したからだが——、我々は彼がわれらの同僚の一人、フィレンツェで有名なレオナルド・ダ・ビッビエーナ師とそこに行くことを決定したのである。

彼は病気になるといつもこの医師の助言を受け、医師は彼の身体やその体質を熟知していたので、彼を湯治のいくつかの試みに従わせる目的で温泉へと同行した。彼はその温泉から著しく快癒して戻ってきて、何カ月もの間、以前よりも病に苦しむことがなかった。その後ふたたびこの病に冒されたため、他の治療法はほぼなく、その温泉に戻りふたたび効果があった。

そして今や我々医師はこの好転の原因について調査しているところである。彼が排出した化膿物はかくも大量だったので、その潰瘍だけからこれだけの量が出ることは不可能だと我々には思われた。それゆえこれは鬱血のために粘液が過度に取り込まれたことが原因で、それが化膿物質に変容して、経験にもとづけば全部がつねに下部へと流れ落ちたのではないか、と我々は言ったものだった。またこの温泉は腎臓を浄化し、腎臓は膀胱共々、粘液から解放されたのである。そしてその塩分と窒素を含んだ物質が減少したため、彼は放尿の苦痛が軽減したのである。潰瘍のほうは数は少ないとはいえ、とぎれない窒素を含んだ物質のせいで広がってしまった。

我々は、硫黄と硝酸塩が乾燥力を持っており、あらゆる潰瘍は乾燥剤によって癒されるべきだと知っているので、それに快癒の要因を帰した。かような鉱物の乾燥力は、この場合にはむしろ有害に働いた。それでも彼はそこに三度目に戻ったが、彼に何がおきたのかは知らない。実際ペストが突然襲ってきて、私はただちにその場を離れたので、彼についても他の人についても、その後、消息を知るすべは何もなかった。

ポッレッタの湯で水治・湯治をする間に守るべき規則

かくも驚異的で神的なるこの湯の効能を記述した後では、当温泉の使用および湯治において遵守すべき規則、方式、指示について語る必要がある。この規則がいかほど沢山あるかは、本章と次章で明らかになるだろう。この湯が、ほとんどあらゆる病と身体の不調や災難に効くことは驚くに値しない。そこに湯治と飲泉をしに行きたい人たちは、五月、六月、七月、八月に行くことができる。

しかし本当に最適な時期は八月だと言われている。先行する月々もそれぞれ適切ではあるが、寒さと暑さの中間にある季節がつねに望ましい。温泉に到着した病人たちはすぐにこの湯を飲むのではなく、間に一日休息日を設けるべきである。この休息は空気の変化と温泉にたどり着くまでに耐えた疲労解消のため、とくに遠方居住の人たちに必要なものだ。その後入浴し、全部の指先が縮れない程度を慎重に見計らって、適当な時間、留まるようにする。

それから温泉を出る。最初、機能が低めなので、当日の昼食と夕食は軽い食べ物を食べるようにする。翌日の夜明け、水道管のところに赴いて、すぐにこの温泉で習いになっている量、つまりコップ二〜三杯の湯を飲み始める。つづいてタップリと散策する。この運動の後、新たにコップ二〜三杯の湯を飲むためにその場所に行き、それからふたたび散策を始めること。そして毛穴、尿、他の奥まった所から水が体外に出るとき、飲む悦びを確かめるように繰り返し湯を少しずつ飲むこと。

そしてこれらの「道」のいずれかから、摂取したのとおなじくらい澄明な水が出るまで、飲むのを止めてはならない。病人たちは、体外に出た水が飲んだ水とおなじ澄明さを持っているかどうか、ガラスの容器でよく観察すべきである。

少し休んだ後、ふたたび温泉に入って、上に述べたのより少し長くそこに留まる。実際この温泉は一旦衰弱させながらも整え回復させ、身体中の過剰で有害な体液を排出してくれる。この湯を木製の桶に入れることがときどきあるが、その習慣は止めるべきだと思う。というのも湯は木の桶での運搬中にその効能を失ってしまうから。

温泉での正しい滞在の後、病人は外に出て布にくるまって休むか、あるいはベッドに寝て休み、いささか消耗したエネルギーを取り戻す。これをした後、源泉に戻り、上に述べたように間隔を空けてゆっくりと新たに悦びをもって湯を飲み、水道管から流れ出るのとおなじように綺麗で透明な水が排出されるまで続ける。一般にこの湯を急いで、また適量を超えて過剰に飲む人たちは大いに間違っていると私は言おう。精確な規則なく飲み込まれると浄化も治療もしない。というのは、激しく大量に体内に入った水は、体液を整え完全な成熟に至らせるのに必要な時間、留まることができないからである。

ポッレッタの湯で入浴の後守るべき食養生

温泉から出て水を飲んだ後には、医者たちは患者にまず眠ることなく休むことを奨める。そして休憩後は食事するよう勧告する。病人は消化しやすいもの、たとえば前述の鶏、雉、小さな鳥など、山や野にふんだんに生息しているものを食べるべきだ。これらすべての肉は完全に火を通され、ローストよりもむしろ茹でる方がよい。食べ物は全部、入念至極に噛むべきである。というのも最初の消化は口の中でおこり、歯によってしっかり噛み砕かれた食べ物は胃の中でより容易に消化されるから。これには大いなる注意が必要だが、それというのもこの温泉は大変食欲を掻き立てるからである。摂取量は過剰ではならず、鶏肉半分以下で十分である。消化しやすいようブロードに浸したパンを食べるとよい。ワインは節度をもって飲むべきだが、水と混ぜてはならないと言われている。会食者各人は、食事ごとにグラス半分以上は飲むべきではない。食事は一度に大量に食べるよりも適量を何度も食べるほうがよい。

実際、昼食後はけっして眠るべきではなく、リラックスして友達と快い会話を、とにかく身体が疲れないようにすべきである。病人らは水を飲んだ日には夕食を取らないようにすべきだ。その後もし夕食時に、しっかり消化機能が回復して新たな食欲を感じたら、白身を捨てた新鮮な卵の黄身だけを二個、あまり強くないワイン少量とともに食べることができる。それから卵が好きでない者たちは、スープのようにしてワインに浸したパンを食べればよい。その後、それぞれ適した時間にベッドのところに行き眠って休みなさい。

次の日は［ポッレッタの］水を飲むべきではなく、前日、体液に生じた大いなる動揺と刺激に配慮して、自身の身体を休ませるべきである。ついで第三時前、昼食を取る前に穏やかな状態で温泉に行くべきで、また夕方、昼食の消化が終了したときも同様で、その結果その日は温泉入浴は二回になる。上に述べたように、温泉には指先が皺寄るまで留まるべきである。その日は昼食も夕食もつねに節度をもって取ること。当日は飲泉より優先的に入浴すべきである。

この日に温泉を使うのは翌日のためにも良い。というのも体液の排出と成熟が促されるから。たしかに翌日は彼らは明け方に上述の水道管のところにやって来て、最初の日の飲泉で役立ったような生活の処方その他すべてに関して、明言された指示、時間、方式に従って飲むこと。この水は三日にわたって飲むべきだが、各治療ごとに一日の間隔を空けるのがふさわしい。多くの者が長く慢性的な病で当温泉に行くので、こうしたケースでは湯治はより長くすべきで、少なくとも六回の飲泉をそれぞれ一日の休息を挟んで継続することを許可する必要がある。

まとめると、温泉に入る日も、飲泉の日も、またゆっくり休息する日も、従前明記した規定をすべて守り、また全体にかかわる章に書かれたことも忘れてはならない。

温泉に行く者たちのためしかるべき時に必要とされる規則を書き終わったからには、今度は湯治を終えた者たちが守るべきいくつかの規範を定める必要がある。

まず第一に、温泉施設から馬に乗って去る者は、節度をもって行うべきだし、また徒歩で帰宅する者もゆっくりと歩くべきである。また［乗り物で］運ばれていく者たちも、あまり疲れないように戻るべきである。昼食は胃が待機中に弱らないよう、どうしても第三時を過ぎないようにせねばならない。昼食ならびに夕食に何を食べようと、よく噛むこと。

それから、少なくとも八日間は昼寝を控えるように。またワインは白のセッコで、飲む人の胃に適したものであるべきで、水と混ぜてはいけない。ときにワインは強くて重いので、その度合いを弱めるために、しばらくの間パンのかけらがすっかり浸りきるまで入れておく必要がある。八日たてばワインはちょうどよい度合いになるだろう。それからもし新たに食欲が兆したら、新鮮な生卵の黄身を二個か、あるいはワインに浸した少しのパンを食べるとよい。昼食後は食べ物が胃の底に降りるまで、少なくとも一時間は休むべきである。そして何か運動する場合はとてもゆったりとすること。

彼らの夕食は茹で鶏で、従前定められた養生法に則ったものにし、前に述べたようにごく軽いものであるべきである。少なくとも十五日後には、やはりよく火を通し、とりわけ茹でた去勢羊肉を食べられる。あらゆる食べ物はつねにこのようなもの、つまり容易に消化できるよう調理されるべきであり、夕食も昼食も鶏のブロードに浸したパンを食べるとよい。

静養時間は常に快適であるべきである。手はいつもワインで洗われるべきである。というのも水との接触はとくに避ける必要があるから。上記の食べ物以外は徹底的に控えねばならない。とりわけロースト した食べ物、あらゆる果物・豆類は食べてはならず、酢の使用も避けるべきである。カブ、ニンニク、タマネギやそれらに類した強烈な食物には十分用心すること。キャベツ、イチジク、ブドウ、柑橘類、パスタ的なものは有害な食である。

あらゆる事柄のうち驚くほど有害で危険きわまりないのは性交で、少なくとも一カ月間は避ける必要がある。この処方は健康で強靭な人間におけるものだと理解されるべきで、より虚弱な体質の人は、性交をさらに遅らせるべきである。

上記の食養生法は、少なくとも一カ月は守られるべきである。病人はいつも布地でしっかり身体を覆って、適度な熱を保つべきである。あらゆる風や寒さを病人らは厳重に避けねばならない。このポッレッタ温泉に出掛けるすべての人は、もし効果を得たいならば一年から三年の間、この処方の習慣に従って赴くべきである。このようにし、また最高の栄光に満てるいと高き神のお気に召すならば、病から癒されて健康長寿を得るであろう。

アスコリの温泉について

アスコリのコンタードには硫黄泉があると言われている。それはしかし、目が弱い人の目にその物質［硫黄］が集まってしまい、害を与えるという特性を備えている。ゆえにこの温泉利用者は他の人たちよりも清潔にし、その物質が目にあまり入らないよう、そして物質の流入を逸らしてできるだけ目を守るべし、との助言を守ってそこに赴くべきである。

そしてこの温泉は、他の硫黄泉について言われているのとおなじく、神経を浄化し関節の病気に効く。またそれは破傷風を退治するとともに、消化不良に起因するあらゆる痙攣に効果があるし、疥癬、膿瘍、さらには悪性潰瘍をも癒す。それは乾燥させる特性を持ち、脾臓肥大を癒して食欲を抑える。それは湿った子宮を持つ女性たちを乾燥させる効果がある。湯治にふさわしい時期は他の温泉地と同様五月である。

パドヴァの温泉について

パドヴァ市とそのコンタードには多くの温泉があるが、いずれも唯一の鉱物から成っている。実際すべての温泉は、塩分を含んだ窒素質の鉱物がベースで、サンタ・エレナ温泉と呼ばれている。

ここは体液で一杯になった頭と胸を持っている人、また湿った胃を持っている人によく効く。同様に水腫と腹水症の人にも効果的である。一般に身体のどの部分であっても、湿潤に冒されている者に効くのである。

一般的規則の章ですでに表明された規則に則って、温泉に赴くにふさわしい時期は五月から九月いっぱいだと言われている。

ヴィテルボの温泉について

私の論考の第一部の最後に、ヴィテルボ温泉の記述をしよう。

私はかつてヴィテルボにいたことがあるので、私がそこに滞在した日に在地の医者や他の人たちから当温泉についての情報を得ようと欲した。私は温泉についての驚くべき数の知らせを得たが、そこには大変多様な鉱物があり、さまざまな病と体質の人に効くことが分かった。

私が耳にしたすべてを簡単に報告したい。私は、そこには十のきわめて重要な温泉があると知らされた。

最初の温泉は最良の効能を持つと言われており、「洞窟の温泉」と呼ばれている。この温泉を訪れた人々が飲む飲用湯はとても澄んでいて、心地よい味がする。私はわが故郷である上記のモンテカティーニの水を思い出す。また私は、そこから一樽も飲む者もいるとこれらの医者たちから聞いた。

この水の基本的鉱物は銅だということだが、その成分ゆえに視力をより鋭くして強化する。この水はじつに清澄・透明で明礬質であり、それが我々の明るい視覚精気と類似しているゆえに、当然、視力を力強く活性化するはずなのである。そして白内障治療にきわめて有用である。目やにを発生させる可能性のあるあらゆる湿った体液を乾かす。そしてまた、視覚精気が少なくて視力が弱った人には視力を向上・活性化させる。とりわけ老人には、脳物質――そこから視力と視覚精気は由来する――を強化することで大いに効果がある。

またその温泉は食欲を増進させ、胃の異混和症を取り去って矯正し、消化を容易にする。この温泉には、なお食欲が減退したままの快癒期にある多くの人が赴く。また元気な食欲があまりない妊婦にも役立つ。しかしながら彼女らは、この湯を妊娠のはじめの月々にのみ控えめに飲むべきであり、またそれに浸したパンを食べても安全である。しかしけっして湯に入ってはならない、というのも容易に流産してしまうから。これらの湯は腎臓閉塞を開き、結石と尿砂を排出させ、同様に悪性で重い体液を精細化することで腎臓を純化する。

この湯は飲んだときに有用であるだけでなく、また入浴しても、結石を溶かして腎臓と膀胱から排出させてくれるので役に立つ。私はまた、長年膀胱の大きな結石で苦しんでいた多くの人々が、これらの湯を［飲泉および入浴して］使って破片にして排出するのに成功したと、その当時、またその後も聞いたことがある。だが私は、この温泉はもし湯治の前ないし途中に病人がなんらかの練り薬を飲めばより効果的だと思う。たとえば「ニコロの調剤術」に記載されているユスティヌスやフィラントロポスの練り薬などである[33]。

当温泉は、腸のガス由来であれ粘液物質の停滞のせいであれ、下腹部・脇腹の疝痛に効く。また神経と神経器官を、寒ければ暖めて癒すし、それらの器官がちぢかんでもその熱の効能で強固にして癒してくれる。麻痺患者と鬱血由来の痙攣を癒す。私はこれらすべての効果について、それを直接確認した専門家から耳にした。

第二の温泉は「谷の温泉」と言われているが、まさに第一の温泉の上に位置し硫黄ベースの水質である。また通常、男性よりも女性がしばしば通うので「女たちの温泉」とも呼ばれる。妊娠に大変効果があり、不妊女性がしばしば訪れる。なぜなら子宮を深く根付いたあらゆる粘性の湿気から清め浄化して、見事に月経を惹き起こすと言われているからである。それゆえ規則的な月経のない女性たちがしばしば訪れる。

冷えに起因するあらゆる痛み、関節痛、座骨神経痛、そして当初から四肢に留まっていたあらゆる痛みを癒す。冷えによって惹き起こされる神経病にもきわめて効果がある。湯はつねに非常に熱く、それゆえ女性より熱い体質である男性はごく短時間しかこの湯に耐えられないが、他方より冷たい体質である女性は、男性同様に熱さは感じながらもより長くそこに留まる。この湯は夏よりも冬のほうが熱い。

第三の温泉は奇妙な名を持ち、それは「拷問の温泉」と呼ばれているそうだ。その水の鉱物は硫黄質で、第二の温泉よりずっと粗い物質から成っている。そのことは、多くの硫黄の塊ができ、また湯が通過した部分により多くの硫黄の沈殿物ができることが証拠となる。それは物質がより繊細ならば生じない事態だから。このお湯は前のものよりも熱いが、それは熱量が物質の一層大きな密度に起因しているからである。

カタル性の疾患にとてもよく効き、とりわけ湿・冷性のものに効果的である。脳およびあらゆる感覚器官から余分な体液を浄化し、それらの器官に対して小さからぬ適性を有しているようだ。痛風とすべての関節・神経・接合部の痛み・疾病を癒し、顕著な改善をもたらす。筋肉とあらゆる腱を強化して治す。そしてとりわけ、前述の部位の粘液と粘液質の物質を乾燥させる。また多くの歩行不能者がこの温泉を使った後、歩けるようになったそうだ。しかし私は、すでに述べたようにさらにはるかに大きな同種の効果をルッカの温泉に見いだした。またそれは脳の湿気を乾かすることでそこから派生した神経を癒すゆえ、鎮静作用もある。また脳はしばしば身体の原動力となる器官であるため、それから指令を受け取っている四肢をも回復させる。

第四の温泉は「ブリカーメの温泉」と呼ばれる。熱さは適度だが大いなる乾燥力を有し、そして明礬を含んでいる。その特性は炎症を癒すことだと言われ、実際、疥癬、粉のようなとびひに驚くべき効果がある。またそれは膿痂疹、らい病やあらゆる皮膚病を強力に一掃して治す。余分な湿気を減らして水腫を癒してくれる。

第五の温泉は「邸館の温泉」と呼ばれており、硫黄と明礬が基礎で、前者より後者が優性である。この温泉は、どんなひどい種類の疥癬にも非常に効果がある。多くの者たちは、実際そこにほとんどらい病者のような有り様で赴いたのだが、数日にして治って戻ってきた。

第六の温泉は「小さな森の温泉」と呼ばれている。それは硫黄ベースだが、先の温泉よりも繊細でかなり熱い。そして同様に、神経の湿気過剰を取り去るのにも効果がある。それは軟弱な四肢、鬱血して縮んだ四肢を癒して、明々白々伸ばしてくれる。また座骨神経痛と下腹や脇腹の疝痛を、それが古くからの慢性化したものでも癒す。そして骨折や脱臼も治し回復させる効果があると言われている。

第七の温泉は「シリチェのサンタ・マリアの温泉」と呼ばれている。神経の湿り気を強力に乾かすので麻痺患者を顕著に癒し、また腸にたまる空気を排出するのを大いに助け、乾かすことを要する疥癬の要素に作用して癒す。湯は硫黄質で不快な臭いがし、とても軽く触るとまるで軟膏のように柔らかい。それゆえ、ある人たちがそれを「柔和な温泉」とも呼んでいるのが分かった。

第八の温泉は「牧場の温泉」と言われている。その主要鉱物は硫黄だが、多量ではない。その熱は相当穏和なように見える。そのお湯は身体のどの部分のいかなる痛みをも大いに和らげ、不快感を与えることはない。とりわけあらゆる子宮疾患、鼓腸、筋肉や他の部位の痛みに効く。腹の膨張が初期状態ならば水腫にも効くそうである。

第九の温泉は「パガネッリ温泉」と呼ばれ、銅と青銅が基礎鉱物である。この温泉は聖なる温泉と呼ばれるものと似ている。飲んだ水は糞便とともに体外に排出される。強力な浄化作用があって、腸内に残っている便を、それが純粋な状態であれ体液と混ざった状態であれ除去する。弱った胃や小腸の絨毛を強化し、とりわけ胃の消化力を強めて食欲を増進させる。それはたいそう利尿作用のある湯で、実際それを使うことで尿を通じて多くの有害な物質が排出される。それゆえ月経を惹起させて、腎臓と子宮を浄化する。だから流産しやすくなって妊婦には有害である。

第十で最後の温泉は「子ロバの温泉」と呼ばれている。それは少しの硫黄と多くの銅が基礎鉱物になっている。湯はきわめて繊細で澄んでいる。女性の子宮を大いに浄化し、彼女らの月経を正し、妊娠しやすくしっかり整え準備させる。それは痔核を開き、冷却の結果、病んだ胃と肝臓を治す。その水は非常に繊細な物質であるので、肝臓、脾臓、他の器官の閉塞を開き、それらの器官における冷たい体液の消化を容易にする。

第二部

人工の温泉

本論考の第一部では、自然の温泉とよく知られたその効果、および直接の体験から私にとって明らかな効果を扱った。さて次の第二部では人工温泉とそれに類したものの有様について扱おう。これらには二種類ある。つまり温泉のような効能を備えたものか、あるいはただ火のような効能を備えたものかである。

そしてその後者は、他はともあれどこでも熱く乾燥した特性がある。ときにはこの火のような熱は、大気または壁に実際の湿気とともに埋め込まれている。かような火のような熱さの残る場所に入るやり方の第一の例は、今日では農民たちに一般的な以下の用法から引き出しうる。すなわち彼らは竈に入り込んで身体を暖めるか、あるいはパンが焼き上がったらすぐ、温度と乾燥が過度ではなく適度な温度のときにそこに入るのである。そしてもし木材から生み出された湿った蒸気の存在が認められるなら、温泉におけるようにそれらは排出されるべきであろう。さらに空間は広く、火はまさに竈の中で燃えその下ではないのだから、湿った蒸気が発生しても火の力で解消されるのだ、と付け加えねばならない。

一般にこの治療は、寒さと湿気によって惹き起こされる座骨神経痛やその他あらゆる関節の痛みに使用される。実際この方式によって四肢は効果的に暖められ、その湿り気は見事に乾燥するので、食物がわずかでも消化と排泄に進むという過程が先行すればしかるべき効果が得られる。私は、多くの医者とともに、わが主人たるルッカの君主パオロ・デ・グィニージ殿の偉大にも尊敬すべき母君がそこを度々訪れられたのを覚えている[34]。

彼女は痛風、座骨神経痛、関節の冷えと湿気による痛みに苦しんでいたので、医者たちはルッカ温泉や他の温泉、また大桶その他の似た湯治で治療した。その後、彼女は自ら竈を月桂樹や類似の木材で暖めてそこに入るという治療を始めて、多大の効果をそこから引き出したことを認め、そう述べた。

このような温泉の用法は、裸あるいはごく軽い着衣で蒸し風呂に入り、光と自由に呼吸できるだけの空気を取り入れる通風孔だけ残して入口を板で閉じてしまうことである。

第二の例を普通の市民風呂から引き出すことができる。実際、一般にそのように呼ばれており、それは私の時代に普及した。というのも、私的住居の中に通常二人が入れる風呂が作られたからである。これらの風呂はルッカにたくさんあって、普通そうしたければ夫婦で入る。アルプスの彼方では非常に多くの家庭に蒸し風呂がある。この習慣はそこから我々の土地にもやって来たのである。

我々が俗に使用している「温泉（テルメ）」（termae）という語は、アラブ人たちの間では淡水温泉を示すのに使われていることを私は知っているが、実際、テルメに適した場所はしっかり閉じられ、下から火で熱せられる場所である。

そして医者たちは、この熱を患者の望みに応じて、恒常的にないしときどき、より高くするよう定めることもある。なぜなら、ある一定の温度が健常者に、別の温度が病人に求められるからである。

私は、これらのテルメがこう呼ばれるのは一定程度の湿り気を現実に含んでいるからだと説いた。この湿気の第一の原因は、燃えた木から発生する大量の蒸気が、大気中の蒸気と混合して湿気に変容するのだ、と今は言おう。あるいは、予めこれらのテルメの空気がすべからく湿った状態にされる、と考えるべきである。またこれらのテルメないし蒸し風呂には、そこに入る病人が汗や汚れをすっかり洗い落とせるように水の盥が備えてある。それからもしこのお湯がもともと熱すぎるときには、井戸の水でうめることができる。

熱は、この湯を暖めることでそこから蒸気を発出させて、空気、壁、天井を湿らせる。したがって壁の湿気は明瞭に目に見える跡となり、そして蒸気は、湿気の中に解消せずに天井から滴になってポタポタと雨のように落ちる。これらのテルメにまず始めに入る人たちは、通常、あまり自由に吸い込めない重厚な蒸気で空気が重くなり、呼吸できないところに閉じこめられて苦しむ。その蒸気を追い出すこともできず、息を吐き出すことも困難になる。

テルメの大気は寒さによってすぐに乱されるが、寒さは毛穴を閉じて汗が出るのを妨げるだろう。そこにはさらに、家庭にあるようないくつかのガラス窓が設置されており、明かり取りに十分である。他のものは暗いところにあって耐えられないし、しかるべき時間、留まることさえできない。

病人が外に出るときには、いささかの支障もなく服を着るのに適した場所がある。ベッドで休みたい者たちは、それも可能で一定時間休憩できる。

ついで病人の必要に応じて家を暖めるが、それは、下の火を付け、適当な種子と香草の煎じ薬を入れた釜の中でお湯を沸かすことによってである。沸騰した湯の蒸気は特別な器具を介してテルメの大気を暖めて、それに特別な効能を与える。ときどき、我々が全身ないし身体の個別の部分に受け取りたいと努める煎じ薬から得られるこの蒸気は、温泉全体の代替となる。

ときに医者たちは、シャワーを使わせることで別の方式に従う。しかし現在、人工温泉を扱っている我々としては、今度は、人工的に水で一杯にした大桶、また他の関連事項について語ろう。桶がその物質的特質から熱を失って、そしてふつうの温度になるために、水をたえず火にかけて釜で沸騰させる必要がある。一般に、これらが医者たちが指示するさまざまな種類の人工温泉である。

私は我々がしばしば使う風呂について、なによりも先に扱うべきだと思う。風呂桶に入れられた純粋な湯である。

この風呂の熱は適度であるべきである。そして風呂桶はあらかじめ定められた全寸法を有すべきである。長さは、病人が内部で横になるか座れるような自然温泉と似た長さで、幅は適度で、深さは湯が頰に届くくらいにすべきである。

このような風呂の使用は、通常、熱のある人の入浴用なので、医者たちは是非とも経験豊かでなくてはならず、そしてこの湯治をあえて奨める前に、熱の性質のほかにも周囲のあらゆる他の状況もよく勘案しなくてはならないと私は言おう。

実際、三種類の熱がある。すなわち一過性のもの、伝染性のもの、そして結核性のものである。

一過性の熱に罹った病人は、入浴前に、医者がこの一過性熱の原因を確定するまで待つべきである。それはアヴィケンナが第一巻第四部で、熱のある者は熱が下がるまで温泉に入ってはならない、と示唆している通りである。さらに身体が腐敗しやすくないか注意すべきである。このような場合、入浴は、毛穴を閉鎖する結果、体内に滞っていた体液を動揺させるだろうし、腐敗性の熱を惹き起こすだろうから。胃のもたれから吐き気のある者らは、入浴してはならない。どこかの温泉への入場を禁じられている者たちには、この療法の可否はつねに熟慮されるべきである。

すなわちそれは皮膚を繊細にし、精気を適合させて元気を回復させ、不健康な酒気を追い出すが、腐敗がよくおきる人のようにその準備ができていない者たちには、体液を活発にしない。実際、毛穴は入浴によって閉じはせず、むしろ閉じていた穴が開くのであり、それは毛穴を開けるのがまさに熱の特質であるためか、あるいは入浴とともに、外部の蒸気を排出させる生命力溢れる精気が毛穴を通るからである。それから、ぐずぐず怠惰に長居してはならない。

次に、腐敗性熱の患者がいついかに入浴してよいのかを見てみよう。実際、熱とともに膿瘍が形成されるときには入浴は危険きわまりないため、最大限の注意が必要である。

入浴は事実、物質を刺激して弱い場所に膿瘍を創る可能性がある。次に、そこから体温上昇とその結果としての病の悪化がありうる。そのためアヴィケンナは、第一巻第四部で冷水を飲まないよう、そして熱があるときには入浴しないよう奨めている。外面に気持ちよく苦痛を和らげるのにたまたま役立つとしても……云々[35]。

それゆえガレノスは、健康維持に関して「熱い体液が温泉によって消尽されるので、容器の表面に達するまで粘液が増加する」と言っている。それから、『急病の食養生』の第三巻では、彼は、温泉は焼け付くような熱にとくに効くが、ただしそれは熱い膿瘍がまったくないときにかぎる、と主張している。だから純粋な腐敗性熱のケースでは、消化された物質がすでに精細化していないときには入浴は適さない。実際、毛穴の開放においては、この物質は皮膚から少なからぬ量排出される。

ガレノスは当時、その『治療法』第十一巻で、熱患者に対し入浴をして希薄化物質に訴えることを認めている。入浴は、身体が適度に発汗するときには、悪名高い余分な物質とすべての有害物質の排出を容易にするので、少なからぬ効果がある。それゆえ入浴は細かな余分な物質を排出してくれるため、この治療に服している熱の下がってきている患者たちによって称揚されている。

ところが実際は、まずなによりもそれは寒さを惹き起こし、体液を分解し、閉塞を増加させ、身体中に有害物質をまき散らすために、満足のゆく効果を生まない。その結果、なんらかの主要な器官に膿瘍を生み出す可能性を排除できない。事実、体液を排出するとしても、熱が異混和症を増大させてしまう。

もし次に、入浴は胆汁質の者か、あるいは粘液質の者か、どちらの発熱を下げるのにふさわしいのかと尋ねるなら、それは三日熱に対し特別に、より適していると言わねばならない。その理由は、上述の効果以外に、入浴は胆汁によって乾かされ熱せられた四肢をも癒すという事実に求められるだろう。またそれは終末期の粘液質熱にも効くが、それというのも、入浴は、(この時期の粘液質患者には)胆汁質の者以上に四肢を冷やし湿らせるからである。

結核性熱、その緩和には、医者たちは入浴の適切さを疑ったことはないようだ。実際この療治は、明白に実証されているように、熱く乾いた身体を冷やし湿らせる。そして人体全体への栄養を準備し、四肢のもともとの本質においてそれを優先させ、乾燥を湿潤に置き換え、あるいは、とにかくすでに乾燥した身体を新たな湿潤で潤すのである。

いずれかの四肢からの物質の流出をそんなに恐れるべきではない。というのも、肺病患者においては身体は乾燥しているから。この療治もまた、反対物の使用、つまり寒冷と湿潤を他の治療とともに用いることで上首尾に仕上げられる。

すべての医者は、結核性熱が腐敗性のそれによって複合しないよう十分注意すべきである。そしてもしこれがおきるときには、前者の熱がすでに回復傾向にあるのか、そして他に求められる条件があるのかを考察すべきである。

多くの熟練した医者たちでさえ、すでに述べたように、腐敗性熱を考慮せず、それをより良く吟味しなかったために誤ったということを私は見た。

私はまた他の医者たちが、ほかの混乱に陥っているのを見たが、そこには私も含まれていた。私もまた若き頃、ある日、熱のある人の飲み物について論じ、さる病人が呈する症候を検討していたとき、それを結核と診断してしまった。実のところ粘液質熱に冒されていたのだが。それも驚くことはない。というのもこれらの熱は、実際、多くの病人において、物質の緩やかな動きのために熱が恒常的に現れて、結核性熱と明瞭な類似性があるし、また結核性熱のその他の症状とも類似しているのだから。

それからもし、『箴言』の第四部で主張されているように[36]、入浴には排泄力があり、結核性熱においてはあらゆる排泄手段は悪影響を及ぼすゆえ避けるべきことを考慮に入れた上で、入浴がいかなるやり方で結核治療に役立つのか知りたいのなら、この種の入浴には、排泄作用や溶解作用のない多様な作用があることを知るべきである。そうではなく、むしろ理性に明らかなように、それは気力を回復させ、冷やし、湿潤にさせるのである。結核性熱患者の湯治を完全に否定したフィリッポ医師に対しては、もう何を言うべきだろうか。

私は、おそらく彼が最初か二回目にこの治療を処方したときに、何か不都合なことがおきたのだと思う。おそらく彼が規則にちゃんと従わずに治療したか、あるいは上に述べたように、結核性熱が腐敗性熱と混同されたか、はたまたそれは実際は結核性熱ではなくて、見かけ上混同しやすい似たものと信じて間違ってしまったのだろう。あるいはまた、おそらくなんらかの理由に駆られて、彼はこの入浴が有効だと言うためには、水が熱くても冷たくてもそうでないとならないと思われたのだろう。しかし彼は付け加えて、冷たいときには、第一にそれは体液の不均衡を増大させ、第二にその厳しい冷たさが四肢を強ばらせて閉塞が腐敗をもたらすから有効ではない、としている。その結果、ぬるま湯の時もまた柔らかくする作用があって、上述の熱い湯と冷水の両極端の中間の性質だとはいえ、それも役立たないとする。

この議論に対しては、温浴は、気力を回復させ乾燥を追い出しながら湿潤をもたらすために毛穴を開くのに役立つ、と答えられよう。またすでに述べたように、それは栄養を与えるのにも有益なのである。それはまたおそらく、異混和症にも損傷よりも効用をもたらして治療に役立つ。そして同様に冷たくても治療に効果がある。

実際、我々のケースでは、冷たさがつねに四肢を弱めるわけではなく、冷たさがいつも熱を打倒するわけでもない。その上よく考えてみると、それは異混和症を変質させることで身体を整え強壮にし、ぬるま湯のときよりも有益である。実は温和な温度は異混和症をもたらさず、それどころかそれが体温に近いときには我々の自然の熱を回復させる。それからもし温泉が両極端の性質を持っていれば、それはすべてをきわめて不完全に有し、その作用は完全ではなくただ部分的にとどまる。

最後に、これらの温泉の使用においては、病人の習慣と願望、および食欲を十分考慮せねばならないことをよく心得ておく必要がある。実際、我々は、入浴に慣れていて望んでいる人たちには、安心してその利用を奨め助言することができる。ギリシャ人とアラブ人らは、温泉により一層快楽を見いだしているように見える。そして事実、彼らはしかるべき使い方をして、適切な利用で身体への損傷が少ないときにより大きい効果を引き出している。

これらすべての条件の中に、我々が温泉の利用に対して求めている諸条件が見つかる。

熱の後退期だけでなくそれが治った後も、我々の習性および食欲・色欲・不規則な生活様式のよくある悪癖ゆえに、我々の身体は悪の増加と腐敗へと駆り立てられる。

腐敗性熱の治癒には、我々はわずかな成果しか得られない。それゆえこれについては、すべての医者は用心せねばならない。

しかしながら、人工的浴場に関して説かれたことは疑わしいのか、そしてすでに述べた純粋な水での入浴は、自然水の効能と組成を備えているのに人工的と呼ばれるのだろうか。

これに対しては、それが人工的だということを疑う余地はいささかもない、と答えられよう。というのも実際、水は最初、理性、順序、基準そして人工的に創られた道具によって、火で暖められて適正な温度にもたらされるのであるから。

温泉の替わりに、もともとこの目的のために作られたのではない他の桶も用いられる。それはたとえばブドウ収穫のときに用いられる桶で、ブドウの実が桶の中に入れられ踏みつけられた後、そしてワインがその自然の性質と地域や土地――いくら近くても――ごとのさまざまな慣習の違いに従って、その神秘で最初とは異なった形で再発酵した後、また合理的プロセスによってワインが抽出された後、桶の中にはブドウの皮と完全には絞りきられなかったあらゆる残滓が残る。それから決まった時期に病人たちはこれらの桶の中に入り、ほとんど埋葬されたかのように、相当高温に暖められたこうした物質の中に入る。

この治療は、痛風、座骨神経痛、その他、寒冷と湿潤が原因となったいかなる関節痛にも効果がある。まさに大いに暖め乾かすゆえに効果があるのである。

ここの潜在的ないし現実的な活発な熱量は、熱い蒸気が大量に蒸散することからも証明される。しかし医者たちのあらゆる証言によれば、ワインは神経に有害なのにいかなる原因でこの治療が有効なのか、今疑念が上がっている。実際アリストテレスは『問題集』第三巻第一・二問の中で、ワインは卒中、癲癇、震えや同様な病気をもたらすと言っている[37]。

これについては次のように答えよう。すなわちとりわけワインを、いくら温かいものであれ、いつもそして大量に飲めば有害である、というのが真実だと。というのもそれは胃の中で酸になり、うまく消化がなされず腐敗し、我々の身体の自然によって律せられないからである。ミルクもまた酸化し、また酸以上に悪いものはない。というのは、それは冷たくて、神経、そしてそれに続いて神経系の四肢を傷める刺傷力があるからである。酸はワイン以上に、その精細さによって、より脆弱な場所へと同様、それを受け取るにふさわしい神経に、すでに準備ができた物質をもたらすのである。

しかしながら、外からの使用ではこれはおこりえないことを考慮すれば、これらの入浴の実質は、ワインではなくてある物質であり、その中には蒸散を介して効能と効力が残ったのである。そのためにそれは分解し、暖め、乾燥させる力があるのである。私はまた多くの農民が、これらの、あるいは類似の病のために内臓痛があるとき、堆肥の中に自ら埋葬され、また同様に馬をも埋葬しているのを見たことがある。

この動物じみた医療は、そのような野生的な農民たちにはふさわしいだろう。

知性あるすべての医者は、鉱物ベースの効能のある——先に我々は自然温泉の性質については詳細に明らかにした——人工浴場の創り方をより適切に知る必要がある。そのために彼らは、人体全体かあるいはある四肢を別々にか、どれを癒したいのかも考慮に入れながら、症例に応じた単純な鉱物と複合的鉱物に精通しているべきである。したがって、もしただ硫黄質の、明礬質の、鉄分の、または他の鉱物質の浴場を準備したいのなら、十分な量のその鉱物を水に入れて沸かし、そしてその湯を桶に入れなさい。

ついでもしこの浴場に多数の鉱物の特性を持たせたいのなら、たとえば明礬に硫黄をとか、硫黄——や他のいかなる鉱物であれ——に鉄分をとか、複数混ぜ、あるいは治療のさまざまな理由に従って、ひとつの鉱物を別の鉱物と同等か多く、どんな組み合わせであれ加えなさい。

同様なことは、疥癬とか、すべての関節痛があるときなど、全身を癒したいと願うときにも当てはまる。

反対に、もし病人が頭だけとか、粘膜の炎症であるカタルを病んでいるとか、身体の一部のみを癒す必要があるときには、医者は、サン・フィリッポ温泉とかペトリオーロ温泉でのように、硫黄水が病人の頭上に人工的に落ちるような装置を作るべきである。

もしそれが効果があるなら、胃や腎臓や他の箇所の病気にも――先に述べたようにつねに注意深く平静にとりかかりつつ――同様な治療を命じなさい。

ときどき複数の部位にわたって、しかも相互に対立する病気に対処する治療が必要なとき、たとえば寒冷によって惹き起こされた神経の病としばしば熱い肝臓の異混和症の場合だが、そうした時には合理的に配分を考え、これらさまざまな効能の分割については自然の知恵に任せて、それが身体各部位に、何であれ悪しき配置や他の災難から当該部位を解放してくれる効能を伝えられるようにしなさい。それは私が、サント・ディ・ペーザロ医師を駁して「テリアカ論」で説いたとおりである。[38] その論考の中で、私はジェンティーレに異議を唱えたサントの意見に抗して、新たなテリアカは主にすでに認められた二つのやり方ですばらしい効果を発揮すると主張した。

私は論考の第二部のこの最後の章で、広く使われ、また我々の議論により適した人工浴場について語りたい。すなわち草、根、種、その他類似のものを煎じたものから由来する、かの浴場に言及しよう。というのも、鉱物がいつも手に入るわけではなく、我々はこちらの薬草湯により大きな希望を抱いているからである。とりわけ、あらゆる身体部位・器官――これらの部位・器官の構成物質が熱かろうと冷たかろうと、湿潤であろうと乾燥していようと――に効果がある、これらすべての浴場について語ろう。

頭痛から始めたい。まず寒さによって惹き起こされる頭部疾患を取り扱い、その際、つねに上に述べた有用な原則を優先させることにする。

灌水浴は頭の冷えに効果があるが、それは一部分、もっぱら以下の薬草を使った煎じ薬と浸剤を組み合わせて作られるべきである――セージ、マヨナラ、シャクヤク、カッコウチョロギ、キダチハッカ、メグサハッカ、イブキジャコウソウ、カモミーラ、ウイキョウ、芳香メリッサ、山ヤナギ、果実のバルサム果、アロエ属香木、月桂樹の葉、アヘンチンキ、ラヴェンダー、乳香、モロコシ、カイソウ（海葱）、ナツメグ、コショウ、その他同様な効能を有している植物である。実際、頭の炎症治癒に必要な植物は、ヒヨス、白ケシ、レタス、スミレ、マンドラゴラ、ヤナギの葉、ブドウの葉、ハッカである。

胸と肺を暖めるためには、以下のものが指示される――ニガハッカ、アヤメ、ヤナギハッカ、クミン、オオグルマ、タチアオイの根、シナモン、カイソウ（海葱）、漉したブドウ、芳香性の木、ミルラ、ホウライシダ、カンゾウ、ユリである。

実際、風邪にはナツメ、イヌヂシャ、アーモンド、ケシの種、スミレとクワの実が効果がある。

心臓を暖める療法のベースになる薬草は、メリッサ、ウシノシタグサ、ルリチシャ、クローブ、カルダモン、オオグルマ、ローズマリー、ナツメグ、アロエの木、クロッカス、鹿の心臓の骨[39]である。

さらに風邪に対しては、スミレ、バラ、樟脳、白檀の木などが効く。

胃は入浴で暖まるし、またいずれにせよ次の薬草類で暖まる。すなわちミント、ニガハッカ、セージ、サフラン、クミン、アニス、マスチック、クローブ、ガランガ、シナモン、ズィビッボ[40]、イナキス、カイソウ（海葱）や他の同様な植物である。

冷やす薬は、順番に挙げれば、バラ、スミレ、スベリヒユ、メロン、キュウリ、カボチャ、ザクロ、ナシ、マルメロ、酸っぱい果実である。

肝臓を暖める薬草は以下の通り。シナモン、スクィナントゥム（芳香イグサ）、小麦の穂、カンアオイ、ニガヨモギ、ヒヨドリバナ、大地の蒸気、そしてウイキョウ・パセリ・セリ科（セロリ）・スギナ・アスパラガスといった五種根、それからウェヌスの髪、ウイキョウの種、アニス、アンミ（ドクゼリモドキ）とキャラウェイである。

さらに以下の薬草も冷やす効果がある。キクヂシャ、スベリヒユ（マツバボタン）、スミレとそれらの種、ビャクダン、大麦、ドリクニウム、ふつうの冷たい種と酢である。

脾臓のどこかの部分を暖めていくらかの閉塞を開く必要があるときには、湯治と湿布は暖め開く効果のある薬草と組み合わされるべきである。そうした植物療法のうちには、ケイパー、ギョリュウ、オオムカデ、カンアオイ、エニシダの根の樹皮、ルリチシャ、ウシノシタグサがある。

最後に挙げた二つは血液を浄化するが、それは以下のものと同様である、つまりキンレンカ、カラメントゥム（枯れ木）、樹脂、ヘンルーダ、ネナシカズラ、タイム、苦いアーモンド、鉄分の多い水、ウイキョウの種、野原のクミン、アニス、カイソウ（海葱）、カイソウ（海葱）酢（acetum squiliticum）と上記の五種根である。

それから冷やすことをお望みなら、レタス、キクヂシャなどの薬草、それらの種、またスイカ・カボチャ・メロン・マスクメロンの種などの冷たい種、そして酢が良い。

腎臓を暖め、その閉塞を開き、苦痛と結石を癒すためには、我々は通常、湯治を利用し、また以下の薬草を用いる。すなわちスタフィサグリア（シラミ殺し）、太陽の粟、マケドニアのパセリ、エリカ、ヘンルーダの種、チコリ、五種根、ラヴェンダーの穂、ケルトの穂、スクィナントゥム、パリタリア、クレソン、ビャクシン、ニンジンなどなど。

他の冷やすための薬草としては、スイレン、スベリヒユ（マツバボタン）、キクヂシャとそれらの種、白ケシ、先に挙げた冷たい五種類の種、羊飼いの棒[41]、そしてオオバコである。

また医者たちは、温泉において湿布・シャワーで癒す他の病の中には、女性たちの子宮痛もあることを覚えておくべきである。実際、彼女たち自身が医者らによくその子宮痛の辛さを語っている。

子宮の湿潤を乾かし暖める薬草には以下のものがある——ヨモギ、ヘンルーダ、クミン、セージ、染物屋のキイチゴ、ビャクシン、ローマのミント、ハッカ、カラメントゥム、セラピヌム、ハウチワマメ、オッポポナクム（万能草）や他のあらゆる、子宮を暖め乾かし開いて治癒効果のある、先に腎臓に効くとして挙げた薬草である。

それからもし子宮内部を冷やさねばならないとき、これはめったにおこらないことだが、そのときには腎臓を冷やすための薬を使うこと。

そして入浴で関節を暖めるためには以下の温薬草が役に立つ——イペリコン、カイソウ（海葱）、苦い樹脂、カスター（ビーバー香）、液体ソゴウコウジュ、タカトウダイ、ミルラ（没薬）、ニガヨモギ、雌牛の糞、オレガノ、シナモン、セラピヌム、カラシ、松の粒、そしてまた松のゴム、ヘンルーダ、ケイパーの根の樹皮と節である。

ナス、レタス、キクヂシャ、ミルテ、オオバコの粘液、酢、ケシ、アルメニア人の丸薬なども、同様に冷やすために使われる。人体全体を襲う病である疥癬[42]に対処するには、煎じ薬の中にカラクサケマン[43]、ギシギシ[44]と明礬を入れるとよい。

疝痛や腸の痛みに主に使われる人工温泉について、なお語るべきことが残っている。この湯治は主に腸内ガス排出促進物質にもとづいている。というのも、その痛みは大抵、鼓腸に起源するものだから。温泉や湿布において、暖めて鼓腸を解消する物質としては、カモミール、シナガワハギ、イノンド、ヘンルーダ、カラメントゥム、アニス、ウイキョウ、クミン、カルドなどがある。これらは、とりわけ完璧に苦痛を鎮静させるのに働く薬である。

ここに、カステッロ市にて編まれ完成した鉱泉と人工温泉に関する厳かにして広範で科学的な論考、現在当市の医師、自然学者にして給与を得ている実践医であるウゴリーノ・ダ・モンテカティーニによって、一四一七年十二月に完成された作品を終える[45]。神に感謝を。

注

(1) アルベルトゥス・マグヌス『鉱物論』*Mineralia* 第二巻論考III「石の印像」（邦訳、沓掛俊夫編訳、朝倉書店、二〇〇四年、七二〜八六頁）参照。

(2) コンタードというのは、イタリアのコムーネ（自治都市）の支配に服する周辺農村領域のことである。

(3) ピエトロ・ガンバコルタ（一三五五〜一四三五年）は、一三六九年に追放されていたピサに家族ともども帰還して支配権を握るが、宗教理想に傾倒して後半生は隠修士としての生活を送った。

(4) メリッソスは、紀元前五世紀ギリシャの哲学者でパルメニデスの弟子。在るものは何一つ生成・消滅しないと説いた。「諸元素の特性について」**De proprietatibus elementorum** はアリストテレスの作ではなく、九世紀ないし十世紀アラビアの地質学書だとルネサンス期以来考えられている。

(5) セネカ『自然研究』*Naturales quaestiones*、第三巻「陸地の水について」二四参照。

(6) 第二四巻のことか。アリストテレス『問題集』第二四巻「温水に関する諸問題」十八――「それゆえ〔大地は水を〕電光のようにともに焼く。だから、多くの温泉は電光に打たれた場所から源を発しているのである」とある。『アリストテレス全集13』丸橋裕、土屋睦廣、坂下浩司訳、岩波書店、二〇一四年、四九〇頁。

(7)『問題集』第二四巻十九（＝最後の問題）、邦訳、四九〇頁。

(8) 古代人によると、消化は二段階に分けて行われると考えられた。最初の段階は口の中で始まり、胃で継続し、盲腸で終わる。第二段階は中腸静脈で始まり肝臓で終わるが、肝臓では乳糜が血に変えられるとされた。肝臓は血液化および血管のセンターと見なされていて、だから肝臓は真の栄養血液の源だとされた。

(9)「新温泉」は、その後テットゥッチョ温泉と呼ばれるようになったが、一三七九年にフィレンツェ共和国が作った温泉場である。モンテカティーニの湯の利用は、キリスト教最初期にまで遡るとの伝承がある。この温泉場が復興し、イタリア第一の温泉地への足場を固めたのは、トスカーナ大公ピエトロ・レオポルド治下である。

(10) 第二四巻の十八（最後から二番目の問題）か。アリストテレスが海水の温度について述べているのは、第二三巻の七、十五、十六などで、そこでは海水は真水より冷たくないとする。邦訳、四六二頁、四六六〜四六八頁。

(11) バーニ・ディ・コルセーナないしバーニ・ディ・ルッカは、かつて貴顕たちがしばしば訪れた温泉場として知られる。そこには、ジュリアーノ・デ・メディチ、教皇ピウス四世やピウス五世、さらにはナポレオンの弟のルイ・ボナパルトなどがやって来た。最初の史料上の言及は一二八四年に遡る。十四世紀末には温泉療養施設があったようだ。

(12) ルッカ市の最有力家系グィニージ家の家長として、たびたび市の重職に就いた。フィレンツェの書記官長コルッチョ・サルターティとも親交があった。一三八四年没。

(13) 一三九九年一月一日、ウゴリーノは三年任期で年収二〇〇フィオリーノの条件でルッカ市の認定医に就任した。これは一三九八年に、ヴィスコンティ家に忠実なゲラルド・ダッピアーノがピサ市の権力を握ってもはやこの町に止まりたくないと感じたウゴリーノが、友人のグィド・マンフレーディ・ダ・ピエトラサンタに強く懇望して実現した。

(14) 以下、何箇所かアヴィケンナ（イブン・スィーナー）の作品への言及があるが、すべて『医学典範』全五巻を指している。

(15) ジャン・ガレアッツォ・マンフレーディのことか。ボローニャ市とたびたび対立した。

(16) モンテ・ピサーノ（ピサ山）の斜面にあるサン・ジュリアーノ温泉は、エトルリア人とローマ人にもすでに知られていた。一一一二年に女伯マティルダによって再建され、ピサ共和国ではずっと大変重要視された。

(17)『地獄篇』第三三歌参照。

(18) ピサの君主のピエトロ・ガンバコルタは、学芸、とりわけ医学の気前よい保護者であった。ペッシャでコムーネ（認定）医師を務めていたウゴリーノは、すでに知識豊富で経験を積んだ学者として知られていて、一三七二年、招聘されてピサに赴き、そこでガンバコルタにより「自身、その家族および市民の医師」に任ぜられた。ずっと都市君主（シニョーレ）の信任篤く、ウゴリーノが発案したピサ大学医学部の新たな規約は、一三七四年に君主によって是認された。

(19) ヤーコポ・ダッピアーノは最初、ピサのシニョーレのピエトロ・ガンバコルタの書記官長だったが、ダッピアーノ自身が画策した激しい民衆暴動でガンバコルタが殺されると、「長老たち」(**gli Anziani**) は、市の権力をダッピアーノに委ねた。ウゴリーノはこの新しいパトロンを信用せず、フィレンツェに移ることを望み、そこで友人のコルッチョ・サルターティの助言で同大学の実践医学講師の職に就いた。だがこのフィレンツェ滞在にはウゴリーノは不満足で、ヤーコポ・ダッピアーノにしきりに請われたこともあり、ピサに戻ることを決意した。

(20)ジョヴァンニ・ジッタレブラッチャは、ピサ大学の医学講師でウゴリーノの親友だった。一三九三年に亡くなった。

(21)この場所は、古くはカストルム・デ・アクイスないしカストルム・アド・アクアスと呼ばれた。その温泉は、九世紀には存在していたようだが、ローマ人には知られていなかったろう。伝承によれば、温泉施設建設はトスカーナ辺境伯でカノッサ女伯のマティルダにまで遡るようである。

(22)マラテスタ殿とは、ペーザロの君主（シニョーレ）マラテスタ四世・マラテスタで、ウゴリーノは一四〇六年以後、つまりコルッチョ・サルターティが亡くなってトスカーナを離れる決意をして、マラテスタの宮廷に移った。

(23)フランチェスコ・カシーニ・ダ・シエナは、一三九四年から九六年までボローニャ大学の講師だったが、重病に罹ったマラテスタに請われて、侍医となるべくペーザロに移った。しかし教皇インノケンティウス七世にローマ大学の講師に任ぜられたため、彼の替わりにウゴリーノがマラテスタに仕えることとなった。

(24)コルッチョ・サルターティ（一三三一〜一四〇六年）は、ペッシャ近くのスティニャーノに生まれる。故郷で公証人を務めた後、フィレンツェ共和国の書記官長に選ばれ、三十年以上その職にあった。市民的人文主義者の祖としても知られ、市民らの敬意を集めた。

(25)ペトリオーロでは、かつて大変な名声を誇った温泉が湧き出ていた。一二六六年には、シエナの政庁（シニョリーア）は、古代の温泉の廃墟の上に施設を建設して、たちまち貴顕が通う温泉場になった。一三七五年には貧者のための小施設も創られた。

(26)カルダネッレの鉱泉の水源は、マチェレート同様、ペトリオーロの近くにある。

(27)オンブローネ渓谷に位置するラポラーノのコムーネには、多くの鉱泉がある。

(28)これはピエンツァ近くに今もある。

(29)伝説によると、この薬効著しい温泉は、聖フィリッポ・ベニッツィが杖で叩いたところから湧き出たという。ウゴリーノの時代、ここの温泉施設を訪れる者は非常に多かった。後に、ロレンツォ・イル・マニフィコ、コジモ・デ・メディチ、フェルディナンド二世、そしてトスカーナ大公によって改築された。

(30)今日知られているサン・カッシャーノ・デイ・バーニ鉱泉は、紀元後四三年にまで遡る。

(31)ピエトロ・ガンバコルタの甥に当たる人物で、親フィレンツェ派の家門に属していた。十四世紀後半から十五世紀前半にかけて生きた。

(32)注10で述べたように『問題集』第二四巻のことだろう。

(33)一一四〇年頃活躍したとされるサレルノのニコロの「調剤術」（Antidotarium）は、公式の調剤術としてヨーロッパ中で有名だった。

(34)パオロ・グィニージは、注12に記したフランチェスコ・グィニージの末子で、一四〇〇年にルッカの支配者「ポポロ隊長・防護者」（Capitano e Defensore del Popolo）になった。ここで言及されている母親は、フィリッパ・ディ・アルボーレ・セルペンティであろう。

(35)パヴィア大学の写本では省略されてしまったが、おそらくウゴリーノは、もともとアヴィケンナの言葉を引用していたのだろう。

(36)ヒポクラテス『箴言』*Aphorismi*＝大槻真一郎翻訳・編集責任『ヒポクラテス全集』第一巻、エンタプライズ、一九八五年「肺癆患者が下痢を併発するのは致命的である」第五章十四、五四九頁、「胸膜炎や肺炎にかかっている場合、下痢がおこるのはよくない」第六章十六、五六一頁。

(37)『問題集』第三巻「飲酒と酩酊に関する諸問題」には、酩酊による身体変化や罹りやすい病について書かれている。邦訳、九七〜一二五頁。

(38)「テリアカ論」はウゴリーノの著作のひとつだが、散逸して残っていない。

(39)かつて、鹿の心臓の中には、粉末にして投与すればあらゆる致死的な毒に効果抜群な骨があると信じられた。しかしA・ヴェサリウスは、かような骨の現存を否定した。おそらくそれは骨ではなく、鹿の気管の一部にほかならないのだろう。

(40)マスカット種の食卓用ブドウ。

(41)これは昔の薬種商が、カルドンの一種ないし「ウェヌスの唇」（Labbro di Venere）のことをこう呼んだもので、棘の多い植物である。

(42)十七世紀末まで、もっぱら体液の変質・悪化が疥癬の原因とされた。この病因がダニだと解明したのは、リヴォルノの偉大な自然学者ジャチント・チェストーニ（一六三七〜一七一八年）だった。

（43）古代の薬種商が言うカラクサケマン（Fumaria ないし Fumus terrae）は、密生し柔らかい、コリアンダーに似た草のことである。その液汁はピリピリ刺すようで、目に近づけると涙が出る。

（44）ギシギシ（lapazio）は、トスカーナでは通常ロンビチェと呼ばれるが、菜園に自生することもある地方種である。その煎じ薬は、痒みに対抗する強力な特性を有している。

（45）本作品のほとんどすべての材料は、さまざまな温泉地でのウゴリーノ自身の観察か、あるいはペッシャ、ピサ、ルッカ、フィレンツェなどでの頻繁な診察の機会に、一緒にいた他の医者たちから得た情報に拠っている。当時ウゴリーノは、トスカーナでもっとも求められる顧問医師だった。

医　学

7

ジャン・フェルネル

事物の隠れた原因（抄）

月澤美代子訳

解題

ジャン・フェルネル（Jean Fernel, 一四九七頃～一五五八年）は、自然哲学に造詣の深い十六世紀パリ大学の医学者であり、ルネサンス期の人文主義医学を代表する人物の一人とされている。フェルネルの初期の著作『医学の自然的部分』*De naturali parte medicinae* は、一五四二年に初版が出された後、一五五四年には「生理学」*Physiologia* と名称を改めて、「病理学」*Pathologia*「治療学」*Therapeutica* とともに、『医学』*Medicina* というタイトルのもとに刊行された。一方、『事物の隠れた原因』*De abditis rerum causis* は一五三八年頃には既に完成して手稿として世に出されていたが、一五四八年に初版が刊行され、一五五一年の大きな改訂を経た後、フェルネルの死後一五六七年に、『医学』と合本されて『二三篇から成る医学完全版』*Universa Medicina, Tribus et Viginti Libris Absoluta* とタイトルを付け直して刊行された。完全版としたのは、『医学』においては三篇までしか無かった「治療学七篇」が完成されたことと、『事物の隠れた原因』二篇の追加による。

この『医学』と『医学完全版』は版を重ねてヨーロッパのアカデミックな医学界に広く受容され、特に「生理学」、「病理学」の基本的な範型とされていった。一方、「神的な」すなわち天に原因をもつ感覚で認知できないオカルトな精気を中心に据えたフェルネルの生命理解は、パリ大学医学部の後継者たちばかりでなく、パドヴァでアリストテレス主義自然哲学に深く感化されロンドンに戻って血液循環論を提唱したウィリアム・ハーヴィや、フランドルのファン・ヘルモントなど十七世紀「科学革命」の立役者たちにも多様な形で知的刺激を与えた。

今回、翻訳した『事物の隠れた原因』は『対話』という別タイトルをもつように、三人の人物の鼎談というスタイルによって展開されている。フェルネルは、数学的自然学を専攻していた若き日にキケロの文体を熱心に学んだことがあり、この対話スタイルもキケロを模倣している。対話は一日のうちになされ、午前中に行われたとされる、アリストテレス、プラトンの自然哲学が主に語られる第一篇と、ヒポクラテス、ガレノスの医学理論に中心をおく午後の対話としての第二篇の二部構成になっているが、いずれも、こうした古代思想に関して展開されてきた物質主義的な解釈をキリスト教の基本教義の前に調停することが中心的なテーマとなっている。しかし、フェルネルの関心は神学にあるわけではなく、あくまでも古代自然哲学および医学理論の脱アラビア化とネオプラトニズムを援用した人文主義的な再解釈にあり、ガレノスらの文献を豊富に引用して独自の解釈を加えながら、ガレノスの体液病理学説にのみ基づく正統的（オーソドックス）な治療理論を批判する意欲的な議論が展開されている。

第一篇第一章では、鼎談の仕掛け人であり進行役であるフィリアトロスが、「医学において神的とは何か」を論じ合うために、友人のブルトゥスを伴って、エウドクソスのもとを訪れるという発端が語られる。エウドクソスはフェルネルの代弁者ともいうべき自然哲学に通じた医学者。これに対して、ブルトゥスは、プラトニズムや魔術を含む当該時代の多様な思想に通じた知識人として設定されており、議論の最後には錬金術師であることが明らかにされる。このブルトゥスはエウドクソスの論に対して異説を持ち出して反論し、エウドクソスの議論によって次第に説得されていく。いわば、当該時代に流布していた古代あるいはルネサンス思想に対するフェルネルの豊富な知識や新しい解釈とその優位性を主張させる機会を与えるために造形された人物ということができる。

第二篇の議論は、疫病性の疾患、すなわち、フェルネルの定義に従えば、個々の人間によって異なる「体液の質の調和」の乱れとそれに伴う腐敗に原因をもつのではなく、「神的な」すなわち「隠れた」原因をもち多くの人々を無差別に襲う疾患に対して、フェルネル独自の病理論を提示し、新しい疾患分類と治療法をめぐって展開される。今回、抄訳にあたっては、こうした議論の中心的論点が示される第十〜十二章を選んだ。

底本としたのは、IO. FERNELII AMBIANI, *Vniuersa Medicina, Tribvs et Viginti Libris Absolvta*, Paris, 1567 所収の *De Abditis Rervm Cavsis* であり、初版である IOANNIS FERNELII AMBIANI, *De Abditis Rervm Cavsis Libri Dvo ad Henricum Franciae regem Christianissimum*, Paris, 1548 を参考にして、一五六七年版との異同（削除・追加部分）を確認した。ただし、スクリプトの細かい異同に関する指摘は省略した。また、訳文では、読者の読みやすさを考慮して、底本には無い段落を設定した。

本訳は、抄訳とはいえ、纏まったものとしてはフェルネルの著書の最初の邦訳となる。フェルネル独自の概念を示す用語の邦語定訳はほとんど存在せず、内容の研究と平行しつつ翻訳を進めたが、特に疾患名の邦訳に留意した。十六世紀における疾患名が現代の医学用語に痕跡を残していることは多いが、そこに内包されている概念は一致していない。このため可能なかぎり現代医学専門用語として使用されていない訳語を採用し、初出に原綴を付した。なお、フェルネルの論は、十九世紀以降の自然科学を知ってしまった現代の読者にとっては実に理解しがたい内容をもっている。このため、対話篇とはいえ、訳文には文学的修飾を加えることを極力避け、エウドクソスによって語られるフェルネルの思想をできるかぎり忠実に日本語に置き換えるように努めた。

二一世紀に入ってフェルネル研究は大きな転換期を迎えた。これまで一六五五年に出版された仏語訳以外に近代語訳の出ていなかった「生理学」と、近代語訳の無かった『事物の隠れた原因』の羅英対訳版が豊富な注と解説を付けて出版されたことによる(J. M. Forrester, *The Physiologia of Jean Fernel (1567)*, Philadelphia, 2003 ならびに、J. M. Forrester & J. Henry, *Jean Fernel's On the Hidden Causes of Things. Forms, Souls and Occult Diseases in Renaissance Medicine*, Leiden-Boston, 2005)。今回、邦訳にあたって、この二冊の対訳版を参考にしたことを感謝の念とともに記しておきたい。

第十章　完全実体の疾患[1]、それらが医術においていかに重要か

エウドクソス　君たちは、私を悩ませることを止めず、私の力を越える仕事に私を誘い出すのを止めないようですね。君たちが問いかけていることは極めて曖昧で聞いたことのないことであり、私に議論するようにもちかけて私を悩ませているのはこれまでどの術にも含まれていないことです。しかし、医学に関していて、医学の最良の部分に含まれていると見なされる、これほど重要なことにおいて君たちの期待を裏切らないようにする責任を感じています。夜を徹して灯火の下で長い時間をかけて作成され公式に示されるような正確なものではない、質素で非公式な議論として、素朴に私は説明することにしましょう。

事物の完全実体とは、個々の事物がそれによって成り立つ完全性と統合性のことです。これが変化したり完全性を失うときにはいつでも物全体が直ちに侵害されますが、その減退自体が完全実体の疾患です[2]。しかしながら、実体の全ての変化でも、生殖や衰亡でも、さらに、質の変化でも、理想的な状態からのこの減退と変化を完全実体の滅失、あるいは堕落と呼ぶのがふさわしいと我々は見なします。もし、これが完全になされていなければ実体の疾患であり、完璧かつ完全な滅失は死ですから。

フィリアトロス　ではさっそく、滅失と腐敗[3]の間の違いについて聞かせてくれませんか。

エウドクソス　前者は一層広く見いだされ、後者はより狭く限定されています。実際、腐敗したものは滅失しますが、これは反対の場合には当てはまりません。つまり、滅失したものはどれもが常に腐敗するわけではありません。実際、人間も全て生きているものも、たとえまだ腐敗していなくても、死によって滅失したと言います。そして、木は燃やされると滅失しますが、腐敗したとは言いません。

個々の物は、元素の調和状態[4]を徐々に失う時には腐敗します。その固有の生得熱（これが全てを制御し維持している）は、周囲の熱によって分散されるか、冷あるいは他の質によって冷やされた時には完全に打ち負かされて消えます。熱が冷却されて消された時には生得的な水っぽい体液が優勢となり、もはや何かの抑制によっても乾燥によっても節制されることなく流れ出ます。ガレノスが、人体の部分、あるいは体液の腐敗の一つの原因は障害物であると主張したとき、彼はこのアリストテレスの説から離れました。というのは、障害物は熱の発散と換気を阻害します。換気が阻害されることによって、熱は冷却されずに消されていきます。時には過剰に力を得た熱が弱められると、体液は横道に逸れて分散し力と熱の優越を奪われ腐敗しますが、これには悪臭が伴います。腐敗が強められると、固有の熱が弱められ、同時に生来の体液が分散します。そして、部分はあたかも無力に消耗したかのごとく乾燥していき、全ての腐敗の最終点になります。というのは、腐敗したものは全て衰えて汚物と灰になっていきます。

滅失が単独で起きる時には、自然の順序を辿って荒廃へと少

しずつ進行するわけではありません。むしろ、外因の大きな力を介して、腐敗には十分ではない時間で固有の実体を迅速に分解します。そして、腐敗する前に滅失が起きます。滅失の原因となるものは、元素の調和を、あるいは、物そのものの第一の実体を、それ自体によって攻撃します。滅失は元素の調和にほとんど損害を与えず完全形相を滅亡させます。

我々が完全実体を滅失させると呼ぶ疾患は、二面から考えていくことができます。一面は単純な滅失、他面は腐敗です。

単純な滅失とは、(部分の主要な実体である)精気と生得熱の分散と抑制です。不眠、過労、不摂生、および極度の痛みによって精気は分散します。一方、内在する熱は、窒息したり極度な冷たさに襲われることによって失われます。

腐敗は、ちょうど、壊疽(gangraena)や星位と呼ばれる膿瘍(sphacelus)、肺労(phthisis)、そして肝臓、膵臓、および他の部位の滅失のように、部分の実体の分解です。しかしながら、腐敗熱(putridae febres)では、まさに静脈の体液と動脈の精気が腐敗します。つまり、完全実体の疾患ではなく、元素の単純な不調和状態です。この時、まだ部分の実体は腐敗によって苦しめられておらず、不調和状態によってだけです。そして、精気の中や体液の中に存在する腐敗は、疾患ではなく疾患の原因です。

ブルトゥス　君が腐敗熱と呼ぶものを、私は部分の腐敗であり滅失であるとともに不調和状態でもあるとも見なしています。確かに、これはそうした系統のものでしょう。

エウドクソス　それは間違っています。もし、腐敗が不調和状態に続くものならば、これは同様のものとして見なされなければなりません。しかし、私が言ったように、異なった類のものと言うべきです。体液の強い不調和状態は、普通、体液とともに他の部位そのものも猛攻撃しますが、これには腐敗が続きません。そして、体液が強烈な熱で腐敗したと君たちが言う時には、これらが非常に熱いので治療には冷やすことのみが必要だということを、君たちは意味していません。しかし、熱以上に、君たちは心の中で他の一層深刻な誤りを考えています。というのは、冷却手段そのものによって抑制させるのではなくて、空にする、すなわち、身体から追い出すことが必要だと思っているからです。

個々の部分の不調和状態と腐敗との区別は、より明瞭に示されるべきでしょう。熱くなった肺、膵臓、肝臓が腐敗したものと同様であるとは誰も言わないでしょうから。君たちの眼に見える証拠としては、どうでしょう。切開された身体において、これらの不調和状態に君たちはほとんど気づくことはできないけれど、その腐敗は容易に見分けることができるでしょう。感覚に拠る以上の優れた証拠があるでしょうか。

しかしながら、私は不調和状態と腐敗との区別を、治療を支配する法則から強固に打ち立てることができます。炎症した手足を冷却によって完治させることがあります。ただし、腐敗や潰瘍化していないものです。こうした時には切除されるべきなのです。この場合には完全に自然を超えており、取り去るべきと診断されます。

ブルトゥス　実体の滅失が［体液の］不調和状態と異なることが

明白に認識できました。それらは異なった類の疾患ですね。もしよろしければ、残りの部分に進みましょう。

エウドクソス　完全実体の疾患は、単に滅失であっても、あるいは腐敗であっても、ある時には顕現された原因から生じ、また、ある時にはオカルトな原因から生じています。顕現された原因からあらわれるものは「顕れた」と呼ばれ、オカルトな原因からのものは「隠れた」と呼ばれます。[9]「顕れた」ものとは、部分に内在している精気が、不眠、食あたり、穏やかでない悲嘆、あるいは痛みによって分散させられた時、あるいは、それらに内在している熱が、窒息したり冷たさによって消滅した時です。ある部分の実体が自然を超えた不調和状態から次第に腐敗して変化した時も、顕れた原因です。＊

　完全実体のオカルトな疾患とは、こうした顕れた原因からではなく、何か一層隠れた原因からのものです。より一層隠れた原因とは元素の状態を超えたものです。これらが我々に敵対する時、第一に攻撃するのは我々の身体の元素の調和ではなく身体の完全実体（これは、内在熱と呼ばれるものと精気を含んでいる）であり、それに対し完全に悪意をもっております。これに類する原因には全ての有毒なものが数えあげられます。すなわち、破壊的で毒をもつものであり、その獰猛さは、我々の神的な生得熱に対して、さらには、生命の原理そのものに対して、最も、そして、第一に激しく荒れ狂います。この種類の原因は、（経験のない大多数の人々が想定するような）腐敗を介してだけではなく、より一層隠れた力を介しても悪意を発揮します。腐敗が疫病性の流行性疾患の唯一の原因であるという考えを維持している人々は、接触性かつ毒性の疾患の原因は深い闇の中にあると強固に主張し、全てを混同して混乱させています。厳正な研究を放棄し、無差別に全てのうちで最も激烈な疾患を、血液の過剰症（plethora）や、それ以外の体液の過剰症（cacochymia）[10]、あるいは、閉塞症（obstructio）、さらにほとんどは腐敗そのものから引き起こされたとしています。君たちは、彼らが、まるで何ものもこれ以外は身体を侵略できないというように、既知の全医術にはこれ以外の原因はないと大声で言って広めているのを聞いているでしょう。

　完全に健康な人が感染者に近づいて死をもたらす悪疫[11]に襲われ、あるいは、誰か狂犬に噛まれた人が狂犬病（rabiem）となり、あるいは、サソリの針に刺され、あるいは、毒の水薬により殺されるのを、全て腐敗がその原因であると判断する。これほど多様で多数の作用に何か他のものが関与していないと言うのでしょうか。どのように激しく破壊的な腐敗が、血液の過剰症や、それ以外の体液の過剰症、あるいは閉塞症によって征服されなかった人間を突然に襲うというのでしょうか。それは、この種類の原因のどれによっても汚されない人間の命を確かに奪う大きな破滅です。同様に、こうした原因は、付随するいかなる破滅もなく時に生命を奪います。そして、これによって、破滅は腐敗から区別して認識されます。腐敗の原因のみを推測することによる治療論は確実さが少なく短絡的であり、非常な危険を伴います。

　少し前に我々は、アリストテレスの見解から、いかに物が滅び滅失していくかを論証しました。ある場合は、徐々に腐敗が始まり調和状態が壊されていき、ある場合には、完全実体が外からの原因によって攻撃されることを。であるなら、こうした両方の原因によって人間が死んだり、滅ぼされるということを誰が疑うのでしょうか。

フィリアトロス　そう言える可能性があるというだけではなく、[12]疑う余地のないことを私は見てとることができます。そして、同質部分には三つの疾患、すなわち、不調和状態、物質の中庸欠如、そして、完全実体の滅失があることをガレノスの思想から君がいかに引き出してきたかを、私は完全に思い出すことができます。さて、君の見解の中の完全実体の疾患は医術においてとても重要なので、ガレノスが強調して詳細に書いている箇所、すなわち、これを肯定しているように見える箇所を君が知っていたら明示していただきたい。

エウドクソス　そのうちの一つは、単純医薬の能力についての第五巻から引き出せますが、ここで彼は次のように書いていきます。「医薬は、何か一つの質、すなわち、熱、冷、湿、乾によって、あるいは、こうした質の何か組み合わせによって、変化させる性質をもっていることを示した。あるいは、その完全実体を多数の致死性の毒のように変化させる。少量のアレキシテリア、[13]あるいは、護符、種々の下剤、そして、人々が誘引薬と呼ぶ多くのもののように[14]」。

二重の転換（私はギリシャ語のアロイオシス[15]をこのように訳しました。最近の著者たちは、これを「変化」としています）について聞くことがあります。すなわち、一つには第一の質[16]の、そしてもう一つには実体の転換です。そして、もしこれが自然の限度を超えるなら、我々は、実体の滅失と言っています。

同じ本の他の箇所には、もう一つの文章があります。ここで彼［ガレノス］は同じ効果について次のように書いています。アレキシテリアの性質は二重である。転換させるか、あるいは、罹患した身体から追い出すか。獣の毒は滅失の性質、すなわち、致死剤としての性質を備えている。そして、一つの質だけによってか、あるいは二つが一つに結びついたものか、あるいは完全実体によってかで効果を変化させる。そして、完全実体に類似したものと、希薄な部分と結びついた熱は排出される。[17]

この「カタ・タス・ホラス・ウーシア[18]」とは何を意味しているのでしょうか。もし、医薬がそれらの質によって我々に作用すると我々の身体の質が、あるいは、医薬がその完全実体によって我々に作用すると我々の身体の完全実体が変化するのが必然です。もし、この変化が、最良の状態を離れ、自然の限界を超える時には、それは完全実体の疾患となることでしょう。

権威の一つの文章から引き出した証言を信じることが安全ではないという場合には、人間の本性、第二巻の注釈から他のものを示しましょう。ヒポクラテスが、いくつかの疾患は取り込まれた食物から生じ、そして、別のある疾患は取り入れた精気から生ずると述べる時、彼は、その吸気が全身に到達し、排出物がもっている疾患が全身で荒れ狂うとしています。これを阻み治すには、疾患が騒ぎ回る場所から離れ、可能なかぎり僅かな息を吸い込むようにと彼は忠告しています。ガレノスは、「病的な排出物[19]」と言って、この吸気を完全実体の特質に逆らうものと解釈しました。「吸気は、質によってよりも完全実体の特質によって身体を一層攻撃する。ヒポクラテスは二つの制限、すなわち、転地と少なく吸い込むことを説述して治療法を正しく教えた」と彼は言っています[20]。

彼は、この不健康な特質は、半分腐敗した小麦、そして、水のような食べ物に内在しているのと同じく、ときには医薬や空気の中にもあると折りにふれて主張します。さらに、こうしたものが我々の完全実体を攻撃すると、明白な帰結として我々の完全実体がときに変化し、ヒポクラテスとガレノスの見解では、完全実体の疾患が我々の中で発生し、一方、空気や医薬もその固有の完全実体によって我々に影響を与えます。それ自体が変化を受けるのは、まず第一に我々の完全実体であり、質でも元素の調和でもありません。

全ての活動が一つの同じ類に含まれている反対物から起きると認識される時には、[反対物とは] それらの質と、我々の身体の全ての質とのことであり、まさにその完全実体が身体の完全実体に働きかけます。そして、質は第一にそしてそれ自体として実体に作用することはあり得ず、実体が質に作用することもありません。

さて、害のある医薬を飲み生命を失う人を想像してみましょう。全ての中で最大で最も優越した部分の精気と体液、そして、完全実体が徐々に損なわれて滅失し、ついには死へと続き滅んでいきます。第一の活動自体が損なわれるほどに部分の滅失と作用が非常に大きいと、この時には器官全体の働きは維持されてはいますが、まさしく疾患と同様のものなのです。これは質の不調和状態ではありません。我々が実体の滅失と呼ぶまさにこれを、疾患と同様の類というのが至当です。

フィリアトロス　ブルトゥス、遠慮しているが、心の中で何を考えているのか。君は何か反対できると考えているのか。

ブルトゥス　いや、まったくそんなことはない。というのは、ずっと前から、私はこれほどに重要な論が展開されている場で、遠くを嗅ぎ回ろうとしていました。

フィリアトロス　私自身、なぜ誰もこれほど長い年月の間、こうした明白で解りやすい論証を知性と精神の中で立てなかったか不思議に思っています。

ブルトゥス　これは偉大なるものへの崇敬の結果と私は考えています。後世の人々がガレノスを敬って、何か彼に付け加えたり取り去ったりするのは悪いと考えるほどに尊敬したからでしょう。

フィリアトロス　尊敬や友情の紐帯よりも、我々は真実に固く縛られましょう。懇願や報酬や力、あるいは神託によって、真実から離反しないようにしましょう。

エウドクソス　私がここに完全実体の疾患として提案するのは、時に単純で孤立したものとして成り立つものですが、普通は他の疾患と混ざり合っており、その中には、ほとんど目立たないものもあります。ヒポクラテスは何か神的なものが疾患の中に存在する症例を研究したり観察したりする人々を追認し、そして、彼自身が良い模範となる医師として振る舞うために、この普遍的な類を「神的な」と呼びました。ここで、ガレノスは「神的な」という言葉を、我々を取り巻く空気に香趣を添えるものとして解釈しています。しかし、それは何でしょうか。確かに、第一の質に含まれるものではありません。しかし、ヒポクラテスが病的な排出物と名付けたものは一層重要で一層オカルトなものです。予知の第三巻で、ガレノスが予想しない形で起きる疾患の強烈さを正確に観察することを推奨し、季節の香趣に同様に注意するように言った時、彼は明白に二つのことを暗示しています[21]。季節の香趣とは、天候とそれを構成する一次的な質のことです。しかし、不意に来合わせる一般的な疾患の襲撃には他の一層隠れた原因があり、人間の本性に関する本の中で、彼は（曖昧にしか）言葉では表現してはいませんが、それを全ての空気に注ぎかけられる病的な排出物と呼んでいます。これは、我々の完全実体に完全に逆らう破壊的な力です。そして、これは、熱や冷たさや臭気あるいは色によって認識され得ず、検知され得ないので、これを我々は正当にも眼に見えないと呼んでいます。そして、ここから発生する疾患は正しく眼に見えない疾患と呼ばれています。同じ理論付けにより、この曖昧でいかなる感覚による把握をも超えている驚くべき原因そのものは、ヒポクラテスにより「神的な」と呼ばれました。

ブルトゥス　古代の先例に従って、彼は感嘆に値すると見なされる何ものかを「神的な」と呼びました。同様に、卓越した偉業と称賛される力、あるいは、精神をもつ人間たちを神と見なしました。悪魔のような力によって駆り立てられた人々さえをもです。実際のところ、どのように、悪魔は神と区別されるのか、善いものが邪（よこしま）なものと区別されるのかは、まだ知られていません。テオドレトスの著書は、ポルピュリオスの次の言葉を思いおこさせています。「邪（よこしま）な神と呼ばれる者が、すなわち、悪魔である[22]」。

キケロもまた、彼は雄弁によってローマ最高の名誉を当然にも与えられたのですが、「神的な」を「悪魔的な」の代わりに使用しました。彼は次のように言います。「我々はこれをソクラテスから用いる。彼が悪魔と呼ぶ何か神的なものがあり、これを彼は常に自分に課している。これは彼を前に押しやらず、しばしば、後ろに引き戻す[23]」。

フィリアトロス　どうか脇道に逸れないように。私たちが行っていたことを、ほとんど忘れていますよ。

ブルトゥス　私は、私たちが関わってきていたこと、すなわち、「神的な」という言葉で理解することを示すということから逸れていないと考えています。しかしながら、もし、ここに属しているように見えることの他に何かがあるなら、どうかそれを伝えていただきたい。

エウドクソス　途中で立ち止まっている場ではありません。最後に向けて動きましょう。

我々の中に起きる多数の神的でオカルトな疾患は、何か撒布された邪（よこしま）な種子のように広汎な疾患を生み出す力とともに、空気の全体にわたって拡散する作用因をもっています。ヒポクラテスは、これを病的な排出物、疾患の一種の苗床と呼びました。彼は、これらが第一の質から成り立つ、あるいは、そこから発してくるのではなく、崇高な天上の起源を持っていると公言していました。

ブルトゥス　これを確かに示すことができるでしょうか。

エウドクソス　おそらく、できます。彼［ヒポクラテス］はガレノスと一緒に、決定的な、すなわち、危機の日と多数の出来事の原因を天と星に割り当てていました。空気と水に関する本の中で、彼は、年間の最大の変化を観察して、［最大日から］十日かそれ以上経つまでは誰もその間に医学的な投薬をあえてしないように最大の注意をせよと命じています。彼は、太陽の両方の変異日、特に夏至、春分と秋分、特に秋分は、十日間の最も危険な日としており、それに加えて、星、特にシリウスが上るのに気をつけて［投薬を］避ける［ようにとしています］。また、彼ら［ガレノスとヒポクラテス］は、アークトゥルスとプレアデスが沈むことは特に悪いと判断していました(24)。

もし、ヒポクラテスが、こうした星々は悪いことの前兆となり薬物治療をするのに安全でないと気づいていたとすると、どのような理論の上で、このように切に願って言ったのでしょうか。過剰な熱でしょうか。しかし、冬至は非常に寒いですね。寒さの激しさゆえでしょうか。しかし、夏至とシリウスは、大きな熱の力をもっています。あるいは、何か質の過剰、または不調和状態でしょうか。しかし、春分は非常に穏やかです。プレアデスが上る時も大きく違いません。したがって、こうした星々は、熱、冷、湿、乾の過剰によってではなく、ヒポクラテスが邪（よこしま）と言う他の一層隠れた力によってオカルトな疾患の原因である病的な排出物を伝搬させ、空気に、いわば種子を撒布すると判断されます。そして、後世の人々は、ヒポクラテスが星々の中に観察した力を確証しました。そして、過去の時代には持ち込んでいなかった他のものも、いっそう顕著に付け加えました。

ブルトゥス　君は、身体の形相を滅失させる完全実体の疾患がいくつか存在することを十分に示してくれたようです。それらが互いに区別できる特徴をもっているかどうかを、私たちは次に聞きたいと思います。もし君がそれをかなえてくれれば、私たち全ての人々が、不分明で混乱していることから解放されるだけでなく、その企ての着手は、子孫にも重要なものを与えることでしょう。

第十一章　オカルトな疾患を区別する特徴

エウドクソス　この問題をうまく説明するのは難しく、どこから、こうした区別を引き出しうるかは明白ではありません。形相の最高の状態が何であるか、また、こうした最高の状態が欠陥をもった状態に陥るやり方を速やかに識別することはできません。しかし、君たちがこうしたことについて特に熱心に学びたいと思っているようなので、たしかに、君たちの期待を裏切らないように努力してみましょう。

完全実体の疾患の、いくつかは顕れていて、いくつかは隠れています。顕れているのは、例えば、疥癬（scabies）や肺労、および、それに似たものです。完全実体の隠れた疾患は、より一層オカルトな、概して外からの原因による滅失や破滅を引き起こします。それら多数の区別を（我々は他に線をひくことはできず）作用因の違いからヒポクラテスを模倣して打ち立てようと思います。彼は、いくつかの疾患は食物の種類から生じ、他のいくつかの疾患は取り込んだ精気から生ずると区別しました。

さて、オカルトな疾患の作用因は、それらの全形相とそれらの破壊力によって我々を、あるいは損ない、あるいは殺します。その全ての類で十分に毒をもつと見なされるのは、その力が我々の元素の質の調和ではなく身体の実体を変化させるものであり、それを秘密のうちにひそやかに行うものです。これらは、その完全本質によって我々に対立し攻撃します。すなわち、そのうちのいくつかは我々に適切なやり方で接触したとしても、全てを汚し続けて増大し、我々に対する活動を我々の実体のなにがしかに接触するまで止めないで、それ自体の本性へと無理に変化させ身体全体へと知らぬ間に徐々に侵入してきます。その実体に変化させるまで、我々の身体によって征服されることも和らげられることも決してありません。しかしながら、(それが軽微な時には)我々の熱の力によって減衰させられ、分解され、追い出されることによって終息させられ得ます。また、適切な対抗薬によって鎮められ得ます。

その他、完全形相によって我々に対抗する、この種類の原因のうち、疫病性の種子(pestilentiae semina)のように、あるものは呼吸によって空気から取り込まれ、他のものは狂犬や毒性の獣の毒液のように外側から我々に接触します。他は、食物、あるいは、飲み物や薬の形で、内側から取り込まれます。

呼吸によって我々にもたらされる毒は、体液も、我々の中で動き回る運搬手段としての一層濃い物質も必要としないために、最も重要であり最も高い効果をもちます。最も希薄なものは呼吸によるものであり、非常に速やかに肺を通って生命の最も高貴な核心である心臓に、さらに動脈に入り、最終的には全身体へとこっそりと忍び入ります。これは、最初に精気を弱め、次に体液を、そして最後に部分の実体そのものを滅ぼします。

(ヒポクラテスが言うように)「身体の最も強い部位から始まった疾患は最も危険であり、もし、それが発した場所から進行していくと、その最も強い部位が苦しむように、身体全体も苦しむことになるのが必然です[25]」。

接触によってもたらされた毒は弱い効果しかもちません。精気あるいは空気の中に力をもたず、毒を運ぶ体液だけが力をもっている時は。これが皮膚の被っていない部分を激しく攻撃した時には、その接触で最初にその部分を汚すことでしょう。続いて隣り合った部分、さらに続いて身体の残りの全てを汚していきます。

狂犬の息は、それ自体の接触によって誰も汚しません。しかし、噛むことによって開口された部分へと唾液あるいは体液が吐き出され、それに沿って、そこから流れ出た毒が徐々に身体全体へと入っていきます。しかし、毒が傷ついていない真皮に注がれた時には害を与えることはありません。

同じように、毒を吐き出す全ての獣の毒液は、それを運ぶ体液によってもたらされます。同様に、象皮病(elephantiasis)[26]や生殖器疾患(venerea lues)[27]の毒は、吸気によってではなく、体液が皮膚の被っていない部分にくっついて徐々に身体全体に流れこんでいきます。

精気や薄い体液ではなく、何か一層粗い実体に接触しないかぎり体内に取り込まれない毒は、全ての毒の中で最も弱いものです。こうした種類としては、毒キノコ、砒素、石黄、その他、ほとんど数えきれません。これらは、臭いによってでも、付着することによってでもなく、飲み込んだ時にのみ害を与えます。

ほとんどの外科医たちは、悪性の腫れもの（ulcus）の治療において、身体の部分を損なうことなく多くの利便を与えるために、こうしたものを外部から施用しますが、その接触によって［身体の部分］は破壊されないと見なしています。しかし、これらの毒物のうちの幾らかは、より一層濃い物質から摂取され、我々の熱の力によって刺激されます。その後、主要な部分と混ざり、そこから進んで、その獰猛さゆえに厄介なものとなります。

ブルトゥス　確かに、これは破壊を与える原因の、明白で特に利用しやすい区別ですね。

エウドクソス　さらに、三つのオカルトな毒性の原因があるように、同じ数の異なる起源をもつオカルトな疾患が明示されます。それは、特に空気からのもの、接触によるもの、そして、内部にある物質としての毒物から引き起こされて生じるものです。

こうした疾患は、類似したものではなく同じ原因からでもありませんが、全て毒性です。内部に含まれる物質からのもので、外に遁れ出たり、側の人への接触によって徐々にあらわれることのないものは、単純な意味で毒性（venenatus）と名付けられます。残りの全ては、外部の同様に毒された原因と遭遇することによって引き起こされるか、側にあるものとの接触と相互関係を通して汚染されるので、接触性（contagiosus）と名付けられます。

よって、究極的な区分をしましょう。オカルトな疾患のあるものは単純な意味で毒性であり、他は毒性であり接触性です。後者のうち、恐水症（hydrophobia）[28]と毒性の獣の攻撃によるものなどは単純な意味で接触性です。他は、接触性であり、なおかつ、疫病性（pestilens）です。もし、この「毒性」という言葉を繰り返し使うことを嫌うようであれば、より簡潔に言うことにしましょう。オカルトな疾患には三つの異なった種類、すなわち、毒性、接触性、疫病性があります。

空気から最初に最も多く発生する疫病性疾患は、相互に接触する人間たちの公共心や社会生活を汚染していくにもかかわらず、これらの究極的な起原、そして、最も影響力のある力すなわち源泉は、呼吸によって我々が引き込む空気の中に存在して、そこから生じます。

吸い込まれた息によってはほとんど害をなさず、接触によって大きな害を及ぼすものは、接触性と呼ばれます。

フィリアトロス　こうした種類を、さらに分けていくことはできませんか。

エウドクソス　そのようにできます。多くの人々に広がっていく疾患のうち、あるものは汎発流行性疾患（pandemia）、あるいは、「パンコイノス」と呼ばれますが、これは全ての人々の疾患、あるいは誰にでも共通の疾患であり、また、あるものは真に散発性（dispersus）です。汎発流行性のうち、あるものは単純で、あるものは地域性疾患（endemia）です。それに対して、流行性疾患（epidemia）は、あるものは単純で、あるものは疫病性です。疫病性のうち、あるものは通例のもので、あるものは新しく稀なものです。

フィリアトロス　適切な区分ですが、固有の概念によって個々の形相を説明していただきたい。

エウドクソス　ある者は胸膜炎（pleuritis）に、他のある者は腎炎（nephritis）に、また、ある者は肺労に罹るといった散発性の疾患については述べません。なぜなら、これらは何か共通の原因から生じるのではなく、それぞれ個々の人の固有の不全と誤りから生じているからです。

汎発流行性疾患は共通の原因を持っています。もし、これが共通の食べ物や飲み物の不全にあるのなら単純な汎発流行性疾患であり、もし、原因が空気の中にあるのなら、これらは地域性疾患あるいは流行性疾患となります。

というのは、もし、吸気が一層低位の地上的な原因によって汚されるなら、これらは地域性疾患です。もし上記の原因によって、また、季節や天候の変化から起きるかもしれない時には、これらは単純な流行性疾患であり、もし天上の物体の力と影響を介して起きるなら、これらは真の疫病性となります。これが、より重いものであっても、一層温和なものであっても、よく発生するものであっても、あるいは、稀なものであっても。

さて、これらを、例をあげながら描写してみましょう。通例の疫病性疾患には、疫病性の熱病（pestilens febris）、癰（carbunculus）[29]、疫病性の横根（bubo pestilens）[30]があり、これらは一層重いものです。より重症でない、よく発生するものとしては赤と紫の両方の発疹（exanthema）、これらは皮膚表面の区画に突起しないで表れます。ヒポクラテスは、これらを膿瘡（ecthymata）[31]と呼び、プリニウスは丘疹（papulae）あるいは粘液性の噴出（eruptio）と言いました。

稀に発生するものの一つは、ヒポクラテスがタソスで起きたと記述する[32]異常で聞いたこともないような致命的な卒中（paraplegia）[33]、さらに、焼熱病（flagrantes ardores）[34]、咽頭炎（gravedines anhelosae）、粟粒熱（sudrifica febris）[35]（ある人々は、これを発汗病（hidropyretos）と言う）、これらは我々の時代の多数の地域、そして、隣接する地域に少なからず侵入する「疾患」であり、古代の人々の忘却によって［記録が］残されていなかったか、あるいは、後に新しい疾患として姿を表したものです。

残りの共通の疾患、単純な流行性と地域性、汎発流行性の各疾患は顕れた原因をもち、オカルトな疾患の類には含まれず、我々の現在の考察の元にはありません。しかし、これらは関連性をもっているので言及しておきます。

単純な流行性疾患には、消化不良性下痢（lienteria）、普通の赤痢（dysenteriae populares）、激しい出血、咳、眼炎（ophthalmia）、胸膜炎、小さな腫れ物（tuberculum）、関節痛（artuum doloris）、すべての腐敗熱、そして他の、ヒポクラテスにより『エピデミアイ』に記載されている散発性の様相のもとに人々の間に非常に流行するものがあります。これらは、疫病性のもののように社会的な相互関係を通して人々を汚染するわけではありません。しかし、流行性疾患であるかぎり、これらは、散発性の疾患から自らを分かつ俗に言う悪意の趣を漂わせています。

地域性の疾患は後者のいくらかを含んでいますが、これらは、水、大地、あるいは死体からの発散物に起源をもっています。これらはまた、特定の地域に密接に関連するものも含んでいます。例えば、ポルトガルの肺労、スペインやアルプスの人々の瘰癧（るいれき）(struma)(36)、フランスのナルボンヌの水瘤 (hydrocele)、空気の重さから生ずる全ての疾患。

単純な汎発流行性疾患は共通した食物にその原因をもっており、このように名付けられます。こうしたものとしては、熱病、腹部の下痢、小さな腫れ物、水の共有使用から生じる他の多くの不調があります。

こうしたものを脇にどけておいて、オカルトな疾患についての考察に戻りましょう。

接触性疾患は、最初、何か外部の毒による猛襲や、接触によって罹ります。外部からの毒とは、シビレエイによる麻痺、阿片、恐水症、サソリや有毒な動物に噛まれることによる、あるいは、毒の付けられた武器からの攻撃のようなもののことです。

外部からの原因による最初の起原をもたないが、にもかかわらず、接触によって影響されて発症する疾患、例えば、生殖器疾患、象皮病、これらの混合から起きる疾患など。これらは、吸気や、食物に共有された欠陥からは決して生じません。結局、多くの人々を一緒に攻撃せず、汎発流行性疾患のうちには数えられず、それぞれが独自の特別の原因をもっています。

上記にあげた顕れた完全実体の疾患は、肺労、皮膚掻痒 (pruritus)、疥癬、癩 (lepra)、アコーレス (achores)(37)、ファヴィ (favi)(38) といった疾患のように、接触によってもたらされ、影響を与えます。これらには何か隠された悪意のようなものを感じないため、接触性の類には含めるべきではないかもしれませんが、ここからは、接触性のオカルトな疾患として論じていきます。

いくつかは、内部で生じた毒から来る毒性疾患であり、他は、取り込まれた毒からのものです。内部で生じた毒から発展するものとしては、腐敗した種子から生ずる子宮性のヒステリー、あらゆる段階のてんかん (morbus comitialis)、毒の性質をもつ血栓の腐敗からの失神、心臓の動悸、腐敗した体液からの膿瘍、そして、毒性の体液が普通引き起こす他の眼に見えない症状。

もちろん、我々は、常に殺害するもの、あるいは心臓や生命の主要部分に損傷を与える何かを単に毒と記述しているのではありません。その完全実体と眼に見えない力によって、実体の機能を破壊したり激しく攻撃する、あるいは、眼に見えないやり方で、それらの機能を攻撃する何かを毒と言っています。

毒は、内部からも、腐敗したミミズからも、汚染された食物や飲料からも、そして、生きているものの何か種々の逸脱からも生じます。[医師でなくても] たとえ大衆であっても誰もが、摂取された毒は疾患を生じさせ、しばしば死をもたらすことが確かだと受け止めています。毒は、あるものは完全実体を不和にして、また別のあるものは過剰の質を介して、我々の実体を損ない滅失させます。完全実体を不和にしたり破壊したりするものには、ナペルス[39]、トリカブト、シャクナゲ、アピウム・リサス[40]、後者の質の過剰によるものとしては、エウフォルビウム[41]、アナカルダス[42]、阿片、毒人参があります。

毒性の疾患は、空気を吸い込むことや身体を激しく攻撃する原因との接触によっては発展したり生じたりせず、厳密に言うと究極の原因から惹起されます。毒を飲んだ者、あるいは、てんかんに罹った者は、息を吐くことによって、あるいは接触することによって他者を汚染し得ません。これは、こうした疾患が流行性疾患や接触性疾患と、いかに異なっているかを理論付けます。

ブルトゥス　オカルトな疾患の区別を、こうしていわば図式化して正確に示してくれたと思います。しかし、さらに、神聖な疫病性の疾患から、この封印されたことをさらに深く考えていきましょう。

第十二章　疫病性の疾患について、その原因はオカルトであること

エウドクソス　一体いかなる疾患が、その原因は何であるにせよ、共通の原因から誰にでも生じる一般的かつ普遍的なものと名付けられるのでしょうか。

兵士の野営地で起きたとする記録に時々報じられているように、これらのうち単純と言われるものが、半ば腐った野菜や果実から、あるいは汚染された水を飲むことから、しばしば起きています。淀んだ水の中の亜麻、地瀝青、麻、西洋キョウチクトウ、あるいは、長い間、水に浸かっていた植物や屍体その他の汚物が、しばしばこうした疾患を導きます。こうした原因に起原をもつ疾患が、まだ真の流行性ではない、単純なパンコイウス、あるいはパンデミウスと名付けられます。なぜなら、これらは空気からではなく、悪性の食事から生ずるからです。空気は、強く変化させられたり、汚されたり、染められた時には、いつでも疾患を引き起こします。もちろん空気の実体が単純な時には腐敗し始めることはなく、その第一の質に多様な変化を受け、あたかも撒かれた疾患の種子のような多数の汚染物質を、あるものは下から、あるものは上から解き放った時にそうなります。下からとは、例えば、汚染した、あるいは、腐敗した水たまりや沼、湖からで、それらから上った蒸気が周辺の空気と混ざることによって空気を揺り動かします。重い不純な土、洞窟、掘り割り、あるいは石垣の割れ目から重苦しい発散物が空気の中に立ち上り、我々の多くを汚すものとなります。生き物、特にヘビと戦死した人間の焼かれていない屍体、それらの留め(とど)られた分泌物、抜かれた毒性植物と他の種類の腐ったものが、極めて多くの空気に有害かつ破壊的な不快さを導きいれます。同様のやり方で、金属、硫黄、砒素、水銀、あるいは木炭の閉じ込められた煙霧が、少なからぬ人々を煩わします。

これらの類の汚染物質は、多くの地域に広く浸透したり、長

い間持続するのは不可能であり、空気の無限な純粋さによって速やかに拡散され、征服されて消えてゆき、流行性疾患を発生させることはありません。こうした原因からもたらされた疾患、そして、ある場所の自然や位置からの疾患、すなわち、その土地の庶民や平民に特有で、その地方固有のものは、地域性疾患と呼ばれます。

それゆえ、上からの運動によって空気全体へと分散される作用のみが、流行性疾患、すなわち、不意に襲う通常の疾患をもたらします。同様に、ガレノスは流行性疾患の原因は空気の中にあると強く主張しました。そして、ヒポクラテスは、その吸収によって我々が生きている精気から、そうした疾患は発現すると言いました。空気中のこうした二重の傾向と構成は天からやってきます。ある場合は、たとえば質の優越から、あるいは季節や天候の変化の不均等から非常に重苦しい腐敗物がやってきます。また、ある場合は、天そのものから汚物が降りてきます。

季節と天候の変化の大きな力からやってくる全ての疾患は、単純な意味で流行性です。しかし、天からの汚物は、こうした疾患を生産するばかりでなく、真に疫病性のものも生産しますが、これは流行病のうちで最も破滅的なものです。

したがって、単純な流行性疾患は疫病性疾患とは異なっています。実際のところ、前者は一つまた一つと起きてくる季節と天候の多数の変化のみから、あるいは、何か一つの季節だけの大きな変化と激しい転換から生じてきます。この文脈では、ガレノスが言うように、物事の現在の状態だけではなく、これから生じる状態、どのような類いの転換を通してかを考えるべきです。何の、そして、どのような疾患がこうした原因に帰せられるのか、ヒポクラテスは『エピデミアイ』の本のいたるところで説明しています。そして、『箴言』の第三章では次のように断言しています。「もし、冬が乾いていて北風が吹き、春に雨が多く南風が吹けば、夏には急性疾患があり、眼炎や腸の問題が生じるのが必然である[43]」。我々の身体と大地自体が、春の雨と南風の湿り気に満ちており濡れていれば、夏の熱は倍加し、身体自体とその肉は炎症を起こして非常に強い熱を出し、残った害毒が急発するのが必然です。

しかしながら、［後者、すなわち］疫病性と呼ばれる流行性疾患は、この原因の長い連鎖からは表れず、また、身体の体液を乱す季節の大きな転換からも表れません。空気中に分散された毒性の汚染物質から表れるのです。これは精気とともに取り込まれ、最も高貴で有力な器官である心臓を汚します。ヒポクラテスは、このことから、全ての力と身体全体を滅ぼす最も破滅的な疾患が出来すると見なしています。この疾患は、私がこれまでしばしば言及してきたオカルトな隠れた原因をもつ疾患です。そして、こうしたものは通常の第一の質からその起原を引き出していないことが十分に明瞭に論証されました。

疫病性疾患が全ての急性疾患に似て、緩和されていない熱、あるいは、体液の不調和から燃え上がるように起きて夏に一層大きな苦痛を与えるとしても、これまでしばしば最も暑い夏がどのような種類の疫病をも生み出さなかったことが観察されています。ときには疫病が冬に始まり、夏の盛り、あるいは秋に解消されることは、その原因が空気の第一の質の過剰ゆえではないことの明白な証拠です。

　さて、腐敗したものの構成を検討してみましょう。もし、これが周辺の空気と混ぜ合わされた大地の発散物から生じたならば、これは疫病の原因とは主張され得ません。（前に私が言っておいたように）たかだか地域性疾患というだけで、流行性疾患とは判断され得ません。害のある天候の変化、たとえば、不安定さや節度の無さや雨の多い暑さから曇りがちの天候が生じます。これは広がり長い間続くかもしれません。そして、湿気の多さゆえの悪臭を発する霜が人々を煩わします。しかしながら、このほとんどは悪疫には転化しません。これに対して、疫病の構成は、冬であれ夏であれ、乾燥していても雨が多くても、良く調和していても不均等でも、大概は悪臭を発する腐敗なしに、あいまいな形で密かにそっと忍び込むため、感覚によっては決して識別できないのです。そして、感知できない、我々の感覚と異質の絶えずオカルトに近づく疫病の種子は、あたかも徹底的に我々の眼を逃れて突然に我々を斃し、その効果と結果によって以外は気づかれることがありません。死すべき者にとって特に遺憾なことは、彼らの上に覆い被さっている大きな破滅の臭いを感知することができず避けることもできないということなのです。

　空気の腐敗していない、あるいは調和を欠いていない構成が世界の非常に多くの領域に拡がり、そこで活発になっていきます。しかし、それにもかかわらず、疫病は、時にはほとんど全世界を占め、寒い地域も暑い地域も、乾燥していても湿っていても、冬でも夏でも、荒々しく猛威を振います。

　マルクス・アントニヌスの支配下で、人類がほとんど絶滅にまで絶やされたこの種類のものが二度あったと記録されています。[44] 我々の祖父たちは、同様なものが一四五〇年[45]にあったと話しています。これは、アジアに始まり、イリュリア[46]とダルマティアを通ってイタリアに入り、ドイツを通ってフランスとスペインの領域に忍び込みました。これは数年にわたって、ほとんど全ての人々に対して猛威を振るい、かろうじて生き残ったのは、生きていた人々のうちの三分の一でした。この原因ゆえの変化によって人間の状況は変えられました。すなわち、こうした無慈悲であさましい大惨事を通して全てが破壊され価値を失ったのです。しかし、実に現在では、復興の結果、全てのものは最高に価値のある状態で栄えています。とはいえ、いつかある時には再び崩壊するでしょう。

　私が探究したいと懇望することは、こうした多くの変化が、至高からの普遍的な原因を持つと見なされるのではなく、天候の変化だけから由来したと考えられ得るのだろうかということです。

ブルトゥス　腐敗したものの構成が何をもたらすかについて、新たな面からもう一度考えてみませんか。

エウドクソス　これは普通、いくつかの流行性疾患を引き起こしがちですが、決して、疫病性だけではありません。時に疫病性疾患に変じ増大していきますが、それを発生させることはできません。この仕事には一層深い原因を要します。

　もし、腐敗だけが、こうした悲惨さの原因であるならば、これは全ての動物を等しく攻撃するはずです。なぜなら、健康な空気は精気をもたらし、生き物全ての種類の健康を養い維持します。これと同様に、腐った汚物によって衰えさせられた空気は全ての種類の生き物に対して等しく破滅的であり、全ての生き物の健康と生命の原理に対抗します。そして、人間ばかりでなく全ての家畜をも、すなわち、全てのヒツジやブタの吸気を等しく汚します。それゆえ、もし悪疫がそこから起きているとすると、全ての生き物に共通であるはずです。しかしながら、これは実際の結果から反駁されます、そして、経験はそれが真実ではないと認めています。実際、誰もがこれを確立されたことと受け止めています。農学の最良の権威が記録したようにウシだけを斃す疫病が起きていますが、このようなものが一五一四年に流行したことを私たちは記憶しています。あるものはブタ、あるいはヒツジを、他のものはメンドリを、あるものは人間を「斃す疫病があります」。

家畜と野獣たちを抹殺したものが、ウェルギリウスによって美しく記述されています。

かつてこの地を天からの疾患という悲惨な嵐が襲った。
秋の暑熱をすべて集めて燃え上がり、
すべての家畜とすべての野獣の類を死滅させ、
湖沼を腐らせ、牧草を疾病で染めた。[47]

彼は、その少し前に、この難局の原因について書いています。

いかに多くの悪疫の群れがあったことか
疾病たちが襲ったのは、一頭ずつの身体ではなかった。[48]

一方、人間のみが疫病によって斃れる時もありますが、この惨禍を生み出す原因は何なのでしょうか。単純な腐敗ではありません。これなら全ての動物を同様に苦しめるはずです。したがって、空気そのものを何か特別の種類の毒で汚す一層隠れた特定の原因があるはずです。これは、ある種の生き物に対しては敵意をもって完全実体に対立し、他のものに対してはそうではありません。

我々のうちの誰かが、腐敗が疫病性疾患の原因であると真剣に主張しつつ、しかしながら、これは常に一つとして同じやり方はなく、ある時にはある種類の生き物、また、ある時には別の種類の生き物を破滅させると言うのなら、その人は、これが特定のあれかこれかを攻撃する意地悪い行為をするものと認めると告白する必要があります。

そして、それは、顕れた質に対してではなく、その完全実体に敵対する毒です。ウシ、あるいはヒツジ、あるいは人間のみに害のある腐敗の方法と理論が何であるのかは、誰も説明できません。もしこれが明白に説明できず、精神的に認識できなければ、これは、我々には感知できない、曖昧な、隠れたと呼ばれる種類によるものと我々は認めるべきです。すなわち、元素あるいは元素の質から発するものではなく、完全実体に対立しており、その全ての類を破壊するような。それゆえ、疾患の全ての原因は感知できず、潜伏しており、第一の質あるいは腐敗以外の何かから起原しているという論が与えられます。

ブルトゥス　では、どこから、それが生じると君は考えているのでしょうか。

エウドクソス　当然、天からです。しかし、蒼穹からではなく、常にそれに類似している［固定した星の］第一の運動からでもなく、太陽の不正な運動からでもありません。星々の確かな組み合わせから生じるのです。

太陽はその運動によって、一年の季節、すなわち、春、夏、秋、冬を等しく生み出し区分しています。とはいえ、全ての夏が等しく暑く、乾燥しているわけではありません。全ての冬が等しく凍り湿っているわけでもありません。ある夏には、あたかも雲のようにハエや甲虫を生み出すかもしれませんが、一方、他の夏にはこうしたものが全然いないことがあります。フランスで八六四年に、イタリアでは一四七八年に、バッタが全ての芽を喰い荒らすほどに大群で飛んで誰をも驚かしました。これは太陽の運動に帰することはできず、星々の多様な組み合わせに帰せられます。全ての事物の創始者は、これらの運動を無用なものとしてではなく、理を超えた、確かな法によって規定しています。こうした［星々の］組み合わせの一つがにわか雨をもたらし、他の組み合わせが晴朗を、あるものが南風、あるものは北風、あるいは何か他の季節をもたらします。ですから私たちは、ある組み合わせが空気の中に疫病性疾患を起こすことに確信をもって同意すべきです。

また、多くの種類の疫病性疾患があり、その一つ一つが特別の組み合わせの規則とそれ自体固有の原因をもっています。これは、空気の中で時には穏やかに、そして、時には激しく私たちに対して猛威をふるって暴れ回ります。星は光や運動によって、空気に熱と冷、にわか雨や乾燥以外の何も導入しないという考えに固執している人々の愚かしさはゆゆしきことです。もし、善く配置されている星々が全ての生命を保護し守っているのなら、なぜ、悪しく配置された時には生命に災いをもたらさないと言えるのでしょうか。そこには、全ての事物の健康と保護の第一で主要なものがあり、死もまたあるのです。こうしたことを熟考することを知らない人々のみが、こうした原因と力とを脇に片付け、まるで無かったかのように、これらを否定するのです。真に実り多いことは、この一層深遠なことを最も賢明に認識することです。これは、疫病を防止し完全にそれらから治癒させるために何よりも優っています。

純粋かつ単純な疫病の原因は、それを生み出す力をもたらす天の星位であり、この星位は、季節の変化によっても、いかなる顕らかな質によっても探し当てることはできず、ただ結果によってのみ認めることができます。

ブルトゥス　君は何を、純粋で単純な疫病性疾患と定義するのでしょうか。

エウドクソス　説明しましょう。空気中には三種類の疾患があると私たちは言います。地域性疾患、すなわち、大地のそして一層低位の発散物からのもの、流行性疾患、すなわち、悪疫性の激しい季節の変化からのもの、疫病性、すなわち、天から降下されたオカルトな有害な質のものによるもの。

これらは、時折、純粋かつ単純なものとして現れる時がありますが、大部分は全く混ぜ合わされて一緒になっており、これらの原因も同様に共謀しています。したがって、これらを区別するのは、とても困難です。これらの原因は多数で、それぞれ区別されるものであるにもかかわらず、これらが結びつき一緒になり混ざり合う度ごとに、類としての親和性によって協働し、激烈さを増していきます。

こうした原因のうち、一つは悪疫の真の作用因であり、他の二つは準備的な原因です。いっそう重篤な疫病性疾患は、乾いて清潔であるより、腐った発散物によって影響を受けた区域において発生します。さらに、冬より夏の方が、北風より南風の季節の方が、そして、均等で調和を保った気候よりも不均等で調和を保っていない気候において、より一層重篤になります。

まとめて言うと、流行性あるいは地域性の性質と混ぜ合わされた疫病性疾患は、純粋な疫病だけから成るものよりも一層重篤です。結局のところ、大地、すなわち、下からの発散物は疫病それ自体を導入しませんが、それに向けての少なからぬ準備と刺激を与えます。一つの疫病が全ての地域や全ての人間に影響したり、害を与えたりしない、これがその理由です。破滅的な疫病性疾患の攻撃を受けるのは、北風の吹く乾燥していて清潔で保護されている内陸のところよりも、南風に曝(さら)される海岸近くの暑く湿っていて忌むべき発散物に汚され、開けてはいるが高い地域です。

一方、人間の内部はさらに汚されています。肉と体液が腐敗しやすい体液で充満していることは、冷たく乾燥して純粋な少ない体液がほどよく緩やかに詰まった身体をもつ者よりも、緩んだ体液をもつ者で一層明瞭です。身体の過度の緩やかさは、閉塞症に対するのと同じように悪疫に対する準備になります。

しかし、場所と身体を確固たる悪疫から回復させる準備のための固有かつ特有の状態は、全て我々の感覚からも理性からも免れていて、ただ、その疫病性疾患の原因より優っていたという結果と経験からしか理解することはできません。これは確かな真実です。

単純な疫病性疾患の間には、連続熱にせよ、三日熱、あるいは、四日熱に捉えられた多くの人々のうち、腐敗した不全の体液に汚されているにもかかわらず悪疫にまったく汚染されない人々が見られますが、これは災難に向けて身体を準備するのが腐敗だけではないことの証拠です。

また、最も健康に見える人が速やかに悪疫に捉えられます。何回も有毒なものに出会ってもあくまでも持ちこたえてきた人が、家族や、体液の調和状態が似ている人との社会的な交友を通して一様に捉えられます。

したがって、悪疫の作用因としては、罹患する側も免れる側の原因も感知できずオカルトであり、これは、第一の質の不調和状態によってでも単純な腐敗によってでもなく、完全実体固有の性質によって私たちに敵対するのです。

ブルトゥス　私は、君が正しく疫病性疾患の外因を精査していると思います。しかし、私が強く知りたいと願っているのは、最良の熟練した医師が、疫病性の熱病を［他の］燃えるような熱病から鑑別する徴候です。

エウドクソス　君が熟考したいと提案するのが、その実体の鑑別なのか、それとも、その症候のなのかは大きな違いとなります。最初に症候を、本質は後で［論じることにしましょう］。悪疫の毒の力は、精気と体液のぎっしり詰まった身体に侵入し、腐敗から生ずるある種の他の疾患と共通の症状を引き起こします。しかし、これには固有のものがあり、賢明かつ経験を積んだ医師は、これによって鑑別することができます。そして、これを他のものから区別し、一つの対象となっている疾患を躊躇なく、単純なものか、あるいは神的なものをもつかを判別することができます。もしこの区別が見過ごされると、治療は正しく行われません。

フィリアトロス　では、私たちに、疫病性疾患の固有の形相を、ひとつずつ順番に詳しく話してくださいませんか。

エウドクソス　疫病性の種子は、精気とともに肺に吸い込まれる時、速やかに、続いて、感覚に残らないうちに、心臓へと道を取ります。もし、これ［心臓］が影響を受けるように準備されていて十分に抵抗ができないときには、それら［疫病性の種子］は、それ［心臓］を冒し、続いて動脈の精気を冒します。究極的には、（これは常にではありませんが）体液と身体全体を汚します。心臓が冒され汚されると、全ての力、特に活力が損なわれ、そして精気は荒廃します。

　これは、動脈の脈拍を薄くし弱め、同時に一層、頻繁かつ迅速にします。そして、これが全ての中で最も破滅的な疫病性の一つの熱病が内在していることを知らせるのです。これは、鋭い熱火ではなく激しい腐敗でもなく、罹患者は熱病であるとは思いません。また、尿の中にも示さないだけでなく、人事不省や卒倒、あるいは、弱く固い脈拍、繰り返す嘔吐、不眠、不穏状態、身体的な痙攣や目立った脱力感もなしに、大概は何の苦痛の感覚もなく突然に人の中に入り込みます。

　これが一層深く浸透して体液に到達すると、もし一層穏やかな時には、単純な疫病性の熱病を誘発します。しかし、一層激烈だと、癰あるいは横根を徴付けます。血液と体液が損なわれても腐敗はしません。よって、尿は混濁せず混乱も観察されず、実体、色、沈殿物の面では健全です。癰と横根が熱の前に表れ、より穏やかに悪疫を明らかにします。そして、自然においては壮健な心臓が最初に毒に襲われますが、そのうちのいくらかは直ちに追い出されます。熱の始まりの後で、毒の攻撃の支配者が突然に表れ、あたかも自然の破滅の悲惨な徴となります。これが、疫病性の熱病の正確な描写です。しかし、これに加えて随伴するものが、頭痛、あるいは譫妄、口渇、焼け付くような熱、混濁した尿といった症状の結びついたものであると、これは、身体的な不全からだけではなく、異なった時に異なった部位を攻撃する腐敗した混合物から生じています。

　これは(49)、熱病が法則に従って荒れ狂う配置、すなわち、消えかけていた［星が］再び輝きはじめた、過去と同一ではない天の配置にゆだねられています。最初には、激しい熱、口渇、頭痛、不眠、吐き気、悪心、他の激しい症状が絶えず襲い、同時に、尿も赤みがかってきて濃くなり、混濁して異常になり、七日間この状態が続きます。そして、まさにこの七日目に尿は一層澄んできて調理(50)が明白になり、日々より良く進行し同時に症状が軽減されていきます。こうして、ほどなく治癒していくように見えますが、治療に際しての知見では、多数の病んだ人々の大多数でなくても多くは、この後に死んでいきます。すなわち、この時［七日目］から、脈拍が日一日と次第に弱くなってきて、全身の強靭さが一歩一歩落ちてきて、通常十四日間で死んでいくのです。このゆえに、腐敗性の熱病は疫病性のものと混同されます。七日目には腐敗は既に征服されているのですが、その中でまだ続いていた疫病性のものは、静かに、そして、ひそかに［身体の完全実体を］破滅させるのが常のことでした。

そしてまた、疫病性の熱病の本質は、その固有の症候によって判断されます＊。もし、（ガレノスの記録が教えるように）疫病性の熱病が、その熱においてそれほど激しくなく、もし、その尿が健康なものと良く似ていて沈殿物を示していれば、その中で腐敗は存在しないか、とても少なく、疾患の原因とは見なされないことは明らかです。

悪疫に関する議論と書物が発表される時には、少なからぬ人々が、疫病性の熱病は他のものからではなく腐敗から発するということを擁護するために激論を展開します。そして、これらと他の腐敗との区別を立てるために、心臓の固有の実体、あるいは、その中の始原的体液が腐敗しているとし、悪疫の毒性の悪意（これが、私たちの議論していることですが）は、単なる腐敗の一つの形にすぎないと断言します。他の熱病においては、そして、特に焼熱病（causus）においては、心臓の実体も内在する体液も腐敗しておらず、これに対して接近してきたある腐敗した蒸気の攻撃によって熱せられるとしています。彼らは、全ての疫病性の熱病は、腐敗熱と消耗熱（hectica）から、あたかもこれらの混合があるかのように、引き出されて来ると考えるよう強要されています。

他の人々は、こうした作り事が気に入らず、同じような馬鹿げた意見を捏造します。すなわち、疫病性の熱病は深く汚く持続性のものであり、残りのものは単に外からのもので、軽微な腐敗性であると。

両者は多くの微細な点を議論します。しかし、彼らは真実から遠ざかっており、必然的に多数の思弁的な技術にとらわれています。私が彼らに問いかけることは、心臓の実体とその始原的な体液を腐敗していると彼らが判定する論拠は何なのかということです。生き物は、何かそのような状況に耐えられることはなく、それが起きる前に死にます。心臓の実体は、潰瘍や丹毒（erysipelas）を受け容れることはなく、いかなる腐敗も受け容れません。そして、何か非常に激しい熱が起きないで心臓の実体が腐敗することを、どのように主張することができるのでしょうか。もし、心臓が焼熱病において、腐敗した胆汁との接触によって激しく燃やされれば、確かに、その全てが腐敗して一層激しく燃えるでしょう。しかし、既にその前に激しく炎症していなければ、心臓は全体として腐敗することはありません。それゆえに、熱が以前に焼熱病よりも激しく認められていなければ、この最終段階には到達し得ません。しかし、この種類ではない穏やかな熱が、疾患の全過程を通して観察されます。これは、疫病が腐敗熱といかなる親和性も持っていないことを示しています。

消耗熱の場合には、こうした親和性は、どの程度あるのでしょうか。両方とも心臓の実体を占拠している（と彼らは断言しています）。まあ、良いとしましょう。しかし、これらは同様に関連していますが、疫病性の熱は、消耗熱のようには心臓を乾燥によって焼きません。さらに、消耗熱と確定された者は誰もが死にますので、［上記の意見が正しければ］疫病と確定された者には死が一層不可避ということになります。腐敗した心臓とともに誰が生き延びられるというのでしょうか。しかしながら、私たちは疫病性疾患から生き延びた人を少なからず見ます。したがって、疫病と消耗熱は全く似ていません。

　疫病性の熱病では、焼熱病がそうするように、熱の炎とともに心臓を焼きません。そればかりでなく、消耗熱がそうするように、乾燥によってもそうしません。この両方とは非常に異なっているのです。そして、全ての不調和状態や全ての腐敗よりも大きな即効的な力と破壊力をもっています。この毒の単一の形相は生命の泉である心臓を包囲して滅ぼします。

　では、この形相はどのような種類なのか、結果を熟考してみましょう。疫病の罹患者は、側にいる人が完全に健康な人であっても、息だけから、あるいは、蒸発した分泌物によってその人を斃します。また、汚れた衣服を長い間運んだり保持したりした者も［同様です］。このことから、これが単なる腐敗ではなく、より一層戦慄すべき破滅であり、これは、空気中の薄く完全に予知しえない不純物の中に含まれており、他の毒より一層迅速なものであることが確定されます。というのは、もし誰かが毒を飲み干したり、サソリに食いつかれた時、彼の息が他者を汚すことはありません。

　他の症状を注意深く調べたなら、弱い不明瞭な脈拍、人事不省、卒倒、嘔吐、不眠を伴う絶え間ない痙攣があり、そして、ほとんどの場合、痛みの感覚が無く、このため、熱系統の腐敗というよりむしろ毒と呼ばざるを得なくなります。

　次のように主張する人々がいます。疫病性の熱病では、尿の中に沈殿物があるゆえに、自然は過剰な腐敗によって脅かされて、そこに沈んでいる疾患にあえて接近できない。つまり、我々の身体の卓越した自然は、慎重さと理性を働かせてしまうために、これが身体の中に必然的ではあるが、平穏を決して十分にもたらすことのない運動を無意味に生じさせてしまう［つまり発熱させている］[51]と。

　いずれにしても、静脈の中の多量の腐敗から何かが発生しえないからではなく、多少尿とともに出現するなら、そこには腐敗の証拠が示されます。もし、こうした症例における尿が健康なものと同様であれば、脈管の中の悪しき腐敗が死の原因となることは全くあり得ません。しかしながら、重い疫病性の腐った何かが隠れており、これが確かに、あたかも破壊者であるかのように、心臓の完全実体と矛盾しつつ一致せずに敵対しています。

ブルトゥス　ところで、ガレノスは、アルメニアの石（bolus armenia）が、強力に乾燥させるだけでなく、過剰な体液を吸収して、腐った悪疫を消して疫毒に有益であるという理論を伝えていますね[52]。

エウドクソス　それでは次に、治療理論に関する私の見解を確認していきましょうか。

もし、悪疫が既に血液の過剰症や、それ以外の体液の過剰症、あるいは閉塞症と闘っている身体の中で突然に発症したら、これは、単純であることはほとんどなく腐敗熱と結びつくことも滅多にありません。この疾患と、これに結びついて表れた徴候との両方から、治療に関する一種の結合した理論が考えられます。しかし、悪疫が入り込んだ時、もしも、身体が純粋で、完全に単純なものが偶然に起きたとします。この時には、最も有名な医師で長い医療実践とともに自らの理論を完成させている者たちは、極度に異常な充満が存在していなければ、静脈切開を完全に控えます。なぜなら、最初にせよ後にせよ血液が抜かれた人は、ほどなく死ぬか、あるいは一層悪い経過を辿ることを体験したからです。

というのは（何人かは次のように考えたかもしれません）、この破滅を取り除く、あるいは減退させる、あるいは制限するのは、瀉出[53]ではないと。それは、体液の不全に基づいていないので、瀉出は受難者に、いかなる理論のもとでも緩和をもたらさず、反対に完全な害をもたらすからです。

破滅は外側から私たちを取り囲み、血液と精気が抜かれた時には、速やかに、肺、心臓、そして、静脈へと道を辿り、より大きな凶暴さをもって強められていきます。瀉血によって奮起させられた血液は速やかに汚(けが)れを引き寄せます。ちょうど、君たちが、ほんの少量の胆汁を水の中に注いで揺らした時には、胆汁が静かに置かれてある時よりも、水が一層速やかに苦くなっていくのを体験するように。さらに、力は、瀉出によって減退させられ、破滅の攻撃に対して抵抗が少なくなります。

こうした経験から確証された理論は、私たちに瀉血を、さらにそれ以上に、強力な下剤を自制するように知らせます。浣腸と穏やかな医薬が使用されるべきです。したがって、単純な疫病性の熱病においては全ての破滅は毒性の質に拠っているので、最も重篤な疾患においては最も重要な医薬が注意深く使用されるべきです。瀉出させるものではなく、冷により、そして収斂剤を塗布して、精気と血液と体液を制御し和らげるものが［使用されるべきです］。こうしたものとしては、ザクロの実、レモン、西洋カリン、そして、未熟のブドウ液、さらには、類似食療法など、その完全実体固有の性質によって、こうした毒を破壊するか弱めるか、あるいは、発汗させて外に追い出す作用剤があげられます。ひとつひとつの毒に対するものとして、このような固有の解毒薬、反感と完全実体の分解への対抗者があります。

しかし、非常に多くの人々は、他の毒にも共通の多数の解毒薬を調合させています。例えば、スコルディム[54]、ディタニー[55]、ゲンチアナ[56]、ベトニー[57]、テリアカ、ミスリダティウム[58]。レムニアの土とアルメニアの石も加えましょう。要するに、これらは乾かすのではなくて、完全実体固有の性質がことごとく力を持っています。禁食に対してのみならず、悪疫に対して一層大きな力を証明するのは、どのような理由からなのでしょうか。石とともに全身体の過剰な体液を取り去り分散させるのでしょうか。石は、全ての腐敗熱を等しく乾燥させます。疫病性であるゆえに特異的にとか特権的とかいうことはありません。

君たちが疫病性疾患の原因、あるいは、その実体そのもの、あるいは、その徴候、あるいは、治療理論をどのように考えたとしても、君たちは、疑いなくどこにでも、ある時は顕れており、ある時には不明瞭な、あの隠れた力を認識します。

ブルトゥス　君は確かに正しい。しかし、君が論じると前に言っていた発疹と膿瘡について考えてみませんか。私は、アヴィケンナや他の非常に多くの新しい世代が、それに帰した原因について知っています。つまり、胎児の子宮内での栄養に供給された月経血が、子どもや幼児の中に残っており、より暑い大気の下や、北風の気候のもとに、残余の血液とともに沸騰しており、自然の押し出す力によって外へと押し出され、肌に発達します。

エウドクソス　私も、これが彼らの提案したことであると知っています。しかし、彼らは、君自身が［先ほど］区別したことと、いかに矛盾しているか［考えてみるべきです］。まさにその原因から、抑圧された月経血が全身体へと戻った女性は、同じ悪のなすがままに床に就きます。しかし、これはごく稀にしか見られないことです。子どもや幼児の中に存在し続ける月経血の鬱滞が成すという言明は、子宮の中の胎児は嫌悪すべき月経血から栄養を得るのではなくて、母親の血液の中の最も純粋な部分から得るというガレノスの見解によって反駁されます。

たとえ胎児が月経血のいくらかを栄養として取り込んだとしても、十三歳あるいは十四歳くらいまで多数の熱病や疾患に打ち克って持ちこたえた人々が、我々の年齢でこうした最も重い発疹に激しく苦しめられ、ある者は死んでいくのが少なからず見られます。また、誰もが、これらによって人生のどこかの時点で攻撃されるのが必然なのか、そして、誰もがこれらによって二度あるいは三度捉えられることはないのかということを考えてみましょう。私たちは、この両方とも明白に事実ではないということを観察しています。

こうした疾患が全ての空気に撒かれた何か共通の原因から起原を得ていることは、それが一層暑い天候の時に流行するばかりでなく、時には冬にも流行することによって、明らかに論証されます。また、何年か沈黙し、一定の年間隔で大衆の間に、ある時には、一五三六年の時のように特に発疹が、またある時には、一五四二年の時のように発疹だけで大流行しました。地上に大混乱を起こした、その上位にある原因をいかに判断し損なったかを、どうして認識することができないのでしょうか。

以上、述べてきたように、癰と疫病性の横根のように、発疹と膿瘡は、崇高なものからの原因を確かにもっています。しかし、これらは空気を特殊な悪意の形相によって汚します。これらには、癰あるいは横根とは異なる原因があります。そして、発疹と膿瘡には異なる原因があり、後者の獰猛さは、前者のそれよりも少ないと言えます。膿瘡は発疹よりも、幼児や子どもにいっそう身近です。この理由は、もし膿瘡が強い体質に対して力を増していなければ、人生においていっそう強い成人の時期にはこうした小さな悪を免がれるからです。

疾患それ自体の記述と外観から、これを再び考えましょう。肌に発達するものは、周囲のものに接触することによってではなく、吸気によって生じます。これは、心臓に吹きつけられ、そこに塗りつけられます。その後、直ちに全身に取りかかり、特に頭を圧迫します。そして、次第に痛みが増していって、眼は涙でかすみ、顔はまるで火照ったように赤くなり、声はしゃがれ、呼吸はより頻回で、いっそう困難になり、脈拍も頻回となり、熱の速やかな前触れとなります。続いて、毒を持っている邪悪なものが三日目か四日目には体液から突然表われ、皮膚に発達したものは邪悪な形相を表します。

膿瘡は、全身に密集した夥しい数の白色の小疱を突出させ、これは粘液と胆汁の混合物を示します。

発疹は、ノミの喰ったような斑がほとんどは赤く、時には紫、時には緑、あるいは黒く表れます。ついには、暴威が荒れ狂い、汚された腹部の体液が溶解され、危機の残りかすが排出されます。この時点での外見では、まだ（疾患が単純な場合）腐敗の徴候は尿の中に鑑別されません。しかし、これが、毒性の質が我々の身体の体力と完全実体を破壊したという証拠です。さらに、嫌悪すべき疾患が明らかにされます。時には、目がうつろになり、皮膚全体が悪臭を放つ鱗と大きなパン皮状に崩れ去って醜い外観となり、全身は破壊されるばかりでなく、まるで絞首台に四カ月もつるされていたかのように痩せて黒く萎れています。こうした不全は皮膚に限らず、内部の全ての部分、筋肉、内臓と固体部分も、皮膚より前に壊滅させられています。実際、妊娠した婦人が、月満ちた子を産み、この災難に見舞われることが、しばしば詳細に語られているのが認められます。これらの婦人のうちのある者は、外見からは［変化が］何もなく、他の者は、多くの日数が経過した後にのみ災いを感知します。しかし、死後剖検によると、肝臓、膵臓、肺とすべての内臓器官が、皮膚と同様に最も汚いじくじくと流れる丘疹で充満しています[59]。

さらに、発端には、しゃがれ声と呼吸困難があり、最初の発疹は咽喉と口に表れ、肛門と陰部は、最奥の部分にこうした悪が起原をもつことを明らかにします。そこまでで終わる人々も、治癒するまで続くしゃがれ声と呼吸困難、ある時には、咳はなく、ある時には、消耗症に続く咳が特徴となります。

フィリアトロス　ここには、その論を認めざるを得ないほどに、明快に説明されているように思われますね。

エウドクソス　これらは粟粒熱に関係しており、何か類似性によって結びついています。これらは、低地ドイツ、フランスのベルギー地区、およびイギリスで、一五二五年から三〇年まで、特に秋に流行したことが異常に大きな恐怖を引き起こしました。いくつかの都市で、この災難は最初に侵入するや否や、どこかへ移っていくまで、まったく突然に一日に三百人から五百人以上の人々に襲いかかりました。無気力になった人々は、あたかも衰弱によって投げやりになって魂が抜けたようになり、また、寝込んでいる時には、終わりのない汗の中に溶かされたように、しばしば熱と速い不規則な脈拍を伴い、疾患から解放されるまで発汗に終わりはありませんでした。これは、普通、一日か、多くても二日のうちに終わりますが、寛解の後、患者は長い間弱ったままでした。誰にでも心悸亢進が認められ、彼らのうちの何人かには二年から三年、他の者には全人生にわたって、これが伴っていました。

最初その力がまだ気づかれなかった時には、多くの治療法が支持されました。しかし、後には、罹患して汗を出すのは極めて少数で、心臓薬によって力づけられた人々は全て回復したことを実践と経験が探し出しました。

慣れていない疾患の力も［これに対する］薬剤も知られていなかった時には、災禍は一般的に重篤なものになりがちでした。薄い空気の状態で必ずしも疫病性とはいえない毒が浸透しているときは、病弱の者も、生命力の強い者も、ほぼ等しく心臓が刺激され、身体の最外皮へと進み、癰や横根、あるいは、発疹や膿瘡ではなく、発汗のみが突然に表れます。なぜなら、毒は体液よりも精気に場を占めているからです。あらゆる理由から、この熱病は一日かぎりのものと見なされます。

それでは、このように多数の人々を、このように世界の多くの地域を知らぬ間に突然に感覚に触れないうちに襲う、いま問題にしているこの災禍を疫病性と判定しないと誰が考えることができるでしょうか。多くの疫病性疾患に共通である、止むことのない心悸亢進、終わりのない魂の衰弱、皮膚の上の発疹をもつものを。

さらに、あの、世界のほとんど全ての地域で暴れ回った一五一〇年の、熱があり、頭全体が重く、心臓と肺が締め付けられるような感じがし、咳を伴い、誰もがつらさを繰り返し訴える、切り裂くというより摑まれるような痛み[60]は、その固有の凶暴さと特にこれまで前例のない種類の毒によって、疫病性であることを自ら表しています。

フィリアトロス　君は今や、疫病性疾患について提起したことを完全に［説明し］遂げたようです。しかし、単純な流行性、および地域性の疾患と名付けられたものについては、まだです。何か破滅が隠されている臭いがあると見なされ、まだ把握されていない暗黙の原因から発するものについては。

注

（1）フェルネルの疫病論において最も重要な概念である tota substantia は、ものをそのものたらしめている形相、すなわち、アリストテレスの実体形相に対するフェルネル的な解釈を支える用語である。訳語としては、全実体なども考えられるが、本訳では、この章冒頭での概念規定を重視して完全実体とした。

（2）フェルネルの文章は、一定の概念に同一の用語を当てることを徹底せず、自らのラテン語の語彙数の豊富さを誇るかのように多様な類義語を重ね使いしていくのが特徴である。例えば完全実体が完全性と統合性を失うことを表現するためには corruptio, pernicies, decessio, deletio など多様な語を使用している。本訳では、頻用されている corruptio には「滅失」、pernicies には「破滅」という訳語を当てて一応の使い分けをしたが、それ以外は適宜日本語としての読みやすさを優先して訳語を当てている。なお、フェルネルの概念には機械的・物理的に壊されていくという要素が希薄なため、「破壊」あるいは「崩壊」という訳語をあてることを可能なかぎり避けた。

（3）putrefactio とは、身体を構成する元素の質の調和が乱れたために体液が機能を失うことを意味するが、この語には「くさる」といった意味が含まれており、日本語訳として「腐敗」という語があてられてきた。もちろん今日的理解の「腐敗」とは意味内容を異にするが、本訳でも「腐敗」の訳語を採用した。

（4）ガレノス病理学の中心概念である temperamentum を、フェルネル自身は「物質である元素から生ずる質のハーモニー」としている。このため、本訳では、temperamentum を「元素の調和」、temperie を「調和状態」、intemperie を「不調和状態」とした。

（5）この行以降、次頁の＊までは、一五四八年版から大幅に加筆修正されている。

（6）フェルネルは、*Pathologia* の壊疽と膿瘍を扱う Lib. 7, Cap. 7 において「sphacelus, すなわち、星位と称される」と書いている。

（7）phthisis には今日的意味での「肺結核」概念とは重ならない部分があり、「肺労」という訳語をあてた。

（8）フェルネルは法則（lex）という言葉を使用している。しかし、フェルネルがここで言っているのは自然法則ではなく、医療上の経験則である。

（9）原文は、ex occulta occultus appelletur であり、直訳すると「オカルトな原因からのものはオカルトと呼ばれる」となる。フェルネルにおいて、occultus と abditus とは、ほとんど同意味に使用されており恣意的な使い分けが行われている。本訳では基本的に、abditus は「隠れた」、occultus は「オカルトな」と訳し分けたが、ここは「隠れたものはオカルトと呼ばれる」と訳した。なお、「顕れた」との対比概念として「隠れた」とした。

（10）フェルネル自身は次のように説明している。「血液、体液、分泌物が過度に優越したり、あるいは欠乏したりするのは、身体の欠陥とみなされる。血液が優勢の場合を plethora と言い、残りの全ての過剰は cacochymia の類に含まれる」（*Pathologia*, Lib. I, Cap. XX. 197）。

（11）悪疫（pestis）。フェルネルは、ペストという語で、必ずしも腺ペスト、肺ペストに限定されない多種類の悪疫を意味している。

（12）内容が飛躍しているような印象を受けるが、一五六七年版では、一五四八年版に記載されていた文章がこの間で八行分削除されている。

（13）アレキシテレア alexiteria は、ガレノスにおいては防御薬を意味している。

（14）Galenus, *De simplicium medicamentcrum temperamentis ac facultatibus*, Liber V, Cap. I ; XI. 705［Kühn］.

（15）ἀλλοίωσιν「変化」を意味するギリシャ語。

（16）熱、冷、乾、湿を指す。

（17）Galenus, *op. cit.*, (n. 11), Cap. XVIII ; XI. 761［Kühn］.

（18）ギリシャ語表記で‘κατα ταϛ ὅλαϛ οὐσίαϛ?’と記されている。

（19）ギリシャ語表記で νοσερικὴν ἀπόκρισιν と記されている。

（20）Galenus, *Hippocratis de natura hominis* (XV. 121–122［Kühn］; Mewaldt edition 63).

（21）Galenus, *Prognostica Hipoocratis commentaria*, III. 38 : XVIIIB. 303–305［Kühn］.

（22）テオドレトス『ギリシャの疾患の治療』（Theodoretus, *Graecarum affectionum curatio*, III ; Migne, Patrologia Graeca 83, 881A）に、ここに引用されたと見られる文章がある。なお、ポルピュリオス（二三四～三〇五年）は、テュロス島出身のネオプラトニズムの哲学者。テオドレトス（三九三～四五七年）は、初期東ローマ正公教会の聖職者でありキュロスの司教。

（23）M. T. Cicero, *De divinatione*, I. 122.

（24）大槻マミ太郎訳「空気、水、場所について」十一、大槻真一郎翻訳・編集責任『ヒポクラテス全集　第一巻』エンタプライズ、一九八五年、一一四頁。

(25) 大槻マミ太郎訳「人体の自然性について」、『ヒポクラテス全集　第一巻』前掲書、九六七頁に、対応する文章がある。

(26) elephantiasis は、古代から中世にかけては、象皮病やハンセン氏病を含む多様な皮膚疾患を示してきた。フェルネル自身は、顔面が膨潤したうえで固化し、毛髪の抜け落ちる疾患として示している（*Pathologia*, Lib. II, Cap. XI）。

(27) 梅毒が含まれる。

(28) 恐水症とは、狂犬に噛まれた後、喉の痙攣により水が飲みこめなくなる症状。

(29) 皮膚の疼痛を伴う腫れ、すなわち、いわゆる「できもの」。

(30) 主として鼠径部に表れる炎症性の腫脹。

(31) 膿瘡と発疹に関するフェルネル自身の理解については、第十二章で説明されている。

(32) 大槻マミ太郎訳「流行病第一巻」十四、『ヒポクラテス全集　第一巻』前掲書、九六七頁。

(33) 現代の医学用語においては paraplegia は対麻痺と訳されるが、『ヒポクラテス全集』では「卒中」とされている。

(34) 焼熱病（flagrantes ardores）は、『ヒポクラテス全集』に頻出する疾患名である。同様の疾患に、フェルネルは第十二章では causus という語を使用している。

(35) 粟粒熱（sudrifica febris）は、英国発汗熱とも呼ばれる疾患であり、一五二九年にはイギリスを中心にヨーロッパ各地に流行したが突如終息した。G. C. Kohn, *Encyclopedia of Plague and Pestilence, From Ancient Times to the Present*, New York, 2008 (3rd. ed.), pp. 105–107. なお、第十二章にフェルネル自身による詳しい説明が行われている。

(36) 現代の医学用語において、struma は甲状腺腫と訳されるが、ここで言われている疾患が今日の甲状腺腫の概念とどの程度重なるかは不明である。フェルネル自身は *Pathologia* において、「粘液から生じる腫れ物」としているため、ここでは、頸部の腫れ物を特色とする瘰癧の語を使用した。

(37) フォーレスターは、「頭部の皮膚から滴り落ちる潰瘍」としている。

(38) 現在、favism と呼ばれているのは、地中海沿岸で多く発症する「ソラマメ症」である。一方、フォーレスターは、favi を「頭部の潰瘍」としているため、本訳では特定の邦訳を与えず、「ファヴィ」としておいた。

(39) カブの一種。

(40) キンポウゲ科の植物名。ドドネウスは、この植物を摂取したときの笑っているかのような痙攣について記している。Dodoneus, H. Lyte tr., *A Niewe Herbal, or Historie of Plantes:wherin is contayed the whole discourse and perfect description of all sortes of Herbes and Plantes*, London, 1578, p. 420.

(41) *Euphorbium resinifera Berg.* モロッコ原産の山地に自生するトウダイグサ科の植物であり、毒物のレシニフェラトキシンを高濃度に含んでいる。

(42) *Anacardium orientale* の果実。

(43) 石渡隆司訳「箴言」第三章、十一、『ヒポクラテス全集　第一巻』前掲書、五三一〜五三二頁に対応する文章がある。

(44) 「アントニヌスの悪疫」と呼ばれる一六五〜一八〇年にかけての小アジアからヨーロッパでの流行と、一八九年からの流行を指すと思われる。G. C. Kohn, *op. cit.*, pp. 9–10.

(45) 特に一四五〇年という年のみをフェルネルがあげた理由は不明である。ペストは百年戦争終息期の一四五二〜三年にフランスで流行し、この後にもフランスの各都市でしばしば流行が記録されている。G. C. Kohn, *op. cit.*, pp. 134–136. なお、フェルネルは、世界的に大流行しヨーロッパにも種々の面で大きな影響を与えた十四世紀半ばのペストについては全く触れていない。

(46) かつてアドリア海東岸にあったとされる地方。

(47) ウェルギリウス（小川正廣訳）『牧歌／農耕詩』京都大学学術出版会、二〇〇四年、一七〇頁に、対応するフレーズがある。

(48) 『農耕詩』第三歌、同上、四六九〜四七三頁の記述を要約している。

(49) この行以降、次頁の＊までは、一五四八年版に追記されている。

(50) 調理（concoctio）。摂取した飲食物が体内で変化していくことを示す言葉。

(51) この文章の意味するところは曖昧であり、解釈が難しい。この訳で示したのは、あくまでも一つの解釈であるにすぎない。なお、一五四八年版において、この文章の冒頭にあった次の文章が一行、一五六七年版では削除されている。

Aut si de urinarum causa rogetur eorum sententiam non refellat

(52) ペストに対するアルメニアの石の効果については、Galenus, *De simplicium medicamentorum facultatibus*. Lib. IX (Theodricus Gerardus tr., 1561, p. 576).

(53) vacuatio は、文脈から見て、過剰な体液を排泄させるための瀉血や下剤、吐剤投与等を含む種々の処置と考えることが妥当であるため「瀉出」の訳語を使用した。

(54) フォーレスターは、水ニガクサ（*Teucrium Scordium L.*）かとしている。

(55) ヒポクラテス全集では、クレタ産のデクタムノン（シソ科ハナハッカ属の *Organum dictamnus. L.*）は、月経血を排出させたり、後産を体外に排出させる薬草として紹介されている（岸本良彦訳「婦人の自然性について」三二、『ヒポクラテス全集　第二巻』前掲書、四三三頁）。

(56) リンドウ科ゲンチアナ属の *Gentian lutea L.* の根は非常に苦味があり、消化促進や強壮の作用があると考えられてきた。

(57) *Stachys officinalis L.* 日本名は「カッコウチョロギ」。

(58) 小アジア・ポントス王国の王、ミトリダテス六世によって開発された解毒剤。後にローマ帝国に伝わり、万能薬「テリアカ」を開発する元となった。

(59) 死後剖検の記録だが、フェルネル自身の行った剖検かは判断しがたい。

(60) モレンスらが二〇一〇年に発表した論文によると、一五一〇年にヨーロッパの広い範囲で流行した疾患は、現在、インフルエンザとして同定されている疾患であり、このフェルネルの記述はその目撃証言の一つである。当時は、この疾患は地域により多様な名称を付けられており、インフルエンザが特定の疾患として概念化されはじめるのは一六世紀末のこととされている。D. M. Morens, M. North & J. K. Taubenberger, "Eyewitness accounts of the 1510 influenza pandemic in Europe," *Lancet*, 376 (9756), 2010 December 4, pp. 1894–1895.

医 学

8

ジローラモ・フラカストロ

伝染・伝染病およびその治療について
(第一巻)

田中祐理子訳

解題

ジローラモ・フラカストロ（Girolamo Fracastoro, 一四七八〜一五五三年）は、ヴェネツィアの支配下に栄えたヴェローナで生まれた。名家の息子にふさわしく、彼はパドヴァ大臨床医学正講義教授ジローラモ・デラ・トーレの家に寄宿しながら、恵まれた環境で最先端の医学を学んだ。

医学に留まらず、フラカストロと同時代の文化史・政治史との交わりは華々しい。パドヴァでは同じ時期に、コペルニクスとエラスムスも学んでいた。この三人が教えを受けたと想像される教師の一人に、ピエトロ・ポンポナッツィがいる。すなわち、彼は「パドヴァ・アヴェロイズム」の果実としての医学を修めつつ、哲学史における人文主義・経験主義の胎動にも、近く触れていたものと想像できる。一五〇八年のカンブレー同盟によるヴェネツィア侵攻が、そのパドヴァの生活を断つ。このため彼はポルデノーネのアカデミーに身を寄せ、ここでピエトロ・ベンボやアンドレーア・ナヴァジェーロと親交を結んだ。特にベンボとは晩年まで緊密な対話を続け、フラカストロの文人としての名声に、ベンボの寄与したところは大きいだろう。さらに、フラカストロはベンボのように直接の宗教的＝政治的権力を得ることはなかったが、ファルネーゼ家と近い関係を保ち、教皇パウルス三世がトレント公会議を召集した際は医学顧問の一人に指名されている。

名医師として終生安定した地位を保ったフラカストロは、後半生は多くの時間をガルダ湖畔のインカッフィに籠って創作に没頭し、一五五三年、脳溢血のため死去した。その著作の主題は多岐にわたる。デラ・トーレの早逝した二男・ジャンバティスタの研究を継いで書いた天文学書『ホモセントリカ』*Homocentrica*（一五三八年）――これを読んだジョルダーノ・ブルーノは、後年『無限、宇宙および諸世界について』の対話者の一人をフラカストリオ（Fracastorio）と名づけた――、ジャンバティスタを語り手として知性を論じた「トゥリウス、または知性について」Turrius sive De Intellectione、ナヴァジェーロを語り手にした詩論「ナウゲリウス、または詩について」Naugerius sive De Poetica、その他の学術的論文や詩篇など、十一の作品を収めた『全作品集』*Opera omnia* が、一五五五年に刊行されている。

しかしその後、彼の著作は数奇とも言える運命を辿った。生前の多彩な活躍とは対照的に、やがて彼の詩や哲学的著作の多くは読まれないものとなった。E・カッシーラーは、『認識問題』で「トゥリウス」に言及し、「哲学史においては完全に忘れ去られているようだ」と評している（須田・宮武・村岡訳『認識問題 一』みすず書房、二〇一〇年、二〇二頁）。辛うじて歴史にフラカストロの名前を留めたのは、詩篇『シフィリス、またはフランス病』*Syphilis sive morbus galicus*（一五三〇年）である。この長大な詩は、十五世紀末から戦乱のヨーロッパにさらなる恐怖を与えた伝染病・梅毒を主題とし、ヴェローナで刊行された直後からローマ、パリでも版を重ねた。病の出現、蔓延の様子、病態を鮮やかに描き、また第三巻では神話時代の牧夫シフィリスを主人公に、病気の発生から、スペイン人たちが中米より持ち帰った新治療薬グァヤック樹脂の用法までを、太陽神の怒りと赦しの物語の中に記している。この作品は、梅毒を化学製剤で治療する方法が開発される二十世紀初頭まで、梅毒についての基本文献の価値を持ち続けた。そして syphilis という語は、国家間対立を背負わない穏当な病名として定着したのである。

この『シフィリス』を、一九〇四年に「アメリカ医学教育の父」と呼ばれるウィリアム・オスラーが「再発見」する。時代は折しも細菌学研究が興隆し、まさに翌〇五年には梅毒の病原体が特定されようとしていた頃であった。ここからフラカストロへの医学史的関心が急速に高まることとなる。そうして、『シフィリス』のさらに背後に隠れていた包括的な医学理論の書として「発掘」されたのが、ここに第一巻を訳出する『伝染・伝染病およびその治療について』*De contagione et contagiosis morbis et eorum curatione*（一五四六年）である。

本論でフラカストロは、正統的ガレノス医学では説明が困難な、体質にも風土にも帰すことのできない伝染病の病理学を、「伝染」contagio ——詳細に訳すなら「接触伝染」、または「悪影響」といった意味も含まれる——という一個の特殊な現象として論じている。注目すべきは、particulae minimae et insensibiles すなわち「感覚できない極小の粒子」の介在を措定することによって、この現象から occulus proprietas「隠れた特質」という論理を排除しようとする、彼独自の態度であろう。その「感覚できない粒子」が、二十世紀の医学史研究者たちには細菌という特定の実体を予言したものと映ったわけだが、この解釈については、今日では再検討が必要である。

本訳では *De contagione et contagiosis morbis et eorum curatione, libri III*, translation and notes by W. Cave Wright, New York–London, 1930 を底本とした。この版は、『伝染について』を読むためには今日最も信頼できるが、同時に右に記した経緯を色濃く反映したものであることを特記しておかねばならない。本来の『伝染について』は自然哲学的論考「事物の共感と反感について」De sympathia et antipathia rerum と合わせて一冊の書物をなしていたのだが、『伝染について』が医学史的注目を集めるのと逆に、総論である「共感と反感について」の方は無視されることとなった。そのため、編訳者ライトは「共感と反感について」を「irrelevant な序論」（p. iii）として、省略してしまったのである。

これに対しては、コンチェッタ・ペンヌートの研究 C. Pennuto, *Simpatia, fantasia e contagio. Il pensiero medico e il pensiero filosofico di Girolamo Fracastoro*, Roma, 2008 を筆頭に、あらためてフラカストロの自然哲学を同時代の哲学史的文脈に置き直して読む動きを参照されたい。さらに、*La Syphilis ou le mal français, Syphilis sive morbus gallicus*, texte établi, traduit, présenté et annoté sous la direction de J. Vons, avec C. Pennuto, D. Gourevitch, et Dr. J. Chevallier, Paris, 2011 にもフラカストロ再読解の成果が集約されている。邦語文献としては、拙著『科学と表象——「病原菌」の歴史』名古屋大学出版会、二〇一三年、第一章でフラカストロの

経歴と二十世紀における受容を論じている。

なお、本訳は底本におけるライトの英訳と注に多くを負うものである。同時に一五五五年の *Opera omnia* 版と一五五四年のリヨン版も参照し、改行については原則として前者に即した（ただし長文の第十二章のみ、文脈の転換に応じて改行を追加した）。

第一巻　伝染について

第一章　伝染とはいかなるものか

それでは、ここからは伝染へと話を進めよう。そのためにこそ、共感と反感について、あのように多くのことが問われたのである。[1]まずは、より普遍的な原因であり、そして他の原因を生むものであると考えられるものから、論じていくことにしよう。その言葉自体も示す通りに、要するに伝染とは、一つのものから他のものへと移る汚染であると言ってよい。というのも、別々に離れた二つのものか、あるいは同じ一つのものの結合した二つの部分であるかにせよ、伝染とは必ず、二者の間で起こるからである。ただし、実際には伝染という言葉は、別々のものの間で起こるものに対してのみ、必然的、かつ正当に用いられるのであり、この言葉が同じものの二つの部分の間で起こるものについて使われるのは正しくない。むしろそれは、伝染の一種というものである。またさらに、伝染をもたらすものと、伝染を受けとるものの両者においては、全く一致する同じ汚染が観察される。何らかの同じ損傷に両者ともが冒されて初めて、我々は伝染が起こったのだと言うのである。それゆえに、人が毒を飲んで死んだ場合には、我々は彼らが毒に汚染されたとは言うかもしれないが、伝染を受けたとは決して言わない。また、乳汁や肉などのように、空気にさらされて自然に腐ったものについて、空気それ自体も全く同じように腐敗するのでない限りは、我々は決して、それらのものが伝染を被ったのだと言うことはない。この点については、以下さらに詳細に探究してみることとしよう。さて、あらゆる活動も受動も、本質的な事物、あるいは非本質的な事物において起こることが観察される。しかるに、誰かが何ものかによって熱されたり害された場合、転喩法によるのでない限りは、我々は彼が伝染を受けたのだと述べたりはしない。なぜなら、全く同じである伝染とは、本質によって生じる感染と言うべきものだからである。それでは、燃えている隣家から火が移って一軒の家が燃える場合、私たちはそれを伝染と呼ぶか。むろん、このような場合、私たちは伝染とは言わない。そして一般的にも、初めからその全体が損なわれるような場合には、伝染という言葉が使われることはない。そうではなく、この「汚染」という言葉が示す通りに、[2]汚染が、最も小さい感覚できないような部分の粒子[3]において生じ、かつそこから開始されている場合にこそ、伝染という言葉が使われるのである。すなわち、私たちは全体ではなく、いわば、感覚できないような部分において損なわれたものをこそ、「汚染された」[4]と言うのであるから。なお、私は結合した構造のことを「全体」と呼び、真に最小の、感覚することのできないもののことを「粒子」と呼んでいる。そして、この粒子によって、結合した構造、すなわち混合体が組成されている。要するに、焼尽とは全体において起こるものであるが、他方で、たとえ結果として全体が損なわれ、そのために混合体が伝染を被っているかのように見えるとしても、伝染とは、結合した構造をなしている粒子において起こるのである。

ところで、混合体とは、二つの方法によって損なわれ、破壊されるものである。つまり、一方には、混合体がその形式を保持することを不可能にするような、反対物の出現によるものがあり、そして他方では、腐敗に関わるときのように、混合体の分解によるものがある。ならば最小の部分の粒子における汚染によって起こる伝染とは、このどちらの方法によるものであるのかということが問われるだろう。またさらに、では、ここで問題となっている汚染とは、どのようなものなのか。果たしてそこでは粒子が腐敗しているのか、それとも単に変質しているのか。つまり結局のところ、何が粒子に起こっているのか。そこから、あらゆる伝染は一種の腐敗であるのか否か、との疑問が抱かれることもあるだろう。まずは伝染における区別がなされて、それから、その原因についての探究がなされたなら、すべては必ずや明らかになるだろう。ひとまずは、伝染についての、いささか粗い説明を許されるならば、次のように言うことができる。すなわち伝染とは、本質によって混合体に生じ、感覚することの不可能な部分の粒子において最初に起こる汚染によって、一つのものから他のものへと移動する、全く同じ腐敗のことである。

第二章　基本的な伝染の区別について

さて、伝染全体の基本的な分類として、三つのものが存在すると考えられる。すなわち、ある場面には、それは接触のみによって発生する。別の場面では、それに加えて、伝染の火口となるものを残すものがあるが、この火口となるものを介して、疥癬、肺病、脱毛症、象皮病といったような種類のものが伝染する。火口という語で私が指しているのは、衣服や木製品といった類のもので、それ自体は腐敗しないにもかかわらず、そこに伝染の起因となる種（たね）[5]が準備されて、それによって伝染が生じてしまうようなもののことである。さらに、接触のみによるのでもなく、火口のみによるのでもなく、しかし距離を隔てて伝染が移動してしまう、例えば流行熱や肺病、ある種の眼病、そして痘瘡の名で呼ばれる発疹やそれに類似したものなどがある。これらの上記の病気は、ある法則に従っているように考えられる。それというのは、距離を隔てて伝染を起こすものは、火口によっても接触によっても生じることが多々あり、他方で、火口によって伝染するものもまた、接触によって生じることがあるのであって、つまりすべての伝染が距離を隔てて生じるわけではないが、しかしすべての伝染は、接触によって生じるのである。そうだとすれば、接触のみによる伝染こそが最も単純な伝染であり、したがって、まず最初に生じるものである。よって私は、この伝染がどのように、そしていかなる原因によって起こっているのかを問い、そのうえで、他のものについても問うことにしよう。そうすることによって我々は、すべての伝染に共通する何らかの原因が存在するのか、あるいはそれぞれに異なる原因というものがあるのかを確かめ、そして各々において何が固有であるのかを考察することができるだろう。

第三章　接触のみによって起こる伝染について

接触のみによって起こる伝染の最も顕著なものとは、例えば葡萄から葡萄へ、林檎から林檎へのように、果物の間に関わるものであると考えられる。したがって問われるべきは、このような汚染の起源とは何か、ということである。それが接触によって起こるものであり、また、そのうちのいずれか一方が最初に傷むのだということは明白であるが、何が原因なのかは明らかではない。伝染とは、二つのものにおいて全く同じである汚染のことを意味するのだから、すべての汚染を他にもたらした起点である第一の果実に腐敗が生じていたのならば、第二の果実にもこれと全く同じ腐敗が起こったのだと考えることができる。ところで腐敗とは、体内からの蒸発によって発散される熱と湿度のために混合体に起こる、一種の分解である。そして、この蒸発の原因となるものとは、常に外界からの熱であり、その熱とは外気に含まれるものでも、あるいは周囲の湿気に含まれるものでもありうる。そうだとすれば、二つの果実のいずれにおいても、その伝染の原因となったものとは腐敗の原因と同じもの、つまり外界からの熱なのではないだろうか。第一の果実に対しては、この熱は空気によってか、あるいは他のものによってもたらされたものであり、我々はまだ伝染という言葉を使わない。しかし第二の果実に対しては、その熱が感覚できない部分の粒子によって受け渡されたのであり、そこでは両者において同じ汚染が生じているのだから、いまや伝染が起こっているのである。第一の果実から蒸発により発散される熱は、空気がこの第一の果実に与えたところをもたらす力を持つのであり、同じ腐敗をもたらす力を持つ。しかも、それはさらに類比の関係によって、なおいっそう大きな力を持つのである。

さて、第一の果実から蒸発する粒子は、単独であれ、他と混ざってであれ、あるものは熱く乾いており、またあるものは熱く湿っている。熱く乾いている粒子はむしろ燃焼させることに適しており、腐敗させることにはあまり適していないが、他方で、熱く湿っているものは腐敗させることに適しており、燃やすことには適していない。なぜなら、湿気が触れる果実の要素たちを湿らせ、その結合を弛める一方で、熱がそれらを上に押し上げて、分離しやすい状態にするからである。こうして、体内の熱と湿気が蒸発すれば、結果として混合体の分解が起こり、そして腐敗が生じるのである。そこから、我々は以下のように推察することができる。第一の果実から蒸発した熱く湿っている粒子、単独か、あるいは他と混ざり合った湿気こそが、第二の果実に起こる腐敗の原因であり、その種（たね）である。なお、他と混ざり合った湿気と私が述べるのは、腐ったものに発生する蒸発の現象においては、極めて多くの場合、最小の粒子が混じり合い、そうしてさらに何らかの産生の原因となったり、新たな腐敗の原因となったりすることが起こるからである。この熱と湿気の混合こそが、腐敗と伝染を運ぶのに最も適したものである。したがって、果物の間で伝染が起こるのはこれらの粒子のためなのであり、さらに言えば、接触し、腐敗している他のあらゆるものについても、それらが互いに類比の関係にあるならば、これは同様の原因によって起こっていると推察するのが理に適っている。しかるに、この原因とは上述の粒子であり、それらは蒸発に際しては熱く鋭いものであり、しかし他と混じると湿ったものになる。以下において、それらの粒子は「伝染の種(たね)(6)」と呼ばれる。

第四章　火口によって起こる伝染について

しかし、では火口を介してもたらされる伝染もまた、果たして上に述べて来たのと同じ形、同様の原因によって生じるものなのか、という疑問が抱かれる。それというのも、火口の内に存在している伝染の原因となるものは、異なる性質を持つように見えるからである。すなわち、最初に汚染された体から分離して火口に入り込むと、それは極めて長期にわたって、腐敗しないままそこに留まることができるのである。肺病や疫病に罹った人に触れられた寝台、衣服、木製品の類は、実に驚嘆すべき事実を提供してくれる。私たちはそこに、病毒(7)が二年、三年にわたって封じ込まれたままであるのを、確かに見たことがある。だが他方で、腐ったものから蒸発する粒子は、そのように長く持続することが可能であるようには全く見えないのである。そうであるとしても、しかしそこから、ならば火口のうちにある伝染の原因となるものは、接触のみで起こる伝染の原因となるものと同じではないのだ、とは決して考えるべきではない。それというのは、最初に汚染された体から蒸発した粒子が、そうして火口のうちに保存された後、その第一の体から蒸発したときに為すのと同じことを、なお起こすことができるからだ。火口の中でそれほど長く力を保持し続けることができるのだという事実に納得し、そしてそれを不思議に思わぬようになりたければ、これと全く同じような事例を用いてみるべきである。我々は次のように考えることはできないだろうか。木製品や衣服の類に、長い時間にわたっておかしな臭いが続いている――この臭いは、何らの実体を介さない、それらの事物の質に起因するものなのではなく、むしろあまりにも小さいがゆえに、私たちの視界を逃れるような微細な物質によるものなのだ、と。あるいは、煤や煙が壁を覆う場合についてはどうだろうか。これらのものもまた、極小の粒子の混合物によって、長い時間にわたって消えずに残る染みを生むのではないか。この種のことは、確かに数限りなく存在する。そして、もしも誰かがこれらすべての説明を求めたなら、私は、それは大きく二つのことによるものだと述べる。すなわち、一つは物質の微細さのためであり、他方は、混合体の堅固さと強靭さのためである。その微細さによって、これらの物質は深奥まで入り込み、そうして当該の事物の表面を覆う細かな穴に集積されることで、空気や、外界からの影響にさらされずに済む。また、混合体の強固さによって、それらの物質は様々の衝撃に耐えることができる。さて、混合体とは二重に強固であり、頑丈なものである。まず混合体は、鉄や岩の類のような硬さを備えており、その感覚できない最小の部分は、何年にもわたり生き続ける。また、そこには何らかの粘着性があり、極めて精巧に結合が構成されている。それゆえに、たとえ伝染の原因となる種が硬いものでないときでも、それは粘着性が高く、精巧なものでありうるのである。精巧な混合体と言うことによって、私が意味しているのは、極めて小さな部分が、互いによく混じり合っているものである（このようなものについては、我々は「共感について」において論じた）。このような混合体は、閉じられた中での蒸散によってもたらされる。すなわち、蒸発したものが分散してしまうことなく、よく混ぜ合わされ、最も微細なところまで結合する。そこに粘着性が加えられれば、混合体は強固となり、火口の中で保存されるのに適したものとなるのである。そのしるしとして、火口によってもたらされるものは、おしなべて粘着性があり、べとついているのが認められる。そして、ひとえにそうであるからこそ、それらは火口を獲得することができるのである。粘着性を持たないか、あるいはそれ自体の素材として乾いているもの、水分に富んでいるもの、もしくは変質しやすいものなどが腐ったとき、それらは接触したものに伝染することはありうるけれども、火口を残すことはできない。粘着性がなく接着することができないか、あるいはすぐに変質してしまうためである。したがって、傷んでしまった果物は接触によって影響を及ぼすけれども、火口によって移ることはない。それは果物が多くの水分を含んでおり、そこから蒸発するものが粘着性を持たないからである。他方で、粘着性の高いものは接着し合い、触れるものに棲みつく。そして強固な混合体を作りあげるので、容易には変質しない。それらの蒸散物と接触したものとが類比の関係にある場合は、すぐさま伝染がもたらされる。反対に、それらが類比の関係になく、接触したものが伝染を受け取るには適合していないものの、しかしその原因となる種を保存することには適している場合には、火口が生まれることになる。そのうえで、この火口が最初に汚染されたものと類比の関係にある何かに到達すると、最初のものと全く相違しない形で、それは汚染を起こすのである。直接に接触するか、媒体を介するかは、一切関係ない。ところで、すべてのものが火口になるのに適しているわけではなく、多孔性のもの、それから高温もしくは微温性のもののみがこれに適している。そのようなものにおいては、その細かな穴によって伝染の種が貯めこまれて、そのためにこれらの種は、火口自体によっても外界からの影響によっても、それらが極端に激しいものでない限りは、変質させられることがないのである。よって、それらの種は火に対しては防御されない。このようなわけで、鉄や石のように、冷たく多孔性でないものは火口になるのに適しておらず、反対に羊毛や布きれ、様々の木材の類は、非常に適している。ここまで述べてきたことの結論として、つまり火口によって起こる伝染とは、接触のみによって起こるものと、共通の原因、そして共通の汚染の方法を持つのだということが明らかになったと言うことができるだろう。ただし、両者は混合体としての性格が異なるのであり、前者は強固で粘着性が高いが、後者は弱く粘着性が低い。それゆえに、一方では火口が残されるが、他方では残されないのである。

第五章　距離を隔てた伝染について

さて、なおいっそう驚異的であり、かつ説明が覚束ないものが、接触のみによるのでも、火口のみによるのでもなく、距離を隔てて起こる伝染である。その病気に罹患している者を見てしまうと、すべての者がこの病気に汚染されることとなるような眼病の種類が存在する。また、流行熱や肺病、その他の様々の病気が、たとえ接触することがなくとも、共に生活している者を同様に冒すことはよく知られている。ならば、それはいかなる性質によるものなのか、どのようにそれが伝えられているのかというと、大きな謎ばかりである。ゆえに、これについては、最大限に入念に探究されねばならない。なぜなら、我々が論じようとしている対象の大部分が、これにあたるからだ。この伝染は、他のものとは異なる性質を持ち、そして異なる原因によって生じているように見える。まず第一に、熱さも寒さも感じることはないのに、十時間か二十時間のうちに命を失わせるような致命的な熱病というものがある。さらに、眼病を患っている者が他人を眼病にするとすれば、やはりそれは異なる性質においてもたらされているように考えられる。それというのも、視覚とは熱さや寒さによってではなく、事物の形象[8]および像と呼ばれるものによって生じるものだからである。また、突然の、そしてほとんど瞬間的なこれらの伝染の侵入も、まさしく証拠となるものであろう。なぜなら、眼差しの（いわゆる）一撃を受けるやいなや、伝染はその生体の全体に侵入し滅ぼすのである。しかるに、これまでに知られているいかなる質も、その反対物を持っている以上、このように素早く作用することはできない。しかも、もし既知の質がこの伝染を起こしているのであれば、それは必ず弱く、抵抗力の少ないものに伝えられるはずである。だが明らかに、このようなことは観察されておらず、より弱いものが伝染を全く被っていないか、もしくは比較的その被害を受けていないことが、しばしば見受けられるのである。例えば、眼は柔らかく繊細であるのに、肺病はこれを選ばずに、肺の方を襲う。それから最後に、この伝染はいたるところから、あらゆる部分に向かって生じる。これは、円環状に起こる形而上的なもの[9]の運動と似ているように思われる。それは既知の質からなる物体が、ただ一つの運動、すなわち上方向か下方向かへの運動だけしか持たないということと反している。このことから、この種の伝染は、何か別の衝動、別の力能を持つものであるように考えられる。この種の伝染は、おそらくむしろ毒物やカトブレパスという動物[10]にたとえるべきものであって、他の種類の伝染の様態や特徴をなぞるものではないのである。

第六章　距離を隔てて起こる伝染の原因が、隠れた特質に求められるべきではない理由

ここで「隠れた特質」[11]を持ち出すような人々であれば、これらの難題から苦もなく解放されることができる。そのようにして、

彼らはほとんど何も説明することなく、この種の伝染が備える性質のすべてを、この隠れた特質に帰すからである。そうやって、他のあらゆる様々な場面でも、彼らはわずらわされることもなく、常に平静でいるのだから。ならば、このような特質について、少し手短に吟味しておく方がよいだろう。そうするとともに、この伝染の原因であるかもしれないものが、明らかにされることもあるだろう。ところで私たちは、自然のすべては十の範疇において存在するものであるが、しかし能動的な要素とは、ただ実体と質のみであるという事実に従わねばならない。それというのは、量も、いかなる程度も、いかなる場所においても、（要言するなら）他のいかなるものも、ただ非本質的な偶有性においてしか生産的ではありえないことは、周知のところだからである。またさらに、実体それ自体は、位置的な運動、つまり上方、下方、拡散、凝縮、そして円運動の他には、いかなる動きも起こすことはない。すなわち、これらの動きは事物の形式によって起こるものなのであって、その一方、これらのもの以外の動きとは、質によって生まれるものである。さて、質とは、物質的と呼ばれるもの、つまり熱い、冷たい、湿っている、乾いている、光、匂い、味、音といったものであるか、あるいは、形而上的と呼ばれるものである。この形而上的なものとは、すなわち物質的質の形象であり、像であるのだが、物質的質と同じ名前で呼ばれるものもあれば、異なるものもある。例えば、「明るさ」（lumen）とは「光」（lux）の形而上的質であるが、他方で、味、匂い、音は、その形象の呼び名を持っていない。「光」における「明るさ」のように、私たちが「味的な姿」（saporimen）、「匂い的な姿」（odorimen）、「音的な姿」（sonimen）を表現することを望まない限りは、それらは形象の呼び名を持たないのである。同じように、熱さや冷たさといったものも形象の呼び名を持たないが、しかしそれらは、感覚にも知性にも確かに基礎づけられている。一次質の名で呼ばれるものはあらゆるものを産出し、また変えるものであるのだから、したがって、物質的質が大きな影響力を持っていることは明らかである。これとは異なり、二次質と呼ばれるもの、つまり光、匂い、味、そして音は、対立するものではないため、それらの間で影響し合うことはないものの、それにもかかわらず感覚を揺り動かす。ただしそれは、ひとえに形而上的と呼ばれる質の媒介によってのことである。これらの形而上的質の活動が大きなものであり、これが自然本性に存在する力であることは、（「事物の共感と反感について」として、我々が述べた通りに）明らかである。なぜなら、これらの形而上的質は感覚をも知性をも揺り動かし、そして、生物の身体において運動の原因となるからである。それに次いで、これら形而上的質は局部的な運動、つまり引力と斥力を起こすのであり、さらに、その多くが一次質を産出するのだと考えられる。すなわち、ちょうど「明るさ」が熱を生み出すようにである。このようであるのだとすれば、隠れた特質を持ち出す人々に、我々は問うてみたいと思う。あらゆる活動は実体から生じるか、物質的もしくは形而上的質から生じるのであるとすれば、いったいいかなる原因によって、伝染を生み出すものと見えるあの活動が生じているのかを述べてみてほしい。もしそれが実体から、または形式から生じるのだと申し立てるのだとすれば、なぜこれを隠れた特質と呼ばねばならないのか。それでも、彼らにそれを好きなように呼ばせたとして、この形式はただ上下、および拡散と凝縮という局部的な運動しか生じさせることはできないのである。それは伝染を生むことはない。伝染とは、それ自体としては局部的運動ではなく、むしろ何らかの腐敗であり、何らかの生成だからである。他方で、もし彼らが伝染とは何らかの質によって生じるのだと述べるとして、この質が物質的なものであるとすれば、彼らは何か未知の種類の質を作り出すのでない限りは、いかなる未知の質にも伝染の原因を求めることはできない。その未知の質とは熱でもなく、湿気でもなく、乾きでもない。そのようなものを作り出すことは、間違いなく不可能である。そして、もし彼らが伝染とは何らかの形而上的な質が原因だと見なすのであれば、どうして彼らはそれでもまず使い古された言葉を用いて、しかも、何らかの形而上的なものが伝染を生み出しているのだなどと述べるのか。しかしながら、もちろん彼らには、形而上的質を原因として導くことはできないのである。それというのも、大前提として形而上的質とは、知性においてもたらされたものでない限り、それらを流出させているものが現前している間だけ、変わらずに存続することができるものだからだ。しかるに、距離を隔てて伝染を起こすものは、最初に汚染されたものが不在であっても、火口においても空気中においても、さらに言うなら海さえをも越えて、場所から場所へと運ばれている。このことは、それが最初に生じた場所からはるか長い距離を運ばれ、またその距離に耐えることのできる物体だというしるしである。しかし、そのように場所から場所へと運ばれる物体であると言いつつ、にもかかわらず、それらは形而上的質のために影響するのであると彼らが述べるとしたら、彼らは必然的でないものに依拠し、適していないものに原因を求めていることになる。伝染というものが正しく定義されているとすれば、すなわち第二のものにおいて起こることとは、第一のもので起こったことと同種であり、この両者の原因は同一のものであるに相違なく、それは第四と第五のものにおいても、またさらに伝染を受け取る他のものにおいても、同一のはずである。だが、いかなる形而上的質によっても、このようなことは不可能である。たとえ、確かに何らかの偶有性によって、形而上的質が反対物を遠ざけ、そうして疲弊を与えて、混合体を分解させてしまうようなことはありうるとしてもである。例えば、悪臭にはそのようなことが可能であるし、カトブレパスなる動物を一目見てしまうことにも（「共感について」で述べたように）これは可能である。しかしながら、形而上的な質には、第一のものに生じたものを第二のものにもたらすということはできない。なぜならあらゆる産生とは、一次質によって生じるものだからである。さて、このような伝染においては、ただ腐敗が生じるだけではなく、第一の伝染の種（たね）から他の種（たね）が生まれ、その性質と混合において全く一致するものが繁殖するということがなくてはならない。それはちょうど生き物において、精気が血の中に自ら自身と全く一致するもの、そしていかなる形而上的質もそれ自体は産出できないものを生み出すのと同じことである。このような理由から、距離を隔てて起こる伝染においては、全く同じ共通の原因と、既知の質によるものである同じ汚染の方法が存在するのであって、アリストテレスとガレノスも間違いなくそのように考えていたものと思われる。しかるに、このような伝染における伝染の種は、接触のみによって伝染をもたらすものとも、火口のみによって伝染をもたらすものとも、異なるものである。しかし、私たちはまず初めにどうやってそれらが距離を隔てて運ばれることができるのかということを論じ、またいかにそれらが円形に運動していると考えられるかということ、そしてどのような割合によって力が配分されており、かくもすぐに浸透しているのかということ、それらにおける類比の力とはいかなるものであるのかということを論じて、そして最終的には、他の伝染の種との違いを明確にしたいと思う。

第七章　いかにして伝染の種は距離を隔てて、また円環状に運ばれるものであるか

では、まず初めに、このような伝染の種にはいかなる運動が起こっているのかを問うことにしたい。というのも、それらが遠く距離を隔てたところにいるものにまで運ばれるのは明らかであり、これこそ極めて多くの人が驚くところなのだから。さてひとまずは、これと同じようなものであり、かつ、より驚きの小さいものに目を向けてみよう。玉葱やニンニクによって、遠方からでさえ、私たちの涙が引き出されるなどと、誰が思うだろうか。または、胡椒やイリスの根[12]、プタルミカ[13]がくしゃみの発作を誘うと、あるいはサフラン、ソラナム[14]、マチンが眠りをもたらすと、そして金属でできたものが人に卒中を引き起こすと、誰が思うだろうか。これは当然、それらすべてのものから流出し、いたるところに運ばれている、感覚できない粒子のためなのであって、それらの粒子の活動と能力は多彩である。このことは、くずれて腐敗したものにおいて、顕著に認められる。ところで、全方向的なこれらの微粒子の運動の原因とは、一部はそれ自体によるものであり、一部は何か他のものから与えられるものである。さて、あらゆる蒸発は、煙やその他の多くのもので目撃されるように、上方へと運ばれる。これは、よく知られている通り、蒸発とはすべて熱をもったものだからである。だが他のものから起こった運動は側方に向けられ、その後は下方へと向かうだろう。これは、二つの理由によって起こることである。一方では、それは空気や、あるいは最初に蒸発した成分が落ちた先の、床やその類のものの抵抗による。すなわち、それらの最初に蒸発した成分がその先にまで運ばれることが不可能だと、それらは後に続く成分によって側方へと押され、そうして、これらの他のものから与えられる運動の原因となる要素は、あらゆるところに届いて充満するのである。もう一方の理由とは、空気それ自体である。つまり、空気自体がそれ以上に分割できない最小の部分にまで分かれ、全方向へ蒸発し、極めて希薄になり、これ以上なく溶解することになる。というのも、いかなる元素も液体も、可能な限り、その快適な状態を追い求めるのが本性であるが、最も適した状態とは、それらの成分が互いに繋がった状態か、あるいは繋がれないとしても、できる限り距離のない状態だからである。共感についての論で我々が述べた通り、そうすることによって、それらの元素や液体は最も危険にさらされずに済むこととなる。このために空気は、それ以上には分けられない部分に達するまで、さらに細かく分割

して蒸発し続けるのである。こうして、このような数え切れない分割がなされると、ちょうど煙において最も顕著に観察されるごとく、空気の大部分がいたるところにまでこれらの最小の成分によって満たされ、これと混じり合うことになる。さて、これらこそが、伝染において生じる蒸発もまた円を描く形で運ばれ、そして空気の大部分を満たすこととなる理由なのである。すなわち、あらゆる蒸気は発散され、そしてより多くの場合、まず第一には上方へ運ばれ、けれどもそれから側方へ、やがて下方へと流れるにいたる。このようにして、共に生活する者たちは、あの伝染の種によって汚染されるのであり、またこれらの伝染の種は、ただ火口によってだけではなく空気によっても、一定の期間にわたって保存されるのである。しかも空気においては、火口よりもさらに長く保存されることとなる。しかしながら、いったいどのようにして、これほどに小さな存在が、空気中にさらされながら、なお変質せずにいるのだろうか。その疑問がまず抱かれる。このように小さな粒子が、空気中であれほど長く存続できるとは、しかもそれらが硬さを備えていないとすれば、それらの粒子における混合の、いったい何がそれほどに強固なのだろうか。間違いなく、粘着性が高く、接着力の強いものこそが、どんなに小さくとも、硬いものと全く同じようにとまではいかなくとも、ほとんど同じくらいに長く生き続けることができる。硬い粒子は、三つのことの結果として、変質に対して最も抵抗力がある。すなわち、それは小さい中に、より多くの質料を備えている。また、それらは土の質によって、よりいっそうの冷たさを備えている。そして、緊密さの結果として、その成分が容易には薄められず、まばらにされてしまうことがない。つまり、熱が入りこんだときに起こるはずのことが生じにくいのである。粘着性の高い粒子は、はじめの二つを硬い粒子ほどには備えていないが、それでもいくばくかは、これらの特質を持っている。他方で、第三のものについては、硬い粒子に劣らず備えており、それらはきつく固着する成分のために、薄められにくい。そしてまた、それらの混合体は、本当に最も微小なもので構成される。すなわち、接着性が諸成分を互いに分離しにくいものにする一方で、優れて一体化した、微小な要素による混合体は、あらゆる外部からの変質に抵抗する力を持つのである。希薄化が避けられなさそうなときには、すぐに必ず土の成分が用意されて、微小の要素のあるところどこでも、その周辺での希薄化を阻む。反対に凝集が起こりそうになれば、接近の結果として火の成分が用意されて、同じように凝集が防がれるのである。このようなわけで、硬い粒子だけではなく粘着性の高い粒子も、中庸の程度のものであれば、多くの変質に対して自らを防御する。ただし、これらのものは、より強い変質に対しては耐えられない。なぜなら、あらゆる伝染の種は火によって滅ぼされ、また、極めて冷たい水によっても破壊されるからである。

誰か注意深い人が、しかしそれらの伝染の種は様々な要素の混合体であるのに、どうして内部において変質することがないのかと尋ねることがあれば、その問いは、ただ伝染の種だけではなく、胡椒や石灰、ユーフォルビア[15]や黄鉄鉱[16]や金属といった、他の多くのものにも当てはまる。これらのものも、様々な要素の混合体でありながら、やはり内部からのいかなる変質も影響もなく、長年にわたって不変のまま存続するからである。例えば、石が千年も二千年もそのままであり続けるのは、驚くばかりである。すべてにおいて原因となっていることとは、その混合体が、いかに多彩な要素からできているものであれ、最小の粒子にまで、よくまとめあげられているということである。そして、これらの粒子の小ささのおかげで、活動を避けられないほどの大きさにまで達するようなものが、そこには存在しない。そのために、この種類の混合体がその状態にあり、また、その火の成分が互いに分離し、散らばって、他のものに埋没している限りは、内部からのいかなる変質も起こらないのである。そのようなわけで、胡椒やユーフォルビアやその類のものは、触れたときに冷たく感じられる。そして、何らかの状況で混合体が分解し、変化して、そして同種の成分が一体となり、量的な大きさと活動のための力とを得たとき、それらのものは活性化し、直ちに作動することとなる。こうして、石灰や胡椒およびユーフォルビアは、以前はただ可能的に熱いものであったのが、いまや触れると熱く感じられるようになり、さらには、全く異なるふるまいで活動するようになる。これと同じ理由によって、伝染の種もまた、様々な要素からできていても、混じり合っている限りは、内部から変質することはないのである。それほどに小さなものに、どれだけの量の力が宿りうるのかということについては、稲妻が明らかにしてくれる。すなわち、稲妻とは、ただ蒸気以外のなにものでもないからである。ユーフォルビアや胡椒や、これに似た類のものの極小の粒子もまた、視覚ではとらえられないものであり、稲妻と同じことを明らかにしてくれる。これらのものすべてに自然が与えた力とは、かくも大きいものである。どれほどに小さなものであっても、密度の濃い物質に火が含まれていれば、それは大きな意味を持つことになる。伝染の種もまた、そのような質を持つものである。それらの種はみな、粘着性を備えつつ、それ自体が鋭く活力に富んでいる。生き物の体温がその混合体を蒸散させて、同種の成分が一体化すると、それらの種は活性化するのである。すると、これらの伝染の種は、体液と精気に対する非常な影響力を持つものとなり、さらには、それらが精気に対して類比の関係にある場合には、わずかの時間で死に至らすこともありうる。これについては、すぐにまた、より多くを論じることとしたい。そのような伝染の種は、同様に、炎症を起こしている眼から別の眼に向けても放出され、全く一致する汚染を感染させることもできる。この汚染は、視界の汚染ではなく、眼の汚染である。これらの伝染の種が入りこむ方法を考慮すれば、それらが生き物に侵入し、しかも極めて迅速であることは驚きではない。なぜなら、それらの伝染の種は小さな穴や、血管、気管から入り、より大きな箇所、そこからまた別の箇所へ、そして多くの場合において、心臓にまでも入りこむのである。侵入の一つの方法とは、繁殖によるものであり、つまり、いわば子孫[17]によるものである。というのも、最初の、類比の関係にある手近の体液に接着した伝染の種は、自らと全く一致する他のものを産出し、繁殖させるのであって、それらの種もまた、体液の総体、総量が汚染されるまで、他を生み出すからである。もう一つの侵入の方法とは、引力によるものであって、これは内側へ向かって、呼吸における吸気か、血管の膨張[18]によってなされる。吸い込まれる空気と一緒に、これと混じり合いながら、伝染の種が入りこむ。そうして運び込まれたものは、吐き出される息によっては、吸気によるときのように容易く、外部へと追い出されることはない。なぜなら、それらの伝染の種は、体液や組織、ときに精気にまで密着することとなるからであり、そしてこの精気が反対物の形象から逃れようとして、敵を自らとともに、心臓にまで運んでしまうのである。すなわち我々は、(そのように言い張る人たちのように) 敵たる毒や伝染が、とりわけ心臓を狙って襲っているなどと、まるでそれらが意識や意志を備えているかのように語るべきではない。さて、それ自体ではさほど鋭さを持たないか、あるいは強い粘着性に埋没しているもの、より濃密な体液と類比の関係にあるものや、血管によって引き込まれる伝染の種は、ゆっくりと侵入する。他方で、呼吸で運びこまれるもの、より希薄なものや、より鋭いもの、それから精気と類比の関係にあるものは、もっと素早く侵入するのである。ところで、おそらくは、さらにもう一つ別の、侵入の方法が存在する。すなわち、あらゆる蒸散物は、狭い空間からより大きな空間へと、実に容易に拡散するものである。だとすれば、血管が周縁部では小さく細いが、心臓に向かって近づくと大きくなるのであれば、結果として、伝染は細い血管から大きな血管へと、つまりより多くの熱が存在するところへと運ばれるのであって、何か妨げるものがない限りは、心臓にまで運ばれることになるのである。

要約しよう。距離を隔てて起こる伝染は、他の伝染と同じ共通の原因によって起こる。その原因となるものが、いかなる運動で運ばれるのか、そしていかにして侵入するのか、またなぜあれほどの力を備えているのかが、既に論じられた。では、それを他の伝染の原因と区別させる、特殊かつ固有の性質が、ここからは論じられる。要するにそれは、接触のみで起こる伝染の原因とは、強固で粘着性の高い混合体であるという点で異なると考えられる。接触のみで起こる伝染の原因は、そのようなものではない。他方で、それは火口と接触によってのみ起こる伝染とは、それがいっそう強力な混合とより精妙な希釈性とを備えていると考えられる点で、異なるものである。さらにおそらくは、この種類の伝染は、生き物に対して反感の関係にある。それは物質的な反感と呼ばれるものだけでなく、形而上的な反感・反発、つまり精気と、そして体液の混合を維持している熱とを、ともに追いやる力を持ち、そのために、腐敗を最大に感染させる力を持つようなものでもある。これについては、次の章で論じることとしたい。

第八章　伝染における類比関係について

伝染は、多種複雑な類比の関係を持っており、それは実に驚くべきものである。木や作物をだめにするが、いかなる動物も殺さない疫病というものがある。その反対に、動物を襲うが、木や作物には害を及ぼさないものもある。動物に関わるものの中でも、ある疫病は人間を悩ませ、あるものは牛を、あるものは馬を、またあるものは別のものを悩ませる。またさらに、同じ種の動物の中でも、幼く若いものに伝染するが、老いたものには伝染しないもの、あるいはその反対のものがある。雄を襲うものが、常に雌のことも襲うわけではない。ある疫病は無差別であるように感じられ、また別の疫病はそうではない。疫病に罹ったものたちの中にあっても、健康なままのものもいれば、そうでないものもいる。さらに身体の各部分の間にも、それら自体の類比の関係というものが存在する。眼病は眼以外の部位を害することはない。一方で肺病は、眼が繊細であってもこれには害を与えず、肺を損なう。脱毛症と頭皮炎[19]は、頭部だけを狙う。またさらに、体液においても、あるものは伝染し、あるものは伝染しない、あるいは、あらゆる体液が伝染することもある。また別の伝染は、とりわけ精気を破損する。すべてが驚くべきことであるが、これらは「共感について」で我々が全般的に論じた他の様々なことと、いかに似ていることだろうか。そう、「共感について」において我々は、考慮すべき要素の性質や、物質、あるいは結合という、一般的な原因について入念に問うた。その原因のために、すべてのものがすべてのものに対して作用するのではなくて、ある特定のものから別の特定のものに対してのみ作用するのであって、これを「類比の関係にある」と言うのである。しかしながら、特殊、固有な類比関係について、我々はここで論じるつもりはないし、それを問うのは賢明なことではないだろう。ここにおいては、たとえ固有かつ緊密な原因ではないとしても、我々が与えられている材料の許す限り、間接的な原因についてだけでも知り、そうして答えの近くへと進むべく力を尽くすこととしよう。

第九章　あらゆる伝染は何らかの腐敗なのか

さて、以下においては、果たしてあらゆる伝染とは何らかの腐敗であるのか、そしてあらゆる腐敗は伝染するものであるのか、我々は問うことにしたい。あらゆる腐敗は、単純に伝染するか、もしくは少なくとも近接している部分において、伝染するものであるように思われる。ただし、腐敗のすべてが、「腐敗している体以外の」他のものにまで伝染するわけではない。なぜならそのように作用するためには、先に我々が論じたように、多くのことが要求されるからである。他方で、あらゆる伝染とは、何らかの腐敗からなるものなのだろうかと、おそらくは疑問が抱かれることだろう。というのも、狂犬病は伝染するものであるように見えるが、しかし腐敗とは思われないからである。同じように、ワインが酸っぱくなってしまうとき、それは何らかの伝染を他のものから受けているように見えるが、それは腐敗を受けているのだとは思われない。なぜなら、腐敗しているときには悪臭がして、飲むことなどできないものであるけれども、「ワインが酸化してできる」ビネガーは美味であり、さらには劣化に耐えさえもするからである。しかし、確かにこれらの場合もまた、ある種の腐敗なのだと判断される。腐敗に関して、我々は以下のような真実を理解するべきなのである。すなわち、腐敗では、ただ混合体の分解が生じるか、あるいは湿度と内部の熱の蒸散が起こって、そのために新たな産生が続くことができなくなってしまうという場合がある。これが、単純な腐敗と呼ばれるものである。しかし、ときおり、蒸散それ自体のさなかで、同時に何らかの産生が起こることがある。それは何らかの生き物の産生であったり、または何か別のもの、すなわち、一つの特定の形相と、それ固有の割合と配列の混合とを持った、なにものかの産生である場合なのである。こうして、単純な腐敗が起こっているが、いかなる産生もない場合には、「共感について」で論じた理由[20]によって、悪臭と不快な味が生じる。他方で、何らかの別の産生がそこに入りこんで、ある特定の形相に応じて成分を配置し直すときには、多くの場合、そこにはいかなる悪臭も不快な味も生じないのである。したがって、ワインも単純に腐敗したときには劣化し、不味く、飲むことのできないものになってしまう。しかし、ときにそれは単純に腐敗するのではなく、同時に別のものの産生が起こり、そうしてビネガーが生じるのである。それはつまり甘味が蒸散し、空気にさらされて、大量の希薄した土の成分が、豊富な水の成分とともに残されることになるのだが、そこに生まれるのがビネガーと呼ばれる混合体だからである。それは固有の形式、成分の配列と配分、そして風味と香りを持つ。それには、まず何らかの腐敗が先だって起こるのだということは、牛乳や樹液の例が示している。というのも、それらが腐敗し始めるときには、必ず酸っぱくなるからだ。狂犬病においても同様に、何らかの他のものからの伝染が起こって、腐敗が生じているのだと理解することができる。しかし、生きた動物において腐敗が起こるときには、それは必ずしもはっきりと目に見える形ではないために、我々には気づかれない。それでも、このようなことが起こっているのは、真実であるものと考えられる。それというのも、犬たちもまた、狂犬病になるときには、常に何らかの熱に襲われるからである。したがって、これをすべての伝染に当てはめて要言するなら、あらゆる伝染とは、何らかの腐敗であると考えられる。これは、次のことを考えれば、なおいっそう納得される説明であろう。すなわち、腐敗において起こるものである蒸散ほどに、伝染を運ぶことに適していると見えるものはないからである。ところで、我々は伝染とは感覚できない粒子のうちに存在するものだと述べた。するとおそらくは、すぐに次のことが尋ねられるだろう。すなわち、果たしてそれらの粒子は完全に腐敗しているのか、ただ変質しているだけなのか、と。これに対して、我々はこう答えよう。腐敗を起こすためには、粒子それ自体が腐敗している必要はなく、ただ、その混合体が分解してしまうような、そのために熱が内部の湿度とともに蒸散してしまうような変質があるだけで十分である。これは、それらの粒子もまた腐敗することがあってはならないということではなく、腐敗を起こすのに、それは必要ではないということである。さて、あらゆる伝染は、少なくとも近接する部分に対して、自らと全く一致する腐敗を運ぶようにできている。もし、確かにあらゆる伝染が腐敗であるのだとしたら、伝染とは単一的、かつ一般的に、以下のようなものであると言えるかのように思われるだろう。すなわち、伝染とは、互いに結合したものであるにせよ、あるいは別々のものであるにせよ、あるものから別のものへと移動する、全く同じく一致した腐敗である、と。しかしながら、実際にはそれは、正確な意味で伝染と呼ばれるべきものではない。というのも、伝染とは、別々のものを襲うものだからである。もし我々が、最大限に厳密に、病気における、接触のみによってではなく起こる伝染について考察したいのだとすれば、伝染とは以下のようなものとなるだろう。すなわち、それはあるものから別のものへと移動する腐敗であるが、その伝染の種は非常に活動的なもので、強固で粘着性の高い混合体によってなっており、そしてそれは生き物に対して、物質的のみならず形而上的にも、反感の性質を持っているのである、と。こう定義することから、伝染に関して実際的に観察される事柄すべてに対する、説明が得られるであろう。

第十章　なぜある病気は伝染性であり、他のものはそうでないか、そしてなぜ穏やかなものは伝染性であるのか

まず初めに、要するに、なぜある病気は伝染性であり他のものはそうでないのか、また、いったいどうして、より激しく熱性で重篤である病気が伝染を起こさず、一方で他のよりゆるやかで激しくない病気が極めて強い伝染性を持つということが起こるのか、我々は問うてみたいと思う。これは、実に説明しがたいことである。もし伝染が、力や活動の結果として生じるものであるなら、劇症の病気の方が、より強い伝染性を持つのが観察されるはずだろう。また他方では、もし(多くの医者が信じるように)伝染が熱傷によってなされるものであるとしたら、同じように、激しい熱性の病気の方が、より強く伝染性を持つのが観察されるはずだろう。そして、伝染が重度の腐敗のために起こるのだとすれば、なぜしばしば、重い腐敗が発生しているのに伝染が全く起こらないことがあるのか。繰り返すならば、腐敗なしに起こる病気は、決して伝染性を持たない。なぜなら先に述べたように、何らかの腐敗がなければ、伝染も存在しないからだ。またさらに、腐敗が起こる場合でも、続いて伝染が生じるには、劇症であることが必要だと言わねばならないが、ただ劇症性と活性化の力だけでは足りなければ、前述の通り、粘着性と、強固で精巧な混合も必要となるのである。同じように、伝染は熱傷の結果として起こるものではないが、伝染性の病気において熱傷が生じるならば、それは伝染の発端であるよりも、むしろ伝染の結果として生じたものである。そして、これと同様に、伝染はあらゆる腐敗の結果として起こるわけではなく、どれほどこの腐敗が広範囲にわたり、また多くの体液に影響を及ぼしたとしても、それは変わることはない。伝染はあらゆる腐敗から生じるのではなく、ただ、混合が強固で粘着性を備えた伝染の種が発生することができた場合にのみ、腐敗から伝染が起こるのである。加えて、熱の中には、例えば胆石由来の場合のような、多くの劇症性のものがあるけれども、それらは乾性の性質を備えており、混合が弱いか、あるいは乾性のせいで接着せず互いに結合できないため、そこから蒸散する粒子は、他のものに伝染する種になることができない。他方で、汚染が深く、かつ閉じられた腐敗は、伝染に適した種を生み出す。腐敗について、「汚染が深い」と私が呼ぶのは、つまり腐敗とそこからの蒸散とが表面的なものではなく、それらが深く、また全体的なものになっていることを指すものである。また、「閉じられた」と呼ぶのは、そこから蒸散した粒子が飛び去らず、

消散せず、何らかの形で閉じこめられて、よく時間をかけて振り混ぜられたものである。それらは、高い粘着性も持つことになる。というのも、そのようにして、強固で粘り気のある混合体が作られるからである。「穏やか」という性質は、伝染性の病気、とりわけ伝染性の熱病に、有効に働くものである。そこでは腐敗が深く発生し、大量の湿気が蒸散する。そうして粘着性が入りこみ、激しさが鈍らされるのである。激しく、大量の熱が感じられる場合では、より表面にある粒子が、熱を持ち、乾いた状態で蒸散することになる。そのために、それらの病気は伝染性とならないのである。

第十一章　いかなる点で伝染は毒と同じであり、またいかなる点で異なるのか

ところで、少なからぬ数の伝染は、毒との一致や親近性を持っている。それというのは、敵対的であり、目を欺き潜伏的であって、動物を滅ぼし、その心臓を狙う毒とちょうど同じように、いくつかの伝染も、そのようなことをするものだからである。そしてそれゆえに、我々はいくつかの熱病を、「毒性」と呼ぶことがある。しかし、それらの間には小さくない違いがある。なぜなら、毒は厳密な意味での腐敗を起こすことはできないし、また第二の存在の中に、最初の存在におけるのと同じ原因物質や、伝染の種（たね）を生じさせるようなことはできないからである。このことのしるしとして、毒に冒されたものは、他のものに対して伝染をもたらさない。その理由とは、つまり毒には二つの種類があるためである。一方は、形而上的な質によって死をもたらすものであり、大部分の蛇の毒や、カトブレパスを見てしまうことの類である。そしてもう一方は、物質的な質が作用するものである。すなわち、形而上的な形質によって働く毒は、内部の熱を追い払い、耐え難い悲しみを注ぎこむことで破壊をもたらす力を持つが、しかし自らと同じものを生み出す力は持っていない。なぜなら、あらゆる産生は、第一次質によってなされるものであるからだ。そのために我々は、毒に冒されたものにおいて、何か毒蝮やバシリスク[21]が発するようなものが出現するのを、一度たりとも目撃したことがない。その一方で、物質的な質によって作用する毒のうち、いくつかのものは熱く、焼灼性および燃焼性があると言われ、また他のものは冷たく、例えばアヘンやヒヨス[22]の類のようなものがある。ところで、熱く燃焼性のあるものは、すべて乾いた要素で構成されており、したがって腐敗や伝染を引き起こすよりも、焼き尽くすことに適している。そのような毒が、医師たちによって腐敗性だと言われることがあるとしても、この言葉は正しくない形で使われているのであって、それらは単純に焼灼性なのである。彼らは、それらの毒は腐敗性であり、そして他の毒については、焼灼性であると言う。すなわち、焼灼性のものはまず硬い外皮、つまり「炉床[23]」と呼ばれるものを発生させるが、腐敗性と呼ばれるものは水疱を生み、それはあたかも、そこにおいて腐敗が生じた場合とちょうど同じように、自然の熱が蒸散しているようだからだと言うのである。だが実際は、後者もまた、正しくは焼灼性なのである。例えばヒ素、石黄、マツノギョウレツケム

シ[24]、スペインゲンセイといった、腐敗性だと呼ばれているものは、これにあたる。しかしながら、それらのものは腐敗させるのではなく、焼くのである。また、それらから蒸散するものは、乾いているので、伝染の種にはなりえない。したがって、熱く燃焼性である毒は、このような理由のために、伝染性ではない。またさらに、冷たく、麻痺させる毒もまた、腐敗させるものではない。なぜなら、それらもやはり、伝染を運ばないからである。すなわちこのように、伝染は毒とは異なるのである。

第十二章　伝染を区別させるそれ以外の点について

伝染を区別させる点について、そしてその理由についてはまだ他にも我々が続けて論じるべきことが残っている。なぜなら、すべての伝染が一つの様態で起こるわけではないからだ。一方のものは、我々の中でまず生じ、それから別の場所で発生し、次いで別の場所へと移ってゆく。他のものは、外部からまずやってきて、伝染が成立すると、一つの箇所から別の箇所へと繁殖させられていく。またさらに他のものは表面をさまよって、かろうじてわずかに皮膚をむしばむが、一方で別のものはより硬い場所にとりつき、また別のものは内部にとりつき、さらに別のものは、内側であれ外側であれ、体全体にとりつくこともある。すばやく付着して影響を及ぼす力を持つものもあれば、遅いものもある。そして、あるものはすぐに目に見えるが、あるものは長い時間がたつまで目に見えない。それらのうちのあるものは致命的であり、しかし別のあるものは生命を滅ぼすことはない。生きた体の中に生じた伝染はすべて、汚染を拡散させる。死んだ体に生じたものは、そのようなことはない。ある体は容易に伝染を受けるが、他の体は全く伝染を受けないか、あるいは受けにくい。このようなことから、我々は以下のように問うことができるだろう。すなわち、我々は、毒に対するのと同じように、疫病に対しても慣れることができるのだろうか、と。

要するに、伝染の種が、まず我々の体内で生まれるということは明らかである。それは疥癬や頭皮炎、肺病だけのことではなく、致死性と呼ばれる熱病においてもそうである。その理由とは、我々の体内および体液には、汚染の深い、かつ閉じられている腐敗が生じることを妨げるものが何も存在せず、この腐敗から伝染の種が作られるのであって、その伝染の種は粘着性が高く、また強固な混合を備えているということによる。これらの種が伝染を運ぶことは、先に述べた通りであり、そしてこれらの種が、まずこのようにして何者かの体内に生じるのではないかということには、誰にも疑いを容れることはできない。おそらくは、以下の疑問を抱かれることはあるだろう。では、果たして二番目に伝染を受けた者の体内でも、同じ汚染の深い閉じられた腐敗が起こるのか否か、と。というのも、もしそのような腐敗が起こらないなら、いかにしてそこで新たな伝染の種が生じ、それが三番目の者に感染する力を持つということがありうるのか。また、もしそのような腐敗が起こるとして、最初の者の体内にあった原因が第二の者の体内には存在しないのであれば、いったいどこからその腐敗は生じているのか。もし最初の者の体内において、体液の閉塞や過多、あるいは悪質化といったようなことが原因として存在しているとしても、第二の者においてそれらのいずれも、必ず存在していなければならないわけではない。すなわち、節度を保ち、ほぼ健康であるような者が、それにもかかわらず他の者から伝染を受けており、つまりはただ伝染の種だけで十分に汚染が生じるのを、我々は観察することがあるのだから。要するに、第二の者においてもまた、汚染が深く、閉じられた腐敗が起こっているのだと言うことができる。そしてこの汚染の深さとは、伝染の種の付着力と活動力の強さ、および類比の関係の結果、この種から腐敗を受け取った者の体内深くに崩壊が生じることによって、もたらされたものなのである。そして、たとえそれ自体ではさほど強いものではなくとも、それが深い所を襲っている限り、何も関係ない。なぜなら、第二の体において、最初の体で病気の原因となり、伝染の種となったものと、全く同じ種類のものが生まれるからである。すなわち、先に述べたように、それらの伝染の種は、精気のなすごとく自らと同じものを繁殖させ、生み出すことのできる力を内側に備えているのである。要は、最初の体においては、我々の体内で腐敗を起こすような原因、つまり体液の閉塞や過多や劣化といった、多くの場合そこから汚染が深く閉じられた腐敗が生じるものである原因が存在していたのであり、そこから伝染の種が生じる。そしてこの伝染の種は、そこに最初の体のような諸々の腐敗となる原因や体質が存在しようとしまいとも、他の体に伝染を移動させる性質を備えているのである。そうして類比の関係にある体液を見つけたことによって、それらの伝染の種は、第二の体、第三の体、そしてさらに別の体へと、伝染を運ぶのである。しかし他方で、伝染の原因となる種が、我々の外部からもまた到来し、我々の体内で最初に生まれるものでないという場合も、同じように明らかにある。それというのも、病気が多くの者の間に広く広まり、流行病と呼ばれるのを、我々は頻繁に見るからである。いくつかの流行病は、多くの都市や地方に共通であるが、伝染性ではなく、ただ「共通」だと言われる。他方で、別のいくつかの流行病は伝染性であり、最初にひとりの者に発生すると、大気の一般的な状態の関与がなくとも、それらの病気は他の者に伝染を運ぶ。これらの病気は単に「共通」とは言われず、伝染性なのである。このようなものとしては、例えばトゥキュディデスの描いたギリシャ中に広がった疫病[25]や、また今日のイタリアに現れた、粒状発疹病や斑点発疹病と呼ばれたりするもの[26]がある。さらに我々は、一五一四年の珍しい伝染病についても触れておきたいと思う。それは牛のみの体に侵入するもので、最初はフリウリ周辺で広がっているのが確認されたが、続いて次第にエウガネ丘陵まで、さらには私たちの農地にまでやってきた[27]。まず初めに牛は餌を食べなくなり、理由は何もわからなかった。しかし牛飼いたちが牛の口の中を見ると、荒れたようになっており、小さな膿疱が口蓋と口中に発見されたのである。汚染したものはすぐに群れから隔離しなければならなかった。さもなければ、群れ全体が感染してしまうからだ。その災厄は徐々に肩へと降り、そこから脚へと下った。この変化が起きると、ほぼすべての牛は治った。しかしこの変化が起きないときは、かなりの部分は死んでしまうのだった。さて、外部から到来する伝染のうち、最も強力な原因となるものは空気であるが、水や沼地その他からも、やはり伝染は発生することがある。空気が最も伝染に役立つ性質を備えているのは、空気がそれ自体および外部の汚染を受け取りやすいものであることと、それから我々が生きていくためには空気を消費することが必要だということのためによる。しかし何よりも注意しなくてはならないこととは、空気は熱されたり冷やされたり、あるいは湿らされたり乾かされたりすることによって、単に変質することがあるが、しかしときには、ただ変質するだけでなく、外部の蒸気が我々の体内に入ることを許すことがある。しかしながら、この蒸気がただの蒸気ではなく、伝染の種である場合がありうるのである。ところで、ただの蒸気と伝染の種との違いとは、以下の点にある。すなわち、蒸気は非常に変質しやすく、その混合体は、伝染の種のような強固さも粘着性も備えていない。しかしそうではあっても、我々の体内にとりこまれた蒸気は、様々に奮闘して、自らがそこから生じたものである腐敗を生み出そうとする。それはまず初めに体液の閉塞を生じさせ、二番目には外部の熱と湿気を含む場所を作る。次いで体液と混ざり合い、これらの体液を体の諸部分にとって敵対的で不快なものにして、そのためにこれらの部分は自然から拒否され、放棄されて、これによって腐敗してしまう。他方で、伝染の種はそれらのことをただ起こすだけでなく、これを最大限度においてなすのである。それと同時に、伝染の種は自らと同じものを、あたかも子孫のように産出する。そしてこの「子孫」は、他の場所に送られて、伝染を運ぶのである。すなわち、空気が我々の体内にただの蒸気を招き入れたとしても、それは全く伝染するものではないし、深く閉じられた腐敗が起こらない限りは、それ自体では伝染性の病気ではない。そして、この腐敗もまた同様に、空気との関係においては、そこに両者での全く一致する汚染が存在しないのだから、伝染とは呼ばれることはない。ただし、他のもの、第二、第三、第四という他のものとの関係においては、それはもはや伝染であり、伝染性の病気である。もっとも、もし伝染の種が空気によって、直接に最初の者に運びこまれたのだとすれば、それは伝染であり、空気から受け取ったものであって、かつ、それは他の者にも移るものだと説明される。なぜなら、空気が受けた汚損と、それを運びこまれた人間の受ける汚損とは、同じものだからである。同じことを、我々は土と水についても言わなくてはならない。というのも、それら自体もまた、ときにただ蒸気のみ、そしてときには伝染の種そのものを、我々にもたらすからである。これで、空気、水、その他のものが伝染を受ける原因について、つまり、それらが伝染の種を受け取るという様態、外部の蒸気を受け取るという様態、ただ変質するという様態について、我々は説明したものと認められるのではないだろうか。

とはいえ、おそらく我々はもっと多くを望むべきであろう。すなわち、果たして、それ自体が空や星辰に由来するような伝染が存在するのだろうか。なぜなら、しばしば天文学者は、差し迫った病気や流行病を予言するものだからである。例えばシフィリス病[28]、あるいはフランス病と呼ばれる病気を、彼らがその出現の何年も前から予言していたことは、周知の通りである。しかしながら(なぜなら、明るさのような精神的なものを除いては、空から下界まで、我々に近く触れるほどに届けられうるようなものは何もありえないのだから）、形而上的なものの活動について、先に論じられてきたことを振り返るなら、我々はそれ自体が空から生じる伝染というものは、ありえないと理解する。ただし、偶然によって伝染が空から生じることは絶対にありえないものではないし、それが天文学者たちによって予言されることもありうるだろう。天文学者たちは、星辰それ自体によって通常において生じることの知識を持っているのだから、彼らはそれと同様に、偶然によって最も多くの場合に星辰と結びつくこととなるような事柄をも、予言することができるのである。さて、星辰それ自体が熱を持つことがありうる。そしてこの発熱は、水および大地から大量の蒸気が立ち上ることを、結果として引き起こすこととなる。すると、この蒸気は、新しい様態、よく知られた様態、あるいはよりいっそう深刻な様態というように、星辰がとる配置に従って、様々の、異なる腐敗をもたらすこととなるだろう。要するに、天文学者たちと博士たちは、これらのことについて考察し、それらが通常においてもたらすだろう影響を予想するのである。これらの偶然によって星辰から生じる影響は、たとえ偶然によるものであっても、極めての多くの場合において、星辰それ自体によって生じる事柄に付随している。すなわち、偶然によって生じることが、しかも多くの場合において起こるということを、禁じるものは何もないのである。さて、より大きく新しい影響を生み出すことに適した星辰の配置とは、多くの星が一つの結合に置かれることであり、とりわけ、「定点」と呼ばれる、優れて輝かしい星々のどれかとの結合関係にあることである。このような集合が起こるとき、それらの星が何らかの注目すべき、途方もないものを生み出さずにいることはほとんどない。しかしこれについては、おそらくもっと多くを論じるべきだろう。

疥癬、頭垢症、丘疹、らい病は、体の表面に広がり、そして頭皮炎、脱毛症、蛇行状脱毛の類は、頭部周辺に起こる。これらのすべての伝染の種は厚みがあり、鋭さに欠ける。これに対して、体の内部を襲う病気では、伝染の種は微細で、より鋭く、そして精気に対してより強い類比の関係にある。体の表面にくいこむ伝染の種のうち、あるものは表皮を襲い、あるものは深部に入りこんでいき、それらのものはより密度の濃い質料でできている。すなわち、壊疽、外陰エスチオメーヌス、癰、象皮症、およびシフィリス病の類は、それにあたる。極めて鋭くできており、かつ微細な伝染の種はどれも、すばやく害を及ぼす。とりわけそれらは吸気を通して心臓を襲い、精気、およびより希薄な体液と類比の関係にある。一方で、質料の密度が濃く、濃厚な体液と類比の関係にある伝染の種は、シフィリス病や狂犬病のように、ゆっくりと這い進むのである。しかし、死んだ動物は、それが生きていたときを襲った伝染を維持することはない。なぜなら、伝染の種が体内の熱とともに滅してしまったからである。ところで、まず我々の体内で発生する伝染には、不潔で、非常に湿っており、また毛穴が詰まっているような体が襲われやすい。そしてその反対に、開いてゆるんだ毛穴を持ち、また熱く湿っている体は、むしろ外部からの伝染に襲われやすい。冷たく乾いて密度の濃い性質の体を持つ者では、伝染の発生はより難しく、進行は遅い。老人や老女が、若い者たちより伝染に襲われにくいのはそのためである。ただし、ある者のことを他の者よりもとらえやすいような伝染については、それが持つ類比の関係に留意するべきであろう。同様に、余暇に恵まれた生活を送る者は、活動的な者や商人たちより、伝染を受けにくい。さらに、疫病に罹患している者たちの中にあっても、常に無事でいるような人々を我々は見ることがある。これについては、それ自体を主題として論じることにして、果たして疫病に対して慣れることができるのかを問うこととしたい。

第十三章　伝染の目印について

さて、伝染にはそれを知らせるしるしが存在する。そのあるものは先触れとして差し迫った伝染を知らせるものであり、また別のあるものは、それがそこにあることを示す。先触れと呼ばれるしるしは、空からか、あるいは空気から、または土や水の周囲にある場所から得られる。これらのしるしのいくつかは最大限に信用できるものであり、また他のいくつかも多くの場合に信頼することができるものである。それゆえに、すべてを兆候としてとらえるべきではなく、ただ蓋然性としてとらえるべきである。したがって、空に、惑星と呼ばれるいくつもの星辰が一か所に寄り集まった様子が見られるとき、つまり、頻繁に起こるように、いくつもの星が北か南にあって、そして互いに結合しようとしているのが見られるときには、その方角で地上のどこかで何か重大な変化が近づいているのだということを察知するとよい。まず最初には、土と水から立ち上る大量の蒸気によって多くの湿度が生じ、次いで、蒸気が大地と大気の周辺の焦げるような熱によって焼き尽くされるために、結果として、容易でない乾燥が起こることになるだろう。そして、これらは通常においては、腐敗をもたらすものとなるのである。これらのいくつかの星の結合が、「定点」と呼ばれる重要な星々のもとにある場合には、何らかの大きな伝染が示されているのだと予想してよい。またさらに、天文学者たちがこれらの予言を当てはめている、特定の惑星のアスペクトというものがある。それらのアスペクトは、常に恐れられるべきではないが、完全に無視されるべきものではない。そして、空気からもまた、そのしるしを得ることができる。まず初めには、多くの度重なる炎上というしるしが現れるが、それは上方の、つまり天頂と呼ばれるところで起こるもの、例えば落星や流れ星、ほうき星、アイギスの雷雲[29]のような類のものであり、これらは地上のどこかで腐敗が起こっていることを示している。なぜなら、それらのすべては油を含んでおり、粘着性を備えた火口だからである。さらに、それは蒸気を示すこともある。この蒸気は大地から引き出されたもので、前記の炎と同じような油と粘着性を備えており、腐敗の周辺にかなりの確率で発生する。それ以外に、我々はより低い部分の大気の状態にも注意を向けるべきである。それというのは、以下のようなときには災いが疑われるからだ。すなわち、南風が強く吹き、また長く続くとき。あるいは、異常な霧が特定の地域を占拠しているのが目撃されるとき。そして、黒ずんだ、埃っぽいような大気が、長期間にわたって太陽を翳らせてしまっているとき、などである。しかし、最も警戒しなければならないのは、何らかの風が、疫病が蔓延している地域から届けられていることに気づいたときである。そして、戸外に置かれたもの、例えば食料や布類といったものが、何らかの劣化や黴に冒されたときには、ただ恐れるだけでなく、逃げなくてはならない。さらに他方では、水もまた、そのしるしを示すものである。すなわち、川が氾濫し、その氾濫が長く続くとき。それによって、沼地と泥となった場所が残されたとき。そして、海が浜辺に死んだ魚を大量に置き去ったとき、などである。大地もまた、それが途方もない数の虫を孵らせるときには、腐敗が発生したのだということを我々に教えている。そしてその腐敗が、これらの生き物の体内に完全に吸収されるのでない限り、これらの虫は、地下を侵食する伝染を知らせているのである。そのうちの何よりも、よくこの予言をなすのが、イナゴである。なぜなら、しばしばイナゴが数え切れないほど、ほとんど無限に生まれてくるとき、それは重大な腐敗がすでに起こったことを示すのみならず、多くの場合、新たな腐敗を発生させるからである。すなわち、それらのイナゴは、あたかも強大な軍隊のように膨れ上がって特定の地域へ飛来し、そしてその地域が広くにわたって荒らされた後には、大抵そこで全滅してしまう。すると、続いてそこに、恐ろしいほどの腐敗が生じることになる。例えば、一一八年のアフリカで、信じられない数のイナゴが海岸に達し、そこで死ぬということが起こったと読んだことがあるが、これと同様の記録が、八六四年のフランスにも報告されている。また他には、一四七八年のイタリアで、フェッラーラ、マントヴァ、ヴェローナ、そしてブレッシャといった土地と、その近隣で、大群のイナゴが激しく成長し、そのすぐ後に過酷な疫病が広がったのである。至高の神の慈悲と、そして人々の注意深い管理がなかったなら、わずか数年前にも、これと同じことがまた起こっていたかもしれない。というのも、そのときにもこの生き物が、それまで見られたことがないと思われるほど大量に目撃されたからである。膨大なイナゴの群れが、この北イタリアの土地にとどまり、また別の群れはフランスへと飛び去ったのだが、七日かかってもまだ移動しきれないほどに、それは大きな群れであった。戦闘で切り殺された死体も、しばしばこれと同じことをもたらすことがある。それだけでなく、少なからぬ種類の食物も、その頻繁な消費が、あれやこれやという汚染を生み出すことがある。あるものは象皮症を生み、あるものは疥癬、あるものは癰（よう）、そしてまたあるものはまた別のものを生み出すのである。そしてときには、地下に暮らす生き物たちもまた、それらの大群がその隠れ家や自らの住処から外へ出てくるときには、何らかの重大な汚染を知らせていることが多いものである。

かくもしばしばほんの小さな鼠に
あなたは災いの兆しを知らされるだろう。地中深くに
いかなる愛もつなぎとめることはできず、それは姿を現し
穴を飛び出し、その慣れ親しんだ暮らしを忘れ、
かくしてその小さな生まれながらのいとしい隠れ家もまた。
大地自らも何が来たるか知らぬことはないかのようだ、
彼女が震え、腹腔深くから溜息をつくときには、
兆しを見よ。都市は揺れてすべての頂は
アトスにおいて怯え、ネーレウスは波のもとに慄く。[30]

事実として、頻々な地震は、それ自体で差し迫っている伝染のことを警告する。なぜなら、そこに閉じこめられた蒸気が毒性の何かを含むようになるだけではなく、それ自体が地中で生じた腐敗によって、また生み出されることとなる可能性も極めて高いからである。そして、数多くの癰（よう）や発疹、横痃を発見するときには、恐れを抱いた方がよい。確かに外部から到来する伝染がそこに存在しているということは、その病気の集団的な発生によって知らされるものである。とはいえ、多くの者が同じ病気に罹っているからといって、その病気が伝染であるということになるわけではない。伝染であることは、病気の種類、およびその病気が及ぼす影響によって、確認することができる。さらに、初めて我々の体に生じた病気が、伝染性であるかどうかについても、また同様に、病気の種類とその影響から知ることができる。さて、既に我々は、伝染とはいかなるものであるか、それはどのようにして起こるか、いかなる原因によるか、伝染を区別させる違いとはどのようなものか、そしてそれらの違いの理由と、最後には伝染の一般的な目印とは何かについて、このようにここまで全体的に論じてきたが、これで十分であろう[31]。

注

（1）刊行時の『伝染について』は、全二四章からなる「共感と反感について」の後に置かれており、これら二書で一冊を構成していた。本文中でも後に論じられるように、フラカストロは自然の事象の説明から「隠れた性質」を排除する姿勢を強く示しており、「共感と反感について」では、万物を引力と斥力によって動かしている原理としての共感・反感関係の概説を試みた。伝染および伝染病という事象は、その原理を示すのに最も適した例としてここで論じられている。

（2）本訳において「汚染」とした語は原文では infectiō。本論の主題である contagiō「伝染」と強調的に区別するため、以下も同様に訳し分ける。

（3）原文は in particulis minimis et insensibilibus。この表現が「目に見えない極小の粒子」と解釈され、解題で述べた通り、二十世紀初頭には感染症における細菌の介在を予言したものとして注目された。しかし、フラカストロに影響を与えていたと考えられるルクレティウスの『物の本質について』における particulas の用法を見ると、この語では「粒子」と同時に「小片、小部分」の意味も読み取られるべきものだと理解できる。腐敗した体から蒸散され単独で運動する「粒子」としての側面と、体を構成する最小の要素としての「小片、小部分」の側面をともに備えた存在であることを示すため、本訳では「最も小さい感覚できない部分の粒子」とする。

（4）原文は infectum。動詞 inficiō の語義は「染める、汚す、しみをつける、汚染する、染みこませる」となる。

（5）原文は seminaria。解題で述べた通り、この語も前出の particulae minimae et insensibiles とともに「細菌」を予言する「種粒」のイメージを示すものと解釈された。それを最もよく表す例として、ライトの英訳はこれを germ（病原菌）の語で訳している。しかしそれと同時にライトはフラカストロが本論において意識的に semina ではなく seminaria の語を使用していることを指摘しており、『シフィリス』での semina の語の使用と対比させれば、seminaria に単なる「種子」とは異なる意味がこめられていたと考えるべき蓋然性は高くなる。同様に、本論の seminaria は、同時代の医学概念としての「病気の種子」（semina morbi）との差異化も意識した用語である可能性が高い。また、「火口」との関係で記述される seminaria には、温暖な環境で育まれる病気の種苗という「苗床」の語義に通じる様態も読み取ることができる。そのため本訳では、この語を「細菌」と通じる「粒」状の「種子」ではなく、概念的で、境界の曖昧さを示す「種（たね）」（「パンのたね」といった用法にも通じるもの）と訳すこととする。

（6）これ以降の箇所では、seminaria の語は conatagionum が付されていない単独の形であっても、必要と判断された箇所では「伝染の種」と訳すこととする。

（7）原文は virus。ここから転じて二十世紀初頭に現代的な「ウィルス」という微生物の呼称が生じるが、このような語もフラカストロの議論に対する「現代的解釈」を大いに誘うものとなったと考えられる。

（8）原文は species。続く「像」は原文では simulacra。フラカストロは「知性」という主題を論じた著作「トゥリウス」において、知覚の原理としての「スペキエスの受容」という契機の重要性を論じている。ライトは事物から「スペキエス」が放射され（それゆえ彼女はこれを emission の語で訳している）、これが受容されることで知覚および感作が成立するというフラカストロの議論を、ルクレティウスの原子論に依拠したものと解説している。一方でカッシーラーは、「スペキエス」とはフラカストロが「詳しい吟味もせずに知覚過程の説明のために受け容れた」「中世の概念原語」であると述べている（『認識問題　一』二〇二～二〇三頁）。

（9）原文は in orbem。ライトは、フラカストロが『ホモセントリカ』（第九章）で円環状の運動をそれによって「形而上的なものが流れ出す」向き、すなわち宇宙に広がる「全方向的」な運動として描いていることを指摘している。

（10）原文は Catablephae。プリニウス『博物誌』（第八巻）で、エチオピアに棲息するとされた架空の生き物。眼差しに強力な殺傷力があるとされる。

（11）原文は occultas proprietates。insensibiles な要因を「隠れたもの」と称することへのフラカストロの敵意は「共感と反感について」と『伝染について』の議論を一貫する。

（12）原文は iride。香料の原料となる部分。薬品に利用されることもあった。

（13）原文は pthalmica。ヨーロッパに原生するノコギリソウの一種。「くしゃみ草」（sneezewort yarrow）の名でも呼ばれ、広く殺虫効果のある薬草として用いられた。

（14）原文は solano。ナス科の植物を指す名称と理解できる。続いて言及されているマチン（原文は stricno）と同様、アルカロイドを含有し、これに由来する催眠効果や幻覚作用等が古くから利用されていた。

(15) 原文は euphorbio。灯台草、またはスズフリソウの名でも呼ばれる。葉や茎に傷をつけると乳液状の汁が出るが、これに触れると炎症を起こす。ユバ二世の侍医であったエウポルボスによって下剤としての薬効を発見させたと言われる（プリニウス『博物誌』第二五巻）。

(16) 原文は pyrrhii lapidi。パイライトとも呼ばれる、鉄と硫黄を成分とする鉱石。肌に生じたできものの治療に使われていたと言われる（同前、第三六巻）。

(17) 原文は sobolem。子孫、または芽と訳せる語であるが、後者の意味は、例えば英語における germ の現代的語彙（「芽生え、胚、病原菌」）を連想させると同時に、「種子」としての seminaria のイメージを抱かせるものでもある。sobolēs によって propāgāre（増殖）する粒子という記述が、二十世紀になってから、「細菌」に極めて近いものと受け取られることになった。

(18) 血管が膨張し、これによって広がった管に血が吸い込まれることを意味している。「ふいご」に擬せられる心臓のポンプ機能によって血液循環の原理が示される以前の、血管の運動が主体となった血流のイメージが語られている。

(19) 原文は Achores。ギリシャ語の ἀχώρ（ふけ）を語源とする。

(20) フラカストロは「共感と反感について」第九章で、不快な味や匂いについて、生命に対する反感の関係のために生じるものと説明した。

(21) 原文は Basilisco。プリニウス『博物誌』ではカトブレパス（注10）の邪眼を説明する類似例として挙げられている。

(22) 原文は hyosciamus。ユーラシア大陸で古代から広く幻覚作用や毒性のために利用されていたナス科の植物。

(23) 原文は escaram。炉床の敷石のように、肌にかさぶた状のかぶれが生じる状態を指すと理解できる。

(24) 原文は pythiocampe。ヨーロッパに広く生息する蛾の幼虫。続いて名前が挙げられている甲虫スペインゲンセイ（原文は cantharides。スパニッシュフライとも呼ばれる）とともに体液に毒性があるが、皮膚炎に対して薬として用いられることがあった（プリニウス『博物誌』第二四巻）。

(25) トゥキュディデス『戦史』（第二巻）に詳細に記録されている、前四三〇年にペロポネソス戦争さなかのアテナイを襲った伝染病。長く「アテナイのペスト」と呼ばれたが、今日の天然痘、発疹チフスあるいは腺ペストに一致するものではないかとする諸説がある。

(26) 原文は lenticulae および puncticulae。今日の発疹チフスと一致するものと考えられる。

(27) 今日における口蹄疫と一致する病気と考えられる。

(28) 原文は Syphilidem。syphilis は現代の語義では「梅毒」を意味するが、当時、詩篇『シフィリス』の主人公名に由来し、定着し始めたばかりの病名であったことを示すため、本訳では原語に近いまま表記する。ヨーロッパでは十五世紀末期からこの病気が広がった。特にフランス王シャルル八世によるイタリア侵攻を契機とし、兵士を中心に病気の流行が拡大したことから、イタリア側ではフランス病、フランス側ではナポリ病と呼ばれた。

(29) 原文は aeges。ゼウスの楯アイギスから転じて、嵐雲を指す。

(30) フラカストロ自身による作。ネーレウスは大地（ガイア）の息子であり、エーゲ海の海底に住む、予言の力を持つ海神。

(31) この後、第二巻「伝染病について」と第三巻「伝染病の治療について」が続く。

解 剖 学

9

アンドレアス・ヴェサリウス

人体の構造について（抄）

澤井直訳

解題

アンドレアス・ヴェサリウス（Andreas Vesalius, 一五一四～六四年）は、近代的な解剖学の礎を築いた医学者である。十六世紀までの西欧では、十四世紀に成立した『モンディーノ解剖学』*Anathomia Mundini* などの、古代ローマのガレノスやアラビアの医学者の文献を元にしながら、原典よりもかなり情報量を減らした解剖学書が流通していた。十六世紀初頭からガレノスのギリシャ語原典が入手可能になり、ガレノスの詳細な解剖学書の全容が明らかになって、医学者はガレノスの解剖の知識と向き合わなければならなくなった。同時に、ガレノスは実際にサルなどの動物の解剖を積極的に行い、それを元に人体の構造について記述していることから、十六世紀の医学者は解剖を実施する必要性も痛切に感じるようになった。

当時のガレノス研究の中心地であるパリ大学で学んだヴェサリウスは一五三七年にイタリアのパドヴァに赴き、医学の学位を取得し、解剖教育に携わるようになる。自らの手で解剖を行いながら口頭で教授するという、当時としては革新的な教授法を採用し、またガレノスなどの古代の文献に精通していたことから、ヴェサリウスの解剖講義は人気を博した。ヴェサリウスは遺体が目の前にない場合でも人体の正確な構造を把握することが重要だと認識し、解剖学書の出版を企画する。一五三八年に出版した『六葉図』*Tabulae sex* では、精緻な線で血管と骨格の図を描き、構造についての情報をかつてない精度で紙面上に提示している。

一五四三年の『人体の構造について（ファブリカ）』*De humani corporis fabrica* は、解剖学史上で最も著名な著作である。ラージフォリオ判で七百頁を超え、各構造についての詳細な説明と見事な図を併せ持つ。本文で言語的に説明される内容が、図と対応付けられるように配慮され、視覚的論証という新たな知識提示のスタイルを確立した。また『ファブリカ』の姉妹本『人体の構造についての梗概（エピトメー）』*De humani corporis fabrica librorum epitome* も同年に出版されている。これは人体構造を簡単に概観できるように、図の点数や本文の分量をかなり抑えたものである。

『ファブリカ』には、人体解剖の経験に照らして、動物解剖に依っていたガレノスの解剖学の誤りを正すという制作意図があった。本文中にはガレノスの誤りを指摘する箇所が多数ある。人体解剖に基づくヴェサリウス自身の図を参照し、動物の構造とガレノスの記述の一致を提示することで、自らの記述の優位性を示している。

しかしながら、独自に全く新たな解剖学を創始したのではない。人体を構成する最小要素として元素を想定し、また人体を骨・筋肉・神経・動脈・静脈などに分けることなどは古代の医学文献と共通している。特に機能についてはガレノスを踏襲している。血液の運動や神経と諸器官の働きについて詳細に述べているが、それは構造についての正確な知識をガレノスの生理学説に適合させていると考えられている。

『ファブリカ』は一五五五年に改訂版が出版された。巻・章の構成に変更はないが、図中の記号を見やすくするために図の一部分の陰影線を消し、本文と対照しやすくなっている。本文内においても冗長な表現や重複した記述を削除し、腹部と胸部の器官に関しては修正・補足も多く行っている。

ここに訳出した『ファブリカ』の一五五五年の第二版の第六巻第十五章は、初版から大きく変更されたことで特に有名である。胸部内臓を扱う『ファブリカ』第六巻では、肺と心臓の関係が特に問題になっている。第十五章は心臓の構造と機能を論じているが、心臓の構造については旧来の理論を踏襲し、心房の存在を認めず、現在心房とされている部分は空静脈（＝大静脈）と静脈性動脈（＝肺静脈）の一部だと考えている。したがって、これらの静脈と右心室・左心室が直接連絡していることになる。また、現在では心房の一部と考えられている心耳を心室や空静脈・静脈性動脈とは独立した部分と考えている。

ヴェサリウスは、最初に心臓が司る霊魂について論じ、心臓の形状や素材、冠状血管に触れた後、右心室・動脈性静脈（＝肺動脈）・右心耳の構造と機能を記していく。空静脈（＝大静脈）からの血液が右心室に入り、右心室から動脈性静脈（＝肺動脈）へと流れていくと説明し、右心耳は心臓が空静脈から血液を引き寄せる勢いを緩和するために存在すると述べる。右心室の手前の膜（＝三尖弁）と動脈性静脈の開口の膜（＝肺動脈弁）の逆流防止機能も説明する。

肺についての記載は第六巻第七章で行われているために、この第十五章では肺の構造や肺に出入りする血管の肺内での走行・機能についての記載はない。右心の弁の記述の次は、左心室・静脈性動脈（＝肺静脈）・左心耳および僧帽弁と大動脈弁について詳述するが、静脈性動脈が運ぶのは血液ではなく、空気および空気から変性した煤のような滓だとされている。

以上の右心系と左心系の記述が章の本体をなしているが、両者の間の連絡についての言及も行われている。伝統的に心室中隔には小孔のようなものがあり、それを介して右心室内の血液が左心室内へと入っていくとされていた。ヴェサリウスは初版からこの説を採用していたが、完全には納得しておらず、第二版では疑いの度合いが増している。第六巻第十一章において心室中隔の構造を記述する際、初版では中隔には小孔のようなものは見られず、それにもかかわらず血液を通過させる造物主の巧みさを讃えているが、第二版の第六巻第十一章では血液が通過する開口の存在を否定している。第六巻第十五章はこの心室中隔の構造についての記述を踏まえ、初版では中隔を介しての血液の滲出があるとしていたが、第二版では明らかな疑問を呈している。第十五章末尾の部分を全面的に書き換え、中隔を介しての滲出を否定したものの新たな理論を構築できないために、便宜的にガレノスの説を採用しているという旨が述べられる。

ヴェサリウスが先鞭をつけたこの心室中隔の小孔の問題は、やがて肺循環の発見によって解消され、ウィリアム・ハーヴィの体循環の発見によってガレノスの血液運動理論が否定されることとなる。

翻訳には、第二版の Andreas Vesalius, *De humani corporis fabrica libri septem*, Basilae, 1555 を底本として用い、初版（Basel, 1543）とも比較を行った。本文横の欄外に書かれた表題を基準に、節を区分した。この章に関係のある、底本の七〇〇〜七〇六頁の図3から図11を本文中に掲載し、原文のキャプションも合わせて記した。

ヴェサリウスに関する研究で特に人体構造に踏み込んだ記述があるものとしては、C. D. O'Malley, *Andreas Vesalius of Brussels, 1514–1564*, California, 1964［邦訳、チャールズ・D・オマリー（坂井建雄訳）『ブリュッセルのアンドレアス・ヴェサリウス　一五一四—一五六四』エルゼビア・サイエンスミクス、二〇〇一年］が挙げられる。また近年『ファブリカ』の全訳が二種類出版されている。(tr.) W. F. Richardson, in collaboration with J. B. Carman, *On the fabric of the human body : a translation of De humani corporis fabrica libri septem*, Novato, 1998–2009 ; (trs.) D. H. Garrison & M. H. Hast, *The fabric of the human body*, Basel, 2014.

心臓、およびこれまで唱えられたその諸部分の機能と用途、さらにそれらの構築の理由

心臓はいかなる霊魂の座なのか

心臓が怒りの霊魂の、あるいは復讐や栄誉を求める霊魂の座であることは、ヒポクラテス、プラトン、ガレノス、すべてのストア派と逍遙学派の人たちに等しく認められている。さらにこれに加えて、ゼノンおよびその教義を確立することになったクリュシッポスやポセイドニオスやその他のストア派の一派、アリストテレスと、テオフラストスその他の追随者たちは、心臓が今述べた怒りの働きの始まりと起源であるだけでなく、アリストテレスが「栄養的」、他の人が「自然的」、また別の人が単に「欲望的」と呼ぶことの多い、食物・飲物・性の欲を求める機能の始まりであり起源であると主張した。

次に、ストア派は、逍遙学派とともに、理性の力、言うなれば霊魂の統治を心臓に置き、それが動物のすべての機能と責務の元となると考えた。

それでも、彼らはその考えについて互いに衝突していた。つまり、アリストテレス、テオフラストス、その他の逍遙学派の人々、ストア派のポセイドニオスは、怒りの力と欲望の力と理性的な力は心臓から発する一つの実体の働きであると主張した。しかし霊魂の種類や霊魂の部分であることを否定し、それらを区別していない。また、ストア派のなかで最も価値あるクリュシッポスは、怒りと欲望を、一つの実体であるかのように、理性とともに一つの働きへとまとめた。

しかし、ガレノスは、多くのいろいろな箇所でもそうだが、とりわけ『ヒポクラテスとプラトンの教説について』と題した書の第九巻において、医師のなかで疑いなく第一位にいる神の如きヒポクラテスと哲学者のなかで最も傑出したプラトンの考えから、これらすべてに反対する。

この書で、三つの霊魂の類型あるいは部分は自然において互いに十分に区別されていることを示し、これについての自身の判断によって学知を構築して論証することにより、肝臓が食物・飲物・性の欲を求める霊魂の場であることを確認し、脳は理性的な第一の霊魂の場であり、心臓はせいぜい怒りの霊魂の労役所にすぎないと認めている。

とはいえ、万が一にも異端審問官を刺激することがないように、ここでは霊魂の種類とその座についてのこの論争には近づかないようにしよう。なぜなら、今日、特に我が国で[1]、我々の宗教の最も公平な審判者を見出すことだろうが、その人たちは、誰かが身体の切開について話しかけるときも、まずはこの類の詮索をせずにはいられず、あるいは、プラトン、アリストテレス、両者の注釈者たちやガレノスらの霊魂についての意見を呟いているのを聞きつけると即座にその人の信仰を疑うはずであり、何か霊魂の不死性について異端を唱えていると咎めるからである。

医師は霊魂の働きと座について考えるべきである

医師には（分別を持って技術を手にし、病んだ部分に対する適切な治療法を見出し、それを与えることを望むならば）、我々を支配する

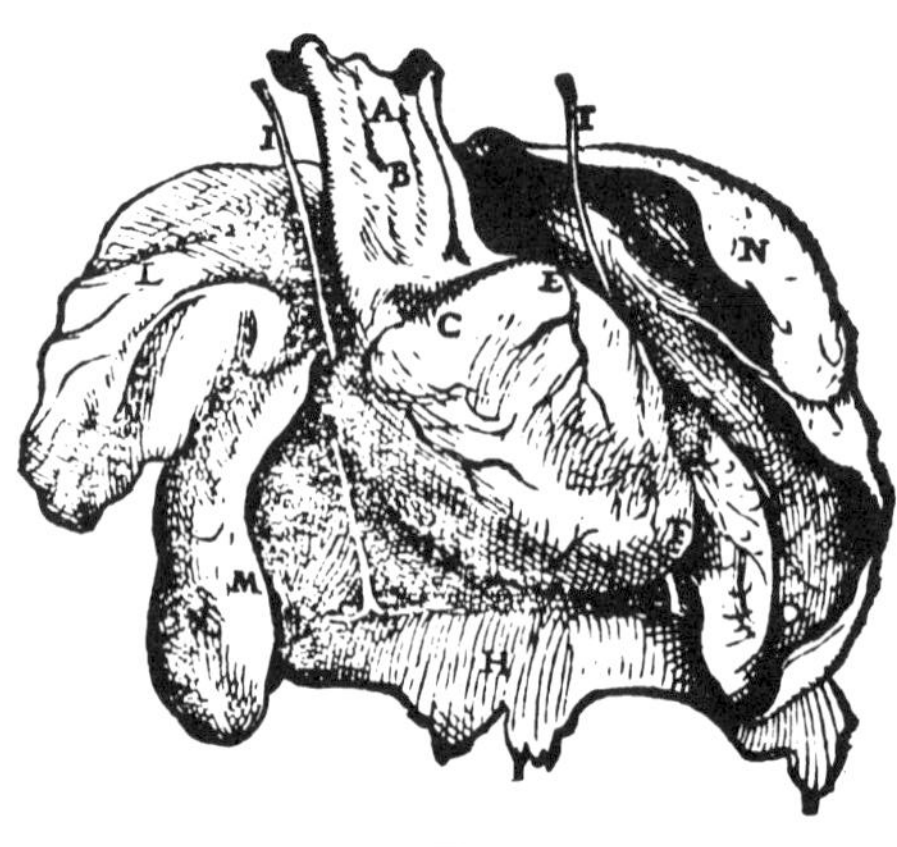

図 3

A　ここでは空静脈［＝大静脈］の上行する部分と大動脈を切り，心臓の血管の部分を，その覆いの始まりが十分に見える程度に残してある。

B　このBと記したところで，覆いが空静脈と大動脈と動脈性静脈［＝肺動脈］に最も強固に付着し，BからCに至る間の全体でこれらの血管から離れることはなく，同様に心臓から離れることもない。

C　Cは心臓の底［＝心底］の領域である。

D, E, F　DとEは底を，Fは尖端を表す。

G　FからGは，ヒトの心臓では横隔膜に付着している領域であるが，イヌでは同じように付着していない。

H　横隔膜の一部。

I　横隔膜の神経［＝横隔神経］。

L, M, N, O　肺。それぞれの文字はヒトの肺のそれぞれの葉を示す。

働きについて、一般にどれだけの数で、各々がどのようなもので、あるいは、それぞれが動物のどの部分に配置されて、焚きつけられたものを受け入れるのか、これ以外にも、(このことを精神で獲得できるためには）とりわけ霊魂の実体あるいは本性がどのようなものなのかを考える必要がある。

しかし、不信心で、いうなれば信仰に欠ける者だけがこれらの重要な著者たちの意見について何かを表明するかのようであり、あるいはそれらの著者たちの説明を他の新しいもので確証したり、誰かのくだらない論証を反駁したりするかのようである。

また、この問題について著者たちのこれらの教説と人間の無力な理性が助けとなるような意見ではなく、我々が信心深い行いをしようとする際に我々を救い、人間の魂の幸福と永遠へと至らせる最も神聖な信仰についてだけが、語られ、問われるべきであるかのようである。

心臓のすべての部分はどのような機能に仕えるのか

そうではあるが、さしあたりは、霊魂の働き、機能、実体、種類、それらの座についてのあらゆる考察はさておき、心臓は生命的な働き、さらに生命精気の起源であり、生得熱の座であるとともに火口でもあり、また拍動の作り手であると自由に述べることにしよう。また、心臓の各部分は熱と精気について、その用途を助けているということを明らかにするとしよう。

覆いの用途

心臓の覆い[2]［図3のB、C、D、E、F、Gと図4のB、B］の用途が何かということは、以前にその構成を詳述した各順序に従って、覆いについて個別の章[3]で詳細に考察した。

心臓の洞の理由

次に、以前に述べたように[4]、心臓の位置は、胸郭そのものの中で最も安全で、外から胸郭へ害を与えるすべてのものから一番遠いところにある。

さらに、一方では静脈性動脈[5]［図6のG］を通って肺のすべての部分からそれと完全に等しいだけの空気を引き込むために、他方では、煤のような滓の除去を肺へ働きかけ、静脈性動脈と動脈性静脈[6]［図6のI］を通って肺に適切な分の血液を提供するために、指のような肺の葉が心臓を抱きしめるかのように［図3〜図6］、心臓は肺の中央を占めている。

これに加えて、心臓は、呼吸を成し遂げるために必要な口からそれほど離れていないところに位置するが、それでも、生得熱と生命精気を大動脈の枝を通じて身体全体に適切に提供することができるような身体の座を占めている。

だが、身体全体に関するかぎり、恥骨結合の上の面から隔たっているのと同じだけ、中心の部分から離れていることだろう。つまり、この面が成人の直立した身体で見出される中心を占めているのであり、ガレノスが心臓の位置を詳述する際にはっきりと述べたように臍が中心なのではない[7]。

そこから現れる大きな血管の四つの始まり［図6のI、N、G、O］のために、非常に広々として余裕のある底［図5のC］に合わせて心臓が完全に丸く作られていないことは、言うまでもなく、あらゆることから明らかであると私は思う。

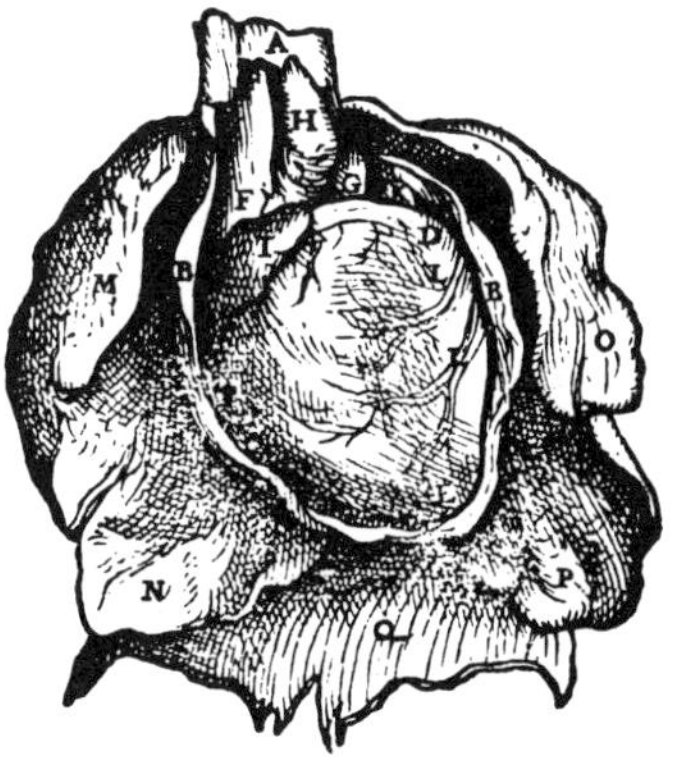

図4

A　心臓の底より上で心臓の覆いが心臓の血管に連続する領域。
B　心臓の前面の領域から側面に折り返した心臓の覆い。
C, D, E　心臓の前面の領域。CとDは底，Eは尖端。
F　空静脈。
G　動脈性静脈。
H　大動脈。静脈性動脈［＝肺静脈］は心臓を（図6に示したように）右側に翻転しなければ，どこからも見えることはない。
I　右心耳。
K　左心耳の尖端。
L, L　心臓の底を取り囲む血管から起こり，心臓の後ろの領域と左側から前面へと回ってきた静脈と動脈。
M, N, O, P　肺の葉。
Q　横隔膜の一部。

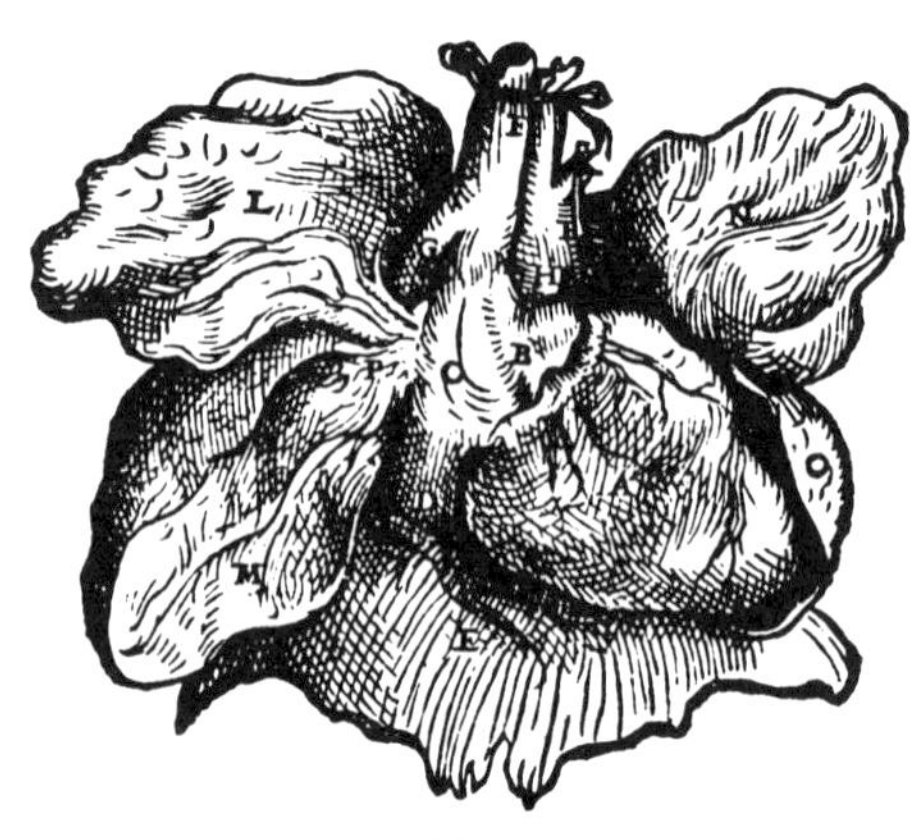

図 5

A　心臓の右側と後ろの領域の大部分。
B　右心耳。
C　空静脈。これは右心室に開くか，あるいはそこから生じている。
D　空静脈の，横隔膜を通過する部分。
E　横隔膜の一部。
F　空静脈の，喉へ向かう部分。ここでは伴行する動脈と一緒に紐でまとめ，それから切断している。
G　対無し静脈［＝奇静脈］の起始。
H　大動脈の根。
I　大動脈の幹。下方から脊柱へと伸びていく。
K　脳の第六対目の神経［＝迷走神経］の左側の部分。次の図では，そこから心臓の小さな神経［＝心臓神経叢からの枝］が生じるのを示す。
L, M, N, O　肺の 4 つの葉。
P　肺に達する一組の血管［＝肺動脈と肺静脈］がここに認められる。

心臓の形状の理由

しかしながら、自然は、すべてのうちで最も不屈で傷つきにくく、損傷に耐え、そして他のすべてよりも容量のある、球という形状に心臓が近いことを望み、そのため、心臓は自身の最大の拡大期において完全に球に見え、一方、縮小期では細長く、松の実状に伸びているのが認められる。

我々が心臓は細長いと言うのは、死人では潰れて伸びているものに常に出くわすこと以外に理由はない。もし、生体解剖において心臓が激しく拡大するごとに、短い間だけだが、幅広く深くもなるのを見るように、死体において心臓が広がっているのが観察されたなら、心臓は細長いのではなく、完全なものよりもやや小さい球であると認めるであろう。

心臓の実質の用途

第十章で心臓と筋肉との共通点そして相違点を追求したとき、特に、心臓の実質を織り合わせ、肉を取り囲んで支える三種の繊維が主にどのような役目を任じられているかを説明したときに、何が心臓の実質の用途かということが必然的に含まれていた。心臓の底[8]を、王冠のように取り巻く静脈[9]［図 6 の D］と底から心臓の外面を通って下へと広がる枝は、心臓に栄養を与える。

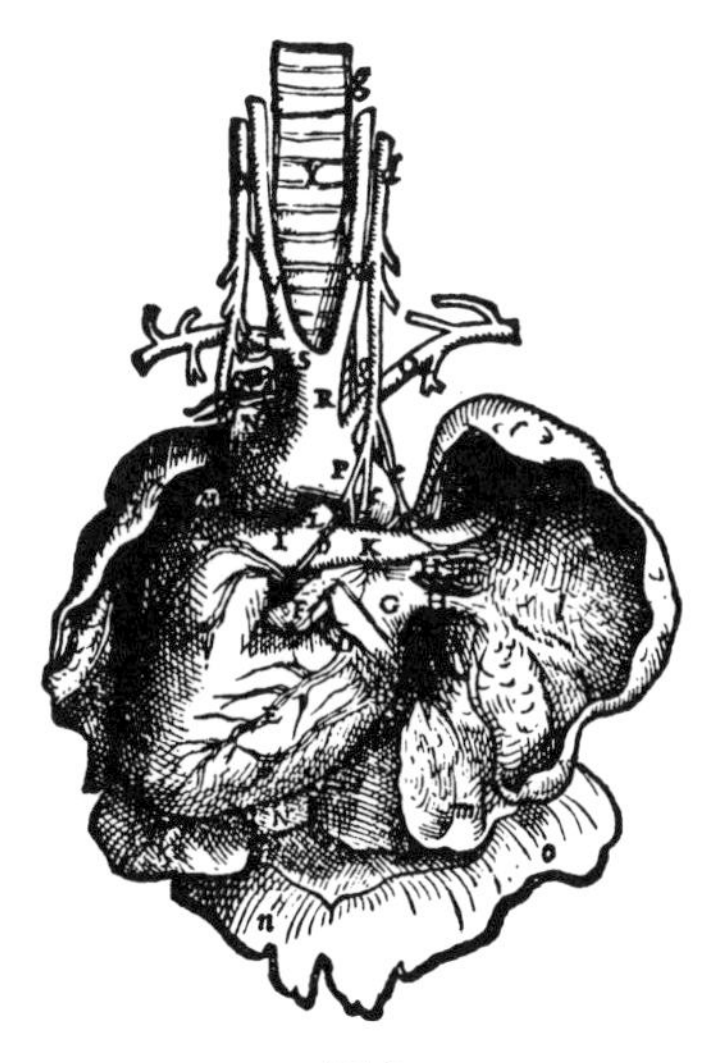

図 6

A, B, C　心臓の左側と後ろの領域の大部分。
D　心臓の底を取り囲む静脈と動脈［＝冠状動静脈］。
E, E　心臓の底を取り巻く血管から心臓の縦に沿って下へ伸びていく静脈と動脈［＝中心臓静脈と後室間枝，およびその枝］
F　左心耳。
G　静脈性動脈。
H, H　左側の肺に伸びていく静脈性動脈の枝。
I　動脈性静脈の起始。
K　左側の肺に向かう動脈性静脈の部分。
L　左側の肺に分配された動脈性静脈の部分。大動脈の幹［＝上行大動脈〜大動脈弓］の後ろの領域に沿って曲げられている。
M　右心耳の尖端。
N, N　空静脈。
O　大動脈の幹。
P　大動脈の，胸椎に向かって下へ離れていく部分。
Q　大動脈の，斜めの管として左腋窩へ近づいていく部分。
R　大動脈の，喉へ向かっていく部分。
S　大動脈の，喉へ向かっていく右側の部分。
T　S で表された部分の右側の枝。主要な部分と一緒に右上肢に向かう。
U, X　昏睡の動脈。粗面の動脈の側面に沿って上行する。
Y　粗面の動脈［＝気管］の幹。
a　脳の第六対目の神経の右側の部分。
b　a で示した神経が右反回神経を出す枝。
c　右反回神経。
d　脳の第六対目の神経の左側の部分。
e　すぐ上で述べられた神経の枝。左側の肺に向かう。
f　d の文字の左側の神経の枝。ここから左反回神経が出て行く。
g, g　左反回神経。
h　動脈性静脈に沿って伸びていき，心臓の底の中心に向かう神経［＝胸心臓神経枝］。
i, k, l, m　肺の葉。
n, o　横隔膜。

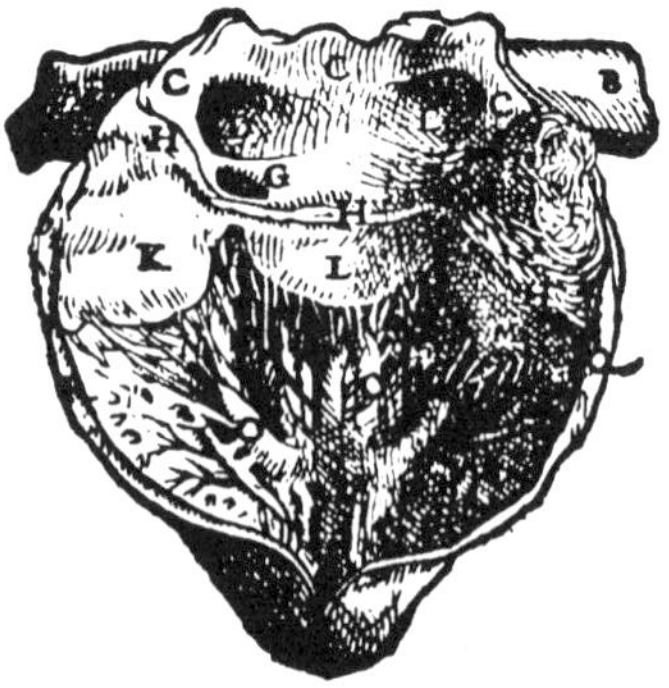

図 7

A　空静脈の，横隔膜を通過する部分。
B　空静脈の，喉へ向かう部分。
C, C, C　空静脈［＝右心房］の，右心室に開く口。
D, E　空静脈の上行する部分と下行する部分の口。
F　裏返した右心耳。その内側の面は平らでなく，繊維質である［＝櫛状筋］ことも示される。
G　冠状静脈の起始。
H, H, H　空静脈［＝右心房］の開口［＝右房室口］の盛り上がった輪［＝右線維輪］。
K, L, M　空静脈［＝右心房］の開口を縁取る 3 枚の小膜［＝三尖弁］。
N, N　空静脈の開口の小膜の，下の部分からの繊維。右心室の側面と尖端へ下に引かれる。
O　肉質の部分［＝肉柱］。すぐ上で述べられた繊維が太くなり，丸い形状になっている。
P　右心室のこの空洞は動脈性静脈の開口［＝肺動脈口］に向かう。
Q, R　右心室を作る実質の厚み。

冠状静脈と伴行する動脈の用途

その表面を這う冠状動脈は［図6のD。図10のE、F］心臓の実質の生得熱を和らげ、その枝の分配から、自然の偉大な働きぶりが確かめられる。なぜなら、右心室があって、心臓の実質が他よりもかなり薄く、そのためにそれほど静脈と動脈を必要としない右側よりも、心臓の前側、後側、左側で、これらの枝はより多く、またより大きなものが広がるからである。

心臓の小さな神経の用途

そのうえ、小さな神経[10]［図6のh］は心臓の底に現れ、運動ではなく、ただ悲しみの感覚のためだけに、与えられている。

心臓のより硬い実質の用途

動脈性静脈と大動脈の始まり［図10のS、S付近］に置かれた、むしろ血管が始まるところである心臓の軟骨が心臓の支えになっている、それともこのように言うのを好むならば、骨性の実質が支えになっている、と解剖の教授たちは考えている。また、この実質そのものは、おそらく心臓の覆いを越えていく心臓の四つの血管以外がそこに寄りかかるような支えを持たないのだが、それでもこれらの血管は、（仮に安定の役に立つとしても）心臓の底の残りにとっても、この軟骨性の実質にとっても支えになっていない。

右心室の用途

ところで、心室の責務は次のようなものだと考えられている。右心室［図7、8に示される］は血液を特に含み、主に血液の完成に従事しているため、血液的と呼ばれている。つまり、肺だけのために、至高の造物主の卓越した公平さにより、心臓に彫り込まれたと考えられている。

　肺は、心臓が肺から空気を常に引き寄せることができるように、貯蔵室のように心臓周囲に置かれ、軽くて孔が多く、海綿状で、胸郭の運動に最も従順なようになっているべきである。また肺がこのようであるので、他の器官によって、空静脈[11]が含む血液から、軽くて、空気的で、泡立ち、清められてまったく濁っていない血液が個別に肺だけのために用意されないならば、またそのような血液が好適な栄養として肺自体に導かれないのならば、機能に適した栄養で養われることはありえない。

　この役目に適した器官としては、最も熱く、最も肺に近い内臓である心臓以上のものはない。また、このことにおいて、他のものがそれ以上に公平に肺に仕えることもありえない。

　なぜなら、もし、それ自身の名にかけて、親切にも（即座に倒れこんで死ぬことを望まないならば、常に必要とする）空気を引き込んでくれ、最も従順な奴隷のように準備してくれた肺に、また主に心臓のために作られた肺に、何もお礼としてお返ししていないと想像するならば、そしてまた、心臓が感謝を捧げるために、肺に好適な栄養を作って用意しようと（難なくできるのに）全く努めないならば、心臓はあまりに恩知らずだと思われたはずだからである。

心臓へ開く空静脈の開口の用途

　それゆえ、右心室は、肺とともに与えられている動物では、心臓が広がって膨れるごとに空静脈［図7のC、C、C］から大量の血液を引き込む。この血液を、この心室への孔を用いて精錬する。また、その熱で細かくし、より軽く、後々衝動によって動脈を通って運ばれるのにより適したものにし、最大限の量が心室の中隔の孔を通って左心室へ滲出できるようにしてある。血液の残った分を、心臓が縮んで狭くなっている間に、動脈性静脈［図8のC、D］を通じて肺へと送る。

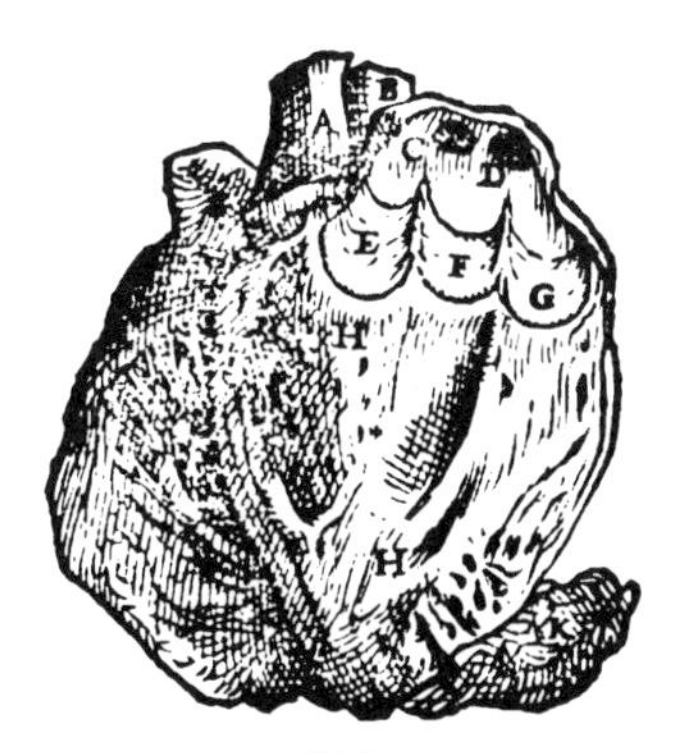

図 8

A　空静脈の喉へ向かう部分。
B　大動脈の幹。
C, D　動脈性静脈の開口。それぞれの文字は各枝の孔を示す。動脈性静脈の幹は最初にこの孔へと分けられる。
E, F, G　動脈性静脈の開口を縁取る三枚の膜［＝三尖弁］。
H, H　両心室の中隔，あるいは右心室の左側面。このようにすることで右心室の空洞全体がはっきりと見えるようになる。
I　空静脈の開口に付着する膜の一枚。
K　ここでは右心耳がぶら下がっている。近傍にある心臓の実質とともに裏返しに翻転されている。

図 9

A　大動脈の幹。
B　動脈性静脈の一部。
C, C　静脈性動脈の開口。
D, D　静脈性動脈の開口にある盛り上がった輪［＝左線維輪］。
E, F　静脈性動脈の開口の前に置かれた二枚の膜［＝僧帽弁］
G, G　上述の膜の浅い領域から左心室の側へ下に向かう繊維。
H, H　心臓の肉質の実質。G で示した繊維が取り囲んでいる。
I　裏返しにした左心耳。
K　心室中隔，あるいは左心室の右側面
L　ここでは左心室の広がりが大動脈の開口にまで達している。
M, M　左心室を構成する心臓の実質の厚み。

動脈性静脈の用途とその構成の理由

なぜ、身体のすべての静脈のうちでこの動脈性静脈だけが動脈の被膜を持つのかは、他の箇所でついでに説明した。[12] 厚く、強く作られているのは、肺と心臓の連続した運動のためであり、（非常に多くを必要としているとしても）栄養として十分である以上に、それが含む希薄な血液を肺自身へと引きつけないためでもある。そして、その連続した運動と熱によって、動脈性静脈へ運ばれてきた血液をさらに精錬し、より泡立つようにするためである、と述べた。そのような血液は、疑いなく、心臓の両方の洞で完成されてから、左心の洞から静脈性動脈を通って肺に提供された血液である。

　これに対し、動脈性静脈は栄養のみに最も有用に携わる器官であり、肺の圧縮と拡張に従って静止し、可能な限り小さな動きしかしないようでなければならないので、自然の偉大なる先見は、身体のその他の静脈よりもはるかに硬く厚くし、圧縮と拡張を行いにくいように作ったということも加えられる。

　このため、動脈性静脈の枝は、静脈性動脈と粗面の動脈[13]の伸びや拡がりを妨げない。他方で、たとえこの枝が従順で容易に広がり、肺が拡大して肺の大きな容量を満たしたとしても、次に肺が圧縮されると、すぐに小さくなり、肺の圧縮によって粗面の動脈の枝[14]に対して大きな嵩のものが生じるのを避けている。

　さて、血管の強さについて話したことで、右心耳［図5のB。図7のF］の用途を求めることができるだろう。

右心耳の用途とその構成の理由

　つまり、強い衝動によって広がった心臓は、空静脈から右心の洞へ、奪い取るように血液を引き寄せる。また、空静脈自身は、肺の希薄な血液とは異なる血液が空静脈から身体の他の部分へ栄養のために滲出するように、動脈の厚くて強い物から成っていない。

そのため、賢き自然が右心耳[15]を作らなければ、静脈はこの心臓の強い引き込みにおいて明らかに破裂する危険にさらされていたことだろう。右心耳は心臓の運動に抗わず、心臓が広がるときに血液でいっぱいになり、含んでいる血液を右心室に注ぐことができる。またそれ自身は引き込みの衝動を弱めようとして心室へ巻き込まれる、心臓にとっての貯蔵室のようなものである。

また、心耳の皮膚のような作りは、軽く、それでいて強固に傷に耐え、心臓の運動に対して抗わず、この用途に適合している。空洞があって物を容れることができ、繊維から作られていて、引き込み、保持、駆出を助ける。また、この繊維を囲む肉も確かに存在する。

心臓の実質と心耳の実質が一致することは、生来の働きによって、心室へのわずかな血液の用意のためにしか役立っていないということを示しているようである。

空静脈の開口の前に置かれた小膜の用途

拡大している間の心臓の空静脈から右心室への血液の引き込みが不首尾に終わらないように、他方では、心臓が縮小している間に、同じ開口[16]を通して海峡のように同じ場所へと押し込まれるので、自然は開口に、三つの膜[17]〔図7のK、L、M〕を空静脈の手前に置いた。これらの膜は、心臓が拡大したら空静脈から心室へ流し込ませ、心臓が縮小したら空静脈へと逆流しないように防いでいる。

なぜなら、右心室が伸びているとき（これは、心臓が短くなり、幅は広く奥行きが深くなるごとに明瞭に生じる）、これらの三つの膜は緩んで心室の側面へと倒れかかり、また血液に対して空静脈の開口を開いて入口を提供するからである。

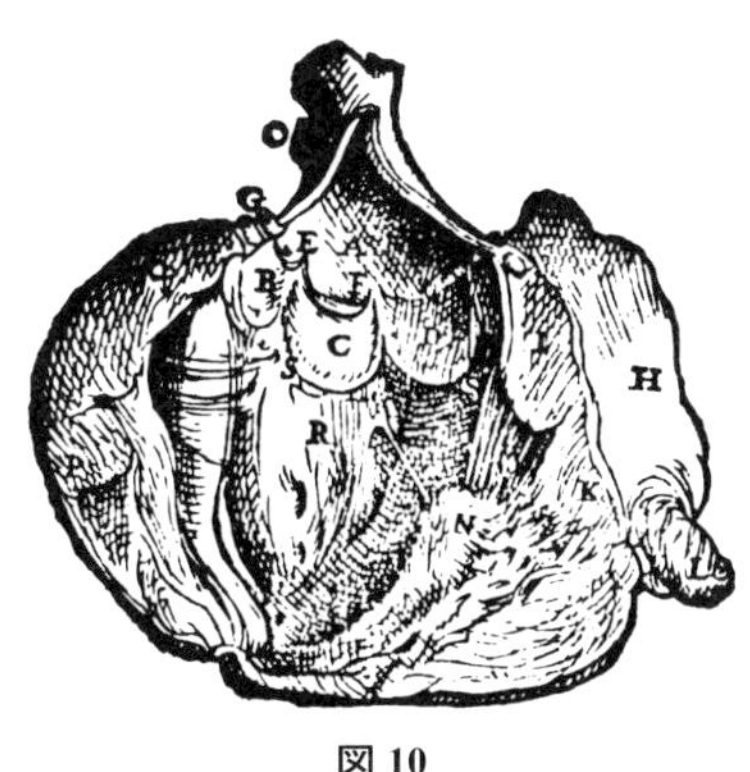

図 10

A　大動脈の開口。
B, C, D　大動脈の開口を塞ぐ三枚の膜。解剖においてよくあるように，三枚のうちのBで示した一枚は真ん中で切ってあり，その一部分は両側に認められる。
E, F　二本の冠状動脈の起始。
G　冠状静脈と冠状動脈の切断された一部がここに現れる。
H　静脈性動脈の開口。
I, K　静脈性動脈の開口に置かれた二枚の膜。
L　内側を裏返しにした左心耳。
M　静脈性動脈膜の開口と出会う膜の，浅い領域から左心室の側面へ向かう繊維。
N　心臓の肉質の実質。直前に述べた繊維が太くなって取り囲んでいる。
O　動脈性静脈の一部。
P, Q　心臓の厚い実質。この実質が左心室をなしているところ。
R　心室の中隔。あるいは左心室の右側面。
S, S　ここでは，大動脈の根に対して，硬い，ほぼ軟骨質のような心臓の実質が見られる。これは，ある種の動物では骨質である。

他方、右心室が縮むとき、あるいは縮小時のように、長くなると同時に狭くなるときは、心臓の尖端が心臓の底から大きく離れるために、膜の繊維と膜自体が引き締まる。心室の尖端がこのようにして狭くなると、膜の繊維も主に心室の尖端に付着し、ひとまとまりになる。またそれゆえに、空静脈の開口の中心を挟んで、それぞれが端のところで接しているために、開口が塞がり、血液が空静脈へと逆に流れ出さないような妨げとなるのである。

ところで、血液自身は心室の側面によって押しつぶされ、この作用を助けている。というのは、空静脈の開口が必要とするとき、膜の後側の基部へ勢いよく向かっていき、膜を開口の中心へと押し、膜を互いにしっかりと閉じるように動かすからである。また、この心室のところで自身がその空静脈の方へ入り込むのを防いでいる。

また、そのとき、動脈性静脈の開口[18]へと近づき、心臓の縮小によって開かせ、血液を肺へ送り出す。しかし、心臓の縮小によって、血液が右心室へと逆流しないように開口の手前に置かれた三つの動脈性静脈の膜[19]［図8のE、F、G］が用心している。

動脈性静脈の開口の膜の理由

というのも、これらの膜は動脈性静脈の起こるところに始まりを持っているため、また上へと向かい、静脈[20]の空洞で止まって静脈の側面へ倒れかかっているために、心臓の縮小において血液を素早く流れさせるからである。また、逆に心臓の拡大によって、真空の嫌悪のために心室に血液が後戻りし、あるいは肺の縮小において動脈性静脈の幹[21]の方へ押し出されて、心臓まで勢いよく注いでいく。静脈の脇を通って下行しながら、静脈の本体と小さな膜[22]の後ろの座の間へ寄っていき、静脈本体と膜の間にある空隙を満たす。したがって、必然的に、血液は膜を下へと押し込み、動脈性静脈の開口の中心へと閉じていき、開口を閉ざすのに好都合なのである。

さらに、心臓が拡大において血液を引き戻し、肺自身も息を吐き出す間に甚だしく縮まれば縮まるほど、動脈性静脈の膜はよりぴったりと開口を閉ざすようにして、血液が心臓に逆流するのを防いでいる。しかしながら、最初の後戻りの勢いに対してまったく何も心臓へ逆流しないようにするほど完全にではない。

左心室の用途と構成の理由

左心室［図9、10に示される］は主に生命精気を含んで、それを作り、また空気を含むので、解剖の教授によって精気的あるいは空気的と呼ばれている。右心室が空静脈から血液を引きこむように、肺から空気を静脈性動脈［図6のG。図9のC、C］へ引き込む左心室は、心臓の拡張によって空気を自身へと引き込み、生得熱の冷却と実質自体の栄養のために生命精気を用いる。

そのため、右心室から左心室へ心室中隔を通して大量に滲出してきたと考えられる血液とともに、大動脈さらに全身へと送られることが可能である。人間の構造が神的なものだと確認できるほどに、心臓の肉がそのような変化の役を任されているということに我々は同意する。

静脈性動脈の本体の理由

さらに、この左心室へと引き込まれた空気の変化から煤のような滓が生得熱自体によって作られるならば、心臓が縮小すると、この滓は静脈性動脈を通って肺へ排出されると考える。これこそが、静脈性動脈自体の構造の、薄い被膜に関する最も重要な原因である。というのは、空気を粗面の動脈の枝から、さらには肺から疲れることなく連続して引き入れなければならないからである。また、他方では、心臓の律動に対応した運動によって、心臓の煤のような残り滓を粗面の動脈の枝へ送り出さなければならないからである。

確かに、他の動脈よりも希薄な本体を備えていなければ、それを行うのに極めて困難が伴ったことだろう。というのは、これらの他の動脈が身体の他の部分に対して、この動脈が心臓にふさわしいと認められているのと同じ用途を果たしているとしても、これらの動脈はそれ自身の大きさに応じて多くの空気（隠された通路ではなく、それ自身の明らかな空洞を通って、心臓から血液とともに運ばれてくる）を、静脈性動脈と同じように引き入れたり、逆に押し込んだりしなくともよいからである。

そのため、これは必然的に、薄い静脈の本体あるいは膜からできていなければならない。しかし、同時に、自然が自らの安全のためにできる限り用心し、確かに（静脈性動脈にとって有害となる）左心室から肺へ長くかかって運ばれることを防ぎ、それ自身の始まりにおいてすぐに分割し、また非常に短い道程でまっすぐに肺へ配分する。そのため、肺の実質によってあらゆるところから支えられてもつれ合い、破裂の危険からより安全になっている。

それから、静脈性動脈の本体の薄さ（これは、特に必要としていないならば、疑いなく自然は避けていたことである）により、肺の栄養に適した他の用途が加わる。この動脈[23]は薄くて精気に富む血液で満たされ、肺に適した血液を供給するが、肺に供給する血液は、非常に厳格で頑固な動脈性静脈がその本体が厚いために、また静脈性動脈と同様の軽くて空気的な血液であるために肺には与えなかったものである。

左心耳の用途

さらに、左の心耳［図6のF。図9のI］は静脈性動脈に付着し、右心耳が空静脈と右心室に役立っていると我々が述べたのと同じ責務を、この動脈[24]と左心の洞に対して果たしている。また左心耳は、静脈性動脈の開口が空静脈の開口よりも狭いのと同じ程度に、右心耳よりも小さい空所として与えられている。次に、空気は血液自体よりも従順であり、そのため、これも一因となり、左心耳は正しく右よりも小さく作られている。なぜなら、空気は容易に引き寄せられるので、静脈性動脈の本体が引き込みの勢いで引きちぎられるという危険は、空静脈のものほどではないからである。

しかし、左心耳が、その大きさにしては、右心耳よりやや肉質で、厚く、脂っぽく、また運動にはあまり適していないということは、心耳が質料の何らかの準備のために心臓に仕えていることと、そして心耳そのものが心臓の洞に対して一定の比率で与えられていることの証拠である。

図 11

A　空静脈の一部。
B　右心耳。
C　大動脈の幹。
D　動脈性静脈。
E　左心耳。静脈性動脈の一部が付着している。B, C, D, E の文字は心臓の底を示している。
F　心臓の尖端。
G, G　右心室。
H, H　左心室。
I, I　心室中隔。あるいは，心臓の，左心室の右側面をなし，右心室の左側面を作りながら右心室へ張り出した部分。

静脈性動脈と大動脈の小膜の用途

さらに、両心耳の用途は等しく、また、用途に関して左心室の小膜は完全に右心室の小膜と一致している。

つまり、二枚[25]［図9のE、F］が静脈性動脈の開口[26]に付着し、心室の中へと引き入れられており、心臓が拡大すると心臓の尖端が底の方へ引き寄せられるために、それら自身の繊維が緩み、また小膜自身が心室の側面へと倒れかかることにより、空気が静脈性動脈から心室へと運ばれるのを許す。他方、心臓が縮んだときは、空気が静脈性動脈へと逆に突進しないための、また心臓の仕事が無駄にならないための障害となっている。

しかしながら、これらの小膜は二枚しかないので、煤のような滓が静脈性動脈を通じて心臓の縮小時に出て行くのを妨げるほどまで機能に関して割り当てられている開口をぴったりと塞ぐことはない。むしろ、大動脈の開口[27]を塞いでいる膜[28]［図10のB、C、D］が、動脈性静脈の開口において我々が述べたことに完全に一致している。実際、これらの膜は、心臓の縮小時に、勢いよく突進していく血液とともに生命精気を大動脈へと流れこませている[29]。しかし、心臓が拡大し、精気と血液が新たに心室へと引き込まれると、血液によって膜が大動脈の開口の中心へ（動脈性静脈において起こることが分かっているように）押しやられ、その心室への逆流を防ぐ。

このように、心臓の構成の説明と、その諸部分の用途について検討するにあたり、私はガレノスの教説に大概は同意している。

解剖学者の膾炙した教説は軽々に同意するべきではない[30]

とはいえ、これらの教説があらゆる点で真理に一致すると私が思っているわけではない。そうではなく、いろいろなところの諸部分の新しい用途と責務を述べるにおいて、私自身これまで疑いを拭い去れず、そのために、医学の第一人者たるガレノスの見解について、かつては爪一枚たりともそこから遠ざかろうという気にはならなかったからである。

研究する人々は、左心室を取り巻く心臓の残りの部分［図9のM、M。図10のP、Q］と同じほど厚くて引き締まって密である心室の間のもの、あるいは隔たり、あるいは左心室の右側の壁［図8のH、H。図10のR。図11のI、I］を、注意深く評価しなければならない。そのため、特に、心臓の血管が大きく開口を広げてその心室の広がりへと分け入る際に、血液の何か非常に微細なものがどのようにしてその中隔の実質を通じて右心室から左心室へ引き渡されうるのかについて、(この場にある孔について考え、また胃と腸からの門の静脈[31]の吸引は忘れないようにしておいたが) 私は分かっていない。

そのため、心臓から空静脈への実際の進行については、単に黙するばかりである。これらのことが真剣に注目されるならば、同時に、動脈の系に関して正当に議論されるべきである多くのことが露わになる。例えばほとんどの静脈は、伴行する動脈なしに、胃、腸、とりわけ脾臓自身へ向かわないこと、門の静脈もほぼ全体がその系において動脈を伴行させているということ、などである。

次に、腎臓の熱を緩和するためだけにそこへ伸ばされてきたとは決して言えないほどの大きな動脈が腎臓に通じているが、生得熱のためだけに、それほど大きな動脈が、胃、腸、脾臓に挿入されたとはもっと言えない。

これらに加えて、静脈と動脈を通じて質料の流入と逆流が相互にあり、また静脈と動脈に質料の重みや重さをまったく加えないことを、多くの証拠から認めるべきである。他に、心臓の小膜は、この上で述べられた用途に従事しているとしても、戻っていく質料のすべてを捉えるわけではない。

しかし、生体解剖では横に心臓が切られて心臓の運動がすっかり止まっても心耳は鼓動し、また胚と新生児において心耳が非常に大きいことから、血管の硬さのためではなく、何かより大きな利益がきっかけとなって心耳が形作られたということが誰にとっても明らかであるはずだ。そのため、また (大動脈の開口と比較された静脈性動脈の開口の広さについて、私はいかなることも吹きこもうとはしていないが)、右心室と左心室を構成する諸部分の厚さにおける相違 [図7のQ、Rを図9のM、Mと比較せよ] の説明は、心室に含まれる質料の場合とは大きく異なっている。

実際、他の解剖学者の広く知られた見解に異議を唱える、少なからぬことが、本書のいたるところで示されている。

それらをすべて報告するのは長くなってしまい、また、(同時にすべてにおいて自分が決して満足できないために) 私自身何も個別に改めないように心に決めたので、空気的な実質を回復させるために設けられた諸部分の記載をここで終わらせることにしよう。すぐ前の巻[32]で食物・飲物・生殖の諸器官の切開を述べたのと同じ流れで、それらについて切開を実行する方法を今は詳細に調べることにしよう。

注

(1) ヴェサリウスは神聖ローマ帝国下のブリュッセルの生まれ。
(2) 心膜のこと。
(3) 第六巻第八章。
(4) 第六巻第九章。
(5) 肺静脈のことであるが、当時は現在の心房を静脈の一部と見なしていたため、左心房と肺静脈を合わせた部分に相当する。左心系の血管はすべて動脈と見なされているが、血管壁の性質が静脈に似ていることからこのような名称が用いられる。
(6) 肺動脈のこと。右心系の血管はすべて静脈と見なされているが、血管壁の性質は動脈に似ているのでこのような名称が用いられる。
(7) 欄外注では、ガレノス『ヒポクラテスとプラトンの教説について』が参照情報として挙げられている。ガレノスは同書第二巻第二章第四節において、身体全体における臍と心臓の位置について論じている。
(8) 心臓下面のことではなく、大血管の基部となる上面のこと。現在の心底と一致する。
(9) 冠状静脈洞とそれに流入する大心臓静脈・中心臓静脈など。
(10) 心臓神経叢からの枝。
(11) 大静脈のことであるが、上大静脈、右心房、下大静脈を合わせたものに相当する。
(12) 第六巻第十二章。
(13) 気管のこと。動脈と訳した「arteria」の原義は「空気を通すもの」であり、気管と動脈はともに空気を通すものだと考えられていた。両者の違いは壁の性質にあり、その表面が滑らかでないものを形容詞「asper」(粗面の)を加えて区別している。
(14) 気管支のこと。
(15) 現在では心耳は心房の一部とされるが、当時は心房を大静脈の一部とみなしていたために、心耳は心臓の独立した部屋の一つと考えられている。
(16) 右房室口。
(17) 開口に置かれた膜は心臓弁および弁尖を指す。ここでは三尖弁のこと。
(18) 肺動脈口。
(19) 肺動脈弁。
(20) 肺動脈のこと。
(21) 肺動脈幹。
(22) 肺動脈弁。
(23) 肺静脈のこと。
(24) 肺静脈のこと。
(25) 僧帽弁。
(26) 左房室口。
(27) 大動脈口。
(28) 大動脈弁。
(29) 初版では、この一文はプラトンの見解だと示されている。
(30) 初版では、この節は「この巻で示されたこと」と題され、第六巻の内容を簡潔にまとめている。
(31) 門脈。
(32) 第五巻は腹部・骨盤内臓を扱い、女性生殖器との関連から乳房も扱っている。第五巻最終章では切開方法を示している。第六巻でも最終の第十六章で心臓、肺と呼吸に関連する諸器官の切開方法が示される。

解 剖 学

10

マルチェッロ・マルピーギ

肺についての解剖学的観察

澤井直訳

解題

マルチェッロ・マルピーギ（Marcello Malpighi, 一六二八〜九四年）は、顕微鏡による観察を人体研究に導入した最初期の医師である。それまでとは異なる微細な組織レベルでの構造および機能に関する新たな知見を提示し、身体の観方を大きく変えていくことになった。

マルピーギはボローニャ大学で医学を修めた後、一六五六年からピサ大学で医学を教えた。その時に同大学の数学教授アルフォンソ・ボレッリ（Giovanni Alfonso Borelli）と出会ったことがアリストテレス主義からデモクリトス主義の哲学に転向するきっかけになり、さらにボレッリを通じてガリレオの強い影響下にあったアカデミア・デル・チメントにも加わるようになった。ボレッリは後に運動器の機械論的な解釈を提示したように、生物研究も積極的に行っていた。ボレッリの自宅研究室では動物解剖が行われていたが、マルピーギもそれに参加し、以降の研究の方法・姿勢を決定づける時期となった。しかしながら、ピサの気候が合わず、一六五九年以降は主にボローニャ大学で教えることになる。一六九一年にローマに教皇インノケンティウス十二世の侍医として招聘され、その地で生涯を終えた。

マルピーギは観察と考察の結果を著書として発表し、ロンドンのロイヤル・ソサエティの『フィロソフィカル・トランザクションズ』にも投稿している。また残された書簡からは、多数の研究者と積極的に情報交換を行っていたことが分かる。

マルピーギの研究対象は多岐にわたる。存命中に公刊された著作は、以下のように分類できる。

肺：『肺についての解剖学的観察』*De pulmonibus observationes anatomicae*（一六六一年）、『肺についての第二書簡』*De pulmonibus epistola altera*（一六六一年）

神経：『脳と舌についての解剖学的書簡』*Epistolae anatomicae de cerebro, ac lingua*（一六六五年）、『触覚の外的器官についての解剖学的観察』*De externo tactus organo anatomica observatio*（一六六五年）

腺、分泌器官：『内臓の構造についての解剖学的考察』*De viscerum structura exercitatio anatomica*（一六六六年）、『球状の腺および同様の諸部分の構造について』*De structura glandularum conglobatarum consimiliumque partium*（一六八九年）

昆虫：『カイコについての書簡形式の論考』*Dissertatio epistolica de bombyce*（一六六九年）

発生：『卵の中の肺の形成についての書簡形式の論考』*Dissertatio epistolica de formatione pulli in ovo*（一六七三年）、『孵卵中の卵についての観察』*De ovo incubato observationes*（一六七五年）

植物：『植物の解剖、第一部』*Anatomes plantarum pars prima*（一六七三年）、『植物の解剖、第二部』*Anatomes plantarum pars altera*（一六七九年）

いずれも、顕微鏡によって観察された構造の記載を含み、実験による機能の考察も行われている。著作には精細な図も多数収められている。また『全集』*Opera omnia*（一六八六年）と『遺稿集』*Opera posthuma*（一六九七年）が編まれている。

ここに訳出したのは、一六六一年に相次いで出版された肺についての二編の書簡のうちの第一編、『肺についての解剖学的観察』である。この二編はともにピサのボレッリ宛の書簡で、マルピーギ最初の著作としてボローニャにおいて出版されている。

ピサからボローニャに戻ったマルピーギはボローニャ大学時代の学友カルロ・フラカッサーティと解剖を行っていた。その間、手紙を通じてボレッリに観察の概要を伝え、適宜助言を得ながら解剖を続けている。その頃から顕微鏡を用いるようになり、顕微鏡による観察の技法を磨いていった。倍率の異なる顕微鏡を使い分け、光の当て方も変えて様々な状況下で観察を行っている。観察する標本は様々に処理した。乾燥・煮沸・空気の吹込み・脈管の灌流・脱気・腐食・水銀や色素の注入を行い、また観察する動物種も使い分けている。

マルピーギがこのような手法によって発見したのは、従来までの肺の構成についての理解を覆すものだった。マルピーギ以前の解剖学者は、肺を肉質の臓器で血液的な性質を持つと考えていた。マルピーギは観察により、肺は無数の膜性の胞、つまり肺胞が集積したものであり、この胞は気管支の枝分かれの終端として開いていることを発見した。さらに、肺の胞の周囲に微細な網状の構造を確認する。

『肺についての解剖学的観察』では、肺の胞についての記述と肺の機能についての考察が主に行われる。注入の結果を受けて、動脈・静脈・気管・肺胞に吻合がある可能性も考慮しているが、肺胞周囲の網状の構造に関しては、それを神経のようなものだとして、それ以上は掘り下げず、肺の機能について、古代から唱えられてきた冷却機能に疑義を呈し、人間生活における様々な実例を援用しながら、肺は血液の諸要素を混合する器官だと述べる。

少し後に書かれた『肺についての第二書簡』では、この網状の構造について詳細に調査した結果が記される。構造が単純で血管が透明なカエルを用い、動脈と静脈をつなぐ微細な血管が肺胞を取り巻くことを示した。これが毛細血管についての最初の報告であり、ハーヴィが血液循環を論証したときに未解決のまま残されていた動脈から静脈への血液の移動を担う構造が明らかになった。

『肺についての解剖学的観察』は最初の著作でありながらも、独自の観察手法を開発して従来の解剖学の理解を覆す理解を打ちたてており、その後のマルピーギの研究を方向付ける著作となった。

翻訳の底本としては、Marcellus Malpighius, *De pulmonibus observationes anatomicae*, 1661 を用いた。本書簡には出版者・出版地・出版年等の記載がない。また、*Opera omnia*, London, 1686 所収の版も参考にした。ほかに、ジェームズ・ヤング（James

Young）による英訳（Malpighi's "De Pulmonibus", *Proceedings of the Royal Society of Medicine*, 1929, 23（1）, pp. 1-11）を参照した。

マルピーギについての研究では、特に H. B. Adelmann, *Marcello Malpighi and the evolution of embryology*, New York, 1966 が伝記と各時期の事績を詳細に記している。解剖についての研究としては、D. B. Meli, *Mechanism, experiment, disease : Marcello Malpighi and seventeenth-century anatomy*, Baltimore, 2011 が詳しい。

最も優秀で学識豊かな人物であり、ピサの名高き数学教授アルフォンソ・ボレッリ様へ
ボローニャの医学教授マルチェッロ・マルピーギより

毎日熱心に解剖を続ける中で、どこかで肺について詳しく調べるようにという神託が届きました。別の機会に、肺は影に隠されているかのように理解されていると私には見えていました。これがどのようなものであろうとも、あなたに伝えるべきだと私は思います。なぜなら、それらの解剖学的な観察において、あなたの卓越した才能ならば、一瞥するだけで事物から真実と虚偽を獲得する幾何学の眼を考察に割り当てることができるだろうからです。これらの見つかったことをより幅広い応用へ導き、あるいは依然として定まらない私の心をあなたの言葉へ結びつけるのは、あなたでしょう。

肺の実質は一般には肉質だと思われています(1)。なぜなら、その起源が血液にあるために、肝臓や脾臓とは変わらないと考えられているからです。またそのために、血液のみで養われた場合に胚の中の肺が赤くなり、したがって、肉質の内臓の混合は温と湿が優勢になっていることをすべての人が認めています。

しかし、より精密な感覚と理性には、実質の性質が正反対だと示しているように見えます。つまり、入念な探求によって、肺全体の塊は血管が伸び出し、非常に軽く柔らかい膜からなるものの集まりだと考えられました。この膜はピンと張りながら湾曲し、壁に広がる蠟によるミツバチの巣の部屋のような、ほぼ無数の丸い胞(2)を形作ります。これらの胞が持つ位置と連絡は、気管(3)からそれ自身に対して、続いて、ある胞から別の胞へと開いた入口があり、最後には包んでいる膜で終わっているようなものです。次のことが、動物から取り出されたばかりの肺において認められました。空気で膨らんだ肺においては、レンズ(4)によって、ほぼ無数の胞の最も外側の面が空気で膨らんでいるのが観察され、また、肺を真ん中で切って空気を抜くと、やや小さくて、それほど目立たなかったとはいえ、同じことが観察されました。空にしてから膨らませた肺では、より明瞭に、そしてより容易にこのことが見出されます。なぜなら、最外側の表面に丸く隆起しているものが現れ、そのどの部分を切っても、湾曲して空洞を持つ派生物が、滑らかでピンと張った膜で作られているのが見られるからです。疑問の念を確信へと変えていただくため、まだ生きている動物から肺を取り出し、肺動脈(5)から管で水を注いで血液をすべて外へ押し出し、水を流して肺の血管を洗ってください。そうすれば、肺の実質全体に水を行き渡らせ、それにより血液が除かれ、直ちに白っぽい透明なものにすることができるでしょう。最初に軽く圧迫して吸い込んでいる水が押し出されるようにし、次に気管を通じて空気を入れて、この同じものが日陰でも日向でも空になるようにしていただくと、光に晒すことで外から透明な丸い物が見えるようになるだけでなく、中を切れば、胞の白い塊があなたの目に現れます。容易に説明するためにできるかぎり拡大して、肺の

内側と外側の領域におけるこれらの丸いものの像を末尾の図［図1］に表しました。そのうち、最も入念にまとめることができたIIの図では、その膜性の胞が気管の終端から形作られているのが見られ、その気管は、末端と側面で膨らんだ洞を作りながら、これらの洞から隙間や様々な胞で終わります。

理性は感覚の無力さを助けてくれるようです。気管から肺へ入る空気は、容易で急激な出入りのために連続した道筋を必要とするため、おそらく、気管の内側の被膜が洞と胞に終わり、大挙してできる海綿に似た胞の塊を作るのです。私には、乾燥させた肺でも同じ実質と色が見られ、気管の最も外側の管に接している丸いものや洞と同様に反射する光沢を示していたように思われます。それどころか、気管の内側面は僅かに湿っていて、当然、空気の最終的な受容と排出をする丸いものでも同じ按配を保ちながら広がり、通過する血液の熱によって乾かないようになっています（というのは、膜が非常に薄く、目が粗いからです）。また、塊がより大きく広がるとともに、すぐに縮小するためでもあります。病気の状態のときのように乾燥した膜はこのようなことが起こることは決してないでしょう。

ここで、一つ確かめるべきことが立ち現れます。すなわち、肺の最外側の小片を光に晒すと、奇網のようなものが広がっている

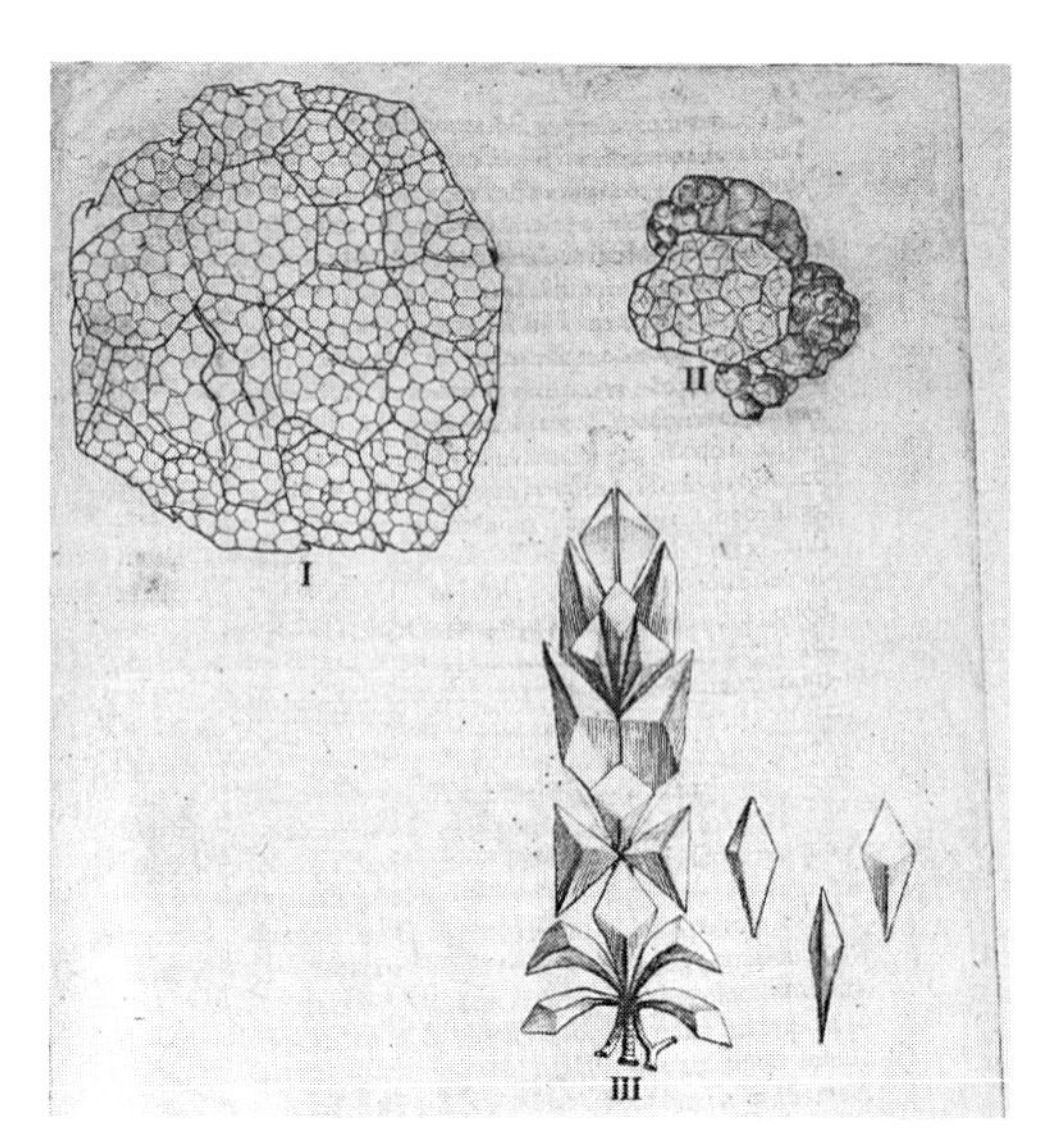

［図1］

I　空にした肺の最外側の小片。網の輪郭を描く。
II　内側の胞と洞。上部で接する間在の一部と一緒に描く。それ以外の始まりと全体の広がりは図では見ることができない。
III　気管と肺の血管の様々な葉による概略。理解が容易になるように，本来の位置から切り離したものも示す。

のが見えます。それについて、膨らんで目立つようになった袋の一つ一つが付加されて結び付けられたのだ、とあなたは言うでしょう。曖昧ながらこれと同じものが切った肺の中でも観察されます。この網が管なのか、それとも胞まで伸びてきた神経状のものなのか、あるいは、最外側を覆う膜に終わる胞の膜性の壁なのかは、私にははっきりとしませんでした。なぜなら、内側では、乾燥して飛び出してきた部分であれ、あるいは、ヘラで軽く削いだ部分であれ、常にこのような網の神経状の枝分かれが見られ、また最外側でも、ある種の光沢と神経に特有な様子の実質が観察されたように思われます。それゆえ、特に、上述のようにその袋が気管の内側の膜から分かれ出たものであることがもっともらしいために、胞の壁に結ばれた神経状の紐であり、気管の枝分かれにおいて見出すような半円の軟骨のように壁に結合しているというのが適切だと私は考えます。肺の塊の区分は、一般には形状と位置から採られています。すなわち、縦隔が介在することによって二つ、さらに人ではたいていは二つの葉に区分され[6]、動物では多数に分けられます。

私は、さらに驚くべき、より内奥の区分を観察しました。すなわち、肺の塊は、固有の膜によって囲まれ、共通の管が与えられ、粗面の動脈からの枝分かれが付着した、無数とも言うべき小葉からなっています。小葉は、半分膨張した肺を太陽光線や光に晒した場合にも得られます。なぜなら、間在[7]が透明なように見えるからです。あなたが少し切開して小葉をさらに辿るならば、粗面の動脈と管に付着する間在を分離させることでしょう。また、気管から空気を吹き入れると、固有の膜で包まれたものを確かめることでしょう。その膜は、慎重な切開によって分離でき、光に晒すと輝き始めます。しかし、これらのものは、肺を少し煮沸することによって、また間在を入念に切開することによって、あなたにはより明瞭になるでしょう。

描かれた小葉の姿を御覧ください。これらの入り組んだ多様な状態をすべて表すことは、いろいろな事情に応じて様々な状態にあるため、私にはできませんでした。つまり、気管は付属する血管とともに、樹木のように、どこへでも枝分かれします。そのような枝分かれによって、肺の最外側の表面で終わる場合はこの面は滑らかで平坦でなければならず、その端の角で終わる場合は、当然、隣接する周囲の枝分かれに結び付けられていなければなりません。それは、これらの小葉が気管の底にも側面にも上端にも結合しているゆえに、気管の底、側面、定められた位置、結合、同じ容量、隔たりが保たれるためです。末尾の図で、顕著でより単純なものとして私がやや曖昧にまとめましたが、これらが展開していく末端ではイトスギの実で示した概略［図1のIII］と類似を見出すことでしょう。

小葉の次には、上で触れた、間在が観察されるはずです。それらがなくて剝き出しになっているところはどこにもなく、間断ない空っぽの空間もありません。なぜなら、多くのものが、互いに平行に、あるいは角度をなしながら伸びてくる膜を有し、その膜は側面に置かれた小葉の最外側の表面からだけでなく、小葉の内側の実質からも広がってくるからです。これらの膜の間に、小葉から出てきた多数の微小な血管が走り、これらの血管は反対側の小葉へと入り込み、これらの膜に受け取られます。また空気が、互いに通じている膨らんだ空洞におけるように吐き出され、空気を一方から他方へと押し込めることができるようになっています。そのため間在は肺の胞の膜と同じであり、透明で非常に薄いのです。

この間在は、そこに位置する小葉によって残されているのと同じだけの広がりを持ち、大きな動物では横方向はほぼ指半分の幅に等しいのですが、自然による小葉の区分と結合だけのためだとは私は思っておらず、おそらく間に入り込んだ空気によって、覆われている小葉を四方から押し込んでいます。そのため、圧迫の勢いが強まり、結果として血液性の物の混合を助けているのです。

さらに、ギリシャ語でヒュダティス[8]と言われている水胞を、これらの間在で頻繁に見かけました。また、年老いた動物や病気で死んだ他のものでは、ある黒い点を見かけました。この点は薄い線で引かれたかのように、間在の広がり全体を目立たせ、おそらく、最小の小葉の吐出口のような逃げ場だと考えています。同じ黒ずみは、粗面の動脈の側面に連なる腺でも認められました。

三種類の管が肺の実質を通って広がっていくことが知られています。その用途は様々であると考えられていますが、今は、その多様性、大きさ、不一致について書くことにいたします。粗面の動脈、肺静脈と肺動脈の枝については、同じように枝分かれしたものが編み込まれながら、肺の実質全体に延びていきます。私は、それらの管の混ざることのない明白な区別が、いかに最小のものまで続くのかということだけをあなたに伝えようと思います。この最小のものは、他にも液が滲み出すところを少し剝離することでやや曖昧ながらも得られ、私にとっても容易なのですが、大いに楽しみながら集めることになりました。イヌの小さいながらも薄く伸びた肺で、葉を取り、この葉を圧迫して空気をすべて抜いて、太陽光線に晒すと、粗面の動脈の管が、さらに血液が空になったために動脈[9]の枝が明らかになることでしょう。これらすべては、隣接する小葉と一緒になって、ポリポディウム[10]と類似していることでしょう。ここでは、感覚は鈍くとも、多少の不自由と苦労をすれば、より入念な描写を得ることでしょう。あなたが肺動脈にその葉の基部の露わになった幹から空気を吹き込んで縛ったとしても、このことに出くわすでしょう。つまり、非常に小さな浮き彫り彫刻のように、浮き上がった動脈を見ることでしょう。また、樹木の枝々のように小管が現れます。もし、形の整った像がよろしければ、水銀を流し込むと、極小のものまで銀色になった枝分かれが見えることでしょう。

これらの管が洞やその他のところで互いに吻合を持ち、血液が連続する流路によって静脈によって吸い込まれるのかどうか、あるいは、すべてが肺の実質へ開いているのかどうかは疑わしく、このことがこれまで私の心を悩ませてきました。そこで、解明するために、無駄になるとしても、何度も何度も空気や様々な染料で試してみました。しばしば、肺動脈から管で入れた黒い水が多くの部分から噴出するのを見たからです。つまり、軽い圧迫によって、覆っている膜から滲出し、一部は間在に貯められ、大部分は血液と混ざって肺静脈を通って噴出していました。また、さらに驚くべきことに、肺のどこを圧迫しても、気管を通って、薄くなって色が落ちた染料が同じ膜から外へ出てきます。さらに、同じ肺を乾燥させると、胞と洞の壁全体が黒くなって現れます。

水銀を入れても同じことが起こるのが見られるでしょう。なぜなら肺動脈が一杯になると、水銀は末端の枝分かれまで流れていき、軽く外から押すと、覆っている膜から出てきます。また、間在との出入口ができると、ほぼすべての水銀がそこに集まります。さらに乾燥した肺では、他は白っぽいのに、様々な不規則に赤みを帯びた胞が認められます。そういうわけで、これらすべてのことから、自然な経路のようなものは認められません。なぜなら、入り込んだ液体はそれぞれで多数の通路を開通させ、それは健康な状態では見慣れないからです。そのため、水腫、吐血、肺労、喘息、膿胸が肺でのちょっとした原因によって起こるとしても不思議ではありません。

　肺の用途について古代から多くのことが考えられていること、またそれらについて、特に、冷却に関して多くのことが問われていることを承知しています。この冷却の主要目的として、心臓は送風を求めるのに、その熱が想定を超えていることに抗うためだと言われています。このため、これらのことは別の用途の探求に興味を抱かせました。私が付言することから、おそらく肺は血液の塊を混ぜるために自然によって作り上げられたと考えます。ところで、血液として私が理解しているのは、広く知られた、両方の胆汁[11]、血液、粘液の四つの体液がまとまったものではなく、静脈と動脈を流れる具体的な総体としての血液です。この血液は、ほぼ無数の粒子からなりますが、それらすべては、我々の粗い感覚では、多少類似した二種類の部分として理解することができます。つまり、一般に血清と言われている白色の部分と赤色の部分です。

　本来、長い言葉を連ねて、自然において与えられた物体についてあなたを納得させる必要はないでしょうが、物体はそれ自体の始まりから流動性を与えられていたのではなく、容易に結びついて一つになることが可能な微小な部分を持っています。そのために、非常に大きな力によって分かつこともできますが、実際に分かたれたときには互いに結びつこうとします。さらに、物体は、非常に簡単な労力だけで間に入りこんできた他の物体と混合して流体となります。これは、まず、火で溶かされた金属やその他のものにおいて見られます。次に、酒石においても見られます。これは水に溶けて混ざり、流体になると目立たなくなりますが、結合したものは石の硬さを持ちます。さらに、王水、酢などの分解するものの中に入れると、より硬い金属を流動性を持つものにできます。いや、さらに驚くべきことに、陶工によって臼で磨り潰されてから火にかけられた鉛と錫におけるように、諸部分の非連続性だけから非常に乾いている物に流動が生じます。もちろん、我々の感覚の粗雑さは、細かい砂の微小な粒を水のようだと思い、それ自体が流れると信じるほどでもあります。

　また、血液の塊には、容易に一つにまとまり、ときには硬さにおいて石にも匹敵するほどに固まる部分があることは疑いありません。このことの証拠は血液の赤い部分です。この部分は、血清から分離されると、一定の形の小片へ砕けやすいのですが、乾燥すると石のような外観を示すほどになります。さらに、薄い色の乳清のような物質の部分を火で濃縮すると透明になり、時間が進むと激しい結合によって骨のようになります。それゆえ、これらの粒子を互いに混合すると、当然、全体として流体のようになります。なぜなら、第一に、水的な物質との混合のために血清には流動性があるからです。鍋から噴き出す際に知覚可能な蒸発がこのような物質の存在を示していますが、もし、血清を濃縮すると、尿が呈するような匂いと味の液体が蒸留器の中で血清から分離されます。この液体は濃縮した血清とほぼ等しい分量を保ち、つまり、水的な血清から大量に抽出される胆汁や様々な塩が溶け込んでいて、そのため、当然血清と混ぜられたものは流動性と諸部分のより強い溶解を引き起こします。この乳清のような白い部分からは、別の赤い部分の流動性も生じます。これは、対照させることで、切開した静脈から取り出された血液において明白に分かります。つまり、分離された赤い微小なものは、おそらく外からやってきた熱い粒子によって運動へと駆り立てられ、類似した粒子と結合されます。また、乳清のような物質は四方八方から押されて丸くなって分離されます。これと同じことが、硬い腫瘍、そして一般にメランコリアあるいは黒胆汁に由来すると見られている黒い粘液が凝縮した場合に、生体において起こることが観察されます。このこと全体は、日常の［血入りの腸詰作りの］経験から確かめられます。女性はまだ生きている動物から出てきた血液が分離して固まらないように、指や棒で潰してかき混ぜるようにしています。つまり、白い部分と赤い部分の強い混合が続くようにしているのです。

　それゆえ、自然は、これらの混合が最良のものとなるように、白い部分の最小のものが間に入り込んで赤い部分の最小のものに接し、安定して混合されることによって血液の塊が更新されるように、肺を作ったのです。解剖学者たちによって広められたことが、これらのことに光を当ててくれます。つまり、周縁全体から戻ってきた、血清であまり薄められていない血液が、介在する肺動脈によって肺へと運ばれることは周知のことです。さらに、介在する胸部の管[12]によって粥状の物質、つまりバルトリン[13]におけるリュンパが運ばれますが、これは血液の白いものと同じものです。右心室では、粗い混合でなければこれらすべてのものを引き受けることができないので、接している肺へとさらに広がっていくのです。

　肺の構造は、しっかりとした混合が可能なようになっています。つまり、血管の枝が肺の塊全体に最小のものにまで行き渡り、そのため、いろいろな区分において、ここからあそこへと伝えられていく間に、含まれる実質が打ちつけられたかのようにして細かくされ、血管の分岐と混ざり、同時に、胞の中に刻み込まれた空気によってこれらの実質がこねられて、一つの性質のものへとうまく融合します。これらの胞は四方から血管を取り囲み、空になったり、満たされたりしながら、物質全体を交互に間断なく押すことで、完全に混ぜ合わせることができます。穀粉が塊にされるときに、私たちは同様のことを目にしています。しっかりと混ざるように手で何度も何度も叩きつけているのです。

　この真理を、鰓として形作られている魚の肺で追求しました。[14]これらの鰓は、互いにもたれかかる多数の半円状の棒[15]からなっています。肺[16]の血管は、それ自体が非常に細かく枝分かれをしながら、この棒の先端まで延びていきます。その先端は、空気よりも大きな嵩の水を四方から受け入れるように配置されています。この水は、骨性の鰓蓋による圧迫の力で棒を押しつぶし、伸びてきた血管と液体における混合と運動が十分に確保されるようにしているのです。それどころか、粘液が絶えず簡単にそこから奪われていくために、他の場合には腎臓と発散を通じて出て行くものが、この圧迫によって押し出されていると考えても不適切ではありません。さらに、孵卵中の卵でも証拠が得られます。つまり、臍の末端の枝分かれから卵白と卵黄へ、細かい網を描くように非常に小さな物へ分かれていきます。実際、無数の枝として液体あるいは混合液へと終わるこの網によって、運ばれてきた血液の最小のものが、続いて導かれてきた体液と混ざり合います。これらのことやあなたに別の手紙で示しました同様のことから、肺の働きが有血動物においても卵の中で寛いでいるものでも必要であることを認め、また、女性において臍の血管が最終的に終わる子宮の杯[17]と呼ばれる、ある種の塊を見たときにも、この塊が肺の身代わりだと矛盾なく考えました。つまり、延びていく血管はこの塊を通じて同じように枝分かれしながら進んでいくのであり、母体から滲み出てくる白い液体は臍動脈を通じてやってくる大量の血液とすっかり混合されているために、作られた血液が心臓に再び戻り、そこで体のすべての中身へと進んでいくのです。

最小のものの結合に続いて、血液中で安定した混合と流動性が生じるだけでなく、同時に、引き入れられた物質からの醸成を介して、血液の塊の回復が起こり、熱が生じ、ますます粒子の自由が導かれます。これらのことの証拠は、臍の血管を通って入って来た血液との混合による、孵卵中の卵の卵白と卵黄における混合液と膨張です。その血管が曲がりくねるなか、まだ肝臓が活力を持っていないときも、運ばれてきた醸成中の血液の助けで新たな血液が生じます。これと同じ動きを、我々自身の中でも感じられます。食事の直後に、十分な栄養によって肺の膨らみが感じられ、熱や脈の増加、頻繁な呼吸が引き続きます。私自身は特に野菜と豆によってこのような張りを感じます。その張りのあとに今度は何か酸っぱい膨満した液体が入り込んできて、私自身と近くにいる人に対してまもなく心臓での動悸が起こると予測します。それが起こった後に、曖昧な発作が取り除かれます。この醸成は消耗熱においてより明瞭に現れます。消耗熱では血液が適正以上に酸っぱくなり、そのために運ばれてきたものが動脈を通って向かっていく諸部分を分解して溶かすだけでなく、熟成が進むと血液的な諸部分に自由と運動をもたらして、結合と栄養付与を遅らせ、無数の粒子が、無感覚なままに皮膚を通して、また、感覚を及ぼしながら腎臓、鼻、腹を通して、大量の排出によって外へ出て行きます。それどころか、肺自身はこの仕事全体が行われるほぼ最初のもので、この激しさをはっきりと感知します。そのため、乳、大麦、蝸牛、入浴、オリーブなどによって、単に過度に膨らんで運動が妨げられるだけなのに、この醸成の活動が抑制されることは不思議ではありません。それゆえ、これらの消耗熱の人では、食後に新たな粥状のものが肺に到ることで、熱が高くなり、それから明らかに熱病になります。また弱まった血液が多く入り込むことで、特に頬が赤くなります。要するに、同様の場合において起こることから、肺の構造と通路が侵食され、また胸部の内側あるいは粗面の動脈へ開いているものは適正以上に開かれます。そのため、あるときは血液が、またあるときは白く薄い部分だけが、熱で固められ、唾液によって吐き出され、ときには胸部内で集められるのです。この醸成の必要性と重要度は非常に高く、何らかの理由によってあるべきように醸成が行われていない女性では、血液の白い乳清のような部分が、肺に異常を起こさずに増加し、赤いものはほぼ消えてしまいます。このことは、切開した静脈からの血液を調査すれば誰でも試すことができます。また色、無気力、体の消耗によっても確かめることができます。むしろ、自然が固定した時間を取り決めたので、健康な女性では一月ごとに通路が開いて、月ごとの排出を繰り返します。これらすべてのことから、実際の熱の起源を理解することは難しくはありません。他のものから分解された熱い粒子が運動に駆り立てられ、それが我々に熱の実際の感覚を招きますが、このことは醸成においてよく示されています。

これらの用途に対し、同様に必要な他のものも付け加えることができました。すなわち、肺は、心臓に連続的に次々と血液を供給するための血液の貯蔵庫のようなものとして自然によって作られたのであり、血液が全身への不断の循環によって駆り立てられ、すべてのものに生と運動が分配されます。このことは、他の人たちによっても触れられているので、その代わりに以下のことを加えるだけにしましょう。つまり、まだ生きている動物の胸を開き、管で空気を入れて潰れた肺を再度膨らませると、空気によって作られた圧迫によって左心室に血液が流れ込み、ほぼ消えかけていた心臓の運動が復活するのです。また、実地も同じことを確証してくれます。つまり、肺の血管や心耳が詰まると、最初に不均等な脈が現れ、最後には死んでしまいます。肺は動物の生にとって非常に重要であり、たいていの病気は肺そのものから起こるか、あるいは肺自身で終わるということは、常に正しいのです。

解剖の目的のためになされた観察から、これらのことを集めることができました。この仕事を、ほぼ視覚が逃してしまうほどの非常に小さいもので行うのでなかったならば、その分だけ、より確実に重要なことを確認できたでしょう。今後も変わらぬご厚誼を賜らんことを。また貴方様のご長寿を祈念いたします。

注

(1) ヴェサリウスは『ファブリカ』第六巻第七章において、「肺の実質は、柔らかく、海綿状で、疎で、軽く、空気的で、泡だった血液によって泡だっているかのような、あるいは多数の血管の枝が豊富にある血液的な塊であるような、肉である」と述べている。

(2) 原語は alveola。肺胞のこと。

(3) マルピーギは気管に対して「trachea」と「arteria aspera」(粗面の動脈)の二つの用語を用いる。

(4) 原語は perspicillum。

(5) 原語は arteria pulmonaris。ハーヴィ以降、トマス・バルトリン(Thomas Bartholin)の『改新解剖学』*Anatomia reformata*(一六六六年)などの解剖学書で、伝統的な「動脈性静脈」に代わって用いられるようになった。「arteria pulmonalis」と綴られることもある。

(6) ヴェサリウスもヒトの肺は左右それぞれが二つの葉を有すると記している。『ファブリカ』第六巻第七章。

(7) 原語は interstitium。肺胞周囲にある間質や間隙を指している。

(8) 原文表記は hydatis。ギリシャ語の ὑδατίς の転写。

(9) 気管のこと。

(10) シダ類の一種。

(11) 黒胆汁と黄胆汁のこと。

(12) 胸管のこと。ジャン・ペケ(Jean Pecquet)が一六五一年に初めて報告した。乳び槽から起こり、胸部後方を上行して左側の鎖骨下静脈と内頸静脈の合流部に流入する。

(13) トマス・バルトリン。注5を参照。

(14) アリストテレスは魚は肺を持たずに、鰓を持つと記している(『動物部分論』3, 6, 669a 3)。

(15) 鰓弁。

(16) 魚類の鰓のこと。

(17) 胎盤。

発生学

11

ウィリアム・ハーヴィ

動物の発生（序文）

澤井直訳

解題

ウィリアム・ハーヴィ（William Harvey, 一五七八～一六五七年）による血液循環の論証は、近代的な生理学の幕開けを告げる出来事だった。古代からの体液運動理論を否定して新たな理論を提示したハーヴィは、科学革命を象徴する一人として捉えられてきた。

　ハーヴィはケンブリッジ大学で学んだ後、当時の最先端の解剖学教育を行っていたイタリアのパドヴァ大学へ赴いた。パドヴァ大学では外科と解剖学を教えていたヒエロニムス・ファブリキウス・アブ・アクアペンデンテ（一五三七～一六一九年）から強い影響を受けた。帰国後は国王のジェームズ一世とチャールズ一世の侍医として臨床で活躍する一方、一六一五年からは外科医向けのラムリー講義の講師として解剖学を中心とした講義を行った。この講義を行いながら、心臓の運動についての研究を進め、一六二八年の『動物における心臓と血液の運動』*Exercitatio anatomica de motu cordis et sanguinis* において血液循環を提唱し、一躍国際的に注目されるようになる。オックスフォード大学のマートン・カレッジ学寮長となり、清教徒革命の混乱によりロンドンに戻り、存命中に血液循環理論が広く受け入れられていくのを見届け、ロンドンで生涯を終えた。

　ハーヴィの最後の著作が『動物の発生』*Exercitationes de generatione animalium* である。出版は一六五一年であるが、長年発生についての研究を続け、書き溜めてきたことが知られている。アリストテレスやファブリキウスが行ったように、ニワトリの発生過程を時間を追って観察して、発生に対する雄と雌の関与を明らかにし、血液からなる小さな「跳躍点」（punctum saliens）から心臓そして身体の各部が徐々にできていく過程を詳細に記述した。この過程を、身体は「後成によって」（per epigenesin）形成されると表し、十七世紀後半に議論された後成説・前成説論争の発端となった。また、シカの発生の観察から、胎生動物と卵生動物の発生過程の類似性を明らかにし、さらに、生物全体が何も分化した構造を持たない「卵」（ovum）から出発して後成によって形成されていくと確信し、「すべては卵から」（ex ovo omnia）と表される発生原則を提唱した。

　ハーヴィの『動物の発生』は発生学史上の最重要研究の一つであるが、ここに訳出した序文は発生学以外の面からも注目されている。この序文において、ハーヴィは発生研究を進めるための方法論を詳述する。この方法論は、いかにして科学的知識を獲得するかという問題にも踏み込んでいる。『動物における心臓と血液の運動』および、血液循環に対する反論への再反論として一六四九年に出版された『血液の循環について』*Exercitatio anatomica de circulatione sanguinis* ではそのような方法論について触れられていないため、この序文はさらに重要なものとなっている。この序文の分析を通じて、血液循環を発見したハーヴィの方法論・認識論を明らかにし、さらにこの時代の新たな科学の発展を推進した要因を把握するための手がかりが得られると考えられている。

血液循環の発見者ハーヴィの方法論・認識論であるゆえに、それ以前の医学者とは異なる、新奇で現代にも通じる議論が展開されていると予想・期待されるが、セネカの書簡集とガレノスを引く以外はすべてアリストテレスを援用して論を組み立てている。ハーヴィは徹頭徹尾アリストテレスに従い、アリストテレス解釈の一形態を提示しているのである。

ところが、ハーヴィは『分析論後書』、『自然学』、『動物発生論』から引用したと記しているにもかかわらず、正確な引用情報を記載しておらず、この点も研究者を悩ませてきた。『分析論後書』から引用したと記している箇所が『形而上学』からの引用であったり、またアリストテレスの言葉だとしている箇所がアリストテレスに対応する部分がなく、『分析論後書』の論旨の要約であったりすることも注意が必要である。C・B・シュミットによる丹念な調査により、ギリシャ語原典からではなく、当時広く使用されていたジュリウス・パキウス、ベッサリオン、テオドール・ガザのラテン語訳を参照したことが明らかにされている。

ハーヴィは最初に、当時注目を集めていた解剖学の成果を引き合いに出し、自身の眼で観察することの重要性を確認することから始める。続いて、観察した結果から学知を得るための道筋を述べる。ハーヴィによれば、学知を得る道筋は一つしかなく、それは知られていることから知られていないものへと、あるいは明らかなことから曖昧なことへと進む。他方、学知というものは普遍的な概念の獲得を目指すのに対し、人間は普遍的な概念・理論から個別的な事象を推論する。しかし、知性による普遍的な概念の理解は、感覚による個別的な事象の把握に基づかなければならず、ハーヴィは個別的な事象から普遍的な概念を理解することを説明する必要があった。

ハーヴィは知識獲得の流れを次のように説明する。五感による感覚から出発し、そこから個別的な明晰な知識が得られ、さらにそこから普遍的な入り交じった知識へと進んでいくのである。そして、混沌とした知識は不断の分析によって明晰になっていく。特にセネカの書簡におけるイデアとイドス（＝刻印、心象）の相違についての議論を引用し、個別的に現れる感覚可能なイドスこそが認識の出発点になると詳細に述べる。また先立つ認識がない状態から、感覚によって捉えられたものが記憶され、記憶が積み重なって経験として蓄積され、経験から普遍的な理論などが導かれる。

この一般論を発生研究に応用するにあたり、卵の中の胚の変化を経時的に観察することの重要性を述べるとともに、時間を遡ることによってより根本的な原理や原因へと至ることができるとしている。ここでも、師のファブリキウスが類推によって誤った理論を導いた例を挙げながら、直接観察することの重要性を強調する。

このようにハーヴィはアリストテレス主義的な知識獲得の方法論を展開しているが、若き日に学んだパドヴァ大学のアリストテレス主義者からの影響が指摘されてきた。特に時間を遡及して原因を探る方法はザバレッラ（Jacopo Zabarella）の「遡及」（regressus）と類似しているとされるが、パドヴァのアリストテレス主義者とは異なり、ハーヴィは三段論法に重きを置かないという相違もある。近年では三段論法の扱いや用語法について、フラヴェル（John Fravell）などのイギリスのアリストテレス主義の影響も考えられている。

翻訳の底本として使用したのは、*Exercitationes de generatione animalium*, London, 1651 の初版である。同じく一六五一年のアムステルダム版、十八世紀に出された全集 *Opera omnia*, ed. Collegio Medicorum Londinensi, London, 1766 も参照した。

ハーヴィについての研究は膨大にあるが、特に発生学および知識獲得論に関係するものは以下の文献である。G. Whitteridge, *Disputations touching the generation of animals by William Harvey : Translated with introduction and notes by Gweneth Whitterdige*, Oxford, 1981（英訳および解説）; W. Pagel, *William Harvey's biological ideas : selected aspects and historical background*, New York, 1967 ; C. B. Schmitt, "William Harvey and Renaissance Aristotelianism : a consideration of the Praefatio to De Generatione Animalium (1651)," *Humanismus und Medizin*, Weinheim, 1984, pp. 117–138.

序文

寛大なる読者よ、多くの人が私に求め、執拗に求める者もいたので、解剖学的な切開によって動物の発生について観察できたことを、真理を求めてやまない人々への尊敬と有用性のためにここに考察として提示したとしても、（あらゆることが、哲学者であれ医学者であれ、権威たちの教えと大きく異なっていると見出したのだから）不愉快にはならないことと期待する。

すべての医学者はガレノスに倣って、胚は、性交で混合した雄と雌の種子のうちのどちらが優勢であるかに応じてどちらかに似て、雄か雌として生まれる、と教えている。雄の種子が作用因で、雌の質料の役割を補完すると教えることもあれば、その反対だと教えることもある。

しかし、（自然の、最も詳細なる探求者たる）アリストテレスは、発生の始原は男性と女性であり、後者が質料を、前者が形相を与える、と主張した。また、性交直後に、子宮の月経血から生命的な始原、すなわち未来の胚の最初の部分（つまり有血動物の心臓）が形成されると主張した。

これらが誤りであり、でたらめな物言いであることは、（解剖という光が当てられると）暗闇の幽霊がすぐに消えるように簡単に明らかになるだろう。また読者よ、あなた自身が実地検証[1]によって、それとは反対のことの方が理に適っていると自身の眼で確かに見出したなら、同時に、事物自身の吟味ではなくて他人の注釈で教わることがどれほど危険であり、それどころか恥ずべきことかが分かったなら、面倒な反駁を必要としないだろう。何より、自然の書物は開かれていて手の届くところにあるのだから。

それゆえ、この私の動物の発生についての考察においては後世の人々が、確かな、したがって明白な真実だと認めるのかどうかは、その裁定に委ねたい。また、とりわけどのような探究の方法を用いたかを開示することで、熱心な人に対して、入手すべき学知への新たな（霊魂が私を惑わせないならば）より確かな道を提示しているのかどうか、ということも人々の裁定に委ねることにしよう。

なぜなら、自然を探究するにあたって事物そのものから教えられるのは、書物を繙いて哲学者たちの見解から教えられるよりも、新しく困難な道程であるのだが、前者の方が自然哲学の神秘へと開かれていて、欺瞞に通じていないことも認められるべきだからである。

また、我々が生きているということは我々の心臓のたゆまぬ活動によって生じているということ自体を自らの心で熟考しさえすれば、労苦が誰かを躊躇させるのが正しいということなどあろうものか。実際、我々が過ごすのと同じ時代で怠惰に浸っている多くの人々が労苦と銅貨を費やして個々に理解しようとせずに、愚かにも（あるいは過失によって）群れをなして誤ることを好むのでなければ、この道程は寂しく孤独のものではないだろう。なぜなら、（我々も勤勉さを讃える）古代の哲学者たちは正反対の道程を辿り、絶え間ない労苦によって事物の様々な証拠を探して、はっきりとした光を熱意ある我々に与えてくれたからである。この限りでは、我々が哲学における疑問の余地のない選りすぐりのあらゆるものをほぼ持っているように、それらの道自体は古代のギリシャ人の勤勉さのおかげで我々へと伝わってきた。しかし、彼らの発見に満足し、怠惰のゆえに、これ以上は何も見出せないと我々が信じている限り、鋭い知性は活気を失い、我々を教え導いた灯りを絶やしてしまう。すべての真実が古代人によって先んじられたのではないことは、他の学芸は言うまでもなく、解剖学者たちによって最近発見された知られるべき多くのことに無知でなければ、誰もが確かに認めるだろう。このようなことは、特に次のような人たちによってなされた。つまり、何かに大いに没頭していたのに、たまたま他のことにものめり込んだ人、あるいは、自らの眼で自然の導きに倣って迂遠であっても最も着実な足跡を辿ることで、ついには真実の頂点に達した、より賞賛に値する人である。このような成功した仕事においては、疲れも消耗も甘美なものである。そこでは、探究の倦怠感も考察の喜びで十分に相殺されるだろう。我々は新奇なものを求めて、他人から聴いたことを自分自身の眼で眺めるために、遠くの見知らぬ地に旅立つものである。しかし、たいていそこでは「現存が名声を減ずる」(2)のである。それゆえ、自然のこの広大かつ見事な平野では、約束されたもの以上に支払ってくれるのだから、他人が書いたものを信じて、そのために不確かな問題を銘として打ち付け、難解で詭弁だらけの問答を織りなすことは恥じるべきである。自然自身が移ろいゆくものである。そして自然が我々に示した道が辿られるべきなのである。なぜなら、そうすることで我々の眼を頼りにして最小のものから始めても、より大きなものへと歩みを進め、ついには自然の最も深遠な神秘へと入り込むだろうから。

認識を獲得する仕方と順序について

学知のためには、せいぜい一つの道しか開けていない。つまり、より知られていることからより知られていないことへ、明白なことから曖昧なことへ、我々は理解を進める。さらに、普遍的なことが我々にとって特に可知的である（つまり、普遍的なことから個別的なことへと推論することで学知が生ずる）。しかし、理解において普遍的なことの把握は、我々の感覚における個々のものの知覚から起きる。そのため、アリストテレスの主張はどちらも真なのである。『自然学』では次のように述べている。

> 我々にとってより可知的で、より明晰であるものから、自然においてより明晰で、より可知的なものへと進む道が、自然的に置かれている。つまり、同じことが、我々にとって可知的で、かつ端的に可知的ではないからである。それゆえ、この仕方で、つまり自然においてはより不明瞭であるが、我々にとってはより明晰なものから、自然においてより可知的で、より明晰なものへと進んで行かなければならない。ところで、我々に

とって最初に明解で明白なものは、むしろ混沌としているものである。それゆえに、普遍的なものから個々のものへと進むべきである。というのは、全体的なものは、感覚に従って知られるものであり、普遍的なものは、全体的なものであるから。[3]

また『分析論』では次のように述べている。

個別的なものは我々にとって可知的で、感覚にとってはより先にある。なぜなら、より先に感覚になかったものは、何も理解のうちにないからである。また、推論形式によって立てられる推論は自然的に最初で、より可知的だとしても、我々にとっては帰納によるもののほうが明解である。それゆえ、我々は普遍的なものよりも容易に個別的なものを定める。というのは、普遍的なものにはより多く曖昧さが隠れているからである。このため、個別的なものから普遍的なものへと進むべきなのである。[4]

今我々が語ったことは、一見すると相反するように見えたとしても、一致している。なぜなら、普遍的なものは最初に個別的なものから感覚によって引き出され、普遍的なものが全体的で区分されていない限りでのみ、全体的なものが我々には感覚によって可知的だからである。つまり、すべての認識において、我々は感覚から始めるとしても、(引用箇所の哲学者のように[5]) 感覚可能な個別的なものは感覚にとってより可知的だからである。しかし、感覚知覚自身は普遍的である。なぜなら、(よく心を凝らせば) 我々が感覚している間は、個別的なものが外部感覚器の中にあるからである。例えば、眼の中のオレンジの色である。そこから、内部感覚器によって抽出され、判断され、理解されたものは、普遍的なものである。したがって、同時に多くの人が、同じ対象から様々な形質を抽出し、様々な思念を抱く。画家と詩人において、見ることは、まさにこのように起こっている。同時刻に、同地点で、その他のすべての状況が一致していて、ある一つの同じ対象を目にしたとしても、各々が異なる形質を表象として抱くのに応じて、それ自体を各々異なる仕方で語って記す。そのため、ある顔を描こうとするどの画家も、たとえ千回それを行おうとも常に異なる顔を描く。その顔は互いに異なるだけでなく、最初の手本とも異なっている。しかし、それぞれを別々に眺めれば同じだと思うほどに、その相違は小さい。だが、並べてみた場合には多くの不一致がある。このことの原因は次のとおりである。つまり、視覚あるいは見る行為において、個別的なものは明晰かつ明確だからである。しかし、次に、眼を細めるなどして、遠ざけて見えるようにすると、表象に抽出され、あるいは記憶に保存される同じものは、曖昧で不明確に見える。また、個別的なものとしてではなく、何らかの一般的で普遍的なものとして把握される。

この精妙さをセネカは、プラトンの意見に従って非常に見事に説明している。

イデアは、自然によって生じるものの永遠の手本である。この定義について、あなたにとって問題がより明らかになるように、解釈を与えることにする。私があなたの肖像を描くとしよう。あなたという絵の手本を私は有していて、心はその手本から作品自身に盛り込む何らかの性質を摑む。そのため、私に顔を教え導き、似姿が引き出されるものが、イデアなのである(6)。

少し後では、

少し前に、画家の肖像を持ちだした。画家は、ウェルギリウスの彩色画を作ろうと、その人のことを見つめた。ウェルギリウスの顔がイデアであり、将来の作品の手本である。そこから芸術家が引き出し、自身の作品に盛り込んだのは、イドスである。何が異なっているのか、とあなたは尋ねるだろう。一方は手本であり、もう一方は手本から得られ、作品に盛り込まれる形相である。芸術家は一方を模して、一方を作る。像は何らかの顔をもっているが、それがイドスである。手本自身もある顔を持っていて、これを制作者が目にして、像を作る。これがイデアである。さらに他の区分も求めるだろうか。イドスは制作の中にあり、イデアは制作の外にある。また外にあるだけではなく、制作より前からある(7)。

つまり、以前に注目され、必要あるいは慣習ゆえに芸術家の心に確かに刻まれて留まっているものは、技芸そのものとそれを生み出す性向を構成する。技芸は作品の理として、芸術家の心のなかにあるからである。それゆえ、このようにして技芸が我々に生じるのであり、まったく同じようにして、すべてのものの認識と学知が得られる。なぜなら、学知が認識することに関する性向であるように、技芸は作ることに関する性向だからである。また、学知が自然の事物の認識から生じるように、技芸は手本の模倣から生じるからである。どちらの源泉も感覚と経験である。目指すべき手本なしでは、技芸であれ学知であれ、感覚と経験のどちらか一つを完全に有するということはありえないからである。どちらも私が感覚可能な事物において探りだすものだが、現れてくるものが表象に保持されるか、記憶に保持されるかについて異なっている。前者の表象に保持されるのは、手本、イデア、形を伝える形相であり、後者の記憶に保持されるのは、模倣、イドス、抽出された形質である。前者(8)は、自然的なもので、現実の実体であり、後者(9)は再現か類似したもので、思考上の実体である。前者は個別の事物に関わり、それ自体が個別的で、個物である。後者は普遍的で一般的なものである。あらゆる芸術家と知者において、前者は感覚可能で、明らかで、より完全であり、後者は認識可能で、より曖昧である。なぜなら、後者は前者より生じて明らかにされるために、感覚によって捉えられるものは、知性によって捉えられるものよりも我々にとって明らかで明白だからである。つまり、感覚可能なものは、より以前から、それ自体として存在する。他方、認識可能なものは、より後に、感覚可能なものに由来する。感覚可能なものの助けなしでは、我々には抱くことができないためである。

　それゆえに、頻繁な観察と確かな経験がなされたとして、感覚という適正な補助なしでは、亡霊や我々の精神で捉えられる幻影について、我々は誤った判断をしてしまうだろう。というのは、すべての学識において、入念な観察が求められ、しばしば感覚そのものが頼られるからである。言うなれば、他人のではなく、自身の経験が再優先されるのである。これなしでは、いかなる自然学の分野においても聴衆としても相応しい人はおらず、あるいは、発生についてこれから語られることについて公正な審判者とならないだろう。経験と解剖の技能なしでは、盲者に生まれた人が色の本性や区別について判断したり、聾者として生まれた人が音について判断したりする以上に、このようなことを理解することができないからである。そのため、賢明なる読者よ、動物の発生について書いている私についても、何も信じないでいただきたい。貴方自身の目が私の証人かつ審判者であることを切に願っている。なぜなら、あらゆる完全な学知は、感覚によって確かめられたことに起源を持つ諸原理によっているために、頻繁な動物解剖によって入念に調べられて試された原理が得られるよう、特別の注意が払われるべきだからである。別の仕方で行おうとするならば、大げさで惑わせる見解を得るだろうが、確固たる確実な学知には達しないだろう。彫刻や絵や図から、遠くの土地や町、あるいは人体内部の諸部分を、誤った姿で考えてしまう人たちに起こっているのは、まさにこのようなことなのである。また、このため、この放蕩の時代に多くの著述家とソフィストはいるが、賢人や哲学者が本当に少なくなってしまったのである。

　前菜のようなものとして、このようなことは前もって述べておくのが望ましかった。私のこれらの観察と経験を公共の知るべきものとして理解していることが、どのような助けに頼り、どのような意図に導かれるかを理解してもらうためにである。また、同じ足跡を追って、アリストテレスとガレノスの間の公平な審判者となるだけでなく、詭弁やもっともらしい推測を捨てて、実地検証そのものを論じることで、これまで他の人たちによって知られていなかった、より優れた多くのことに気づくように。

同じことについてのアリストテレスの意見

アリストテレスの意見によれば、我々は生まれつきいかなる認識も持たない。なぜなら、観念も、技芸も、知性も、言葉も、理性自体も、自然によって最初から我々に備わっていないからである。しかし、これらすべては、自然に従って外から我々にやってくる諸々のものの中で入手されるべきものである。また、自発的だとみなされているものや我々の支配のうちにあるものの性質と性向もそのようなものであり、人々が讃えられ、貶され、罰せられる美徳や悪徳もそのように諸々のものの中で入手されるべきものである。それゆえ、どのようなものの理解も獲得されなければならないのである。どのようにして、この認識の最初の原理が存するのかということはこの場で決定することではない。

　しかし、どこから、どのようにして理解自体が我々にやってくるのかをここで先送りすることは、動物の発生についてのより完全な知識のためにも、アリストテレスの意見から誰かが導いた疑いを取り除くためにも、有益ではないと思う。彼は、すべての思惟的な学問と分野は先行する認識から生じると主張した[10]。したがって、いかなる最初からの認識もない、あるいは最初から知識を持って我々が生まれた、ということになってしまい、これは先述したことと矛盾する。

この疑いは、後に、アリストテレス自身が認識の獲得される方法を教えている箇所で、アリストテレス自身によって解消される。つまり、あらゆる確実な認識は推論と論証によって得られると説いている。また、あらゆる論証的な推論は、真にして必然的な最初の諸原理からなることを明白にした。しかし、「いかにして原理は知られるようになり、また知ろうとする性向はどのようなものなのか」と問い、同時に「そのような性向は生まれつき持つものとして生じてくるものではないのか、あるいは、生まれつき持っていて隠されているのだろうか」と問う。そして次のように述べる。

> それらの性向を我々は持っていない。というのも、論証によってより精確な認識を持っている人が、それらに気づかないでいるということが生じるからである。だが以前には持っていなかったのに、我々がそれらを得るのだとすれば、どのようにして我々は先立つ認識がないところから知るようになり、学ぶようになるというのだろうか。というのも、論証について我々が論じたように、これは不可能なことだからである。また、無知であって、いかなる性向も持たされずに生まれてくるということがありえないことも明白である。そのため、我々が、これらより先行しているのと同じ程度には精確ではないような、ある種の能力を備えられていることは必然である。これがすべての動物にあることは明らかである。すなわち、動物は、感覚と呼ばれる生得の判別の能力を持っているからである。感覚が生まれつきあるのならば、ある動物には感覚によって捉えられるものが残り、ある種の動物には残らない。このため、これが残らない動物では、感じているということ以外、認識というものをまったく持たず、あるいは残らなかったものの認識を持つことはない。だが、他の動物は感覚すると何かが魂の中に残る。ところで、多くの動物はこのようであるが、次のような区別がある。ある動物には、事物のこのような記憶から判断が生じ、ある動物には生じない。こうして、我々が言ったように、感覚から記憶が生じ、同じ事物の頻繁になされた記憶から経験が生じるのである（というのは、多くの記憶こそが一つの経験であるから）。それに対し、経験から、あるいは、すべての普遍的なものが魂の中に静止することによって（つまり、すべての中に同じ一つのものがあり、多数を超えた一があるとき）、技術と知識の原理が生じる。つまり、生成（すなわち、行うことと為すこと）に関しては技術の、在るもの（すなわち実体の認識）に関しては知識の原理である。こうして、限定された性向は、生まれつきあるのでもなく、知ることにより関わっている性向から生じるのでもなく、感覚から生じるのである。[11]

これらのアリストテレスの言葉から、いかなる技術や学知の認識であっても、それがどの順序で獲得されるかが明らかになる。つまり、感覚からは感覚されたものが残存し、感覚されたものの残存からは記憶が生じ、複数回の記憶からは経験が生じ、経験によって普遍的な判断、定義、格率、あるいは共通の公理、認識の最も確実な原理、たとえば、「同じものに対している同じものが同じものに従い、かつ従わないことは不可能である」、あるいは「あらゆる肯定と否定は真であるか、あるいは偽である」などが生じる。

それゆえ、上述のように、我々のものだと言われるべき、いかなる完全な認識も、我々に生まれつき備わっていないのである。我々がなした経験と我々の感覚によって生じるのでなければ、あるいは少なくともこれらによって確認され、是認され、我々の中に先立って在る何らかの認識の上にしっかりと積み上げられているようでなければ、いかなる認識もない。なぜなら、経験は複数回の記憶にほかならないため、記憶なしではいかなる経験もないからである。同様に、感覚されたものの残存なしには記憶はありえず、また感覚されたものは、それが全く存していなかったところには残存できないからである。

再び、哲学の最高の語り手は、同じく感覚について非常に見事である。

すべての人間は、生まれつき知ることを欲する。感覚への愛好が証拠である。それらのうちでは、他の何よりも、視覚が選ばれる。なぜなら、これこそが、最も我々が何かを認識するようにさせ、多くの区別を明らかにするからである。動物は、生まれつき、感覚を備えて生まれてくる。しかし、動物のあるものでは感覚から記憶が生じず、あるものでは生じる。また、このため、あるものは賢明であり、覚えることができないもの以上に学ぶことができる。また確かに、ミツバチや似た類の動物のように、音を聞くことができないものはどんなものも、賢明であっても教わることはない。しかし、記憶とともにこの感覚も持つどんなものも、教えを受けている。このように、他の動物は表象と記憶とともに生きているが、経験を備えるのはわずかしかない。人間という類は技術と推論も備える。ところで、記憶から経験が人間に生じる。というのも、同じ事物の多数の記憶が一つの経験の力をなすからである。このため、経験は技術と学知とほとんど同様のものであると見られている。ところで、技術と学知は経験を通じて人間にもたらされる。つまり、（まさしくポロスの言うとおり）[12]経験は技術を、無経験は偶然をもたらすのである。[13]

これらによって示しているのは、（複数回の記憶、頻繁な感覚、また入念な観察によって得られた）自らの経験によって、事物がまさにどのようであるかを理解していない人は、誰も賢明であるとか物知りとは言われえないということである。つまり、それなしでは、我々は単に思うだけか、信じるだけである。ところで、このような学知は、我々のものよりも、他人のもののほうが認められる。このため、今日用いられている真実を探求するための方法は、事物がどのようであるかではなく、他の人によって何が言われているのかを多くの人が入念に探求しているのであり、まさしく役に立たず、誤っている。また、個々の前提から普遍的な結論を導き、そこから、しばしば誤った類推をなし、多くのもっともらしいことが、真なるものの代わりに、我々に伝わっているのではないか。このため、多くの半可通やソフィストが、他人によって見つけられたことを説明し、順序と言葉だけを変え、重要なことは小さなものでもまったく加えず、図々しくも、本人に代わって売り出している。また確実で明解であるべきにもかかわらず、哲学を曖昧で、入り組み、混乱したものにしてしまう。というのは、著者の言葉を読み、著者の言葉に含まれている事物自体の姿を自分の感覚で抽出していない人は、真のイデアではなく、誤りのイドラと空虚な幻影を、心に抱くからである。したがって、何らかの影と幻想を自らにでっちあげることになる。また彼ら自身のすべての理論や考察は、彼らは学知だと思っているのだが、白昼夢や魂を病んだ人の狂乱にしか見えない。

親愛なる読者よ、それゆえ、私はあなたの耳にささやくことにする。この動物の発生についての考察において我々により取り上げられたすべてのことを、経験の正確な天秤にかけ、また、あなたの感覚という疑う余地のない証拠によってこれらが堅固に確立されていることをあなたが認めない限りは、同じほどの信頼を与えないようにしていただきたい。アリストテレスも同じことを忠告する。ミツバチについてかなり多く述べてから、最後に以下のように言う。

> 理論からもミツバチについてこのようであると思われ、また、それらの類において生じているのが見られたことからも、そのようだった。しかし、何が生じていたか、まだ十分に調べられたものを我々は持っていない。もし、いつか十分に認識されたならば、そのときは理論よりも感覚を信頼すべきだろう。また、理性に信頼を与えるべきなのは、論証されたことが、感覚で捉えられたものに一致している場合である。(14)

発生の認識に適用されるべき方法について

それゆえ、我々がどのようなものか知りたいと思う他のあらゆる物事と同じように、動物の発生におけるすべての探究は、原因、特に質料因と作用因から追求されるべきである。完成された動物を振り返るには、つまり、どの段階で生じて大人になるかを振り返ってみると、終点から出発点へというように、痕跡を集め直すのが良いと思われた。それによって、さらなる遡及が許されないときに、ついに原理そのものに達したことが確定するだろう。同時に、どのような最初の質料から、どのような最初の作用因によって、どのようにしてこれら［の原因］によって形成力が生じるのか、また、そこから自然がこの御業においてどのような進行に従っているのかが、明らかになるだろう。より先にある、より古い質料は、衣服を脱がせるように、運び去って無くしてしまうことで、より明るみに出てくる。発生において、より先にあるものはどれも、より後のものの質料因になる。それゆえ、例えば、人が成人に達する以前は（少年から成人へと成長するので）少年であり、少年以前は幼児であり、幼児以前は胎児である。さらに尋ねるべきなのは、胎児や胚がある以前に母の子宮内には何があったのか、である。諸権威によって立てられたように、三つの泡なのか、粗く無秩序な塊なのか、あるいは種子の混ざった胚胎や凝固物なのか、それとも他の何かなのだろうか。

同様に、自身に似たものを生み出せる動物が完成した動物だといわれるのだが、オンドリやメンドリが完成する以前にはヒナだった。ヒナが出てくる前の卵の中には胎児や胚が見られ、それより前に、ヒエロニムス・ファブリキウス・アブ・アクアペンデンテは、頭と眼と椎骨の萌芽を観察した。ところで、彼は、骨は筋肉、心臓、肝臓、肺やすべての胸部前方のものより先に作られると主張し、また内側のすべてのものは外側のものよりも前に存在していなければならないと断言したが、実地検証ではなく、もっともらしい推論に基づいている。また解剖を通じた感覚による判断を軽んじ、機械学から求められた理屈頼みになっている。このようなことは、解剖学者の偉業には少しも相応しくない。なぜなら、胚が卵の中で完成される以前に卵の中でどのような変化を毎日見出したかを、眼を頼りにして詳述することの方が相応しいからである。何より、卵からのヒナの発生についてを公表し[15]、彼自身も経過を記し、毎日起こったことを絵で概要を示した。つまり、卵の中でより先に、同時に、より後にできるものは何かということを、感覚の証拠そのものによって我々がより確実なものにするのは、極めて入念に行うのに相応しいことなのである。しかし、家や船を例に、諸部分の順序と形成の仕方について、漠然とした観念や推測を与えることは相応しくない。

それゆえ、我々によって提示された方法に従って、最初に卵の中、次に様々な動物の胚胎において、自然の究極の権能により、先見と無比なる知性と驚くべき秩序で、より先に何が構築され、より後に何が構築されたかを説明することにしよう。また同時に、そもそもどのような最初の質料からなのか、どのような最初の作用因によってなのか、また我々によって観察された発生の順序と配置について詳述しよう。それにより、霊魂の形成の能力あるいは生長させる能力についてを霊魂の制作物から、霊魂の本性についてを四肢や臓器とその能力から、重要なことを我々は確かに理解するだろう。

実際には、このことは、すべての動物において行うことができなかった。あるものは数が十分でなく、あるものの小ささは我々の視覚の鋭さをも逃れてしまうためである。そのため、我々によく知られている類において、このことを示すだけで十分だろう。その他の動物の発端もこれらの規範に還元されるだろう。

そのため、我々による経験への信頼がより確かになるように、以下のものを選んだ。つまり、より大きく、完全で、我々の裁量下に置かれていた動物である。なぜなら、より大きなものではより明瞭であり、より完全なものではより明確であり、我々の裁量下にあり我々とともに生活しているものでは、すべてが我々のすぐ手近にあるからである。それにより、当然のことながら、何度も好きなだけ同じものを吟味することで、我々の観察は不確かで口ごもりがちなものから解放されるだろう。また、卵生動物の類では、ニワトリ、ガチョウ、ハト、カモ、硬い外皮を持つもの、硬い殻を持つもの、軟体のもの、カエル、ヘビがそのようなものだった。また、節のあるものでは、ミツバチ、スズメバチ、蝶、カイコなどである。胎生動物のなかでは、ヒツジ、ヤギ、イヌ、ネコ、分蹄を持つ役畜、また他の何よりも、すべての動物のうちで最も完全なヒトがそうである[16]。

これらのことが調べられて理解されると、生長させる霊魂の隠された本性を考察し、すべての動物において、発生の仕方、順序、また原因を理解することが許されるだろう。というのは、他のすべての動物は、すでに述べられたものやそれらのうちのどれかと同じ種あるいは同じ類だからである。また、同じ発生の仕方で生じたか、あるいは、いずれにしても、類推によってそれらに還元することができる。なぜなら、自然は神聖で、完全であり、同じ事物において常に一貫しているからである。また、その作品が（例えば類について、種について、その他の比率について）一致しているか、一致しないかであるように、また、それらにおけるその作業（つまり発生あるいは構成）も同一であるか、相違しているかである。この新たな道程を歩くものは、自然の巨大な書物から、解剖の切開と経験によって、真理を探求する。そのような人には本当に大量の観察が、非常に見慣れない形で現れてくる。自らで見出され、観察されたものを説明して記述することは、そのことを自身で発見するのも困難だったが、それ以上に難しいかもしれない。そのうえ、名前が必要な多くのことに出会う。事物が豊富であればあるほど、言葉は不足する。それらのことを比喩で説明し、新しく見出されたことについての自身の考えを古いありきたりの言葉で表したならば、読者はなぞかけよりも理解しにくかっただろう。また、見たことがないこと自体は決して理解されなかっただろう。しかし、新しく作られた呼称を用いると、その意見に光を当てるのではなく、雲で覆ってしまっていると見られただろう。つまり、知らないことを知らないものによって説明することになってしまうからである。また読者はその物事自体の理解よりも、言葉の解釈に労力をかけてしまっただろう。それゆえに、物事に不慣れな人には、アリストテレスは多くの箇所で曖昧だと思われている。もしかすると、この理由のために、ファブリキウス・アブ・アクアペンデンテは、卵の中におけるヒナの形成を、言葉で説明するよりも図で示すのを選んだのかもしれない。

それゆえ、親切な読者よ、卵の記録とヒナの発生の記述を用意する中で、新しい方法と、ときには見慣れない言葉を私が用いたとしてもどうか不快に思わないで欲しい。また、事物の本性から取り出された真の観察の助けになるのではなく、虚しい栄光への執心で知られるようになることを好んだとも、評価してもらいたくない。このようなことが生じないように、この問題について私に光を示してくれた他の人の足跡の上に立ち、それらの人の言葉を用いている。古代人では誰よりもアリストテレス、近年ではヒエロニムス・ファブリキウス・アブ・アクアペンデンテに従っている。前者は指導者で、後者は案内役のようだった。新たな陸地と見知らぬ海岸を初めて見つけた人々が、後世の人の間に残るべき新たな名前を与えるように、事物の発見者と最初の記述者には、その人たちによって発見された事物に対する命名権が当然のごとく与えられる。ここで、ガレノスの忠告を聞くことにする。「事物について一致しさえすれば、言葉について争われるべきではない[17]」。

注

（1）原語は autopsia。

（2）Minuit praesentia famam. クラウディアヌス『ギルドー戦争』*De bello Gildonico*, 385 にある文句。ヨハネス・サンブクス『エンブレマタ』などにも引用された警句。

（3）『自然学』184a 16–25. ベッカー版では「混沌としているものである」と「それゆえに普遍的なものから」の間に、「混沌としたものの分析によって構成要素と原理が可知的になる」という一文がある。

（4）ハーヴィは『分析論』と指示しているが該当箇所はなく、『形而上学』1018b 33 の内容と一致している。

（5）アリストテレスのこと。

（6）『書簡集』58, 19–20.

（7）『書簡集』58, 20–21.

（8）表象に保持されるもの。以下、このパラグラフ末尾まで同様。

（9）記憶に保持されるもの。以下、このパラグラフ末尾まで同様。

（10）『分析論後書』1, 1, 71a 1.

（11）『分析論後書』2, 19, 99b 26–100a 9.

（12）プラトン『ゴルギアス』448 のポロスの発言。

（13）『形而上学』A, 1, 980a–981a 5. ベッカー版では「感覚への愛好が証拠である。」と「それらのうちでは」の間に、「感覚は感覚すること自体のために愛好される」という一文がある。

（14）『動物発生論』3, 10, 760b 28–33.

（15）刊行された著作のタイトルは『卵とヒナの形成について』*De formatione ovi et pulli*（一六二一年）。

（16）本文では主にニワトリとシカの発生についての観察が記される。

（17）ハーヴィの原文は「modo de rebus constet, de verbis non esse litigandum」。ガレノス『治療法』*Methodus medendi* において、言葉が適切かどうかに関して論争することが不毛だと説かれているが、ハーヴィの引用と一致する部分はない。ハーヴィの引用は、カルダーノがスカリゲルへの反駁（Actio prima ad Franciscum Abundium。『精妙さについて』*De subtilitate* の一五六〇年バーゼル版第二版以降に加えられた）においてガレノスの警句として記した「non debere nos de verbis litigare, modo de re constet」からの孫引きである可能性が高い。

驚異論

12

アンブロワーズ・パレ

怪物と驚異について

黒川正剛訳

解題

アンブロワーズ・パレは「近代外科学の父」と称されるフランス・ルネサンス期を代表する外科医であり、医学の領域で蔑まれてきた外科の地位向上に尽力したことで知られる。このことは床屋外科医から始まり、国王筆頭外科医にまで昇りつめた彼の人生が物語っていよう。パレは大学で医学を学ばず、ラテン語の力も十分ではなかった。しかし度重なる戦争に従軍し傷病兵を治療する一方、平時には国王からパリ市民にいたる人々の治療に携わる臨床経験豊富な医者であった。加えてフランス語で医学に関する論文・著作や全集を刊行した。パレは臨床家と学者肌の著作家という二つの顔を合わせ持つルネサンス人であったが、彼にはもう一つの特筆すべき顔があった。それが「驚異」の代表的論者としての顔である。

西洋世界には古代ギリシャ・ローマ時代以来、連綿と続く「驚異」の歴史があった。驚異の範疇に含まれるのは、奇形、怪物、異郷の珍奇な動植物、彗星・地震といった天変地異など、人間に驚嘆、恐怖、感嘆の念を引き起こすような様々な「不可思議な」事象である。驚異に関する関心がヨーロッパ世界で高揚したのは中世の十二・十三世紀と近世の十六・十七世紀であったが、パレは後者の時期の代表者である。

パレは一五一〇年頃、フランス北西部ラヴァル近郊のブール・エルサンに箱職人の息子として生まれた。幼少期の暮らしは定かでないが、十五歳までに誕生地に近い都市アンジェに、二三歳頃までにはパリに移り住んだようである。そしてこれらの地で床屋外科の徒弟となり修行を積んだ。やがてオテル・デュー（パリの公立病院）で外科職人もしくは外科助手として働くようになった。様々な患者の治療に関わり、解剖学からの知見も得たここでの三年間の経験が、パレの貴重な財産となったことは一五八五年に出版された全集中の『弁明』*Apologie* で述べられている。一五三六年頃パレは床屋外科の親方となった。

この頃からパレは戦時には軍医として、平時には町医者として多忙な生活を送ることになる。そのような中で一五四一年に結婚、二男一女をもうけた。しかし息子二人は早逝した。妻は一五七三年に死去したが、すぐにパレは再婚している。二人目の妻とのあいだに二男四女をもうけたが、またもや二人の息子は早逝した。パレは自分が身につけてきた外科術を託せる後継者をもつことができなかった。

パレは従軍医として各地を転戦する中で、二つの重要な外科上の業績を残した。一つは、銃創を沸騰油で焼灼するという従来の治療法を、軟膏（卵黄・薔薇油・松脂を主成分とする）を処方する方法に代えたことである。もう一つは、切断手術時の出血を止める止血鉗子を考案したことである。いずれの業績も戦場での経験がきっかけになってもたらされたものである。

刊行案内

＊ 2017.2 〜 2017.6 ＊

名古屋大学出版会

ロボットからの倫理学入門　久木田水生他著
今夜ヴァンパイアになる前に　ポール著　奥田太郎／薄井尚樹訳
イブン・バットゥータと境域への旅　家島彦一著
絶海の碩学　池内敏著
戦争国家イギリス　エジャトン著　坂出健監訳
移民受入の国際社会学　小井土彰宏編
社会科学の考え方　野村康著
新版 変動社会の教師教育　今津孝次郎著
グリーンスパンの隠し絵［上］　村井明彦著
グリーンスパンの隠し絵［下］　村井明彦著
ポスト・ケインズ派経済学　鍋島直樹著
核密約から沖縄問題へ　真崎翔著
科学とモデル　ワイスバーグ著　松王政浩訳
放射線と安全につきあう　西澤邦秀／柴田理尋編
最新 人工心肺［第五版］　上田裕一／碓氷章彦編

■お求めの小会の出版物が書店にない場合でも、その書店に御注文くだされればお手に入ります。
■小会に直接御注文の場合は、左記へお電話でお問い合わせ下さい。宅配もできます（代引、送料230円）。
■表示価格は税別です。小会の刊行物は、http://www.unp.or.jp でも御案内しております。

◎第28回アジア・太平洋賞特別賞『中国経済学入門』（加藤弘之著）4500円、『福祉のアジア』（上村泰裕著）4500円
◎第33回大平正芳記念賞『現代アメリカ選挙の変貌』（渡辺将人著）4500円、『現代中国の産業集積』（伊藤亜聖著）5400円
◎二〇一七年日本公共政策学会著作賞『介護市場の経済学』（角谷快彦著）5400円
◎第22回アメリカ学会清水博賞『幻の同盟』上下（小野沢透著）各6000円
◎第38回発展途上国研究奨励賞『資源国家と民主主義』（岡田勇著）6800円

〒464-0814 名古屋市千種区不老町一 名大内 電話〇五二（七八一）五三五三／FAX〇五二（七八一）〇六九七／e-mail: info@unp.nagoya-u.ac.jp

久木田水生／神崎宣次／佐々木拓著

ロボットからの倫理学入門

A5判・200頁・2200円

自動運転車やケア・ロボット、自律型兵器などが引き起こしうる、もはやSFでは済まされない倫理的問題を通し、人間の道徳を考える、知的興奮に満ちた入門書。「本書には、ロボットやAIという新しい隣人たちとつきあう上で参考となる倫理学の知恵がつまっている」――伊勢田哲治。

978-4-8158-0868-6

L・A・ポール著　奥田太郎／薄井尚樹訳

今夜ヴァンパイアになる前に

―分析的実存哲学入門―

A5判・236頁・3800円

進学、就職、転職、結婚、出産など、人生の岐路で大きな決断を迫られたとき、人は合理的に選択することができるのか。何かを選ぶことで、今とはまったく違う自分に変わってしまうかもしれないというのに――。誰もが悩む「変容の経験」へ、その実存的な問いを分析哲学の視点から考える。

978-4-8158-0873-0

家島彦一著

イブン・バットゥータと境域への旅

―『大旅行記』をめぐる新研究―

A5判・480頁・5800円

中国、インド、北方ユーラシア、アフリカなど、イスラーム世界の海・陸の境域情報を伝える『大旅行記』は、記録史料の宝庫と呼ぶにふさわしい。なぜ巡礼を超えて未知なる驚異の領域へと踏み込んでいったのか。その足跡と写本を追って世界を旅し、完訳を成し遂げた碩学による新たな到達点。

978-4-8158-0861-7

池内　敏著

絶海の碩学

―近世日朝外交史研究―

A5判・512頁・6800円

近世日朝関係のルートは朝鮮通信使にとどまらない。その外交を最前線でささえた京都五山僧の役割と実像を、訳官使の往来、釜山倭館との関係、漂流民送還や詩文絵画・産品のやりとりなど、広い視野でとらえて日朝外政システムの全体像を解明、東アジア国際秩序の理解を大きく書き換える。

978-4-8158-0866-2

デービッド・エジャトン著　坂出健監訳　松浦俊輔他訳

戦争国家イギリス

―反衰退・非福祉の現代史―

A5判・468頁・5400円

二〇世紀イギリスは、衰退に苦しむ福祉国家などではなかった。エキスパートが権力を握り産業界と手を結びつつ科学技術の開発に熱を上げた「闘志あふれる」国家を描き、現代史の神話をラディカルに破壊。ジェントルマン中心の歴史観が見過ごしてきた実像を明るみに出す野心作。

978-4-8158-0874-7

移民受入の国際社会学
—選別メカニズムの比較分析—

小井土彰宏編

A5判・380頁・5400円

誰を受け入れ、誰を排除するのか——。移民受入をめぐる風景を一変させた政策と実態の変化を、古典的移民国、EU諸国、後発受入国の比較によりに鮮明に捉え、排除と包摂のメカニズムをトータルに示す。世界を震撼させる「移民問題」を冷静に考える確かな視点を得るために。

978-4-8158-0867-9

社会科学の考え方
—認識論、リサーチ・デザイン、手法—

野村　康著

A5判・358頁・3600円

学際化がすすむ社会諸学のロジックをいかにして身につけるか。日本で初めて認識論から説き起こし、多様な調査研究手法を明晰に整理して、メソドロジーの全体像を提示する。社会科学を実践するための要諦をつかみ、創造的研究を生み出すためのの最良のガイドブック。

978-4-8158-0876-1

新版　変動社会の教師教育

今津孝次郎著

A5判・368頁・5400円

繰り返される制度改革を越えて——。変化の激しい世界での教師の役割は「やわらかい学校」の実現として捉えられる。同僚と協働し学校全体の改善へと向かう実践や、その省察を通した能力向上を軸とする、ゆるぎない視座から日本の現実を見つめ、多元的な「教師教育」を基礎づけた決定版。

978-4-8158-0877-8

グリーンスパンの隠し絵［上］
—中央銀行制の成熟と限界—

村井明彦著

A5判・326頁・3600円

揺れ動く日銀。何が正しいのか。前人未到の長期安定を実現したアメリカ中央銀行総裁が中央銀行制を嫌っていたのは何故か。神話の陰に隠れたその思想と行動を初めて経済学的に解明、現代経済学の枠組みを再設定した画期的労作。上巻では、若き日の遍歴から「大平準」までをたどる。

978-4-8158-0869-3

グリーンスパンの隠し絵［下］
—中央銀行制の成熟と限界—

村井明彦著

A5判・290頁・3600円

未曾有の長期安定の後、ITバブルとサブプライム・ローン危機により、非難の的となったグリーンスパン。その成功と失敗から何を学び取れるのか。下巻では、大恐慌の再解釈に踏み込みつつ、予言的な講演から現在までをたどる。現代経済学と中央銀行制を根底から問い直す渾身作の完結編。

978-4-8158-0870-9

鍋島直樹著

ポスト・ケインズ派経済学

―マクロ経済学の革新を求めて―

A5判・352頁・5400円

資本主義経済の不安定性を解明したミンスキーなど、近年あらためて注目を集めるポスト・ケインズ派。その核心をなす貨幣・金融理論の着想源や展開過程を解き明かし、最新の動向を踏まえて学派の全体像に迫るとともに、新自由主義に代わる経済政策を展望する挑戦の書。

978-4-8158-0862-4

真崎　翔著

核密約から沖縄問題へ

―小笠原返還の政治史―

A5判・268頁・4500円

小笠原返還は戦後日米関係の小さなエピソードではない。沖縄の基地問題に影を落としたその実像をアメリカの核戦略の変容を手がかりに解明、二つの返還と核密約の深い連関をトータルにとらえ、日米の非対称な交渉過程がもたらした沖縄問題の知られざる起源を照射する、気鋭の力作。

978-4-8158-0871-6

マイケル・ワイスバーグ著　松王政浩訳

科学とモデル

―シミュレーションの哲学 入門―

A5判・324頁・4500円

モデルとは何か？　なぜ世界を捉えたと言えるのか？　さまざまなモデルが果たす役割を分野横断的に分析し、その核心を哲学者と科学者の双方に向けて明解に提示。「モデル概念を軸に科学哲学を書き換える。よりスリリングでリアルな科学哲学の始まり始まり！」――戸田山和久。

978-4-8158-0872-3

西澤邦秀／柴田理尋編

放射線と安全につきあう

―利用の基礎と実際―

B5判・248頁・2700円

RIからX線・放射光まで、利用にあたり必要な知識を体系的に整理。人体への影響や放射線計測法、緊急時の対応などについて、図表を多用して視覚的に解説した本書は、大学や企業などで実際に放射線を取扱う人はもちろん、中学高校で放射線教育に携わる教員にも最適のテキストである。

978-4-8158-0875-4

上田裕一／碓氷章彦編

最新 人工心肺［第五版］

―理論と実際―

B5判・292頁・6000円

人工心肺・体外循環について、病態生理学的な基礎事項から具体的操作手順などの臨床面までもれなく解説した、定評あるテキストの最新版。周辺知識をまとめた付録の増補や、視覚に訴える読みやすいデザインなど、初学者へのさらなる配慮を加えた。医師・臨床工学技士・看護従事者必携。

978-4-8158-0864-8

戦場における優秀な軍医としてのパレの活躍はその名を高からしめ、パレは一五五二年のアンリ二世の国王付外科医就任を皮切りに、フランソワ二世、シャルル九世、アンリ三世と歴代のフランス国王に仕えた。国王筆頭外科医となったのは一五六三年のことである。

このような多忙な臨床活動と並行して執筆活動も行われた。一五四五年の処女作『銃創治療法』*La méthode de traicter les playes faictes par les hacquebutes et aultres bastons à feu* をはじめとする外科に関わる著作のほか、『ペスト・天然痘・麻疹論』*Traicté de la peste, de la petite vérolle et de la rougeolle*（一五六八年）など外科以外の医学領域にも関心を示す著作を残した。そして一五七五年、全集を出版したわけだが、これはパリ大学医学部の憤激をかうことになった。理由は外科医に過ぎないパレが外科以外の医学領域について論じていること、生殖や奇形の問題なども論じていることから内容がきわめて猥褻かつ不道徳であると判断されたこと、そしてラテン語ではなくフランス語で書かれており、おまけに図版が入っていることであった。俗語と図版の使用は、女・子どもにも理解の道を開くため嫌われた。医学部による迫害は、パレの後妻の父親が医学部長であったことから過激化することはなかったようだが、パレの人生は医学領域におけるヘゲモニー争いに色濃く染め上げられてもいたのである。パレの宗教的立場については、プロテスタントの疑いもあったようだが終生カトリック教会と縁が切れることはなかった。晩年は年八〇〇リーヴルの年金を受け、パリに三つの邸宅をかまえ、さらにサンジェルマンに一軒の旅籠、ムードンには別荘を保有するなど、豊かな生活を送ったようである。一五九〇年、パリでパレは約八十年の生涯を終えた。

パレの「怪物と驚異」への関心は、一五七三年に出版された『外科学二巻』*Deux Livres de chirurgie* にさかのぼる。本書は「人間の生殖について」と「地上と海の怪物について」の二部から成り、当初からパレが人間の生殖と怪物を結びつけて考えていたことを示している。やがてその内容は修正・加筆され一五七五年の全集に『怪物と驚異について』*Des Monstres et prodiges* として収められた。その後、全集は改訂を繰り返し、パレの生前、一五七九年と八五年に出版された。翻訳の底本としたのは、一五八五年版のもので最も正確とされているものである（Ambroise Paré, *Des Monstres et prodiges*, édition critique et commentée par Jean Céard, Genève, 1971）。なお、原典に付されている欄外注は【 】で括り、可能な限り訳出したが、読みやすさを考慮し、本文を読む中で理解できるものについては省略した箇所があることを断っておきたい。

『怪物と驚異について』で扱われている事例の大部分はパレ自身の体験に由来するものではなく、同時代と過去の時代の医者や学者たちの著作から引用したものである。異彩を放つ豊富な図版も同様で、その多くは同時代の文献学者リュコステネスの著作から拝借したものである。そしてリュコステネスもまた同時代の驚異関連書から図版を拝借しているのである。当時の驚異情報はこのように相互参照の網の目のうえで授受されており、その意味でパレの書はその結節点に位置する最高傑作であると言ってよい。パレのオリジナリティは外科医としての冷静な観察眼にある。むろん、時代の制約はあるものの、当時として最高水準の医学的・科学的な眼差しで驚異や怪物を分析しようとしているのである。

驚異や怪物を「自然」「神」との関係性の中で捉えようとするパレの姿勢は、西洋近代科学の芽生えがいかなる世界認識のもとで進んでいったのかを教えてくれる貴重な一例となるであろう。

参考文献として、以下の著作を挙げておこう。A. Paré, *Des Monstres et prodiges, précédé Des animaux et de l'excellence de l'homme et suivi par Discours de la Licorne*, Paris, 2003 ; A. Paré, *On Monsters and Marvels*, translated with an introduction and Notes by J. L. Pallister, Chicago-London, 1982 ; A. Jouanna, P. Hamon, D. Biloghi, et G. Thiec, *La France de la Renaissance : Histoire et Dictionnaire*, Paris, 2001.

なお邦訳に、アンブロワーズ・パレ（伊藤進訳）『怪物と驚異について』（抄）、宮下志朗・伊藤進・平野隆文編訳『フランス・ルネサンス文学集1　学問と信仰と』（白水社、二〇一五年）がある。これは「序〜第九章」「第十九章〜第二一章」「第二五章」「第三四章」を訳出したものである。翻訳を進めるにあたって伊藤氏の秀逸なご訳業を参考にさせていただいた。心より感謝申し上げる。

序文

怪物とは、一本腕、二つの頭部、また普通の水準を越えた手足を持って産まれてきた子どものように、自然の流れを脱して現れるものである（大抵の場合、来るべき何らかの不幸の徴である）。驚異とは、蛇や犬、あるいは自然にまったく反するものを出産する女のように、自然にまったく反して起こるものである。これらの怪物と驚異のいくつかの事例については後ほど提示しよう。私はそれらを何人もの著作家たちの挿絵と一緒に収集した。【私がこれらの怪物と驚異を収集した証言の著者たちの名前】ピエール・ボエステュオとクロード・トゥスランの驚異の記述[1]や、聖パウロ[2]、聖アウグスティヌス、預言者エズラ、古代の哲学者たちからのように。古代の哲学者たちとは、すなわちヒポクラテス、ガレノス、エンペドクレス、アリストテレス、プリニウス、リュコステネス[3]、そして引用するのに適切とみなされる人々である。不具者とは、盲人、片目、背骨の曲がった者、跛行者、六本指の者、足指が五本に満たない者、関節がくっついた者、極端に腕が短い者、鼻ぺちゃのように過度に鼻がへこんだ者、分厚いめくれ上がった口唇を持つ者、処女膜あるいは超自然的な肉が原因で、あるいは両性具有のために生殖器官が閉じている娘が挙げられる。または何らかのしみ、疣、傷、また自然に反するほかのものを持つ者である。

第一章　怪物の原因について

怪物の原因はいくつもある。【怪物の十三の原因】第一は神の栄光。第二は神の怒り。第三は精液の過剰。第四は精液の過少。第五は想像力。第六は子宮の狭窄と小ささ。第七は母親の慎みのない座り方。妊娠しているにもかかわらず、長時間足を組んで腹部を締めつける姿勢をとり続けるように。第八は妊娠している母親の転倒、もしくはその腹部に対して加えられる打撃。第九は遺伝病、あるいは偶発性の病によるもの。第十は精液の腐敗と汚染。第十一は精液の混交・混合。第十二はみすぼらしい乞食のペテンによるもの。第十三は悪霊もしくは悪魔によるものである。

第二章　神の栄光の例

聖ヨハネには生まれながらに盲目であった男について書かれている［「ヨハネによる福音書」九・一〜十二］。【生まれながらの盲人について】その男はイエス・キリストの恩寵によって視力を取り戻したが、イエス・キリストは使徒たちから、生まれながらにしてその男が盲目なのは彼に由来する罪なのか両親に由来する罪なのか尋ねられた。イエス・キリストは、彼も父母も罪を犯していないが、神の御業が彼において讃えられるためなのだとお答えになった。

第三章　神の怒りの例

前述の原因から生まれるのではなく、異常な種の混交から生じるために、輪をかけて我々を驚嘆させるほかの被造物が存在する。異常な種の混交は、被造物を怪物的にするばかりでなく驚異的にしてしまう。すなわち、まったくもって不快で自然に反しているものであって、異常な種の混交のために、犬の姿と鶏の頭部を持ったもの、頭部に四本角を持つもの、牛の四脚とぎざぎざの切込みが入った腿を持ったもの、頭頂に二房の冠毛のついた鸚鵡の頭部と四つの鉤爪を持ったもの[4]、また読者諸兄がこのあとその姿にもとづいて描かれたいくつもの様々な挿絵でご覧になられるであろう他の形状と姿を持つものなどが産まれるのである。

たいていの場合、こうした怪物的で驚異的な被造物が神の裁きから産まれるということは確かである。神は、父親と母親が、神と自然が命じた時期や法を敬うことなく、欲望に導かれるまま野獣のような性の交わりをもつときに行う淫蕩のために、そのような嫌悪すべきものが産まれることをお許しになる。預言者エズラに、月経血で穢れている女が怪物を出産するということが書かれている通りである［「エズラ記」五・八］。同様に、モーセは『レビ記』第十六章［「レビ記」十五・十九〜三十］でそのような性交を禁じている。同じく、古代人たちは長年の経験からこう指摘している。経血が流出するあいだに身籠った子どもは、母親の胎内で汚れて腐った悪い血液から食べ物を摂取し成長しているわけだから、月経期間中に妊娠した女は癩病や多くの病に罹りやすい子どもを出産する。この血液は時が経つにつれて滞留するので感染が明らかになり、悪性の度合いが明白になる。白癬に罹る者もいれば、痛風に罹る者や癩病に罹る者もいる。また天然痘を患う者や麻疹に罹る者、さらに無数の病を患う者もいる。結論を述べよう。月経中の女と関係をもつことは汚らわしく野蛮なことなのだ。前記の古代人たちが考えたことには、そのような驚異は神の純然たる意志によってしばしば起こるのだが、それはなんらかの甚大な無秩序によって我々が脅かされることになる災難を我々に警告するためなのである。また自然の通常の流れが、かくも不幸な子孫を産み出すときに歪められたのだとも考えたのである。イタリアは、フィレンツェ人とピサ人のあいだに起こった戦争で耐え忍んだ苦しみのゆえに、十二分にこのことを示した。ヴェローナで一匹の雌馬が頭部はよく整った人間の男でありながら、残りの部分は馬である子馬を産んだのが目撃されたが、これは一二五四年のことで、そのあと戦争が起こったのである。この図で見られるとおりである［図1］。

もう一つ別の証拠を見てみよう。教皇ユリウス二世がイタリアに数多の不幸を引き起こし、［フランス］国王ルイ十二世に対して戦争を起こしてまもなくのころ（一五一二年）、この戦争はラヴェンナ近郊で行われた血みどろの戦いに続いて起こったのだが、同市で一体の怪物が産まれるのが目撃された。この絵で見られるように、この怪物には頭に一本の角、二つの翼、猛禽類に似た一本脚、膝関節には一つ眼があり、男性と女性の特徴を持っていたのである［図2］。

［図 1］　人間の頭部を持つ子馬の図

［図 2］　驚異の怪物の絵

第四章　過剰な精液の量の例

怪物の発生に関してヒポクラテスが述べるには、精液が過剰である場合に多胎児や二つの頭部、四本腕、四本脚、手足に六本指などのように、余分で不要の部位を持った怪物的な子どもが産まれる。反対に精液が不足しているなら、手のひらが一つしかないとか、腕や足や頭部がないとか、別の部位が欠損しているとかのように、手足が欠けた子どもが産まれる。聖アウグスティヌスが述べるには［『神の国』第十六巻第八章］、当時、オリエントに腹部は一つであったが上半身の部分は二つ、下半身の部分は一つの子どもが産まれた。その子どもには二つの頭部、四つの眼、二つの胸部、四本の手があったのである。残りの部分は一人の人間のようであった。その子どもはきわめて長く生存した。

カエリウス・ロディギヌスは古代の教訓についての本のなかで、イタリアで二体の怪物を目撃したと書いている。(5) 一体は男、もう一体は女であり、頭部が二つあることは除いて、彼らの身体は非常に見目良く釣り合いが取れていた。【怪物はほとんど長生きしない】男は誕生後、数日で死んだ。女はここにその絵が見られる通りで［図 3］、二五年後まで生存したが、それは通常はほとんど生存することがない怪物の本性に反する。なぜなら怪物は、すべての人々から恥辱を受ける自分の姿を見ると自己嫌悪に陥り、メランコリーに冒されるからだ。そのために彼らは短命なのだ。さて、ここでリュコステネスがこの女の怪物の驚異的なことについて書いていることに言及しておく必要があろう。なぜなら頭部が二つあることを除くと、自然は何も怠らなかったからである。リュコステネスが述べるには、この二つの頭部は飲みたい、食べたい、眠りたいという同一の欲望をもっていた。また彼らのすべての情緒が似かよっているように、言葉も似かよっていたのである。

【怪物が我々のあいだで共存するのはよくない】この娘は生活の糧を求めて戸口から戸口を歩き回ったが、人々はあまりにも奇異で見たことがない見世物が物珍しく、すすんで施しを与えた。しかしながら、ついに娘はバイエルン公国から追放された。というのも、その娘が妊婦の胎児に害を与えるおそれがあったかららしい。このように怪物的なこの創造物の姿形は、想像力のなかに残存しかねないという不安と見解があったがためである。

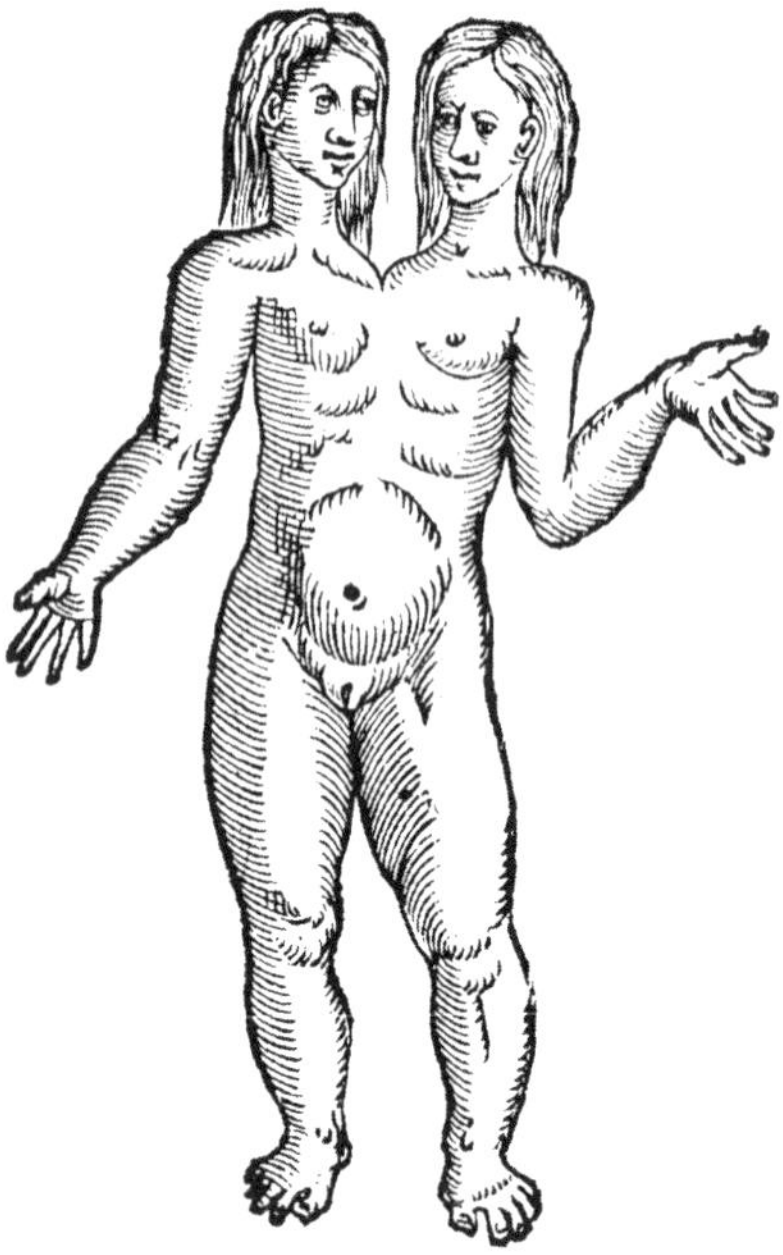

［図3　双頭の女の怪物の図］

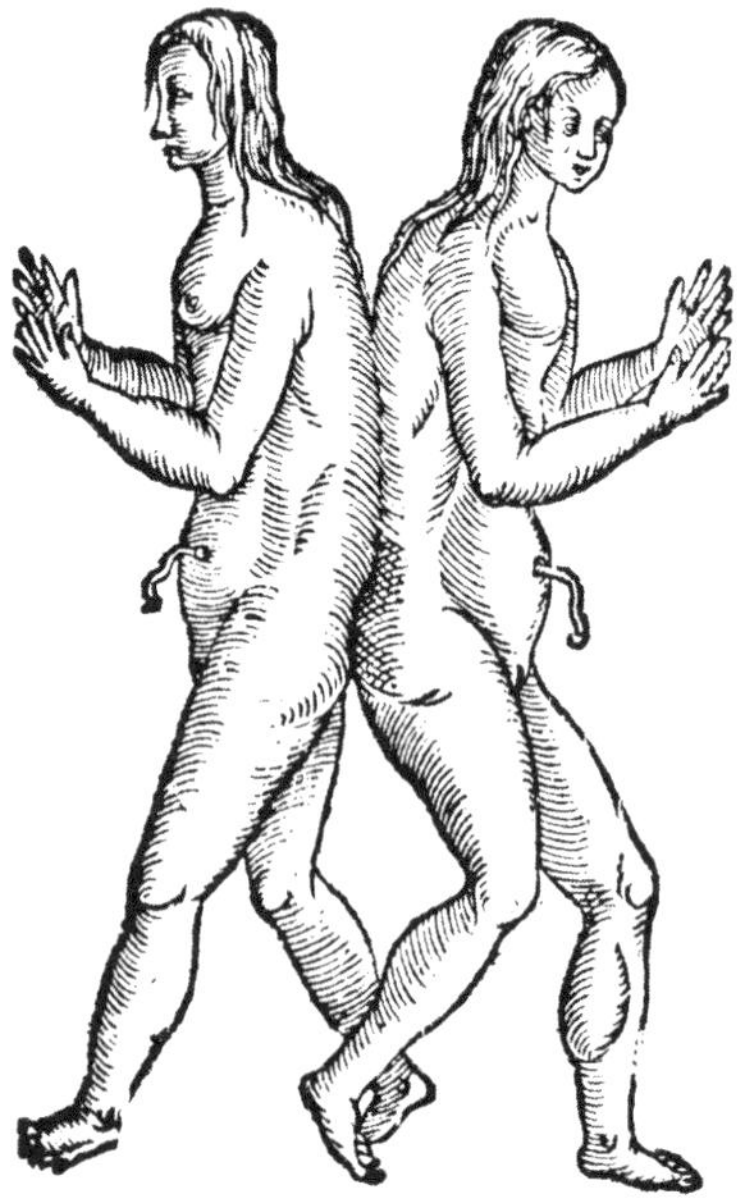

キリスト紀元一四七五年、イタリアのヴェローナ市で同じように肩から腰を経て尻まで結合した双子の娘が産まれた。彼女たちの両親は貧しかったので、自然のこの新奇な見世物を是が非でも見たがっていた人々から金を集めるため、娘たちはイタリアのいくつかの都市に連れて行かれた［図4］。

［図4］　尻で結合して一つになっている双子の娘の図

一五三〇年、このパリ市でひとりの男が目撃された。その腹部からは、頭部を除いて全手足が十分に成熟している別の人間がはみ出ていた。この男は四十歳かそこらの年齢で、両腕でこの身体を抱えていたので、甚大なる驚異の念を引き起こし、人々が群れをなして見物するために集まってきた。ここにその姿がありのままに描かれている［図5］。

ピエモンテのトリノから約五里離れたキエーリの町で、まさに今年の一五七八年の一月十七日夕方の八時、ある貞淑な婦人が、顔面は全体にわたって均整がよくとれている一体の怪物を出産した。それは頭部の残りの部分から怪物的だとわかった。額のいただきからは雄羊の角に似た五本の角がたがいちがいに突き出ており、後頭部からは長い肉片が奥方の頭巾のように背中に沿って垂れ下がっていた。首のまわりには、ひと続きのシャツの襟飾りのような二重の肉片がついており、指先はある種の猛禽類の鉤爪に似て、膝が膝窩（しっか）［膝の後方のくぼみ］のようであった。右足と右脚は鮮明な赤色であった。身体の残りの部分はすすけた灰色であった。この怪物は産まれたときに大きな悲鳴を上げ、産婆と一緒にいた人々に恐怖を与えること甚だしく、その恐怖ゆえに彼らは建物から逃げ去ったと言われている。その情報はピエモンテ公殿下のもとにまで達し、見たいと望まれたのでそれを探しに人を派遣された。そして殿下の面前で幾人もの人たちが様々な見解を述べた。その姿は、ここにありのままに描かれている［図6］。

ここに描かれたご覧のこの怪物は卵のなかに発見されたもので、男の顔貌を持っていた［図7］。髪の毛はすべて生命をもった小さな蛇で、三匹の蛇のような髭が顎から生えていた。これは去る一五六九年の三月十五日にブルゴーニュのオタンのボシュロンという名の弁護人の家で、バターを作るために卵を割った小間使いによって発見されたのである。そのなかにこれがあったのである。小間使いは、割った卵に人間の顔面と蛇の頭髪と髭をもった怪物が浮き出ているのを見て驚愕した。そして猫にその卵の白

［**図5**］ 腹部からもう一人の人間が出ている男の図

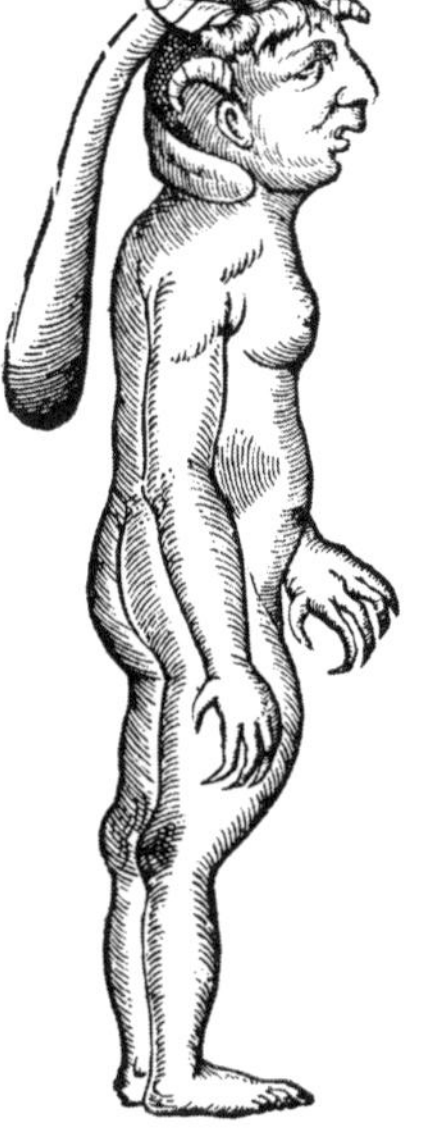

［**図6** 五本角の子どもの図］

［**図7** 怪物卵の図］

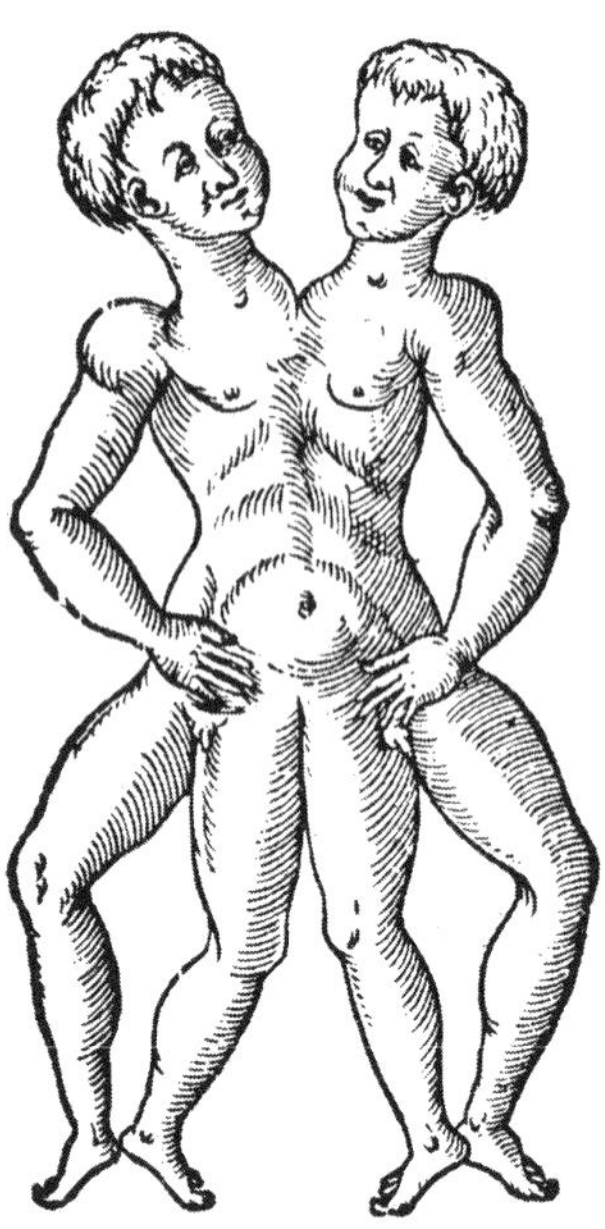

［図8］ 二つの頭部，二本腕，四本脚を持つ子どもの図

身を与えたところ、すぐに死んでしまった。騎士団の騎士であるスヌセ男爵殿下はこの怪物について知らされると、命令してこの怪物を当時メッスにご滞在中だったシャルル王[6]にお送りになった。

一五四六年、パリで妊娠六カ月の女が、二つの頭部、二本腕と四本脚を持った子どもを産んだ［図8］。私がこの子どもを切開したが、一つの心臓しか見つからなかった。したがって言えるのは、これは一人の子どもということだ。アリストテレスは、二つの身体が結合した怪物について、もし二つの心臓を持っていることがわかったならば、二体の男か女だと実際言えるのだと述べている【『問題集』および『動物発生論』第四巻第四章】。言い換えれば、もし二つの体躯があるのに一つしか心臓がなければ、一体でしかない。この怪物の原因は、質料の不足か子宮の狭窄である可能性がある。なぜなら自然は、二人の子どもを産みたいが子宮が狭すぎることがわかると、不完全だと感じてしまうのである。

［図9］ 一つの頭部しか持たない双子の図

抑え締めつけられた精液は球体状に凝固するようになり、結合して一つになった二体の子どもが形成されてしまうのであろう。

【この最近の二体の怪物は著者が所有している】一五六九年、トゥールの女が頭部が一つしかない双子の子どもを産んだ。彼らはお互いに抱き合っていた［図9］。それは乾燥させて私に引き渡され、床屋外科医の親方であるルネ・シレ親方によって解剖された。親方の名声はトゥーレーヌの全地方に広く知れ渡っており、私が称賛を与えるのは余計なことだ。

ゼバスティアン・ミュンスターは、一四九五年九月、ヴォルムス近郊のブリスタンという名の村で、姿かたちはすこぶる良かったが、額がつながっており、人間技で切り離すことはできず、鼻のところでお互いにほとんど触れんばかりの二人の少女を目撃したと書いている[7]。彼女たちは十歳まで生存した。一方が死んだとき、それはもう一方から切り離された。生存していた方は、切断したときに受けた傷がもとですぐに死んだ。その姿はここに描かれている［図10］。

一五七〇年七月二十日、パリのグラヴェリエ通りの鐘の看板が

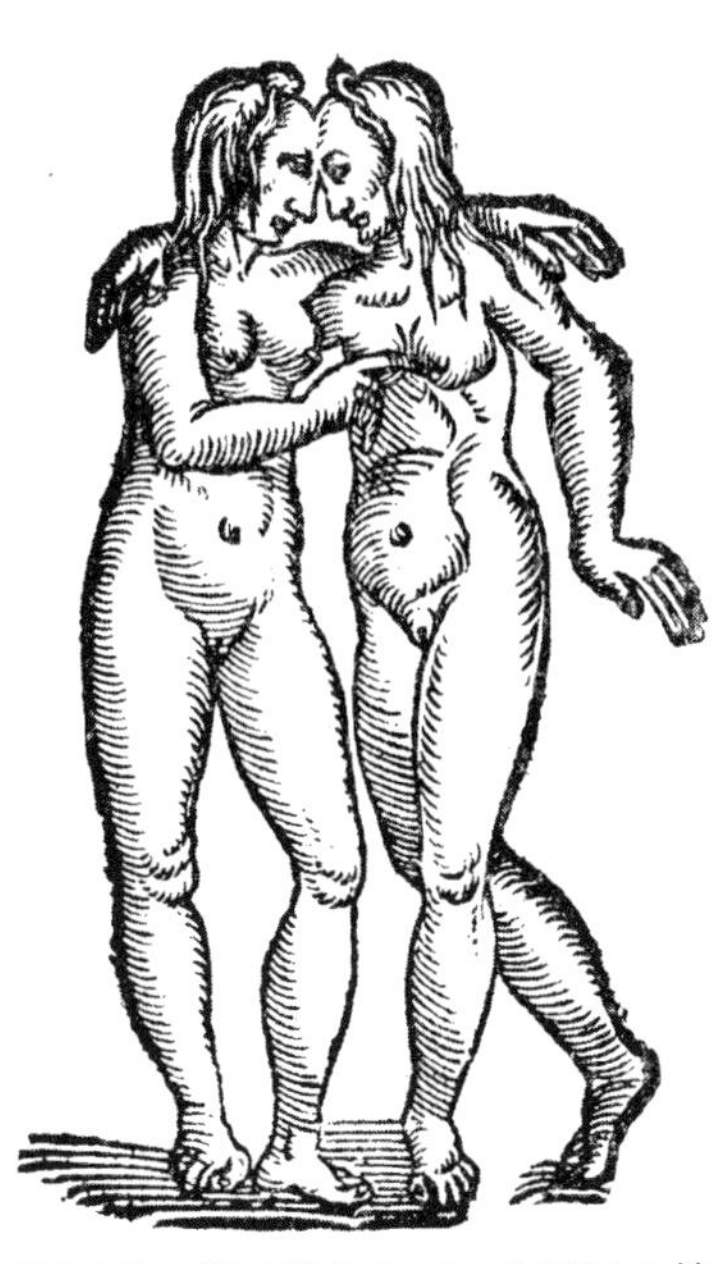

［図 10］　額で結合している双子の娘の図

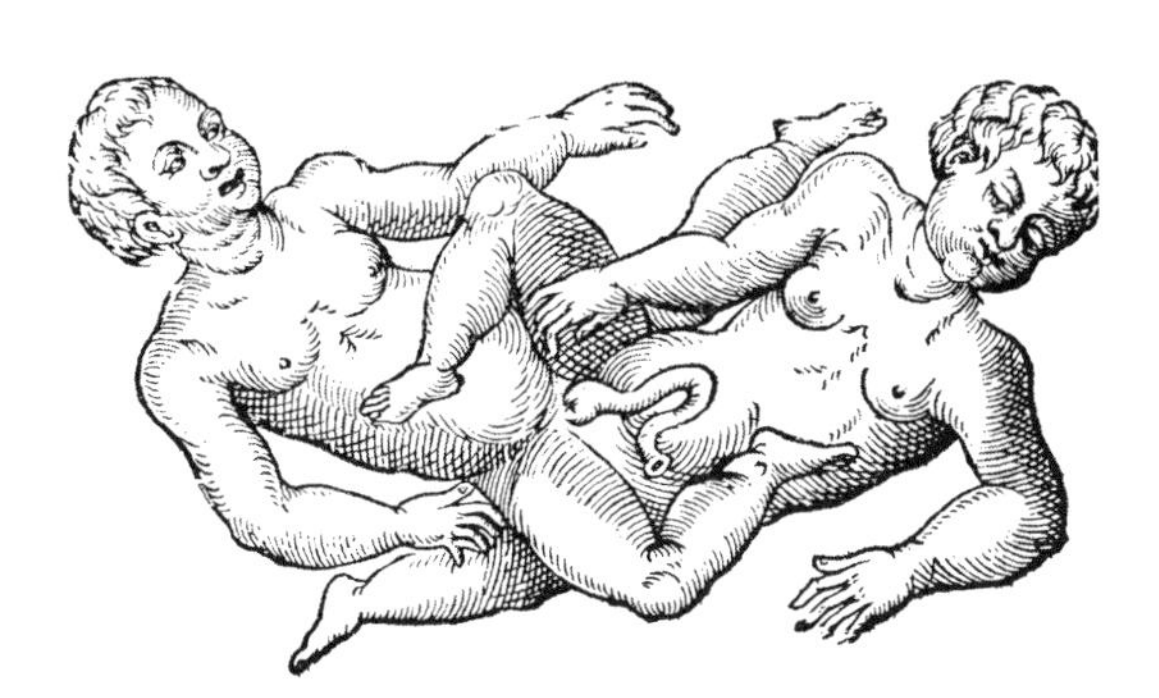

［図 11］　最近パリで産まれた二人の怪物の子ども

かかっている家で、このように描かれた二人の子どもが産まれた［図11］。外科医たちによって、男と女であると確認された。当地の聖ニコラ教会で洗礼を授けられ、ルイおよびルイーズと命名された。父親はプチ＝デュというあだ名を持ち、ピエール・ジェルマンという名前で、石工助手が職業であり、母親はマテ・ペルヌルという名前であった。

一五七二年七月十日の月曜日、アンジェ近郊のポン・ド・セの町で二人の女の子どもが産まれた。それは半時間生存し洗礼を受けた。左手に四本指しかないことを除くと姿形はよかった。また彼女たちの前の部分、すなわち下顎から臍までは結合しており、臍と心臓は一つしかなかったが、肝臓は四つの葉に分かれていた［図12］。

カエリウス・ロディギヌスはその古代の教訓の第二四巻第三章

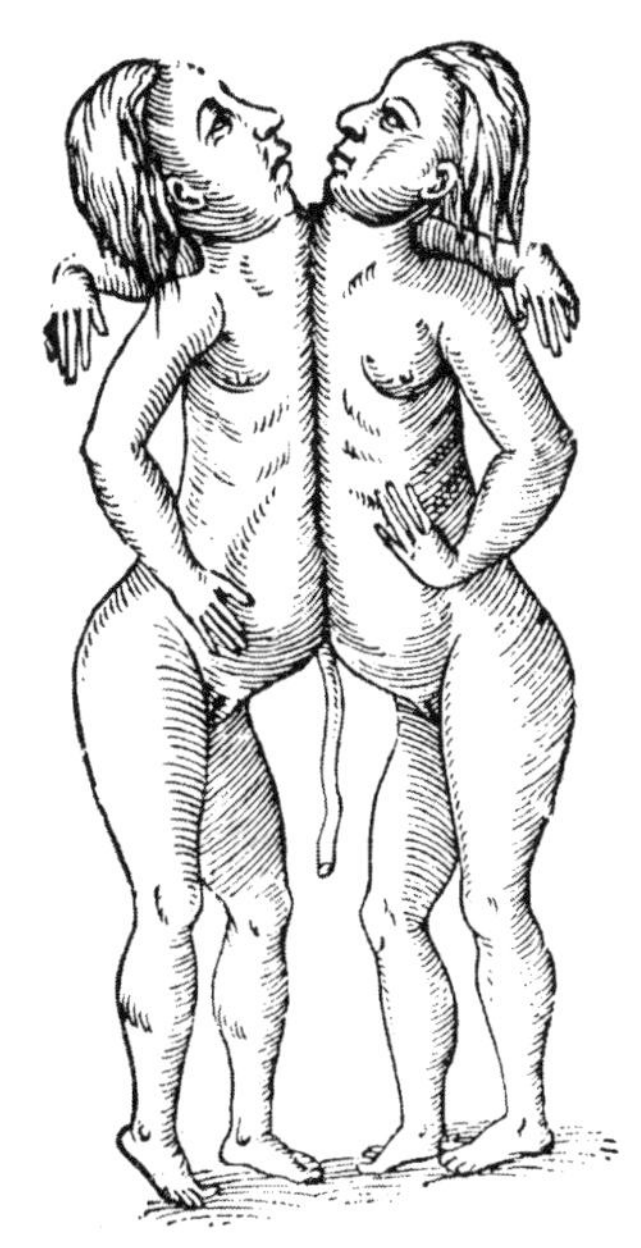

［図 12］　最近アンジェ近郊のポン・ド・セの町で産まれた結合した二人の娘の図

において、キリスト紀元一五四〇年三月十九日、イタリアのフェッラーラで一体の怪物が産まれたと記している。産まれたとき、それはまるで生後四カ月の子どものように大きく姿形もよかったが、女と男の性器、および一方は男、もう一方は女の二つの頭部を持っていた［図13］。

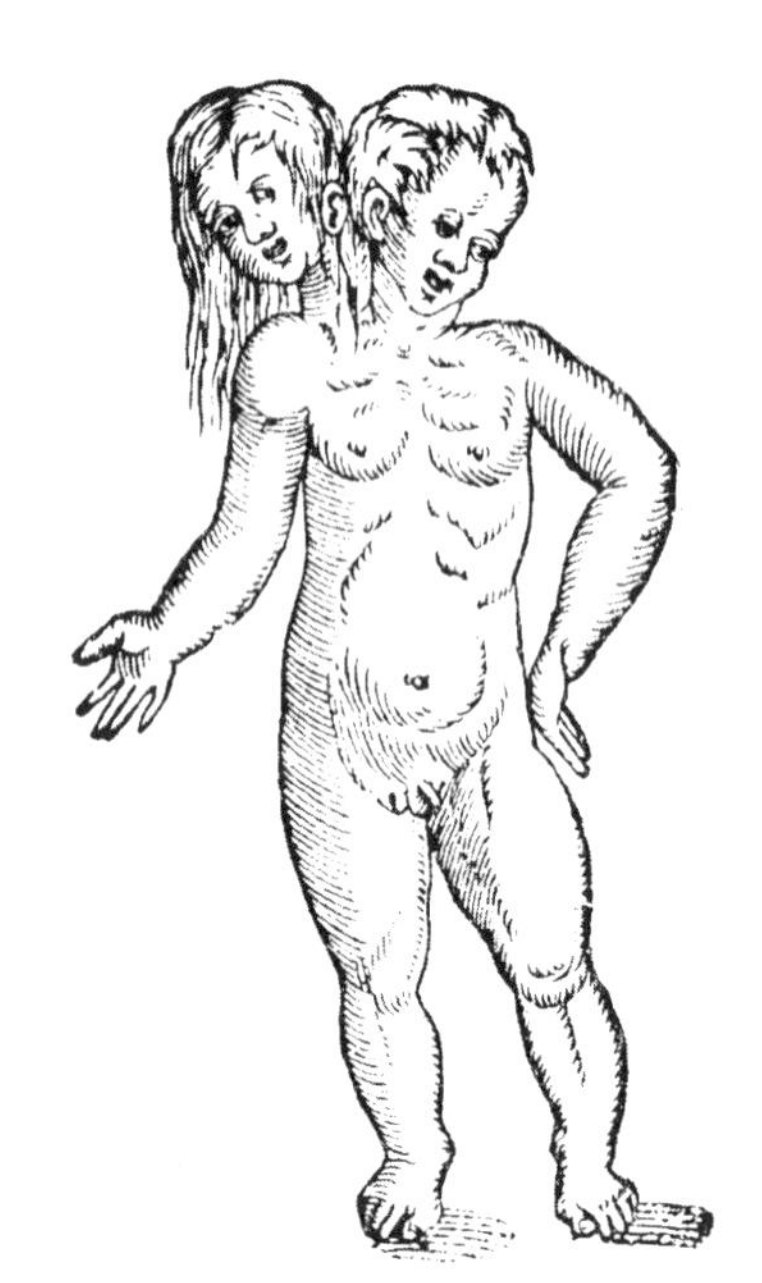

［図 13］　一つは男，もう一つは女の二つの頭部を持つ怪物の像

ヨウィアヌス・ポンタヌスが述べるには[8]、一五二九年一月九日、ドイツで四本腕と四本脚を持った男児が目撃された。その描写はここで見られる通りである［図14］。

フランソワ大王[9]がスイスと和平を結んだ同じ年に、腹部の真ん中に頭部のある怪物がドイツで産まれた。それは成年になるまで生存した。この頭部はもう一つの頭部と同じように食べ物を食べた［図15］。

一五七二年二月の最後の日、パリからシャルトルへの途次にあるヴィアボン小教区のプチット・ボルドという場所で、農民

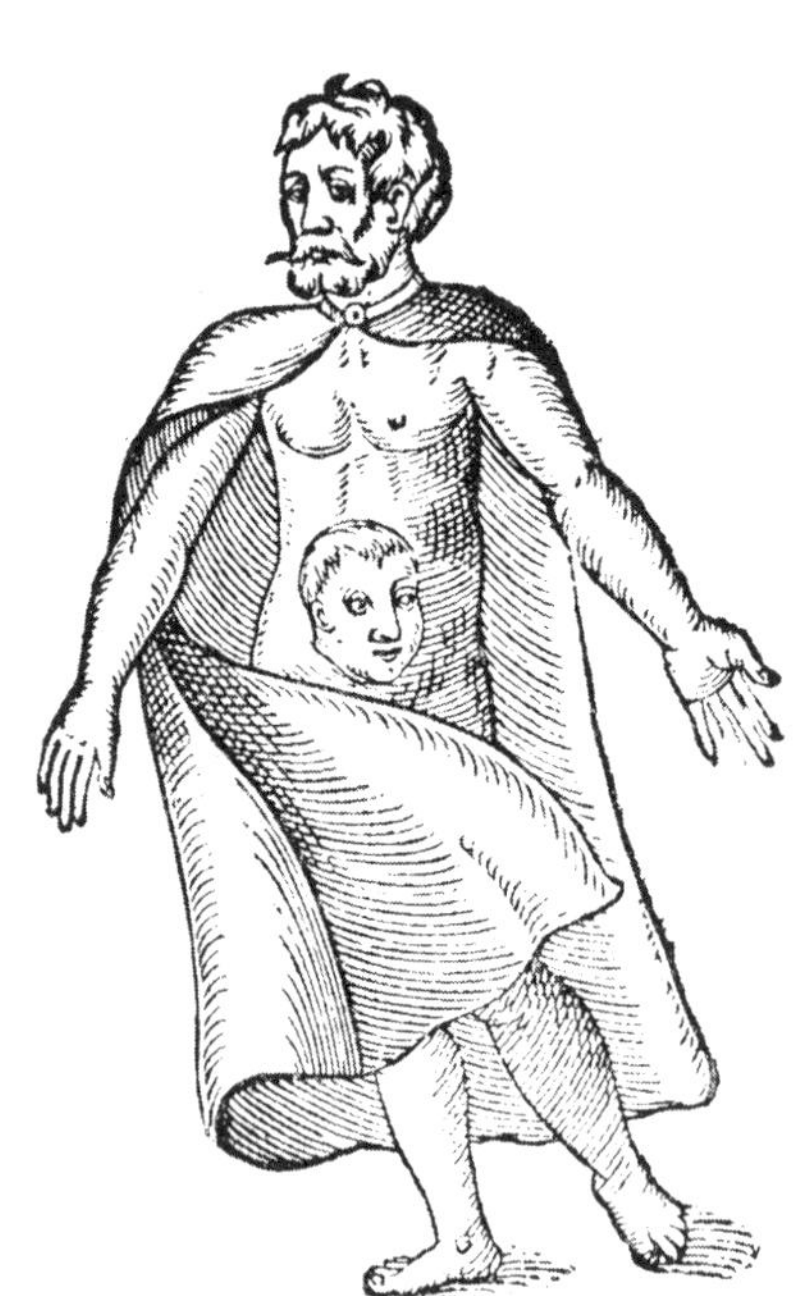

［図 15］　腹部の中央に頭部を持つ男の図

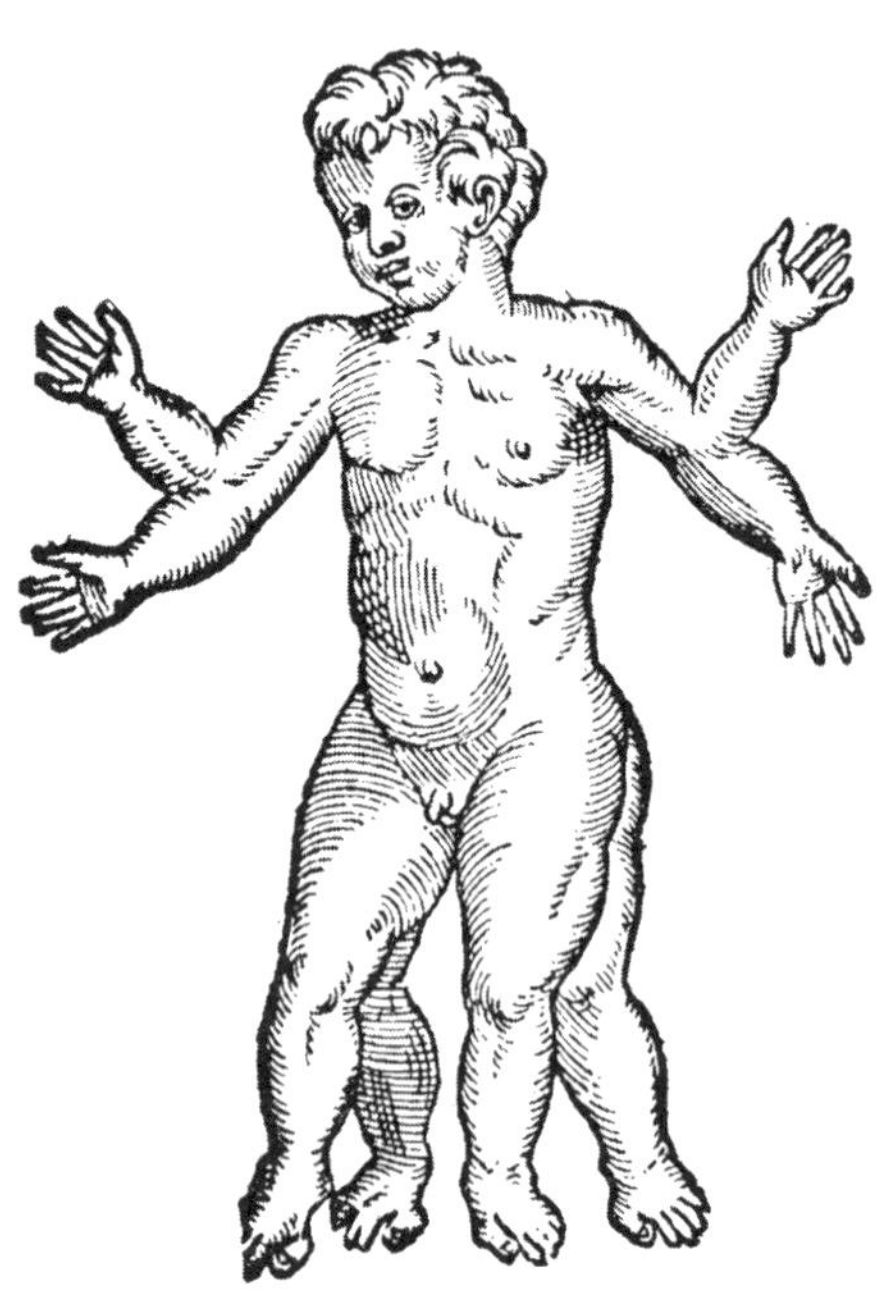

［図 14］　四本腕，四本脚を持つ男児の図

ジャック・マルシャンの妻でシプリアーヌ・ジランドという名の女がこの怪物を産んだ。それは次の日曜日まで生存した［図16］。

一五七二年の復活祭の翌日、ロレーヌのメッスの旅籠聖霊で、雌豚が八本脚、四つの耳、正真正銘の犬の頭部を持った豚を産んだ。身体の後ろの部分は腹部まで分離しており、そこから一つに結合していた。口からは二枚の舌がはみ出ており、四本の大きな歯があった。すなわちそれらの歯は上下それぞれに生えていた。

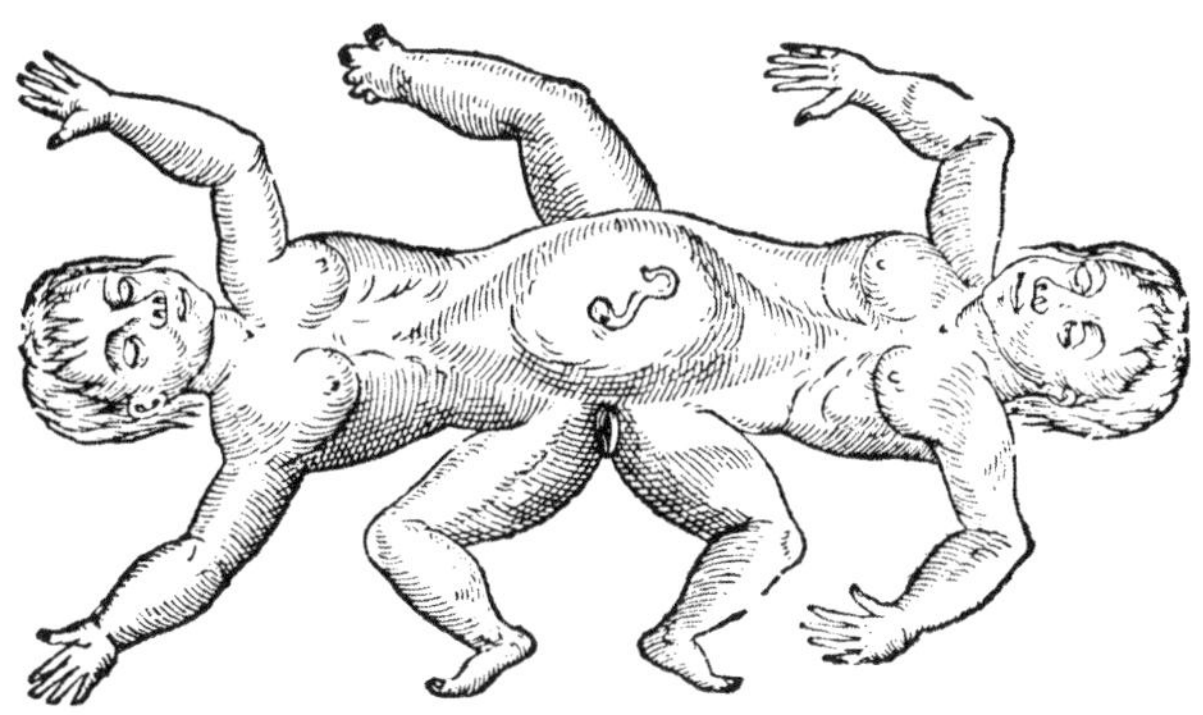

［**図 16**］　女性器だけが明らかな非常に怪物的な二人の子どもの像

性器は識別しにくく、雄か雌か判断することができなかった。またそれぞれ尻尾の下に一つの管しかなかった。その姿はこの絵によって明らかに示されている［図17］。この絵は最近、前記のメッス市に在住している医学博士で豊かな学識を備えた人物にして、医学の経験豊かなブルジョワ殿から私に送られた。

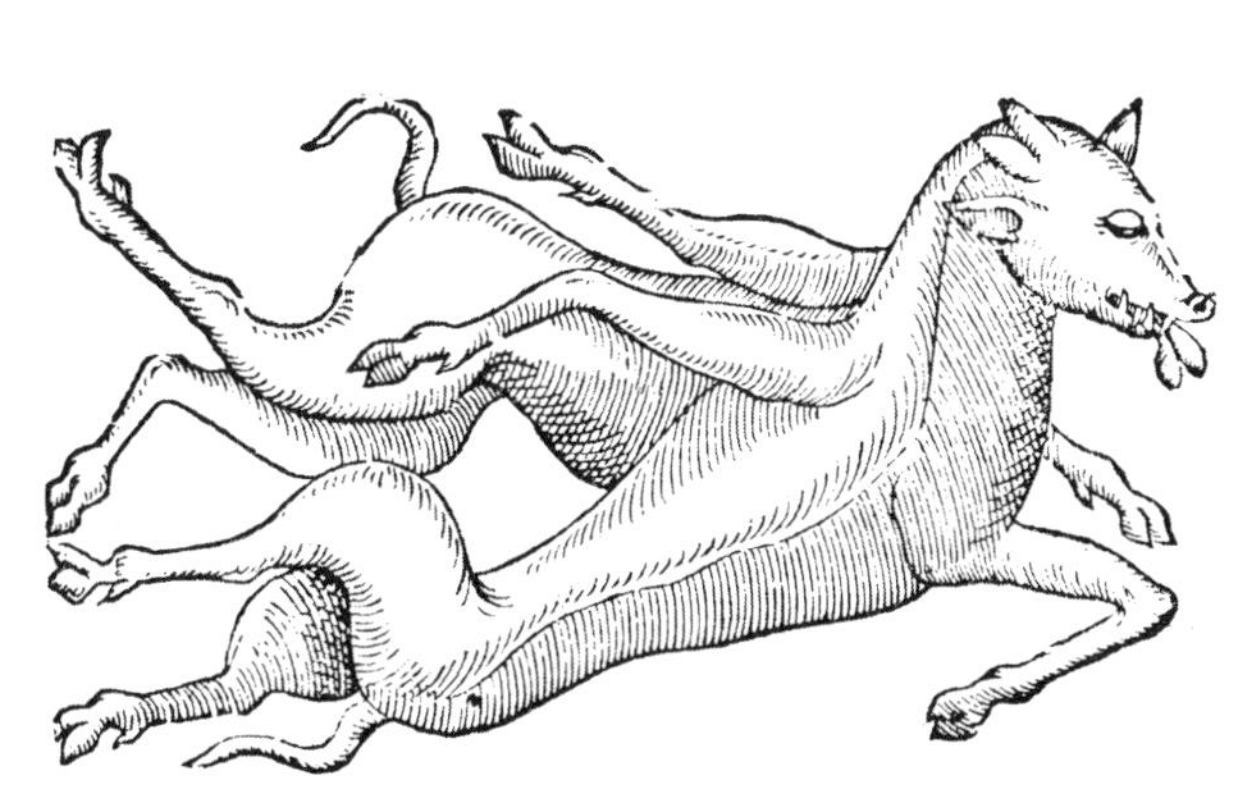

［**図 17**］　ロレーヌのメッスで産まれた怪物的な豚の図

第五章　胎内に複数の子どもを宿している女について

女が通常出産するのは一人の子どもである。しかし、(女の数は多いから)二人の子どもを産むことがある。それは双子もしくは畜生腹と呼ばれる。三人、四人、五人、六人、またそれ以上を産む者もいる。【多胎児の原因】エンペドクレスが言うには、精液の量が過剰なときに複数の子どもを懐胎する。ストア学派の人々のような他の者たちが言うには、複数の子どもが産まれるのは、子宮内にいくつもの房、隔壁、腟があるためである。精液がそれらのなかに十分に散布されると、複数の子どもが懐胎するわけである。しかしながらそれは誤りである。なぜなら女の子宮には、腟は一つしかないからだ。しかし犬や豚などのような獣にはいくつもの腟があり、それが子をたくさん産む原因となっている。アリストテレスが述べるには、女はいちどに五人以上の子どもを産むことはできない。しかしながら、このことがアウグストゥス・カエサルの侍女に起こった。その女はいちどに五人の子どもを出産したが、その子どもたちは(母親と同じように)ほんのわずかのあいだしか生存しなかった。一五五四年、スイスのベルンで博士のジャン・ジュランジェの妻が同様に一度に五人の子どもを産んだ。三人は男で二人は女だった。アルブクラシス[10]が確信をもって述べるには、七人の子どもを産んだ婦人もいるし、傷害をおったため姿形の整った十五人の子どもを流産してしまった別の婦人もいる。プリニウスは『『博物誌』』第七巻第十一章で十二人の子どもを流産した女について言及している。同じ著者が述べるには、ペロポネソス半島で四回出産した女が見られた。そのたびごとに五人の子どもを産んだが、その大部分が生存した。ダレシャンは『フランス外科学』[一五六九年]第七四章第四四八葉で、シエナのボナベンテュール・サヴェリという名の貴族が彼に断言したことには、彼が抱えていた召使がいちどに七人の子どもを出産し、そのうちの四人が洗礼を受けたと述べている。[11]また我々の時代のことだが、サルトとメーヌのあいだにあるシャンベレ近郊のソー小教区にラ・マルドムールという名の貴族の館があるが、その奥方が結婚した一年目に二人の子どもを、二年目に三人の子どもを、三年目に四人の子どもを、四年目に五人の子どもを、五年目に六人の子どもを出産し、それが原因で奥方は亡くなった。六人の子どものうち一人は生存しており、現在、前記マルドムールの地の領主となっている。アンジュー地方のボフォール・アン・ヴァレで、故マセ・ショニエールの娘の若い婦人が一人の子どもを産んだ。八日か十日後、もう一人の子どもを産んだが、子どもを胎内から取り出すことができず、彼女は亡くなってしまった。【生きた三六人の子どもを身籠った女性の驚くべき事柄】マルティヌス・クロメルスはポーランドの歴史の第九巻においてクラクフ地方で、貞潔なことこのうえなく由緒ある偉大な家柄の貴婦人で、ヴィルボスラウスと呼ばれた伯爵の奥方マルグリットが一二六九年一月二十日に一つの母胎から三六人の子どもを生きたまま出産したと述べている。[12]

フランシスクス・ピクス・ミランデュラ[13]が述べるには、ドロテアという名のイタリアの女が二度にわたって二十人の子どもを産んだ。すなわち、一度目に九人、二度目に十一人である。抱える重荷はたいそうなもので、あまりにも膨れてしまったために膝まで垂れ下がってしまった腹部を首と肩にかけた大きな帯で支えていた。この絵で見られるように［図18］。

さて、多胎児の原因に関しては、解剖学をまったく知らない者たちの幾人かは、女の母胎にはいくつかの小部屋と腟、すなわち七つの腟があり、男のために右側に三つ、女のために左側に三つ、両性具有のためにちょうど真ん中に七つめがあると説得したがっている【子宮の小部屋に関する誤った見解】。そのうえこの偽りは幾人かの人々がそのあと、それら七つの窪みのそれぞれがさらに別の十の腟に分かれており、よって精液のさまざまな分量がいくつかの小部屋に撒き散らされ受け入れられることで、十の腟から多胎児が取り出されるのだと断言するまでに権威づけられた。だが、このようなことはいかなる理由と権威によっても支持されない。ヒポクラテスが著書『子どもの自然性について』においてこの見解を支持していたと思われるが、むしろ常識と観察に反する。【双子の原因】しかし、アリストテレスは『動物発生論』第四巻第四章でこう考えている。双生児あるいは多胎児が一つの母胎から産まれるのは、手に六本目の指が生じるのと同じようにしてである。すなわち、きわめて多量に存在する質料の過剰のために、もしもそれがたまたま二つに分割されるようになると双生児が産まれるのである。両性具有も質量の過剰によって産まれるわけだから、その点で両性具有について述べるのがよいと私には思われた【両性具有の描写】。

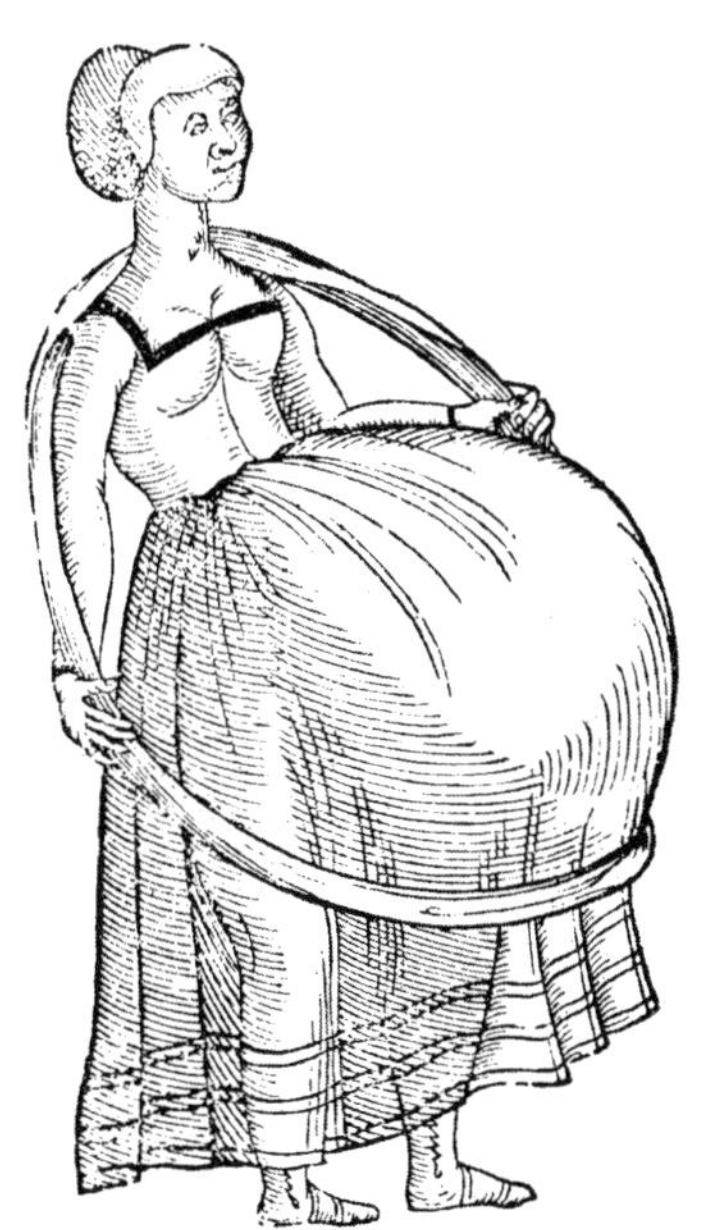
［図18　自分の腹部を支えなければならない妊婦の図］

第六章　両性具有者あるいはふたなり、すなわち同一の身体に二つの性器を持つものについて

【アンドロギュノスはギリシャ語でおとこおんな、おんなおとこを意味する】両性具有者、あるいはふたなり（アンドロギュノス）は、一つは男性、もう一つは女性の二つの生殖器を持って産まれる子どもである。ゆえに我らがフランス語では、おとこおんなと呼ばれている。さて、その原因に関しては女が男と釣り合うだけの同量の精液を供給するからで、このために通常似た存在を、すなわち男性の質量からは男を、女性の質量からは女を作ろうと努める形成力によって、両性具有と呼ばれる同一の身体に二つの性器が見受けられることが時々起こるのである。これには四つの相違がある。列挙すると、男性的な両性具有者は、完全な男の性器を持ち、子どもを

作ることができ、（陰嚢と尻のあいだの部位である）会陰に陰門の形をした穴がある。しかし身体の内部に陥入しておらず、そこからは尿も精液も出ない。女性的な両性具有者は、そこから精液と経血が流れ出す十分に形成された外陰部に加えて、陰茎を持っている。それは恥丘に隣接して前記の外陰部の上方についており、包皮はない。しかし、ひっくり返したり裏返したりできない薄い皮がついている。勃起することは絶対なく、そこから尿も精液も出ない。また陰嚢と睾丸の痕跡も見つけられない。男性的・女性的どちらでもない両性具有者は完全に生殖行為を奪われ、また免れた者である。彼らの生殖器はまったく不完全で、二種の生殖器が横に並んでいたり、時には一方が上に、もう一方が下についていたりするが、尿を排出するためにしか役に立たない。男性的でも女性的でもある両性具有者は、十分に形成された両性の生殖器を持っており、生殖行為に役立ち、使用できる。【両性具有者に対する法律は古代の人々および当今の人々によって遵守されている】これらの者に対して、古今の法律はどちらの生殖器を使用したいのか選ばせたし、依然として選ばせている。ただし起こるかもしれない不都合を理由に、選んだ生殖器を使用しないことを死罪をもって禁止している。なぜならある時は男性の、またある時は女性のというように、一方の生殖器ともう一方の生殖器を交互に使って淫蕩にふけるためこれを悪用する者もいるからだ。それは彼らがそのような行為に見合った男と女の性質を持っているためである。さらにアリストテレスが述べているように[14]、彼らの右の乳房は男のようで、左は女のようである。

【医者と外科医は両性具有者を見分けなければならない】熟練した思慮深い医者と外科医ならば、両性具有者がどちらの生殖器の方をより適切に有して使用しているか、あるいは二つとも使用しているのか、あるいは二つとも使用していないのかを識別することができる。そしてこのようなことは、生殖器の部位について、すなわち女の生殖器がその大きさにおいて陰茎を受け入れるのに適しているのかどうか、またそこから経血を流すのかどうかについて判断されるのである。同様に顔つきによって、また髪の毛が細いか太いか、口調が力強いか弱いか、乳房が男のそれに似ているか女のそれに似ているかでも判断される。同じように外見ががっしりしているのか、それとも女のようなのか、また大胆なのか臆病なのか、またほかの行動が男に似ているのか女に似ているのかで判断される。そして男性に属する生殖器の部位に関しては、恥丘と臀部のまわりに体毛が多く生えているかどうか調べ、見る必要がある。なぜなら一般に、またほぼ常に女性にはそこに体毛がないからだ。【アリストテレス『問題集』両性具有者の節、第三問、第四問、パウルス・アエギネタ[15]、第六巻、プリニウス第七巻第二章】同様に、陰茎が大きさと長さについて十分に均整がとれているかどうか、また両性具有者が女性の伴侶を持ったときに告白することだが、それが勃起し、そこから精液が出るのかどうか、よく調べる必要がある。そしてこの調査によって男性的な両性具有者なのか女性的な両性具有者なのか、あるいは男性的かつ女性的な両性具有者なのか、あるいは男性的でも女性的でもない両性具有者なのかを実際に見分けて知ることができるのだ。そしてもしも両性具有者の性器が女性器よりも男性器に似ているならば、男性と呼ばれなければならない。同様に女性器に似ているならば女性と呼ばれなければならない。また両性具有者が男性器も女性器も持っているなら、男女の両性具有者と呼ばれなければならない。この絵で見られる通りである［図19］。

一四八六年、この絵で見られるようにプファルツ選帝侯領のハイデルベルクに近接しているロルバルシーという名の町で、両性具有者で背中同士がくっつき結合した双子の子どもが産まれた［図20］。

ヴェネツィア人とジュネーブ人が和解した日、（ボエステュオが語るように）イタリアにおいて四本腕と四本脚を持ち、頭部は一つしかないが身体の残りのすべての部分は均整のとれた怪物が産まれた。洗礼を授けられたのち、少しのあいだ生きた。チューリヒの外科医ヤーコプ・リュエフは、同じようなものを目撃したと述べている(16)。それはこの絵で見られるように女の二つの生殖器を持っていた［図21］。

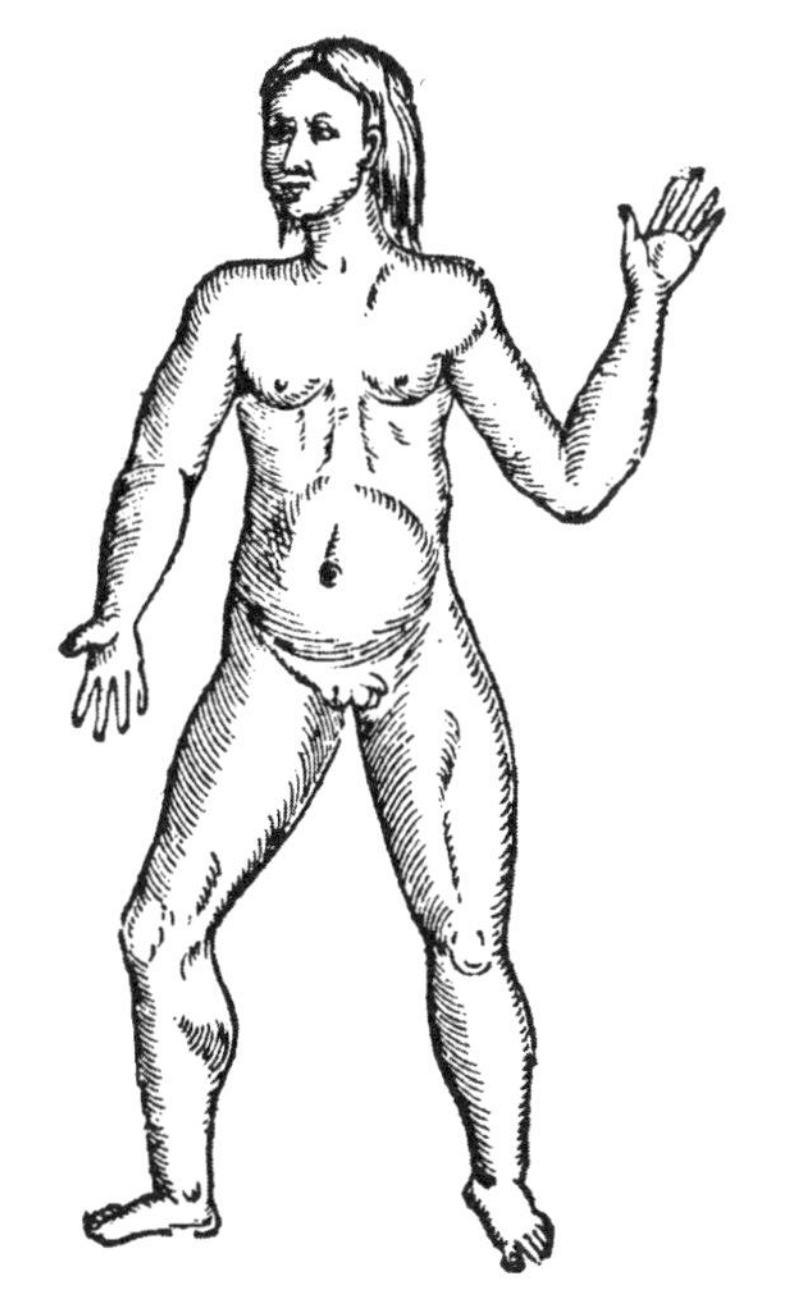

［**図 19**］　男女の両性具有の絵

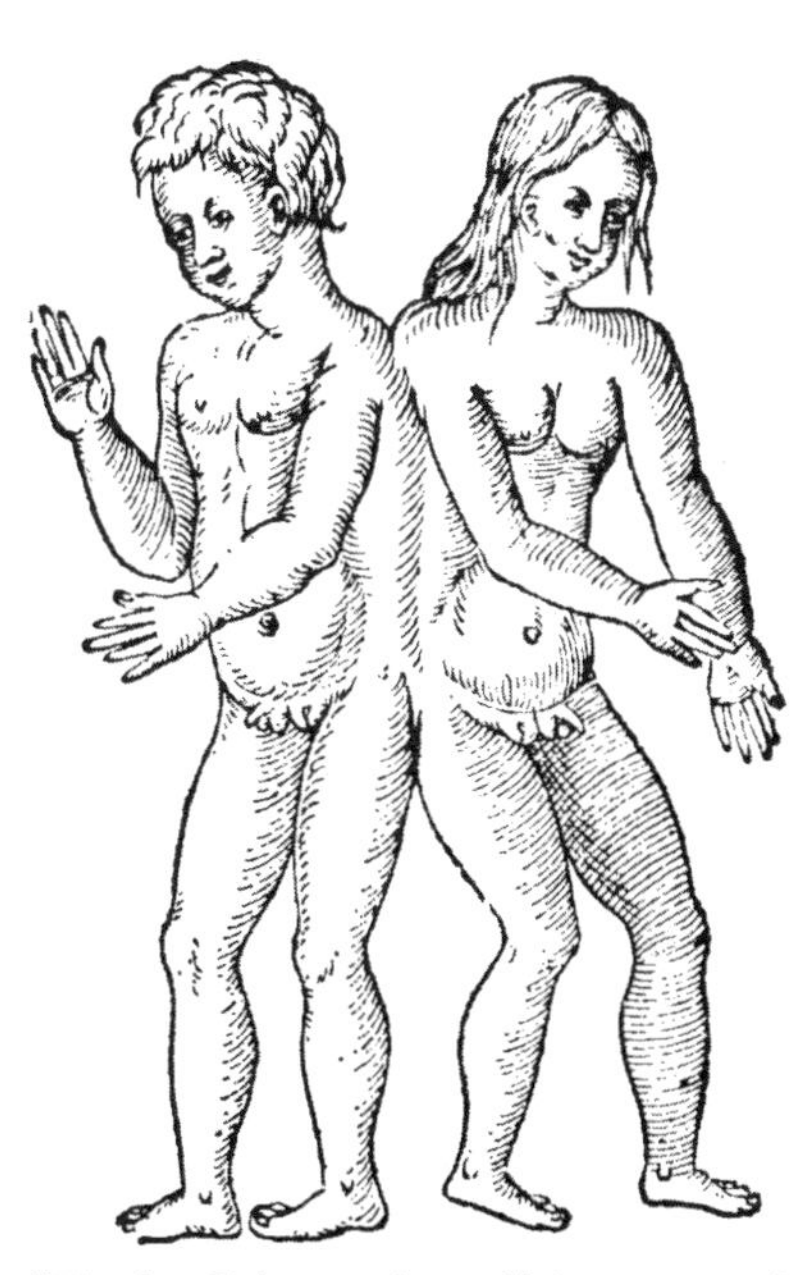

［**図 20**］　背中でお互いに結合している両性具有の双子の子どもの図

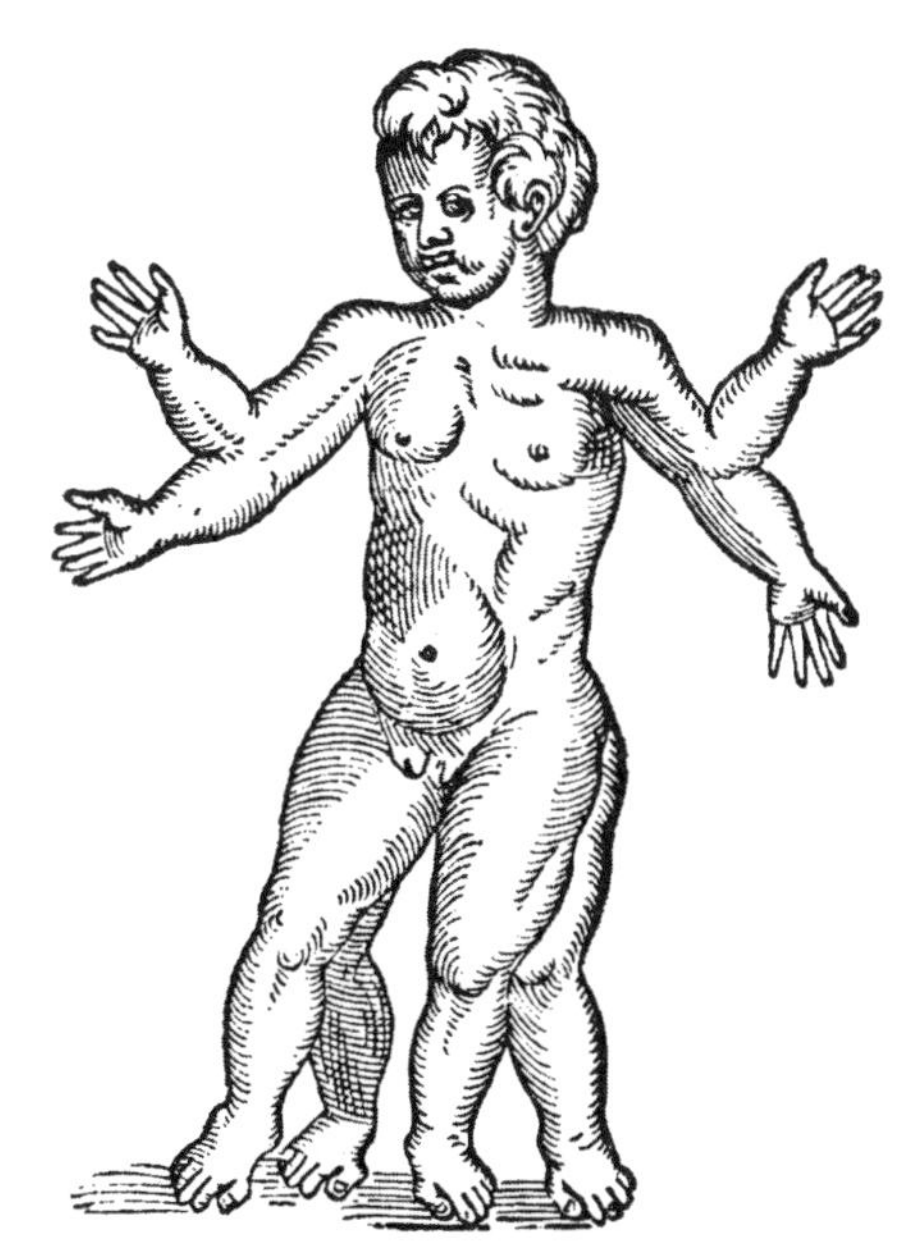

［**図 21**］　四本腕，四本脚，二つの女性器を持つ怪物の図

第七章　男になってしまった幾人かの女の忘れ難い話

アマトゥス・ルシタヌスが語るには、[17] エスグチナという名の町にマリ・パテカと呼ばれる娘がいた。彼女には、娘たちに月経が始まる頃、経血が流れ出たのではなく、陰茎が生え始めたのである。陰茎はそれ以前は体内に隠れていたのだ。したがって女から男になったのである。そういうわけで彼女は男性の服を着せられ、マリエという名はエマヌエルに変えられた。この者は長期にわたってインドで貿易を行っていたが、そこで名声を得て大金持ちになり、帰郷して結婚した。だがこの著者は、彼が子どもをもうけたかどうか知らない。著者は彼にはずっと髭がなかったことは真実であると述べている。

【別の似たような話】サン・カンタンの国王代理タイユ収税吏であるアントワーヌ・ロクノーが少し前に私に断言したことだが、ランスの旅籠白鳥で、六十歳の男に会ったということだ。彼も同じように十四歳になるまでは娘だと考えられていたが、女小間使いと一緒に寝て、ふざけて戯れていたところ、男の生殖器の部位が大きくなってきたということである。これを知った父母は教会の許可を得て彼女にジャンヌからジャンへと名前を変えさせ、男の衣服を与えた。

【君臨するシャルル王】同様に、シャンパーニュのヴィトリ・ル・フランソワで国王［シャルル九世］にお仕え申し上げていたとき、[18] 私はジェルマン・ガルニエという名のある人物——彼は娘であったときマリと呼ばれていたので、ある人々は彼をジェルマン・マリと呼んでいた——に会った。太ってずんぐりした中背の若い男で、かなり濃い赤茶色の髭を生やしていた。年齢が十五になるまで、いかなる男性的な特徴の痕跡も現れず、そのうえ女性の服を着て娘たちと一緒にいたので、彼は娘と思われていた。さて前記の年齢に達し、畑に行って、小麦畑に侵入した豚を非常に元気よく追いかけていたときのことだが、溝を見つけ、それを飛び越えようとした。そして飛び上がったまさにそのときに、睾丸と陰茎をしっかり結んで閉じ込めていた靭帯が切れてしまい（彼には非常な苦しみだった）、それらが広がってしまうということが起こったのである。それで彼は泣きながら母のいる家に戻り、臓腑がお腹から出てきてしまったと語った。このありさまに母親は驚愕した。そこでこのことについて意見を得るため医者と外科医を招集したところ、彼女は男であり、もはや娘ではないことがわかった。すぐに司教——今は亡きルノンクール枢機卿である——に報告したあと、司教の権限と民衆たちの集会［の同意］により、彼は男の名前を受け取り、マリではなく（というのも彼は以前そのように名づけられていたからだ）、ジェルマンと呼ばれ、男の衣服を与えられた。そして彼とその母親はまだ生存しているらしい。【腸卜僧あるいは占者】プリニウスも［『博物誌』］第七巻第四章で、ある娘が少年になってしまったが、このために娘は腸卜僧たちの審判によって荒れ果てた無人島に監禁されたと述べている。

女が男になってしまう理由、それは男が体外に露わに見せているのと同じくらいに、女は体内に隠しているからである。女がその体質の冷たさゆえに、体内に結びつけられているかのように保持されているものを体外に押し出す熱も力もないことは別にして。こういうわけで、もしも熱が充満するのを妨げる幼年時代の湿度が、時の経つにつれて大部分発散されるのならば、熱はいっそう酷く、激しく、強烈なものとなる。だから熱が特になんらかの激しい動きによって助長され、体内に隠されているものを体外に押し出すことがあるというのは信じられないことではない。さて、このような変身は引用された理由と例に見るように自然のなかで起こるのだから、男が女になるということを真実の話のなかに見出すことは決してない。なぜなら自然はもっとも完全であるものをいつも目指すのであり、反対に完全であるものが不完全になるようなことはしないからである【自然はいつも完全を目指す】。

第八章　精液の量が不足している例

もしも精液の量が不足しているなら（前述したように）、同じように手足が多かれ少なかれどこか欠けてしまう。したがって二つの頭部と一本腕を持った子どもや腕のない子ども、かたや上で述べたように、腕も脚もない子どもやほかの部位が欠けた子どもが産まれる。別の子どもは二つの頭部を持ち、たった一本の腕しか持っていないが、身体の残りの部分は非の打ちどころがない。

一五七三年、私はパリのサン・タンドレ・デ・ザールの門のところで、ギーズ近郊で三里離れた村パルプヴィル生まれの九歳の子どもを見た。父親はピエール・ルナールといい、その子を身籠った母親はマルケットといった。この怪物は右手に二本指しかなく、腕は肩から肘まできわめてよく整っていたが、肘から二本指までが相当に醜かった。彼には脚がなかったが、右側の尻から四本の足指のようなものがひっついた不完全な形をした足首が生えていた。もう片方の左側の尻からは真ん中から二本指が生えていた。そのうちの一本は陰茎にそっくりであった。それはこの挿画で実際に示されている［図22］。

一五六二年十一月一日、ガスコーニュのヴィル＝フランシュ・ド・ベラン[19]で頭部が欠けたこの怪物が誕生した。これ［この怪物の図］をパリ大学医学部の博士にして教授であるオタン殿が私にくれた。この怪物の前面と背面の図を読者はここでご覧になれよう。オタン氏はこれを見たのだと私に断言した［図23］。【無頭の女性を見るのはきわめて怪物的なことである】

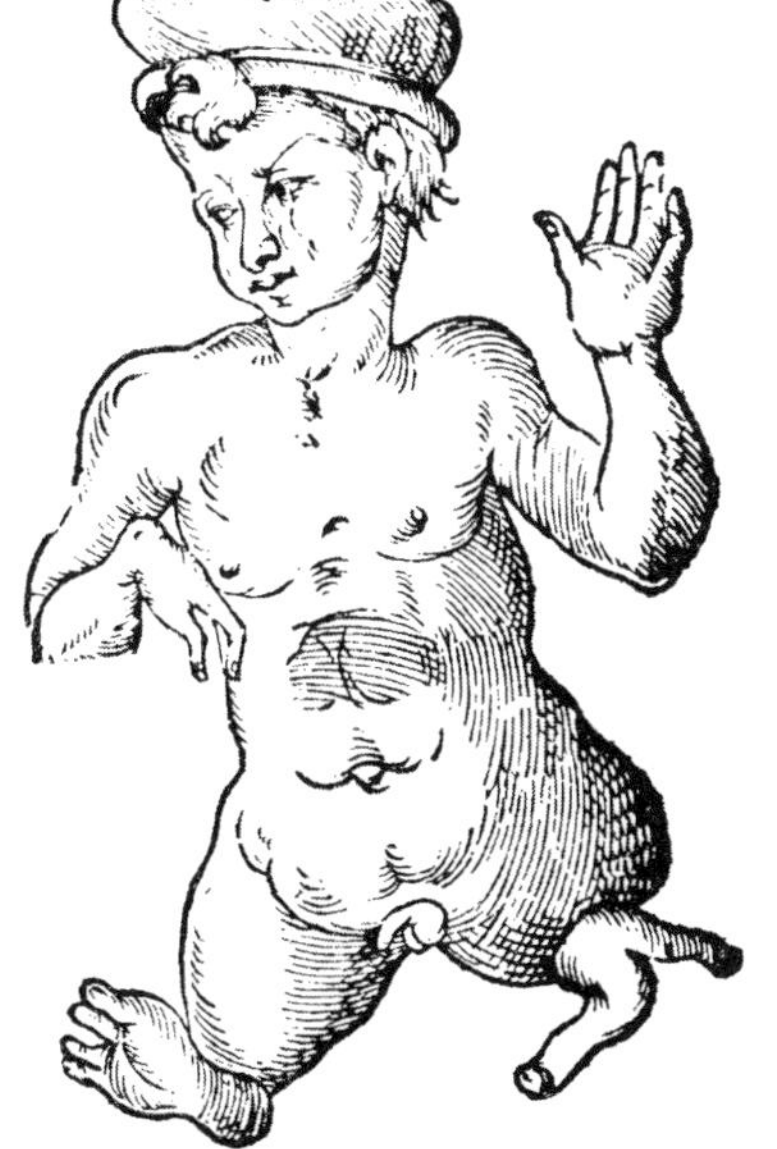

［**図 22**］　然るべき量の精液が欠けていたために怪物的な子どもの図

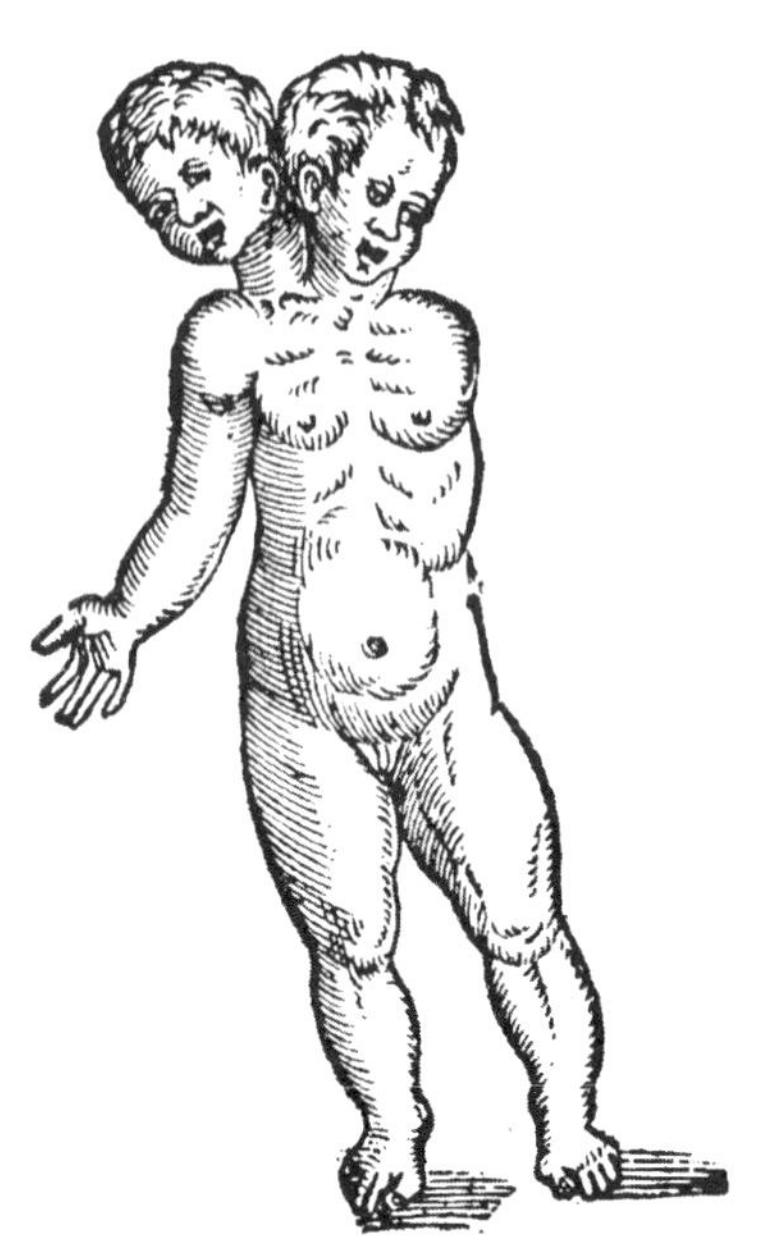

［図 24］　二つの頭部, 二本の脚, 一本腕を持つ怪物の図［本文に説明なし］

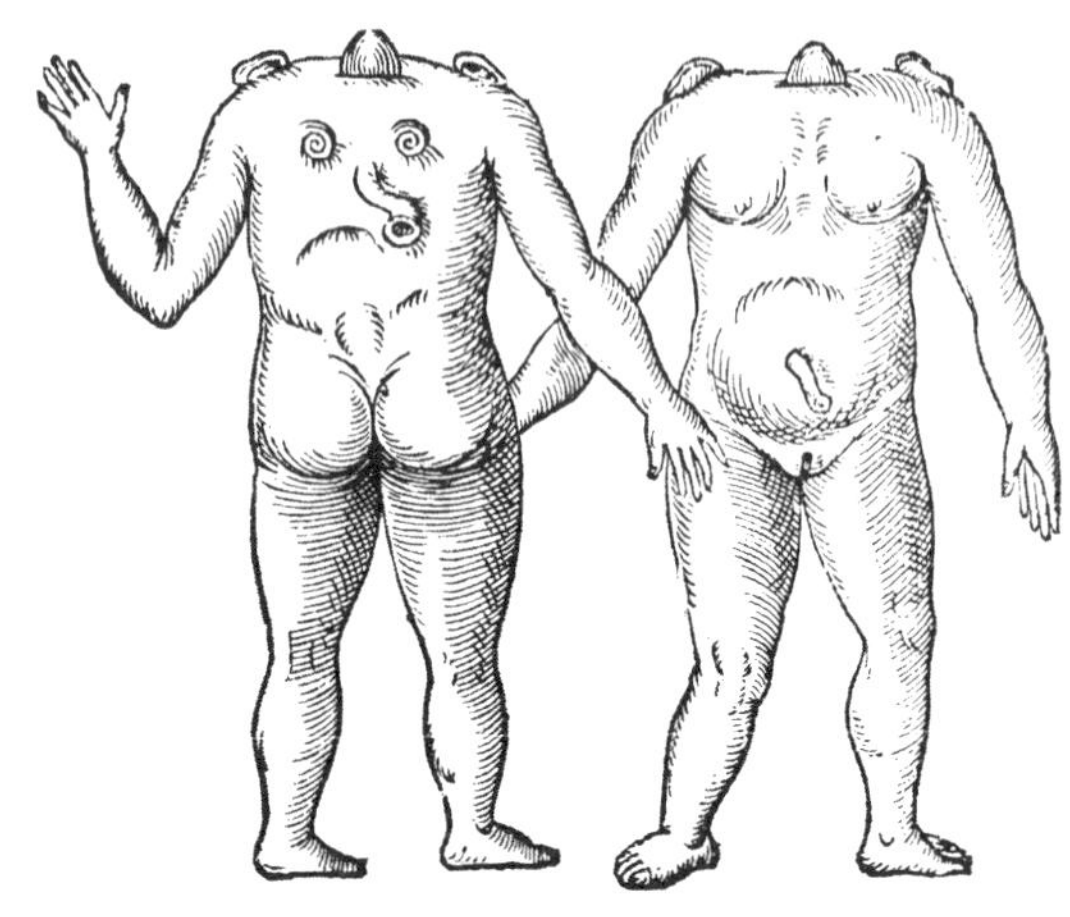

［図 23］　無頭の女性の怪物の図【無頭の女性を見るのはきわめて怪物的な事である】

［図 25］　腕がない男の図

少し前から、パリで腕なしの四十歳頃の頑健でたくましいひとりの男が見られた。彼は他の者が両手を使ってするほとんどすべての行為を行った。すなわち肩の発育不全の部分と頭部を使って、他の者なら腕を使って行うことができるのと同じくらいに力を込めて木片に斧を投げつけた。同様に馭者の鞭を打ち鳴らし、他のいくつかの行為も行った。また両足を使って食べ、飲み、カードやサイコロ遊びをした。この絵で示されるように。最終的には盗賊、泥棒、人殺しになったので、ヘルダーランドで処刑された。すなわち、縛り首にされて車責めの刑に処された［図25］。

同じように最近の記憶では、裁断したり、縫ったり、他のいくつかの行為を行う腕なしのひとりの女がパリで見られた。ヒポクラテスが『流行病』の第二巻で述べるには、アンティゲネスの妻は骨のない肉だけの子どもを産んだ。それにもかかわらず、ほかのすべての部位はよく整っていた。

第九章　想像力によって生じる怪物の例

自然の秘密を探究した古代人たち【アリストテレス、ヒポクラテス、エンペドクレス】は、怪物的な子どもの別の原因を教えてくれる。それは、妊娠中に女が抱く可能性がある強烈で執拗な想像力のためだとするのだ。男もしくは女が受胎時に抱く何らかの幻想的な物体や夢、また何らかの夜の幻覚によるとするのである【想像力によって子どもはいくつもの形状をとる】。まさにこのことはモーセの権威により立証される［『創世記』三十・三一～四三］。それによると、ヤコブは義父ラバンを騙して、様々な色の枝を見た雌山羊や雌羊が様々なまだら模様の子どもを作るようにと、皮を剝いだ枝を水飲み場に置いて［産まれて増えた］家畜で豊かになったのである。なぜなら想像力は精液と産まれる子どもにとても大きな影響力を及ぼすので、その発散物と特徴が産まれたものに留まるからである。真実であるかどうかはともかく、ヘリオドロスが述べるには[20]、エチオピアの王妃ペルシナはヒドゥスト王によって身籠ったが、二人ともエチオピア人であったにもかかわらず、一人娘は肌が白かった。これは王妃が美しきアンドロメダの絵から引き寄せた想像力によるのである。彼女は身籠ることになった抱擁のあいだ目の前にその絵を置いていたのだ。厳粛な著作家ダマセーヌ［不詳］が証言するには、熊のように毛むくじゃらの娘を見たということだ。その母親は妊娠中にベッドの脚部にくくりつけていた毛皮を着た聖ヨハネの像をじっと見ていたために、かくも醜悪で忌まわしき子どもを産んだのである。同様の理由によって、ヒポクラテスは姦通の咎で告発された王女を救った。なぜなら夫と彼女は白い肌なのにムーア人のように黒い子どもを出産したからである。彼女は、それは普段ベッドに貼りつけられていた子どもに似たムーア人の絵のせいだとするヒポクラテスの助言で許された［図26］。さらに、白色の場所に閉じ込められた兎と孔雀は想像の力によって白色の子どもを産むのが目撃されている。

【妊娠している女への教訓】それゆえに、女は妊娠中や子どもがまだ形成されていないときは（ヒポクラテスが『子どもの自然性について』という書で述べている通り、男児の場合は三十日か三五日間、女児の場合は四十日か四二日間）、怪物的なものごとを見たり想像したりしてはいけない。【女は妊娠と形成のあいだに子どもの正常な形成に対して損害を与えることがありうる】しかし子どもが形成されたなら、女が怪物的なものごとを注意深く見たり想像したりしたとしても、想像力は無関係であろう。子どもが完全

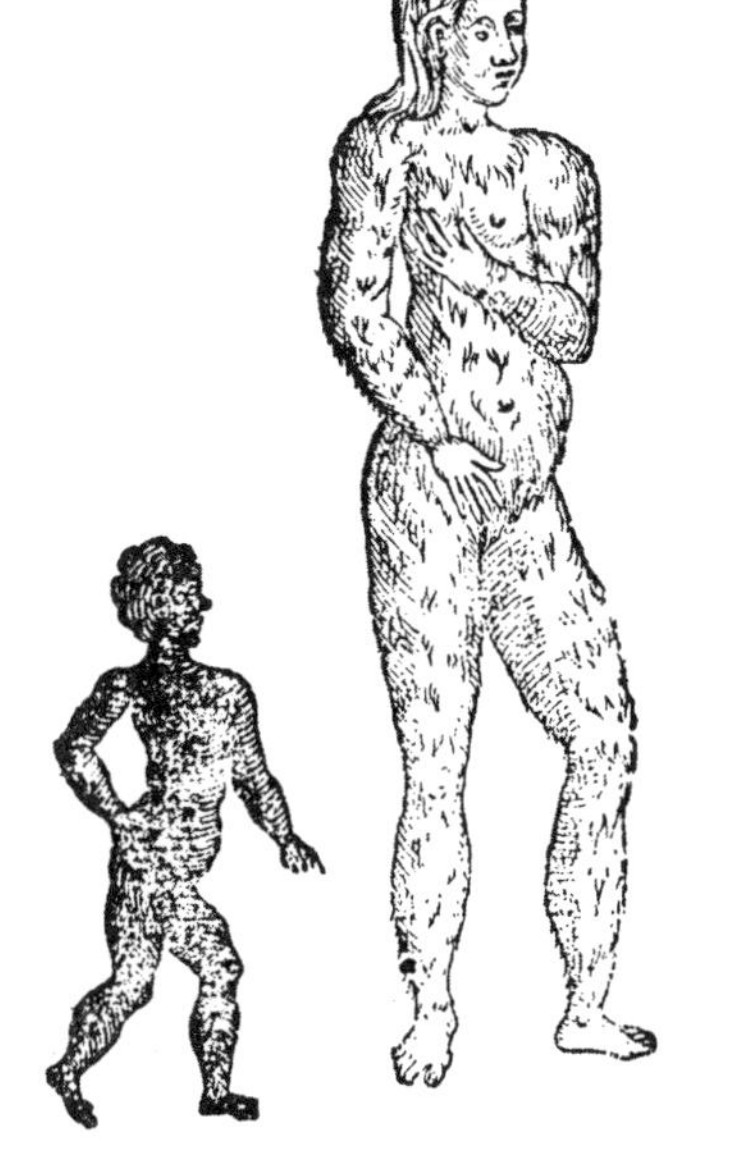
［図26］　想像の力によって産まれた毛深い女と黒色の子どもの図

に形成されて以降は、一切変形は起こらないからである。

ザクセンのステケールという名の村で、牛の四脚、仔牛に似た目、口、鼻をした怪物が産まれた。頭上には円形の赤い肉片がついており、背面についた別の肉片は修道士の頭巾に似ていた。腿には複数の切れ込みがあった。右に描かれた図で見られるとおりである［図27］。

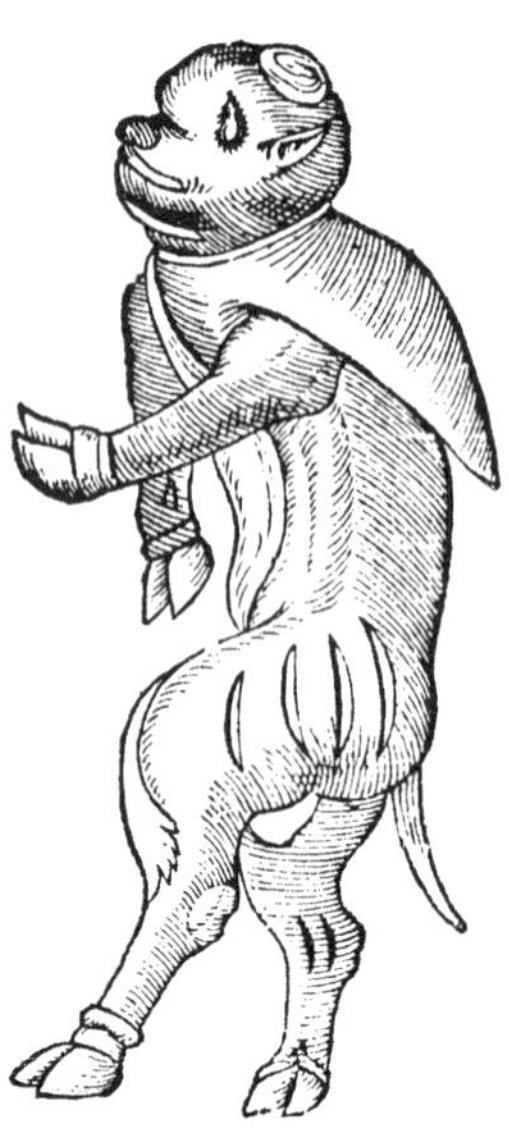

［図 27］　牛の手足ときわめて怪物的な他の事どもを持った，きわめて醜悪な怪物の図

一五一七年、フォンテーヌブローへの途上、ビエールの森のなかに位置するボワ・ル・ロワ小教区で蛙の顔をした子どもが産まれた。国王砲兵隊に随行している外科医ジャン・ベランジェ親方が彼を訪ねて診察した。アルモワの法廷のお歴々、すなわち上述の地の主席判事である尊敬すべき御仁ジャック・ブリボン殿、ムランの市民エティエンヌ・ラルド殿、ムランの国王公証人ジャン・ド・ヴィルシ殿その他が列席するなかでのことであった。父親はエスム・プチ、母親はマグダレーヌ・サルブカという名前である。優れた知性の人である前記ベランジェはこの怪物の原因を知りたいと考えて、これはどうして生じたのかと父親に問うた。父親は次のような考えを述べた。妻が高熱を発したとき、隣人の一人の女が熱を下げるには生きたままの蛙を手に取り、その蛙が死ぬまで握るように助言してくれた。その夜、妻は蛙を握ったまま夫と寝た。夫と妻は抱き合い妊娠した。そういうわけで想像の力によって、この怪物は産まれたのである。この図でご覧になるように［図28］。

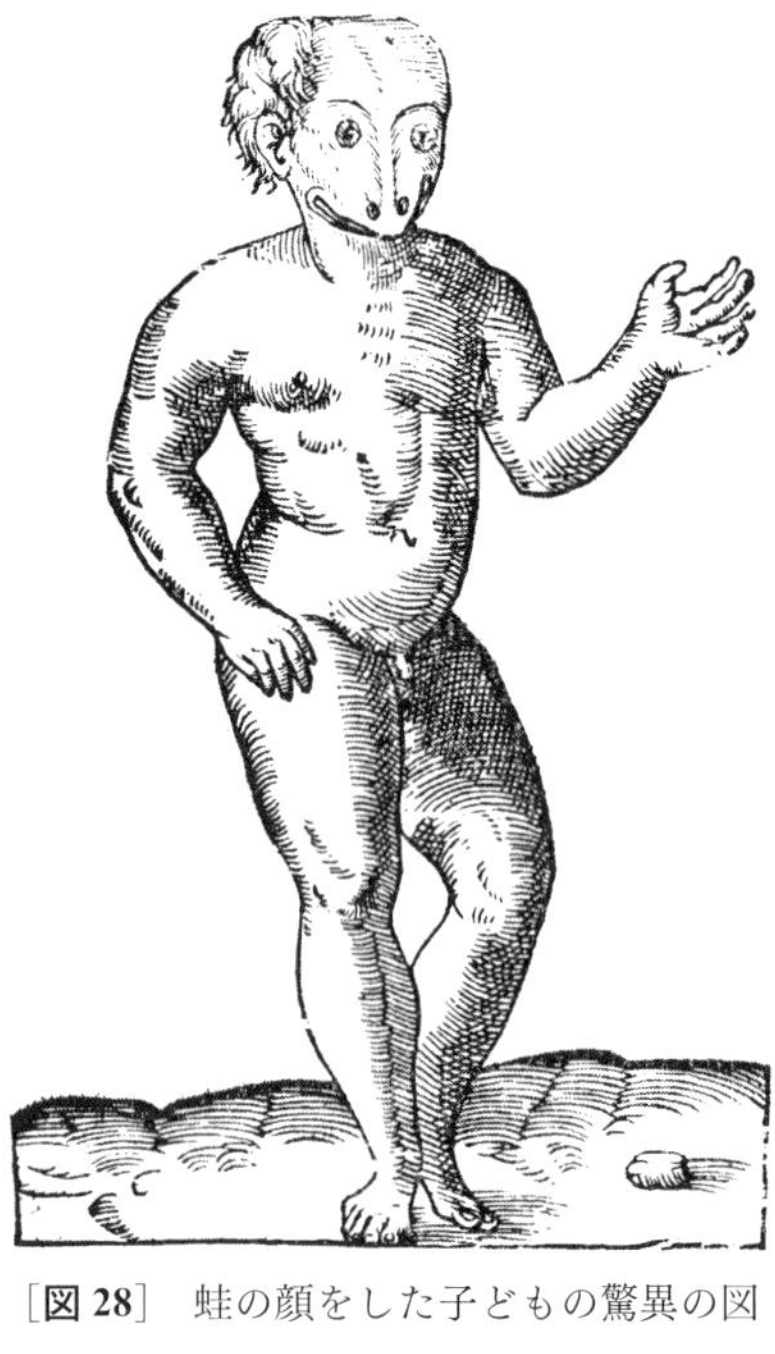

［図 28］　蛙の顔をした子どもの驚異の図

第十章　子宮の狭窄と小ささの例

木になる洋梨が大きくなるまえに狭い容器に入れられると完全に成長することができないということが見られるように、怪物は子宮体の苦しみによっても作られる【類似による理由】。これは、大きくならないように小さな籠や窮屈な入れ物で子犬を育てる婦人たちにも知られていることである。同様に大地に誕生する植物

は生長する場所に石や他の固形の物体を見つけると、曲がったり、ある部分が太くなったり、別の部分が細くなったりしてしまう。同じようにして母親の胎内から、怪物的な奇形の子どもが産まれる。なぜなら彼［ヒポクラテス］は、狭い場所で身体が動くと手足に重い傷を負ったり欠けてしまったりすることが避けられないと述べているからである【ヒポクラテス『生殖について』】。エンペドクレスとディフィルス(21)は同じように、これを精液の過剰、あるいはその不足と腐敗、もしくは子宮の不調に帰している【エンペドクレスによる怪物の原因】。これは可溶性の物体との類似を考えると真実でありうる。というのは、もし溶かしたい質料が十分に煮られも浄化も準備もされていないなら、あるいは鋳型がでこぼこか、もしくは違ったやり方で下手に造られていたなら、そこから作られるメダルや人物像は不完全で醜く形の崩れたものとなってしまうからである。

第十一章　母親が足を組んできわめて長時間にわたり座り続けていたために、あるいは妊娠中にお腹を強く縛りつけたり締めつけたりしたために産まれる怪物の例

さて、時には同じように、偶然、子宮が生まれつき十分に大きいということもありうる。しかし、妊婦がお針子や膝上でタピスリーを織り上げる女たちが普通しているように、妊娠中ほとんどいつも座り続けたり膝の上で足を組み続けたり、もしくはお腹を強く縛りつけたり締めつけたりすると、身体の湾曲した瘤のある奇形の子どもが産まれる【こうした子どもは湾曲足・湾曲手と呼ばれる】。この図でおわかりになるように、どの子も捩れてしまった手足を持っている［図29］。

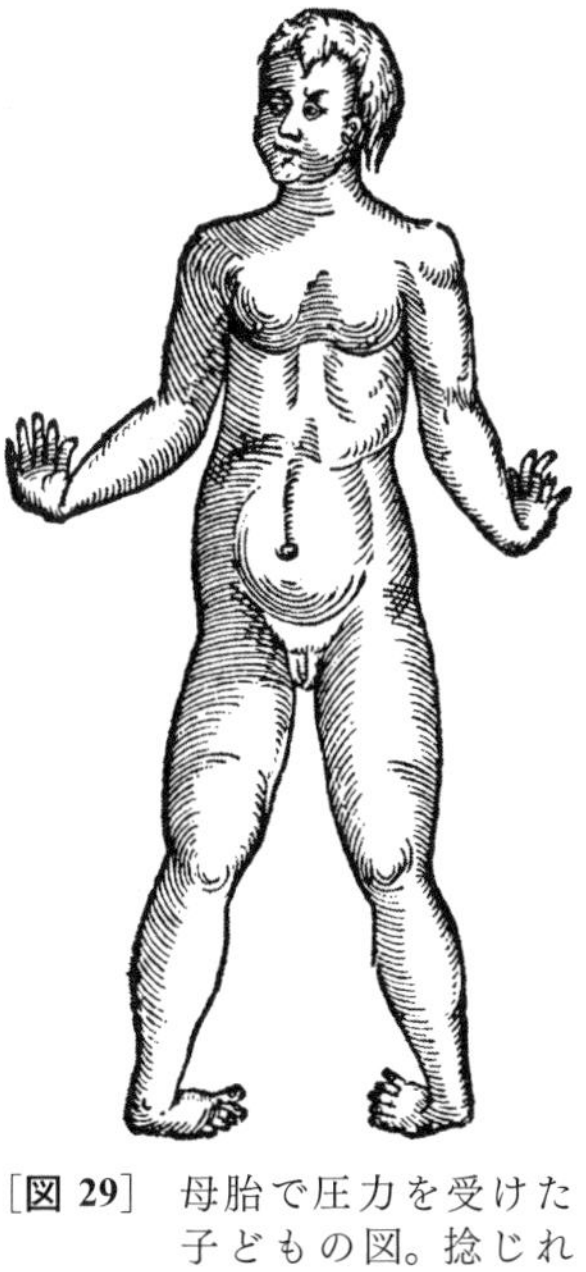

［これは］驚異の絵、石化した子どもであり、一五八二年五月十六日にサンスの町で、ある女の死体のなかから発見された。女は六八歳で、二八年のあいだこれをお腹のなかに宿していたのである。前述の子どもは身体をほぼ完全に球体状に丸めていた。しかしここでは手足の全体像をよりよく見せるため、欠陥のある手を除いて身体を長く伸ばして描かれている［図30］。

こうしたことは神聖ローマ帝国皇帝マクシミリアンの侍医マティアス・コルナクスによって確認されうる。彼が語るには、四年のあいだ子宮に子どもを宿していたある女の腹部の解剖に彼自身参加したのである。同様にブリュッセルの医者エギディウス・エルタゲスは、過去十三年のあいだ死んだ子どもの骸骨を胎内に

［**図 29**］　母胎で圧力を受けた子どもの図。捻じれた手足しかない

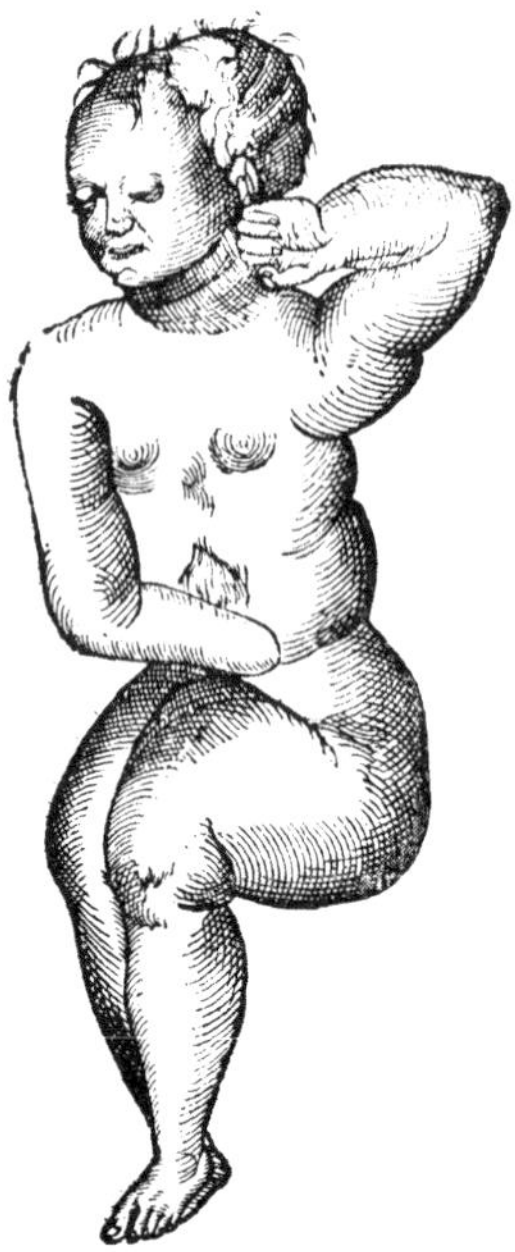

［図30　石化した子どもの図］

宿していた女について言及している。ヨアンネス・ランギウス[22]はアキレス・バッサルスにしたためた書簡のなかで、同様にしてエベルバッハと呼ばれる町出身のある女について証言している。その女は十年前に胎内で死亡した子どもの骨を吐き出したのである。

第十二章　子どもを妊娠しているにもかかわらず、母親が何らかの打撃を受けたり転倒したりすることによって産まれる怪物の例

さらに母親が腹部に何らかの打撃を受けたときや高いところから転げ落ちたときに子どもは骨折、脱臼したり、捻じ曲がったりする可能性があるし、もしくは母親の胎内で子どもが病気に罹ったり、子どもが発育するために摂取しなければならない栄養物が子宮外に流れ出てしまったりしたために、跛行、背骨の湾曲、奇形といった別の異常を身に受ける可能性がある。同様に女が食べたり食べたがったりする胸のむかつくような汚い肉の腐敗、あるいは妊娠するとたちまち見るのも嫌になるそのような肉の腐敗から怪物が産まれると考える者もいる。また子どもを怪物のように変えてしまうサクランボ、プラム、蛙、ハツカネズミや他の物体を乳房と乳房のあいだに置くことで怪物が産まれると考える者もいる。

第十三章　遺伝病によって産まれる怪物の例

そのうえ父親と母親からの遺伝による身体の不具合や体質のために、子どもが怪物のようになったり奇形になったりする。というのは、せむしがせむしの子どもを産むことは明々白々だからである。そのうえ、せむしがあまりにもひどいせいで、彼らのなかには前後二つの瘤が過度に盛り上がってしまい、亀の頭部が甲羅のなかに隠れてしまうように、頭部が肩のあいだに半分隠れてしまう者もいる。片足が不自由な女は、彼女と同じように足の不自由な子どもを産む。両股関節が不自由な別の者はやはり同じような、また鴨のような歩き方をする子どもを産む。鼻ぺちゃは鼻ぺちゃの子どもを産む。【口ごもり、つまりどもりは上手く言葉を発することができない。早口のどもりとは、上手く発声できないまま一つの言葉を二度も三度も言うことである】吃音の者もいる。ある者たちは口ごもって話すが、同じようにその子どもは口ごもって話す。また父親と母親の背が低い場合、大抵の場合、子

どもは小びと症で、不具がほかにあるわけではない。すなわち父母の身体が奇形ではない場合である。非常にやせた子どもを産む者がいるが、それは父親と母親がそうだからである。腹の出た者、また臀部が長いというよりは分厚いと言っても差し支えない極端に大きい者がいるが、それは太くて図体の大きな、また腹が出て尻の大きい、父親か母親、あるいは両親から産まれたからである。痛風患者は痛風の子どもを産む。そして結石症の者は結石になりやすい［子どもを産む］。そのうえもしも父親と母親が気狂いなら、たいていの場合、子どもの頭が良いことはほとんどない。さて、これらすべての人々の外観は通常見られるもので、読者各々方が私の述べたことの真実を目で見て確かめることができるものだ。したがってこれについてさらに語る必要はない。加えて私は癩病者が癩病に罹った子どもを産むことを書きたいと思わない。というのも、皆それを知っているからである。子どもが影響を受ける父母の体質は無数にあり、さらに素行、口調、風貌、顔つき、態度、歩行や唾吐きにいたる仕草がある。しかし、このことについて確実な規則をつくる必要はない。というのも、私たちはこれらすべての身体の不具合を合わせ持つ父親と母親を目にするからだ。それにもかかわらず、形成力がこの肉体的な欠陥を矯正したために、子どもには何の痕跡も残さないのである。

第十四章　偶然の病で生じた怪物のようなできごとの例

【驚くべき話】サン・ジャン・ダンジェリの手前で、ミュレ隊長の部隊に属するフランシスクという名の兵隊が、臍と脇腹のあいだの腹部に銃創を受けた。弾丸は見つけることができなかったので、取り出されなかった。そのため彼ははなはだしい激痛に襲われた。負傷してから九日後、彼は尻から弾丸を排出した。三週間後、彼は治った。彼はフランス軍の外科医シモン・クリネによって治療された。

【忘れ難き別の話】ドーフィネのサン・トーバン・オ・バロニエ[23]の領主ジャック・パプは、シャスネーの小競り合いで身体を貫通する三つの銃創を受けた。一つは気管に非常に近い喉元の下にあり、頸部のうなじ近くを通り、現在も弾丸はそこにある。このため高熱や頸部周囲の大きな腫れといったいくつもの酷く辛い偶然の出来事が彼に起こった。その結果、彼は十日間、少量の液状のブイヨンのほか何も飲み込むことができなかった。これらのすべてのことどもにもかかわらず彼は健康に回復し、現在も生存している。彼はドーフィネのモンテリマールの町に住む有能な熟達した外科医ジャック・ダラム親方に治療された。

アレクサンドル・ベネディクトは背中に矢傷を受けたある村人について述べている【『解剖学について、あるいは人体の研究について』［一五一二年］第三巻第五章[24]】。矢は引き抜かれたが鉄製部分は体内に残ったままで、それは幅が指二本分の長さで両側に逆とげが付いていた。外科医は長いあいだ探していたが見つけることができず、傷口をふさいだが、二カ月後にこの鉄が同様に尻から出てきたのである。さらに前述の章で述べるには、ヴェネツィアである娘が針を飲み込んだが、二年後、尿で排出した。それはねばねばした少量の液体がまわりに固着した石質の物質で覆われていた。

パリのユダヤ人街に住む誠実な人物で羅紗商人であるギヨーム・ゲリエの妻キャスリン・パルランはトルース［半ズボン］を履いて馬にまたがり野原に行ったとき、［ベルトにつけている］小型の針山の針が尻の右側内部に貫入してしまい、体外に引き抜くことができなかった。四カ月後、夫が彼女を抱いたとき、夫が上から抱き締めるごとに右側の鼠蹊部に突き刺すような酷い痛みを感じたことを嘆き、彼女は私を呼びにやった。私は痛みの上に手を置いて凸凹と硬いところを見つけ出し、その結果、完全に錆びついた前記の針を彼女から引き抜いたのである。重量のあるはずが上方に上がり、腫瘍をつくることなく腿の筋肉を貫通したことを考えると、これは怪物のような出来事の範疇にもちろん入れられなければならない。

第十五章　人体内で生み出される石について

ローランス・コロ親方の子どもたちは、石の摘出に非常に長けた男たちだが、一五六六年、クルミ大の石を取り出した。石の真ん中には仕立屋たちがいつも裁縫で使用する一本の針が見つかった【石のなかに陥入、混入した針】。病人の名はピエール・コカンと言い、パリのモベール広場近くのギャランド通りに住んでおり、まだ今も生存している。石は前記の針とともに私がいる前で国王に奏覧せしめられた。前記コロは私の陳列室に入れるようにとそれをくれた。きわめて怪物的なものを記憶しておくために、私はそれを保管しており、現在も私が所有している。

一五七〇年、フェッラーラ公妃殿下が、モンタルジに住む憐れな菓子製造職人の膀胱から石を摘出するために、この都市にジャン・コロを探しに人を派遣した。石は九オンス［一オンス＝三〇・五九四グラム］の重さで、握りこぶしの大きさがあり、ここにその絵をご覧になられるような形であった［図31］。前記奥方の常勤の侍医であり、医学において博識かつ経験豊かな人士であるフランソワ・ルセ親方殿とジョゼフ・ジャベル親方の面前でそれは

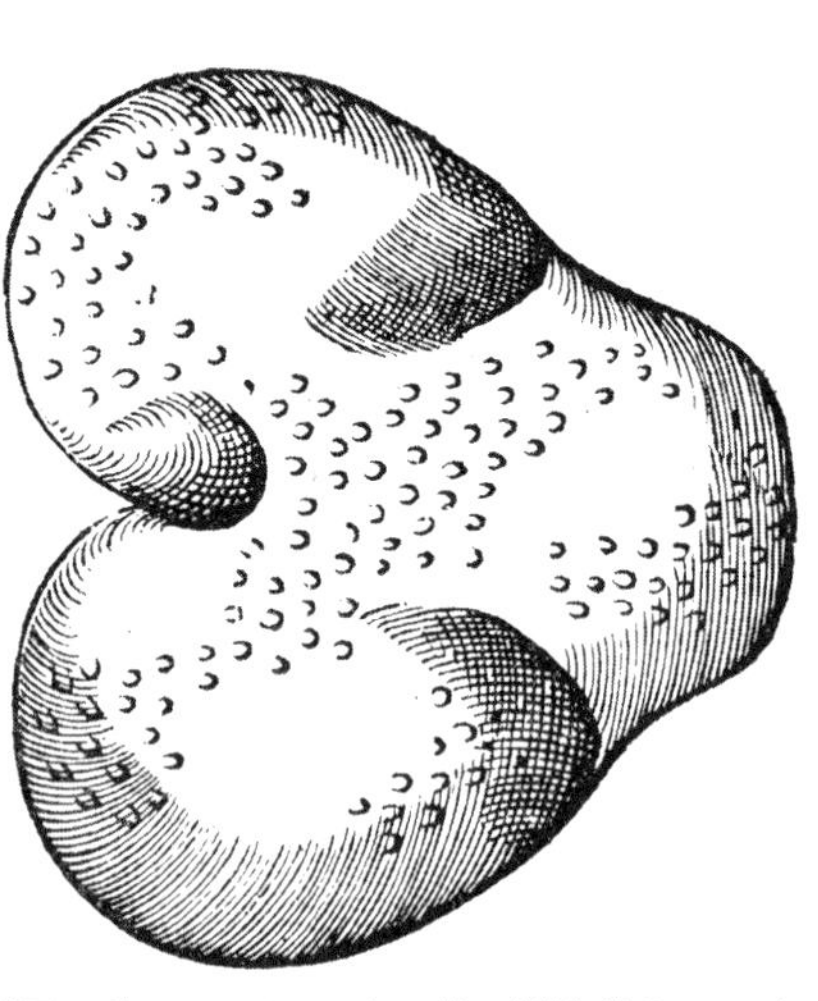

［図31］　モンタルジの菓子製造職人から取り出された石の図

取り出された。また石は手際よく摘出されたので、前記菓子製造職人は治った。【前記奥方は貧しい人々を助けるのを習慣とし、前記菓子製造職人の治療のために全費用を出した】しかし、その後少し経って、腎臓から下がってきた二つの小さな石によって尿が止まってしまった。石が尿管の孔を塞いでしまい、彼の死亡の原因となったのである。

一五六六年、ローランスという名の前記ジャン・コロの兄弟も同様にこのパリ市で、マルリーに住む摩羅抜きというあだ名の男から三つの石を摘出した。それぞれ非常に大きな白色の雌鶏の卵の大きさで、三個で十二オンス以上の重さがあった。【膀胱に石を持つ人々は陰茎の先端にいつも痒みと刺すような痛みを感じる】彼は十歳の時から膀胱に前記の石ができる兆候が現れ始めたので、自分の陰茎をいつも引っ張っていた。そのために摩羅抜きと呼ばれたのである。というのも、膀胱のみならず全身の排出力が、膀胱に損害を与えるものを体外に押し出そうとするからで、このために陰茎の先端にある種の激痛を引き起こしたのである。排尿に充てられた部位にいくらかの砂や石をもつ人々にふつう起こる通りであり、これについて私は石に関する著作のなかで十分に述べておいた［『石について』］。これらの石は、その当時サン・モール・デ・フォッセに滞在しておられた国王に奏覧せしめられた。ある人々がタピスリーの織工が使用する槌でその一つを割ったところ、その中心部に褐色の桃の種に似た別の石が見つかった。前記コロらは、前述の石を怪物的なものとして私の陳列室に置くためにくれた。私はそれらを実物さながらに描かせた。これらの図でご覧になられる通りである［図32］。

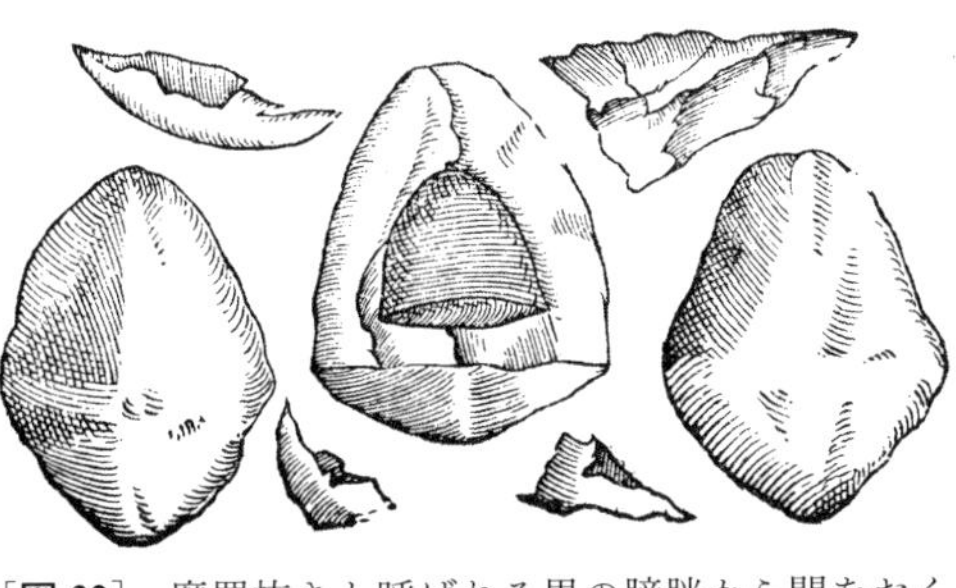

［図 32］ 摩羅抜きと呼ばれる男の膀胱から間をおくことなく一度に取り出された三つの石の図，そのうちの一つは砕けている

さらに私は死体の腎臓のなかに、豚、犬、その他多様な形態をとったいくつもの像［石］を見つけたことをここで証明することができる。このことは古代人たちの著作によって私たちに残されている。

ダレシャン殿は、『フランス外科学』のなかで腰部に膿瘍ができた男を見たと述べている。化膿したあとそれは瘻管に退化し、それを通して腎臓から何度もいくつもの石を排出した。男は馬と荷車に乗る際の苦痛に耐え忍んだ。

ある日、私は医学部教授にして国王の常勤侍医であり、博識で経験豊かな人物であるル・グラン殿とともにある貞潔な婦人に肛門鏡を施すために呼び出された。彼女は腹部と臀部の激しい痛みに苦しんでいたのである。しかしながら、調べたところ外観に悪いところはなかった。そういうわけでいくらかの水薬と浣腸を処方したところ、水薬の一部と一緒にジュー・ド・ポーム[25]の球の大きさの石を排出し、痛みは突然おさまり治ったのである。

ヒポクラテスが［ギリシャのラリッサの］六十歳になるディセリ

スの女小間使いについて述べるには【『流行病』第五巻】、その小間使いはまるで出産するかのような痛みを感じたが、ある女がその小間使いの子宮から紡錘車の大きさ、厚み、形をした、ざらざらの堅い石を取り出した。

パリの医学部教授ジャック・オリエは、ある女が四カ月のあいだ排尿の困難に苦しみ、最終的に死亡したと述べている【心臓の動悸に関する章、第一巻】。女は切開されたが、心臓の組織のところに小さないくつかの腫物と一緒に二つのかなり大きな石が見つかった。腎臓、尿管、膀胱は正常で無傷であった。

一五五八年、私はサン・トノレ通りに住む仕立屋の親方ジャン・ブリエから、彼が膝に持つ水分を含んだ腫物を切開するために呼ばれた。そのなかに真っ白で硬くて光沢のあるアーモンド大の石を見つけた。彼は治って、まだ現在も生きている。

我らの宮廷のある貴婦人は長きにわたり、重い病に罹っていた。腹部に便意をもよおさせる苦しい痙攣を伴う痛みを感じており、何人もの医者により検討されたが、痛みの場所がわからなかった。彼らは私が彼女の病気の原因を突き止めることができるかどうかを知るため、私を呼びに人を遣した。医者たちの処方に従い、そうするのに適切な器具で尻と子宮を見たが、こうしたことすべてをしたにもかかわらず、その病気を識別することができなかった。ル・グラン殿が浣腸を処方したところ、排泄し、クルミ大の石を尻から排出した。その途端に痛みと他の症状は止み、それ以来、身体の調子は良い。同様のことがアルプ通りの十字路に住んでいるサン・トゥスタッシュの貴婦人に起こった。

国王兵器製作者であるオギュスタン指揮官は、医学部教授ヴィオレヌ殿とパリの宣誓外科医クロード・ヴィアールのほかに私を呼びに人を遣わした。【舌下に発見された石】舌下の石を摘出するためである。それは半ドワ［一ドワは指一本の幅、一～二センチメートル］の長さで羽根軸の大きさであった。石はまだもう一つあり、いまだに切除することができていない。

さて一言で言えば、内側であれ外側であれ、石は私たちの身体のすべての部位で生じる可能性がある。それは真実であるから、痛風患者の関節に石が生じるのが見られるのだ。フィレンツェの医者アントニウス・ベニウェニウスが第一巻第二四章で述べるには【咳をしたとき吐き出された石】、ドイツ人のハインリヒという名の者が咳をしたとき、セイヨウハシバミの大きさの石を吐き出したということである。[26]

第十六章　自然がその人知を越えた摂理によって押し戻すいくつかの奇妙な事どもについて

【呑み込んだ針の話】フィレンツェの医者アントニウス・ベニウェニウスが述べるには［『病気の隠れた原因について』第二十章］、ある女が青銅製の針を呑み込んでしまったが、一年のあいだ痛みを少しも感じなかった。しかしその月日が過ぎるや、突然腹部が激しい痛みに襲われた。このため、その痛みの原因について、女は呑み込んだ針についてふれずに幾人もの医者の見解を聞いた。しかし誰も彼女の痛みを和らげることはできず、彼女はそのようにして二年間生活したのである。だが突然、前記の針が彼女の臍の近くの小さな孔から出てきた。そして彼女は程なくして快癒した。

パリのコレージュ・ド・プレスルで学んでいるブールジュ生まれのシャンブランという名の学生がグラメンと呼ばれる草の穂を呑み込んだが、いくらかの時間が経って、肋骨と肋骨のあいだからまるごとそのまま出てきた。彼はそのために死んでしまうのではないかと思った。彼は医学部博士の故フェルネル殿とユゲ殿によって治療された。私には、肺組織から前述の穂が押し出され、肋骨と肋骨のあいだにある肋膜と筋肉に穴を開けるというのは自然の規則に反していると思われる。それにもかかわらず彼は治ったし、私は彼がまだ生きていると信じている。

ダンヴィル陸軍司令官閣下の外科医カブロルは、少しまえ私に次のことを確かなことだと言い切った。モンペリエからおよそ四里離れた小さな町ソミエールの外科医フランソワ・ギメが、盗賊たちに半ピエ［一ピエ＝約三二・四センチメートル］の長さの短刀を呑み込まされたある羊飼いを治療して治した。その柄は一プス［一プス＝約二・七センチメートル］の大きさがあり、角製であった。それは彼の体内に六カ月のあいだあった。そのため彼は激しく苦痛を訴え、非常に瘠せて干からび、やつれるようになってしまった。そしてとうとう股の付け根に腫物ができて、ひどい悪臭を放つ大量の臭い膿が出始めたのである。そしてその腫物から、司法官の面前で前記の短刀が取り出されたのである。【自然の巧知の大いなる驚異】モンペリエの著名な医者であるジュベール殿は、それを記憶に大いに値する怪物的な、驚くべきものとして自身の陳列室に保管している。パリの宣誓外科医ジャック・ギヨモもまた、モンペリエに滞在中にジュベール殿の陳列室でそれを見たと私に断言した。

ロアン殿はジオンという名の狂人をかかえていた。彼はおよそ三ドワ［一ドワ＝約二センチメートル］の長さの鋭利な剣先を呑み込んだ。十二日後、尻から排出したが、大事故なくしてではなかった。しかし一命は取りとめた。彼が剣先を呑み込むのを目撃した、まだ存命しているブルターニュの貴族たちがいる。

同じく幾人かの女に次のことが見られた。子どもが子宮内で死亡し、その骨が臍からはみ出し、肉は腐って子宮頸部と尻から排出され、そして膿瘍ができたのである。有名な信頼できる二人の外科医が二人の別々の女についてそれを見たと私に請け合った。同じくダレシャン殿が『フランス外科学』で語るには、アルブクラシスが同じ件で一人の貴婦人を治療した。結果は良好で健康を回復した。しかしながら以後、子どもを宿すことはなかった。

やはり同様に、ある女を見るのは非常に怪物的なことだ。その女は子宮の痙攣が原因で三日間動かず、呼吸している様子がなかった。動脈の拍動もなかった。そうした幾人かの女たちは生きたまま埋葬された。その友人たちは彼女たちが死んだと思ったからである。

フェルネル殿がある青年について述べている［『全治療学』一五七八年］。青年は激しい運動をしたあと咳をし始め、とうとう鶏卵の大きさの堅い膿瘍を吐き出した。膿瘍を切開すると、膜に包まれた白色の膿でいっぱいであった。青年は高熱を発して二日間、吐血したが、一命をとりとめた。

［図 33］ 22 カ月の子どもが呑み込んだ鏡の破片の図，これがその子どもの死因であった

ノートル・ダム・ド・パリ新通りの角に住んでいるド・プラールという名のラシャ製造職人の二二カ月になる子どもが、鋼製の鏡の破片を呑み込んだ。それは睾丸まで下降し、死因となった。死亡後、パリ大学医学部教授ル・グロ殿の臨席のもと解剖された。解剖は当時オテル・デューの外科医であったバルタザール親方により行われた。私は真実を知りたいという好奇心から、前記ド・プラールの妻に話を聞きに行った。彼女はことの次第は真実であると断言した。そして財布にしまっている鏡の破片を私に見せてくれた。それはこのような形と大きさであった［図33］。

医者ヴァレスクス・デ・タレンテ(27)が『治療所見と珍奇な事例』で述べるには、ヴェネツィアの若い娘が眠っているときに四ドワの長さの針を飲み込み、十カ月後、それを膀胱から尿と一緒に排出した。

一五七八年十月、サン・モール・デ・フォッセに住む四十歳のやもめ、ティエネット・シャルティエは三日熱で病んでいたが、発作の初めに大量の黒胆汁を嘔吐し、それと一緒に三匹の毛虫をもどした。それは毛むくじゃらで、いっそう黒かったことを除くと、形・色・長さ・大きさにおいて芋虫と全く同じであった。それ以降、毛虫は何も食べずに八日間以上生きた。そして毛虫は前記サン・モールの床屋外科医によって、その時前記シャルティエを治療した医学校の博士にして教師であるミロ殿に届けられ、彼は私にそれを見せてくれた。医学博士であるル・フェヴル殿、ル・グロ殿、マルスコ殿、クルタン殿も同じく毛虫を見た。

私はモンストルレ(28)の『年代記』で取り上げられている、パリ近郊のムードンの自警団の一員に関するあの話を語らずに終えることはやはりできない。彼は数々の盗みの咎でシャトレ牢獄に収監されており、縛り首、絞首刑を宣告されていた。そこで彼は高等法院の法廷に上訴した。しかしその法廷から彼は正しく裁きを受け、上訴は不当であると申し渡された。【国王ルイ】同日、国王に対して町の医者たちが、幾人もの人々が脇腹の石、発作的な激痛、病にひどく苦しみ悩んでいることを進言した。これに前記自警団員もひどく悩んでいたのである。同じくこの病にボカージュの殿下もひどく苦しんでおられた。また国王は、前記の病が人体内で生じる場所をご覧になりたいと強く要請されたが、そのようなことは生きている人間の身体を切開することによってしか知ることができない。そしてこのことが、まさしく死の苦しみにも備えていた、この自警団員の身体に首尾よく行われたのである。自警団員の身体は切開され、体内で前記病の場所が念入りに探され調べられたのである。それらの病が詳しく調べられたあと、身体は縫い直され、臓腑は体内に再び戻された。そして国王の命令により、数日のうちに完治したほどに十分な治療を受けた。そして罪の赦免を受け、下賜金も一緒に与えられた。

第十七章　いくつもの、ほかの奇妙な事について

アレクサンドル・ベネディクトはその実践のなかで[29]、ヴィクトワールという名の女を見たと述べている。その女は全歯を失い禿げ頭になったが、八十歳になってすべての歯が再び生えたのである。医者アントニウス・ベニウェニウスは［『病気の隠れた原因について』の］第一巻第八三章で、こそ泥ジャックという名のある男について述べている。その男は死んだあと、心臓がすっかり体毛に覆われているのが発見された。オルレアンに住んでいる善行の人で、その技術において経験豊かな床屋外科の親方エティエンヌ・トゥシエが私に語ったことには、彼は少し前からオルレアンに住む下士官シャルル・ヴェリニェルを治療し、手当てをしていた。右足の膝窩に受けた傷のためである。膝窩を曲げる二本の腱は完全に切れていた。それを修復するため、彼は足を曲げさせて二本の腱の端と端を互いに縫い合わせ、非常に上手く固定し治療した。こうして片足が不具のままになることなく傷は癒合したのである。駆け出しの外科医には心に留め置くに値することだ。そのようなことが自分の両手に起こったとき、彼は同じことをするだろうから。

さらに何を述べようか。私は、剣、矢、銃弾が身体を貫通したにもかかわらず治った幾人もの人々を見てきた。別の者は脳の組織が破壊されるほどの傷を頭部に受け、別の者は大砲の砲撃を受けて腕と足をもぎ取られた。それにもかかわらず治った。また表面的な小さな傷しか受けていない別の者は、無傷とみなされるほどだったのに、酷くて惨たらしい付随的な出来事で死んでしまった。ヒポクラテスは『流行病』第五巻で鼠径部深くにとどまったままであった矢じりを六年後に抜いたと述べている。そしてこの長い滞留の原因は、矢じりが神経、静脈、動脈のあいだで何ひとつ傷つけることなくとどまっていたこと以外にないと述べている。結論として、私は（医学の父であり権威である）ヒポクラテスとともに言おう。病気には何か神に由来するものがあり、人間はその理由を示すことができない。あまりにも冗長になること、また一つの事がらを何度も繰り返すことをおそれることがなかったなら、私はここで病気に起こる他のいくつかの怪物的な事どもについて述べようとしたのである。

第十八章　腐敗と腐乱によって生じる怪物の事例

ボエステュオがその『驚異物語集』で述べるには、アヴィニョンに滞在中、ある職人が絶対に空気が入らないように美しい覆いで覆われて溶接されているある死人の鉛製の棺を開けたとき、そのなかに閉じ込められていた一匹の蛇に咬まれた。その咬み傷に猛毒がまわったため、彼は死ぬと思ったほどであった。この動物の誕生と生命の理由は十分に述べることができる。それは死体の腐乱から生まれたのである。

バティスト・レオンも同様に述べている[30]。教皇マルティヌス五

世［在位一四一七～三一年］の時代に大きな硬い石のなかに閉じ込められた蛇が見つかった。石には呼吸のための通気口のいかなる痕跡もなかった。ここで私は似たような話を語りたい。【入口の痕跡がない硬い石の真ん中で発見されたヒキガエル】ムードン村近くの私のブドウ畑で私は非常に大きくて厚みのある硬いいくつかの石を砕かせたが、そのうちの一個の真ん中に丸々した生きたヒキガエルを見つけたのである。石に入口の痕跡はまったくなかった。この動物がどのようにして誕生し、成長し、生きることができたのか私は驚嘆した。そのとき石工は私に驚く必要はありません、なぜなら何度も自分は入口の痕跡がまったくないのに石の深部でそのような別の動物を見つけたからですと述べた。こうした動物の誕生と生命の理由も同じように述べることができる。それらは石の湿った何らかの物質から生じるのだ。その腐敗した湿気がそのような生き物を産むのである。

第十九章　精液の混交と混合の例

半分は獣、もう半分は人間の姿形で、あるいは完全に動物の姿を保持したまま産まれる怪物が存在する。【男色家の忌まわしき不道徳】それらは自然に反して獣と交わり、放蕩を尽くす男色家や無神論者から産まれる。その結果、醜悪で見るも話すもきわめて恥ずべきいくつもの怪物が誕生するのだ。しかしながら破廉恥は言葉にではなく、行為に存在する。それが行われるとき、それはきわめて不幸で忌まわしい事がらであり、野獣と結合し交尾することは男あるいは女にとって甚大な恐怖である。その結果、何らかの半人半獣が産まれる。【自然はいつも同類のものを造ろうと努める】もしも様々な種類の獣が共棲してしまうと同じことが起こる。自然は同類のものを造ろうといつも努めるからで、よって雄豚が雌羊と交尾したため豚の頭部をもった子羊が見られることもある。なぜなら私たちは生命のないものにも同様のことを見るからだ。小麦の種子からは大麦ではなく小麦が生じるのであり、杏の種からは杏が生じるのであって、林檎ではない。なぜなら自然がいつも属と種類を見守っているからである。

［図 34］　半分犬の子どもの図

一四九三年、女と犬［の交接］から一人の子どもが受胎し産まれた。臍から上の部分は母親の姿形と顔つきに似ており、素晴らしく完璧であった。自然はそこに何も省略しなかったのである。臍から下すべての部分は同様に、父親であった動物の姿形と顔つきに似ていた［図34］。（ウォラテラヌスが述べているように）それはその当時権勢をふるっていた教皇に送り届けられた[31]。カルダーノ[32]は『事物の多様性について』第十四巻第六四章のなかでそれについて言及している。

　コエリウス・ロディギヌスが古代の教訓において述べるには、シバリスのクラタンという名の羊飼いは、雌山羊の一頭を相手に獣欲を行使した。しばらくして雌山羊は羊飼いに似た人間の顔つきをした頭部を持つ子山羊を産んだ。子山羊の体の残りは雌山羊に似ていた。

【リュコステネス】一一一〇年、リエージュの町で一匹の雌豚が人間の頭部と顔を持つ豚を産み、手足も同様であったが、身体の残りは豚のようだった［図35］。

［**図 35**］ 頭部・足・手は人間，身体の残りは豚である，豚の図

　一五六四年、ブリュッセルのワルモスブルク通りに住むヨースト・ディックペールトという名の男の家で、一匹の雌豚が六匹の豚を産んだ。その一匹目は人面であり、肩から腕と手をあわせて大体において人間的性質を表していた。しかし二本脚と後半身は豚のもので、雌豚の性質を持っていた。それは他の子豚たちと同じく乳を吸い、二日間生きた。それから人々が抱いた恐怖のゆえに雌豚と一緒に殺された。あなたはここに、可能な限り最も巧まずに表現された絵を見ることができる［図36］。

［**図 36**］ 半人半豚の怪物の図

［図 37］　鶏に似た頭部を持つ，犬の怪物の驚異の絵

【驚異の話】一五七一年、アントワープのカメルストラーテで金の足の看板を掲げている彫刻家ジャン・モランの家に住むミシェルという名の印刷職人の妻が、聖トマスの祝日の朝十時頃、きわめて短い首であることは除いて、本物の犬の顔つきに似ている怪物を出産した。頭部はいくぶん鶏に似ていたが毛はなかった。それには生命がなかった。なぜなら前記の女が早産したからである。その女が分娩したまさにその時刻に、彼女は恐ろしい叫び声をあげ（驚嘆すべきことであるが）、家の暖炉が炉床の周りにいた四人の幼子を一人も傷つけることなく倒壊した。これは最近のことなので、ここにその絵を示すのがよいと思われる［図37］。

ルイ・セレ(33)は、雌羊が獅子を身籠り出産したと書いてあるのを、称賛される著述家［の著書］で読んだと述べている。性質上、怪物的なことである。

一五七三年四月十三日、スザンヌのはずれシャンブノワという名の場所の、塩の計量検査官ジャン・プレの家で子羊が産まれた。ほんの少し動くのが見られたことを除いて、この子羊に生命は認められなかった。両耳の下にヤツメウナギの形状に似た口が付いていた。その図はご覧の通りである［図38］。

［図 38］　怪物的な子羊の図

今年一五七七年、ムランから一・五里離れたブランディという名の村に一匹の子羊が産まれた。頭部が三つあった。真ん中の頭部は他の二つよりも大きかった。一つの頭部がメーと鳴くと、他の頭部も同じように鳴いた。ムラン市に住む外科医ジャン・ベランジェ親方はそれを見たと断言し、その姿を描かせた［図39］。それは国王允可を受けて、別の二体の怪物［の絵］と一緒にこのパリ市中で大声で呼び売りされた。一体は二人の双子の娘の怪物、もう一体は蛙顔の怪物だが、これは前に記載されたものである［前掲図28］。

怪物、特に自然にまったく反して生じる怪物については、神に由来する隠された驚嘆すべき事がらが存在する。なぜなら哲学の諸原理はそれらに対して役立たないからだ。したがって、それらに確実な判断を下すことができない。アリストテレスが『問題集』［「怪物について」第Ⅰ節］で述べるには、怪物が自然に産まれるのは、子宮の不調といくつかの星辰の運行のためである。アルベルトゥス［・マグヌス］の時代［十三世紀］、ある小作地で雌牛が半分人間の仔牛を産むということが起こった。村人たちは羊飼いを疑い、告発し、前記の雌牛と一緒に火あぶりにすることを求めて刑を宣告した。【占星術師の判断はきわめて疑わしい。「エレミヤ書」第十章［第二節「天に現れるしるしを恐れるな。それらを恐れるのは異国の民のすることだ」］。神は天体の支配を受けない】しかしながら、アルベルトゥスは天文学の豊かな経験を積んでいたため、ことの真実を知っており、しかもこれは特別な星辰によって起こったのだと述べたのである。その結果羊飼いは釈放され、そのような忌まわしい罪科から浄められた。アルベルトゥス殿の判断が的確であったのかどうか、私は強い疑念を抱いている。

［図 39］　三つの頭部を持つ子羊の図

さて、このような下劣な輩から産まれるほかのいくつかの怪物について、その絵を添えてここで書くことは差し控えよう。それらは見るのも、それらについて話しているのを聞くのもあまりにも醜悪で忌まわしい。甚だしい嫌悪感ゆえに、私はそれらについて語りたくないし、描かせたくないのだ。なぜなら（好色漢に対する重い罰でたっぷり満たされたいくつかの聖なる話と冒瀆的な話を述べたあと、ボエステュオが述べるように）、無神論者と男色家が何を望めるというのだろうか。【「エフェソの信徒への手紙」［四・十七〜十九］】彼らは（上述したように）神と自然に反して、野獣と交わるのである。この点に関して聖アウグスティヌスが述べるには[34]、好色漢の罰は神に見捨てられたあと失明し、気が狂ってしまうことだ。そして彼らは盲目を認めず善き忠告に耳を傾けることもできないわけだから、神の怒りを招いてしまうのである。

第二十章　戸口にいるやくざな乞食の欺瞞的な手段の事例

一五二五年にアンジェにいたときの記憶だが、一人の憐れなごろつきがまだ鼻持ちならない悪臭を放つ絞首刑者の腕を切り取り、それを彼の脇腹にフォークで固定し、プールポワン［中世末から近世にかけて流行した男性用の上衣。ダブレットとも言う］に結わえ付けていた。そして本来の腕は背中の方に隠して外套で覆っていた。絞首刑者の腕が彼本人のものだと思わせるためである。そして彼は教会の戸口のところで、聖アントニウスに敬意を表するために[35]、施し物を恵んでほしいと哀願した。ある聖金曜日［復活祭前週の金曜日］、そのように腐っている腕を見た人々は、それが本当だと考えて施し物を恵んでやった。ごろつきは長い時間にわたって腕を小刻みに振り動かしていたので、とうとう外れてしまって地面に落ちてしまった。それで慌ててそれを拾い上げたが、何人かの人々に、彼には絞首刑者の腕ではなく健康な二本腕があることを気づかれてしまったのである。それで彼は囚人として連行され、次に司法官の命令によって胸の前に腐った腕を首から吊るしたまま、鞭打ちの刑を宣告された。そして国外に永遠に追放された。

第二一章　乳房に潰瘍ができたふりをする女乞食のペテン

ブルターニュの都市ヴィトレに住む外科医であるジャン・パレという名の私の兄弟は、ある日曜日に教会の戸口で施し物を求める、太って肉づきのよい女乞食を見た。彼女は乳房に潰瘍ができているふりをしていた。それは見るにはあまりにも醜悪なものだった。なぜなら、大量の膿が彼女が正面につけている下着から滴り落ちているように見えたからである。**【いかにしてそのようなペテンが見分けられたのか】**前記の私の兄弟は非常に健康であることを証明する生き生きとした色をした彼女の顔、白色で健康的な色をしている潰瘍のまわりの部位、そして良好な様子の身体の残りの部分をじっくりと見て、このように太って肉づきがよくて丈夫なのだから、この性悪女が潰瘍にかかっているはずはないと自身で判断した。そしてこれはペテンであると確信したのである。彼がこのことを（その地方ではアルエと呼ばれる）司法官に告発したところ、司法官は私の前記兄弟に対してペテンであることをいっそう確実に見分けるため、女を自宅に連れて行くことを許可した。女がそこに到着して胸部全体の覆いを取ったところ、腋の下に獣の血液と牛乳が一緒に混ざって浸み込んだ濡れた海綿があるのを見つけた。またニワトコの小さな茎も見つけたが、それを通してこの混合液が潰瘍の偽造された穴から引かれて、彼女が正面に付けている下着から滴り落ちていたのである。そしてこれによって潰瘍が作り物であることが確実にわかったのである。それから私の兄弟は彼女の乳房にお湯をかけて温湿布をあてがって湿らせ、赤黄色の薬用粘土、卵白、小麦粉と一緒に貼りつけられ、互い違いに重ね合された黒色・緑色・黄色っぽい色の蛙の幾枚かの皮を取り除いた。これらのことは彼女の自白からわかったのである。すべてを取り除くと乳房は健康で無傷であり、他の部位と同様にすぐれて健全であることがわかった。このペテンは暴露されたので、前記アルエは彼女を収監した。そして彼女は尋問され、ペテンを自白し、彼女にそのようにするように仕向けたのは乞食の連れ合いだと供述した。【もう一つのペテン】その男も同様に足にきわめて大きな潰瘍を患っているふりをしていた。それは、彼が足の周りに沿わせて取りつけていた牛の脾臓によって本当のように見えたのである。脾臓は上手い具合に小穴をあけられ、両端に通した使い古した布切れで足に結びつけられていた。そのため本来のものよりも二倍大きいように見えた。そして見るにいっそう怪物的かつ醜悪なものにするために、前記脾臓にいくつかの穴を開け、その上から血液と牛乳から作ったこの混合液を流し込み、布切れ全体を浸したのである。前記アルエはこの乞食の親方、こそ泥、ペテン師を捜索させたが、見つけることはできなかった。そして、ふしだら女には笞刑を宣告し国外追放した。しかしそのとき行われたように、結び目のある縄付きの鞭でしこたま叩かれることは前代未聞であった。

第二二章　癩病者のふりをした、ある乞食のペテン

一年後、一人の太った乞食がやって来た。彼は癩病者のふりをして教会の戸口に居座り、頭巾にしている旗を広げ、その上に小さな樽と何種類かの小銭を置いて、右手に鳴子を持ち[36]、非常に大きな音でそれを鳴らした。彼の顔は、ある種の接着力の強い膠から作られた大きな吹き出物に覆われ、癩病者の顔色に似せて赤色と鉛色で彩色されていた。見るにきわめて醜かった。そういうわけで誰もが哀れみから彼に施し物を与えた。私の前記兄弟は、彼に近寄っていつからこのように病を患っているのかと尋ねた。唸るようなしゃがれ声で答えるには、自分は母親のお腹にいるときから癩病に罹り、父母は癩病が原因で亡くなり、両親の手足はそのためにばらばらになって脱落してしまったとのことだった。【巧妙な悪意】この癩病患者は首のまわりにある種の布の切れ端を巻き付けていた。そうするのは顔に血液を上昇させるためで、その結果顔はさらにいっそう酷く醜くなり、同様に声はしわがれた。それは、布の切れ端で気管を締め付け狭くすることでもたらされたのである。このように私の前記兄弟はその癩病者とゆったり語ったため、彼は我慢ができなくなって布の切れ端をゆるめて呼吸を少し取り戻した。それに私の前記兄弟は気づいた。それでそれがなんらかの偽りとペテンではないかと疑ったのである。このため司法官のところに出かけて行き、真実を知るため助力したいと懇願した。司法官は快く承認し、乞食が癩病者かどうかを確かめるために私の兄弟の自宅に連れて行くように命じた。彼が最初にしたことは、首のまわりの巻き布を乞食から取り除くことであった。次にお湯で顔を洗浄したが、これによってすべての吹き出物が剝がれ落ちた。すると顔にはいかなる欠陥もなく、生気溢れ自然のままであった。そうした後、乞食の服を脱がせて裸にしたが、はっきりわかるものであれ疑わしいものであれ、癩病のいかなる症候も身体上に見つからなかった。【癩病者の自白と刑の宣告】このことを知らされた司法官は乞食を収監し、乞食はその後三日間尋問された。司法官は彼にお前は下賤なこそ泥で、十二分に働けるほど強壮健康であると指摘し、長時間におよぶ叱責を与えた

が、そのあとすぐに彼は真実を自白した（彼はそれを否定することができなかった）。この癩病者は司法官に対して、自分は聖ヨハネの病［癲癇］、聖フィアクルの病［痔疾］、聖マンの病［手の疥癬］に苦しんでいる人々のふりをする以外の仕事を知らず、要するにいくつもの病気に罹っているふりをすることができ、癩病者のまねをすること以上に多くの実入りのあることを見つけられなかったと述べた。そうして彼は、胸のまえには首から［施し物の小銭を入れるための］小樽を、背中には鳴子を吊り下げ、三度の土曜日にわたる笞刑を宣告され、違反すれば縛り首の罰を受ける条件で永遠に国外追放された。最後の土曜日がやって来たとき、民衆は大声で体刑執行人に叫んだ。「叩け！　叩け！　執行吏殿！　奴は何も感じねえ。癩病者だ」。民衆の声に従って、体刑執行人は鞭を打つのにあまりにも熱中しすぎたため、乞食はその後まもなくして死んでしまった。最後の笞刑のためでもあったが、三度に及ぶ笞刑によって傷口が再度開いてしまったためでもある。

［乞食どもの］ある者たちは夕暮れになると屋根のあるところに泊まって滞在したいと乞う。そして哀れみから彼らを中に入れると、門を開け、彼らの仲間を入れてしまうのだ。彼らは略奪をはたらき、彼らを自宅に泊めた人々をしばしば殺してしまう。こうして善き信仰をもつ善行を行う人が、そのような悪人によってしばしば殺され略奪されるだろう。このようなことは幾たびも見られたことである。

別の者たちは頭部をなんらかのみすぼらしい布地の切れ端で覆い、人々が通るいくつかの場所で動物の糞のなかに横たわり、熱が出始めた人のように低くて震えた声で施し物を求める。そのようにして酷い病に罹っているふりをするので、哀れみを感じた人々は彼らに施しを与えるのである。しかしながら彼らはいかなる病気にも罹ってはいないのだ。

彼らはある種の隠語を持っている。それによってお互いに識別しあったり理解しあったりするのだ。人々をより上手く騙すためである。憐憫の名のもとに人々は彼らに施しを与えるが、それは彼らを不運とペテンのうちにとどめおくことになるだけである。

女たちは腹部の上に羽根枕を取り付け、妊娠している、もしくはまさに出産しようとしているふりをして、分娩に必要な布類やその他のものを要求する。これはつい先ごろ、このパリ市で私が見たものだ。

別の者たちは、顔、腕、足、胸のすべてを水で溶いた煤で汚して、自分は黄疸性であるとか黄疸を持っているとか言う。しかしこのようなペテンは暴くことが容易である。ただ彼らの白目を見ればよいからだ。というのも、それが前記の黄疸がまず現れる身体の部分だからである。ほかには水に浸した布で顔を擦れば、彼らの虚偽は暴露される。なるほど、このようなこそ泥、乞食、ペテン師は、怠惰にふけって生活するため、このような物乞い以外のわざを決して学ぼうとはしない。それは確かにすべての悪行の学校なのだ。というのも売春宿を営んだり、村や都市に毒物を撒き散らしたり、放火したり、不貞を働いたり、密偵として働いたり、盗みや追剥、その他すべての悪しき行いをするのに、彼らよりも適しているどのような人間を見出すことができるだろうか。なぜなら自分自身で打ち傷を作ったり、自分の身体を焼灼したり焼き印を押したり、傷口と身体をいっそう醜悪にするために薬草や薬種を使用する者たちに加えて、小さな子どもをさらってきて手足を折り、目を潰し、舌を切断し、胸部を圧迫して陥没させる輩がいるからだ。彼らはその子らは落雷のためにそのように負傷したのだと言うのだが、それは（子どもたちを人々のあいだに連れて行き）物乞いをして金を手に入れるためなのだ。

別の者たちは、二人の小さな子どもを連れてロバの上に載せた二つの籠に入れ、私たちは略奪され、家は放火されたのですと訴えかける。別の者たちは羊の瘤胃を取って来て、それを陰部の上にあてがい、切りつけられて負傷したのです、だから切開して、睾丸を切断する必要があるのですと言う。別の者たちは、軽業師とまったく同じように二枚の小さな板の上を飛び回ったり跳ね上がったりして前進することができる。別の者たちはエルサレムからやって来て、聖遺物と称していくらかのくだらないものを持ち帰ったふりをする。そしてそれを村の善人たちに売るのである。別の者たちは首から足を一本ぶら下げている。別の者たちは盲目であったり、耳が聞こえなかったり、手足が不自由であったりするふりをして、二本の松葉杖をついて歩く。要するに彼らは仲の良い仲間なのだ。

【乞食の旅人、使節】さらに何を語ろうか。彼らはサン・クロード[37]、サン・マン、サン・マテュラン[38]、サン・ユベール[39]、ノートルダム・ド・ロレット、エルサレムに旅すると偽って、ある時期にすべての収益を共有のものにする目的で諸国を分担しているということ。そして彼らはこうして世界を見物し、学ぶために遣わされるのだ。彼らによって乞食仲間に新しい情報とか彼らに関する事柄が、都市から都市へと隠語によって伝えられる。たとえば金をだまし取るために新しく考案した方法のように。

次に少しまえ、一人の太った乞食が聾唖で片足が不自由なふりをしていた。しかしながらバーバリで手に入れたと彼が述べる銀製の器具を使って（しかしパリの刻印が印されていたが）、聴き取ることができる仕方で話した。彼はペテン師であることが発覚し、サン・ブノワの牢獄に入れられた。貧民の代官殿に懇願されたので、私は仲間と一緒に前記の乞食を調べるために前記の牢獄に赴いた。そして以下のようにパリの貧民局の諸氏に報告した。

私ども、国王顧問にして筆頭外科医であるアンブロワーズ・パレ、国王専任外科医ピエール・ピグレ、パリの外科医クロード・ヴィアールは、本日、貧民検事の懇請により、サン・ブノワの牢獄にて、ある者を訪れ、調べたことを証明する。彼は自分の名前を言うことを拒んだ。年齢は四十歳かそこらである。右耳の三分の一の部分が切り取られ、失われているのがわかった。同様に右肩に痣があったが、それは焼けた鉄によって創られたものであると私どもは考えている。そのうえ足がたいそう震えるふりをしていた。その者は腿の骨が折れているためだと述べたが、前記の骨にはまったく損傷がないので、それは嘘である。また、この震えが以前に罹ったなんらかの病気に起因すると言えるようないかなる症状も現れていない。しかしそれは自発的な動作に由来するのだ。同じく彼の口を調べた（彼は、舌が喉元から引き抜かれたのだと私どもに納得させたがっていたためである。甚だしいペテンであり、起こるはずがないことだ）。しかし舌は無傷であることが分かった。舌にいかなる損傷もないのだから、舌の動作に役立つ器具は要らないはずである。しかしながら彼は話したいときに銀製の器具を使用するのである。それは全く役に立たない。むしろ発音を妨げてしまうのだ。同様に、耳が聞こえないと言うのだが、それは違う。なぜなら私どもが、誰が耳を切ったか知っているのかと尋ねると、彼は私どもに歯で噛み切られたと身ぶりで返答したからである。

貧民局の前記諸氏は、配達人による前記報告書を受け取ったあと、尊敬すべきペテン師をサン・ジェルマン・デ・プレの施療院に移送し、彼から銀製の器具を取り上げた。夜になり、彼は非常に高い壁を乗り越え、そこからルーアンに逃亡した。当地で彼はペテンをはたらこうと考えたが、ばれてしまった。そして逮捕され、笞刑を受け、違反すれば縛り首の罰を受ける条件でノルマンディー公国から追放された。これについては前記当市の貧民代官殿に確認した。

第二三章　聖フィアクルの病［痔疾］に罹って病気のふりをし、巧みな方法で作った長くて太い腸を尻から出す売春婦について

医学部の博士で、博識で経験豊かな人であるフルセル殿は、ある日、私にパリの近郊二里にあるシャンピニの村に一緒に行ってほしいと懇願した。そこに彼は小さな家を所有していたのである。そこに到着して中庭を散歩していたところ、肉付きのよい太った売春婦がやって来て、スカートと肌着をまくし上げ、尻から出ている半ピエ以上の長さの太い腸を見せながら、聖フィアクル様の名誉のために施しを求めた。腸からは膿瘍の膿に似た液体が滴り落ち、腿の全体、下着のまえうしろも一緒に染めて汚しており、見るにあまりにも醜くきわめて不愉快であった。この病を患ってどれくらいの時が経つのか尋ねると、四年位だと答えた。

【医者フルセルによって暴露されたるペテン】それから前記フルセルは彼女の顔色と全身の様子をじっくり見て、彼女がやつれも衰弱も消耗もせずに、そのように大量の分泌物を排出することはありえないと考えた（彼女はかくの如く太っており、尻が大きかったのである）。それで彼は怒ってこの売春婦に飛びかかり、女が地面にひっくり返り、音や響きやその他諸々と一緒に腸が飛び出るほど腹部を何回か足で蹴った。そして彼女にペテンであることをはっきり言うように強いたのである。彼女はその腸は二箇所で結わえられた牛の腸で、その結び目の一つは彼女の尻の中にあり、その腸は一緒に混ぜ合わされた血液と牛乳で満たされていると供述し、ペテンであることを認めた。そしてその腸にはこの混合液が滴り落ちるように、いくつもの穴があいていると述べた。あらためてペテンが発覚したので、さらに幾度も腹部を足蹴りしたところ、彼女は死んだふりをした。フルセル殿が女を牢獄に入れるために執達吏を呼びにやるふりをして、召使のある者を呼ぶため家に入ったとき、彼女は開いた中庭の門を見ると、蹴られたことなどなかったかのように突然がばっと立ち上がって走り始めた。そして以後、彼女がシャンピニで目撃されることは決してなかった。

また、いまだに記憶の新しいところだが、一人の卑しい売春婦

がパリの貧民局の御方々に施しをしてくれと懇願してやって来た。女が言うには、分娩がうまくいかなかったために子宮が下がってしまい、それが原因で生計を立てることができないのだ。それで御方々はその責務にある外科医たちに彼女を調べさせたところ、その子宮は牛の膀胱であることが判明した。それは半分は空気で満たされ、また血液で汚れていた。彼女はこの膀胱の頸部をその端につけた海綿をつかって子宮頸管の深部に取り付けていたのだ。その海綿は湿り気を帯びて膨張し大きくなっていた。こういうわけで、力づくでしか引き抜けないような方法を使うことで彼女はそれを動かないようにすることができた。かくして前記の膀胱が落下しないように歩いていたのである。御方々はペテンを暴露したので、彼女を収監した。そして彼女は体刑執行人が背後で鐘を鳴らしてようやく娑婆に出られたが、その後パリ市から永久追放となった。

第二四章　腹のなかに蛇がいるふりをする、ノルマンディーの太った売春婦について

一五六一年、尻が大きくぽってりして非常に健康そうな太った売春婦が当市にやって来た。年齢は三十歳くらいで、ノルマンディーの出だと言った。彼女は良家の奥方や娘君の家々に出かけては、お腹のなかに蛇がおり、それは麻畑で眠っていたときに腹中に入ったのだと語り、施し物を求めるのだった。そして彼女が語るように昼夜を問わず彼女を齧って苦しめる蛇の動きを感じさせるため、奥方や娘君たちの手を腹部の上に置かせた。そういうわけで、彼女が首尾よくだましたことに加えて、すべての人が彼女を見るときに感じる大きな憐れみゆえに施し物を与えた。さて、高貴で非常に慈悲深いある娘君がいた。彼女はその売春婦を自宅に引き取り、この哀れな女の身体からその竜を追い出す方法があるかどうかを知るため、私を（医学部教授で博士のオリエ殿とパリの宣誓外科医ジェルマン・シェヴァルと一緒に）呼び寄せた。【十分な証言】オリエ殿は彼女を診察し、この生き物を排出させるためにかなり強い効能のある薬を処方した（そのため彼女は幾度も排泄した）。しかしながら竜はまったく出てこなかった。私たちは再度集まり［相談して］、私が彼女の子宮頸部に鏡を取り付けることに決めた。よって彼女をテーブルの上に載せ、鏡を取り付けるために彼女の衣服を広げさせた。そうすることで私はこの生き物の尻尾あるいは頭部を見ることができるかどうかを調べるため、［子宮頸部を］十二分に広く拡張したのである。しかしながら前記売春婦が上腹部の筋肉を使って行う故意の動作以外、何も見いだせなかった。彼女がペテンをはたらいていたことが判明したので私たちはわきに寄り［相談し］、この動作がいかなる生き物にも由来するものではなく、彼女が前記の筋肉を動かして行っていることだと結論づけた。そして彼女をおびえあがらせ、より詳しく真実を知るために、彼女にことの真相を自白させる目的で、さらに強力な別の薬をあらたに処方するぞと彼女に言った。すると蛇などいないことを確信していた彼女は、非常に強い効能のある薬を再度飲むことを恐れ、同日夕方、姫君に別れの挨拶も

せずに立ち去った。【売春婦は女主人に別れの挨拶をせず立ち去った】ただし彼女の所持品や前記姫君の所持品のいくつかを握りしめることは忘れなかったが。こういう次第でペテンは暴露されたのである。六日後、私は彼女をモンマルトルの門の外で見つけた。彼女は荷馬にまたがり、盛んに笑い、海の魚を運送する者たちと一緒に立ち去った。(私が思うには)彼らに彼女の竜を飛ばして[40]、彼女の故郷に帰るためである。

唖をまねる者たちは、口のなかで舌を曲げたり引っ込めたりする。そのうえ聖ヨハネの病［癲癇］に罹ったふりをする者たちは手錠をかけ、泥中に転げまわって身を浸し、頭部にある種の獣の血液をつける。そしてこう言うのだ。のたうちまわったために、こうして傷つき、痣がついたのですと。そして癲癇患者が発作のときにするように、地面に倒れると、手足をばたばた動かし、全身を激しく震わせ、泡を作るために口中に石けんを入れるのだ。別の者たちは溶かした小麦粉である種の糊を作り、それを全身に塗って、私どもは聖マンの病［皮膚病］に罹った病人ですと叫ぶのだ。さて、これらのこそ泥ペテン師どもが人々をだます生き方を始めたのは大昔のことである。というのも彼らはすでにヒポクラテスが空気と水に関する書『空気、水、場所について』で述べているように、ヒポクラテスの時代からアジアにいたからである。したがって可能な限り彼らを見つけ出し、ことの重大さが要求するとおりに罰を与えるべく、司法官に告訴する必要があるのだ。

第二五章　悪魔と魔術師によってなされる怪物的な事がらの例

魔術師や魔法使い、毒殺者、毒盛人、悪人、悪賢い人間、嘘つきは存在する。彼らは悪魔と結んだ契約によってその運命をまっとうする。彼らは悪魔の奴隷であり臣下なのだ。創造主にして救世主である神を第一に否定するのが魔術師である。魔術師は自分の意志で悪魔と同盟を結び悪魔に好意を示す。そうして生きている神の代わりに、悪魔を主人として認め、承認し、それに身を捧げるのだ。【どういうわけで人間は魔術師になるのか】魔術師になる者どもは次のような態度をとる輩である。すなわち神の約束と援助に対して不誠実で不信感を持つ者、もしくは侮蔑感を持つ者、あるいは秘密の、また未来の事がらを知ろうとする好奇心を持つ者、あるいは極貧にせきたてられて金持ちになりたいと熱望する者である。魔術師が存在することをいかなる者も否定できないし、疑う必要もない。なぜならそれは古今の幾人もの博士たちや解釈者の権威によって証明されているからである。彼らは魔術師と魔法使いが存在することは確かであると主張している。魔術師は巧妙で悪魔的で理解できない手段をつかって、人間および動物、木、草、大気、大地、水といった他の被造物の身体、知力、生、健康を腐敗させるのだ。そのうえ法が人々のそのような態度に対して罰を制定しているわけだから、経験と理性が我々にそれを認めるよう強いるのだ。ところで目撃されなかったり、知られなかったりした事がらに関して法をつくることはできない。なぜなら法は、目撃されなかったり気づかれなかったりした事件や罪をありえない事がらとみなすからである。それはまったく存在しないのである。イエス・キリストが降誕する以前に、ずっと大昔から魔術師が存在したことはモーセが証言している。モーセは『出エジプト記』第二二章[41]、『レビ記』第十九章[42]において、神が厳しく定められた掟によって彼らを非難している。オコシアス［アハズヤ］は魔術師や魔法使いに頼ったため、預言者により死刑の判決を受けた[43]。

【ボダン[44]『国家論』】悪魔は様々な奇妙な幻覚によって魔術師の知力を鈍らせる。その結果、魔術師は悪魔が幻想のなかで彼らに表すことを見た、聞いた、言った、行ったとか、百里の距離を飛行したとか、もしくは人間にも悪魔にもまったく不可能な別の同様の事がらを行ったと信じてしまうのだ。彼らが寝床や他の場所から動かされていないにもかかわらずである。しかし悪魔は彼らに対して支配力をもっているので、悪魔が魔術師に対して表し、真実として信じさせたい事がらの像をそうやって幻想に刻みつけるのである。そのために魔術師どもはその通りにしか考えられないし、悪魔が彼らに行ったこと以外のことも考えられず、眠っているのに目覚めていると勘違いするのである。このようなことがその不誠実と性悪のゆえに魔術師どもに起こっているのである。なぜといって彼らは悪魔に身を捧げ、創造主である神を否認したのだから。

【「ヘブライ人への手紙」一・十四、「ガラテヤの信徒への手紙」三・十九、「テサロニケ信徒への手紙二」四・十六】我々は、聖書によって善き霊と悪しき霊が存在することを教えられている。善きものは天使、悪しきものは悪霊、悪魔と呼ばれている。真実であるが、律法は天使たちの仲介により与えられたのである。そのうえ「我々の身体は喇叭の音と大天使の声で甦る」と書かれている。キリストは、神は天の果てから選ばれし者たちを集める天使たちを遣わすと仰っている。悪魔と呼ばれる悪しき霊が存在することは同じように証明できる。ヨブの話にはこのようにある。悪魔は天から火を降らせ、家畜を殺し、風を起こして家の四隅を揺るがしヨブの子どもたちを押しつぶした【「ヨブ記」一】。アハブの話では、偽りの預言者たちの口に嘘をつく霊がいた【「列王記上」二二】。悪魔はユダの心のなかにイエス・キリストを裏切る気持ちを起こさせた【「ヨハネによる福音書」十三、「マルコによる福音書」一・二六、三四】。たった一人の人間の身体のなかに夥しい数で存在する悪魔どもはレギオン［悪魔の軍団］と呼ばれ［「ルカによる福音書」八・三十～三三］、豚たちのなかに入るために神の許可を得た。豚たちは湖に飛び込んだ［「ルカによる福音書」八・三十～三三］。天使と悪魔が存在することについては聖書のなかにほかにいくつもの証言がある。最初から神は天の住人のために膨大な天使を創造したのであり、彼らは神の霊と呼ばれ、身体をもたないままであり、創造主である神の意志を正義のため、あるいは慈悲のために実行する使者である。彼らは悪しき天使と反対に人間の救済に専心しているが、悪霊あるいは悪魔と呼ばれる悪しき天使たちは、その本性から陰謀、偽りの幻覚、欺瞞、嘘によって四六時中人類に損害を与えようと努めている。そして、もしも彼らの意志と楽しみのために残酷な行為を行使することを許されたなら、手短に言えば、実際に人類は堕落して破滅していたことだろう。しかし彼らは神のお気に召される限りにおいてしか、人類に力を行使できない。彼らは甚だしい傲慢のために天国と神の面前から追われ締め出され、そのうちのある者は大気のなかに、別の者は水のなかにいて、水上に、また海岸に現れる。また別の者は大地の上に、またある者は大地の奥底にいる。彼らは神が世界に審判を下しにやって来るまでそこにとどまるであろう。ある者は廃屋に棲み、自分が気に入ったものすべてに変身する。厚い雲のなかにいくつもの様々な動物やほかの様々な物体、すなわちケンタウロス、蛇、岩山、城、男と女、鳥、魚そして他の物体が形成されるのが見られるように、悪魔どもは瞬時に好むものの形をとる。そしてしばしば彼らが、蛇、ヒキガエル、モリフクロウ、ヤツガシラ、カラス、雄山羊、ロバ、犬、猫、狼、雄牛等々のような獣に変身するのが見られる。さらに彼らは生存している、もしくは死んでいる人間の身体を奪い取り、これを操作し、苦しめ、その自然の活動を妨げる。彼らは人間にだけでなく、天使にも変身する［「コリントの信徒への手紙二」十一・十四］。彼らは強制され、指輪に繋ぎ留められているふりをするが、そのような強制は自由意志によるものであり、裏切りで満ちている。これらのことを悪魔どもは望み、恐れ、愛し、軽蔑する。神がエジプトに悪しき天使たちによる所業を送ったことから証明されるように【「詩編」七八】、彼らは悪人の邪悪な行いと罪を罰するために神から責務と任務を負っている。彼らはまるで鎖で繋がれたかのように夜に遠吠えし、騒ぐ。【ピエール・ド・ロンサール、賛歌集】彼らはベンチ、テーブル、架台を動かし、子どもを揺すり、盤台を使うゲームをして遊び、本をめくり、お金を数える。また彼らが部屋を歩き回るのが聞こえる。彼らは戸口や窓を開け、食器を地面に投げ、壺やグラスを割り、他の騒音を立てるのだ。それにもかかわらず朝になると何も移動していない。何も割れていないし、戸口も窓も開いていない。彼らはいくつも名前を持っている。悪魔、悪しき悪魔、インクブス、スックブス、悪夢、ゴブリン、小妖精、悪しき天使、サタン、ルシファー、嘘の父、暗闇の帝王、レギオン［悪魔の軍団］、その他無数の名前のように。それらは彼らが行う悪事の違い[45]と頻繁に出没する場所に応じて、悪魔の欺瞞に関する書のなかに書かれている。

第二六章　身体の様々な部分で話す、悪魔に憑依される者たちについて

悪魔に憑依された人々は、舌が口からもぎ取られて、腹部や陰部を通して話し、知らないはずの様々な言語を話す。彼らは大地を震わせ、雷鳴を引き起こし、稲妻を光らせ、大風を起こし、それがどんなに大きく頑丈なものであっても木々を根こぎにして引き抜かせてしまう。また彼らは山をある場所から他の場所に移動させ、城を空中に持ち上げ、もとの場所に再び戻し、目に魔法をかけて眩ます。そのようにして、しばしば彼らはまったく存在しないものを見させるのだ。私は亡き国王シャルル九世と他の大貴族たちの面前で、ある魔術師によってこれが行われたのを見たことを証明する。パオロ・グリランドは当時、ローマで女の魔術師の火刑を目撃したと述べている。その魔術師は犬に喋らせたので

ある。彼らは以下で述べるようなさらに別の事がらを行う。サタンは魔術をより優れた魔術師たちに教えるため、蜂蜜から毒薬を作るべく聖書と聖なる博士たちの言葉を混ぜ合わせる。それはいつもサタンの巧妙なやり方であったし、そうであるだろう。ファラオの魔術師たちは神の御業を模倣したのである〔「出エジプト記」七・十一、二二、八・三〕。サタンの活動は超自然的で人知を越えており、人間の精神を凌駕し、鉄を引きつけ針を回転させる磁石と同じように説明することが不可能である。効果は目撃されているが原因がわからないとき、頑なに真実に抵抗する必要はない。我々が悪魔と魔法使いの活動について調べたいときは、私たちが持ち合わせていない自然の事物の原理や道理をまえに立ち止まらずに人間の精神の弱さを告白しよう。悪しき霊たちは神の高貴なる裁きの実行者にして執行人なのであり、神の許可なしには何ごともなしえない。それゆえに私たちは、私たちがサタンの誘惑に誘い込まれることを神がお許しにならないように神に祈る必要がある。神はその律法によって、魔術師や魔法使いが生きることを容認する人々を根絶すると威嚇されたのである〔「レビ記」二十・二七〕。そういうわけで、聖アウグスティヌスは『神の国』の書のなかで〔第八巻第十九章〕、エピクロス派の人々は除いて、かつて存在したすべてのセクトが魔術師に対する罰を命じたのだと述べている。王女イゼベルは魔女だったので、エヒウは彼の城の窓から彼女を放り投げて犬たちに食べさせたのである〔「列王記下」九〕。

第二七章　いかにして悪魔どもは採石場に棲んでいるのか

【悪魔はからかわれるのを好まない】ルイ〔ルートヴィッヒ〕・ラヴァター[46]が述べるには〔『霊の出現に関する三巻』一五七一年〕、金属加工業を営む者たちが主張していることだが、いくつかの採掘坑ではあちこち走り回って辛い仕事に従事する人間のような服装をした霊が見られるという。それらは動き回っていないにもかかわらず、働いているように見える。さらに述べるには、からかわなければ、それらが人間に害悪を及ぼすことはない。からかってしまうと、それらはからかった者に何かを投げつけるか、別の何かで害を与える。そのうえ先ごろ私がアスコ公の邸宅に滞在したときのことだが、信義の厚い人で、邸宅の最も重要な職務を担っているエステという名の公配下の貴族が私に断言するには、【採掘坑で悪魔が出す音】ドイツのいくつかの採掘坑では（さらに同じく他の者もこれについて書いているが）、人が壺のなかで喋り、足で鎖を引きずり、咳をしたりため息をついたり、時には拷問にかけられた人のように嘆いているかのような、奇妙でぞっとするような叫び声が聞こえるということだ。ある時はパチパチ音を立てて燃え盛る火の音、またある時は非常に遠くから撃たれた大砲の発射音、太鼓の音、クラリオンの音、喇叭の音、荷車と馬の音、鞭のぴしっという音、甲冑、槍、剣、矛槍のがちゃがちゃいう音、その他大きな戦いで生じる音も聞こえる。さらに家を建てようとする時のような音も聞こえる。木を荒削りする音、墨縄を張る音、石を削る音、壁を作る音、その他作業をする音が聞こえる。しかしながらそのすべてについて何も見えないのだ。【悪魔は私たちの目、判断力、耳を幻惑することができる】前記ラヴァターが述べるには、グラウビュンデン州のダボスには銀鉱がある。そこで当地の名士で支配者であるピエール・ブリオは数年来働いており、そこから莫大な富を採掘した。富のなかには霊がおり、主に金曜日の日、またしばしば鉱夫が桶のなかに採掘したものを注ぎ入れるとき、その霊は幻想によって壺のなかの金属を別の物に変えることに一生懸命になるのだった。この支配者は、その採掘坑に降りたいと思ったとき、神の意志によるのでなければこの霊が彼に危害を与えることはないと信じていたので大して心配していなかった。さてある日のこと、この霊がいつも以上に多く騒音を立てるということが起こった。そのため一人の鉱夫が呪い言葉で霊を罵り、絞首台に行って地獄に落ちてしまえと言い始めたのである。すると霊はこの鉱夫の頭部をひっつかむと、前と後が逆になるように頭部を捻じ曲げてしまったのである。しかし彼は死ななかった。それ以後も首は曲がったままで長く生きた。彼はまだ生存している幾人もの人々によく知られている。数年後、彼は亡くなった。彼［ラヴァター］は霊について他の多くのことを書いており、各々方は彼の本でそれを読むことができる。【悪魔的な幻影】前記ルイ・ラヴァターは前記の本のなかで、チューリヒ管轄下のある領主の土地の代官で思慮深く尊敬すべき男の証言を聞いたと述べている。彼が断言するには、ある夏の日の早朝、下僕を伴って牧草地に散歩に行ったとき、よく知っている一人の男が雌馬と不道徳にも交わっているのを目撃した。彼は驚愕してすぐに帰り、目撃したと思った人物の戸口にやって来て戸を叩いた。さて彼は、寝床で動いているのが別の人間ではないことを確認したのである。だからもしもこの代官がしっかりと真実を見分けなかったら、善良で正直な人間が牢獄に入れられ拷問されたことであろう。彼がこの話を語ったのは、このような件について裁判官たちは十分に助言されなくてはならないと考えたからである。

第二八章　いかにして悪魔は我々を欺くことができるのか

さて、これらの悪魔どもは、彼らの本質である巧妙さと彼らの邪悪な意志のゆえに、たくさんの方法とやり方で現世における、我々の鈍感さを欺く。なぜなら彼らは我々の精神を幻想的に曇らせる分厚い雲で人間の目をかすませ、サタンのペテンを使って我々を欺き、その悪ふざけと冒瀆により我々の想像力を腐敗させるからだ。【悪魔の手管と幻覚】彼らは我々を誘惑し騙す虚偽の博士、悪意とすべての不幸の根源、真実に背いて行為する輩である。一言で言うならば、彼らは欺瞞の比類ない手管をもっている。なぜなら彼らは無数の方法で変身し、生きている人間の身体に古い布切れ、骨、鉄具、釘、棘、糸、巻き付いた毛髪、木片、蛇、その他の怪物的な物体などの無数の奇妙な物体を詰め込むからだ。彼らはこれらをしばしば女の子宮頚管から排出させる。これは私たちが述べたように、視覚を欺き、我々の想像力を変質させたあとに行われる。

あるものはインクブスとスックブスと呼ばれる。インクブス、それは男に変身する悪魔であり、女の魔女と交わる。スックブス、それは女に変質する悪魔である。そしてそのような性交は眠っているときだけでなく、起きているときにも行われる。これは魔術師や魔女が処刑されるとき幾度も自白し主張することだ。聖アウグスティヌスは、男もしくは女の形状に変身した悪魔が人々を淫行に誘い、騙し、欺くべく自然の行為を働き、男女と関係をもつことができるということをまったく否定しなかった【『神の国』第十五巻第二二・二三章】。これは古代の人々が経験しただけではなく、私たちの時代にもいくつかの地方でいくらかの人々に起こっていることなのだ。悪魔は姿を男女に変えて、これらの人々と性交したのである。ヤコブス・リュエフ[47]がその著書『人間の妊娠と出産について』［一五五四年］で証言するには【第十五巻最終章】、当時、一人の堕落した女が夜に男の顔貌をもった邪悪な霊と交わった。すると突然腹部が膨らんだ。妊娠したと思ったが、非常に不可思議な病気に罹ってしまった。なぜならすべての臓腑が垂れ下がり、医者あるいは外科医のいかなる技をもってしても救うことができなかったからである。【スックブスの話】同様のことが肉屋の下僕について書かれている。彼がむなしい淫らな思いに浸っていたところ、突然目の前に美しい女の姿をした悪魔が現れ、彼は驚愕した。彼はその悪魔と交わった。すると彼の生殖器が熱を帯び始めたのである。体内に焼けつくような火がついたかと思われるようだった。彼は哀れにも死んでしまった。

さて、ピエール・ド・ラ・パリュド[48]とマルタン・ダルレ[49]にとって、悪魔どもが死んだ男の精液を女の膝の部分に流し込むことによって子どもが産まれる可能性があると主張することは馬鹿げたことである。それは明らかに偽りである。それでこのむなしい見解を否定するために、私はただ次のように言おう。血液と精気から作られている精液は生殖の目的に適しているが、ほんの少しでも、もしくは完全に移動させてしまうと、即座に腐敗し変質してしまう。その結果、その力はまったく消滅してしまう。なぜなら心臓と全身の熱と精気がそれからなくなってしまい、そのため精液は質と量においてもはや程よいものではなくなってしまうからだ。【不妊の原因】この理由から、医者たちは非常に長い陰茎をもつ男は、非常に長い管を通って流れる精液が子宮に受け入れられるまえにすでに冷やされているために生殖力がないと考えている。そのうえ射精時に男が女の連れからあまりにも突然に離れた場合、精液が子宮に入る大気のために変質してしまう可能性があり、子種を宿さない原因となる。こうして、それゆえにアルベルトゥスの注釈者[50]がいかに甚だしい間違いを犯していたか確認できる。彼は、もしも地上に落ちた精液が子宮に戻されたとしても受胎は可能であると述べていたのだ。【アヴェロエスの女の隣人の大嘘】これについては同じように、アヴェロエスの女の隣人について言うことができる。アヴェロエスが言うように、その隣人は、ある男が風呂に放出した精液で子どもを身籠ったと誓って断言したのである。彼女はその風呂に入って妊娠したのだ。さらに、霊的な性質をもつ悪霊や悪魔が女と肉体関係をもつことができると本当に思う必要はない。なぜなら、その行為の実行には肉と血液が必要であるが、それは霊が持たないものだからである【「ルカによる福音書」二四・三九】。そのうえ身体をもたない霊が女への愛に駆り立てられ、女に子どもを孕ませることがいかにして可能であろうか。同様に、生殖器がまったくないのだから性交はなく、肉も飲み物もないのだから精液はないのである。そのうえ子孫と人口を増やす必要のないところでは、自然は子どもを創る欲望をまったく与えないのだ。そのうえ悪魔どもは不死であり不滅である。彼らが常に存在するであろう限り子孫を必要としないのだから、彼らはしたがってこの生殖行為を必要とするであろうか。【サタンには新しい被造物を創造することはできない】さらに、新しいものを創造することはサタンの力のうちにも、天使の力のうちにもない。そして悪魔どもが創造されて以来、もしもそのようであったならば、つまりもしも彼らが別の悪魔を産むことができたならば、もっと多くの悪魔的なものがいたるところに存在したであろう。さて私に関しては、この［悪魔と人間の］性交と言われているものは想像上のものであって、サタンの幻想を起こさせる効果に由来すると考えている。

第二九章　いくつかの悪魔の幻想の例

そして悪魔はその手管が昔のことにすぎないと思われないように、現在においても依然として同様の方法を使って実際に活動している。コンスタンツの非常に美しい若い娘について幾人かの人々が目撃し、多くの学識ある人々が述べている通りである。彼女はマグダレーヌという名で、前記都市の大層富裕な市民の召使であった。彼女はある夜悪魔が自分を孕ませたとあちらこちらで言いふらしていた。このことに関して都市の有力者たちはこの分娩の結果を知るため彼女を牢獄に入れた。産褥の時がやってくると、彼女は出産しようとしている女につきものの疝痛と陣痛を感じた。そして産婆たちが子を受け取る準備ができ、子宮が開くはずだと思ったとき、【悪魔が人体から出ると信じさせる奇妙な物体】その娘の身体からいくつかの鉄釘、小さな木片、ガラス、骨、石や毛髪、麻くず、その他いくつものとても信じられないような奇妙な物体が出始めたのである。悪魔が卑俗な輩を欺き騙すため、それらをその手管によってそこにおいたのだ。そうした輩は幻惑と欺瞞を軽率に信じるものだ。

ボエスティュオは、哲学者だけでなく聖職者たちによっても語られた同じような別のいくつもの話を示したと断言している。彼らによれば、悪魔どもは神の許可によって、もしくは我々の罪を罰するために男女をそのように騙すことができるのである。しかしながら、そのような性交からある種の人間の被造物が生み出されうるとしても、それは単に偽りであるばかりでなく、我々の宗教に反するのである。我々の宗教が確信しているのは、神の子を除いて、人間の精液なくして産みだされる人は決して存在しないということなのだ。まさにカッシアヌス[51]が述べたように、悪魔が人間によって身籠り、女が悪魔によって身籠るのが当然だとしたら、自然にはなんたる不条理、矛盾、混乱があることになろうか！　世界の創造から現在まで、悪魔が獣たちの子宮に精液を射精し、そうして精液を撹乱することで無数の怪物と驚異を創造し、どれほどの怪物を悪魔が全人類を通して産んだことになろうか！

第三十章　魔術の技について

その上、魔術の技は悪魔どもの悪しき手管により行われる。さて、魔術師にはいくつもの種類がある。ある者どもは彼らのもとに悪魔を召喚し死者に尋ねるが、彼らは降霊術師と呼ばれる。別の者どもは、手のひらにあるいくつかの線によって占うために手相見と呼ばれる。別の者どもは水で占うので水占い師と呼ばれる。別の者どもは地面を使って占うので土占い師と呼ばれる。別の者どもは火で占う火占い師と呼ばれる。別の者どもは気占い師、もしくは鳥占い師、未来予知師と呼ばれる。なぜなら彼らは大気によって、すなわち鳥の飛翔や暴風、雷雨、嵐、風によって占うからだ。彼らすべては、それら占い師、予言者、呪術師、魔法使いを頼ってやって来る不信仰者をだまし、惑わすことしかしない。【魔術師たちはいつも貧しく不幸である】またその不信仰者たちは他の者たちよりもまして、絶え間のない貧困と飢えに習慣的に圧迫されている。なぜなら悪魔どもは嘘が真実であることを幻覚によって、また偽りの混乱する馬鹿げた約束によって信じさせ、彼らを闇の深淵に投げ込むからである。それは狂気、また誤謬と愚弄の耐えがたい泥沼にほかならない。かつてモーセが神の掟によりなされたように完全に彼らは避けられなければならず、真の宗教を知り愛する人々によって遠くに追い払われなければならない。

【驚異の話】ジャン・ド・マルコンヴィル[52]は、その著書『当代に起こりしいくつかの驚異的な事件についての記憶すべき選集』［一五六四年］のなかでイタリアの大都市ボローニャの女占い師、魔女について述べている。その女は長きにわたって悪魔的な技に従事していたが重篤な病に罹り、それがもとで生涯を終えた。これを見て、彼女の存命中、その仕事から得ていた利益のゆえに彼女と別れたくなかった魔術師は、彼女の腋の下にある種の毒をつけた。この毒の力によって彼女が生きているように見え、いつも習慣にしていたように人々のところに現れるようにするためである。極度に血の気のない青白い顔色を除くと、彼女は生きている人間とまったく違わないように見えた。暫く後、ボローニャに別の魔術師がいたが、彼はふと、この女に会いに行きたい気になった。なぜなら女はその技のゆえに大きな評判が立っていたからである。彼は他の者たちと同じように技の実演を見るためにその見せ物に到着したが、突然、叫んでこう言った。「お前さんたち、ここで何をなさっているのかい？　お前さんたちの前で見事な宙返りと軽業の演技をしていると思っておられるこの女だが、これは悪臭を放ったおぞましい腐った死骸さ」。すると突然、彼女は地面に倒れ、死んでしまった。その結果、サタンの幻惑と魔法使いの虚妄がすべての観衆たちに明らかになったのである。

ランギウスはその『医学書簡』のなかで、悪しき霊に憑かれたある女について述べている［書簡三八］。その女は胃に激痛の苦しみを味わったあと医者たちに見放され、突然、蠟と頭髪で包まれた非常に長くて曲がった釘や青銅製の針を吐き出した。【悪魔の術策によって［入れられた］、死人の身体のなかで発見された奇妙な物体】また同じ書簡でこうも述べている。一五三九年、トゥーゲスタークと呼ばれる村でウルリヒ・ネンツェッサーという名の農民が脇腹の激痛に耐えたあと剃刀で切開したところ、青銅の釘が出てきた。しかしながら痛みはいや増すばかりであり、彼は耐えきれずに自分で喉を切った。人々が彼を切開したところ、胃の中に一個の長くて丸い木片と四本の真鍮製の短刀を見つけた。それらの短刀のなかには鋭利なもの、また鋸のようにぎざぎざのものもあったが、すべて二つの固い鉄具がついていた。それらの長さは半クデ［一クデ＝約五十センチメートル］以上あり、大きな頭髪の毛玉がついていた。これらすべてのことが、視覚によって観衆たちを欺く悪魔の術策によって行われたことは確かである。

【国王と幾人かの面前で目撃されし話】さらに最近、国王シャルル九世、モンモランシー元帥閣下、レ元帥閣下、ランサク殿、国王筆頭医師マズィーユ様、国王付き部屋係サン・プリ殿ほかの面前で、悪魔の術策なくしては人間にはなすことあたわざる事どもをペテン師と魔法使いが行うのを見た。悪魔は私たちの視覚を欺き、誤った幻想的な事がらを私たちに見させるのだ。これについて前記ペテン師は国王に馴れ馴れしく次のように白状した。自分が行ったことは霊の術策によるものであり、まだ三年のあいだ霊の拘束を受けなければならず、霊は私を酷く責めさいなむ。そして国王に約束するには、時が来て満つれば善行の人となると。神が彼に恩寵をお与えくださいますように。なぜなら、「汝、魔女を生かしておくべからず」と書いてあるからだ【「出エジプト記」二十[53]、「レビ記」十九】。サウル王は魔法使いである女に伺いを立てたために酷く罰せられた【「列王記上」二八[54]】。モーセも同様にヘブライ人たちに対して彼らの周囲から魔法使いをなんとしてでも根絶せよと命じたのである【「申命記」「十八」】。

第三一章　いくつかの奇妙な病気について

【フェルネル[55]『事物の隠れた原因』［一五六〇年］第二巻第十六章より】さて、悪魔のペテンや悪魔の奴隷である魔術師、呪術師、魔法使い、魔女について、読者諸兄の心をさらに満足させるため、以下のように私はそれらの話をフェルネルから収集した。神の許可によって人間にもたらされ、通常の治療法では治すことができず、この理由のために人がいつも苦しめられている病気の通常の流れを逸脱すると言われる病気が存在する。それは聖書そのものによって容易に証明されることだ。聖書は私たちに、ダビデの罪のために、悪疫が六十万人以上の生命の綱を切ってしまうような大気の腐敗が起こったということを証明している[56]。【病気は神の許可によりもたらされる】同様に同じ聖書において、ヒゼキヤがきわめて重篤で苦しい病気に悩まされたことを読むことができる[57]。ヨブは身体にたくさんの潰瘍を受け、それで全身を被われた[58]。これはこの偉大な神の許可によってもたらされたのであり、神は好みのままに、この下位の世界とそこに含まれるすべてを統べておられるのである。

さて、人間の主要な不倶戴天の敵である悪魔がしばしば（しかしながら神の許可によって）重い様々な病気で私たちを苦しめるように、魔術師、ペテン師、悪人も悪魔的な計略や狡知によって数多くの人間を苦しめ欺く。ある者たちは呟き、悪魔祓い、呪詛、魔法、魔術によって何だかわからないが霊たちに加護を祈り懇願する。別の者たちはいくつかの書き物、いくつかの記号、いくつかの指輪、いくつかの画像、その他そのようながらくたを首の周りに結びつけたり、別の仕方で身に付けたりしている。また別の者たちは耳に快い歌やダンスを用いる。時々、彼らはある種の水薬、より正確に言えば毒薬、燻蒸、香水、幻惑、魔法を使用する。自分たちから遠く離れているのに、誰か不在の者の画像や像を作って、ある種の道具でそれを貫き、彼らが気に入るような病気によって貫いた者を苦しめることができると自慢する輩も認められる。そしてこれは星辰の力によってなされたのだとか、そのような画像や蠟で作られた像を突き刺しながらぶつぶつ呟くある言葉によってなされたのだとか言うのだ。さらに、人々に苦痛を与え責めさいなむためにいかさま師によってでっち上げられた無数のそのようないかさまが存在する。しかしこれについてより多く語るのは腹が立つ。男と女が結婚を［初夜の性交によって］完全なものにするのを妨げるような妖術を用いる者がいる。それは俗称で「つなぎ紐結び」と呼ばれている[59]。男が小便するのを妨げる者がいて、それは「釘固め」と呼ばれている[60]。さらに魔術によって、男たちが［美と愛を司るローマ神話の女神］ウェヌスの奥方の捧げものになるのを不可能にする者たちがいる。その結果、その男たちと色事をしようとする貧しい女たちは、男たちが去勢されているとか去勢以上の状態になっているとか考えてしまう。そのようなクズどもはいくつもの様々な種類の病気で人間を苦しめるだけでない。やくざ者や魔術師に他ならない彼らは男女の身体に悪魔を送りつけることもするのだ。それらのいかさま師の魔術によって悪魔に苦しめられている人々は、驚異的なとんでもないことを語ることを除けば、単なる狂人と少しも異ならない。彼らは以前に起こったあらゆることを、ごくわずかの人々を除けば厳重に秘匿されており知られていないにもかかわらず喋るのである。彼らは現存している人々の秘密を暴露し、その人たちをきわめて激しく侮辱、非難するので、彼らがそう感じていないとしても、うすのろの馬鹿どもである。【無神論者の修練】しかし彼らは聖書について話されるやいなや、まったく怯えあがり、震えて大悲嘆にくれるのである。

つい先頃、ある人が夏の酷暑のせいで夜中に飲み物を飲むため起きたが、喉の渇きをいやす液体を何も見つけることができず、ふと目に留まったリンゴを食べた。その実を齧るやいなや、彼には喉が詰まったと思われた。彼はそのリンゴに潜んでいた悪霊にすでに包囲されていたので、暗闇のなかで自分を貪り食らう真っ黒な大きな犬を見たように思われた。その後治ってから、彼は私たちに起こったことすべてを少しずつ語った。何人かの医者たちは彼の脈にふれ、乾燥と黒斑をともなった体内の異常な高熱を認め、熱病であると診断した。そして彼が静かにじっとしていることがなく、夢見もなくならなかったため、医者たちは正気を失っていると診断した。

【悪魔に苦しめられた若い貴族の話】数年前、若い貴族が時間の間隔をおいてある種の痙攣に罹った。ある時は左腕だけ、ある時は右腕、またある時は指一本だけ、また片方の腿の時、両方の腿の時、脊柱の時もあった。全身が突如この痙攣で疼いて苦しめられる時もあり、そのため四人の召使によってようやく彼を寝台に寝かしつけることができた。さて、彼の脳が激しく揺すられたり痛めつけられたりしたことがまったくなかったことは確かである。そのような痙攣がもっともひどいときでさえ、彼は自由に言葉を話したし、精神はまったく混乱しておらず、また全感覚は無傷だった。彼はそのような痙攣に少なくとも一日に二度悩まされていたが、それが終わると、受けた苦しみが原因で非常に疲労してへとへとになることを除くと体調は良かった。思慮に富む医者なら皆、これが感覚と精神の混乱を併発するならば、真の癲癇であると診断できたであろう。そこに呼ばれたすべての最も熟達した医者たちは、それは癲癇にきわめて近い痙攣であると診断した。痙攣は脊柱に閉じ込められた有害な蒸気によって引き起こされるのであり、脊柱からそのような蒸気が脳をまったく損傷することなくこの脊柱の起点である神経に流れるのだ。このような診断がこの病気の原因について下されたわけだが、この哀れな病人を救うために［医］術が命じることは何もおろそかにされなかった。しかしながら、このような病気の原因から百里以上遠ざけられていたのだから、私たちが全力をふりしぼっても無駄であった。というのも次に続く三カ月の後、この病を引き起こした張本人は悪魔であることがわかったからである。前記の病人はギリシャ語を全く知らないのに、悪魔は病人の口を通してギリシャ語とラテン語を大量に喋り、自らを名乗ったからである。【悪魔によって侮辱される医者たち】悪魔は居合わせていた者たち、主に医者たちの秘密を暴露し嘲笑した。なぜなら悪魔は大きな危険を冒して医者たちを罠にかけ、また医者たちは役に立たない薬で病人をほとんど死亡させるほどだったからである。病人の父親が病人を見に来る度ごとに、彼は遠くから父親に気づくやいなや、こう叫んだ。「奴を来させるな。入ってくるのを止めさせろ。さもないと奴が首につけている鎖を取ってしまうぞ」。というのも父親は騎士のように、フランソワ一世の騎士のしきたりにしたがって、その端に聖ミカエルの絵がついた騎士団の首飾りをつけていたからである。彼のまえで聖書のあるところを声に出して読み上げると、彼は怒り、身体を起こし、以前にもまして苦しんだ。発作が終わると彼は言ったことと行ったことを完全に思い出し、悔悟し、彼の意志に反してそのように振る舞い、行い、発言したのだと語った。この悪魔は儀式と悪魔祓いに強いられて、自分は霊であり、いかなる大罪についても劫罰を受けることはないと述べた。お前は誰なのか、あるいはどのような手段を使ったのか、また誰の力を使ってお前はこの貴族をこのように苦しめているのか尋ねられると、自分には身を隠せる多くの棲み処があり、自分が病人を休ませていたあいだは、別の者を苦しめに行ったと答えた。【悪魔は貴族の身体に足から入った】さらに自分は名前を挙げたくないある人物によってこの貴族の身体に入れられ、両足から入り、脳まで這い上ったこと、また自分たちのあいだで交わした契約の日がやって来たときに両足から出ていくと答えた。悪魔憑きにいつも見られるとおり、悪魔は多くの他の事がらを饒舌にまくしたてた。読者諸兄に断言したいのだが、私はこのことを新種のこととして持ち出しているのではない。そうではなく、悪魔どもは時々私たちの身体内に入り込むこと、また彼らは聞いたことのない苦しみで身体を責めさいなむことを人々が知るためなのだ。同じく悪魔どもは時々身体内にまったく入り込まないが、身体内のよい体液を揺り動かしたり、さもなければ有害な体液を主要な部位に送ったり、でなければその有害な体液で静脈を満たしたり、あるいは身体の管を詰まらせたり、器官の構造を変えてしまうのだ。こうしたことから無数の病気が生じるのである。

【魔術師は悪魔の奴隷である】悪魔どもがこれらすべての事がらの原因であるが、魔術師どもや邪悪な男どもは悪魔の奴隷、下僕である。プリニウスは、当時ネロ皇帝がかつて存在したことがなかったもっとも偽りに満ちた魔術と魔法を見つけたのだと述べている［『博物誌』第二九巻第二章］。だが、女占い師［「使徒言行録」十六・十六～十八］、腹話術の女［「サムエル記上」二八］、ネブカドネツァル王［「ダニエル書」四～五］、ファラオの魔術師と魔法使い［「出エジプト記」七・十一、二二、八・三］、そして使徒たちの時代のシモン・マグス［「使徒言行録」八・九～二四］についてさえ書かれていることから明らかなように、聖書がそれらの存在を証明しているわけだから、異教徒を持ち出すことは必要だろうか。同じプリニウスが述べるには、デマルクスという名の者は狼に変身し、生贄に捧げられた子どもの臓腑を食べた［『博物誌』第八巻第二二章］。

ホメロスが述べるには、キルケはオデュッセウスの仲間たちを豚に変えた。幾人もの古代の詩人たちが、そのような魔術師たちが収穫物を畑から畑へ、庭から庭へ移し替えたと述べている。十二表法がそのようないかさま師とペテン師にいくつかの刑罰を定め命じているのだから、それが作り話だとは思われない。さて、悪魔が真実の出来事をもたらすことができず、創造することもできないように、悪魔はただこれらのいくつかの虚しい幻影をもたらすだけである。これによって悪魔は人間の精神を曇らせる。病人に対して悪魔は真実かつ完全な治癒をもたらすことができず、むしろただ偽の、その場しのぎの治療法を用いるだけである【魔術師は束の間病気を治す】。さらに私は、黄疸患者の首に吊るされた、ある小さな護符によって黄疸が身体の表面から一夜にして消え去ったのを見たことがある。同様に、熱病が祈禱といくつかの儀式によって治ったのを見たことがある。しかし熱病は後にぶり返し、もっと悪くなってしまった。

さらに多くの別の種類［の治療法］がある。というのも神のであれ人間のであれ、いかなる理性や権威にももとづかないかぎり、私たちが迷信と呼んでいることを行ういくつもの方法があるからだ。むしろそれらは婆さんたちの何らかの空想にもとづくものだ。お尋ねするが、私たちの神を礼拝しにやって来た三人の王の名前、すなわちガスパール、メルキオール、バルタザールの名前を身につけている者は癲癇が治ると言うのは、真の迷信ではないのだろうか。しかしながら最も確実な治療法は、牡丹の糖剤と混ぜたハシバミの実の大きさほどの琥珀のエキスを毎朝患者に投与するというようなことを通常しないことだ。ミサを唱えているあいだに次の言葉を発するならば、歯が治るのだろうか。「汝らはこの者の骨を砕かない（オス・ノン・コムミヌエチィス・エクス・エオ）[61]」。患者の名前しか知らないのに、いくつかの儀式によって嘔吐がましになるのだろうか。私は何かわからない言葉を呟きながら、それがどこであれ身体のある部分の出血を止めたある者を見たことがある。それについて次のような言葉を言う者がいる。「血と水がこの者の煉瓦から流れ出た（デ・ラテレ・エィウス・エクシウィト・サングイス・アクア）」[62]。熱病を治すそのような方法はどれくらいあるのだろうか。ある者たちは熱病を患う人の手を取ってこう言う。「この熱が汝とキリストを産んだ処女マリアに等しく楽でありますように（アエクエ・ファキリス・ティビ・フェブリス・シット・アトクエ・マリアエ・ウィルギニ・クリスティ・パルトゥス）」。別の者たちはこっそりとこの美しい「詩編」を唱える。「私の王、神よ。私はあなたを賛美するでしょう（エクサルタボ・テ・メウス・レクス）」[63]。プリニウスが述べるには、人がサソリに刺されたら、そして通りがかりに彼がそれを驢馬の耳に向かって言うならば、彼は即座に治る［『博物誌』第二八巻第十章］。なんとすぐれた治療法だろうか！　さて、彼らはこのような言葉によって治療するのとまったく同じように、似たような迷信的な書かれたものを使って治療する。目の病気を治すために二つのギリシャ文字πとαを書いて布に包み、次いで首にかける者がいるように。歯の痛みに対しては彼らはこのように書く。「鎌と歯のついた削り器よ、汝ら歯の痛みを完全に治療せよ（ストリギレス・ファルケスクエ・デンタタエ・デンティウム・ドロレム・ペルサナテ）」。

同様に外用薬にはひどい迷信が存在する。アポロニウスのそれのように。すなわち、歯痛を治すため、殺害された人間の歯を使って歯茎を乱切するのだ。またこういう例もある。狂犬の嚙傷に対して、絞首刑者の頭蓋骨から丸薬を作る［プリニウス『博物誌』第二八巻第一章］。癲癇は、人を殺したのと同じ剣の刃で殺した野獣の肉を食べると治ると言われる［プリニウス『博物誌』第二八巻第四章］。【ひどい迷信】同様に四日熱は、人間の首を切断した剣を浸したブドウ酒を飲むと治ると言われる［アグリッパ『オカルト哲学について』第一巻第四二章］[64]。もしこれが真実ならば、パリの死刑執行人の境遇は今よりも良いことだろう。同様に言われているのは、同じ四日熱を治すためには、布切れの中に爪の切れ端を置き、それを生きているウナギの首に結びつけ、即座に水中に投げ込むとよい［アグリッパ『オカルト哲学について』第一巻第五一章］。脾臓の病を治すためには、その上に獣の脾臓を置いて、医者に脾臓の治療をしているところだと言ってもらうとよい［プリニウス『博物誌』第三十巻第九章］。咳を治すためには、赤蛙の口のなかに唾を吐いて、その蛙をすぐに解き放つとよい［アグリッパ『オカルト哲学について』第一巻第五一章］。縛り首にされた者に使われた縄はこめかみのあたりで結ぶと頭の病気に効く［プリニウス『博物誌』第二八巻第四章］。このような医術を行う方法を聞くのは楽しい。しかし、なかでもこれが貴い。熱病を治すため、セレヌスが書いたある図のなかにこの美しい言葉「アブラカダブラ」を書き込むのだ[65]。語るに足るもう一つの美しい行為は、カタプティアの葉は上方から引き抜くと嘔吐をもたらし、下方から引き抜くと便を排出させるというものだ［プリニウス『博物誌』第二六巻第八章］。そしてそのうえ、ガレノスがアンドレアスとかいう人とパムフィリウスとかいう人について述べているように【ガレノス、簡単な治療法について、第六巻】、非常に恥知らずにも悪魔どもに捧げ奉献するいくつかの薬草があると嘘が言われているのである。[66]
もしも私がこのような無数の迷信的な無駄話を繋ぎ合わせることで暇をつぶしたかったなら、決して［以上のような記述は］しなかっただろう。また、こうした迷信について思い違いをしている多くの人々に警告を与えるため、さらに信じさせないため、そしてそうしたすべての愚かな言行を拒絶するよう願うため、また医学において承認され受け入れられている多くの熟達した聡明な人々によって保証されたことに心を留めるためでなかったとしたら、私がこれほど多く述べ立てることはなかっただろう。こうすることによって、数え切れない善が人々にもたらされることになるだろう。神の名誉に次いで、健康以上に人間にとって貴重でなくてはならないものは決してないのだから。また神が病気の治療のために植物、動物、鉱物に付与された、定められし自然の手段や効力を顧みない人間に頼る必要はまったくない。彼らは通り道で待ち伏せする悪しき霊たちの罠に自らかかるのだ。なぜなら次のことを疑ってはならないからである。すなわち、彼らは神が命じた手段に頼らず、世界が創造されたときに普遍的に確立されたこの規則を放棄しているため、悪しき霊たちが彼らに二つの青い葡萄のうち熟した方を与えて、彼らを篭絡しようと骨折っていることを無視してはならないのだ。そして魔術師どものように、この手段によって言葉と文字の効力やその他のふざけやいんちきに依存してはならない。また彼らは治療するのは誰であってもよいし、それが地獄の悪魔であっても気にしないとまで言っている。聖書はそれを明白に禁じているので、これはキリスト教徒にふさわしくない格言である。魔術師たちが自然の病気を治すことができず、医者たちが魔法によってもたらされる病気を治すことができないのは確かである。乾いた布切れ、もしくは澄んだ水に浸した布切れをあてがうだけで傷を治療し、時には治してしまう少数の治療師たちに関しては、これを理由に愚かな人間や下層民が考えるように、それが魔法だとか奇蹟だとか信じる必要はない。しかしただ自然の恵みによるのだ。自然は傷、潰瘍、骨折、その他の病気を治してくれる。なぜなら外科医はある事柄に関して自然を援助し、自然の働きを妨げるものを取り除くほか何もできないからである。たとえば痛み、うっ血、炎症、腫瘍、壊疽を取り除き、自然がなすすべがない他のこと、たとえば骨折したり脱臼した骨を整復したり、止血のため太い血管をふさいだり、皮脂嚢腫を摘出したり、膀胱の大きな石を取り出したり、余分な肉を取り除いたり、白内障をやわらげたりと、自然が自ら行うことができない無数の他のことを外科医は行うのである。

第三二章　医者による、インクブスとスックブスについて

【原因】医者たちは、インクブスは人の身体の上に何か重さのあるものが乗っかって圧迫され、その人が息苦しいと考える病気だと述べている［第二八章も参照］。それは主として夜にやって来る。民衆は、それは身体にのしかかって圧迫する老女だと言っている。民衆はそれをショシュ・プレ［老女の形態をした夢魔］と呼んでいる。原因はたいていの場合、飲酒と過度に蒸気を含んだ肉

を食べたことによる。それが消化不良を起こし、このため大量の蒸気が脳に上昇し、脳室をいっぱいにしてしまうのである。そのため感じさせたり動作をさせたりする動物機能が、神経を通って輝くのを妨げられてしまう。その結果、肺や呼吸に使用される他の部位、また横隔膜が損傷し、想像上の息苦しさが続いて起こる。それで発声が妨げられてしまい、そのため非常に小さな声となり、呻き声かどもりになってしまう。彼らが話すことができるとしても、援助と救いの手を求めるばかりである。**【治療】**治すためには過度の蒸気を含んだ肉と強い酒、また一般的に脳に蒸気を上昇させる原因となるすべてのことを避ける必要がある。

第三三章　つなぎ紐を結ぶことについて

つなぎ紐を結ぶ、この言葉が何をするわけでもないが、それは悪魔の策略である［第三一章も参照］。つなぎ紐を結ぶ者たちは、悪魔と契約を結ぶことなしにそれを行うことはできない。それは忌まわしい悪しき行為なのだ。なぜならそれを使用する者は、神から命じられた結婚の法を妨げており、神と自然の法の冒瀆者であることを否定できないからである。つなぎ紐結びによって結婚生活が破綻したり、少なくとも不妊が続いたりということが起こる。それは冒瀆である**【ボダン、魔術師に関する著書】**。そのうえ彼らは婚姻の相互の愛情と人間の交わりを奪い、夫婦二人のあいだに深刻な憎悪を生じさせてしまう。同様に、彼らはそれに続いて起こる姦通と淫蕩の原因である。なぜなら［夫婦関係で］結ばれている者たちはお互いに激しい欲望でうずうずしているからである。さらにつなぎ紐を結んだと疑われる人々に対して、しばしばいくつか殺人が起こる。その人はそのことについて考えたことすらないのが普通のことなのだが。そのうえ前で述べたように［第二五章参照］、魔術師たちと毒殺者たちは狡猾で悪魔的で計り知れない手段によって、人間の身体、生命、健康、優れた理解力を腐らせる。したがって魔術師どもを罰するに十分でありうる残虐な刑罰は存在しない。魔術師どもの全悪事と全計画は、数え切れない手段によって人類を軽蔑し侮辱するべく、神の威厳に公然と敵対しているのだから。

見当違いではない他の話

ある者たちが評価するには、溶けた鉛で手を洗うのは怪物的なことである。ボエステュオでさえ、その『驚異物語集』の第八章で、ジェロラモ・カルダーノが『精妙さについて』第六巻においてこの話を驚異として述べていると語っている。カルダーノが言うには、『精妙なる発明に関する書』を執筆しているころ、溶けた鉛で手を洗い、それぞれの観客から一エキュ（銀貨）をせしめたミラノのある人物を見た。カルダーノは自然におけるこの秘密を探究しようと努め、こう述べる。必然的に彼が最初に手を洗った水はきわめて冷たくなければならず、そしてその水はくすんで濃密でなければならない。しかしながらカルダーノはそれについてまったく叙述していない。**【完全に両手を洗うか、両手に油を塗る必要がある。さもなければ火傷する】**さて最近、私はそれが何であるかを、それを重要な秘密だと考えているある貴族から知った。彼は私と他の幾人かの人々の面前で溶けた鉛で手を洗ったのである。私は非常に驚愕した。彼に秘密を教えてほしいと懇願したところ、私が彼にかけていた恩義のゆえに快く同意してくれた。前記の水は彼の尿にほかならなかった。最初にそれで手を洗うのだ。それ以降私が試してみたのでそれは真実だとわかった。前記の貴族は自分の尿の代わりに「金の軟膏（ウングエントゥム・アウレウム）」もしくは別の似たもので手を擦った。私も同様にそれを試したが、正しいと認めることができる。なぜならその濃密な物質によって鉛が手にくっつくことが妨げられ、鉛を小さな薄片にしてあちこちに追い散らしてしまうからだ。また彼は私への好意ゆえに次のこともしてくれた。彼は真っ赤に焼けた鉄のシャベルを取り、その上に脂身の肉片を投げて溶かした。そして燃え立つ肉汁で手を洗ったのである。彼が私に言うには、それは玉ねぎの汁を使ってやったことだった。それであらかじめ手を洗ったのである。私はこれらの二つの話を（それらは完全に見当違いではないが）十分に語っておきたかったのだ。その結果、ある良き友はこの方法を使って、この秘密を知らない人々のあいだで好評を得ることができるだろう。

第三四章　今や、海の怪物について話そう

地上に様々な外見の動物の怪物がいくつも見られるように、海に奇妙な種類の怪物が存在することを疑ってはならない。プリニウスが述べているように、そのうちのあるものは腰から上が男でトリトンと呼ばれ、別のものは女でセイレンと呼ばれ、鱗で覆われている【プリニウス『博物誌』第九巻第五一章】。しかしながら、精液の混交と混合について以前に引き合いに出された理由は、このような怪物の誕生に役立ちえない。そのうえ岩石や植物のなかに人間やほかの動物の形が見られることがあるが、自然がその制作において戯れているという以外にいかなる理由もない［図40］。

メナがエジプトの支配者であった時代、朝、ナイル川沿いを散歩していたところ、一人の男が腰までは水に浸かったままで水から出てきたのを目撃した。がっしりした顔つきで、黄色の髪の毛で、いくらか灰色の頭髪が混じっていた。腹、背中、腕の形はよかったが、残りの部分は魚であった。三日後の夜明け頃、別の怪物が同じように水から現れた。女の顔をしていた。なぜなら顔の優しさ、長い髪の毛、乳房がそのことを十分に示していたからである。それらは水の上にかなり長いあいだとどまっていた。そのため都市のすべての人々が心ゆくまでどちらも見物した(67)。

［**図40**］　ナイル川で目撃されたトリトンとセイレンの絵

［図41］ 修道士の頭部を持ち，武装し，魚の鱗で覆われた海の怪物

［図42］ 教皇の衣服を身にまとう司教に似た海の怪物の図

ロンドレはその魚に関する本のなかで、ノルウェーの海で海の怪物が目撃され、捕獲されるとすぐに皆で修道士という名をつけたと述べている。読者諸兄はこの図で見ることができる(68)［図41］。

前記ロンドレが述べている別の怪物は、この図で見るように、鱗をまとった、司教冠と司教用祭服を身に付けた司教の格好をしていた。これはゲスネルス［ゲスナー］が述べているように、一五三一年にポーランドで目撃された(69)［図42］。

ヒエロニムス・カルダヌス［ジェロラモ・カルダーノ］はここにあるこの怪物をゲスネルスに送った。それは熊に似た頭部を持ち、腕と手はほぼ猿のようであった。残りの部分は魚であった。それはマスリで発見された(70)［図43］。

［図43］ 熊の頭部と猿の腕を持った海の怪物の図

カストル市に近いティレニア海で、鱗に覆われた獅子の形状をしたこの怪物が捕まえられた。それは、教皇パウルス三世の死後に教皇位を継いだ、当時司教であったマルケルスに贈呈された。

［図44］ 鱗に覆われた海の獅子の図

この獅子は人間に似た声を発し、大きな驚きをもって市に運んで来られた。その自然の生息地を失ったため、そのあとすぐに死んでしまった。フィリップ・フォレストゥス[71]がその『年代記』第三巻で私たちに証言している通りである。その図は以下の通りである［図44］。

一五二三年十一月三日、ローマでこの海の怪物が目撃された。五・六歳の子どもの大きさで、両耳は除いて上半身は臍まで人間で、下半身は魚に似ていた［図45］。

ゲスネルスはこの海の怪物について言及している。彼はアントワープで実物を見たある画家からその絵を手に入れたのだ。その怪物は二本の角と長い耳のついたきわめて獰猛な頭部をもっており、身体の残りすべては、自然に近い両腕を除いて魚であった。それはイリュリア海で捕まえられた。浜辺から飛びかかり、近くにいる小さな子どもを捕まえようとしたが、それに気づいた船乗りたちに激しく追跡され、投石を受けて傷を負い、その後少しして海辺に来て死んだ［図46］。

【ゲスネルス】この海の怪物は、雄馬の頭部、たてがみ、前駆を持っており、大西洋で目撃された。その図はローマに、当時統

［**図 45**］　人間の姿形を持つ海の怪物の像

［**図 46**］　海の悪魔の醜悪な図

［**図 47**］　海の馬の図

［**図48**］　海豹［アザラシ］の図

治されていた教皇に届けられた［図47］。

オラウス・マグヌス[72]はイングランドの貴族からこの海の怪物を手に入れたと述べている。それはベルゲンの浜辺で捕獲された。そこで通常棲息しているのだ。【フランス国王シャルル九世】さらに少し前、同じものが亡き国王に献呈された。国王はそれをかなり長期間にわたってフォンテーヌブローでお育てになった。それは頻繁に水から出たり水中に戻ったりした［図48］。

この海の怪物は、オラウスが述べるようにキリスト紀元一五三八年に北方に位置するティラン島の近海で目撃された。ほとんど信じがたい大きさ、すなわち長さは七二ピエ［一ピエ＝約三二・四センチメートル］、高さは十四ピエであり、両目のあいだは約七ピエ離れていた。その肝臓は五つの樽が入るほど大きかった。頭部は雌豚に似ており、背中には三日月形のものがついていた。身体の各側面の真ん中には三つの目がついており、身体の残りすべては鱗に覆われていた。この図で見ることができる通りである［図49］。

紅海沿いにあるマズアン山に住んでいるアラビア人たちは、通常、オロボンと呼ばれる魚を食べて生きている。それは九から十ピエの大きさで、その大きさに応じて幅が広い。鰐のそれのように作られた鱗を持っている。これは他の魚に対して驚くほどに獰猛である。アンドレ・テヴェ[73]は、その『普遍的宇宙誌』のなかできわめて怪物的な動物としてこれについて十二分に述べている。そこから私はこの図を取った［図50］。

アリストテレスが動物の話と部位に関する著作のなかで述べているように、鰐は十五クデ［一クデ＝約五十センチメートル］の長さがある大きな動物である。それは動物を産まないが、鵞鳥の卵と同様の大きさの卵を産む。多くとも六十個産む。それは非常に長命で、このようなきわめて小さな始まりからきわめて大きな動物が産まれるのである。なぜなら小さな孵化は卵に比例しているからである。それは舌がまったくないように思えるが、未発達な舌をもっており、それが陸上でも水中でも生きている原因である。地上にいるときは舌が舌の役割を果たすが、水中にいるときは鰐に舌はいらない。魚であるのだから、舌を持たないか、あるいは強く接合された末

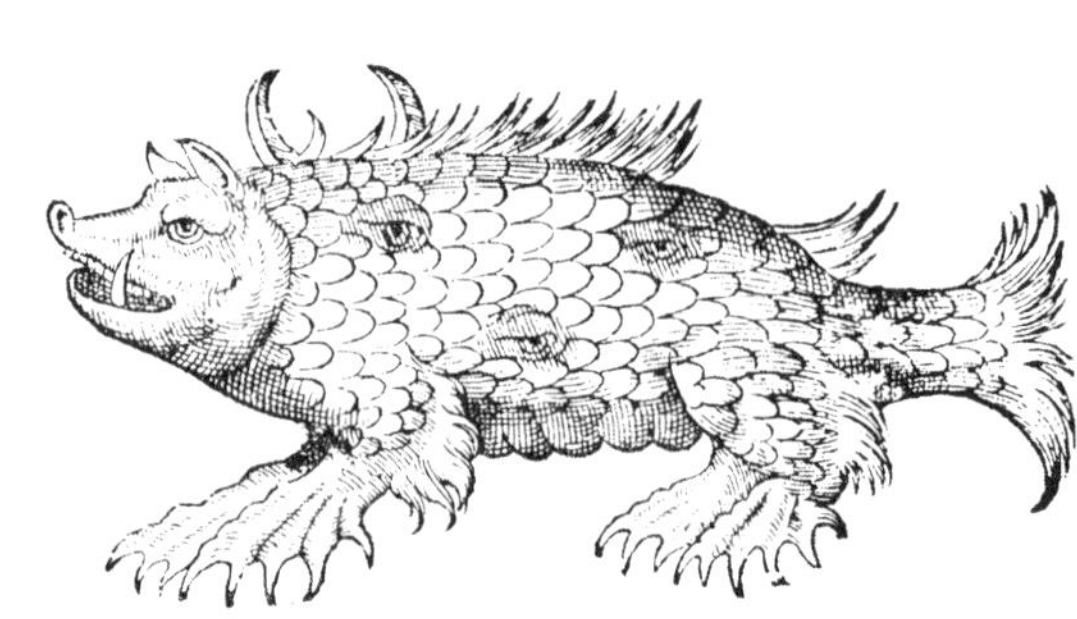

［**図49**］　海の雌豚の図

発達な舌を持つかのどちらかである。【オウムは嘴を上下に動かす】すべての獣のうちで唯一、鰐だけが下顎は動かさずに上顎を動かす。足でつかんだり固定したりできないからである。鰐は豚のような眼、口から突き出る長い歯、鋭くとがった爪、あまりにも堅すぎてどのような矢や飛び道具も貫き通すことができない皮膚を持っている。目の溢血や白内障に対してクロコディレという名の鰐の薬が造られる。それを使えば、顔面に生じるそばかす、しみ、吹き出物が治る。鰐の胆汁は、目に塗ると白内障によく効く。その血液を目に塗ると視力を良くする［図51］。

［図 50］ オロボンという名の魚の絵

テヴェが『普遍的宇宙誌』第一巻第八章で述べるには、鰐はナイル川の水源、もしくは前記のその水源を源とする湖に棲息している。またテヴェは、実に一瞥するのも忌まわしい、長さ大股六歩分、背中はたっぷり三ピエ以上もある鰐を見たと述べている。鰐を捕獲する方法は次の通りである。エジプト人とアラビア人はナイル川の水位が下がるようになったのを見るや、長縄を投げ入れる。その端には約三リーヴル［一リーヴル＝約五〇〇グラム］の重さのかなり太くて大きな鉄の釣針がついており、そこに彼らはラクダか他の獣の肉片を取り付けるのだ。鰐は獲物に気づくと、

［図 51］ 鰐捕獲の図

それに確実に飛びかかり、貪り食うのである。そして釣針が喉の奥まで飲み込まれると、鰐は突き刺されたのを感じるので、鰐が水面の上下を飛び跳ねるのを見るのは喜びである。鰐を捕獲すると、それらの野蛮人たちは鰐を川岸まで少しずつひっぱって来て、椰子あるいは別の木の上に紐をかける。こうして彼らは鰐を空中に少しばかり吊るしておく。鰐が彼らに飛びかかり貪り食うのではないかと恐れるからである。彼らは鰐を棒で何度も打ち、殴って殺してしまう。次いでその皮を剝いで、彼らが非常に美味であると知っているその肉を食べる。

ジャン・ド・レリーがそのブラジルの土地の話の第十章で述べるには、野蛮人たちは鰐を食べる。また、生きている鰐の子どもが野蛮人たちによって彼らの家に運ばれ、そのまわりで幼児が遊んでいるのを見たが、鰐が危害を与えることはなかったということだ[74]。

ロンドレはその虫魚、つまり植物と動物のあいだの中間の性質をもつものに関する著作のなかで、これら二つの図を掲載している［図52上］。一つは「海の羽根飾り」と呼ばれる。なぜならそれは帽子の上に載せられる羽根飾りを想起させるからだ。漁師たちは、それが男性器の先端に似ているので「飛ぶ男根」と呼んでいる。生きているときは、それは大きくなり、非常に太くなる。死ぬと萎びてぐにゃぐにゃになる。それは夜に星のようにきらきら光る［『魚類全誌』第二二章「虫と植虫について」］。

プリニウスが述べるには、海には地上にいる動物の形態だけが見られるのではない。私は信じるが、この絵は彼が語っている果実の房なのだ。というのも、表面のいたるところが花の咲いているブドウの房を想起させるからである。それは長くて、尻尾から垂れ下がった醜い塊のようである［『博物誌』第九巻第二章］。その図はここに示されている［図52下］。

新大陸のエスパニョーラ島がある海には、いくつもの怪物的な魚がいる。それらのうち、テヴェは『普遍的宇宙誌』第二冊第二二巻第十二章において、住民の言葉でアロエスと呼ばれるきわめて珍しいものを目撃したと述べている。それは鵞鳥に似ており、非常に高さのある首、ボン＝クレチアンの梨のような先端がついた頭部、鱗のない鵞鳥のように太った胴体をもち、腹の下部には四つの鰭がついていた。あなた方が海上でこれを目撃したら、そ

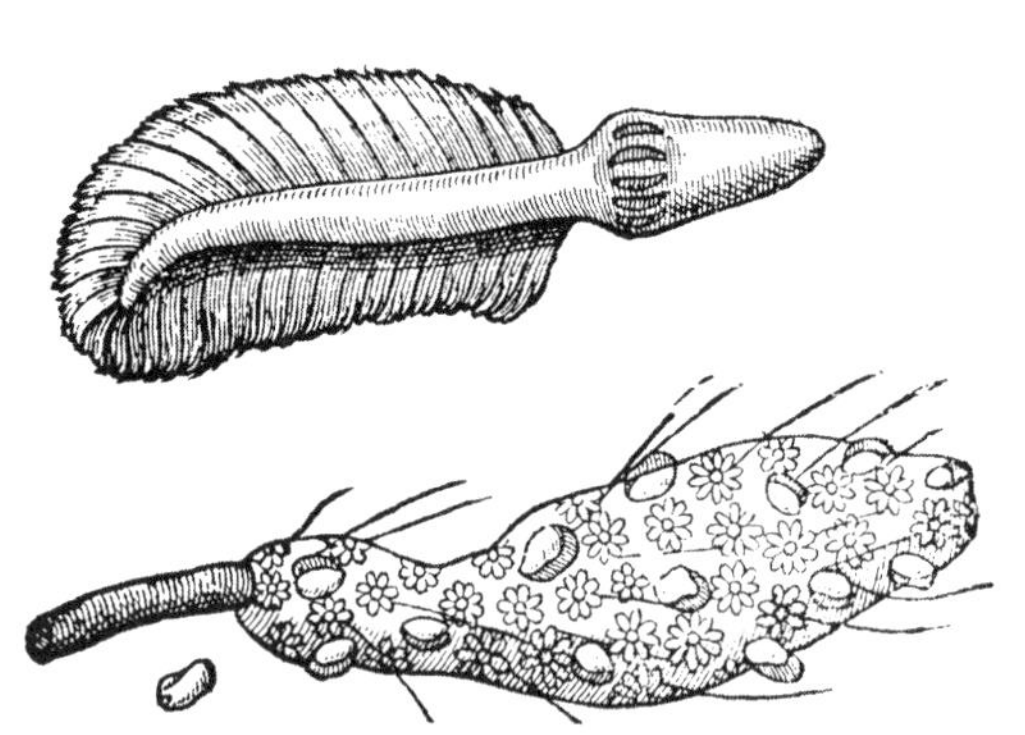

［図 52］ 二匹の魚の図，一匹は羽根飾りのようであり，もう一匹は葡萄の房のようである

れは海の波間を潜行する鷲鳥だと言うことだろう［図53］。

サルマティア海、別の言い方をすれば東ゲルマン海は、暖かい地域に住んでいる者には多くの未知の、また比類のないほど怪物的な魚を産出する。なかでも、まさしくカタツムリのように造られたものが存在するが、樽のように大きく、鹿のような角を持っている。角の先端や分枝には小さくて丸いボタン状のものがついており、上質の真珠のように輝いている。それは非常に太い首を持っており、両眼は蠟燭のように自身を照らしている。鼻は丸みがあり、猫の鼻のように造られており、まわり全体に短い毛が生えている。口は大きく裂けており、その下には見るのもきわめて忌まわしい肉の突起がついている。それには非常に長い尻尾と四本の脚と鰭として役立つ大きい鉤状の足がついており、虎のようにすべて多様な色でまだらに彩られている。それは臆病なので沖でじっとしている。なぜなら私は、それが水と陸の性質を持つ水陸両生であることを確信しているからである。天気が静かに晴れると、それは海岸の陸地に身を置き、そこで最も良いと思ったものを取って食べる。その肉はきわめて美味で食すのは喜びである。その血液は、大亀の血液が癩病者に効くように、肝臓を傷め

［**図 53**］ 怪物的な魚，アロエスの絵

［**図 54**］ サルマティア海の蝸牛の図

た者や肺病者に効く。テヴェはそれをデンマークの国で捕まえたと述べている【テヴェ『普遍的宇宙誌』第二冊第二十巻第十八章】［図54］。

広大な淡水湖には、その上にメキシコ王国のテノティチトランという大都市がヴェネツィアのように杭の上に建設されているのだが、海の子牛のような大きな魚がいる。南極地方(75)の野蛮人はそれをアンデュラと呼んでいる。地元の野蛮人たちと新大陸の征服によってこの土地の主人となったスペイン人たちは、それをオガと呼んでいる。それは陸地の豚とあまり変わらない頭部と耳を持つ。また太ったバーベル［鯉の一種］の口ひげに似た約半ピエの長さの五本の口ひげを生やしている。その肉はきわめて美味でおいしい。この魚は鯨のように生きている子どもを産む。もしもあなたが、それが水中を泳ぎながら戯れているのを観察するならば、カメレオンのようにそれがあるときは緑色、あるときは黄色、次に赤色になると言うことだろう。それは他のどこよりも湖の端っこにおり、そこでオガと呼ばれる木の葉っぱを食べる。そこから名前がついたのだ。それは鋭い鋸状の歯をしており、獰猛である。そして他の魚、まさしく自分よりも大きな魚を殺し貪り食う。このため人々はそれを追跡し、狩って殺す。なぜならもしオガが水路に入り込むと、他の魚を一匹も生かしておかないだろうから。こういうわけで、たくさんのオガを殺した者はもっとも歓迎される。これはテヴェによって『普遍的宇宙誌』第二冊第二二章で述べられていることだ［図55］。

【私はもらった一匹を自分の陳列室に所持している。記念として保管している】アンドレ・テヴェが『普遍的宇宙誌』第二冊第十章において述べるには、海上を航行しているとき、野蛮人たちがブラムペックと呼んでいる無数の飛ぶ魚を見たということだ。それらは飛び出した海から非常に高く跳躍し、そこから五十歩のところで落ちるのが見られた。それらがそうするのは、獲物を食べようとする別の大きな魚から追われるためである。この魚は鯖のように小さく、丸い頭部、紺青色の背、全身とほぼ同じ長さの二つの翼を持っている。それらの翼は顎の下に隠されており、他の魚が泳ぐために使う鯨ひげや鰭とまったく同じように造られている。それらは主に夜間、夥しい数で飛ぶ。そして飛んでいて船

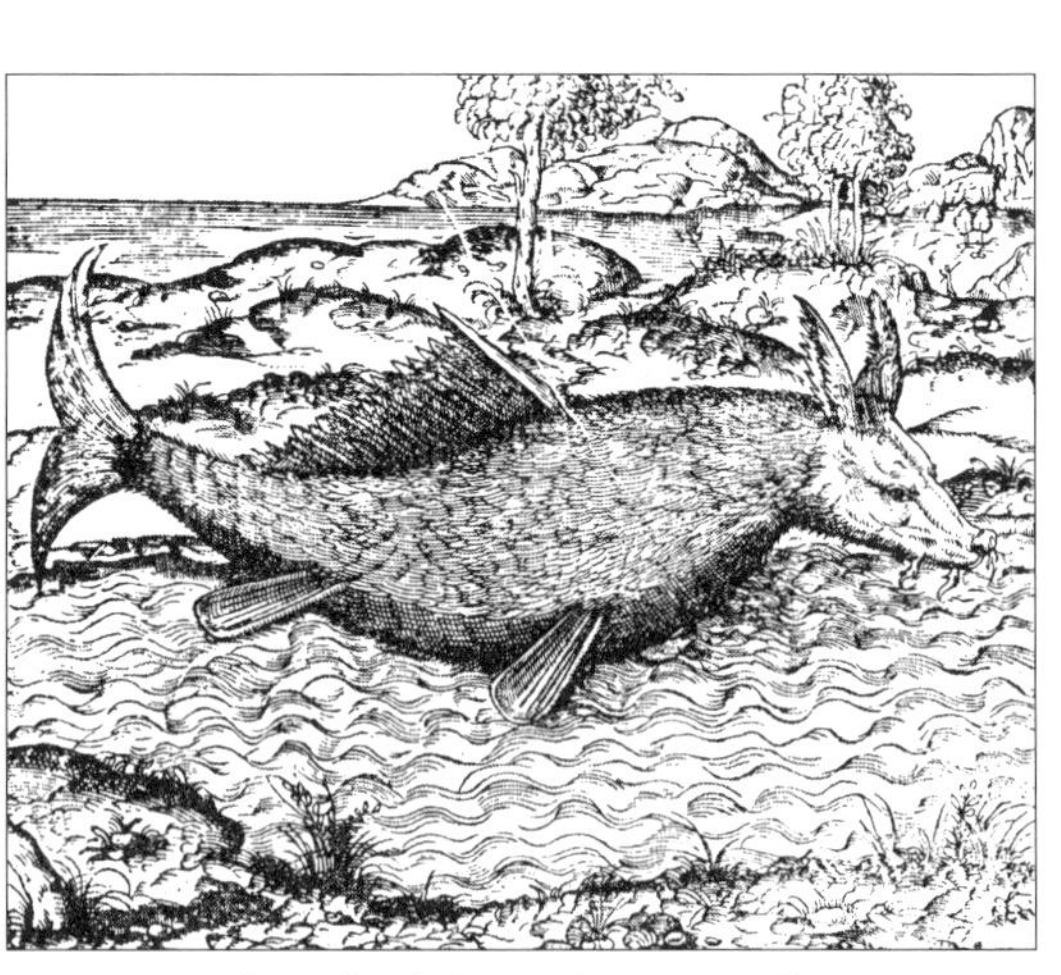

［図 55］　怪物的な魚，オガの絵

の帆にぶつかって、船の中に落ちてしまう。野蛮人たちはその肉を食べるのである［図56］。

ジャン・ド・レリーはブラジルの土地に関する話の第三章のなかで、このことを確証しており、（人々が陸地で雲雀や椋鳥を見るのとまったく同じように）大量の魚の群れが海から飛び上がり、空中に舞い上がるのを見たと述べている。魚の群れは海面からほぼ一ピク［約一・六メートル］の高さを、幾度となく百歩近く遠くまで飛ぶのである。しかしそのうえしばしば次のようなことが起こる。何匹かは私たちの船の帆柱にぶつかって船のなかに落下するので、私たちはそれを手で捕まえるのだ。この魚は鰊の形をしているが、少し長くて太い。また喉の下に小さな触鬚、そして全身とほぼ同じ長さの蝙蝠のような羽を持っている。食すのに非常に美味で風味がある。彼が述べるには、もう一つ別のことを観察した。それは海中にあっても、海の外であっても、これらの哀れな飛翔する魚たちは決して休息することがないということだ。なぜなら海中にいるときは大きな魚が彼らを食べるために追いかけてくるし、始終、それらと戦っているからである。そしてそれを避けるために空中に飛んで逃げようと願うにしても、彼らを捕まえて食べてしまうある種の海鳥がいるからである［『ブラジル旅行記』第三章］。

［**図 56**］ 幾匹かの飛魚の絵

ヴェネツィアとラヴェンナのあいだ、キオッジャの北に一里のところのヴェネツィア人たちの海で、見るも恐ろしく驚異的な飛ぶ魚が捕獲された【一五五〇年】。大きさは四ピエ以上、羽の端から端までは二倍の幅、厚さについては優に一ピエ平方であった。頭部は驚異的に大きく二つの目を持っていたが、一つは下方に、もう一つは上方についていた。二つの大きな耳と二つの口がついていた。その鼻面は肉づきがよく、色は緑色だった。そしてその翼は二重になっていた。喉には八目鰻のように五つの穴がついていた。その尻尾は一オーヌ［約一・二メートル］の長さで、その上部には二つの小さな翼がついていた。それは生きたまま前記のキオッジャ市に運ばれ、かつて目撃されたことがないものとして当地の貴族たちに差し出された［図57］。

【奇妙な貝殻】 海にはきわめて奇妙で様々な種類の貝殻が存在する。偉大なる神の小間使いである自然が、戯れてそれらをこし

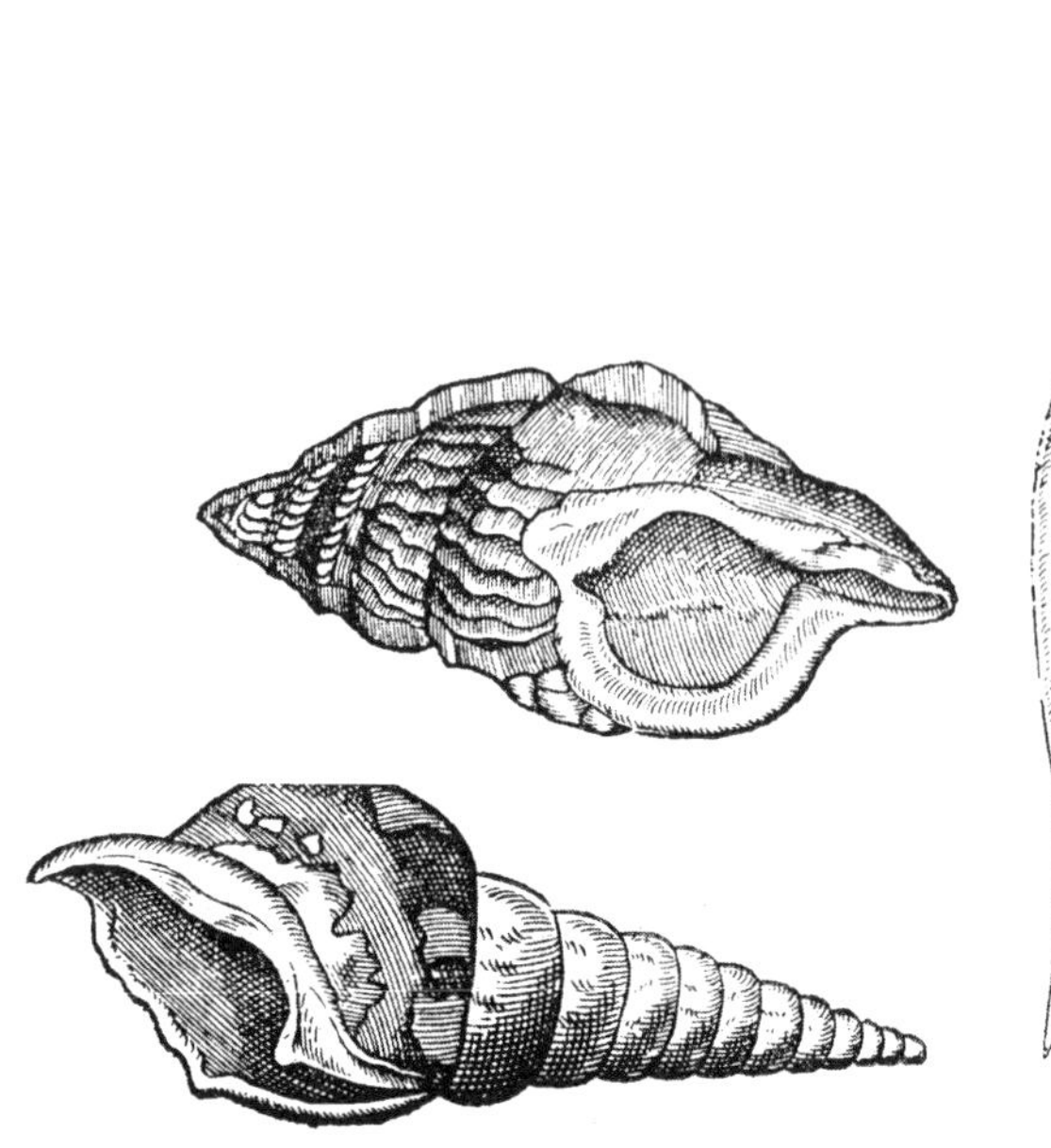

［**図 58・59**］　空の二つの貝殻の絵

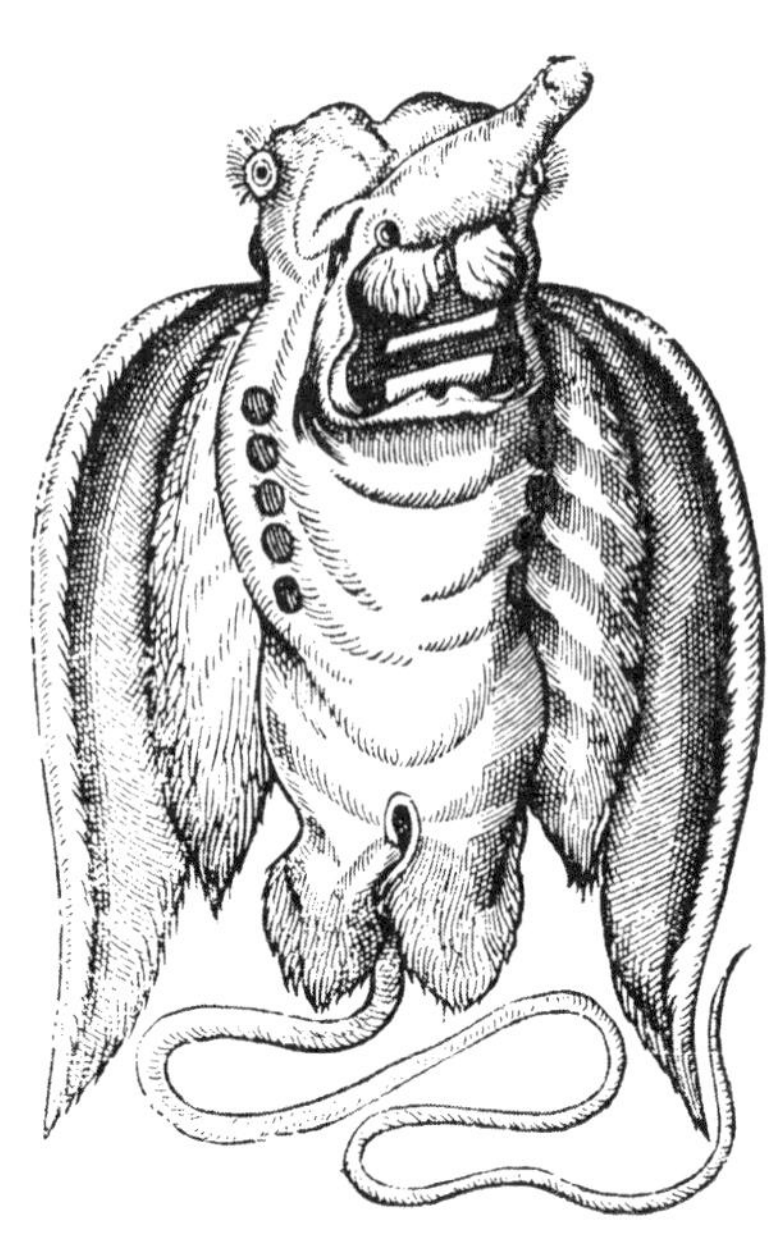

［**図 57**］　極めて怪物的な別の飛魚の図

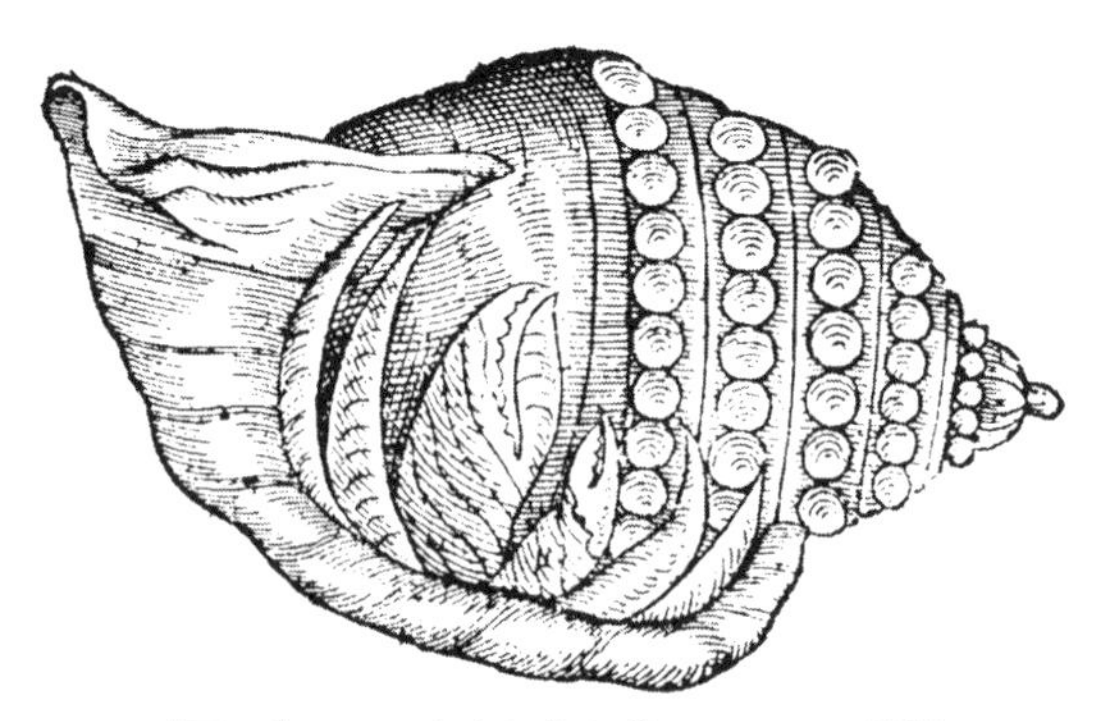

［**図 60**］　ヤドカリが待ち伏せしている貝殻

らえていると言うことができる。それについて、私はあなたのために凝視し、賞賛に値するこれら三つの絵を描かせた。そのなかに貝殻がカタツムリのような魚がいる。アリストテレスは『動物誌』第四巻でそれをカンケッルスと名付けている。殻と堅い甲殻で覆われた魚の仲間であり、それ自身で［貝殻なしに］産まれる伊勢海老と似ている［図58、59、60］。

　ロンドレが魚の話に関する書で述べるには、ラングドックではこの魚はヤドカリと呼ばれている。それには長めの繊細な二本の角があり、そのつけねに目が付いている。イチョウガニがするように、内側に目を引っ込めることはできない。しかしながら、いつも外側前方に出ている。前足は裂けて分かれており、身を守ったり、口にものを運んだりするのに役立つ。湾曲して尖った別の足が付いているが、その助けを借りてゆっくり歩く。雌は卵を産むが、それらは糸を通した小さなロザリオの玉のように尻にぶら下がっているのがわかる。しかしながら、それらはちょっとした膜で包まれ繋がっているのだ［図61］。

アイリアノス[76]は第七巻第三一章で以下のことを述べている［『動物の特性について』］。カンケッルスは全身裸で貝殻なしで生まれるが、しばらく経つとアクキガイの貝殻や空だとわかった何か別の貝殻のような空の貝殻を見つけると、それに棲むべく適したもの選ぶ。カンケッルスはそこに宿るが、さらに大きくなると棲めなくなり（あるいは自然が産卵にかりたてるときもある）、幅があってゆったり棲めるいっそう大きなものを探すのである。しばしば、それに入るためにカンケッルス同士で戦いが起こり、最も強いものが最も弱いものを押し出してその場所を享受する。プリニウスは同じことを第九巻で述べている［『博物誌』第九巻］。

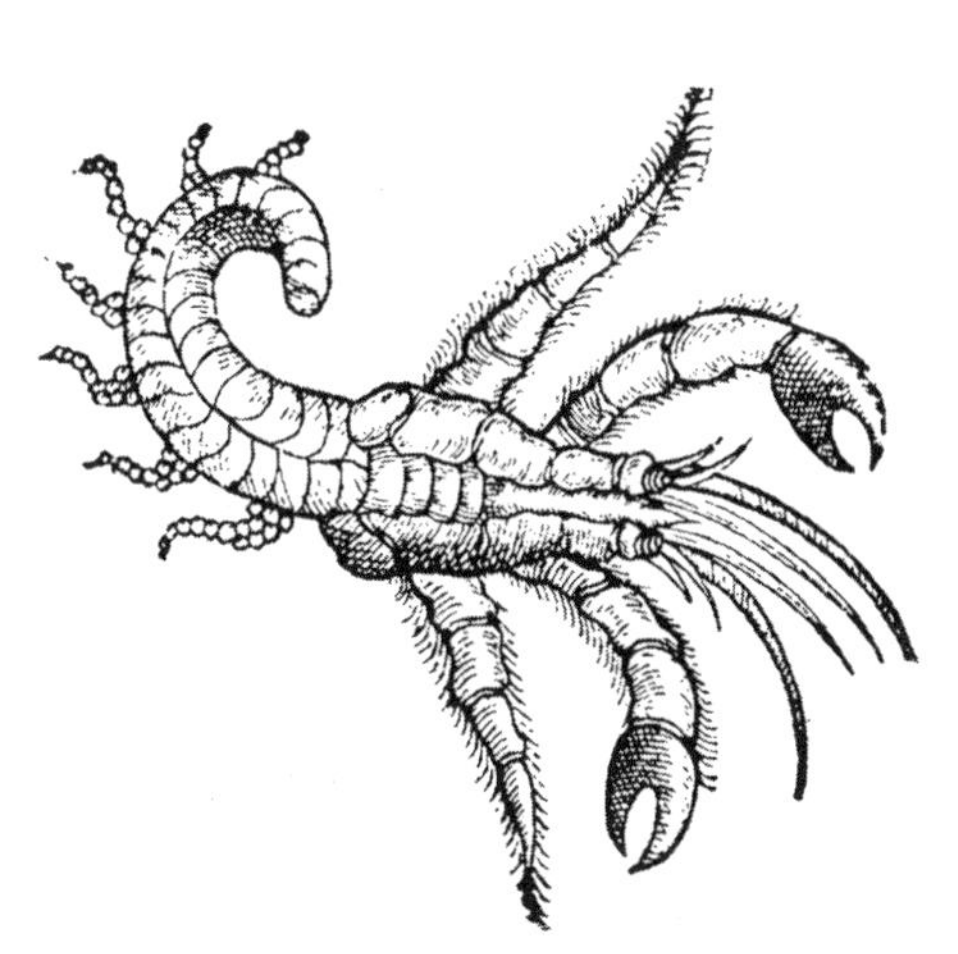

［図61］　むき出しのヤドカリの絵

ピノテルという名のもう一つ別の小さな魚が存在する。イチョウガニの一種である。それはハボウキガイはナクル［真珠貝］と呼ばれる大きな貝殻のその種のもので、ピノテルは貝の開口部で門番のようにいつも座ってじっとしている。貝は、容易に捕まえることができそうなある種の小魚が入ってくるのを目にするまで開口部を半開きにしている。そしてピノテルがナクルにかみつくと、貝を閉じる。次いで、二匹とも一緒になって獲物を少しずつ齧り、食べるのだ。

ラミア［ネズミザメ］について[77]［図62］

ロンドレが魚に関する書の第三巻第十一章で述べるには、この魚は時々、馬二頭立ての荷馬車で引っ張ってくることがほとんど不可能なほどのきわめて驚くべき大きさで発見される。彼が述べるには、それは他の魚を食べ、非常に貪欲である。まさしく人間を丸ごと貪り食べてしまうが、これは経験から知られることだ。というのもニースとマルセイユでかつてラミアが捕獲されたが、その胃袋のなかに完全に武装した一体の人間が丸ごと見つかったからである。【この魚は一種の鯨である】ロンドレは言う。私は

［図 62］　ラミアの図がここであなたに示された。私はこれをロンドレとゲスネルスの著書から引用した

サントンジュで大きな太った一人の男が易々と入るほど大きな喉を持つラミアを見た。したがって、もしも開口器を使って口を開いたままにすれば、犬がそこに容易に入り胃袋のなかで見つけたものを食べることができる。これについてさらに知りたい方は、ロンドレの引用された箇所を読んでいただきたい。同様にコルラドゥス・ゲスネルスはその動物の話の第一五一葉第十番のなかでロンドレが述べたことを確証し、さらに前記ラミアを切開したところ、その胃袋のなかから数匹の犬が丸ごと見つかり、またラミアには鋭くてごつごつした大きな歯があると述べている。【歯の形状は三角形で、六列に並んでいる】ロンドレも同じく、歯が鋸のように両側がギザギザになった三角形の形状をし、六列に並んでいると述べている。歯の第一列目は口の外側に出ており目に見え、前方に伸びている。第二列目の歯は真っ直ぐである。第三・第四・第五・第六列目の歯の大部分は口の内側の方に曲がっている。金細工師たちはそれらの歯に銀を取り付けて、それを蛇の歯と呼んでいる。女たちはそれを子どもの首に吊るしている。歯が抜けるときに非常にうまくいくし、また子どもが恐がらないようにしてくれると考えているのだ。私はリヨンのある裕福な商人の家で大きな魚の頭部を見たことを覚えている。その魚はこの描写に似た歯を持っていた。私はこの魚の名称を知ることができなかった。今では、それはラミアの頭部であったと考えている。私はそれを、只事ではない怪物的な事がらを見ることに強い好奇心をお持ちの亡きシャルル国王に御覧に入れることを提案した。ところが、私がそれを持って行かせようとした二日後に、その商人と奥方、それに召使の二人が黒死病に襲われたと告げられたのである。そのためにシャルル国王はそれをご覧になれなかった。

［図 63］　ナウティクスと言われる魚の絵

プリニウスは『博物誌』の第九巻第三十章［正しくは第二九章］において、この魚をナウティルスあるいはナウティクスと名づけている。これについては考えるべきことが多い。この魚は海面の上に至るために上下逆さになって少しずつ浮上し、その貝殻のなかに入っている水を流し出す。【魚の驚くべき手管】あたかも船のビルジ［船底の汚水溜め］から水を汲み尽くすかのように、［海中を］進むのにいっそう軽くなるためである。そして海面上にいるときは、帆船のように進むのに役立つきわめて薄い膜でくっついている二本の足を上方に曲げるのだ。そして腕を櫂のように使い、舵の位置にあたるところで尻尾をいつも真ん中に保っている。そしてこのようにして海面上にやって来ると、小型船やガレー船のまねをするのである。この魚が恐怖を感じると装備一式を束ねて貝殻を沈めて海水で満たす。そのようにして海底に立ち去ってしまうのである［図63］。

鯨についての描写

本論をもっと充実させるため、私たちは怪物という言葉を少し濫用しよう。すなわち私たちはこの範疇に鯨を入れよう。そしてそれは海に存在するもっとも大きな魚の怪物だと言おう。それはたいていの場合、長さは三六クデ［一クデ＝約五十センチメートル］、幅は八クデ、口を開けると十八ピエ［一ピエ＝約三二・四センチメートル］ある。歯はまったくないが、その代わり顎側に黒い角のような薄片［鯨ひげ］がついている。その末端は豚の剛毛に似た毛になっている。その毛は口の外側に出ており、鯨に岩礁にぶつからないための道のりを示すため案内人の役目を果たしている。目は一方ともう一方のあいだが四オーヌ［一オーヌ＝約一・八八メートル］離れており、人間の頭部よりも大きい。鼻面は短く、額の真ん中には空気を吸い込み、大雲のように大量の海水を撒き散らす管がついている。その海水で鯨は小舟やその他の小型の船をいっぱいにして、海上にひっくり返すことができる。鯨が満腹し大音声で鳴き吠えるとき、一フランス里［の距離］からそれを聞くことができる。鯨の脇腹には二つの大きな羽がついており、それを使って泳ぎ、子どもが恐がっているときは隠す。背中には何もない。尻尾は海豚のものに似ており、それを振って非常に強く海水を揺り動かして小舟をひっくり返すことができる。鯨は黒くて硬い皮で覆われている。【鯨は胎生である】鯨が生きている子どもを産み、授乳することは解剖によって確かめられている。なぜなら雄は睾丸と生殖器を、雌は子宮と乳房をもっているからだ。

鯨は冬のある時期にいくつかの場所、とりわけバイヨンヌの海岸沿いの小さな村の近くで捕獲される。この村は前記都市［バイヨンヌ］からおよそ三里の距離にあり、ビアリッツという名前である。私はそこに（当時バイヨンヌにおられた）国王の命令で、病に罹っていたラ・ロッシュ＝シュル＝ヨンの親王殿下を治療するために派遣された。その地で私はこれ［捕鯨］をおこなうために人々が使っている手段を学び確認したのである。それを私はロンドレ殿が魚について著した本のなかで読んでいたが、それは以下の通りである。前記の村のすぐ近くに小山がある。その上に長らく前から、この場所を通り過ぎる鯨を見つけるために昼も夜も見張りをするため塔が特別に建てられた。そして人々は、鯨が出す大きな音のため、また鯨が額の真ん中にもっている管から撒き散らす水のために、鯨がやって来たのに気づくのである。そして鯨の到来に気づくと、鐘を鳴らし、その音を聞くや瞬く間に村の全住民が鯨の捕獲に必要な道具一式を持って駆けつける。彼らは何艘もの大船や小船を持っており、そのうちのある船には海に落ちるかもしれない者を引き上げるためだけに任命された人々が乗っており、他の者は戦うために充てられている。各船には、上手く船を漕ぐために屈強で剛力の男が十人乗っている。そして船内の別の幾人かは、識別用の印のついた、綱に結びつけられた棘付きの銛を持って力いっぱい鯨に投げつけるのである。そして彼らは、流れ出る血で気づくのだが、鯨が傷を負ったことがわかると銛の綱を弛めて追跡するのだ。鯨を疲れさせ、より容易に捕まえるためである。そして鯨を舷側に引き寄せ、彼らは喜び、浮かれ騒ぎ、分け合うのである。各人は自分が果たした責務に応じて分け前を得るが、それは彼らが投げつけて見つけられる銛の数からわかる。銛は鯨の体内に残ったままで、彼らはその印で銛を識別するのである。ところで、捕獲は雄よりも雌の方が容易である。なぜなら雌は自分の子どもを守るのに余念なく、子どもを隠すことにひたすら時を費やし逃げないからだ。

鯨の肉の評価は高くない。しかし舌はそうではない。なぜなら、それは柔らかく美味だからである。同様に鯨の脂身は多くの地方に分配されて、四旬節にはエンドウと一緒に食される。彼らは鯨の脂身を燃料に使用したり船に塗りつけたりするために保存する。溶けた脂身はぜったい固まらないのである。口の外側に出ている薄片［鯨ひげ］については、それを使って女性にはヴェルチュガル［スカートを膨らませるために使用された骨組み］や［コルセットの］張り骨が作られる。また、短剣の柄や他のいくつかの物が作られる。骨に関しては、当地の人々はそれを使って庭の垣を作る。そして椎骨からは、家で使う踏み台や座るための椅子を作る。私はその一つを持ってこさせ、自宅に怪物的な物として保存している［図64］。

［図 64］　捕獲された鯨とその分配の図

［これは］一五七七年七月二日、エスコー川［スヘルデ川］で捕獲された三頭の鯨のうちの一頭の真実の絵である［図65］。一頭はフレッサンジュ、もう一頭はサフランゲ、そしてこちらのこれ

はアントウェルペンから約五里離れたアスタンゲ・オ・ドエルで捕獲された。それは黒っぽい青色で、頭部には水を放出する鼻孔があり、全長五八ピエ、高さ十六ピエであった。尻尾は十四ピエの幅であった。目から鼻孔部のまえまで十六ピエのひらきがあった。下顎は六ピエの長さで、その両側に二五個の歯が付いていた。しかし上顎には、そのなかに前記の下顎の歯を隠すことができるほど多くの穴があいていた。食物に接触するために下の歯に対して反対側にあってしかるべき歯が欠けている上顎を見ること、またこの歯の代わりに存在する無用の穴を見ることは、怪物的なことである。これらの歯のうち最大のものは六プス［一プス＝約二・七センチメートル］の長さである。この動物の巨大さ、大きさ、太さゆえに、全体を見るにつけ、きわめて驚異的でぞっとする。

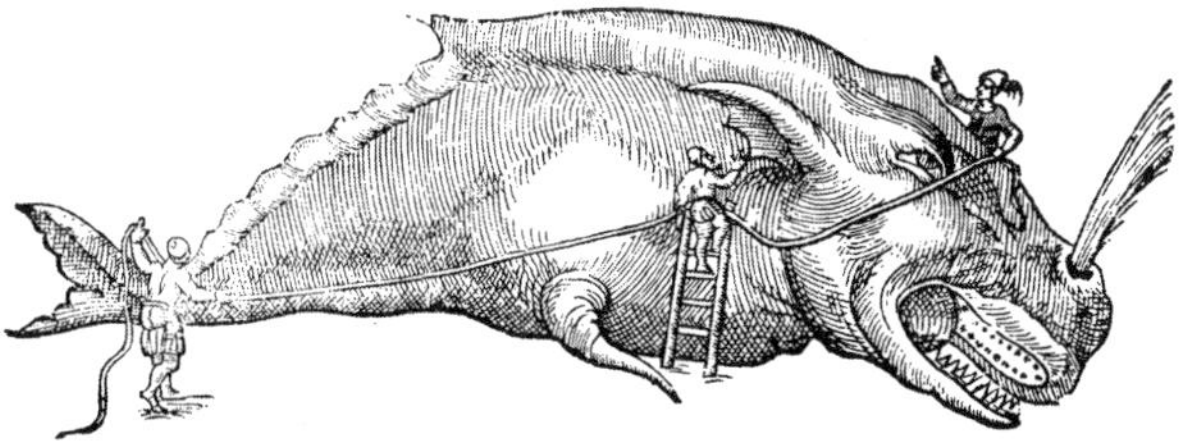

［図 65］　別の種の鯨の図

【レモラ［コバンザメ］について語るプリニウス】プリニウスが『博物誌』第三二巻第一章で述べるには、ある者たちにはエケネイス［コバンイタダキ］、別の者たちにはレモラと呼ばれている、大きさがたった半ピエの小さな卑しい魚がいる。それは驚異的かつ怪物的な事がらのなかに、ここで述べるに十分に値する。それは、船がいかに大きなものであったとしても引きとどめて停止させてしまうのだ。レモラが船にくっついてしまうと、たとえば小波、大波、大風が帆を呑み込み、大きく重たい櫂、大綱、錨で支えようとも、海や人間が歯向かおうとどのような努力をしても無駄である。そして事実、アルバニアの都市アクティウムの敗戦では、この魚がマルクス・アントニウスの乗っていた旗艦のガレー船を止めたと言われている。彼は櫂を使って［漕ぎ船で］ガレー船からガレー船へと兵士たちを勇気づけながら進んだ。そしてこの間、アウグストゥスの軍はこの混乱を見て、急きょマルクス・アントニウスの軍を包囲した。アウグストゥスはアントニウスを完全に打ち負かしたのだ。同じことが皇帝カリグラのガレー船に起こった。この帝王は軍のすべてのガレー船のなかで彼のガレー船だけが、［漕ぎ手が］腰掛け板ごとに五人いるにもかかわらず少しも前進しないのを見て、停止した原因をすぐに察知した。このガレー船の周囲に停船させたものを探すため、多くの潜水夫が素早く海に飛び込んだ。そして舵にくっついたこの小さな魚を見つけたのである。それはカリグラに差し出されたが、非常に小さな魚が四百人の先導漕手と漕手の努力に対抗する力をもっていたことに彼は深い嫌悪感を示した。

　この偉大で思慮深い詩人バルタス殿[78]に耳を傾けよう。彼は素晴らしき優美さをもって『聖週間』第五巻で以下のような詩を詠っている。

　その柔弱なる鼻面をレモラは突き立てし

嵐に襲われし船の船尾に
波濤の只中にて突然止まりぬ
そは風の意志と舵手の意志に続いて起こりし
船の手綱を可能な限り緩む
されど船はこがために魔法にかけられ動かざりし
数多の錨の歯が打ち込まるれば
海面下二十ピエにテティス［ギリシャ神話の海の精］が引っ掛
　けし歯を持たぬと同様
風に怒りし柏も同様になし
幾度となく努力は侮られし、
まさにこの戦に耐え忍ぶため、固めよ
下の根を、また地上の枝を
　われらに語れ、船を止めよ、われらに語れ、いかにして汝
　　はできるか
援助なくして、風と海との、空と岬との
組み合わされし徳に逆らうことが
われらに語れ、いかなる場所に、おお、レモラよ、汝は隠す
　のか
四大［土・水・火・空気］をめぐり争いし船の
俄かに動きを抑えられし錨を
どこより汝はその器用さを手に入れるのか、どこより汝はそ
　の力を得るのか
誰がすべての器用さを欺くであろうか、そは全力にて強いる
　ものなり

　さて、魚に関する他のいくつもの怪物的なことがらを知りたい向きは、前記のプリニウス、ロンドレの魚に関する著作を読まれたい。

第三五章　翼のある怪物について

　この鳥は駝鳥と言われ、すべてのなかでもっとも大きく、四足の動物の本性をほぼもっており、アフリカとエチオピアでよく見られる。それは地上を走って飛び立つことはない。しかしながら［走る］速さでは馬を追い越す。この動物がすべてのものを区別することなく消化するのは自然の奇蹟である。その卵は壺を作れるほどに驚異的に大きい。その生え変わった羽毛は、誰でもこの絵で見て認めることができるように、非常に美しい［図66］。

　私は、駝鳥の骨に関して目にした稀少性について黙ったまま通り過ぎたくない。亡きシャルル国王はレッツ元帥閣下の家で三羽飼育させたが、そのうちの一羽が死んだので私に与えられた。そして私はその骨格［図］を作った。私はその絵を、その描写と一緒に挿入したい[79]［図67］。

A．頭部は鶴の頭部よりも少しばかり大きく、頭頂部から嘴まで一アンパン［親指と小指を張った長さ］の長さで平らであり、目の真ん中あたりまで裂けている嘴をもっている。嘴の先端はいささか丸い。

B．その首は三ピエの長さで、十七の椎骨からできており、それらの各側面には下の部分に対して伸びている、ゆうに一プスの長

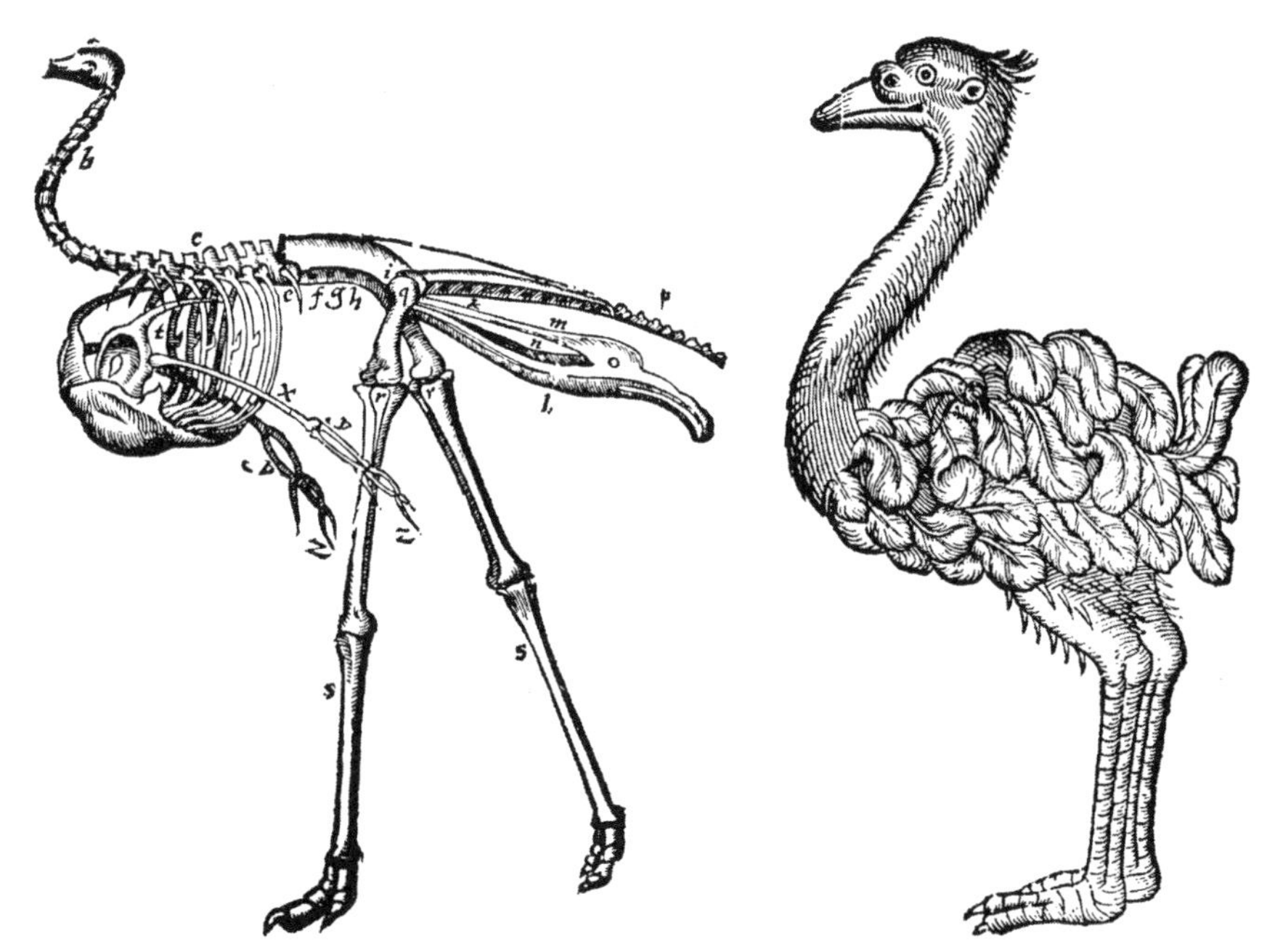

［図 66］ 駝鳥の図

［図 67 駝鳥の骨格］

さがある横突起が付いている。ただし頭部に近い一番目と二番目の椎骨にはまったく付いておらず、蝶番の形状をした関節で結合している。

C．その背中は一ピエの長さで七つの椎骨から成っている。

D．仙骨は二ピエかそれくらいの長さで、その上部には横突起が付いており、その下に大きな穴があいている（E）。次いで別のより小さな穴があり（F、G、H）、それらに続いて腿の骨が入り込んでいる箱があり（I）、その外側の側面部分からは、ほとんどその始まりの部分に穴のあいた骨が出ており（K）、次いで一本になっている。そのあと、前記の骨は二つに分岐し、その一方はより大きく（L）、もう一方はより小さい（M）。それぞれ半ピエと四ドワの長さで、次いで一つに合流し、それらが分岐している場所と合流している場所のあいだに四ドワの大きさの穴があり（N）、一アンパン以上の長さである。次いで残る骨はなた鎌もしくは鉤形に曲がった短刀の形をしており、大きさは横幅三ドワ、長さは六プスである（O）。それからその端は軟骨結合によって繋がっている。P．尻尾の骨には人間の椎骨に似た九つの椎骨が付いている。腿には二本の骨があり、その一番目の骨は（Q）、腿の骨で、たっぷりと一ピエの長さがあり、馬のもののように太いかそれ以上ある。R．それに続くもう一本は、長さは一ピエ半あり、上部に骨の長さの短い脛骨が付いており、下の方に向かって先が細くなっている。

S．足が付いている脚は一ピエ半の長さで、その端には二つの爪が付いており、一つは大きく、もう一つは小さい。それぞれの爪に三本の骨がある。T．胸骨の骨に付いている八本の肋骨のうち、各側の真ん中の三本には鉤に似た骨質の形成物がある。V. 胸骨の骨は一ピエの大きさの部分で、盾に似ている。それに三本の最初の肋骨に重なっている一本の骨が結合している。それらは鎖骨の位置を占めている。X. 翼の一番目の骨は一ピエ半の長さである。Y. その下には橈骨と尺骨に似た別の二本の骨があり、その先端には六本の骨が付いている（Z）。それらが翼の端っこなのだ。

動物全体は嘴から足まで、長さは七ピエ、高さは七ピエ以上である。

ほかにもいくつか驚くべきことがあるが、簡略にするためふれないでおく。

テヴェがその『普遍的宇宙誌』【第二一巻第十二章】のなかで述べるには、彼は新大陸で野蛮人たちが彼らの特殊な言葉でトゥカンと呼んでいる鳥を見た。それは身体の残りすべてよりも大きくて長い嘴をもっているので非常に怪物的で醜悪である。私たちのキジバト、ツグミ、ムクドリがここではキヅタの種を食べて生きるように、それは胡椒を食べて生きる。それら［キヅタ］の種は胡椒と同様に熱がある。プロヴァンス地方のある貴族が亡き国王シャルル九世に一羽を献呈した。王はそれを生かしておくことができなかった。なぜならそれは運んで来るときに死んでしまったからである。そうではあったが、国王に献呈したのだ。国王はそれをご覧になったあと、レッツ元帥閣下に命じられ、首尾よく保存する目的で、解剖し防腐処置を施すため私にそれをお与えになった。しかしすぐに腐ってしまった。それは鳥に似た大きさで羽毛を生やしていた。嘴が身体の残りの部分よりも大きく、黄色っぽく、透けるようで、非常に軽くて、鋸のような歯を持っていることは除いてではあるが。私は怪物同然のものとしてこれを保管しておく。その図はここにあなたに示されている［図68］。

［図 68］　トゥカンと名づけられた鳥

ジェロラモ・カルダーノが精妙さに関する著作のなかで述べるには、モルッカ諸島では、陸地あるいは海上にマヌコディアタ［天国鳥］と呼ばれる死鳥が見られる。それはインドの言葉で神の鳥を意味し、生きているのを見た人はない。それは空高くに棲んでおり、その嘴と身体は燕に似ているが、多様な羽毛で飾られている。頭頂部の羽毛は混じりけのない金色に似ており、喉の羽毛は鴨のものに似ている。尻尾と翼は雌孔雀のものに似ている。それには足がまったくない。そしてもしも少し疲れたり、または眠りたかったりしたら、なんらかの木の小枝に羽根を巻き付けてぶら下がるのだ。それは驚異的な速さで空を飛び、大気と露しか食べない。雄は背中に窪みがあり、そこで雌が子どもを孵す。私はこの都市で、亡き国王シャルル九世に献呈された一羽を見た。そしてさらに私は自分の陳列室に一羽を保管している。それは正真正銘の素晴らしさのゆえに私がいただいたのだ［図69］。

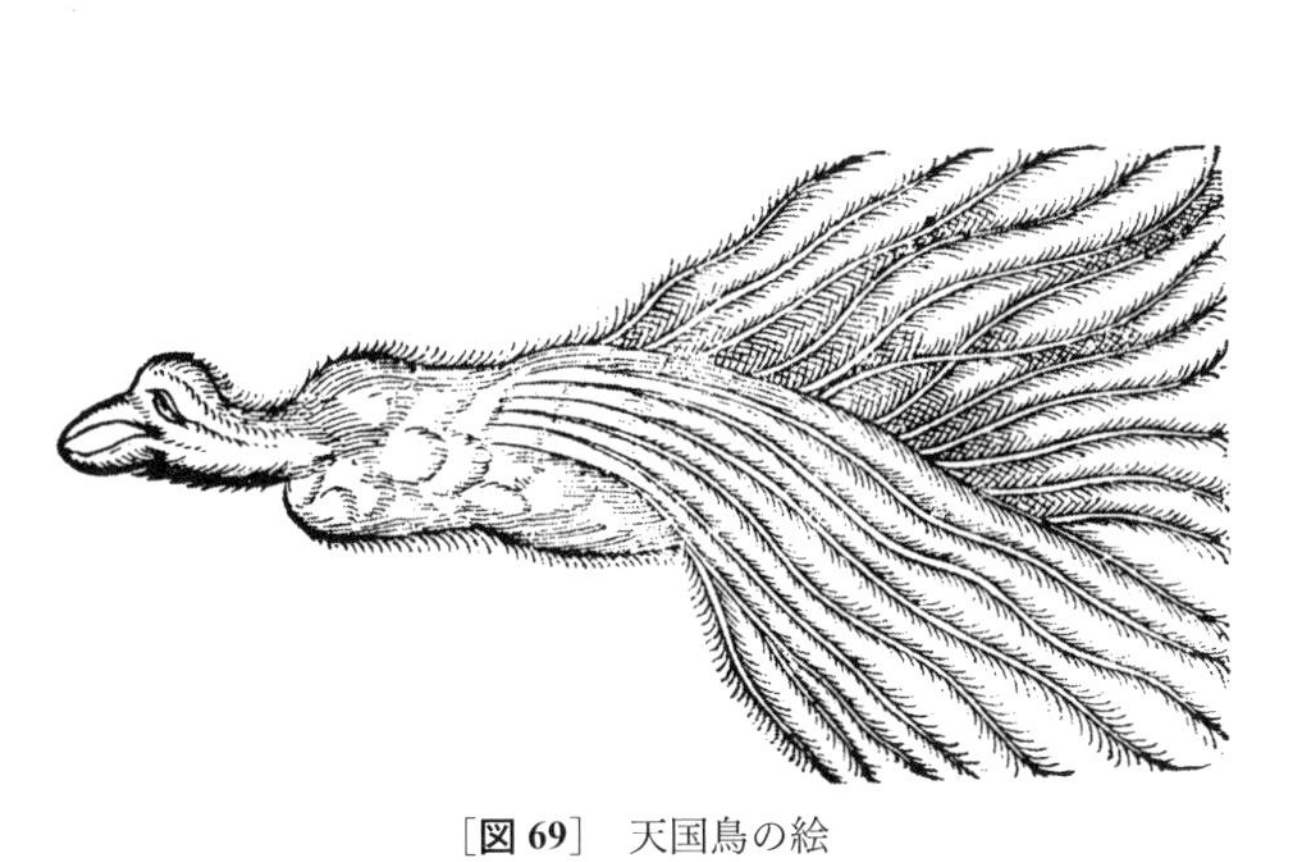

［**図69**］ 天国鳥の絵

第三六章 地上の怪物について

アンドレ・テヴェが［『普遍的宇宙誌』］第一冊第四巻第十一章で述べるには、ゾコテラ島[80]にはエチオピアの猿のように大きく非常に怪物的なウスパリムと呼ばれる獣が見られる。それをエチオピア人たちは藺草の大きな檻で飼っている。それは緋色のような赤い皮膚をしており、少し斑点がある。頭部は玉のように丸く、足は円形で平たくて攻撃的な爪はない。それは風だけ食べて生きる。ムーア人たちはそれを撲殺し、次いで食べるが、棒で何度も叩いたあとのことであり、そうするのはその肉をいっそう美味しくし、消化しやすくするためである［図70］。

カモタ、アホブ、ベンガルの王国、またガンジス川の彼方のインド内陸に位置するカンギプ、プリマティク、カラガンの他の山々は、北回帰線を越えて約五度のところにあるが、［それらの地には］西洋のドイツ人によって麒麟と呼ばれている獣が存在する。この動物は頭部と耳と割れ目のある足については、私たちの雌鹿とほんの少ししか異ならない。その首は約一トワズ［約一・九五メートル］の長さで驚くべきほどに細長い。また脚についても、天の下に存在する獣と同じほどの高さであるからほとんど異なるところがない。その尻尾は肉付きがよく、膝窩を絶対越えない。その皮膚は極めて美しく、少しばかりなめらかであるが、それは雌牛よりも毛が長いためだ。豹のように、いくつもの部分に白色と褐色のあいだの色を帯びた斑点がついている。それがギリシャ人の幾人かの歴史家がその動物にカマエレオパルダリス

［「カメレオンのような雌豹」の意味］という名を付ける根拠となった。この獣は捕獲されるまえは非常に野性的である。そして他の獣たちが餌を食べない地域の林や荒れ地に隠れているので、めったにお目にかかれない。そして人間を見かけるやいなや逃げようとする。しかし結局は捕まえられる。なぜなら走るのが遅いからだ。そのうえ捕獲されると、それは生存している他の獣に比べて御するのにもっとも穏やかな獣である。頭上には一ピエ前後の長さの小さな二本の角が生えており、それらは十分に真っ直ぐで、まわりが毛に包まれている。麒麟が頭部を上げた高さよりも長い槍はない。麒麟は草を食べ、また樹木の葉っぱや枝も糧とする。パンもたいへん好きであるが、アンドレ・テヴェが『普遍的宇宙誌』の第一冊第十一巻第十三章で証言し、描いていることである［図71］。

アンドレ・テヴェが『普遍的宇宙誌』の第一冊第十章で述べるには、彼が紅海上にいたとき、大陸から幾人かのインド人がやって来た。彼らは虎の大きさと体付きの怪物を持って来た。それには尻尾がまったくなかったが、顔面はひしゃげた鼻であることを除くとよく整った人間の顔面そっくりだった。前方の手は人間の

［図 70］　ウスパリムと名づけられた獣の図

［図 71］　麒麟の図

手のようで、後方の足は虎のそれに似ており、褐色の毛ですっかり覆われていた。頭部、耳、首、口に関しては人間のようであり、アフリカで見られるムーア人と同じように、ほんの少しだけ黒色で縮れた髪の毛を生やしていた。それは、これらのインド人たちが当地の礼節と親切心にもとづいて見せるために運んで来た新奇物であった。彼らはこの優しい獣をタナクテと呼ぶが、矢を使って殺し、そのあと食べてしまう［図72］。

［図72］ 獣タナクテの図

テヴェが『普遍的宇宙誌』の第二冊［第二一巻］第十三章で述べるには、アフリカには野蛮人たちによってハイットと名づけられている獣がいる。それはきわめて醜悪で、見たことがない人にとってはそれが存在するということはほとんど信じられない。それは太ったグェノン［尾長猿］の大きさである可能性がある。その腹部は立っているにもかかわらず、地面すれすれに垂れ下がっている。その顔面と頭部は［人間の］子どものそれらとそっくりである。このハイットは捕えられると、なにかとんでもない度外れの苦痛を受けた人間がするのとまったく同様に大きな溜息をつく。それは灰色をしており、四ドワ［一ドワ＝約二センチメートル］の長さのそれぞれの脚に鯉の骨の形状をした三枚の爪しかない。ハイットは獅子あるいは他の凶暴な獣の鉤爪と同じかそれ以上に鋭利な鉤爪を使って樹木に上り、そこで地上よりも長く滞在する。それはわずか三ドワの長さの尻尾を持っている。そのうえ奇妙なことは、ハイットが何か食べるかどうか見て確かめるために野蛮人たちが長いあいだ小屋に閉じ込めているにもかかわらず、何かを食べているのを見たと誰も断言できないということだ。それで野蛮人たちは、そいつらは風を食って生きているだけだと言うのである［図73］。

私はジャン・レオンのアフリカの歴史から、亀に似ている丸い形をした、このきわめて怪物的な動物を引用した(81)。背の上には十字架の形をした黄色の二本線が交差し、刻印されている。その線のそれぞれの端には一つの目と一つの耳がある。したがって四方向とすべての面について、これらの動物は四つの目と四つの耳で見て聞いているのである。しかしながらそれには一つの口と腹部しかなく、飲んだり食べたりするものをその部分で飲み込むのである。【自然の驚異の効能】これらの獣は身体の周囲にいくつもの足を持っており、それを使って身体を回転させずに望むどんな方向にも進むことができる。尻尾はかなり長く、その先端は毛でかなりふさふさしている。そしてこの地域の住人たちが断言するには、これらの獣の血液は驚異的なことに傷口を結合し癒合させる力がある。このような大きな効能をもつバルサムは存在しない［図74］。

だが、これほど多くの目、耳、足を持つこの獣を熟視し、またその各々がその役目を果たしているのを見て、大いに驚嘆しないのはどのような人であろうか。そのような働きに充てられた道具はどこに存在しうるのだろうか。正直言って、私としては、意識を失ってしまう。そして自然がその行為の偉大さを称賛させるために戯れているという以外のことを言うことができない。

カメレオンと呼ばれるこの動物はアフリカにいる。それは足についてさらに長いということを除くと、蜥蜴のように創られている。そのうえ、それは魚のような脇腹と腹部をともに持っている。したがって魚について見られるように、背中に背骨を持っている。それは子豚のような鼻先をしており、尻尾はきわめて長く例外なく先が尖っている。爪は非常に鋭く、亀と同じようにのっそりと歩く。そして鰐のようにざらざらで鱗で覆われた身体をし

［図73］ 怪物的な獣の図，それは風だけ食べて生き，ハイットと呼ばれる

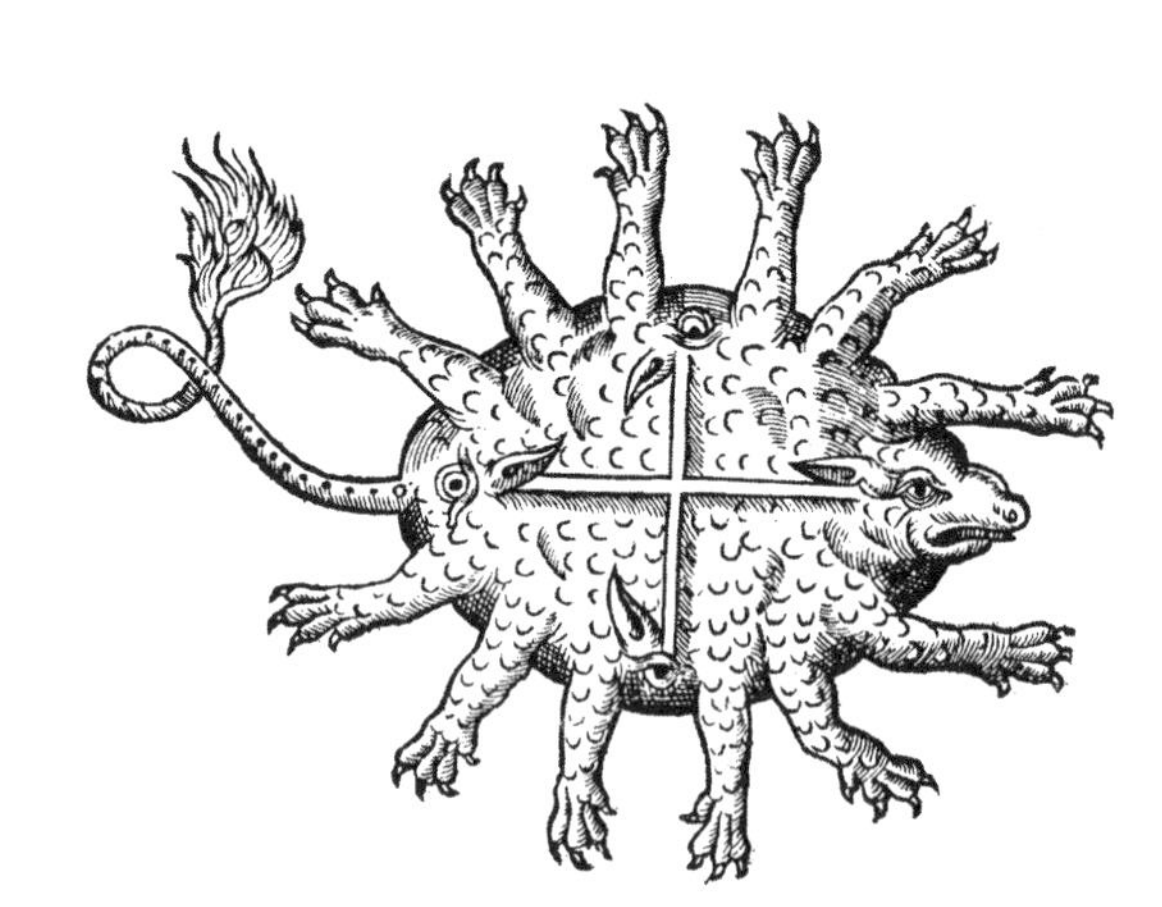

［図74］ アフリカで産まれた極めて怪物的な動物の図

ている。カメレオンは目を決して閉じず、瞳をまったく動かさない。【カメレオンの色の変化の原因】そのうえ、その色について話すことは驚くべきことである。なぜなら、それは絶えず、主には膨れるときに色を変えるからだ。これはカメレオンがきわめて繊細で薄い皮を持ち、身体が透明であることが原因で起こる。それゆえ二つのことのうち一方が起こる。すなわち鏡におけるのと同じように、隣接する事物の色が透明な薄い皮に易々と表現されるか（これがもっともありそうなことである）、諸体液がカメレオンの想像力の多様性に応じて動かされて皮に様々な色を表現するのだ。これは七面鳥の肉垂［鳥の頬・顎付近に垂れ下がる肉質の塊］とさして変わらない。マそれは死ぬと青白くなる。マシオールが述べるには、(82) 生きているカメレオンの右目をくりぬき、雄山羊の乳と混ぜ合わせて処方すれば、角膜上の白い斑点がきれいになる。またカメレオンの身体で身体を擦ると、体毛が抜け落ちる。カメレオンの胆汁は目から白内障を溶かして取り除くのだ。私はこの記述を、自宅で飼っていたカメレオンで観察した［図75］。

［図75］ カメレオンの絵

第三七章　天空の怪物について

古代人たちは文書で私たちに次のように書き残してくれている。天空の面が何度も、鬚や髪の毛が生えた彗星、松明、炎、円柱、槍、盾、大雲、竜、二重になった月と太陽、その他の事がらによって損なわれたと。怪物に関する本書を完成するため、私はこれを省きたくない。このため、最初に私はボエステュオの驚異の話で描かれている次のような話を紹介しよう。彼はそれをリュコステネスから引用したと述べている。

彼が述べるには、一五二八年十月九日にウェストリに現れた血の色をした恐ろしい彗星以上に甚だしい大気の驚異を古代人が体験したことはなかった。この彗星はあまりにも恐ろしくおぞましかったために民衆に甚大な激しい恐怖を引き起こし、恐怖のために死んでしまう者もいた。また病に伏せる者もいた。この恐ろしい彗星は一時間十五分続き、日の出の方角から出現し始め、次いで南部に進んだ。それは度外れな長さをしていると思われ、そのうえ血の色をしていた。彗星のてっぺんには、あたかも突き刺そうとしているかのように、手に巨大な剣を握った曲がった腕の像が見られた。先端には三つの星があった。しかし、先端上まっすぐ位置する星は、他の星よりも明るく輝いていた。この彗星の光の筋の両側には膨大な数の血塗られた斧、短刀、剣が認められたが、それらのあいだに、この図で見るように、鬚と逆立つ毛髪をもった、たくさんのぞっとする人間の顔があったのである［図76］。

［図76］ 空に目撃された驚くべき彗星の図

ヨセフスとエウセビオスが述べるには[83]、イエス・キリストの受難のあと、エルサレムの都市の悲惨な破壊は、いくつかの前兆、なかでも火で輝く剣の形をした恐ろしい彗星によってさえ示されていた［図77］。それは神殿の上空に優に一年のあいだ現れた。神の怒りが、火によって、血によって、飢饉によってユダヤの国に復讐したがっていることを証明しているようであった。それは起こったのである。そしてきわめて悲惨な飢饉が起こり、母親たちが自分の子どもを食べたのである。また、ローマ人たちの攻囲によって、その都市で一二〇万人以上のユダヤ人が命を失い、九万人以上が売られた。

なんらかの悪い結果をもたらすこともなく、また不吉な結末を残すことなしに彗星が出現することは決してない。詩人クラウディアヌスは詠う[84]。

天空にて彗星を見ること決してあたわず
ある災いをわれらに証することなしには

【天体の二群への分割】天文学者たちは天体を二つの群れに分ける[85]。一つは固定、停止した星と呼ばれ、まるで燃え立つ炎であるかのように、天空で煌めき火花を散らしているのが見られる。もう一つは彷徨うもので、惑星と呼ばれる。それらはまったく煌めかず、全部で七つあり、それぞれがその天空、円周、軌道、層

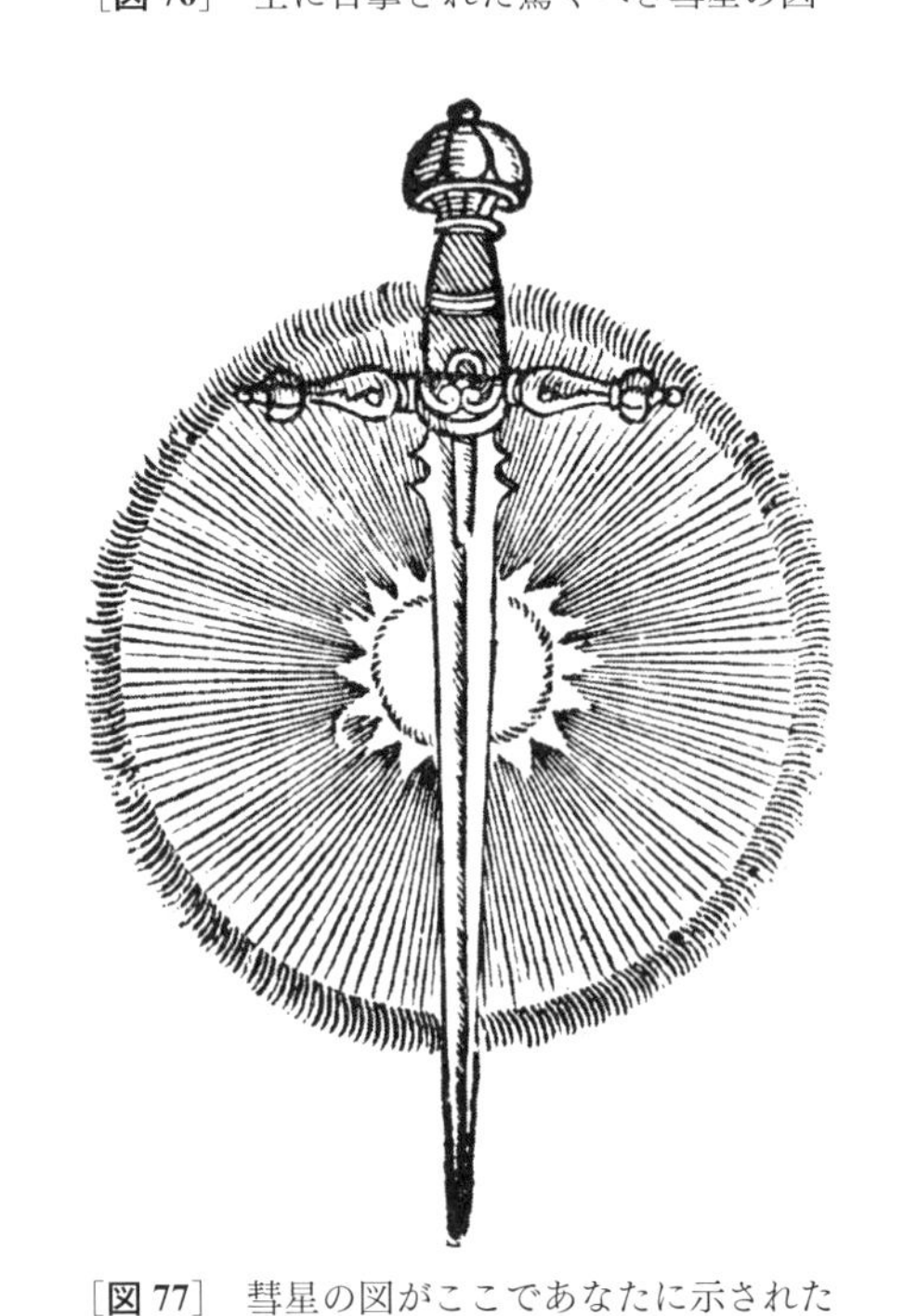

［図77］ 彗星の図がここであなたに示された

を持っている。【七惑星】それらの名前は、土星、木星、火星、太陽、金星、水星、月である。星々は球体であり、姿を見せて輝き、天空のように単純で純粋な物質から構成されている。そして神を除いて、その数や名前を知る者はいない。【黄道帯とは何か】さて、前記の諸惑星は、昼夜を問わず天空を斜めに横切るか取り囲んでいる黄道帯（それは天空の主要なもの［円周］の一つで最大の円周でもあり、太陽の真の通り道である）を通って運行する。【太陽】その結果、地上の全球を一年のあいだ照らし養いながら、休むことなく昇ったり沈んだりする太陽を介して、地上のすべての国々が一年の四季を交互に享受する。太陽は諸天体の光の荷車であり泉である。諸天体は太陽のささやかな支流でしかない。そういうわけで太陽は星々の王と呼ばれ、全天体のなかでもっとも大きい。太陽は三つの周転円によって、言わば月の上の天空もしくは層に存在している。【どのようなありさまで太陽は進むのか】つまり太陽は六惑星の真ん中を運行するのだ。もしもそれらの惑星が太陽に近づくと、太陽の行路を妨げないように、それぞれの小さな周転円もしくは円の最も高いところに離れて引き下がる。次いで太陽を追い越すと、それらの惑星は最も低いところに降下し、王子たちが王にするように太陽に同行し随行する。そしてその義務を果たすと、それらの惑星は停止し、恥じ入った尊敬の念から後ずさり、主君のかんばせを遠くからのようにじっくり見るため、その周転円の底に降下する。そして太陽が近づくと、それらの惑星は後退しながら周転円の高いところに再び戻り、太陽の前に進むのである。その結果、それらの惑星は［黄道帯の］四つの宮ほど近くに太陽を感じるので太陽を待つふりをして、次いで太陽を歓迎すると、その自然の軌道と運行を妨げないように少し離れたところから太陽の前に歩み寄るのだ。

【土星】天文学者の評価によると、土星と呼ばれているものは地球よりも約九十倍大きく、地球から三六〇万フランス里以上離れている。【木星】木星と呼ばれているものの大きさは地球の直径よりも九六倍大きいと評価されており、二二〇万里以上離れている。【火星】火星という惑星は地球と同じ大きさだが、地球から三〇五万四〇二〇四里離れている。【月】月は「暦の月」を意味する。なぜなら月ごとにそれは新しくなるからだ。月は地球から八万二一三里離れている。月はその他の星たちよりも厚みがあって暗く、制限はあるが前と後にある種の動きによって月を運ぶ球面にくっついている。そして月は人間に時間と季節を示し、その光と運動によって下界の物体に働きかけるため、神によって創造されたのである。【太陽の球体】太陽の球体は地球のそれよりも六六倍大きく、月よりもほぼ七千倍大きい。プトレマイオスとほかの天文学者たちは幾何学的な工夫［計算］によって、それが全陸地よりも一六六倍大きいことを見出したのだった。【太陽の効果と力】太陽は陸上にいるものだけでなく水底にいるものも、すべての動物に生命を与える。デュ・バルタス殿はそれを休むことのない御者、熱の泉、光の源、宇宙の生命、世界の松明、天空の飾りと呼ぶ。そのうえ太陽は地球の周りの天空を二四時間かけて一周し、人間と全動物の安らぎと喜びのために昼夜の快適さと気持ちの良い循環をもたらす。

読者諸兄よ、太陽のような高貴な天体に見られる大きさ、衰えることのない速度、信じがたい速さ、絶大な光と熱、そして結合と相反する運動における造物主の驚くべき御知恵と御力をここでよく考え、そして崇めよ。【太陽の速さ】太陽は一時間のうちの一分のあいだに動いているのを見られることなく何千里も移動し、その運行においてかなり進んだあとにしかそれが認識されないのである。さらに、もっとも小さい星であっても地球よりも十八倍大きい。このことはただ素晴らしい観測だから言われるのではなく、造物主を讃えて言われるのであり、また地上において騒ぎ立て、天空の仕掛けからみれば点にすぎない人間をへりくだらせるために言われるのである。

【天の十二宮】そのうえ天空には十二宮がある。すなわち白羊宮、金牛宮、双子宮、巨蟹宮、獅子宮、処女宮、天秤宮、天蠍宮、人馬宮、磨羯宮、宝瓶宮、双魚宮であるが、それらはすべて異なっている。【天の十二宮の使用法】それらの使用法はこうである。それらの宮と太陽の合［占星術用語］によって、それらの宮は太陽の熱を増大させるか減少させるのだが、かかる熱の多様性によって一年の四季が生み出されることになり、生命とその保存がすべてのものに与えられるのだ。天空は無から、つまり物質なしに作られる四大［土・水・火・空気］の精髄なのだ。

おい、私のペンよ、止まれ！　私は神聖なる神の聖なる陳列室のなかにこれ以上入ることを望まないし、またできないからだ。【天文学を学ぶために読まなければならない著作家たち】それについてさらに知りたい者は、プトレマイオス、プリニウス、アリストテレス、ミリキウス(86)、カルダーノ、その他の天文学者、そして特に『聖週間』の「第四日」できわめて博学に、そして神々しいばかりにそれについて書いたバルタス殿とその注釈者を繙くがよい。そこで満足するものを見つけられるであろう。また、私は若い外科医に天空のことがらについて深く考えることを教えるために、上記で言及されたことがらを引用したことを認める。そしてここでこの偉大な神の預言者と共に「詩編」第十九章［二］を詠おう。

天は神の栄光を物語り
大空は御手の業を示す。

また、「詩編」第八章［四～五］。

あなたの天を、あなたの指の業を
わたしは仰ぎます。
月も、星も、あなたが配置なさったもの。
そのあなたが御心に留めてくださるとは
人間は何ものなのでしょう。
人の子は何ものなのでしょう
あなたが顧みてくださるとは。

さらに私は天空で起こった怪物的で驚くべきことがらをここで書かずにすませたくない。そしてまず、ボエステュオがその『驚異物語集』で述べるには、ハンガリーの国境に位置するスゴリで一五一四年九月七日、二五〇リーヴル［一リーヴル＝五〇〇グラム］の重さの石が恐ろしい破裂音とともに空から降ってきた。住民たちはそれを彼らの教会の真ん中に鉄製の太い鎖で［吊るして〕設置させた。そして大いなる驚異とともにその地方を旅する人々の目に供されている。いかにして空がそのような重さを支えられるのか驚異的なことである。プリニウスが述べるには、キンブリ族の戦争のあいだ、空から武器のがちゃがちゃという大きな音と一緒にトランペットとクラリオンの音が聞こえた。同じく彼がさらに述べるには、マリウスが執政官であったあいだ、空に軍隊が現れた。一つは東方から、もう一つは西方からやって来て、長いあいだお互いに戦った。そして東方のものが西方のものを押し返した〔『博物誌』第二巻第五七章〕。この同じことが一五三五年の午後二時頃、ユーベンという名の町近くのルサリエで目撃された。さらに一五五〇年七月十九日、ヴィッテンベルクの都市からあまり離れていないザクセン地方で、二つの大軍に包囲された大きな鹿が空に目撃された【〔ボエステュオ『驚異物語集』〕第十七章】。それらの軍隊は交戦しながら大きな騒音を立てていた。そしてまさにそのとき豪雨のように地上に血が降ったのである。それから太陽は二つに裂けたが、その一方は地上に落下したと思われる。同じく、コンスタンティノープルの攻略のあと、空に無数の犬や他の獣と一緒に大軍が現れた。ユリウス・オブセクエンスが述べるには、[87] 四五八年、イタリアで肉が大小の切れ端〔の形状で〕で降り注いだ。肉は地上に落ちるまえ、空で部分的に鳥に貪り食われ、地上に落ちた残りは長いあいだ腐ることなく、また色も匂いも変わることなく、そのままであった。そしてさらに九八九年、皇帝オットー三世がこの名前で統治していたとき、小麦が空から降った。イタリアでは、一八〇年、大量に乳と油が降り、果樹が小麦を実らせた。リュコステネスが語るには、ザクセンでは多数の魚が降った。皇帝ルードヴィヒの時代には、三日三晩のあいだ血が降り注いだ。九八九年ヴェネツィア市近くで血のような真っ赤な雪が降った。一五六五年、ドル司教区で大量の血が降った。これは同年六月にイングランドでも起こった。

　また、怪物的なことがらは空で起こるだけでなく、太陽と月にも起こる。リュコステネスが述べるには、皇帝カール五世の時代、マグデブルクの包囲のあいだ、朝の七時頃、三つの太陽が現れた。そのうちの真ん中のものは非常に明るく、他の二つは赤色と血の色を帯びており、一日中姿を見せていた。そのうえ夜になると三つの月が現れた。この同じことが一五五四年にバイエルンでも起こった。そしてもしも空においてこのような異常な出来事が起こるとすれば、大地が同じくらいに、あるいはそれ以上に驚くべき、また危険な結果を生み出すのを私たちは目にするであろう。五四二年、全陸地が揺れた。しかもエトナ山が大量の炎と火の粉を噴出した。そのために前記の島〔シチリア島〕の都市、村、地所の大部分が焼き尽くされたのである。

第三八章

アブラハム・オルテリウスが『世界の劇場』〔フランス語版、一五八三年〕で述べるには、[89] シチリアにはエトナという名の燃えている山がある（この山については幾人もの哲学者や詩人が書いている）。なぜなら、それを非常によく観察して少なからぬ好奇心で描写したファケッルス[88]が述べるように、それは絶え間なく火と煙を噴き出しているからで、高さについては三十イタリア里以上、ふもとの周囲は百里以上ある。消えることのないこの絶え間のない炎の上に、それはときどき大量の火を噴き出すが、それによって周囲の全地域は完全に焼き尽くされてしまうほどである。しかしこういうことが何度も起こってきたにもかかわらず、私たちの祖先はそれを記録に残さなかった。けれども、それについて著作家たちが記してきたことを私たちはここで簡単に語ることにしよう。ファケッルスが述べたことに従うことにする。

【エトナ山が噴出した火炎による大火事】ローマ市創設の年である［紀元前］三五〇年、この山は大量の火を噴き出し、流出する熾火と炭火によっていくつもの田園や村が焼けた。二五〇年後、同様のことが起こった。それから三七年後、この山は大量の熱灰を噴出、撒き散らし、山のふもとにあるカターニャ市の家屋の屋根と覆いはその重さで崩落してしまった。カリグラ帝［在位三七～四一年］の時代にも山は同じような損害をもたらした。次いで、その後二五四年二月の第一日目も同様である。【地震】一一六九年、この山は噴出する絶え間ない火炎によっていくつもの岩山を破壊し、また大地震を起こしてカターニャ市の大きな教会をばらばらに破壊した。このため司教は司祭たちやそのときそこにいた人々共々、落胆し、動揺で亡くなってしまった。一三二九年七月の第一日目、新しい始まりであり、山は噴火と噴火に続いて起こった地震によって前記の山の周りにあるいくつもの教会と家を破壊し壊滅させた。この山はいくつもの泉を涸らし、陸地に揚げていた何艘もの船を海に放り投げた。これと同時に山は空中に幾つもの岩石を激しく巻き上げては放り投げ、さらに三箇所で割れた。そのうえ山はこれらの［こうしてできた］四つの地獄の管を通して森と谷からも大火炎を撒き散らして噴出させたため、火炎は激流のように前記の山からふもとに流出し［火砕流］、衝突し妨げになるすべてのものを破壊し壊滅させた。周囲の全地域は山頂のそれら前記の燃えている噴火口から噴出する灰に覆われ、多くの人々がそのために窒息死したが、【エトナ山からマルタ島まで硫黄臭の灰が運ばれたこと】その硫黄臭のする前記の灰は（そのとき北方から吹いていた）風によって、当地のこの山から一六〇イタリア里離れているマルタ島まで運ばれたのである。一四四四年、再びこの山は火炎と小石を噴出して非常に凄まじく暴れ回った。そのとき以降、その山は火炎と煙を撒き散らすのをやめた。したがって人々は山が完全に死に絶え、もはや燃えることはないと考えた。だが（言わば）このよき時代はすぐに終わった。なぜなら一五三六年三月二二日、山は大量の燃え盛る火炎を噴出し始めたからだ。火炎は進路上で衝突するすべてのものを破壊した。森のなかにある聖レオ教会は山の震動で崩壊し、そのあとすぐに大火で燃え上がり、焼けた石材の断片を除いて何も残らなかった。このすべてが非常に恐ろしいことであった。しかし一五三七年五月の第一日目以降に起こったことに比較すれば、これはたいしたことではなかった。【地震】まず、シチリア全島が十二日間震動した。そのあと大きな大砲とまったく同じような爆音と一緒に恐ろしい雷鳴が聞こえた。それによっていくつもの家がこの島全土で崩壊した。これが約十一日間続いた。そのあと山はいくつもの、また様々な場所で裂けた。そしてその裂け目と割れ目から前記の山から流れ落ちた大量の火炎が流出し、四日間に十五里四方に存在したすべてのものを壊滅させ灰燼に帰せしめた。まことにいずれにしても、いくつもの村が完全に焼けて壊滅したのである。カターニャの住民と自分たちの都市を放棄した他の多くの人々が野原に逃げた。そのあと少しして山頂にある噴火口が三日続けて大量の灰を撒き散らしたため、この山がそれで覆われるだけでなく、それに加えて大量の灰がこの島のもっとも端にまで、さらには海を越えてカラブリアまで風によって広がり流された。メッシーナ［シチリア島北東岸の都市］から、この島より三〇〇イタリア里離れているヴェネツィアに行くため海を航行するいくつもの船が、前記の灰で損傷を受けた。

　以上が、ファケッルスがその悲劇の話に関してラテン語で書いたことであるが、［実際は］もっと長いのである。前記の山がその火炎でその地域に甚大な損害を与えたという知らせがアントワープに達してから約三年になる。かつてこの島には、シラクーサやアグリジェントなどのようないくつもの壮麗な都市が存在した。現在では、メッシーナとパレルモが主要な都市である。

　ヴェネツィア人のマルコ・ポーロが東洋の国々の第二巻第六四章で述べるには［『東方見聞録』］、クィンセ［杭州］市は世界でもっとも大きな都市であり、周囲百イタリア里ある。そこには一万二千の石橋があり、その下を高いマストを付けた船が通過することができる。この都市はヴェネツィアのように海上に存在する。彼はそこに滞在したと断言している。私はこれを『聖週間』「第四日」第一六六葉に関するサルスト・デュ・バルタスの注解者［グラール］から収集した。

【海淵から噴出する火炎】同様に水には驚くべきことが起こる。なぜなら深海や海淵から海水を横断して巨大な火炎が溢れ出るのが見られるからだ。あたかも大量の海水でも火炎が窒息しないかのようであり、きわめて怪物的なことである。これについては、神がすべての御業におけるのと同様に、人知の及ばない御身をお示しになっているのである。ルーチョ・マッジョがその地震論で述べるには［『地震について』一五七一年］、地震によって、そのとき停泊していた船の周囲のすべてのタールを溶かしてしまうほど海水が熱くなり、ほとんど煮え切った魚が水面を泳ぐのが見られるほどであった。そして無数の人間と獣が甚だしい熱さのために死んだ。同様に穏やかな海で一瞬のうちに船が沈むのが見られる。船がいくつかの海淵のうえを通過するからであり、そこでは水が死んだようになっており、重荷を支えるには無力なのである。そのうえ海には磁鉄鉱の岩礁があり、もしも船が近づき過ぎると鉄が原因で海底に飲み込まれ死に至ってしまう。要するに、海には奇妙で怪物的なことがらが見出されるのであり、それはかの偉大なる預言者ダビデによって証明されていることなのだ。ダビデは言う。

「詩編」第一〇四章［二六］
この海原を船が行き交い、
次いで、そこで創造されし、恐ろしき強大な怪物クジラが
ゆったりくつろぎ浮かびつつ、好みのままに波によって戯れる。[90]

注

(1) ピエール・ボエステュオ、クロード・ドゥ・トゥスラン『驚異物語集』一五六七年。本書はパレの重要な典拠で頻繁に引用されている。
(2) 本文でパレが聖パウロに言及している箇所はない。
(3) コンラドゥス・リュコステネス(コンラート・ヴォルフハルト、一五一八～六一年)はエルザス生まれの文献学者でパレと同時代人なので古代人ではない。『驚異と前兆の年代記』(一五五七年)を著した。本書もパレの重要な典拠である。
(4) ここで引用されている怪物は、若干異なる記述で他の章で取り上げられている。鶏の頭部を持つ犬は第十九章、頭部に五本角を持つ子どもは第四章、牛の四本足とギザギザの腿を持つ怪物は第九章。
(5) ルドィコス・コエリウス・ロディギヌス(ロドヴィコ・リッチェーリ、文献学者、一四五〇頃～一五二五年)『古人から読む書三十巻』一五四二年。
(6) フランス国王シャルル九世(在位一五六〇～七四年)。
(7) 実際は、ボエステュオからの孫引きである。
(8) ジョヴァンニ・ポンターノはイタリアの詩人・人文主義者(一四二六～一五〇三年)。パレはリュコステネスからこの箇所を引用している。
(9) フランス国王フランソワ一世(在位一五一五～四七年)。
(10) アルブカシス(アブル・カシム)はアラビア人の医者(九五〇～一〇一二年頃)。『アルブカシスの外科医術』一五〇〇年。
(11) ジャック・ダレシャンはフランスの植物学者・医者(一五一三～八八年)。
(12) マルティヌス・クロメルス(マルタン・クローマー)はポーランドの歴史家(一五一二～八九年)。著書は『ポーランドの起源と歴史について三十巻』一五五八年。
(13) フランチェスコ・ピーコ・デッラ・ミランドラはイタリアの人文主義者(一四六九～一五三三年)。著書に『英雄賛歌』一五一一年。
(14)『問題集』「両性具有について」問題三・四。
(15) パウルス・アエギネタ(ポル・デギネ)は七世紀のギリシャの医者。著書に『外科学』(フランス語訳、一五四〇年)。
(16) ヤーコプ・リュエフ(ルフ)『人間の妊娠と出産について』一五五四年。リュエフはチューリヒの医者(一五五八年没)。
(17) アマトゥス・ルシタヌスはポルトガルの医者(一五一一～六八年)。著書に『医学治療の第二百人隊』一五五二年。
(18) この随行は、一五七三年十一月のことである。
(19) 現在のロット=エ=ガロンヌ県のヴィルフランシュ=デュ=ケラン。
(20) ヘリオドロスは三世紀のギリシャの恋愛物語作者。著書に『エチオピア物語』。ギリシャ語からのフランス語訳が一五四七年に出版された。
(21) ディフィルスという名の三人のギリシャ人の医者が知られるが、いずれか不詳。
(22) ヨハン・ランゲ(ヨアンネス・ランギウス)。ハイデルベルクの医者(一四八五～一五六五年)。
(23) 現ドローム県のビュイ・レ・バロニエの小郡サン=トーバン。
(24) アレッサンドロ・ベネデッティ。イタリアの医者、一五二五年頃死去。
(25) 掌やラケット(バット)で行うテニスの一種。
(26) パレはこの件を、フランドルの医者・植物学者のランベール・ドドアン(一五一八～八五年)によって出版されたアントニウス・ベニウェニウス(イタリアの医者、一四四〇頃～一五〇二年)の『病気の隠れた原因について』から知ったと考えられる。
(27) ヴァレスコ・デ・タランタ。医者(一三八二～一四一八年)。
(28) アンゲラン・ド・モンストルレはフランスの年代記作者(一三九〇頃～一四五三年)。
(29) アレクサンドル・ベネディクト『身体の奇妙な病について』ヴェネツィア、一五三三年、第七巻第一章「歯の病について」。
(30) バッティスタ・フレゴーソ(一四四〇年頃生まれ)の誤りであろう。『収集されし記憶すべき言行について』一五〇九年。
(31) ウォラテラヌス(仇名ラファエル、ラファエロ・マッフェイ)『ローマ覚書三八巻』ローマ、一五〇六年。
(32) ジェロラモ・カルダーノはイタリアの数学者・医師・哲学者(一五〇一～七六年)。
(33) ルドウィクス・コエリウス・ロディギヌスのこと。
(34) ボエステュオは「エフェソの信徒への手紙」を引用しているので、パレの誤りである。
(35) ライ麦や大麦の穂に麦角菌が寄生してできる菌体物質である麦角による中毒は、壊疽をもたらすことで知られ、「聖アントニウスの火」「聖なる火」

とも言われた。
(36) 当時、癩病者は病人であることを人々に知らせるため鈴や鳴子を鳴らして歩いた。
(37) サン・クロードはフランス東部ジュラ県の町。聖クロード祈願は足の不自由の治癒に効くとされた。
(38) 聖マテュラン祈願は狂人治癒に効くとされた。
(39) 聖ユベール祈願は狂犬病に効くとされた。
(40) 前記の例と同様、魚の運搬人を女が腹のなかに入っているという蛇を使ってだますということか。
(41) 「女呪術師を生かしておいてはならない」(「出エジプト記」二二・十七)。
(42) 「占いや呪術を行ってはならない」(「レビ記」十九・二六)、「霊媒を訪れたり、口寄せを尋ねたりして、汚れを受けてはならない」(同、十九・三一)、「口寄せや霊媒を訪れて、これを求めて淫行を行う者があれば、わたしはその者にわたしの顔を向け、彼を民の中から断つ」(同、二十・六)、「男であれ、女であれ、口寄せや霊媒は必ず死刑に処せられる。彼らを石で打ち殺せ。彼らの行為は死罪に当たる」(同、二十・二七)。
(43) 「列王記上」二二・五二～五四、「列王記下」一。
(44) ジャン・ボダンはフランスの法学者・思想家で(一五三〇～九六年)、近代的主権概念を『国家論』(一五七六年)で主張したが、『魔術師の悪魔狂』(一五八〇年)を著し、魔女狩りの推進を熱烈に擁護したことでも知られる。
(45) ヨハン・ヴァイヤーはドイツの医者・悪魔学者。一五六三年に『悪魔の幻惑について』を出版し魔女狩りを批判した。引用は『悪魔のペテンと欺瞞に関する五巻』(フランス語訳、一五六九年)より。
(46) ルイ・ラヴァター(ルートヴィッヒ・ラヴァター)はチューリヒのカルヴァン派牧師(一五三七～八六年)。
(47) 注16を参照。
(48) ドミニコ会士の神学博士でエルサレム総大司教。一三四二年没。
(49) パンプローナ司教区参事会員・副司教、神学博士。著書に『迷信に関する論考』一五八一年。
(50) 一五三八年にアントワープで出版されたアルベルトゥス・マグヌス(十三世紀)の『動物について』の注釈書に関して述べたもの。
(51) マルセイユの修道士。西方教会の修道制の発展に貢献した(三六〇頃～四三三年)。
(52) フランスの作家(一五二〇～七四年頃)。
(53) 正しくは二二・七。
(54) 正しくは「サムエル記上」二八。ここで言及されているのは「エンドルの魔女」のこと。
(55) ジャン・フェルネルはフランスの医者・数学者(一四九七～一五五八年)。
(56) 「サムエル記下」二四・十～十七。
(57) 「列王記下」二十、「イザヤ書」三八。
(58) 「ヨブ記」一・七。
(59) 男性を不能にする呪術。「股引きを胴着に結びつける両端に金具の付いた紐を結ぶ」という意味。
(60) 排尿を妨げる呪術。「尿管に釘を打ち込んで排尿を止める」という意味。
(61) 以下の呪文は聖書に由来する。「その骨は一つも砕かれない」(「ヨハネによる福音書」十九・三六)。
(62) 「すぐ血と水とが流れ出た」(「ヨハネによる福音書」十九・三四)。
(63) 「わたしの王、神よ、あなたをあがめ/世々限りなく御名をたたえます」(『詩編』一四五・一)。
(64) ヘンリクス・コルネリス・アグリッパ『オカルト哲学について』一五三三年。アグリッパはドイツの神学者・思想家(一四八六～一五三五年)。
(65) クィントゥス・セレヌス・サモニクス『最も健全な療法について』一五四二年。セレヌスは二世紀の医者。
(66) ガレノス『簡単な治療法について十一巻』一五四七年。
(67) メナ(メナス)は東ローマ皇帝マウリキウス(在位五八二～六〇二年)治世下におけるエジプトの支配者。この出来事は皇帝治世十九年目の六〇一年に起こったとされる。この出来事の話は広く知られていた。典拠は十一世紀のギリシャ人の修道士で歴史家であったゲオルゲス・ケドレヌスが著した『歴史梗概』。
(68) ギヨーム・ロンドレ『魚類全誌』一五五八年。ロンドレはモンペリエの医者・博物学者(一五〇七～六六年)。
(69) コルラドゥス・ゲスネルス『水棲動物図譜』一五六〇年。ゲスネルス(コンラート・ゲスナー)はチューリヒの博物学者・書誌学者(一五一六～六五年)。

(70) マスリは荒壁を意味する言葉。パレがゲスナーのラテン語で書かれた『水棲動物図譜』から引用した際の誤り。
(71) ヤコポ＝フィリッポ・フォレスティはアウグスチノ会隠修士・歴史家（一四三四〜一五一八年）。
(72) オラウス・マグヌスはウプサラの大司教（一四九〇〜一五五八年）。『北方民族誌』（一五三九年）、『スウェーデン史』（一五五五年）の著書がある。
(73) アンドレ・テヴェはコルドリエ会修道士・航海者・修史官・宇宙形状誌家（一五〇二〜九〇年）。
(74) ジャン・ド・レリー『ブラジル旅行記』一五七九年。ド・レリーはユグノー（カルヴァン派）の牧師・旅行家（一五三四〜一六一一年）。
(75) テヴェがブラジルと南アメリカを南極と呼んでいたことによる表現。
(76) クラウディウス・アイリアノスはローマのギリシャ語作家（一七〇頃〜二三五年）。
(77) ラミアはギリシャ神話に出てくる子どもをさらって食べる女性の怪物。中・近世には魔女の別称でもあった。
(78) ギョーム・ド・サルスト・デュ・バルタスは詩人にして外交官・軍人（一五四四〜九〇年）。国王アンリ四世に重んじられ外交使節を務めた。天地創造の七日間を描いた『聖週間』（一五七八年）は好評を博し、イギリス文学にも影響を与えた。
(79) パレはプリニウスの『博物誌』第十巻第一章の記述をほぼ踏襲している。
(80) アラビア半島の南のアラビア海上に存在するソコトラ島。
(81) レオン・ラフリカン（レオ・アフリカヌス、ハサン・イブン・モハメド・アル＝ワサーン・アル＝ファーシ）はアラビア人の地理学者（一四八三頃〜一五三二年）。著書に『アフリカの歴史的記述』（フランス語訳、一五五六年）。パレはレオンからの引用と述べているが、レオンの著作にこの怪物に関する記述はない。ヨアンネス・ボエムス（ハンス・ベーム）の『全種族の習慣・法・儀式』（フランス語訳、一五四〇年）にその記述があり、パレはこれを参照したのであろう。
(82) ピエール・アンドレ・マシオール（ピエトロ・アンドレア・マッティオリ）『ペダニウス・ディオスコリデスの六巻に関する（……）ピエール・アンドレ・マシオール氏の注解』一五七二年。マッティオリはイタリアの医者・植物学者（一五〇〇〜七七年）。
(83) ヨセフスは一世紀のユダヤ人歴史家で『ユダヤ戦記』などの著書がある。エウセビオスはキリスト教最初の教会史家で『教会史』などの著作がある。パレの引用している該当箇所は、『ユダヤ戦記』第六巻第五章第三節、『教会史』第三巻第八章第二節。エウセビオスがヨセフスを引用している。
(84) クラウディウスはローマ帝国末期の詩人（三七〇頃〜四〇四年頃）。『ゴート人の戦争について』四二三行。
(85) パレの主要な典拠は、カルヴァン派牧師シモン・グラール（一五四三〜一六二八年）によるデュ・バルタス『聖週間』注解における記述である。
(86) ヤコブス・ミッリキウス（ヤーコプ・ミリヒ、一五〇一〜五九年）はドイツの医者・数学者で、プリニウスの『博物誌』第二巻の注釈書を著した（一五四三年）。
(87) ユリウス・オブセクエンスは四世紀の作家で『驚異の書』を著した。本書は一五五二年に出版されている。
(88) トマス・ファツェッルス（トマゾ・ファツェッロ）、ドミニコ会修道士・歴史家（一四九八〜一五七〇年）。著書に『シチリア史二十』（一五七九年版）。
(89) アブラハム・オルテリウス（アブラム・オルテル）はアントワープ生まれの地理学者（一五二七〜九八年）。
(90) フランスの宮廷詩人クレマン・マロ（一四九六〜一五四四年）による訳。

自然魔術

13

ヘンリクス・コルネリウス・アグリッパ

オカルト哲学について（第一巻）

伊藤博明訳

解題

ヘンリクス・コルネリウス・アグリッパ（Henricus Cornelius Agrippa）は、一四八六年に、ケルン近郊の町ネッテスハイム（Nettesheim）に生まれた。一四九九年から一五〇二年までケルン大学に学び、「学芸学士」（magister artium）を授与されている。その後パリに遊学して研鑽を積み、一五〇九年にブルゴーニュ地方のドルの大学に職を得た。そこでヨハネス・ロイヒリンの『驚くべき言葉について』*De verbo mirafico* に関する講義を行い、自らは『女性の高貴さと優越性について』*De nobilitate et praecellentia foeminae sexus* を執筆した。

一五〇九年から一〇年にかけて、アグリッパはドイツに滞在し、ヴュルツブルクの聖ヤコブ修道院長のヨハネス・トリテミウスを訪ねた。彼と議論を重ねる中から、アグリッパは『オカルト哲学について』*De occulta philosophia* の最初のヴァージョンを完成し、それはトリテミウスに捧げられた。続いて彼は英国に渡り、おそらく、人文主義者ジョン・コレットと接触した。

彼は一五一一年頃にイタリアに赴き、マルシリオ・フィチーノとジョヴァンニ・ピーコ・デッラ・ミランドラの衣鉢を継いで、ヘルメス主義、魔術、カバラなど秘儀的な学知を追求する者たちと交流した。すなわち、エジディオ・ダ・ヴィテルボ枢機卿、医師のアゴスティーノ・リッチ、ヴェネツィアの修道士フランチェスコ・ジョルジたちである。

その後は、メッス、ジュネーヴと移り住み、一五二四年からフランスに滞在して、一五二六年に『学問と学芸の不確実性と無益さについて』*De incertitudine et vanitate scientiarum et artium* を刊行する。アグリッパの名を広く認知させたこの著作において、彼は魔術、カバラ、錬金術、記憶術のみならず、文法、詩、算術、幾何学、天文学などの自由学芸、また自然学、倫理学、形而上学、法学などのスコラ的学問、そして「修道士の迷信」まで批判している。

『オカルト哲学について』は、ようやく一五三一年にケルンで刊行された。彼は前著においてオカルト哲学を激しく批判しており、この刊行順は研究者を困惑させてきた。いずれにせよ、アグリッパは著名な学者として知られており、エラスムスとの往復書簡も残っている。フランソワ・ラブレーは、パンタグリュエル『第三の書』第二五章において、彼をモデルにした「ヘル・トリッパ先生」を登場させ、占星術、土占い、手相占い、人相学などの術によって、未来のことをすべて予言する者として紹介している。アグリッパは一五三五年か三六年に、グルノーブルで波乱の生涯を閉じた。

『オカルト哲学について』は全三巻から成っており、各々が扱うテーマについては、第一巻の最初の章が説明している。アグリッパによれば、宇宙は元素界、天界、叡智界という三つの世界から構成されている。下位の世界は上位の世界によって統御され、その影響を受けている。すなわち、至上の制作者は、天使、星辰、元素、動物、植物、金属、鉱物を介して自らの万能の諸力をわれわれに伝えている。

マグス（魔術師）たちは、上位の事物の中に存している力を享受するだけではなく、反対の道を遡って、その力を自らに引き寄せることができる。すなわち、元素界の諸力を、医学と自然哲学に従って、自然的事物の多様な混合によって獲得する（第一巻の「自然魔術」）。次に、天界の諸力を、占星学者の法則と数学の規則に基づき、元素界の諸力に結びつける（第二巻の「天界的魔術」）。最後に、聖なる祭儀を通して、さまざまな叡智の権能によって、これらすべてを強固にし、確証する（第三巻の「祭儀的魔術」）。

アグリッパの議論の前提には、フィチーノが『三重の生について』*De triplici vita* で展開した、護符の使用によって天界の力を導く、ヘルメス主義的魔術が存在している。また、ピーコが『九〇〇の論題』*Conclusiones 900* と『弁明』*Apologia* で述べた、自然哲学の絶対的完成としての自然魔術、そして、キリスト教的カバラからも影響を受けている。しかしアグリッパは、彼らよりもはるかに大胆に、『オカルト哲学について』第三巻において、カバラ的な魔術を用いて叡智界、すなわち天使に至るための方法を提示している。

ここに翻訳した第一巻は、種々の内容を含んだ大部のものなので、以下、特徴的な教説だけを紹介したい。アグリッパは、宇宙の精気（スピリトゥス）を人間の精気と類比させて議論し、精気を媒介として、諸惑星と黄道十二宮の有する力を、薬草、鉱石、金属、動物の中に引き入れることができる、と論じる。続いて彼は、各々の星辰に固有で、帰属している薬草などを詳細に語っている。

アグリッパによれば、マグスたちは、「天界的なものだけではなく、知性的で神的なものも引き寄せることができる」と確言している。そして、ヘルメス文書の『アスクレピウス』第三七章の記述に言及して、「ある固有の諸事物によって正しく構成された像は、合致するダイモーンによって速やかに、魂を吹き込まれる」と述べ、「アウグスティヌスも『神の国』第八巻において言及している」と付言している。アウグスティヌスは、該当の箇所でこの行為を激しく非難しているのだが、アグリッパはその事実には触れていない。

アグリッパの自然魔術の別の特徴は、第一巻の最後の数章に現われており、そこでは言葉と名称、そして呪文の強い力が論じられている。マグスたちは、それらを唱えることによって、天界の星辰やダイモーンの力を引き寄せる。最後にアグリッパは、ヘブライ語に言及して、このような魔術的作業においては、ヘブライ語の言葉と声がもっとも有効である、と述べている。そして巻末に、惑星と黄道十二宮の徴を、ヘブライ語、ギリシャ語、ラテン語の文字に対応させた表を載せている。

底本としたテクストは以下であり、注もこれに準じている。Cornelius Agrippa, *De occulta philosophia libri tres*, ed. V. P. Compagni, Leiden–New York–Köln, 1992.

主な研究文献は以下の通りである。C. G. Nauert, *Agrippa and the Crisis of Renaissance Thought*, Urbana, 1965 ; P. Zambelli, "Magic and

Reformation in Agrippa of Nettesheim," *Journal of the Warburg and Courtauld Institutes*, 39 (1976), pp. 69–103 ; C. I. Lehrich, *The Language of Demons and Angels : Cornelius Agrippa's Occult Philosophy*, Leiden–New York–Köln, 2003.

なお、ウェルギリウスなどの古典作家の引用において、既訳のあるものは利用させていただいた（注の冒頭の「典拠略称」を参照されたい）。ただし、本文の記述と整合性を図るために、改変した部分も少なくはない。この点について、ご寛恕いただきたい。

第一巻

第一章　いかにしてマグスたちは三重の世界から諸力を集めるのかが、以下の三つの巻において示される

世界は元素界、天界、叡知界と三重であり、そして、下位の世界は上位の世界によって統御され、それらの諸力の影響を受けるのであり[1]、その結果、原型自体にして至上の制作者は天使、天、星辰、元素、動物、植物、金属、鉱物を介して、自らの万能の諸力――その統括者がこれらすべてを形成し、創造した――をそこからわれわれの中に移すので、マグスたちが、われわれはその諸段階を通り、各々の世界を通って、同一の原型的世界自体であり、万物の制作者にして第一原因――それに万物は依拠しており、それから万物が進み出た――に至ることができると、すなわち、より高貴な事物の中に先在していた彼の諸力を享受することができるだけではなく、また加えて、上方からの別の新たな諸力を引き寄せることができると考えているのは不合理なことではない[2]。それゆえ、マグスたちは、元素界の諸力を医学と自然哲学に従って、自然的事物のさまざまな混合によって得ようと努める。次に彼らは、占星学者の法則と数学者の規則に基づき、天界の光線と流入によって、天界的な諸力を元素界の諸力に結びつける。さらに彼らは、宗教の聖なる祭儀を通して、さまざまな叡知の権能によって、これらすべてを強固にし、確証する。

私は今や、これらすべての秩序と展開について、以下の三つの巻において紹介したい。しかし、才知と学識に乏しい私が、きわめて困難で、きわめて厄介で、きわめて錯綜した仕事を、私のような若さで、きわめて大胆にも企てたことが許されるのかどうかについて、私には分からない。それゆえ、私が述べたこと、そしてこれから述べることのすべてについて、もしカトリック教会と信者たちの集まりによって拒絶されるのであれば、誰かがさらに私に同意することを私は望まないし、また私自身もそれに同意しないだろう。

第二章　魔術とは何か、その諸部分とは何か、そして、魔術の専門家にとって何が必要か

魔術的能力は、もっとも大きな権能に属しており、最奥の秘儀に満ちており、もっとも秘密の事象のもっとも深い観照、本性、潜勢力、性質、実体、力を、そして全自然の認識を包含しており、諸事物が互いにいかに異なり、いかに合致しているかをわれ

われに教え、こうして、その驚くべき結果をもたらし、諸事物の力をそれらの適用によってお互いに、その開かれた調和へと結びつけ、下位のものを上位のものの資質と力にいたるところで結合し、繋ぎ合わせる。この能力は、もっとも完全で最大の学知であり、より上位の、より聖なる哲学であり、結局、もっとも高貴な哲学全体の絶対的な完成である。[3] ところで、標準的な哲学全体は自然学、数学、神学に分割されるのであり、自然学は、世界の中に存在するものの本性を、[4] そして、それらの原因、遂行、時間、場所、様態、結果、全体、部分を探索し、探究する。[5] ［すなわち］

諸事物の種と呼ばれる諸要素はどれほど存在するのかを、
熱は何をもたらすのかを、大地は何を、湿った空気は何を
生みだすのかを、大きな天の起源は何に由来するのかを、
海の流れやさまざまな色の虹は何に由来するのかを、
雲に騒々しい雷鳴を引き起こさせるものは何かを、
空中の稲妻はどこの宮殿から投げられるのかを、
夜の松明［流星］の秘密とは何かを、流星が尾を引く原因と
　は何かを、
大地を震わせる隠された力とは何かを、
黄金の、鉄の萌芽とは何かを、
そして、隠れている自然の、才知溢れる力全体とは何かを。

自然のこれらすべてを観照的な自然学は含んでおり、これらをウェルギリウスは歌っている。

どこから人間の族と家畜が生まれ、どこから雨と火が生じた
　のかを、
大地の震えの原因は何かを、いかなる力で海は高く膨れ上
　がって
堰を切り、再びもとの所へ戻るのかを、[6]
植物の力を、野獣の勇猛さと憤怒を、
あらゆる種類の果実を、鉱石を、爬虫類を。

他方、数学はわれわれに、明白で、三つの次元に展開される自然を認識することを、そして天界の運動と進行を予測することを教える。[7]

いかなる運動によって天の星座は導かれるのかを、
いかなる仕方で、月は闇に包まれることになるのかを、
太陽は光を失って、蝕に入るのかを。

そして、これらをウェルギリウスは歌っている。

それゆえに、天球は一定の諸部分に区切られていて、
それを金色の太陽は、天の十二の星座をめぐりながら支配し
　ている。
天の道と星座を示し、
太陽のさまざまな蝕と月の労苦［満ち欠け］を示す。
アルクトゥルスと雨をもたらすヒュアデスと二頭のクマを、
なぜ冬の太陽がそう急いでオケアヌスに身を浸すのか、

いかなる障害に阻まれて夜がゆっくりと歩むかを。[8]

これらすべては、数学自体によって認識されている。

それゆえわれわれは、空の様子が不確かでも、天候の変化と、収穫の日と、種播き時を予知できるのだ。

また、油断ならぬ海面を櫂で打つのはいつがふさわしいか、艤装した艦隊をいつ進水させるのがよいか、

あるいは、森で松を伐採するのはどの時期が適切かを。[9]

さらに神学は、神自身が何であるのか、精神が何であるのか、叡智が何であるのか、天使が何であるのか、そしてダイモーンが何であるのか、魂が何であるのか、敬虔さが何であるのか、聖なる制度が、祭儀が、聖域が、遵法が、聖なる秘儀が何であるのかを教える。神学はまた、信仰について、奇跡について、言葉と形象の力について、秘密の働きについて、表徴の秘儀について教示し、[10]そして、アプレイウスが述べているように、神学はわれわれに、「祭儀について知り、そして、儀式の規則、祭式の掟、礼拝の規律に精通することを教える」[11]。

しかし、私は本題へ戻ろう。魔術自体は、三つのもっとも支配的な能力を有しており、それらを結合し、そして現実化する。[12]それゆえ、古代の人々がそれを最高で、もっとも聖なる学知と見なしたのは当然のことである。これには、もっとも重要な権威者たちともっとも高名な著作家たちによって栄誉が与えられており、彼らの中ではとりわけ、ザルモクシスとゾロアスターが傑出しており、二人はこの学知の創始者であると多くの人々によって信じられているほどである。彼らの後を襲ったのはヒュペルボレイ人アバリス、カルモンダス、ダミゲロン、エウドクソス、ヘリミッポスであり、そして、その他の傑出した智者たち、すなわち、ヘルメス・トリスメギストス、ポルピュリオス、イアンブリコス、プロティノス、プロクロス、ダルダノス、エルドクソス、トラキアのオルペウス、ギリシャのゴグ、バビロニアのゲルマ、テュアナのアポロニオスである。[13]他方、オスタネスはこの術について卓越した仕方で書き記しており、彼の書物は、アブデラのデモクリトスがその墓から発見して注釈を加えた。[14]さらには、この術を学ぶために、ピュタゴラス、エンペドクレス、デモクリトス、プラトン、そして多くの高貴な哲学者たちが航海し、彼らは帰国すると、この術を最大の崇敬をもって公表し、秘儀的なものの中に数えた。[15]それどころか、ピュタゴラスとプラトンはこの術を学ぶために、メンフィスの神官たちを訪ね、シリアとエジプトとユダヤのほとんどすべてと、カルデア人たちの諸流派を遍歴したことを、われわれは確実な事実として知っている。というのは、彼らは、魔術のもっとも聖なる文書が自分たちに隠されていないことを、また、自分たちが神的な事柄に浸ることを欲したからである。[16]

それゆえ、この能力を探究しようと努める者は、諸事物の性質を示し、あらゆる存在の隠された特性を明らかにする自然学に長じていなければ、また、あらゆる上位の事物の力と特性が依存している、星辰のアスペクト［星位］と形象における数学に熟達していなければ、さらに、万物を差配し管理する、非物質的実体を

明示する神学に精通していなければ、魔術の根拠を理解できないだろう[17]。というのは、これら三つの能力を含んでいないものは、魔術自体による完璧な作業ではないし、真の魔術的な作業でもないからである。

第三章　四元素、それらの性質、それらの混合について

あらゆる物体的な事物の始原の基礎である、四元素、すなわち、火、土、水、空気が存在し、それらから、この下位にある元素的なものはすべて構成されているが、それは累積によってではなく、変化と統一化に従っており、それらはひとたび破壊されると諸元素へと解体される。可感的元素の中で純粋なものは存在せず、多く、あるいは少なく混合され、相互に変容が可能であり、すなわち、土は汚れて分解されると水となり、水は厚くなって凝固すると土となり、一方、熱によって蒸発して空気となり、空気は過度に熱くなると火となり、それが鎮まると空気に戻るが、他方、過度の熱さののちに冷却されると土や石や硫黄となる。このことは稲妻から明らかである。ただしプラトンは、土はあらゆる変化も受けないが、他の元素は相互に変容される、と述べている。すなわち、土はより微細な元素によって分割されるが、変化を蒙るわけではなく、それを解体するものの中に融解され、あるいは混合され、また反対に自己自体へと戻る[18]。ところで、各々の元素は二つの種的な性質を所有しており、一方は先だって、自らに固有の性質を保持しているが、他方は、あたかも中間物のように、続く性質と合致する。というのは、火は熱く乾燥し、土は乾燥して冷たく、水は冷たく湿気を含み、空気は湿気を含んで熱いからであり、このようにして、二つの相反する性質に従って、火に対する水、土に対する空気のように、諸元素は互いに相反するのである[19]。というのは、ある元素は土と水のように重く、別のある元素は空気と火のように軽く、それゆえ、ストア派は前者を受動的元素と、後者を能動的元素と呼んでいる。さらにプラトンは、別の方法で諸元素を区別し、各々の元素に三つの性質を充てている。すなわち、火には鋭さ、希薄さ、運動を、土には鈍さ、濃厚さ、静寂を充てており、これらの相反する性質に基づいて、火と地は相反する元素なのである。他方、他の諸元素は互いに性質を移しており、すなわち、空気は火の二つの性質（希薄さと運動）を、そして土の一つの性質（鈍さ）を受け取り、それに対して、水は土の二つの性質（鈍さと濃厚さ）と火の一つの性質（運動）を受け取る[20]。しかし、火は空気より二倍希薄であり、三倍可動的であり、四倍鋭い。他方、空気は水より二倍鋭く、三倍希薄で、四倍可動的である。それゆえ、水は土より二倍鋭く、三倍希薄で、四倍可動的である。このようにして、火の空気に対する関係と、空気の水に対する関係と、水の土に対する関係は同一であり、そして反対に、土の水に対する関係と、水の空気に対する関係と、空気の火に対する関係は同一である[21]。これが、あらゆる物体的なもの、自然的なもの、もろもろの力、驚くべき作業の根源であり基礎である。そして、諸元素のこれらの性質とそれらの混合を認識する者は、驚嘆すべき、かつ驚愕すべき作業を容易に成

し遂げ、自然魔術の完成者となるだろう。[22]

第四章　諸元素について考慮されるべき三重の在り方について

こうして、われわれが述べた元素は四つあり、それらについての完璧な知識を欠いては、魔術においていかなる結果も、われわれは産みだすことができない。ところで、各々の元素は三重であり、それは、「四」が「十二」を完成させ、また、「七」を通って「十」に進み、あらゆる力と驚くべき作用が依拠している至上の統一性へと進むがごとくである。最初の秩序において元素は純粋であり、複合されておらず、変化させられず、混合を受けいれず、不可滅であり、そして、それからではなく、それによって、あらゆる自然的事物の力が結果の中に産みだされる。その力はいかにしても説明することができない。というのは、それは万物に対して万物になりうるからである。このことに無知な者は、驚くべき結果のいかなる作用にも到達することはできない。第二の秩序の元素は、複合的であり、多重であり、多様であり、不純であるが、しかし、術によって純粋な単純性へと還元されうる。この元素が自らの単純性に戻るならば、力は万物に対して、あらゆる隠された作用と自然の作用の補充物を付与するものとなる。そして、これがあらゆる自然魔術の基礎である。第三の秩序の元素は、第一に、それ自体としては元素ではなく、複合され、多様で、多重で、相互に変容可能なものである。それは無謬的な中間物であり、それゆえ、中間の自然と、あるいは中間の自然の魂と呼ばれる。その深い秘密を理解している者はきわめて少ない。その中に、ある数と段階と秩序を介して、自然的、天界的、超天界的事物における、あらゆる結果の完遂が存している。それは驚嘆すべきもので、神的魔術と同様に自然魔術において作用しうる秘密で満ちている。すなわち、それによって、あらゆる事物の結合と融解と変容が、そして未来についての認識と予言が、さらには、悪しきダイモーンの消滅と善なる霊の召喚が生じるのである。それゆえ、これら三重の元素とその認識を欠くならば、誰も魔術と自然の隠された知識において、何かを行いうることを確信することはできない。他方、諸元素において、不純なものを純粋なものに、多重なものを単純なものに還元することを知り、それらの本性と力と権能を、数と段階と秩序において、実体を分割することなく識別することを心得ている者は、容易に、あらゆる自然的事物と天界的秘密についての知識と完全な作用を得るだろう。[23]

第五章　火と土の驚くべき本性について

ヘルメスが述べているように、あらゆる驚くべき作用のためには、火と土という二つで十分である。[24] すなわち、後者は受動者であり、前者は能動者である。ディオニュシオスが述べているように、火は万物において、万物を介して明瞭に現われ、また消え去り、万物を照らす。しかし火は、それ固有の行動を明らかにするような物質に、それ自体によって接近しないならば、同時に隠されており、自らは認識されえない。火は広大で不可視であり、それ自体によって固有の行動が可能であり、可動的で、それ自体をあらゆる近接するものにある仕方で委ねる。火は更新するもので、自然の保護者であり、周囲を包む光輝によって照らし、包含されえず、明るく、瞭然とし、跳躍し、上方へ向かい、真っ直ぐ進み、高みに昇り、より低いものからの汚染を受けず、常に高所へと向かう運動であり、包含するが包含されず、他に欠くものをもたず、秘かに自己自身から成長し、それを受容する物質に自らの偉大さを明らかにし、活動的で、勢力があり、同時に万物に対して不可視の状態で現存する。火は無視されることを耐えられず、あたかも報復するがごとく、ある状態へと、全般的にも個別的にも、直ちに然るべきやり方で立ち戻り、包含しえず、触知しえないもので、減じることはなく、自らに伝えられた万物においてきわめて豊穣である。(25)

プリニウスが述べているように、火は、自然の諸事物における広大で法外な部分であるが、それにおいて滅ぼすことと産みだすことのどちらが優位かは確定できない。(26)ピュタゴラス主義者たちが述べているように、火自体は一つであり、万物に浸透し、天にまで広がって照らすが、他方、地下では閉じ込められ、暗黒で苛むものであり、両者の中間において参与している。こうして、キケロ「の『神々の本性について』」においてクレアンテスが証言しているように、火は自らの中で一つであるが、受容者においては多重であり、多様なものに多様なものとして分配される。火は、われわれが使用するように与えられたものである。すなわち、石においては、鋼鉄を打つことによって火花が散る。大地においては、掘削することによって煙が出る。水においては、泉と井戸を熱する。深海においては、流れの運動が温める。空気においては、しばしば熱するのをわれわれは見る。火は、すべての動物とあらゆる生命あるものと植物を熱によって養う。生命あるものはすべて、内部の火によって生きる。上方の火に固有なものは、万物を育成する熱と万物に生命を与える光である。下方の火に固有なものは、万物を焼き尽くす熱と万物を不毛さで満たす暗黒である。それゆえ、天界の光り輝く火は暗黒のダイモーンたちを追い払い、われわれの木を燃やす火も、それが天上の光の類似であり媒体であるかぎりにおいて、それらを追い払う。天上の光は、「私は世の光である」と述べたが、彼が真の火であり、光の父であり、彼によって最高のものはすべて与えられ、生じるのであり、彼は自らの火の光輝を発出させ、第一の太陽と他の天界の物体に伝えて、いわば中間の手段とするこれらによって、それをわれわれの火の中へともたらす。それゆえ、暗黒のダイモーンたちが暗黒自体の中では堅固であるように、光の天使である善良なダイモーンたちは、光から、神的で、太陽的で、天界的な増大だけではなく、われわれの下では火であるものの増大も受け取る。宗教と祭儀の最初のきわめて智恵ある創始者たちは、説教、詩編の詠唱、そしてあらゆる祭事を、光輝を伴わずに行うことを許さなかった。このことをピュタゴラスの訓戒は述べている。「光なくして、神について語ってはならない」。そして彼らは、邪悪なダイモーンたちを避けるためには、死体のもとで点灯しておくことを、そして、聖なる祭儀によって完全に償われ、大地に埋葬されるので、それを火から引き離さないことを命じている。万能者自身は、「古い律法」において、自らの祭儀がすべて火によって執り行われ、そして祭壇には常に灯がともされていることを求めており[27]、またローマ人たちにおいては、ウェスタの神官たちがその火に常に仕え、護っていた[28]。

ところで、あらゆる元素の基礎であり根源は土である。というのは、土はあらゆる天界的な光線と影響の対象であり、主体であり、受容者だからである。土は自らの内に、あらゆる事物の種子と種子的な力を、すなわち、動物的、植物的、鉱物的と呼ばれる力を含んでいる。すなわち、土はその他の元素的、および天界的なあらゆるものによって豊穣になり、それ自体から万物を産みだすからである[29]。土はあらゆる豊穣さの受容者であり、いわば、最初の創始者であり、万物を成長させるもので、万物の中心、万物の根源、万物の母である[30]。それから、何か秘密のもの、清浄されたもの、浄化されたもの、微細なものを取り出しなさい。もしそれを戸外に長い間放置するならば、それはすぐに、天界的な諸力によって育成され、自ら懐抱し、それ自体から植物を産みだし、昆虫と動物を産みだし、輝かしい宝石と金属の火花を産みだすだろう。土の中には、火の技巧によって浄化され、然るべき洗浄によって単純性へと還元される、最高の秘密が存在している[31]。それは、われわれの創造の第一の素材であり、われわれの更新と保存にとってもっとも真なる医薬である[32]。

第六章　水と空気の風の驚くべき本性について

これらの元素に劣らない能力が残りの二つの元素、すなわち、水と空気に属しており、それらにおいても驚くべき本性が作用している。水はきわめて必要なものであり、それがなければいかなる動物も生存できず、いかなる草木も食物も、水の湿気がなくては発芽することはできない[33]。水の中にはあらゆる事物の種子的力が存在している。すなわち、第一に、動物的なものの種子が水性的なのは明らかであるが、しかし、幹や葉の種子は、大地が許すかぎりで水を溶かす必要があり、そのようにして豊穣なものとなる。すなわち、湿気を大地が飲み込むことよって、あるいは露や雨によって、あるいは故意に注がれた水によってそうなる。というのは、土と水だけが、モーセによって生命ある動物を産みだす、と述べられているからである。ところで水は、二重の産出に役立った。すなわち、水中を泳ぐものの産出と、大地の上の空中を飛ぶものの産出である。地上のものの産出にも水が一部寄与したことは聖書が証言しており、創造ののちに、低木と植物は芽を出さなかった、と述べられている。というのは、「神は大地の上に雨を降らせなかった」からである。この元素の能力は大きなものなので、キリスト自身がニコデモに証言しているように、水がなくては霊的な再生が成就しないほどである[34]。宗教における最大の力は、清めと浄化に存しており、それは火の必要性に劣るものではない。水の有益さは無限であり、多様な使用法とあらゆる事柄はその能力に依拠しており、それは、産出し、養育し、成長させる力を所有している。

それゆえ、ミレトスのタレスとヘシオドスは、水をあらゆる事物の原理として置き、すべての元素の中でもっとも古く、もっとも権能があり[35]、他のすべての元素に要求するほどである、と述べている。というのは、プリニウスが述べているように、水は大地を貪り、炎を滅ぼし、至高へと上って、雲で天を覆うことを自らに要求し、同じく落下して、大地を生成する万物の原因とする[36]。プリニウス、ソリヌス、そして多くの歴史家によって書き記されている水の驚異は無数にあり[37]、それらの驚くべき力については、オウィディウスが次の詩句において想い起こさせている。

角をもつアムモン神の泉は、真昼には冷たいが、朝夕には熱くなる。これはエペイロスでの話だが、月がいちばん小さく欠けたときには、木に水をかけると、その木が発火するということである。トラキアのある河は、その水を飲んだ人間の臓腑を石に変え、この水に触れたもののすべてを大理石で被ってしまう。クラティスの流れと、それに、このクロトンの地にほど近いシュバリス河は、髪の毛を、琥珀と金の色に染めあげる。もっと不思議なことは、たんに人間の身体だけでなく、その心をも変える力をもった水が存在するということである。あの忌まわしいサルマキスの泉や、アイティオピアの湖のことは、誰もが聞いて知っているだろう。この湖の水で喉を潤すと、狂気になるか、でなければ、驚くほど深い昏睡に陥る。アルカディアの町クリトリオンには、このような泉がある。その水で渇きを鎮めた者はみな、酒が嫌いになる。マケドニアには、これと逆の働きをもった河がある。ここの水を飲みすぎると、まるで生の酒を飲んだかのように足がふらつく。アルカディアのある町——昔のひとはペネオスと呼んでいたが、この町の滝が二つの作用をもっていて、不審を呼んでいる。夜は、その水に用心が必要である。夜間にこれを飲むと、害がある。だが、昼間は、飲んでも無害である[38]。

さらにヨセフスは、シリアの二都市、アルケアとラファネアの間にある河の驚嘆すべき性質について言及している。すなわち、この河床は日曜日ごとに氾濫するのだが、あたかも源泉が塞がれたかのように、六日たつと河床が干上がってしまい、そして、再び七日目には自然の未知の原因によって、最初の豊かな水へと戻るのである。それゆえに、住人たちは、ユダヤ人の聖なる七番目の日にちなんで、その日を日曜日［サバト＝安息日］と呼んだ[39]。そして、福音書がわれわれに、ヒツジの池［供犠の前にヒツジの身体を洗う池］について証言している。その池に、天使がそこを掻き混ぜたあとに、最初に入った者はいかなる病気も免れるだろう[40]。同じ力と権能が、キテロン河流域のヘラクラエア村のエリス地域に見いだされる、イオニアのニンフたちの泉にもあったと言われている。その中に、身体が病気の者が入ると、身体のあらゆる欠陥を取り去られ、健康になってそこから出てくる。パウサニアスは、アルカディアのリュカイオス山にある、アグリアと呼ばれた泉について語っている。すなわち、その地方が干ばつに見舞われて、作物が全滅する怖れが生じるたびに、リュカイオス山のユピテルの神官たちが、聖なる儀式によって犠牲を捧げたのちに、聖なる液体を聖別し、オークの枝を手にもって、聖なる泉の上に降りそそぐ。すると、水が激しく動かされ、そこから蒸気が上方の天空へ立ちのぼって雲が生じ、霧が群がり、天空はすべて雲に覆われる。すぐそののちに、そこから雨が降り出して、その地域は潤されて救われるのである。[41] たしかに、水の奇跡については、多くの著作家の中でもとりわけ、医者のエピソスのルポス[42]が、驚嘆すべきことを書き記しており、私が知るかぎり、このような著作家は他に存在しない。

次に空気について述べなければならない。これは活気のある精気であり、あらゆる存在物に遍在しており、万物に生命と存続力を与え、万物を結びつけ、動かし、満たす。これをヘブライの智者たちは、諸元素の中には数え挙げず、多様なものを同時に結合する媒体であり、接着剤のようなものとして、あたかも宇宙という楽器が奏でている精気と見なしている。[43] というのは、それは直接的に、あらゆる天上的なものの影響を自らの中に懐抱し、他の諸元素へと、また、あらゆる混合したものへと伝えるからである。また同様に、それは自然的なものであり、人工的なものであり、言語的なものであり、あらゆる事象の形姿を、あたかも神的な鏡のごとく、自らの中に受容して保持し、そして、それらを自らとともに、人間と動物の身体に導管を介してもたらし、眠っているときも目覚めているときも、それらを刻印して、さまざまな驚くべき夢、予兆、占卜の素材を与える。こうして、ある人間が殺された場所を、あるいは最近死体が葬られた場所を通ると、不安と恐怖が引き起こされる、と言われるのである。というのは、この場所では、空気が恐るべき殺人の形象で満ちており、人間の精気に類似した形象を吹き入れて、そこから恐怖が生じるからである。すなわち、素早く刻印するものはすべて、本性を驚愕させるのである。

それゆえ、多くの哲学者たちは、空気が、像や類似や形姿という媒体を介する、夢と魂の多くの他の刻印の原因であると考えていた。それらは、事象や言論から生じて、まさに空気の中で多様化し、感覚にまで、そしてついには、幻像とそれらを受け容れる魂にまで到達し、すなわち魂は、配慮を逃れて、何も妨げられることなく、このような形象を待ち望んで、それらによって充満するのである。というのは、諸事物の形象は、それ固有の本性から人間と動物の感覚へと運ばれるのではあるが、しかし、天界から、それらが空気の中にある間は、ある刻印を得ることができるのであり、それゆえ、それらを受け取るものの状態と適合性によっては、ある感覚よりも別の感覚へとそれらは運ばれる。[44] したがって、自然本性的に、あらゆる迷信とは無関係に、別の精気を介在させることなしに、ある人間がきわめて遠くの、あるいは未知の距離にいる人間に対して短時間に、自らの精神の懐抱を伝えることができるのである。これが行われる時間を正確に測ることはできないが、しかし、二四時間以内に行われるのは当然である。私自身がこれを行うことができたし、またしばしば行った。同様に、大修道院長トリテミウスも行うことができたし、また実際に行った。[45] 精気的な影像だけではなく、また自然的な影像は、諸事象から流出し（すなわち、ある物体から別の物体へ流入し）、そして、まさに空気の中で強度を増し、光や運動を介して、われわれの視覚と、他の感覚にも自らを差しだして提示し、われわれの中において驚嘆すべきことを行うということを、プロティノスは確証し、教示している。[46] そしてわれわれは、南風が吹くと空気が薄い雲に凝縮され、そこでは、あたかも鏡の中のように、きわめて遠い城、山、ウマ、人間、その他の事物の像が反射しており、しかし雲が去るとたちまち像が消え去ることを知っている。[47] そして、アリストテレスは『気象学』において、空気の雲の中には、鏡に類似して、虹が含まれていると主張している。またアルベルトゥスはこう述べている。「物体の像は、自然の力によって、湿った空気の中に、事物の似像が事物の中に存在するのと同じ仕方で、容易に像を創出することができる」。

　またアリストテレスが語るところによれば、ある者に生じるのは、彼の視覚の弱さのゆえに、自らに近い空気が鏡となって、視覚の光線が自分自身に反射し、外部に通り抜けることができず、それゆえ、どこに彼が行こうとも、自分の影像が顔の前に先行している、と思うことである。[48] 同様に、鏡のある技巧によって、われわれが望んでいる像が、遠い空中に、鏡の外部に産みだされるのであり、それを無知な者たちはダイモーンや魂の影を自らが見ていると考えるのだが、それは、彼ら自身には既知の、しかも生命をまったく欠いた幻像に他ならないのである。そして、よく知られていることだが、もし暗い場所で、光がすべて奪われているときに、きわめて小さな穴を通して太陽の光線がどこかに入るとして、そこに白い紙か平板な鏡を置くならば、それらの中に、外部からのものがすべて、太陽によって光り輝くことになるだろう。別のより驚くべき仕掛けも存在しており、そこでは、ある技巧によって図像を描き、文字を書き記し、それらをある者が晴れた夜に、満月の光線の下に置くならば、それらの模像が空中で多重化されて、上方へと引き寄せられ、月の光線に反射すると、その事柄に関与している別のある者は、遠く離れたところから、月の円盤自体、すなわち円形の中にそれらを見て、読んで、認識する。それはまさに、包囲されている町々や市民たちにとって、秘密の事柄を伝えるためにきわめて有益な技巧であり、かつてはピュタゴラスがしばしば行ったもので、現在もまた同様に、ある人々にとっては、そして私にとっても未知というものではない。[49] そして、これらすべてのこと、より多くのこと、よしてより重大なことは、空気の本性自体の中に基礎づけられており、数学と光学に自らの根拠を置いているのである。これらの模像が視覚に反射するように、またときには、木霊において明らかなように、聴覚にも反射する。しかし、これらよりも隠された技巧が存在しており、ある者が秘かに話して囁くことを、遠く離れたところから、聞いて理解することさえできるのである。

　空気の元素からは風が生じる。風自体は動かされた、激しく揺らされた空気以外のなにものでもない。風の主要なものは四つあって、天の四方位から吹くものであり、すなわち、南からのノトス、北からのボレアス、西からのゼピュロス、東からのアペレオテス、すなわちエウロスである。それらについて、ポンタヌスは二行連句においてまとめて述べている。

　オリュンポスの頂点からボレアスが、最低点からノトスが吹き、
　日没にゼピュロスが留まり、夜明けにエウロスが来たる。

ノトスは南風で、靄と霧を伴い、暖かく、有害で、それをヒエロニムスは「雨の酌をする者」と呼んでいる。オウィディウスは次のように記している。

……濡れた翼をもつノトスは飛び立った、
恐ろしい顔を黒々とした闇に隠して。
髭は雨で重く、白髪からは水が滴り、
額には雲霧がまといつき、羽根と衣の襞は濡れていた。

ボレアスは、ノトスは正反対の北風で、激しく、騒々しく、雲を追い払い、空気を清明し、そして、水を寒気で凍らす[50]。ボレアスについてオウィディウスは、風自身の言葉として次のように述べている。

俺に向いているのは、暴力だ。暴力によってこそ、俺は黒雲
　を追い払う。
暴力によってこそ、海を騒がせ、節くれだった樫の木をくつ
　がえし、
雪を固まらせ、大地を霰でたたくのだ。
あの広い大空で、兄弟の風たちと遭遇するときも
――そうだ、空が俺の縄張りだ――俺は全力で格闘する。
その俺たちの衝突で、はさまれた大空は雷鳴を発し、
うつろな雲から稲光りが発し飛ぶ。
さらに俺は、大地の洞に入りこんで、地下深いほら穴を、
この背で荒々しく持ち上げると、
地下の亡霊たちはその震動でおびえ騒ぎ、大地のすべても揺
　れるのだ[51]。

ゼピュロスは、またファウォニウスとも呼ばれるが、もっとも軽い西風で、穏やかに吹き、冷たく、湿っており、冬を終わらせ、木の芽と花々を産みだす。これに正反対なのは、東風のエウロス、またはスプソラヌス、またはアペレオテスで、湿っており、雲をもたらし、即座に食い尽くす。これらの風について、オウィディウスは次のように歌っている。

エウロスは東の方へ、アラビアやペルシャや
インドの山々が朝日に照り映えるあたりへと退き、
西のかた、沈む夕日に暖められる海辺は、
ゼピュロスの住処にもっとも近い。ステキュアと北方の地域
　には、
恐ろしいボレアスが入りこむ。その対極の地方は、
アウステルにより、不断の雲霧と雨に濡れる[52]。

第七章　複合的なものの種類について。それらは諸元素といかなる関係にあり、何が諸元素と、また魂や諸感覚や諸性向と合致するのか

四つの単純な元素の後には、それらから構成された四種類の完

全なものが続く。すなわち、鉱物、金属、植物、動物である。これらの各々の生成にあたっては、あらゆる元素がその構成において合致しているのであり、その各々においては一つの元素が主要なものとして後続し、模倣される。すなわち、鉱物はすべて土的である。というのは、本性上、重く、下降し、乾燥して固まり、溶かすことができないからである。他方、金属は水的であり、溶かすことができ、（自然学者が認め、錬金術師が試しているように）粘土のある水から、あるいは水銀から産みだされる。同様に、植物は空気ときわめて合致しており、戸外でなければ、それは発芽せず、成長しないほどである。同様に、あらゆる動物にとって

火がそれらの活力であり、天上に起源をもっている。

それゆえ、火は動物にきわめて類縁的であり、それが消えるとすぐに生命が終わるのである。

ところで、それらの種類の各々は、自らの中で、諸元素の度合いによって区別される。すなわち、鉱石においては、とくに土的と言われるが、それは暗く、重いからである。そこには、透明で水によって固まる、水的なものも存在し、たとえば水晶、緑柱石、貝の真珠がそうである。また、水に浮かび、海綿状の空気的なものも存在し、たとえば海綿石、軽石、凝灰岩がそうである。また、火が引き寄せられる、そして、あるときは火自体に融解され、あるいは火から生成する火的なものも存在し、たとえば、雷石、火打ち石、石綿がそうである。同様に、金属の中では、鉛と銀が地的であり、水銀が水的であり、銅と錫が空気的であり、金と鉄が火的である。

また植物においては、根茎がその密度のゆえに地を模倣し、葉がその液汁のゆえに水を模倣し、葉がその繊細さゆえに空気を模倣し、種子がその生成的な精気ゆえに火を模倣する。さらにそれらは、諸元素の性質から名称を互いに得ながら、あるものは熱いと、あるものは冷たいと、あるものは湿気があると、あるものは乾燥していると言われる。

動物においても、あるものはとりわけ土的であり、大地の内部に住んでいる。たとえば、虫、ミミズ、モグラ、そして多くの爬虫類がそうである。あるものは水的であり、たとえば魚がそうである。あるものは空気的であり、空気がなければ生きることができない。あるものは火的であり、サラマンダー［火蜥蜴］やあるセミ（ピュラウスタスと呼ばれる）のように火に住み、またハト、ダチョウ、ライオンのように火の熱で暖められている[53]。これらのことを「智者」は、「火の息を吐く動物」と呼んでいる[54]。さらに動物の中には、骨を地的なものに、身体を空気的なものに、生命の精気を火的なものに、体液を水的なものにするものもある。そして体液は、諸元素によって分かれている。すなわち、黄胆汁は火に、血液は空気に、粘液は水に、黒胆汁は土に対応している。

最後に、魂自体においては――アウグスティヌスが証言しているように――火には知性が、空気には理性が、水には想像力が、土には諸感覚が関係している。そして諸感覚はさらに、その諸元素のゆえに互いに区別される。すなわち、視覚は火的である（というのは、火と光がなくては知覚できないからである）。聴覚は空気的である（というのは、空気を震わすことによって音が出るからであ

る)。嗅覚と味覚は水に関連している。というのは、この体液がなければ、味も香りも生じないからである。最後に、触覚はすべて土的である。というのは、粗雑な物体を自らに受容するからである。人間の行動と作用もまた、諸元素によって制御されている。というのは、緩慢で確実な運動は土によって表され、恐怖と怠惰と緩慢を水が表し、活発で好意に満ちた性向を空気が表し、激しさと鋭さと怒りを火が表すからである[55]。

それゆえ、諸元素が万物の中で最初のものであり、万物はそれらから発出する。それ自体が万物の中に存在し、万物を通して自らの力を広める。

第八章　いかにして、諸元素は天において、星辰において、ダイモーンにおいて、天使において、最後に神自身において存在するのか

プラトン主義者すべての意見が一致しているところでは、原型的世界においては、万物が万物の中に存在するように、この物体的世界においても、多様な仕方があり、受容者の本性に拠ってはいるが、万物が万物の中に存在する[56]。こうして、諸元素はたんに下位のものの中だけではなく、また天において、星辰において、ダイモーンにおいて、天使において、最後に、万物の制作者であり、原型である者自身においても存在する。しかし、下位のものにおいては、諸元素はある粗雑な形相であり、物質に浸透されており、物質的な元素である。他方、天においてそれらは、天の本性と力によって、すなわち、天上的な、月下界よりもはるかに卓越した仕方による元素である。というのは、天上の地は堅固であって粗雑ではなく、水と空気の敏捷性が流出を遠ざけ、そこの火は焼き尽くさず、万物を照らして、自らの熱によって活気づけているからである[57]。星辰の中でも、とりわけ火的なものは火星と太陽であり、空気的なものは木星と金星であり、水的なものは土星と水星であり、土的なものは、第八の球に住んでいる者たちと月である（しかし、多くの人々は月を水的と考えている）。すなわち、月は地球と同等のものとして、天界の水を引き寄せ、それを吸い込みながら、われわれに近いがゆえに、それらの水をわれわれに注ぎ、伝えている。

さらに宮［黄道十二宮］においては、あるものは火的なもの、あるものは土的なもの、あるものは空気的なもの、あるものは水的なものであり、天界においては、四つの元素がそれらに三重性を、すなわち、各々に対して、元素の端緒、中間、最後となるものを配分している。こうして、火の端緒は白羊宮を、発展と増大は獅子宮を、最後は人馬宮を、土の端緒は金牛宮を、発展は処女宮を、最後は磨羯宮を、空気の端緒は双子宮を、発展は天秤宮を、終局は宝瓶宮を、空気の端緒は巨蟹宮を、中間は天蠍宮を、終局は双魚宮を所有している[58]。こうして、これらの遊星と宮と、同時に諸元素との混淆によって、あらゆる物体が成り立っている。

さらには、ダイモーンもまた、この根拠に基づいて区別されており、あるものは火的、あるものは土的、あるものは空気的、あ

るものは火的と言われる。[59] これらは、下界においては四つの河であり、火的なフレゲトン、空気的なコキュトゥス、水的なステュクス、土的なアケロンである。[60] 福音書においても、われわれは「地獄の火」と「中傷者たちが行くことを命じられる、永遠の火」について読んでいる。また、『〔ヨハネの〕黙示録』においては、「火の池」が読み取られ、イザヤは断罪者について、「主は彼らを腐った空気で打ちすえる」と述べている。そして、ヨブによれば、「彼らは雪の水から過剰な熱さへと移るだろう」と記されている。またヨブにおいてわれわれは、「大地は暗く、死の闇によって覆われ、悲惨さと暗黒に覆われている」ことを読んでいる。

続いて、これらの元素は、超天界の天使たちと祝福された叡智たちの中にも置かれている。というのは、彼らの中には、本質の確固さという、神の堅固な椅子が製作される、土的力が存在し、慈悲と敬虔さという、浄化する水的徳が存在するからである。これは詩編作家が水と呼んでいるもので、彼は天について、「それよりも上位にある水を支配する者」と呼んでいる。それらの中にはまた、空気という微細な精気が、愛という光り耀く火が存在する。前者について聖書では、「風の翼」と呼ばれており、両者について詩編作家はこう述べている。「いくつもの風を自らの使者とし、焼き尽くす火を自らの従者とする者」。天使の位階について言えば、熾天使、力天使、能天使が火的であり、智天使が土的であり、座天使と大天使が水的であり、主天使と権天使が空気的である。さらにわれわれは、万物の制作者である、原型者自身について、「地が開かれ、救世主が生みだされる」ことを読まないであろうか。また、同者について、「彼は浄化し、再生させる、生ける水の泉である」ことを読まないであろうか。同じ精気が生命の息を吹き込まなかったであろうか。そしてまた、モーセとパウロは、「焼き尽くす火」について証言していなかったであろうか。

それゆえ、諸元素はあらゆるところに、万物の中に、それに固有の仕方で見いだされることを、だれも否定することはできない。第一に、下位のものにおいては、汚れた粗雑なものとして、次に天界的なものにおいては、より純粋で光輝なものとして、そして超天界的なものにおいては、生気に溢れる、あらゆる天で祝福されたものとして存在する。それゆえ、諸元素は、原型においては産出される者のイデアとして、叡智的なものにおいては配分されるべき権能として、天界においては力として、下位のものにおいては粗雑な形相として存在する。[61]

第九章　諸元素に直接的に依存している自然的事物の力について

自然的事物の力は、熱する、冷却する、湿らせる、乾燥させる、というように元素的であり、操作と、あるいは第一性質と、また第二作用と呼ばれる。というのは、これらの性質だけで、実体全体を一挙に変容させ、他の性質は何も為すことができないからである。そして、あるものは諸元素によって構成された諸事物に入っており、それらは第一性質以上の数がある。たとえば、成熟、醸成、分解、柔軟化、凝固化、収斂、浄化、燃焼、開花、蒸発、強化、弱化、接着、防御、放逐、保持、魅惑、返却、麻痺化、蓄積、潤滑化、そして他の多くのことである。元素的性質は、多くの事柄を混合したものの中で作用することができるが、それは元素自体によって為しえないものである。

これらの操作は第二作用と言われている。というのは、それは本性に従い、第一の諸力の混成の尺度に従うからである。このことについては、医学の書物において詳しく論じられている。物質的実体における、ある尺度に従った、自然的熱の操作である成熟のように、凝固化とは冷たさの操作であり、氷結や他の類似したことも同様である。そして、これらの操作は、ときおり、ある限定された要素に働きかけて、尿や乳や月経を引きおこすことがあり、それらは第三性質と言われている。それは、第一性質に第二性質が続くように、第二性質に続いて起こる。そして、これらの第一性質、第二性質、第三性質に従って、多くの病気が治癒され、また導入される。[62]

さらに、人々がきわめて驚嘆する多くのものが人工的に産みだされる。たとえば、「ギリシャの火」と呼ばれる、水を焼き尽くす火であり、その複雑な構成物について、アリストテレスはこれに関する特別な論考において教示している。同様に、ある火は、オリーブ油によって消し去られ、冷たい水が上方から滴り落ちると燃え上がる。また、ある火は、雨や風や太陽によって燃え上がる。「燃える水」と呼ばれている火は、その調製はきわめて有名であるが、自分自体以外のものによってはけっして滅ぼされえない。また、消えることのない火、不燃性のオリーブ油、そして、風も水も、いかなる方法によっても消すことのできない永遠の燈火も作成されている。そのことは、ウェヌスの神殿でかつて光り耀いていた、あのきわめて有名な燈火が存在しなかったら、まったく信じがたいと思われたであろう。その燈火の中では、石綿の石が燃えており、それはひとたび点火されると、けっして消えることがなかった。[63]

これに対して、木材や燃焼性のあるものを準備して、火によっては傷つかないようなものを作成することもできる。あるものを調合して、われわれがそれを両手に塗ると、白熱した鉄をもつことも、溶かした金属に手を入れることもでき、あるいは、身体全体を火の中に入れても、無傷のままなのである。そして、これと類似したものが存在している。[64]それは亜麻の一種であり、プリニウスが「アスベストゥス［石綿］」と呼んでおり、ギリシャ人は「アスベストン」と述べているもので、火によって滅されることはない。それについてアナクシラウスは、それが巻きついた木は、［火をつけることによってではなく］聞き取ることのできない無感覚な一撃によって切り落とされる、と述べている。[65]

第十章　諸事物の隠された力について

さらに諸事物には、ある元素には属しない、別の力が存在している。それはたとえば、毒を追い払うこと、辰砂を退けること、鉄や別の何ものかを引きつけることである。そして、この力は、さまざまな事物の形象と形相の結実である。[66]それゆえ、その量が少なくとも、生まれる効果が少ないわけではなく、この効果は元素的な性質には与えられない。すなわち、これらの力は、形相が多く、物質は最少なので、きわめて多くのことが可能である。他方、元素的な力は物質的なので、多くを行うために多くの物質を必要とする。[67]

それらは隠された特性と呼ばれるが、それは、それらの原因が隠されており、人間の知性はいかなるところにも、それらを探究しえないほどだからである。それゆえ、哲学者たちは、それらの大部分へと、理性の探究よりも、むしろ長い経験によって到達するのである。[68] というのは、食物は胃の中で、われわれが知っている熱によって消化されるように、われわれが知らない、ある隠された力によって変容させられるからである。実際には熱によるのではない。というのは、それは胃の中よりも、むしろ炉端で変容されるからである。

こうして、諸事物には、われわれが知っている元素的な性質に加えて、生来の、ある別の、自然によって造られた力が存在しており、それらにわれわれは驚嘆し、しばしば茫然とする。それらは、われわれには未知のもので、まれに認知されることがあるか、あるいはまったく認知されない。[69] たとえば、自分自身を再生させる唯一の鳥であるフェニックス［不死鳥］について、オウィディウスは次のように述べている。

一つだけ、自ら生まれ変わり、自らを再生させる鳥がいる。
それをアッシリア人たちは「フェニックス」と呼んでいる。[70]

別の箇所ではこう述べられている。

エジプト人が大きな奇跡を見るためにやってきた。
そして、群衆は歓喜して、珍奇な鳥に挨拶した。[71]

かつてマトレアスは、ギリシャ人とローマ人に対して大きな驚嘆を、自分自身に関してもたらした。すなわち、彼は自分自身を貪り食う野獣を、自ら育てていると述べていた。そして現在に至るまで、多くの人々が、マトレアスの野獣がいかなるものであるか、調査し続けてきた。[72] アリストテレス、テオプラストス、歴史家ポリュビオスが伝えている、大地から掘り出された魚に、だれが驚かないであろうか。[73] そして、パウサニアスが歌う石について書き記していることはどうであろうか。[74] これらはすべて隠された力による作用なのである。

こうして、ダチョウは冷たく、きわめて硬い鉄を消化し、自分の身体に滋養物として取り入れ、その胃は熱い鉄によってさえも傷つかない、と言われている。[75] そして、小さな魚のコバンザメは、風の激しい動きを抑制し、海原の激しい波を制圧し、いかに大きな嵐が覆い尽くして荒れ狂っていても、帆が風を大きく孕んでいても、ただ触るだけでそれを鎮めて、船がけっして動かないようにする。[76] そしてサラマンダーとコオロギという小さな虫は火の中で生きており、燃えているように見えても、傷つくことはない。同様なことは、ある種の瀝青についてもあてはまる。アマゾン族の武器にはこれが塗られていたと言われており、そのために武器は剣によっても火によっても壊されなかったのである。また、アレクサンドロス大王は、青銅で造られたカスピアの門扉にも瀝青を塗らせた、と伝えられている。われわれはまた、同じ瀝青がノアの箱船にも塗られていたことを、そして、それは数千年の間、アルメニアの山脈の上にあったことを読んでいる[77]。

これらの他にも、多くの驚嘆すべき事象が存在しており、たしかに信じがたいが、経験自体によって知られている。このようなもので、古代ではサテュロスが突出している。これは半分が人間で、半分が野獣の形態の動物であるが、言葉も理性ももっている。その一人が、かつて、隠者の至福者アントニオスに話しかけて、彼自身のような動物を崇拝している異教徒の誤謬を断罪し、彼のために共通の神に祈るように懇願した、と聖ヒエロニムスが自ら伝えており、また彼は、サテュロスの一人は生きたまま公の場に連れ出され、そののち、皇帝コンスタンティノスのもとに送られた、と確言している[78]。

第十一章 いかにして隠された力は、宇宙の魂と星辰の光線を介して、イデアからさまざまな種の事物に注ぎ込まれるのか、そして、いかなる事物がこの力においてより豊かであるのか

プラトン主義者たちは、あらゆる下位のものは、より上位のイデアによって成型されている、と述べている[79]。彼らはイデアのことを、物体、魂、知性の上にある形相で、一であり、単純で、純粋で、不動で、不可分で、非物体的で、永遠的であり、そして、あらゆるイデアの本性は同一であると定義している。彼らは諸イデアを第一に、善自体、すなわち神の中に、それらの原因のゆえに置いている。諸イデアは、ある相対的な観点においてのみ、互いに区別されるのであり、宇宙に存在するものはすべて、多様でありつつも一つである。また、それらは互いに本質的に合致しており、神が実体において多重であるわけではない。

彼らは諸イデアを第二に、叡智的なもの自体の中に、すなわち、宇宙の魂の中に、それらの固有の形相のゆえに置いている。それらは絶対的な形相において、互いに相違しており、神においてはすべてのイデアが一つの形相であるが、宇宙の魂においては多数である。彼らは諸イデアを後続する精神（身体と結合しているものであれ、身体から離在しているものであれ）の中に、ある分有のゆえに、また、次第に増大する段階のゆえに置いている。彼らは諸イデアを自然の中に、イデアから注ぎ込まれた、諸形相の小さな種子として置いている。彼は諸イデアを最後に、物質の中に影像として置いている[80]。

以上に加えて、イデアが神的精神の中に存在しているのと同数の、諸事物の種子的理性が宇宙の魂の中に存在している。それらの種子的理性によって、宇宙の魂は星辰の上の天に諸形象を造りだし、そして、これらすべてに諸特性を刻みこむ。これらの星辰、形象、特性に、下位の種のあらゆる力と特性は依存している[81]。それゆえ、いかなる種も自らに合致する天上的な形象をもっており、その形象から自らに、驚くべき権能が生じて働くのであり[82]、この固有の贈り物をそれは、宇宙の魂の種子的理性を介し

て、イデアから受け取るのである。[83]

というのは、イデアはあらゆる種の存在の原因だけではなく、またこのような種に存しているあらゆる力の原因でもあるからである。そして、このことが多くの哲学者たちが述べていることであり、すなわち、確実な力によって、つまり、確実で安定した理性を所有し、偶然的でも突発的でもなく、効力があり、権能があり、尽きることがなく、無益で無駄なことはいっさい行わない力によって、諸事物の本性に存在している力は動かされるのである。

これらの力は諸イデアの作用であり、それが道を誤るのは、付帯的に、すなわち、物質の不純さと不均衡によってのみである。このようにして、同じ種に属する事物の権能の大小は、物質の純粋さや混乱に基づいている。[84] それゆえ、プラトン主義者たち自身においては、天上的な力は物質の功績に基づいて注ぎ込まれる、という格言があった。そのことをウェルギリウスは記憶しており、次のように歌っている。

火と燃える活力と、天に発する起源をこれらの種子はもつ。
ただ、肉体が阻害するため、そのすべては発揮できない。[85]

それゆえ、物質のイデアがより少ない事物は、すなわち、分離的なもののより多い類似を受け取っている事物は、作用においてより権能のある、分離的イデアの作用に類似した力を所有する。そしてわれわれは、天上的なものの位置と形象が、より下位の種の中に存する、あらゆる高貴な力の原因であることを知っている。[86]

第十二章　いかにして、さまざまな力は、同じ種であるとはいえ、さまざまな個体に注ぎ込まれるのか

多くの個体の中には、種の中と同様に驚くべき、固有の贈り物が存しており、それは天上の形象と星辰の位置に拠っている。[87] というのは、あらゆる個体は、画定されたホロスコープと天界の下で存在し始めるとき、その存在とともに、自らの種から、あるときは天上的なものの影響を介して、あるときは生成しうるものの物質の宇宙の魂への服従を介して得る力のほかに、驚くべき事柄を行い受容する、ある驚くべき力を集約するからである。[88] その服従とは、われわれの身体のわれわれの魂への服従のようなものである。というのは、われわれは自身の中で、われわれが懐抱する形態に基づいて、われわれの身体は怖れることによって、または忌避することによって動かされるのを感じ取るからである。

こうして、しばしば天上的な魂が、多様なものを懐抱するとき、物質は服従によってそれへと動かされる。そして、自然においては、より上位の運動の想像作用によって、多くの予兆が現われる。さらに、さまざまな力は、自然的な事物だけではなく、また人工的な事物をも懐抱し、これはとくに、作用者の魂が同じものに向かうときに生じる。それゆえ、アヴィケンナは、「ここに生じるものは何であれ、星辰と天球の運動と懐抱に予め存在していた」[89]と述べたのである。こうして、諸事物においては、さまざまな結果、傾向、性質が生じるが、それは、多くの人々が思って

いるように、たんに多様に配置された物質からだけではなく、また多様な影響とさまざまな形態から――種的ではなく、個別的で固有の多様性によって――生じるのである。そして、これらの諸段階は、万物の第一原因である神によって、さまざまに配分されており、神は「同一のものでありながら、個々のものには、それが望むように配分する」。またそれには、第二原因である、天使的で天上的な原因が協働して、物体的な物質とそれに委ねられた他のものを配置する。それゆえ、あらゆる力は、神から、宇宙の魂を介して、しかし、似像とそれを統轄する叡智的なものの特有の力によって、また、ある特有の協和的な合致の状態にある、星辰の光線とアスペクト［星辰の位置］の合流によって注ぎ込まれるのである。[90]

第十三章　どこから諸事物の隠された力は生じるのか

万人に知られていることだが、磁石には、鉄を引き寄せるある力が内在しており、ダイアモンドが置かれると、磁石の力は失われる。同様に、琥珀と黒玉を擦り、それを暖めると籾殻を引きつける。石綿が点火されると、けっして、あるいはほとんど消えることはない。柘榴石は暗闇で光る。アエティテス［ワシの安産石］は女性と植物の果実の上に置かれると、それらを強め、下に置かれると弱める。碧玉は血を止める。コバンザメは船を停止させる。大黄はコレラを防止する。カメレオンの焼いた肝臓を屋根の上に置くと、雨と雷鳴を引き起こす。ヘリオトープ石は視覚を曇らせ、それを持ち運ぶ者の目を見えなくする。琥珀は目から幻影を取り除く。硫黄の香りはあらゆる野獣を引きつける。シノキデス［必然性の石］は下界の幻影を召喚する。アナキティデス［保有する石］は神々の像を出現させる。エンネクティスは眠っている者に作用して、託宣を告げさせる。[91]

エティオピアの薬草は沼を干上がらせ、囲われているものをすべて開放する、と伝えられている。そして、ラタケという薬草は、ペルシャ人の王たちによって使節たちに与えられ、彼らはどこに行こうとも、それによって豊富な事物に恵まれることを、われわれは読んでいる。そして、スパルタの薬草、あるいはスキュティアの薬草は、それを消化し、あるいは口に入れただけでも、スキュティア人を十二日間、空腹と喉の渇きに耐えさせる。[92] そして、アプレイウスは、自らが神意によって、人間たちに永遠の生命を与えることができる、多くの種類の薬草と鉱物について教示された、と述べている。しかし、それらの知識を人間が認識することは許されていない。というのは、人間は少ない時を生きる際には、熱心に過誤を求めて、悪行しか企てないが、長い時が保証されると、今度は神々自身を敬わないからである。[93]

たしかに、これらの力がどこに由来するのかを、諸事物の特性について万巻を著した人々の中で、だれも示すことはなかった。ヘルメスも、ボクスも、アアロンも、オルペウスも、テオプラストスも、テビトも、ゼノテミスも、ゾロアスターも、エヴァックスも、ディオスコリデスも、ユダヤ人イサアクも、バビロニア人ザカリアスも、アルベルトゥスも、アルノルドゥスもそうだったが、しかし、これらの者はすべて、ザカリアスがミトリダテスに対して、偉大な力と人間の運命は鉱石と薬草の力の中に存在する、と書き送ったことは認めている。しかし、これらがどこから来るのかについては、より深い考察が必要とされる。

逍遥学派のアレクサンドロスは、自らの感覚と性質より進むことはなかったが、これらが諸元素とそれらの諸性質に起因するという意見であった。それらの性質が同じ種に属していたならば、この意見は真であると見なすことができるだろうが、鉱物の多くの作用は、種においても類においても合致しない。それゆえ、アカデメイア派は、彼らのプラトンとともに、これらの力を諸事物の形成的なイデアに帰したのである。このような作用を、アヴィケンナは叡智に、ヘルメスは星辰に、アルベルトゥスは諸事物の種的形相に帰属させている。これらの著作家は互いに反目しているように見えるが、しかし、もし正しく理解されるならば、彼らのだれも真理から逸れているわけではない。というのは、彼らの言明はすべて、多数ではあっても同じ結果という点で合致するからである。というのは、第一に諸力の終局であり始源である神は、イデアという徴を、諸叡智という自らの従者に示しているからであり、これらの叡智は、あたかも忠実な遂行者のごとく、自らに委ねられた諸事物を、イデアの力によって諸天と星辰に割当て、そしてあたかも道具のごとく、他方で物質を配置して、(プラトンが『ティマイオス』で述べているように)神の威厳において、星辰を介して引き出されるべきものである形相の受容者としている。そして、諸形相の付与者はそれらを、自らの作業の管理者であり保護者である叡智の責務によって配布する。それらに対して、大きな能力が、自らが関与する諸事物において付与されており、その結果、鉱物、薬草、金属、そして他のすべてのもののあらゆる力が、統轄している叡智自体から生じるのである。

それゆえ、形相と力は、最初はイデアに由来し、次いで統轄し支配している叡智に、さらに諸天の配置された星位に、そして最後に、諸元素の複合的な配置に由来し、それらの諸元素自体を配置する天上の影響と照応している。それゆえ、このような諸作用は、これらの下位の事物においては明瞭な形相によって、諸天においては配置する力によって、諸叡智においては媒介する理性によって、原型においてはイデアと範例的形相によって果たされるのであり、これらすべての作用は、あらゆるものの結果と力の遂行において必然的に合致するのである。

したがって、あらゆる薬草と鉱物の中には、力と驚くべき作用が存在しているが、しかし、それらは星辰においてはより大きなものであり、それを超えたところでは、統轄する叡智から、すべてが多くのものを受け取り、そして至上の原因から、さらに多くのものを受け取る。この至上の原因に対して、万物は相互の完全な調和によって照応し、協和的に一致している。それはあたかも、ある讃歌において、至高の創造者を常に誉め称えるようであり、この讃歌においては、カルデアの炉の中で、カルデアの子どもたちが万物を招きながら、次のように讃美している。「讃美せよ、主を。大地に生えているすべてのものを、水中で動くすべてのものを、空中を飛んでいるすべてのものを、野獣と家畜を、人間の子どもたちとともに」。

それゆえ、万物の第一原因との結合と、その神的範例と永遠のイデアとの照応以外に、諸結果の必然的な原因は存在しない。そこから、あらゆるものは、限定された、原型において個別化された場所を受け取るのであり、それによって生き、そこから根源を引き出すのである。すなわち、薬草、鉱物、金属、動物、言葉、談論、そして神に内在していたすべてのもののあらゆる力は、そこに存在しているのである。

諸叡智と諸天によってこれら下位のものに作用しているものは、中間的なものが省略されても、それらの任務が停止しても、神が自分自身からそれらを直接的に行うことがあり、この行為は奇蹟と呼ばれる。すなわち、第一原因の統制と命令によって、第二原因（プラトンと他の人々は侍女的原因と呼んでいる）は必然的に行為し、そして自らの結果を必然的に産みだすが、それにもかかわらず、神が自らの意向によってそれらを解除し、停止させることによって、第一原因の統制と命令の必然性から完全に離脱することがある。そして、これが神の最大の奇蹟である。こうして、カルデアの炉の中の火は子どもたちを焼き尽くすことがないのであり、こうして、ヨシュアの命令によって、太陽は一日の間、その進行を遅らせ、こうして、エゼキヤの懇願によって、太陽は十度の、すなわち十の時の歩みを戻し、こうして、キリストの受難のときには、太陽はすべて欠けたのである。これらの作用の原因はいかなる理性的推論によっても、いかなる魔術によっても、いかなる隠された、あるいは深い学知によっても探究されず、また関係づけられず、ただ神的託宣によってのみ知られ、また見いだされるのである。[94]

第十四章　宇宙の精気について。それは何か、そして、隠された諸力の紐帯とは何か

デモクリトス、オルペウス、そして多くのピュタゴラス主義者は、天上的なものの諸力と下位のものの本性をきわめて熱心に探究して、万物は神々に満ちている、と述べており、それは理由のないことではない。というのは、卓絶する諸力の中には、神的な援助を奪われて、自らの本性に満足するようなものは存在しないからである。彼らは神々を、諸事物の中に注がれた神的諸力と呼び、それをゾロアスターは神的誘因、シュネシオスは象徴的な罠、ある人々は生命、ある人々は魂と命名している。そして彼らは、諸事物の力はこれらに依存していると述べている。というのは、ある物質から、魂が作用を及ぼす別の事物へと拡張するのは、魂の属性だからである。それは人間が、知性を知性が認識しうるものへ、想像力を想像しうるものへと拡張するのと同様である。そして、このことが彼らの理解していたことであり、すなわち、彼らは、ある存在者の魂は外に出て、別の存在者の中に入り、それを魔法にかけて、その作用を邪魔すると述べている。[95]たとえば、ダイアモンドが、磁石が鉄を引きつけることを妨害するようなものである。

ところで、魂は第一の可動的なものであり、彼らが言うところでは、自発的に、それ自体によって可動的である。他方、物体あるいは物質は、それ自体によっては運動が不可能で、魂自体より

もかなり劣っている。それゆえ、より卓越した媒介物（すなわち、いわば物体ではなく、いわば魂であるもの、あるいは、いわば魂ではなく、いわば物体であるもの）、すなわち、魂を物体に結びつけるものが存在しなければならない。彼らは、このような媒体物を宇宙の精気と、すなわち、われわれの言うところの第五の本質と考えている。というのは、これは四つの元素に依拠しているのではなく、それらの上に、あるいはそれらの側に自存しているからである。

それゆえ、このような精気には、天上的な魂が粗雑な物体に内在するために、驚くべき贈り物を与える媒体物のようなものが必然的に要求される。この精気はほとんど、宇宙という身体における、人間の身体におけるわれわれの精気のようなものである。というのは、われわれの魂の諸力が、精気を介して四肢に伝えられるように、宇宙の魂の諸力も、精気を介して万物へと浸透されるからである。というのは、宇宙全体の中に、自らの力の徴候を欠いているものは見いだされないからである。それどころか、このような精気が多くのものを汲みとったものには、諸力がより多く、あるいは最大度に注ぎこまれる。これらの事物が自らに適合させる限りにおいて、精気は星辰の光線によって汲みとられる。それゆえ、この精気を介して、あらゆる隠された特性は、薬草、鉱石、金属、動物の中に、太陽によって、月によって、惑星よりも高い星辰によって広まる。

この精気は、もしわれわれがそれを他の諸元素から分離するならば、あるいは少なくとも、この精気を多く含んでいる事物を多く用いるならば、われわれにとっていっそう有益なものとなりうるだろう。というのは、精気が物体にあまり浸透しておらず、物質によってあまり妨げられていないものは、より力強く、より完全に作用し、自分に類似したものをより容易に産みだすのである。というのは、万物の生産的で種子的な力は精気の中に存しているからである。それゆえに、錬金術者たちは、この精気を金と銀から分けようと努めているのである。精気を正しく分離して抽出し、そののちに、それを同種の任意の物質、すなわち任意の金属に注入するならば、すぐに金や銀に変化するだろう[96]。われわれはそのやり方を知っているし、それを見たこともあるが、われわれは当該の金が元来もっていた重さ以上の金を作成することはできなかった。というのも、われわれはそこから精気を抽出したからである。というのも、その精気は外的な形相で、内的な形相ではないので、それ自体の尺度を超えて、不完全な物体を完全な物体に変容させることは不可能である。しかし、それについては別の技巧によって為しうることを、私は否定しない。

第十五章　いかにしてわれわれは、諸事物の力を、類似性によって得られる道を介して探究し、発見するのか

それゆえ、諸事物の中の隠された特性は諸元素の本性からではなく、上方から挿入されたものであり、われわれの諸感覚には隠されており、最後にわれわれの理性にかろうじて示されることは明白である。これらの特性は宇宙の生命と精気から、星辰の光線

自体を介して進み出るものであり、[97] われわれには、経験と推測によってしか探究はできない。それゆえ、この探究に臨もうとする者は、すべての事物は運動し、自らに類似したものへと向かうことを、そして、それら自分自身へと、その能力全体に基づいて、特性において、すなわち隠された力におけるのと同様に、また性質において、すなわち元素的な力において、そしてときには実体において向かうこと――たとえばわれわれは、塩の傍らに長い間あったものは塩になるがゆえに、それを塩において見る[98]――を理解しなければならない。というのは、あらゆる作用者は、作用を始める際には、自ら下位のものへと運動するわけではなく、行うのが可能な限りにおいてではあるが、自らに等しく、相応したものに向かう。このことをわれわれは、可感的動物において明白に見ている。その中では、養育的な力が食物を薬草や植物に転化させるのではなく、可感的な肉に転化させるのである[99]。

したがって、いかなる事物の中であれ、ある性質や特性の超過が、たとえば、熱さ、冷たさ、大胆さ、怖れ、悲しみ、怒り、愛、嫌悪、あるいは他の情念や力がそこに内在しており（それらの中に本性によって、あるいはときおり技芸によって、あるいは娼婦における大胆さのように偶然によって内在し）、これらの事物をこのような性質、情念、力へと最高度に動かし、喚起するのである。すなわち、火は火へと動き、水は水へと動き、大胆な者は大胆さへと動く。医者たちの間で周知なのは、脳は脳を助け、肺は肺を助けるということである[100]。こうして、蛙の右目は人間の右目のかすみ目を、蛙の左目は人間の左目のかすみ目を――それを生来の色の布に入れて首にかけると――治すと伝えられている。蟹の目についても、同様に伝えられている[101]。また同様に、亀の足は繋がれると、足を足に、手を手に、右を右に、左を左に吊るされると痛風を治す。

このようにして、あらゆる不毛な動物は不毛さをもたらし、とりわけ、睾丸、子宮、尿についてそうである、と言われている。それゆえ、女性が毎月、ラバの尿を飲み、あるいはそれに浸されたものを摂るならば妊娠しない、と伝えられている。それゆえ、もしわれわれが、ある特性や力能に訴えようとするならば、このような動物に、あるいは、このような特性が際立って内在している他のものを探求しなければならない。そしてわれわれは、それらの中で、このような特性や力能がもっとも活力ある部分を取り上げる。もしわれわれが愛を促進しようとするならば、もっとも愛する動物を探求するのである、それはハト、キジバト、スズメ、ツバメ、セキレイというようなものである。そしてわれわれは、それらの中で、愛欲がもっとも活動する四肢、あるいは部分を取り上げるが、それは心臓、睾丸、子宮、男根、精液、月経である。そして、これらの動物がこのような愛情によってもっとも捕らわれ、専心する時にこそ為されなければならない。というのは、これらの動物がいちじるしく愛を呼び起こし、導き入れるからである。

同様に、大胆さを強めるためにわれわれは、ライオン、あるいは雌ニワトリを探し求め、それらから心臓、眼、額を取り上げる[102]。そしてわれわれは、プラトン主義者のプセロスが、イヌとカラスと雄ニワトリが警戒へと導き、さらにはツバメ、コウモリ、フクロウ、そしてとりわけ、それらの頭、心臓、眼がそうであると述べた、と理解しなければならない。それゆえ、「もし誰かがハトやコウモリの心臓を自ら携えているならば、それらを棄てるまでは眠ることはない」と言われるのである。[103]同じことを、目覚めている者の右腕に繋がれた、コウモリの乾燥した頭部が引き起こす。というのは、それが眠っている者の上に置かれると、それが取り去られるまでは起こすことはできない、と言われているからである。同様に、カエルとフクロウは、とりわけ、それらの舌と心臓は饒舌にする。こうして、水ガエルの舌が頭の上に置かれると、夢の中で話すようにされ、また、フクロウの心臓が、眠っている女性の左の乳房の上に置かれると、あらゆる秘密を漏らすようになる、と言われている。[104]同様なことを、フクロウの心臓と、眠っている者の胸の上に置かれたウサギの脂肪も引き起こす、と言われている。

同様にして、あらゆる長寿の動物は、われわれに長い生命をもたらす。そして、自らの中に更新する力を有するものは、われわれの身体の更新と若さの復元をもたらすのであり、そのことについてはマムシとヘビについて明白である、と医師たちが熟知していることがときおり示されている。雌シカがヘビを食べることによって自らの老年を更新することはよく知られている。同様にフェニックスは、自らが築いた薪の炎を介して更新され、同様な力はペリカンの中に存している。というのは、ペリカンの右足は、熱い糞の中に置かれると、三カ月後には、その中からペリカンが再生するからである。それゆえ、医師たちは、マムシとヘレボルスのある混成によって、そして、このような種類の動物によって、若さを復元することを約束している。[105]そして実際に、メデイアがペリアスの老いた娘たちに約束したように、[106]ときどき復元したのである。また、クマの血も、最近の傷口から口に当てて飲むと、この種のことから、身体の壮健さの増大がもたらされる、と信じられている。[107]というのは、その動物がもっとも壮健だからである。

第十六章　いかにして、さまざまな力の作用はある事物から別の事物へ移行するのか、また、相互に伝達されるのか

われわれは、自然的事物の能力はきわめて大きいので、自らに隣接するすべての事物に自らの力によって働きかけるだけではなく――われわれが磁石において見てとるように――これに加えて、同様な能力をそれらに注ぎ入れ、その能力を通して、それらは同じ力によって他の事物に働きかける、ということを知らなければならない。すなわち、その石はたんに鉄の輪を引きつけるだけではなく、また力を輪自体に注ぎ入れて、これによって、輪は同じことを行うことができるのである。[108]たとえば、アウグスティヌスとアルベルトゥスは、それを見たと述べている。[109]

これと同じように、大胆さとずうずうしさのゆえに疎まれている世俗の娼婦は、自らの特性を自分の近隣にいる者全員に付与して、他の者たちを自分のような者とする。それゆえ、もし誰かが娼婦の下着を着用し、あるいは、自分で鏡をもち、毎日、自分自身を眺めているならば、大胆に、厚かましく、ずうずうしく、放

縦になる、と言われるのである。[110] 同様に、埋葬の際に着用した衣服は、これから、悲哀と憂鬱という特性を懐包すると言われる。そして、縊死した者の輪縄は、同様に、ある驚くべき特性を所有している。

同様なことをプリニウスは語っており、もし誰かが、盲目にされた緑トカゲを地面に置き、ガラスの壺の中に鉄の輪、あるいは金の輪を入れておくと、そのトカゲはガラスを介して視覚を受けとるようになり、この輪はかすみ目に対して効力があるのである。同じ効力は、イタチと輪においても発揮される。というのは、イタチの目は突き刺されても、すぐに視覚を回復するからである。[111] 同様に、輪はある期間、スズメやツバメの巣に入れておくと、そののちには、愛や恩顧のために利用することができる。

第十七章 いかにして、敵意と友愛によって、諸事物の力を探求し、発見すべきか

ところで、あらゆる事物はそれらの間に友愛と敵意をもっていることを、そして、あらゆる事物は、何か恐れ、怖がるものを、すなわち敵意のある、破壊的なものをもち、反対に、何か喜び、楽しみ、強くなるものをもっている。[112] こうして、四大元素においては、火は水と敵対し、空気は土と敵対するが、他の組み合わせは互いに合致する。

さらに、天上の事物においては水星、木星、太陽、月は土星の友であり、火星と金星はその敵である。木星は、火星を除くすべての惑星の友であり、そして、金星を除くすべての惑星は火星を嫌悪している。木星と火星は太陽を愛し、火星、水星、月は太陽に敵対する。木星、金星、土星は月の友であり、火星と水星は月の敵である。

また、星辰には別の種類の敵意が存在しており、すなわち、星辰が反対の家をもつ場合である。たとえば、土星が月の家と、木星が水星の家と、火星が金星の家と反対する場合である。そして、星辰の昂揚が反対にある場合には、それらの敵意はさらに強まる。たとえば、土星と太陽の、木星と火星の、金星と水星の昂揚の場合である。他方、星辰が本性、性質、本質、権能において一致するとき、それらの友愛はもっとも強くなる。たとえば、火星と太陽、金星と月、同様に木星と金星の場合である。さらに、星辰の昂揚が別の家にあるとき、友愛が存在する。たとえば、土星と金星、木星と月、火星と土星、太陽と火星、金星と木星、月と金星の場合である。[113]

そして、上位のものの友愛と敵意がこのようであるように、下位のものにおいては、それらに従っている事物の傾向も同様である。それゆえ、それらの友愛と敵意の状態とは、諸事物の互いの間の傾向性に他ならないのであり、それが存在しない場合にさまざまな事物を欲し、妨げられなければその事物へと向かい、得られると休息し、反対のものを避け、それが近づいてくると恐れ、それにおいて休息することはない。[114] したがって、この見解によって導かれて、ヘラクレイトスは、万物は敵意と友愛によって生じる、と公言したのである。[115]

さて、植物と鉱物における友愛の傾向性とは、磁石が鉄に、エ

メラルドが富者に、[116] 碧玉が出産に、メノウが雄弁に及ぼす、[117] 誘因的で恩恵的な傾向のようなものである。同様に、ナフサは火を引き寄せ、それが見えるや否や、その中に飛びこむ。同様に、ハッカ草の根は、ナフサのように、遠くから火を引き寄せる。[118] そして、同様な傾向性は雄のヤシと雌のヤシの間に存在しており、それらの一方の枝が他方の枝と触れると、互いに包み込んで抱擁し、[119] 雌のヤシは雄のヤシがなくては果実を産みださない。そして、アーモンドも単独では産出力が減じられる。ブドウはニレを愛し、イチジクはギンバイカと相互に愛し合う。オリーブとイチジクも同様である。他方、動物の中においても、友愛が雄ツグミと雌ツグミの間に、カラスとアオサギの間に、クジャクとハトの間に、カメとオウムの間に存在する。[120] それゆえ、サッポーはパオンに対して、次のように書いたのである。

また、白いハトはしばしば、さまざまなものと結びつく。
また、黒いキジバトは、緑色の鳥によって愛される。[121]

さらに、ネズミとクジラは友である。[122]

動物の間だけに友愛が存在するのではなく、また金属や鉱物や植物のような、他の事物との間にも友愛は存在する。こうして、ネコ、すなわち雌ネコはシソ科の葉を喜び、それを擦りつけると妊娠し、雄ネコの欠如を補うと伝えられている。カッパドキアの雌ウマは、風の流れに身をさらして、その息吹きと吸引によって妊娠する。[123] こうして、カエル、ヒキガエル、ヘビ、そして有害な爬虫類はすべて、「笑うパセリ」［セイヨウオモナグサ］と呼ばれる植物を喜ぶ。それについて医者たちは、もし誰かが食べるならば、笑い死にするだろう、と述べている。

さらに、カメはヘビから毒を入れられると、ハナハッカを食べて、それによって回復する。そして、コウノトリはヘビを食べると、ハナハッカによって自分の健康を整える。そして、イタチはレグルスヘビと戦うときにヘンルーダを食べる。それゆえわれわれは、ハナハッカとヘンルーダが毒に対抗する力を有していることを認識する。[124] こうして、ある動物たちの中には、本性的な経験と医学的な生来の技術が存在している。というのは、ヒキガエルは、他のものによって噛まれ、毒で傷つくと、ヘンルーダやサルビアを求めて、それを傷ついた箇所に擦りつけ、こうして自らを危険から逃れさせるのが常だからである。[125] こうして、人間は動物から、きわめて多くの病気の治療法と諸事物の効力について学んできた。ツバメはクナノオウが視覚を治す植物であることを示している。ツバメはそれを用いて自分の雛の目を治療する。[126] そして、カササギは病気になると、月桂樹の葉を巣の中に入れて、そして健康を回復する。[127] 同様に、モリバト、コクマルカラス、ヤマウズラ、ツグミは、月桂樹の葉によって、胃の不快感を鎮め、カラスもまた、カメレオンの毒をそれによって消す。[128] そして、ライオンは、熱が出ると、サルを食べて、健康を回復する。ヤツガツラは、ブドウを食べ過ぎると、ニガヨモギによって自らを治す。[129] こうして、ハナハッカは矢を取り去るために役立つことを、雄シカは教えている。というのは、矢で傷ついても、この植物を食べると、それを追い出すからである。[130] 同じことをクレタ島のヤギもおこなっている。

雌シカは出産の直前に、「セセリス」と呼ばれる植物によって自らを浄化する。[131]同様に、毒グモと接触すると、カニを食べて自分の健康を求める。ブタもまた、ヘビに傷つけられると、同じものを食べて自らを治す。[132]そしてカラスは、ガリアの毒で傷つけられたと感じると、オーク、あるいは、他の者たちが言うように「コルヴァティヴァ」を治療薬として利用する。[133]ゾウはカメレオンを食べると、野生のオリーブで自らを治す。クマはマンドレークによって傷つけられると、アリを食べる。ガチョウとカモ、そして他の水鳥も薬草によって自らを治す。ハト、カメ、雌ニワトリは、ピレトリウムによって治す。ツルはトウシンソウによって治す。ヒョウはトリカブトに対して、人間の糞によって治す。イノシシはツタによって、雌ブタはアーティチョークの葉によって治す。[134]

第十八章　敵対的な傾向性について

そして反対に、敵対的な傾向性が存在している。それは、嫌悪のような本性的な傾向性であり、また、激怒、憤慨、そしてある執拗な敵対のようなもので、あるものは自らの敵対物を避け、あるいは、自らの面前から遠ざけるべきものとして押しやる。このような傾向性を、ルバーブは胆汁に対して、テリアカは毒に対して、サファイアは辰砂と燃える熱と眼の病気に対して、アメジストは酩酊に対して、碧玉は血の流れ[135]と有害な幻影に対して、エメラルドとイタリアニンジボクは欲情に対して、瑪瑙は毒に対して、シャクナゲは陥った病気に対して、サンゴは黒胆汁の幻惑と胃の苦痛に対して、[136]トパーズは貪欲、放縦、そして愛のあらゆる超過のような、精神的な熱に対してもっている。

類似した傾向性を、アリはハナハッカの葉に対して、コウモリの翼に対して、そしてヤツガシラの心臓に対してもっており、最後のものについては、それが眼前にあると逃げだす。[137]またハナハッカは有害なハエと敵対しており、[138]サラマンダーに抵抗し、キャベツを激しく嫌悪して、それと反目し、互いを滅ぼしてしまうほどである。キュウリはオリーブ油を嫌い、それに触れないように鉤状に自分自身を曲げる。

そして、カラスの胆汁は人間を恐れさせ、他のある事物と同様に、潜んでいた場所から駆り立てる、と言われている。ダイアモンドは磁石と不和であり、その傍らに置くと磁石は鉄を引きつけなくなる。そして、ヒツジは「カエル・パセリ」から、あたかも致死的なもののように逃げ去る。そして、驚嘆すべきなのは、自然はこの死の徴をヒツジの肝臓の中に刻んでいることであり、その中において、「カエル・パセリ」の形象が本性的に現われている。[139]同様に、ヤギはメボウキを嫌い、自らにとって、それより有害なものは存在しないかのようである。[140]

さらには、動物の間において、ネズミとイタチは不和である。それゆえ、もしイタチの脳が凝乳酵素に加えられていたならば、ネズミはチーズに触ろうともせず、そのチーズも長く腐らないだろう。サソリはトカゲときわめて敵対しているので、トカゲを垣間見ただけで、サソリに恐怖をもたらし、冷たい汗をかかせる。それゆえ、サソリはトカゲの油で腐敗され、殺されるのであり、その油を塗るとサソリに負った傷は治る。[141] さらには、サソリとネズミの間に敵意が存在し、それゆえ、ネズミがサソリによる傷の上に置かれると、その傷は治る、と伝えられている。[142] また、サソリ、エジプトコブラ、エジプトマングースの間にも敵意が存在している。

そして、ヘビとカニよりも激しく敵対するものはないと、また、ブタは傷ついてもこれらを食べると治ると伝えられている。太陽が巨蟹宮にあるときには、ヘビは苦しむ。[143] サソリとワニもまた互いに殺し合う。そして、もしトキの羽根がワニに触れると、ワニは動かなくなる。ノガンという鳥は、ウマを見ると飛び去り、雄シカはヒツジを見ると逃げ、またマムシを見ると逃げる。ゾウはブタの鳴き声を聞くと恐れ、ライオンは雄ニワトリを見ると恐れる。[144] ヒョウは雌ニワトリのスープが塗られたものに、とりわけそこにニンニクが加わったものに近づかない。また、キツネ、ハクチョウ、雄ウシ、コクマルカラスの間にも敵意が存在する。

鳥たちの中ではまた、永遠の戦いが、コクマルカラスとフクロウの間で、トビとカラスの間で、コザルとキジバトの間で、タカとカニの間で、タカとワシの間で、雄シカとドラゴンの間で生じている。[145] 水棲動物の中ではまた、イルカとクジラの間に、ボラとスズキの間に、ウナギとアナゴの間に敵意が存在している。同様に、タコはロブスターをきわめて恐れていて、近くでそれを見るだけで死ぬ。アナゴはロブスターを、またタコを引き裂く。

ハイエナはヒョウを恐れていると言われている。それはヒョウに抵抗することも、皮の一部に触れようともしないほどである。そして、両方の皮を相対して吊るしておくと、ヒョウの皮が放逐される。[146] オルス・アポッロ［ホラポッロ］が『ヒエログリフ集』においてこう述べている。「もし誰かがハイエナの皮を身にまとうならば、敵どもの間を、何の傷も負わずに進み、不安なく通りすぎるだろう」。[147] 同様に、ヒツジはオオカミに敵意と嫌悪を抱いており、オオカミを恐れ、避け、怯える。[148] そして、もしオオカミの尾か皮か頭がヒツジの囲いの中に吊り下げられれば、ヒツジたちは混乱をきたし、恐れのためにそれを食べない。[149]

プリニウスが伝えるところによれば、「エサロン」という小さな鳥はカラスの卵を壊し、カラスの雛はオオカミによって悩まされているが、その小さな鳥はオオカミの子どもと、オオカミ自身もむしろうとする。これを見てカラスは、共通の敵に対するものとして、オオカミを助けるのである。アザミの中に住んでいる小さな鳥のマヒワは、アザミの花を食べるロバを嫌う。他方、「エギトゥス」という最小の鳥は、ロバときわめて敵対しており、それらの血液は交わることなく、さらには、ロバが鳴くだけで、エギトゥスの卵と雛は死滅する。[150] オリーブも娼婦ときわめて敵対していると言われており、彼女が植えても、実を永遠に結ばず、完全に枯れてしまう。[151]

ライオンは、燃える燈火ほどに恐れるものはなく、他のいかなるものも燈火を凌ぐものはない、と信じられている。そして、オオカミは剣と槍は恐れないが、石を恐れ、それを投げつけられて傷が生じると、オオカミにウジ虫が生まれる。[152] ウマはラクダを恐れ、[153] その姿を見るのも、感じるのも耐えがたいほどである。荒々しいゾウも、ヒツジを見ると穏和になる。ヘビは裸体の人間は怖がるが、着衣の人間は襲う。獰猛なウシも、イチジクの木に繋がれると、その衝動が収まる。[154] 琥珀はバジルを除いて万物を引きつける。そして、オリーブ油を塗られたものには、それに対する自然的反感が伴う。

第十九章　いかにして諸事物の力を探求し、発見するべきか、その力は諸事物に、種全体として存している場合も、個別的な贈与によって、固有のものが生じている場合もある

加えて、諸事物の力は種に基づいて、あるものに存することを考察しなければならない。たとえば、ライオンと雄ニワトリにおける大胆さと勇敢さ、雌ニワトリとヒツジにおける臆病さ、オオカミにおける強欲さと貪欲さ、キツネにおける欺瞞と詐欺、イヌにおける追従、カラスとコクマルガラスにおける吝嗇、ウマにおける傲慢、トラと雄ブタにおける憤怒、ネコにおける悲哀と憂鬱、ツバメにおける欲情、その他の類似したものである。というのは、本性的な力の最大の部分は種に伴うからである。

他方、あるものは個体に基づいて事物に存する。[155] たとえば、ネコを見るのを激しく避けている人々の場合である。彼らは、きわめて深い恐怖を抱かずにはネコを見ることができない。[156] すなわち、恐怖が、人間という種に基づいて、彼らの中に存するのではないことは明らかである。アヴィケンナは、彼の時代に、あらゆる有害なものが避ける人間が生きていて、もし彼を噛むようなことがあった場合には、それらすべてが死に絶え、彼は無傷のままであった、と述べている。そして、アルベルトゥスは、ケルンに、クモを食料として得ようとする少女が暮らしていて、この種類の食べ物を好み、驚くべきことにそれから滋養を得ていた、と伝えている。[157] こうして、娼婦には大胆さが、泥棒には臆病さが存在している。

このようにして、哲学者たちは、けっして病気を患わないある個体は、あらゆる病気に影響を与える、と述べている。すなわち、死者の骨は、もはや熱を帯びておらず、患者の上に置かれると、彼を四日熱から回復させる。さらに、先にわれわれが示したように、多くの特別な力が、天上的物体から個体へと注ぎ入れられている。[158]

第二十章　自然的な力は、あるものには、その実体全体によって内在し、あるものには、そのある部分や構成物において内在する

また、諸事物の力はあるものに、その全体に基づいて、すなわち、その実体全体に基づいて、あるいは部分全体に基づいて内在する、ということを考えなければならない。[159] たとえば、小さな魚のコバンザメは、触れただけで船を留めると言われているが、これはその独自の部分に基づいているのではなく、その実体全体に

基づいている。また、ハイエナは、自らの実体全体に基づいて、その影に触れることによってイヌを黙らせる。[160]キンポウゲはある部分に基づいてではなく、その部分全体に基づいて——根と同様に葉と種子においても——視覚を回復させる。他のものについても同様である。

　他方、ある力は、そのある部分に基づいて、すなわち、舌に、あるいは眼に、あるいは他の構成物や部分においてのみ、諸事物に内在する。こうして、バシリスクとレイヨウの眼の中には、見るやいなや、人間を殺すというきわめて暴力的な力が存在する。同様な力は、ハイエナの眼の中にも存在し、それを見たいかなる動物も、直ちに止まり[161]、茫然として、自分では動けなくなる。同様な力は、あるオオカミの眼の中に存在し、先にオオカミに見られた者を茫然とさせ、声を枯らせ、その結果、彼は叫ぼうと望んでも、声を出すことはできない[162]。このことについてウェルギリウスは言及しており、次のように歌っている。

……それに声までも、
もはやこのモエリスから去っていく。オオカミが先にモエリスを見たのだ[163]。

　また、セキュテイアの中に、イッリュリア族に、そしてトリバッリ族に、しばしば激怒して、見た者を殺すと伝えられている女性が存在している[164]。同様に、ロードス島のテルキネス族は、見ることによってすべてを悪いものに変え、それゆえ、ユピテルによって沈められた、と伝えられている[165]。それゆえ、呪術者たちは、呪術によって同様な情念を働かせるために、このような動物の眼を、点眼液として用いるのである。

　同様に、アリはヤツガシラの頭、足、眼からではなく、心臓から逃げ去る[166]。そして、水に浸されたヤモリの、尾や頭でなく、胆汁がイタチを集める、と言われている[167]。青銅の壺に収められ、地上に置かれたヤギの胆汁は、カエルを集める。ヤギの肝臓は、チョウやあらゆる虫と敵対的である。イヌの心臓をもっている者をイヌは避ける。キツネは、キツネの肝臓を食べた家畜には近づかない[168]。

　こうして、多くの事物はさまざまな力を、さまざまに配された、さまざまな部分を介して所有しており、それらは、受け取りうるものの多様性に基づいて天上から注ぎこまれたのである。たとえば、人体の中では、骨は生命だけを、眼は視覚だけを、耳は聴覚だけを受け取る[169]。そして、人体の中には、ヘブライ人が「ルス」と呼んでいる、あるきわめて小さい、ヒヨコ豆の大きさの骨が存在しており、それはけっして腐敗に陥ることなく、火によっても征服されえず、常に無傷のままに存続している。そこから、種子から植物が発生するように、われわれの動物的な身体は、死者たちの復活において再生するだろう[170]。これらの力は理性によってではなく、経験によって明らかにされる。

第二一章　諸事物に生命ある限りで内在する力と、死後にも存在する力について

さらにわれわれは、ある特性は諸事物にそれが生命ある限りで内在し、ある特性は死後も内在することを知らなければならない[171]。コバンザメは船を停止させ、レグルスとレイヨウは見て殺すが、それは生命のある限りであって、死後に行うわけではない。そして、腹痛がする場合、生きているアヒルを腹部に押しつけると痛みは治るが、アヒルは死ぬ、と言われている[172]。同様なことをアルキュタスも述べている。「もし動物から新しい、暖かい心臓を抜き出して、それを四日熱で苦しんでいる者の上に吊るすならば、それはその熱を取り去る」。また、もし誰かが、ヤツガシラかイタチかモグラの、まだ生きており、脈拍のある心臓を呑み込むならば、それは彼に記憶、回想、知性、予言をもたらすだろう[173]。

これから、一般的な規則が生まれる。すなわち、何かを動物から（あるいは鉱物、あるいは構成物、あるいは髪の毛、糞、爪などの排泄物から）得ようとする場合には、かならず生きている動物から取り出さねばならず、そして、もし可能であれば、取り出したあとも生きていることが望ましい[174]。それゆえ、「カエルの舌を抜き出すと、それを水の中で生かしておかねばならず、オオカミの歯や眼を取り出しても、そのオオカミを殺してはならない」と言われるのである。他のことについても同様である。

それゆえ、デモクリトスは次のように述べている。すなわち、もし生きているウミガエルの舌を引き抜き、他の身体はそのままにして海に戻し、舌を眠っている女性の鼓動している心臓の上に置くならば、彼女は尋ねられたことに対して真実を答えるだろう。同様に、カエルの眼を、太陽が昇る前に、病人の上に置いて、カエルは盲目のままに海に帰すならば、確実に三日熱を追い払うだろう。また同じく、シカの皮で包んだナイチンゲールの肉をもつ者は、眠気が取り去られ、不寝番を務める、と言われている。

同様に、エイのとう骨を取り出して、エイは生きたままで再び海に放ち、その骨を女性の臍の上に置くならば、出産が容易になるだろう。そして、ヘビの右目が取り出され、もしヘビが生きたままで放たれるならば、それが置かれた者の炎症に効力を発揮するだろう[175]。また、「ミュリュス」という名称の魚やオオヘビは、その眼を取り出して病人の額に置くと、眼炎を治すと言われている。魚の眼は再生するので、その効力が去ることがないように、魚からまた光を奪わなければならない。

同じく、あらゆるヘビの歯は、生きたままで抜き出され、病人の上に吊るされると、四日熱を治すと言われている[176]。同様に、モグラの歯も生きたままで抜き出され、モグラが放り出されると、歯痛を治すと言われている。また、放逐されたイタチの尾をもっている者をイヌは吠えないと言われている。そして、デモクリトスが、カメレオンの舌について語るところによれば、もしそれが生きたままで抜き出されると、訴訟の結果について有効に働き、また、家の外に置いておくと出産を安寧なものとする。ただし、それはきわめて有害なので、家の中に入れないように注意しなけ

ればならない[177]。

さらに、死後も残存する特性が存在しており、それについてプラトン主義者たちは、それは物質のイデアがあまり覆われていないものであり、それにおいては、物質が無くなり消滅しても、不滅のものが驚嘆すべきことを行い続ける、と述べている[178]。こうして、草や植物は、それが引き抜かれ、乾燥されても、あるイデアによって注ぎ入れられた力自体が活動し、作用する。

それゆえ、ワシが生きている間、他のあらゆる鳥に優越し、凌駕しているように、死んだのちも、その羽根は他のあらゆる鳥の羽根を破壊し、噛みきるのである。同様にして、ライオンの皮は他のあらゆる皮を滅ぼし、ハイエナの皮はヒョウの皮を破壊し、オオカミの皮はヒツジの皮を噛みきる。そして、このことは物体の接触によって起こるだけではなく、また、音の協和においても起こる。すなわち、オオカミの皮で製作された小太鼓は、ヒツジの皮で製作された小太鼓を沈黙させる[179]。同様に、ヒメウメスズメの皮で製作された小太鼓は、いかに遠くからでもその音が聞こえると、あらゆる爬虫類は追い払われる。そして、オオカミの内臓からつくられた弦は、ヒツジの内臓の弦を張ったリラやキタラと一緒になると、いかなる共鳴もしないことは明らかである[180]。

第二二章 いかにして、下位の諸事物は天上の諸物体に属しているのか、そして、いかにして、人間の身体自体と人間の活動と気質は星辰と宮に配属されているのか

下位のものはすべて上位のものに属していること、そして、それらはある仕方で（プロクロスが述べているように）互いに内在していること、すなわち、下位のものの中に上位のものが、上位のものの中に下位のものが存在していることは明らかである[181]。すなわち、天の中に地上的なものがあるが、それは天上的な原因としてであり、また大地の中に天上的なものがあるが、それは地上的な仕方によって、すなわち結果に基づくものとしてである。

こうしてわれわれは、ある太陽的なものと、ある月的なものが存在し、それらの中で太陽と月が、自らの力を働かせている、と言う。そこから、このような事物は、星辰とその下にある形象の特性と作用に類似した、多くの作用と特性を受け取る。こうしてわれわれは、太陽的なものは、太陽の家である獅子宮のゆえに、また太陽の昂揚である白羊宮のゆえに、心臓と頭部と関係するということを認識する。そして、火星的なものは、白羊宮と天蠍宮のゆえに頭と睾丸に関与する。したがって、葡萄酒で悪酔いして、諸感覚が鈍くなり、頭痛がする場合に、睾丸を冷たい水に入れるならば、あるいは酢に浸すならば、即座に回復するのである。

他方、これらのことに関しては、いかにして人間の身体が諸惑星と諸宮に配されているのかを知る必要がある。それゆえ、アラビアの伝統に基づくならば、太陽は脳と心臓を、腿、骨髄、右眼、生命の精気を統轄していることを知らなければならない。また、舌と口、そして他の、内的および外的な諸器官と諸部分は、さらに手、足、脚、神経、想像力は水星が統轄している。脾臓、胃、膀胱、子宮、右耳、そして受容力は土星が統轄している。肝臓、胃の身体的部分、腹、そして臍は木星が統轄している。それゆえに、古代の人々は、ユピテル・ハンモーンの神殿には、臍の像が設置されていたと伝えている。さらに、この神には、肋骨、胸、腸、血、静脈、右手、左耳、そして本性的な力も帰せられる。

血、静脈、腎臓、胆汁の袋、鼻、背、精液の流出、そして怒りの力は、火星が指揮している。同じく、腎臓、睾丸、陰部、子宮、生殖器、そして性欲は、金星が統轄している。さらに、身体、脂肪、腹、胸、臍、そして、座骨、背中、腰のような性的な行為に仕えるあらゆるもの、それに加えて、頭と、愛の徴である口づけを与える口も金星が統轄している。他方、月は、身体全体とあらゆる部分に、多様な宮に従って関与しており、とりわけ、脳、肺、背骨の髄、胃、月経、あらゆる排出物、左眼、そして成長力を統轄している[182]。

ところでヘルメスは、動物の頭部には七つの穴があり、それらは七つの惑星に帰属される、と述べている。すなわち、右耳は土星に、左耳は木星に、右鼻は火星に、左鼻は金星に、右眼は太陽に、左眼は月に、そして口は水星に帰属させられる[183]。

黄道十二宮のあらゆる宮も、同様に自らの部分に配慮する。白羊宮は頭と顔を、金牛宮は首を、双子宮は両腕と両肩を支配する。巨蟹宮は胸、肺、胃、両腕を、獅子宮は心臓、胃、肝臓、背を統轄する。処女宮は腸と胃の底部を配慮する。天秤宮は肝臓、腿、臀部を、天蠍宮は生殖器、陰部、子宮を支配する。人馬宮は腿、鼠蹊部を、磨羯宮は膝を支配する。宝瓶宮は脚と頸骨を、双魚宮は両足を支配する[184]。

そして、これらの宮の三つ組が天上において、互いに照応し、合致するように、諸部分においても合致する。このことは、経験によって十分に確証される。というのは、足が冷たくなると、それに照応する三つ組的部分である腹と胸が痛むからであり、薬があるものに処方されると他方にも有益で、足が温まると腹痛が止むからである[185]。

したがって、この秩序について覚えて知り、そして、ある惑星に属している事物は、その惑星と、とりわけその家と昂揚に帰されている諸部分と、ある特別なアスペクトと傾向性を有していることを知らなければならない。ただし、三つ組、区界、デカンのような他の星位は、ここではほとんど関与しない。シャクナゲ、バルサム、ナデシコ、シトロンの皮、マヨラナ、シモン、サフラン、アロエ、コハク、ジャコウ、ミルラは、太陽、白羊宮、獅子宮のゆえに、頭部と心臓に有効である[186]。そして、火星の草であるオオバコは、白羊宮と天蠍宮のゆえに、頭部と睾丸に有効である[187]。そして、他のものも同様である。

さらに、土星的なものは悲哀と憂鬱を、木星的なものは喜悦と威厳を、火星的なものは大胆さと係争と憤怒をもたらす。太陽的なものは栄光と勝利と勇気を、金星的なものは愛と情動と性欲を、水星的なものは雄弁を、月的なものは平凡な生活をもたらす。

人間の行動と気質は諸惑星に従って配分されている。すなわち、土星は老人、修道士、憂鬱質の者を、また、隠された宝物と、長い期間にわたる旅と困難を経て獲得されたものを支配する。他方、木星は敬虔な者、高位聖職者、王、指導者、そして正当に獲得された利得を有している。火星は、理髪師、外科医、医者、官吏、死刑執行人、食料品商人、パン屋、粉屋、軍人を有しており、彼らはいたるところで火星的な者と呼ばれる[188]。同様に、残りの星辰も自らの活動を意味しているが、それらについては、占星術者の書物に記されている。

第二三章　いかにしてわれわれは、いかなる星辰に自然的事物が属しているのか、そしていかなる事物が太陽的であるのかを認識するべきなのか

いかなる諸事物がいかなる星辰や宮に属しているのかを知ることは、たしかに難しい。だが、上位のものの光線や運動や形象の模倣を介して、また色彩と芳香を介して、さらには、ある星辰と共振している、その作用の結果を介して、それらは知られる[189]。

諸元素の中で太陽的なものは、火と輝く炎である。体液の中で太陽的なものは、より純粋な血液と生命の精気である。風味の中で太陽的なものは、甘美さが混じった鋭いものである[190]。金属の中で太陽的なものは、その光輝のゆえに黄金であり[191]、それは太陽から、心臓を強くするものを受け取っている。

鉱物の中で太陽的なものは、その黄金の滴によって、太陽の光線を模倣するものである。たとえば、「ワシの安産石」は、黄金の滴によって太陽を模倣し、病気の罹患と毒に対抗する力を有している。そして、「太陽の眼」と言われる鉱石は、その中心からの光線が際立っている、眼の瞳孔に似た形象をもっており[192]、頭脳を鎮めて、視覚を強める。そして、柘榴石は夜に光り、あらゆる空気の、また蒸気の毒に対抗する力を有している。トパーズは弱く緑の色を有しており、太陽を背にすると、そこに黄金の星が際立ち、精神的なものを慰め、喘息を治癒する。そして、それに穴を開けて、ロバの剛毛でその穴を塞いで、左腕につけるならば、幻影と憂鬱な恐怖を追い払い、愚昧さを押しやる。「イリス」と呼ばれる鉱石は、色は水晶に似ており、しばしば六角形のものが見いだされる。その屋根の部分に太陽の光線が当たり、別の部分が影の下に入ると、それは自分自身の中に、太陽の光線を集めて、その光線は反射によって投影されて、反対側の壁の上にイリスを出現させるのである[193]。

同様に、碧玉やエメラルドのように緑色のヘリオトロープ石は、赤い斑点を散りばめられており、人々を堅固で、栄えある、評判の良い者にして、また長命へと導く。その力は、太陽の光線の中で驚嘆すべきものであり、それは血液へと変化させられると、すなわち、太陽が蝕を蒙ったかのように、血の色を帯びて現われる、と言われている。すなわち、そのときには、それは同じ

名称の草の液汁と結合され、水の満ちた器の中に入れられるのである。そして、この別の力は、人間の眼の中で驚嘆すべきものであり、それは人間の視覚を弱め、曇らせるが、この石をもっている者はそれを蒙らない。ただしそこには、ヘリオトープという同じ名称の植物、すなわちキタチルリソウの援助が欠かせないのである。これらの力について、アルベルトゥス・マグヌスとパリのギヨームが自らの書物において確言している。(194)

ヒアシンスもまた、太陽から、毒と伝性病の発熱に対する力を受け取っており、それを携える者を安全で快活にする。富と才知を授け、心臓を強め、口に運ばれると、魂を強く活気づける。同様に、赤い色が混じった葉蠟石が存在する。アルベルトゥスの証言によるならば、これについて、アエスクラピウスが皇帝オクタウィヌス宛の書簡の一通でこう述べている。すなわち、ある毒はきわめて冷たく、人間の心臓を焼くことを妨げて保存するが、あるとき、火の中に置くと鉱石に変化する。これが、火から成った葉蠟石である。それは毒に対する驚嘆すべき力をもち、それを携えた者を栄誉ある者に、また敵たちから恐れられる者にする。(195)

しかし、とりわけ、アポロニオスが発見したと語っている、「パンタウラ」という名称の鉱石は太陽的である。それは、磁石が鉄を引き寄せるように、他の鉱石を自らに引き寄せ、あらゆる毒に対してもっとも効果的なものである。それは、他の人々からは「パンテルス」と呼ばれている。というのは、ヒョウ［パンテラ］という動物に、まだらという点で似ているからである。アアロンはそれを「エウァントゥム」と呼んでいる。さらに太陽的な鉱物は、トパーズ、紅玉髄、ルビー、バラギウスである。(196) 同様に、太陽的な鉱物は、石黄、そして、黄金色と光輝に満ちたものである。

植物と樹木の中では、ヘリオトロープ［キンセンカ］のような、太陽へと向けられるものが太陽的であり、それは太陽が沈むと、自らの中に葉を折り込み、太陽が昇ると、徐々にそれを開いていく。そして、ハスもその低木は太陽的であり、このことは、果実と葉の形象から明白である。また、シャクヤク、キンボウゲ、シトロン、ショウガ、リンドウ、ハナナッカ、クマツヅラも太陽的であり、それらは予言と贖いを実行し、悪いダイモーンを遠ざける。月桂樹もまたポイボス［アポロン］に捧げられており、ヒマラヤスギ、シュロ、トネリコ、ツタ、ブドウ、毒を取り去るものと同様であり、それらは永遠に緑で、冬の寒さを恐れはしない。同様に太陽的なものは、ミント、マスチック、ツエドリア根、サフラン、シナモン、バルサム、コハク、ジャコウ、ハチミツ、アロエ、クローブ、シナモン、ショウガ、コショウ、マヨラナ、ローズマリーであり、それらをオルペウスは太陽の芳香と呼んでいる。(197)

動物の中で太陽的なのは、寛大で、勇敢で、勝利に熱心で、栄誉のあるもので、たとえば、百獣の王であるライオン、ワニ、ヤマネコ、雄ヒツジ、雄ヤギ、家畜の王である雄ウシである。この雄ウシは、エジプト人がヘリオポリスで太陽に捧げたもので、彼らはそれを「ウェリテス」と名づけていた。メンフィスではウシがアピスに、ヘルミトンではパティムという名の雄ウシが捧げられていた。(198) またオオカミがアポロンとラトナに捧げられる。加えて、太陽的な動物はヒヒであり、それは昼に十二時間、一時間ごとに吠え、また春分・秋分のときには、昼に十二時間、一時間ごとに小便する。夜にあっても同様であり、それゆえ、エジプト人は噴水の上にヒヒの像を彫った[199]。

鳥の中で同様に太陽的なのは、一羽しかいない鳥であるフェニックス、鳥たちの王のワシ[200]、ハゲワシ、ハクチョウ、そして、東に昇る太陽をある讃歌で褒め称え、いわば呼び出す、ニワトリやカラスのような鳥である[201]。また、タカがそれとして受け容れられるのは、エジプト人たちの神学においては、精気と光の象徴であり、ポルピュリオスによって太陽的なものの中に挙げられているからである[202]。

さらに、太陽の作業と類似しているものは太陽的である。たとえば、夜に光を発する小さな虫であり、また、「騙すもの」と呼ばれている甲虫は、輝かしい外観で、「大杯」とも言われ[203]、球を転がして、その上で卵を抱いて、幼虫を産む。アッピアノスの説明に拠るならば、このことによって太陽の作業の類似を示しており[204]、甲虫の眼は太陽の動きに従って変化し[205]、このことによって太陽的なものと判断される。

魚の中でもっとも太陽的なものは、輝きに抵抗するアザラシであり、また、夜に光るハコフグとクラゲである。また、燃えるような熱のゆえにヒトデであり[206]、その王に従うウニであり、同様に、王を戴くカキである。カキは乾くと、凝固して金色の鉱石となる。

第二四章　いかなるものが月に属しているのか

月的なものは、諸元素の中では土と、海と川の水であり、あらゆる湿気のあるもの、樹木と動物の湿気であり、きわめて白いもの、たとえば、卵白、脂肪、汗、粘液、身体の剰余物である。風味では、塩辛さと味気のなさである[207]。

金属の中では銀が月的である。鉱物の中では水晶、白鉄鉱、そして、あらゆる白く、緑のものが月的である[208]。同様に、透明石膏、すなわち月的鉱物は月的であり、それは白色で透明で、黄色く輝き、月の動きを模倣して、自らの中に月の形象をもち、日々、増大して減少する[209]。同様に、貝の中で水の雫から生成する真珠も月的で、同じく、水晶と緑柱石も月的である[210]。

植物と樹木の中で月的なものは、太陽へと向かう向日性のもののように、月へと向かう向月性のものである[211]。シュロの木は、月が昇る方向に枝を伸ばす。ヤナギハッカ、ローズマリーの種、双方に関与する植物の最小の木と最大の木は月的である[212]。また、セイヨウニンジンボクとオリーブの木も月的である。同じく、キノスタテエス草は、月とともに増減する[213]。すなわち、それはタマネギを除いて、ある仕方ですべての植物に共通している樹液と力においてだけではなく、その実体と葉の数においてそうなのである。タマネギは月の増減に対して、正反対の増減の力を有しており[214]、それは、飛翔するものの中で、土星的な鳥であるウズラが、月と太陽に対してきわめて敵対的であるのと同様である[215]。

動物の中で月的なものは、人間との交流を喜ぶ動物、本性的に愛情と嫌悪がどちらも際立っている動物で、たとえば、あらゆる種類のイヌである。また、カメレオンは月的であり、対象に似せて、さまざまな色を身に帯びる。それは、月が、それが見いだされる宮が変化するのにつれて、本性を変化させるのと同様である[216]。同様に、月的な動物は、雌ブタ、雌シカ、ヤギ、そして、月の動きを観察し、模倣するすべての動物である。たとえば、ヒヒ[217]とヒョウであり、それらは肩部に、月に似た斑点をもっており、それは円形に成長し、その角は月と同様に曲がっている。また、月的な動物はネコであり、その両眼は月に従って、拡大したり縮小したりする[218]。そして、多くの驚嘆すべきことと奇怪なことを引き起こすために魔術師が用いる、月経の血液のようなものが月的である。さらに、自らの性別を変化させ[219]、さまざまな妖術使いに服従するハイエナも月的な動物であり、そして、大地と水中のどちらにも生息する両生的な動物はすべて月的である。たとえば、ビーバー、カワウソ、そして魚を狩る動物である。さらには、あらゆる奇怪な動物、すなわち、明白な種子がなくとも、あるいは不分明に生まれる動物である。たとえば、ネズミは交接から、あるいは大地の腐敗から生まれる[220]。

鳥の中で月的なものは、ガチョウ、アヒル、カイツブリ、そして、水棲的で魚を食べるすべての鳥である。たとえば、サギがそのような鳥である。そして、不分明に産みだされるものである。たとえば、ウマの死体から生まれるスズメバチ、ウシの腐敗物から生まれるハチ、腐敗した葡萄酒から生まれるコバエ[221]、そしてロバの肉から生まれる甲虫である。もっとも月的なものは、ウシの形状と呼ばれている、二つ角をもつ甲虫であり、それは、球を地中に掘って、二八日の間、そのままの状態に保ち、月が黄道十二宮をすべて巡って、二九日目に、月の合が起こるだろうと考え、それを開けて水中に投げると、そこから甲虫が生まれる[222]。

魚の中で月的なものはナマズであり、その両眼は月に従って変化する。そして、月の動きを注視するもの、たとえば、カメ、コバンザメ、カニ、カキ[223]、アクギガイ、そしてカエルである。

第二五章　いかなるものが土星に属しているのか

土星的なものは、諸元素の中では土と水である。体液の中では黒胆汁で、乾いていることはなく、本性的に、あるいは付帯的に湿っている。風味においては、酸っぱく、酸味がきつく、味気ない[224]。金属の中では、鉛が、重量のゆえに金と黄金の白鉄鉱が土星的である。鉱石の中では、縞瑪瑙、サファイア、黒い碧玉、玉髄、天然磁石、あらゆる地上的で、黒ずんで、重たいものが土星的である。

植物と樹木の中では、スイセン、ジャソウ、ヘンルーダ、クミン、ベリボー、オオウイキョウ、マンドレーク、アヘン、そして麻痺させるもの、また、種を播かれることもなく、果実を産みだすことのないもの[225]と、黒いベリーと黒い果実を産みだすもの、たとえば黒イチジク、マツ、スギが土星的である[226]。さらには、葬儀用の木は、けっしてベリーを伴った新芽を出さず、粗野で、風味は苦く、香りは強く、暗い影で覆い、傾斜は鋭利で、果実はまったく産みださず、いつまでも枯れることがなく、また、埋葬用として、ディース［冥府の神］に捧げられる。それは、古代の人々が、屍体を埋葬する前に、墓に播くのが常であったパセリのようなものである。それゆえ、祭儀において、パセリに加えて、あらゆる草と花から花冠を編んで造ることは許されている。というのは、それは哀悼のためであり、歓楽とは関係しないからである。

また土星的な動物は、這うもので、隠れており、単独で、夜行性で、哀しげで、観照的で、きわめて愚鈍で、貪欲で、臆病で、憂鬱質で、労苦に満ち、動作は遅く、粗野に生きて、自らの子を食べるものである。すなわち、これらの動物とは、モグラ、ロバ、オオカミ、ウサギ、ラバ、ネコ、ラクダ、クマ、ブタ、サル、ドラゴン、バシリスク、ヒキガエル、あらゆるヘビ、爬虫類、サソリ、アリ、そして、大地と水中で腐敗物から生まれるものである。また、ネズミや多くの虫のように、家屋の廃墟から生まれるものである。

鳥の中で土星的なものは、長い首をもち、重苦しい声をもつもので、たとえば、ツル、ダチョウ、そしてサトゥルヌスとユノに捧げられたクジャクである[227]。同様に、フクロウ、コウモリ、ヤツガシラ、カラス、そして、もっとも嫉妬深いウズラである。魚の中で土星的なものは、他の魚から離れているウナギ、ヤツメウナギ、自らの子を食べるサメである[228]。同様に、カメ、カキ、アクキガイ、海の海綿、そして、それらから生じるものである[229]。

第二六章　いかなるものが木星に属しているのか

木星的なものは諸元素の中では空気であり、体液の中では血液と生命の精気、そして、生命の増大と養育、および増殖に関わるすべてのものである。風味の中では甘く、快いものである[230]。金属の中では、その制御し易さのゆえに錫、銀、金である。鉱物の中では風信子石、緑柱石、サファイア、エメラルド、緑碧玉、そして空気の色彩のものである[231]。

植物と樹木の中では、バンダイソウ、バジル、ウシノシタグサ、ナツメグ、オオバコ、ミント、マスチック、オオグルマ、スミレ、ドクムギ、ヒヨス[232]、ポプラ、そして、幸運の木と呼ばれるもの、すなわち、カシ、クリ、ヒイラギ、ブナ、ハシバミ、ナナカマド、イチジク、ナシ、リンゴ、ブドウ、プラム、トネリコ、ハナミズキ[233]、そしてオリーブとオリーブ油である。さらには、オオムギ、コムギ、干しブドウ、カンゾウ、サトウキビ、そして、甘さが際立っており、精妙で、少しの渋さや鋭い風味をもっているもの、たとえば、ナッツ、アーモンド、パイナップル、ハシバミ、ピスタチオ、シャクヤクの根、プラム、ダイオウ、マンナであり、オルペウスはエゴノキもそれに帰している[234]。

動物の中では、ある尊厳と知恵をもっているもの、そして、穏和で、訓育し易く、性格の善いものであり、たとえば、雄シカ、ウシ、ゾウである。また、穏やかな動物、たとえば、ヒツジと仔ヒツジである。

鳥の中では、温厚な性格をもつもので、たとえば、雌ニワトリと卵黄である。同様に、ヤマウズラ、キジ、[235]ツバメ、ペリカン、また、カッコウ、コウノトリ、そして、敬虔さと感謝の表徴である鳥である。[236]ワシは木星に捧げられており、皇帝たちの標章であり、正義と慈悲の象徴である。[237]魚の中ではイルカ、アンキア、ナマズが、その敬虔さのゆえに木星的である。

第二七章　いかなるものが火星に関係しているのか

火星的なものは諸元素の中では火で、同様に、乾燥して鋭利なものすべてである。体液の中では胆汁である。風味の中では苦く、鋭く、舌を焼くもので、涙を催させる、と言われているものである。[238]金属の中では鉄、真鍮、そして火のような赤みを帯び、硫黄のようなものすべてである。鉱物の中ではダイアモンド、天然磁石、血玉髄、碧玉、多くのものから成るもの、そして紫水晶である。

植物と樹木の中ではヘリボー、ニンニク、トウダイグサ、カルタバナ、ハツカダイコン、月桂樹、トリカブト、スカモニア、そして、あまりにも強い熱さのゆえに有毒なもののすべて、[239]また、鋭い棘で身を護り、外皮に触られると焦がし、刺し、膨らませるもの、たとえば、アザミ、イラクサ、キンポウゲである。また、食べられると涙を催させるもの、たとえば、タマネギ、青ネギ、[240]リーキ、カラシ種、そして、棘のあるすべての木、また火星に捧げられているミズキである。

動物としては、好戦的で、貪欲で、大胆で、明白な想像力をもつもの、たとえば、ウマ、ラバ、ヤギ、仔ヤギ、オオカミ、ヒョウ、野生のロバである。また、ヘビ、毒に満ちたドラゴン、そして、人間を攻撃するものすべて、たとえばカ、ハエである。また、その怒りのゆえにヒヒである。[241]

貪欲で、肉食で、骨を折るすべての鳥、たとえばワシ、タカ、コンドルが火星的な鳥として受け取られている。そして、不吉で、死を招くと言われているもの、たとえば、ツノフクロウ、メンフクロウ、チョウゲンボウ、トビである。また、常に飢えていて、きわめて貪欲なもの、そして、呑み込むときに騒々しいもの、たとえば、カラス、コクマルガラス、カササギであり、[242]そして、とりわけ、火星に捧げられたものである。魚の中で火星的なものはカワカマス、ヒメジ、チョウザメなど、きわめて強欲で、きわめて貪欲なものである。

第二八章　いかなるものが金星的であるか

金星的なものは、諸元素の中では空気と水である。体液の中では粘液で、血液、精気、精液を伴っている。風味の中では、甘さ、油っぽさ、快さを有している。金属の中では銀、[243]黄色と赤色の真鍮を有している。鉱石の中では、緑柱石、かんらん石、エメラルド、サファイア、緑碧玉、紅玉髄、「ワシの安産石」、青金石、珊瑚、そして、美しく、白や緑のさまざまな色彩のものすべてが金星に合致する。[244]

植物と樹木の中では、ギンバイカ[245]、スミレ、シダ、アラビア語では「ピュ」と言われるカイコソウ、同じく、タイム、ゴム、リュウゼンコウ、ジャコウ、ビャクダン、コリアンダー、そして、あらゆる甘い香りのもの、好ましく甘い果実が金星的であり、たとえば、甘いナシ、イチジク、ザクロである。ザクロについて詩人たちは、キュプロス島でウェヌスが初めて植えた、と述べている。さらに、ルキフェルのバラとヘスペルスのギンバイカが金星に捧げられる。[246]

動物としては、豪奢で、魅力ある、強い愛をもつものが金星的であり、たとえば、イヌ、ウサギ、ヒツジ、雄と雌のヤギである。それらは、他の動物よりも早く子どもを産み、また出産して七日目には交尾すると言われている。[247] 同様に、雄ウシは尊大さのゆえに、また仔ウシは好色のゆえに金星的である。

鳥の中では、ハクチョウ、セキレイ、ツバメ[248]、ペリカン、ヘラ、子どもを深く愛するものが金星的である。[249] 同様に、カラス、金星に捧げられたハト、そしてキジバトが金星的であり、それらの鳥は出産後に、儀式によって浄められることが命じられている。スズメもまた金星に捧げられており、それは、火星的な病気であるらい病の浄めのために用いることが、法律によって定められているからである。そして、スズメよりもその病気に対抗して効力のあるものはない。[250] エジプト人たちはワシを金星的であると呼んでいた。というのは、ワシは交尾に没頭しがちであり、一日に十三回交尾したあとでも、雄が呼ぶと、再び駆けつけるからである。[251]

魚の中で金星的なのは、好色なニシン、発情しがちなヘダイ、子どもを愛するタラ、同衾者のために戦うカニ、香しい、甘い匂いのするフグである。

第二九章　いかなるものが水星に従うのか

水星的なものは、諸元素の中では、万物を無差別に動かす水である。同様に、体液の中では、とりわけ混合したものであり[252]、また動物的精気を制御する。また、風味の中では、多様な、異質な、混合したものである。金属の中では、水銀、錫、白鉄鉱である。鉱石の中ではエメラルド、赤大理石、トパーズ、さまざまな色彩の石、さまざまな形象が生来具わっている石、あるいは技工によって作成された石で、たとえばガラス、そして、黄色と緑色が混じった色彩をもつ石である。[253]

植物と樹木の中では、ハシバミ、ゴヨウソウ、アカゲ、ルリハコベ、マヨラナ、パセリ、そして、短く小さな葉をもち、性質が混じり、さまざまな色彩から構成されているものである。[254]

動物としては、鋭い嗅覚をもち、抜け目なく、活動的で、知恵が速く回り、迅速に振る舞い、容易に人間に訓育されるものが水星的であり、たとえば、イヌ、サル、キツネ、イタチ、雄シカ、ラバである。[255] また、両性具有的な動物と、性別を変えることのできる動物も水星的であり、たとえば、野ウサギ、ハイエナ、それと同様な動物である。[256]

鳥の中では、本性的に抜け目なく、声が美しく、音楽的で、多才なものが水星的であり、たとえば、ムネアカヒワ、ナイチンゲール、クロウタドリ、ツグミ、ヒバリ、シギ、オウム、カササギ、トキ、バン、そして一本角の甲虫である[257]。

魚の中では、自分自身の方に向かい、それゆえに「輪魚」と呼ばれるものが水星的である。同様に、周囲を騙し、色を変えるタコ、器用なニマタウオ、自らの尾で罠の鉤を外すボラである[258]。

第三十章　月下界全体、そして月下界に存しているものは諸惑星に配属されていること

さらに、世界全体の中に見いだされるものは何れも、諸惑星の支配に基づいて働いており、それらから力を受け取っている。こうして、火においては、生命を付与する光は太陽の支配下にあり、熱は火星の支配下にあり、土においては、さまざまな表面は月と水星と天の星辰の支配下にあり、その塊はすべて土星の支配下にある。そして、体液が支配する中間の元素においては、空気は木星に従い、水は月に従い、混合したものは水星と金星に従う。

同様に、自然の中で能動的な原因は太陽に従い、物質は月に従い、能動的な原因の豊穣性は木星に従い、物質の豊饒性は金星に従い、結果への迅速な進行は火星と水星に、前者は熾烈さのゆえに、後者は機敏で多様な力のゆえに従う。他方、万物の永遠的な継続は土星に帰せられる[259]。

そして、植物的なものの中で、果実を産みだすものはすべて木星に関係し、花々を産みだすものはすべて木星に関係し、種子と樹皮を産みだすものはすべて水星に関係し、根茎を産みだすものはすべて土星に関係し、樹木を産みだすものはすべて火星に関係し、葉を産みだすものは月に関係する[260]。そして、果実を産みだすが花を咲かせないものはすべて土星と木星に属しており、花を咲かせ、種子を産みだすが、果実は産みださないものは火星と水星に属し、種子がなくとも、ひとりでに産みだされるものは月と土星に属している。美しいものはすべて金星に因り、強壮なものは火星に因る。そして、諸惑星はそれぞれ、自らに類似しているものを支配し、統御する。

同様に鉱物において、重み、膠着すること、収斂することは土星に因り、恩典と混合は木星に因り、堅固さは火星に因り、存続は太陽に因り、優美さと華美さは金星に因り、隠された力は水星に因り、共通の恩恵は月に因る[261]。

第三一章　いかにして属州と王国が諸惑星に帰属させられるのか

地球の全体は、王国と属州を通じて、諸惑星と諸宮に帰属させられる。すなわち、土星が磨羯宮を伴うときには、マケドニア、トラキア、イッリリア、インディア、アッリアナ、ゴルディアナ――それらの多くは小アジアに存する――が従属する。それが白羊宮を伴うときには、サルマティア地方、オクシアナ、ソグディ

アナ、アラビア、アザニア、メディア、エティオピア――これらの地域の多くは内陸部のアジアに属している――が土星の支配下にある。

木星が人馬宮を伴うときには、それにトゥスキア、ケルティカ、ヒスパニア、幸運なアラビアが属する。双魚宮を伴うときには、それにリュキア、リュディア、キリキア、パンフィリア、パフラゴニア、ナサモニア、そしてガランマティカが属する。火星が白羊宮を伴うときには、それにブリタンニア、ガッリア、ゲルマニア、バラスタニア、シリアの中央部、イドゥマエア、ユダエアが属する。天蠍宮を伴うときには、それにシリア、カマゲナ、カッパドキア、メタゴニウム、マウリタニア、ゲトゥリアが属する。太陽が獅子宮を伴うときには、それにイタリア、アプリア、シキリア、フェニキア、カルデア、オルセニア、あるいはオルケニアが属する。金星が金牛宮を伴うときには、それはキュラデス、小アジアの海、キュプロス、パルティア、メディア、ペルシャを所有する。天秤宮を伴うときには、ブラクティア、カスピア、セレス、テバイス、オアシス、トログロデュスの人々を支配する。水星が双子宮とともにあるときには、それはヒルカニア、アルメニア、マンティアナ、キュレナイカ、マルマリカ、下エジプトを支配する。処女宮を伴うときには、それはギリシャ、アカイア、クレタ、バビロニア、メソポタミア、アッシリア、聖書においてはエラミテスと呼ばれている人々が住むエラを支配する。月は巨蟹宮を伴うときには、それにビテュニア、ピュリギア、コルキカ、ヌミディア、アフリカ、カルタゴ、全カルケドニアが従う。

以上の事柄は、われわれがプトレマイオスの見解から取り出したものであり、他の占星術者たちの書物に基づいて、そこに別の多くのことを付加することができる。[262] たしかに、属州のこれらの部分を、星辰の帰属に基づいて、支配している叡智的存在の統轄と、祝福されたイスラエルの民族と、使徒たちの籤と、そして聖書の典型的な表徴と比較しうる者は[263]、あらゆる宗教に関わる、将来についての偉大で、預言的な託宣を得ることができるだろう。

第三二章　いかなるものが諸宮、恒星天、それらの形象の下に存しているのか

われわれは類似した考察を、万物を介して、恒星天の形象に関して行わなければならない。地上のヒツジは天界の白羊宮に従属する、と主張されている。そして、地上の雄ウシと雌ウシは金牛宮によって、カニは巨蟹宮によって、ライオンは獅子宮によって、乙女は処女宮によって、サソリは天蠍宮によって統御される。また、ヤギは磨羯宮によって、魚は双魚宮に服属する。同様に、天界のおおぐま座はクマを統御し、へび座はヘビを、おおいぬ座はイヌを統御する。他のものについても同様である。

ところで、アプレイウスは、諸宮と諸惑星の各々に、ある特定の植物を割り当てている。すなわち、白羊宮にはケシを、金牛宮には真っすぐに成長するクマツヅラを、双子宮には曲がって成長するクマツヅラを、巨蟹宮にはヒレハレソウを、獅子宮にはシクラメンを、処女宮にはトウバナを、天秤宮にはヨモギを、天蠍宮

にはワスレナグサを、人馬宮にはルリハコベを、磨羯宮にはギシギシを、宝瓶宮にはキントライオを、双魚宮にはウマノスズクサを割り当てている。そして、諸惑星には、すなわち、土星にはバンダイソウを、木星にはキンミズヒキを、金星にはワラボウフウを、太陽にはキンセンカを、金星にはイヌゴマを、水星にはモウズイカを、月にはシャクヤクを割り当てている。[264]

他方、ヘルメス――彼にアルベルトゥスが従っている――は、諸惑星に対して、すなわち、土星にはラッパズイセンを、木星にはヒヨスを、火星にはオオバコを、太陽にはニクヤナギを、火星にはクマツヅラを、火星にはゴヨウソウを、月にはアカザを付与している。[265] また、われわれは経験から、アスパラガスが白羊宮に、またバジルが天蠍宮に属していることを知っている。というのは、ヒツジの角を削って蒔くとアスパラガスが生まれ、二つの石の間で潰されたバジルはサソリを産みだすからである。

さらに私は、ヘルメスとテビトの教説に基づいて、有名な星辰のいくつかを枚挙することにする。その最初の星は「アルゴルの頭」［ペルセウス座に属する星］と呼ばれ、鉱物の中ではダイアモンドを、植物の中ではヘリボーとヨモギを支配する。二番目の星はプレヤデス、すなわち七つ星であり、鉱物の中では水晶と緑柱石を、植物の中ではサンザシ、ニュウコウ、ウイキョウを、金属の中では水銀を統御する。三番目の星はアルデバランで、鉱物の中では柘榴石とルビーを、植物の中ではオオアザミとクルマバソウを自らの下に置く。四番目の星は「ヒツジの星」［カペラ］と呼ばれ、これは鉱物の中ではサファイアを、植物の中ではニガハッカ、ヨモギ、マンドレークを支配する。五番目の星は「大きなイヌ」［シリウス］で、これは鉱物の中では緑柱石を、植物の中ではサビナ、ヨモギ、ドラセナを自らの下に置く。

六番目の星は「小さなイヌ」［プロキオン］で、鉱物の中ではアカテスを、植物の中ではキンセンカとメグハッカの花々を支配する。七番目の星は「獅子の心臓」［レグルス］で、鉱物の中では柘榴石を、植物の中ではクサノオウ、ヨモギ、マスチックを支配する。八番目の星は「小熊の尾」［北極星］で、鉱物の中では天然磁石を、植物の中ではチコリ――その葉と花は北の方を向いている――、ヨモギ、ツルイチニチソウの花を、動物の中ではオオカミの歯を支配する。九番目の星は「烏の翼」［ギエナー］と呼ばれ、鉱物の中では黒縞瑪瑙が、植物の中ではゴボウ、ラッパズイセン、ヒヨス、ヒレハリソウが、動物の中ではカエルがその支配下にある。十番目の星はスピカで、鉱物の中ではエメラルドが、植物の中ではセージ、シャクジク、ツルニチニチソウ、ヨモギ、マンドークがその支配下にある。

十一番目の星はアルカメク［アルクトゥルス］と呼ばれ、鉱物の中では碧玉を、植物の中ではオオバコを支配する。十二番目の星はエルフェイア［アルフェッカ］と呼ばれ、鉱物の中ではトパーズを、植物の中ではローズマリー、シャジクソウ、ツタを支配する。十三番目の星は「蠍の心臓」［アンタレス］と呼ばれ、鉱物の中では縞瑪瑙と紫水晶を、植物の中ではウマノスズクサとサフランを支配する。十四番目の星は「墜落するハゲワシ」［ヴェガ］であり、これは鉱物の中では橄欖石を、植物の中ではチコリとカラクサケマンを支配する。十五番目の星は「ヤギの尾」［デネブ］と呼ばれ、鉱物の中では玉髄、植物の中ではマヨラム、ヨモギ、カラミンタと言われる、ハッカに似たシソ科の植物、そしてマンドローグの根茎を支配する。[266]

さらにわれわれは、鉱物にせよ、植物にせよ、動物にせよ、他のものにせよ、それらはすべて一つの星によって統御されているわけではなく、多くの星から、分離されていない、結合した影響を受け取っていることを知らなければならない。こうして、鉱物の中では、玉髄が土星の、「蠍の尾」［シャウラ］を伴った水星の、磨羯宮の支配下にある。サファイアは木星、土星、アルハヨト［カペラ］の、不純酸化亜鉛は木星と諸光体の、エメラルドは木星、金星、水星、スピカの支配下にある。そして、ヘルメスの言葉によれば、紫水晶は火星と木星と「蠍の尾」の支配下にある。多様な種類の碧玉は火星とユピテルとアルカメク［アルクトゥルス］の、橄欖石は太陽、金星、水星、「墜落するハゲワシ」［ヴェガ］と呼ばれる星の、トパーズは太陽とエルフェイア［アルフェッカ］の、ダイアモンドは火星と「アルゴルの頭」の支配下にある。

同様に、植物の中では、ヘビグサが土星と天界のへび座の、マスチックとミントが木星と太陽の、マスチックが「獅子の心臓」［レグルス］の、ミントが「ヤギの星」［カペラ］の支配下にある。また、ヘリボーは金星と「アルゴルの頭」に、コケとコウキは太陽と金星に、コリアンダーは太陽と土星に捧げられている。

動物の中では、ゴマフアザラシは太陽と木星の支配下にあり、オオカミとサルは土星と水星の、飼いイヌは木星と月の支配下にある。[267]われわれは、これら多くのことを、より優れたものの中においで示したのである。

第三三章　自然的事物の表徴と符号について

あらゆる星辰は固有の本性、特性、条件をもっており、それらの表徴と性質を、自らの光線を介して、下位のもの――諸元素、鉱石、植物、動物、それらの諸要素――の中に産みだす。それゆえ、各々の事物は、協和的な配置から、また自らを照らす星から、自らに刻印された表徴と性質を受け取る。それは、星辰あるいは協和を表示し、特徴づけるものであり、自分自身の中に、前置されている物質の、類と種と数において、他のものとは異なる力を含んでいる。

それゆえ、各々の事物はある固有の結果のために、自らの星辰によって、とりわけ、他にも増して、第一に支配している星辰によって刻印された性質をもっている。そして、これらの性質は、その星辰に固有の本性、力、根源を自らの中に含んでおり、同様な作用を他の事物に対して働きかける。他の事物の上にこれらの性質は反映され、惑星であれ、恒星であれ、天界の像［星座］であれ、宮であれ、星辰の影響を産みだし、促し、支援する。ただしそのときには、然るべき物質の中で、また然るべき時間において構成されなければならない。

こうしたことを古代の智者たちは考察し、諸事物の隠された条件を探求して労苦を重ね、自然自体が星辰の光線を介して、下位の事物に、すなわち、鉱石の中に、植物と樹木の年輪と瘤の中に、そして、他の動物のさまざまな部分の中に描いた、星辰の像、形象、表徴、印、性質を書き記した。というのは、月桂樹、ナツメ、キンセンカは太陽の植物であり、自らの根茎や瘤を切り取られると、太陽の性質を示すからである。そして、動物の背骨と肩甲骨においても示され、そこでは一種の肩甲骨占いが行われる。また、鉱物と鉱物のようなものにおいても、天界の事物の特徴と像がしばしば見いだされる。

しかし、諸事物の大きな多様性において、伝承的な学知は存在せず、また、人間の賢慮が洞察しうるものはごく僅かなので、われわれは、植物、鉱物、他の諸事物、また多くの動物の諸部分に見いだされるものは脇に置いて、人間の本性において見いだされるものだけに留まることにしたい。この本性は、宇宙全体のもっとも完全な似姿であり、自分自身の中に、あらゆる天体の協和を含んでいるので、疑う余地なく、われわれは人間の本性の中に、あらゆる星辰と天体の影響の表徴と特徴を豊富に、また、天界の本性とあまり異ならない、より効力のあるものを見いだすだろう[268]。

しかし、星辰の数は神だけが知っているように、星辰の下位のものへの効果も表徴も同様であり、それらの認識に到達することは人間の知性には不可能である。したがって、われわれには、古代の哲学者や手相占い師が、あるときは理性によって、あるときは経験によって獲得した、僅かなものしか知られておらず、多くのものはいまだに、自然の宝蔵の中に隠されたままで横たわっている。

それゆえ、われわれはここでは、古代の手相占い師が人間の手の中に認めた、諸惑星の少数のある表徴と符号を書き留めることにする。これらをユリアノスは聖なる、神的な文字と呼んだ。というのは、聖書の言葉に従って、それらの文字によって、人間の一生が自らの手の中に記されるからである。いかなる国家においても、いかなる言語においても、常に同じことが、またそれに類似した永続的なことがあり、それらに加えて、そののち、古代の、また最近の手相占い師によって、多くのことが案出されてきた。それらを知ろうと望む者は、彼らの書物を参照しなければならない。ここでは、自然の特徴は、どこに自らの起源を求められるのか、また、いかなる事象の中にそれらを探究すべきかを示すだけで充分である。

神的な文字の形象は以下の通りである。

土星の文字、すなわち符号

木星の文字、すなわち符号

火星の文字、すなわち符号

太陽の文字、すなわち符号

金星の文字、すなわち符号

木星の文字、すなわち符号

月の文字、すなわち符号[269]

第三四章　いかにしてわれわれは、自然的事物とそれらの力を介して、天上的な物体の影響と力を呼び寄せ、引きつけるのか

さて、もしあなたが、宇宙のある部分から、あるいはある星から力を受け取ることを望むならば、あなたはその星に関与しているものを呼び出して、硫黄とピッチと油によって炎を受け取る状態となっている木材のように、その固有の影響下に入らなければならない。それにもかかわらず、あなたが、分散されてはいるが、互いの間では同じイデアと星辰に適合している多くの事物を、ある事物の種、あるいは個体へと正しく帰するならば、すぐに、この然るべく準備された物質を介して、特有の贈り物がイデアから、宇宙の魂の働きによって注ぎ込まれるだろう。

私が、「然るべく準備された」と述べたのは、ある力を物質に注ぎ入れる協和に類似した協和の下にある、という意味である。というのは、諸事物は、われわれがすでに述べたような、ある力をもっているが、しかし、その力は深く隠されているので、その力によってある作業が遂行されることは稀である。しかし、芥子の粒が砕かれると、隠れていた刺激を促すように、また、火の熱が、タマネギや牛乳の汁で記された、初めは隠されていた文字を明らかにするように、また、ヤギの脂肪で石に記され、すぐに隠れた文字が、石を酢に浸すと浮かび出て、あたかも切削されたかのごとく明瞭になるように、さらに、ノイチゴの枝で叩くと、眠っている者の怒りが呼び覚まされるように、天上的な協和は、物質の中に隠れている力を促し、刺激し、強化し、そして明白なものにする。そして——私はこう言いたいのだが——潜勢体から現実体へと移行させて、諸事物は天上の時の下に、時宜を得て提示される。

たとえば、もしあなたが、太陽から力を引き寄せ、植物、金属、鉱物、動物の中の太陽的なものを探求しようと望むならば、太陽の秩序において、より上位にあるものを呼び出し、主に用いなければならない。というのは、これらのものがより強力に働くからである。こうしてあなたは、太陽から特別の贈り物を、太陽の、然るべく受け取られた光線を介して、また、宇宙の精気を介して引き寄せるだろう[270]。

第三五章　自然的事物の交互の混合とその有用性について

下位の自然においては、上位の物体の全体の力が、ある一つのものに包含されて見いだされず、われわれの下では、多くの種を通して分散されていることは、きわめて明白なことである。たとえば、多くの太陽的な事物が存在しているが、それらの一つの中に、太陽の力の全体は包含されておらず、各々が別々の特性を太陽から得ている。それゆえ、あるときには、諸作用の中で混合が起こることが必然である。こうして、太陽の百や千の力は、それほどの多くの植物、動物、その他の類似したものによって分散されているとしても、われわれは、これらのものを収集して、一つの形態へと変化させることができ、その中において、上述した力がすべて、統一体として含まれるのを見るだろう。

混合の中には二重の力が存在しており、すなわち、一方は、初めからその諸部分に内在している、天界的なものであり、他方は、相互に混淆する多くの事物から成る、ある比に基づいた、ある人工的な混合によって得られるもので、ある星位の下で天と合致するようなものである。[271] そして、この力は、諸事物相互の上位のものとの類似と関連性によって降下するものであり、そこでは、後続するものの力は先行するものの力と対応し、とりわけ、受容者は自らの行為者と適応している。[272]

こうして、薬草、熱、それに似たもののある構成から、自然学的にも天文学的にも確証されている、多くの星辰の贈り物が付与された、ある共通の形態が生じる。[273] たとえば、ミツバチにおいては、無数の花々の汁から取り出され、一つの形態に還元されたものが、万物の力を、ハチのある神的で驚嘆すべき技巧によって含んでいる。エウドクスス・グニディウスが、ある蜜の技法について、リビアのある巨人族は花々から最上な蜜をつくることを知っており、それはミツバチとほとんど異なることはなかった、と伝えている。[274]

多くのものから構成された、あらゆる混淆がもっとも完全であるためには、それらの部分が緊密に接合され、一つのものとなり、あらゆる点で堅固で、容易には分離されないことが必要である。たとえばわれわれは、ときおり、鉱石とさまざまな物体が、ある自然的な力によって巧みに融合され、統一化され、それゆえ、ほとんど一体のものに見えることを知っている。たとえば、二本の樹木は挿し木によって、カキは鉱石と自然のある隠された力によってそうなる。そして、ある動物は鉱石に変化し、鉱石と実体的に結合され、それゆえ、一つの物体をつくり、同質化することが見てとれる。

それゆえ、ある者が多くの物質から、天界の影響の下に混合を造るならば、一方では天界の作用の多様性が、他方では自然の潜勢力の多様性が混淆されて、ある驚嘆すべきものを、軟膏や点眼剤や燻煙、そして同様なものを介して作成するのである。このことは、キュラニデス、アルキュタス、デモクリトス、アルコラトと呼ばれているヘルメス、また多くの人々の著作において読むことができる。

第三六章　混合した事物の統一性と、より高貴な形相と可感的生命の導入について

われわれは、ある事物の形相が高貴であればあるほど、その事物自体はより容易に、より速く受容され、また、より強く作用するということを知らなければならない。こうして、諸事物の把握不可能性が驚嘆すべきものとなるのは、すなわち、それらが混合した、然るべく準備された物質の中に置かれて、生命に満ちたものとなり、星辰からその生命を、より高貴な形相としての可感的な魂として獲得するときである[275]。準備が整った物質における潜勢力はきわめて大きなもので、われわれは、それらが生命を獲得するのは、諸性質の完全な混合が先行する対立をすでに解いていると見られるときである、と考える。たしかに、混合が対立から離れれば離れるほど、それらはより完全な混合を得るのである。

ところで天界は、最初から、物質の混淆と完全な同化によって、事物を生成させる支配的な原因として、天界の影響と驚くべき力を生命とともに拡大するのであり[276]、それは、生命自体と可感的な魂の中に、より高貴で、より崇高な力を懐抱しようとする傾向が存在するからである。天界の力は、さもなければ眠ったままで留まり、それは、炎から遠ざけられた硫黄と同じである。炎は、生き生きとした物体の中では、点火された硫黄として常に燃えており、その熱によって近くのものすべてを満たしている[277]。こうして、ある驚嘆すべき作用が生みだされるのであり[278]、そのようなことは、『プルトの規則』と題されている、『ネミト』の書に記されている。というのは、このような奇怪な生成については、自然の規則に基づいて産みだされるのではないからである[279]。

われわれは、幼虫から力が、ウマからスズメバチが、仔ウシと雌ウシからハチが、そして、カニから、その脚をもぎ取って地面に埋めると、そこからサソリが生まれることを知っている。カモが乾燥され、粉に挽かれて、そして水に入れられるとカエルが生まれる。もしそれをパイの中に入れて焼き、諸断片に切り分けて、湿った場所や地面の下に置くとヒキガエルが生まれる。バジルの薬草を、二つの石の間で擦るとサソリが生まれる。月経中の女性の髪を、糞の下に置くとヘビが生まれる。ウマの尾の毛を水に入れると、生命を宿し、有害な虫になる。そして、ある術策においては、雌ニワトリが卵の上に座っていると、人間に似た形態のものが生まれる。それを私は見たし、やり方も知っており、それを魔術師たちは、驚嘆すべき力による結果であると称しており、それを真のマンドレークと呼んでいる。

したがって、われわれは、いかなるものが、いかなる物質が自然によるものか、人工によるものなのか、開始されたものか、完成されたものか、あるいは多くのものが付加されたものか、そして、いかなる天界の影響を受容することができるのかを知る必要がある[280]。というのは、自然的事物の天界的なものへの適合によって、われわれがそれらから影響を汲み取るのに充分だからである。というのは、天界的なものが下位のものに対して自らの光を注ぎ入れることを禁じるものはなく、それゆえ、いかなる物質も、天界的なものの力を欠くことはありえないからである。それゆえ、いかに物質が完全で純粋であっても、天界の影響を受ける

のに不適切などということはない[281]。そこには、物質と宇宙の魂との結合と連続が存在しており、この魂は毎日、自然的なものの上に、そして、自然が準備したものすべての上に影響を及ぼしているので、準備された物質が生命を、あるいはより高貴な形相を受け容れないことはありえない。

第三七章　いかにしてわれわれは、ある自然的な、また人工的な準備によって、ある天界的で生命的な贈り物を引き寄せるのか

アカデメイア派の人々はトリスメギストスとともに、また、イアルカス・ブラフマヌス、そしてヘブライ人のメクバル派の人々は、月下界の、この下位の世界に存在するものはすべて、生成と消滅に従属している、と述べている。同じことは天界にも存在しているが、ある天界的な様態においてであり、さらに知性界にも存在しているが、はるかに完全で優れた仕方で、原型におけるもっとも完全な様態においてである。そして、この系列においては、ある下方のものは、その類にとって、その上位のものに、そして、これを介して最上のものに応答しなければならず、またそれらから、すなわち天界から、第五元素、あるいは宇宙の精気、あるいは自然の媒介と呼ばれている、天界的な力を受け取らなければならない。知性的世界からは、霊的で生命的な活力を、あらゆる性質を超越している力を、最後に、原型からは、その媒体物を介して、その段階に従って、あらゆる完全性の原初の力を受け取らなければならない。

それゆえ、あらゆる事物は、この下位のものから星辰へと、星辰から叡智へと、そしてそれから原型へと、適切に至らせることができる。これらの系列から、すべての魔術とあらゆる秘儀的な哲学は流れ出る[282]。というのは、毎日、ある自然的なものは術策によって引き寄せられ、毎日、ある神的なものは自然によって引き寄せられる。このことをエジプト人は見て、自然魔術と、すなわち、類似したものを類似したものによって牽引する、合致するものを合致するものによって牽引する、魔術的な力自体と呼んだのである[283]。

このような、上位のものと下位のものの間における、諸事物の相互的な適合のことを、ギリシャ人は「シュンパテイア［共感］」と呼んだ[284]。こうして、土と水は冷たさによって、水と空気は湿気によって、空気と火は熱さによって合致し、火と天は物質において合致する[285]。他方、火は水と空気を介せずには、空気は土と水を介せずには融合せず、同様に、魂は身体と精気を介せずには、知性は精気と魂を介せずには融合しない。

こうしてわれわれは、自然が人間の幼児を形成したとき、まさにこの準備によって、精気を宇宙から引き寄せたことを見てとる。この精気とは、魂に身体を結びつける道具であり、魂とは、精気と身体において、叡智と精神を神的なものに従わせる道具である。それは、木材において、乾燥が油を受け容れるための準備であり、この吸収された油は火にとっての食料であり、火自体が光の媒介であるのと同様である。

これらの例によってわれわれは、いかにして、ある自然的、および人工的準備によって、ある天界的な贈り物を上方から受容することができるのかを見てとる。[286] というのは、鉱物と金属は植物と合致し、植物は動物と、動物は天界と、天界は叡智と、叡智は神的な特性および属性と、そして神自身と合致し、神の類似と似像に従って万物は創造されたからである。

さて、神の最初の似姿は宇宙であり、宇宙の似姿は人間であり、人間の似姿は動物であり、動物の似姿は植虫類であり、植虫類の似姿は植物であり、植物の似姿は金属であり、鉱物は金属の類似と似姿を表している。[287] そしてまた、生命のあるものの中では、植物は野獣と生成の点で合致し、野獣は人間と感覚という点で、人間はダイモーンと知性という点で、ダイモーンは神と不死という点で合致する。神性は精神と結びつき、精神は知性と、知性は意図と、意図は想像と、想像は感情と、感情は感覚と、最後に感覚は事物と結びつく。[288]

これが自然の結合と連続であり、長く連続する系列の下で、あらゆる上位の力は、すべての下位のものを介して、自らの光線を配布しながら、最後のものに至り、下位のものは自らのすべての上位のものを介して、最高のものに到達する。このようにして、下位のものは上位のものと互いに結合しており、それらの頭部にある第一原因からの流出が、いわば、張りつめた線のように、最下部のものまで達している。その線のどちらかの先端が触れられると、すぐに全体は震えて、この接触は別の先端まで反響し、[289] 下位のものの運動によって、それに対応する上位のものも動かされるのであり、それは、竪琴の弦が共鳴するのと同じである。

第三八章　いかにしてわれわれは、天界的で生命あるものだけではなく、また知性的で神的なものも上方から受け取ることができるのか

マグスたちは、天界的な贈り物を、天界の然るべき影響によって、上位のものに類似した下位のものを介して引き寄せることができる、また、これらの天界的な贈り物を介して、精神の従僕である、天界のダイモーンをわれわれ自身と結びつけ、迎え入れることができる、と教示している。それゆえ、イアンブリコス、プロクロス、シュネシオスは、プラトン学派全体とともに、天界的で生命的なものだけではなく、また知性的で、ダイモーン的で、神的なものも、神性の自然的な力をもつ、すなわち、本性的に上位のものと協和している、自然学的にも天文学的にも正しく受け入れられ、時宜を得て収集された、ある確実な物質を介して天上から受け取ることができる、と確言している。[290] そして、ヘルメス・トリスメギストスは、ある確かなダイモーンと合致している、ある固有の諸事物によって正しく構成された像は、合致するダイモーンによって速やかに魂を吹き込まれる、と書いている。[291] それについては、アウグスティヌスも『神の国』第八巻において言及している。[292]

これは宇宙の調和であり、超天界的なものも天界的なものによって引き寄せられ、超自然的なものも自然的なものと合致して引き寄せられる。というのは、そこでは、ある作用的な力とさま

ざまな種の分有が存在しているからである。[293] この作用的な力が、隠された諸原因から明白なものを産みだすように、マグスは、隠されているものを引き寄せて、明白なものを受け取る。すなわち、それは星辰の光線を介して、煙を介して、光を介して、音を介して、天界的な事物と合致する自然的な事物を介して為されるのであり、後者の中には、物体的な性質に加えて、理性と感覚、そして、非物体的で神的な数と尺度も存在している。

こうして、われわれは、古代の人々がしばしば、ある自然的な事物によって、ある神的で驚嘆すべきものを受け取るのが常であったことを、書物で読んでいる。[294] すなわち、ハイエナの瞳孔の中に生まれる石は、それを舌の下にもつ人物を神的な者にする、と言われている。同様なことは、月の石である透明石膏もひき起こす、と伝えられている。同じく、「アンキティス」という鉱物は神々の像を呼び出し、また「シノキティス」という鉱物は、下界の霊を呼び出して保つ、と言われている。

同様なことを、ペルシャ側のアラビアの大理石から生じるがゆえに、「大理石草」と呼ばれているボタンが引き起こすのであり、プリニウスはそれについて、「マグスたちは、それを用いて、望むときに神々を呼び出す」と語っている。そして、マグスたちは、「テンゲリダ」と呼ばれる草を飲んで予言をする。さらに、死者たちを生に呼び戻す草も存在しており、それゆえ、歴史家のクサントスは、「バルス」という名前の草を用いて、殺されたドラゴンの幼獣は親によって生き返らされ、また、ドラゴンが殺したティッロという者も同様に生き返った、と語っている。そしてユバは、アラビアのある草が人間の生命を甦らせる、と伝えている。[295] しかし、このような事象が、実際に、草の力によって、あるいは別の自然的事物の力によって果たされうるのかどうかは、以下の章において論じることにしたい。

ところで、これらのことが他の動物においても起こることは確実で、明白である。すなわち、死んだハエが、暖かい灰の中に置かれると再生する。そして、死んだハチは同様に、カラミンタの液汁の中で生命を取り戻す。そして、水の欠如のために死んだウナギは、全身を酢の染みこんだ泥の下に置かれると、内臓の血がそれらに注がれて、数日後には全身が生命を取り戻す。[296] コバンザメは、諸部分に切られて、海に投げ入れられても、すぐに諸部分が結合して再生する、と言われている。われわれはまた、ペリカンが殺された自分の雛を、自分自身の血によって生き返らせることを知っている。[297]

第三九章　われわれは、宇宙のある物質によって、宇宙の神性とこれらの神性を支配するダイモーンを引き寄せることができる

悪しきダイモーンが邪悪な予言術によって引き寄せられうることを、誰も疑ってはいない。それについてプセロスは、グノーシス派のマグスたちが行うのが常だったと語っている。すなわち、彼らは、呪うべき、忌まわしい、恥ずべきことを行って、悪しきダイモーンに追従した。[298] それはかつて、プリアポスの祭儀におい

て、また、恥部が隠されずに献じられた、パノルと呼ばれた偶像神への奉仕において行われたことである。

これらのことは（もし真実であって、物語でなければ）、テンプル騎士団の忌まわしい異端について読まれることや、[299] 魔女たちについて、同様なことが明白であることと異なるわけでない。魔女たちについては、老婆の狂気がしばしば、彼女たちを恥ずべき行為の中で迷わせるのが認められる。これらのこと、あるいはこれらに類似したことによって、悪しきダイモーンは呼びだされ、共謀するのである。たとえば、キュノプスのマグスによって呼びだされた悪しきダイモーンは、ヨハネにこう語った。「サタンのすべての権能はそこに棲みついており、あらゆる主権者たちと共謀し始める。同様に、われわれもまた彼と共にある。キュノプスはわれわれに従い、またわれわれも彼に従う[300]」。

また、これとは反対に、善い行為によって、純粋な精神によって、神秘的な発話によって、敬虔な祈願によって、そして同様な事柄によって、超天界的な天使たちがわれわれと結びつくことについて、誰も無知ではない。それゆえ、同様に、宇宙のある確実な物質によって、宇宙の神性も引き寄せられうることを、あるいは少なくとも、これらの神性を支配する、あるいは従属するダイモーン――ヘルメスが述べているように、空気のダイモーンは超天界的ではなく、高貴でさえない――を引き寄せられうることを、誰も疑ってはならない。

われわれが書物で読むところによれば、古代の祭司たちは、未来を予言する彫像や塑像を造り、それらに星辰の精気を注ぎ入れたが、それらはある物質によって閉じ込められたというよりはむしろ、それらを享受していたのである。すなわち、精気は、このような物質の中に、自分自身に合致するものを認識して、それらの中に常に、自ら進んで住み、語り、そして驚嘆すべきことを行ったのであり、[301] これは、悪しきダイモーンが、人間の身体を占領して行うのが常だったことと異ならない。

第四十章　拘束について、それらはいかなるものであり、いかなる仕方で作用するのが常であるのか

これまで諸力と自然的事物の驚嘆すべき効力について述べてきた。ここで、大きな驚嘆を引きおこす事柄について知ることが残されている。すなわち、人間の愛情、あるいは嫌悪における、病気と健康、そして同様なものにおける拘束についてである。[302] また同様に、ある場所では盗むことができない、という盗人と泥棒の拘束が、ある場所でも買うことも売ることもできない、という商人の拘束が、境界を越えることができない、という軍隊の拘束が、風の力が強いどころか、まったくないために港から出られない、という船舶の拘束が、推進力がなくて回ることができない、という製粉器の拘束が、水が外に排出されない、という水槽や泉の束縛が、果実が産みだされない、という田畑の拘束が、建物を造ることができない、という土地の拘束が、どこにも点火できず、いかに燃えやすいものであっても火がつかない、という火の拘束が、誰も害を及ぼさない、という稲妻と嵐の拘束が、吠える

ことができない、というイヌの拘束が、飛ぶことのできない、そして逃げることのできない、という鳥類と野獣の拘束が[303]、そして、これらに類似した拘束があり、それらは信じがたいことであるが、しばしば経験によって認知されている。
また、妖術による、点眼剤、軟膏、媚薬による、結合と停止による、指輪による、魅惑による、強力な想像力と魂の超出による、図像と文字による、魔法と呪いによる、光による、音による、数による、言葉と名称、呪言、犠牲、嘆願、悪魔払い、祈願、奉献による、そして、さまざまな儀礼と習慣による、また同様なことによる拘束も存在している[304]。

第四一章　妖術とその力について

妖術の力はとても強力であり、あらゆる下位のものを破壊し、分解し、変化させると信じられているほどである、と語られてきた[305]。それについて、たとえば、ウェルギリウスは次のように述べている。

ここにある毒草は、ポントゥスの地で摘み集められ、モエリスから
私が直接もらったもの。ポントゥスではこれがとてもたくさん生えている。
私は幾度もこの眼で見たが、モリエスはこれを使ってオオカミになり、
森に姿を隠したし、墓の底から亡霊を呼び出したり、
畑に生えた作物を別の畑へ移したりした[306]。

同様に、別の箇所で、オデュッセウスの仲間について、次のように述べている。

これらも、もとは人間であったのが、仮借のない女神が魔法の草を用いた。
キルケが野獣の顔と毛皮を被せてしまったのだ[307]。

すぐのちでは、次のように述べている。

巧みなウマの慣らし手であったピークス王は、欲望の虜となった妻により
黄金の杖で打たれ、魔法の薬で姿を変えられた。
キルケが鳥に変え、翼にさまざまな色をふり撒いたのだ[308]。

さて、これらの妖術の種類について、ルカヌスは亡霊を呼び出したテッサリアの妖術師について言及し、次のように述べている。

これとともに、自然が不吉に懐抱し、産みだすものが
混淆される。水が恐れる、イヌの唾の泡、
ヤマネコの内臓、汚いハイエナの関節、
そして、ヘビを食べた雌シカの骨髄、
強い風が船尾を引っ張っても、船を海の中央に

留めておくコバンザメ、そしてドラゴンの歯も欠かせない[309]。

このようなことについて、たとえばアプレイウスは、愛を得ようとする妖術師のパンフェレのことを語っている。すなわち、彼女の召使いであるフォティスは、ボイオティアの若者の髪の代わりに、ヤギの膨らんだ革袋から落とされた毛を彼女に渡した。「こうして、パンフィレ奥様はもう心も上の空で、板葺きの物見部屋に昇っていきました。そこは両側とも、家がすっかり開けた吹き通しで、東の方も他の方も、すっかり四方八方を見通せるところなのです。そこは魔法の術をやるのにもってこいですから、いつもこっそりとそこへ行くのですが、まず手はじめに、お定まりの道具立てをこの悪魔の住む仕事部屋に並べたてます。あらゆる種類の香料だの、わけの分からない文字を切り込んだ板だの、不吉な鳥類の堅くなった骸骨だの、死人の墓や屍から取ってきたさまざまなものを、ずいぶんとどっさり拡げておきます。こちらに鼻や指がいくつもあると思えば、向こうには絞首人の肉がついた釘があったり、またあちらには殺された人間の血を取ったものや、野獣の餌になるところを横取りしてきた頭骸骨があるというわけです。

それから彼女は、今度はまだ動いている野獣の内臓に向かって何かおまじないをしきりに言い、さまざまな色の液体を注いで祈ります。泉水だとか牛の乳だとか山から来た蜂蜜とか、それに甘露の酒なども注ぎます。それがすむと、先刻の毛を取って、お互いに編み合わせ、房につくって、さまざまなお香と一緒に、真っ赤におこっている炭火の中に投げこんで焼きます。そうするとすぐに、魔術の力の、誰ひとりとして抗うことのできない勢いに惹かれ、無理強いをされた神力のとてつもなく激しさに操られて、いま、現に自分の髪が音を立てて焦げているそのものが、人間の息をかりに具えて、その気配を感じ、音を聞いて、歩み寄って、自分の毛が焦げる臭いが招くところにやって来ました。このように、あのボイオティアの若者の代わりに、皮の袋が家の中に入ろうとして門を襲ったのです」[310]。

アウグスティヌスもまた、イタリアにおいて、この種の術策に精通していた、ある妖術使いの女性が、チーズを与えることによって人間たちを畜牛に変え、必要な仕事を終えると、彼らを再び人間に戻した、ということを聞いたと証言している[311]。

第四二章　いくつかの妖術の驚嘆すべき力について

さて私は、いくつかの妖術について、それらの例を通して、この考察全体への道を準備するために話すことにしたい。それらの最初のものは、月経の血であり、それが妖術においていかなる強い力を有しているかを、われわれは見ることにしたい。すなわち、書物で述べられているように、それが新しいブドウの木にかかるとブドウを酸っぱくし、もしブドウの房が触るならば、それは永遠に損なうことになる。それに触れた植物は枯れてしまい、接ぎ木したものも死滅する。庭園の種子は見棄てられ、樹木の果実は落ちる。鏡の表面の輝きは弱まり、理髪師の剃刀の鋭さも、象牙の光輝も失われる。さらに、鉄はすぐに錆びて朽ち果て、青銅も接触するとひどい悪臭と錆びを受け取る。それを味見しただけで、イヌは狂乱へと追いやられ、もしこの毒物を噛んだならば、狂気の中に留まる。ハチの巣は滅び、それが触れた巣からハチを去らせる。そして、亜麻はそれに浸されると、黒く変化する。妊娠している雌ウマは、それに触れると流産するし、それが塗られた雌ウマに流産をもたらす。雌ロバは、それに触れたオオムギを食べている間は妊娠しない。

月経の血のついた衣服の灰を、洗おうとする衣服の上にまくと、それを紫色に変える。そして、花々から色彩を取り去る。それを黒ヒツジの羊毛に浸け、銀の腕輪の中に容れると、三日熱と四日熱が消える、と伝えられている。さらに、それを患者の足裏に塗ると、三日熱と四日熱への効果はきわめて大きく、さらには、その女性自身によって、患者が知らないままに塗ると、その効果が増すと言われている。そして、それは突然の発作も治す、と言われている。しかし、すべての者で一致して認められているのは、イヌに噛まれて水や冷たさを恐れる者は、月経の血に浸した布を杯の下に置いておくだけで、すぐにこの恐怖から脱出する、ということである。さらには、月経中の女性が裸体で耕地を歩むならば、イモムシ、小虫、甲虫、ハエ、そして有害なものは死滅する、と伝えられている。しかし、このことは太陽が昇る前に行うように注意しなければならない。さもなければ、種子は乾いてしまうだろう。同様に、それは雹と嵐を鎮め、雷光に対して有効である、と伝えられている。このようなことを多く、プリニウス自身が語っている。[312]

ここでわれわれは、次のことを知らねばならない。すなわち、もし月が下弦にあるときに起こるならば、その毒の力はさらに増大する。そして、月蝕と日食のときに起こるならば、その毒は致命的なものとなる。他方、その活力が最大で、もっとも力があるのは、月経が初期の年月において、また処女の時に起こるときで、そのときが月経に適しているのである。すなわち、そのときに家の戸口に触れるだけで、あらゆる邪悪なものは、家の中で無効にされるのである。

さらに、それに接触した衣服の糸は、火によって燃やされず、[313]火中に投じられても、さらに火が広まることはない、と伝えられている。そしてまた、ビーバーを伴うシャクヤクの根が、月経の血が塗られた布の染みとともに患者にもたらされると、罹患した病気が治る、と言われている。さらには、雄シカの心臓を炙って焼いて、月経の血のついた布に加えるならば、それによって燻蒸された飛び道具は、狩猟にはまったく役立たない、と言われている。月経中の女性の髪は、糞の下に置かれるならば、ヘビが生まれ、[314]また、それが焼かれるならば、その臭いによってヘビは逃げ去る、[315]と言われている。その中の毒の力が大きいので、毒をもつものに対して毒となるのである。

妖術の中でもあまり知られていないものに、「ヒッポマネス［ウマの狂気］」という肉の小片がある。これは、イチジクほどの大きさで、色は黒く、生まれたばかりの仔ウマの額に現われる。それを、母ウマがすぐに食べてしまわないと、仔ウマから心は遠く離れてしまい、子どもを養育しなくなる。[316]それゆえに、これを粉末にして、愛する者の血と混ぜて、杯で飲み干すと、その者は愛の最大の力によって駆りたてられる、と伝えられている。同じ「ヒッポマネス」という名称で呼ばれている別の妖術が存在しており、すなわち、雌ウマの鼠径部から流れ出る毒で、然るべき時に、愛の狂気をもたらす[317]。それについてウェルギリウスは言及しており、次のように歌っている。

ただこのときにのみ、牧人たちが「ヒッポマネス」と正しく
名づけた、
粘り気のある分泌液が、雌ウマの腿の付け根からしたたり落
ちる。
しばしば意地悪い継母たちが集めてきて、薬草と
不吉な呪文を混ぜ合わせるのが、この「ヒッポマネス」なの
である[318]。

これについて、また諷刺詩人のユウェナリスは、次のように歌っている。

ヒッポマネスや呪文や、継子を殺すために調合された
毒薬のことも、私は話す必要があるのか[319]。

アポロニオスは『アルゴナウティカ』において、プロメテウスの草について言及している。彼によれば、この草は、プロメテウスの肝臓がカウカサス山で、ワシによって苦しめられ、食い尽くされていたときに、地上に滴り落ちた腐敗物と血から生まれた。アポロニオスはこう述べている。「その花は、コリュコス産のサフランに似た色で、二本の茎によって支えられ、地面から一キュビトのところにあり、地下の根は、最近切った果肉のように、黒い液体をブナのように滴らせている」。それを誰かが、プロセルピナに贈り物を捧げたのちに、自らの身体に塗るならば、彼は鋏によっても火によっても傷つくことはありえないだろう[320]。また、サクソ・グラマティクスは、フロトンという者の衣服について、それを身につけると、武器のいかなる先端によっても傷つくことはありえなかった、と記している[321]。

ハイエナもまた、多くの妖術において用いられる。というのは、プリニウスが言及しているように、その血が戸口に触れると、詐欺師たちの汚れた術策は、どのように試みても、神々を呼び出して、会話することはできない。同様に、それを焼いた灰とイタチの血を左のくるぶしに塗った者たちには、あらゆるものに対する嫌悪が生じる。焼いた眼からも同様なことが生じる。他方、腸の最大の管は、王侯と権力者の不公正を正すもので、ほんの少しでもそれをもっている者には、嘆願、評価、口論での成功において有効である。同様にまた、それが左の腕の窪みに結ばれた者が女性を眺めると、強い愛がそこに出現して、彼の跡をその女性は従うのであり、彼女の額の皮は魔力をかける者に抵抗できない。

また、バシリスクの、サトゥルヌスの血と呼ばれている血液も、妖術において大きな力を有している、と伝えられている。すなわち、それをもっている者に、権威者たちからの懇願の、さらに神からの懇願の成功をもたらし、また病気の快癒と特権の贈り

物をもたらす。また、イヌの左耳から取り出され、黒い色でしかないダニは、生命の占卜において大きな力を有している、と言われる。というのは、もし病人が、それを自らに入れた者が、彼の足下に立って、病気について問うたとき、彼が答えたならば、確かに生命の希望が存在するが、他方、もし彼が何も答えなかったならば、彼は死ぬことになるからである。また、狂乱のイヌが噛んだ石は、それを飲料の中に置いたならば不和の力を有する、と言われる。そして、イヌの舌を靴の中の親指の下に置き、とくに、同じ名前の草であるオオルリソウ［学名は「イヌの舌」］とともに置くと、その者にはイヌが吠えない。また、イヌの子どもの膜をもっている者も同様であり、イヌの心臓をもっている者からイヌは逃げる。

そしてプリニウスは、茨の茂みの中でだけ暮らしている、ルベータ［赤い］と呼ばれるヒキガエルは、妖術に満ちており、それによって驚嘆すべきことを行う、と語っている。すなわち、その左側の小骨を冷たい水の中に投げると、たちまち水は熱くなり、それによって、イヌの衝動は抑えられ、それを飲むならば愛と口論が引きおこされる。それが繋がれた者は情欲に駆りたてられる。反対に、右側にある小骨は、熱いお湯を冷まし、そののち、それが取り去られない限りは熱くならない。また、それが仔ヒツジの皮によって病人に繋がれると四日熱は治まり、また他の熱も、愛も、情欲も抑えられる。他方、このヒキガエルの脾臓と心臓は、ヒキガエルから生まれる毒に対して、大きな効力を発揮する。このようにプリニウスは述べている(322)。

さらに、人間を殺す道具である剣は、妖術の中でも驚嘆すべき力をもっている、と言われている。というのは、それから造られた轡や拍車によって、あらゆるウマや凶暴なものは支配され、打ち負かされるからである。そして、ウマが両足にそれから造られた蹄鉄を打っているならば、きわめて速く、そして疲れを知らないものになるだろう。加えて、剣の特徴と名称について書き記しておくべきであろう。すなわち、「もし誰かが、人間の首を刎ねる剣を葡萄酒に浸し、そして、それを病人が飲むならば、彼は四日熱から治癒するだろう」と言われている。

また、クマの脳から造られた飲料を、その頭蓋骨から飲む者は、クマの怒りを吹き込まれ(323)、その結果、それを飲み干す者は自らがクマに変化したと思い、眼に映ったすべてをクマの姿のように判断し、こうして、この飲料の力が取り除かれて、彼の体質に悪いものが無にならない限りは、彼の凶暴さは続く、と言われている。

第四三章　燻煙と、その根拠と権能について

星辰と適合したある燻煙は、空気と精気が、然るべき時に、星辰の光線の下で獲得された天界的な贈り物へと強く働きかけると、多くの効力を発揮する。というのは、われわれの精気は、ある種類の蒸気によって、あたかも両者の蒸気が互いに似ているかのように、激しく変容させされるからである。空気はこれらの蒸気を介して、下位のものの性質と上位のものの性質によって、きわめて容易に影響を受け、われわれの内臓に常に、すばやく浸透

して、驚くべきことに、われわれを類似した性質へと変える[324]。それゆえ、燻煙は幻覚をもたらすことによって、予言に利用するのが常であった。というのは、幻覚はある神性に適合されることによって、われわれが神的霊感を受け取るように、われわれを専心させるからである[325]。こうして、アマニの種子とオオバコの種子による、そしてスミレの根とパセリの根による燻煙は、未来の事柄を見させて、予言に向かわせる、と言われている[326]。

たしかに、燻煙が空気中において、いかに大きな効力を発揮するかについて、誰も驚いてはならない。ポルピュリオスが理解しているように、ある確かな蒸気によって、それに固有の燻煙が高く昇ると、空気のダイモーンがただちに引き寄せられ、導かれて[327]、雷鳴と稲妻、そして、それに類したことが起こるのである。それと同じように、カメレオンの心臓が家の最上部で焼かれると、豪雨と稲妻を引き起こすことは明白である。同様に、その頭と喉は、オーク材で焼かれると、豪雨と雷鳴を生じさせる[328]。

さらに、燻煙は、然るべき時に、星辰の影響下において、ダイモーンの幻像を空中に、あるいは別の場所に即座に出現させる。もしコリアンダーとパセリから、あるいはヒヨリとドクニンジンから燻煙が生じると、ダイモーンたちが直ちに集まる、と言われており、それゆえ、それは精気の香草と呼ばれる。同様に、もしオオイキョウの根と、ドクニンジン、ヒヨス、モウズイカ、ビャクダン、黒ケシから成る混合から燻煙が生じると、それはダイモーンと奇妙な形象を出現させる。そして、もしこれらにパセリが加えられると、それはダイモーンをあらゆる場所から追い出し、それらの幻影を消滅させる。同様に、ハッカ、シャクセリ、ミント、トウゴマから造られた燻煙は、あらゆる悪い精気と邪悪な幻影を追い払う[329]。

それに加えて、ある燻煙によって、ある動物が集まり、あるいは避ける、と伝えられている。たとえばプリニウスは、硫黄による燻煙によって、あらゆる野獣が呼び出される、と述べている。こうして、雄シカの喉の上部の骨を焼くと、ヘビが集まり、雄シカの角の燻煙によって避ける。同様なことを、クジャクの焼かれた羽根が引き起こす。同様に、ロバの肺は焼かれると、あらゆる毒が避ける[330]。ウマの蹄が焼かれると、ある家からネズミが逃げ出す。同様なことは、ラバの蹄によって生じる。その蹄が左足のものならば、ハエも逃げ出す[331]。そして、もし家やある場所が、エゴノキ、バラ、アロエと混合されたコウイカの胆汁で燻煙され、その場所に海水や血液が投じられたならば、家全体が海水や血液で満たされるのが見られるだろう。そして、もし耕地に投じられたならば、大地が震動するのが見られるだろう[332]。

われわれは、このような蒸気はある身体に働きかけて、ある力をそこに注ぎ入れ、きわめて長く保持するということを、明瞭に考えなければならない。そして、疫病の感染性の有毒な蒸気は、二年以上、壁の中に保存されていると、その住人に影響を及ぼし、覆いの中に隠れていた伝染病やらい病による厄災が、そののち長く、家の使用者に影響を及ぼす[333]。それゆえ、ある燻煙は、図像や輪、それに類似した魔術の道具、秘匿された宝蔵のために利用されるのであり、それについてポルピュリオスは、きわめて効力がある、と証言している[334]。

それゆえ、次にように言われている。「もし誰かが、金や銀やある高価なものを隠そうとするならば、月が太陽と天の中央で合になるときに、その場所を、コリアンダー、サフラン、ヒヨス、パセリ、黒ケシを、同等の分量で砕いて、それらにドクニンジンの汁を混ぜて燻煙すれば、それはけっして発見することも取り出すこともできずに隠されており、常にダイモーンがそれを護るだろう。そして、もし誰かが、そこからあるものを奪い去ろうとするならば、彼はそれらによって傷を受け、狂気に陥るだろう」。

そして、ヘルメスは、クジラの精液の燻煙ほどに、ダイモーンを引き寄せるのに適するものは存在しない、と述べている。それゆえ、もしそれにアロエ、トウヒレ、ジコケ、サフラン、ジャコウ、ヤツガシラの血液を混ぜるならば、そこに燻煙が生じて、すぐさま、空気の精気が集まる。そして、もしそれによって、死者たちの墓の近くで燻煙するならば、亡霊と、死者たちの影が集まるだろう。[335]

こうして、われわれが太陽に、ある活動を向けるたびごとに、われわれは太陽的なものによって燻煙しなければならず、月に対しては月的なものを、そして他のものについても同様に行わなければならない。そしてわれわれは、星辰と精気の中に対立と敵対が存在するように、また燻煙の中にも同じようなものが存在する、ということを知らなければならない。アロエと硫黄は互いに対立し、ニュウコウと水銀は対立する。そして、アロエの燻煙によって引き寄せられた精気は、硫黄が焼かれると消え去るのである。[336]プロクロスが例示しているように、ライオンの形態で現われるのが常である精気は、雄ニワトリが置かれるとすぐに消え去る。というのは、雄ニワトリはライオンに対立するからである。そして、類似したものについても、このように考えて実践しなければならない。[337]

第四四章　諸惑星に適合したある燻煙の構成

われわれは、太陽のための燻煙は、サフラン、リュウゼンコウ、ジャコウ、アロエ、バルサム、月桂樹の果実、クローブ、ミルラ、ニュウコウによって行い、それらすべてを砕いて、ある比率で混合して（すなわち、甘い香りがするように混合して）、ワシの脳、あるいは白ニワトリの血とともに、丸薬かトローチに合体する。月のための燻煙は、乾燥したカエルの頭、雄ウシの眼、白ケシの種子、ニュウコウ、ショウノコウから行い、それらを月経の血、あるいはガチョウの血と合体させる。土星のための燻煙は、黒ケシの種子、ヒヨスの種子、マンドレークの根、天然磁石、ミルラを採りあげ、それらをネコの脳、あるいはコウモリの血と混ぜる。

木星のための燻煙は、トネリコの種子、アロエ、エゴノキ、ベンヤミン、青金石、クジャクの羽根の先を採りあげ、それをコウノトリ、あるいはツバメの血と、あるいは雄シカの脳と合体させる。火星のための嫌煙は、トウダイクサ、ブデリウム、ワサビダイコン、クリスマスローズの根、天然磁石、小さな硫黄を採りあげ、それらすべてを雄シカの脳、人間の血、黒ネコの血と合体させる。金星のためには、ジャコウ、リュウゼンコウ、アロエ、赤いバラ、赤いサンゴから燻煙を起こし、ツバメの脳、ハトの血とともに造る。木星のためには、マスチック、ニュウコウ、クローブ、ゴヨウソウ、アカタ石から燻煙を造り、それらすべてをキツネの脳、カササギの血と合体させる。

　さらに、土星の燻煙のためには、トウヒレンやニュウコウのような、あらゆる香り高い根が適している。木星の燻煙のためには、ナツメグやクローブのような、香り高い果実が適している。火星の燻煙のためには、あらゆる香り高い樹木、たとえば、ビャクダン、イトスギ、バルサム、アロエが適している。太陽の燻製のためには、あらゆるゴム、ニュウコウ、マスチック、ベンヤミン、エゴノキ、アヘン、リュウゼンコウ、ジャコウが適している。金星の燻煙のためには、花々が、バラ、スミレ、サフラン、そして類似したものが適している。水星の燻煙のためには、あらゆる樹木の皮と果実が、たとえば、シナモン、ニッケイ、メース、シトロンの皮、そして、月桂樹の種子と、何か香り高い種子が適している。月の燻煙のためには、あらゆる野菜の葉が、たとえば、シナモンの葉、ギンバイカの葉、そして月桂樹の葉が適している。[338]

　またわれわれは、マグスたちの見解に従って、愛、善意、それと同様なもののような、すべての善い行為においては、善い、香り高い、貴重な燻煙が存在しなければならず、他方、嫌悪、怒り、惨めさ、それと同様なもののような、悪い行為においては、悪臭のある、無価値な燻煙が存在しなければならない、ということを知るべきである。

　黄道十二宮も各々の燻煙を有している。すなわち、白羊宮はミルラを、金牛宮はトウヒレンを、双子宮はマスチックを、巨蟹宮はショウノウを、獅子宮はニュウコウを、処女宮はビャクダンを、天秤宮はガルバヌムを、天蠍宮はキンゴウカンを、人馬宮はアロエを、磨羯宮はベンヤミンを、宝瓶宮はユーフォルビウムを、双魚宮はアカジャコウを有している。

　他方、ヘルメスは、もっとも強力な燻煙は、七惑星の力に基づいて七つの香料から合成されたものであると記している。すなわち、それは、土星からはトウヒレンを、木星からはナツメグを、火星からはアロエを、太陽からはマスチックを、金星からはサフランを、水星からはシナモンを、月からはギンバイカを受け取っている。[339]

第四五章　点眼剤、軟膏、媚薬とそれらの力について

　点眼剤と軟膏は、自然的事物および天界的事物の諸力を、われわれの精気と協和させて、それをさまざまに多重化し、変容し、変形し、変成し、そしてまた、それらに内在している権能の転移を行って、それ自身の身体に作用するだけではなく、隣接するものに対しても、可視的な光線によって、呪法によって、同様な性質による接触によって働きかける。われわれの精気は、多血的な、繊細な、純粋な、光輝ある、空気的な、そして油性的な蒸気なので、[340]それゆえ、点眼剤を類似した蒸気から作成するのが適している。この蒸気はわれわれの精気と、その実体においてより調和する。というのは、それは類似性のゆえに、より精気を誘い、

引き寄せ、変形するからである。類似した力を、ある軟膏も、別の調製物も所有している。

それゆえ、ときおり接触によって、病気、毒気、あるいは愛が、手や衣服に結びついたものによって導き入れられる。同様に、口づけを介して、口の中に保たれるあるものによって、愛が導き入れられる。この点についてはたとえばウェルギリウスにおいて、ウェヌスがクピドに懇願しているのが読み取られる。

そうして、おまえを喜びに満ちたディードが膝に置くときがあろう。

王宮の饗宴と酒盛りのさなかに
抱擁して、甘い口づけを与えるときがあろう。そのとき
おまえは隠れた炎を吹き込み、気づかれずに毒を盛るのだ。[341]

視覚は、残りの諸感覚よりも純粋で、明瞭で感知し、そして、われわれに諸事物の徴を、より鋭く、深く刻みこむので、最大度に、他の感覚にも増して、空想的な精気と合致する。そのことは、夢において明白であり、そこではしばしば、視覚がわれわれに、聴覚や残りの諸感覚よりも、自分自身を提示させる。[342]

それゆえ、点眼剤が視覚的精気を変形するとき、その精気は想像力に容易に働きかける。この想像力は、さまざまな形象と形態を備えており、同じ精気を介して、自らを視覚という外的な感覚へと伝達し、この機会によって、視覚の中にこのような形象と形態の知覚が、独特の仕方で惹起され、そしてそれは、あたかも恐ろしい像やダイモーンや類似したものが見られると思われるような、外的な対象によって動かされているかのようなのである。

こうして、点眼剤が製造され、空中や他の場所にダイモーンの影像をただちに見いださせるのであり、それが人間の胆汁と黒ネコの眼とある他の事物から造られることを、私は知っている。同様なものはまた、ヤツガシラ、コウモリ、ヤギの血からも造りだされる。そして、「もし鋼鉄性の鏡にヨモギの汁を塗って、燻煙するならば、その中に、呼び出された精気が見られるだろう」[343]。

ある燻煙、あるいは軟膏は、眠っている者が話し、歩き、起きている者の仕事を行い、そしてときには、起きている者がほとんど為しえない、あるいは為そうとしないことを行うようにさせる。そして、ある燻煙や軟膏は、われわれが、どこにも存在していない恐ろしい音や心地よい音を、またそれに類した音を聞こえるようにさせる。この理由のゆえに、狂気じみた者や憂鬱な者は、外部のある事象を見たり、聞いたりしていると自ら信じ込むのであるが、それらは、彼らの内部で、想像力が創り上げたものに他ならない。こうして、彼らは恐れるべきではないものを恐れ、驚くべき、また誤謬きわまりない猜疑に陥り、誰も追っていないのに逃げて、誰も存在していないのに怒り、争い、そして、恐怖の存在していないところで恐れる。

このような情念を、魔術的実践もまた、燻煙によって、点眼剤によって、軟膏によって、媚薬によって、毒物によって、燈火によって、光によって、鏡によって、図像によって、呪文によって、詩句によって、そして、ある協和の下に動物たちの神経を鎮静化する音と合唱によって導き入れることができる。さらには、さまざまな儀式によって、慣行によって、祭儀によって、宗教に

よって、迷信によって、そして、本書の然るべき箇所で取り扱うことになるものによって導き入れることができる。

このような術策によって、情念、出現、幻像が導き入れられるだけではなく、また諸事物自体が、そして実際に人間も変化を蒙り、さまざまな形態へと変容させられる。たとえば、プロテウス、ペリクリュメノス、アケロオス、エリュシクトンの娘メトラについて、詩人たちは語っている[344]。こうして、「キルケは、オデュッセウスの仲間たちを変えた」[345]。そして、リュカオンのユピテルの祭儀において、犠牲の中身を味わった人々はオオカミに変えられたのであり、そのことがデマルクウスという者に起こった、とプリニウスは述べている[346]。

アウグスティヌスも同じことを考えており、彼は、イタリアに滞在していたとき、ある女性たちについて聞き知ったことを語っている。すなわち、彼女たちは旅人に、チーズに混ぜた毒を盛って役畜に変え、そして、彼らが荷物を運び終えると、再び人間に戻したのであり、このことは、プラエスタンティウスという名前の者の父親に起こった[347]。そして、聖書自体もまた、ファラオのマグスたちが、彼らの杖をヘビに変え、水を血液に変えたこと、また他の同様な事柄について証言している[348]。

第四六章　自然学的な結合と吊り下げについて

宇宙の魂は、自らの力によって、自然的に産出されたもの、あるいは人工的に作成されたものすべてを豊かなものとし、それらに対して驚くべき結果を生みだすために、天界的な特性を注ぎ込む。そして、事物それ自体は（燻煙、点眼剤、膏薬、媚薬、あるいは同様な方法によって適用されるだけではなく、また適切に包みこまれ、結びつけられ、あるいは首から吊り下げられ、あるいは別の仕方で中に置かれ、あるいは軽い接触によって近づけられ）、自らの力をわれわれに刻印する。

それゆえ、この結合、吊り下げ、包含、中置、接触によって、身体と魂の付帯性は、病気、健康、大胆さ、恐怖、悲哀、歓喜、そして同様なものへと移され[349]、人々の振る舞いを、優美か恐ろしいものに、受容するか拒絶するものに、誉れ高い愛すべきものか嫌悪される忌まわしいものにする。

さて、このような情念は上述のものによって注ぎ込まれる、と思われるのと同様に、樹木の接ぎ木において存在しているのは明白である[350]。そこにおいては、生命力が幹から、それに接ぎ木された枝へと注ぎ込まれ、結合と接触によって、お互いが結びついている[351]。こうして、雌のヤシにおいて、それを雄のヤシに近づけると、その枝は雄のヤシの枝へと傾いて撓む。これを見た庭師は、雄のヤシから雌のヤシまで縄を張って、再びその枝を立たせて、縄を張り続けることによって、雄のヤシの力を受け取るようにする[352]。同様に、われわれは、シビレエイを長い棒によって遠くから触ると、たちまた触った者を麻痺させることを知っている[353]。

そして、もし誰かが、病気のとき、アカガイに手や棒によって触るならば、彼の魂は衰弱するだろう。同様に、ヒトデをキツネの血と青銅の鍵とともに戸口に付けると、毒薬も害することができない、と言われている。さらに、もし女性が針をもって、それを糞で汚し、それから人間の死体が埋まっている場所でそれを覆い、さらに葬儀用の衣服を身にまとうならば、彼女がその衣服を身につけている限りは、いかなる男性も彼女と結婚できない、と言われている。[354] これらの例からわれわれは、いかなる仕方で、ある事物の確実な結合、あるいは吊り下げによって、また、ある単純な接触によって、さらにはある糸の継続によって、そこからある力を受け取ることができるのかを知ることになる。

われわれは、結合と吊り下げの確実な規則と、この術策に合致する方法を知らなければならない。すなわち、それは確実で協和する星位の下で行なわれ、そして、上述の結合と吊り下げは、金属か絹の糸によって、髪か腱か毛か確かな動物の剛毛によって行われる。他方、包含は、薬草の葉において、あるいは動物の皮、あるいは確かな布切れにおいて、それらの事物が互いに一致する限りで行われる。その結果、もしわれわれが、ある事物の太陽的な力を獲得しようとするならば、太陽が天を支配しているときに、その事物を月桂樹の葉によって、あるいはライオンの皮によって包みこみ、青銅の糸から黄色の絹の糸によって、首に吊り下げなければならない。[355] こうして、われわれは、その事物の太陽的な力に関与しうるようになる。そして、もしある事物の土星的な力を望む場合には、これと同様に、土星が支配しているときに、それをロバの皮か葬儀用の衣服で包みこみ、そしてとりわけ、悲哀に働きかけるときには、それを黒い糸で吊り下げなければならない。他のものについても、同様な仕方で考慮しなければならない。

第四七章　指輪とその構成について

古代の人々が常に称讃していた指輪は、然るべき時に製造されるときには、同様に、自らの力をわれわれの中に注ぎ入れ、その際には、指輪の所有者の精気に働きかけて、彼を喜ぶ者に、あるいは哀しい者に、穏和な者に、あるいは恐ろしい者に、大胆な者に、あるいは臆病な者に、愛すべき者に、あるいは忌み嫌うべき者にする。さらには、われわれを病気、毒物、敵、悪いダイモーンから、またその他の邪悪なものから護り、あるいはわれわれをそれらと結びつける。

このような指輪を製作する方法は以下のものである。すなわち、ある幸運に満ちた星が上昇し、月と幸運なアスペクトにあるとき、あるいは合に入っているとき、われわれは、この星に属している鉱石と薬草を採りあげ、そして、この星に合致している金属から指輪を製造し、さらに、その中に宝石を嵌め込んで、それを薬草あるいは根の下に置かなければならない。[356] 最後に、図像、名称、文字を書き入れ、それに加えて、燻煙することを省いてはならない。しかし、このことについてわれわれは、図像と文字を取り扱う箇所において論じることにしたい。

われわれがピロストラトスにおいて読むところによれば、インドの智者たちの中でもっとも優れたヤルコスは、この手順に従って七つの指輪を作成し、七つの惑星の力と名称をそこに刻みこみ、アポロニオスに与えた。彼は、各々の曜日に、それらの名称に基づいて区別した各々の指輪を身につけていた。この恩恵によって、彼は一三〇歳以上も生き、加えて、若々しい輝きを常にもっていた[357]。同様に、ヘブライ人の立法者であり指導者であったモーセは、エジプトにおいて魔術を修得し、愛と忘却の指輪を作成した、とヨセフスは述べている[358]。さらに、アリストテレスが語っているところでは、キレネ人の間で、バットスの指輪は恩顧と名誉の根拠を有していた。さらにわれわれは、エウダモスという名の哲学者が、ヘビの噛み傷、妖術、ダイモーンに抗する指輪を作成したことを読んでいる[359]。同じことは、ソロモンについてヨセフスが語っている[360]。

　また、われわれがプラトンにおいて読むところでは、リュディア人の王となったギュゲスの指輪は驚くべき、異常な力を具えていたのであり、その玉受けを彼の掌の上で回すと、自分にはすべてが見えるが、誰も彼が見えなくなった。彼はこの機会を利用して、王妃を凌辱し、主人である王を殺害し、また、自分の道をふさぐ者をすべて殺したと思われる。そして、彼がその犯罪を行う際に、誰も彼のことを見ることができなかった。ついに彼は、その指輪の恩恵によって、リュディアの王になったのである[361]。

第四八章　場所の力について、および、いかなる場所が各々の星辰に照応しているのか

　場所の驚くべき力が存在しており、それはその場所に置かれた事物に拠るものであり、あるいは星辰の影響によって獲得するものであり、あるいは何か別の仕方で到来するものである。プリニウスがカッコウについて言及しているように、誰かがカッコウの声を最初に聞いた場所で、もし右足の形が残され、足跡が掘られているならば、それが踏みしめた場所ではどこでも、ノミは育たないだろう。また、ヘビの足跡の塵を集めて、それをハチに振りかけるとハチは巣箱に帰る、と言われている。同様に、ラバが転がり回った塵が身体に撒かれると、愛の熱情が鎮まる、と言われている。他方、タカが転がり回った塵が赤褐色の亜麻布によって結びつくと、四日熱が治る、と言われている。

　こうして、ツバメの巣から集められた石は、発作の患者を速やかに回復させ、彼に結ばれると、彼は永遠にその状態を保つ、と言われている。そして、もし誰かが静脈を傷つけ、絶食をして、最近、発作の症状で倒れて死んだ場所の上に行くならば、彼にその病気が移る、と伝えられている。そして、プリニウスが語るところによれば、発作の症状で倒れた者が、最初に頭をぶつけた場所に、鉄の釘を打ち込むならば、彼の病気は取り除かれるだろう。

　さて、彫像の頭部に生えた草を集めて、ある者の衣服の布に赤い糸によって結びつけるならば、頭痛は直ちに鎮まる、と言われている。そして、草を小川や川から、太陽が昇る前に、誰にも見られないように集めて、それを病人が知らない間に、左腕に結びつけるならば、三日熱が消え去る、と言われている[362]。

　星辰に適応している場所の中で、土星には、すべての悪臭のする、暗い、地下の、墓や墓地のような宗教的で悲痛な場所が、そして、人間が棄てた、古い崩れそうな家屋が、また薄暗く、恐ろ

しく、孤立した穴、井戸、洞窟が、さらには、沼、池、貯水池と、それに同様なものが照応している。木星には、すべての特権的な場所が、高官の会議場、裁判所、大聖堂、体操場、学校、そして、美しく清潔で、さまざまな甘い芳香が振りかけられた場所が帰されている。火星は、火的で血に洗われた場所を、炉、製粉所、食品市場、屠殺場、死刑執行所、そして、戦争による破壊と殺戮が行われた場所を保持している。

太陽には、輝かしい場所が、静謐な空気、王の宮殿と諸公の宮廷、説教壇、劇場、玉座、そしてあらゆる王的で豪奢なものが属している。他方、金星は甘美な泉、緑に覆われた草原、花々に満ちた庭園、装飾された寝台、そして売春宿、（そしてオルペウスが好むように）海、海岸、浴場、舞踏場、そして女性的なものすべての中に住んでいる。水星は店舗、学校、宿屋、商人の交易所、そして同様なものを所有している。月は砂漠、木立、岸壁、巨大な岩、山、森林、泉、水、小川、海、海岸、波に住んでいる。また、さまざまな場所を不動なものにすると言われており、公道、果実の倉庫、それらと類似したものを所有している[363]。

この理由のゆえに、愛を獲得しようとする者は、自らの術策の道具を、指輪であれ、図像であれ、鏡であれ、あるいは別のものであれ、ある期間の間は、売春宿に隠し、秘匿しておくのが常である。というのは、その場所から、性愛的な能力がそれらにもたらされるからである。このことは、悪臭を放つ場所にある事物が、悪臭を放つものとなるのと、そして、芳香を放つ場所にある事物が、芳香を放つ、匂うものになるのと同じように生じる、と考えられる。

さらに、世界の位置自体がこのことに関係している。すなわち、土星的、あるいは火星的、あるいは木星的な薬草を蒐集する者は、東方を、あるいは南方を眺めなければならない。というのは、第一に、それらは太陽によって、東方的であることを享受するからであり、第二に、それらの家、すなわち宝瓶宮、天蠍宮、人馬宮は南方の宮だからであり、磨羯宮と双魚宮も同様だからである。他方、金星的、水星的、あるいは月的な事物を蒐集する者は、西方を眺めなければならない。というのは、それらは西方的であることを、あるいは北方を眺めることを享受するからである。というのは、それらの主要な家は金牛宮、双子宮、巨蟹宮、処女宮であり、北方の宮だからである。こうして、太陽的な仕事においては、東方を、あるいは南方を眺めるべきであり、むしろ、太陽という物体自体と光を常に眺めるべきである。

第四九章　光と色彩、燭台と燈火について、および、いかなる色彩が、いかなる星辰や家々、諸元素に配されるのか

光はまた、多くの形相をもつ性質であり、叡智の単純な能動態であり、似像である[364]。それは最初に、神の精神から万物へと発散するが、光の父である、父なる神自身の中には、第一の真の光が存在している。次いで、彼の「子」の中には、明るく、ほとばしる光輝が存在している。聖霊の中には、あらゆる叡智を超越する、ディオニュシオスが述べているような、熾天使たちの燃える

輝きが存在している。

そして、天使たちの中では、輝く叡智が広まり、あらゆる理性の限界を超える法外な歓喜が生じ、受容する叡智の本性に従って、さまざまな光の段階を受け容れる。それから、光は天界的なものの中に降下し、そこにおいて、生命の豊饒さと効力ある伝搬に、さらに可視的な光輝となる。火の中には、天界的なものから、自然的な活力が注ぎ込まれる。最後に、人間の中では、理性の明晰な推論、神的な諸事物の認識、そしてあらゆる理性的なものとなる。これらは多重なものであるが、それは、逍遥学派の人々が主張しているように、身体の体質に拠るものである。あるいは――こちらの方が真実らしいが――「欲する者たちの各々に与える」、光を与える根拠の好意に起因している。

続いて、光は感覚の上にあるが、しかし、ただ想像的なものである幻影に移り、ついに、感覚に、とりわけ視覚に移る。その中では、可視的な明晰さとなり、そして他の知覚しうる身体へと拡げられる。それらの中では、色彩と輝く美となり、他方、暗い身体の中では、ある恩恵を施す、産出的な力となり、それらの中心にまで浸透する。そこにおいて、光線は狭い空間の中に集められて、苦痛を与え、沸き立つ暗い熱になる。こうして、万物は自らの能力に応じて、光の活力を認知するのであり[365]、この光は、全体を活気ある熱によって自らに結びつけ、あらゆる存在物に浸透し、それらの性質と力を、万物を通して伝達する。

それゆえ、マグスたちは、ある虚弱な者の尿を、ある虚弱な者の影に撒くことを、あるいは太陽と月の前にそれを晒すことを禁じている[366]。というのは、光の光線がすぐに病人の身体に浸透して、自らとともに有害な性質をもたらし、その身体を悪い方向に変えて、こうして悪い性質をそれに与えるからである。この理由のゆえに、妖術師たちは、魔法を自らの影によって覆うように配慮しているのである。こうして、ハイエナは自らの影に触れたイヌに対して、口がきけないようにする[367]。

さらに、人工的に造られた光が存在しており、たとえば、燈火、燭台、蠟燭、そして、ある確かな事物や液体から成る同様なものである。それらは、星辰の法則に基づいて、然るべく時に選ばれ、それらの互いの合致に基づいて構成されたものであり、いったん点火されるとひとりでに光り、ある驚くべき、天界的な効果を産みだすのが常である。その効果に人間はしばしば驚嘆するのであり、たとえば、プリニウスは、アナクシラウスに拠って、交尾のあとの雌ウマの分泌物を燭台で点火すると、それは恐ろしいウマの頭部の像を出現させ、また、類似したことはロバにおいても起こる、と述べている[368]。そして、ハエの分泌物が蠟と混ぜられ、点火されると、それはハエの像が見えるようにし、また、ヘビの皮が燈火の中で点火されると、ヘビの像を出現させる[369]。

そして、次のように言われている。「花の咲いたブドウを、油で満たした吊り香炉に巻き付けて、それが成熟するまでそのままにしておき、そののちに燈火に点火すると、ブドウの像が見えるようになる」。同じことは、他の果実においても起こる、と言われている。また、もしシマセンブリを蜂蜜とタゲリの血と混ぜ合わせて、燈火の中に置くと、それは通常よりも大きく目立って現われるだろう。そして、もしそれを澄みきった夜に点火するならば、星辰が互いに動き回るのが見られるだろう[370]。また、コウイカの墨にはある力が存在しており、燈火の中に置かれると、エティオピア人の像が見えるようにする[371]。また、ある土星的な事物から製造された蠟燭は、点火されても、最近死んだ者の口の中で光が消え、そののちはしばしば、ひとりでに光り、周りの者たちに大きな悲哀と恐怖を与える。これらと類似した、多くの燭台と燈火についてヘルメス、プラトン、キュラニデス、そして後代の者ではアルベルトゥスが、このことに関する論考において語っている。

色彩もある光であり[372]、諸事物から混合されて、自分自身と適合する星辰や天界的な物体に自らを提示するのが常である。そして、われわれはのちほど、いかなる色彩が諸惑星の光なのかについて語ることにする。その光に基づいて、恒星の本性も理解されるし、また、そのことは燈火や燭台の炎にも適用しうるだろう。しかしここでは、われわれは、いかにして下位の混合した諸事物の色彩が、さまざまな惑星に配されるのかを説明することにしたい。

黒い、明るい、土的な、鉛の、うす暗い色はすべて土星に属している。サファイアの、空気の、いつも緑の、輝いた、紫の、黒ずんだ、金と銀の混じった色はすべて木星に属している。赤い、燃えた、火的な、炎の、スミレの、紫の、血の、鉄の色は火星に属している。金の、サフランの、紫の、輝いた色は太陽に属している。白の、美しい、まだらの、緑の、赤い、サフランや紫の色はすべて金星、水星、そして月に属している[373]。

さらに、天の家の中で、一番目と七番目は白い色を、二番目と十二番目は緑の色を、三番目と十一番目はサフランの色を、四番目と十番目は赤い色を、五番目と九番目は蜂蜜の色を、六番目と八番目は黒い色をもっている。

諸元素もまた、自らの色をもっており、自然学者たちはそれを介して、その本性の性質と特性について判断を下している。土の色は冷たさと乾燥からつくられ、うす暗く、黒で、黒胆汁と土星の本性を有している。白に近い青は粘液を示している。というのは、冷たさが白くさせ、湿気と乾燥が黒くするからである。赤みを帯びた色は、血液を示しており、他方、火的な、すなわち燃え上がる炎の色は、胆汁を示している。それは、自らの微細さのゆえに、あらゆるものと容易に混合し、したがって、さまざまな色を引き起こす。というのは、もしそれが血液と混ぜられて、血液が優勢ならば、生き生きとした赤になる。もし、胆汁が支配的ならば、赤みを帯びたものとなる。もし同等に混合されたならば、普通の赤をつくる。もし血液が焼かれた胆汁と混合されたならば、麻の色をもたらす。そのとき、血液が優勢ならば、普通の赤となり、胆汁が優勢ならば、赤みを帯びたものになる。そして、それが憂鬱質の体液と混ぜられたならば、黒い色となる。憂鬱質の体液と粘液が同等に混合されると、麻の色をつくる。もし粘液が過剰にあるならば、泥の色となる。もし憂鬱質の体液が勝っているならば、青灰色になる。他方、もし胆汁が粘液とだけ、同等の割合で混ぜられたならば、シトロンの色をつくる。もしどちらかが過剰ならば、青く、あるいは青白くなる[374]。

ところで、あらゆる色彩がより力を発揮するのは、絹、金属、透明な物体、あるいは貴重な鉱石において、そして、天界の類似物を強く模倣している事物、とりわけ生命のあるものにおいてである。[375]

第五十章　魅惑することとその術策について

魅惑することとは結合することであり、魅惑する者の精気から発して、魅惑される者の眼を介して、その者の心に至ることである。魅惑するための道具は精気、すなわち、ある純粋で、輝き、微細であり、心臓の熱によってより純粋な血液から産みだされる蒸気である。これは、自らに類似する光線を、常に眼を介して送っている。この送られた光線は、自分自身とともに精気的な蒸気をもたらし、この蒸気が血液をもたらし、それは、かすみ眼や赤眼において現われる。その光線は、眺めている者の敵対する眼に発せられると、自らとともに腐敗した血液の蒸気を引き入れて、この感染によって、眺めている者の眼に類似した病気を引き起こす。

　こうして、見開き、強い想像力によって、ある意図をもつ眼は、精気の媒介物であるその鋭い光線を、敵対する眼自体に投射する。この柔軟な精気は、突き刺した者の心によって駆りたてられた、魅惑された者の眼を切り裂き、突き刺された者の内臓を、あたかも自分の部位のように獲得し、心を傷つけ、こうして、外来の精気が彼の精気に感染するのである。それゆえ、アプレイウスは次のように述べている。「あなたのその眼が、私の眼を介して、私の内奥に滑りこみ、私の心を激しい火で焼き尽くします」。それゆえ、われわれは、人々がもっとも魅惑されるのは、しばしば見ることによって、視線を視線へと向けて、眼を相互に欲し合い、光線を光線に繋ぎ、光を光と結びつけるときである、[376]ということを知らなければならない。そのとき、精気は精気に加えられて、火花が発生する。こうして、きわめて強固な結合が生まれ、その結果、きわめて激しい愛が、眼の光線だけによって、一瞬見ただけでも燃え上がるのであり、[377]それはあたかも、槍の一投や一撃によって身体全体が貫かれたかのようにである。それゆえ、このように傷つけられた精気と愛に満ちた血液は、ある殺人者への復讐の血液と精気が殺人者の中に陥るのとまったく同じように、愛する者で魅惑する者の中に運ばれる。それゆえ、ルクレティウスは、愛に満ちた魅惑について、次のように歌っている。

> 身体は、愛をもって精神を傷つけた原因を求めようとする。
> というのは、およそあらゆるものは傷の方向へと倒れるもので、
> 血液もわれわれの受ける打撃の方向へほとばしりでるものであり、
> この赤い液体は、敵が近くにいれば、それを血で覆うからである。[378]

　魅惑することの権能はきわめて大きく、とりわけ、眼の蒸気が感情に従っているときにはそうである。[379]それゆえ、魅惑する者たちは、点眼剤、軟膏、媚薬、そして同様なものを用いて、精気にさまざまな仕方で働きかけ、協力を求める。たとえば、愛を導き

入れるために、彼らは、「ヒッポマネス［ウマの狂気］」、ハトあるいはツバメの血液、そして、それに類似したものから造られた、性愛の点眼剤を用いる。また、恐怖を導き入れるために、彼らは、オオカミの眼やそれに類似したものから造られた、火星的な点眼剤を用いる。また、厄災と病気を導き入れるために、彼らは、土星的な点眼剤を用いる。他の各々にも同様な根拠を考えなければならない。

第五一章　驚嘆すべき力を産みだす慣行について

ある行為と慣行は自然的な事物のある力を有している、と伝えられている。すなわち、ある病気はそれらによって運び去られ、あるいは持ち込まれうる、と信じられている。こうして、もし病人の爪の切りくずを、生きたウナギと亜麻布の中で結びつけ、そのまま水中に返すならば、彼の四日熱は取り去られる、と言われている。そして、プリニウスが語るところによれば、もし病人の両足と両手の爪の切りくずを蠟と混ぜるならば、四日熱、三日熱、あるいは日々の熱から回復し、また、太陽が昇る前に別の者の門につけるならば、このような病気から回復する、と言われている。同様に、もし爪のすべての切りくずをアリの巣の中に入れて、そこから最初に切りくずを引きだし始めたものを取り上げて、それを首に結びつけるならば病気は追い払われる、と言われている。

そして、稲光に打たれた木材を、両手で肩の後ろに投げるならば、いかなる病気も治る、と言われている。また、四日熱の者において、十字架からの鋲の破片を羊毛で包んで首にかけるならば、あるいは十字架から紐を外して、太陽が昇る前に地面に隠すならば病気が治る、と言われている。同様に、早死し生命を奪われた者の手を、甲状線腫や耳下腺腫の者の喉に触れさせると病人は健康になる、と確言されている。

同様に、出産で苦しんでいる者は、その妊娠している者のベッドに、人間、イノシシ、クマという三つの動物を殺すのに使用した石か矢が入れられるならば、直ちに苦しみから解放される、と言われている。また、人間の身体から引き抜かれた軽装兵の槍も、身体が地面に達する前ならば効力がある、と言われている。また、身体から引き抜かれた矢は、身体が地面に達する前のものならば、それを横たわっている者の下に置くと、媚薬の効果がある、と言われている。さらに、てんかんは、人間を殺害したのと同じ武器で殺された野獣の肉でつくられた食事によって治る、と言われている。自らの足を浸した水で眼を三度洗った者は、眼病にならず、炎症を起こすこともない。鼠径部は、布をよって作成した紐に、九つか七つの結び目をつくり、各々の結び目にある未亡人の名前を書き、それを結びつけることによって治癒する。同様に、家畜の脾臓を、苦しんでいる者の脾臓に重ねるならば、自ら回復して脾臓が治癒する、と言われている。こののちには、それを寝室の壁に触れさせて、彼をそこに閉じ込め、指輪で封印して、三九回、ある詩を朗読しなければならない。

同じ病気について、もしミドリトカゲの尿を瓶に入れて、治療すべき者の寝室の前に掛けておくならば、彼は出入りのたびごとにそれに触れ、そして病気から解放される。同様に、殺されたトカゲを仔ウシの尿に入れると情欲を抑制する、と言われている。他方、イヌの尿に自らの尿を入れるならば、情欲を慎むようになり、腰の麻痺を感じる、と言われている。朝のうちに足に落ちた自分の尿は、あらゆる医学上の疾患に対して有益である、と言われている。

木に登る小さなカエルの口に、もし誰かが唾液を落として、そのまま去らせるならば、咳がおさまる、と言われている。驚くべきことだが、しかし経験するのが容易なことを、同じプリニウスが語っている。すなわち、他人を離れたところから、あるいは接近して殴打したことに後悔している者は、自分の殴打した掌の中央に唾を吐くならば、殴打された者はすぐに痛みから解放される。このことは、弱まった四足獣が、このような治療によって回復することから確証される。それらは、同様な仕方で手に唾を吐くように促されるまでは、自らの痛みが次第に強まるのである。同様に、唾が地面に落ちる前に、右足の靴に吐くならば、そのことは、ある危険が潜んでいる場所を通り抜ける者にとって有益である。

われわれはまた、てんかんを起こした者に唾を吐きかけて、それが移ることを避ける。ある人々は、衣服に唾を吐きかけることによって、より大胆な希望に対して神々の恩恵がある、と考えている。同様に、三度祈願しながら唾を吐くのが医術の習慣であり、またこの効果によって助力を得るのが常であった。

オオカミを捕らえて、足を折り、小刀で切りつけて、その血を少しずつ、田畑の周囲に播き、それが最初に引きずりだされた場所に埋めるならば、オオカミはその田畑に近づかない、と伝えられている[380]。トロゼニウムの住民であるメタネンス族は、南風による被害からブドウの蔓を守るために、以下のような予防策を、常に豊かな経験によって確認されたものとして所有している。すなわち、風が吹き始めると、飼っている白いオンドリを、二人の男が引っ張って、真ん中から引き裂き、そして、両者は自分の部分を手にしてブドウ園内を歩き回り、最後に、彼らが一周するために歩き始めた場所で再び落ち合って、その場所にオンドリの諸部分を埋めるのである[381]。そして、もし誰かがマムシを蒸気の上に杖によって抑えつけるならば、彼は未来を予言する者になる、と伝えられている。また、ヘビを打ちすえた杖は、妊娠している女性にとっても有益である、と伝えられている。このことはプリニウス自身が語っている[382]。

さらに、根茎と薬草を蒐集するさいには、最初に三つの円を、剣によってそれらの周りに描き、次に掘りだし、さらには逆風に留意しなければならない。同様に、もし誰かが死者を紐によって、最初は膝から親指まで、次に肩から同じ指まで、最後に頭から足まで、それぞれ三度測定するならば、そののち、同じ紐で同じように測定された者は、不幸になり、不運にとらわれ、災厄と悲哀の中に陥ることになる、と言われている。

そして、アルベルトゥスはキラニデスに基づいて、次のように語っている。すなわち、もしある女性があなたに妖術を用いて、彼女への愛へと縛りつけているならば、彼女の肌着を受け取り、戸外で、彼女の頭巾と袖に小便をかけるならば、その魔法は解かれるだろう。[383] そして、プリニウスは次のように語っている。すなわち、妊娠している女性たちの側に居ること、あるいは、彼女たちのある者に治療薬が処方されていることは、自分の指を櫛の歯のように組み合わせることによって、ある魔法を生じさせるのであり、このことは、ヘラクレスを生んだアルクメナが確証している。しかし、このことを一方の膝、あるいは両方の膝の辺りで行うと、その魔法は悪いものとなる。

プリニウスによれば、同様に、膝を組んで坐ることは魔法を生じさせ、それゆえ、このことは王や権力者たちの会議においては、すべて恥ずべき行為として禁止されるようになった。[384] そして、もし誰かが戸の前に立って、妻と同衾している者を名前で呼び、その者が答えるならば、そしてその時に、小刀や針を戸に固定して、戸を傷つけ、刃先を下に向けておくと、これがそこにある間は、同衾者は交わることができないだろう。

第五二章　表情、身振り、身体の習慣と形状について。いかなる星辰にこれらは呼応するのか。人相術、額占い、身振り術、予言の技術は、自らの根拠をもっていること

表情、身振り、身体の動きと位置と形状は、われわれにとっては後天的なものであるが、われわれが天界からの贈り物を受け取るためには有益であり、われわれを上位のものへと示し、そして、われわれの中にある成果をもたらすものであり、それは、クリスマスローズにおけるのと同様である。というのは、この植物を集めて、その葉を上方に、あるいは下方に動かすならば、この動きによって、体液も上方に、あるいは下方に動くからである。

表情と身振りが、いかに視覚、想像力、そして動物精気に影響を与えるかについて無知な者はいない。こうして、子孫を残すために集う者たちの大部分は、自分たちが思案し、想像する表情を生まれてくる子どもたちに刻印するのが常である。都市における君主の表情が穏やかで朗らかならば、民衆は朗らかになり、荒々しくて哀しげならば、民衆は怖がる。こうして、嘆き悲しむ者の身振りと形姿は容易に同情を引き起こす。他方、愛すべき者の形姿は容易に愛を掻きたてる。[385]

ところで、このような身振りと形姿は、身体の協和のように、芳香と医療的な精気と内的情念が魂に提示するのと同様に、自らを天界的なものに提示することを知らなければならない。というのは、医療と魂の情念が、ある天界の配置によって増進するように、身振りと身体の動きは、ある天界的な影響によって効果を得るからである。

土星に関係する身振りは哀しく、陰鬱で、たとえば、胸を叩き、頭を打つ。同様に敬虔に、たとえば、嘆願する者のように膝を曲げ、下方をじっと見つめ、胸を打つ。そして、これらに類似した表情は、憂鬱で、土星的な人物に固有なものである。この人物について、ある諷刺家は次のように述べている。

彼らは、はてなと首をかしげて、地面をじっと見つめ。

その間も何かぶつぶつと独りごち、狂気じみた沈黙にふけって、唇を噛み、歯ぎしりをしている。
そして、とんがらせた口の天秤にかけて言葉を吟味する。[386]

木星に帰せられるのは、陽気で誠実な表情、称讃される身振り、喜ぶ者のように拍手することであり、また、崇拝する者のように跪き、頭を上げることである。火星に帰せられるのは、辛辣で、猛々しく、無情で、怒りっぽく、残忍な行為と、それらに類した表情である。太陽的なのは、勇敢で、称讃される身振りと、それらに類した表情であり、同じく、戸外を出歩くこと、そして、あたかも王に敬意を払う者のように片方の膝を曲げることである。金星的なのは、舞踊、抱擁、哄笑、愛すべき陽気な表情である。水星的なのは、不安に駆られた、素速く、多様な身振りと、それらに類した表情である。月的なのは、よく動き、有害で、子どもじみた身振りなどである。

そして、われわれが身振りについて述べたのと同様に、人間の形象も区別される。土星が示す人間は、黒と黄色の間の色で、痩せており、反り返り、皮膚は粗く、秀でた気質で、身体は毛深く、目は小さく、眉はつながり、髭はまばらで、唇は厚く、地面をじっと見つめ、重々しく歩き、歩きながら両足を擦り、巧妙で、才知があり、誘惑者で、殺人者である。

木星が意味する人間は、赤が混じった白色で、身体は美しく、姿勢がよく、髪が薄く、大きな、しかし黒くはない目をもち、瞳は大きく、低い鼻孔は同じではなく、前歯は大きく、髭は縮れ、善良な精神と善良な習慣をもっている。火星がつくる人間は、赤い色で、髪も赤みを帯び、顔は丸く、目は黄色で、顔つきは恐ろしく、また鋭く、大胆で、陽気で、高慢で、狡猾である。太陽が意味する人間は、黄色と黒の間の、赤が混じったうす暗い色で、体躯は低く、しかし身体は美しく、髪は薄くて縮れ、目は黄色で、知恵があり、忠実で、称讃を欲する。

金星が意味する人間は、白く、黒色に向かおうとしても、赤が混じった白色で、身体は美しく、顔は美しく、また丸く、髪は美しく、目は美しく、その黒さは際立ち、善良な習慣、善い愛、親切さ、忍耐、陽気さをもっている。水星が意味する人間は、あまり白くも黒くもなく、顔は長く、額は高く、目は美しいが黒くはなく、鼻は真っ直ぐで長く、髭はまばらで、長い指をもち、才知に溢れ、緻密な探究者で、変幻自在で、さまざまな運命に服している。月が意味する人間は、赤が混じった白色で、体躯は美しく、顔は丸く、しばしば輪郭が明瞭で、目は黒いところがなく、眉毛は繋がり、親切で、好意的で、社交的である。[387]

また黄道十二宮とそれらの顔［デカン、すなわち十分角］も、自らの形象をもっており、それらを知ろうとする者は占星術師の書物の中に探さなければならない。結局、これらの形象と身振りに、人相術、額占い、予言の術は依存しているのであり、さらには、将来の出来事を、原因としてではなく、同じ原因によって引き起こされるのと同様な結果による印として予言する、手相占いも同じである。[388]

そして、これらの種類の予言が、より低次で無力な印によって行われていると見えようとも、それらの判断を拒否し、断罪してはならない。というのは、それらは迷信ではなく、身体のあらゆる部分の協和的な照応に基づいて予言されているからである[389]。それゆえ、本性、研鑽、行為、動き、身振り、表情、魂の情感、然るべき好機によって天界的なものをより模倣する者は、天界的なものにいっそう類似し、その結果、贈り物を受け取ることができるのである[390]。

第五三章　さまざまな卜占と鳥占いの予言について

自然的な原因に依拠している、ある別の種類の予言が存在し、それらは技巧と経験によって、さまざまな事物において明白であり、それらによって、医者、農夫、牧夫、水夫はすべて、蓋然的な徴候によって予言する。それらの多くについて、アリストテレスは『時について』という書物で言及している[391]。

諸種類の予言の中では、卜占と鳥占いが主要なものとされており、それらは、かつて、ローマ人たちの間で高い評価を得ており、彼らは、公的な仕事や私的な仕事に属する事柄において、卜占を行わずに実行したものはなかったほどである。キケロは『予言について』において、エトルリアの人々がこの術においてもっとも際だっていた、と詳しく証言している。

ところで、卜占には多くの種類が存在している。ある卜占は「歩行的」と呼ばれ、すなわち、四足獣に由来する。ある卜占は「鳥的」と呼ばれ、すなわち鳥に由来する。ある卜占は「天界的」と呼ばれ、すなわち、雷鳴と稲妻に由来する。ある卜占は「墜落的」と呼ばれ、すなわち、神殿などの中に何かが落ちた場合に由来する。ある卜占は「聖なる」と呼ばれ、すなわち、供犠に由来する。これらの中のあるものは、「贖罪の悲痛な」卜占と呼ばれている。たとえば、犠牲が祭壇から逃げたり、打たれて叫び声をあげたり、身体の然るべき部分とは異なる部分に崩れ落ちたりする場合である。それらに加えて、神聖を汚す場合、すなわち、卜占官の手から杖——それによって観照し、予言を下すのが習慣だった——が落ちる場合である[392]。

ミカエル・スコトゥスは、十二種類の卜占について語っている。すなわち、右側の卜占の名称は、フェルノウァ、フェルウェトゥス、コンフェルト、エンポネンテム、ソンナサルノウァ、ソンナサルウェトゥスであり、左側の卜占の名称は、コンフェルノウァ、コンフェルウェトゥス、ウィアラム、ヘッレナム、スカサルノウァ、スカサルウェトゥスである。

彼は続いて、これらの名称を解説して、次のように述べている。「フェルノウァという卜占は、あなたが、何かを行うために自宅から出て、歩きながら、歩いている人間や飛んでいる鳥を見ていて、それがあなたの前に、あなたの左側に位置を占めるならば、それがあなたにとって、仕事に関して善い意味をもつ印である、という場合である。

フェルウェトゥスという卜占は、あなたが、何かを行うために家から外に出て、歩きながら、最初に、鳥か人間が、あなたの前で、あなたの左側に休んでいるならば、それはあなたにとって、仕事に関して悪い印である、という場合である。

ウィアラムという卜占は、歩いている人間か飛んでいる鳥が、あなたの右側から来て、あなたの前に進み、あなたの左側に去っていくならば、それはあなたにとって、仕事に関して善い印である、という場合である。

　コンフェルノウァという卜占は、あなたが最初に、歩いている人間か飛んでいる鳥を発見し、それがあなたの前に、左からやって来て休み、あなたがそれを見るならば、それはあなたにとって、仕事に関して善い印である、という場合である。

　コンフェルウェトゥスという卜占は、あなたが最初に、あなたの左側に横たわっている人間か鳥を発見して見るならば、それはあなたにとって悪い印である、という場合である。

　スキマサルノウァという卜占は、人間か鳥があなたの背後からやって来て、あなたを通り越すが、あなたに達する前に、あるいは、あなたがそれに達する前に休んでいて、あなたがそれを見るならば、それはあなたにとって善い印である、という場合である。

　スキマサルウェトゥスという卜占は、あなたがあなたの背後に、人間か鳥が右側で休んでいるのを見るならば、それはあなたにとって悪い印である、という場合である。

　スカサルノウァという卜占は、もしあなたがあなたの背後に人間か鳥を見て、それがあなたに、あるいはあなたがそれに達する前に、それがその場所で休んでいるならば、それはあなたにとって善い印である、という場合である。

　スカサルウェトゥスという卜占は、あなたを、人間か鳥が側を通り過ぎていき、その場所で、あなたの左側で休むならば、それはあなたにとって悪い印である、という場合である。

　エンポネンテムという卜占は、人間か鳥が左側からやって来て、右側に通り過ぎていき、あなたはそれが休むのを見ることもなく、あなたの視界から消えていくならば、それはあなたにとって善い印である、という場合である。

　ハルテナムという卜占は、あなたが、人間か鳥が右側から、あなたの背後からやって来て、左側に通り過ぎていくのを見るならば、それはあなたにとって悪い知らせである、という場合である[393]」。以上のように、スコトゥスは述べている。

　さらに、古代の人々は、クシャミから予言を行ったのであり、それについて、ホメロスは『オデュッセイア』第十七巻において言及している。というのは、彼らは、クシャミが聖なる場所から、すなわち、知性が活力あり、働いている頭部から発すると考えていたからである[394]。それゆえ、朝に起きたとき、思いがけず、口や心に言葉が浮かんだならば、それは何か前兆と卜占を含んでいる、と言われるのである。

第五四章　卜占において意味を有している、さまざまな動物と他の事物について

　あらゆる作業を開始するにあたっては、最初の卜占について留意しなければならない。すなわち、たとえば、もしあなたが作業を開始しようとして、あなたの衣服を鼠が囓ったことに気づいたならば、作業の開始を中止しなければならない。もしそのまま進めるならば、敷居のところで躓くか、あるいは路上で足を挫き、

あなたの歩みは妨げられるだろう。もしあなたの仕事を開始するにあたって、悪い前兆があなたに起こったならば、仕事全体が失敗しないように、また無駄に終わることのないように、着手するのを延期しなければならない。そして、より善い予兆によって、行為するために好都合な時をつかむまで待たなければならない。

　われわれは、多くの動物が、自らの本性に授かったある力によって、予兆を示し、予言することを知っている。すなわち、オンドリは時をきわめて巧妙に示し、また翼を拡げてライオンから逃れないであろうか。多くの鳥は歌うことと喋ることによって、カは鋭く刺すことによって、雨を告知し、イルカは海上に頻繁に飛び跳ねることによって、嵐を予告する。

　鳥と動物から、ピュリギア人、キリキア人、アラビア人、ウンブリア人、エトルリア人、そして他の民族が、卜占に従って学び、多くの経験と例証によって確認した前兆を、すべてここで再び述べると長くなってしまうだろう。[395] あらゆるものの中で、未来についての託宣は隠されているが、鳥の前兆が予言する最大のものである。詩人たちは、人間から鳥に変容した者がいた、と語っている。

　それゆえ、カラスが話すことについて、注意深く耳を傾けて、それが立っている位置と飛んでいる位置について、右側にいるか左側にいるか、やかましく喋るか静かにしているか、先に進むのか後から追うのか、横切るのか待っているのか、あるいは逃げるのか、またどこに去るのか、これらのことをすべてについて、注意深く留意しなければならない。ホルス・アポッロは『ヒエログリフ集』の中でこう述べている。「双子のカラスは婚姻を意味する。というのは、この動物が二つの卵を産むと、それらからは雄と雌が生まれなければならない。しかし（めったに起こらないことであるが）、二匹の雄が、あるいは二匹の雌が生まれた場合には、雄はけっして他の雌とは交わることなく、また同じく、雌はけっして他の雄と交わることなく、孤独に、単独で生きる。それゆえ、一匹のカラスに遭遇した者たちには、自らも配偶者と離別後は、単独の生活を送る。ということが予言される。同様なことを、黒い鳩も予兆する。というのは、番いの相手が死んだのちはずっと単独で生きるからである[396]」。

　また大カラスについても、少なからず注意を払って観察しなければならない。というのは、大カラスは重要な事柄において卓越しており、カラス以上に予言する、と言われているからである。ストア派の哲学者で名高い作家であるエピクテトスは、もし大カラスが誰かに対して鳴いたならば、それは身体、財産、名誉、妻、子どもの不運を予告している、と考えている[397]。それから、あなたは、水の秘密を予知しているハクチョウについて留意しなければならない。というのは、ハクチョウの陽気さはたんに船員だけではなく、また外国を旅行する者たちにも幸運な出来事を予言するからである。ただしそれは、より強い鳥がやってきて、自ら圧倒されることがない限りのことである。たとえば、ワシがその支配の最強の威厳において、反対のことを語るならば、あらゆる鳥の予言は無効になる。というのは、ワシはすべての鳥よりも高く飛んで、より遠くまで見通し、ユピテル自身の秘密に深く関わっているからである。ワシは高みと勝利を、血によって予言する。というのは、ワシは水ではなく血を飲むからである。

ワシは、クロトン族と戦っているロクリ族の頭上を飛んで、彼らの勝利をもたらした。ヒエロンは、最初の戦争に出陣したとき、ワシが不意に楯の上に止まり、彼が将来、王になることを予告した。マケドニアのアレクサンドロスが生まれたときには、二羽のワシが一日中、彼の家の上に留まっていて、アジアとヨーロッパの二つの覇権の予兆を彼に示した[398]。同様に、コリント人デマラトゥスの息子であるルキウス・タルクィニウス・プリスクスが、諍いのゆえに家から逃れ、ヘトラリアに進み、そしてローマに向かっているとき、ワシが彼の帽子をもち去って高く飛び、再び頭に帰すことによって、彼に対してローマ人の王国を予言した[399]。

タカは困難、辛苦、貪欲を意味し、都市の建造の発端において、経験によって真実を提示する[400]。それはまた、殺戮の場所を、それが起こる七日前に示す。そして、あたかも多数の虐殺を渇望しているかのように、それは最も大きな殺戮が起こる場所に関心を抱いているので、古代の王たちは、密偵を遣わして、タカがどの場所に関心を抱いているのかを伝えさせるのが常だった[401]。

フェニックス「不死鳥」は個々の幸運な成功を保証し、それが新しく現われると、ローマはこの善い予兆の下に建造された。ペリカンは、子どもたちを危険に晒すがゆえに、人間は自らの友愛の敬虔さによって苦境に耐えるべきである、ということを意味している[402]。「ピクタ」という鳥はピクタウィアという都市にちなんで名称を得ており、その色彩と鳴き声によって、人々の寛大さを予告した。アオサギは困難な事柄の予兆である。コウノトリは、協和の鳥であり、協和を生みだす。ツルは、古代の言葉では一致することを意味し、敵たちの計略を察知して警戒させる、と常に言われている。「ククファ」という鳥は恩義を示し、この鳥だけが老いた両親のために尽力する。反対に、カバは親を殺し、然るべき者に対する不義と不正を告知する。「オリギス」という、きわめて嫉妬深い鳥は、嫉妬を意味する[403]。

小さな鳥の中では、カササギはお喋りで、客人を告知する。「アルバネルス」という鳥が側を飛ぶとき、もし左側から右側へと行くならば陽気な歓待を、もし逆ならば反対のことを示す。ミミズクは常に不吉な鳥であり、フクロウも同じである。すなわち、それらは夜、死が不意に訪れるように、不意に雛のところに行くので、死を予告する、と言われている。他方、ときには、それらが夜の闇でも盲目にはならないので、人間の入念さと用心を意味するのであり、そのことは、ヒエロンの槍に止まったときに実証している[404]。ディドは不吉なフクロウを見て、アエネアスを哀れんだ。それについて、詩人は次のように歌っている。

> また、雌のフクロウが屋根の上にただ一羽、弔いの歌を
> 何度も恨めしく歌い、涙にむすぶ声を長く引きずった[405]。

また別の箇所で、次のように歌っている。

> 人間にとって凶兆となる、あのものぐさなフクロウがそれです[406]。

この鳥は、ローマの事物がヌマンティアにおいて軽んじられた

ときに、また、フレゲリアがローマに対して企てた陰謀のゆえに破壊されたときに、カピトリウムにおいて歌った[407]。アルマデルは、フクロウと夜ガラスは、尋常ではない地域と家に行くと、その地域と家の者たちが死ぬことになると告知する、と述べている。というのは、これらの鳥は、死体を好んで、それを予知するからである。というのは、死が近い者は、死体と似ているからである[408]。タカもまた争いを予告し、そのことをナソは次のように歌っている。

われわれはタカを憎む。それは常に、戦闘において生き生きとするからだ[409]。

ポンペイウスの使節であったラエリウスは、ヒスパニアにおいて、糧秣徴発人たちの間で殺された。そのことは、タカが頭上を飛んだことで彼に予告された、と言われている[410]。そしてアルマデルは、同じ種類の鳥が互いに争うと、王国の変動を意味する、と述べている。他方、異なる種類の鳥が互いに争うと、戦争が勃発して、もはや一致することは見られず、その地域に新しい運命をもたらす[411]。

小さな鳥は到来と退去によって、一族の増大と減少を知らせる。それらが静かに飛ぶと、一族は称讃を得るようになる。それゆえ、卜占官のメランプスは、「いかなる鳥も静かに飛んでいないことを見よ」と述べたとき、小さな鳥の飛翔から、ギリシャ人たちの虐殺を推測していたのである。ツバメは、死に際に、子どもたちには隠れ家を教え、そして、死んだ者たちからの十分な財産と遺産を与える。

逃げ去る者がコウモリに出会うと脱出を意味する。というのは、コウモリは翼をもたなくとも飛ぶからである。ツバメは逃げ去る者にとって悪い予兆である。というのは、それはタカから逃げて、フクロウのところに急ぎ、そこで、同様に危険な目に遭うからである。しかし、愛においては良い予兆である。というのは、それは欲情に駆られると、一時間に七度交わるからである。ハチは王たちにとって良い予兆である。というのは、従順な民衆を示すからである。ハエは執拗さと厚顔さを意味する。というのは、それは何度追いやっても、再び戻ってくるからである[412]。

家畜の鳥も卜占に精通していないことはない。というのは、オンドリは鳴くことによって着手する者の希望と道を喚起するからである。ティベリウスの母のリウィアは、彼を身ごもっていたときに、オンドリの卵を盗んで自分で暖めていると、ついに見事なトサカのあるオンドリを産んだのであり、それを卜占官たちは、誕生する子どもは将来、王になるだろう、と解釈した[413]。そしてキケロは、テーバイにおいて、オンドリが夜の間、ずっと鳴いていたのは、ボイオティア人のスパルタ人に対する勝利を予言したものだ、と書いている。そのように卜占官が解釈したのは、その鳥は敗北すると沈黙し、勝利すると鳴くからである[414]。

同様な理由によって、動物と野獣からも出来事の前兆が引きだされる。すなわち、イタチと遭遇することは不吉である。ウサギと遭遇することは、もしそれをつかまえようとしないならば、旅行者にとって恐るべきことである。ラバもまた危険である。というのは、それは子をもうけないからである。ブタは有害である。といというのは、これがその本性であり、それゆえ有害な人間を意味する[415]。ウマは口論と戦いの根拠となっている。それゆえ、ウェルギリウスにおいて、アンキセスは白いウマを見て、次のように叫んだのである。

　父アンキセスが言った。われわれを迎える地よ、おまえがもたらすのは戦争だ。
　戦争のためにウマたちは武装し、ときには車に繋がれることにも慣れた。

しかし、ウマたちが繋がれて走るときは、それらは一致して、くびきによって牽かれるので、平和が希望されることを意味する[416]。

ロバは無益な動物である。しかし、マリウスの役には立った。彼は、祖国の敵について知らせを受けたとき、ロバが差しだされた糧秣を無視して、水のところに急いだので、彼はこの前兆によって、安全への道が示されたと思った。そして、友人たちに援助を懇願したので、彼らは一つの援助を彼に示して、彼を海に導いた。彼らの尽力によって、彼は小舟の上に乗り、勝利者のスッラの脅迫を逃れたのである[417]。他方、ロバの子が予兆を示すときには、それは常に労働、忍耐、妨害を意味する。

オオカミは明らかに善い告知であり、その結果は、シチリアのヒエロンにおいて見られた。というのは、あるオオカミが読み書きの学校で彼から本を奪ったとき、王国の成功を彼に確証させたからである。しかしオオカミは、それを最初に見た者には、声を閉ざす[418]。プブリウス・アフリカヌスとガイウス・フルウィウスが執政官のとき、あるオオカミがミントゥルナエの見張りを切り裂いたが、そのとき、ローマの軍隊がシチリアで、亡命者たちによって打ち負かされていたのだった[419]。またオオカミは、裏切り者と、邪悪な信念をもつ人々を意味し、そのことはロムルスの子孫たちにおいて知られている。というのは、「かつて母親であるオオカミから吸った信念を、彼ら自身は最初から守ってきており」、あたかも自然の法律のごとく、後代の者たちに伝えたからである[420]。

ライオンとの遭遇は、この動物はすべての中で最強であり、あらゆる動物に恐怖を引き起こすので、善いものである。しかし、雌ライオンと女性との遭遇は悪いものである。というのは、雌ライオンは一度しか出産しないので、女性の妊娠を妨げるからである[421]。

ヒツジとヤギとの遭遇は善いものである。エトルリアのオスタナリウスにおいて読まれることであるが、もしこの動物が異例の色彩をまとっていたならば、それは皇帝に、幸福とともにあらゆる事物の豊富さを知らせている。それゆえ、ウェルギリウスはポリオに対して、次のように歌っている。

　牧場の雄ヒツジは、自分の毛皮を、あるときは快い
　赤紫に、あるときはサフランの黄色に変える[422]。

脱穀しているウシとの遭遇は善いことであるが、畑を鋤いているウシとの遭遇がさらに善い。それは道を塞いで、あなたの歩みを遅らせるかもしれないが、予兆によって、その遅延の代償は支

払うだろう。イヌは道中においては幸運な動物である。というのは、森に棄てられたキュロスは、雌イヌに養育されて、王になったからである。また、トビアの伴であった天使も、イヌが伴となるのを拒まなかった。[423] ビーバーは、自分の局部を噛みとって狩人に残しておくと、悪い前兆であり、人間が自らに損害を与えることを意味する。[424]

ところで、小動物の中では、ネズミが損害を意味する。ネズミはカピトリウムの中で黄金を齧ったとき、同じ日に、タレントゥムの近くで、二人の執政官がハンニバルの伏兵に捕らえられたのである。[425] イナゴは、いかなる場所にも居て、あるいはその場所を焼き払い、人々の望みを妨げる、悪い前兆である。反対にセミは、歩みを進めさせて、諸事物の善い結果を告知する。クモが上方から糸を垂らすならば、金銭を得るという希望を告知している、と言われている。同様にアリは、自ら備えることを、そして避難する場所を準備することを知っており、それゆえ、安全と富を告知し、多くの軍勢のことを意味する。アリがティベリウス・カエサルの飼っていたドラコンを貪り喰ったときは、民衆の騒乱に気をつけるように、と勧告されたのである。[426]

もしヘビに遭遇したならば、敵の誹謗に注意しなければならない。というのは、口以外に能力のある器官をもっていないからである。[427] ヘビがタルクィニウスの宮殿に侵入したときには、彼の没落が示された。二匹のヘビがセンプロニウス・グラックスの寝室に忍び込んだとき、卜占官は次のように述べた。すなわち、もし男か女を解放しようとするならば、彼か、彼の妻がすぐに死亡するだろう。もし妻の生命を選んで、妻を解放するならば、夫は数日の内に生命を落とすだろう。[428] 同様に、マムシは罪深い女たちと邪悪な子どもたちを意味する。そしてウナギは、万人から嫌われる人間を意味する。というのは、ウナギは他の魚から離れて暮らし、他の魚と共にいることが見いだされないからである。[429]

あらゆる卜占と予兆の中でも、人間よりも効力があり、威力があるものはなく、より明白に真実を開陳するものもない。それゆえ、遭遇した人間の条件を、年齢、性別、職業、位置、身振り、動き、訓練、体質、習慣、名前、言葉、話をすべて、注意深く記録し、観察しなければならない。というのは、他の動物たちにおいても多くの予兆の光が内在しているのだから、疑いもなく、人間の魂にはそれがより効力があり、より明瞭に注入されている。そのことをトゥリウス[・キケロ]が証言して、次のように述べている。すなわち、人間の魂には、自然本性的に、自らの永遠性の予兆が内在していて、諸事物のあらゆる系列と原因を認識させる。[430]

ローマの都市の基礎を置くときに、人間の頭部が、顔面全体を伴って発見されたが、それは帝国の偉大さを予兆するものであり、その名前[頭部＝カプット]をカピトリウムの山に与えた。ブルートゥスの軍勢がオクタウィアヌスとマルクス・アントニウスとの戦闘中に、城壁の門で一人のエチオピア人に出会った。彼らはそれが厄災の予兆と見なして殺したが、しかし戦闘は不幸な結果となり、ブルートゥスとカッシウスという二人の指導者は殺害された。修道士たちとの遭遇は一般的には、不吉な予兆と考えられ、それが朝だといっそう不吉である。[431] というのは、ワシが屍体によって生きているように、この種類の人間たちは、その大部分が、死者によって生きているからである。

第五五章　いかにして卜占は自然の感覚の光によって正当化されるのか、そして、それを発見する規則について

動物と鳥類から未来を予知する卜占と鳥占いは、あの神学者のオルペウスが最初に示した、とわれわれは聞いているが[432]、それらはのちに、あらゆる民族から高く評価された。ところで、それらは自然の感覚の光を通じて正当化されるのであり、それはあたかも、これによって、ある予言の光が四足獣、鳥類、その他の生命あるものに上方から降ってくるかのようであり、それを介して四足獣は、われわれに人間の出来事について予見するのである[433]。そのことにウェルギリウスは気づいていたように見え、彼は次のように歌っている。

> 動物たちに神から知性が授けられているからでも、
> 運命によって、人間よりも優れた予見の力が備わっているわけでもないと思う[434]。

さて、自然の感覚は、パリのギヨームが述べているように、あらゆる人間の把握よりも気高く、予言にきわめて近く、それにきわめて類似している。この感覚によって、ある驚くべき予言の光輝がある動物たちに本性的に備わっている。それは、たとえば、あるイヌにおいて明らかに現われており、イヌは泥棒や隠れている人間を、彼らも自分もまったく未知なのに、この感覚によって認識し、発見し、探索し、把捉し、彼を口と歯で襲う。同じ感覚によってハゲワシは、未来の戦闘の殺戮を予見し、あたかも屍体の肉が生まれるのを予知するかのごとく、それが行われる場所に集まる。同じ感覚によって、ヤマウズラは、見たことのない自らの母親を知り、一羽のヤマウズラを残しておき、これは母親の卵を盗んで、自分で孵す。

この同じ感覚によって——人間の魂はまったく無知なのであるが——ある邪悪なことや恐ろしいことが感じとられ、その結果、恐怖や畏怖が、このようなことを感じることも知ることもまったくない人間の中に深く侵入する。こうして、ある家に隠れている泥棒は、そこに居ることはまったく知られず、また考えられていないにもかかわらず、その家に住んでいる者たちに、恐怖と懸念と心の不安を引き起こす。ただし、このことは万人に起こるわけではない。というのは、このような光はすべての人間ではなく、少数の人間にだけ内在しているからである。こうして、売春婦が広い家に潜んでいても、彼女が居ることをまったく知らない者によって、彼女の存在が感じとられる[435]。歴史書に記されているところによれば、神的な本性をもっていた、ヘライスクスというエジプト人は、不浄な女性を、目ではなく、声を聞いて認識し、そのことのゆえにたちまち、強い頭痛に襲われた[436]。

また、パリのギヨームは、彼の時代に、ある女性が、自分の滞在している場所へと愛する男がやって来つつあることを、同じ感覚によって二マイル先から予知した、と伝えている。また彼は、

同じ時代に、あるコウノトリが、雄の臭いのゆえに、多くの雄のコウノトリの集まりで姦通の罪を問われ、自らの相手の咎を告白したので――あたかも完全な判決によって裁かれた罪人のように――その多くのコウノトリによって羽根を抜かれ、切り裂かれた、と伝えている。また彼は、あるウマが自らは知らずに自分の母親と同衾し、のちにこのことに気づいて、あたかも近親相姦を自ら罰するかのように、睾丸を自分の歯で噛みきった、と伝えている。[437] ウマについて同様なことを、アリストテレス、ウァッロ、プリニウスが語っている。[438]

プリニウスはまた、あるエジプトコブラについて同様な事実を語っている。すなわち、それはエジプトで毎日、ある食卓にやってきてわが身を養っていたのだが、子を出産すると、その子の一匹が主人の息子を殺してしまい、のちにそのことを知って罪悪感を抱き、自分の子を殺したうえ、その後は二度とその家に戻らなかったのである。[439]

さて、これらの例からわれわれは、いかに動物たちの上に、予知のある光が、それらの身振り、動き、声、飛ぶこと、行くこと、食物、そして同様な事柄における諸事物の印として降りそそいでいるのかを知る。というのは、プラトン主義者たちの教説に従えば、下位の諸事物にある力が内在していて、その力を介して、それらの大部分が上位の事物と合致するからである。その結果、動物たちの暗黙の合致が神的な物体と合致するように見え、そして、それらの身体と感情が後者の力を受け取るように見え、その名称によって、動物たちは神性に帰される。[440]

それゆえ、われわれは、生命あるもののいかなるものが土星的か、いかなるものが木星に関係するか、いかなるものが火星に関係するか、また他のものについても同様に考察しなければならず、またそれらの特性に応じて予知を引き出さなければならない。こうして、土星と火星に関係する鳥はすべて不吉で破滅的な鳥であり、たとえば、フクロウ、小フクロウ、そして上述した鳥である。ミミズクも土星的で、孤独で、夜の鳥なので、あらゆる鳥の中でもっとも不吉な鳥であると言われている。それについて、詩人は次のように語っている。

> こうして、来るべき不幸を先触れする、忌まわしい鳥となったのです。
> 人間にとって凶兆となる、あのものぐさなフクロウがそれです。[441]

他方、ハクチョウは優雅な鳥で、金星的で、ポイボス［アポロン］に捧げられ、予知においてもっとも幸福であると、とりわけ水夫たちの卜占においてそうである、と言われている。というのは、ハクチョウはけっして水に潜らないからである。それゆえ、アエミリウスは次のように歌っている。

> ハクチョウは卜占において、常にもっとも喜ばしい鳥である。[442]

さらに、口によって、歌うことによって卜占を行ういくつかの鳥が存在する。たとえば、カラス、カササギ、コクマルカラスであり[443]、それゆえ、ウェルギリウスは次のように歌っている。

　しばしば、不吉な鳥が、うつろな樫から警告した[444]。

他方、飛ぶことによって未来を予示する鳥も存在する。たとえば、ノスリ、ヒゲワシ、タカ、ツル、ハクチョウ、そして同様の鳥である[445]。そして、飛ぶことにおいて考察されるのは、ゆっくり飛んでいるか急いで飛んでいるか、右に向かって飛んでいるか左に向かって飛んでいるか、いかなる数の鳥が一緒に飛んでいるか、である。このようにして、ツルは、それが急いで飛んでいるときに嵐を意味し、静かに飛んでいるときには晴天を意味する。同様に、二羽の鳥が同時に飛んでいると致命的であり、厄災を予示している、と言われている。というのは、その数が混乱を起こすものだからである。同様に他の鳥についても、数を変えながら、理由を探求しなければならない。さらには、この推測において類似を観察することが必須であり、たとえば、ウェルギリウスにおいて、変装したウェヌスが息子のアエネアスに、次の詩句によって教えている。

もし両親が私に空しい偽りの占いを教えたのでなければ。
ご覧なさい、あそこの十二羽のハクチョウが楽しげに列をなすのを。
先は天の高みから舞い降りたユピテルの鳥によって広い空を追い回されていましたが、今は長い列をつくって地上に降りているか、または仲間が降りたところを上から眺めています。
ちょうど、戻ってきた彼らが翼を羽ばたかせて戯れ、
一群となって天をめぐり、歌声を上げたように、
そのように、あなたの船と仲間の若者たちは
港に達したか、さもなければ、満帆に風を受け港に入ろうとしています[446]。

もっとも驚嘆すべき種類の卜占は、動物たちの話を聞いて理解する人々のものである。たとえば、古代の人々の中では、メランプス、ティレシアス、タレス[447]、そして、卓越した人物と言われている、テュアナのアポロニオスであり、彼は鳥の話を理解した、と言われている。彼について、ピロストラトスとポルピュリオスが語っているところによるならば、かつてアポロニオスは、友人たちの集まりの中で座って、木の上の雀たちを見ながら考えていると、一羽の雀が別のところからやって来て、鳴いて大声で喋り、そしてこの雀に続いて全員が飛び去ったので、仲間たちにこう言った。「あの雀が他の雀たちに語っていたのは、町の近くの小道で、小麦を積んだロバが倒れ、小麦を地面にばらまいた、ということだ」。仲間たちは、この言葉に深く心を動かされ、それを見るために行くと、アポロニオスが語った通りであったので、彼らは驚愕してしまった。

プラトン主義者のポルピュリオスは、『供犠について』第三巻において、あるツバメのことを語っている[448]。すなわち、明白なことは、あらゆる動物のあらゆる声は、その魂の情念と、喜びや悲しみや怒りの感情を表現するものであり、それらの声を、それに

精通している人間が理解できるのは驚くに値しない、ということである。[449] たしかにデモクリトスは――プリニウスが述べているように――この技巧を伝えており、名前を挙げた鳥たちの血を混ぜるとヘビが生まれ、このヘビを食べた者は鳥たちの会話が理解できるのである。[450] そしてヘルメスが述べているところによれば、もし誰かが十一月の朔日に、鳥を買いに出かけて、手に入れた最初の鳥をオオカミの心臓と一緒に調理し、この鳥のすべてを食べたならば、鳥と他の動物の声を理解することができる。[451] また、アラビア人は、ドラコンの心臓か肝臓を食べた者は、動物の考えが理解できる、と述べている。そして、プラトン主義者のプロクロスは、モグラの心臓は予知に役立つと信じており、またそう書いている。[452]

さらに、犠牲獣の内臓から得られる予言と卜占が存在したのであり、その創始者はタゲスで、彼についてルカヌスは、次のように歌っている。

> 内臓には何の信もないことを、またこの術の創始者である、
> あのタゲスが捏造したことを……[453]

ローマ人たちの宗教は、肝臓を内臓の長と見なした。したがって、卜占者たちは、内臓の中に未来を入念に調べ、最初に肝臓を観察した。肝臓には二つの肝葉があり、それらの一方は都市の肝葉で、他方は敵の肝葉と呼ばれ、そして、これらの肝葉を他の諸部分と見比べて、勝利が予告された。たとえば、ポンペイウス軍の敗北とカエサル軍の勝利を内臓が意味したことを、われわれはルカヌスの次の詩句の中に読む。

> 大網膜は隠されている臓器を剝き出しにしている。
> しかも、見よ、かつてどの内臓にも現われたことのないおぞましいものを、
> 彼は目にした。一方の肝葉から別の肝葉の塊が
> 生えでていたのだ。片方は病み、腐って、萎び、片方は
> ひくひくと動き、血管を絶え間なく激しく脈打たせていた。[454]

次に、腸の観察が終わると、心臓が入念に調べられる。もし犠牲獣に心臓がないことが発見されたならば、あるいは肝臓の肝葉が欠けていたならば、卜占は破滅的であり、「贖罪的」と呼ばれていた。もし犠牲獣が逃げ出したり、叩かれて叫び声を上げたり、必要以上に身体の部分を打ちつけたりすれば、その卜占も同様である。[455]

われわれは、ユリウス・カエサルが、ある日、紫色の衣服を着て行進し、黄金の椅子に座っていると、二度、犠牲獣の内臓に心臓が欠けていたことを読んでいる。そして、ガイウス・マリウス・ウティカが犠牲を捧げていると、内臓に肝臓が欠けていた。[456] 同様のことが、カイウスが元首で、マルクス・マルケルスが犠牲を捧げたときも起こった。執政官のガイウス・クラウディウスとルキウス・ペトリウスが犠牲を捧げていたとき、肝臓が即座に溶けてしまった。これから日もあまりたたないうちに、後者は死亡し、前者はリグーリアの軍勢によって殺された。[457] このように、内臓は予告するのである。それらは確かに、神々の力か、あるいは

ダイモーンたちの力によって引き起こされると思われる。肝臓は、古代の人々の間では、内臓の中に異様なものが現われたときに、もっとも重要なものと見なされた。たとえば、スッラがラウレントゥムで犠牲を捧げていたとき、王冠に似た像が肝臓の肝葉に現われたので、卜占官のポストフミウスは、これが王国を伴った勝利を予示していると解釈し、それゆえ、スッラ一人で、その肝臓を食べるように勧告したのである。(458)

また内臓の色も考察されるべき理由をもっている。それについて、ルカヌスは次のように言及している。

迸るその血は常ならず、広く開いた傷口からは、
赤い鮮血に代わって、不気味な液が流れ出た。
死を兆す儀式に驚愕し、アッルンスは青ざめた。(459)

かつては、これらの術に対して多大な敬意が寄せられ、もっとも能力があり、もっとも知恵ある人々がそれらを探求した。それどころか、元老院も王たちも、卜占に伺いを立てずには何も行わなかった。しかし、今日では、すべてが人々の無視によって、同時に教皇たちの権威によって排斥されている。

第五六章　稲妻と落雷の卜占について、そして、いかに前兆と予兆を解釈すべきか

その他の稲妻と落雷と怪異の卜占において、いかに前兆と予兆を解釈すべきかを、エトルリアの予言者と祭司が教えていた。彼らは、天に十六の領域を定めて、その各々に神を帰し、さらに十一種類の稲妻と、それらを射る九名の王を定め、各々の部分が意味することについて根拠を示している。(460)不思議なこと、奇異なこと、怪異なことが起こるたびに、当然にも常に、ある重大なことが予告された。

それらの解釈者は、類似の優れた推測者であり、また、その当時、支配者たちと属州の責務に関わる事柄の飽くなき探求者でなければならなかった。というのは、天界的なものだけが、君主と民衆と属州を保護し、とりわけ、星辰と星座によって、予兆と前兆によって予示し、勧告するからである。もし同一のことが、あるいは類似したことが以前の時代に現われているならば、今後も同じことが起こると考えなければならず、これらに基づいて、同一のことや類似したことを予言しなければならない。というのは、同一の徴候が同一の事柄に対して、類似した徴候が類似した事柄に対して存在するからである。

多くの卓越した者たちと王たちの誕生と死にあたって、ある前兆が現われた。キケロがミダスについて語っているところによれば、彼が子どものとき、眠っていると、その口にアリが小麦の穀粒を入れたが、これは莫大の富の予兆であった。同様に、プラトンが揺りかごで眠っていると、ハチが口の中に止まったが、それは彼の弁論の滑舌を予告するものだった。ヘクバはパリスを生むときに、トロイアとアジア全体を焦がす、燃える松明が現われるのを見た。ファラリスの母は、メルクリウスが大地に血を注ぎ、すべての家がそれに浸されるのを見た。ディオニュシオスの母は

サテュロスが現われるのを見た[461]。これらの前兆の夢は、その後に生じることを確証するものだった。

タルクィニウス・プリスクスの妻は、セルウィウス・トゥリウスの頭を炎が舐めるのを見て、彼の王国を予言した[462]。同様に、トロイアが占領されたのち、アエネアスは父のアンキセスとそこからの脱出について相談していたところ、彼に、アスカニウスの頭頂を炎が舐め、しかし彼にいかなる傷も与えていない光景が浮かんだ。これは、アスカニウスに王国を予示するもので、アエネアスに立ち去るように説得した[463]。予兆と前兆によって、あらゆる顕著な厄災が予め示される[464]。

われわれがプリニウスにおいて読むところによれば、マルクス・アッティリウスとガイウス・ポルティウスが執政官だったとき、乳と血の雨が降ったが、それは、翌年、深刻な疫病がローマを襲うことを予告していた。同じく、ルカヌスでは、海綿状の鉄の雨が降ったが、その前年に、マルクス・クラッススがマルテアで殺され、そして、夥しい数のルカヌスの軍勢はすべて彼によって殺されていた。同じく、ルカス・パウルスとガイウス・マルケッルスが執政官だったとき、コリサヌムの城の近くで羊毛の雨が降ったが、その場所で翌年、トゥッリウス・アンニウス・ミロが殺された。同じく、キンブリー族との戦闘の際に、武具の衝突する音とラッパの響きが天空から聞こえた[465]。

また、リウィウスが『マケドニア戦争について』で語るところによれば、「ハンニバルが死んだ年に、二日間、血の雨が降った」。同じく『第二次ポエニ戦争について』で語るところによれば、ハンニバルがイタリアを粉砕したときに、水と血が混じったものが天空から雨のように落ちてきた[466]。レウクトラの厄災の少し前に、スパルタ人は、ヘラクレスの神殿の中で武具が衝突する音を聞いた。そして、同じ時にテーバイでは、ヘラクレスの神殿において、閂がかかっていた扉がひとりでに開き、壁に留めてあった武具が地面に見いだされた[467]。

かつて、さまざまな時に、類似した事柄からある事柄が予言されたように、類似した出来事は類似した出来事から予知するのが適切である。しかし、これらに関して、天界の影響の判断を怠ってはならないが、それについてはのちほど、詳しく論じることにしたい。

第五七章　土占い、水占い、空気占い、火占い、四大元素の予言について

諸元素自体は、われわれに重大な出来事を教えるので、それゆえ、四つの有名な予言の種類が、すなわち、土占い、水占い、空気占い、火占いという名称が与えられている。それらについて、ルカヌスにおいて、女占い師が次のように語るとき、自ら誇っているように見える。

大地が、空が、深淵が、海が、
野が、ロドペの岩がわれわれに語ってくれるだろう[468]。

第一のものは土占いであり、大地の動き、音、高まり、揺れ、

割れ目、亀裂、蒸気、そして他の印象から未来を予示し、その術はアラビア人のアルマデルが伝えている[469]。しかし、別の種類の土占いがあり、それは、ある力や落下によって地面に記された点によって占うものである。それはここで考察する対象ではないので、のちほど、神託のところで言及することにしたい。

水占いは、水の印象によって、すなわち、水の干満と増減、嵐、色、その他の類似したものによって予言を行う。それに、水の中に生じる幻影が加わる。この種の予言はペルシャ人によって発見されたもので、ウァッロが述べているところによれば、ある少年が水の中にメルクリウスの似姿を見たが、それは一五〇行の詩句によって、ミトリダテスの戦争の出来事を予言したのである。またわれわれは、ヌマ・ポンピリウスが水占いを行ったことを読んでいる。すなわち、彼は水の中に神々の像を呼び入れて、それらから未来を学んだのである。この術については、ヌマが行ってから随分とのちに、ピュタゴラスが行っている[470]。

また、かつてアッシリア人の間で、きわめて高い評判を得ていた種類の水占いが存在する。それは水を満たした盥で行うもので、「ラカノマンティア」と呼ばれた。それは盥の中に、ある像や名称や文字を記した、黄金と銀の板と宝石を置くのである[471]。この術には、次のことを付け加えることもできる。すなわち、鉛あるいは蠟を溶かしたものを水に投入すると、われわれが知ろうとしていることが、像の明白な徴によって表される。さらに、かつて、予言の泉が存在していた。たとえば、アカイアの「父の泉」であり、それはエピダウルス人の間では「ユノの水」と呼ばれていた[472]。われわれは、それについて多くのことを、のちに神託のところで論じることにしたい。

ところで、魚の卜占についても語ることができるだろう。それは、かつてリュキア人の間で行われていたものである。すなわち、海に近い、ディアと呼ばれる場所で、アポロンの聖なる森の中に、乾いた砂に穴を掘って、未来について相談しようとする者はそこに焼いた肉を落とし、すぐにその場所を水で満たすと、大量の、しかも人間には未知の、驚くべき形態の魚が現われ、予言者はその形態から将来起こることを予言した。これらのことは、アテネウスが『リュキア人の歴史』において、ポリュカルムスに詳しく語らせている[473]。

同様に、空気占いの予言は、空気の印象によって、すなわち、風の流れによって、虹によって、暈によって、霧によって、雲によって、そして、雲の中の形象と空気の中の幻像によって示される。

また、火占いは、火の印象によって、すなわち、彗星によって、火の色によって、火の中の幻像と形象によって予言する。あるとき、キケロの妻は、次の年に彼が執政官になるだろう、と予言した。というのは、ある者が犠牲を済ませたのち、灰の中を見ようとすると、突然、炎が上がったからである[474]。この種類のことについてプリニウスが述べている。すなわち、地上の、青白い、音をたてる火は、嵐の告知と考えられ、また、もし蠟燭の芯の残った黒い部分が、炎の中を飛び回るならば、雨の告知と考えられる。風と光の予兆となるのは、炎が押しやられて、かろうじて燃えているとき、あるいは、炎の中に置かれた火花が増えていくとき、あるいは、炭が火から取り去られて壺に入れられるとき、あるいは、燃え盛る火が自分から灰を吹き払い、または火花を散らすとき、あるいは、灰が火の中で凝固するとき、あるいは、炭が激しく輝くとき、である。[475]

これらに、煙のゆえにこう呼ばれる、煙占いが加えられる。というのは、炎と煙を、それらの色、音、動きを、真っ直ぐ上方に運ばれるか、斜めに揺らぐか、丸く回転するかを探求しなければならないからである。それについて、スタティウスの次の詩句の中に読み取ることができる。

敬虔さを縛りつけて、祭壇の上に置きなさい、処女よ。
われわれは神々に対して、援助を懇願しよう。
彼女は、鋭く、赤く、燃え立つ炎をつくり、輝かせ、
それは空気によって増大し、中間部は白い。
そして彼女が、炎からあらゆる障害物を取り去ると、
炎はあたかもヘビのように、内に外にたなびき、回転する。[476]

また、アテナイの洞窟の中と、アポロニアのニンフたちの野原の中で、卜占が火と炎から得られる。そこに投じたものが受け容れられたならば、喜ばしい卜占で、撥ねつけられたならば、悲しい卜占である。[477] これらについては、のちほど、託宣への回答のところで論じることにしたい。

第五八章　死者の復活について、長い眠りと断食について

アラビアの哲学者たちは、ある人々は身体的力を超えて、また感覚的力を超えて自らを高めることができる、ということで一致している。このように高められた人々は、天と叡智的なものの完全性によって、神的な活力を自らの中に受け取る。[478] 人間の魂はすべて永遠的なので、また精気はすべて完全な魂に従うので、マグスたちは、完全な人間は自らの魂の力によって、別の下位の魂を、分離されたばかりの死んだ身体とともに復活させ、再び呼吸させることができる、と考えている。それは、死んだウナギが鼻の息と声によって生命を再び得るのと、また、ライオンが魂のない子に息を吹き込んで生き返らせるのと同じである。

よく言われるように、あらゆる類似したものは、類似したものに適合されると、類似した本性を得るようになるので、そして、あらゆる受容者は、ある行為者の行為を自らの中に受容し、さらにこの受容者の本性を与えられて、本性を共有することになるので、この再生、あるいは出産のためには、ある薬草や、フェニックスの灰とヘビの抜け殻から作成される、と伝えられている魔術的な調合品を供しなければならない、と考えられている。このことは、大多数の人々には作り話と、多くの人々には不可能なことと思えるだろうが、歴史的な信憑性によって確証されるだろう。

というのは、われわれは、きわめて多くの人々が水に沈んで、火の中に投げ込まれて、薪の山の上に置かれて、戦闘で殺され

て、また別の仕方で死んだのち、数日後に再生したことを読んでいるからである。たとえば、執政官に仕えていたアウィオラについて、ルキウス・ラミア、カエリウス、トゥベロン、コルフィディウス、カビエヌス、そして他のきわめて多くの者たちについて、プリニウスは証言している[479]。同様にわれわれは、寓話作家のアエソポス、ティンドレオス、ヘラクレス、そしてユピテルとタリアの子どものパリキたちが、死んだのちに再生したことを読んでいる。また、多くの人々が、マグスたちと医者たちによって、再び生命を与えられたのであり、たとえば、アエスクラピオスについて歴史家たちによって伝えられている。また、われわれは先に、ユバ、クサントス、ティロンのピロストラトス、あるアラビア人、そしてテュアナのアポロニオスについて述べた[480]。

グラウクスという者が死に、再生の期待がまったくなかったが、医者が駆けつけて、「ドラコ」と呼ばれる薬草によって生命を取り戻した、と言われている。別の者たちは、ハチミツ製の薬を処方することによって再生した、と述べており、それゆえ、「ガラウクスはハチミツを飲んで復活した[481]」という俚諺が生まれた。

またアプレイウスは、このような種類の再生の儀式に言及して、エジプトの予言者であるザクラについてこう述べている。「この親切な予言者は、ある薬草を死者の口の上に、別の薬草を胸の上に置き、東の方を、すなわち、慈悲深い太陽が昇る方を向いて、静かに祈り――崇高な光景を前に、この大いなる奇跡を知ろうとして、周りの人々の顔は興奮していた――まず胸を高く上げさせ、次に動脈を鼓動させ、そして身体に精気を行き渡らせると、死体は立ち上がり、青年は話し始めた[482]」。

もしこのことが事実であるならば、死につつある魂は、ある間、身体の中で隠され、激しい戦慄によって麻痺しており、あらゆる身体的活動を疎外されている、としなければならない。こうして、生命、感覚、運動が身体全体を放擲してはいるが、しかし、その人間はまだ、真に死んでいるのではなく、気絶した者として横たわり、いわば、ある特定の時間、死んでいるのである。このことがしばしば見いだされるのは、疫病が流行した時期であり、埋葬するために運ばれた多くの死者が、墓で再生する。また、このことは、多くの苦しんでいる女性にも、母親の呼吸困難から起こる、ということをわれわれは読んでいる。

ラビ・モーセは、族長が翻訳したガレノスの書物の中で、ある人間は呼吸困難が六日続き、食べることも飲むこともできず、脈が硬くなることが起こった、と語っている。そして同じ書物において、ある人間は満腹になって、身体全体の鼓動がなくなり、心臓が動かなくなり、死人のように横たわるということが起こった、と述べている。そして、高所からの落下や大騒音や長く水に打たれたために気絶して、四八時間、死人のように横たわった人間がいて、その顔は灰色と緑色だった、と述べている。

そして、彼は同じ書物において、七二時間前に死人として葬られて、生きたまま埋められたので、それによって殺された者のことについて述べている。そこでは、人間が生きていることを認識させる徴が出ていたが、このような者たちは、もし瀉血か他の治療がなされなければ、死人のように横たわるだけでなく、本当に死んでしまっただろう[483]。ただし、このようなことが起こるのはきわめて稀である。これは、われわれが、マグスたちと医者たちが死者を蘇生させると理解している方法であり、それは、かつてマルシ人とプシリ人が、生命を甦らせるために、ヘビによって一撃を加えたのと同様である。[484]

ところで、われわれは、このような気絶が長い間続くとき、その人間は真の死人ではなく、冬の間はずっと眠り込んで、火が近づいても睡眠から起きないヤマネ、ワシ、そして多くのヘビと同様であることを知るだろう。そして私は、しばしば、切り裂かれたヤマネが死んだように動かずに煮られることになって、沸騰する湯の中で初めて、切り裂かれた四肢が生命を示すのを見た。

同様に、信じがたいことかもしれないが、われわれはまた、信用しうる歴史家たちの中に、ある人々が長い年月、眠り続けていて、その間も、目覚めても年齢を加えてはいなかった、ということを読んでいる。プリニウスはある子どもについて証言しており、熱と旅によって衰弱した人間が、洞窟の中で五七年間眠っていた、と語っている。われわれはまた、エピメニデス・グノシウスが五七年間、洞窟の中で眠っており、そこから「エピメニデスよりも眠る」[485]という俚諺が生まれた、ということを読んでいる。マルクス・ダマスケヌスが語っているところによれば、同時代にゲルマニアにおいて、ある疲れた農民が、干し草の山の下に、秋の間、そして続く冬の間も続けて眠っていて、ついに夏になって、干し草がほとんど食べられたので目を覚ましたが、あたかも半分は死んだようになり、意識はまったくなくなっていた。

この見解を教会史が、七名の眠る者たちについて確証している。彼らは一九六年にもわたって眠っていた、と言われている。ノルウェーの高い海岸の麓に洞窟があり——パウルス・ディアコヌスと殉教者メトディウスが記しているところによれば——その中で七名の者が、長い間、いかなる腐敗もなく、眠って横たわっていた。ときどき、彼らの邪魔をするために人々が入っていたが、洞窟に入るとただちに引きつけを起こし、あるいは四肢が痙攣したので、この刑罰に感銘し恐れをなした近隣の住民たちは、これらの眠る者に悪さをすることをやめた、と言われている。[486]

他方、哲学者の間でも名高いクセノクラテスは、この長い眠りを、魂のある過失に対して永遠の者から科された、ある本性的な罰と見なした。マルクス・ダマスケヌスは、多くの根拠によって、それが可能で、まったく自然なものであることを証明し、それが不条理ではない、と見なしている。というのは、他の生命あるものと同様に、人間が食物も飲料も摂らず、排泄をせず、虚弱化も腐敗もなく、多くの月日を眠ることが可能なことは認められているからである。そして、このことはある人間に、ある有毒な錠剤、眠り病、ある極端な怠惰によって起こり、それは多くの日と月と年にわたり、自らの魂の意図に、あるいは諸力と情念の衰退に基づいて起こりうる。

医者たちは解毒剤について語っており、それを少量飲むだけでも長い断食に耐えることができる。すなわち、エリヤは天使から食物をもらってから歩き回り、「四十日、その食物の強さにおいて」断食したのである。[487]そして、ヨハネス・ボカティウスは、彼の時代に、ヴェネツィアに、毎年、四十日の間、何も食べずに断食する男がいた、と語っている。また、さらに驚くべきは、同じ時代にドイツで、十三歳になるまでまったく食物を摂らなかった女性がいた、ということである。これらは、もし彼が最近の出来事を確言しなかったならば、われわれには信じがたいことのように見えるだろう[488]。また彼は、われわれの時代の奇跡として、スイス生まれの修道士、ザクセンのニコラウスについて語っている。ニコラウスは、荒野で二二年の間、生命が消えるまで、まったく食物を摂らずに生きたのである。また驚くべきことには、フィリヌスという者は、いかなる食物も飲料も、さらに牛乳さえ摂らなかった、とテオプラストスは述べている[489]。そして、ある大胆な著作家は、あるスパルタ産の薬草について書いており、その薬草によってスキタイ人は、十二日間、食物と飲料なしに――味見をし、口に保持はするが――過ごす、と言われている[490]。

第五九章　夢によって果たされる予言について

眠っているときに生じる予言、すなわち、夢という種類の予言が存在する。これは、哲学者たちの伝統によって、神学者たちの権威によって、歴史上の実例によって、日常的な経験によって確証されている。ただし、ここで私が言う夢とは、幻像や不眠のことではない。これらは無益なもので、予言とは何も関係をもたず、不寝の残余物か身体の混乱から生まれる。というのは、抑圧された身体と運命の変転によって、魂は寝ずに疲労してしまい、その結果、自らの中に眠りを注ぎ入れ、あるいは、ときおり夢の中で逆に欺されるのである[491]。ここで私が述べる夢とは、適切な状態に配置された、想像的精気と魂と身体において、天界的なものの影響に起因するものである。

この解釈の規則は、占星術師たちの間では、質問について記されている箇所において見いだされるが、それは満足のいくものではない。というのは、このような夢は、想像的精気のさまざまな性質と配置に従って、さまざまな人間によって、異なる仕方で利用に供されるからである。それゆえ、同一で共通の規則を、あらゆる夢の解釈に適応することはできないのである。

しかし、シュネシオスの見解に従うならば、同一の付帯物が同一の事物に属し、類似した付帯物は類似した事物に属しているので、しばしば同一のもの、あるいは類似したものを視覚に入れている者は、同一の、あるいは類似した見解、情念、運命、活動、出来事を自らに充当するのである。そして、アリストテレスが述べているように、記憶は感覚によって確証され、同一の事物の記憶からしばしば、経験が獲得され、さまざまな経験から、次第に学芸と学識が積み重ねられる。夢についても、同様な方法によって取り組まなければならない。

それゆえ、シュネシオスは、各人が自らの夢とその出来事を観察するように命じ、すなわち、いかなる出来事に出会ったのか、その見たものを、そして、このような規則を、すなわち、眠っているときと同様に目覚めているときに見たものと付帯的なものを記憶に留めるように命じ、そして、勤勉な観察によって、このような多くの規則を自らの内に積み重ねるように命じている。この積み重ねから、自らの夢を解釈するための予言術が少しずつ成長し、他方、記憶からは何も抜け落ちなくなる[492]。

ところで、夢がもっとも効力をもつのは、月が生誕、あるいはその年の回転において九番目の数に、あるいは完全性の宮から九番目の宮にあった宮を通過しているときである。それはもっとも真実で、もっとも確実な予言であり、自然や人間の技芸からではなく、浄化された精神から、神的な霊感によって発出したものである。われわれは、夢が予言と神託に関係する事柄については、別のところで論じることにしたい。

第六十章　目覚めているときに生じる狂気と予言について。ダイモーンがときおり人間の身体に呼び寄せられる、憂鬱質の能力について

眠っているときだけではなく、目覚めているときにも、ときおり、解放された魂と、自らの刺激による衝動によって予言することが起こり、この予言をアリストテレスは狂気と呼び、憂鬱質から発出することを、『予言について』という論考において教示して、次のように言っている。「憂鬱質の者たちは、その熱心さのゆえに、きわめて正確に推測し、すばやく習慣を懐抱し、容易に天界のものの印象を受容する」。そして彼は、『問題集』の中で、「シビュラたち、バッカスの信徒たち、シュラクサイのニケラトス、そしてアモンは、本性的に憂鬱質の体質によって、予言者であり詩人であった[493]」と述べている。

狂気の原因は、もし人体の内部に存在するとするならば、憂鬱質の体液である。ただし、これは黒胆汁と呼ばれるものではない。それは、邪悪で、戦慄すべきもので、自然学者と医学者からは、それが引き入れる狂気以上のものと見なされ、さらに悪いダイモーンを人体を支配させるために誘き入れる、とされている。われわれがここで理解しているのは、自然的で白い胆汁と呼ばれている、憂鬱質の体液である。

これは刺激されて燃え、われわれに対して、学知と予言へと導く狂気をもたらし、天界のもの、とりわけ土星の影響という助力があるとき、その効力は最大となる。土星は、憂鬱質がそうであるように、自分自身が冷たく乾燥しており、それを日々、拡大し、増大させ、保持している。さらに、土星は秘密の観照の主導者として、あらゆる公的な業務には無縁であり、また惑星の中ではもっとも遠く、常に魂を外的な仕事から内的な仕事へと呼び出し、諸学知と未来の事柄の予知を授ける[494]。

そしてこのことは、アリストテレスが『問題集』において次のように述べるとき、意図していたことである。「憂鬱質によって、ある者は神的な者になり、ある者は未来を予言する者になり、ある者は詩人になる[495]」。彼はさらに、いかなる学知においても秀でている人々はすべて、たいていは憂鬱質である、と述べている。このことをデモクリトスとプラトンも、憂鬱質の人々の多くは才知においてきわめて秀でており、人間というよりも神的な者と思われるほどだ、と述べて確言している[496]。

こうして、憂鬱質の人々の大半は、最初は粗雑で、愚かで、錯乱しているが——ヘシオドス、イオン、テュニクス・カルキネンセス、ホメロス、ルクレティウスもそうだった、と言われている——しばしば、突然、狂気に捕われて詩人になり、ある驚くべき

事柄と神的な事柄を歌う。しかし、それらについて、彼ら自身はほとんど理解していない[497]。それゆえ、神的なプラトンは『イオン』において、次のように述べたのである。「多くの詩人は、狂気の衝動が去ったあとは、自分が書き記したものを十分に理解できない。しかし、彼らが狂気の中で各々の学芸について正しく論じている、とそれらを読んだ、各々の学芸の遂行者が判断している[498]」。

さらに、憂鬱質の力は強大なので、天界のダイモーンさえも人間の身体にしばしば引き寄せる、と言われている。ダイモーンの臨在と衝動によって、人々は狂気に陥り、多くの驚嘆すべき事柄を語る、と古代の人々はすべて証言している。そして彼らは、それが人間の魂の三つの理解力、すなわち、想像的理解力、理性的理解力、知性的理解力に基づいて、三つの相の下に起こる、と考えている。

そして、彼らは次のように述べている。すなわち、魂が憂鬱質によって駆りたてられると、何も身体の手綱を取るものはなく、四肢の絆は解かれて、魂はその全体が想像力へ移され、即座に、下位のダイモーンたちの住処となり、彼らから魂は、しばしば、手工業的技芸の驚くべき方法を受け取る。こうしてわれわれは、きわめて未熟な者が、突如として、絵画、建築、あるいは別の類した技芸の熟練者になるのを見ている。これらのダイモーンが未来を予示するときには、諸元素の混乱と天候の変転に事柄を、すなわち、将来の雨、嵐、洪水、地震、死、飢饉、殺戮、そしてそれに類したものを示す。たとえば、われわれはアウルス・ゲッリウスにおいて、祭司のコルネリウスが、カエサルとポンペイウスがテッサリアで戦っていたとき、パタウィウムで狂気に捕らえられ、戦闘の時と経過と結末を予言したことを読んでいる。

魂の全体が理性に転換されるならば、中位のダイモーンたちの住処となり、ここから魂は、自然的で人間的な事柄の知識と賢慮を得る。こうしてわれわれは、ある人間が、突如として、優れた哲学者、医者、雄弁家になり、ローマのシビュラのように、未来の事柄に関して、王国の変遷と時代の更新に属するものを予言することを見ている。

魂の全体が知性に上昇するならば、そのとき、至高のダイモーンたちの住処となり、彼らから魂は、神的なものの秘密を、たとえば、神の法、天使たちの秩序、そして、永遠の事柄の認識と魂の救済に属することを学ぶ[499]。また魂は、神の摂理に関係している未来の事柄について、来るべき予兆と奇跡、来るべき預言者、あるいは法の改変を予見する。

こうして、シビュラはキリストについて、彼の到来をかなり以前に預言した。そしてウェルギリウスは、キリストの誕生が間近であることを悟って、クマエのシビュラの託宣を想い起こし、ポリオに対して次のように歌った。

今やクマエの予言が告げる、最後の時代がやってきた。
偉大な世紀の連なりが、新たに生まれつつある。
今や乙女なる女神も帰りきて、サトゥルヌスの王国は戻ってくる。
今や新たな血統が、高い天より降りてくる[500]。

そして、すぐのちに、原罪が無効になることを示唆して、次のように述べている。

たとえ、われわれの罪の痕跡がなお幾らか残っていても、あなたの導きで
消し去られ、大地は絶え間ない恐怖から解き放たれよう。[501]

そして、次のように付け加えている。

あの子はやがて、神々と生を分かち合い、英雄たちが
神々と交わるさまを見て、自らもその眼差しを浴びながら、
父親ゆずりの武勇の徳で、世界を平和に統治するだろう。[502]

そして彼は、ヘビの死滅と、死の木の、すなわち善悪の知恵の木の毒が無効になるだろう、と付言して、次のように述べている。

ヘビは死に絶え、人々を欺く毒草も消え失せる。[503]

しかし、原罪の火口が残るであろうことを暗示して、次のように述べている。

けれどもなお、昔の悪の跡がわずかに残っている。[504]

最後に彼は、可能な限りの最大の誇張法を駆使して、この子どもに呼びかけながら、次の言葉によって、神の子として崇めている。

おお、神々の血筋をひく子よ、ユピテルの偉大な子孫よ。
見よ、堂々とした球体の宇宙が——大地と、
大海原と、果てしない天空が、うなずき揺れる様子を。
見よ、万物が、来るべき世紀にどれほど歓喜しているかを。
おお、私がそのときまで永らえて、人生の最後の日々と、
あなたの偉業を歌うに充分な息吹きが、どうか残っているように。[505]

さらに、自然的予言と超自然的予言に隣接する、中間の予言が存在している。死が近くなり、老年で衰弱した人々は、ときおり未来の事柄を予見する。というのは、プラトンが『国家』で述べているように、諸感覚によって妨げられることが少なくなった者たちは、より明敏に理解するからであり、また、自分が移住することになる場所に近づいた者たちは、いわば連結が少し緩み、身体によってあまり強く拘束されなくなって、神的啓示の光を容易に知覚するからである。[506]

第六一章　人間の構成について、外的感覚と内的感覚と精神について、魂の三重の欲求と意志の諸情念について

神学者たちの見解によれば、神自身は始原の人間の身体を、直接的に創造したのではなく、天界的なものの援助を得て、諸元素から構成し、形成した。この見解に、プラトンの教義に従うアルキノスも賛同しており、彼は、神が宇宙全体と神々とダイモーンたちの創造者であり、それらは不死なるものであるが、他方、死すべき生命のあるものという残りの類は、若い神々が至高の神の命令の下に造った、と述べている。というのは、神自身がこれらを産みだしたならば、これらは不死なるものとして生まれることになるからである。

こうして、神々は、土と火と空気と水の諸部分を混合して、互いに結合し、一つの身体をそれらすべてから造り、それらを魂の管理に従わせ、魂の中で、各々の能力を各々の部分に割り当てた。すなわち、卑しい能力は卑しい場所に、怒りは横隔膜に、情欲は子宮に割り当て、そして、高貴な能力は、いわば身体全体の頂点にある頭の中の諸感覚に、さらに、弁舌の多様な器官に割り当てた[507]。

感覚は外的なものと内的なものに分けられる。そして、外的な感覚は、万人に周知の五つのものに分けられ、それらに、同様に五つの器官、あるいは主体が、それらの基盤として帰せられる。それらは見事に分配されており、身体のより卓越した部分に置かれているものは、純粋性のより重要な秩序を得ている。すなわち、目は第一の場所に置かれて、最も純粋であり、火と光の本性に類似している。次に、耳は、場所と純粋性の第二の秩序を得ており、空気に比類される。鼻は第三の段階を有しており、空気と水の中間のものを含んでいる。次に、味覚の器官は粗く、水の本性に似ている。最後の段階は触覚であり、身体全体に広がっていて、最も粗い土に割り当てられている[508]。

より純粋な感覚は、近寄らなくても、遠くから感覚する対象を捉えるものであり、視覚と聴覚がそれに当たる。次に、臭覚は空気を介して、近寄らなくても、対象を捉える。他方、味覚は、近づかなければ、対象を捉えない。触覚は両方の仕方に関係している。というのは、視覚が空気という媒体を介して見分けるように、近寄る対象を捉え、また触覚は、小枝や棒という媒体を介して、固さ、柔らかさ、湿気を見分けるからである。たしかに、諸感覚の中で触覚だけがすべての動物に共通である。最も確実なのは、人間がこの感覚を所有していることである。人間はこの感覚と味覚において、残りの動物より優っている。しかし、他の三つの感覚においては、ある動物によって凌駕されている。たとえば、イヌは、人間よりも鋭く見て、聴いて、嗅ぐ。同様に、多くの他の動物と人間よりも、ヤマネコとワシは遠くが見える。

内的な感覚は――アヴェロエスが述べているように――四つに分かれる。その第一のものは共通感覚と呼ばれており、それは、外的な感覚によって見いだされた像を、最初に集めて完全にする。第二のものは想像力であり、その仕事とは、何も予見できないときに、先の諸感覚が受け取った像を保持し、それらを感覚作

用の第三の本性に、すなわち、判断し、考察する力である表象力に提供することである。表象力の仕事とは、さまざまな像を受け取り、それらの像が何であり、いかなる様態であるのかを把握して判断し、こうして見分け、結合し、把握し、判断したものを、われわれが記憶と呼んでいる、第四の能力に仕えるものとして委ねることである。[509]

それらの力とは一般に、四散、配置、追跡、遁走であり、行為への促進、そしてとりわけ、知性的なものの理解、徳、学問、論理、思慮、選択である。これはまた、夢を介してわれわれに未来が示されることである。それゆえ、表象力は、ときおり、表象的知性と呼ばれる。それは、叡智の最後の痕跡であり、イアンブリコスが述べているように、魂のあらゆる力をまとめて、あらゆる形象、形象の類似、作用、見られたものを造りだし、他の力の諸印象を別の力へと伝える。それは、感覚によって現われたものを見解へと促し、知性から生まれたものを、第二の場所で見解に提示する。しかし、自分自身は、あらゆるものから像を受けており、自らの特性を介して、第二の類似を然るべく示し、魂のあらゆる活動を鼓舞し、外的な感覚を内的な感覚に適合させ、身体に印象を刻みこむ。[510]

これらの感覚は自らの器官を頭の中にもっている。というのは、共通感覚は想像力とともに、頭の前方の小部屋を所有しているからである——アリストテレスは、共通感覚の器官を心臓の中に置いているが。認識能力は、頭の最上部と中部の小部屋をもっている。最後に記憶は、最下部の小部屋をもっている。[511]

ところで、声と話の器官は多数存在しており、両脇腹の間の胸、筋肉、肺、器官、導管、喉、軟骨と神経、舌、そして、声と話に関係する、あらゆる小骨と筋肉である。他方、話の主たる器官は口であり、その中で、言葉と話が造形され、形成され、整形される。そして、舌、喉、歯、鼻などである。

身体の器官を介して自らの力を伝える、可感的な魂の上で、非物体的な精神が至上の位置を占めており、これは二つの本性をもっている。一方は、自然の秩序に含まれている諸事物の原因、特性、進歩を探求するもので、また、真理の観照に満足するもので、それゆえ、観照的知性と呼ばれている。他方は精神の自然、すなわち力で、為されるべきものと避けるべきものを熟考して見分け、全体が熟考と活動へと向けられているもので、それゆえ、活動的知性と呼ばれている。[512]

こうして自然は、これらの能力の秩序を人間の中に置いた。その結果、われわれは、外的な感覚によって身体的なものを認識し、これを加えて、内的な感覚によって身体的なものの類似を認識し、最後に、精神、すなわち知性によって、物体的でも、その類似でもない、抽象的なものを認識する。この魂の能力がもつ三重の秩序に従って、魂の中には三つの欲求が生まれる。第一のものは自然的欲求で、自らの目的へと向かう自然の傾向性であり、それは、すべての石に内在している、下方に向かう欲求のようなものである。第二のものは動物的欲求で、感覚に従い、怒りと情欲に分かれる。第三のものは知性的欲求で、意志と呼ばれており、この点で感覚的欲求と異なる。というのは、感覚的欲求は、それ自体によって、諸感覚に提示されるものについて、ある仕方で把捉できないものは何も欲しないが、他方、意志は自由であり、その本質によって存するがゆえに、それ自体によって、あらゆる可能なものに属しているばかりか、欲深いダイモーンにおいて、自分を神と等しいものとするような、不可能なものにも属しうるのである[513]。こうして、魂は、下位の能力に同意している限りは、欲望と苦痛によって常に変形され、歪曲される。

それゆえ、この歪んだ欲求から、魂の中に四つの情念が生まれ、それらによってときおり身体は苦しめられる。それらの中の第一の情念は享楽と呼ばれるもので、精神、あるいは意志の軟弱さと追従であり、感覚が差しだす甘美さに喜んで同意し、応じ、従う。それゆえ、意志を無力化しようとする魂の傾向性、と定義されている。第二の情念は放縦と呼ばれるもので、徳の放棄と柔和であり、それにおいては、享楽を超えて、精神のあらゆる力と、現前する善への意図が、甘美さによって溶けて流れだし、そして、甘美さを享受しようと自ら躍起になる。

第三の情念は高慢、すなわち極端な優越心と呼ばれるもので、自分がある最大の善きものを手に入れたと思いこみ、それを所有していることで過度に昂ぶり、興奮し、空しく誇るのである。第四の、最後の情念は悪意、すなわち、自分には何の利益もないのに、他人の凶事から生じるある欲望である。「自分には何の利益もないのに」と言われるのは、もし、自分の利益のために、他人の凶事を喜ぶならば、それは他人への悪意というよりもむしろ、自分自身の愛顧から生じるからである[514]。

欲望の歪んだ欲求から生まれた、これら四つの情念に対して、苦痛は、同数の反対の情念を産みだす。すなわち、恐怖、悲哀、畏怖、そして、自らは損害がないのに、他人の善きものについての苦痛であり、それをわれわれは嫉妬と呼んでおり、すなわち、慈悲が他人の凶事についての悲哀であるように、他人の善いものについての悲哀である。

第六二章　魂の情念について、それらの起源、相違、種類について

魂の情念とは、ある善い事柄と悪い事柄の、ある適合した事柄と適合しない事柄の把握から生じる運動、あるいは傾向性に他ならない。このような把握には三つのもの、すなわち、感覚的なもの、理性的なもの、知性的なものがあり、これらに従って、魂の中には三つの情念が存在する。

もし感覚的な把握に従うならば、瞬間的な善と悪を、好都合と不都合という観点から、喜ばしいものと嫌悪すべきものという観点から考慮する。そしてそれは、自然的情念、すなわち、動物的情念と呼ばれる。もし理性的な把握に従うならば、善と悪を、徳と悪徳、称讃と非難、有用と無用、誠実と恥辱という観点から考慮する。そしてそれは、理性的情念、すなわち意志的情念と呼ばれる。もし知性的把握に従うならば、善と悪を、正義と不正の観点から、真実と虚偽の観点から考慮する。そしてそれは、知性的、すなわち賢慮的情念と呼ばれる。

魂の情念の主体は、魂の欲望的な力であり、それは情欲的な力と激怒的な力に分かれる。そして両方とも、異なる仕方ではあるが、善と悪を考慮する。

もし情欲的な力が、善と悪を絶対的な仕方で考慮するならば、愛、すなわち情欲が生じ、あるいは反対に嫌悪が生じる。善を考慮して、それが不在の場合には、欲求、すなわち願望が生じ、悪を考慮して、それが切迫している場合には、恐怖、逃走、嫌悪が生じる。あるいは、善と悪を考慮して、それが現前し、獲得しうる場合には歓喜、喜悦、欲望が、あるいは悲哀、苦悩、苦痛が生じる。

激怒的な力は、善と悪について、獲得し到達する、あるいは逃走し避けることの困難性、という観点から考慮する。それが信頼を伴っている場合には希望が生じ、そして、大胆さが生じる。困難さを伴っている場合には絶望と恐怖、あるいは畏怖が生じる。激怒的な力が復讐の中に生まれているときには、それは、自分に加えられた暴行や損傷のような過去の凶事だけに関わり、そして激怒が生じる。

われわれは魂自体の中に、十一の情念を、すなわち、愛、嫌悪、願望、恐怖、喜悦、苦痛、希望、絶望、大胆さ、畏怖、激怒を見いだす。(515)

第六三章　魂の情念は、付帯性を変えることによって、また精気を動かすことによって、いかなるように自己の身体を変容させるのか

魂の情念が、感覚的把握に続くとき、その情念の規制的な力を、表象力、すなわち想像力的な力がもつ。この力は自らの力能から、情念の多様性に基づいて、最初にさまざまな仕方で、可感的な変容によって、自己の身体を変化させ、変容させる。その際には、身体の中の付帯性を変容させ、精気を上方や下方に、内部や外部に動かし、諸器官の中にさまざまな性質を産みだす。

こうして、歓喜の中で精気は追い出され、恐怖の中で引き入れられ、羞恥の中で脳に向かって動く。歓喜の中で心臓は外へと少しずつ拡張され、悲哀の中で内へと少しずつ収縮させられる。同様な仕方で、激怒と恐怖においても生じるが、それは突如として生じる。また、激怒や復讐への欲望は、熱、赤み、苦い味、胃の痛みを産みだし、恐怖は冷たさ、心臓の動悸、声の欠如、蒼白さを産みだす。悲哀は汗と青白さを産みだす。同情は、ある悲哀であり、しばしば、同情する者に身体に悪い影響を与え、他の身体もその影響を受けるように見える。明らかに、恋人たちの間では、愛の絆がきわめて強いので、一方が蒙るものを、他方も蒙る。苦悩は、渇きと黒さを導き入れる。愛の欲望がどれほど多くの熱を肝臓と脈拍の中で激しく動かすのかを、医者たちは知っており、彼らは自らの判断によって、英雄的な情念の中にいる、愛された女性の名前を見分ける。それゆえ、ナウシストラトゥスは、アンティクスがストラニカへの愛に落ちたことを知ったのである。(516)

さらに明白なのは、このような情念がきわめて激しいときには死をもたらしうる、ということである。一般的に明らかなのは、過度の歓喜、悲哀、愛、嫌悪によって、ときには人間は死に、また、しばしば病気から解放される、ということである。(517) こうし

て、われわれは、ソポクレスとシチリアの僭主ディオニュシオスが、二人とも、悲劇的な勝利の報を聞いて即座に死んだ、ということを読んでいる。同じく、ある母親が、息子がカンナエの戦いから帰還するのを見て、突然亡くなった。悲哀によって何が為しうるかは万人が知っている。すなわち、われわれは、イヌが自分の主人の死をひどく悲しんで、しばしば死に至ることを知っている。ときおり、このような情念から、長い病気が続くことがあり、また、治ることもある。

高所から下を見ている者は、恐怖に駆られて、激しく震え、目がかすみ、弱まり、ときおり感覚を失う。また、すすり泣きのあとに、ときおり熱とてんかんが続き、またときおり回復し、ときおり驚くべき結果が生じる。たとえば、クロエススの息子において、彼女の母は彼を、ものを言えない者として生んだのだが、激しい恐怖と熱意が彼に声を戻らせたのであり、それは自然が長い間為しえなかったことである[518]。突然、感情が沈むことによって、しばしば、生命、感覚、動きが、突如として諸器官から去り、また、しばしばすぐに戻る。

激しい怒りが際立った大胆さと結びつくと、いかに偉大なことが起こるかについては、アレクサンドロス大王自身が示している。というのは、彼はインドでの戦闘で移動していたとき、彼自身から光と火を発したことが見られているからである。テオドリクスの父は、彼の身体全体から火花を発し、この火花を散らした火は音を伴って流れ出た、と言われている。そして、これらと同様なことがときおり、動物たちにも現われ、たとえば、ティベリウスのウマは口から炎を吐いた、と言われている[519]。

第六四章　魂の諸情念は、いかにして身体を、類似による模倣という方法によって変えるのか、人間の変容と変化について、想像力的な力は、いかなる力を身体だけではなく、魂にも発揮しているのか

上述した諸情念はときおり、ある力に基づき、事物の類似が変容のために有している、模倣という方法によって身体を変えるのであり、その力は激しい想像力がもたらす。たとえば、あるものを見たり聞いたりして、あるいは、他人が硬いものを食べているのを見たり想像するとき、呆然となって、歯が固まる。また、他人が口を開けていると、自分も開け、ある人々は、不快なものの名称を呼んでいると、舌が酸っぱくなる。不快なものはそれを見ている者の風味を汚し、吐き気を催させる。また、人間の血を見ると気絶する。ある人々は、他人に苦い食べ物が供されているのを見て、口の中に苦い味を感じる[520]。パリのギヨームは、下剤を見ただけで催して、然るべき排泄を行う人物を見た、と語っている。この場合、下剤の実体や臭いや味がその人物に届いたのではなく、その類似だけが把握されたのである。

このようにして、自分が燃えている、あるいは火の中に居るところを夢見る者たちは、ときおり、あたかも本当に燃やされているように、ひどく苦しむが、それは火の真実と実体が彼らのところにあるのではなく、ただ類似だけが想像力によって把握されて

いるのである。[521] ときおり、人間の身体は変容され、変形され、転移され、そのことはしばしば夢において起こるが、ときには目覚めていても起こる。キュップスは、イタリア王に選出されたのちに、雄ウシたちの戦いと勝利者を興奮して称え、考えこんでいたが、そのことを気にしながら夜に眠りこむと、次の朝、彼には角が生えていた。これはまさに、激しい想像力によって刺激された、発育的力によって、角を形成する体液が頭まで上昇し、角を産みだしたのである。

激しい思考は、激しく形象に働きかけ、それらの中に思考されたものの形姿を描き、それが血液の中に現われる。そして血液は、自らが養っている諸器官に、自分自身の形姿を、またあるときには、他者の形姿を刻みつける。たとえば、妊娠している女性の想像力は、子どもの中に、自分が望んでいる事柄の徴を刻みつける。また、狂犬に噛まれた者の想像力は、尿の中にイヌの像を刻みつける。多くの者は、突如として、髪が白くなる。ある人々は、一夜の夢によって、子どもから完璧な大人に成長する。多くの者は、このことを、ダゴベルトゥスの傷跡と、フランチェスコの聖痕[522]に関係づけようとしている。前者は叱責をあまりに恐れたために、後者はキリストの傷を必死に観照したために、そのようになったのである。

さらに、多くの者たちがある場所から別の場所へ、川や火を、近寄れない場所を越えて転移している。すなわち、そのときには、ある者の激しい欲望や恐怖や大胆さの形象が、精気に刻みこまれ、蒸気と混じり合って、その起源にある触覚の器官に、場所的運動の原理である表象力とともに働きかけている。その結果、四肢と運動の器官は運動へと促され、そして誤ることなく、想像された場所に、視覚によってではなく、内的表象力によって動かされる。[523] 身体における魂の力はきわめて強いので、それが想像し、夢想する方向に身体自体は高められ、導かれる。

われわれは、身体の中の魂の力について、驚嘆をもって説明されている、他の多くの例を読んでいる。たとえば、アヴィケンナは、望むときに、自らの身体を麻痺させることのできる者について書き記している。ガッルス・ヴィビウスが語るところによれば、ある者に起こったのは、狂気に偶然に陥るのではなく、それに故意に至ることだった。というのは、彼は、狂人たちを、誘惑の才知の狂気をもつ者と考えて模倣しているうちに、彼らの狂気に自分を同化して、本当の狂気に至ったのである。

そしてアウグスティヌスは、自分の意志によって耳を動かし、そして、不動の頭頂を、意のままに前方に動かし、また後方に戻す者について、また、望むときに汗を出すことができる者について報告している。また、周知であるのは、ある者たちは、望むときに泣き出し、大量の涙を流しうることである。さらには、呑み込んださまざまなものについて、自分が望むものを、あたかも袋から出すように、少しずつ吐き出す者たちも見いだされる。そして近頃、われわれは、多くの者が鳥、家畜、イヌ、そして人間の声を真似て表現し、まったく本物と区別ができない、ということを見ている。[524]

ところで、女性が男性に変容したことについては、プリニウスが多くの例を挙げて語っている。ポンターノは、同様なことが、彼の時代に起こったことを証言している。すなわち、カイエタナとアミリアという婦人が、両者とも、結婚してから多くの年月が過ぎて、男性に変わったのである。[525]

想像力が魂の中でいかなることを為しうるのかについて、知らないものはいない。というのは、想像力は感覚よりも魂の実体に近く、したがって、感覚の中よりもむしろ魂の中で働くからである。[526]女性は、ある魔術的技巧によって、強力な想像力、夢想、示唆を介して、きわめてしばしば、ある者へのきわめて激しい愛に結びつけられる。こうして、メデイアは夢だけによって、イアソンへの愛へと燃え上がった、と証言されている。[527]

魂はときおり、激しい想像力によって、あるいは思弁によって、身体から完全に切り離される。それについて、たとえば、ケルススは、ある司祭のことを語っている。すなわち、この司祭は、自分の意図するままに、自らを諸感覚から切り離して、死者に似た者として横たわり、その結果、刺されて焼かれても、いかなる苦痛も感じず、不動のままで、息もせずに横たわっていた。ただし、人々の声については、あたかも遠くの方から叫んでいるように聞こえた、とのちに語っている。[528]しかし、この分離作用について詳細は、のちに論じることにしたい。

第六五章　魂の諸情念は、いかにして自分自身の外で、他の身体に働きかけるのか

表象力に従う、魂の諸情念は、きわめて激しいときには、それ自身の身体だけではなく、またそれを超えて、他の身体に働きかけることができる。[529]それゆえ、ある驚くべき印象が諸元素と外的な諸事物の中に産みだされ、さらに、魂や身体のある病気が取りだされたり、引き入れられたりできるのである。[530]というのは、魂の諸情念は身体に固有の体質の中でもっとも強力な原因であり、こうして、魂はさらに強く持ち上げられ、激しい想像力によって燃やされ、健康と病気を、自分の身体の中だけではなく、他の身体の中に入ることが許される。[531]

こうして、アヴィケンナは、ラクダが転ぶのを想像して転ぶ、と考えている。[532]そして、狂犬に噛まれた者たちの尿の中には、イヌの姿が現われる。そして、妊娠している女性の欲望は他の身体に働きかけ、望んだ事柄の徴を伴った子宮に子どもを宿す。[533]そして、多くの怪物的な子どもが、妊娠している女性の怪物的な想像力から産みだされている。それについて、たとえばマルクス・ダマスケヌスが語っているところによれば、ピサの境界に位置しているペトラ・サンクタという町において、ボヘミア王にして皇帝のカールに献じられた少女は、全身が野獣のように深い毛で覆われていた。というのは、彼女の母親が、妊娠中に、自分の寝台の側に飾られていた洗礼者の聖ヨハネの画像に宗教的な恐怖を感じて、のちにそのような子を産んだからである。

われわれは、このことが人間の中だけではなく、また野獣の中においても起こることを知っている。われわれは、族長ヤコブが杖を水中に投げると、ラバンのヒツジの色が消えたことを読んでいる。[534]同衾中のキジと他の鳥たちの想像力の力は、翼に色彩を刻みこみ、それゆれ、われわれは、同衾中のキジの巣を白い亜麻布でくるむならば、白いキジを得られるだろう。

これらの例から明白なのは、表象力の情感は、より激しく自ら意図するならば、自分の身体だけではなく、また他の身体に働きかける、ということである。こうして、傷つけようとする悪意のある者の欲望は、できるだけ不吉な目で凝視して、人々を陥れる[535]。これらのことを、アヴィケンナ、アリストテレス、アルガゼル、そしてガレノスが確証している[536]。というのは、身体が他の病気の身体の蒸気によって、容易に汚されうることは明白で、そのことをわれわれは、疫病とらい病において明らかに見ている。また、目の蒸気の中には多くの力が存在しており、近くにあるものを魅惑し、汚すことができるのであり、たとえば、レグルスやカトブレパスは睨むだけで人間を殺し、スキュティアのある女性たちは、イッリュリー族とトリバリー族の中で、激怒して見た者たちを殺した。

それゆえ、ある者の身体と魂が別の者の精神から、同様に影響を受けることに、誰も驚きはしないだろう。というのは、精神は、身体から発する蒸気よりも、はるかに力能があり、強力で、激しく、動きにおいて有効だからである。そこには、精神が働くための媒体が欠けてはおらず、また、身体は、別の魂よりも別の身体に従うわけではない。このようにして、人間は情感と慣習においてのみ他人に働きかける、と言われている。

それゆえ、哲学者たちは、邪悪で不幸な人々の集まりを遠ざけておかねばならない、と忠告している。というのは、これらの有毒な光線で満ちた魂は、危険な接触によって、近隣の人々を汚染するからである。彼らは反対に、善良で幸福な人々の集まりが望ましい、と忠告している。というのは、その集まりが近接することによって、彼らはわれわれにとってきわめて有益だからである。それは、アギやコケの香りのように、悪いものからは悪いものが、善いものからは善いものが、近接するものに注がれて広がり、しばしば、長く続くのと同様である。

もし上述の諸情念が表象力において大きな力をもっているならば、理性は表象力よりも優れているので、それらは理性においてより大きな力をもつことになり、さらに、精神においていっそう大きな力をもつ。それゆえ、この精神が、ある善行のために、魂の意図全体によって、上位のものどもに基礎づけられるならば、しばしば、自分の身体と同様に他人の身体に対して、ある神的贈り物によって影響を及ぼす。こうして、われわれは、アポロニオス、ピュタゴラス、エンペドクレス、ピロラオス、そして多くの預言者とわれわれの宗教の聖人たちによって奇跡がなされたことを読んでいる。しかし、これらのことについては以下において、われわれが宗教について論じるところで、詳細が明らかになるだろう[537]。

第六六章　魂の諸情念は天界の好機によってもっとも援助されること、そして、あらゆる活動において、魂の首尾一貫性がきわめて必要なこと

魂の諸情念は、天界からもっとも援助されており、また援助しており、そして、本性的な同意や意図的な選択、すなわち自由意

志によって天界と合致するかぎりにおいて、もっとも強力になる。というのは、プトレマイオスが述べているように、「より良いものを選ぶ者は、本性的にそれを所有している者と異なっているようにはまったく見えない」からである。それゆえ、もしわれわれが、思考、情感、想像力、選択、思慮、観照、そしてその他の類似したものによって、天界と調和するようになるならば、魂は、いかなる活動においても、天界の好意を受け取るためにもっとも適するように導かれる。

このような情念は、われわれの精気を自らの類似へと激しく促し、即座に、われわれとわれわれのものを、このような情念に意味を付与する上位のものに付託する。そして、それらの威厳と上位のものとの近接性によって、物質的な事物よりも天上的なものを、はるかに強く、また十分に受け取る。というのは、われわれの精神は、想像力を、あるいは理性を介して、ある模倣によってある星辰と適合することができ、その結果、突如として、星辰の贈り物によって、あたかもその光線に固有の受容者のように満たされるからである。

観照的な精神は、あらゆる感覚、想像力、本性、思慮から自らを引き離し、そして、分離されたものに自らを戻すものであるが――土星に自らを託さないならば[538]――、これについては現在の探求の対象ではない。われわれの精神は、多くの事柄を、確固とした結合と明確な意図に基づいて、そして、行為者や受容者との、すなわち、ある事柄において協働し、われわれが意図している作業に力を貸してくれる者との熱心な協力という確信に基づいて行っている。その結果、われわれの中には、いわば受け取るべき徳の、そして、われわれにおいて、あるいはわれわれによって為されるべき事柄の似像が生じている[539]。

したがって、われわれは、あらゆる活動と事柄の適用において、深く熟考し、想像し、希望し、固く信じなければならない。というのは、そのことが最大の援助になるからである。医者たちの間で確証されているのは、確固とした信頼、疑うことのない希望、そして愛が、医者と医学にとって、場合によっても医薬品以上に健康に導くために重要である、ということである[540]。医学の力と効力が働いているのと同じことが、医者の強い精神においても働いている。すなわち、この精神は、病気の身体において性質を変化させることができるが、それはとりわけ、病人が医者に信頼を寄せており、それによって、自分自身が医者と医薬品の力を受け容れる準備ができている場合に可能なのである[541]。

それゆえ、魔術において作業する者は、首尾一貫した信頼によって信じており、効果の達成についてけっして疑ってはならない。というのは、確固とした、断固たる信頼が驚嘆すべき事柄を――ときおりは、誤った行為においても――行うように、行為者の魂の力の、両極端の間で起こる不信と躊躇は、失敗させ、自滅させるからである。それゆえ、われわれの望んでいた、上位のものからの影響の獲得に失敗し、挫折して[542]、われわれの魂の確実で確固とした力が欠けていたがゆえに、われわれが事柄と作業をそれらに繋げ、結合することができない、ということが起こるのである。

第六七章　人間の精神は、いかにして天界の魂と叡智的なものと結合できるのか、そして、それらによって、ある驚嘆すべき力を下位のものに刻みつけることができるのか

哲学者たち、とりわけアラビアの哲学者たちは、人間の精神が、自らの情念と情感を介して、ある仕事にもっとも専心しているとき、自分自身を星辰の魂と、さらには叡智的なものに結合する、と述べている。そして、この結合は、ある驚嘆すべき力がわれわれの仕事と事柄に注ぎ入れられる原因である、と述べている[543]。というのは、精神の中には、あらゆる事物の把握と権能が存在しているからであり、また、あらゆる事物は精神自体への、そして必然的にその効力への本性的な従属性をもっており、そして、精神が強く望んで欲求したものへと動かされるからである。

そして、このことに基づいて、文字、像、言葉、話、そして、精神が得ようとしているあらゆる事柄に関わる、他の多くの驚嘆すべき経験の技巧が確証される。こうして、激しく愛する者の精神が伝えるものは、愛の効果をもたらし、激しく嫌う者の精神が伝えるものは、損ない、破壊する効果をもたらし、そして、精神が強い欲求をもって関わる他の事柄についても同様である。

精神が文字、形象、言葉、話、身振り、そして同様なものによって行い、伝えるものはすべて、魂の欲求を援助するものであり、そして、ある驚くべき力を、このような欲求が魂にもっとも侵入するときに行為者の魂からのものとして、また、精神をこのように動かしている天界の好機と影響からのものとして受け取る。われわれの精神は、ある情念や力のある過大な超出へと運ばれるとき、きわめてしばしば、自分自身から、強力で、より良く、より適切な時と好機を取り出す。そのことは、トマス・アクィナスが『対異教徒大全』第三巻において証言している。こうして、多くの驚くべき力が、ある驚くべき作業を、魂が然るべき時にそれらに伝えた事物において、大きな情感によって引き起こし、そして継続させる。

しかし、このような事物は、それらの制作者に、あるいは、あたかもそれらの制作者のように、それらへと向かう傾向のある者の他には誰にも、あるいはほとんど誰にも寄与しない、ということを知らなければならない。これが、それらの効力が見いだされるやり方である。そして、それらの中の一般的規則というのは、その欲望と感情においてより卓越している精神はすべて、それが欲求しているものに適した、効力ある、力能あるものに自らを適合させる、ということである[544]。それゆえ、魔術によって作業しようとする者は誰でも、自分自身の魂の特性、力、尺度、秩序、そして、宇宙自体の能力における段階を知り、認識しなければならない。

第六八章　われわれの精神は、いかにして下位の諸事物を自らが望むものに変え、結びつけるのか

人間の精神の中には、事物と人間を自らの望むものへと変え、引き寄せ、妨げ、結びつける力が存在している。そして、あらゆる事物は、それらがある情念や力の過剰な超出にもたらされ、それらを結びつけているものを超えるときに精神に従う[545]。というのは、上位のものは、下位にあるものを結びつけ、それを自らへ転換させ、そして、同じ根拠によって、下位のものは上位のものへ転換させられ、あるいは別の仕方で動かされ、導かれるからである。この理由のゆえに、特性において、ある星辰の上位の段階を得ている事物は、下位のものを保持しているものを、それらの間で合致しているか不一致であるかに従って、引き寄せ、また妨げる。

ライオンがオンドリを怖がるのは、太陽の力の臨在が、ライオンよりもオンドリに合致しているからである。同様に、磁石が鉄を引き寄せるのは、「天界のクマ」［おおくま座・こぐま座］の秩序において、磁石が上位の段階を得ているからである。こうして、ダイヤモンドが磁石を妨げるのは、火星の秩序において、ダイヤモンドが磁石よりも上位だからである。

同様に、ある人間が、自らの魂の諸情感によって、また自然的事物への然るべき適応によって、もし太陽の力の中でより強くなるならば、下位のものを驚嘆と従属へと結びつけ、引き寄せる。月の秩序においては隷属と弱体化へと、土星の秩序においては静穏と悲哀へと、木星の秩序においては崇敬へと、それぞれ導かれる。火星の秩序においては恐怖と不和へと、金星の秩序においては愛と歓喜へと、水星の秩序においては説得と忠誠、そして同類のものへと導かれる[546]。

このような結合の根底は、魂の激しい、そして天界の秩序に制限された情感である。このような結合の分解、あるいは妨害は、反対の、それもより優れた、あるいは強力な感情によってもたらされる。というのは、魂の大きな超過が結びつけるように、またそれは壊し、妨げるからである[547]。

最後に、もしあなたが、金星を恐れるならば土星を対置しなさい。もし土星を恐れるならば金星と木星を対置しなさい。というのは、これらは敵対的で、互いにもっとも反対している、と占星術師は述べているからである。このとき、さまざまな、そして反対的な結果が、これらの下位のものの原因になっていることを理解しなければならない。天界においては欠けているものは何もなく、全体が愛によって支配され、嫌悪や不和は少しも存在することはありえない[548]。

第六九章　話と言葉の力について

魂の情感の中には偉大な力が存在することが示されたので、加えて、言葉と事物の名称の中にそれに劣らぬ力が、とりわけ、話と複雑な演説の中には最大の力が存在することを知らなければな

らない[549]。それらによって、われわれは、主に野獣から区別されるのであり、理性的なものと呼ばれるのである。ただし、この場合の理性とは、魂に基づいて受け取られ、情感の能力と呼ばれ、ガレノスが野獣にも人間にも共通である――一方では多く、他方では少ない――としたものではない。われわれが理性的と呼ばれるのは、声に基づいて、言葉と話において理解される、言表的理性と呼ばれる理性に拠るのであり、その部分において、われわれは他の動物よりもはるかに優っているのである[550]。というのは、ギリシャ語の「ロゴス」は理性、話、言葉を意味しているからである[551]。

　言葉は二重であり、すなわち、内的な言葉と述べられた言葉である。内的な言葉は、精神の懐抱であり、声を欠いた認識能力の中に生じる、魂の運動である。われわれは夢の中で話し、議論しているように見えるが、目覚めているときには、しばしば沈黙しつつ、ある演説の全体を概観する。他方、述べられた言葉は、声の中に、また談話の特性の中にある作用を有しており、そして、それは人間の息とともに、口の開口とともに、舌の話とともに伝えられる。その中で、自然は身体的な声と精神の声を知性に結びつけ、聴取者に対して、言表する者で、かつ、われわれの知性の懐抱の解釈者をもたらす。

　それゆえ、言葉は発言者と聴取者の間の最適な手段であり、自らとともに、知性の懐抱だけではなく、また発話者の力を、ある移行のための推進力によって聴取者と受容者へと運ぶので、その結果、聴取者だけではなく、また別のある身体や魂をもたない事物を変容させる。これらの言葉は、とりわけ大きな効力をもっており、より重要な事物（すなわち、知性的事物、天界的事物、超自然的事物）をより印象深く、またより秘密めいて表現するもので、より威厳のある舌によって、またより聖なる威厳によって定められたものである。というのは、それらはある徴と表象、あるいは符牒として、天界的事物と超自然的事物の力を、それらの媒体である、説明された諸事物の力から、また同様に、設置者と記述者の力によってそれらに付与された力から獲得するからである[552]。

第七十章　固有名の力について

　諸事物の固有名が、魔術の作業にとってきわめて必要なことは、ほとんどすべての人々が確証している。というのは、事物の自然的な力は、最初は対象から感覚へと進み、次にそれらから想像力へと、最後にそれから精神に進み、精神の中に、その力は最初に懐抱され、次に声と言葉によって表現されるからである。それゆえ、プラトン主義者たちは、この声、あるいは言葉、あるいは、すでに分節化された名称の中に、事物の力自体は意味作用という形式の下に、いわばある生命として潜んでいる、と述べている。それは最初に精神自体によって、いわば事物の種子として懐抱され、次に声と言葉を介して、いわば子として出産され、そして最後に文字の中で保存される[553]。

　それゆえ、マグスたちが述べているように、事物の固有名は事物のある光線であり、それは至るところに、常に臨在しており、事物の力を保持している。そのとき、徴づけられた事物の本質は、固有名の中で支配しており、見分けられる。そして事物は、あたかも固有の活力ある像としての固有名によって認識される。最高の制作者が、惑星の諸力を伴う天界の影響と諸元素から、さまざまな種類と個別的な事物を産みだすように、天界の影響と影響の特性に従って、諸事物に固有の名称が帰結し、「多くの星辰をすべて数え挙げて、それらの名称で呼ぶ」者によって定着させられる。その名称について、キリストは別の箇所において、「あなた方の名前は天の中に書き記されている」と述べている。

最初の人間は、天界のものの影響とあらゆる事物の特性を認識し、『創世記』に記されているように、諸事物に、それらの本質に基づいて名称を付与した。というのは、神は、アダム以前に創造した総体を引き寄せて、アダムに名づけさせたからである。そして、彼が事物の名前を呼ぶように、これがその事物の名称となった[554]。これらの名称は確かに、自己自身の中に、意味された事物の力を含んでいる。

それゆえ、すべての意味のある声は、第一に、天界の協和の影響によって意味をもつ。第二に、人間の命名――頻繁に、多種多様に行われる――によって意味をもつ。ある声や名称において、協和と人間によって課された、両方の意味作用が生じる場合に、その名称は二重の徳によって、すなわち、自然的、および意志的徳によって、もっとも効果的な活動を促すのであり、そのとき名称は、然るべき場所と時と儀式において、厳格な意図によって、整然として素材に対して、本性上、受容可能なものとして提示される[555]。

われわれがピロストラトスにおいて読むように、結婚した日に死亡した、ローマのある少女がアポロニオスの前に運ばれると、彼はこの乙女に触れて、彼女の名前を厳密に尋ねた。そして、彼女の名前を知ると、ある秘儀的なことを発声し、それによってこの少女は再生した[556]。また、ローマ人たちの間の、ある聖なる事柄の儀式において観察された出来事がある。すなわち、彼らがある都市に逗留したとき、その固有の名称と、その都市の守護神である神の名前を詳しく探求した。その名前を知ると、ある呪言によって、その都市を守護している神々を呼びだし、都市の住民たちに呪いをかけると、最後に神々は姿を隠したがゆえに、彼らはその住民たちに勝利した。これについては、ウェルギリウスが次のように歌っている。

みな神殿の内陣と祭壇から出て行ってしまったのだ、
この王国を存立させていた神々は……[557]

この呪言は、都市を包囲して攻撃しているときに、神々を呼び出し、敵に呪いをかけるもので、それを知ろうと欲する者は、リウィウスとマクロビウスに尋ねなければならない。また、呪文について多くのことは、セレヌス・サモニクスが『隠匿されたもの』において語っている[558]。

第七一章　結合文と呪言について、そして呪文の力の束縛について

言葉と名称の力を超えて、また別の、より強い力が、自らの中に含まれた真理によって、結合文の中に見いだされる。それは刻みつけ、変容させ、結びつけ、そして確立する最大の力を有しており、それゆえ、その力は発揮されるといっそう輝き、制限されるといっそう確固として、強固になる。この真理の力は、単純な言葉の中ではなく、ある事柄を肯定し、あるいは否定する結合文の中に存在しており[559]、それはたとえば、呪言、呪文、祈願、魔除け、嘆願、召喚、祈願、誓言、厄除け、そしてそれらに類したものである。

それゆえ、呪言と呪文を作成するさいに、星辰や神々の力を引き寄せるためには、星辰が自らの中に包含している力、効力、作用がいかなるものかを考察し、そして、星辰がこのように招来し、影響が与えるのが常であるものを称讃し、称揚し、賛美し、栄光化して、それらを呪言の中に挿入しなければならない。その際にはまた、崩壊し、妨害するのが常であるものを無視して否認し[560]、われわれが得ようと望むものに懇願して祈願し、われわれが崩壊し、妨害するのを望むものを断罪して避けるのである。そして、この方法によって、典雅で凝った、しかも適切な数と比によって、然るべく分節化された文章を作成しなければならない。

そしてマグスたちは、星辰や神々の名称を介して召喚し、呪文を唱えなければならない、と命じている。それらに対して、このような呪文がその驚嘆すべき事柄、すなわち奇跡によって、その天球における行路と道によって、その光によって、その王国の威厳によって、その中に存している魅力と輝きによって、その強く驚くべき力によって、そして、これらの同類のものによって属している。それは、アプレイウスにおいて、プシュケがケレスに祈願しているのと同様である。「私は、あなたの豊饒な右手にお祈りします。私はあなたに、収穫の喜ばしい儀式によって、あなたの箱の沈黙した秘密によって、あなたの僕である龍の、翼のついた凱旋車によって、シケリアの大地の畝溝によって、プロセルピナを略奪する馬車によって、彼女を閉じ込める大地によって、輝かしい婚礼のための降下によって、あなたの娘の光に満ちた帰還によって、そして、アッティカのエレウシスの聖所が沈黙のうちに隠している、その他のものによって懇願します[561]」。

さらにマグスたちは、星辰の多様な種類の名称とともに、星辰自体を統轄している叡智の名称によって、われわれが召喚することを命じている。これらの叡智については、該当の箇所において詳細に論じることにしたい。これらの詳しい例を欲する者は、オルペウスの讃歌を精査すべきだろう。この讃歌は、もしそれらに然るべき協和によって、注意深く、智者たちが知っている他の環境が適用されたならば、自然魔術において、それら以上に効果的なものは存在しない[562]。

しかし、われわれはわれらの課題に戻ることにしたい。このような呪文は、星辰の規範に従って適切に、また然るべく作成され、知性と意味に満ち、激しい感情によって時宜を得て述べられ、それらが意味されたものと同様に、それらの部分の数と比、

そして、それらの部分から帰結する形態に基づいて、さらに想像力の衝動によって、最大の力を呪文を唱える者の中にもたらし、そしてときどき、呪文を唱えられた事柄の中にその力を引き入れ、呪文を唱える者の情感と言葉が意図しているものへと拘束し、導くのである。

呪文を唱える者たちの手段は、あるもっとも純粋で、協和的で、暖かく、息づき、生きていて、運動と情感と意味を自らにもたらし、その諸部分から構成され、感覚を付与され、そして、理性によって懐抱されている精気である。こうして呪文は、この精気の性質によって、その天界的な類似によって、また、先に述べた事柄に加えて、好機を捉えて、もっとも卓越した力を、実際には、植物的生命、薬草、根茎、ゴム、香料、燻蒸、そして同類のものから発散する精気と蒸気よりも崇高で、効果のある力を受け取る[563]。それゆえ、諸事物に呪文を唱えるマグスたちは、呪文の言葉に、同時に息を吹きかけて発散させるのが、すなわち、精気を諸事物に吹き込むのが常であり、その結果、魂の力の全体が、呪文を唱えられた事物に向けられ、この事物は述べられた力を受け取るように秩序づけられる。

そして、ここで留意しなければならないのは、あらゆる話と文字と言葉は、その習慣的な数と比と形態によって、習慣的な運動を導き入れるように、通常の順序とは異なり、逆に述べられ、あるいは記されると、通常ではない効果へと促す、ということである[564]。

第七二章　呪文の驚くべき権能について

呪文、すなわち呪言の権能はきわめて大きく、ほとんどあらゆる自然が転覆させられる、と信じられている。たとえば、アプレイウスは次のように述べている。「魔術的な呪言によって、速い川は逆流し、海は静かに縛られ、風は一緒に消え去り、太陽は止まり、月は搾られ、星々は引き抜かれ、昼は取り去られ、夜は引き伸ばされる[565]」。そして、このことについて、ルカヌスは次のように歌っている。

交々にする、自然の変転は病み、日没が引き延ばされ、
日の出が長い夜で滞り、上天の星々は法則に従わず、
呪文を聞けば、激しく動く宇宙はその営みを麻痺させる[566]。

その少し前では、次のように歌っている。

テッサリアの魔女らの呪文で、定めに導かれぬ愛さえ
頑なな心に忍び入り……[567]

また、別のところで、次のように歌っている。

人間の心は、飲み干す毒薬の毒に冒されずとも、
呪文でも解体する……[568]。

ウェルギリウスは、『ダイモーン』において、次のように歌っている。

呪言は、天から月を引き下ろすことさえできる。
キルケは呪言で、オデュッセウスの仲間たちの姿を変えた。
牧場の冷たいヘビも、呪言を唱えると張り裂ける。[569]

また、次のように歌っている。

畑に生えた作物を別の畑に移した。[570]

オウィディウスは『無題』において、次のように述べている。

呪言によって、瀕死のケレスは死に絶え、草花は枯れ、
呪言によって、水の泉は干上がり、
魔法にかけられて、オークからどんぐりが、
葡萄の木から葡萄が、林檎の木から林檎が落ちる。[571]

これらのことが真実ではないとしても、しかし、果実に魔法をかけた者たちに対して、厳密に法律によって定められた罰が科せられたことはないだろう。[572] そして、ティブルスは、ある魔法使いについて次のように述べている。

私は見た、彼女が呪言によって、天から星々を引き出し、
速い流れを一本の道に変え、
この呪文によって、大地を裂いて、墓から亡霊を呼び出し、
薪の山から暖かい骨を取り出し、
自分の意のままに、暗い天空に雲を散らし、
自分の意のままに、夏の地域に雪を降らせるのを。[573]

これらすべてについて、オウィディウスにおいて、ある魔法使いは、次のように述べて、自慢しているように見える。

あなたがたの助けによってこそ、私は、望むがままに、
川を源へと逆流させて、その堤を驚かしもできたのです。
その助けによってこそ、呪文で荒海を静め、凪を騒がせることもできるのです。
そうです、雲を払い、雲を集め、風を走らせ、これを呼び寄せます。
まじないを唱えれば、大ヘビの顎を裂くこともできます。
しっかりと地に生えた大岩を動かし、樫の大木を——いや、
森をさえ——根こそぎに引き抜き、山々を震撼させ、大地を咆吼させもするのです。
亡者を墓の外に出させることさえ、できなくはありません。
それにルナよ、月蝕というあなたの厄災では……[574]

加えて、すべての詩人が歌い、そして哲学者たちも、呪言によって多くの驚くべきことが行われることを否定してはいない。たとえば、穀物が取り去られること、稲妻が引き起こされて集められること、病気が治癒されること、そして、それに類似したこ

とである。カトーの『農業論』によれば、野獣の病気に対抗してある呪文を用いたのであり、[575] そのことは彼の著作に記されている。ソロモンがある呪文に精通していたことは、ヨセフスが証言している。また、ケルスス・アフリカヌスが語っているところによれば、エジプト人たちの教説に基づくと、人間の身体は、獣帯［黄道十二宮］の顔［デカン、すなわち十分角］の数に従って、多くの、すなわち三六のダイモーンによって護られており、その各々が自らの部分を受けもって見守り、それらに固有の名称で呼ぶことによって呪文を唱えることになり、自らの身体の病気の部分を健康へと回復させるのである。[576]

第七三章　文章の力について、そして、呪文と銘文を作成することについて

言葉と話の責務は、精神の内容を表現し、思考の深奥から秘密を取り出して、話者の意志を明らかにすることである。[577] 文章は、精神の最終的表現であり、そして話と声の数、配置、状態、目的、連続、慣習をもたらす反覆であり、これは単一の声の作用によっては完遂できない。精神、声、言葉、話、演説の中にあるものは、その全体とすべてが、文書の中にも存在する。そして、精神によって懐抱されないものは声によって表現されないように、また表現されないものは書き記されない。

それゆえ、マグスたちは、あらゆる作業において呪文と銘文を作成することを命じており、それらによって、行為者は自らの感情を表現するのである。たとえば、薬草や鉱物を蒐集するときには、いかなる使用のために行うのかを開陳し、[578] 像を作成するときには、いかなる効果をそれは産みだすのかを述べて書き記す。この呪文と銘文については、アルベルトゥスも『鏡』の中で否定しておらず、[579] それらがなくては、われわれの作業は効果を獲得することはできない。たしかに、配置が効果を産みだすのではなく、配置するという行為が効果を産みだすのである。われわれはまた、同じ種類の規則が古代の人々に用いられていたことを見いだし、それについてはウェルギリウスが、次のように歌って証言している。

まず私は、おまえの周りに、異なる三色の糸を
三重に巻きつけて、この祭壇の周囲を三回、
その似姿をもって回る。[580]

そして、すぐのちに、次のように歌っている。

アマリュリスよ、三色の糸を三つの結び目でつなぎなさい。
さあ、つなぎなさい、アマリュリス。そして「ウェヌスの縛めを私は結ぶ」と唱えなさい。[581]

そして、同じく、次のように歌っている。

同じ一つの火によって、この粘土は固くなり、
この蠟は溶けていく。ダプニスも、私の愛でそうなる。[582]

第七四章　比、照応、文字の天界の印と諸惑星への還元について——さまざまな言語で、このことを示す表とともに

神は人間に、精神と話を与えた。それらは（ヘルメス・トリスメギストスが述べているように）同じ力、権能、不滅性という贈物と考えられる。[583] 全能の神は摂理によって、人間の話をさまざまな言語に分割した。それらの言語は、自らの多様性に基づいて、さまざまで固有の文字記号を受け容れ、それらは、ある確かな秩序、数、形象から成り立っているが、それはたまたま、偶然にではなく、神意によって配置され、形成されたもので、それゆえ、天界的なもの、神的な物体、そして諸力と合致するのである。ところで、知られているあらゆる言語の前に、ヘブライ人の文字が、文字の形象、母音の点、長音記号においてもっとも聖なるものである。これらは、いわば物質、形相、精気から成り立っているもので、星辰の位置が最初に定められた天界という、神の座の中にある。

ヘブライの権威者たちが証言しているように、その文字の形象は、それらの形象と形態と意味によって、それらが意味をもっている数によって、そして、それらの結合のさまざまな協和によって、天界の秘儀に満ちている文字自体として形成された。それゆえ、ヘブライの秘儀めいたメクバルたちは、彼らの文字の形象と文字の形態から、そして、それらの書体、単純性、構成、分離、屈曲、方向、欠落、富裕、優位、不利、桂冠、開始、終結、秩序、移動、結合、文字と点と長音記号の回転、そして、文字が意味をもつ数の計算から、すべてを説明することを約束しており、このようにして、それらは第一原因から進み出て、そして、反対に同じものへ還元される。

さらに、ヘブライ語のアルファベットの文字は、十二の単純な子音、七つの二重子音、そして三つの母音に分けられ、諸事物の特性として、十二が宮を、七が惑星を、三が元素、すなわち火、水、地——空気は元素ではなく、諸元素の膠、あるいは精気と見なされる——を意味する、と言われている。これらの文字にはまた、点と長音記号が付与されている。それゆえ、諸惑星と宮のアスペクト［星位］と諸元素から、制作者である精気と真理によって万物が産出され、また産出され続けているように、産出されたものに意味を与える、これらの文字の記号と点から、すべての事物の名称が形成されるのであるが、それは、いたるところにそれらの本質と力を自らとともにもたらす、開陳された諸事物のある符牒と媒体としてである。[584]

それらの深い意味と符牒は、それらの文字、形象、数、場所、秩序、回転に固着している。それゆえ、オリゲネスが評しているように、その名称は他の言語に翻訳されると、その本来の力をほとんど保持することができない。というのは、それは自らの本性的な意味作用を保持していないからである。[585] 正しく課せられた原初の名称だけが、本性的に意味するので、本性的な活動性を所有している。任意に意味しているものについては該当せず、それは活動性を、意味があるものとしてではなく、自己の中のある本性的事物として所有している。

ところで、もし、ある原初の、原因的な言語が存在し、その言葉が本性的な意味作用を有するとするならば、それがヘブライ語であることは明白である。この言語の秩序を、詳細に、根本的に考察しようとし、また、これらの文字を比例的に解釈しようとする者は、あらゆる言葉を完璧に発見するための規範と規則を知ることになるだろう。[586] 二二の文字は、世界と全被造物の基盤であり、その中に存在しており、その中で命名された。そして、あらゆる語られたものとあらゆる造られたものは、それらから存在し、それらの回転から名称と存在と力が発出したのである。

それらを探求する者は、各々の文字の構成を介して、神の声が明白になり、もっとも聖なる文字の構造が開示され、自分自身に提示されるまで、長く熟考する必要がある。[387] ところで、この声と言葉は魔術的作業において効力をもっている。というのは、自然が最初に魔術を行使したのは、あの神の声だからである。しかし、この声については本書で取り扱うべきことよりも、はるかに深遠な思弁に属している。

ここで、文字の分類に戻ることにしたい。ヘブライ人の間には三つの母音が、すなわち、א（アーレフ）、ו（ワウ）、י（ヨード）が、七つの二重子音、すなわち、ב（ベート）、ג（ギメル）、ד（ダーレト）、כ（カーフ）、פ（ペー）、ר（レーシュ）、ת（タウ）が、残りの十二の短子音、すなわち、ה（ヘー）、ז（ザイン）、ח（ヘイト）、ט（テイト）、ל（ラーメド）、מ（メイム）、נ（ヌーン）、ס（サーメク）、ע（アイン）、צ（ツァーデ）、ק（コーフ）、ש（スィーン）が存在する。カルデア人の間でも同じ規則がある。[588] これらの文字を模倣して、他の言語の文字は、宮と惑星と元素に、ある秩序によって配されている。

ギリシャ語では、Α（アルファ）、Ε（エプシロン）、Η（エータ）、Ι（イオタ）、Ο（オミクロン）、Υ（ユプシロン）、Ω（オメガ）が、七つの惑星に照応している。Β（ベータ）、Γ（ガンマ）、Δ（デルタ）、Ζ（ゼータ）、Κ（カッパ）、Λ（ラムダ）、Μ（ミュー）、Ν（ニュー）、Ρ（ロー）、Σ（シグマ）、Τ（タウ）が、獣帯の十二の宮に帰されている。他の五つの文字、Θ（テータ）、Ξ（クシー）、Φ（フィー）、Χ（キー）、Ψ（プシー）は、四元素と世界の精気を表している。ラテン人の間でも同一であるが、別の順序によって意味されている。すなわち、五つの母音のA、E、I、O、Uと子音のIとUが、七つの惑星に帰せられている。子音のB、C、D、F、G、L、M、N、P、R、S、Tは十二の宮を表している。残りの、すなわち、K、Q、X、Zは、四元素を構成している。気息音のHは、宇宙の精気を表している。Yは、ギリシャ語でラテン文字ではなく、ギリシャ語の言葉だけに使用されるので、その言葉の性質に従っている。

智者たちが、ヘブライ語の文字を、あらゆる文字の中で最も効力のあるものと確証していうことに無知であってはならない。というのは、それは天界のものと宇宙との最大の類似を有しているからである。他の言語の文字が、これほどの効力をもっていないのは、それらがヘブライ語の文字から遠く離れているからである。それらの配置については、次ページの表で説明されている。

あらゆる文字は、自らの秩序の二重の数をもっている。すなわち、拡張された数は、文字がいかなる順番にあるのかを、その順序に従って、単純に表現したものである。そして、集合された数は、先行するすべての文字の数を、自分自身で再収集したものである。加えて、統合的な数が存在し、これは、さまざまな数の様態に従って、文字の名称から帰結するものである。いかなる数の力が、あらゆる言語において、その文字によって驚嘆すべき秘儀を産みだすことができることを知っている者は、また同様に、過去の事柄と未来の事柄について予言することができるだろう。

さらに、他にも秘儀的な数と文字の結合が存在している。しかし、これらについてはすべて、以下の巻において論じることにして、第一巻については、ここで終了することにしたい。

♈	ה H	[illegible]	B	B
♉	ו	[illegible]	Γ	C
♊	ז	[illegible]	Δ	D
♋	ח	[illegible]	Z	F
♌	ט	[illegible]	K	G
♍	י	[illegible]	Λ	L
♎	ל	[illegible]	M	M
♏	נ	[illegible]	N	N
♐	ס	[illegible]	Π	P
♑	ע	[illegible]	P	R
♒	צ	[illegible]	Σ	S
♓	ק	[illegible]	T	T
♄	ב B	[illegible]	A	A
♃	ג G	[illegible]	E	E
♂	ד D	[illegible]	H	I
☉	כ C	[illegible]	I	O
♀	פ P	[illegible]	O	V
☿	ר R	[illegible]	Υ	I cōso.
☽	ת Th	[illegible]	Ω	V cōso.
Terra	א A	[illegible]	Θ	K
Aqua	מ	[illegible]	Ξ	Q
Aēr			Φ	X
Ignis	ש	[illegible]	X	Z
Spiritus			Ψ	H

注

【典拠略称】

アヴィケンナ『洪水』＝アヴィケンナ『洪水について』(Avicenna, *De Diluviis*, ed. M. Alonso Alonos, *Al Andalus*, 14, 1949, pp. 304–09.)

同『第一哲学』＝『第一哲学、すなわち神的学問についての書』(*Liber de philosophia prima, sive, Scientia divina*, ed. S. Van Riet, Louvain-Leiden, 1977–83.)

同『魂について』＝『魂について、すなわち自然物についての第六の書』(*Liber de anima seu Sextus de Naturalibus*, ed. S. Van Riet, Louvain-Leiden, 1968.)

同『動物論』＝『動物論』(*De animalibus*, in *Opera*, Venetiis, 1508.)

同『錬金術』＝『錬金術における魂についての書』(*Liber de Anima in Arte Alchimiae*, in *Artis chemicae principes Avicenna atque Geber*, Basileae, 1572.)

アヴェロエス『収集』＝アヴェロエス『収集』(Averroes, *Colliget*, in *Opera*, Venetiis, 1562, Suppl. I.)

アウグスティヌス『神の国』＝アウレリウス・アウグスティヌス『神の国』(Aurelius Augustinus, *De Civitate Dei*, ed. B. Dombart & A. Kalb, Turnhout, 1955 [CC 47].)［服部英次郎訳、全五巻、岩波文庫、一九八二〜九一年／赤木善光・泉治典・金子晴勇訳、「アウグスティヌス著作集」十一〜十五巻、教文館、一九八〇〜八三年］

同『創世記逐語注解』＝『創世記逐語注解十二巻』(*De Genesi ad litteram libri XII*, ed. J. Zycha, Wien, 1894 [CSEL 28, 3, 2].)［『創世記注解』、片柳栄一訳、「アウグスティヌス著作集」十六・十七巻、教文館、一九九四〜九九年／『創世記逐語注解』、清水正照訳、九州大学出版会、一九九五年］

偽アウグスティヌス『精気と魂』＝偽アウグスティヌス『精気と魂について』(Ps. Augustinus, *De Spiritu et anima*, in PL, tome 40, coll. 779–832.)

アウルス・ゲッリウス『アッティカの夜』＝アウルス・ゲッリウス『アッティカの夜』(Aulus Gellius, *Noctes Acticae*, ed. P. K. Marshall, Oxford, 1968.)

アグリッパ『演説』＝ヘンリクス・コルネリウス・アグリッパ『ヘルメス・トリスメギストスによる「神の権能と神の知恵について」の講義に関して、一五一五年にパピアで行われた演説』(*Oratio habita Papiae in praelectionem Hermetis Trismegisti De potestate et sapientia Dei anno MCXV*, ed. P. Zambelli, in *Testi umanistici su l'ermetismo*, ed. E. Garin, Roma, 1955, pp. 119–28.)

同『人間』＝『人間についての対話』(*Dialogus de homine*, ed. P. Zambelli, *Rinascimento*, 5, 1965, pp. 294–304.)

アテナイオス『賢人たち』＝アテナイオス『食卓の賢人たち』(Athenaeus, *Deipnosophistae*, ed. G. Kaitel, Leipzig, 1887–90.)［柳沼重剛訳、全五巻、京都大学学術出版会、一九九七〜二〇〇四年］

アピオン『断片集』＝アピオン・オアシタ『断片集』(Appion Oasita, *Fragmenta*, in *Fragmenta Historicorum Graecorum*, ed. C. Müller, Paris, 1849, vol. 3, pp. 506–16.)

アブラハム『創造の書』＝アブラハム『ヘブライ語でゼフェル・イェツィラーと呼ばれる、カバラ主義者の創造の書』(Abraham, *Liber de creatione cabalistinis hebraice Sephir Iezira*, in J. Pistorius, *Artis cabalisticae ... scriptores tomus I*, Basileae, 1587, pp. 869–72.)

アプレイウス『宇宙論』＝アプレイウス『宇宙論』(Apuleus, *De mundo*, in *Opuscola Philosophica*, ed. J. Beaujeu, Paris, 1973, pp. 109–57.)

同『弁明』＝『弁明』(*Apologia*, ed. P. Vallette, Paris, 1924, pp. 1–123.)

同『変身物語』＝『変身物語全十一巻（黄金の驢馬）』(*Metamorphoseon libri XI*, ed. P. Vallette & D. S. Robertson, Paris, 1945.)［アープレーイユス『黄金の驢馬』、呉茂一・国原吉之助訳、岩波文庫、二〇一三年］

偽アプレイウス『薬草』＝偽アプレイウス（トラレスのテッサロス）『薬草の効能について』(Thessalus von Tralles, *De virtutibus herbarum*, ed. H. V. Friedrich, Meisenheim am Glam, 1958. Cf. *G. Galeni Liber de plenitudine... Apulei De herbarum virtutibus*, A. Benivieni *De abditis ... causis*, Parisiis, 1528, ff. 35r–42r.)

アポロニオス『アルゴナウティカ』＝ロドスのアポロニオス『アルゴナウティカ』(Apollonius Rohodius, *Argonautica*, ed. H. Fränkel, Oxford, 1961.)［岡道男訳、講談社文芸文庫、一九九七年］

アリストテレス『気象論』＝アリストテレス『気象論』(Aristoteles, *Meteorologica*, in *Aristotelis Opera*, ed. I. Bekker & O. Gigon, vol. 1, Berlin, 1960, pp. 338–90.)［三浦要・金澤修訳、「アリストテレス全集」第六巻、岩波書店、二〇一五年］

同『青年と老年』＝『青年と老年について』(*De Iuventute et senectute*, ibid., pp. 467–80.)［『自然学小論集』、中畑正志・坂下浩司・木原志乃訳、「アリストテレス全集」第七巻、岩波書店、二〇一四年］

同『断片集』＝『著作断片集』(*Fragmenta*, ed. V. Rose, Lepzig, 1886.)［橋場弦・國方栄二訳、「アリストテレス全集」第十九巻、岩波書店、二〇一四年］

同『動物誌』＝『動物誌』（*Historia animalium*, in *Opera*, vol. 1, pp. 486–638.）［金子善彦・伊藤雅巳・金澤修・浜岡剛訳、「アリストテレス全集」第八・九巻、岩波書店、二〇一五年］

同『命題論』＝『命題論』（*De Interpretatione*, ibid., pp. 16–24.）［早瀬篤訳、「アリストテレス全集」第一巻、岩波書店、二〇一三年］

同『夢占い』＝『夢占いについて』（*De divinatione per somnum*, ibid., pp. 462–63.）［『自然学小論集』、中畑正志・坂下浩司・木原志乃訳、「アリストテレス全集」第七巻、岩波書店、二〇一四年］

同『夢について』＝『夢について』（*De Insomniis*, ibid., pp. 458–62.）［『自然学小論集』、中畑正志・坂下浩司・木原志乃訳、「アリストテレス全集」第七巻、岩波書店、二〇一四年］

偽アリストテレス『聴取』＝偽アリストテレス『驚嘆すべきことの聴取』（Ps. Aristoteles, *Mirabilium auscultations*, in *Aristotelis Opera*, ed. I. Bekker, vol. 2, Berlin, 1960, pp. 830–46.）

同『秘中の秘』＝『秘中の秘』（Ps. Aristoteles, *Secretum Secretorum*, in *Opera hactenus inedita Rogeri Baconis*, ed. R. Steele, 5, Oxford, 1920.）

同『問題集』＝『自然学的問題集』（*Problemata Phisica*, in *Libri quatuordecim qui Aristotelis esse dicuntur de secretiore parte divinae sapientiae secundum Aegyptios*, ed. J. Carpentarius, Parisiis, 1572, pp. 859–967.）

アルヴェルニアテス『万象』＝グイレルムス・パリシエンシス・アルヴェルニアテス『万象について』（Guilemus Parisiensis Alverniates, *De universo*, ed. B. Leféron, Orléans, 1674–75, pp. 593–1074.）

同『法律』＝『法律について』（*De legibus*, ibid., pp. 18–102.）

アル・ガザーリー『形而上学』＝アル・ガザーリー『形而上学』（Al Gazzali, *Metaphysica*, ed. J. T. Muckle, Toronto, 1933.）

アル・キンディー『光線』＝アル・キンディー『光線について』（Al-Kindius, *De radiis*, ed. M. T. D'Alverny & F. Hudry, *AHDLMA*, 41, 1974, pp. 215–58.）

アルカビキウス『入門』＝アルカビキウス『判断天文学の統御のための入門』（Alchabicius, *Ad magisterium judiciorum astrorum isagoge*, Parisiis, 1521.）

アルキノス『入門』＝アルキノス［アルビノス］『入門』（Alcinous［Albinus］, *Isagoge*, in *Platonis Dialoghi*, ed. C. F. Hermenn, 6, Leipzig, 1907, pp. 147–89 ; Cf. Alcinoi platonici, *Liber de doctrina Platonis Marsilio Ficino interprete*, in Marsilius Ficinus, *Opera omnia*, Basileae, 1576, vol. 2, pp. 1945–62.）

アルブマサル『精華』＝アルブマサル『占星術の精華』（Albumasar, *Flores astrologiae*, Augustae Vindelicorum, 1489.）

アルベルトゥス・マグヌス『鏡』＝アルベルトゥス・マグヌス『天文学の鏡』（Albertus Magnus, *Speculum Astronomiae*, ed. S. Caroti, M. Pereira, S. Zamponi & P. Zambelli, Pisa, 1977.）

同『気象論』＝アルベルトゥス・マグヌス『気象論全四巻』（*Meteororum libri IV*, in *Opera*, ed., P. Jammy, Lyon, 1651, pp. 477–632.）

同『鉱物論』＝『鉱物論』（*De mineralibus*, ibid., pp. 1–116.）

同『動物論』＝『動物論』（*De animalibus*, ed. H. Stadler, Münster, 1910–20［Beiträge zur Geschichte der Philosophie des Mittelalters, 15–16］.）

偽アルベルトゥス・マグヌス『結合』＝偽アルベルトゥス・マグヌス『結合の書、すなわち、薬草、鉱物、動物の諸力の秘密の書』（Ps. Albertus Magnus, *Liber Aggregationis seu liber secretorum de virtutibus herbarum, lapidum et animalium quorundam*, Venetiis, s. a.［1500?］, sig. a ir–e iiiv.）

同『奇跡』＝『世界の奇跡についての書』（*Liber de mirabilibus mundi*, ibid., sig. e iiiv–l iiiiv.）

アルマデル『六学』＝アルマデル『六学の堅固さについて』（Almadel, *De firmitate sex scientiarum*, ed. R. Pack, *AHDLMA*, 42, 1975, pp. 147–81.）

イアンブリコス『秘儀』＝イアンブリコス『エジプト人の秘儀について』（Iamblichus, *De Mysteriis Aegyptiorum*, ed. E. Des Places, Paris, 1966.）

同『生涯』＝『ピュタゴラスの生涯』（*Vita Pythagorica*, ed. L. Deubner, Leipzig, 1937.）［『ピュタゴラス伝』、佐藤義尚訳、国文社、二〇〇一年／『ピタゴラス的生き方』、水地宗明訳、京都大学学術出版会、二〇一一年］

ウァレリウス・マクシムス『言行録』＝ウァレリウス・マクシムス『著名言行録全九巻』（*Valerius Maximus, Factorum et dictorum memorabilium ll. IX*, ed. C. Kempf, Leipzig, 1888.）

ウァッロ『農事考』＝マルクス・テレンティウス・ウァッロ『農事考全三巻』（Marcus Terentius Varro, *De Re Rustica ll. III*, ed. H. Keil & G. Goetz, Leipzig, 1929.）

ウィトルウィウス『建築論』＝ウィトルウィウス『建築論』（Vitruvius, *De architectura*, ed. L. Gallebat, Paris, 1973.）［『ウィトルーウィウス　建築書』、森田慶一訳註、東海大学出版会、一九六九年］

ウェルギリウス『アエネイス』＝ウェルギリウス『アエネイス』（Vergilius,

Aeneis, in *Opera*, ed. R. A. Mynors, Oxford, 1969.)〔『アエネーイス』、岡道男・高橋宏幸訳、京都大学学術出版会、二〇〇一年〕

同『農耕詩』=『農耕詩』(*Georgicarum libri*, ibid.)〔小川正廣訳、京都大学学術出版会、二〇〇四年〕

同『牧歌』=『牧歌』(*Bucolicae*, ibid.)〔小川正廣訳、京都大学学術出版会、二〇〇四年〕

エウセビオス『準備』=カエサリアのエウセビオス『福音の準備』(Eusebius Caesarensis, *Praeparatio Evangelica*, ed. K. Mras, Berlin, 1954–56. Cf. *Eusebii Pamphili Praeparation Evangelica, latine, Georgio Trapezuntio interprete*, Venetiis, 1470.)

エウドクソス『断片集』=クニドスのエウドクソス『断片集』(Eudoxus Gnidius, *Fragmenta*, ed. F. Lasserre, Berlin, 1966.)

エピクテトス『人生談義』=エピクテトス『人生談義』(Epictetus, *Enchiridion*, ed. I. Schweighäuser, in *Dissertationes*, ed. H. Schenkl, Leipzig, 1898, pp. 424–60. Cf. ed. in Angelo Poliziano, *Opera*, Venetiis, 1498.)〔エピクテートス『人生談義』、鹿野治助訳、上・下、岩波文庫、一九五八年〕

エラスムス『医術礼讃』=デジリウス・エラスムス『医術礼讃』(Desiderius Erasmus, *Encomium medicinae*, ed. J. Domański, in *Opera*, 1, 3, Amsterdam, 1973.)

同『格言集』=『格言集』(*Adagia*, in *Opera*, ed. J. Clericus, Lugduni Batavorum, 1703–1706, vol. 2.)

オウィディウス『恋の歌』=オウィディウス『恋の歌』(Ovidius, *Amores*, ed. E. J. Kenney, Oxford, 1961.)〔中山恒夫訳、『ローマ恋愛詩人集』、国文社、一九八五年に所収〕

同『名高き女たちの手紙』=『名高き女たちの手紙』(*Heroides*, ed. H. Bornecque, Paris, 1928.)〔『名婦の書簡』、松本克己訳、『ローマ文学集』、「世界文学体系」67、一九六六年〕

同『変身物語』=『変身物語』(*Metamorphoses*, ed. W. S. Anderson, Leipzig, 1982.)〔中村善也訳、上・下、岩波文庫、一九八一・八四年/『転身物語』、田中秀央・前田敬作訳、人文書院、一九六六年〕

オブセクエンス『予兆』=ユリウス・オブセクエンス『予兆についての書』(Julius Obsequens, *Prodigiorum Liber*, in Livius, *Periochae omnium librorum fragmenta*, ed. O. Rossbach, Leipzig, 1910.)

オリゲネス『駁論』=オリゲネス『ケルソス駁論』(Origenes, *Contra Celsum*, ed. P. Koetschau, Leipzig, 1899.)〔出村みや子訳、「キリスト教教父著作集」八・九巻、教文館、一九八七年〕

オルペウス『讃歌』=オルペウス『讃歌』(Orpheus, *Hymni*, in *Orphica*, ed. E. Abel, Leipzig–Prag, 1885.)

同『断片集』=『オルペウス断片集』(*Orphicorum fragmenta*, ed. O. Kern, Berlin, 1922.)

カトー『農業論』=マルクス・ポルキウス・カトー『農業論』(Marcus Porcius Cato, *De agri cultura*, ed. A. Mazzarino, Leipzig, 1982.)

ガレノス『勧め』=クラウディオス・ガレノス『自由学芸の学習への勧め——エラスムスの翻訳』(Claudius Galenus, *Exhortatio ad atrium liberalium studia, Erasmo interprete*, ed. J. H. Waszink, in *D. Erasmi Opera*, 1, 2, Amsterdam, 1969.)

同『テリアカ剤』=『テリアカ剤について』(*De Theriaca*, in *Opera Omnia*, ed. C. G. Kühn, vol. 14, Leipzig, 1827.)

キケロ『神々の本性』=マルクス・トゥリウス・キケロ『神々の本性について』(Marcus Tullius Cicero, *De natura deorum*, ed. C. F. W. Müller, Leipzig, 1905.)

同『予言』=『予言について』(*De divinatione*, ed. C. F. W. Müller, Leipzig, 1905.)

クリニトゥス『学問』=ペトルス・クリニトゥス『高潔な学問について』(Petrus Crinitus, *De honesta disciplina*, ed. C. Angeleri, Roma, 1955.)

グレゴリウス(トゥールの)『受難』=トゥールのグレゴリウス『エペソスの人々の下で眠っている、七名の聖なる殉教者の受難』(Gregorius, *Turonensis, Passio sanctorum martyrum septem dormientium apud Ephesium*, ed. B. Krusch, in *Monumenta Germaniae Historica. Script. Rer. Merovingicarum*, 1, pp. 848–53, Hannover, 1885, pp. 848–57.)

コクレス『手相術』=コクレス・バルトロメウス『手相術と人相術の復活』(Cocles Bartholomeus, *Chyromantie ac phisionomie anastasis*, Bononie, 1504.)

サクソ『事績』=サクソ・グラマティクス『デンマーク人の事績』(Saxo Grammaticus, *Historia Danica*, ed. C. Müller, Velschow, 1839.)〔谷口幸男訳、東海大学出版会、一九九三年〕

サービト『特性』=サービト・イブン・クッラー『ある星辰の特性について』(Thabit ibn Qurra, *De proprietabibus quarundam stellarum*, Paris, Bibl. Nationale, ms. lat. 1337, ff. 129–30.)

『十二表法』(*Lex XII Tabularum*, in *Fontes juris Antejustiniani*, ed. Riccobono, Firenze, 1941.)

シュネシオス『夢』＝シュネシオス『夢について』(Synesius, *De insomnis*, PG, tom. 66 ; cf. Marsilius Ficinus, *Opera omnia*, Basileae, 1576, pp. 1967–78.)

ジョルジ『協和』＝フランチェスコ・ジョルジ［フランキスクス・ゲオルギウス］『全世界の協和についての三書』(Franciscus Georgius [Francesco Giorgi], *De harmonia mundi totius cantica tria*, Venetiis, 1525.)

スイダス『辞典』＝スイダス『辞典』(Suidas, *Lexicon*, ed. A. Adler, Leipzig, 1931.)

スエトニウス『皇帝伝』＝スエトニウス『ローマ皇帝伝全八巻』(Svetonius, *De Vita Caesarum ll. VIII*, ed. I. H. M. Maximilian, Leipzig, 1908.)［国原吉之助訳、岩波文庫、上・下、一九八六年］

スコトゥス（ミカエル）『人相術』＝ミカエル・スコトゥス『人相術の書』(Michael Scotus, *Liber phisionomie*, Venetiis, 1508.)

スタティウス『テーバイス』＝パピニウス・スタティウス『テーバイス』(Papinius Statius, *Thebais*, ed. H. W. Garrod, Oxford, 1953.)

セネカ『弁論家』＝大セネカ『弁論家と修辞家の命題、区分、論駁』(Seneca maior, *Oratorum et rhetorum sententiae, divisiones, controversiae*, ed. L. Hakanson, Leipzig, 1989.)

セルウィウス『アエネイス注解』＝セルウィウス『「アネネイス」注解』(Servius, *Commentarius in Aenedem*, in *Commentarii in Vergilium serviani*, ed. H. A. Lion, Göttingen, 1826.)

同『牧歌注解』＝『「牧歌」注解』(*Commentarius in Bucolicas*, ibid.)

セレヌス・サンモニクス『断片集』＝セレヌス・サンモニクス『隠された事象についての断片集』(Serenus Sammonicus, *Rerum Reconditarum Fragmenta*, in *Iurisprudentiae Antejustinianae Fragamenta*, ed. Huschke, Leipzig, 1911.)

『ゾーハル』＝『ゾーハル（光輝の書）』(*Sepher ha-Zohar* [Livre de la Splendeur], tr. J. de Pauly, Paris, 1906–11.)

ソリヌス『ポリュストル』＝ガイウス・ユリウス・ソリヌス『記憶すべき事柄の蒐集、すなわちポリュストル』(Gaius Julius Solinus, *Collectanea rerum memorabilum sive Polystor*, ed. T. Mommsen, Berlin, 1864.)

ゾロアスター『託宣』＝ゾロアスター『カルデアの託宣』(Zoroaster, *Oracula Chaldaica*, ed. E. des Places, Paris, 1971.)

ディオニュシオス・アレオパギテース『神名論』＝ディオニュシオス・アレオパギテース『神名論』(Dionysius Areopagita, *De divinis nominibus*, PG, tom. 3.)［熊田陽一郎訳、『ギリシア教父の神秘思想』、「キリスト教神秘主義著作集」第一巻、教文館、一九九二年に所収］

同『天上位階論』＝同『天上位階論』(*De coelesti hierarchia*, PG, tom. 3.)［今義博訳、『後期ギリシア教父・ビザンチン思想』、「中世思想原典集成」第三巻、平凡社、一九九四年に所収］

ティブルス『詩集』＝ティブルス『詩集』(Tibullus, *Elegiae*, ed. M. Ponchont, Paris, 1950.)

ディールス＝クランツ『断片集』＝ヘルマン・ディールス、ヴァルター・クランツ（編）『ソクラテス以前哲学者断片集』(Herman Diels und Walther Kranz, *Die Fragmente der Vorsokratiker*)［内山勝利編、国方栄二他訳、第一～五分冊、別冊、岩波書店、一九九六～九八年］

テオプラストス『断片集』＝エレシオス・テオプラストス『断片集』(Eresius Theophrastus, *Fragmenta*, in *Opera*, ed. F. Wimmer, Paris, 1866.)

トマス・アクィナス『神学大全』＝トマス・アクィナス『神学大全』(Thomas Aquinas, *Summa Theologiae*, ed. P. Caramello, Torino–Roma, 1956.)［高田三郎ほか訳、全四五冊、創文社、一九六〇～二〇一二年］

同『対異教徒大全』＝『対異教徒大全』(*Summa contra Gentiles*, ed. C. Pera, P. Marc & P. Caramello, Torino–Roma, 1961.)

トリテミウス『三つの原理』＝ヨハネス・トリステミス『ヨハネス・ヴェステンブルフへ——それらを欠いては、自然魔術においていかなる結果も産みだすことができない、三つの原理について』(Iohannes Trithemius, *I. Trithemius ... Ioanni Westenburgh Comiti ... de tribus naturalis magiae pricipiis sine quibus nihil in ipsa ad effectum poroduci potest*, in *Epistulae*, Coloniae, 1567.)

同『ステガノグラフィア』＝『ステガノグラフィア、すなわち、隠された文字を介して、自らの魂の意図を不在の者たちに明かにする術』(*Stegnographia, hoc est ars per occultam scripturam animi sui voluntatem absentibus aperiendi causa*, Frankfurt, 1606.)

同『書簡』＝『書簡集』(*Epistolae*, Coloniae, 1567.)

パウサニアス『案内記』＝パウサニアス『ギリシア案内記』(Pausanias, *Descriptio Graciae*, ed. L. Dindorf, Paris, 1845.)［馬場恵二訳、上・下、岩波文庫、一九九一～九二年／『ギリシア記』、飯尾都人訳、龍渓書舎、一九九一年］

パウルス・ディアコヌス『ランゴバルト史』＝パウルス・ディアコヌス『ランゴバルト人の事績について』(Paulus Diaconus, *De Gestis Langobardorum*, ed. Bethmann, G. Waitz, in *Monumenta Germaniae Historiae. Sciptores Rerum Longobardarum et Italicarum saec. VI-IX*, 1877.)

ヒエロニュムス『パウロの生涯』＝ヒエロニュムス『最初の隠者、聖パウロの生涯』(Hieronymus, *Vita S. Pauli primi eremitae*, PL. tom. 11.)

『ピカトリクス』＝『ピカトリクス』(*Picatrix. The Latin Version of the Ghayat Al-Hakim*, ed. D. Pingree, London, 1986 [Studies in the Warburg Institutes, 39].)

ピーコ『演説』＝ジョヴァンニ・ピーコ・デッラ・ミランドラ『人間の尊厳についての演説』(Giovanni Pico della Mirandola. *Oratio de hominis dignitate*, in *Oratio de hominis dignitate, De ente et uno, Heptaplus e scritti vari*, ed. E. Garin, Firenze, 1942.) [ピコ・デッラ・ミランドラ『人間の尊厳について』、大出哲・阿部包・伊藤博明訳、国文社、一九八五年]

同「オルペウスに基づく論題」＝「魔術に基づき、オルペウスの讃歌を理解するための、自分自身の見解に基づく論題」('Secundum propriam opinionem de modo intelligendi hymnos Orphei secundum Magiam,' in *Conclusiones sive Theses DCCCC*, ed. B. Kieszkowski, Genève, 1973.)

同「カバラ的智者に基づく論題」＝「ヘブライのカバラ的智者の教説に基づく論題」('Secundum doctrinam sapientum Hebreorum cabalistarum,' ibid.)

同「パラドクス的論題」＝「自分自身の見解に基づいたパラドクス的論題」('Paradoxe secundum opinionem propriam,' ibid.)

同「哲学的論題」＝「自分自身の見解に基づいた哲学的問題」('Philosophice propriam opinionem,' ibid.)

同『ヘプタプルス』＝『ヘプタプルス』(*Heptaplus*, in *Oratio de hominis dignitate*, 1942.)

同『弁明』＝『弁明』(Johannes Picus Mirandulanus, *Apologia*, in *Opera omnia*, Basliae, 1572, vol. 1.)

同『魔術的論題』＝『自分自身の見解に基づいた魔術的論題』('Magice secundum opinionem propriam,' in *Conclusiones sive Theses DCCCC*.)

ピーコ(ジャンフランチェスコ)『予兆』＝ジャンフランチェスコ・ピーコ・デッラ・ミランドラ『諸事象の予兆について』(Gianfrancesco Pico della Mirandola, *De rerum praenotione*, in Johanes Picus Mirandulanus et Johannes Franciscus Picus Mirandulanus, *Opera omnia*, Basiliae, 1572, vol. 2.)

ピュタゴラス『戒律』＝ピュタゴラス『黄金の戒律』(Phythagoras, *Symbola aurea*, in *Marsilii Ficini Opera omnia*, Basilae, 1576, p. 1908.)

ピロストラトス『生涯』＝ピロストラトス『テュアナのアポロニオスの生涯』(Philostratus, *Vita Apollonii Tyanaei*, ed. F. C. Conybeare, London–Cambridge, Mass, 1960.) [『テュアナのアポロニオス伝』、秦剛平訳、京都大学学術出版会、二〇一〇年]

フィチーノ『イオン摘要』＝マルシリオ・フィチーノ『「イオン」摘要』(Marsilius Ficinus, *In Ionem epit.*, in *Opera omnia*, Basileae, 1576, pp. 1281–84.)

同『饗宴注解』＝『「饗宴」注解――愛について』(*Commentarium in Convivium Platonis, de amore*, ed. Raymond Marcel, Paris, 1958.)

同『クラテュロス摘要』＝『「クラテュロス」摘要』(*In Cratilum epit.*, in *Opera omnia*, pp. 1309–07.)

同『神名論注解』＝『ディオニュシオス[・アレオパギテース]「神名論」注解』(*In Dionysii de divinis nominibus commentaria*, ibid., pp. 1024–1128.)

同『生について』＝『生についての三巻』(*De Vita libri tres*, ibid., 1576, pp. 493–572. Cf. ed. C. V. Kaske & J. R. Clark, New York, 1989.)

同『弁明摘要』＝『「ソクラテスの弁明」摘要』(*In Apologiam Socratis epi.*, in *Opera omnia*, pp. 1368–89.)

同『太陽』＝『太陽について』(*De Sole*, ibid., pp. 965–75.)

同『ティマイオス注解』＝『「ティマイオス」注解』(*In Tymaeum commentaria*, ibid., pp. 1438–84.)

同『プラトン神学』＝『プラトン神学――魂の不滅について』(*De theologia platonica, de immortalitate animorum*, ed. Raymond Marcel, 3 tomes, Paris, 1964.)

同『プロティノス注解』＝『プロティノスの要約、注解、釈義』(*In Plotini epitome, ... commentaria et annotations*, in *Opera omnia*, pp. 1537–1800.)

同『欲求』＝『欲求について』(*De voluptate*, ibid., pp. 986–1012.)

プセロス『ダイモーン』＝ミカエル・プセロス『ダイモーンの働きについて』(Michael Psellus, *De operatione daemonum*, ed. J. F. Boissonade, Nürnberg, 1838, repr. Amsterdam, 1964 ; Cf. *Exerpta ex M. P. de daemonibus interprete Marsilio Ficino*, in Marsilius Ficinus, *Opera omnia*, Basileae, 1576, pp. 1939–45.)

プトレマイオス『テトラビブロス』＝プトレマイオス『テトラビブロス』(Ptolomaeus, *Quadripartium*, ed. F. Boll & Ae. Boer, Leipzig, 1954.)

偽プトレマイオス『ケンティロクウィウム』＝偽プトレマイオス『ケンティロ

クウィウム』(Ps. Ptolemaeus, *Centiloquium*, ed. Ae. Boer, Leipzig, 1961.)

同『像について』＝『像について』(*De imaginibus*, Città del Vaticano, Biblioteca Vaticana, ms. lab. 4085, ff. 95r-97r.)

プラトン『イオン』＝プラトン『イオン』(Plato, *Ion*)〔森進一訳、「プラトン全集」第十巻、一九七五年に所収〕

同『カルミデス』＝『カルミデス』(*Charmides*)〔山野耕治訳、「プラトン全集」第七巻、一九七五年に所収〕

同『国家』＝『国家』(*De Respublica*)〔藤沢令夫訳、岩波文庫、二〇〇八年〕

同『ティマイオス』＝『ティマイオス』(*Tymaeus*)〔種山恭子訳、「プラトン全集」第十二巻、一九七五年に所収〕

同『パイドロス』＝『パイドロス』(*Phaedrus*)〔藤沢令夫訳、岩波文庫、二〇一〇年〕

同『メノン』＝『メノン』(*Meno*)〔藤沢令夫訳、岩波文庫、一九九四年／渡辺邦夫訳、光文社古典新訳文庫、二〇一二年〕

偽プラトン『アングエミス』＝偽プラトン『活動的組成についての書、あるいはアングエミスの書』(Ps. Plato, *Liber institutionem activarum seu liber Anguemis*, Firenze, Biblioteca Nazionale, ms. II. III. 214.)

プリスキアヌス『評釈』＝リュドゥス・プリスキアヌス『テオプラストス評釈』(Lyudus Priscianus, *Metaphrasis in Theophrastum*, ed. I. Bywater, in *Commentaria in Aristotelem graeca*. Supplementum Aristotelicum, Berlin, 1885–93, 1, 2. Cf. Marsilius Ficinus, *Explicatio et translatio in Prisciani interpretaitonem super Theophrastum de phantasia et intellectu*, in Masilius Ficinus, *Opera omnia*, Basileae, 1576, pp. 1814-35.)

プリニウス『博物誌』＝プリニウス『博物誌全三七巻』(*Naturalis Historiae libri XXXVII*, ed. C. Maayhoff, Leipzig, 1892–1909.)

プルタルコス『イシスとオシリス』＝プルタルコス『イシスとオシリスについて』(Plutarchus, *De Iside et Osiride*, ed. W. Sieveking, Leipzig, 1971.)〔『エジプト神イシスとオシリスの伝説について』、柳沼重剛訳、岩波文庫、一九九六年〕

同『饗宴』＝『饗宴』(*Symposiaca*, ed. C. Heubert, Leipzig, 1938.)

同『哲学者』＝『哲学者たちの教えについて』(*De placitis philosophorum*, ed. G. N. Bernardakis, Leipzig, 1893.)

同『ヘシオドス注解』＝『ヘシオドス注解』(*Hesiodi commentaria*, ed. F. H. Sandbach, Leipzig, 1967)。

プロクロス『祭儀術』＝プロクロス『祭儀術』(Proclus, *De arte hieratica*, in J. Bidez, *Catalogue des manuscris alchimiques grecs*, Bruxelles, 1928, vol. 6, pp. 148–151. Cf. *De sacrificio et magia interprete Marsilio Ficino*, in Marsilius Ficinus, *Opera omnia*, Basileae, 1576, pp. 1939-45.)

プロティノス『エンネアデス』＝プロティノス『エンネアデス』(Plotinus, *Enneades*, ed. E. Bréhier, Baris, 1924-38 ; *Enneads*, ed. A. H. Armstrong, Cambridge, Mass.-London, 1966-88.)〔『プロティノス全集』全五巻、田中美知太郎監修、水地宗明・田之頭安彦訳、中央公論社、一九八六〜八八年〕

ベイコン『大著作』＝ロジャー・ベイコン『大著作』(Rogerius Bacon, *Opus maius*, ed. J. H. Bridges, Oxford, 1897.)

ヘシオドス『神統記』＝ヘシオドス『神統記』(Hesiodus, *Thogonia*, ed. F. Solmsen, Oxford, 1970.)〔廣川洋一訳、岩波文庫、一九八四年／『ヘシオドス全作品』、中務哲郎訳、京都大学学術出版会、二〇一三年に所収〕

ベーダ『自然の本性』＝ベーダ・ウェネラビリス『自然の本性について』(Beda Venerabilis, *De natura rerum*, ed. C. W. Jones, Turnhout, 1975 [CC123A].)

ペトラルカ『記憶すべき事柄』＝フランチェスコ・ペトラルカ『記憶すべき事柄の書』(Franciscus Petrarca, *Rerum Memorandum libri*, ed. G. Billanovich, Firenze, 1945.)

ベルアルド『アプレイウス注解』＝フィリッポ・ベルアルド『アプレイウス「黄金の驢馬」注解』(Philippus Beroaldus, *Commentari in Asinum Aureum Apulei*, Bononiae, 1500.)

ペルシウス『諷刺詩』＝ペルシウス『諷刺詩』(Persius, *Saturae*, ed. W. V. Clausen, Oxford, 1959.)〔国原吉之助訳、『ローマ諷刺詩集』、岩波文庫、二〇一二年に所収〕

ヘルメス『星辰』＝ヘルメス・トリスメギストス『十五の星辰について、十五の鉱物について、十五の動物について、十五の植物について』(Hermes Trismegistus, *De XV stellis, XV lapidibus, XV animalibus, XV plantis*, in *Textes latins et vieux fançais realtives aux "Kyranides"*, ed. L. Delatte, Liège, 1942, pp. 241–75.)

同『植物について』＝『七惑星の植物について』(*De Plantis septem planetarum*, in *Catalogus Codicum Astrologorum Graecorum*, vol. 7, Bruxellis, 1908, pp. 233–36.)

『ヘルメス文書』＝『ヘルメス文書』(*Corpus Hermeticum*, ed. A. D. Nock et tr. J.

Festugière, Paris, 1945–54 ; Cf. *Mercurii Trismegisti Pimander Marsilio Ficino interprete*, in Marsilius Ficinus, *Opera omnia*, Basileae, 1576, pp. 1837–78.）

ホメロス『オデュッセイア』＝ホメロス『オデュッセイア全二四巻』（Homerus, *Odysseae libri XXIV*, ed. T. W. Allen, Oxford, 1950–51.）［松平千秋訳、上・下、岩波文庫、一九九二年］

ホラポッロ『ヒエログリフ集』＝ホラポッロ『ヒエログリフ集』（Horapollo, *Hieroglyphica*, ed. C. Leemans, Amsterdam, 1835 ; ed. F. Sbordone, Roma, 1940.）

ポリドルス『予兆』＝ポリドルス・ウェルギリウス『予兆についての対話全三巻』（Polidorus Vergilius, *Dialogorum de prodigiis libri tres*, Basileae, 1533［1 ed. : Basileae, 1531］.）

ポリュカルモス『断片集』＝ポリュカルモス『断片集』（Polycharmus, *Fragmenta*, in *Fragmenta Historicorum Graecorum*, vol. 4, Frankfurt, 1851.）

ポリュビオス『歴史』＝ポリュビオス『歴史』（Polybius, *Reliquiae histoiarum*, ed. I. Schweighauser, Paris, 1939.）［城江良和訳、一～四巻、京都大学学術出版会、二〇〇四～一三年］

ポルピュリオス『アネボへの書簡』＝ポルピュリオス『アネボへの書簡』（Porphyrius, *Epistula ad Anebonem*, ed. G. Faggin, Genova, 1982.）

同『禁欲』＝『禁欲について』（*De abstinentia*, in *Opuscola selecta*, ed. A. Nauck, Leipzig, 1886.）

ポンタヌス『気象論』＝ヨハネス・ヨヴィアヌス・ポンタヌス［ジョヴィアーノ・ポンターノ］『気象論』（Johannes Jovianus Pontanus［Gioviano Pontano］, *Meteorum liber*, in *Opera*, Venetiis, 1505.）

同『天界』＝『天界の事物について』（*De Rebus coelestibus*, in *Opera*, Florentiae, 1520.）

ポンツェトゥス『自然哲学』＝フェルディナンドゥス・ポンツェトゥス『自然哲学の第三部』（Ferdinadus Ponzettus, *Tertia pars naturalis philosophie*, Romae, 1515.）

ポンポナッツィ『魔法』＝ピエトロ・ポンポナッツィ『魔法について』（Pietro Pomponazzi, *De Incantationibus*, Basileae, 1567［Nachdr. Hildeshaim–New York : Olms, 1970］.）

マイモニデス『金言』＝マイモニデス『ガレノスに基づく金言』（Maimonides, *Aphorismi secundum Galienum*, Bononiae, 1489.）

マクロビウス『サトゥルナリア』＝マクロビウス『サトゥルナリアの饗宴七巻』（Macrobius, *Coviviorum Saturnalium libri VII*, ed. J. Willis, Leipzig, 1963.）

同『注解』＝『「スキピオの夢」注解』（*Commentarii in Somnium Scipionis*, ed. J. Willis, Leipzig, 1963.）

ユウェナリス『諷刺詩』＝ユウェナリス『諷刺詩』（Iuvenalis, *Saturae*, ed. W. V. Clausen, Oxford, 1959.）［ユウェナーリス『諷刺詩』、国原吉之助訳、『ローマ諷刺詩集』、岩波文庫、二〇一二年に所収］

ユスティノス『勧告』＝殉教者ユスティノス『ギリシア人への勧告』（Iustinus martyr, *Cohortatio ad Graecos*, PG, tom. 6.）

ユリアヌス『断片集』＝ユリアヌス（降神術者）『断片集』（Iulianus Theurgus, *Fragmenta*, in *Oracula chaldaica*, ed. E. Des Places, Paris, 1971.）

ヨセフス『ユダヤ古代誌』＝フラウィウス・ヨセフス『ユダヤ古代誌』（Flavius Iosephus, *Liber Antiquitatum Judaicarum*, in *Opera*, ed. G. Dindorf, Paris, 1845, vol. 1.）［秦剛平訳、全六巻、ちくま学芸文庫、一九九九～二〇〇〇年］

同『ユダヤ戦記』＝同『ユダヤ戦記』（*De Bello Judaico*, ibid., 1845, vol. 2.）［新見宏訳、全三巻、山本書店、一九七五～八二年／土岐健治訳、全三巻、日本基督教団出版局、一九八二～八五年／秦剛平訳、全三巻、ちくま学芸文庫、二〇〇二年］

『ヨハネ行伝』＝『プロコロスに基づくヨハネ行伝』（*Acta Ioannis secundum Prochorum*, in *Apocrypha Apostolorm Armeniaca*, ed. D. L. Leloir, Turnhout, 1986［CC Ap. 3］.）

ラクタンティウス『フェニックス』＝フィルミアヌス・ラクタンティウス『フェニックス』（Lactantius, *Phoenix*, in *Carmina*, ed. S. Brandt, Prag–Wien–Lepzig, 1893［CSEL 27］.）

ラツィエル『秘密』＝ラツィエル『ラツィエルのセフェルの書、すなわち秘密の書』（Raziel, *Liber çeffer Razielis idest Liber Secretorum*, Città del Vaticano, Biblioteca Vaticana, ms. Regin. Lat. 1300, cc. 1r–202v.）

リウィウス『歴史』＝ティトゥス・リウィウス『ローマ建国以来の歴史』（Titus Livius, *Ab urbe condita libri*, ed. W. Weissenborn & M. Müller, Leipzig, 1880–1930.）［毛利晶訳、京都大学学術出版会、二〇〇八年～］

ルカヌス『内乱』＝ルカヌス『内乱』（Lucanus, *Pharsalia*, ed. A. Bourgery & M. Ponchont, Paris, 1926–29.）［ルーカーヌス『内乱――パルサリア』、大西英文訳、上・下、岩波文庫、二〇一二年］

ルクレティウス『事物の本性』＝ルクレティウス『事物の本性について』（Lucretius, *De rerum natura*, ed. A. Ernout, Paris, 1920.)［『物の本質について』、樋口勝彦訳、岩波文庫、一九六一年／『事物の本性について』、藤沢令夫・岩田義一共訳、「世界古典文学全集21」、筑摩書房、一九五六年］

ルポス『医術』＝エピソスのルポス『医術の問い』(Ruffus Ephisius, *Iatrikà erotémata*, in *Oeuvres*, ed. C. Daremberg & C. H. Ruelle, Paris, 1879; repr. Amsterdam, 1963.)

ロイヒリン『言葉』＝ヨハネス・ロイヒリン『驚くべき言葉について』(Johannes Reuchlin, *De Verbo Mirifico*, s. l. a. [Basel, 1494].)

同『カバラ術』＝『カバラの術について全三巻』(*De arte cabalistica libri III*, Hagenau, 1571.)

ロディギヌス『言葉』＝ルドヴェクス・カエリウス・ロディギヌス『古代の言葉について全十六巻』(Ludovicus Caelius Rhodiginus, *Lectionum Antiquarum libri XVI*, Venetiis, 1516.)

(1) ピーコ『ヘプタプルス』第二序論 (pp. 184–86)。ロイヒリン『カバラ術』一 (sig. E2r–E3v)。ロディギヌス『言葉』一・三九 (p. 38) を参照。

(2) フィチーノ『神名論注解』(*Opera omnia*, p. 1049)。

(3) プセロス『ダイモーン』(p. 41; Ficinus, p. 1944)。ピーコ『演説』(p. 152)。同『弁明』(pp. 120–21, 168)。

(4) アルキノス『入門』三 (pp. 153–54; Ficinus, p. 1949)。

(5) ロイヒリン『言葉』一 (sig. a5r)。

(6) ロイヒリン『言葉』一 (sig. a5r)。ウェルギリウス『アエネイス』一・七四三。同『農耕詩』二・四七九～八〇。

(7) アルキノス『入門』七 (p. 161; Ficinus, p. 1951)。

(8) ウェルギリウス『農耕詩』一・二三一～三二、二・四七七～七八。同『アエネイス』一・七四四～四六。

(9) ウェルギリウス『農耕詩』一・二五二～五六。

(10) ロイヒリン『言葉』序文 (sig. a2r)、一 (sig. a8v)。アグリッパ『演説』(p. 124) を参照。

(11) アプレイウス『弁明』二五・九。

(12) プリニウス『博物誌』三十・一・一。

(13) ピーコ『弁明』(pp. 120–21, 124)。同『演説』(p. 150)。ピーコの記述にアグリッパは、「トリスメギストス、ポルピュリオス、イアンブリコス、プロクロス」を付加している。プリニウス『博物誌』三十・三・七～八を参照。「ゴグ、ゲルマ」については、アルベルトゥス・マグヌス『鉱物論』二・三・三 (p. 240)。

(14) クリニトゥス『学問』九・一 (p. 213)。プリニウス『博物誌』三十・九を参照。

(15) ピーコ『演説』(p. 150)。同『弁明』(p. 120)。プリニウス『博物誌』三十・九を参照。

(16) ロイヒリン『言葉』一 (sig. b5r)。

(17) 偽アルベルトゥス・マグヌス『奇跡』(sig. g1r–g2r)。

(18) プラトン『ティマイオス』(49b–d, 54b–55c, 56d)。フィチーノ『ティマイオス注解』二三 (p. 1475) を参照。

(19) ジョルジ『協和』一・三・十三 (f. 51v)。

(20) プラトン『ティマイオス』(55c–56b)。フィチーノ『ティマイオス注解』(p. 1448–49) を参照。

(21) ジョルジ『協和』一・三・十三 (f. 51v)。プラトン『ティマイオス』(32b–c)、フィチーノ『ティマイオス注解』(pp. 1448–49) を参照。

(22) トリテミウス『書簡』(pp. 82–87, 92–97) を参照。

(23) 同上 (pp. 82–87, 92–97) を参照。

(24) 『ヘルメス文書』十五・二 (p. 298; Ficinus, p. 1858)。

(25) ディオニュシオス・アレオパギテース『天上位階論』十五・二 (col. 329 A–C)。

(26) プリニウス『博物誌』三六・二七・二〇〇。

(27) ジョルジ『協和』三・七・十四 (f. 78v)。一・四・十七 (f. 74v)。三・三・六 (ff. 33r–v)。キケロ『神々の本性』二・九～十。『ヨハネによる福音書』八・十二。『レビ記』六・二三・十二。ピュタゴラス『戒律』(p. 1979)。フィチーノ『太陽』一 (p. 965)。

(28) ロディギヌス『言葉』八・三五 (p. 406)。

(29) プラトン『ティマイオス』(49a)。『ヘルメス文書』十五・二～三、十四、十七 (pp. 298–99, 313, 315; Ficinus, pp. 1858, 1862–63)。プルタルコス『イシスとオシリス』五三、三七二E、五六、三七三E。同『哲学者』一・九、八八二C。

(30) ジョルジ『協和』一・七・三 (f. 128r)。一・三・十六 (f. 53r)。

(31) トリテミウス『書簡』(p. 84)。
(32) ピーコ『ヘプタプルス』一・四 (p. 216)。
(33) ロディギヌス『言葉』十四・十八 (p. 747)。
(34) ジョルジ『協和』一・七・四 (f. 128v)。『創世記』一・二十〜二二、二・五。『ヨハネによる福音書』三・五。
(35) ロディギヌス『言葉』十四・十八 (p. 747)。ディールス＝クランツ『断片集』、「タレス」A一。ヘシオドス『神統記』一一六。
(36) プリニウス『博物誌』三一・二・一〜三。
(37) プリニウス『博物誌』三一・二・四〜三十。ソリヌス『ポリュストル』三三・一〜四。五二・四一〜四二。ウィトルウィウス『建築論』八・三十・一〜二八。ロディギヌス『言葉』十四・十四 (p. 728)。
(38) オウィディウス『変身物語』十五・三〇九〜二三、三二九〜三四。
(39) ヨセフス『ユダヤ戦記』七・五・一。
(40)『ヨハネによる福音書』五・二〜四。
(41) パウサニアス『案内記』六・二二・七、八・三八・三。
(42) ルポス『医術』(pp. 215–16)。
(43) ジョルジ『協和』一・七・四 (f. 129r)。アブラハム『創造の書』三〜四 (pp. 870–71)。
(44) ポンツェトゥス『自然哲学』二・九・七 (ff. 84v)、三・三・三 (ff. 104v–105r)。
(45) トリテミウス『ステガノグラフィア』三 (p. 160)。
(46) プロティノス『エンネアデス』四・五・六〜七 (pp. 163–64)。
(47) ポンツェトゥス『自然哲学』二・二・一 (f. 51r.)。
(48) ロディギヌス『言葉』十二・二六 (p. 634)。アリストテレス『気象学』三・四 (373b)。アルベルトゥス・マグヌス『気象論』三・四・十三 (p. 130)。
(49) ロディギヌス『言葉』五・四二 (p. 249) を参照。
(50) ベーダ『自然の本性』二六〜二七 (pp. 217–19)。ポンタヌス『気象論』六六九〜七〇。オウィディウス『変身物語』一・二六四〜六七。ロディギヌス『言葉』八・二八 (p. 398)。
(51) オウィディウス『変身物語』六・六九〇〜九九。
(52) ベーダ『自然の本性』二六〜二七 (pp. 217–19)。オウィディウス『変身物語』一・六一〜六六。
(53) ジョルジ『協和』一・六・八 (f. 104r)、一・三・十四〜十五 (ff. 52r–53r)。ウェルギリウス『アエネイス』六・七三〇。プリニウス『博物誌』十一・三六・一一九。
(54)『知恵の書』十一・十九。
(55) ジョルジ『協和』一・六・四〜五、七 (ff. 102v–104v)。偽アウグスティヌス『精気と魂』六 (col. 783)。アウグスティヌス『創世記逐語注解』三・四 (pp. 66–67)。
(56) フィチーノ『ティマイオス注解』二四 (p. 1449)。
(57) ピーコ『ヘプタプルス』第二序文 (pp. 184–86)。
(58) ジョルジ『協和』一・四・十四〜十七 (ff. 72r–75f)、一・六・二一 (f. 115r)。アルブマサル『精華』(sig. a 2r) を参照。
(59) オルペウス『讃歌』序文、三二〜三三 (p. 58)。ロイヒリン『カバラ術』二 (sig. F4r) を参照。
(60) ジョルジ『協和』一・三・十六 (f. 53v.)。オルペウス『断片集』一二五 (p. 181) を参照。
(61) ジョルジ『協和』一・三・十六 (ff. 53r–54r)、一・四・十一 (f. 68r)、一・四・十五 (f. 73r)。『マタイによる福音書』二五・十四。『申命記』一八・二二。『ヨブ記』二四・十九。十・二一〜二二。『詩編』一〇三・三、四。『イザヤ書』四五・八。『民数記』二十・六。『創世記』二・七。『申命記』四・二四。『ヘブライ人への手紙』十二・二九。『マタイによる福音書』五・二三。『マルコによる福音書』九・四三。『ヨハネの黙示録』十九・二十、二十・十、一四。『詩編』一七・十一。
(62) アヴェロエス『選集』五・三〜二一 (col. 87 C–92 I)。
(63) アルヴェルニアテス『万象』一・一・六三 (p. 680 E–G)。
(64) 偽プラトン『アングエミス』(ff. 70v–71v)。偽アルベルトゥス・マグヌス『奇跡』(sig. h2v–h3r, 11v–13v)。
(65) プリニウス『博物誌』一九・一・十九〜二十。
(66) アルベルトゥス・マグヌス『鉱物論』二・一・一 (p. 223)。
(67) フィチーノ『生について』三・十二 (p. 547)。
(68) 偽アルベルトゥス・マグヌス『奇跡』(sig. g3r–v)。
(69) ロイヒリン『言葉』二 (sig. c5r–v, c2r)。
(70) オウィディウス『変身物語』十五・三九二〜九三。エラスムス『格言集』二・七・十を参照。

(71) ラクタンティウス『フェニックス』一五一〜五二。ロイヒリン『言葉』二（sig. c5r-v, c2r）、エラスムス『格言集』二・七・十を参照。
(72) ロディギヌス『言葉』六・三五（p. 293）。
(73) 偽アリストテレス『聴取』七三（835b）。テオプラストス『断片集』一七一・七〜十二。ポリュビオス『歴史』三四・十・一〜四。
(74) パウサニアス『案内記』一・四二・二。
(75) アルヴェルニアテス『万象』一・一・六三（p. 681 A）。
(76) プリニウス『博物誌』三二・一・二。
(77) アルヴェルニアテス『万象』一・一・六四（p. 681 C–D）。一・二・二四（p. 729 D）。プリニウス『博物誌』十一・三六・一一九。
(78) ピーコ（ジャンフランチェスコ）『予兆』四・九（p. 490）。ヒエロニムス『パウロの生涯』八（col. 23–24）。
(79) アルベルトゥス・マグヌス『鉱物論』二・一・二（p. 224）を参照。
(80) フィチーノ『プラトン神学』十一・四（pp. 112–14, 119–20）。
(81) フィチーノ『生について』三・一（p. 531）。
(82) 偽アルベルトゥス・マグヌス『奇跡』（sig. f4v）。
(83) フィチーノ『生について』三・一（p. 532）を参照。
(84) アルベルトゥス・マグヌス『鉱物論』二・一・四（pp. 226–27）。
(85) ウェルギリウス『アエネイス』六・七三〇〜三一。
(86) アルベルトゥス・マグヌス『鉱物論』二・一・二〜三（pp. 224, 226）。
(87) フィチーノ『生について』三・一（p. 532）。
(88) 偽アルベルトゥス・マグヌス『奇跡』（sig. f4v）。
(89) アルベルトゥス・マグヌス『鉱物論』二・一・二（p. 225）。アヴィケンナ『錬金術』一（p. 47）。アヴィケンナ『第一哲学』十・一（pp. 524–26）を参照。
(90) ジョルジ『協和』一・五・十四（f. 94r）、三・一・八（f. 8v）。『コリントの信徒への手紙二』十二・十一。
(91) ジョルジ『協和』三・四・一（f. 38r）、八・一・四（ff. 88v–89r）。以下を参照。プリニウス『博物誌』二十・序文・二。三七・四・六一。一二七・七・九八。三六・二一・一五一。三十・十四・一三〇。二八・八・一一三。三七・十〜十一・一六五、一七二、一九二。アウグスティヌス『神の国』二一・四・五（pp. 763–65）。アルヴェルニアテス『万象』一・一・四六（p. 657 A–D）。アルベルトゥス・マグヌス『鉱物論』二・二・一〜八（pp. 227–33）。
(92) プリニウス『博物誌』二六・四・十八。二五・八・八二〜八三。
(93) 偽アプレイウス『薬草』（p. 273）。
(94) ジョルジ『協和』三・四・一（f. 38r）。八・一・四〜五（ff. 89r–v）。一・四・三一（f. 82v）。一・一・十六（ff. 20v–21v）。二・三・二一（f. 249r）。一・七・十一（ff. 137r–v）。アルベルトゥス・マグヌス『鉱物論』二・一・二〜四（pp. 224–27）。プラトン『ティマイオス』（41a–d）。『ダニエル書』三・七六、七九〜八二。『ヨシュア記』十・十二〜十三、『列王記下』二十・九〜十一。『イザヤ書』三八・七。『マタイによる福音書』二七・四五。
(95) アルベルトゥス・マグヌス『鉱物論』二・一・一（p. 223）を参照。ディールス＝クランツ『断片集』、「デモクリトス」A一六四。アプレイウス『宇宙論』二四・三四二。ジョルジ『協和』三・一・八（f. 9r）。ゾロアスター『託宣』断片七七。シュネシオス『夢』二（p. 147; Ficinus, p. 1969）。フィチーノ『生について』三・一（p. 531）を参照。
(96) フィチーノ『生について』三・一（pp. 531–32, 534–35）、三・十一（p. 544）。
(97) フィチーノ『生について』三・十二（p. 547）。
(98) 偽アルベルトゥス・マグヌス『奇跡』（sig. f3r–v）。
(99) ロイヒリン『言葉』二（sig. c5r）。
(100) 偽アルベルトゥス・マグヌス『奇跡』（sig. f3r–v）。
(101) プリニウス『博物誌』三二・七・七四。
(102) 偽アルベルトゥス・マグヌス『奇跡』（sig. h4v, g2v–g3r, g4v）。
(103) プセロス『ダイモーン』（p. 41: Ficinus, p. 1944）。
(104) プリニウス『博物誌』三十・一五・一四〇、三二・五・四九、二九・四・八一。
(105) アルヴェルニアテス『万象』一・二・十六（p. 708）。アルベルトゥス・マグヌス『動物論』二二・二・一（p. 1372）。プリニウス『博物誌』二十・二・三〜五。偽アルベルトゥス・マグヌス『結合』（sig. d4v）。
(106) オウィディウス『変身物語』七・三〇二〜四九、フィチーノ『生について』三・二十（p. 560）を参照。
(107) サクソ『事績』二（p. 87）。
(108) プラトン『イオン』（533d）。
(109) アウグスティヌス『神の国』二一・四（pp. 763–64）。アルベルトゥス・

マグヌス『鉱物論』二・二・十一（p. 233）。
(110) 偽アルベルトゥス・マグヌス『奇跡』（sig. g2v）。
(111) プリニウス『博物誌』二八・四・四九。二九・六・一三〇～三一。
(112) 偽アルベルトゥス・マグヌス『奇跡』（sig. f3v–f4r）。
(113) アルカビキウス『入門』三（f. 19v）を参照。
(114) アルヴェルニアテス『万象』一・一・四六（p. 657A）、二・三・二一（p. 1058E）を参照。
(115) ディールス＝クランツ『断片集』、「ヘラクレイトス」B八、五三、八十。
(116) アルヴェルニアテス『万象』一・一・四六（p. 657A–C）。
(117) アルベルトゥス・マグヌス『鉱物論』二・二・八・一（pp. 232, 227）。フィチーノ『プラトン神学』十・五（p. 72）。フィチーノ『生について』三・一二（p. 547）を参照。
(118) プリニウス『博物誌』二・一〇五・二三五、二四・十七・一五八。
(119) アルヴェルニアテス『万象』一・三・十一（p. 775D–H）。
(120) プリニウス『博物誌』十・七四・二〇七。
(121) オウィディウス『名高き女たちの手紙』十五・三七～三八。
(122) プリニウス『博物誌』九・六二・一八六。
(123) アルヴェルニアテス『万象』一・三・三（p. 761C）。アウグスティヌス『神の国』二一・五（p. 765）。プリニウス『博物誌』八・四二・一六六を参照。
(124) プリニウス『博物誌』八・二七・九八。偽アルベルトゥス・マグヌス『奇跡』（sig. h2r）。
(125) アルヴェルニアテス『万象』一・三・三（pp. 758f, 761B）。
(126) プリニウス『博物誌』八・二七・九七～九八。
(127) ホラポッロ『ヒエログリフ集』二・四六（p. 78）。
(128) プリニウス『博物誌』八・二七・九七。
(129) ホラポッロ『ヒエログリフ集』二・七六（p. 92）。二・九三（p. 100）。
(130) プリニウス『博物誌』八・二七・九七。
(131) ジョルジ『協和』三・一・六（f. 6r）。キケロ『神々の本性』二・一二六～二七を参照。プリニウス『博物誌』八・三二・一一二を参照。
(132) プリニウス『博物誌』八・二七・九七。三二・五・五五。
(133) ジョルジ『協和』三・一・六（ff. 6r–v）。
(134) プリニウス『博物誌』八・二七・一〇一、一〇〇、九八。
(135) アルヴェルニアテス『万象』一・一・四六、五〇（pp. 657D–A, 669C）。
(136) フィチーノ『プラトン神学』十・五（p. 72）。フィチーノ『生について』三・十二（p. 547）。アルベルトゥス・マグヌス『鉱物論』二・三・六（p. 243）、ロイヒリン『言葉』二（sig. e1v）を参照。
(137) アルヴェルニアテス『万象』一・一・四六（p. 657A–D）。ホラポッロ『ヒエログリフ集』二・三四（p. 74）、二・六四（pp. 86–87）。
(138) プリニウス『博物誌』二九・四・九二。偽アルベルトゥス・マグヌス『奇跡』（sig. h1v）。
(139) アルヴェルニアテス『万象について』一・一・四六（pp. 657–658D–E）。プリニウス『博物誌』三七・四・六一。アルベルトゥス・マグヌス『鉱物論』二・二・一（p. 227）。
(140) ホラポッロ『ヒエログリフ集』二・七九（p. 94）。
(141) プリニウス『博物誌』三十・十五・一四四、二九・四・九〇。
(142) 偽アルベルトゥス・マグヌス『奇跡』（sig. h2r）。
(143) プリニウス『博物誌』八・二四・八七、三二・五・五五。
(144) ホラポッロ『ヒエログリフ集』二・三五（p. 74）。二・八一（pp. 94–95）、二・五十（p. 80）、二・八五～八七（pp. 96–97）。
(145) プリニウス『博物誌』十・二一・四七。二九・四・七八。十・七四・二〇三～二〇四、二〇七。
(146) プリニウス『博物誌』九・六二・一八五。二八・八・九三。
(147) ホラポッロ『ヒエログリフ集』二・七二（pp. 89–90）。
(148) アルヴェルニアテス『万象』一・一・四六（p. 661C）。
(149) 偽アルベルトゥス・マグヌス『奇跡』（sig. h1v）。
(150) プリニウス『博物誌』十・七四・二〇四～二〇五。
(151) アルヴェルニアテス『万象』（pp. 658E, 660G）。
(152) ホラポッロ『ヒエログリフ集』二・七四～七五（pp. 90–91）。
(153) プリニウス『博物誌』八・十八・六八。
(154) ロディギヌス『言葉』八・四六（p. 417）。プルタルコス『饗宴』二・七（641B–C）を参照。
(155) 偽アルベルトゥス・マグヌス『奇跡』（sig. ff. f3v–f4r, g2v）。
(156) アルヴェルニアテス『万象』一・一・四六（pp. 658E, 660G）。
(157) ロディギヌス『言葉』六・三五（p. 293）。アヴィケンナ『動物論』八・二（f. 37v）。アルベルトゥス・マグヌス『動物論』七・二・五（pp. 553–

54)。
(158) 偽アルベルトゥス・マグヌス『奇跡』(sig. f3v-f4r, i1r, g4v)。
(159) 偽アルベルトゥス・マグヌス『奇跡』(sig. f4r)。
(160) プリニウス『博物誌』三二・一・二。八・三十・一〇六。八・二七・九八。フィチーノ『生について』三・十六 (p. 554) を参照。
(161) プリニウス『博物誌』二九・四・六六。八・二一・七七〜七八。八・三〇・一〇六。フィチーノ『生について』三・十六 (p. 554) を参照。
(162) 偽アルベルトゥス・マグヌス『奇跡』(sig. f4r)。ソリヌス『ポリュストル』一・一〇一、プリニウス『博物誌』八・二二・八十を参照。
(163) ウェルギリウス『牧歌』九・五三〜五四。
(164) プリニウス『博物誌』七・二・十六〜十七。ソリヌス『ポリュストル』一・一〇一、フィチーノ『生について』三・十六 (p. 553) を参照。
(165) オウィディウス『変身物語』七・三六五〜六七を参照。
(166) アルヴェルニアテス『万象』一・一・四六 (p. 657D)。
(167) プリニウス『博物誌』二九・四・七三。
(168) プリニウス『博物誌』二八・十・一六二。二九・五・九九。二八・二十・二六五。
(169) プロティノス『エンネアデス』四・四・三六 (p. 144) を参照。
(170) ジョルジ『協和』三・七・一 (f. 70r)。『ゾーハル』一 (p. 406)。
(171) 偽アルベルトゥス・マグヌス『奇跡』(sig. f4r)。
(172) プリニウス『博物誌』三十・七・六一。
(173) 偽アルベルトゥス・マグヌス『奇跡』(sig. h4r)。同『結合の書』(sig. d4v)。
(174) フィチーノ『生について』三・十一 (p. 544)。
(175) プリニウス『博物誌』三二・五・四九。三二・十・一一五〜一一六。三二・十・一三三。二九・六・一三一。
(176) 偽アルベルトゥス・マグヌス『奇跡』(sig. h4)。
(177) プリニウス『博物誌』三十・三・二十。二九・五・九九。二八・八・一一四。
(178) アルベルトゥス・マグヌス『鉱物論』二・一・二 (pp. 224-25)。
(179) 偽アルベルトゥス・マグヌス『奇跡』(sig. h3v, f4r)。プリニウス『博物誌』二八・八・九三。
(180) アルベルトゥス・マグヌス『動物論』二二・二・一 (p. 1411)。ポンツェトゥス『自然哲学』三・五・二 (f. 116v) を参照。
(181) プロクロス『祭儀術』(p. 148 ; Ficinus, p. 1928)。フィチーノ『生について』三・十五 (p. 552) を参照。
(182) クリニトゥス『学問』十二・二 (pp. 261-62)。ジョルジ『協和』一・六・二三〜二九 (ff. 116v-120r)。アルカビキウス『入門』二 (f. 12r) を参照。
(183) ラツィエル『秘密の書』一・四 (f. 19r)。
(184) フィチーノ『生について』三・十 (p. 543)。
(185) ジョルジ『協和』一・六・一七 (f. 101v)。
(186) フィチーノ『生について』二・十三 (pp. 519-20) を参照。
(187) 偽アルベルトゥス・マグヌス『結合』(sig. b2r) を参照。
(188) ジョルジ『協和』一・四・二四〜二六 (ff. 78r-79r)。
(189) プロクロス『祭儀術』(p. 150 ; Ficinus, p. 1929)。
(190) ジョルジ『協和』一・四・二七 (f. 79v)、一・六・二六 (f. 118r)。
(191) フィチーノ『生について』三・十六 (p. 545)。
(192) フィチーノ『生について』三・十四 (p. 550)。プロクロス『祭儀術』(p. 149 ; Ficinus, p. 1929) を参照。アルベルトゥス・マグヌス『鉱物論』二・二・五 (p. 230)。偽アルベルトゥス・マグヌス『結合』(sig. d1r-v)。
(193) アルベルトゥス・マグヌス『鉱物論』二・二・三、八 (pp. 228-29, 232)。偽アルベルトゥス・マグヌス『結合』(sig. c2v, c3v-c4v)。フィチーノ『生について』三・十四 (p. 550) を参照。
(194) アルヴェルニアテス『万象』一・一・四六 (p. 657C)。アルベルトゥス・マグヌス『鉱物論』二・二・五 (pp. 230-31)、偽アルベルトゥス・マグヌス『結合』(sig. c4v) を参照。
(195) アルベルトゥス・マグヌス『鉱物論』二・二・八、十四 (pp. 232, 235)。偽アルベルトゥス・マグヌス『結合』(sig. d1v)。
(196) フィチーノ『生について』三・十五 (p. 551)。ピロストラトス『生涯』三・四六 (pp. 328-30)。ジョルジ『協和』一・四・二七 (f. 79v)。
(197) フィチーノ『生について』一・十二、十四 (pp. 532, 547, 550)、二・十三 (pp. 519-20)。アルヴェルニアテス『万象』二・三・二二 (p. 1060F)。オルペウス『讃歌』八 (p. 61)。ジョルジ『協和』一・四・二七 (f. 80r)。
(198) フィチーノ『生について』三・一 (p. 532)。ジョルジ『協和』一・六・十八 (ff. 101v-102r)。マクロビウス『サトゥルナリア』一・二一・二十。

(199) ホラポッロ『ヒエログリフ集』一・十六、三四 (pp. 25–26, 37–38)。オウィディウス『恋の歌』二・六・五四。
(200) プリニウス『博物誌』十・一・一。
(201) フィチーノ『生について』三・一 (p. 532)。プロクロス『祭儀術』(p. 149; Ficinus, p. 1929)。
(202) ジョルジ『協和』一・四・二七 (f. 80r)。ポルピュリオス『禁欲』四・九 (p. 243)。エウセビオス『準備』三・十二・二 (= f. 27v)。
(203) フィチーノ『生について』三・一 (p. 532)。エウセビオス『準備』三・四・十三 (= f. 22r)、ホラポッロ『ヒエログリフ集』一・十 (p. 13)、ジョルジ『協和』一・四・二七 (f. 80r) を参照。
(204) プリニウス『博物誌』三〇・十一・九九。アピオン『断片集』二九。アルヴェルニアテス『万象』一・三・三 (758E)。
(205) ホラポッロ『ヒエログリフ集』一・十 (p. 13)。
(206) プリニウス『博物誌』二・五五・一四六。九・六十〜六一・一八三〜八四。
(207) ジョルジ『協和』一・四・一四 (f. 72r)、一・四・三十 (f. 81v)。
(208) フィチーノ『生について』三・二 (p. 533)。
(209) プリニウス『博物誌』三七・十・一八一。フィチーノ『生について』三・十五 (p. 551)。
(210) ジョルジ『協和』一・三・十五 (f. 52v)、一・四・三十 (f. 8r)。
(211) プロクロス『祭儀術』(p. 148; Ficinus, p. 1928)。
(212) ホラポッロ『ヒエログリフ集』一・三 (p. 4)。ジョルジ『協和』二・四・六 (f. 257r)。
(213) 偽アルベルトゥス・マグヌス『結合』(sig. b1v)。フィチーノ『生について』三・十四 (p. 550)。
(214) クリニトゥス『学問』四・六 (p. 127)。プルタルコス『ヘシオドス注解』一〇二 (p. 65) を参照。アウルス・ゲッリウス『アッティカの夜』二十・八・七を参照。
(215) ホラポッロ『ヒエログリフ集』一・四九 (pp. 48–50)。
(216) ジョルジ『協和』一・四・三十 (ff. 81v–82r)。
(217) ホラポッロ『ヒエログリフ集』一・十四 (pp. 21–22)。
(218) プルタルコス『イシスとオシリス』六三 (376E)。
(219) ホラポッロ『ヒエログリフ集』二・六九 (p. 89)。プリニウス『博物誌』八・二七・九二を参照。
(220) ジョルジ『協和』二・一・四 (f. 192r)。
(221) ジョルジ『協和』二・一・四 (f. 192r)。
(222) ホラポッロ『ヒエログリフ集』一・十 (pp. 12–13)。
(223) アウルス・ゲッリウス『アッティカの夜』二十・四・六。
(224) ジョルジ『協和』一・四・二四 (f. 78r)、一・四・十五 (f. 72v)。
(225) フィチーノ『生について』三・二 (p. 534)。偽アルベルトゥス・マグヌス『結合』一 (sig. blv)。ジョルジ『協和』一・四・二四 (f. 78r)。
(226) クリニトゥス『学問』二十・六 (p. 397)。プリニウス『博物誌』十六・二六・一〇八。マクロビウス『サトゥルナリア』三・二十・二。
(227) ジョルジ『協和』一・四・二一、二四 (ff. 77r, 78r)。
(228) ホラポッロ『ヒエログリフ集』一・四九 (pp. 48–50)、二・一〇三、一一〇 (pp. 105, 109)。
(229) ジョルジ『協和』一・四・二一 (f. 77r)。
(230) ジョルジ『協和』一・四・二五 (ff. 78r–79r)。
(231) フィチーノ『生について』三・一、十六 (pp. 533, 554)。ジョルジ『協和』一・四・二五 (f. 78r)。
(232) フィチーノ『生について』二・十三 (p. 519)。偽アルベルトゥス・マグヌス『結合』(sig. b1v)。ジョルジ『協和』一・四・二五 (ff. 78r–v)。
(233) クリニトゥス『学問』二十・六 (p. 397)。
(234) ジョルジ『協和』一・四・二五 (ff. 78r–79r)。オルペウス『讃歌』十九 (p. 69)。フィチーノ『生について』三・十一 (p. 545) を参照。
(235) ジョルジ『協和』一・四・二五 (ff. 78r–v)。フィチーノ『生について』三・一、十一 (pp. 533, 545)。
(236) ホラポッロ『ヒエログリフ集』一・五五 (p. 54)、二・五八 (p. 84)。
(237) ジョルジ『協和』一・四・二五 (f. 78r)。
(238) ジョルジ『協和』一・四・二六 (f. 79r)。
(239) フィチーノ『生について』三・二 (p. 534)。ジョルジ『協和』一・四・二六 (f. 79r)。
(240) ジョルジ『協和』一・四・二六 (f. 79r)。
(241) ジョルジ『協和』一・四・二六 (ff. 79r–v)。ホラポッロ『ヒエログリフ集』一・十四 (p. 23)。
(242) クリニトゥス『学問』二一・十五 (pp. 417–18)。

(243) ジョルジ『協和』一・四・十六 (f. 73v)、一・四・二八 (f. 80r)。

(244) フィチーノ『生について』三・二、十二 (pp. 533, 547)。ジョルジ『協和』一・四・二八 (f. 80r)。

(245) 偽アルベルトゥス・マグヌス『結合』一 (sig. blv)。

(246) 偽アルベルトゥス・マグヌス『結合』一 (sig. blv)。

(247) ホラポッロ『ヒエログリフ集』一・四八 (p. 48)。

(248) フィチーノ『生について』三・一 (p. 533)。偽アルベルトゥス・マグヌス『鉱物論』(sig. g3r)。

(249) ホラポッロ『ヒエログリフ集』一・五三〜五四 (pp. 52–53)。

(250) フィチーノ『生について』三・一 (p. 533)。偽アルベルトゥス・マグヌス『鉱物論』(sig. g3r)。ジョルジ『協和』一・四・二六 (f. 80v)。

(251) ホラポッロ『ヒエログリフ集』一・八 (p. 9)。

(252) ジョルジ『協和』一・四・十五 (f. 72v)、一・四・二九 (f. 80v)。

(253) フィチーノ『生について』三・二 (p. 533)。ジョルジ『協和』一・四・二九 (f. 80v)。

(254) ジョルジ『協和』一・四・二九 (f. 81r)。偽アルベルトゥス・マグヌス『結合の書』一 (sig. blv)。

(255) フィチーノ『生について』三・二 (p. 533)。ジョルジ『協和』一・四・二九 (f. 80v)。

(256) ホラポッロ『ヒエログリフ集』二・六九 (p. 89)。

(257) ジョルジ『協和』一・四・二九 (f. 80v)。ホラポッロ『ヒエログリフ集』一・十、三六 (pp. 14, 40)。

(258) プリニウス『博物誌』九・五二・一六六。九・二九・八七。九・四二・一四四、三二・二・十二。

(259) フィチーノ『ティマイオス注解』三三 (p. 1459)。

(260) ラツィエル『秘密』三・二 (ff. 39r–v)。

(261) ジョルジ『協和』一・四・十八 (f. 75v)。

(262) ジョルジ『協和』二・七・十 (ff. 310v–311r)。『創世記』十・二二。『歴代誌下』一・十七。プトレマイオス『テトラビブロス』二・三・十五〜五〇。

(263) ジョルジ『協和』二・七・八〜九、十一〜十二 (ff. 309v–316r) を参照。

(264) 偽アプレイウス『薬草』(pp. 72–262)。

(265) ヘルメス『植物』(pp. 233–36)。偽アルベルトゥス・マグヌス『結合』一 (sig. blv)。

(266) ヘルメス『星辰』(pp. 259–71)。サービト『特性』(ff. 129–30)。フィチーノ『生について』三・八 (pp. 540–41)。ジョルジ『協和』一・四・三一 (ff. 82r–v)。

(267) ジョルジ『協和』一・四・二四〜三十 (ff. 78r–82r)、一・四・十八 (f. 75r)。ヘルメス『星辰』(p. 264)。

(268) アル・キンディー『光線』二・七〜八・五 (pp. 219, 221–22, 250–53, 229–30)、プロクロス『祭儀術』(p. 150 ; Ficinus, p. 1928) を参照。

(269) コクレス『手相術』五・三〜十一 (sig. K3r–K4v)、ユリアヌス『断片集』第一〇八番、『ヨブ記』三七・七を参照。

(270) フィチーノ『生について』三・一、十八 (pp. 531–32, 558)。

(271) フィチーノ『生について』三・十二〜十三 (pp. 547–49)。プロクロス『祭儀術』(p. 150 ; Ficinus, p. 1929)。

(272) イアンブリコス『秘儀』四・八・一九一〜九二 [Ficinus, p. 1893]。

(273) フィチーノ『生について』三・二二 (p. 562)。

(274) エウドクソス『断片集』三二二 (p. 114)。

(275) フィチーノ『生について』三・二 (p. 533)。三・二六 (p. 571) を参照。

(276) フィチーノ『生について』三・十六、十九 (p. 554, 560)。偽アルベルトゥス・マグヌス『奇跡』(sig. glv)。

(277) フィチーノ『生について』三・二三 (p. 565)。

(278) アルヴェルニアテス『法律』一二 (p. 43C)。

(279) ホラポッロ『ヒエログリフ集』二・四四、四七 (pp. 78–79)。

(280) フィチーノ『生について』三・二六 (p. 571)。

(281) イアンブリコス『秘儀』一・十五・四九 [Ficinus, p. 1877]、五・二三・二三三 [Ficinus, p. 1899]。

(282) ジョルジ『協和』一・四・二十 (f. 76v)。『ヘルメス文書』断片二A・二〜四 (pp. 4–5)。ピロストラトス『生涯』三・三四 (p. 308)。『ゾーハル』一・七 (p. 214)。

(283) フィチーノ『弁明摘要』(p. 1388)。

(284) ピーコ『弁明』(p. 121)。

(285) ロイヒリン『言葉』一 (sig. b3r)。

(286) フィチーノ『生について』三・二六 (p. 570)。

(287) ジョルジ『協和』一・六・二 (f. 100r)、一・一・七 (f. 8v)。

(288) ロイヒリン『言葉』一（sig. b3r–b4r）。
(289) フィチーノ『プラトン神学』十三・二（p. 207）。ロイヒリン『言葉』一（sig. b4r）。
(290) フィチーノ『生について』三・一五、十三（pp. 552, 549）。イアンブリコス『秘儀』二・五〜六・七九〜八三［Ficinus, p. 1880］。プロクロス『祭儀術』（p. 148; Ficinus, p. 1928）。シュネシオス『夢』二（pp. 147–48; Ficinus, p. 1969）。フィチーノ『プロティノス注解』四・四・四二（p. 1748）を参照。
(291) フィチーノ『弁明摘要』（p. 1388）。『ヘルメス文書』「アスクレピウス」十五・三七（p. 347; Ficinus, p. 1870）。
(292) アウグスティヌス『神の国』八・二三〜二四（pp. 239–40, 242）。
(293) シュネシオス『夢』二（pp. 147–48; Ficinus, p. 1969）。フィチーノ『生について』三・十五（p. 552）。
(294) イアンブリコス『秘儀』一・十一・三七、十五・四八（pp. 1876–77）。
(295) プリニウス『博物誌』三七・十〜十一・一六八、一八一、一九二。二四・一七・一六〇、一六四。二五・二・一四。アルベルトゥス・マグヌス『鉱物論』二・二・八（p. 232）、偽アルベルトゥス・マグヌス『結合』二（sig. b4v）を参照。
(296) 偽アルベルトゥス・マグヌス『結合』二（sig. a3v）、三（sig. d4r）。プリニウス『博物誌』十一・三六・一二〇を参照。
(297) 偽アルベルトゥス・マグヌス『結合』三（sig. d4v）。
(298) プセロス『ダイモーン』（p. 8; Ficinus, 1944）。
(299) クリニトゥス『学問』二四・十三（pp. 460–61）。
(300) 『ヨハネ行伝』四・二五三（p. 363）。ロイヒリン『言葉』三（sig. g6r–v）を参照。
(301) フィチーノ『生について』三・二六、二十（pp. 571, 561）。『ヘルメス文書』「アスクレピウス」一五・九（p. 326; Ficinus, p. 1865）。
(302) 偽アルベルトゥス・マグヌス『奇跡』（sig. e4v–f1r）。
(303) 偽プトレマイオス『像について』（ff. 95r–97r）。アルヴェルニアテス『万象』一・一・四六（p. 661A–D）。
(304) 偽アルベルトゥス・マグヌス『奇跡』（sig. e4v–f1r）を参照。
(305) フィチーノ『生について』三・二十（p. 560）。
(306) ウェルギリウス『牧歌』八・九五〜九九。
(307) ウェルギリウス『アエネイス』七・十九〜二十。
(308) ウェルギリウス『アエネイス』七・一八九〜九一。
(309) ルカヌス『内乱』六・六七〇〜七五。
(310) アプレイウス『変身物語』三・十七〜十八・一〜四。
(311) アウグスティヌス『神の国』十八・十八（p. 608）。ジョルジ『協和』三・四・九（f. 48r）を参照。
(312) プリニウス『博物誌』七・十五・六四。二八・七・七七〜八三。
(313) プリニウス『博物誌』二八・七・七七、七九、八五。
(314) アヴィケンナ『洪水』（p. 307）。
(315) プリニウス『博物誌』二八・七・七〇。
(316) プリニウス『博物誌』八・四二・一六五。
(317) プリニウス『博物誌』二八・十一・一八一。
(318) ウェルギリウス『農耕詩』三・二八〇〜八三。
(319) ユウェナリス『諷刺詩』六・一三三〜三四。
(320) アポロニオス『アルゴナウティカ』三・八四五〜五八。
(321) サクソ『事績』二（p. 79）。
(322) プリニウス『博物誌』二八・八・一〇四、一〇六、一〇一。二九・四・六六。三十・十・八三。二九・五・一〇二、九九。三十・十六・一四七。三二・五・五十〜五二。偽アルベルトゥス・マグヌス『結合』一（sig. a3v）。
(323) プリニウス『博物誌』八・三六・一三〇を参照。
(324) フィチーノ『生について』三・二十（p. 561）。
(325) イアンブリコス『秘儀』三・二四・一五七［Ficinus, p. 1889］。
(326) ラツィエル『秘密』二・三（f. 29v）。
(327) フィチーノ『生について』三・十三（p. 549）。ポルピュリオス『書簡』二四・二九。
(328) プリニウス『博物誌』二八・八・一一三。ロイヒリン『言葉』二（sig. cer）を参照。
(329) ラツィエル『秘密』二・三（ff. 27v–28r, 30r）。
(330) プリニウス『博物誌』三七・十・一七二、二八・九・一四九、一五五。偽アルベルトゥス・マグヌス『奇跡』（sig. i1r–v）。
(331) 偽アルベルトゥス・マグヌス『奇跡』（sig. i1r–v）。
(332) ラツィエル『秘密』二・七（f. 35r）。

(333) フィチーノ『生について』三・二五 (p. 569)。
(334) ポルピュリオス『書簡』二四・二九。
(335) ラツィエル『秘密』二・三、七 (ff. 27v–28r, 34v)。
(336) ラツィエル『秘密』三・三 (ff. 40r–v)。
(337) プロクロス『祭儀術』(p. 150 ; Ficinus, p. 1929)。フィチーノ『生について』三・十四 (p. 550)。
(338) ラツィエル『秘密』三・二 (f. 38v)。
(339) ラツィエル『秘密』二・五、二 (ff. 43v–44r, 39r–v)。
(340) フィチーノ『生について』三・二十 (p. 561)。一・二 (p. 496)。三・三 (p. 535)。
(341) ウェルギリウス『アエネイス』一・六八五～八八。
(342) フィチーノ『プラトン神学』十・五 (p. 74)。
(343) ラツィエル『秘密』二・三 (f. 27v)。
(344) オウィディウス『変身物語』八・七三〇～三七。十二・五五六～五八。九・六二～八八。八・八五二～五四、八七〇～七四を参照。
(345) ウェルギリウス『牧歌』八・七十。
(346) プリニウス『博物誌』八・二二・八一～八二。
(347) アウグスティヌス『神の国』一八・十七～十八 (pp. 607–09)。
(348) 『出エジプト記』七・一二・二二。八・七・十八。
(349) アルベルトゥス・マグヌス『鉱物論』二・三・六 (p. 243)。
(350) フィチーノ『生について』三・八、二六 (pp. 514, 570)。
(351) アルヴェルニアテス『万象』一・三・二九 (p. 802E–F)。
(352) 偽アルベルトゥス・マグヌス『奇跡』(sig. g3v)。
(353) フィチーノ『生について』三・十六 (p. 554)。
(354) プリニウス『博物誌』三二・五・四四。ポンツェトゥス『自然哲学』一・五・二 (f. 31r)。
(355) フィチーノ『生について』三・十五 (p. 551)。
(356) フィチーノ『生について』三・八 (p. 541)。
(357) フィチーノ『生について』三・八 (p. 541)。ピロストラトス『生涯』三・四一 (pp. 320–22)。ロディギヌス『言葉』三・二六 (pp. 142–43)。ピロストラトス『生涯』三・三十 (p. 296) を参照。
(358) アルベルトゥス・マグヌス『鉱物論』二・三・四 (p. 241)。ベイコン『大著作』四 (p. 392)。
(359) ロディギヌス『言葉』三・二六 (pp. 142–43)。アリストテレス『断片集』五二八。
(360) ヨセフス『古代誌』八・二・五 (pp. 286–87)。ベイコン『大著作』四 (p. 392) を参照。ピーコ (ジャンフランチェスコ)『予兆』七・七 (p. 663) を参照。
(361) ロディギヌス『言葉』三・二五 (p. 141)。プラトン『国家』二 (359d–360b)。
(362) プリニウス『博物誌』三十・十・八五。三十・一六・一四八。三十・十一・九八、三十・十・九一。二八・六・六三。二四・十九・一七〇。
(363) ジョルジ『協和』一・四・二四～三十 (ff. 78r–81v)。オルペウス『讃歌』五五・十九～二三 (p. 87)。アプレイウス『変身物語』十一・二。
(364) フィチーノ『生について』三・十七 (p. 555)。
(365) ジョルジ『協和』三・八・六・四 (ff. 102r–v)。ディオニュシオス・アレオパギテース『神名論』一・五 (col. 593A)。『コリントの信徒への手紙一』十二・十一。フィチーノ『太陽』一四 (p. 983) を参照。
(366) プリニウス『博物誌』二八・六・六九。
(367) プリニウス『博物誌』八・三十・一〇六。
(368) プリニウス『博物誌』二八・十一・一八一。
(369) 偽アルベルトゥス・マグヌス『奇跡』(sig. i4v–l1r)。
(370) ポンツェトゥス『自然哲学』二・一・八 (f. 48r)。偽アルベルトゥス・マグヌス『結合』一 (sig. a4r)。
(371) プリニウス『博物誌』三二・十・一四一。
(372) フィチーノ『生について』三・十七 (p. 555)。
(373) フィチーノ『生について』三・十一 (pp. 545–46)。ジョルジ『協和』一・四・二四～二六 (ff. 78r–v)。
(374) ジョルジ『協和』一・六・四 (f. 102v)。
(375) フィチーノ『生について』三・十一 (p. 546)。
(376) フィチーノ『饗宴注解』七・四・十 (pp. 246–48)。アプレイウス『変身物語』十・三・五。
(377) フィチーノ『生について』三・十六 (p. 553)。
(378) フィチーノ『饗宴注解』七・五 (p. 250)。ルクレティウス『事物の本性』四・一〇四八～五一。
(379) フィチーノ『プラトン神学』十三・三 (p. 234)。

(380) プリニウス『博物誌』二八・七・八六。二八・四・四五〜四六、三三〜三四、四四、四八。三十・六・五一〜五二。三十・一五・一四一。二九・五・一〇二。三十・十五・一四三。二八・六・六九。三二・八・九二。二八・三・三五〜三六。三八・二十・二六六。
(381) パウサニアス『案内記』二・三四・二。
(382) プリニウス『博物誌』二九・四・六九。三十・十四・一二九。
(383) 『ピカトリクス』三・十一 (p. 156)。偽アルベルトゥス・マグヌス『奇跡』(sig. i1v)。
(384) プリニウス『博物誌』二八・六・五九。
(385) フィチーノ『生について』三・十六〜十七 (pp. 554–55)。
(386) ペルシウス『諷刺詩』三・八十〜八二。
(387) アルカビキウス『入門』二 (ff. 12r–15v)。
(388) アルベルトゥス・マグヌス『鏡』十七 (p. 48)。
(389) ジョルジ『協和』一・六・四 (f. 102r)。
(390) フィチーノ『生について』三・二一 (p. 566)。
(391) ジョルジ『協和』三・四・三 (f. 40r)。アウグスティヌス『神の国』一・五十・一一二、アリストテレス『気象論』三・一 (371a–b)、偽アリストテレス『秘中の秘』一・二二 (pp. 61–62) を参照。
(392) クリニトゥス『学問』二五・二 (pp. 468–69)。十・七 (p. 235)。キケロ『神々の本性』一・四一〜四三・九五〜九五。
(393) スコトゥス (ミカエル)『人相術』五七 (sig. Fr–v)。
(394) ポンツェトゥス『自然哲学』一・三・六 (f. 25v)。偽アリストテレス『問題集』三三・七・九 (962)。ホメロス『オデュッセイア』十七・五四一〜四七。
(395) ジョルジ『協和』三・四・一 (f. 38r)。キケロ『予言』一・四一・九二を参照。
(396) ホラポッロ『ヒエログリフ集』一・八〜九 (pp. 10–11)。二・三二 (p. 73)。
(397) ピーコ (ジャンフランチェスコ)『予兆』六・四 (p. 611)。エピクテトス『人生談義』一三・十八 (pp. 436–37)。
(398) ホラポッロ『ヒエログリフ集』一・六 (p. 7)。ユスティノス『勧告』二十・三・七。二三・四・十。十二・十六・二。
(399) ポリドルス『予兆』三 (p. 237)。リウィウス『歴史』一・三四・一〜九を参照。
(400) リウィウス『歴史』一・七・一〜三を参照。
(401) ホラポッロ『ヒエログリフ集』一・十一 (p. 16)。
(402) ホラポッロ『ヒエログリフ集』一・五四 (p. 53)。
(403) ホラポッロ『ヒエログリフ集』二・九四 (p. 100)。一・五五〜五六、四九 (pp. 54–55, 49–50)。
(404) ホラポッロ『ヒエログリフ集』二・二五 (p. 70)。ユスティノス『勧告』二三・四・十。
(405) ウェルギリウス『アエネイス』四・四六二〜六三。
(406) オウィディウス『変身物語』五・五五〇。
(407) ポリドルス『予兆』三 (p. 238)。オプセクエンス『予兆』二六・三十を参照。
(408) ピーコ (ジャンフランチェスコ)『予兆』六・四 (p. 610)。アルマデル『六学』一〜二 (p. 165) を参照。
(409) オウィディウス『愛の技術』二・一四七。
(410) ポリドルス『予兆』三 (p. 238)。オプセクエンス『予兆』五八を参照。
(411) ピーコ (ジャンフランチェスコ)『予兆』六・四 (p. 610)。アルマデル『六学』三〜四 (p. 165)。
(412) ホラポッロ『ヒエログリフ集』二・三一・五十〜五一、一一五 (pp. 72, 80–81, 112)。一・六二・五一 (pp. 58, 51)。
(413) スエトニウス『皇帝伝』三・十四 (p. 119)。
(414) ジョルジ『協和』三・四・一 (f. 38r)。キケロ『予言』一・三四・七四。
(415) ポリドルス『予兆』三 (p. 238)。エラスムス『格言集』二・十・四五。ホラポッロ『ヒエログリフ集』二・四二、三七 (pp. 77, 75)。
(416) ポリドルス『予兆』三 (p. 236)。ウェルギリウス『アエネイス』三・五三九〜四十。
(417) ウァレリウス・マクシムス『言行録』一・五・五。
(418) プリニウス『博物誌』八・二二・八三、八十。ユスティノス『勧告』二三・四・九。
(419) ポリドルス『予兆』三 (p. 238)。オプセクエンス『予兆』二七を参照。
(420) リウィウス『歴史』一・四・六〜七・一〜二を参照。
(421) ホラポッロ『ヒエログリフ集』二・八二 (p. 95)。一・二十 (p. 28)。
(422) マクロビウス『サトゥルナリア』三・七・二。ウェルギリウス『牧歌』

四・四三〜四四。
(423) ユスティノス『勧告』一・四・十。『トビア書』六・一。
(424) ホラポッロ『ヒエログリフ集』二・六 (p. 87)。プリニウス『博物誌』八・三十・一〇九を参照。
(425) ポリドルス『予兆』三 (p. 238)。リウィウス『歴史』二七・二三・二を参照。
(426) ホラポッロ『ヒエログリフ集』一・五二 (pp. 51–52)。スエトニウス『皇帝伝』三・二七 (p. 150)。
(427) ホラポッロ『ヒエログリフ集』一・四五 (p. 46)。
(428) ポリドルス『予兆』三 (p. 237)。リウィウス『歴史』一・五六・四、キケロ『予言』一・十八・三六を参照。
(429) ホラポッロ『ヒエログリフ集』二・五九〜六十、一〇三 (pp. 84–85, 105)。
(430) キケロ『予言』一・五一〜五二・一一五〜一八。
(431) ポリドルス『予兆』三 (pp. 237–38)。リウィウス『歴史』一・五五・五〜六、オプセクエンス『予兆』七十を参照。
(432) ロイヒリン『言葉』二 (sig. c8r)。プリニウス『博物誌』七・五六・二〇三を参照。
(433) アルヴェルニアテス『万象』一・三・三 (p. 759A)。
(434) ウェルギリウス『農耕詩』一・四一五〜一六。
(435) アルヴェルニアテス『万象』一・一・四六 (p. 660F)。一・三・三 (pp. 757–59)。
(436) スイダス『辞典』二 (p. 579, n. 450)。
(437) アルヴェルニアテス『万象』一・一・四六 (p. 660G)。一・三・八 (p. 771A)。二・二・六九 (p. 922H) を参照。
(438) アリストテレス『動物誌』九・四七 (630b–660a)。ウァッロ『農事考』二・七・八。プリニウス『博物誌』八・四二・一五四〜五八。
(439) プリニウス『博物誌』十・七四・二〇八。
(440) クリニトゥス『学問』二一・十五 (pp. 417–18)。二四・六 (pp. 454–55)。
(441) クリニトゥス『学問』二一・十五 (pp. 417–18)。オウィディウス『変身物語』五・五四九〜五〇。
(442) セルウィウス『アエネイス注解』一・三九三。
(443) クリニトゥス『学問』二一・十五 (pp. 417–18)。
(444) ウェルギリウス『牧歌』九・十五。
(445) クリニトゥス『学問』二一・十五 (pp. 417–18)。
(446) ウェルギリウス『アエネイス』一・三九二〜四〇〇。
(447) ポルピュリオス『禁欲』三・三・三 (= p. 1937)。ロディギヌス『言葉』十七・十三 (p. 487) を参照。
(448) ベルアルド『アプレイウス注解』六・六 (f. 121r)。ピロストラトス『生涯』四・三 (pp. 350–52)。ポルピュリオス『禁欲』三・三・三 (= p. 1937)。
(449) アル・キンディー『光線』六 (p. 235)。
(450) プリニウス『博物誌』十・四九・一三七。ベルアルド『アプレイウス注解』六・六 (f. 121r) を参照。
(451) 偽アルベルトゥス・マグヌス『奇跡』(sig. i2v–i3r)。
(452) ピーコ (ジャンフランチェスコ)『予兆』一・七 (p. 386)。プロクロス『祭儀論』(p. 1929)。ピロストラトス『生涯』三・九 (p. 248)。
(453) ルカヌス『内乱』一・六三六〜三七。
(454) ルカヌス『内乱』一・六二六〜二九。
(455) クリニトゥス『学問』二五・二 (p. 469)。
(456) プリニウス『博物誌』十一・一八六、一七九。キケロ『神々の本性』一・五二・一一九を参照。
(457) ポリドルス『予兆』三 (p. 237)。オプセクエンス『予兆』九を参照。
(458) アウグスティヌス『神の国』二・二四 (p. 59)。
(459) ルカヌス『内乱』一・六一八〜二〇。
(460) クリニトゥス『学問』十・七 (pp. 235–36)。キケロ『神々の本性』一・四一・九三を参照。
(461) ジョルジ『協和』一・八・六 (ff. 170v–171r)。キケロ『神々の本性』一・三六・三八。一・二一・四二。一・二三・四六。一・二十・三九。
(462) リウィウス『歴史』一・三九・一〜九を参照。
(463) ウェルギリウス『アエネイス』二・六八二〜八四を参照。
(464) ジョルジ『協和』一・八・六 (ff. 170v–171r)。
(465) プリニウス『博物誌』二・五六〜五七・一四七〜四八。
(466) リウィウス『歴史』三九・五六・六。二七・十一・十。
(467) ジョルジ『協和』一・八・六 (ff. 170v–171r)。キケロ『神々の本性』一・三四・七四を参照。

(468) ルカヌス『内乱』六・六一七〜一八。
(469) ピーコ（ジャンフランチェスコ）『予兆』六・三（p. 607）。アルマデル『六学』五（pp. 168–69）。
(470) アプレイウス『弁明』四二（p. 52）。アウグスティヌス『神の国』七・三五（p. 215）。
(471) プセロス『ダイモーン』（p. 42；Ficinus, p. 1944）を参照。
(472) パウサニアス『案内記』七・二一・十二。三・二三・八。
(473) アテナイオス『賢人たち』八・三三三D。ポリュカルモス『断片集』一。
(474) セルウィウス『牧歌注解』八・一〇五。
(475) プリニウス『博物誌』十八・三五・三五八。
(476) クリニトゥス『学問』二三・三（pp. 463–73）。スタティウス『テーバイス』十・五九七〜六〇二。
(477) パウサニアス『案内記』三・二三・九。
(478) アヴィケンナ『魂について』六・四・二（p. 8）。
(479) プリニウス『博物誌』七・五二・一七三、一七六〜七九。エラスムス『医術礼讃』二・八・三二を参照。
(480) プリニウス『博物誌』二九・一・二。二五・二・十四。ピロストラトス『生涯』四・四五（pp. 456–58）。
(481) エラスムス『格言集』二・八・三二。
(482) アプレイウス『変身物語』二・二八・五〜六。二・二九・二。
(483) マイモニデス『金言』二四（sig. p3v–p4v）。
(484) アウルス・ゲッリウス『アッティカの夜』十六・十一・一〜三を参照。
(485) エラスムス『格言集』一・九・六四。プリニウス『博物誌』七・五二・一七五。
(486) グレゴリウス（トゥールの）『受難』（pp. 848–53）。パウルス・ディアコヌス『ランゴバルト史』一・四（p. 49）。
(487) 『歴代誌上』十九・八。
(488) ペトラルカ『記憶すべき事柄』一・二一（p. 271）。
(489) ロディギヌス『言葉』六・三五（p. 294）。アリストテレス『断片集』六三三を参照。
(490) プリニウス『博物誌』二五・八・八二〜八三。
(491) マクロビウス『注解』一・三・二〜六。フィチーノ『プラトン神学』一三・二（p. 215）。
(492) シュネシオス『夢』十六〜十八（pp. 179–83；Ficino, pp. 1976–77）。アリストテレス『気象論』一・一（980a–981a）。
(493) ポンツェトゥス『自然哲学』三・八・四（f. 128v）。アリストテレス『夢占い』二（464a）。偽アリストテレス『問題集』三十・一（954a–b）。
(494) フィチーノ『生について』一・五〜六（pp. 496–99）。三・十一、二二（pp. 545, 564–65）。
(495) 偽アリストテレス『問題集』三十・一（953a）。
(496) フィチーノ『生について』一・五（p. 49）。偽アリストテレス『問題集』三十・一（953a）。ディールス＝クランツ『断片集』、「デモクリトス」B十七〜十八、二一。プラトン『イオン』（533d–534e）。同『パイドロス』（244a–c）。同『メノン』（99c–d）。
(497) フィチーノ『プラトン神学』十三・二（p. 203）。ヘシオドス『神統記』二二・三二、プラトン『イオン』（533d–534d）を参照。
(498) フィチーノ『イオン摘要』（p. 1283）。プラトン『イオン』（533–534）を参照。
(499) フィチーノ『弁明摘要』（p. 1388）。同『プラトン神学』十三・二（pp. 204, 213）。アウルス・ゲッリウス『アッティカの夜』十五・十八。
(500) ウェルギリウス『牧歌』四・四〜七。
(501) ウェルギリウス『牧歌』四・十三〜十四。
(502) ウェルギリウス『牧歌』四・十五〜十七。
(503) ウェルギリウス『牧歌』四・二四。
(504) ウェルギリウス『牧歌』四・三一。
(505) ウェルギリウス『牧歌』四・四九〜五四。
(506) ピーコ（ジャンフランチェスコ）『予兆』二・六（p. 428）。プラトン『国家』七・五一八。
(507) アルキノス『入門』十五〜十七（pp. 171–72；Ficino, p. 1954）。プラトン『ティマイオス』（41a–d）を参照。
(508) フィチーノ『欲求』八、四（pp. 999, 994）。
(509) フィチーノ『欲求』八（p. 998）。アヴェロエス『収集』二・七・十七A–K。
(510) プリスキアヌス『評釈』一（p. 23；Ficino, pp. 1824–25）。
(511) アヴィケンナ『魂について』六・一・五（pp. 87–89）。アリストテレス『青年と老年』三（469a）。

(512) フィチーノ『欲求』八（p. 998）。
(513) ポンツェトゥス『自然哲学』一・二・五（ff. 15v-16r）。
(514) フィチーノ『欲求』十（pp. 1003-04）。
(515) トマス・アクィナス『神学大全』二―一・二三～二五。
(516) フィチーノ『プラトン神学』十三・一・四（pp. 196-97, 232）。プルタルコス「デメトリウス」三八・三、アルヴェルニアテス『万象』一・一・四六（p. 661 C）を参照。
(517) アルヴェルニアテス『法律』二七（p. 90 H）。
(518) フィチーノ『プラトン神学』十三・一（p. 197）。リウィウス『歴史』二二・七を参照。プリニウス『博物誌』七・五三～五四、ヘロドトス『歴史』一・八五、アウルス・ゲッリウス『アッティカの夜』三・十五、アルヴェルニアテス『法律』二七（p. 90 H）を参照。
(519) ロディギヌス『言葉』八・二六（p. 397）。
(520) フィチーノ『プラトン神学』十三・一（p. 197）。エラスムス『格言集』三・四・九五。プラトン『カルミデス』（169C）を参照。
(521) アルヴェルニアテス『万象』一・一・六五（p. 682E）。
(522) ポンポナッツィ『魔法』五～六（pp. 67-68, 83-84）。
(523) ポンツェトゥス『自然哲学』三・三・四（f. 105v）。
(524) ロディギヌス『言葉』十一・十六（p. 564）。六・三五（p. 294）。アヴィケンナ『動物論』八・二（f. 37v）。セネカ『弁論家』二・一。アウグスティヌス『神の国』十四・二四（p. 447）。
(525) プリニウス『博物誌』七・四。ポンタヌス『天界』十・五（f. 261r）。
(526) アルヴェルニアテス『万象』一・一・六五（p. 681C）。
(527) アポロニオス『アルゴナウティカ』三・六一六～三二。
(528) ロディギヌス『言葉』六・三五（p. 294）。アウグスティヌス『神の国』十四・二四（p. 447）。
(529) フィチーノ『プラトン神学』十三・一（p. 196）。同『生について』三・二一（p. 563）。
(530) アヴィケンナ『魂について』六・四・四（pp. 65-66）。
(531) ジョルジ『協和』三・一・三（f. 4r）。アヴィケンナ『魂について』六・四・四（pp. 65-66）を参照。
(532) アル・ガザーリー『形而上学』二・五・九（p. 194）。アルヴェルニアテス『万象』一・一・二一（p. 615）を参照。
(533) フィチーノ『プラトン神学』十三・一（p. 196）。同『生について』三・十六（p. 554）。
(534)『創世記』三十・三七～三八。
(535) フィチーノ『プラトン神学』十三・一（p. 196）。ロディギヌス『言葉』十一・十五（p. 563）。
(536) ジョルジ『協和』二・五・三（f. 269v）。アヴィケンナ『魂について』六・四・四（pp. 65-66）。アリストテレス『夢について』二（459b-460a）。アル・ガザーリー『形而上学』二・五・九（p. 194）。ガレノス『テリアカ剤』十一（pp. 253-54）。
(537) フィチーノ『プラトン神学』十三・四（pp. 233-35）。同『生について』三・十六、二一、二三（pp. 553-54, 563, 567）。ピロストラトス『生涯』六・十七、十八。八・七。イアンブリコス『生涯』二五～二六・一一三～一一八。二八・一三五。
(538) フィチーノ『生について』三・二二（pp. 564-66）。偽プトレマイオス『ケンティロクウィウム』二（p. 38）。
(539) ジョルジ『協和』二・五・三（f. 269v）。
(540) フィチーノ『生について』三・二十（p. 561）。アヴィケンナ『魂について』六・四・四（p. 62）を参照。
(541) ジョルジ『協和』三・一・五（f. 6r）。
(542) トリテミウス『書簡』（pp. 114-15）。
(543) フィチーノ『生について』三・二十（p. 561）。アヴィケンナ『魂について』六・四・二（p. 8）を参照。
(544) 偽アルベルトゥス・マグヌス『奇跡』（sig. e4v-f2v）。アヴィケンナ『魂について』六・四・四（pp. 65-66）を参照。トマス・アクィナス『対異教徒大全』三・九二。フィチーノ『生について』三・八（p. 541）を参照。
(545) 偽アルベルトゥス・マグヌス『奇跡』（sig. e4v-f1r）。
(546) フィチーノ『生について』三・十四～十五（pp. 550-51）。
(547) 偽アルベルトゥス・マグヌス『奇跡』（sig. e4v-f1r）。
(548) フィチーノ『生について』三・六（p. 540）。二・一六（p. 523）。
(549) ジョルジ『協和』三・三・十（f. 36v）。フィチーノ『生について』三・二一（pp. 561-64）。
(550) ガレノス『勧め』（p. 639）。
(551) ロイヒリン『言葉』三（sig. f2v）を参照。

(552) ジョルジ『協和』三・三・十（f. 36v）。
(553) フィチーノ『クラテュロス摘要』（p. 1310）。
(554) ジョルジ『協和』一・六・二一（ff. 115r–v）。『詩編』一四六・四。『ルカによる福音書』十・二十。『創世記』二・十九～二十。
(555) アル・キンディー『光線』六（pp. 230–50）。
(556) ピロストラトス『生涯』四・四五（pp. 456–58）。ロイヒリン『言葉』二（sig. d1r）。
(557) マクロビウス『サトゥルナリア』三・九・二～十四。セレヌス・サンモニクス『断片集』五、断片一。ウェルギリウス『アエネイス』二・三五一～五二。ロイヒリン『言葉』二（sig. d1r）を参照。
(558) リウィウス『歴史』五・二一・一～五。マクロビウス『サトゥルナリア』三・九・二～十四。セレヌス・サンモニクス『断片集』五、断片一。
(559) ジョルジ『協和』三・三・十（ff. 36v–37r）。
(560) フィチーノ『生について』三・二一（p. 562）。
(561) アプレイウス『変身物語』六・二・四～五。
(562) ピーコ「オルペウスに基づく論題」二（p. 80）。
(563) フィチーノ『生について』三・二一（pp. 561–63）。
(564) アル・キンディー『光線』八（p. 254）。
(565) アプレイウス『変身物語』一・三・一。
(566) ルカヌス『内乱』六・四六一～六三。
(567) ルカヌス『内乱』六・四五二～五三。
(568) ルカヌス『内乱』六・四五七～五八。
(569) ウェルギリウス『牧歌』八・六九～七一。
(570) ウェルギリウス『牧歌』八・九九。
(571) オウィディウス『恋の歌』三・七・三一～三四。
(572) プリニウス『博物誌』二八・二。『十二表法』八・一、八（pp. 52, 55）。
(573) ティブルス『詩集』一・二・四五～四八、五一～五二。
(574) オウィディウス『変身物語』七・一九九～二〇七。
(575) フィチーノ『生について』三・二一（p. 562）。カトー『農業論』一六八（p. 113）。
(576) クリニトゥス『学問』九・五（pp. 217–18）。ヨセフス『古代誌』八・二・五。オリゲネス『駁論』八・五八（p. 274）。
(577) ロイヒリン『言葉』三（sig. f2v）。アリストテレス『命題論』一・一（16a）。
(578) 偽アルベルトゥス・マグヌス『結合』（sig. b3v）。
(579) アルベルトゥス・マグヌス『鏡』十六（p. 47）。
(580) ウェルギリウス『牧歌』八・七三～七五。
(581) ウェルギリウス『牧歌』八・七七～七八。
(582) ウェルギリウス『牧歌』八・八十～八一。
(583) 『ヘルメス文書』十二・十二（pp. 178–79 ; Ficinus, p. 1853）。アグリッパ『人間』（p. 296）を参照。
(584) ジョルジ『協和』三・八・十一・三（f. 115v）。一・五・十七（f. 96v）。一・六・二一（f. 115v）。三・三・十（f. 36v）。以下を参照。アブラハム『創造の書』一・三～四（pp. 869–70）。ピーコ「カバラ的智者に基づく論題」三三（p. 53）。ロイヒリン『カバラ術』三（sig. K4v）。一（sig. E2r）。
(585) オリゲネス『駁論』一・二四～二五（pp. 74–76）。五・四五（pp. 48–50）。
(586) ピーコ「哲学的論題」八十（p. 60）。同「パラドクス的論題」五五（p. 64）。
(587) ピーコ「魔術的論題」十九（p. 79）。ロイヒリン『カバラ術』三（sig. L4r）。
(588) ジョルジ『協和』一・五・十七（fig. 96v）を参照。

自然魔術

14

パラケルスス

像についての書

村瀬天出夫訳

解題

パラケルスス（Paracelsus, 本名テオフラストゥス・ボンバスト・フォン・ホーエンハイム Theophrastus Bombast von Hohenheim、一四九三／九四～一五四一年）はスイスのアインジーデルン出身の医師、自然学者、俗人神学者、ドイツ語著作家である。

その生涯について確実とされる情報は少ない。現存する公的記録ないし（時に疑わしい内容も含まれる）自己証言によれば、パラケルススは一五一五年頃フェッラーラで医学の博士号を取得したあと欧州各地を渡り歩く。この「大遍歴」の後、一五二七年にバーゼルの市医に任じられると、同市の大学で医学講義を開き当時の古典的医学（ガレノス主義医学）を批判した。古代および中世の権威ではなく「自らの経験（エクスペリメンタ）と熟慮（ラティオ）」を主張するパラケルススは医師らの反感を買い、翌年にはバーゼルを去る。

再び遍歴の旅に出たパラケルススは南ドイツ、スイス、オーストリアを渡り歩くが、その足跡はごく部分的にしか知られていない。安定した社会的地位を確保できぬまま一五四一年九月二四日、ザルツブルクで没する。遺言どおりカトリックの司式にもとづいて同地の聖セバスティアン教会に埋葬された。

パラケルススに帰せられる文書群は膨大な量に及ぶが、生前に出版されたものはごく一部にすぎない。残りの大部分は、彼の支持者たちによって死後二十年経った一五六〇年代から出版された。十七世紀初頭まで続くこの出版運動（「パラケルスス・リバイバル」）を通じてパラケルススは錬金術、医学、宇宙論の権威として、また既存の大学学問を批判する改革者として復活することになる。

この動きは、批判者たちによる攻撃と論争を呼び起こし、同時にそれに応える支持者たちのパラケルスス擁護論を生み出し、さらには出版市場での成功をねらった偽文書を登場させるまでにいたった。社会的認知を得ることなく一介の外科医として生涯を終えたパラケルススは死後、十六世紀末には「新しいヒポクラテス」「ドイツのヘルメス」として権威化・神秘化され、欧州全土にその名を知られることとなったのである。

ここに訳出した『像についての書』*Liber de imaginibus* も生前には出版されず、死後の出版運動が最も活況を呈した時期に初めて市場に現れたものである。成立年は不詳（一五二九年以降）。全十三章で序文を欠く。出版に先立つ写本が二種知られているが、執筆の経緯とテクストの伝承史は解明されていない。一五七二年、すでに市場で成功を収めていた『アルキドクセン』*Archidoxen* の再版に伴い、これに付する形でバーゼルのピエトロ・ペルナによって出版された。ラテン語訳が十七世紀初頭に現れるが、それ以外の言語への翻訳はなされず、近現代語訳としては本訳が最初のものとなる。

本書で「像」が意味するものは幅広い。画像、彫像、空の気象、天体現象（彗星や星座）、さらに精神的な心象（啓示や預言）にまで及ぶ。本書はこれらの像がもつ「力」と「効能」を説明することによって、その根底にある魔術的な自然観を呈示する。それは自然世界に「隠された力」が実在するとみなす世界観であり、また人間はそれを正しく認識し操作することができると考える実践的な認識論である。これらはルネサンス期の自然学、とくにマルシリオ・フィチーノやヘンリクス・コルネリウス・アグリッパらの自然魔術の系譜に連なるものと言える。

本書で扱われるテーマも幅広く、まず偶像批判および聖像の教育的利用の主張から始まる。これは当時の宗教改革運動とそれに起因する聖像論争への応答となっている。それに続いて占星術、錬金術、色彩論、徴の理論（事物の「手相術」）、護符と記号、古代の神々の起源（エウヘメリズム）、寓意的な紋章学、想像力と心情、ホムンクルスなどが扱われる。著者はこれらを包括するものとして「魔術」を位置づける。さらに悪霊と関わる邪な「妖術」からの差別化をはかりつつ、細かな聖書参照によって自然魔術をキリスト教的に正当化し価値づけようと試みる。

このように本書はルネサンス自然魔術の擁護論といえるが、同時代の反応はむしろ否定的で攻撃的だった。受容史の観点から見ておそらく本書を最もよく利用したのはパラケルススの支持者たちではなく、その批判者たちである（とくにプロテスタント側の反対者）。悪魔的・狂信的な人物としてパラケルススを非難する議論において本書はその論駁の根拠として利用されてきたのである。現代にまで伝わるパラケルススの「異端者」としてのイメージは、本書のような魔術論を内容とする文書群（偽文書を含む）によって固定・強化されてきたと考えられる。

なおパラケルスス研究史において本書には偽文書の疑念が幾度も示されてきた。とくに第十二章に大きな問題が認められる。編集・挿入・改竄の可能性とその範囲など本書の真正性については最新の研究でも決着を見ていない。

底本としては、フーザー版を用い適宜改行を施した。Paracelsus, *Bücher vnd Schrifften*, ed. J. Huser, Tl. 9, Basel, 1591, pp. 369–393 (repr., Georg Olms, vol. 4, 1972)。次のラテン語訳も参照した。Paracelsus, *Opera medico-chimica*, vol. 10, Frankfurt, 1605, pp. 28–45.

参考文献は次のとおり。本書全般についてはK. Möseneder, *Paracelsus und die Bilder*, Tübingen, 2009。魔術的な世界観については菊地原洋平『パラケルススと魔術的ルネサンス』勁草書房（ヒロ・ヒライ監修、bibliotheca hermetica 叢書）、二〇一三年。パラケルスス文書群の真正性と研究動向については、村瀬天出夫による同書の書評（化学史学会編集『化学史研究』第四一巻第三号、二〇一四年）。

第一章

像（ビルト）がもつ力と効能、またその驚くべき働きを説明するために、まず次の点を明らかにする必要がある。第一はその起源について。第二にそれが誰によって発見されたかについて。第三にそれがどのような力を持つのかについて、またその力によってどのようなことが可能になるのかについて、私自身の考えも述べよう。そして、第四に像ないし図形（フィグール）に連なるさまざまな技芸についてである。

さて、像および図形は魔術（クンスト・マギカ）に起源をもち異教徒とバビロニア人によって発見された、ということをまず心得ねばならない。そしてそれがどのような驚くべき力を宿しているかについて、以下に余すところなく示そう。

しかしそのためには、まず像にかんする甚だしい悪用について伝えることから始めなければならない。これまで世界は明らかに間違ったやり方でこの術を用いて神の怒りを買ってきた。そして、全能の神を激昂させたためにしばしば惨憺たる罰を受けたのである。そのような人々にかんする例をまず示そう。

第一にマナセ王の例[1]が挙げられる。聖書が伝えるとおり彼はバアル[2]や異教の神々に祭壇と社を築き、天の軍勢に祈りを捧げ、占術と妖術を行い、卜者と占者らを贔屓にして寵愛したという。また多くの像（ビルト）と偶像を造り、主の御心にそぐわないことを行った。そこで神はアッシリアの王の将軍たちとその軍勢に彼を攻めさせた。彼らはマナセ王を捕らえ鎖で縛りバビロンに曳いて行った。その後については聖書がすべて伝えるとおりで、私が語る必要はないであろう。

また、聖書はアロンについても伝えている[3]。彼は黄金の子牛をイスラエルの神として崇めたために主の怒りを買ったのである。同じことはネブカドネザル王にも起こった[4]。金の像を拝むことを拒んだシャデラク、メシャク、アベデネゴの三人のイスラエルの男たちを、燃えさかる炉の中に投げ入れさせたからである。

ベルの偶像[5]に仕える神官たち、またバアルの神官と予言者たち、また他の多くの者たちにも同じく災いがもたされた。しかしここでそれを語る必要はない。あまりにも冗漫で読者はうんざりしてしまうだろう。聖書と古い史書を手にとって読んでみればよい。自らのために偽りの像を造り、生けるまことの神の代わりにそれらの偶像を拝んだ者たちが皆どのような災厄に見舞われたのか、その驚異について理解できるはずである。

だからそのような行いは慎まねばならない。いかなる偶像にでもなく神にのみ祈らねばならない。それはモーセが見つめる柴のなかに現れた神[6]であり、その御業によってイスラエルの子らをエジプトから導き出し、四十年にわたる荒れ野の旅を導いた神[7]である。サムソンに力を与え[8]、ダニエルが獅子の洞窟に投げ込まれたとき救い出し[9]、ヨナを鯨に呑み込ませてその命を救い[10]、巨人ゴリアテから羊飼いのダビデを守り[11]、またダビデをその息子アブサロムの反逆から守った神[12]。煮えたぎる油の大釜に入れられた聖ヨハネ[13]を救い、聖ラウレンティウス[14]が焼き網に乗せられたとき焼き尽くされないよう守った神。燃えさかる炉に投げ込まれたイスラエルの三人を救い[15]、方舟によってノアとその家のすべてを洪水から守り[16]、ロトとその娘たちをソドムとゴモラの滅亡から守った神。[17]アブラハムが剣を引き抜いたときその息子イサクを守り、[18]そしてラザロを死から生き返らせた神である。[19]神はご自身ひとりが神であることを望み、その栄光が他の誰かに与えられることを望まれない。それは神ご自身が述べておられるとおりである。[20]

とはいえ神がすべての像を禁じ、それを持つことを望まれないというのは正しくない。ただ神は人が像を拝んで敬うこと、またはそれらに仕えること、はたまたそれらを救難聖人（ノートフェルファー）のように扱うことを禁じられたのである。さきに述べたとおり、そのような行いのために神は世界を罰せられたのだ。

だから私はここで言おう。像や図形を教会において用いるのは適切なことである。ことにキリストの受難にかかわるものはそうであろう。なぜなら誰かに見せるために肖像画を描くのは望ましいことだからである。これを心得ねばならない。たとえその描かれた人物が死去しても、その像すなわち肖像画があれば彼のことを覚えていられる。しかし、そのような像がなければすぐにでも忘れてしまうだろう。

キリストの受難についても同じように理解できる。そこに反論の余地はない。なぜなら受難図をつうじてキリスト教の優れた教えを学び、また宗教的な想像力（イマギナチオン）を体得できるからである。キリストがわれわれのためにその痛ましい苦しみと受難に耐えてくださったこと、その偉大な御業をわれわれはよく記憶にとどめて観想（ベトラフトゥンク）することができるのだ。一般の信徒、農民や小さな子どもにとって像とは書物以上のものなのである。

像は人々を刺激して祈りへと駆りたてて霊的な修養へと動かす。読み書きのできない無学の人々や子どもにとっては救いへ至るのに有益な方法で、説教を何度も聞かせるよりも適しているだろう。多くの老人たちと同じように子どもというものは説教を聞いても一時間も覚えていられず、一方の耳から入ってもう一方の耳から出て行ってしまう。残念なことではあるがそのような人々にとって説教がいったい何の役に立つというのだろう。肖像や絵画ははるかによく記憶に残るではないか。目で見たものは読んだり聞いたりしたものよりはるかに心へと届くものなのだ。

新たな偶像崇拝を始めるつもりは私にはない。そのようなものを許すつもりも毛頭ない。ただ私は像について説明しその働きを示そうと思うのだ。すなわち魔術によって可能となる働きについてである。

第二章

神はモーセに次のように命じられた。一対のケルビム像を造ってそれを聖所の祭壇に置くようにと。[21]そして神は聖所に住まいケルビムをとおして語ると約束なさった。しかし思い出していただきたい。神はこれらのケルビムに仕えよとも拝んで祈願せよとも命じられなかったではないか。だが、アロンは神がそのように命じたと思い込んでそれに従いケルビムを造った。[22]そして神が約束なされたとおりのことが起こったのである。

またモーセの青銅の蛇を見てみよ。[23]荒れ野にいたときモーセが十字架のうえに掲げた蛇である。これも像である。すなわちキリストを示す魔術的な予言（マギッシェ・プロフェツァイ）ではないだろうか。なぜならこの蛇のようにキリストは十字架にかけられ、それによって世界を罪から救い出し、悪魔の咬傷を癒されたのだ。[24]

さて、これらはすでに過去に起こった出来事だが、現在でも同じようなことは魔術によって起こすことができるし魔術によって解釈できるのだ。諸々のことを像と図形を用いることによって知ることができる。すなわち過去、現在、未来の事柄について予言し予告することが可能である。

また、あらゆる技芸を像によって学ぶことができるし教えることができる。書物や文書によって学び、教えることができるのと同様である。それはまさしくアバノのピエトロ[25]がパドヴァで行ったことである。像と図形によって自らの魔術と降霊術（ニグロマンティア）について説明してみせたのだ[26]。しかし、彼も魔術にかんする真の秘密にまでは至らなかった。毒麦を良い麦と思いこみ、ふたつを一緒に育つままにしたのである[27]。

このような像を理解しようと思う者、またあらゆる図形を解釈しそれらの意味を知ろうと思う者はだれでも優れた天文学者（アストロノムス）であり魔術師（マグス）でなければならない。なぜなら図像の術は魔術に由来するからである。

したがって次のことは驚くに値しない。カルデア人とアッシリア人は自ら動く像、口をきく像、そしてしるし（ツァイヒェン）[28]を行う像を造った。しかし、これらの像を造るために彼らは自然の術である魔術以上に降霊術ないし妖術（ツァウベライ）を好んで用いた。こうして甚だしい悪弊が彼らの土地に広まったのである。すなわち像によって民衆を惑わしたのだ。造った像を神々や救難聖人であると信じ込ませ、像に詣でる巡礼を国じゅうに命じたのである。そして誰もが造られた像に供物をささげ、祈願し、拝み、仕えた。こうして彼らカルデア人とアッシリア人は神を激しく怒らせたのだ。神は大きな災厄を何度も起こして罰し、最後にはすべてを根絶やしになさったのである。

このような像の悪用は、たんにキリスト誕生以前に起こった過去の話でもなければ、バビロン帝国においてのみ見られたことでもない。救い主であるキリストのご降誕のあとにも、また、われわれキリスト教徒の間においても起こっているのだ。ほんの数年前に見られた悪用の例をここでいくつか述べてもよいのだが、どれもおぞましいものばかりで聞くに堪えない。

しかし次の事例だけは黙って見過ごすわけにはいかない。レーゲンスブルクにある美しいマリア像とそれに詣でる教会巡礼である。そこの坊主ども（プファッフェン）は像の頭を中空にし、その中に油を注ぎこんだ。これが目から流れ出すので、まるでマリアが泣いているかのように見える。そして坊主どもは、世の人々の大きな罪を嘆き悲しんでマリアが泣いているなどと嘘っぱちを振りまいているのだ。悪意に満ちた甚だしい詐欺で、たいそう腹立たしい。それによって人寄せをしては自分たちの腹の足しにしているのである。彼らはこのような偶像を愛してそれに何の疑問も持たないのだ。

第三章

さらに魔術にもとづく知識と理解にしたがって次のことを示そ

う。すなわち像と図形をつうじて何を学ぶことができるのか、また何を認識し、何を理解できるのかを示そう。まず預言者と聖人のことを思い出していただきたい。とりわけイザヤ、エゼキエル、聖ヨハネである。彼らは神の国の神秘について像と図形による啓示を受けた。睡眠中または霊に満たされたときそのような啓示を授かったのだ[29]。

ニュルンベルクのカルトホイザー修道院で見つかった驚くべき古い像と図も見ていただきたい。魔術にしたがえば、そこから教皇について驚くべき重要な意味をすべて読み取ることができる。これらの図もまた魔術に由来し、誤ることのない確実な予言そのものだからである。とくにこれらの図について私は一冊の書物を著し、魔術にもとづいた適切な釈義を付しておいた[30]。

またヘルメス[31]、ゲーベル[32]、また他の多くの哲学者たち[33]を見ていただきたい。彼らは自分たちの術である錬金術（アルキミア）と分離術（スパギリカ）[34]について、魔術にもとづく像と図形を用いて多くの内容を示したではないか。これらについては後に十分示すことにしよう[35]。

このような像、図形、古画は今なおあちらこちらで発見されその数も少なくない。にもかかわらず注目されることがない。像がもつ意味について人々は深く考えようとしないのでますます認識されることが少なくなる。

しかし、像や古画が今になって発見されるのには大きな理由があるのだ。それらはいにしえの魔術師たちが描いた像であり、彼らによって刻まれた図形なのである。そして、その時代には現在よりもはるかに重用されていた。それは次のことから十分に明らかであろう。つまり驚くべき像や図形は今でも辺鄙な場所からしばしば発見されるではないか。たとえば古い礼拝堂、墓所、洞窟や隠れた通路、岩山や岩の裂け目、島など今は人の住まない土地などである。

そのような場所で像や図形を見つけたらよく注意しなければならない。それには大きな理由がある。そして、しばしば驚くべき意味も隠されているからである。そこでは天文学者と魔術師がたがいに協力する必要がある。像ないし図形を手に取って、その解釈すなわち判定（イウディチウム）を下すのだ。それはこの術についての学びや経験を深めるためではなく予言内容を知るためである。

というのも、そのような予言はしばしばその土地全体にまた諸侯、王、皇帝らに利益や福利をもたらす。身を守るべきさまざまな事柄や用心すべき危険について多くのことが得られる。つまり像や図形はしばしば都市、地方、領邦、諸侯、王、皇帝に脅威を知らせ重大な警告を与えるのである。それは言葉によって述べたり表現したりできないものなのだ。

考えてみていただきたい。天文学（アストロノミア）と魔術を自分の術として習得し大きな自信を抱いている者がいたとしよう。その自信がどれほど揺るぎないものであったとしても、あえて諸侯や王、または皇帝に向かって次のようなことを口にできるだろうか。「これからあなたは叩きのめされ、射抜かれ、自らの土地と人々から追放され、その支配は取り上げられ窮地へと追い込まれるでしょう。臣民は忠誠を失い、あなたのもとを去って他の君主のもとへ赴くでしょう」などと。このようなことを誰が伝えられるだろうか。私にならできるだろうか。いや、御免だ。すぐさま縛り首となる。ずけずけと無遠慮な言葉で進言することは慎んだほうがよい。

しかし、その君主が生まれた時刻を知っていたとしたらどうだろう。そして彼の誕生時の天宮図(ナティヴィテート)を作成できるのであれば話は別である。さらに観相術(フュジオノミア)と手相術(キロマンティア)また魔術にもよく熟達しているのであれば、次のことを薦めよう。諸侯や王、または皇帝らには像や図形、比喩やパラドクスを用いるのである。すなわち真意を覆い隠すような方法で諸々の警告を伝えればよい。彼らがそれを理解して助言に従えばなによりである。しかし、頑固にも自分の目論見に執着するのであれば彼ら自身がその責めと恥辱を負うだけである。

だから諸侯、君主、王や皇帝たちに伝えねばならない。「これは貴殿への警告である。天文学者と魔術師に従い彼らの助言をより尊重されたい。というのも貴殿自身の考えや廷臣たちの助言はしばしば誤るのだから」。私ならこのようなことを像や図形を用いて彼らに示すだろう。

第四章

さて、この章では古い時代の像について語ろう。いにしえの人々の間で神々として祀られた像すなわち偶像についてである。人々はそれを救難聖人として崇めこれに祈禱し、仕え、供物を捧げた。そして聖地巡礼と教会詣でを盛大に行ったのである。

まず最初に承知していただきたい。それら偶像のなかで第一のもの、最も甚だしいものはベル(36)である。バビロニア人たちの恥ずべき大いなる偶像である。千五百年もの間、真のイスラエルの生ける神として祀られ祈りの対象となっていた。彼らの間では悪魔が大いに跋扈し甚だしい悪行がはびこった。すなわち悪魔はニヌス(37)を誘惑してその父ベルの像を柱に刻ませ、これを神として祀る術を教えたのである。

ベルの偶像は強大な勢力を振るい、その信仰は民衆たちの間に急速に広まった。評判は国じゅうで高らかに響き、これに詣でる大きな聖地巡礼が興った。そして多くの不思議なことが行われたのである。この像はまるで生きているかのように話し応答したのだ。しかしこれこそ悪魔の仕業である。悪魔はこの像をつうじて民衆に語りその目をくらましたのだ。

この偶像を造るためにニヌスは、自然にもとづいた魔術ではなく妖術を用いた。つまり悪魔を呼び出して像のなかへ入れたのである。それが自分の体のように像を操って思うままにしるし(ツァイヒェン)を行い、言葉を発し応答したのだ。これが最初の偶像、最初のつくりものの神、しるしと奇跡を行う最初の像である。

その後そこから多くの神の像、つまり偶像がつぎつぎと生まれた。そして次のような風習ができあがったのである。たとえば高名で力強く屈強でメルクリウス神(38)のように技巧に秀でた者は、その神の名前で呼ばれる。そして神そのもののように祀られる。このような風習である。

ユピテル神のように宗教的で威厳があり敬虔で純潔な者はユピテル神として崇められる。また、勝利者や負け知らずの強大な戦士はマルス、不実で悪意を持った不徳の者はサトゥルヌス、高名な音楽家または淫らで放埒な者はウェヌスとして祀られる。暴君はニムロトと呼ばれ[39]、狡猾で口先のうまい者はパラス、大酒飲みはバッカス、予言者はアポロ、野性的な者はディアナ、富者はプルートなどと呼ばれ神のように祀られる。こうした者たちには神殿、祭壇、柱塔が建てられるのである。

こうしてあらゆる民族、またあらゆる職種と生業に、それぞれ特別の偶像が生まれた。戦士たちにはマルス、音楽家、情夫や淫婦、不貞を働く者にはウェヌス、農夫ならびに田畑や土を耕す者たちにはサトゥルヌス、宗教的な人々、司祭や聖職者にはユピテルがいる。さらに技芸に携わる者、手先の巧みな手工業者にはメルクリウス、船乗りや水飢饉にかかわる者たちにはネプチューン、火を扱う職人や火難にかかわる者たちにはウルカヌスがいる。

これらの像にはそれぞれ特別の紋章と道具が付け加えられ一緒に描かれる。祀られる神に対応する職種と生業を見分けるためである。そこで人々はサトゥルヌスの手には鎌を持たせ、マルスには剣と甲冑、鎖帷子を着せるのである。ニムロトにも同様の装備を与え、ウェヌスには弓矢を持った子どものクピドを添わせる。またバッカスには葡萄蔓の冠をかぶせ、手には杯を持たせる。こうして何をどの神に祈願すべきか分かるようにしたのだ。

さらに都市や国々にもそれぞれ特有の神がある。ことに民族間で大きな争いが起きると、あらゆる国や都市が自分たちだけの神を持ちたがり独自の守護神（パトローン）を奉じようとするのである。たとえばバビロニア人にはベルが、エジプト人にはイシスとオシリスがある。アフリカ人にはネプチューン、マウレタニア人にはユバ、ロードス島民とメッセニア人にはソル、サモス島民にはユノ、レムノス島民にはウルカヌスがいる。パフォス人にはウェヌス、デルポイ人にはアポロ、ローマ人にはクイリヌス、アテナイ人にはミネルヴァ、カルタゴ人にはソクラテスといったように。

造られた神の像すなわち偶像の数はここまでに述べてきたものよりはるかに多い。すべてを数えあげるのは不可能なほどだ。このように途方もない偶像崇拝と聖像崇拝がすでにキリスト生誕の前、二千年以上にわたって横行していたのである。

第五章

ここでは像と図形は天にも現れることを示そう。すなわち天の色（ファルベ）のことである。そして、そこには類似的な対応関係（シミリトゥディネス）が存在するのである。

プトレマイオス[40]は最も偉大な天文学者である。しかし彼が著したのはたんに自然的な天文学（ナトゥアリッヒェ・アストロノミア）にすぎない。そこで私は天の像ないし色についてプトレマイオスとは異なる解釈、異なる判断ができることを示そう。つまり天候にかんするあらゆることを天の像と色から認識することが可能なのだ。それもプトレマイオスが打ちたてた自然的な天文学と同等あるいはそれ以上に確実で優れたものであり、しかもはるかに手軽なのである。

プトレマイオスの天文学では多くの計算が必要となり労力と骨折りを伴う。だがこれらはどれも避けて通ることができるのだ。なぜなら天文学にかんする真正かつ最大の秘密は魔術のなかにあるからである。そこでは書いたり読んだりすることは必要ない。

計算も不要で農夫でも習得できるくらい容易である。これを手短に説明するためにいくつか明解な例を挙げようと思う。

天を見ていただきたい。黒い雲が見えれば、それは雨を予告していると分かるだろう。同様に、天に輝く虹は長雨またはどしゃ降りが来ることを告げ、天が赤く染まる朝焼けは夕方に雨が降ることを、また同じく天を染める夕焼けは晴れ渡った暖かい朝が来ることを予告するのである。このように、これら天に現れる色にはどれも固有の魔術的な意味(マギッシェ・ベドイトゥンク)が含まれているのだ。

天は自らのうちにすべての色を宿している。したがって、そこに現れるもののなかで無意味な色は一つもない。別の色が現れれば別の天気となる。天の色の変化は天候の変化を告げるのである。

さて、このような色が持つ属性と意味をすべて知るにはどうしたらいいだろうか。そのためには熟練の魔術師かつ錬金術師(スパギリクス)でなければならない。さもないとこれらの知識を得ることはかなわない。

四大元素のそれぞれに属する色つまり四大原色(フィア・ハウプトファルベン)についての知識があったとしよう。すなわち、土には青が、水には緑が、空気には黄が、火には赤が属することを知っていたとする。しかしそれだけでは不十分である。なぜならこれら以外にも副次的な色や混じり合った色もあるからだ。それがどのような色なのか認識することはほとんど不可能である。だから混合色の場合、四大原色のうちどの色が最も多く含まれているかについて大きな注意を払わねばならない。そうしたうえでその意味を判断せねばならないのだ。

次のように主張する者がいるかもしれない。白と黒も忘れてはならない、これらも主要な色であると。しかしそれに対して私は次のように答えよう。これら二つの色はここでは関係ない。なぜなら天に現れる色は真実の予言であって、その判定はただ上の四つの元素的な色にもとづいてのみ下さねばならないからである。

しかし、分離術と錬金術においては黒と白は重要な色である。これらは錬金術の四大原色に数えられる。すなわち黒、白、黄、赤の四色である。黒は他の（二つの）[41]色の根源であり起源である。したがって次のことを心得ねばならない。黒色の物質(マテリー)をそれ固有の定められた時間だけ煆焼(レヴェルベリーレン)[42]してみるがよい。すると他の三つの色が順々に現れるであろう。まず黒色のあとに白色が、白色のあとに黄色が、黄色のあとに赤色が得られるのだ。

このようにある物質を煆焼することによって第四の色へと変化させたとしよう。この赤色の物質こそその固体が属する種ないし類全体のチンキ剤(ティンクトゥア)[43]なのである。

このことは野草の成長を見ればよく分かる。冬を過ぎて春になってもいまだ土の上には見えない野草である。その根は黒色でまだ地中に隠れている。不毛で形をなしていないが、それが夏の暖気と太陽の熱が注がれると成長へと駆り立てられるではないか。太陽熱によって煆焼され四つの色を次々と得ることになるのだ。

さて、今や次のことがはっきりと理解されねばならない。すなわちまず根から草が育ち、次に草から花が、最後に花から種子が得られる。種子こその野草のチンキ剤(ティンクトゥア)であり第五精髄(クイントゥム・エッセ)なのである。種子がなくては何も生まれず、何も育たない。種子がなければ何もその数を増やせない。地上のあらゆる果実のうち種子こそ最も重要で最も高貴なもの、最上級の誉れに値するものである。

ところで古代の哲学者たちは七種の金属を七つの惑星と比較し、それぞれに像と図形および文字を対応させた。すなわち金には太陽を、銀には月を、鉛には土星を、スズには木星を、銅には金星を、水銀には水星を、鉄には火星を対応させた。彼らはこれを魔術にもとづいて正しく行ったのである。それゆえ現在でも通用している。

今いちど色についての話を進めるために次のことを指摘しておこう。すなわち真に純粋で完全な色は全部で六つしかない。それは黒、白、黄、赤、緑、青である。しかし次のように主張する者がいるかもしれない。七つの惑星、七つの金属があるのだから、色にも七種あるはずだと。これに対して私は異議を唱えるつもりはない。というのも魔術においてもそのとおりだからである。いずれの惑星にも、いずれの金属にもそれ特有の色がある。土星および鉛には黒色が、太陽と金には黄色が、月と銀には灰色が、水星と水銀には青色が、金星と銅には緑色が、火星と鉄には赤色が、木星とスズには白色が対応するのだ。

とはいえ一般には次のように言われる。灰色は他の色とは異なり、真に純粋で完全な色ではない。なぜなら黒に白を混ぜたり、白に青を混ぜたりすることで灰色が得られるからであると。したがって、混合色や副次的な色について次のことが理解されねばならない。これら六つの色から三十以上の色を作ることが可能であるし、またそれらのうちどれ一つとして同じ色はない。このことはすべての画家が認めるであろう。

また、魔術においては色以外にも惑星と金属に対応するものがある。それは次のような像や図形である。たとえば王または獅子である。これらは太陽と金を意味する。同様に女王またはグリフォンは月ないし銀を、天使や蛇ないし竜は水星および水銀を表す。戦士や剣は火星と鉄を、鎌や鍬、またはそれらを持った農夫は土星ないし鉛を意味する。司祭や聖職者および一角獣やキジバトなど貞潔な動物は木星とスズを、弓矢を持った女性や子ども、また音楽にかんするものは金星と銅を意味するといった次第である。このように魔術に従えば、惑星や金属は色以外の像や図形によっても示されるのだ。

ある土地や都市、侯国や王国またその治世について魔術による予言を行うとしよう。それは言葉によってはっきりと明示されるものではない。像や図形にもとづくからである。つまりその土地や都市、諸侯や王が用いる紋章、色、動物によって示される予言なのだ。

それゆえこれらの像を正しく解釈するためには、優秀な天文学者であるだけでなく優れた魔術師でもなければならない。そしてあらゆる都市や国、諸侯や君主がどのような草木、動物、色を紋章として用いているか、熟知していなければならない。たとえば鷲である。これは魔術においてはローマ帝国またはその皇帝を意味する。同様に一輪ないし三輪の百合はフランス王を、三重の冠と三重の十字架は教皇およびその権能を示すであろう。また王冠は国王ないし王国、半月はトルコ皇帝またはその帝国を意味することなどを承知していなければならない。

第六章

さて、この章ではさらに死喜劇（ネクロコミカ）についても述べることにしよう。天ないし空に現れる図形である。これが地上の人間、動物、果実へと降りかかり予言を与える。そのような図形が現れるのには重要な理由がある。これらの図形によって地上の大きな変革が予告されるのだ。

たとえば小さな十字星（クロイツライン）(44)が落ちてくることがある。これも死喜劇である。間近に迫る宗教上の争いや甚大な変革を告げているのだ。キリスト者の迫害、大規模な受難、キリスト教会への迫害など重要な予言がこれによって示されるのである。その後まもなくルター(45)が自らの教義を掲げて現れたではないか。そして新しい宗派（ゼクテ）がつぎつぎと誕生したではないか。どれもルターの真似事、上っ面だけの連中である。

その勢いは今なお止まることを知らない。さらに多くの宗派が現れるであろう。そしてどれもが自分たちの正しさを主張する。自分たちの教義は他の誰よりも優れていると。そして誰よりも神聖であると言い立てるのだ。

こうして教会から平和は失われ、宗教上の和解はなくなる。それは最後の時代つまり黄金の時代（グルディネ・ツァイト）(46)が到来するまで続く。しかしそこに至れば主の日はもはや遠くない(47)。

さて、よく見ていただきたい。空に現れた十字形がこれらすべてを予言し知らせるのである。これこそ魔術的な隠された知らせ（マギッシェ・フェアボルゲンハイト）なのだ。

第七章

さて、岸壁や岩の割れ目などにも多くの驚くべき像や図形が見つかるだろう。とりわけ人が立ち入らないような場所によく見られる。鉱脈、岩脈、岩層の筋などに像や図形が現れるのだ。それを読み取る術が手相術（キロマンティア）である。

したがって、卓越した鉱夫であるためには優れた手相術師（キロマンティクス）であることが不可欠である。掘削する場所や調査する場所を見分けることのできる者であり、どこで作業すれば成功しどこで作業すると失敗して徒労に終わるかを知っている者である。

岩脈や筋状の模様はたいへん見事なものである。そして驚くべきものである。人間の手で刻もうとしたら大いに苦労するであろう。しかし実際は神の定めにしたがって自然に成長したもので、そこにはつねに重大で特別な予言が秘められているのである。その岩脈や筋模様の下に何が眠っているかを隠すように秘やかに予言しているのだ。

岩山に見られるあらゆる像や図形が何を意味するのか。それを心得ているのが魔術師であり手相術師である。その意味を判断するための手相術に最もよく精通した者であり、彼らがいなければ像と図形の意味は大部分が秘められたままなのである。

ところで、小石や石英のような小さな岩石は水辺や砂地においても多く見つかるであろう。ガマハイと呼ばれる石も見つけることができる。驚くべき像と図形を備えた特別な石である。まるで人の手によって彫り刻まれたかのようである。しかしこれも神の定めにしたがって成長したものなのである。

　このような石に驚くべき力と効能が備わっていることは決して稀なことではない。神によって付与されているからだ。それがどのような力なのかは像と図形から読み取れる。すなわちそれらは徴（シグナータ）なのである。石がどのような天の影響力（インフルエンツ）を帯びているのか、もしくは神から付与されているかを徴から認識できる。その認識の方法を教えるのが魔術である。

　明敏な技芸家（キュンストラー）たち、とりわけ天文学者たちはこれらの石に大きな興味を抱き考究を続けてきた。そして次のような考えに至った。たとえ粗悪な石であっても像と図形を用いれば、それに力と効能を付与することができるというのである。つまりどんな石でもよい、付与したい効能と適当な影響力を思いのままに選び、それに対応する像を石に掘って刻み込めばよい。このように考えたのである。

　しかし、この企てが成功しないことは試験と検査によって明らかである。彼らの努力と労苦は報われなかった。そこで彼らは再び知恵をめぐらし次のように結論づけた。あのような効能は天に由来する。それは天上の影響力（ヒムリッシェ・インフルエンツ）であって、どんな石にでもそれを付与できるわけではないと。だから、すでに天上の力（ヒムリッシェ・クラフト）を帯びている石をまず入手せねばならない。こう考えたのである。

　そこで彼らが用いたのが紅玉髄（カルニオル）とサファイアである。これによって彼らは初めて成功をおさめこの術を成し遂げたのだ。次のように考えればしくじることがなかったであろう。ある個体（コルプス）に天の力と影響力を付与しようとするならば、その固体にはそれと似た影響力または同じ影響力がもとから備わっていなければならないと。

　相反するもの同士がたやすく一致することはない。このことはあらゆる事物について見てとれるだろう。たとえばブドウや穀物である。これが堅固な岩の上に育つことがあるだろうか。同じことがガマハイについても言えるのである。

第八章

　手相術とはたいへん重要な術でこれによって認識し判断できる図形もある。このような図形についても言及せねばならない。

　まず次のことをよく心得ていただきたい。手相術にはさまざまな種類が存在する。ある人物の手を見てその人の傾向を判断したりするだけではない。その身に何が差し迫っているのか、良いことや悪いことが降りかかるかどうかを判断するだけではないのだ。手相術にはもっと多くのことが含まれている。

　たとえば薬草の手相術、樹木の葉にかんする手相術、木材の手相術、岩と鉱山にかんする手相術、道筋や河川、地形を見る手相術がある。地震が起きると地面にひび割れが現れる。乾燥した猛暑の夏にも見られるだろう。このようなひび割れにも特別な予言が秘められているのだ。それをすべて手相術によって認識せねばならない。そして正しく理解するのである。

　医師であれば草木がもつ薬効を把握するために手相術を用いるであろう。つまり、薬草と葉にかんする手相術によってその力と効能を経験（エアファーレン）するのだ。また、大工や指物師など材木をあつかう者たちも木材にかんする手相術を用いる。それによってある木材が何に適しているか、何に役立つかを認識するのだ。
鉱夫ならば鉱山について、そこでどのような鉱石と金属が得られるか、埋まっている深さや高さを手相術によって理解する。さらに世界誌学者（コスモグラフス）が地形と河川の手相（キロマンティア）を把握し、地理学者（ゲオグラフス）は土壌と地震の手相を認識する。このような自然物の図形を認識するために手相術はたいへん重要なのである。

したがって、次のことを心得ねばならない。手相術こそ魔術の初歩である。手相術を知らない者、学んだことのない者に魔術を完全に理解することは不可能である。なぜなら手相術は魔術のいろは（アー・ベー・ツェー）だから。書物から学ぶ前にまず誰もがこれを学ばねばならないのだ。

手相術はたやすく学べる簡単な術で、字が読めない粗野な農夫でも習得できる。にもかかわらず、たいへん有益な術であり称賛すべきものである。エジプトではよく知られた術でジプシーなら誰もが熟知している。

第九章

さて、この小著において私はここまで魔術的な像、図形、しるし（ツァイヒェン）について述べてきた。そこでさらに歩みを進めて次の事柄も説明するのは当然なことであろう。野草や根に見られる図像である。これは神の特別な御心と定めにしたがって造られたものである。そこで注意していただきたい。野草や根に秘められた力、特性、効能について経験しなければならない。そのためには魔術にもとづいて判断をすることを学ばねばならない。

手相術、観相術（フュジオノミア）、魔術を用いることによって、あらゆる野草とあらゆる根に秘められた特性と効能が認識できる。それは姿、形、色などの徴（シグナータ）から認識されるもので、熟練の技能や試験（プローベ）などは必要ない。

神は初めにすべての事物を注意深く区別なさった。一つとして他のものと同じ姿、同じ形にならないように区別されたのである。そして、すべての事物一つ一つに鈴（シェレン）をつけ給わった。鈴で道化と知れる、と言うとおりで鈴は魔術においても阿呆を意味する。

薬草や根についても、その鈴すなわち徴にもとづいて認識せねばならない。そのような徴の例を挙げてみよう。サテュリオンの根[48]を見ていただきたい。男性の恥部のような形をしてはいないだろうか。これについて魔術が示すことは何だろうか。それは誰の目にも明らかである。この根には男性の失われた性的能力と性欲を回復させる力があるのだ。このことが魔術によって明らかにされるわけである。

またアザミの葉を見ていただきたい。突き刺す針のようではないだろうか。これも魔術によって明らかになる徴である。体のなかの刺すような痛みに最もよく効く薬草であることを示しているのだ。

さらにジークヴルツの根には鎖帷子のような編み目模様が見える。これもまた魔術的な徴である。鎖帷子のように身を武器から守ることを示している。またシデリカの葉には蛇の像ないし図形が見られる。魔術によればあらゆる毒を防ぐ薬草であることを意味しているのだ。

チコリの根には太陽に由来する影響力が秘められている。このことは花から見てとれる。まるで感謝しているかのように太陽の方向へつねに顔を向けているのだ。だからその力と効能は太陽が昇っているあいだ、日差しのなかにあるとき最大となる。しかし太陽が沈むとすぐに減じてしまう。

また、チコリの根は七年経つと鳥の姿に変化すると言われている。その理由は何だろうか。魔術はこれをどのように説明するだろうか。もしそれを知っているならば黙っているがよい。嘲笑家どもに知られないためである。

しかし、もし知らないなら尋ねてみなければならない。知るために学ぶのである。そして聞くことを恥じてはならない。尋ねる者は間違うことがなく、誤りを犯すことがないと言われているとおりである。また、豚に真珠を投げやったり犬に聖なるものを与えるなと神が禁じているとおりである(49)。そのようなことをすべきではない。だからこそつねに学び、そして聞かねばならない。そして聞くことを恥じてはならない。こうして人は自らの名をなし全土に響き渡らせ不朽のものとするのである。

素朴な者は次のような疑問を抱くだろう。なぜマンドラゴラつまりアルラウネの根は頭や手足をもった人間の形をしているのかと。そして、そこには重大な理由が必ずあると考え、神によってそのように造られたのだと思うかもしれない。

しかし、私は次のように答えよう。それは誤りである。マンドラゴラがもとから人間の姿をしているわけではない。これは詐欺師の仕業である。人の姿をした根などないのだ。切り刻んでそのような形にしているだけである。神によって人の形に造られたのでもなければ、自然にそのように育ったわけでもない。人々をありとあらゆる方法で騙そうとするごろつきたちのペテンである。これがマンドラゴラについて話すべきすべてである。

野草や根についてはもっと多くのことを語ることができる。しかしそれは他の場所ですべきであろう。この書の冒頭で短く述べたとおり、ここは像と図形またそれらに連なる諸々の技芸について述べる場である。その説明をもう少し先へと進めねばならない。

第十章

ここまで述べてきたとおり、魔術的な像と図形が見られる場はたいへん多く幅広い。だから何一つ見落としたり忘れたりしてはならない。次のことも承知しておくべきである。記号(カラクテル)について、これも像や図形に連なるものである。

記号も魔術に起源を持つ。その点で像と異なるところはない。実際、記号を用いることによっても事物を標示することができる。また他方で、内に力を秘めた名前や言葉(50)のように、多くのことを成し遂げることができるのだ。しかし記号は言葉や名前そのものではない。では何であろうか。

次のように考えられるであろう。記号(カラクテル)は言葉や名前の像(ビルト)であり図形(フィグール)なのだ。だからこそ大きな力を秘めているのである。言葉や名前を像や図形へと近づけることによってその言葉と名前が魔術によって標示される[51]。そうすればそこに秘められている力と効能は倍増するであろう。

ただし次のことも伝えておかねばならない。たいへん嘆かわしい事態なのだ。記号と言葉について人々のあいだに誤解と侮蔑の念を植え付けている者たちがいる。先頃まで遍歴学生（ファーレンデ・シューラー）などと呼ばれていた者どもで、素性の知れぬ厚顔無恥の輩である。

素朴で愚直な人々を惑わそうと偽物の記号、言葉、名前をでっちあげるのだが、どれも忌々しい出来損ないにすぎない。紙や羊皮紙に記号や言葉を書き与えて、それらを身につけるよう諭すのだ。そうすればあらゆる病気、悪魔や悪霊、妖術や魔法（ヘクセライ）、幽霊（ゲシュペンスト）、水難や火難、敵とその武器から身を守ってくれると騙すのである。

また、それらを家の中に置いておけば火事にあわず、雹や豪雨でも傷一つつかないなどと無学な者たちを相手に偽る。愚かな人々はこのような性根の腐った詐欺師たちの言うことを信じ込んでしまう。たやすく白を黒と、偶数を奇数と思い込むものなのだ。

もちろん次のことは認めざるをえない。これらのことはどれも記号と言葉を用いれば実際に可能なことである。ただしそれは正しく造られた場合のみであって、偽物にはあてはまらない。たとえば惑星の記号である。それが正しく影響力を発揮するよう造られたものかどうか、実際の働きと業を見ていただきたい。

太陽の記号ならば人の富と名声を高めるであろう。火星の記号はあらゆる敵に打ち勝つ力をもたらす。金星ならば、周囲の人々から好感を抱かれるような愛敬が付与され、他人に頼み事をしても快く受け入れられまず断られることがなくなるのだ。木星の記号は人を霊的に信心深くし清らかにする。水星ならば器用さと機知を与え、何事についても賢く機敏で技巧豊かになるのだ。

これらの記号にはある種の病を払いのける力もある。それを携行する人を疾病から守り、患者にその一部を服用させることさえあるのだ。

また、天上の十二宮[52]にかんする像と図形もある。それらの影響力のもとで造られた像は驚くべき効果を発揮するであろう。すなわち太陽と月がともにそこに入る時であるが[53]、これについてはここでそれ以上述べる必要はない。学識のある者であれば十分に心得ているはずだからである。

第十一章

ウェルギリウス[54]は驚嘆すべき哲学者である。像を用いて彼が成し遂げた事跡を見ていただきたい。その驚くべき信じがたい業についてここで語り尽くすことは不可能である。彼より前に同じことを成し遂げた者は一人もいない。

しかし、彼が用いた術は自然魔術（ナトゥアリッヒェ・マギカ）というよりも降霊術というべきものである。驚異的な力を秘めた像を造るには二つの方法がある。降霊術によるものと自然魔術によるものの二つである。

これらの方法で造られた像は驚くべき力を発揮する。しるし（ツァイヒェン）を行ったり言葉を発したり自ら動いたりする。しかしこのような像には自然魔術によって造られたものよりも降霊術ないし妖術によって造られたものの方が多い。これは神の御旨に著しく反する術であり、自然の光（リヒト・デァ・ナトゥア）[55]に反する術でもある。

ウェルギリウスとその弟子たちは大がかりで強力なまじない（コンジュラチオ）を用いて悪魔や悪霊を像のなかに押し込めたのである。これが像のなかから言葉を発し、応答し、そしてしるしを行うのだ。

ウェルギリウスらに倣ってこのような方法を追求するのは間違いである。われわれは悪魔を避けねばならないのだから、このような業をも避けて遠ざけねばならない。

信仰の力と想像力（イマギナチオン）によって可能となるものは善い。しかし、それ以外の力を利用する方法は選ぶべきではない。キリスト者にはふさわしくないからである。キリスト者は争ったりいがみ合ったりしてはならない。それは信仰に背くことである。驚くべき業を成し遂げようとして呪文を唱えたり神の名をみだりに用いたりするならば、それは神に対する反抗であり暴挙である。争うこと、いがみ合うことと同じである。信仰に背くことなのだ。われわれには信仰によって可能なものだけが許されているのである。

だから次のことをよく心得ておかねばならない。人間の霊（ガイスト）を図像（ビルト）のなかへ入れることは、ただわれわれの信仰によってのみ、また強力な想像力によってのみ可能となるのだ。

信仰の力ないし強力な想像力があれば、像や図形がなくても次のようなことが可能である。空から語りかける声や応える声を聞くことができる。[56]それもいつでも思いのままに可能なのである。

空からの声（シュティム・アウス・デン・リュフテン）を聞くためにも霊を授かるためにも、祈禱やまじないなどは必要でない。見識のない粗野な悪霊使いや降霊術師（ニグロマンティクス）ならば次のように言うだろう。「大いなる呪文を世界の四方に向かって大いなる声で唱えよ。そしていくつもの儀式を一つ残らず準備せよ。円陣を描き香を焚き苦行を捧げよ。そしてソロモンの清き聖なる服と印璽（シギラ）を用意せよ」と。

どれもこれもすべて猿真似のペテンである。これが悪魔の誘惑でなくて何であろうか。悪魔を教師として仰ぐ悪魔の学校がある。そこでは悪魔のような人間が誤った教えを吹聴している。所詮このような人間に悪魔以上のことなどできるはずもない。そんなことは誰の目にも明らかだ。

だから気をつけねばならない。キリスト者ならば神を愛し、自らの魂と命と至福を求め、自然の光を学ぼうと欲するのだ。だから悪魔の学校に出入りするような者たちを嫌悪し忌避せねばならない。悪魔の教え子たちの誘惑から逃れねばならないのだ。

だから心得ていただきたい。多大な努力と犠牲を払って自らの命と魂を危険にさらすような必要はない。必要なのはただ信仰と想像力のみである。ただそれだけではるかに優れたことが可能となり、上昇宮（アスツェンデント）を思いのままに操ってそれらが語る言葉や応答をいつでも聞くことができるのだ。これはすでに述べたとおりである。

ではそのような不思議な声を聞くためには何をすべきだろう。伺い（フラーゲ）に対する返答を得るためには何をすべきなのだろうか。例で示そう。私はこう言おう。「夜のうちにその場所へ行きなさい。そして天空のもとで耳をこらしなさい。鐘の音がいくつか鳴ったとき何もない空中から声が聞こえるだろう。それこそあなたに語りかける声、あなたが欲しがっていた答えである」と。

もし私の言葉を真摯に受けとめ信じたならば、その場所へ行って声が聞こえるのを待つであろう。すると信仰と想像力が増してきて、声が聞こえる瞬間のこと、声のことだけしか考えられなくなる。意識はそのことでいっぱいになり、他のことがまったく考えられなくなるのだ。その時、語りかける声を聞くであろう。人の声である。それは疑いない。しかし体は見えない。

　このような声は上昇宮からやって来るだけではない。ヘブライ人への手紙でも言われているとおり、天使や使役霊から来ることも少なくない[57]。すべては神が命じられることに従って起こるのである。

第十二章

　次は実践（プラクティク）についてである。人間の像すなわちホムンクルス[58]をどのように造るのか、またどのような姿形に造るのかについてである。

　ホムンクルスとは人間と同じ姿形で四肢を備えた像のことである。そのなかには人間の性質が密かに霊的に隠されている。しかし人間ほどの大きさはなく小人間（クライン・マン）として造られている。また人間が有するあらゆる力、あらゆる働き（オペラチオネス）、そして人間の意思（ヴィレ）が付与されている。

　ここで心得ねばならないのはその目的である。すなわちホムンクルスが造られる理由は、健康のため、愛のため、好意や寵愛を得るためである。さらに人を高めるためや解放するため、遠隔地にいる人を呼び寄せるため。武器による攻撃を防ぎ見える敵と見えない敵から人を守るため、そして妖術や病など多くのものから身を守るためである。

　また、ホムンクルスは人を病気にするためにも造ることができる。また敵意を募らせたり妬みと憎しみを起こさせるために、人を追い払ったり人を捕らえたりするために、不幸をもたらし敗北へと導いて人の企みを挫いたりするためにも造られる。

　これらの像すなわちホムンクルスを造るには人間の内的本性（イネレス・ヴェーゼン）とその影響（インフルエンツ）に従わねばならない。影響力とは内的本性から出て外的本性（オイセレス・ヴェーゼン）へと入るもの、すなわち人間から出てホムンクルスへと入り込むものである。

　というのも人間は自らのうちにアストゥルムすなわち星辰（ゲシュティルン）[59]を宿しており、それは上層の天空（オーバー・フィルマメント）と同じである。しかしこれらのアストゥルムすなわち内的な星々は精神（メンス）のなかに、すなわち人間の心情（ゲミュート）のなかに隠されている。人間の心情はまことに偉大なものであって誰にも詳らかにできない。神、第一質量（プリマ・マテリア）、天（ヒメル）、これら三者がどれも永遠で不滅であるように、人間の心情も永遠で不滅である。

　だから、人間はまさしくこの心情によって至福とされるのである。それはすなわち永遠の命であり死の克服である。エノクとエリヤが得た不死性と同じである[60]。彼らは心情にかんする正しい認識を得たのである。

　われわれも自分たちの心情を正しく認識できたとしたら、地上の世界でわれわれに不可能なことは何一つなくなるであろう。しかし、どのようにしてそれが可能であろうか。

それは精神的高揚（エクセルタチオ）においてである。このとき心情は自らの内に深く潜って沈溺していく。そのとき見る目は見えず、聞く耳は聞こえず、嗅ぐ鼻には何もにおわない。手は触れようとしても何もつかめず、身体は何も感じない。

間違ってはならない。このとき人間はたしかに見えているのである。しかし何を見ているのかが分からないのだ。また、話し声が聞こえていても理解できない。さまざまな音や響きはするが、それが何なのか分からない。嗅いでも何のにおいか分からない。つかんでも何をつかんでいるのか分からない。

それはちょうど次のような状態である。たとえば猿が自分の姿の映った鏡を見るとそこから目が離せなくなってしまう。鏡に見入ってしまうのだ。同じようにこのとき人間は、自分の心情のなかに存在するものに夢中になって見入っているのである。ちょうどお気に入りのガラクタに夢中になる子どものようであり、絵画に見とれている阿呆のようである。

このように深い思考（グダンケン）状態にあるとき、つまり自らの心情へ沈溺しているとき、その人間はまるで五感をすべて失ったかのような状態にある。世人の目には気の違った愚者に見える。しかし神の目には最も賢い人間なのである。というのも神はこの者にこそご自身の神秘を知らしめ給わるからだ。隠された奥義を地上のあらゆる賢者よりも深く覗き見ることをお許しになるのである。

だから、次のこともよく心得ておかねばならない。完全な想像力（イマギナチオン）はアストゥルムに由来するが、その根源は心情（ゲミュート）なのだ。なぜなら心情のなかにあらゆるアストゥルムが隠されているからである。

心情（ゲミュート）、信仰（グラウベ）、想像力（イマギナチオン）の三つが重要である。いずれも名前は異なるが同じ力を秘めている。そして同じ力強さを持つのである。出自は異なるが一つである。また、これら三つは三位一体の神に等しく対応する。というのもわれわれは心情によって父なる神へ、信仰によって子なるキリストへと至る。そして想像力によって聖霊と交わるのだから。三位一体の神が全能であられるように、この三つにも不可能なことは何もない。

このようにわれわれは地上にあっても心情によって神へと至ることができる。また信仰によってキリストへ至り、そして想像力によって聖霊を授かる。こうしてわれわれは使徒と等しくなる。(61) すなわち死を恐れず投獄も恐れない。拷問も責め苦も怖がらず、貧窮も苦役も空腹も、またこれらに類する何ものも恐れるに足りない。そして、悪魔を払いのけ、病を癒やし、死者を生き返らせ、山を動かすこともできるであろう。三位一体の神がそうであるようにわれわれにもこれが可能となるのだ。

たとえば観照（スペクラチオン）について考えてみていただきたい。ある者が観照しているとしよう。そのとき彼は観照している対象そのものについての理解（フェアシュタント）を得る。しかしそこでやめることをせずそのまま対象に注意を一心に傾け続けると、観照のうちから実践が現れるのを発見するだろう。

なぜなら、理論（テオリク）や観照を経ることなく実践（プラクティク）へと至る者など誰一人としていないからである。観照することによってすべてが始まるのだ。あらゆる技芸と工芸についても同じである。これらも観照から、つまり理論から生まれたのである。(62)

したがって、次のことも心得ておかねばならない。観照したり沈思黙考(メンディーレン)したり、想像力(イマギニーレン)を働かせるのに最も適している時間は夜である。肉体的なものはすべてその動きを止めて休み、密やか(ハイムリッヒ)に、静かになるからである。また観照するのに適した密やかな場所も必要である。煩わしさから離れられる場所、他人に妨げられたり脅かされたりすることのない場所である。そして素面(しらふ)の身体も欠かせない。

　再び話をホムンクルスに戻そう。そしてその実践法を手短かに説明することにしよう。まず次の一般的なことを心得ねばならない。すべての基本は三種類のホムンクルスにある。すなわち人の像であるホムンクルスには三種の姿形があってそれ以上はない。そしてこの三種によってあらゆる業が成し遂げられるのだ。

　第一の種類は一人の人間と同じくすべての四肢と部位が揃っているもの。第二は一つの体に三つの頭部と三つの顔を持つもの。第三は世界の四方を見渡すための四つの頭部と四つの顔を備えた像である。これらすべてのホムンクルスを造るための素材も三種ある。土、蠟、金属の三つである。それ以外にはない。

　次に、ホムンクルスの使用法ないし手順についてである。たとえば病人を癒やして健康にするためにはどうするか。その人の像すなわちホムンクルスに医薬を投じればよい。軟膏を塗布するなど病人に必要な処置を像に施せばよいのだ。

　もし誰かから愛されたいと望み好意や寵愛を受けたいと望むのならば、ホムンクルスを二体造らねばならない。その二体の手を互いに差し伸べさせて抱擁させるのだ。そして接吻させ友情を表す仕草をさせればよい。

　また、ある人が遠く離れた土地にいたとしよう。その人を故郷へ呼び寄せるにはどうするか。まずホムンクルスを車に乗せ、その人が歩く距離と同じだけこれを車で運べばよい。

　ホムンクルスによって敵の武器から身を守ることもできる。そのためには像を鉄や鋼で造り金床のように硬く鍛えるのだ。また敵を捕らえようと望むならば、その像を造って捕縛すればよい。

　これで実践にかんする例は十分であろう。多くのことを学び理解できたはずである。ただし心得ておいていただきたい。人の像すなわちホムンクルスには妖術師(ツァウベレラー)や魔女(ヘクセ)によって造られたものもある。このような者どもには神の罰が待っている。人々と土地や家畜もろとも滅びの憂き目を見ることになるであろう。

　像の悪用についてこれ以上触れることは控えよう。それによって生じる大きな害悪を避けるためである。

第十三章

　ガマハイについても次のことを心得ていただきたい。これは人間や動物の不思議な像が刻まれた石のことであるが、そこには影響力が宿されている。それを示すのが刻まれている像や図形である。そもそもこれらの像は対応する影響力のもとで彫り込まれているので、天体の動きや天文学的な理解にもとづいて造られているわけではない。

　しかし、このような影響力すなわち星位(コンステラチオン)[63]は望めばいつでも手に入るというわけではない。したがって、別の方法が必要となる。そこで次のことを理解せねばならない。影響力は天または上層の星辰(オーベレス・ゲシュティルン)からのみ来るのではなく、人間からも、水晶からも、また鋼の鏡や天日レンズからも得られるのである。

まず理解していただきたい。われわれには、星辰をその内部に宿した像を造ることが可能である。すなわち像を星辰配置(コンステリーレン)すること、像のなかに星辰を導入することができるということである。

これと同様に水晶、鋼の鏡、天日レンズを星辰配置することも可能である。つまり、上層の星辰の影響力をそれらの内部に移し入れることができるのだ。こうして付与された影響力はその内部に留まり続ける。そして、いつでも望むときにその力を引き出すことができるであろう。

太陽が光り輝いているとしよう。そこでガマハイを星辰配置すると太陽の影響力をそのなかに導入することが可能である。また他の惑星とそれらの影響力についても同様である。それらを導き入れるために水晶、鋼の鏡、天日レンズを星辰配置することもできるのだ。

例を挙げよう。金星であればその影響力のもとで水晶、鋼の鏡、天日レンズにその名前と記号を一つの星(シュテルン)とともに刻み込む。ただし水晶であれば裏面に、金属の鏡であれば磨かれた面に刻む。このようにして影響力を注入するのである。

また、同様の影響力を備えた石すなわちガマハイを造るとしよう。まずサファイアないし紅玉髄(カルニオル)を用意する。そして、金星が持つ力と効能のうち望むものを選んだら、それに対応した像や図形を彫って刻み込めばよい。たとえば愛や友情を得るための像、好意や寵愛を獲得するための図形、または音楽にかんする学識と技芸を得るための像や図形などである。石に像を彫るときには太陽の光線に向かって行わねばならない。そして水晶や鏡を用いて太陽が石を照らし出すようにする。つまり、太陽の光線ないしその反射光がつねに石の上に落ちるよう導くのである。

さて、もはや私は十分に語り尽くした。『像についての書』はここで閉じることにしよう。

注

（1）旧約聖書「列王記下」二一・一〜十六、同「歴代誌下」三三・一〜十一。

（2）カナンの異教の神。旧約聖書（たとえば「士師記」二・十一以下）ではイスラエルの民によるバアル信仰が偶像崇拝の典型として繰り返し批判的に描かれる。

（3）旧約聖書「出エジプト記」三二・一〜十。

（4）旧約聖書「ダニエル書」三・一〜三十。

（5）旧約聖書「イザヤ書」四六・一、同「エレミヤ書」五十・二、五一・四四、旧約聖書続編「ダニエル書補遺：ベルと竜」。

（6）旧約聖書「出エジプト記」三・四、新約聖書「使徒言行録」七・三五。

（7）旧約聖書「出エジプト記」十六・三五、新約聖書「使徒言行録」七・三六。

（8）旧約聖書「士師記」十六・二八。

（9）旧約聖書「ダニエル書」六・十七〜二八。

（10）旧約聖書「ヨナ書」二・一以下。

（11）旧約聖書「サムエル記上」十七・一〜五四。

（12）旧約聖書「サムエル記下」十四〜十八。

（13）イエスの十二使徒の一人、使徒ヨハネ。新約聖書「ヨハネによる福音書」「ヨハネによる手紙一〜三」「ヨハネの黙示録」の記者と見なされる。油の大釜の故事はドミティアヌス帝（五一〜九六年）治世下の迫害にまつわる伝説。

（14）古代ローマの聖人で殉教者（?〜二五八年）。焼き網の故事はヴァレリアヌス帝（二〇〇頃〜二六〇年以降）治世下の迫害にまつわる伝説。

（15）上記注4。

（16）旧約聖書「創世記」六〜九。

（17）旧約聖書「創世記」十九。

（18）旧約聖書「創世記」二二。

（19）新約聖書「ヨハネによる福音書」十一・三八〜四四。

（20）旧約聖書「出エジプト記」二十・三〜五。

（21）旧約聖書「出エジプト記」二五・十七〜二二、同「民数記」七・八九。

（22）アロンがイスラエルの民に請われて黄金の子牛を造ったことか。旧約聖書「出エジプト記」三二、同「申命記」九・二十以下、新約聖書「使徒言行録」七・四十以下。

（23）旧約聖書「民数記」二一・四〜九。

（24）新約聖書「ヨハネによる福音書」三・十四〜十五。

（25）ピエトロ・ダバノ（一二五〇頃〜一三一五年以降）。アヴェロエス主義哲学者、医学者、天文学者。パリおよびパドヴァで活躍。魔術および降霊術の権威というイメージは十五世紀から十七世紀にかけて流布。

（26）パドヴァのラジョーネ館にあるフレスコ連作画のことか。しばしばジョット（一二六六頃〜一三三七年）の筆に帰せられるこの作品について十五世紀以降流布した伝承によれば、その内容はピエトロの占星術的な世界観と宇宙論を描いたものとされる。

（27）新約聖書「マタイによる福音書」十三・三十。

（28）不思議なこと、奇跡。新約聖書「マルコによる福音書」十三・二二。

（29）旧約聖書「イザヤ書」六一・一、同「エゼキエル書」二・二、新約聖書「ヨハネの黙示録」一・十。

（30）『ニュルンベルクで発見された図像の注解』*Auslegung der Figuren / so zu Nürmberg gefunden seind worden*（いわゆる『教皇図』*Papstbilder*）のこと。一五三〇年頃成立、初版は一五六九年。十九世紀まで版を重ねラテン語と英語の翻訳も流通。

（31）ヘルメス・トリスメギストス。錬金術的内容を含む多くの文書群（『ヘルメス文書』*Corpus Hermeticum*）の著者名。錬金術の創始者ないし（モーセの時代まで遡るとされる）古代智（プリスカ・サピエンティア）の保持者と見なされる架空の権威。

（32）ゲーベルは中世ラテン世界に流布した錬金術文書の著者名。ヘルメスとならぶ錬金術の権威。十三世紀以降ラテン世界でゲーベルの名を冠した文書（「ゲーベル文書」）が成立するとともに、その名はアラビアの哲学者ジャービル・イブン・ハイヤーン（八世紀後半）と同一視され権威化。とくに偽書『完成大全』*Summa perfectionis* は中世後期の錬金術に大きな影響を及ぼした。

（33）自然哲学者、とくに錬金術師のこと。

（34）「不純なものから純粋なものを分離する」ための術。錬金術の医学的側面（薬効を分離・抽出する化学的な調薬技術）を強調する概念。

（35）第五章を指すか。

（36）上記注5。

（37）ニヌスは古代アッシリアの王でベルの息子。セビーリャのイシドルス『語源』第八巻十一・二三。

(38) 以下は古代ローマまたはギリシャの神々の名前。

(39) 旧約聖書「創世記」(十・八以下)で「勇敢な狩人」とされるハムの子孫、古代ユダヤ・キリスト教文献でバベルの塔の建設者と見なされる人物(ニムロド)。アウグスティヌス『神の国』第十六巻第四章。

(40) クラウディオス・プトレマイオス。二世紀前半のアレクサンドリアで活躍したとされる数学者。『アルマゲスト』*Almagestum* の名でまとめられた主著とともに天文学(いわゆる天動説)における古代権威と見なされた。

(41)「二つの」は前後の文脈と矛盾する(正しくは「三つの」となるべき)。そのため編者フーザーによってパーレン(丸括弧)が挿入されたか。

(42) 強い火によって物質を白亜状態へ加熱すること。物質の色を順々に変化させる燃焼プロセスは最終的にいわゆる「賢者の石」の生成へ至るとされる。

(43) 金属変性を可能にするための秘薬。「賢者の石」や「アルカヌム」と同一視されることもある。ここでは物質が持つ効能を抽出したエッセンス(「第五精髄」)と見なされる。

(44) 彗星のことか。とくに一五一六年に観測された彗星について、これを宗教改革者ルターの到来(一五一七年、下記注45)を予告する天体現象と見なす考えが宗教改革運動の進展とともに流布。

(45) マルティン・ルター(一四八三~一五四六年)。ドイツの宗教改革者。一五一七年に贖宥状発行を論難する「九十五ヵ条の論題」を発表。これによって宗教改革の端緒が開かれるとともに、ローマ・カトリック教会から分離しこれに対抗するプロスタント諸派が成立していく。ここではキリスト教信仰を分裂させた人物として批判的に名指しされている。

(46) 地上の最後の時代に成立する理想郷。そこにおけるキリスト教会の刷新と宗派分裂前の古代教会(「使徒的教会」)の復活を期待する終末論。ウェルギリウス『牧歌』第四歌。

(47) 旧約聖書「イザヤ書」十三・六、九、同「エゼキエル書」三十・三。

(48) ラン科植物(「オルキス」)の一つで睾丸の形をした塊根をもつ(「オルキス」は元来「睾丸」の意)。

(49) 新約聖書「マタイによる福音書」七・六。「嘲笑家ども」に自然の神秘(チコリの根の変化)を知らせる必要はないという主張を補強するための聖書引用。

(50) 名前や言葉に遠隔作用的な力が秘められているという言語魔術の考え。書き記したり声に発したりすることによってその力を引き出し操作できるとされる。

(51) 言葉や名前を記号(カラクテル)へと変換するという意味。

(52) 黄道十二宮(ごう)(獣帯上の十二星座)のこと。

(53) 太陽と月が合の位置にある時に造られた像という意味か。

(54) 古代ローマの詩人ウェルギリウス(前七〇~前一九年)。これを魔術師とするイメージは、まずナポリ、ローマ周辺で広まり、後にアルプス以北で流布。パラケルススの時代には『魔術師ウェルギリウス伝』*Von Virgilio dem Zauberer*(一四九五年頃)といった伝記が流通。

(55) パラケルススの医学および自然哲学の主要概念の一つ。人間が自然的に有する認識能力の隠喩。本書では「キリスト教信仰にもとづく自然研究」という意味で用いられ倫理的な面がこの用語で強調されている。

(56) 天から啓示(預言)を受けるという意味か。

(57) 新約聖書「ヘブライ人への手紙」一・十四、二・四。

(58) ホムンクルスは「小人間」の意味。後にゲーテが『ファウスト』(第二部第二幕)に登場させた。ホムンクルス論の受容においては本書のほかとりわけ偽パラケルスス『事物の本性について』*De natura rerum*(初版一五七二年)の影響が大きい。

(59)「アストゥルム」(「星辰」)には遠隔作用の力(「影響力」)が備わっているとされる。たとえば天上の「アストゥルム」は地上の世界に作用し影響を与えるが、ここではそのような力を持つ「星々」が天体にだけではなく人間のなかにも存在すると言われる。天上の大宇宙(「マクロコスモス」)と小宇宙である人間(「ミクロコスモス」)の間には類比的かつ相互作用的な対応関係が存在するという考えにもとづく。

(60) エノクもエリヤも旧約聖書に登場する預言者。ともに死ぬことなく天上へ上げられた。旧約聖書「列王記下」二・九~十一、旧約聖書続編「シラ書[集会の書]」四四・十六、新約聖書「ヘブライ人への手紙」十一・五。

(61) 新約聖書「マタイによる福音書」十・一~八、二一・二二。

(62) ここで理論(「観照」)は実践に先立つと主張されているが、これはパラケルススの真正な著作に見られる理論と実践の序列関係と矛盾する。当時のガレノス主義医学を批判したパラケルススは理論に対する実践(経験)の優位を繰り返し主張し、自然研究の必要性を強調している(たとえば『医師の迷宮』*Labyrinthus medicorum* 第四章、一五三八年成立、澤元亙訳、ホメオパシー出版、二〇一〇年)。

(63) 元来は星の位置関係(星座)の意味。地上世界に降りかかる影響力は天上の星々(「アストゥルム」「星辰」)の位置関係に依存するという考えか。地上の事物に天上の影響力を移入することをここでは「星辰配置(コンステリーレン)」(事物の内的な「星位」を定める)と呼んでいる。

自然魔術

15

トンマーゾ・カンパネッラ

事物の感覚と魔術について（第四巻）

村松真理子・池上俊一訳

解題

トンマーゾ・カンパネッラ（Tommaso Campanella）は、一五六八年、南イタリアのカラブリア地方の山村スティーロで生まれた。父親の意向に反して勉学をつづけるため、一五八二年ドミニコ会に入会し、いくつもの修道院を転々とした。八八年ベルナルディーノ・テレジオの『事物の本性について』*De rerum natura iuxta propria principia* を読んで感銘を受けたという。アリストテレス主義攻撃とテレジオ擁護で危険人物と見なされたカンパネッラは、投獄・釈放・逃亡・移送（ナポリ、故郷のスティーロ、ローマなど）を繰り返し、処刑を逃れるために発狂を装ったこともあった。どんな拷問にも屈しない反スペイン・反ハプスブルク家の自由の闘士、またカラブリア民衆を貧困から救うため、財産共有と平等・寛容の原理の上に立つ共産社会を実現しようとした立法者としても名を成した。

すべての嫌疑から解放された一六二九年、ドミニコ会から神学教授の称号を授けられたが、あいかわらず多くの敵に囲まれて望む地位は得られず、三三年、ガリレオ裁判でガリレオを弁護して立場を一層悪くした。翌三四年には反スペインの陰謀の嫌疑を掛けられ、身の安全確保のためイタリアを去ってフランスに渡り、エクス・アン・プロヴァンスを経てパリのドミニコ会に落ち着いた。最晩年になっても精力的な執筆・論争活動をつづけたが、一六三九年病に倒れ、七一年の生涯を閉じた。

カンパネッラには、獄中での執筆を含め、驚嘆するほかないほど夥しい多方面にわたる作品がある。大作としては『形而上学』*Metafisica*（一六〇二～一〇年）全十八巻、『神学』*Theologia*（一六一三～二四年）全三十巻などが挙げられる。初期の著作『太陽の都』*La città del Sole*（一六〇二年）はユートピア思想書として有名である。『克服された無神論』*Atheismus triumphatus*（一六〇六～〇七年）ではマキャヴェッリの宗教観を反駁し、著しく合理主義的な立場から離れて、より真摯なキリスト教原則への忠誠を表した。また政治思想を正面から論じたものとしては、『スペインの王政』*La Monarchia di Spagna*（一六〇〇年）がある。

ここに第四巻を訳出した『事物の感覚と魔術について』*Del senso delle cose e della magia* もカンパネッラの主著のひとつであり、彼のもっとも美しくオリジナルな作品と評される。テレジオやアントーニオ・ペルシオあるいはさらに遡ってマルシリオ・フィチーノの思想の影響を受けつつ、独自の感覚哲学・生命論的世界観を展開した書物である。本書は最初ラテン語で書かれたようだが、盗難に遭ったため、一六〇四年の末あらためてイタリア語で書き直された。そのイタリア語版をさらに一六〇九年ラテン語訳して、一六二〇年にようやくフランクフルトで出版、一六三六年と三七年にはパリで再刊された。イタリア語版には同時代の出版はないが、一～四巻全体の写本のほか第四巻のみの写本もいくつか残っており、この巻のみが独立して流通することもあったようである。

カンパネッラは本書で世界を巨大な生き物と捉える。そしてあらゆる存在の内部に流れる秘匿された生命の知覚、人間と自然の間に結ばれた感覚についての議論が本書の心臓部分をなす。この世界は、動植物であれ無機物であれことごとく生命を有し、それぞれ違うレベルの感覚——神の知恵が各事物に流れ込み浸透したもの——を備えているとし、また自然現象は、冷と熱の衝突、太陽の熱からの地上の物質への作用によって成立すると考えられている。

生命体は感覚のほかに「精気」(spiritus) を備えている。この精気は本書でもっとも主要な概念であろう。精気を「霊魂」(anima) による伝達の媒介者に仕立てたフィチーノとは異なって、カンパネッラは精気自体に感覚・思考・欲求の力を認めている。それは太陽の熱で純化されたきわめて精微な物質から成る熱い息吹で、その原郷である天への憧憬を抱えている。精気は脳に座を占め、そこから繊細な神経管を通って身体の各部分に至り多様な作用をするという。生まれたとき無力で無防備な人間は、やがて模倣の能力のおかげで自然に内在する神的な術を真似して聖なる存在になり、また当初の無知から飛躍して現実の備える感覚と生命を認識できるようになる、まことに特別な存在なのである。

第四巻は「魔術」に捧げられ、カンパネッラは、当代この術が堕落し衰微したのを嘆いてその威信と高貴を回復させようとしている。まじめな議論の傍らトリック・錯覚の一覧を嬉々として並べ立て、単純な人を驚きへと誘っている。だがじつは、自然の原因が分かれば驚くに足りないと種明かしをしているのが愉快である。本巻の中心を成す自然魔術を論じたところでは、世界精気を人間が吸入するためには、どんな手立てを講じるべきか、色、味、匂い、温度、ワイン、織物、会話、音楽、そしてとりわけ星辰について検討している。また正当な自然魔術と悪しきダイモーン魔術との区別に意を用いていること、占星魔術ないし星辰魔術が非常に大きな比重を占めていることも特徴的である。古代・中世の教父、哲学者、医師、詩人、歴史家などの著作を典拠にし、同時代ではデッラ・ポルタとテレジオに大きく依拠している。

フィチーノに始まるヘルメス主義と魔術師の系譜の最終局面をジョルダーノ・ブルーノとともに飾るカンパネッラの本著作は、占星術・自然魔術の非合理的側面を多分に抱えながら、同時に実験や観察を重視し、迷妄を暴き、まやかしを批判する態度も堅持しており、まさにルネサンス自然学の本領を発揮している。

Antonio Bruers によるイタリア語版の最初の校訂本は、一九二五年に上梓されたが、多くの修正が必要で、その後さまざまな写本やいくつかの校訂版にもとづいて訂正して成ったのが、Germana Ernst による Tommaso Campanella, *Del senso delle cose e della magia*, a cura di G. Ernst, Roma–Bari, 2007 である。ここでは Ernst による校訂版を翻訳の底本とした。ほかに、Tommaso Campanella, *Del senso delle cose e della Magia*, a cura di F. W. Lupi, Soveria Mannelli (CZ), 2003、および一六三七年刊のラテン語版も参照した。注については、底本にあるものを参照し適宜手を加えた。欧米でも本作品の現代語訳は存在しないので、本邦訳が世界初訳ということになろう。

カンパネッラと『事物の感覚と魔術について』に関連する代表的研究には、以下のものがある。D・P・ウォーカー（田口清一訳）『ルネサンスの魔術思想――フィチーノからカンパネッラへ』ちくま学芸文庫、二〇〇四年；澤井繁男『評伝カンパネッラ』人文書院、二〇一五年；L. Firpo, *Ricerche campanelliane*, Firenze, 1947；A. Corsano, *Tommaso Campanella*, Roma–Bari, 1961；G. Ernst, *Tommaso Campanella*, Roma–Bari, 2002；P. Gatti, *Il gran libro del mondo nella filosofia di Tommaso Campanella*, Roma, 2010. なお邦訳で読めるカンパネッラ作品としては、カンパネッラ（近藤恒一訳）『太陽の都』岩波文庫、一九九二年とカンパネッラ（澤井繁男訳）『ガリレオの弁明』ちくま学芸文庫、二〇〇二年がある。

第四巻

第一章　一般的な魔術とその分類

魔術師たちはもともと東洋の賢人と呼ばれてきたものだが、とくにペルシャ人は、神とその技たる自然に関する隠れた事物を探求してきたのであり、彼らが驚くべき事物を作り出し、人間が用いるために応用してきたことは、アウグスティヌスが書いている通りである。(1) しかし今日、その［魔術師たちという］名は卑しいものとされ、ただ迷信深い悪霊の友たる者どもにのみ用いられるようになってしまっている。なぜなら人々は事物を探求することを厭い、悪霊の短い道を通って、本当にはできないくせにまるで可能であるかのような振りをする者を求めたからである。そのようなわけで、占星術は無能な者どもにより扱われ、嫌悪されるものとなってしまった。むしろ預言者たちですら、今日では異教の輩だの邪悪な者どもなどと愚かな民から呼ばれている。それでも博識際立つポルタが力を尽くし、この科学をあらためて思い出させた。ただし、それはただ歴史的にそうしたのであって、原理に立ち返ることはできなかった。インペラートの実験室こそ、(2) この科学を再発見するための出発点になりうるかもしれない。

この技は、プリニウスが述べるように三つの科学からなる。(3) すなわち、それは宗教学、医学、そして天文学である。第一のもの［宗教学］は、魂を浄めて、知にふさわしく、第一の原理の友となし、自分がこれから関わるところの者たちの魂に信頼と畏れと尊敬を持たせるためのものである。第二のもの［医学］は、植物・石・金属の力や、それらのものと我々との間の共感と反感、さらにそれらのものを必要とする人の体質および受苦と作用の傾向を知るためのものである。第三のもの［天文学］は、明らかにすべての事物の力と変化の原因であるところのものたる恒星、彗星、燈火星［太陽と月］が、あらゆる事物に対して働きかける時間とそれらが有している象徴［の意味］を知るためのものである。それこそが聖マタイの福音書において、彗星から世界の主たる方の誕生を知った博士たちが誉められている所以であり、(4) 神は自らの行いの探求者と賛美者に対して、ただ彼らが求めるものを与えるのみならず、彼らが自らを浄め、徳を備えているならば、超自然的な事物に達するようにさらなる恩寵を与え給うのである。我らの造り主は、そんなにも慈悲に溢れてその愛は深いのである。

つまりこのような知とは、人間にとって有益な行いを意図するものを目指すゆえに、思弁的かつ同時に実践的なものでもある。プリニウスは、この技が誰にとっても自然なものであり、奇跡を行えるのもこの技によると考えた。それゆえに、モーセは彼と争ったエジプトのヤムネスやマンブレのごとく偉大なる博士であるとし[5]、最後にはキプロス島において魔術が発見されたのだという。それで、その島において聖パウロが魔術師エリマを盲にし、さらに地方総督セルギウス・パウルスの前で癒したのである[6]。プリニウスは悪霊たちの存在も信じていない。というのも、ネロが彼らを調べ、誰か悪霊が彼の前に現れないかと探したのだが、一人として現れることはなかったのだから[7]。そのようなわけで、[プリニウスは]自然において神があらゆるものに宿り、神の働きを役立たせることができる我らの知に従って働きかける、と考えた。ただし、賢人トリスメギストスは、人間は世界の奇跡のひとつであり、神々などよりも高貴なるものないし匹敵するものであると言う。そこでその知性において大いなる力を有し、大理石や青銅から神を作り出し、ある星座の下ではそれに魂を吹き込んで、それから応えを受け取ることもできるのだと言う。それをポルフィリウスとプロティヌスが信じ、さらに天使にも良きものと邪悪なものがいることを述べた。それは毎日経験する通りだが、私にはそれを探しているときにではなく、ほかのことを思っているときにその証拠が明らかになる。それゆえに、ネロが興味を持っていても、[悪霊が]現れなかったのは驚くべきことではない。賢者シモンについて人々は自然と遊ぶ者であったと言うが、スエトニウス・トランクィッルスは、ネロがイカロスの件を再現させたことを語っている[8]。

今、私が言おうとするのは、魔術は聖なるものであり、神の恩寵に与ることがなければ人は理解もできず行うこともできないもので、モーセやそのほかの聖なる栄光の神の友らが用いたものがそれだ、ということである。彼らは少ない科学の知識で多くの奇跡を成したが、神の使いに従うように自分たちに自然を従わせたのである。星辰や医学や自然学のような自然の魔術というものがあり、それに加えてこの科学によって益があることを望む者に信頼を与えるための宗教がある。さらに、悪魔的な魔術というのもある。それは悪霊の技により、それと知らない者に驚くべきことをなす。悪霊がいない場合には、愚かな者たちの前で放浪芸人たちがすることもしばしばある。いずれにしてもそれは狡知の業であって、真の知恵とは別のものである。自然の魔術とは、そういうわけで中間の境位にある。造り主への敬神の念と尊崇をもってそれを執り行う者は、しばしば自然を超える境地へと高められ、より高き存在とともにあるに値する。それを悪用して、人々を病気にしたり、毒を盛ったり、怒らせたり、からかったりするような者は、悪霊に取りこまれ、騙され、破滅に導かれても仕方がない。

第二章　超自然の魔術は造り主との友情に存在するが、被造物に命令することはできず、神によらなければ奇跡を行うことはできない

原初の人間たちは、まだなされたばかりの創造の業や神の継続的な恵みと顕現を通して、明らかに神を知っていたので、第一の原因に近い者ほど賢人であった。知恵とはヨブが言うごとく、神聖な儀礼そのものであり、信仰にほかならなかった[9]。そこで、神

によりよく仕える者は、被造物をより従え、奇跡の業を行ったものだ。しかし、もっとも賢い者に人々が仕えることをいやがり、分裂を起こした。そして、宗教が神の友たる大いなる祭司に人々を従わすことのないようにし、国のために新たな神々を取り入れるようにし、ある人間の姿、あるいはまたしばしば別の姿をして現れるその神も、その［神々の］うちの一人であると言った。

神は広くイヨヴェ［ヤーウェ］と呼ばれ、最初の言葉であるカルデア語から生まれたヘブライ語は今もイエオヴァと呼ぶ。最初にイヨヴェの名を用いたのはベロ［ベロス］で、アッシリアの王族の長でニノ［ニヌス］の父であるネンブロ［ニムロド］の子孫である。その国から五十年を経てアブラハムが旅立ち、世界に向けて真のイヨヴェの信仰を広めたのであり、それゆえに神によって彼に全世界の相続が約束された[10]。彼こそが世界を知る作り手であったからで、実際アブラハムに源をもつと言えない国はないのであるから。ムハンマドの民はイスマエルを経て、ヘブライの民はイサクを通し、キリストの民はダビデを経る。その聖なる幹にキリストが起こり、まるでオリーブの木に野生のオリーブを接ぎ木するように、我々をその聖なる根に接いだのである[11]。すでに準備されているのが明らかであるように、全世界が真の神の信仰に戻り、ムハンマドのような非摘出ではなく、ヘブライ人のような肉のつながりでもなく、精神のつながりによってアブラハムの息子となる時が、聖パウロが言うように来るであろう。世界の相続はアブラハムに約束されていたのだから[12]。

人は閉じられた脳のほんの一握りの中にあって、無限の神を見ることも知ることもできないが、神は我々のところにも降り来たり、外の器官にもそれについての知らせを与える。しかし、似姿のゆえにすべての存在を囲んでいて支えている無限［なる神］に進んでいくには、内なる感覚の方がよく理解できる。一匹の魚が大洋の全体に住むことができず、それを見ることもできないのとおなじように、我々も空気のすべてを吸い込むことはできないし、我らの魂が無限を知るために広がることはなおさらできない。ただし、無限の神が存在し、それが善であり神聖であり正しいということを信じること、また無限の神は、（我らをどのように作るのかを知らず、ただ神がすべての器官に与える内密の刺激に促され、あの官能の欲望を得るだけの）肉のつながりによる父以上に我らに善きことをなしうるし、なしたいと望んでいると信じることは必要であり、正しい。

それでは、この信仰が強い力を持ち、我らの望むものに事物を変えることができるのは、それが信仰だからではなく、神への信仰こそがすべての事物の原因だからである。ゆえに造り主によく仕えたい者は、その友情をすべてにおいて、すべてのために信頼し、望むことを何もかも行い、また望まないことをせず、ただひたすら神の望むままに、または神の望まないままに任せ、神に逆らう行いは決してせず、ただ神が彼に対して個別にあるいは全般に命ずることのみを行えばよい。それは真実の生きた信仰ということができ、ただ口先だけの信仰なのではない。その者はその友情に信を置くことができるし、必要に応じて被造物を、奇跡として変化させることもできるのである。ある人間が、他の信じている者に対して命ずることで、その者からの奉仕を受けることができるのとおなじであり、それは他の物に対して命じて、その物の中で眠っている感覚を始動させ、自分自身に対して従わせるのとおなじである。王の代理として何事かを非常に多くの雄々しい男たちに命じる警吏を見てみよう、すると皆が彼に従うのである。だから以下のように考えるべきである。すなわち、神の側にいる者には、神は望むごとくに命じ、服従を得ることができ、それが、自らの主への信仰においてためらうことがないのならば、卑しい原因がもっとも高貴な原因に命じて、奇跡を起こしうる理由である。ペトラルカが次のように言っているのは正しい。

ああ、高貴なる信仰者よ、神をよく崇める者、
神により創られしものをすべて従え、
わずかな言葉で太陽をとどめし[13]。

これはヨシュアのことを指している[14]。

第二には、自分に益になり、害にはならないときに奇跡が起こるところのものへの信仰を求めることである。その場合は、献身しない者が神から善きことを受けるのは正しくない。そもそも信仰がなければ献身もない。それでキリストは、多くの人々を病から癒してから、人々に言った、「お前の信仰がお前を救ったのだ」と。そして福音書記者「マルコ」によると、キリストは、自らの故郷においてはそこの民に他の者たちにしたようには奇跡を行うことができずに驚いたが、それは彼らの不信仰が神の恩寵を働かなくしたのだと付言されている[15]。あたかも太陽に向かって窓を閉める者はあたりが見えないのとおなじだ。そしてあるときにはこう言った――「お前の信仰しだいで私は行おう」と。そしてほかの者たちにこう言った――「もしお前が信ずるなら、その娘を私は癒そう、信ずる者には何でもできる」[16]。しかしこれが一般的な奇跡として信じられている。というのは、自らの栄光のために必要なら、神はただ口先だけの信仰を持っているか信仰がない邪まな人間でも癒すことができるし、さまざまな要素を変え、どんなものでも矛盾を生じさせずに実現することができるからである。そしてファラオに対してそうしたように、信じない者には害をもたらす奇跡を行う。

そしてしばしば、奇跡を起こす者だけが信仰を持っている場合がある。使徒たちが無信仰の者たちに多くの奇跡をなしたように。そしてしばしば、奇跡をなされた者だけが信仰を持つ場合もある。ユダが多くの者たちに奇跡をなしたように。むしろコルネリウス・タキトゥスが書いているように、手足の不自由な者たちがどんな神意に知らされたのか、ウェスパシアヌス帝がローマに帝位を得るべく到着した時、彼らは皇帝のところに行って、癒してくれるように懇願した。善き皇帝は、自分にはそのような力はないと言ったが、乞われるように誓願の文言が唱えられるや、皇帝はその者たちを癒した[17]。さらに、ウェスタの処女は自らの純潔を示さんと、篩に水を入れて運んでくることができた[18]。

多くの場合において悪霊が間に割って入ることもありうるし、神が神自身や神がそこに存在すると純粋に信ずる者を癒すため、本当の奇跡を行うこともありうる。

私はここで、人間が獲得することができる魔術について語る。神がなさる尋常ならざる事物についてではない。そして、求められるのは信仰と精神の清らかさであり、口先だけの信仰ではな

く、神と心をひとつにする内面的な信仰のことで、それは、世の恋人たちが愛するものによって愛したり愛さなかったりする以上に、神の意に従って望んだり、望まなかったりさせるものである。そしてこの信仰こそが、人間を神に変え、人間を神聖化するのだ。その証は聖フランチェスコに見出される。彼は自らの主を非常に愛したので、主のごとく十字架に架けられし者となったのである。その事跡が超自然の出来事であっても、それは自然に従う歩みである。これから先で述べるように、自然が愛する者を愛される者に変容させるからである。

この第一の魔術には、多くの科学は必要ではない。というのは、それには愛と信仰があれば、第一原因に我らを許させることができるからである。それというのも、第一原因にすべての生ける者は従うのであり、我らの命令においてそれらをどのように変容させるかを第一原因は知っているからである。他の被造物には、造り主の友として以外には奇跡を行うことができないし、暴力を伴わずして創造し、変容することができるのは、すべての事物がよって立ち完全に従うところの、「力」と「知」と「第一の愛」以外の技ではないからである。この魔術が自然でないことは、アヴィケンナとさらにプリニウスが書いている通りで[19]、それは、神に愛された者たちがそうしたようには、簡単な言葉を唱えるだけで、死者を呼び覚ましたり、荒地を肥沃にし、海を干上がらせ、川を血に、若木を金にするなど何人にもかなわないことからも明らかである。

第三章　神の友情なくなされた奇跡は真の奇跡ではなく、それは自然魔術か悪魔的魔術か、もしくは神の愛を知らぬ者が用いた知恵である

したがってプリニウスが、ローマの医師アスクレピアデスが埋葬されようとしていた死者を蘇らせたと語っているのは、私の言うのに反する[20]。またファラオの二人の賢人、ヤムネスとマンブレが杖をヘビに変え、もう一度杖に戻したこと[21]、デダルスがカンディアからアジアに飛行したこと、ティアナのアポロニウスとバッカスとユピテルとメルクリウスについて書かれている奇跡のすべて、ローマの法律でも知られている通りだと述べられている、麦に魔法をかけ干魃を引き起こす者、魂や視力に働きかけてそこにないものを見えるようにする者等、そういう者たちは悪人たちであって造り主への信仰に欠けているのである。

この議論のために私は第三の魔術について言おう。多くのこのような魔術の行いにおいては悪霊が介在するが、たいていの場合は単なる自然の流れであって、そこではどのような行為も奇跡とは言えない。埋葬されようとしていた者は実際に死んでいたのではなく、頭蓋の中で精気が敵対的な体液に打ち克つために疲労していたのであり、卒中の際に脈と随意運動が失われるときのように、身体中が感覚も運動も失くしていたのだ。そして呼吸も非常に微かだったので、一本の毛を唇の上において動いているかどうか見なければ分からなかったのである。それは子宮が痙攣すると

きとおなじで、悪臭が頭で精気を喚び醒ますのは、精気が子宮に行ってしまい、体が動かなくなっているのである。アニャーノの洞窟で人々は一旦死ぬのだが、その後、精気を覚醒させる水で生き返る。始めは脳を侵した臭気に打ち克つために消耗していたのであるが、それからまた新たな痛みに対するために、精気が出て行くということである。弔うべく運ばれていた者は死んだように見えたが、優れた医者であったアスクレピアデスは病いの発作が終わるところで葬列を止め、匂いなどで精気を外に引き出した。ただしローマ人たちは医者たちに対して、天文学者たちにと同様に敵対的で、彼らをローマから追い出し、このようなことを分かっている者は少なく、それを奇跡だと見なした。

何時間か後に、悪い星から良い星へと運行が変わってから生き返った者については、おなじようにアベンラゲル(22)も語っている。スコトゥスやムハンマドについても蘇生について読めるし、これは毎日目にすることである。しかし、四日後に異臭を放つ者が自然に癒されることは決してなく、エリシャをはじめとする多くの聖者たちが、ただ神聖なる名に呼びかけるだけでそうしたようには癒されることはない(23)。ヤムネスとマンブレに聖アウグスティヌスはこの行いを認めるが、それを悪霊に帰する(24)。悪霊は独りで事物を創ったり変えたりする力はないが、知恵を持ち、自然の原因を利用するのである。そして彼らは何かをその杖の中に入れることができたのであり、それがすぐ変質し動物に変容したのである。夏に水が熱い地面に落ちると、蛙になるのが目にされる。そして、多くの者がわざわざブドウ酒樽の酒石を油と一緒に容器に入れて、熱する。箱を開けるとすぐ、熱が中に戻って、中身に火をつけ、奇跡のように見える。たしかに沢山の自然の秘密があり、知らない者には奇跡的に見えるものだ。

板の上で鉄の砂が小石に向かって、下に置いてある磁石の匂いのために行ったり来たりして動くのが見られるが、このようなことは沢山あり、知恵のある魔術師たちがファラオにその類のことを見せたのだと考えられる、彼らが悪魔たちと交渉があったのならばなおのことである。しかし、モーセがほかにも多くのことを考えることなく言葉によってなしたので、彼らは驚き、次のように言ったのである。「神の力はこの者とあり」。というのも、彼が彼らの魔術を熟知していたにもかかわらず用いないのを見たからである。モーセがまずエジプトのすべての学問に通暁していたことは、「使徒言行録」(25)、フィロンやヨセフスが語る通りであり(26)、彼は造り主を信じてエジプトの民と戦ったのでもある。

ライ麦の魔術も他のことも本当である。部分的には、呪われるものが影響を受けたり、反応したりするのが当然であれば、自然なものであり、ほかは、悪霊が介在して、荒地にしたり、毒にしたりするものを生じさせる。この先見るように、月経血や病んだ目は木を枯らすのである。ユピテルやバッカスやアポロンや他の神々の奇跡は、愚かな人々には奇跡に見えるが、部分的には自然な現象なのである。南半球の者たちにスペイン人が神々の子供であるかのように見えたのとおなじことだ。それは火器で雷鳴を轟かせ、自分たちの知らない文字の書いてある紙に語らせたからで、「スペイン人たちの」船は天から来たのだと、彼らは言ったものだ。どんな民も、原因を知らないと、新しいものを神性に起因させる。ただしそのような民の賢人たちは、その反対のことを書き残しているのである。

アルキビアデスが自分の神の像に戴冠しようとしたとき、ソクラテスは彼らの神を笑い、そのような像よりも哲学者の方がずっと神であり、真の自らの儀式を人々に示す人間を神が遣わすのだと説得した。そのようにプラトンが『祈願について（アルキビアデスII）』の中で書いている。[27]そしてソクラテスは犬にかけて誓ったが[28]、結局は彼を死なせた審問官に苦しめられぬようにと、彼らの神々よりも犬の方が「神」であると言い、日頃、自分はエジプトの犬神に誓うと言ったものだ。『エピノミス』においては、プラトンは、哲学者たちは唯一の神のみを信ずるが、他に信奉しなければいけないのなら死んだ人間たちよりも星を敬う方がよい、と言う。[29]トリスメギストスは、第一の真の神のみが犠牲や賛美を捧げるに値するとして、他のエジプトの神々については敬まわない。カトーは、人々が犠牲を捧げながら神々に祈ってするからかいを聖職者たちが他の者と出会ってもともに笑わないことに驚いている。ルカヌスは、リビアにおいてアモン神の神託はいらないと提言する。天と地と大気と徳こそが神の真の座であり、その各々に神が宿る、もしくはその各々こそ神であるゆえ、その像において神に問いかけをする必要はないからだ。[30]

おなじ意見は、すべての賢人たちの書いたものの中に読むことができる。ウァッロは実質的な神と政治的な神、賢人たちの神と民から崇められている神は違うとし、詩の神々をも置いた。[31]アナクサゴラスは、太陽の神性を否定したことにより死んだ。彼らは、本当の奇跡とは起こるものではなく、ムハンマドのような賢い人間の行いであり、ポンピリウス、ロムルス、ピュタゴラス、ミノスがそうしたように、知恵を用いて民に思い込ませるのだということを知っていたのである。それで悪霊を治めることになるが、本当に知恵のある魔術師たちにとっては奇跡として信じる価値のない行為である。それにかつて起こらなかった多くの言い伝えというものが付け加わっている。ただし悪魔が存在したことは明らかである。というのは、ホメロスやオウィディウスも、ユピテルから他の神々に自分にすべてのことができるのではないと言わせていて、神もまた運命に従うのであり、請願を叶えてやれないことがあっても耐えなければならないのである。そこでルキアノスは神を冷やかすのである。[32]私は実際に悪魔が神も運命に従うと見せかけることを経験した。というのは、自分がすべてをできないということが、そのために許されるようにである。ただし、私は「形而上学」において以下を示した。すなわち、運命とは能動的・受動的な原因のすべてが調和のうちにともに一致しているということであるから、まず第一原因が始動するもので、それは無理やり自らの秩序に従うのではない。誤ることのない第一原因によって選ばれたその秩序は善きものであり、第一原因が初めにどう望み、どのようにあらかじめ決定したかによって、起こるのである。

ロムルスの槍に花が咲いたとか、キプス王の額に角が生えたとか、[33]チンギス・ハンはカスピ海を渡り、モーセが紅海を渡ったというのは、この世においてその者たちに大いなる力を与えようとした神聖なる力によって可能でありうるし、能動的な力を受動的な動因に働きかければ悪魔の力によっても、自然によっても、ありうることである。スキピオがカルタゴを征服したときについても、ハミルカルがチュニジアの海峡を渡ったときについても、逆の動きも認められている。しかし、モーセの奇跡はユスティヌスやタキトゥスが疑っているが、ほかの驚くべきことから世界中でいまも信じられていて、紅海の深さから考えても、やはり本当の奇跡だったと窺われる。

神自身が自然をお使いになることはしばしばある。たとえば大天使ラファエルがトビアを癒すために魚の胆のうを、悪魔を追い払うために肝臓を用いたり、[34] イザヤが干しイチジクの湿布でヒゼキヤを癒したり、[35] エリシャがナアマンをヨルダン川の水で治したり、[36] モーセが水を木によって甘くしたりしたように。[37] 私は神が、自然で足りるところでは奇跡を用いることはないと信じる。奇跡とは何がどのような効果のために役立つかを知ることである。そして、それを部分的に悪魔は真似をすることができるのである。しかし、至高の奇跡とは、その僕たちが自然の事物を用いずに、祈りによって、自然には叶わないことをなすものである。しかし、その効果を学び、我らの益と神の栄光のために用いる我らに気づかせるために、神は自らの友に自然の神秘の多くを教えたのであり、自然の知識においてその神秘を確かめ、活かすためにさらに自然に力を与えるのである。

第四章　放浪者たちの奇跡が知恵の技であったこと、多くのものが知を備えていたこと、および見かけだけの奇跡と真の奇跡の違い

民衆が驚くのは、神聖な魔術や自然の魔術の効果ではなく、術策による魔術であり、おそらくは悪霊がその創始者である。

彼らは君が指にはめる指輪に似た金塗りの指輪を作り、君の指輪を取って、井戸に投げ入れる。ただし投げ入れるのは、君の指輪ではなく似せて作った方である。あまり細かいところは見せることなく、とにかくどこか君が望むような場所でその指輪を探させ、大体彼らが探す場所に自身で直接置いておくのである。［手品師たちは］カードを裏にして君に見せ、それとおなじものを一枚別に燃やす。それから、君にそれを表にして見せるのである。そのような種は前もって用意しておくものだ。［手品師たちはまた］遠くにいて、君が見えないように毛髪が一本付けてあるカードがあって、それをほかの沢山のものの中から読み上げると、君にはそれが浮かんでくるのが見える。カードに印を付けて、重さで自分たちには分かるのだという。裏面を自分たちの側にして、一枚一枚触って言い当てるとしたら、それは見せるのに引き出すときはいつも、もう一枚背中合わせのものがあるため、最初のものを勢いよく投げれば、君はそれを見ているが、彼らは後ろで自分の分をひっくり返して見て、それを加えている。そして一枚一枚繰り返す。彼らはおなじことをカードの束でもやる。磁石を

使ってカードを動かすのだが、それは鉄が付けてあるからだ。自分は見ないようにして、君に束の中からカードを一枚引かせる。そして、君からそれを受け取って、ほかのと混ぜるが、君が彼らに渡すものはほかのとは逆向きに入れてあるのだ。［手品師たちはまた］君が会いたい人の絵を君に鏡の中に見せる。袖の中か後ろに、その絵を隠して言うのだ。よく見て下さい。君は鏡をじっと見て、彼らがその絵を映して見せるので、びっくりしてしまう、というわけだ。

藁の足を作って、自分の足は椅子の中に隠す。そして、藁の偽足の長靴を取り出して、腸の中に入れてある血を出させながらそれを引き離すので、君は驚きに震える。それから、彼らは身体を隠しながら（公共の場所で蠟燭の灯のもと、夜に行うのだ）、本物の足を見せる。彼らは小鳥の足に鳥もちを塗って枝に止まらせ、君と庭に出る。そして、言うのだ、「あの鳥に動くなとわたしは命令する」と。弟子を使って枝ごとその鳥を捕まえてきて、君が気がつかないよう、すぐにそれをまた離してやるのだ。

彼らは、まぶたと目の間に鉛の釘を入れておく。それとおなじようなものを口の中にも入れ、その後でおなじそのものを目から取り出すような振りをするのである。球を指の間に隠しておき、一方の手の中からもう一方の手に移ったと言うのである。リボンを歯茎の間に潜ませる。それは絹でできているので、沢山隠しておいて、それから鼻からそれが入って出てくるようなふりをする。糸を一筋、鼻から口に通すのは、孔が開いているのだから、誰でもできることだ。木片の大きなものを下の歯で運ぶこともできる。刀を肋骨の上におき、まるで中を貫いているように見せる。真ん中は針金だけで両端の刃につながっているだけの偽ナイフが、腕に刺さっているようにするのだ。びっくりするような跳躍をするのは、子供の頃に訓練してできるのだが、子供のころは骨も筋も柔軟で、まだ精気が漲っていて肉付きも少ないからだ。地面においた木の上を歩いて慣れておいて、少しずつ高いところを歩けるようにすれば、ついには綱の上を簡単に歩けるようになる。一本の足が綱の上にあって、反対側に身体を曲げることまでできるようになるが、それは身体の重みが反対の足を上げる方にかからないからだ。身体をうまく支えられるようになるため、上げたり下げたりできる長くて重い板の上で身体のバランスをとり、そのような驚くべき練習を繰り返すのである。ダイダロスは人造の羽を作って飛んだが、鳥たちの羽を真似た。アルキメデスは人間の作った鈎［滑車］を使って船を動かした。そういうことのすべては、賢慮と知恵の技なのであり、民はそれを奇跡だと思い、民よりも少しものを知っている者も、そういうつまらぬことを奇跡だと考えるのである。

ほかにも山ほどある意味のないまやかしについては、措いておこう。そして、もし君が私がどうやって本当の奇跡を偽の奇跡から見分けるのかと尋ねるなら、私はこう答える。それは、人間の善にとって役に立たないような、手品師のそれのような類のすべての奇跡はみな偽の奇跡であると。そして、賢人たちに知られていた自然に基づいた技から成るものが有益なものであると。超自然のものは有益であるが、ファラオのような神の敵に対しては有益ではない。この決まりは聖ペテロが聖クレメンスに与えたものである。[38] それゆえ、キリストのすべての奇跡は、悪魔憑きや乾いた者たち、熱病に侵された者らを癒し、死者たちを蘇らせ、魚を捕るなどをした。役に立たない［実のない］イチジクの木をキリストが干からびさせたのは[39]、実りを結ばぬ者は同様に干からびるべきものであるということを意味するのである。しかしこの問題はほかで扱うこととし、ここでは自然の魔術について、論を急ぎ進めることとする。

第五章　すべての科学と技術は自然魔術に役立つが、そのいくつかがより重要なものである

科学者たちによって、自然を擬する、もしくは人々に――すなわち下層の民だけでなく人々の共同体によっても――知られていないような技を用いて自然を助けることで行われるすべてが、魔術的行為と呼ばれる。そのように、すでに述べてきた科学だけでなく、すべての分野の学問が魔術には役立つのである。アルキタスが自然の鳥のように飛ぶハトを造ることができるならそれは魔術であり[40]、フェルディナンド帝のとき、ドイツにおいて、あるドイツ人が人工的なワシとハエが自力で飛ぶようにすることができた。しかし、それが技術でないというなら、それは魔術とつねに言われるものだ。それから、それは普通の科学になる。

火縄銃の粉［火薬］と印刷術の発明は、始めは魔術であった。磁石の使用についても然り。しかし今日では、すべての人はその技術はもう普及しているものと知っている。そのようにこれから時計や動力の機械学も、人々の間に実際に行き渡っていけば、簡単にその神秘性を失っていくだろう。自然学や天文学や宗教上のことが一般に普及するのは非常に稀であるので、それらの分野に古えの人々は技を潜めたのである。

第六章　魔術師がその効果に至れるようにする自然な情念

精神の精気は、移動する性質をもつが受動的なものなので、あらゆることの影響を受けやすく、多かれ少なかれ何らかの形で受け容れるのである。そして、その精気に包まれた精神は、それと一緒に影響を受け、感受する。主要な熱情は苦悩と快楽である。それらは典型的な現実に感じる痛みと喜びに関わる感覚である。愛と憎しみは、喜びを求める傾向、もしくは痛みに抗する傾向で、同一の方向に向かっているのではない。というのは、もし方向が同一なら、それは喜びまたは苦悩になるからである。望みと怖れは、痛みから逃避すること、または何か現実に有益だと認識されていることのゆえの喜びの欠落が続くことである。信頼とはたしかな喜びを生み出すための何かの感覚であり、その反対は不信感である。信仰とは信頼の母である。というのは、それは何か良きことの感覚だからであり、それは現実にあるのではなく、遠くにあり、この良き感覚から生じることを論拠を通じて期待するのが信頼なのである。真実の想像とは、精気があることを感受し、他のことをそのものとして捉えるのではなく、そのものがど

うあるかを思考することである。邪悪な想像とは、あることに精気があまりにも動かされ、他の動きをすることができなくなることであるが、すべての動きが精気においてそのあることのみを覚醒し、それが他の動きを覆ってしまうのである。

　このような働きを人間において、薬草や行為や他の適当な道具によって引き出すことができる者が、魔術師と呼ばれる。

第七章　一般的に生命を長くしたり、短くしたりするための自然魔術

　もしある一人の人間が、他の者に死あるいは生命をもたらすことが可能ならば、なおのこと生死には関わらない他の苦痛をもたらすことができる。誰にとっても明らかなように、毒薬は死をもたらし、解毒剤は生命をもたらす。今や毒性のあるものとそうでないものとを知る医者は、殺すことも救うこともできる。殺す働きのあるものは、食べ物か飲み物に入れて内服させるか、浣腸したり、吸わせたり、肌から吸収させたりして、外用させるのである。明らかなのは、精気がずっと発散し続ければ回復の必要があるということだが、それだけでなく、身体全体にその必要がある。熱があれば精気は希薄になったり、肌に小孔をうがったり、空気中に発散したりする。そこで、失われ続けるものを回復するためには、ずっと食べ続けたり飲み続けたりしなければならない。ただ料理して、血管を通して送り微細にされ変形された食べ物を取るだけではなく、より失われやすい水分を回復するためにである。それぞれの部分は他の部分に包含され、養分を取り入れ、運動しても壊さないためにも、またそれぞれの精気を部分的に回復するために水分を要する。

　そのようなわけなので、食品・飲み物がどのように合わせられ調合されているかにより、生命が延ばされるか、縮められるかが決まる。長く生かすか死を与えるかは、精気を良い状態にするか悪い状態にするかによる。だから、息絶え絶えの者はすぐにワインから回復力を得ることができるし、力があり元気な者も、ドクニンジンからすぐに体調が悪くなり倒れて死ぬということがありうる。このようなことが起こるのは、多くの医者が考えるように、寒さによるのではない。というのは雪や氷ではなく、キノコやカブによってそのような苦痛がもたらされるのであり、ヘレオシス［クリスマス・ローズ］などでも同様であるのだから。それゆえ、この類の植物が出す粘りのある臭い煙が精気のめぐる導管を満たし、精気をそれで窒息させて殺すのだと考えられる。それとおなじことがアニャーノ山の洞窟でも[41]、古い麦穂の重なっている倉でも、空気を交換しない部屋の中で炭を燃やす場合にも起こる。そのような煙が一杯になり、その重さが精気の精細さを圧迫して打倒し、その輝きを黒く濁らせ、本来のぬくもりを熱で熱くしてしまうのである。そういう毒が、以上のようにして殺すのである。ただし、ほかにリサージ、アンチモン、石灰などの鉱物も刺激性・腐食性を持っていて、腸に潰瘍を作り、脳に刺激性のある熱くて苦みを含む蒸気を送り、精気に苦みを与え、痛めつけ、切り裂き、そのバランスと調和から切り離すので、死んでしまう。それゆえに、すべての人に知らしめるべき教えとは、重くて

黒く、刺激性と粘性をもつ蒸気を発するものは、すべて人間の精気にとって悪臭を有し有害だということである。悪臭が、我々の精気よりも重くて熱い蒸気であるからである。

今では医者は、色、味、匂いから、また粘性のあるものか密度が軽いかによって有害なものを見分ける。そして、さまざまな悪い要素が組み合わさっている場合には、有毒かどうかに疑いを持ってはならない。しかし、ただ色が黒いだけでそのほかの要素は良いものである場合は、単に鬱を生じさせるだけである。色と臭いに関して、黒くて悪臭を放つ場合は、血中にペストや腐敗を、精気には疲労を生じさせる。もし舌にとって味がひどいもので、比重が小さいのではなく大きいとき、つまりヘレオシスやドクニンジンのような場合、水分が沢山含まれていると、それは間違いなく有毒である。しかしこのような悪い要素がいくつも一緒に存在していない場合には、少しずつ悪い食事を与えて、死に向かわせて、精気を衰えさせる。

それゆえに私は、すべての臭いものは悪いものだ、という説を立てる。そして、すべての動物の死体や、糞の中や肥料の中に自然にではなく無理やりに生えた麦は、植物の幹も実も、あるいは屍体や短い生の草や実を栄養としているすべての動物も、皆、私たちに短い生をもたらす。というのは、いくら食事をする者が、自身の内で食物を栄養分に変えるとしても、もともとの性質を残さないものにすっかり変化させることはできないからである。そこで、我々はカブを食べる牛の肉にはカブの臭いがするのを認めるのであり、栗を摂る豚は栗の味がし、酔う者はいつもワインの臭いを漂わせている。だから栄養というのは、それを食する者を気づかないうちに少しずつ変えてしまうのである。食べる者の内にわずかの間しか残らない組成の栄養が生成され、それが栄養を取り入れるときに変えられ変質するが、その組成や体を作っていた原子や粒子を栄養物の中に含有していて、我々をそのものの元の性質にしてしまうのである。

このようなわけなので、腐った水やすぐに酢になってしまうようなワインは避けなければいけないが、より避けるべきなのは油っぽかったり、臭かったりする液体になってしまうワインである。賢人モーセは、神聖な魔術師かつ自然の魔術師であったが、死んだ動物の肉はすべて禁止したし、反芻しない動物も禁止したが、それは組成が粗い食品がすぐに飲み下され、消化がされないで、ねばねばした毒があり、組成が粗くて体に良くない蒸気を出すからである。また彼は、自然の熱によってよく火を通していない生肉も禁止した。それからロバや馬やラクダなどの、蹄の割れていない動物の肉も禁止したが、それは粗雑すぎ、活力がないからである[42]。さらにパレスティナではらい病を発生させる豚の肉もしかりで、獰猛な動物の肉もそうである。それらは、これから見ていくような、よくない体液と悪しき習慣をわれらに生じさせる。またウナギのような濁って腐敗したところで生まれる鱗を持たない魚もそうで、そういう魚は活力に欠けるのだが、排泄物を外に出すための熱に欠け、鱗の内側に溜め込ませるからである。

次に問題になることを記す。肉の乾きすぎているものは、腐りやすい。カラスやワシや年取った動物の肉がそうで、塩を含む体液を作り、体質を乾いたものにし、結核性の熱をもたらす。老齢の動物の肉は皆そうで、死に近く、死をもたらすからだ。そして、長い命をまだ持っている動物は、我々にそれを与えてくれるのだ。そのようなものに塩をかけてはいけない。なぜなら、塩がベトベトする汁や、腐っているところを抑え、除去し、浄化することが分かったからだ。すべての食べ物にはそういう部分が含まれるが、塩は臭くなく、すべての悪臭を取り去るので、自然に腐敗が進むのを止めるのに役に立つ。ただし、脂肪性の食物の場合も、バサバサした食物の場合も、オイルの方がよい。私は粘液質が強いとき、何日間か続けて塩を取らないようにしてみた。それから沢山塩を取った。すると粘液が断たれて減少し、下からすっかり排出することになった。そして、私は体からすっかり出し切った後、できるだけオイルと脂肪を取るようにした。

ブドウ汁［熟れていないブドウの果汁］は粘液を断つことになり、体を浄化するが、そもそも酢や刺激性の医薬は粘液や粘性のある毒に効き目がある。すべての毒は口から吐く、または下から出してしまうことで治癒する。オイルは腹の上に溜まり、精気を膨張させ食道を広げるので、吐き気を催させるのには適切なもので、ほんの少しの酢を混ぜたお湯は――酢は胃腸を締める働きをするからだが、少量なので――、温かい湯で膨張した精気を刺激して、そこに効き目を与えて悪い食品を排出するための力を与える。

それから、ダイオウやハッカダイコンのような胆汁の匂いと味を持っているものは、類似によって胆汁症を浄めることができることも述べておく。ただし食べ物の中に入れられると、悪性となり胆汁症を生じさせる。それはアリストテレスが考えたように、甘みと苦みの間には中間がなく、すぐに苦くなるアッピオ・リンゴやハチミツのようなものである。ただし、酸っぱさをもつフリウーリ地方のワインのように、酸味をともなう甘みは有益で健康によい。食品にとっては反対の味がよく、薬の場合は似たものがよい。ほかの体液についても、似たものや反対のものについておなじように考える。腐敗性の毒が体の中にあると粘着性があり、外に引き出すことができず、嘔吐によって排出するしかない。ほかの外から入るベタベタした毒といえばヘビの毒だが、多くの熱を含むために触れた肉の体液を取り込み、それを薄めて膨らむ。ミツバチや蜘蛛のような咬む動物で、体液が少ないが熱いものは、すべてこの結果を成す。それが起こるのは、毒というのは自分と敵対する場に入るからで、水分を失い、熱くなって濃厚になり、似たものを自分の中に取り込むからである。だからその真の治療というのは、そのおなじ動物または似た動物の頭を、咬まれたところに置くことだ。というのも毒は自発的にもとの自分と似たものと混ざり、正反対のものには反発するからだ。もともとヘビが人間にとって毒を持つというのは、人間がヘビにとっても毒であるということで、人間は唾だけでヘビに害を与え、殺すこともできる。人間の身体が作るもっともひどい毒は、食を断ち、食べ物の性質ではなく自分の性質が口の中に出ているときである。

匂いによって精気に活力を与えたり、毒がそれ以上進まないように心臓やほかの臓器を括ったり、匂いによって精気に活力を与えたりするのは、毒が体内に入っても抵抗できるよう臓器を強くするのに正しい治療法である。ただしテリアカは、毒ヘビの肉で毒を吸い出し、ほかの成分によりそれを排出し、驚くような効き目がある[43]。ここで見て取れるのは、すべての変化したり変形されたりしている事物は皆、感覚および発生時とおなじ性質を有していることで、すべての飲み薬や薬は、それを利用して作られている。そして、蒸気として吸われるか、頭に昇るか、肉の孔を通してかして取り込まれる毒に対しては、最初の治療として、シナモンやマチス[44]やさまざまな香料など、まず精気にとって滋養があり心地よく、次に胃や内臓に力をつける香りが要る。それは体の中に染み込み、悪い匂いに対抗するためである。体外では吸い玉で蒸気や血を吸収し、それから強いワインで洗う。さらにこの治療法は、性病に悩むものにもよく効くものである。その病気は、まず精気を、次に血液を、最後には体質全体を汚す悪臭を発散するが、その治療法によって疲労感や汗が悪い液を薄め、排出し、類似物としてラベンダーがそれらのものの精気に力をつけ、滋養物が体の中の養分に加わり、優勢となる。このおなじ治療法はペストにも効く。ペストは精気を弱め、精気が衰えると、今度は血、さらには体質自体が衰える。それゆえ治療をするのは、まず香りを使って精気を癒し、それから［食べ物の］味で身体に滋養をつけ、さらに身体の外からは吸い玉やワイン洗浄を用い、火を焚いて空気を浄めるべきである。

　そのようなわけなので、第一に必要なのは、澄んでいて澱んでいない、光に照らされ開けた場所に広がる、少し風が吹いているような空気である。そして蒸気を含んでいたりせず、沼地や屍体や有毒の動植物から離れていることだ。第二に、凝灰岩から湧いていて、濾過されていて、澄んでいて、味がよく、澱んでおらず、少し流れがあるような流水が必要である。それから、白かルビー色のワインである。軽くて、透き通っていて、香りがあり、純粋で、甘めで、味わいがあり、かつすっきりとした味であるのがよく、イスキアのワインがそうである。それは、その熱およびナナカマドの味がする原子により体液を乾かし、純度の高い液で身体の乾いている部分に水分を補給し、神経や冷えている部分を温めて、粘液と混ざって排出させ、乾燥したところに水分を補って冷やし、染み込んで海綿質にして養分を取り入れることができるようにする。

　それから消化しやすい食品が必要になる。バサバサしていないもので、柔らかすぎず刺激性がなく、黒いものよりは薄い色のもの、味わいがあり香りがよいもので、葉っぱ類や長く生きる動物の肉がよい。動物は腐敗物から生まれるのではなく、自然に死んだものでもなく、煤や排泄物をあまり出さず、地盤のよい健康な大地で生まれたものがよい。人間が死ぬのは、身体のいくつかの部分が固くなり、養分を吸収することができなくなり、精気が少なくなるからで、それは肝臓が固くなって、精気に乏しく、老廃物の多い成分から成るうすい血を生むようになるからである。それゆえ、肝臓がつねに赤ん坊のそれのように柔らかく、肉は普通に水分を含み、血が活力に満ち、精気が豊かであるよう、大いに注意しなければならない。肝臓を柔らかくするのに、牛乳や排泄物を含まない柔らかいものを使うとよい。ただし水の入った容器を上に結び付けておき、ポツポツと水滴を管を通して肝臓の上に垂らすのは、最良の魔術の方法である。というのも肝臓の怖れが（各々臓器にはそれぞれの感覚があるのだから）それを引き籠もらせ、柔らかくするので、水分を蒸発させる熱が肝臓を乾かすのを止めさせられるからである。それはちょうどタカに捕まったウズラの場合にも見られる。ウズラのすべての精気が体内に戻り、ほかのものよりその肉を柔らかくするが、それはそれぞれの繊維が緊張を緩めるからである。ノロジカとメンドリの蒸留された血液はそのように使われるのにいいものである。白くて消化によい食品は、四肢の水分を補給するのに大変すばらしいもので、精気のための香料の使用や若い動物や若い植物もより効き目がある。

ヨセフスが正しく記していることだが、古代人たちは彼らがよく理解していた医学や占星術のおかげで長生きしたものだった[45]。今、君も、魔術師が命を延ばすことが可能なのを理解するだろう。それはここで述べられてきた技によってだったり、血液や精気や肉の澱を時宜を得て浄化することによってだったりするのだが、体内では無理なく浄化し、体の外側では汗をかいたり純度のいい油を塗ったりし、さらに体の中にワインや軽い香料を取ったりして、すべての体質をすっかり変えるのである。しかしその秘密について、私はここに書くことはできない。乾燥や熱に対応するには、バサバサした食品を多く取り、粘液質で太っている場合は乾燥していて消化によく刺激性の食品を少し取るべきである。精気が身体を支配することで長い命を保持する。だから、中庸を得た暮らしをした昔の修道士たちは消化しやすい少しの食物で満足し、激しい感情に我を忘れることなく長く生きたものだった。肉欲の節制において欲と熱情に流される者たちは、その反対［つまり短命］なことが見て取れる。

第八章　屍体に見出される感覚

「すべてのものに感覚があるのではない。なぜなら死んだ身体はそのために死んでいると言われるし、実際に感覚がないわけだから」、という一般に言い習わされていることが虚偽であると、少しずつ分かってきている。それというのも、死んだ者には生きている者の特性が少なからず残っていて、それを理解することがこの書物の最初から最後までを通じて必要なのであるから、私はそれを証明することにしよう。第一に、動物の死とは、頭の中に宿っていて神経の枝を通って動き、その動物の身体全体に行き渡り運動をさせ犀利な感覚を与える精気が去ると起こる、ということが認められる。すでに窒息の場合について言われたように、死んでも身体が崩れずに、そのまま残っている場合においてもである。ただし単純な事物においては、死とはほかのものに変わることである。精気が空気になり、水が土または火になるケースのように。

そうであるので、精気は空気の中で空気に関わる感覚で感じ、おそらくはこの閉ざされた状態の記憶を失うのである。それというのも、それは以前の熱情や動きを取り去ってしまうような大きな変化によって変わってしまうからである。しかし身体の方はその状態にふさわしい鈍い感覚のまま、もし神経にまだ精気が残っていれば感じるのである。それはウナギやトカゲの尻尾に見られるが、精気の管が閉じて精気が外に出られなくなれば、尻尾も心臓もともに死んでしまう。それが観察されるのは、牛の皮を剝ぐとき、いくつかの場所では肉が動いたり縮んだりして、感覚が目に見える。殺された人間の場合、殺す者の眼前で血が吹き出し、怒りや恐れで燃えたぎるが、その場で共有されている空気のために、憎むべき敵がいるのを感じているのである。それが殺人者を捜すための徴となる(46)。そのようなわけで、情念は空気に発散される精気にだけでなく、血や精細さのある身体の方にも残るのである。それゆえ我々は敵を見ると怒りで煮えたぎったり、恐怖で震えたりする。ただし、それから身体がすっかり腐り果ててほかの物質になってしまえば、最初のものの感じ方を失い、別の感じ方を持つようになる。

死んだ身体からはウジ虫が発生するが、何もないところからその感覚が起こることはありえず、第二巻で示したように、ただ受容するだけで付与することのない質料の可能態から生まれることもありえない。そこで、決して作動することを忘れない隠された感覚と熱というものがあり、それは本性からして活動的なのである。そこで発達し、液体を乾かし、崩して、悪臭を放つようにさせる。その悪臭は我々の精気を萎えさせる粗く熱を持つ蒸気にほかならず、そのために我々には不快なものであるが、我々よりも粗くて熱い精気を持つほかの獣たちにとってはそうではない。ある動物にとって悪臭であるものが、他の動物にとっては単なる匂いだということになる。熱がそこで活性化するが、粘着力があるために離れることはできないので、そこに精気が生み出され、ウジ虫、またはその熱やそこに生成した液体の混合にふさわしい生物になるのである。屍体においても爪や毛が伸びるのが認められるが、それは体液が熱を帯びるに従って身体の外側の部分を外に出し、養分を与えるからである。しかし、それから水分が蒸発し、骨の非常に鈍くなった感覚を残して屍体は乾燥する。最後には土またはほかの肉体に変わる。感覚ぬきで栄養摂取ができたことは、今までないのである。

塩やほかの香料は熱をすぐに蒸発させ、残っている液体の方は乾燥して固くなるが腐ることはなく、それは熱がなくなるからである。そこから分かることは、腐敗させるには弱い熱がもっとも大きな働きをするということである。液体が減って薄くなって蒸発はできないし、そのまま残って、ほかのものを軟化させ、さらにそれ自体が柔らかく湿気を帯びたものになって、そこにあるものすべてが腐る。それというのも腐敗とは、まさに硬い部分が軟化し、汁が蒸発することにほかならず、その二つは、穏やかな熱によって両方が起こるのであり、そこで大きくなったり、外に出ることはできない。アリストテレスが考えたように、生まれた時の熱を失うのではなく、熱の量が増えるのである。そして、そこから熱が減るのだが、少しずつそれが大きくなるか、太陽の熱によって助けられて、気化するときの力によってそれが起こるのである。聖アウグスティヌスが屍体には感覚は残らないと言うのは(47)、人間の感覚や生きている精気のことを指しているのであり、鈍かったり物質的だったり共通だったりする感覚のことではない。それを医学において論ずることをしなかったとしても、聖アウグスティヌスも空気における感覚のことを知っていたし、それで悪霊の身体はできているのである。

ここで読者に分かるのは、大食漢が生まれたときの熱を沢山の食べ物のために消してしまうと、身体の部分が詰まったり、弱くなったりすることが起こり、孔が詰まって栄養分が滞ってしまうということだ。そうして熱が身体のいろいろなところで増えてしまい、それが腐敗することになるのである。

第九章　腐敗した体にそれ以前の感覚と新しい感覚が残ること。魔術における驚くべき証拠

すでに述べたような屍体に閉じ込められて残る鈍重な感覚だけではなく、感覚を有する自然に特有な、熱情や情念はすでに実証されており、魔術は多くをそれによっているのである。

もし君が狼の皮でひとつの太鼓を作り、もうひとつは羊あるいは山羊、さらに他のひとつは狼を恐れることのある動物の皮で作るとする。すると、狼の太鼓を叩くとき、山羊の太鼓がビリビリに破れるのを見ることになるだろう。明らかなのは、通常眠っているものの内にある熱情が目覚め、そこで皮が引いて、痛みを感じるのだ。それはまるで私たちが敵の姿が見えると後退するようなものである。そしてもし、我々が恐ろしいと感じたり恐れたりしているものの名前が発せられれば、髪が逆立ち、それが引っ張って精気を中に引き込んで、頭皮をより絞るのである。悪魔が名指される時は、怖がりの子供たちは恐怖し髪を逆立てるが、そうしながらつねに耐え忍ぶ恐怖について学ぶのである。

おなじことが、希望している者を喜ばせたり、ほかの者たちを恐れさせたりすることもある。キリスト教徒に襲われたトルコ人らはガレー船の中で恐怖するが、奴隷たちは喜ぶ。それは、トルコ人たちは死を予見するが、奴隷たちは解放を予見するからである。どんな人間も厄災に苦しむ前に、まずその前に自然な穏やかな状態で、あるいは不信感や通常とは違う恐怖の中で、それが来るのを感じているものだ。というのも、空気の中に、それが起こる場所において、感覚が存在し、彼らにそれを伝える習いだからだ。そのように羊は狼を恐れるが、眠っている熱情が目覚めるのは、まるでかつて嘔吐した食べ物を見た者に生じる吐き気のようなものだ。だから、ボヘミア人の隊長は死に際し、普通自分のことを戦争において恐怖するものである敵を恐れさせるために、自らの皮で太鼓を作らせた[48]。狼の太鼓は馬たちを逃げ出させると私は思うし、龍の太鼓は象をそうさせるだろう。狐の腸でつくる弦だと明らかにそのリュートを弾けば鶏が逃げていくものだし、狼の腸だと羊が逃げる。マムシの神経で作れば、普通マムシを怖がる女性たちは恐れるし、人間の腸でできているならマムシが逃げる。あるいは、天敵同士である動物二種で作るチェトラのひとつを弾けば、もうひとつが割れてしまうものだ。

二つのリュートを調弦しようとすれば明らかなのだが、最初の弦を触って、もうひとつのリュートもおなじように調弦すると、弦を触らずとも勝手に動いてしまう。印に藁か、もう一本の方のリュートの弦に紙を置けばよい。もう一本の対応する弦の音を出すと、最初のリュートの弦が動いて、藁を飛ばし、下に落とすのが分かるだろう。何人かの者が書いているように、このことは空気が動いてその力で起こるのではなく、それは共感のゆえに起こるのである。というのも、もし間に板を置いたとしても起こるか

らである。また、もう一本の方の弦が藁を付けてある弦とおなじように、ユニゾンになるよう調律されていなければ藁が動くことはない。もし感覚のない運動なのであれば、ほかの弦上の藁でも動くはずであるが、それはいずれにしても認められず、リュートを近づけたところでおなじである。また、ゆるく、弛ませておいた弦であっても動くはずだろうが、やはり動くことはなく、ただおなじ太さで、おなじ点にあたるところで、リュートに張ってある弦だけである。そしてそれは、類似のものが類似のものを享受し、力が掛かった運動だけではなく、感覚と感知される情念の運搬者としての運動によっても、互いに感覚し共感し合うということの印なのである。

　死んだヘビが、もともとヘビにとって有害なトネリコの木陰に投げ捨てられると、そこから出ようとして動くと言われる。私たちには感覚をもたないと思える存在の間で、共感と反感について多くの現象が認められるのである。脾臓が腫れて悩む者は、自分の名前で別の脾臓を燻製にし、それを自分が認識するか、自ら実際行うとよい。そこで脾臓を煙で燻すと、その者の脾臓も乾燥することになるのである。これは悪魔が行うのではない。悪魔は我々の体の中に働きを及ぼすことはない。それは患者の持っている情念が自分の脾臓の中に恐怖を生じせしめ、脾臓は奥に引っ込み、縮み、体液を吐き出すことになるが、それは自分とおなじものの痛みを共感し、その情念そのものを空気を通して伝えるからなのである。それは後段で見るように、そう信じることで影響を受ける者において、より現出することである。すべての器官はそれぞれの感覚というものを有し、それによりすべてにおいて交感するのだが、肝臓に水によって掻き立てられる恐怖が、肝臓を柔らかくする。私はかつて、腹を切らずに、脾臓が刃で切られるのを見た。腹の上に紙を置き、ちょうど脾臓の上で紙に刃を当てたのだが、脾臓は震え、逃げ、メランコリー質の粗い血液をその口と尻の両方から吐き出させた。ほかの者たちによれば、他の傷を作った刀で傷が治るという[49]。私はそれほど精妙なものは見たことはないが、傷は、自分に害を与えた敵の情念を空気から感じるということかもしれない。おなじように傷を治すために治療し、精気が助けると信ずると、傷の熱を中に留めて、まるで復讐の喜びのように治すことができるが、それについては後ほど他の例を述べることにする。しかしながら、迷信深い人々がほかの偽りを沢山付け加え、さらに悪魔が欺こうと出てくるために、祭司による隠秘な技はつねに非難されて、あまり知られることがない。しかし、事物の感覚あるいは共通感覚について理解している者は、そのような技を見出せる。

第十章　感知する者から遠くで感覚が残るだけではなく、一旦消えても再び広がったり、自分自身のうちに戻ってきたりする。プーリアの毒蜘蛛［タランチュラ］や狂犬病にかかった犬による咬み傷にそれは示されていて、まだ今まで誰によっても理解されていなかった隠された偉大な魔術が発見される。

　そのようなことはすべて狂犬やプーリアの蜘蛛による咬み傷において明らかである。ターラントの人々からその地域では「タラントレ」［タランチュラ］と呼ばれるその種の蜘蛛は、照りつける太陽の下で生まれる。だいたいクルミの実ぐらいの大きさで、足と手と形において蜘蛛に似て、色は黄色、緑、赤、黒、暗い赤紫色で、それらが混ざっている。収穫をしていたり、鋤で耕したりしている農夫に咬みつく。しばらくの間、農夫たちほとんど痛みも感じないが、ただ傷口に熱を感じる。そのうち力が衰えてきて、鈍くなり、運動したり感じたりする感覚がなくなってしまう。それから彼らに咬みついたのとおなじ蜘蛛の色の洋服を着た人を見ると狂ったようになり、その人たちの後を走って追いかける。ある者はハープ、ある者はリュート、あるいはギターの音楽を喜び、それぞれがそれぞれの楽器を奏でる。それから、激しく踊ったり飛び跳ねたりするが、誰かに怪我をさせたりすることもない。音楽が止まると、彼らは地面に倒れて真っ青になり気絶するが、またいつまでも踊り続けたいのだ。汗だくになって疲れて倒れて、また汗をかきながら回復し、再び疲れる、というのを何度も繰り返す。元気になってから、ほかのものが咬まれるのを見ると飛び上がり、また再びその熱情が戻ってきて飛び跳ねる。そして毎年、人々が咬まれる季節になると、その者たちがまたこのような症状を繰り返すが、ずっと続くわけではない。村の者たちによれば、咬んだタランチュラ蜘蛛が死ぬまで踊るのだという。

　村の巷の賢人たちが言うには、怠け者たちがそういう振りをするのであり、逍遙学派によれば原因は謎だという。私は貧しい者たちが楽器を演奏する者たちに、一年中そんな振りをするために金を払うとは思えない。また理由が分からないためにこんなにも昔からたしかに分かっていることの意味を否定することもないと思っている。それゆえ、私は言うことにしよう、そのようなタランチュラの毒は非常に熱くきわめて精妙なもので、我々に対して悪い影響を与える、と。そのため、咬むことによって、その傷の中にその少量の体液と熱い蒸気とが少しずつ増えて、その熱がその部分における我々の体温よりも上がって、我々の体液をその質に合わせてしまい、そうなると我らの精気がそのものと混ざって、すべての精気がすっかりその有害な蒸気に変わってしまう。体液によって人はものを食べ、その体液によって体質が作られるものだからである。そしてタランチュラのような熱性の蒸気が身体の中で作られて、我らの精気が普段の運動を失い、強い熱を得て、タランチュラのもののようになってしまうのである。こうして、すでに述べたように、黒い蒸気が精気を汚染し、黒く汚れたものになし、さらに墓や屍体や塵を求めるようになるが、それは似た物が似た物を求めるからである。そして、ニカストロのグレゴリウスが私に語ったところでは、ナポリにパンも肉も食べたくないという者がおり、一日中ただ薬草を食べていた。それはその者において精気が欠けていた、もしくは衰えていたからである。だから自らのあり方を失う、もしくはほかのものになってしまうと、精気がその元となったタランチュラに似た色を見るとき、もしかなり、あるいはすっかりその体質が変わってしまっているならば、似たものに対して走っていくのである。そうでなければ、その者は自分がそのような色のそのようなもので被った苦しみ［熱情］から理解して、自分にとって有害なものに向かっていくということである。あるいは、その者は、熱情によって自分がどんな色のどんなものの害を被ったかを理解して、有害なものに向かっていくのかもしれない。

　タランチュラの熱とその毒が勝つと人々は倒れ、憔悴し、それを乗り越えても精気はそれまでのように身体を支えることができず、新しい熱情に引かれた激しい力でもそれは不可能である。というのも、もともと自分がどのような者であり何をしていたのかを忘れてしまうからである。しかし音楽が聞こえると、それを喜ぶ。なんでも変わりやすく熱くて精細なものは、運動によって、そのものが自らを保つための働きをするように誘われるものだからである。皆がおなじ音を喜ぶわけではない、というのもタランチュラには何種類かあり、いろいろな情念を導くものだが、人間の身体の作りもさまざまで、おなじものを聞いても別々の感情が現れるからである。それゆえ、その毒が精細で変わりやすくその音楽にとって親近性があるから、または性質として精細で精気に親近性があるから、音楽が喜ばれるのである。そこで悪い働きをする熱情がほかの良い熱情に取って替わり、自分の身体のものになる。そして、悪い影響を受けた精気が弱まり部分的に吐き出されて外に出て、邪悪な栄養を摂取した者の身体に悪しき体液が流れ広がっていたものが緩和し、発汗によって排出される。または汗によって粗くなった体質を浄めて、治すのだ。するとそこでよく食べ、新たな汁ができるが、それはもともとの汁にそれがあらためて流れ込んでできるのではない。というのもその汁はもともと弱く、栄養分を自分の中に取り込むようなことにはふさわしくなく、多くの部分を蒸発させたり、汗をかいたりして出してしまったからである。そこで少しずつより沢山汗をかくことで、病気から解放されることができ、そのような感情を持たないよりよい精気を作り出すのである。

　おなじことが熱においても起こり、精気の熱が、管に集まっているか、管の周りに集まっているかしている悪い体液に対抗するのである。精気が熱によってその体液の部分に打ち勝つと、それが再び発露するのを抑えるか、活動するのを遅らせる。その戦いで精気がほとんど効果を上げないなら、体液は増え、ますます精気に対して敵対するように働きかける。ただしもっと比較として近いものは、体質をまるごと変えてしまう性的な病の場合である。その場合には汗によってすっかりその病を排出し、良い体液が体内で作られて、悪い部分がすべて排出され、完全にバランスが回復されるまで肉と骨を柔軟にし、浄めなければならない。それはその人の体質が変化し、肉付きがよくなることから明らかになる。幼年期においては身体は小さいが、そこに生命を再生させる術が見出される。あるいは、ワシと鹿は毒ヘビを食べたり毒ヘビに咬まれたりすると、長く走って汗をかいてから、水の中に飛び込み、汗の中の毒がそこで水中に出て、肉は柔らかくなり、幼年期に取るべき滋養としてふさわしいものになる。それは毒の持っている特性が硬さというものを皆、海綿に変える働きをするからである。魔術はこのことを、テリアカや秘術の浄めや軟膏の塗布において模す。

次に述べるのは、タランチュラに咬まれた者たちがほかに自分と同様な影響を受けている者を見ると、彼らの中で精気中にあるおなじ熱情とそれまで眠っていた動きとが覚醒し、再び飛び跳ねるようになることである。それとおなじように、我々が海で嘔吐に悩まされた体験を有していれば、水や帆船を見てそれを思い出すと、おなじ嘔吐が戻って来る。それというのも、記憶とはまるで古傷のような眠っている動きなのであり、記憶が同様のことを思い起こさせるたび、精気は動かされるからだ。それゆえに、我々はほかの者が笑うのを見ると、どうしてかは知らなくても笑い、もし泣いているところを見れば、我々も泣き、誰かが死ぬのを見て友人の誰かが死んだことを思い出す。そして記憶がすべての熱情を引き起こすのであり、ふさわしい時期と場所が記憶を動かす。そのために、毎年そのおなじ時期に彼らは苦しむが、それは災難あるいは大いなる喜びを得たその日に、我々に痛みに満ちた、あるいは喜びの熱情が起こるのとおなじである。そして自然もおなじで、毎年、おなじ時期にリンゴやイチジク、ブドウ、穀類、雨、風、暑さを繰り返す。

ありうるのは、タランチュラ蜘蛛が生きている間だけその苦しみがあるということだ。蜘蛛はその被害の源であり、原因が生きている間は、いないよりも効果がより有効であるということで、それは本性と空気による伝播と世界の共感とによるものである。それというのも、ひとつが他を助けるというその影響関係については、原因が死ねば効果も減少するためである。原因を殺す抵力とは、反対の効果であるからだ。ほかの状況においては虚偽であるようなことを具体的によく知っているからこそ、常識的な理屈で言うのである。父親が死んだからといって息子が死ぬわけではなく、それは息子が父よりも強健であり、新たな力が息子において大きく育ったためだ。ただし私が実際に見聞したのだが、ある友人が病に苦しんだところ、ほかの友人たちが遠くにいる者も含めて苦しんだ。そして、良きことにおいても彼らが共感するのを目にした。それは、友情というのは類似から発するものだが、あることの原因になることは皆、ほかの似たものにも役に立つからである。

狂犬病の犬か猫に咬まれた者たちに関することは驚くべきである。というのは、彼らは四十日の間は苦しまないが、その後で衰弱し、犬や猫とおなじように叫び、さらには自分たちが咬まれたように、ほかの人間を咬むようになるからである。それから彼は澄んだ水を覗くことができない。最後には犬や猫のように吠え、怒り狂いながら死んでいき、ペニスから子犬や子猫になる種子［精子］を出して、犬のような姿になって、自分が犬であると信じて怒りながら惨めな様で死んでいく。そのような現象が見られるというのは、犬の熱をもった精気と体液が傷の中に残されていて、少しずつ体質に勝るようになり、――ウズラが乳によって変わるように――それを自らのものに変えてしまうために、精気は種として人間であることを忘れ、人間の動きを失い、犬としての動きがすっかり彼の中で優勢となり、犬であると感じるようになり、想像力も犬のものとなってしまう。そして小さな麦の種が地中で麦に変わるように、その小さな犬の精気がその熱により体質や感覚を自らのものに変容させ、感染者は自分が犬だと信じるようになり、中身は犬になってしまう。ただし外見は人間である。犬において食べ物と血が犬の精気となるが、ほとんど犬の種子であるものが勝ってくると、人間の体の中でもそれが起こるのである。神によって吹き込まれた人間の精神は精気の中に含まれているから、悪しき熱情と確信で苦しむことになる。ただし適切な処置をすれば治すことができるが、精気を欠いて神によって吹き込まれた精神を永遠に保つこともできない。

狂犬病の罹患者は水を見ることができない。水には自分の犬ならぬ人間の姿が映るからで、犬になってしまった者たちにとってそれは耐え難い姿だからである。あるいはおそらく、彼らはすっかり変わっているわけでなく、敵である犬を見るように思えるのかもしれない。それは犬に対して彼らが愛を感じているか、憎しみを感じているかによって分かる。それというのも、犬に変容した者は犬を愛し、熱に侵されている者は犬を恐れるからである。もしくは、おそらく水は濡れていて、優しく、穏やかなものなので、性質として、狂犬の持つ乾いていて、激しく、熱のある体質に反するものであるからかもしれない。多くの者が、病によって、自分が鶏とか壺になった気がするものだ。また健康な者は、あまりにも暑いときには倦怠を感じたり、溶けるように感じたりするものだ。腐ったメロンを思い出し、自分が腐ったメロンになるのが想像されて、自分はメロンになったと言うものだ。

そのようなことは精気が不足したひどい衰弱から生まれるもので、精気はその熱情を考えると通常の動きはできなくなり、頭に何か苦しみの原因に似たものが浮かんでくる。それと似た動きのために苦しんだからで、自分がその何かである気がするのである。そして、それは夢に出てくる。夢を見て睾丸が腫れ、頭に動きが伝えられる。すると精気は外で性交をしているように思う。というのは、精気が目や耳という見聞するための感覚器官にあるのではないからで、まず女性か何かほかのものの姿が精気において覚醒し、そのために必要な動きのために、そのような女性と、あるいは母親自身と性交しているように思えて、これは罪だと言うのである。それは自分の中に母親とともに罪の思いが呼び覚まされるからで、彼には無理やりにそのことをしているように思える。性器の熱を冷ませずに、類似したいろいろな働きが彼の中で目覚めるので、弱き男は、自然の時空外で彼を動かす者「夢幻の女」をよく眺めることができない。しばしば壁にある何本かの線がヘビか龍に見えたりするが、それは弱い精気が少し似ているからといって迷信に惹かれるためである。しかし非常に強い精気ならば、自分の見るものを信じることすらない。自分の動きがもっと強いのでそれを失うことがなく、非常に強い証拠がないかぎり、自然に考えを変えるということはないのである。

狂犬病の者たちは犬を作り出す、精気が犬になっていて、種子「精子」からは犬が作り出されるからである。それはまるで人間の男の精子が女性の子宮において人を形造るようなものである。

なぜなら男の精気は産出者［＝親］のイデアを自分自身の中に有しているからで、それに従って産出者において育み、生み、感じるのであり、子宮においてもおなじように作用し、働き、自分の起源［＝親］に似たものを作るだろう。そのように犬の精気は犬において働いたように働き、育み、生み、叫び、すべてのものをそのイデアに従って作るのである。

小麦の粒は土で小麦を作り出す。というのは、精力を得て、麦においても生来の力が作り出したものを作り出すのであり、それは、草や穂や実がそうしたように、今度は土の中で新しい草や穂や実を作るのである。つまり、どんなところにおいてもイデアが伝わり、類似のものを作るのである。卵は、糞に覆われていようとも、鶏を作る。それは鶏のイデアを有するからであり、同様に犬の精気は他のものを犬に変容させ、犬を産み出す。さて、だから女性が妊娠すると、リコッタチーズを欲し、顔を触り、子供の中にリコッタができる。それは、その欲求はよくあるものだが、硬い肉においては望まれたもののイメージが刻まれることはなく、欲求されている精気、つまりその欲求されているものの姿が、柔らかい形成されつつある胎児の肉の方に刻まれることになる。そして、それは刺激を受けた通り働きかけて産み出す。産み出すことと働きかけることとは、自分に似たものを作ることに等しいからである。しばしば美しい女たちが、怪物やエチオピアの者たちを、その者たちを想像するだけで生むことがある。それは、ほかの場合には、種子［精子］の病や月経時に感染した、もしくは原料や活性化された力の過多か不足かによって、胎児を怪物や動物の体質にしてしまい、天体がその熱の体質への傾向を持っていればなおのことであるが、それについては後述する。また聖ヴィートがどのように狂犬病の患者たちを治したのかについても後述する。[50] 犬や猫は狂犬病でないなら、人間にそのような働きをしない。咬まれた傷に残された彼らの少しの体液に我々の体質が勝るからで、彼らの体液は我らのものに勝るほどの熱をもっているわけではない。おなじように我々男の種子［精子］がしばしば我々に似た子供を作るが、それは我々の方が強い場合である。もし女の方が強ければ、女に似る。小麦は、それが小麦となるのにふさわしい土地では小麦の穂となるが、他の場所では他のものになる。ワインは我らの精気に打ち勝ち、酔わせ、熱くさせるが、水は我らにおいて負けて、熱される。そして、それらのすべてにおいてこの議論が正しいことが示されている。

私が思うには、狂犬の毛と死んだタランチュラ蜘蛛は、狂犬やタランチュラ蜘蛛に咬まれたところの上に置くと、自分の方に毒を引き寄せ、治療になる。それは間違いなく、そこにある近親性と毒が我々に対して持っている反感のためである。霊金［賢者の石］から、健康な犬の通常の熱ではなく、狂犬の持っているような熱を取り出すことができる者は、それをほかの金属と混ぜ合わせ、金と成すことができる。金はそのような眠っている力を持っていることがあり、火によって覚醒することができる。それはまるで犬において太陽の熱が眠っている力を活性化したり、タランチュラにそれを特性として与えたりするようなものである。ただし、可動的な精気を持たない金を、気体にせずに他の存在にすることができるかどうかは、私は知らない。とにかく、金を怒らせる［活性化する］ことができる者には、金属を金に変容させることができるだろう。

第十章補遺[51]

前述された理論から、Nの問題を解くことができる。我らの王国にいる鼻を切り取られた者が、カラブリアの町、トロペアから出てきたといわれる驚くべき技術で復元したいと思い、一人の奴隷を買い、もし彼の腕で鼻を復元することができれば自由にしてやると約束した。そして［腕の］切開した部分に四十日間鼻を結び付け挿入しできた肉を切り取ったが、一体化したところでそれを鼻に欠けている分だけ切り取り自らの鼻につけたのだ。実際に奴隷はそれから二年間生きて、死んだ。屍体が腐敗すると、また生きているときにその死人から切り取った鼻のその部分も腐敗したのである。そこで私に友が、二人のうちのどちらの魂によってその肉の部分が生かされているのかと問う。もし奴隷の魂によるのだとすれば、主人の体においても、その部分において内部に残ったもともとの魂の働きによって養分を取り、生きていたことになる。そして、その部分が自らの体の全体から離されて、苦しみ死んだのは、我々が切っては捨てる肉において目にするのと同様だというわけである。それから、主人の魂によって生かされていたということならば、主人の体において腐ることはない。しかしもしこの話が本当ならば、奴隷から切り取られてから後は奴隷の魂によって生かされてはいなかったのだから、奴隷が死んだからといって腐敗することはないはずだ。そうでなければ、父や母から生まれた子供が、両親が死んだら死ななくてはいけないことになってしまう。同様に、ある木の枝がほかの木に接ぎ木されて、最初の木が切り倒されて枯れたら、接ぎ木されている部分までが枯れることになる。そもそも、奴隷の魂がどうやって、自分から切り離されて遠くにあるものを生かすことができるだろうか。

私はそれに以下のように答えよう。すなわち、世界はすべて、あるひとつの共通の感覚によって生きていると。さらに、そこには我々において我々のものがあるような、世界の精神が存在するのである。さらに、共通感覚から拡散されたそれぞれのものに固有な感覚が存在する。それは太陽の光が分かれ、伝わり、土の中に入ると、赤や白や緑やさまざまな発現をして、もともとすべて太陽に発するにもかかわらず、それぞれが最初の源の熱からそれぞれの程度を有するのと同様である。ただしそれは、能動と受動の原因が両方作用することによって起こる不可避の調合によって、各々の部分に適正なのであり、全宇宙の創造者のイデアによる分有が図られているのである。そして間違いなく、類似するものは似たように苦しみ、生まれ、死ぬ。それゆえ友はその友のために苦しみ、類似する者に関係する天体の影響はおなじようにその類似する者に関わる。このことは、自然学や占星術においてはっきり認められることであり、それについては後述する。

今のところ以下のように言っておこう。誰かを咬んだタランチュラが死ぬとその者の熱情が欠け始める。個別的ではない遍在する原因が、それまでタランチュラを生かしていたが、それが患者の中に入った毒をも生かしていたからである。そして、そのおなじ普遍的な原因が、奴隷とその者から取った主人の鼻の部分をも生かし続け、奴隷が死ぬと鼻も死んだのである。その小さな肉の部分には、二つのものが存在したのである。まず生まれたときからの体質で、それは奴隷のものだった。それから、最初の配合に加わるのが養分である。最初の配合は自分の熱とそれを抑える外からの熱とで放出されるものなので、放出される分は食べ物によって回復する必要がある。そこで私は次のように言う。すなわち、養分を取りながら続いていくこの生命は主人に依拠していた。なぜなら、彼の鼻に穴があることで栄養分はそこで自然に広がる熱に引き寄せられ、その元の鼻の部分がある接合部の穴に向かうからである。

そういうわけで、奴隷が死ぬと、すなわち生まれつきの力がすべてから活力を与えられている限りの時間継続するように世界と星と宇宙の調和から与えられた生きるべき生来の体質の期間が終わると、前述の精力が失われ、その結果、自分の方に主人の生命が付け加えられて続いている方を引き寄せ続けることができなくなり、そうして腐敗していくのである。

ここで分かるのは、神によって奴隷に吹き込まれた魂が主人のその部分を生かしていたのではなく、そこにはもともと奴隷の中にあった共通の感覚と生き続けるための体質が残っていたということである。そして、主人の精神が形相としてあっても、その精神が主人の体のその部分を生かしていたわけでもなかったのである。精神は身体に従属するのではなく神に従属するもので、すでに私が述べたように、光が空気中にあって、空気に従属するのではなく太陽に従属するのとおなじである。そのように、主人の身体を生かす精気のうちにあり、その精気がその部分に養分を伝え、その精神そのものも伝えていた。しかし涵養されていた体質の根が途絶え、生命の持続の牽引力がなくなるが、それはどんな生命も世界において安定しているわけではないからである。そしてランプの光は、油を吸い上げては炎が立ち上りを繰り返し、つねに変質するものだが、肉の生命というのも同様だ。最初の体質がランプの芯の綿のようなもので、そこに油が吸い上げられて、炎が立ち上る。そして、奴隷の体質は灯芯にあたり、主人のそれが炎である。

ここから分かるのは、生きるべき寿命や、宇宙全体の感覚と共通感覚を否定する者たちが、どんなに愚かかである。私はこの議論にこう答えよう。子供はつながりをもつ母親から離れるが、それは新しい完全な生命をもってそうするのである。それゆえ、母が死ぬと、息子はなにがしかの痛みや苦痛を感じるが、死ぬことはない。それは、おなじひとつの体質が二人の中にあるのではないし、おなじ同一の宇宙の共感［共通感覚］の下で、おなじ生きるべき寿命の期間を与えられたわけではないからである。私はおなじことを木の実についても言おう。ほかの木に接ぎ木をされた木は、最初の木が死ねば枯れてしまうはずだが、そうではない。木は、枝や葉や茂みが違っても、おなじ姿に育つものだからである。ただし動物には姿の違いはなく、ただ、おなじ目的とそれぞれの状態の下で、私が『哲学』で挙げた理由により、[52]背が高くなったり、太ったりする。それは、子宮の中で生まれたのか、子宮に類したものの中で生まれたのか、それともすでに出来上がった形で生まれたのかによるのである。しかし木は子宮から外にあり（熱もまた定まった形の中に留まらず、一番柔らかなところを狙って自由に上へと出て行くので）、もともとの形によってその枝振りが定められるのではなく、熱と質量に従って枝を伸ばし、それは暖かかったり寒かったり、乾燥していたり湿度が高かったり、地上のさまざまな場所にもよるのである。そのために、接ぎ木された枝は、鼻が鼻の性質と形のままであるのとは異なり、新たな養分によって伸びたり広がったりして、新しい木となる。ただし、最初の配合から部分を保ち、二番目の配合によって生かされ、かなりのものをそこに移す。さらに、木の中には接ぎ木されて一部になっている枯死する木を感じ取ることができるような鋭敏な感覚はなく、全体が枯れるときにその部分が枯れていくのであり、部分が枯れるから全体が枯れるのではない。それというのも、小枝がすっかり新しい木になって新しい姿を取るのであり、最初の木が枯れても枯れることはない。そして、その木は土の中で、動物の体の一部のようには腐ることもなく、再生することができる。その魂・命が硬い質料に存するからであり、その精気は粗く物質的だからで、神経から簡単に放出されることもなく、地面の中の少しの水分からでも、自分に類似しているならば、養分を取るのである。ただし我々の肉は非常に異なっていて、そういうことは起こらない。

このように前述した理論に従えば、命を延ばしたり縮めたりするための魔術の大いなる秘密とその結果が得られる。血液や種子やそれを混ぜたり活性化させたりすることで、それぞれの持つ熱情を他の者に移すことができるわけである。それゆえ何から栄養を取って力をつけるか、それぞれが気をつけなければいけないし、自分の天体と宇宙との調和を知らなければいけないし、生死や自然の働きにはどの季節が適しているのか、悪いのかを知らなければいけない。私が効果について言ったことを私は感じるし、各々が調べてみることができる。それというのも、これらの秘密は書くことができないからだ。世の中は往々にして無知であり、その上疑い深いものである。

第十一章　モーセはらい病に関する法から、それぞれ非常に違って遠くにあるものの間にも感覚と情念が伝わり、何度も繰り返されること、および共感が認められることを教示する

最後に挙げるのは最大の賢人であるモーセが示したことであり、一匹の動物がほかの動物に自分の熱情を伝えるだけでなく、我々がものであってまったく感覚を持たないと見なしているものにも、伝わるということである。それゆえ刀を直したり、煙の上に膵臓を吊したりするときにそれを見ることができるのであり、それは真実からはずれていることでもなく、私は経験として実際に目にしてきた。「レビ記」においてモーセは、らい病は人間から人間へ、人間から動物へ伝わるという[53]。そして衣服や家の壁にも、同様に伝染すると付け加え、ある人にらい病の染みが出た場合は、ほかの者から隔離するように法を定める。そしてもし皮下組織にまで達して白いなら、それが最初に現れてから後、おなじ

だけの時間を天幕の外で過ごし、適切な処置を行って治療し、祭司がそれからいくつかの徴によって浄められたと判断することになる。さらにモーセが定めるには、そのようにして、もし皮膚病の染みが衣服に現れたら、それは取り上げられ、それがさらに広がったら、らい病の染みのついた部分は切り取られ、長い時間かけて焼かなければならない。染みがついていた服の長持ちや織物についてもおなじことが定められる。最後に、もし家の壁にも、残りの壁よりも光っていて下に染みが現れたら、その部分を抜き取り、取り除き、住んでいる者はそこから離れなければならないとする。そして、この染みがさらに何度も広がるなら、その家は打ち壊して焼かなければならない。

このことから分かるように、衣服は、人間が感受性の低い部分で感じるぐらいの受動的な感覚を持つ。それは壁もおなじである。病気と感染のこのような広がりは、同様にその被害を受けることがないのなら、おなじようには起こらないはずであり、衣服や壁［の感染］において染みが現れることもなく、蒸気だけが残って、熱風のような熱い空気によって消毒することができるはずである。その上、人が住まない家は、よく整理されていても、整理が悪いが人が住んでいる家よりも早く傷んで、廃墟になってしまうということからも分かる。それは上述した原因で家が生きたものであるからで、身体の中の精気が身体を生かし、精気がいなくなると身体が屍体と化すのとおなじように、家は住んでいる者によって生かされ、住む人がいなくなれば死んでしまうのである。草が生え、埃に覆われ、雨に降られ、蛆虫がわき、まさに屍体のようにネズミが群がるようになるのだ。

私は、狂犬病とらい病は植物にも伝染すると思っているが、家の壁で狂犬病が伝わるかは分からない。というのは、らい病なら移るのは肉や骨のような固体でだが、狂犬病が移るのは自由に動く精気であり、それは家の壁には含まれていないからだ。ペストや疫病は空気や水だけでなく、衣服や日常的なあらゆるものに伝染する。それはまるで、先に十分に論述したコバンザメが船を襲うようなものだ。[54]

第十二章　情念の取り入れと変化を見つける普遍的諸規則

多くの例と根拠により、熱情とその起源の感覚は、たんに種子にだけでなく、蒸気、体液および神経組織の中にも存し、あらゆるものと結びつくこと、またそれが付着するところでは触れるものよりも強力ではないにせよ、熱情は増加し成長し、自ら変化することを見た。そこから魔術師は彼が望むかの感情を取り入れ、さらにそれを癒す――それは地面に種を蒔きまたその種を根こぎにしてしまうようにだが――知識を引き出せる。反対物は反対物を駆逐し、それは外よりも中で熱心に実行される。類似は類似を駆逐し、それは中よりも外で行われる。そして一緒に連結されれば二重の試みをなし、どちらの方式でも作用できる。これを理解できる者は理解してほしい。保存は至高の善で、破壊は最大の悪であるので、よりよく保存するか保存の準備をする事物は、より多くの楽しみ、歓喜、愛、希望、信仰を生み出し、それに対して保存を一段と破壊するか妨げる事物は、苦悩、憎しみ、悲しみ、疑惑、不信仰を誘発する。そして保存ないし破壊の準備をする者は、情念導入の第二段階にいる。

あらゆる事物は自らの中、類似物の中、あるいは意見・名声・栄誉の中に保存される。

したがって、嬉しがらせることには大いなる力がある。まず第一に、食べ物・飲み物、住居、空気、自由、支配権、富、安全など、人間が自らの内に蓄えるもの、そしてあらゆる音楽のリズム、光、学問および活力など、精気に類似して保存に適したものがそうした力の元である。そして［精気に］反対のものは、破壊的なので苦痛を与える。

第二には、権力、美女、若さ、優美さ、女性の活力と最後に息子たち、そして生殖に関わるあらゆる事物であるが、それというのも、それらは類似物の中で保存されるからである。そしてこれらは、その精励において、魂を、快活、信頼、潑剌、優美、愛へと変える。そして反対物は［魂を］非常な憎しみに変えるので、もし馬やヘビの性行為を妨げると、彼らの内に見たこともないほどの途方もない力で、復讐しようと突進してくるのである。

第三には、共和国、威信、彫像、書物、民衆の賞賛である。歴史家と詩人は、大変力強く快活、信頼、愛を動かし、彼らに反対の者たちは、名声に仕えるために逆の効果をもたらす。

しかし天国における永生は、善き信徒らに高貴にして情愛深いあらゆる大いなる情念をもたらし、他の幸福など無視させるが、それは天国での永生に比べれば、他のすべては無に等しく、そこから宗教は、情念、人間の状況、共和国、王国を、一瞬にして変えてしまうのだ。

平俗な魔術が人々の間に憎悪ないし愛の種を蒔くことは万人に知られているが、それは他人が直接ないし間接に、それ自体によりないし偶有性によって、上述の保存もしくは破壊もしくはそれらの意見の何らかの運命を準備したり引き起こしたりすると、見せかけることによってである。さらに、人間は時に、体液と類似しているからとの理由で、自分に有害なものを保持しようと考える。そこで憂鬱症患者は彼を暗闇に連れて行くものを、タランチュラの情念はその色を、熱病者は水を、無知な者はつまらぬものを心から喜ぶのである。ゆえにこれらの人には、熱情が特別な称賛あるいは忘却とともに惹起され、彼らに悪を善として、善を悪として差し出すのである。

立法者は大魔術師でなければならず、彼はすべての人々に心地よく役に立つものを導入し、少数の反発する者たちには、それを善きものだと明示し説得する必要がある。雄弁家と詩人は第二の魔術師で、彼らは讃歌によって心地よいがしばしば無益な熱情を招き入れる。これら両方を兼ね備えて行う者は、天晴れである。

もしこれらに、ある事物・時間・場所とともに動き変わる自然学と占星術を加えれば、もう君は完璧である。

第十三章　動物・植物・鉱物を魔術の使用に適用する諸規則

さてこれから私は、動物と草本は、それらが有する熱情を我々に導き入れることで、すべてが魔術の使途に供されることを、普遍的な命題とともに語ろう。したがってヤマネやアナグマのような眠たげな動物には、それを食べたり使ったりすると眠気を誘う力があるが、もしその脳と心臓を食べると効果はずっと覿面だ。というのは、それらは精気の座であったためそこに精気的部分が宿っているからで、それゆえそれらが有するかの熱情を——それらを保持していることは分かったのだから——我々の内に呼び覚まし、犬やタランチュラの怒り狂った体液のように強力ではないにせよ、少なくとも何度も食べれば我々をその自然本性へと引き寄せるくらい、ほどほどの力は備えているのである。ツル、フクロウ、鶏、犬のような用心深い動物は、内臓を食べるか携帯することで警戒心を与えてくれる。そしてそれは道理に適っている。なぜなら、碧玉は血に類似していることからその流れを止め、またある特定の事物との発汗・呼吸による接触およびそれに対する情念は、その事物の熱情を伝染させるからである。

　したがって、ライオン、狼、クマの肉、とりわけ内臓を食べると人は強く勇敢になる。骨の髄は褒め称えられる。そしてホメロスはアキレウスがこうして養われ、ごく若くしてギリシャ随一の勇猛で度胸のある者になったと言っているし[55]、同様にウェルギリウスは、乙女カミッラについて語っている[56]。反対に野兎や鹿など臆病な動物は人を臆病で逃げ腰にするし、猿や狐、カラス、ミツバチ、ハイエナ、タコのような狡猾な動物は、人を狡猾さへと呼び覚ます。ロバ、キジ、雌鶏のような愚かな動物は、人を無知にする。ナイチンゲール、フクロウのような夜に鳴く動物は、人にも夜話をさせる。豚、ハト、スズメのような淫乱な動物は淫欲を催させる。ダチョウ、ハエのような記憶喪失の動物は、記憶を奪う。同様に他の動物についてもそれらの持つ熱情を人に誘発させる、すなわち熱いものが熱くし、湿ったものが湿らせ、乾燥したものが乾かし、冷たいものが冷やすように、他の熱情を誘発させると［魔術師は］判断するのである。したがって、老人は老いさせ、若者は若返らせ、残忍者は残酷にし、有毒者は毒を盛り、怒り狂った者はひどく怒らせる。

　さらに私は、動物の体のあらゆる部位は、我々の類似の部位に役立つと評価する。そこで神経を強化するには、それらの動物の神経部分をよく水に浸して細かく刻んで使えばよい。骨にはそれらの動物の骨の髄が、肉には肉が、肝臓には肝臓が、脾臓には脾臓が効くのである。しかし我々の脾臓を十分養うのは良くない、そうでなく反対物がそれにふさわしいのである。

　それから、［動物は］愛や憎悪や信頼や不快感といった熱情を二人の人物に誘発するのに役立つ。それは友好的ないし敵対的な動物を取り上げて、彼らの間で分けることによってである。そこから、淫乱な愛のため、女には雄のハトを男には雌のハト——その雄バトの妻——を食べさせるのが称揚されているが、これを何度も繰り返して恋愛感情を相互に呼び覚まさせるのである。また君はスズメとか他の恋する動物たちでも同様にそれをなすだろう。敬虔な愛を呼び覚ますにはペリカンかコウノトリを、一人に母鳥をもう一人に息子の鳥を与えればよい。そして憎悪のためには、一人に犬をもう一人に猫を、また相互に憎しみ合うあらゆる事物を与えるとよい。怒りを惹起するには、激しやすい動物が有効である。

動物たちが春に盛りがついて番うときには、上に述べたような方法でそれらを食用に供するのが非常に良いと私には思われる。それで動物たちが相互に戦うとき、すぐさま二人の人物に双方の動物の心臓のそれぞれ一方を与えると、憎悪と喧嘩がもたらされる。よくあるようにウズラ同士が決闘するときには、それはうってつけである。

おなじことを草本と鉱物についても言おう。なぜならそれらは熱したり、淫らにしたり、冷やしたり、湿らせたりするだけでなく、こうして前述の熱情を誘発し、かくして蒸気的で粘性のものが眠気を誘うのである。鋭い香りの山の間に生まれるレンズ豆は徹夜を、芳香性のものは力と機敏さを、燃えるようなものは淫欲を、スイバは貞淑を、黒くて不純なものは憂鬱と悲哀を、白くて鋭いものは喜悦を、白くて太く重いものは沈着を、サクラや葡萄のように果汁の多く赤いものは血を、それぞれ作る。そして植物は我々の身体部分と類似がある。果肉たっぷりなものは肉と、カルドン・栗・ドングリのような葉脈の多いものは神経と、イナゴマメとミルテのような乾燥したものは骨と類似している。そしてポルタは、カボチャは頭に良く、黄色いものは怒りに対抗し、赤いものは血のためによい、と外形から推論できると信じている。

ニカストロにはある種の大きなシトロンないしレモンがあって、あるものは人の心臓のような形、他のものは指と掌のある手の形、さらに他のものはまさに男性器、別のものは女性器の形をしている。そして象徴を介してそれらの器官の役に立つと評価されうる。私が見たように、実際目撃したことのない人はそれらを信じない。種子が我々の種子［精子］を助けることは、周知のことであり、とりわけそれに似た白いもの、たとえばピスタチオや松の実、卵などがそうである。また植物間には友愛と敵意があるので、同様な規則で適用されうるが、男と女もそうである。さらにあらゆる引きつける力のあるものは恋愛に良いが、それは磁石や、ヘビを鼻で引き寄せる鹿の角や、夫を見つけるためエジプト女性が首に掛けていたカラトブレフェロン［カリテス（三美神）の瞼］や、[57] 麦藁を引き寄せる琥珀などである。ある者たちは人間の皮や種子［精子］を用いるが、それというのも、それを女性に与えることで男性の感覚と自身の性的欲求を伝えるためである。そしてそれら他のものは、男性をまさに引き寄せないとしても、引き寄せたいという情念を保つ人に適用されると、混ぜ合わされて効く。かようにして、女性の糞便や経血、痰唾や屁など、排出し悪臭を放つ事物は憎悪を誘発する。ひとつのもので不足なら、何度も何度も繰り返せばこと足りる。

モーセは、子山羊を母山羊の乳で茹でるなかれと命じたが、[58] それは動物を引き合いに出してまで信仰心を我々の間でより良く使うよう教えるため、そして感覚が嗜眠状態に留まり、互いに悔やみ合い、調理が失敗するからだと私は思う。もし死んだヘビがトネリコから引き出されるなら、母と息子の間にはより大きな熱情と象徴が残ることは疑いない。さらにワシの目が視力を鋭くするのに役立ち、狼の耳は我々の聴覚の用に供され、嗅覚は犬のそれによって助けられることを見出せるだろう。そして色、香りと味、形象、行動、諸物の特性と実質などから哲学的考察をする人は、そのあらゆる主題ごとに無数の秘密を発見するだろう。私はここでは、実践的なことよりも思弁的なことをより多く説明する。

第十四章　目からは変質させる、そして共通感覚により活発な力が発出すること

目は多くの魔術的な事物の力を表明する。というのもある人が別の人と出会って瞳と瞳で見つめ合うと、より強力な光を放つ一人がそれに耐えられないもう一人の目を眩まして打倒し、しばしば病人の中にある熱情を誘発する。すなわち愛人たちには愛を、怒っている者たちには憤慨を、混乱した者には悲嘆をという具合であるが、それらは留まらないか、余所から熱情が掻き立てられないので、長続きはしない。

バシリスクはその視線で殺すと言われているが、それは燃えるような毒のある精気がそれから発出して、我々が呼吸と目から取り入れるような具合になるからである。カメは視線によって卵を孵すと考えられている。しかし私は、それは呼吸によってだと思う。だが魅了［邪視］は視線の力を証拠立てている。というのも情念を込めて若木や誰か子供を見つめれば、それらを死なせてしまうのだから。あるものに魅入る人は眉毛を湾曲させ、感嘆対象の事物を知り享受すべく、それが眼中に入ってくるまで目を開けていたいと思い、そしてその目の見開きによって望まれ感嘆された事物に食い入るような精気を外に送る。すると、それらの精気はただちに皮膚の小孔を通じて柔弱な肉の部分へと交流し、［精気の］産出者の中でしていたように作用するが、それはたとえば狂犬の毒が我々の体液と精気自体を変化させるような具合である。この作用の挙げ句、若木や子供の精気は打倒されて屈服し、身体を養うことができずに死んでしまうのである。これは浄化［月経］がもうなくて、したがって口と目の中に臭い発散物が溜まっている老女がより顕著に行うが、それは、老女が鏡を見つめると、大理石がシロッコにやられるように冷たい鏡はその粗雑な蒸気を受け取るので、それを鏡自身の厳しい冷たさと抵抗力で濃密にして、それで曇ってしまうほどなのである。また彼女らの唾に触れた糸は腐るし、赤子が老女とともに眠るとその命が失われ、老女の方の命が延びる。若者と寝て性行為をすると、精気が活性化し、増加し、若返る。というのは、君の乾いた精気が彼らの柔らかで湿った精気を吸収するから。したがって老人はでっぷりした女性と性交するのがとても有益で、また粘液質の者は乾燥した者とするのがよく、子供のためにも賢明な組み合わせということになる。

狼の視線は君をしゃがれ声にする。というのもその粗雑な蒸気が我々の中に入って口腔を一杯にし、また内部への引き籠もりのために、恐怖が喉を締め付けるのを助長するからである。我々は雄鶏がライオンに、ネズミが象に、その突き刺すような金切り声で恐怖をもたらすと述べた。それは我々にとってコルクをキュッと強く締め付ける音を聞いたりしたときと同様であり、あるいは、それらの精気の鋭さが、調合の具合で他の動物よりも、より浸透するのにふさわしくできているからである。

第十五章　視覚への技と術策が自然を使ってさまざまな顕現と幻覚を作ること

多くの人が言うには、窓を閉めて他の光が入らないようにして、ウナギか他の魚の脂で灯を点すと、家が水とウナギで一杯のように見え、そのため女たちは恐怖に駆られて服の裾をたくし上げるだろうということだ。おなじくヘビの獣脂はヘビを顕現させ、また熟れてないブドウの実を、ブドウ樹の上に据えたオリーブ油が一杯入った小瓶に入れてその中で育つに任せておき、ついでそのオリーブ油をランプの中に注ぎ入れると、部屋中がブドウの実とブドウ樹で一杯に見えるだろうという。

私はこれらの事を［実験で］確認できなかった。というのも私は一生を悲惨に過ごしたから。また私には、これらがありうるとは思えない。というのもオリーブ油がランプに入れられれば、普通は家の中にオリーブ樹を出現させるだろうし、同様に去勢羊と牛の［脂を使った］燭光は去勢羊と牛を顕現させるだろうから。ジョヴァン・バッティスタ・ポルタはこれを確言している。[59] しかしそれらの去勢羊と牛をオリーブ油の中で熱すればその油で効果を収め、同様にロバの頭をオリーブ油で熱すれば居合わせる人すべてに、自分がロバの頭を持っているように思わせるのだろうか。そのオリーブ油は大量に使っても小さな炎しか出ないので、その閉じた場所の視界が妨げられてロバの情念と感覚をもたらし、その結果、そこに居る者たちが互いにロバに見えるということになるのかもしれない。というのも、あるものに取り憑かれた人には、薄暗がりで見ると、そのものを見ているように思われるからである。そしてこれらの情念を我々は理解するわけではないし、我々の中にとぐろを巻く犬のような熱情も理解しないが、我々が取り憑かれたその犬を、ほとんど似ていなくてもあらゆる事物に感じる、という事態が生起するのである。そうしたことは、線にヘビを見ている気になってしまう病人たちに窺われる。そしてフラ・グレゴリオ・コスタ・ディ・ニカストロ師は、私にスペインのある狂人の目撃談を告げたが、その男は鉄格子の影や窓の柵を見ながら、それらはガレー船の帆桁・横静索であり、それらが動いていると述べたという。また窓越しに小袋を見て、それが彼には婦人に見えて、彼女がそこで船団を監視しているように思えた。しかしこれは彼の精気が減少して不足したところから起きたのである。さらに、黄色とか緑・赤の眼鏡をかければ、あらゆるものがそれらの色に見える。というのも、入ってくる光は可視物の色に染まった後、最後に眼鏡の色に染まって［目まで］入ってくるからだ。

同様にして、上述のあれらの脂は目を曇らせ、と同時に精気の中にロバの臭い、ないしブドウの実の感覚、あるいはそれらと混ざった別のものを導入し、それでその影響を受けた精気はその蒸気の煙幕を通じて印象元のもの——だがほとんど似ていない——を見るというわけなのだろう。そしてここでは感情の力は外的な見かけよりも強い。それは、ある敵を恐れている者には誰を見てもその敵に見えてしまうし、恋愛中の男は、目の前に現れたどの女もその恋人と思ってしまうようにである。そして多くの者は鼻は成長するものだと確信していたが、もし彼らが鼻にしばしば触れると、そのたびに明らかに鼻が少しずつ大きくなっていくような気がしてしまうのだ。そしてこれらの者たちにおいて情念が意識されている分だけ、ロバを見ている者には意識されていないが、それは怒り狂った者たちにおける隠された情念の刺し貫く力に明らかである。憂鬱症患者は、黒い煤を通して自分の内にある恐ろしいものを見る。こうしてこれらの者たちは、このようなやり方で、ロバの煙あるいは彼を惑わしその精気を汚染する他のもののせいで、［そこにはない］事物を見ていると信じるのである。

ある人たちが透明人間になるのは、彼らが煙幕装置で身を囲っているのでなければありえない。その装置で彼らはつねに煙に囲まれ、あるいは実際他人の目を惑わすのである。悪魔であってもこのようにしないと、身体を不可視にはできない。

他の者たちはダンスをしている女性たちを自発的に裸にならせた。私はもしそれが光から発出する煙のようなものの作用でなければ、信じない。つまり彼女らはそれを吸って胸が詰まり、もしくはサフランの作用でもそうなるように、身体に備わった熱が外に引き出されるのを感じ、この煙もしくは埃で作られたかの熱情のせいで服を脱ぐということになりうるのである。それどころか、もし撒き散らされた埃の鋭い蒸気が性器にまで昇れば、失禁してしまうこともある。というのも、ヨモギとヘンルーダは膣に入り込むことで自ずから月経を生じさせるから。

自然の技と遠近法を使って、それに類似した、しかもそれを知らない者には不可能に思われる多くの事物が出現する。たとえば空気中に像が浮いて現れるように見えるのは、通り過ぎるあるガラス玉に反射しているのであり、ピラミッドの円錐形部分にその顕現が登場するのである。同様に凹状の鏡の真ん中に接吻するか話しかけてみれば、君の後ろの鏡によって曲がる空気の反射地点にいる人は、自分が接吻されたり話しかけられたりしていると感じるのである。他のところにいる者たちは、これほどよく感じない。なぜならその空気は光のように真ん中で結びつき、広がらないからである。

彼らは、どこからその表象がやって来るのか君には分からない男の像を見せる。そして君は、ただ板の上に書かれたものしか見ないだろう。しかしその板には多くのレンズが付されていて、それらは全部が内部からの光を屈折させて、天体のように上を覆っている鏡に向かわせ、最初はレンズ間で分割されていたものが収斂して、その場でかの像を形成するのである。それらのレンズは外では同等に配され展示されていて、中からいかに［光線が］伸びていくのかは分からないのである。同様に紙の中に二手幅の像が作られるケースでは、像には思われなかったそれらの線を斜めから眺めると、ちゃんとした像になる。というのも遠くのものは近くのものより小さく見えて、それらに由来する斜めの光が合体して像を形成するからである。

彼らは上に持ち上げたカップの底にある桜の木を見せる。そこでは光線が屈折し、そのカップから上昇して我々に届けられる。また何枚ものそして対面して置いた鏡によって、ここからローマまで一人の男の像を届けられるともされる。ある者たちは、ナポリからスペインに像を届けるための鏡として月が使えると考えるが、それはナポリで書き物を月に向けてかざせば、それと同時刻にスペインにいる人が持つ鏡の中にその書類が反射して、読めるようになるのではないか、というようなことである。しかしそれは不可能である。というのは、我々の書き物の反射光は月まで届かないからだし、月の中に作る角［度］は、かくも遠方にあって、底辺の両方の角［度］と区別されるようなものになりえないからである。

彼らは蠟燭を消して、それをあらかじめ硫黄を仕込んでおいた何らかの彫像の口に入れて火をつけるという芸当も行うが、そこには火炎は上がらないものの灯心に残り火があって、蠟燭はそれに触れて点火したのである。すると彼らは、彫像がそれをしたのだと言うのである。彼らが焼いた肉の上に細切れにしたリュートの弦を投げると、それは熱によって動き回りまるで肉にウジが湧いたように見える。また乾燥させた血液粉を上に撒いた生肉を焼くことで、そこで熱い肉汁に触れた血液粉が溶けて鮮血のように見える、というのも同様な術策である。

何千もの同様な事物が、あるいは遊びで、あるいは術策で行われる。しかし悪霊たちは事物を、それがそうあるような様子とは別の外見に見せられることは疑いえない。それは聖クレメンスが、シモン・マグスがその父にしたことを物語った通りである[60]。そしてさらに多くの同様な話が読まれる。ゆえに自然の中にこれらの秘密があるというのが必然で、悪霊はそれを知り、使うのである。私は、悪霊が神学者の諸学派が主張するように非物質的［肉体のない］存在であるか、あるいは聖アウグスティヌスが『悪霊たちの予言について』の書物で示し[61]、エフェソス公会議が主張したがっているように精細きわまりない身体を持つか、いずれが正しいにせよ、空気よりもより粗い事物しか見えない我々の目にその姿を見せられるのはどうしてなのか、分からない。もっと理解しがたいのは他の人々が言うことで、すなわち悪霊たちは我々に触知できて柔らかいとしたり、さらに他の者らの説くような、悪霊が性的に交わり、あるいは交わらされるということである。というのも彼らがそれを素材として肉体をまとうとされる粗く密になった空気は、濃密化すれば——固体化するよりも——より容易に水になるのではないか、我々には分からないからである。彼ら悪霊が他の人間や動物の姿形になるのは可能だろう。しかし我々は、もし彼らが火のように活発でなく、したがって変形・変質させたりできず、あるいは掻き立てるための類似の手や器官を持たず、また被造物が神へ服従するように彼らに服従しないのなら、彼らがいかにして風、雨、海を動かせるのか理解できない。そのようなことは、彼らが事物に内在せず、また事物は彼らからでなく神から感覚や力や愛を受け取るのであってみれば、不可能である。

したがって我々が主張したいのは、人間の魔術というのはごく脆弱で、これらの技は彼らのものとは言えず、空気を形作り、吸い取り、動かすための絆もそうではないということである。むしろ身体性から解かれた彼ら［魔術師・詐術師］は、自然の事物の効力、活動、敏感性をより広範に感じ取り、造り主たる神が彼らに許したところに従って、彼らなりにそれらを利用するのである。まったく、非常に多くの証拠および実験により、彼らはきわめて多くの驚嘆すべきことをなしうることが確認されている。というのも我々は、手が届く範囲で驚くべき事物を作るからである。

雪に覆われた部屋の屋根まで煙を上らせることで人は雨を降らせられるし、それらの煙の間に樟脳と燃えた硫黄を混ぜれば、それらの蒸気が他の重いものの間に揉まれて火が着き爆発するので、雷鳴を作ることもできる。また日向と日陰の間で太陽に向かって空中に水しぶきを掛ければ虹ができるし、最初に煙で満たした部屋の両側の窓を開ければ風を作れる。他にもいろんなことが可能である。

魔女が実際の身をもって悪霊たちと共に［サバトに］行くのかは大いに疑問であり、聖アウグスティヌスは、彼女らは膏薬を塗りそこから発する蒸気に失神して倒れて眠り、寝ながら出発する夢を見、悪霊が彼女の想像力を操作するのだ、と言っている。それは空気を使って、かような顕現を起こす運動を精気にもたらすことで可能になるのである。しかし魔女たちが文字通りの意味で身体をもってもまた［サバトに］行き、悪魔らは彼女らに多くのものを見せる、という無数の証拠がある。しかしいかにして彼女らが家の扉を開けることなく出入りできるのかは、私には理解できない。彼女らは実際に眠りながら行けるのだろう。というのも多くの者が眠りながら歩み、多くの行為をして寝床に戻るのだから。想像している精気が彼女らを導くと言われているが、それは正しい。しかし空気の伝達、共通精気なしには、過つことなく彼女らを確実な旅に導くことはできない。

多くの事物が術策から由来するが、悪霊か天使が原因のように見えることがある。フリウーリ地方では、フラ・ロッコが、毎晩聖ドメニコの像に向かって祈禱をしに行く一人の修道士を見て、その像を祭壇から取り去って自分がおなじ格好に変装し、手には鞭を持った。件の修道士はそこに向かい祈っていた。フラ・ロッコは脅すかのように少し鞭を動かした。修道士は恐れ始め、彼［ロッコ］は動いた。修道士は逃げロッコは追いかける。修道士は倒れて死んだようになった。ロッコは像を元の場所に戻し、他の修道士とともに行って彼を起こしたが、哀れな男はまったく口がきけなくなった。熱が内部に引いてしまったため全身真っ白になり、衰弱し、毛も白くなって、数日後言葉もなく死んでしまった。その後、私は真実をロッコの友達から聞き知った。そして同様なことがまさにプラカニカ(62)である奴隷に起きた。彼は朝に水車小屋に行ったのだが、他の奴隷が変装して脅かしたのである。

したがって、あらゆるものは、上に述べたようにそして今から述べるだろうように、強く思われるものになるのだから、真実を虚偽から区別する必要があり、情念の力に注目しなくてはならない。

第十六章　音と言葉は、運動および徴として、驚くべき確実な魔力を持つこと

本性上動きのある精気は、その働きとして運動を有しており、そのために自身の本質において保存され、浄められ、減じ、広がり、生長し、活気づく。したがって音には、精気をその多様性に応じてさまざまな情念へと動かす魔力がある。喇叭と太鼓の耳障りのする音は、精気を戦争や怒りへと駆り立てる。リュートの柔らかく静かな音は、それを愛へと向かわせる。教会内に響く穏や

かで表情に富む音は、信心へと動かす。だがプラトンが弁えていたように、音楽の変化はたしかに慣習と状況の変化を意味しており[63]、それは今日、音楽の変化とともに宗教を取り替えたルター派の者たちにおいて証明される。また音は、習いとなった動きとは別様に精気を動かすことで、悪しき情念を取り去ることもできる。

かくてピュタゴラスは、甘いメロディーの動きで狂人を癒した。ダモンは歌の甘美さで酩酊者を眠らせたが、その際、精気はその音を聴こうと頭に急ぎ集まったのである[64]。またプーリア人らはタランチュラに噛まれた者たちを癒すのに、心地よいメロディーを精気にもたらし、次にその精気が身体を動かし発汗させるという方法によっている。そしてガリアルダが鳴り響くときにはスパニョレッタは踊れない[65]。というのも音は精気をひとつのスタイルで動かし、精気が別のスタイルで身体を動かすようにはさせないからだ。かくして反対の音によって、狂気が癒えるのである。

しかし今ここでは、声がたんに運動としてだけでなく、徴としても魔力を持っているのかどうか見てみるべきときだが、それは疑いなくそうである。というのは、我々は演説者や詩人が、自然にそうした感情へと向かう事物を思い出させることで人を泣かせ、喜ばせ、怒らせるのを目撃するからである。さらに、人は他人を脅しておののかせ、愛撫して信用と愛を抱かせるが、それは実際はそうでなくても、声の内容で何か良いことないし悪いことがあると分かるからである。そこでカエサルはファルサリア戦争において、自分の兵士たちに「市民たちからは離れよ。「武器を持って向かってくる者は」その顔を打ち砕くのだ」と言うとともに[66]、慈悲を示してポンペイウスの兵士を惰弱にし、確実に勝利したと信じた自軍の兵士を強壮にした。というのも、敵の市民を殺害する必要がなく、味方の兵士皆が先を争って「勝利だ」と言おうとしたのだから。またティトゥス・リウィウスの著作中にしばしば見られるのだが、戦争中発せられる不協和でか細い声は、そちら側の軍勢の敗戦を示す。なぜならそれらは、臓腑内部に撤退した精気の弱さ、戦闘への恐怖を示しており、そこから抜け目ない敵軍が安全を確保して勝利するからである。そしてしばしば偽りの声が破滅と勝利をもたらした。また活発で尊敬すべき精気の人間がおり、彼らは声・言葉・視線で畏怖を誘ったものだが、それはたとえば殺しにやってきた輩に相対したガイウス・マリウスのごときである。同様なことはドン・レリオ・オルシーニにも起きたが[67]、彼は殺し屋として金で雇われたはったり男たちを、睨み付けて腑抜けにしたのである。そしてまたドイツで農民の一団に襲われたときには、彼はその国の言葉を知らず武器も携行していなかったため、視線と指で脅しながら、相手たちを後退させたのであった。ゆえに、高貴な精気によって変質させられた空気は、下賤な者を怯えさせることが分かる。まさにそのようにしてカエサルは彼を捕らえていた者たちを恐れさせたのであり、またこの私にも、声が他人に衝撃を与えるような情念を持つ必要のある試みの機会が、しばしば起きた。しかしその場を支配しているような雄弁家の姿なしに単純な声だけで、いやそれどころか文字だけで、どうして衝撃を与えられるのだろうか。

アヴィケンナは、良い医者への信頼が病人を癒す、なぜなら精気は自分が癒えると信じると健康に満ちて病気を克服する力を取り戻すからだし、信頼は力の中心だから、と言っている[68]。そして神的な事物においてもこの信頼が必要である。というのは、君が高遠な事物に信頼を寄せれば寄せるほど、霊魂は成長するのだから。ゆえに、すべてにおいてすべてに対して神を信頼することは、念願対象を手に入れるもっとも確実な筋道であり、そのためキリストは人々を癒してから「汝の信仰が汝を救った」といつも述べていたのである。そしておなじようなやり方で、神によって事物の内に接ぎ木された技である自然も振る舞うが、それは信頼のあるところ勝利があるからである。超自然への信頼は超自然的恩寵へと持ち上げ、自然への信頼は自然の恩寵へと高める。精気が動くその所へと、それはやって来る。希望は確実な信仰における最初の動きである。

私は四日熱を癒すため聖なる紙片を要求したある女を知っている。あるごろつきはそこに「神は汝に一週間の病を与える」と書き付けてから、彼女には見せないと言い、それが効験あらたかだと彼女に信じさせてしっかり縫いつけた。するとたちまちその女は、紙片によってではなく信仰によって癒えたのである。ある者たちは広場で健康体の人に病気だと信じさせ、皆が「お前青い顔してるな、死んでるみたいじゃないか」と言ったものだった。多くの者たちが相図って彼にそう言うことに同意したのだ。この男は、あまりに大きな恐怖に囚われて病気になり、死んでしまった。というのも、精気がこの疾病の確言にショックを受け、身体の中で脆弱な働きをし、いつものように浄化したり養分を与えることがなかったために、彼は病に落ちてしまったからである。あまりに繊細で煙のような精気はこうした欺瞞に容易に騙されてしまう。だが粗雑な精気もやはりそうであり、それは他の巻で述べたように[69]、両者とも明晰ではっきりした運動も話法も持たないからである。この説得は石の粉末で盗人を発見させる。というのはその「仕事［悪事］」があからさまになるのではと恐れて盗人の精気が撤退し、恐れているものを喜んで取ることがないため、それを飲み込めないからである。しかし潔白に信頼がある者は、安全に飲み込める。たしかにきわめて狡猾な者らは、宗教の恐れに駆られなければこの技には引っかからない。

モーセは祭司の手を通じて、密かな姦通をした者らに粉末を与え、もし姦通したなら内臓が破裂し、貞淑ならば救われようと呪った[70]。そして旧約聖書では、この審判がうまくいった。というのは、神はかような無垢には配慮して下さるからであり、また罪深い精気は、祭司への尊敬および自分が非難されている罪ゆえに、その情念をかくも強力に自分で想像してしまい、ためにその打撃を自ら感じて自分の内臓を破裂させてしまったのだと信じるのが、自然の働きとして適切だからである。それは、あたかも怒り狂った者らが想像力で小犬を生んでワンワン吠えるようにである。したがってオレステスの狂気は本当だと私は思うし[71]、また他の多くの犯罪人にも神はその罰として効果抜群の想像力を与え、その想像力が後にあのような行為を行わせるのである。というのも、各人は自分が囚われた情念通りに考え振る舞い、身体の形成者である精気は、母親の中に有していたようなそのような行為と表象――新たに突然出来した事件であっても――を表現するからである。それゆえ、［妊娠中の］女の願望は後に幼児において表現されるのがよく見られるのである。

ガレノスが書いているところでは、エスクラピオスの祭司らは熟練した医者たちよりも多くの病人を癒した。[72] というのは病人たちは、飲食において彼らに従い、ついでその信頼はかくも大きかったため、病気に勝る自信と力を得たからである。そしてそれゆえすべての古代の祭司は、オルフェウス、トリスメギストス、ザモルクシ[73]、ピュタゴラスやユダヤの祭司たちのように、皆が身体と霊魂の医者であるのがつねだった。

したがって言葉というのは、それが刻印する情念、そしてそれを聴く者に引き起こす運動を通じて、我々に力を持つ。それゆえ賢者はこの魔力を持つのであるが、それは彼らは自分が真実を知り嘘をつかないと自ら考えるからであり、またいかなる出来事のためにもけっして嘘をつかないと自認する聖なる人々も同様である。それゆえ我々は、父親や兄弟は我々を騙そうなどとしないだろうと考えて大いに信用するが、しかし彼ら自身が騙されることがないと我々が考える賢者はより一層信用する。しかし我々の父自身が賢明で善良ならば、今述べた二つの理由により、もっと信用する。

ある民族はスペイン人のように権威を信じがちであり、また別の民族はイタリア人のように理性を信じ、さらに北方人のように感覚を信じる民族もある。しきたりは習慣化した自然であるため強力な魔術であり、その変化は音楽について述べたように、共通の状況と個別の習慣を変える。かのスキタイ人兵士たちの反乱奴隷は武器をもってしては服従させられず、新たなしきたりのために勝利したが、しかし鞭を見るや屈服してしまった。[74] というのは、異常な熱情よりも習慣化した熱情の方が精気の中でより活気づくからである。女にはおまえを犯してやりたいと言わねば、それ以外では打ち勝てない。というのも、そういう風にして服従するのが彼女らのつねだから。このことは、タランチュラの記憶や嘔吐の記憶、自分自身の意に反して習慣的に愛され従われる専制君主への家臣らの愛の記憶を確証する。

第十七章　言葉は不在者、儀式、妖術においていささかの力を持つが、しばしば欺瞞のために悪霊が介入すること

より難しいのは、言葉が不在者において、愛、憎悪、病気、死などをいかに動かせるのかを見定めることである。それについては、魔術師と妖術使いが自慢している。これだけにとどまらず、空気、星辰、海を動かすと自慢することもある。そこに居る人については、想像力が変わり、それに応じて精気が働かされるとすでに述べたが、私は少年の頃、ある女によって言葉で脾臓の病から癒された。それは下弦の月を、偉大な神学者たる前述のわが修道院長フラ・アンドレア・ザッパヴィーニャの許しを得て、見つめながらだった。そしてもし私が目撃した脾臓を燻蒸することで癒えた患者のケースが信じられるべきならば、多くの声が、情念を込めて儀式をもって発せられたなら、多大の効果を発揮することを疑ってはならない。そして儀式は我々の情念を変えるのにとても役立ち、かくて情念を空気中に刻印し、その空気は、我々が

情念を送る対象に——その対象の準備が整っているなら——それを伝え、そして我々は、猟師が矢が標的に当たったかどうか感じるように、感覚と運動の回帰によってそれを感じるのである。そこでアヴィケンナは、魂が情念を込めて言葉を発すると事物を己に服従させる、と感嘆している[75]。

ある女たちが庭園に行こうと誘い合ったが、うち一人は行かなかった。他の女たちは苦いオレンジを持ってそれに何本かの鋭い棒で穴を開けて「私たちと一緒に来たくないという、そんな女は穴を開けてやる」と言い、これを何度も繰り返した後、そのオレンジを庭の泉の中に捨てて立ち去ったのだった。その後彼女らは、標的となった女が、自分たちが苦いオレンジに件の行為を行ったかの時刻以来、鋭い釘で体を貫かれたかのように感じてひどく苦痛を覚えたのを見出したが、非常な激痛は女たちがオレンジを拾いに戻って善き祈願をして棒を抜くまで続いた。そして件の女は快方に向かった。私は悪魔がいかようにして被造物に苦痛をもたらし、かような被害を与えられるのか知らないが、そうすることがありうるのだろう。けれどももし悪霊がそこに存在しなければ、脾臓について語ったとき上に述べた根拠が存在したのだ。

これに類似した多くの事物が世界にはかつて観察されたし、今でもしばしば見られる。彼ら［魔術師］が標的とするものに類似した像を蠟で造り、ついで燃えるように言いながらその像を火で炙ると、標的は、燃えさしの木が焼尽するにつれて、衰弱したメレアグロスのように衰えを感じる[76]。また彼らがある人物に似ている動物を取り上げ（というのもポルタがかの書物で鋭く指摘しているように[77]、ある者は犬の外貌をし、別の者は猫、さらに別の者はカラス、他の者は猿の外貌をしているから）、その動物を儀式に則って突き刺し燃やすと、その像のモデルの人物にもおなじ苦悶が引き起こされる。同様に、髪の毛ないし紐を取り上げ愛を念じてそれを結んだり解いたりする呪術もある。彼らは夢精を引き起こさせるような言葉を言うが、それはより信じうることだ。淫欲をもってだらしない者同士が目と目で直面すると、私の知っている友人のようになる、つまり彼は新たな美女を見るといつも射精してしまったのだ。

しかし私の考えでは、悪魔こそがその狡智により、こうした多くの事柄を実地に移すのだ。そしてそれらはまったく当然にも、あらゆる法によって禁止されている。しかし空気の感覚の例として、私が目撃したのは以下の出来事である。すなわちマントをなくした何人かの若者らが、鋏を篩に刺して「聖ペテロと聖パウロにかけて、マントを盗んだのはしかじかの者だ」と言い、さらに多くの容疑者の名を挙げていって、ついに犯人の名を言い当てたとき、ぶら下げられた篩——一方で鋏の刃のひとつ、他方でもうひとつの刃が支えていたのだが——が、ひとりでに猛然と回転したのである。仰天した私は確認したくて、悪霊の欺きの犠牲にならないよう神に加護を願い、その上でおなじことをすると、その人物の名前でなければ篩はけっして動かなかった。告解して魂を浄め祈願もしたが、やはり結果はいつもおなじだった。それゆえ、意識を持つ空気がそれをしていたことは確実だと分かる。

しかし悪魔が介在しない大いなる危険もある。それは聖なる神学が教えているように、こうしたことが他人を騙しにやってくる悪魔の技でありやり口であると聖ペテロと聖パウロを介して言われているとしてもそうである。これらの効果については、もし自然なものだったとしても稀だと考えられる。というのも上に記したことだが、人間はカラスのように雨を予見せず、気にかけている友人以外の友を夢に見ないように、不在者がつねに苦痛を感じるわけではないからである。(78) それゆえ魔術師は、これから述べるように星辰から時間を探るのである。

さて、魔術師が星辰、空気、嵐を動かし、穀物を乾かせると、私はそう了解しているわけではない。というのも、言葉と想像力は、天、海、水を変化させるだけの能力はないからである。

その気になった臣下［魔術師］たちには、魅惑状態におけるように、情念が増大するような何かがあるかもしれない。しかし空気と天空においては、若木や桶の中の水に与えられた運動のように［情念は］次第に減っていく。したがって、それをなすことができるというアフリカの魔術師や多くのタルタル人について書かれていることは、プトレマイオスが知っていたように、他の所以上にこの僻遠の地に多く住んでいる悪霊による術だと信じられる。そして悪霊がいかにそれをなすのか、魔術師は知っているのである。想像力は、他人から実行に移されるのでないかぎり、想像者の内にありうるのであり、外ではない。しかし悪魔の狡智は熟練者以外には理解できないが、私は悪魔の悪辣さについて皆に信じさせられるし、世界の内には聖人も悪人もいるように、天使にも信心深い者と不信心者がいて、皆が自分たちの数と仲間を増やしたがっていると確信している。私はトリスメギストスが、話をする神々を人間が創ると言うとき、これを知らないほど粗野だったとは思わない。それは、彼が悪霊ないし天使が彫像の中に入るのを見て、人間がかくも大きなことをなせる事実に驚いているからである。そしてディオゲネスとディアゴラスは、そこに含まれる多くの欺瞞ゆえにアポロンの神託をからかっており、それはピュティア［アポロンの巫女たち］の熱情によるものだと信じている。しかしそれは実際は悪霊の策略なのだ。また人間は、身体に結わえ付けられていない自然を、そのままで神の助けなしには、あるいは敬意を持ってその自然を誘い寄せないなら統御できず、それは造り主への背徳行為になる。そして我々が神に冒瀆言辞を吐けるように、彼はそれ［自然］を使うことができ、また他の者たちは悪辣な人間なのに神々になった。しかし神は、別の所で言われるべき大いなる秘密に対して、これらの許可を用いる。

奥深い洞窟の呼気が人間にさせる占いは、もし神がそれをなすのでなければ、神的なものではありえない。しかし精気を精細かつ純粋にして自然の予言に相応しくするような何らかの対空気的な資質なら、上述したように存在するかもしれない。(79) 男が性交してると信じてるのに、彼に性交させないというのはよく見られる。というのは、彼はできると思わないものはできないからであり、自分の悪しき情念についての確信ゆえ、おなじ想像力が彼を解放するのである。しかし女は女性器を締めるほどの大きな情念がないので結合できない、つまり男性器を意気消沈させるかのように、［女性の］内気な精気がぐらついてそれを置き去りにしてしまい、もう開口部がないため彼は女の中にできないのである。それは彼女は能動ではなく受動にふさわしいからである。行為が情念の［弱さの］ために禁じられているのであり、熱情が禁じられているわけではない。ある者らが過剰に性交を欲すると間違いなく魔術はその効力を失う。というのは精気が自分から撤退し、すべてが発散したり死んだりしうるのであり、あるいは実際、猛烈な合流のために窒息し、またあるいは愛する事物への敬意が彼を怖じ気づかせるのである。そして恐怖は自分自身の痛みからの自然な逃避、または他の者たちに痛みをもたらすことからの逃避なのである。穀物に対する真の妖術については、上述した。[80]

第十八章　生殖の魔術

我々は、生む者らが生み出される事物の中に表現する情念の大いなる力量を見たので、今度は生殖を高貴化する大いなる魔術を観察できる。

この魔術は族長のヤコブが厳密に行ったものだが、彼は羊に白い子羊を生ませたくて、羊たちが水を飲む水路に白い枝と白いものを置き、その時その水で渇きを癒した羊たちが発情して交尾し、かくて生まれた子羊が白くなったのである。そしてもし黒い子羊がほしいときには、黒い枝を置き、雑色なら雑色の枝である。[81] ここで、そのとき羊たちが大いなる渇望をもって水を飲んだこと、メソポタミアは非常に暑くて水がほとんどないこと、そしてその渇望で水の中の枝を見ながらそれらの枝——枝からないし枝の間を流れる水の喜びゆえに羊たちは枝をも愛したのだが——のイメージが彼らに刻印されたこと、などに込められた大いなる知恵を認めなさい。そのように我々も誰かから気に入ったものを受け取るときには、他のときよりもその人物のイメージがプレゼントの中に残る。かくして水に満足した羊たちは、それから牡［男親］・牝［女親］双方におけるかのイメージと同時に種子を受け取り、そして精気と種子はそのおなじ情念とイデアをもって労働［性行為］において、ついで身体に関して作用し、類似的にそれを表現した。というのも、おのおのが情念がそうあるように作用する——熱いものは熱し、冷たいものは冷やし、怒れる人は怒りとともに、臆病者は恐怖とともに、恋愛者は愛とともに効果をもたらす——からである。そしてその中に、自身がそのときある姿のまま拡散する。というのは行為するとは、自身の自然と類似を普及させることであり、熱するとは他人を彼と似たように熱くすることで、書くとは筆者の精神の中にあるものを表現することと、机を作るとは精神の中にある机のイデアと類似を木の中に実現することなのだから。

ここから生殖の業［胎児の形成］を我を忘れた動き、ほとんど取るに足りぬことに託しているアリストテレスの愚かさが見て取れる。というのも［生まれくる］息子にイメージを刻印するためには、きわめて活発で想像力豊かな力が必要なのだから。アヴィケンナの書いているところでは、ある王妃は、房事のさなかに絵に描かれた黒い奴隷の姿を見つめていたため、奴隷を産み落としたという。そして今や馬や犬が番うときに、美しい馬・犬を描いてそれを見せて同様なものを生ませるようにするのが、大領主たちの慣習になっている。しかし私は、人間の生殖をおろそかにして獣たちの種族にかくも重きを置くほど我ら［人間］が動物的なことに驚いてしまう。

したがってピュタゴラス派のオケッルスが述べているように、共和国においては嫁資に応じてではなく、価値に応じて結婚を執り行わせるよう対策を講じるべきであろう[82]。そして勇敢な女を勇敢な男に娶せ、彼らに武芸と文芸にいとも高名な男たちの像や絵を見させて画中の男たちに恋をさせ、その上で慈悲深い星辰が上昇宮にあって中天に位置し、惑星らが互いに良き星位の関係にあるとともに恒星との間にもそうであり、威厳ある状態になる時を待つべきである。というのはその機会こそが子供の高貴性を大いに準備し助けるからである。そして皆が、子宮が綺麗で種子［精子］が経血で汚染されないよう、生理のないときに生殖行為を行い、また消化を終えた後、真夜中を過ぎてから行うべきだ。というのもそのときには種子［精子］が成長しているので、栄養物で精気を乱しそれを弱めることで産む者［母親］に害を与えてしまう、などということがないからである。

聖職者は生殖しないようによく対策を講じられるべきだ。というのも観想に専心する者は精気が弱く、性交においては、頭の中には精気がわずかしかなくそれらは瞑想にふけっているので、精気は頭からは発出せず睾丸から出ることになるからである。そしてソクラテス、キケロ、サムエル、エリの子がそうであったように、物質的にも精神的にも粗雑な人間が創られてしまう。しかし粗野な男たちは他のことを考えずに［性交に夢中で］、精気と種子［精子］をことごとく女性器に送り、それは頭から発出しているゆえに睾丸から出る賢者のそれよりも、より力強い。そしてもし頭がそれを発するなら、大いなる労働［性行為］で彼らは弱く無力になる。しかしこれらの者たちには、生気に満ちた、強く、いくらか太った女たちとの稀な性交が好都合であろう。その女たちはその良き種子・精気を受け取り、活気づけ、うまい具合に増やすことだろう。

鋭敏な資質を持つ男たちは、過度に繊細で熱狂的で敏捷な精気の息子たちを生むが、重苦しい学者のように粗野な息子ではない。ゆえに彼らには冷たい体質の穏やかな魂の太った女たちが適している。彼女らは父方の繊細な精気に存分に糧を与えて穏和にして、称賛に値する結合をするから。このため神は他の理由とともに、南の人々を戦争で北に送り、また北の人々を我らが風土［つまり南］に送って、種子を移植するようにするならいであり、それは、よりよい子孫を残すべくランゴバルド、ゴート、フン諸族の肥満、および虚弱・多液性・穏やかな熱が、イタリア人、スペイン人、パンノニア人、ダルマティア人らの乾燥・熱・繊細・小ささを緩和するためであった。それは、あたかも挿し木された栗の木が普通の自然のままの木に比べてより高貴で、より美しく大きく活力があるようになるのと同然である。聖職者に結婚を斡旋しているルターは非難されるべきである。というのも彼は、野卑な獣のように子供を作っているからだ。

すべての人間は神によって注入された霊魂を有しているようだ。しかしある者たちはあまりに粗野なので獣のように見えるし、別の者らはかくも賢明で神々のごとくである。したがって私が第二巻で述べたように、これは精気の調合から起きるのである[83]。また精神は精気と共に行動し受苦するのであり、自律的にではないというのが正しい。というのは、それは抽象的なものではなく、自身の形態を有し全体が構成されたものだからである。そのため狂人や怒り狂った人においては精神は精気に真実を説得できず、その精気によっておなじ邪悪な想像力に巻き込まれて、精神も狂奔するのである。

精気の調合は、男と女の結合した種子から、および種子とともに伝播した精気がもたらす情念から生まれる。それゆえ衝動と恋愛から生まれた庶子は淫乱、刺激的で抜け目ない子になり、虚弱の中で生まれると虚弱に、怒りの中に生まれると怒りっぽく、病気の中なら病気持ちに生まれる。しかしながらより良い情念を持つ種子が他を打倒することがありえ、また両者相容れないものなら双子になる。しかし星辰には多くのことをなす力があり、それらの星辰の熱が、その時およびその後、それらの力と受け手の気質に応じて調達するのだが、そこから怪物、半獣、他の形姿の人間が生まれることがある。それは種子同士の対立もしくは欠陥ないし一方による圧倒のためか、もしくは星辰がかの動物に類似した熱を注入するときである。

それがあまりに熱いと、女に似ているが男になる。そして生殖器が熱くないと女になり、私が『哲学』で書いたように、それ[冷たい生殖器]は外に押し出すことができないためだ。そして生まれてから情愛を込めて擦ると女の子に生まれても男の子になるのを見た。これについては別の所に書いた。[84] もしも母の精気と情念が優位なら彼女に似る。もし父の力と想像力を備えた精気が勝れば父に似る。精気らが両親のことを熟考し、あるいは相拮抗すれば両親に似る。もしも彼らの精気が遠くの余所者のやり方で調合されれば、その者に似ることになるが、こうしたことは、さまざまな食物、情念、場所、星辰に対する両親の異常な気質から起こる。そして植物や動物において論じ立てることのできる人は、自身のやり方で子供を産むようにし、これらの技によって人間の生殖[子孫]を高めたり貶めたりするだろう。そしてもし、あるものを熱望している女がその欲望に身を焦がすとするなら、彼女の産物[赤子]は彼女と一心同体だから、その子もおなじ欲望に駆られる。その子がまだ幼弱でも活動の中でそれを表現するようになり、まさに願望に駆られた女が触れられたがる部分においてそうだと言われる。これはありうることだと思う。なぜなら四肢の精気は共通精気の願望に強く印象づけられ、四肢が触れられるとき、その者は熱望するものが触れていると思うからである。まるで固有の感覚を持っているかのように自ら勃起する生殖器にこれは窺えるし、またそれは服従にはまったく嫌悪を催し、そして想像されたものに触れられたようにそれには思われ、そのものとともに作用するのである。

したがって幼児の四股は類似により母親のものに対応するが、これらすべてのタッチに衝撃を受けたその子にはこの感触が心地よいものに思われ、そうしたものとして表現する。それを我々は『哲学』で長々と書いたように、肝臓とりわけ脾臓の懸念、および望まないのに笑わされてしまいそこに剝き出しになった精気が拡大する、脇腹のくすぐりなどで示した。[85] そして赤子の精気は、目と耳によって欺瞞を知るのに慣れておらず、イメージを真実のものと取り違えてしまう。我々も睡眠中にそれをして、ある女が実際に体の下で動いているように思い、そうでないとは思えないことがあるが、それはそれに気づくことのできる目の中には精気がないからである。

ところで妊娠女性の中に、大きなないし小さなものへの欲望を据えられる者は、そのものの形象ないし色で赤子を分娩させることができる。もし彼が美徳、高貴さ、知恵を望むなら、胎児におなじものを伝えられるのである。かくして子供の精気はかの情念とともに働き成長し増大していくが、それは我々が犬に変身した狂犬病者について述べた通りである。その狂犬病者は精気と行動に関しては犬だが、姿形と精神だけは人間に留まっていた。しかしながら怒った精気と犬の行為との結合により、人間の精神を持つという意識を失ったのである。この感情が子供を外に連れ出し、魔術師によって支配されるような存在になるのである。

　したがって、出生よりも妊娠の方が［胎児に対して］力を持つが、それは変えうるのであって、うまくやれば誕生が完璧で確実になる。ゆえに占星術師はこれを狙っている。また乳によって体質と品行が柔弱に変わりうるのであり、クリシッポスが言ったように、上記の理由で高潔な乳母は子を高潔にし、乳母が下賤なら下賤になる。おなじことは、願望の刻印で弟子に知識を呼び覚ます際にも言え、純粋・澄明・高貴な精気にふさわしい蒸留水・浄化・オリーブ油・空気・食物・飲物により彼の体質を変えられるのである。しかし宗教は、下劣な情念を取り去り、神的な天の意志を据えて、きわめて大きく変化させるが、それは準備する自然と完成させる超自然的恩寵とともに、進むのである。そしていかなる疑念もない純粋で生き生きした信仰こそ、すべての至高の事物の基礎である。神よ我々にそれを賜れかし。ああ、低劣なものに信を置きそれゆえつねに下劣になる我ら惨めな人間よ、さあ、このおなじ自然魔術が我らの愚かさを発見することになる。

　魔術師は、好むところに植物を生えさせるように動物をも生み出せる。しかしそれはネズミ、シラミ、ハエ、ヘビのように腐敗によって作られるものだけであって、馬、象や人間は無理である。アルキタスが他のハトと一緒に飛ぶ［人工の］ハトを作ったと言われている[86]。そしてドイツでは皇帝フリードリヒの御代に［作られた］ワシが目撃されたが、それは時計のように「釣り合い」でできていて、糸を巻いたいくつかの輪を回転させて翼を上げ下げするのである。しかしそれらに精気と肉体があるとは私には思えない。おなじくダイダロスの彫像は釣り合いと水銀によって動いたのだった。しかしアルベルトゥス［・マグヌス］が人頭像に喋らせたと言われているが、作り話である。子宮で作られたものでなければかくも完璧な動物は作れない。というのも完成するには九カ月必要だし、太陽は、大地が別の場所で天に対抗して勝利するためであれ、その力をある場所で中断することはできず、またかような熱と馬のイデアに衝撃を受けた種子が［魔術師の］技によって生じることもないからである。

　したがって、神は完全者には子孫［生殖］を供給するが、不完全な者には余り巧妙でなく仕上げられるため、うまくいくときといかないときのどちらもありうる。アヴィケンナが生まれうるかどうか確言を躊躇い、エピクロスや他の者たちもそうである生誕は、洪水で溢れたナイル川で湿った土から猛々しい動物が作られるようなケースである。野人および新世界の人間については考えられるが、いかにしてそこに彼らが辿り着いたかは分からない。私はこれが確実だと主張するのに躊躇いたくない。なぜなら自然はかくも高貴な事物をなすのにある場所においてかような力を行使することができるからだし、また神はかくも見事な人間の業に、子宮にするように魂を吹き込めるのだから。それにもかかわらず、私は確実な話は知らず、不可能だとも思う。新世界の人間たちは我らが世界から移っていき、またプラトンは『ティマイオス』と『クリティアス』における［「アトランティスの物語」］において、遥か昔の話を記して、かつて地球の半球を他の半球と結んでいたアトランティス島が存在したが後に洪水で沈み、その結果、大昔に向こうに渡った者らの記憶がなくなってしまったとしている[87]。それは、我々の間でも多くの者の起源が分からなくなっているのとおなじである。そしてアイスランドからエストティランドまで地球北部を通っていくのは短い道程だし、日本からクィヴィラへはなお短く容易である[88]。そしてユカタン半島には、割礼など我々のものと似た多くの儀礼があることが知られる。しかし人間というのはすべて類似していて、類似した事物を発明できるのだ。人間の間にかつてあったかもしれない、この動物を［人工的に］作る方法はまだ発見されていない。

それらの像は内部に悪霊が封入されていたから話をしていたのであり、それについては疑いの余地がない。というのも人間の精気は金属内には含まれえないから。殺された動物の精気を蒸留器内に捕らえるのはその［精気の］大いなる精細さゆえ不可能であり、またそれを磁石の精気のように移し入れることもできない。このように大きく美しい彫像が自ずから生まれるなど私にはあまりに非現実的なことに思える。サテュロスというのは野人なのだろう。それはしばしば彼らが捕らえられて文明を学んで人間として生まれ変わるのが目撃されることからも分かるし、私は実際ローマでそうした者を見た。そして迷子になってしまった子供は野生に留まる。スコットランドとイングランドの境域にはそうした野人がとても多くおり、モスクワ大公国、スクリフィニア、スカンジナビアにも沢山いる。

考えて行動し始める人は、天と地の象徴をよく見ながら、私が言うよりも多くをなすだろう。飛行術は可能だ、というのは綱の上の者たちは飛ぶように歩むから。さて、適切な食事と節制をした者は、これらの綱渡り芸人の敏捷さと着実さを獲得し、それからツルのような翼を作って腕全体が翼になり足や腿まで羽根が生えているといったような具合によく真似すれば、飛ぶことも可能になろう。しかしそれは泳ぐような具合にはいかず、もっと困難を伴い、都市から他の都市へ、島から別の近い島へ飛んで行けようが、あまりに遠隔地は駄目だろう。誰にそんなことができるか考えてもみよ。疑いなくダイダロスは飛んだし、またカラブリアのある男は半マイル飛んだが、クルミの木の上に落ちて足を折ってしまいその技をやめた。世界にはこの術のみが欠けている。しかし私はここではその技を説明せずに、魔術がそこで基礎づけられる事物の感覚を示すのみにしよう。

第十九章　良き魔術師には占星術が必要なこと、およびその力について

生殖、変質、腐敗、一年の季節、空気・海・大地の変化が、二つの燈火星［太陽と月］および星辰から由来すると気づかぬほど

粗野な人はこの世にいない。そしてこの地上で作られるあらゆるものは、これらの時間と変化に従ってやって来るので、そしてあらゆる効果は、変質、生殖と腐敗から生まれるので、神は星辰の中に、有体被造物の間に発生するかぎりの法則と秩序を据えた、と言わねばならない。

　聖グレゴリウスは、月、太陽、星辰におけるキリストが預言した最終審判の徴が近いと知っていた[89]。というのも、彼の時代は運行異常が最高の速さになる時に当たり、空気は非常に奇妙に変質し、その後すぐに——アルバテーニョの観察があったように——太陽は何度数も急速に落ちて、世界中で異例の変質が成されたからである[90]。

　したがって、我々は変化する事物の原因を地上に帰しているが、それのみに帰すべきでない。それはまず第一に天の原因により多く帰すべきで、その後、他の原因やまた世界のなべての合流とその普遍的な共通感覚に帰すべきである。たしかに人間と天使は自由意志を持つが、何でも欲することができるわけではなく、雨が降るときにはその必然性があり、同様に熱いときには熱せられるという事実が厳存し、君が獄中にあるときにはそこに留まるしかないのである。

　意志は自由だが外的行動はそうではなく、聖トマスは『対異教徒大全』第三巻で、人間たちはおおむね星辰によって変質させられた感覚に従って生きていて、神が注入した神的な精神に従ってではないゆえに、占星術師はたいてい的中させるのだ、と鋭く指摘している[91]。人は他人の身体をそれぞれの熱情に変質させる事物を用いて、その者を死なせたり、怒らせたり、喜ばせたり、酔わせたり、眠らせたりするのだ、ということが分かる。

　したがって自然の事物と星辰がそれをなすのだが、自由意志を損なうことはない。というのも、君は裁判官に自分が探求していることを話すよりも四十時間の拷問に耐える方を選ぶ男を見出すだろうから[92]。もしこの暴力が意志に打ち勝てないのなら、星辰にはなおさらできない。多くの人は愛撫や逸楽によって、苦痛による以上に負かされ、星辰は知覚できない自然なやり方で甘美に作用するというのが真実なのだ。君は植物が成長するのを見るが、いかにしてかも、いつかも分からないのだ。

　私はかつて占星術師の仇敵で、若き頃は彼らに反駁して書いたものだ。しかし私の体験した苦痛は、彼らが多くの真実を語っていることを私に気づかせた。また私は、その科学の博大さと深遠さによるのか、あるいは無骨者どもが皆予言したりその術を辱めるため占星術師になりたがっていることによるのか、いずれにせよ彼らの間には大いなる無知があることが分かった。

　すべての聖なる教父たちは、星辰の中にキリスト［誕生］を認めた魔術師［博士］たちを褒め称えている。しかし聖アウグスティヌスは、この大いなる確証の後は、かような科学は行使されるべきでないと言っている。私は、それは悪霊がそれに無知な者たちに干渉するからだと思う。しかし悪霊はある星がその場所や自然の理法を変更するようにしたり、彗星を発生させたり、巨蟹宮を磨羯宮に変えたりはできない。また私はその科学ほど悪霊に左右されないものはないと思うし、聖イシドルスはそれを大いに称賛し[93]、聖ヒエロニムスも聖書の序文で、それを最有益な学問のひとつに数えている[94]。アルベルトゥス・マグヌスもそれ以上にそうである。[95]聖トマスの上述の箇所および「生成消滅論」第二巻でも同様である。[96]そしてそれが人間の発明になるものではないと、私は確信している、というのも、人間が象徴および効力の点で、地上や海の事物に対応するかくも多くの天界のイメージを見つけたり、その質に応じて惑星たちに宮を付与したり、すべての惑星に特有の三角座と宮の各度数の区界を与えたりするのは、何千世紀あっても足らないからだ。

ヨセフスはユダヤのあらゆる古代人らとともに、この学問は神からノアに啓示され、神は、洪水のために箱船を作るようノアに命じたときに、雨・洪水・大火の徴［星座］を彼に教えたと言っている。[97]フィロンも同様なことを述べ、またアブラハムがそれをエジプト人らに伝えたとも言っている。そしてモーセはその掟の中でこの術を熟知していることに、それが分かる者なら気づくだろう。[98]そして古代人たちがこれを使ってその寿命を延ばしたことは、上述の著者たちが証人となっている。

「知恵の書」の第八章は、いずれも神の叡智から由来して得られた諸学問を列挙した後、占星術について以下のように言っている――「だれか幅広い体験を望む人がいるか。知恵こそ過去を知り、未来を推測し、（……）しるしや不思議、季節や時の移り変わりを予見する」。[99]プラトンはさらに『エピノミス』の中で、神慮なしにはかような学問は発見されえず、それは啓示されたのだ、と主張している。[100]したがって私は、ここで［占星術の］すべてに真実だと推定し、星辰は我らこの地上の物事の直接の原因にして徴であるが、自由な行為については間接的な原因・徴で、神的なものについてはたんに徴にとどまる、と主張しよう。

人間の最大の魔術的行為は、人々に法を与えることである。白羊宮の三角座[101]の下には、王政、正義の法、真実の預言者、ヨーロッパ人がいる。金牛宮の三角座の下には、共和政、変わりやすい法、そして月による大変動がある。双子宮の下には、聖職者の法、一部迷信と混ざった多くの儀式、商業、技芸学がある。巨蟹宮の下には、異端、武器で守られた変わりやすい法と、始めに作られたものの破壊、暴力的な君主制、女性の支配、火に関わるものの発明がある。

これら三角座における大会合は、二百年継続し、その年限が来るごとに変化する。すべての大会合は合わせて八百年で終わり、大いなる革新を意味する。土星、木星、火星はぐずぐずと長期的な事物をなし、水星と月はごく短期的なもの、他の惑星はその中間である。獣帯［黄道］は十二の宮に分かれている。というのは太陽は毎年十二回、月と番うからである。そしてすべての宮には三十の度数がある。なぜなら三十日ごとに再び合体するからである。それらの合や衝はあらゆる通常の事物を変えるが、四つの基点つまり白羊宮、巨蟹宮、天秤宮、磨羯宮において生じる合や衝は三カ月にわたってより大きな力があり、他のものはそれらの規範に従う。

惑星には、経験によって確認されたように、星宿、三角座、昂揚、区界がある。それゆえある宮には他の宮よりも大きな効力がある。そしてさらに、この宮のある部分においては、宮から宮への遠地点の変化は非常に大きな重要性を有している。昼夜平分時、至［夏至や冬至］、離心と斜行の多様性も同様である。なおこの多様性というのは、迅速だったり遅かったりする。遅滞の中でなされた事物はより永続する。すべての事物はそれらの持つ時間とともに測られる。

宮から宮への移動、星辰がひとつの宮から出て他の宮に入るのは、古代人たちには知られていなかったことだが、世界の主要な権力を変更する。角の星宿に位置する惑星の影響力は雄々しいが、継起的な星宿においては、その影響力はさほどではない。失墜の星宿においては寥々たるものだ。[102]天体の回転は十二の星宿に分けられる。惑星間の合あるいは他の星位が起きると、そこで生まれる人の垂線において、情念がより大きくなる。また西よりも東の方がそれは大きい。

人間は各々、生まれると生命の与え手を持つことになる。たいてい太陽と月である。運命の要素は上昇時の星あるいは他の惑星で、この部分が有益な星々によって助けられると、人間にとっての仕事は上首尾に運ぶが、悪しき星が作用すると不首尾となる。各惑星は固有の特性を有し、それぞれに可能な悪または善を引き起こす。他のものと混ざると効果も混合になる。したがって君の惑星が優勢なときに物事をなすとうまくいき、またそれが太陽や地球との間に持つ、密着、分離、配置に応じて、君はその効力を知ることができる。それらの効力は、自身の内部で非常に大きいが、我々においては、遠いためにほとんど感じられない。

太陽の力と月の力は万物にとって明白である。それゆえ、通常の事物がそれらに関わる。他の星辰の力には、特別な偶発事が関わる。一人の誕生星がもう一人の誕生星に対して向かっていって敵意を生み出すのは、驚くべきことだと私は思う。そのときにはこの地上で、相互に敵対的な事物を結び付ける物理的対策を取るのが適切である。そして良き星位が観察される時は恋愛にふさわしく、またそれらの「星宿」内で大会合が発生するときには、もしそれらがはっきり見えるなら、重要な事物をなすのにふさわしい。

固定された星座、可動の星座、共通の星座、そして男女の星座を観察する必要がある。そのように呼ばれるのは、季節の持続から、またはそれらにおける変化、あるいは影響力からである。動物その他の五十の形象すなわち星座があるが、もっと多く作られうるのであり、すべてはそれらが影響を及ぼす地上の類似物を有し、有害な星座のときは地上のものに悪影響を、有益な星座のときは好影響を及ぼす。そして地上のすべての事物はそれらに還元される。そして地上にある限りのものは海にもあり、それは人工物も自然物もそうである。ゆえに海には槍をもつ槍魚［メカジキ］、インクとペンを備えたヤリイカ、まさにカミソリのようなカミソリ魚、そして鎖魚・鎧魚・星魚［ヒトデ］、さらには司教に生き写しの司教魚もいる。そして我々と区別できない人魚もいる。これくらいの話で十分だろうが、すべてはすべてに対応してあるのである。

したがって、自然の秘密の中には驚くべき象徴があり、我々［人間］と天界の間にはかくも大きな協同関係はないと言うプリニウスは、ついで太陽の動きとともに向きを変える向日葵や、黄緯の動きに従うハウチワマメとオリーブに驚いている。[103]太陽が磨羯宮と巨魁宮に入ると、まさにその夜にハッカ類とチョウセンアザミの花が咲き、それを魔術師は利用するのである。しかし北極を指す磁石、また星々の像をもって生まれる「星石」と呼ばれる多くの石、あるいは他の所では自然のまま動物の諸形態をもつ石もあるが、これらについては何と言ったらよいだろうか、もし自然はすべて自らに類似しており、すべてのものには、人体におけるように他のものの痕跡があり、さらにすべてが唯一のイデア、つまり生きて真実で聖なる神の言葉の中に存在する神的な諸理念だ、と言わないとすれば。

聖トマスにそう思われたように、護符がただ金属から力を得ているのか、あるいはある星辰が支配的なときに作られたため何らかの類似によりその星辰から力を得ているのか、私は経験がないので見極められない。おなじことを文字についても言おう。それらはわずかな効力を持ちうるが、もしそれらが情念によって養われなければ、他のどんな効力でもそれを負かしてしまおう。ところでなすべきことをなす時間を選ぶべきだが、それはある者たちが考えているように、自由を損なわない時というだけでなく、いみじくもアルベルトゥス・マグヌスが言ったように、抜け目のない自由にふさわしい時であるべきである。そしてこれを否定して怠り、我々が月を観察せずに海に乗り出せば溺死してしまおうし、星辰を無視して種蒔きしたり植物を植えたりするのは、時間を知らないのに推測できる人でなければ、首尾良くいかないだろう。ある活動について観察されることは、他のすべての活動についてもそれを主張せねばならない。

医学は我々を、危機的な日々を観察するよう強いてまた説得するが、そうした日々は月の動きにかかっている。したがって第四日目には、月は病が開始した日と反対の次の宮に至り、勝つか負けるか反対の効果、すなわち治癒するか病気にするかのいずれかになるので危機的である。そして第四日は第七日の兆しを示す。というのはそのとき月はそれ［第四日の宮］に類似のもうひとつの反対物のところ、そして半ば敵対的なそれの完璧な矩［＝直角］に到着し、それゆえ大きな変化が期待されるからである。しかしもしそれが別の日々に属するなら、悪しき徴候と判断される。というのは病の始まる日と類似の中で作用し、その時始まった病に逆らうことがないからだ。それどころか病は勢いを増す。というのはそれはその六十度乖離［六分］ないし三角乖離で、そのものには良き星位だからである。ゆえに、第六日にいつも悪しき判断を見出す医者たちの誤りが見られ、そしてそれは私が経験したように、正しくはない。なぜなら月が速い動きならば第六日にその矩に至り、もし遅いときには第八日にそうなるが、いずれの場合も良き効果を発揮するからである。十四日目には反対の所にやって来て、そのときには驚くべき効果がある。そして翌週の十八日目と二一日目にも、いつも後続する数字は、七つ組の真ん中にある先行する数字の後に置かれるべきであり、七つ組の後ではない。それは矩や衝や他の星位の計算が正確にうまくいくためである。しかし急性疾患の際は、一、二、三と言い、ついで三、四、五と、手から手へと繰り返し、それは三日でなされるあらゆる宮の変換を示すが、月は急性疾患のようなより繊細で速い事物において変換を行い、超急性疾患においては一層速いからである。そしてその変化、季節、速度、遅滞、他の星との合や星位を理解しない者は、非常に無能な医者である。

さてもし発熱やその他の病状が天体の念入りな観察を必要とするなら、時間に従属する他の物事においても十分に考えねばならない。ゆえに病人の誕生を、これ［時間］に加え他のすべての活動によっても知らねばならない。というのは影響は、ある人には悪影響だが他の人には助けになるからである。そして象徴を通じて、友を助けるものはやはり君にも、人間の友たる動物たちにも助けになるが、君を害するものは友人たちをも害するのである。また動物たちと万物の間でも同様なことが経験されており、そのため海が苦しむとあらゆる水が苦しみ、またもし土星が金星の中に毛虫を創り出すと、我々や牛や馬など我々の家畜にも害になる。

毎月、月の星位を観察する必要がある。年としては、四分の一年ごとに太陽の移動、二十年ごとに大会合、半年で諸惑星の周期がある。世紀単位で三角座、遠地点、離心、斜行、至［夏至や冬至］、昼夜平分時などがあり、それら皆が、法律、宗教、王国、大火、戦争、洪水などの大事件の原因である。またそれらの中には、食［日食や月食］や彗星を、通常の軌道から変更させるものがある。そして毎日太陽が他の惑星との間に取る位置、また他の惑星が角に適合するために四分の一日ごとに太陽が角に入ることも観察すべきである。そしてカルデア人たちはいつも特別な惑星を観察し、そのひとつが支配的な日の始めから日々を名付けている。この説は、我々の間でもなお続いている。しかし私はこうした継受には驚いている。というのもある邦の時間と他の邦の時間は別々だし、惑星は虚弱で邪悪な影響を受けているので、それが支配できるとは思えないからである。それから月が四歳まで、水星が十四歳まで、金星が二二歳まで、太陽が四一歳まで、火星が五六歳まで、木星が六八歳まで、土星が九八歳まで、というように推移する年齢の継起が与えられ、毎年、誕生において明らかな力を持つすべての宮の進行があると考えると、私はこのもうひとつの継起はたしかにあっても、それは脆弱で感覚できないほどのもので、もし惑星が虚弱なものなら、むしろ害を与えるような推移を有すると信じたくなる。そしてすべての地平線にはそれぞれの推移があるので、対応する事物の数ともども無数の増加があることになる。さて地球全体が回転しているので、天のどの度数も自身の天頂を地上に持っていて、星座はそれが一番上に来るときに他を凌駕するのだと了解できる。かように食や彗星が、王国、州、都市に対して影響すると君は言うだろう。それはプトレマイオスや古代人には知られていなかったことである。

キケロによると、カルデア人らは七万年も星座を観察したと誇っている[104]。しかしカリステネスはバビロニアからアリストテレスに手紙を書き送り、それはただ五千年にすぎないとしている[105]。そして世界の起源については諸説がある。ただ聖書のみが私に確実なことを教えてくれる。しかし年の数え方は、皆がおなじ方式でしているわけではない。それゆえ世界の誕生時の天宮図を作成することは不可能である。しかしその試みからは、博大なる事物が発見されるだろう。

したがって、その［星々の］時刻、星位、方向、進行、および世界と法、および魔術の力が向けられるものなどの観察は、特殊な通過とともに考察すれば、魔術師の作業を完璧にしてくれる。

さらに、あらゆる金属、石、植物、動物が象徴としていかなる宮を持っているのか知る必要がある。同様に州、王国、法、慣習についてもそうであり、加えていかなる惑星に服しているのかも知らねばならない。そして全体の星座は個別のそれを凌駕し、共同体の星座は一人間のそれを凌駕することをよく見なくてはならない。そこで人は、死とは意義深い関係のほとんどない他人と一緒に、疫病、戦争、あるいは海中で死ぬのである。おなじことを良き出来事についても言おう。ゆえに幸多き人と暮らすといつも福運が得られるし、あるいは災厄は減少する。これについては大いなる証拠がある。

王国の誕生星図占いの結果は、王のそれに打ち克つ。南で優勢な宮は北でも役立つ。土星が我々［南の人間］に君臨するところでは、彼ら［北の人間］には太陽と月が君臨するが、これらすべての術については、神の思し召しがあれば、私は一冊の本を書くつもりである。諸原因については『形而上学』で示した。

あらゆる自然魔術の完全な活動は、医学が示し、また農業、航海術もそうであるように、時間を遵守する必要がある。何かを増大させるには三日月［満ちていく月］、減少させるには欠けていく月が必要であり、すべての惑星の支配と抑制においておなじことが言える。類似の操作によって他の類似物に類似の影響が移されるる。

燈火星のサテリティウム[106]が貴人の一団の役に立ち、プレイアデス星団［すばる］が下賤な者の役に立つこと、そして「角」の孤星が軍隊の敵で、失墜の座にある星は衰退・欠陥にふさわしく、初端の星は高揚・礼賛に適していることを知らない者がいようか。これはまったく道理に適っている。

すべての星辰は世界全体にとって良いのだが、部分に対してはある星は良い働きをし、他は悪影響を与える。人間たちには木星と金星は好影響だが、土星と火星は、有毒のヘビや野獣にとって幸いである。また君の友人に有益だと見えるものは、だから君にも有用と考えていい。ただしそれは君とその友が類似している部分や行為においてのみで、相違しているところではそうではない。というのは相違のない類似も類似のない相違も存在しないから。

星辰にはそれぞれ別の魔術がある。というのは生きている力によって星々の間でいろいろな作用があるのだから。しかし我々には、その影響から我々が特記したところの魔術が当てはまる。地上のあらゆる事物は、多かれ少なかれ強力でさまざまな様式で働く熱から生み出され、また事物のあらゆる段階に類似の熱のある段階が呼応するが、それは特別な星から下方にやって来て、かくかくしかじかの体質において一定程度受け容れられる。かように宮は熱の段階と力を変える。あるものは冷たく乾燥しているように見えるが、それは他の熱に比べてそのように現出するのである。ゆえに水は冷たく見えるが、ワインと草は熱いのに、それらの段階は、冷たく見える天のある熱に対応するのである。

熱さのあらゆる段階は、物質のさまざまな感情によってあらゆる段階に対抗して作用し、ゆえにぬるい水は熱のある者の熱を、それと混ざることで取り去り、より多くの物質へと熱を拡散させる。そしてオリーブ油は火の出口の穴を締めることで火を消し、チコリは穏やかな熱で肝臓――強い熱がそれを硬くしたのだが――を開いて、肝臓の炎を発散させることで清涼にする。日を浴びてぬるくなった水は、我々の乾燥外皮と火傷を、ゆっくりと開き、頑固な乾燥から炎を発散させることで癒す。かように、土星は清涼にし、火星は刺し、木星と金星は穏やかな熱を作る。月は、形に従ってさまざまな影響を及ぼし、太陽は焼きつけ、水星は鋭く無感覚にする。また動きが遅いか速いかに応じて、［惑星の］熱は遅く、あるいは速く刻まれるのであり、そこからあらゆる影響が由来するのだ。かくて効果は、上方からの方が下方からより直線コースを進みまた蒸気が少ないゆえに大きく残り、また角からの方が同様な理由で大きく、朝方の方が、太陽がそれら［角］を活発にして、けれども打ち負かすことがないのでより大きい。月にとっては夕方の方が、角に手が届いて力を受け取るのでより大きいが、圧倒するほど大きくはないからである。

これは無限の科学だが、すべてにおいてではないにせよ、象徴を見つめる者はすべてを理解する。

宇宙の感覚についてのエピローグ

したがって世界は、すべて感覚、生命、魂、身体、力・知恵・愛において神の栄光のために創られた至上者［神］の像である。悲しむべき筋合いはまったくない。その中では、その大いなる生命に役立つかくも多くの生き死にが行われる。我々の内でパンが死んで乳糜が創られ、ついでそれが死んで血になり、それから血が死んで肉、神経、骨、精気、種子［精子］ができ、そしてさまざまな死と生、苦悩と欲望を味わう。しかしそれは我々の生命に役立ち、我々はそれについて残念に思わず享受する。かくてあらゆる事物は世界全体にとって喜びにして有用で、あらゆる事物は全体のために、そして全体は神の栄光のために創られている。

すべての動物は、動物の内部の寄生虫のようにして世界内におり、また我々の腹の中の虫が我々が感じるなどと考えないように、それ［世界］が感じるなどとは彼らには考えられないし、我々は彼らよりも大きな霊魂を有している。また彼ら動物は世界の祝福された共通霊魂によって生命を与えられているのではなく、我々の中の虫のように各々が自分固有の霊魂によって生きているのであるが、それというのも彼らは、霊魂のための我々の精神を持っておらず、固有の精気を備えているだけだからである。

人間は全世界の終末にしてその賛美者であり、もし神を知りたいと望むとすれば、人間はそのために創られたのだ。世界は神の像、イメージ、生ける神殿であり、そこには彼の身振りが描かれ、彼の考え方が書かれた。そして神はその世界を生ける彫像――天では単純だが地では混合して衰弱した――で飾った。しかしすべてから神へと道は進んでいく。

この書物を読み、自分自身の気まぐれからではなく本書から事物がどうあるか、そして神の技芸と支配について学ぶ者は幸いなるかな。彼はその結果、神と類似し一致し、彼とともにあらゆる事物は善であり、悪とは、造り主に捧げられた愉快な喜劇を表す諸部分それぞれの仮面［虚構］であることを理解する。また彼は、自身の内で無限で不死の神を享受し、讃仰し、読み、歌うが、その神は第一の「力」、第一の「知恵」、第一の「愛」であり、そこから、あらゆる力、知識、愛が由来し、そして共通霊魂によって合意された目的に沿って存在し、保存され、移動する。彼は造り主から事物の中に接ぎ木された造り主の技芸を学び、感じ、そしてそれにより、すべての事物がすべての事物にされ、すべての他の事物に永遠のイデアの美を示すまで、すべての事物を大いなる結末へと導き動かすのである。

さて、それ［永遠のイデア］を賛美する者はそれを知り、それを知る者はそれを操作し、それを操作する者は神の友になって、つねに祝福され栄光に輝く大いなる宇宙の知恵に参画する。そしてそれが、私とわがベリッロ(107)をその威厳と知識の高みに上げてくれんことを、そしてわが解放者を急いで送り届けてくれんことを。

注

（1）アウグスティヌスが魔術の問題を論じているのは、『キリスト教の教え』第二巻第二十章、『神の国』第十八巻第十八章および第二一巻第六章など。
（2）この「実験室」（studio）とは、イタリアの自然学者・薬剤師のフェッランテ・インペラート（一五五〇頃～一六三一年）の自然博物館のこと。
（3）プリニウス『博物誌』第三十巻一～二。
（4）「マタイによる福音書」二・一～二。
（5）プリニウス『博物誌』第三十巻十一。モーセとエジプトのファラオの博士たちとの間の奇跡・秘術の争いについては「出エジプト記」七・八以下参照。
（6）「使徒言行録」十三・八以下参照。
（7）プリニウス『博物誌』第三十巻十四～十五。
（8）スエトニウスはその『皇帝伝』第六巻「ネロ伝」の第十二節で、新たなイカロスによる不幸な飛行の試み——地面に墜落した——に触れている。シモン・マグスとペテロを前にしたその魔術（破滅的な飛行の試みを含む）については、聖書外典の「ペテロ行伝」などに詳細に語られている。
（9）「ヨブ記」二八・二八によると思われる。
（10）「創世記」十二・三、十三・十五。
（11）「ローマの信徒への手紙」十一・十七と十一・二四参照。
（12）「ガラテヤの信徒への手紙」三・七～九、三・十四および三・十八参照。
（13）ペトラルカ『名声の勝利』第二歌・六七～六九行参照。
（14）旧約聖書のヨシュアはモーセの後継者であり、信仰固くイスラエルの民を勝利させ、祈りによって太陽をも中天に止めたとされる。「ヨシュア記」十・十二～十三参照。
（15）「マルコによる福音書」六・五～六参照。
（16）「マタイによる福音書」十五・二八、「マルコによる福音書」九・二三参照。
（17）タキトゥス『同時代史』第四巻八一。
（18）ウァレリウス・マキシムス『著名言行録』第八巻第一章。
（19）アヴィケンナ『魂について』第四巻第四章および注5と注7参照。
（20）プリニウス『博物誌』第七巻一二四参照。
（21）「出エジプト記」七・十一以下参照。
（22）十一世紀半ばのチュニジアの天文学者で、その著作はカタロニア語で知られていた。
（23）「列王記下」五・十～十四。
（24）アウグスティヌス『三位一体』第三巻第七章。
（25）「使徒言行録」七・二二。
（26）フィロン『モーセの生涯』第一巻五・二三～二四、フラウィウス・ヨセフス『ユダヤ古代誌』第二巻第十三章第三節。
（27）プラトン『アルキビアデスII』150d 以下。
（28）プラトン『ゴルギアス』461b, 482b.
（29）プラトン『エピノミス』981e 以下および 984d.
（30）ルカヌス『内乱（ファルサリア）』第九巻五六〇行以下参照。
（31）アウグスティヌス『神の国』第六巻（*PL* 41, col. 180 sgg.）参照。
（32）紀元二世紀の風刺作家サモサタのルキアノスの『ゼウス論破さる』『悲劇役者ゼウス』参照。
（33）オウィディウス『変身物語』第十五巻五六〇行以下参照。
（34）「トビト記」六・五以下。
（35）「イザヤ書」三八・二一。
（36）「列王記下」五・十～十四。
（37）「出エジプト記」十五・二五。
（38）Ps. Clemente Romano, *Recognitiones*, III, 60, in *PG* 1, col. 1308.
（39）「マタイによる福音書」二一・十九、「マルコによる福音書」十一・十三～十四、「ルカによる福音書」十三・六～九参照。
（40）ピュタゴラス派のターラントのアルキタス（前四二八～前三四七年）に機械仕掛けで飛行する木製のハト制作が帰されている。アウルス・ゲッリウス『アッティカの夜』第十巻第十二章参照。
（41）カンパネッラは一五九〇年に座骨神経痛治療のため当地を訪れている。
（42）「レビ記」十一・一以下、「申命記」十四・三以下参照。
（43）テリアカは、一世紀にローマ帝国で作られた万能解毒薬。
（44）ナツメグの一部を乾かしたもので、香料として用いられた。
（45）フラウィウス・ヨセフス『ユダヤ古代誌』第一巻第三章第九節参照。
（46）殺人者の前で彼に殺された屍体から血が出るというのは、十六世紀末当時、法的な論争のテーマだった。
（47）Augustinus, *De cura pro mortuis gerenda*, in *PL* 40, col. 595 参照。
（48）戦いで視力を失い、ペストのため一四二四年に亡くなった勇猛果敢なフス戦争の英雄、チェコ人のヤン・ジシュカの逸話を指している。

(49)「武器軟膏」として知られるパラケルスス派に帰されている治療法のことである。それは哲学者、医者、神学者らの間に賛否の激しい論争を巻き起こしたが、治療の効果をめぐってというよりも、むしろ異端や悪霊の介在を疑われて正統性に疑念を挟まれたのである。

(50)これは本書ではなく *Medicina* に記述がある。そこでは、カラブリア地方では狂犬病患者が、聖ヴィートの腕の骨から滴り落ちる水と祝福されたパンによって奇跡的な治療を受けていると説かれている。

(51)一九二五年にアントーニオ・ブルエルスによって刊行された最初のイタリア語版において参照されているフィレンツェ国立図書館所蔵の手稿のほかには、十七世紀初頭にイギリスに渡ったことが分かっているケンブリッジ大学トリニティー・カレッジ所蔵手稿にのみ収録されている。

(52)*Epilogo magno*, V, vi, a cura di C. Ottaviano, Roma, 1939, pp. 344 sgg. を参照。

(53)「レビ記」十三・二以下および十四・三四以下参照。

(54)コバンザメはカンパネッラによれば木材の持つ精神を麻痺させる力があり、船の航行を妨げる。

(55)スタティウス『アキレイス』第二巻九六〜一〇五行参照。

(56)『アエネイス』第十一巻五七〇行以下。

(57)プリニウス『博物誌』第十三巻一四二参照。

(58)「申命記」十四・二一。

(59)G・B・デッラ・ポルタ『自然魔術』第十七巻および第二十巻の類似の例を参照。

(60)Ps. Clemente, *Recognitiones*, II, *PG* 1, col. 1251 sgg.

(61)Augustinus, *De divinatione daemonum*, III, in *PL* 40, col. 584.

(62)カラブリア地方のスティーロからほど近い村。

(63)プラトン『国家』III, 398c–401a；『法律』VII, 800b–804c.

(64)イアンブリコス『ピュタゴラス伝』第十五章第六四節。ダモンはギリシャの有名な音楽家でソクラテスの師でもあった。プラトン『国家』III, 400b；IV, 424c など参照。

(65)両方ともイタリアの古い民族舞踊だが、ガリアルダは活発な速いリズム、スパニョレッタはより甘美なメロディーである。

(66)ルカヌス『内乱（ファルサリア）』第七巻三二〇行以下参照。

(67)レリオ・オルシーニはテレジオ学派のアントーニオ・ペルシオの弟子でカンパネッラの理解ある友人であった。

(68)そのままの形ではアヴィケンナの著作にはない。これはピエトロ・ダバーノによって広められた。Pietro d'Abano, *Conciliator*, diff. cxxxv 参照。

(69)第三巻第十章の記述。

(70)「民数記」五・十一〜三一。

(71)アガメムノンとクリュタイムネストラの息子のオレステスは、エジストと母を殺した後、復讐の女神エリニュエスによって追跡・迫害された。

(72)*In VI librum Hippocratis Epidemiorum*, IV, 8 で、ガレノスは、ペルガモンに集まった患者たちは盲目的に祭司の処方に従い、その一部は十五日間も何も飲まずに耐えて神により治癒したと記している。

(73)ザモルクシはトラキア人たちの立法者にして神であった。

(74)ヘロドトス『歴史』第四巻三参照。

(75)アヴィケンナ『魂について』第四巻第四章参照。

(76)メレアグロスは神話的人物で、アルテミスが寄越した獰猛なイノシシを殺した。しかしその命の長さは、母アルタイアによって最初消されてついで再び点火された燃えさしの丸木に関係させられていた。ホメロス『イリアス』第九歌五二五行以下、およびオウィディウス『変身物語』第八巻五一三行以下を参照。

(77)非常に普及したデッラ・ポルタの書物『観相術』を暗示。

(78)本書第三巻第九章にある。

(79)本書第三巻第十一章参照。

(80)本書第四巻第三章参照。

(81)「創世記」三十・三七以下。

(82)ピュタゴラス派のオケッルス・ルカヌスに帰されている『宇宙の本性について』第四章において、著者は長々と良き生殖の重要性について語り、そこで家畜の飼育で良い品種の育成が追求されるのに、人間自身は良き子孫を残し育てることを惟らないのは不合理だとする。

(83)本書第二巻第十八章参照。

(84)*Philosophia sensibus demonstrata*, a cura di L. De Franco, Napoli, 1992, pp. 229, 238 sgg., 272；*Epilogo magno*, V, xvii, avv. e, p. 437.

(85)*Epilogo magno*, VI, ix, p. 499.

(86)注40参照。

(87)プラトン『クリティアス』113b 以下参照。

（88）エストティランドは現在のカナダのラブラドール地方に相当する土地の名、クィヴィラは一五四一年にスペインの遠征隊の目的地になった神話的都市で、現在のカンザス州にあるとされた。
（89）Gregorius Magnus, *Hom. in Evang.*, in *PL* 76, col. 1077sg.
（90）アルバテーニョとはアラブの天文学者・数学者のアル・バッターニー（八五八頃〜九二九年）のことで、『星辰の運動について』が十二世紀のラテン語訳で伝わっている。
（91）トマス・アクィナス『対異教徒大全』第三巻八四章および八五章参照。
（92）約一年間続けた発狂偽装の途中で、発狂を法的に証明するために一六〇一年六月に自身が受けた徹夜の拷問による検査を示唆。
（93）Isidoro, *Etymol.*, III, in *PL* 82, col. 169 sgg.
（94）Gerolamo, *Epist. LIII ad Paulinum*, in *PL* 22, col. 544.
（95）アルベルトゥス・マグヌスに帰されている *Speculum astronomiae* への示唆。
（96）Tommaso, *In II de gen. et corr.*, cap. X, lect. X (ma dalla *lectio* XVIII sul I libro). しかしその注釈はトマス・アクィナスによるのではなく、アルベルトゥス・マグヌス学派の無名著者のものである。
（97）フラウィウス・ヨセフス『ユダヤ古代誌』第一巻第三章第二節以下および第八章第二節。
（98）注26参照。
（99）「知恵の書」八・八。
（100）プラトン『エピノミス』983, 984。
（101）三角座とは、それぞれ獣帯の火・土・空気・水の徴（星座）のうち三つから成る四種の星座グループである。政治体制のタイプは、「大会合」すなわち二十年ごとに実現する土星と木星の出会いがその中で生起する三角座によって特徴づけられる。そして下に明示されるように、二つの星は約二百年間三角座のひとつに留まり、ついで次の宮へと移っていく。
（102）十二の「星宿」（家・室とも言う）は三つのグループに分けられる。とくに重要なのはホロスコープの四つの角に対応する四つの星宿（角宿＝I, IV, VII, X）で、他に継起宿（2, 5, 8, 11）、下降宿（3, 6, 9, 12）がある。
（103）プリニウス『博物誌』第二巻一〇八〜一〇九。
（104）キケロによって『占いについて』の第一巻第十九章三六および第二巻第四六章九七で言及されている年数は、四七万年である。
（105）カリステネスはアリストテレスの甥にして弟子であり、歴史家としてアレクサンドロス大王に従ったが、その作品は伝わっていない。
（106）サテリティウムとは諸惑星が同一の宮に集合する異例のケース、とりわけ二つの燈火星のいずれかの周りに集まることをいう。
（107）パヴィアのドン・バジリオ・ベリッラーリは、一六〇四年から一六〇七年までサン・テルモ監獄でのカンパネッラの非公式の告解司祭であった。

扉図一覧

1　ベイコン『森の森』(1627 年）の扉絵。
2　ゲスナー『動物誌』第 1 巻，ドイツ語増補改訂版（フランクフルト・アム・マイン，1669 年）「犬について」の章の見出し絵。
3　ルバーブの図。アルピーニ『ルバーブ論』(1612 年）より。
4　オリヴィエ・ド・セールの肖像。
5　16 世紀の料理人。1530 年頃の木版画。
6　プロンビエールの温泉。トマス・ジュンタ『温泉について』(1553 年）より。
7　パリ第 5 大学エントランスのフェルネル胸像（訳者撮影)。
8　フラカストロの肖像。『ホモセントリカ』(1538 年）より。
9　ヴェサリウスの肖像。『人体の構造について』(1543 年）より。
10　マルピーギの肖像。『遺稿集』(1697 年）より。
11　ハーヴィの肖像。『動物の発生（英訳)』(1653 年）より。
12　パレの肖像（1582 年)。フランス国立図書館版画室蔵。
13　アグリッパの肖像。『全集』(リヨン，1600 年頃）より。
14　パラケルススの肖像。『医学小論集』(バルタザール・フレーター編，1567 年）より。
15　カンパネッラの肖像。ニコラ・ド・ラルメサン作（1682 年)。

訳者一覧

（作品順，＊は監修者）

柴田和宏（岐阜大学地域科学部，1）

石原あえか（東京大学大学院総合文化研究科，2）

桑木野幸司（大阪大学大学院文学研究科，3）

＊池上俊一（東京大学大学院総合文化研究科，4・5・6・15）

月澤美代子（元順天堂大学大学院医学研究科，7）

田中祐理子（京都大学人文科学研究所，8）

澤井　直（順天堂大学大学院医学研究科，9・10・11）

黒川正剛（太成学院大学人間学部，12）

伊藤博明（専修大学文学部，13）

村瀬天出夫（聖学院大学人文学部，14）

村松真理子（東京大学大学院総合文化研究科，15）

《監修者紹介》

池上俊一（いけがみしゅんいち）

1956 年　愛知県豊橋市に生まれる
1983 年　東京大学大学院人文科学研究科（西洋史学専攻）博士課程中退
現　在　東京大学大学院総合文化研究科教授，博士（文学）
著訳書　『公共善の彼方に』（名古屋大学出版会，2014 年，フォスコ・マライーニ賞）
『ヨーロッパ中世の宗教運動』（名古屋大学出版会，2007 年）
『イタリア・ルネサンス再考』（講談社学術文庫，2007 年）
『ロマネスク世界論』（名古屋大学出版会，1999 年）
『ヨーロッパ中近世の兄弟会』（共編，東京大学出版会，2014 年）
『原典 イタリア・ルネサンス人文主義』（監修，名古屋大学出版会，2010 年）
ジャック・ルゴフ『中世の夢』（名古屋大学出版会，1992 年）ほか

原典 ルネサンス自然学　上

2017 年 8 月 10 日　初版第 1 刷発行

定価はカバーに
表示しています

監修者　池 上 俊 一
発行者　金 山 弥 平

発行所　一般財団法人 名古屋大学出版会
〒 464-0814　名古屋市千種区不老町 1 名古屋大学構内
電話(052)781-5027/ F A X(052)781-0697

印刷・製本　亜細亜印刷㈱　ISBN978-4-8158-0880-8